思辨书系

哲学之旅

一种互动性探究

William F. Lawhead
[美] 威廉 · F. 劳海德 / 著
张祖辽 刘 岱 杨东东 陈太明/ 译

中国出版集团 東方出版中心

图书在版编目(CIP)数据

哲学之旅：一种互动性探究 / (美) 威廉 · F. 劳海德著；张祖辽等译. -- 8 版. -- 上海：东方出版中心，2025. 5. -- ISBN 978-7-5473-2719-7

Ⅰ. B0

中国国家版本馆 CIP 数据核字第 2025UN0424 号

William F. Lawhead
THE PHILOSOPHICAL JOURNEY：AN INTERACTIVE APPROACH, EIGHTH EDITION
ISBN：9781265183608

上海市版权局著作权合同登记：图字 09-2025-0208 号

哲学之旅：一种互动性探究（第 8 版）

著　　者 [美] 威廉 · F.劳海德
译　　者 张祖辽、刘岱、杨东东、陈太明
策划编辑 潘灵剑
责任编辑 潘灵剑
助理编辑 陆　珺
装帧设计 钟　颖

出 版 人 陈义望
出版发行 东方出版中心
地　　址 上海市仙霞路 345 号
邮政编码 200336
电　　话 021-62417400
印 刷 者 徐州绪权印刷有限公司

开　　本 890mm × 1240mm　1/32
印　　张 35
字　　数 835 千字
版　　次 2025 年 7 月第 1 版
印　　次 2025 年 7 月第 1 次印刷
定　　价 149.80 元

序　言

苏格拉底曾在《普罗泰戈拉篇》中抱怨道，雄辩的演说家能够像书本一样提供大量信息，“不过，要是有人再向他们追问一个附加问题……他们就不能根据自己的解释来解答和提问了”。在写这本书时，我遇到的挑战是，我到底能在多大程度上针对苏格拉底的上述断言给出反例。当然，苏格拉底是正确的：生动的哲学对话和辩论是无可替代的。不过，随着对本书的深入阅读，你会发现，它既会回答你的问题，又会激发你提出问题。本书的目的不是向你简单灌输知识，而是希望你通过各种练习积极参与进来，它甚至还会提供一些让你和朋友就所论及的哲学问题进行对话的机会。有鉴于此，我将本书命名为：哲学之旅：一种互动性探究。

本书并非一台带你领略未见之风景的幻灯仪，而是一次指南式、探究式旅行。此次旅行中，你要亲自从事地域勘探工作。我希望这场旅行是有趣的，但途中要做的事情也很多。本书希望以纸墨为媒介，唤起尽量多的互动。在哲学课上，学生们常常会问：“学哲学能做些什么？”在完成这场哲学之旅后，我希望你能意识到，真正重要的哲学问题其实是“哲学能和你一起做些什么？”当然，你不会赞同书中的所有观点，但可以想象，在与这些观点的交锋中，你定然会有所触动。

本书结构

本书通过对一些主要的哲学话题、问题、立场以及哲学家的介绍，来逐步呈现各种哲学理论。不同章节之间彼此独立，你可以按自己的意愿安排阅读顺序。不过，从哲学之旅概览（第1.0节）入手总是必要的，它可以为你的旅行做一些准备性工作。另外五章分别涉及哲学的五个主要领域。每章开头，包括每个子论题，都会包含以下专题：

● 地域勘察——给出一幅场景，并由之提出颇具吸引力的哲学问题。

● 绘制地形图——使主题及其意义得到更精确的呈现。

● 路径选择——提供一些可替代的相反选项，帮助你在相关论题上厘清自己的思路。

● 概念工具——为了更好地把握主题内容，在部分章节中会引入一些重要的区分、定义或者术语，作为应手的理解工具。

● 我怎样认为？——这里会列出调查问卷，以使你确认自己在相关论题上的立场。通过相应的解答索引，你会了解哲学家是如何标示你的立场的，你也会由此知晓哪些立场是互不相容的。

在每一话题中还会下设一些小标题，以展现并分析各种不同的可替代性立场。具体涉及以下几类：

● 引导性问题——围绕争议立场所提出的一系列问题，可以帮助你对相应哲学理论及其优点进行思考。

● 检视……——展现被考量之立场以及用以支持它的那些论证。

● 引自……——涉及一些简短的阅读材料，训练你对哲学文本和哲学论证的分析能力。这部分还会提供一些引导，以便于更有效地利用这些引文。

● 透过X的镜头看——借助一些问答练习，使你了解哲学立场的深层内涵，并将理论运用到一些虚构场景中。

● 检视X的优缺点——涉及一些思考与质疑，用于引导你针对相关立场给出自己的回应。

最后，这一版加入了新的部分，每一章都以“个人做哲学”这一练习结束。这部分包括一些非常私人化的问题，通过这些问题，要求你对本章设计的问题如何会影响到你的私人生活进行深度思考。

本书提供了大量练习材料，促使你从哲学视角与这些问题进行互动，包括：

- 广场中的哲学——提供一些问题、概述、场景，促使你运用苏格拉底的哲学研究方法与非哲学专业的朋友展开建设性对话。
- 思想实验——思想实验中的练习提供了亲自践行哲学探索的机会，你可以将自己的结论与著名哲学家以及本专业同学的结论进行比较。
- 停下来，想一想——阅读过程中的短暂停顿，以便针对某个论题给出尝试性结论。
- 聚焦——有助于阐明主题的附加信息。

学生和老师们可能会发现，这些专题会为你提供大量思考和讨论的机会。在我看来，哲学更应当是一种活动，而非一门课程，所以早在 25 年前，我就开始着手开发这种做哲学的方法。经我实践并写入书中的这些教学活动都深受学生喜爱，同时也大大减轻了我的教学负担。希望使用这本书的同学与老师们会有同样的感受。

教学与学习资源库

第 8 版《哲学之旅：一种互动性探究》目前可通过麦格劳-希尔教育集团（McGraw-Hill Education）的综合评估平台获取线上资源。平台还提供新版智慧课堂电子书，已证明这种阅读体验有很强的适用性，不但能提高学生的分数，也能帮助学生们更高效地学习。

教师用资料

- 教师手册：由我本人撰写。这本手册适于对《哲学之旅》的总体介绍，并讨论如何使用各种教学手段促进课堂教学。此后是按章、节、目给出的系列演讲与研讨贴士，其中包括如何运用某些"思想实验"以及文中提到的其他互动活动。最后，手册还包括一系列客观的问答测试题，它们被分门别类放在各章、各节中。作为精心编排的辅助教学工具，这本手册内容丰富，对刚入行或者经验丰富的哲学教师，都不失为很好的资源。

- 题库：通过精心编订与扩充，题库针对每一章都提供了判断题、多选题和问答题。可以通过在线学习中心下载题库 Word 文档，或者使用 EZ 测试在线(EZ Test Online)创建和发表在线测试。
- PPT 幻灯片。

学生用资料

- 抽认卡：可以辅助学生掌握关键术语。
- 当代连线：力图将每章所涉及的哲学概念与现代困境、当前事件关联起来。
- 初级资源探索：请学生们自己到互联网上去探索哲学问题。
- 多选题、判断题和填空测验：帮助学生评测自己对每章材料的领会情况。

数字方案

- 智慧课堂电子书：本书还可以作为智慧课堂电子书使用。智慧课堂是获取电子教科书的快捷方式，更多细节可咨询销售代表或登录 www.coursesmart.com 网站。

关于第8版

《哲学之旅》现已出到第8版，这实在令人振奋。从我收到的反馈来看，显然，教授们发现，这本教科书将学生从被动学习者转变为积极学习者，他们参与到思想中来，并丰富了他们带给课堂的东西。同样，学生反馈道，这本书提供的思想实验和活动使哲学变得有吸引力、有意义，也变得更有趣。最后，我很高兴地看到，很多读者自己选择了这本书，并发现它既使人充实又令人愉悦。

这一版的最新和最重要的变动是增加了艺术哲学这个新的章节。这一章探究了关于艺术的本质和审美经验的不同论辩和立场，并在此过程中表明哲学探究何以能够阐明人类经验中的这个重要且普遍的领域。本书的评论者曾多次要求增加这一章。尽管学生对这个话题很感兴趣，但在大多数导论性哲学著作中，它都被忽略了（只有少数例外）。不过，为了避免本书过于冗长，关于艺术的这一章将在出版商的网站上在线提供。

在第二章第 2.2 节中，对心灵哲学的讨论增加了一些内容。首先，对性质二元论的地位做了较为明确的论述。此外，还讨论了弗兰克·杰克逊（Frank Jackson）著名的“知识论证”（knowledge argument）。最后，增加了两个对实体二元论的代表性新解读。第一个解读讨论的是神经科学在解决身心关系问题方面的局限性；第二个解读则从人格同一性（personal identity）的本质和重要性的角度对二元论进行论证。

致 谢

从最初的粗略框架到最终成书，我得到了很多评阅人的帮助。他们认真阅读文本，一方面着眼于它是否适合课堂教学，另一方面着眼于它在哲学上的清晰性和准确性。首先，我非常感激下述评阅人就前7版给出的意见，他们是印第安纳州立大学的朱迪·巴拉德(Judy Barad)，肯扬学院的克里斯·布拉奇(Chris Blakey)，麦迪逊区技术学院的大卫·卡尔森(David Carlson)，韦恩郡社区学院的安妮·德温特(Anne DeWindt)，俄克拉荷马大学的雷纳尔多·艾鲁加多(Reinaldo Elugardo)，迪克西州立学院的路易斯·埃克赛尔(Louise Excell)，东洛杉矶学院的凯文·加尔文(Kevin Galvin)，加州州立大学奇科分校的艾瑞克·甘培尔(Eric Gampel)，南伊利诺伊大学的加斯·吉兰(Garth Gillan)，派克斯峰社区学院的罗伯特·A. 希尔(Robert A. Hill)，纽约州立大学的阿希姆·柯德曼(Achim Kodderman)，佛罗里达州立大学的帕特·马修斯(Pat Matthews)，杨百翰大学普若夫主校区的布莱恩·L. 梅丽尔(Brian L. Merrill)，奥斯汀佩仪州立大学的马克·A. 米歇尔(Mark A. Michael)，南方卫理公会大学的本雅明·A. 佩蒂(Benjamin A. Petty)，俄克拉荷马城市社区大学的米歇尔·庞克思(Michael Punches)，乔治亚学院的约翰·F. 塞尔斯泰姆(John F. Sallstrem)，内布拉斯加大学奥马哈分校的南西·谢弗(Nancy Shaffer)，密歇根大学迪尔伯恩分校的凯瑟琳·维德(Kathleen Wider)，佛罗里达大学的吉恩·威特莫(Gene

Witmer)，韦顿学院的杰伊·伍德(Jay Wood)，杰斐逊学院的米歇尔·J. 布克(Michael J. Booker)，科罗拉多大学丹佛分校的米歇尔·博林(Michael Boring)，阿肯色州立大学的米歇尔·J. 坎多尔(Michael J. Cundall)，威斯康星大学绿湾校区的金惠清(Hye-Kyung Kim)，刘易斯-克拉克州立学院的约瑟夫·米歇尔·佩尔戈拉(Joseph Michael Pergola)，圣约瑟夫学院的罗伯特·罗伊特(Robert Reuter)，蒙莫斯大学的阿兰·施未林(Alan Schwerin)，奥奇塔浸会大学的塔丽·波兰德(Tully Borland)，北卡罗来纳州立大学的凯瑟琳·玛丽·德里斯科(Catherine Mary Driscoll)，皮马社区学院的大卫·毕肖普(David Bishop)，常春藤技术社区学院的玛西亚·安德烈耶维奇(Marcia Andrejevich)，得克萨斯州立大学阿灵顿分校的米里亚姆·牛顿·伯德(Miriam Newton Byrd)，雪松谷学院的克里斯蒂娜·玛丽·托姆恰克(Christina Mary Tomczak)，俄亥俄州立大学纽瓦克校区的彼得·科莱洛(Peter Celello)，恩迪科特学院的罗科·甘吉尔(Rocco Gangle)，格洛斯特郡学院的卡洛斯·鲍威尔(Carlos Bovell)，北湖学院的马科斯·阿兰迪亚(Marcos Arandia)，皮马社区学院的杰瑞·彻林顿(Jerry Cherrington)，卡布里尼学院的希瑟·克莱蒂(Heather Coletti)，威斯康星大学拉克罗斯分校的罗纳德·格拉斯(Ronald Glass)，韦斯特蒙特学院的詹姆斯·E. 泰勒(James E. Taylor)，路易斯安那泽维尔大学的詹姆斯·邓森(James A. Dunson)，凯霍加社区学院的戴安·加斯顿(Diane Gaston)，俄克拉荷马城社区学院的安吉拉·科特纳(Angela Cotner)，枫树林社区学院的道格·费舍尔(Doug Fishel)，印第安山社区学院的克雷格·佩恩(Craig Payne)，富朗社区学院的道格拉斯·安德森(Douglas Anderson)，杜佩奇学院的亚伦·巴托洛梅(Aaron Bartolome)，得克萨斯州立大学的比尼塔·梅塔(Binita Mehta)，得克萨斯州立大学的罗伯特·F. 奥康纳(Robert F. O'Connor)，圣路易斯大学的金泉(Quan

Jin),圣路易斯大学的斯科特·伯曼(Scott Berman),得克萨斯州立大学的霍利·路易斯(Holly Lewis),圣托马斯大学的约书亚·史达契(Joshua Stuchlik)。我从第8版审稿人的评论中获益良多。他们是:塔兰特郡学院的杰里米·伯德(Jeremy Byrd),凯霍加社区学院的黛安·加斯顿(Diane Gaston),莫瑞谷社区学院和杜佩齐学院的彼得·凯尼蒂斯(Peter Kanetis),南平原学院的凯尔·凯尔茨(Kyle Keltz),得克萨斯州州立大学的霍莉·刘易斯(Holly Lewis),科罗拉多州社区学院的丹尼尔·梅茨(Daniel Metz),休斯顿社区学院的诺曼·泰瑞欧(Norman Theriault),以及宾夕法尼亚州高地社区学院的杰森·沃西克(Jason Wojcik).

特别感谢现在和以前的同事们在本书的所有版本中和我分享专业知识。米歇尔·林奇(Michael Lynch)回答了许多关于认识论的问题,罗伯特·威斯特摩尔(Robert Westmoreland)回答了伦理学和政治哲学方面的不少问题,尼尔·曼森(Neil Manson)在当代设计论论证方面给出了很好的解答。我还与罗伯特·巴纳德(Robert Barnard)在心灵哲学方面,与斯蒂芬·斯库尔提(Steven Skultety)在希腊哲学方面,与劳丽·扎德(Laurie Cozad)和玛丽·色吉尔(Mary Thurkill)在宗教哲学方面进行了有益的对话。我以前的学生理查德·豪(Richard Howe)就第四章给出了有益的改进建议。还要感谢肯·萨夫卡(Ken Sufka)所讲授的脑科学课程,以及和我进行的数小时的激励性交谈与争论。此外,还要感谢所有在1987—2005年暑假与我进行互动的密西西比州州长学校(Mississippi Governor's School)的学生们,他们最早参与了本书的练习测试。最后,还要感谢巴克斯戴尔荣誉学院(Sally McDonnell Barksdale Honors College)2013—2017年新生课程中的所有学生,他们不但是一批特别优秀的学生,也对我所尝试的新理念和练习有着颇多助益。

十分有幸,与我合作的编辑团队是最好的商业编辑团队之一。

肯·金(Ken King)是负责本书第1版的编辑，他积极促成了本书的出版发行。乔恩-大卫·黑格(Jon-David Hague)负责本书第2和第3版的编辑工作，并促成了这些版本的出版。对于当前的版本，我的产品开发人亚历克斯·普莱斯(Alex Preiss)监督了这个版本的所有出版步骤。萨拉·弗林(Sarah Flynn)是内容许可专家，负责协商所引材料和美术作品的所有许可协议。我特别感谢我的开发编辑凯瑟琳·哈布尔(Katherine Habr)的协助。她既有专业编辑的效率和技术，也不乏心理治疗师让人平静、令人激励之技巧。

不论你是学生还是教师，我都希望你会像我在写作时所享受的与本书互动的感觉。我会很乐意听到你对本书及其练习部分的感受，也希望听到有关它的改进意见。你可以通过电子邮件与我联系：wlawhead@olemiss.edu。

威廉·F. 劳海德

目　录

谨此纪念我的好朋友乔治

衷心感谢你的友谊

还有我们一起经历的所有有趣历险

温斯洛·霍莫《微风吹起》(*Breezing up*，1873—1876)。
哲学之旅就像船的航行,需要持续参与才能坚持我们所选择的道路。

第一章　哲学之旅导言

我们向何处去？将如何抵达？

本章目标：

学完本章之后你应能做到：

1. 阐明关于何为哲学的几种不同解释进路。
2. 明确哲学家们探究的思想传统的不同领域。
3. 谈谈哲学如何是一场旅行。
4. 叙述苏格拉底的生平与死亡。
5. 解释苏格拉底的方法。
6. 讨论苏格拉底关于好生活的三个核心论题。
7. 阐释柏拉图的洞喻中各种不同的意义层面。
8. 运用六种标准对哲学论断和哲学理论进行评判。
9. 对哲学意义上的论证(argument)进行界定。
10. 区分三种论证：演绎、归纳以及最优解释推论(inference to the best explanation)。

1.0 哲学之旅概览

19世纪丹麦哲学家、文学天才索伦·克尔凯郭尔(Soren Kierkegaard)在其作品中如此描述一位虚构人物：他坐在咖啡馆里，为生命之目标或目的的缺失而忧心忡忡。① 他所沮丧之处在于，同时代许多人通过服务于民众，让人们的生活越来越便利而赢取了名声和尊崇。这所谓的便捷和安逸，来自铁路、巴士、蒸汽船、电报以及可便捷使用的百科全书的发明。他带着失意情绪，自言自语道："那么，你正在做些什么呢?"似乎确定无疑的是，他根本没法和那些把生活变得便利之人相提并论。在探寻自己的人生使命的过程中，他最终产生了如下念头：

> 这种想法突然在我脑中闪现："你必须做点什么，但无奈你能力有限，不可能使现在的一切再便利些，所以你必须要怀着和其他人一样的人道主义热忱而使某些事更艰难些。"想到这些我便兴奋不已，同时它令我虚浮地认为，我将会像其他人那样，受到所有人的爱戴和崇敬。因为当一切殊途同归，都在令所有事情变容易时，就只剩下一种可能的危险，即当安逸蔓延直至完全过了头，那时人唯一需要的将是困难，尽管它不为人所觉察。出于对人类的爱以及在这种尴尬处境中涌上的失落，眼睁睁看着自己一度无所作为，一度未能让事情变得更容易些，同时又受那些在此方面有所成就之人的真挚旨趣感召，我便处处将创造困难当成了自己的任务。[1]

---

① 尽管不能确定克尔凯郭尔小说中人物所说的话都是作者自我情感的反映，但在小说里，他们都重复着克尔凯郭尔屡次提及的关于自我的言论。

停下来，想一想

为什么有人甘愿让生活更艰难？就像克尔凯郭尔那样，哲学家能以什么方式使其读者的生活变得更加艰难？更重要的是，我们为什么要去了解这位以此为使命的作家？

哲学与有氧运动

假若你明白，长远来看，生活中那些廉价易得的东西的价值往往微乎其微，上述问题或许就会对你有所启发。往机器中投进一枚两角五分硬币，你就能从中取出一块口香糖。口香糖便宜易得，但它唯一的价值不过是几分钟的乐趣而已。而另一方面，母亲只有经历分娩之痛，才会有新生命的降临；音乐家只有长时间演练，才能使音乐尽善尽美；运动员只有历经艰辛且坚毅果决，才能沉着自制，并在竞赛中有所斩获；作家虽屡遭退稿，却依然殚精竭虑、锲而不舍，才能有伟大小说面世。上述每种情形都实现了某种价值，却莫不都是历经艰险和不懈努力的成果。

或许在克尔凯郭尔看来，只有面对生命中的真实困难，才可实现真正的价值。他的使命是说服我们、激励我们，并促使我们竭力克服谨小慎微之情而直面生命中最艰难却也最有价值的使命：诚实和个人反思。在他看来，这便是哲学的核心与灵魂。像许多其他艰巨而有益的活动一样，成为一名哲学家需要艰辛的理智劳动、实践、决心和富有创造力的奋斗。不过，从事哲学显然不会产生看得见的回报，就像母亲、音乐家、运动员或小说家所得到的那些。那么，做哲学的回报是什么呢？克尔凯郭尔认为哲学可使我们实现自我理解（self-understanding）。这个自我理解所关切的是，要去知道在我展示给他人的面具、我所扮演的社会角色或者同等社会地位的人附加于我的标签或描述之外的那个我的真实所是。它也包括对我的信念和价值的理解，以及对我为何如此行事的认识，也就是我的行为是出于自我的本真选择还是想当然而为之，是出于未经审视的假设还是受我所处文化的影响。

乍看上去，似乎人人都期望自我理解。但克尔凯郭尔认为，它不仅是生命最重要的目标，而且还是最难实现的目标。甚至他断言那恰恰是我们通常试图避开的东西。得意扬扬、自我满足，并执着于那些轻松舒适且手到擒来的信念，与痛苦、坦诚地直面自我，并对我们深信不疑之事加以审视相比，要容易得多。健身中心推崇这样一句格言："不劳无获。"我们努力想成为完全自我实现和充分发挥潜能之人，岂不亦然？事实上，哲学即可被视为"人类心灵的有氧运动"。在克尔凯郭尔的时代，虽人人声称可以回答别人提出的问题，他却认为自己对社会最大的贡献是针对每个人的回答再提出问题。他认为，唯有这样，我们才会被激励去探求那些值得我们相信的答案。就此，克尔凯郭尔给出了哲学的首个定义：哲学是对自我理解的探究。

哲学与爱

从字面意思看，"哲学"一词意味着"爱智慧"。据说第一个称自己为哲学家的人是毕达哥拉斯(Pythagoras，约公元前570—前495年)。他是希腊人，但大多数时间都生活在意大利南部。他最为人所知的当属其提出的著名数学定理。在被问及是否有智慧时，他回答除了神之外谁也没有智慧，但他是爱智慧的。爱某物并不意味着占有它，而是要为之倾注我们的生命。尽管毕达哥拉斯引入了哲学家这一术语，却是苏格拉底(Socrates)令其闻名于世。后者说过，哲学家热爱智慧，并乐此不疲。这番描述与哲学家树立的冷静而又善于分析的形象(有点像一台会行走和说话的计算机)形成了鲜明对比。其实，哲学是融合认知与情感的，毕竟，我们不会对生活中那些异常琐碎之事做理性考量。例如，我要拿自己的每日校报时，不会待在那儿对该去拿哪一份做一番推理。不过，诸如我们的宗教信仰（或信仰缺失）、道德价值、政治承诺、职业或者与谁共度一生等问题，对我们来说却是十分重要的。不像选一份报纸这种琐屑小事，它们作为我们挚爱、坚信和承诺之事，要求我们付诸最深刻的思考和最透彻的理性反省。某种程度上，哲学所探究的那种智慧所昭示出的诸多信念与价值，可用于对这些关键性决定的讨论。多亏了毕达哥拉斯和苏格拉底，我们现在又得到哲学的第二个定义：哲学是对智慧的爱与追求。

哲学与花生酱

我们都知道，哲学离不开问题，而且都是一些基础性问题，诸如"上帝存在吗？""生活有意义吗？""我是有自由的还是受不可控力的支配？""怎么确定何为道德正确（morally right）？"等等。是什么使这些问题成了哲学问题？一个可能的回答是，哲学问题所包含的都是一些最基本的概念，如上帝、意义、自由、道德正当性（moral rightness）等。要更好掌握这些哲学问题的本质，不妨尝试下面的思想实验。[2]

思想实验

1. 思考以下两个问题：

花生酱在哪里？

幸福在哪里？

这两个问题在哪些方面类似？在哪些方面不同？哪一个更容易回答？哪一个更重要？

2. 看看本书封面上有些什么，然后回答如下问题：

这是个 flimdoggal 吗？①

---

① Flimdoggal 是作者自创的一个词，没有任何实际意义，只是为了说明要认识一个事物必须首先存在认识的标准，下文会有具体阐释。

这个问题难回答吗？为什么？

3. 假若某人给你发错了药，导致你没法回答下面的问题：这是顶帽子还是圣代冰激凌？这个信念是真的还是假的？这个信念是真实的还是一种错觉？这种行为在道德上是善的还是恶的？那么，现在问你自己：上述混淆会引发一些怎样的实践问题？

花生酱在哪里或幸福在哪里，这两个问题看起来很相似，但从根本上看却是大相径庭。我们倾向于假定，"真实的"问题都是具体的，并且有可证实的、确定的答案。如果我们相信这一点，那么能问的任何问题都不会比"花生酱在哪儿"更深刻。因为这个问题有具体的答案(比如"就在架子顶上，芥末酱后面")，并且在得到答案时我们也能够对其确定无疑("没错，这个尝起来像花生酱")。然而，关于幸福在哪里(宗教、感官快乐、财富、名誉、有意义的职业、服务于他人等)，我们的很多观点却是相互矛盾的。我们可以认为自己已然找到了幸福，但却要耗费余生来确信所找到的是真正的幸福。显然，与花生酱相比，幸福要更抽象，更难以把握。不过，或许那些最抽象、最难以把握的生命目标，便是人所追求的最重要之物。

显然，你无法断定本书封面上是不是 flimdoggal，因为你不知道这个东西到底是什么。要回答这个问题，你必须提出一条判定某物是否是 flimdoggal 的标准，或者给 flimdoggal 这个词下一个精确的定义。在上帝、意义、自由或道德之善这些词上，我们都碰到了同样的问题。不过，由于它们司空见惯(不像 flimdoggal)，我们也就常常假定与之相应的概念已然被理解。然而，对哲学所要分析的那些概念，我们却不敢留有任何不清晰之处。你若是不能区分帽子与圣代冰激凌，就有可能作出把圣代冰激凌戴到头上的尴尬之事。不过，你的主要生活不会受到影响。但从另一方面看，如果将“真”“假”“实在”“错觉”“善”或“恶”弄混了，你的生活就会深受其害了。

乔治·奥威尔(George Orwell)在其小说《1984》中描绘了一种极权主义社会(totalitarian society)，它通过控制公民的语言来控制他们的思想。那被称为“Newspeak”的官方语言不允许任何关乎自由的语词存在。自由这个词消失了，人们心中就失去了关于自由的概念，失去自由这个概念，人们也就不可能去思考自由，也失去了朝向自由的渴望。公民会模糊地感到对社会有所不满，不过他们已经没有能力去谈论或思考不满的原因，因为这种能力已经被政府强行剥夺了。这部小说表明了为什么语词的意义对于哲学如此重要。哲学有时会被责备为不过是“词句之争”(arguments about words)。确实，有些词句之争是徒劳无益的，但并非全部如此。我们可用语词去把握那些支配思考的基础概念(fundamental concepts)，而这些思考则反过来指导着我们处理实在的方式、付诸实施的行动以及据此作出的决定。以上讨论使我们得出了哲学的第三个定义：哲学是对那些最基本概念之意义的追问。

哲学与感冒

考察我们的生活和信念是哲学的一个重心所在。在某种意义上，人人都是哲学家。在上帝存在、如何确定某个陈述的真假、什么是道德上的对与错等问题上，每个人都持有某些信念(不管多么不确定)。不管你是否意识到这一点，这些哲学结论都规导着你的日常生活。读这本书，你将发现，你的许多信念同样也是历史上一些大哲学家的信念。你还会看到，你的许多信念被贴上了哲学标签，还有支持或反对它们的诸多论证。说到哲学，你可不会像看台上的观众，盯着专业选手们你来我往地进行网球比赛；你也要下到场地里，成为哲学活动的参与者才行。

虽说在某种意义上人人都是哲学家，但从另一种意义上讲，哲学作为观看事物的方式，需要去学习和实践。问题在于，我们获取理念、信念和价值的方式通常就跟我们患感冒差不多。这些理念、信念和价值就像感冒病毒，在我们周围环境中浮荡，无意中被我们吸入体内。原本只是别人在感冒，现在我们都感冒了。我们所处文化中的那些信念与价值，现在也成为我们自己的信念与价值了。它们可能是真的信念和善的价值，不过，若是我们不假思索便将它们当作自己的东西，又如何认识到它们的真与善呢？在审视自己与他人的基础信念时，就必须问一问：这些信念经过证成了吗？有什么证据可作为支撑？反对它们的证据有哪些？如此一来，尽管每个人都抱有一些哲学信念，哲学之旅却会使我们更进一步。确认了这一点，我们就有了哲学的第四个定义：哲学是对那些可被理性证成的基础信念的探究。

对这些结论加以总结，我们便可获得关于哲学的多维定义。阅读本书时，请注意每位哲学家或每种哲学是如何处理这四种哲学定义的。哲学是：

1. 对自我理解的探究。
2. 对智慧的爱与追求。
3. 对那些最基本概念之意义的追问。
4. 对那些可被理性证成的基础信念的探究。

哲学研究什么？

许多人不知道哲学究竟是什么。哲学这个术语常会唤起对某种含混不清领域的意象，某种关于不可还原的主观意见的领域。我们常会听到这样的问题，“哲学家研究什么？”其他学科则没这回事。例如，我们可以张口便说，生物学家研究青蛙，地理学家研究岩石，历史学家研究战争，天文学家研究星座。可是，宇宙或人类经验中的哪一部分要由哲学来考察呢？简言之，就像一位哲学家说过的，“哲学的中心无处不在，其边界却又无处可寻”。[3]但也有人反驳，这一说法似乎说明哲学与其他学科研究相同的领域。对此的回应是，哲学相较其他研究领域之所以独特，就在于它以不同方式思考事物，而不是思考不一样的事物。为了更清楚地表明哲学的这一特征，不妨在如下六个领域对比诸学科与哲学所提出的各种问题。这六个领域是：逻辑学、形而上学、认识论、宗教哲学、伦理学和政治哲学。

逻辑学

心理学家研究人如何思考、人的诸信念产生的原因、人的思维是理性还是非理性的等问题。但哲学家还研究，当我们是有理性的并且要澄清持有某条信念的充分理由时，应当如何思考。对区分正确推理和错误推理之原则的研究隶属于哲学中的逻辑学领域，本章末“1.3 论证与证据：何以确定要相信什么？”将对此进行讨论。

形而上学

物理学家研究物理实在(physical reality)的终极构成要素，如原子、夸克或中微子。哲学家则会问，所有的一切都是物理实在吗？神经生物学家研究大脑活动，哲学家则会问，所有精神之事都真的是大脑之事吗？还是说心灵是可以与大脑相分离的东西？心理学家试图寻找犯罪行为与个人的类遗传特征或社会影响之间的因果关联，哲学家则要问，所有行为(善或恶)都是被因果关系决定的吗？或者，我们拥有不能被科学解释的某种程度的真正自由吗？在解释和预测行为的科学尝试与我们有关人类自由的信念之间必定存在某种冲突吗？在哲学中，形而上学关注实在的本质等基本问题。在第二章“探究终极实在”中，你会看到关于何谓实在的不同解释模型，同时也会遇到关于人之实在性的各种问题，诸如心灵和身体间的关系是什么？我们是自由的吗？还是说我们的生活是被预先决定(predetermined)的？

认识论

历史学家通过搜集事实并判断哪些对事件描述是最真实的，来使我们对内战有更多了解。哲学家则会问：什么是知识？什么是事实？什么是真理？我们如何能认识某物是否为真？存在客观真理吗？抑或所有观点都是相对的？知识的本质与来源、真理概念、信念的客观性或相对性等基本问题，都与知识论或认识论相关，在第三章“探究知识”中会有所述及。

宗教哲学

天文学家研究支配恒星等天体运行的法则。而哲学家的问题却是：宇宙自身能够对其存在和本质提供解释吗？还是说，需要在它之外的某种解释或者借助外在于它的神圣的创造者来解释？我们如何阐明作为科学研究之对象的世界秩序？设计论的证据足以证明宇宙设计者的存在吗？

气象学家会问，是什么造成了飓风？医药研究者会问，是什么导致儿童患上白血病？哲学家却会问，可有什么理性的方式能够让我们信仰那个全善、全能的上帝，而这上帝却默许台风带来的不应有的破坏，并且让无辜孩子遭受折磨？还是说，这些不应有的磨难恰恰就是反对上帝存在的证据？

社会学家研究不同人群的宗教信仰以及这些信仰所满足的社会需求，但无须对这些信仰的真理性或合理性下判断。哲学家却会问，信仰与理性相矛盾、相兼容，还是受理性的支持？还是说信仰必然超越理性？这些关于上帝存在、恶的难题、信仰与理性的关系等问题属于宗教哲学的领域，会在第四章“探究宗教哲学”中进行探讨。

伦理学

人类学家研究不同社会的道德准则(moral codes),描述它们的相似与差异,但不去确定何者最好。哲学家却会问,是否客观存在某种正确的伦理价值?还是说,所有伦理价值都是相对的?哪些伦理原则(如果有的话)是正确的?如何确定何为正确、何为错误?上述问题都跟伦理学相关,第五章"探究伦理价值"就将以伦理学作为讨论主题。

政治哲学

政治学家研究各种政府组织形式,哲学家则会问,什么使得政府合法?什么是正义?个人自由的恰当范围是什么?政府权威的边界何在?违反法律的行为是否能在道德上被证成?上述问题都被归于政治哲学名下,第六章"探究正义社会"将就此进行探讨。

其他学科的哲学基础

除了本书涵盖的上述六个主题外,哲学中的其他领域还针对特定学科提出一些哲学问题。这些领域包括艺术哲学(美学)、教育哲学、历史哲学、语言哲学、法哲学、数理哲学、心理哲学、科技哲学等。

哲学的实践价值是什么?

哲学家(学习哲学的学生)通常会问如下问题:哲学的实践价值是什么?对其他学科而言,这个问题似乎不难回答。研究计算机科学一定会引发不可限量的实践应用,更不要说什么就业机会。生物学研究可以找到诊治我们疾患的新方法。工程师学习如何建造更好的桥梁,并进行非凡的创造。心理学家帮助我们解决考试焦虑症和其他心理疾病。那么，哲学家能做些什么呢？与苏格拉底同时代的讽刺剧作家阿里斯托芬(Aristophanes)写过一部名叫《云》(*The Clouds*)的喜剧，这部剧中，苏格拉底的扮演者在悬于半空的篮子里滔滔不绝地发表演说。很多人认为，这个舞台形象是对哲学家的典型刻画，即不能脚踏实地的人。哲学常被看成是可有可无之事，是那些理智精英或不睦社会者超然世外、博学方物之癖好。有人曾将哲学家定义为"描述不可能之事并证明显而易见之事者"。

要想回答"哲学的实践价值是什么"这个问题，我们首先需要对其中所含的概念与假设进行一番澄清和追问。某些东西是"实践性的"，意味着什么？一个好的答案可能是，如果它是实现某个目标的有效率且有效果的手段，它就有实践性。你的目标若是学习法语单词应对考试，一条有实践性(有效率且有效果)的方法便是把单词写到卡片上，以便白天复习之用。但是，当我们问"哲学有实践性吗"，我们心中的目标又是什么呢？为了回答这个问题，我们需要知道生活中真正重要的目标、最终目的或价值是什么，从而衡量哲学是否可能成为实现它们的实际手段。到现在为止，你可能会意识到，对上述诸问题的思考就是一种哲学运思。讽刺的是，你必须先行作出一些关于生活中何者重要的哲学假设，才可以追问哲学是否是一项有用的活动。换言之，不同于其他学科，人们必须得先投身哲学，才能去批判哲学！

对于哲学研究的价值，还可以给出一些更具体的观点。美国哲学学会(American Philosophy Association)确认有四种哲学研究的重要技能：(1) 一般性问题的解决；(2) 交流技能；(3) 说服力；(4) 写作技能。显然，这些对任何学科、任何高端职业来说都很重要。事实上，研究一再表明，相比诸如法学院、医学院以及工商管理研究课程的入学考试平均水平而言，哲学专业的表现更为优秀。而且，在一个以信息的交流与分析为基础的经济体中，分析推理、批判性阅读、有效写作以及概念分析等技能都是不可或缺的。所以,《纽约时报职业规划师》(*The New York Times Career Planner*)曾这样报道:"哲学属于研究的基础领域,并在高科技世界中扮演着新的角色。"[4]

尽管哲学的分析性和逻辑性十分重要,但不应被看作枯燥、缺乏人情味且咬文嚼字之事。哲学史讲述的是拥有丰富想象力的男性和女性的故事。他们能创造性地思考,促使心灵摆脱那些因世俗以及想当然的假设而遗留下来的陈规旧俗。哲学家教我们用新的观念透镜观察世界,提出前所未有的问题,创造性地回答那些古老的问题,并用人类经验的丝线编织出新图景。哲学能教给你诸多实践技能,在学校和职业生活的众多事务里都能用得到。不过,学习哲学的最大益处还在于它给你的人生成长历程带来的变化。因此,哲学的实践价值这类问题不应被框定为"我能用哲学做什么"?而应当是"哲学能对我做什么"?

广场中的哲学

找十位没学过哲学的朋友做个调查,让他们回答"什么是哲学"?收集好他们的答案之后,参考以下问题,对他们的答案作出评价:

- 这十个答案有什么共同主题吗?
- 如何将它们与本章对哲学的描述进行比较?
- 它们缺少什么哲学特征吗?
- 你认为哪个是最佳答案?为什么?
- 哪个答案最不尽如人意?为什么?

作为旅行的哲学

正因如此,需要提醒你的是,手头这本书并非纯粹是关于哲学的书,还是你将要参加的哲学之旅的指南性读本。在每一章,你不但是在阅读，还是在对某件事身体力行。我之所以选择这种写作方式，是因为哲学不仅仅是一套观念集合，还是一种活动。有鉴于此，本书被命名为《哲学之旅》。我希望你在这场旅行中感到快乐，同时，这也是一次工作探险，许多任务将被一并完成。这本书是为积极投身于探索之人而准备，而不是为了那些懒洋洋的游记读者。因此，每一章都涵盖了以下部分，即地域勘察、绘制地形图、路径选择、论证检视、观点考察等，以及对旅行之所得的批判性省察，以督促你展开理性思考。本书好似一本现场作业手册，使你的探索绝不会孤立无援。它会为你指示出一些重要路标，提供地域地图，并在重要岔路和陷阱处予以提示，还会介绍一些资深先驱者，也就是那些先于你踏上旅途的哲学家们。

第一次泛舟而行，我并不在行。起初，桨在水里打转，不仅未能顺流而下，反倒浑身肌肉酸疼。不过稍后我便稳住了独木舟，桨也划得有模有样起来。很快，小舟就能在水中平稳滑行，我甚至开始希望碰见障碍或湍急水流，以期操控小舟顺利绕过它们。学习读、写和思考哲学，与学习其他任何技能没有太大差别。读到本书结尾处时，比起开始，你应该驾轻就熟。然而，“作为旅行的哲学”这一隐喻是有局限性的。一般而言，去旅行就是要到达某个特定目的地(河流下游的营地、祖母的房屋、返回学校等)。哲学的旅行却不同，因为它没有尽头。总有一些新观念要探索，有一些新问题要解决，而且旧版图也总要在新方法下被重新勘探。由此，哲学不像一场泛舟而行的短途，更似毕生朋比而行的旅程。

你的旅途路标

为旅行之便，每一章都给出了一些路标以及你可参与的活动。别忽略了它们，否则之后那些讨论的意义便会大打折扣。每一章都被命名为“探究……”，分别涉及六个主要哲学论题中的一个。具体而言，这些论题是关于实在或形而上学的理论(第二章)、认识论或知识理论(第三章)、宗教哲学(第四章)、伦理学(第五章),以及政治哲学(第六章)。部分章节在主论题下还有专门针对某一问题的子论题。主论题和子论题都以"概览"为标题,并以对相关领域的勘察作为起点。

地域勘察

这部分的内容可能是一个故事、剧本或报纸上的报道,用于激发起你在相关论题上的哲学困惑。它通常不涉及明确的哲学讨论,只是表明哲学问题在日常生活的每一领域中都存在着。

绘制地形图:有哪些问题?

这部分对哲学问题及其意义做了更精确的展示,使你在阅读文本时注意到需要回答的哲学问题。

概念工具

有些章节对重要术语作出了解释,或者对它们作出了明显区分。作为工具,它们有助于澄清哲学问题,构建起随后的讨论框架。

路径选择:我会做何选择?

这部分会对所涉问题的两种对立答案作出简要描述。值得一提的是,这部分还会给出一张图表,以展示在某个主题领域之中各种立场分属于哪些子分支。这里除了对诸可行观点做一番初始比较外,还帮你厘清你自己对此问题的思考。

我怎样认为?

最后,在每个哲学论题或子论题的开头都有一个简短的调查问卷,帮助你明确当下自己的立场之所在(之所以用"当下"一词,是因为你在详细研究过不同立场后，你的立场很有可能会发生改变)。对问卷的回答不需要任何哲学基础，并且这也不是一些实际发生的问题，所以希望你能够诚实作答。

问卷解答导引

做完调查问卷后，在解答导引部分会对相关答案进行分析。这里不会告诉你答案的对错，而是让你了解自己的观点属于哪种哲学立场。如果你对这些立场不甚熟悉，也不必担心，之后会有相应解释。因此，只需记住自己的立场即可，因为在该章节的后面部分，你会看到自己的立场是如何被某些著名哲学家辩护或批判的。在阅读每一章节的内容时，都要时刻谨记：那些正在被讨论的问题恰恰就是你已有所思考的问题。某些哲学家会赞同你，为你的想法提供一些材料。这些材料对你有所帮助吗？为什么？其他哲学家可能会拒斥你的观点，对你构成挑战，你又将如何回应？他们会努力要求你接受他们的想法，你会买账吗？他们也会尽力用各种论证把你牢牢拴在他们的立场上，你是否能面对强力不为所动？如果不能，那么你的立场是要被提炼、修正，为其提供更好的支持，还是干脆放弃它们呢？

引导性问题

在对每一类特定的哲学问题加以概述之后，将会针对每一立场展开分析。这些立场的引入需要借助一系列引导性问题。这些简单的问题可在两种意义上被称为“引导性”的：它们引出对特定哲学立场的讨论；它们总是更倾向于正被考察的那种立场。之所以设置这些问题，目的在于让你对当下立场产生共鸣，同时促使你去反思这些问题何以出现。由此，在对问题的回答过程中，其所隐含的预设将被一一发掘出来。

对……的探究

对每一种特定立场而言，这个部分至关重要。它要对所涉立场进行讨论和解释，并给出针对这一立场的相关论证。一如之前的做法，我们要看的不是这些论证的表面价值，而是通过细致考察来断定它们能否提供充分理由，以使人们信服。

引自……的文本

针对每一种特定观点，我几乎都会给出一些哲学家写作的简单阅读材料，以切实帮助人们对哲学论题进行分析。这部分还会给出一些问题，让你在材料中寻找相应答案，以帮助你展开进一步分析。这些段落都是被精心挑选出来的，对理解诸哲学观念十分重要。忽略了它们，就会无形中错失许多重要材料。就像仅仅阅读滑雪方面的知识而不亲身实践便没办法学会滑雪一样，不投身于哲学写作，你也不可能在哲学上取得进步。

透过 X 的镜头看

每种哲学都有如一只镜头，透过它，我们可以对人类经验以及整个世界做一番全面的探查。每位哲学家都认为其哲学已经为你提供了一幅最佳生活图景。相应地，在这部分中你会被问及如下问题："你若是哲学家 X 的追随者，对下述问题会怎么看？"通过回答这个问题，你会对哲学家的立场有所理解，明确它蕴含的内容，以及其所产生的实际影响。

检视 X 的优缺点

哲学可不光是观点的展示，这部分要为对每种哲学的讨论下个结论。毕竟，如果你不能吸收于己有用的全部信息和论证，不能断定哪一种观点最有意义，哲学之旅就会变成漫无目的的闲聊。或许没有什么哲学是百分之百的正确或错误，所以你得对被讨论之立场的优缺点进行一番评估。本书不会告诉你就相关立场该作何思考,只会提供一些正面抑或负面的观点。至于优点是否能压过其缺点,则全由你自己定夺了。

个人做哲学

在每章的结尾会有一系列问题和思考,可以将这些应用到你们的生活当中。其目的不是给你留下新观点,而是激发你自己对自我的、独特的生活产生新视角。毫无疑问,本书的每位读者将给出不同的回答。

方框中的练习

每章还会有一些零散的练习放在方框中,意在让你停下来对某个特定问题进行思考。下面是一些相关的例子。

广场中的哲学

我会常常要求你对一些没有哲学背景的朋友进行调查,看他们对某个特定问题持有怎样的观点。回答这些问题时,你的朋友并不需要对哲学的技术性细节有所了解。苏格拉底认为对话是探寻真理的最好方法。所以他成日待在广场上,质疑其雅典同胞所持有的观点。上述调查恰好可以让你在课堂之外尝试一下苏格拉底的这种哲学方法。我的学生说,这种练习常会激发他们与朋友就某些问题进行彻夜讨论。很有可能,你会从已得到答案的问题中引出新问题,而且希望把它们与教授和同学分享。

思想实验

化学家用试管做试验,研究某些化学品的反应,以检查他们的理论是否靠得住。哲学家则用思想实验对特定理念的内涵予以分析。在进行思想实验时，需要你进行以下工作：分析概念，找到其本质内容；考察哪些概念可放在一起，哪些不能；找出诸理念的内涵；看特定理论或常识性信念能否经得住检验；找出解决概念疑惑的替代性假设；查明哪些假设需要被修订，哪些需要被抛弃；检验其他研究者（著名哲学家）的研究发现。

停下来，想一想

此时需要你暂停阅读，对前文所述内容作一番思考。这里会提出一个或多个问题，以帮助你对某个特定观点进行集中思考。

该部分主要涉及对背景资料、有趣的引述或其他与主题相关信息的阐述。	聚焦

最后，每章的结尾部分都会列出一张清单，帮助你回顾该章节涵盖的内容。其中有重要哲学家的姓名、一些关键概念，以及一些后续阅读建议。

如你所见，哲学之旅可不仅仅要了解一些事实、姓名和日期，也不只是简单地坚守某些个人观点，或如小孩子交易棒球卡那样进行观点传递。哲学之旅是富有挑战性的，你必须反思、评估自己和他人的基础性信念，并探究其合理性。踏上哲学之旅并持之以恒，你将会收获人生中一份最丰厚的回报，这丝毫不逊于自我理解。为了让你更好地开启这一旅程，我愿以18世纪德国哲学家康德的一段话作为本书的目标："你不是向我学习哲学，而是学习如何哲学地看问题；不是学着重复某些思想，而是学会如何思考。"[5]

1.1 苏格拉底与对智慧的探寻

他作为囚犯被关在城邦监狱里，距繁华的雅典城市广场不过一箭之遥①。就在昨天，他好像还在那里自由漫步、讨论哲学，并且就与人性相关之论题的所有可能观点进行质疑，这些主题包括知识、道德之善、心理学、政治学、艺术和宗教。可一个月前，由雅典的500公民组成的陪审团却投票判处他死刑，依据的两条罪名是：败坏青年人的心灵和教授不被官方认可的其他神明。若在平常，他在审判后会被立即处决，但当时恰逢每年一度的宗教节日，死亡期限因此被推后了一个月。

苏格拉底(公元前470—前399年)

执行死刑的那天早晨，当与他度过最后一夜的妻儿离开之后，十多位本城邦的朋友和五位其他城邦的朋友一起来监狱探望他。去掉镣铐后，苏格拉底揉搓着腿部，神色如常，似乎这又是一个寻常日子的开始。晨光穿过窗子映射在他光秃的头上，弯曲的灰白胡子格外显眼。他年届七十，身材矮小、结实，套着一身粗笨的外

① 这个说法大致基于《斐多篇》，即柏拉图关于苏格拉底最后几个小时的对话。

衣。人们总会取笑他，因为此人的心灵精确且严整，外表却如此滑稽不堪。但此时此刻，气氛严肃，人们再无取笑之心。囚室里情绪压抑，一些朋友甚至不顾体面地哭泣起来。苏格拉底却异常平静，甚至欢欣雀跃地迎接死亡的到来。

这一幕发生在公元前 399 年，苏格拉底因为自己持有的异见而面临死刑。他向许多雅典人传授过哲学智慧，其中就包括他最著名的学生柏拉图。临终之际，苏格拉底在追随者面前亲自揭示了其镇定自若的秘密所在。他说，哲学家乃是借助智慧使得灵魂获得自由之人。这样的人学习求知，并由此分享到了至真、至善和至美。由于这些概念是永恒的，不会随着用以说明它们的物理形态的变化而发生改变，因此我们认知这些永恒真理的能力就要指向内在于我们的某种永恒之物。苏格拉底论证道，因为内在于我们的灵魂永恒而无形，且灵魂本身就等同于真正的人，加诸肉身的伤害绝不可能影响到它。他整天都在不厌其烦长篇大论他自己和所有人的不朽。当追随者们担忧即将失去他时，他渴望的却是从

雅克・路易・大卫(Jacques Louis David, 1748—1825)《苏格拉底之死》

城邦的不正义中解脱，并醉心于去往那个可被自己所传授的东西所证明的完满正义之地。

日落将至，苏格拉底的孩子前来与他见最后一面。长子已成长为青年，次子只是个孩子，小儿子还未脱襁褓。他们离开后，典狱长来告别。他很欣赏苏格拉底，每天都会来看他。他感谢与苏格拉底在一起进行的那些谈话，忍不住放声大哭起来。苏格拉底已做好赴死准备，吩咐拿来行刑用的毒芹汁。他一饮而尽，很快就感觉腿部沉重，便仰面在床上躺下。监狱看守监视着他的身体从四肢到心脏逐渐变冷，逐渐麻木。他留给朋友们的最后遗言是，将他献祭给医神阿斯克勒皮俄斯(Asclepius)。朋友们起初都感到奇怪，毕竟人们从病中康复时才会致谢这位神明。后来，他们记起了苏格拉底曾教导过的话，便明白苏格拉底的意思是他很快就会找到完满(wholeness)，尘世生活的有限性和精神缺陷都会得以治愈。关于苏格拉底的死，据说他的门徒斐多(Phaedo)曾说过："这便是我们这位朋友……的生命终点。在我认识的所有人中，他可被称作是最有智慧、最正义并且最优秀的那个。"[6]

大多数对名人的描述都从其出生开始。但就苏格拉底而言，他的死最能体现其性格和生活。由他的死可引出如下几个问题：

- 哲学家为何会被看成是危险的，以致要被处死？
- 为何苏格拉底如此执着于自己的哲学，甚至愿意为之献身？

对这位伟大哲学家了解越多，这些问题的答案就越明显。现在你可以想一想，自己能够从苏格拉底的例子中学到些什么，这或许对你颇有帮助。

停下来，想一想

苏格拉底的生与死都发生在与我们完全不同的时代和

不同的土地上,但他的一生乃至死亡却能激发我们对自己生活的追问。为理解苏格拉底当时的情况,不妨问自己如下问题:

- 是什么让一种理念变得危险?
- 哪些理念(若有的话)让我不舒服、难受,甚至感到危险?为什么?
- 能否想到一些理念,在过去的社会中被认为是危险的,但后来却被证明为真?
- 能否想到一些理念,我曾认为它是危险的,但现在却接受它了?
- 哪种理念值得我毕生追求?
- 我愿意为之献身的理念又是什么?

苏格拉底的生平与使命

现在,我们已经了解了苏格拉底之死,关于他的生平我们又了解些什么?苏格拉底生于公元前470年的雅典。跟他大多数出身于雅典富裕家庭的学生不同,他家境十分贫寒,父亲是一位雕刻师,母亲是助产士。他从小就对父母的职业耳濡目染,以致做哲学的方法跟这些职业有着有趣的相似之处。雕刻师在大理石原石上刀削斧凿,去掉多余部分,使光洁的雕像最终呈现在人们面前。与此相似,在与雅典公民的对话中,苏格拉底针对当时人们那些原始的、未经提炼的观念,笔削、琢磨其观点,去除不清晰或错误之处,从而逐渐切近于真理。毫无疑问,正是考虑到母亲的职业,苏格拉底才称自己为"精神助产士"。在他看来,没法向别人传授什么,只不过能提出一些巧妙的问题,以便帮助早已埋藏于每个人灵魂中的真理重见天日。

柏拉图的《申辩篇》(*Apology*)叙述了苏格拉底接受审判的故事，这可算作有关他生平的最确切的一段信息(申辩这一术语并非指悔过，而是指一种正式的辩护，比如某人在法庭上进行的活动)。下述引文中，苏格拉底首先向法庭陈述他如何陷入巨大的麻烦中。该陈述从一件事情说起，而这件事情可谓是苏格拉底一生的转折点。

引自柏拉图

《申辩篇》[7]

哦，雅典的公民们，我恳求你们，即便我好似口出狂言，也切勿打断我。因为我将要告诉你们的这些话并非我自己的看法。我将向你们提起一个无可怀疑的权威。这个权威就是德尔斐的神，他将为我的智慧作证。你们当然认识凯勒丰。他自幼便是我的朋友，也是你们的朋友，毕竟他也参与了那次放逐，而且是跟你们一起返回的。你们知道他的为人，他做事情十分冲动。有一天，他竟然去了德尔斐神庙，直接要求祭司告诉他，是否——我先前说过，务必恳请你们不要打断我——有人会比我更聪明。女祭司回答说没有。凯勒丰虽然死了，但是他兄弟现在就在法庭上，可以证明这事是真的。我为何要重提旧事呢？因为我想解释一下自己为何会背上这样的恶名。听到神谕时，我曾问自己："神明在意味什么呢？对此谜语可作何解释呢？我自知毫无智慧，它却说我是最有智慧之人，可能在表达何种意思呢？别忘了，它是神，绝不可能说谎，那有悖其本质。"经过深思熟虑，我终于想到了可试着解决这问题的一种方法。我自认为，只要能找到比我聪明的人，就可以去神明那儿，亲自驳斥他。那时，我会说："你曾经说我是最聪明的人，可是，这个人比我更聪明啊！"

- 上述引文中，神通过女祭司之口对苏格拉底作了何许评价？
- 苏格拉底打算怎样否证神的话？
- 下述引文中，苏格拉底所说的，跟当时政客相比，他所具备的优势是什么？

> 于是，我去拜见了一位身负智慧、名望之人，对他进行观察——不需提及名字，只要知道他是我专门挑选出来进行考察的一位政治人物就行了——结果是：一开始谈话，我便禁不住认为他并非真有智慧，只是很多人以为他有智慧，而且他自己更以为甚而已。我接着试图让他明白，是他自认为有智慧，实则不是这样。这反倒招致他对我的憎恶，而且引起了在场听我说话者的共鸣。于是我选择离开，边走边对自己说："好吧！尽管没法设定我们哪一个知道真正的美与善，但我还是比他更好些——因为他一无所知，却又自以为知；我则无所知，亦自知无所知。从后面这一点看，我是胜过他的。"我接着找到第二个人，他甚至享有更高的哲学虚名，但我同样认为他没有智慧。结果他连同身边的人也都成了我的敌人。
>
> 从那以后，我一个接一个地去访问。我明白这样做会使别人讨厌我，尽管唏嘘且害怕，但我还是感到必须将宗教义务摆在首位才行。我告诉自己："为了找到神谕的意谓所在，我必须去拜访所有听说过的博学多识之人。"雅典公民们，我以神犬的名义起誓——因为我必须将真理坦诚相告——我这么做的结果是：我发现，有着至高名望的那些人也便是最蠢的人。某些下等人，恰恰更聪明，更出色。
>
> 我将讲述发生在自己身上的漫游故事，并将之称作"赫拉克勒斯"的辛劳，这么做至少可以证明神谕是不可反驳的。离开政治家后，我找到了诗人，有悲剧诗人、礼敬酒神的诗人，等等。我自认为，在他们面前自己总要经受考察，总会发现自己

要比他们更无知了吧！我从他们的著作中挑出一些构思最精巧的段落，向他们询问其意谓——寄望这样可以从中学到些什么。你们愿意相信我吗？我说这种事时不免羞愧，但我还是得说，现在在场的人谈论他们的诗歌都要比他们自己强。我当时一下子便明白了，诗人们不是靠智慧写诗，而是靠某种天分与灵感。就像占卜者或预言家，他们虽然也常说些真知灼见，却压根不理解其中意谓为何。对我而言，诗人也是这样的。我进一步观察到，他们基于诗歌的力量，才相信自己是最有智慧的人，但在诗歌之外，他们则根本无智慧可言。于是我再次离开时，出于对待政治家们的同样原因，认为自己比他们更高明。

我最后拜见的是手艺人，在这方面我一无所知，我也曾确信他们拥有许多真知灼见。就这一点而言，我还是正确的，毕竟他们确实知道许多我压根不知道的东西，也自然会比我更有智慧些。但我也观察到，即便最出色的手艺人，也会堕入诗人犯的那种错误里。因为是优异的匠人，他们竟然认为自己对所有高端问题都已了然在心。这种缺陷遮蔽了他们的智慧。我以神谕的名义问自己，我是否愿意就做自己，既无他们的那些智慧，也无他们的那些无知，抑或兼而有之。我给自己，也就是给神谕的回答是，做我自己就足够了。这个探究过程使我四面树敌，有些甚至是最恶和最危险的那种。它也造成了一些虚假的东西。我被说成是有智慧的，当我想从别人那里找寻智慧时，听众却总是想象自己就已掌握了智慧。

苏格拉底仍坚信自己是无知的，没什么可传授于人。不过，他现在该知道，为何神说他比其他雅典人更有智慧了。

• 他在什么意义上是有智慧的？

下述引文中，苏格拉底预料到，只要他不再做哲学，不再问令人恼怒的问题，法庭自然会还他自由。

- 对这份可能给出的认罪辩诉协议，苏格拉底作出了何种回应？
- 什么是他所说的雅典公民犯下的错误？
- 苏格拉底认为自己的使命是什么？

雅典公民们，我赞美而且爱戴你们，但我更愿听从神明的旨意。只要我的生命、力量尚在，将不会停止践行和传授哲学。而且我会规劝碰到的人步我后尘。我会极力说服他：哦，亲爱的朋友，你们既已是雅典公民，在这个伟大、有力和智慧的城邦，却为何过多关心金钱、荣誉和名位的攫取、累积，以致忽视了智慧、真理以及灵魂的完善？你们不因此感到羞耻吗？如果跟我辩论的人说：不，我是关注后者的。那我就会留下来，或者留住他。我跟他交流，考察和盘问他，只要认为他在未具美德的情形下自称拥有了美德，就会斥责他，因为他低估了伟大的东西，却高估了渺小的东西。我要向遇见的一切之人告知这一点，无论年轻人还是老人，雅典公民还是外邦人。当然，最主要还是针对雅典人，他们毕竟是我同气相求的兄弟。因为如前所知，这是神的命令，还因为我相信，迄今为止，在雅典城邦中，我能服务于神明便已是最大的善。

我把自己所有的时间都花在劝说你们，不论老少，不要太在乎自身和财富，应首要和主要关心灵魂的完善。金钱换不来美德，反而是有了美德，就会得到金钱和其他的善，不管公共的还是私人的。我传授的就是这个东西，它作为教义若是腐坏了年轻人，那么我所造成的影响确实是破坏性的。但有人若说我教导的不是这个，那他就没说真话。因此，雅典公民们，我得说，不管是否买阿尼图斯的账，不管是否宣判我无罪，无论你们怎么做，都应该晓得，我绝不会改变自己，即使屡遭杀身之祸也无妨。

停下来,想一想

• 苏格拉底谴责其公民同胞未能一直致力于重要之事。若是他来盘问你的话,有可能用你生活中的哪些例子来说明你过高评价了琐屑之事,却低估了至关重要之事呢?

• 苏格拉底一生都很有使命感,为了使命至死不渝。毫无疑问,你有自己的教育计划,也想得到一份可以养家糊口的职业。除了赚钱外,你的生命中还有什么使命感吗?

• 如果有,你将如何描述自己的使命?

• 使命感对于你的生活重要吗?为什么?

• 在下面的引文中,苏格拉底说坏人不可能伤害好人,你对此怎么看?你赞同这一观点吗?为什么?

• 为什么苏格拉底认为谴责他的人[梅利多斯(Meletus)和阿尼图斯(Anytus)]迫害了他,却伤害了他们自己?

雅典公民们,不要打断我,只需听下去,我们之间不是事先约定让我讲完嘛!况且,我将要说的东西于你们是有好处的:我下面所说的可能会引发你们抗议,但我还是恳请你们别那么做。我必须得让你们明白,杀掉我这样一个人,对你们自己的伤害要比对我的还要大。梅利多斯和阿尼图斯将不会也不可能伤害我,毕竟本质上来说,坏人不可能伤害一个比他更好的人。我不否认,坏人有可能杀死好人,将他流放,或者剥夺他的公民权利。坏人可以想象,其他人也可以想象,好人受到了重创。但我跟坏人的想法不同,因为阿尼图斯那种行径——不公正地剥夺他人生命——只会酿成巨大的恶。

- 下述引文中，苏格拉底告诉陪审团，他掀起争论并非为了自己，而是为了雅典人。他为何认为，这一结果实际上是对雅典公民而不是对他自己的审判？
- 苏格拉底继而把自己比作牛虻（一种大马蝇）。他为何这般描述自己？
- 有什么证据可表明，苏格拉底意在无私地服务于雅典民众？

现在，雅典同胞们，我可不像你们想的那样，是为了自己在争论，我可是为了你们啊！你们切不可旗帜鲜明地反对神明，或者因为谴责我也些微迁罪于它。如果神明将我给予这个城邦，让我说出这般荒唐言辞，摆出这副牛虻德行，同时城邦又有如伟大而高贵的骏马，因为体积庞大而行动迟缓迫切，需要被激发出活力，那么你们若杀掉我，再找这样一个人可就难了。毕竟我正是神明派来城邦的那只牛虻，无时无刻、无所不在，叮咬你们，唤醒你们，说服你们，乃至谴责你们。鉴于很难再找到我这样的人，你们还是放了我为好。我敢说，你打瞌睡时被突然叫醒势必会恼怒，也会想到，如果听从阿尼图斯的建议——很可能会——治我死罪，就可以在余下日子里安然入睡了。前提是，神明不会出于关心你们，再派一个牛虻下来。我是神明派下来这事是可以被证明的：如果我跟其他人是一样的，就不该置全部利害于不顾，或者甘心它们数年来被忽略不计，却如父兄一般，替你们做事，单枪匹马来你们身边，规劝你们重视美德。要我说，这可不是人的本性(human nature)啊！我要是得到了什么，或者我的规劝有所报酬，那还有点意义。但你们都知道，即便控告我的人厚颜无耻，也不敢说我曾向什么人索取或要求过酬劳。谁也没见过这种事。但我穷困潦倒的处境则足以成为见证，见证我所言为真。

在诸如对苏格拉底的审判中，人们想的是，被告该哭着求法庭宽恕自己，并把孩子、亲属和朋友带到法庭上，乞求开恩。但苏格拉底拒绝打这样的感情牌，他只是一如既往，有力地维护真理。他希望，就算接受审判，也必须基于其生活与理念来进行。

广场中的哲学

找出至少 5 个背景不同的人，问他们如下问题：

1. 至少说出 3 个(不论在世与否)在你看来有智慧的著名人物的名字。

2. 你为什么觉得他们有智慧？

注意：之所以规定只选著名人物，是为了避免推选亲属和那些多数人都不认识的人。若是被提问者选出的都是宗教领袖(比如佛教、所罗门教或犹太教)，为了确保多样性，就要让他另举几个例子。

答案回顾：是否有一些领域的人没被列举到？(例如，提及某些女性了吗？如女艺术家或女科学家)有些领域的人被频繁提起吗？(例如，政治家是否被提到的频率最高？宗教人物呢？)有哲学家被提到吗？诸回答还涉及其他领域的人士吗？在上述考察中，从人们所持的智慧观念里可学到些什么？你赞同这些关于智慧的观念吗？为什么？

判决结果是，陪审团里有 280 人宣布他有罪，220 人要将他无罪释放；公诉人建议判处死刑。按照雅典法庭的习俗，此时被告可以提请对自己实施较轻的刑罚，并试着说服陪审团接受。苏格拉底要是请求被流放并保证从此离开雅典，控诉人很有可能就接受了。但他偏偏不这么干，反而主张，他是被自己所信奉的神送来服务于雅典公民，提出值得探索的问题的，而这只给雅典公民带来了巨大好处。因此，他也就该收获真正体现其价值的东西，那就是为奥林匹克优胜者以及军队中的英雄保留的荣耀——终生免费享用为城邦英雄所设的餐宴。这种说辞显得过于傲慢了，以至于支持者也开始转而反对他，从而投他死刑的票数与之前相比有了压倒性优势：360∶140。

压倒性判决产生后，苏格拉底在对陪审团的最终陈词里照旧大谈哲学。他宣称，死亡并非对生命的真正威胁，真正的威胁是过一种恶的生活。我们不该为了免于一死而有意去做或说某些东西，不该认为可以通过败坏灵魂来获得许多好处。

> 我的朋友们，逃避死亡并不难，难的是逃避不义，后者比死亡可要来得快。我很老了，跑不快了，再慢的跑步者也能超过我。控告我的人虽然身手敏捷，不义却要更快，早就超过他们了。现在我掉队了，被你们谴责，受到死刑的惩罚。而他们，将受到真理的谴责，惩罚的是罪恶和错误。我必须接受施于自己的这些——他们对施于他们的也得如此。我就将这些设定为命中注定好了——我想，他们应该……
>
> 所以，嗯，法官们，该欢欣愉悦地看待死亡，而且也要明白一个真理，即一个道德上善的人不会作恶，不管活着还是死了。神明不会忽略这样的人，而我杀身成仁也不过是偶然之事。我清楚知道，赴死并得解脱于我而言更好些，所以我精神上也没什么可抱怨的。这样，我也不会生控告我的人以及谴责我的人的气。虽然他们没想在我身上施什么善，可也没伤害我。但在这一点上，我还是可以温和地责备一下他们的……
>
> 分别的时候到了，我们将分道扬镳——我赴死，你们继续活下去。唯有神明才知道什么更好。

苏格拉底过着哲学家的生活，并以哲学家的姿态，也就是爱智慧的人，而从容赴死。他认为，人们能追求的最重要的目标就是智慧。没有了智慧，我们就像被种下了诅咒，将会一贫如洗。“广场中的哲学"中所进行的考察，就是要你和其他人想一想，智慧的含义到底是什么。

苏格拉底的方法

如果智慧是苏格拉底生命中最重要的目标，那么他是如何追求智慧的呢？苏格拉底以提问作为从事哲学的方法，效率很高，以致成为教育的经典技能之一，被称为苏格拉底式方法或者苏格拉底式问诘。柏拉图将其称为辩证法(dialectic)，来自希腊语中跟对话(conversation)相对应的一个词。一般而言，苏格拉底的哲学对话要经历七个阶段，在这个过程中，他与同伴一直致力于对真理作出更好的理解：

1. 在日常对话中，苏格拉底将诸多哲学问题揭示出来。(苏格拉底的天才之处就在于他有能力在哪怕极其平淡无奇的话题中找出哲学问题。)

2. 苏格拉底摘出需要分析的关键哲学术语。

3. 苏格拉底承认自己无知，请求对话同伴的帮助。

4. 苏格拉底的对话同伴就关键术语提出一个定义。

5. 苏格拉底通过提问分析这个定义，揭示其不足。

6. 对话者基于对前一定义的改进再给出另一个定义(新定义回到第 5 步，通过仔细考察，再一次被发现其不能成立。第 5、6 步将会重复多次)。

7. 使对话者面对自己的无知(最终，对话者意识到自己是无知的，并准备开始探求真正的智慧。然而，经常发生的情况是，对话者会找些借口结束对话，或者又有其他人试图给出某个新定义)。

通过这种办法，苏格拉底希望消除错误理解，使对话双方更加接近正确答案。之所以如此，是因为苏格拉底相信，生活中的终极问题的真理是深藏于我们心中的，揭开这种内在真理的过程就好比助产士帮母亲诞下孩子的过程。

为表明他人立场的缺陷，苏格拉底使用的最娴熟的技艺之一便是归谬法(reductio ad absurdum)。它的意思是"还原为一个谬论"(reduce to an absurdity)。他开始会假定对方的立场是真的，然后表明其逻辑蕴含了某种谬误，或者蕴含了与对方结论相矛盾的其他结论。如果从一个命题演绎出某种错误的论断，就可以证明其最初的假设也是错误的。

读完下面引自柏拉图《理想国》的一段文字，苏格拉底的方法的运用就可以一目了然。(因为苏格拉底做哲学的方式都是对话，从不著述，所以我们对他的所有了解都来自柏拉图以及其他同代人的作品。柏拉图早期对话集，比如《申辩篇》，就被认为表现的是历史上的苏格拉底。而《理想国》写于柏拉图中期，其中提出的理论虽是借苏格拉底之口说出，但被认为是柏拉图对苏格拉底思想的阐述和扩展。)引文中的故事从苏格拉底与朋友们在城内会面开始，当时正值宗教节日。最后他们来到玻勒马霍斯(Polemarchus)家里，遇到他父亲克法洛斯(Cephalus)，一位隐退的富商。克法洛斯谈起逐步变老而感到的快乐，以及过一种充实生活所具有的美德。苏格拉底对他说的话很有兴趣，并问他，是什么令他的生活充满了安宁与快乐。故事到了这个地方，苏格拉底哲学辩证法的第一步便开始了。

揭示哲学问题

克法洛斯回答道，安宁和幸福的秘诀就在于过一种基于正义与虔诚的生活。苏格拉底就问他正义的概念，然后两个人走入辩证法的下一步。

摘出关键哲学术语

苏格拉底对克法洛斯以及其他人的正义概念进行了考察，结果发现，没有一个定义令他满意。就在这时，一个颇为自负且直率的智者教师色拉叙马霍斯(Thrasymachus)按捺不住加入了对话。他坚持要求苏格拉底停止这种把戏，并给出自己对正义的定义。一如既往，苏格拉底断言自己在此问题上一无所知，恳求色拉叙马霍斯以其智慧启发自己。由此，辩证法的第 3 步便是苏格拉底与色拉叙马霍斯的对话。

承认无知并请求帮助

下述引文始于色拉叙马霍斯带有讥讽之意的回答。

引自柏拉图

《理想国》(*Republic*)[8]

他说，瞧瞧，苏格拉底的智慧。他自己拒绝传授什么，却到处向他人讨教，甚至从不说句感谢的话。

我的回答是，我向他人讨教，委实不假。但要说从无感激之意，则我断难接受。我分文不名，所以只能报以赞赏之辞，而且也只有这些。只要你给出答案，立刻就会发现，我是多么殷切地准备着去赞美那些言真意切之人。因为，我预计，你会作出精彩回答的。

对色拉叙马霍斯的自我膨胀作了一番奉承后，苏格拉底将对话推向辩证法的第 4 步。

提出定义

- 在下一段，找出色拉叙马霍斯关于正义的定义。
- 能给出什么样的论证支持这个对正义的定义？
- 这个定义蕴含着哪些东西？
- 色拉叙马霍斯提出的是一种令人满意的正义观吗？为什么？

他说，那么，听着。我声明的是，正义只是一种强者的利益。你现在为何不赞同我？当然不会啦！

我回答道，先把你的意思弄明白再说。如你所言，正义是强者的利益。色拉叙马霍斯，这话有什么意谓？……

他说，好吧！有不同的政府组织形式，暴政、民主制和贵族制，你从未听说过吗？

不，我知道。

那么，政府是每一城邦的统治力量吗？

当然啦！

那么，每一种形式的政府都会按照统治者的利益来制定法律，民主政府制定民主的法律，暴政政府制定独裁的法律，其他政府也一样。他们通过立法对被统治者宣布，正义就是对统治者有益，违反这条法律就是犯罪，就要受到惩罚。我说所有城邦都有相同的正义原则，也即体现政府利益，就是这个意思。因为政府必然要掌握权力，那么可以得出的唯一合理结论便是，无论何处都只有唯一一条正义原则——强者的利益。

针对表格里色拉叙马霍斯所给出的定义，苏格拉底进入其哲学方法的下一步。

通过提问分析定义

在下述引文中，要注意的是，为表明色拉叙马霍斯的立场将会导向自相矛盾的结论，苏格拉底将如何运用归谬论证。引文结尾将苏格拉底爱讽刺这件事表现得淋漓尽致，他在那里恰恰是边推翻色拉叙马霍斯的立场，边把他称作“最有智慧的人”。

- 从色拉叙马霍斯的定义，苏格拉底推出了何种矛盾结论？
- 你认为，色拉叙马霍斯能怎样修改定义以避免上述荒唐结论？

● 列出引文中苏格拉底的论证步骤。

我说，现在我理解你了。不管你正确与否，我都将试着发现……现在，我们都承认，正义代表某种利益，不过你更进一步，认为是“强者的利益”。对你多走的这一步，我是吃不准的，所以还得考虑再三。

接着说。

我会的。请你告诉我，你是否也确信服从统治者是正义的？

我同意。

那么，这些城邦统治者绝对不会犯错，还是有时也会犯错？

他回答道，我确信，他们也会犯错。

既然这样，在制定城邦法律时，他们可能时而正确时而不正确啦？

对的。

当他们正确行事时，就迎合了他们的利益；但犯错时，就违背了他们的利益。你同意吗？

是的。

被统治者必须要服从他们所制定的法律，这就是你所谓的正义？

毫无疑问。

那么，照你的论证，不但符合强者利益是正义，而且相反也是咯？

他问道，你这样说是什么意思？

我相信，我只是在重复你说的东西。让我们想想：我们岂不是都承认，统治者发布命令，却可能弄错了自己的利益？遵守这些命令还是正义的吗？我们对此表示过承认吗？

是的。

那么，你也必须承认，当统治者漫无目的地命令人们做某事并对他们自己造成伤害时，正义就不代表强者利益了。因为，如你所言，如果正义是服从，政治主体服从统治者的命令，噢，最聪明的色拉叙马霍斯啊，那么弱者被命令去做的，不是符合强者利益之事，反而是伤害强者之事，结论岂不就失控了？

总结一下苏格拉底迄今为止进行的论证。他从色拉叙马霍斯的正义定义开始：(a) 正义就是做符合强者利益之事。但苏格拉底使他承认，那些握有权力之人在断定何为他们的最佳利益时也会犯错。如果是这样的话，统治者就很可能会愚蠢地通过一些并不符合其利益的法律(专制政府常会出现这种情况：高压法律引发人民起来革命)。然而，因为色拉叙马霍斯说过，臣民服从于他们强有力的统治者才叫正义，所以能推出，即便在法律不代表强者利益的情况下，臣民还将被要求遵守它。换言之，我们现在可得出结论：(b) 正义就是做不符合强者利益之事。由此，色拉叙马霍斯得出了(a)与(b)两种论断，但它们相互矛盾。如果一个人的立场导致矛盾，就不可能为真。

此时，玻勒马霍斯和克勒托丰(Cleitophon)又在苏格拉底是否给色拉叙马霍斯下套这件事上起了争执。为了替他们纾解争议，苏格拉底便要色拉叙马霍斯将其立场澄清一下。这给了后者一个机会，可以为其定义补充一些重要条件，以避免苏格拉底所揭露出的矛盾。现在，我们进入苏格拉底辩证法的第 6 步。

提出改进后的定义

- 色拉叙马霍斯如何修正其原初定义中的统治者这一概念呢？

色拉叙马霍斯，告诉我，正义就是做强者认为对己有益的事情，而不管它实际上是否对自己有利？这是你的意思吗？

他说，当然不是。你假定我在某人犯错的时候称他为强者吗？

我说，是的，我印象里你就是这么做的。那时你认为统治者并非一直正确，有时是会犯错的。

苏格拉底，你论证起来像个诡辩者。比如，按你的意思，诊断病情时犯错的人才是医生，因为他犯错了？或者，在算数或语法上犯错的人才是算术家或语法学家，就因为他那时犯错了，就因为他们犯的错？是啊！我是说过医生、算术家或语法学家会犯错，但这不过是一种言说方式罢了！因为事实是，语法学家或其他掌握技艺的人，只要名副其实，就绝不会犯错，除非他们学艺不精而未能成为技艺娴熟的艺术家。艺术家、明智之人或统治者，只要名副其实，都不会犯错的。虽然一般情况下他们被说是犯了错，可这不过是一种通常采用的说话方式而已。不过既然你如此喜欢精确，那么精确而言，统治者，就其是统治者而言，是不会犯错的。他在制定对自己最为有利的规定时也不会犯错，而他的规定是被统治者必须去做的，因此，就像我一开始说过的那样，正义就是做对强者有益的事情。

上述引文里，苏格拉底促使色拉叙马霍斯思考某些职业中的理想样态，并使后者承认，医生若是令病人受到伤害，那就只是做派上像医生，并非真正符合医学的理想。以此方式，苏格拉底引诱色拉叙马霍斯说出了下面的话：严格来说，唯有某人忠实践行了统治技能，才算是真正的统治者。他用医学、马术和领航等技艺作类比，使对话同伴承认，真正的统治者要照顾到被统治者的利益，不可只谋求一己私利。下述引文以苏格拉底的话开始，根据重新修订的正义定义，重新展开了一轮辩证循环。

提出更多问题来对定义进行再分析

● 沿着苏格拉底的类比式论证，色拉叙马霍斯逐渐背离了他的原初立场。

> 按你现在说到的最严格的意义，医生是治疗疾病的人，还是挣钱的人？别忘了，我正谈论的是真正的医生。
>
> 他回答道，治疗疾病的人……
>
> 我说，现在，每种技艺岂不都有要谋求的利益？
>
> 当然啦！
>
> 那么，每一种技艺岂不可以为每个人发现和提供利益？
>
> 是的，技艺的目的正在于此。
>
> 那么对每一种技艺来说，除了尽可能使人完善，还能有别的什么利益吗？
>
> 你意指什么？
>
> 我说，这就好比你问我，就身体而言只要是身体就行了，或者说身体还有其他需要，而我会回答，身体肯定还有其他需要。这就是医疗的技艺被发明出来的原因。因为身体有缺陷，有缺陷的身体不能令人满意。为了身体的利益，医疗的技艺才被发明出来。你认为我的回答对不对？
>
> 他回答，很对……
>
> 那么，医学便不是在考虑医学的利益，而是身体的利益？
>
> 他说，对啊！
>
> 马术技艺也便不是考虑马术技艺的利益，而是马的利益。其他任何技艺也便不是考虑它们自己的利益，因为压根没这种必要，它是要寻求技艺对象的利益。

他说，是的。

不过，色拉叙马霍斯，实施统治的肯定是技艺，它比技艺的对象更加强大。

他虽然承认了这一点，但是勉强极了。

那么没有一门技艺考虑或规定强者的利益，而是考虑或规定被它统治的弱者的利益。

他一开始也试图反对这个命题，但最后还是勉强同意了。

我说，医生就其是真正的医生而言，他寻求或规定的不是医生的利益，而是病人的利益，对此我们能否认吗？因为在严格意义上，医生是支配身体的统治者，而不是挣钱的人。对此我们不是已经有了相同看法吗？

是的。

同样地，舵手就其严格意义而言，应是水手的统治者，而不是水手？

早就同意这一点了。

那么，舵手这样的统治者不考虑和规定舵手的利益，而要考虑和规定被他统治的水手的利益。

他勉强表示同意。

我说，那么处在任何职位的统治者就其是一名真正的统治者而言，不会考虑和规定他自己的利益，而要考虑和规定受他统治、作为他的技艺施展对象的人的利益，他的一言一行都是为了他们的利益，关心怎样做才对他们有益。

当我们的论证进行到这个时候……人人都能看出，正义的定义已经被颠倒过来。

至此，苏格拉底与色拉叙马霍斯的第一轮辩论结束。后者最初提出的正义定义败下阵来，我们由此来到苏格拉底辩证法的第 7 步。

面对无知

色拉叙马霍斯虽然在争论中伤痕累累，却并未彻底失败。他受苏格拉底潜移默化的影响而同意后者的观点，即正义是为被统治者的利益服务。不过他现在采取了一种全新的方法，宣称不正义是唯一有利可图并被聪明人选择的生活方式。这么一来，他不再执意继续推销自己对正义的定义（它在苏格拉底面前已经土崩瓦解），转而开始标榜，不正义才是一种理想状态。苏格拉底对这一论点的反驳涵盖了《理想国》剩下的大部分篇幅，并由此引出他对人性、知识、实在、道德和政治的广泛讨论。

苏格拉底的学说

正如你猜想到的那样，苏格拉底对哲学的实用价值有自己的理解。但通过对他的审判可以看到，苏格拉底的关注点主要是在伦理领域。尽管他对知识的本质、实在的本质、人性、宗教和政治哲学等论题都做了哲学思考，但对其感兴趣的主要原因还是在于阐释"如果我们要做成功且完美的人，应该怎样生活"这个问题。苏格拉底对此问题的理解可被归结为三点，我先依次列出，再逐一讨论。

1. 未经省察的生活是不值得过的。
2. 关切灵魂（真正的人）是生活的最重要任务。
3. 好人不会受到他人伤害。

未经省察的生活是不值得过的

苏格拉底的审判陈词表明，他担心同时代的人像打瞌睡的牛，就算到了临终之际，也还是睡眼惺忪，四处张望却不知自己是谁，自己为何那般行事，抑或自己终究过着怎样的生活。与之相对，苏格拉底将镌在德尔菲神庙上的话作为自己的信条，即认识你自己。得到省察的生活与信念将会使人们过上一种负责且完全清醒的生活。用老话讲，苏格拉底周围的人都忙着“让球不停转”(keep the ball rolling)，却无暇问一问，这个球到底是什么，让它持续滚动的重要性何在，或者它要滚向哪里。对苏格拉底而言，重要的不是我们做了多少，因为我们的活动和职业都会变；重要的是我们是谁，我们要努力变成谁。他认为生活的真正目标和真正成功的关键就在于使自己尽可能变得更好。

关切灵魂是生活的最重要任务

苏格拉底认为，灵魂并非荷马之流的希腊诗人所假定的那样，是伴随我们的某种幽灵般的影子。相反，它是实在的人，是我们的核心人格与特征，是所有思想、价值和决定的根源。一个人究竟是愚钝还是聪明，就取决于其灵魂的状态。跟身体一样，灵魂(抑或内在的人)可能健康也可能得病，而在苏格拉底看来，无知是灵魂最致命的疾病。这里所说的无知，并不是通过熟背百科全书就能消解。不健康的灵魂总是会忽略生活中那些最为紧要之事。虽然苏格拉底似乎相信死后重生，但他关切灵魂之道德健康的动机却并不在此。就像格利高里·弗拉斯托斯(Gregory Vlastos)所说：

> 灵魂延续的时间如果不止二十四小时，甚至看起来比永恒还要长久，那就值得关注它。就算只能多活一天，此后将归于空寂，苏格拉底依然觉得，你还是应将所需的全部理性用以改善自己的灵魂。是你自己要去过完那一天，那么，若是可以以更好的自己去度过的话，为何还要以较坏的自己去度过呢？[9]

在苏格拉底生活的时代，还存在着一个以智者(sophists)闻名而影响深远的哲学团体。他们都是一些云游教师，以有偿提供实用课程为生。他们教授的主要内容中，就包括怀疑主义(skepticism)，这种主义相信我们不可能拥有知识。所以，在智者眼里，“道德之善”

和“真理”都不过是说说而已，不指称任何东西。他们曾说，不同观点之间分不出好坏。如果我们无法认识真和假，那么生命的唯一目标便只能是不择手段地去获取成功。因此，智者教学生如何在辩论中获胜，以及如何用自己的观点影响别人（上述引文说到的色拉叙马霍斯就是智者学派的重要一员）。

苏格拉底对智者给出的教人们如何生活的方案很是恼火，因为它是错误的。智者虽声称要教人们如何获取成功，但他们和那些学生们却误把成功等同于获得财富、名誉或权力。若把今天那些象征财富的东西转移到苏格拉底的时代，那么成功就意味着驾驶宝马车，身着卡尔文·克莱恩（Calvin Klein）的束腰外衣，从事每小时收费高达 100 德拉克马的律师工作，你的照片或许还会出现在《雅典时报》（*Athens Times*）的封面上。但苏格拉底认为他的这些同时代人并没有真正检视生活的成功到底是什么。他们为了成为成功的商人、政客、律师、内科医生、运动员或艺术家而忙碌，却从未想过，生活中最重要的事业其实是实现其人之为人的潜能。

广场中的哲学	苏格拉底可能是有史以来最负盛名的哲学家之一。向 5 位到 10 位没有哲学学习经历的人询问以下问题，看有多少人知道他。 ● 苏格拉底是谁？ ● 苏格拉底的教学方法是什么？ ● 苏格拉底提出过哪些学说？ ● 他为何会被雅典人民判处死刑？ 如果在朋友没有要求你点评的情况下对他们的答案予以批评，或许会显得不够厚道。不过，要是把各种答案收集在一起，然后按从最精确到最不精确的顺序列出等次就另当别论了。就你的调查结果来看，普通民众对苏格拉底到底了解多少？

好人不会受到他人伤害

这一点是由苏格拉底的其他学说延伸而来的。所谓真正的我，也就是我之所是的最重要组成部分，既非我所掌握的财物，亦非我外在的身体，故而不能被别人从外部损坏或伤害。恶人能致使我痛苦乃至死亡，但是我之为我的东西却不可能受任何外部力量的影响或损害。更准确地说，我根本不可能被其他人伤害，除非我所持的价值、信念、情感和生活方向未经思考便受到周围人的影响。为了转述苏格拉底的观点，我们假设自己是一块飘荡于生活的表层、随波逐流的浮木，此时，我们其实是自愿让他人影响或损坏自己的。我们还可以假定自己是航船的船长，凭舵与帆设定自己的航向。只要我们着眼于智慧，那么我们的价值就会像船的龙骨，令自己保持在正确航道上。我们不得不对社会上的某些风气作出回应，但要把持得住，使这些风气为我们所用而不是任其摆布。由此可知，苏格拉底认为在哲学智慧引导之下的生活应当是用自我省察来引领自我认知，使我们能够关注自己最重要的部分，免于任何外物的控制和损害，成为一个有主见且自我实现的人。

1.2 柏拉图的洞喻

我们可以通过研究苏格拉底最有名的门徒柏拉图(前 428—前 348)的思想来了解苏格拉底的一些论题(第 3.2 节会进一步给出柏拉图的传记信息)。他相信，如果我们去探求智慧并认识到如何过自己的生活，就必然能正确理解知识和实在。柏拉图关于实在、知识和个人启蒙的观点在洞喻中体现得淋漓尽致，以致其成为西方文学作品中的经典故事。在这个比喻中，柏拉图提出一种可能性，即实在可能完全不同于那些我们对其自以为是的假定。在讲述洞喻故事时，他借用了老师苏格拉底的形象来表达这一理念。请阅读下述引文并回答以下问题。

• 你能想象出苏格拉底描绘的洞穴场景吗？画一张草图，将它完全展示出来。

• 格劳孔(Glaucon)曾说过，这个寓言故事中出现的人都是"奇怪的囚徒"。苏格拉底对此给出的绝妙回答是他们"就像我们自己"。你认为，苏格拉底为何要把我们比作那些囚徒？

• 影子代表什么？

这是洞喻示意图，上面画了一些被锁住的囚徒，他们眼中唯一的实在是被反射在面前墙壁上的影子。他们并未意识到自己身后有更高程度的实在，比如，火焰和作为影子投射之源的雕像。再往上，沿着陡峭、崎岖不平的通道走出洞穴，就可到达地面，在那里，囚徒们将见到由实在之物和太阳构成的世界。柏拉图的这则故事，大致是类比哲学中常被讨论到的意识的模式和实在的程度等问题。

• 什么是我们社会中的影子？你生活中的影子又是什么？

• 就这则故事而言，何为启蒙？

• 在什么意义上可以说，那个获得自由后又返回洞穴的囚徒像他的朋友们一样，都没有理解那些影子？在什么意义上，他又比他的朋友们更好地理解那些影子呢？

• 在哪些方面，发生在被启蒙的囚徒身上的事跟发生在苏格拉底身上的事有相似之处呢？

• 总结柏拉图洞喻中的哲学观点。

引自柏拉图

《理想国》[10]

苏格拉底：那么现在，让我用一则寓言展示我们的本性在多大程度上受到了启蒙或者未受启蒙。想象一下，人类在地下洞穴里生活，只有一个开口处能接受阳光。从孩提时候开始，人们的腿和脖子便被锁住而无法活动，甚至头部也不能转动，只能朝前看。让我们再想象他们背后远处较高的地方有一些东西在燃烧，发出火光。火光和这些被囚禁的人之间筑有一道矮墙，沿着矮墙还有一条路，就好像演木偶戏的时候，演员在自己和观众之间设有一道屏障，演员们把木偶举到这道屏障上面去表演。

格劳孔：我明白。

苏格拉底：而你不是看见，有一些人高举着各种东西从矮墙后面走过，这些东西是用木头、石头或其他材料制成的假人和假兽吗？他们有些在交谈，有些则缄默不语。

格劳孔：你给我的是一幅奇怪的图像，真是一些奇怪的囚徒。

苏格拉底：跟我们自己差不多。他们见到的不过是自己的影子，抑或彼此的影子，都是被火投射在洞穴对面墙上的。

格劳孔：对啊！他们头部若是不能活动，如何能看到影子外的东西呢？

苏格拉底：还有那些在他们后面被人举着过去的东西，除了这些东西的影子，囚徒们还能看到什么吗？

格劳孔：肯定不能。

苏格拉底：你难道不认为他们会断定自己所看到的影子就是真实的物体吗？

格劳孔：必然如此。

苏格拉底：再假设，当背后游走的人说话时，囚徒听见了洞壁传来的回声，他们难道不会确信，所听到的声音来自洞壁上穿梭往来的影子吗？

格劳孔：会的。

苏格拉底：对他们而言，所谓真理，不过是这些形象投射在洞壁上的影子而已。

格劳孔：必然的。

苏格拉底：现在再来看一下，如果囚徒们被释放了，错误想法都被消除了，会怎样呢？假定有一个人被松绑，他挣扎着站起来，转动着脖子环顾四周，开始走动，而且抬头看到了那堆火。在这样做的时候，他一定很痛苦，并且由于眼花缭乱而无法看清他原来只能看到其影子的实物。再设想，有人告诉他，之前看到的东西只是幻觉，但现在随着进一步接近实在，他的眼睛所看到的已是愈加真切的存在了，他看到了更清晰的景观。他该作何回答呢？你可以进一步想象，他这位导师指着来回游走的物体让他为其命名——会让他晕头转向吗？他难道不会相信，先前看到的那些影子比现在所指示的东西更真切吗？

格劳孔：再正确不过了。

苏格拉底：那么，他若被迫直视火光，眼睛疼痛之下岂不会转身躲进阴影里，他能自如地睁眼去看，也会认为要比火光下呈现的东西更清楚些？

格劳孔：是啊！

苏格拉底：再假设，他被勉强拖入陡峭且崎岖不平的坡道，直至被拖到太阳下面才被放开。此时，他岂不是很痛苦并且很烦恼吗？走向阳光的时候，眼睛不免感觉刺痛，那些所谓的实在之物也都不能被看到。

格劳孔：短时间内不行。

苏格拉底：我想要有一个逐渐适应的过程，才能看见洞外高处的事物。先能看清阴影，然后是人或其他事物在水中的倒影，然后才是事物本身，接着就可以凝视星月之光以及璀璨的天空，乃至夜晚的天空与群星，这些比白日的太阳以及阳光看起来要容易些。

格劳孔：当然啦！

苏格拉底：他接着会证明，季节与年度正是由太阳造成的，而且后者也是可见世界内一切东西的守卫者，甚至在某种意义上是他以及同伴们惯常所见东西的原因。

格劳孔：很显然，他先是看见了太阳，然后有了这些推理。

苏格拉底：这时，他回想到了旧时居所，想到了洞穴内的见识以及曾经同一屋檐下的囚犯同伴，难道不该假定他会对发生在自己身上的改变感到高兴并对还在洞穴中的伙伴心生同情吗？

格劳孔：他当然会了。

苏格拉底：如果洞穴内的囚徒之间也有某种荣誉和表扬，那些敏于识别影像、能记住影像出现的通常次序、最能准确预言后续影像的人会受到奖励，那么你认为这个已经逃离洞穴的人还会再热衷于取得这种奖励吗？还会羡慕这种荣誉的获得者吗？或者说，他会像荷马所说的那样，宁愿活在世上做一个穷人的奴隶，一个没有家园的人，受苦受难，也不愿再和囚徒们有共同的看法，过他们那样的生活，是吗？

格劳孔：是啊！他宁愿受苦也不会再坚持以往的错误观点，过那种不幸的生活了。

苏格拉底：再想象一下，这个人由阳光明澈之境重返旧时境遇，眼前岂不必然会一团漆黑？

格劳孔：那是必然。

苏格拉底：此时要进行一场竞赛，由他跟另一个从未离开洞穴的囚徒比赛测量影子，而他此刻正目力衰微，还来不及适应黑暗，因为重新习惯黑暗也需要一段不短的时间，那么他的比赛表现岂不滑稽可笑？人们不免会打趣他说，上去走了一趟以后就把眼睛弄坏了。那么，最好还是别上去了。要是那些囚徒有可能抓住这个想要解救他们、把他们带出洞穴的人，他们难道不会杀了他吗？

格劳孔：没错。

苏格拉底：这则寓言其实跟之前所做的知识提升的论证是相关的。囚徒寓居的洞穴就如目力所及的世界，火光有如太阳，上行到洞穴外面的旅程有如灵魂上升到理智世界。在我看来，知识世界内，善的观念总是最后登场，而且唯有竭尽全力才可被看见。可一旦见识到它，就可推断，它是美丽和正确之物的创造者，是光的诞生者，是可见世界（太阳）中光的主宰者，甚至是更高世界（理念世界）中理性与真理的来源。想要在公共或私人生活中理智行事之人都得专注于这股力量。

格劳孔：在我可理解的程度内，我是赞同你的。

苏格拉底：再说，那些已见到这番精彩景象之人是不愿再降回人间俗事中的，对此你肯定不会吃惊。他们的灵魂一度受到激发而跃入上面的世界中，他们就有了在那里居留的愿望。如果我所说的寓言为人所信的话，这种愿望就非常自然而然了。

格劳孔：是的，非常自然。

苏格拉底：如果有人从这种神圣的凝视转回到苦难的人间，以猥琐可笑的面貌出现，在还未适应周边黑暗环境而不断眨着眼睛时，就被迫推入法庭或其他什么地方，争论正义的意象或正义意象的影子，而且还要极力迎合从未见过绝对正义之人的那些概念，你会感到这一切都很奇怪吗？

格劳孔：一点也不奇怪。

苏格拉底：人们只要具备常识就会记得眼睛有两种混乱情形，它们是由不同原因导致的：要么因为离开了光线，要么因为进入光线里边。对心灵的眼睛亦然。只要记得这一点，看见别人视力迷乱或者孱弱时就不会加以嘲笑，反而先要问一问，那个人的灵魂是否是脱离了明亮的光线，因为不适应黑暗情形而看不见东西，或者是从黑暗转入白日，因为光线过分充足而目眩，看不见东西。人们会由自己的条件、立场出发，认为其中一种情形是幸福的，而另一种则是受人同情的。如果他想要讥笑，那么应当受到讥笑的是从光明下降到黑暗，而不是从黑暗上升到光明。

格劳孔：这显而易见。

苏格拉底：那么，如果我是正确的，有些教育家所谓在灵魂中置入原本未有的知识的说法便一定是错的。这就好比在盲眼中置入视觉。

格劳孔：他们确实是这么说的。

苏格拉底：反之，我们的论证表明，灵魂中早已存在着学习的力量和能力。就像不借助整个身体，眼睛便不能从黑暗转向光明一般，唯有通过整体灵魂的活动，知识工具才会由变动不居的世界转向不变的实在世界，并按程度逐级学会长久地去看实在，乃至看最明亮和最高的实在，也就是至善(the Good)。

格劳孔：很对。

苏格拉底：这样一来，岂不必然会有一门技艺，可在最便宜、最快捷的方式上使灵魂转向？它并非要在灵魂中植入视觉能力，毕竟后者早已有之。它只是确认，要走上应然所是的道路，避免从错误方向观视而远离真理。

格劳孔：是的，很像是这么一回事。

柏拉图论知识、实在和价值

柏拉图讲述的故事要点是什么？他是想指出，我们该离开潮湿、黑暗的洞穴，选择充满新鲜空气与阳光的健康环境吗？当然不是。这是一则寓言故事，其叙事中隐含着更深层的意义，可从多个层面加以解读。柏拉图的要点其实在于，影子与阳光照耀的上层世界之间的关系与两个层面的知识和两个层面的实在之间存在相似性。

就知识而言，柏拉图相信，在感觉经验中揭示出的世界就相当于影子，它只是对更高等级真理的一种不完善表达，而后者唯有通过理性才能被揭示。与此相似，就实在而言，囚徒们见到的影子的实在性更少，不过是代表了身后的木头形象，或是由这些木头形象引出的罢了。而这些木头形象也不过是上层世界中实在之物的复制品而已。与此相应，物理世界(好似影子)有某种程度的实在性，但要被非物理世界所超越，并且得借助非物理世界才可被理解。正因为我们能超出特殊、物理之物的领域并理解更高程度的非物理实在，我们才能在根本上理解一切东西。

借用柏拉图所中意的例子之一，思考一个问题：何为正义？正义不具有任何形状、重量或颜色，跟可在感觉经验中触碰到的岩石不同，它可以被我们推理出来，并能被用以判断人类行为的道德性质。如果正义既非物理之物，也不能通过五种感官而被认识，那么它还能算是实在之物吗？解决这个问题的方法有很多，柏拉图却只考量了其中两个：(a) 所谓正义不过是不同个体根据各自的主观意见作出的思考；(b) 正义这个词指某种客观、实在之物，不过我们只能运用心灵而非身体感官去认识它。

停下来，想一想

在你看来，柏拉图给出的上述两个答案哪个更正确？关于正义的本质，你还能想出其他答案吗？基于这些思考，对诸如正义等道德属性的本质，你能得出什么结论？

柏拉图认为(b)是唯一合理的答案。如果正义不是某种非物理实在，那就只能是一个写在纸上的记号，或者我们为表达各自主观观点而发出的声音。如果不存在可以衡量我们观点的客观标准，那么一个观点就不会比另一个更正确。拿柏拉图的思想来映照我们这个时代，如果正义指的不过是不同个人所想的东西，那么我们如何能说性别歧视是错的？抑或纳粹德国的政策不正义呢？如果正义无非是一种主观观点，那么与性别歧视者或纳粹相比，我们的观点为何更好些呢？对此，柏拉图给出的回答是，如果正义不只是主观观点，那么它必然是某种可被我们认识的东西。任何可作为知识对象的东西都必然是实在的东西。因此，正义必然是非物理的但却是实在的东西。

柏拉图的寓言及其哲学问题

不管你是否认同柏拉图的哲学观点，下面将要讨论的主要哲学问题都需借助他的洞喻来阐述。

第一，关于逻辑思维和批判性思维，柏拉图没有提供关于这方面结论的论证，而是巧妙地通过一个故事表明了他的哲学思想。尽管如此，这还是给了我们一些有用的提示，可帮助我们进行批判性思考。洞穴里的囚徒除了影子外什么也没见过，所以在他们看来，这些影子就是全部实在。当那个得到解脱的囚徒谈起另一种实在是如此色彩斑斓、杳远幽深时，他们会把他当成傻瓜，原因就在于前者的说辞违背了他们的社会视为理所当然的信念系统。寓言的这一部分所阐明的是我们的基础假设的重要性，它也警告我们要小心那些常识性知识，而且提醒我们，其中多数常常可能是错的。历史上的一些大人物（哲学家有如苏格拉底，还有科学家、艺术家和社会改革家）常常发现，自己与社会文化的基础假设格格不入。与此相似，我们可能也像是囚徒，天真地接受了一切听见的东西，抑或像那个被解缚的孤独囚徒，学着去质疑同时代人所持的诸般假设。

第二，柏拉图引入了对现象和实在（appearance and reality）之差异的讨论，这是形而上学的重要论题。洞穴中的多数囚徒都不认为他们那位曾经离开过洞穴又回来的朋友所说的是终极实在。后者受过启蒙，经验过洞穴之外的实在，在他眼里，洞穴内的影子相较这实在而言只是一种衍生的、较低级的实在而已。可是，诸人却非要断言，影子才是实在的，他们这位朋友所经验的不过是混乱的现象罢了。我们在第二章对形而上学的探讨中，就包含何为终极实在、何为幻相的争论。

第三，在认识论方面，柏拉图所讲的故事提醒我们，真理常常并非显而易见，也不能直接被我们看到。即便将越来越多关于影子的资料汇集，囚徒们还是不能朝真理哪怕靠近半步，除非从一种新视角去看待影子。进一步看，寓言故事表明了一个事实，即人的意见与真知识是两回事。囚徒们真挚地相信他们有关实在的结论是正确的。虽然我们的意见是诚恳的，是被广泛接受的，却依然没法保证其为真。

第四，在宗教哲学方面，柏拉图的阐述暗示了一种更高的、超越物理世界的非物理实存的可能性。这就像寓言中洞穴之上的领域超越于洞穴世界，这是大多数宗教所持有的观点。但是，其他哲学家会提出异议，认为并无证据证明在被科学研究的自然世界之外还存在一种更高等级的实在。我们在讨论宗教时，会着重谈一谈在超验性实在(比如上帝)的存在问题上发生的争论。

第五，柏拉图这则寓言也包含某种伦理关怀。一开始，被解缚的囚徒很是享受对洞穴之外更高、更富足世界的新发现。不过，他也感到有一种伦理责任要他返回洞穴，解救无知的同伴。于是一个问题就出现了：他有返回洞穴的道德责任吗？还是说他追求自己的利益是正当的？何谓伦理责任？其基础是什么？在追求自己的幸福和关照他人幸福之间应如何实现平衡？

最后，尽管柏拉图在这段引文中并未就政治哲学展开讨论，但他后来还是提出下述政治问题：当大多数人常会犯错时，社会还应当基于大多数人的意志吗？或者，政治权力是否应被赋予那些最应掌握权力的人(也就是最开明的人)？个体利益应当从属于社会的最大利益吗？有关何为真、实在和善的观念冲突在柏拉图这则寓言中随处可见。构建一个存在关于应如何生活的多种观念的多元社会，这是可能的和可期待的吗？或者，国家应借助大多数人的赞同而让每个人都遵从唯一一种关于应如何生活的见解吗？应如何区分以下两个领域：一个领域中，个体可自由选择其想做之事；而另一个领域中，个体活动可被社会合法地控制？

1.3　论证与证据：何以确定要相信什么？

在第1.0节中我曾谈到，哲学乃是对可被证明为合理的基础性信念的探寻。阅读某位哲学家的作品时，要避免底线综合征(bottom-line syndrome)。这种症状表现为，对哲学家的结论简单报以赞成或不赞成，却不在乎该哲学家是否提供了相信这一结论的好理由。对哲学的此种反应使得哲学的一个主要目标失效了，这就是考察我们或他人的信念是否可被证明为合理的。例如，一个相信上帝(一位有神论者)的人就会赞成托马斯·阿奎那的论证结论(即"上帝存在")。不过很多有神论者却不认为阿奎那给出的是个强论证。但很重要的一点是，应意识到即便某个论证被表明是弱的，我们也不能说它的结论就是错的。我们最多可表明，作者为其结论提供的理由不足以保证其真理性。只不过，如果可找到的用以支持结论的唯一论证是弱的，我们实际上也就没有理由假定结论为真。要记住，评价哲学跟品尝食物不同("我喜欢这个，我不喜欢那个")。相反，它是一种尝试，尝试着为我们应当或不应当相信某个论断为真提供客观理由。在这一部分，我会简单涉及一些用于对哲学论断和哲学论证进行评价的技巧。

评价哲学论断与哲学理论

为了在相互竞争的哲学论断与哲学理论之间作出评价和选择，哲学家们已经就许多相关标准(或者说检验)达成一致意见。我们将只考量其中最为普遍的六个。为了便于记忆，我对每一个都做了整理，使它们其中都包含一个以字母 c 开头的关键词：(1) 概念的明晰性(clarity)；(2) 一致性(consistency)；(3) 合理的融贯性(coherence)；(4) 广泛性(comprehensiveness)；(5) 与已有事实和理论的兼容性(compatibility)；(6) 能被有力论证(compelling argument)所支持。我将依次对每一条作简单考察。

明晰性

哲学首先要通过的检验就是概念的明晰性。如果用于表达哲学的术语或概念不清晰，我们就无法准确认识提出的是什么样的论断。假定某人说："生命中唯一有价值之事是快乐。"我们就需要问一问，在作者那里，"快乐"意味着什么？这一术语仅仅指物理感觉吗？还是说理智上的快乐也被算在内？如果为他人而牺牲自己的需求会使我产生很好的感觉，那么我真的获得快乐了吗？

一致性

哲学必须通过的第二个检验是一致性。一门哲学不能含有任何矛盾。如果出现**逻辑不一致**(logical inconsistency)，哲学就无法通过检验。所谓逻辑不一致，指同时包含两个在任何情况下都不可能同时为真的论断。一个最明显的例子是，"A 为真而且非 A 为真"这种论断形式。比如，如果我宣称上帝规定了世界上发生的一切事情，同时又宣称人类具有自由意志，这就是一种不一致。第一个论断意味着上帝决定我们作何选择，它看上去与后一个我们可以自由做决定的论断相冲突。要想避免此处的不一致，就要对"决定"(determine)和"自由意志"(free will)这两个术语作出不同于日常的界定。第二种不一致则更微妙些，其被称为**自我指涉的不一致**(self-referential inconsistency)，即某种论断蕴含着其本身不可能为真，或者不可能被认识为真，或者不应该被相信为真的内容。"所有意见都是错的"这条陈述就意味着，我所表达的意见自身便是错的。相似地，"唯有能被科学证明的陈述才应被相信"，这条论断作为一种陈述，自身就不可能被科学地证明。

融贯性

作为一条标准，合理的融贯性要考虑的是，一种哲学内的不同部分如何很好地"结合在一起"。即使哲学内部诸要素之间不存在明显矛盾，但它们可能依然无法结合得严丝合缝。一位哲学家相信上帝的活动内在于世界中，但却无法解释这种信念如何能与自然界的运行遵循宇宙中的物理规律这一信念相结合，那么他的哲学便缺乏融贯性。与此相似，勒内·笛卡儿（René Descartes）论证认为，人由物理身体和非广延、非物理的心灵组成。尽管在他眼里这两个构成部分相互作用，他却没法说清楚这两种不同类型的实体如何能彼此发生因果影响。在很多批评者看来，这条无法填平的理论鸿沟使他在融贯性标准上表现得十分糟糕。

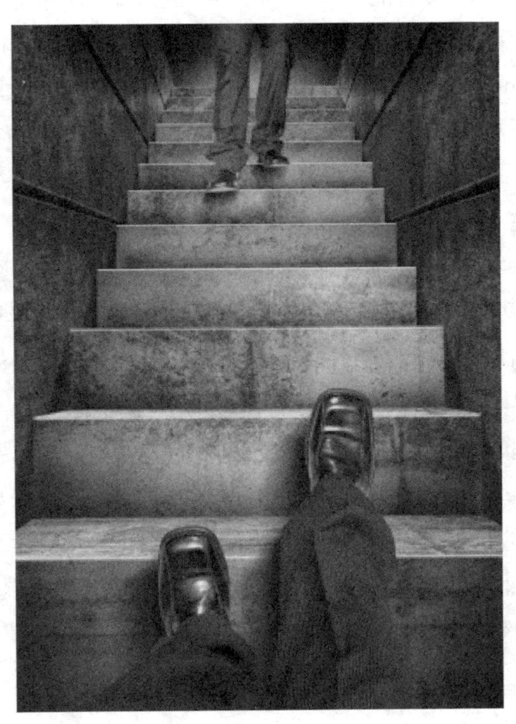

这幅图片中的情景不可能发生。如果你把注意力集中在图片的上半部分，你会看到一个男人正从楼梯上朝你走下来。但如果你把注意力集中在图片的下半部分，你却是从一个正在下楼的人的角度往下看。图片的这两部分是矛盾的。从哲学上看，这可被视为一种违背一致性和理性融贯性标准的视觉类比。当一个哲学理论的诸要素相互矛盾或不能以一种融贯的方式结合在一起时，这种违背就会发生。

广泛性

如果一种哲学能够适用于广泛的现象领域，我们就会对它作出正面评价；但如果这种忽视了诸多有意义的人类经验领域，或者在回答问题时又引发更多问题，我们就要对它作负面评价。一种哲学如果在人类科学、道德、美学和宗教经验方面都做了阐释，那么相较只解释科学而不管其他人类经验的哲学而言要更好些。举一个详细些的例子，一位哲学家断言所有知识都是基于感觉材料，却未能解释我们为何能有数学知识或道德知识，那他就违背了广泛性标准。同样，一位哲学家断言所有道德准则都来自十诫（Ten Commandments)，却不能解释有些文化虽未曾听说过十诫，却依然发展出了相似的道德原则，那他也就在广泛性标准面前失范了。

兼容性

已有事实与理论的兼容性很重要，因为一种好的理论(哲学的或科学的)就是要将知识结合在一起从而提升我们的理解。因此，一门理论如果跟我们对世界的其他理解格格不入，持守该理论就会让我们得不偿失。比如，关于心灵的哲学理论应当与已有的生物学和心理学发现相适恰。但也存在例外情况。综观整个历史，在哲学和科学中，有时为了使理论得到有力论证，就需要我们违抗常识，拒斥数世纪流传下来的古老信念，这样才能产生新知识。不过，唯有在如下情形时才可这么做，即新的理论优于其对手，而且在替代当前信念时能确保理解力的提升。

有力的论证

作为评价哲学论断和立场的最终标准，其必须以有力的论证作为支撑，毕竟哲学不是理智的自助餐厅，人们可在里边随意选取喜欢的东西。哲学家在何为真、何为实在、何为道德之善等方面作出不同论断，而不同哲学家的论断常常会相互抵牾，它们不可能全部为真。在阅读本书每一章节时，你必须在诸多相互抵牾的论断中进行抉择，选取你认为最可信的一个。而且，就算一种哲学能通过前五条标准的检验，依然不具备能为人接受的充分基础。你还必须审视哲学家为其理论提供了哪些理由，或者就你认定为真的那种立场而言，你自己还能找到哪些更进一步的理由，以使其更具说服力。一种论证想表明的是，从特定的真（或合理）陈述出发，被思考的论断要么必然被引出，要么是高度可能的。接下来的部分涵盖了有关论证之本质的诸多基本因素，有助于你思考这个问题。书后的附录对其细节也有涉及，我在那里对不同论证形式作了考察，并对哪些在逻辑上是有力的、哪些不是进行了讨论。

论证的性质

哲学家试图凭借论证确立其论断的真理性。论证这个词在日常话语里有两种不同意义。例如两个学生正讨论上帝是否存在，并开始相互吵嚷，"上帝存在"，"上帝不存在"，"上帝存在"，"上帝不存在"。如果这种争吵愈演愈烈，我们就可能会说他们是在进行论证（argument）。在此语境下，论证意味着"激烈的争论"，不过哲学家所定义的论证并非如此。在哲学中，**论证**是陈述的集合，其中，至少要有一个或多个陈述试着为其他陈述的真理性提供证据或理由。论证的**前提**也是陈述，可用来为某个论断的真理性提供证据。论证的**结论**同样是陈述，它要得到前提的支持，或者就蕴含在前提中。

要对某个论证进行分析，重要的一步在于确定哪些陈述是前提，哪些是结论。一般而言，结论性陈述会被放在一段文字的结尾，不过也有些作者会把它放在开头，甚至放在中间。运用常识和把握作者意图是理解某个特定论证之诸要素的最好方法。人们也常借助关键术语（key terms）来标示哪些陈述是前提，哪些是结论。**前提指示词**（premise indicator）用以提示之后出现的内容是论证的前提部分。典型的前提指示词有因此(since)、因为(because)、出于(for)、假定(give that)等。**结论指示词**(conclusion indicator)则用于标明结论之所在。典型的结论指示词有由此(therefore)、所以(so)、因此(hence)、因而(thus)、结果是(consequently)。

至于如何判定某种论证是否可被接受,我们从建筑学领域能找到一些启示。中世纪后期,天主教的设计师都钟情于把教堂设计得比前代教堂更加高耸入云。最耀眼的教堂设计要数法国的博韦大教堂(Beauvais Cathedral),它的穹顶竟然高达 157 英尺①。随着 1284 年这座教堂的主体拱形建筑因不堪重负而倒塌,这场在教堂高度上的攀比竞赛戛然而止。

最近,我参观了一所大学校园,它的中心是一幢六层政务建筑。外墙由新发明的混凝土、石块混合材料制成,它们被塑造成一块块巨大的板状物。不幸的是,这种新材料并不牢固,大块石条从建筑物上脱落,花了数十万美元也没能解决问题,最后只好将整座建筑拆掉。

停下来,想一想

那么,建筑学以及建筑物结构跟哲学有什么关系?想一想构造建筑物的方法与构造哲学立场或论证方法的相似之处。思考一下,要使建筑物坚实并且设计美观,什么是必须的。拿它跟要使论证坚实且美观所必需的要素作个对比。再想一想上面提到的建筑物损毁的方式,并由此联想一下哲学论证可能失败的方式。你还能想到在建筑物与哲学之间其他的类比或关系吗?

---

① 1 英尺=0.304 8 米。

上面所举的建筑物损毁的两个例子不尽相同。博韦大教堂使用的材料没有问题，整座建筑使用的都是坚实的石块，问题出在结构方面，其设计的拱形结构无法支撑穹顶重量。与之相似，哲学论证也会因为结构性缺陷而失败。当所用论证的前提不能为结论提供足够支持时，这些缺陷便会显现。而那栋现代大学建筑，虽然建筑师的架构设计没问题，但是用于建筑的材料却很不中用，混凝土条断裂、分离并且崩落。同样，如果论证前提错误，或者至少不甚合理，论证就可能是有缺陷的。

下面这个论证实例中，即便其前提为真（组成论证的材料都是正确的），论证形式还是出现了结构性缺陷：

1. 如果罗纳德·里根（Ronald Reagan）是美国总统，那他就是很有名的。

2. 罗纳德·里根很有名。

3. 因此，罗纳德·里根是美国总统。

我想，你的逻辑直觉（logical intuition）会告诉你，即使前提都为真且结论也为真，结论也并不是从前提中合乎逻辑地推导出来的。1960 年的事实表明了这种逻辑上的缺陷，当时里根作为电影明星已经十分有名，但却不是美国总统。因此，即使结论碰巧为真，却不一定是由前提合乎逻辑地推导出来的。

再举个例子。论证形式是完好的，只不过前提错误（填充到形式里的材料是错误的）：

1. 如果总统乔治·华盛顿（George Washington）是匹马，那他就有五条腿。

2. 乔治·华盛顿总统是匹马。

3. 所以，乔治·华盛顿有五条腿。

在此，如果前提为真，结论也就为真。换言之，结论可由前提逻辑推导而出。它当然有问题，因为论证是从错误前提出发的。

上述例子表明，我们可对论证作出两个基础性追问：（1）如果前提为真，就能为结论提供足够的逻辑支撑吗？(2) 前提为真(或至少是合理的)吗？第一个问题的答案与**逻辑学**相关，这是对用来评价论证和推理的方法的研究。所有标准的逻辑学教科书都会教你许多技巧，以帮助你去确定前提为结论的支撑能达到什么程度。在这一章，我只是提供一些指南罢了。解决此问题的一个简单方法，就是看是否很难设想出一个前提为真但结论为假的情况。如果有多种方式可以实现这一设想，就表明前提为真并不会为结论为真提供强有力的支撑。对第二个问题的回答则并无任何技巧。基本而言，你必须确定在每个前提中提出了何种论断，进而确定哪些证据或信息来源有助于查实每个前提的真理性。

前提为结论提供支撑的方式有多少种，论证就有多少种。**演绎论证**(deductive argument)是指，作者认为在论证中结论必然可由前提推出。几何学证明和其他数学领域的证明都属于演绎论证。如果作者并没有断言结论必然由前提推出，而只是认为前提使得结论的发生有很高的可能性，那就是**归纳论证**(inductive argument)。多数科学都以归纳论证为基础。比如，药物投放市场前需经过广泛的测试，只有基于对病患样本群体所做的这些测试，才可能得出药物安全有效的结论。不过，这还是无法保证它会产生一些尚未被发现的危险副作用。不过，充分的测试还是提供了一种强的归纳论证，以证明药物是安全的。

演绎论证只要能做到作者所说的结论必然由前提推出，就可被说成是有效的。换言之，所谓**有效论证**(valid argument)是指，在其中不可能出现前提为真而结果为假的情况。换句话说，作为有效论证，前提若为真结论就必然为真。需要注意的是，这个定义并未规定有效论证的前提总是为真。进而言之，结论为真并不表明论证有效。结论的真必须是从前提合乎逻辑地推出才行。如果作者断言某个论证为其结论提供了某种支撑，但实际上未能如此，它就是**无效的**(invalid)。最后，如果一个论证有效且其前提为真，它就是一个**完备论证**(sound argument)。此时,结论的真便是毋庸置疑的。

就归纳论证而言,如果能做到前提使结论高度可能,它就是一种**强论证**(strong argument)。如果强论证的前提实际上为真,它就是一种**可信论证**(cogent argument)。可信论证并不保证结论绝对为真(完备论证可以做到),但能提供结论可信的有力理由。

一个好的论证(不论是有效的演绎论证还是强归纳论证)是不容易被拒斥的。换言之,如果你相信其前提,就会继而相信其结论。因为,要么结论是从前提合逻辑地推出的,要么其前提表明结论最可能为真。因此,如果你拒斥逻辑论证的结论,就必须对它的一个或几个前提一并加以拒斥。不过,在好的结论中,对前提加以拒斥几乎是不可能的。

在哲学中常用的另一种推理是**最优解释推理**[inference to the best explanation,也被称为溯因推理(abduction)]。跟演绎论证和归纳论证不同,最优解释推理并不想直接证明某个理论为真,而是只想表明这种理论优于其对手,所以最可能为真。为了证明某一特定理论是最好的,最优解释推理用到了我们目前讨论过的五条标准。其具体推理形式如下:

1. 有诸多需要解释的信息。

2. 提出可被用来解释这些信息的某个理论。

3. 这个理论在所有已知选择中提供的是最优解释。

4. 因此,在更好的解释被提出之前,我们有理由相信这个理论。

这种推理方式在一些科学案例中能得到最好体现。20 世纪 30 年代,β 衰变(beta decay)的情形,即原子分裂为部分的过程曾令科学家疑惑不解。难题在于,在衰变过程中,一部分可测的能量似乎不翼而飞了,这就与物理学界神圣不可动摇的能量守恒定律发生了冲突。当时只有 21 岁的物理学家沃尔夫冈·泡利

(Wolfgang Pauli)提出,要解释这些看似消失的能量,就要设定某种未观测到的微粒,它与衰变时逃逸的其他微粒一并包含于原子中。问题是,为了令等式中的数值保持平衡,这个未知微粒必须不带电荷,质量接近或等于0,除了极小之外还必须以近光速运行。简言之,这个神秘微粒(后来被称为中微子)根本不可能被观测到。

考虑到兼容性标准,物理学家们在接受中微子的存在这件事上颇为不情愿。也就是说,它不合乎人们长久以来的坚定信念,即所有独立存在物要想被科学接受就必须能被观测到。但另一方面,这个理论不但适用于能量守恒,还能挽救这一更具基础性的原理被摒弃的命运。进而言之,借助这另外一种标准,中微子理论是明晰而且连贯的,它在确保物理学理论之内在关联性的基础上表现出其融贯性,并且由于其最终对β衰变以及其他事情作出了解释,从而在广泛性上也得分颇高。大约30年后,物理学家设计了一个非常精细且造价不菲的实验,结果表明,中微子与其他微粒间相互作用的效应是能被探测到的。只不过,即便中微子假定十分有用,能被其解释的事情非常多,我们照旧无法直接对它进行观测。科学家之所以相信它,只有一个原因,即大量其他我们相信并可观察的事情能通过它而被得到理解。

在科学领域中提出的这些证据以及解释(比如中微子的例子)非常有助于理解我们对哲学理论作出的解释。第一,科学家并非总能直接去观察被其理论所假定的独立存在物或事件(中微子、夸克、黑洞、宇宙大爆炸)。与此相似,我们在哲学中也无法凭感觉直接观察上帝、自由意志、道德价值或正义等存在与否。第二,要对科学和哲学的最优解释的推理进行评估,就要用到本章讨论过的六条标准,它们还可被用来判定中微子理论或哲学论断的合理性。比如,各类哲学家都想判明如下论断的合理性,比如上帝存在,精神事件(mental events)实际上是大脑事件(brain events),人类有自由意志,行为的道德性由其结果决定等。尽管不能借用确定观察(confirming observation)为这些论断进行辩护,哲学家还是可以尝试表明,它们其实是对我们知道的或观察到的东西所做的最优解释。

论证分析之实例

为使对论证的讨论更具体,我们不妨分析一个真实的哲学论证。我们在此要考察的是伦理利己主义(ethical egoism)的论证(第 5.2 节还会对它做更详细的讨论)。这种理论主张自私没有错,事实上,自私还是唯一合理且符合道德的生活方式。说得更正式些,伦理利己主义指以下主张:(a) 如果一个人肩负作出某种行为的道德责任,那么该行为将会使其自身利益最大化;(b) 如果某种行为可使某人自身利益最大化,那他就该肩负作出这种行为的道德责任。为了替(a)辩护,常会用到下面这个论证:

1. 如果某人肩负作出某种行为的道德责任,他/她就必然拥有如此行为的能力。

2. 如果某人有能力作出某种行为,该行为将会遵循人类动机的法则。

3. 因此,如果某人肩负作出某种行为的道德责任,那么这种行为将遵循人类动机的法则。

4. 如果某种行为遵循人类动机的法则,那么该行为即是用于实现他/她的自身利益最大化的行为。

5. 因此,如果某人肩负作出某种行为的道德责任,那么这种行为将会实现人们自身利益的最大化。

首先,我们来分析上述论证的形式。换言之,如果前提为真,那么它们在多大程度上能够支撑结论?前提 1、2 逻辑上蕴含着陈述 3,它们合在一起构成一种有效论证形式,也就是所谓的假言三段论(hypothetical syllogism)(见附录)。陈述 3、4 逻辑上蕴含着陈述 5,它们也是一个有效论证,因为它们也构成假言三段论的形式。我们现在知道这个论证是有效的，可是其前提为真吗？人们大都把前提1作为原则接受下来，我没有道德义务去做我不可能做到的事。前提2则说，如果我可能去做某种行为，那么我的这种行为从心理上讲就是有其可能性的（它必然遵循人类动机的法则）。举例来说，普通人不可能想去恶意伤害自己真正爱的人，那样做违背人的本性。迄今为止，我们考察过的这两个前提看起来都还是合理的。陈述3逻辑上可由这两个前提引出，其自身作为前提也对最后的结论5提供支撑。

真正有争议的是前提4。它说的是，任何我们选择去做的行为都受自我利益驱动。真是这样吗？陈述4所谈及的人类动机理论被称为心理利己主义（psychological egoism）（第5.2节也会谈到）。我们可以用其他一些标准来评价这一假设的合理性。它如何能与广泛性标准取得一致呢？人类经验的哪些领域被它忽略掉了？它似乎忽略了人们通常会向他人发出的仁慈之心。基于同样的理由，陈述4在与已确知事实相兼容这条标准上也是成问题的。只要举利他主义行为（服务于他人之所需而非自我利益的行为）的例子就足以证明这一点。当然，心理利己主义可能会这样回应：服务于他人利益（即为穷人建造房屋或者把最后一块馅饼让给朋友）的同时实际上也是在服务于自我利益。也许无私地行事可令自己感觉良好，还可以由此试着避开由罪恶感带来的伤痛。但是，消解了自私行为和无私行为之间的差别，把所有行为都说成是自私的，心理利己主义在这样做时岂不模糊了上述术语的含义？换言之，它们似乎违背了概念的明晰性原则。

最后，抛开这条论证不论，伦理利己主义者还会碰到自我指涉的不连贯问题。如果我是伦理利己主义者，就会认为自己唯一的责任在于服务于自我利益。可是，你的利益有时会与我的利益发生冲突。比如，如果我们同时竞争上岗，就会出现这种情形。那么我如何来解释这样一种哲学观念，即认为我应当只寻求提升自己的利益，同时试着说服你相信你有责任去做与我的利益相违背之事？

你该明白，我在上面所做的一切都是为了表明，这种特定的论证无法支撑伦理利己主义观点。我由此也表明，前提 4 关于人类动机（心理利己主义）的断言很成问题。伦理利己主义者力图通过对前提 4 的辩护来回应我的反对意见。但是，即便不利用这一前提，还有其他一些论证可用以支撑伦理利己主义。所以，想表明伦理利己主义不合理，就必须表明其所提出的用以支撑它的所有论证都是不充分的。另一种策略就是，发展出一种可直接反驳它的论证。你在逐步了解本书立场和论证时，可试着按照本例中的论证过程来进行。在面对每一种立场和论证时，思考一下可能通过怎样的方式提出批判，以及可能会有的回应。

哲学的目的

总之，哲学不是简单的个人意见的分享。它要力图为接受、拒斥或修订自己或他人的意见寻找理由。哲学反思的目的也不在于拥有仅在情感上满足的信念，而是拥有真信念。换句话说，我们希望这些信念能提供对我们自己和所在世界的最优可能理解，由此可以更有效率地生活。通达这种理解，要通过建构和分析各种支持性和反对性的证据。因此，拥有最优支撑性证据的哲学才值得被接受。尽管哲学问题很难回答，而且提出的答案也经常相互龃龉，却总有途径获得关于这些问题的有见地的结论。这里提供的用于评价哲学论断和理论的六条标准就是你的工具，你可用它们来断定哪些观念最可能为真。

这本书总有最后一页，这门哲学课在学期末也总要结束，但是让思考更加哲学化、更负责任，却是穷尽一生之事。幸运的是，跟任何技艺一样，在哲学上做越多的阅读、思考、写作和讨论，你在成为哲学家的道路上就会变得越来越好。本书之所以提供如此多机会让你与诸多哲学家的思想进行互动并依照哲学家之行为行事，正是出于此种原因。阅读本书其余章节时，要记住一点：哲学很艰辛，但哲学之旅中的劳顿总会获得现实回报，也就是说，你掌握了自己的生活，走上了一条属于自己的道路。

1.4 个人做哲学：哲学之旅导论

1. 在本章的开篇，我们与哲学家索伦·克尔凯郭尔相遇，他将使自己的生活变得更艰辛作为其人生使命。基于此，询问自己如下问题。

- 在我的生命中，哪些人以更好的方式让我的生活变得更艰辛？
- 他们是如何做的？
- 他们对我施加影响是有意还是无意？
- 由于他们对我的生活施加的影响，我如何成为更好的人？
- 基于本书的这个观点，我如何认为学习哲学会使我的生活"更加艰辛"？
- 这会以哪些可能的方式给我的生活带来好的结果？

2. 之前的章节提到，我们获得信念的方式就像感冒一样。通过以下问题，根据你自己的生活来阐明这一点。

- 当我像感冒一样无意识地获得理所当然的信念时，我能思考生活中的某个例子吗？
- 我起初受什么影响而接受了这个信念？
- 是什么使我对这个信念加以质疑，至少是再思考？

3. 思考一下在阅读本书以前曾思考过且认为是属于哲学领域的几个问题，并确定这些问题属于本章所列出的六个哲学领域中的哪个领域？

4. 苏格拉底将自己比作马身旁嗡嗡作响的牛虻，因为他不断提问惹怒了他所处社会中的人们。在他看来，如果没有这些问题，雅典公民就处于半睡半醒的状态，并对自己生命中最深层次的问题漠不关心。思考苏格拉底的例子，询问自己如下问题。

- 谁是我生命中的"牛虻"？谁挑战我，使我感到不舒服，但是正因此让我变成更好的人？（包括你认识的人，比如家人、朋友或者老师，也可以是阅读到的人物，或是改变你的书籍、电影和歌曲。）
- 他们以何种方式为我扮演这种角色？
- 可曾有这种情景，在此情境中，我试图成为别人生命中牛虻一样的人？
- 在扮演这种角色的过程中，我得到了怎样的回应？我对他人的生活有积极作用吗？为什么？

5. 苏格拉底穷尽其生命去探求智慧，并激励他人也去追求智慧。花一分钟时间去思考苏格拉底，并拿自己和他作比较。

- 我认为苏格拉底智慧吗？为什么？
- 在我的生命中可曾有这样一段时间，我思考、做了或是说了某些我认为是智慧之事？何以如此？
- 如果我要列出生命中想要获得的所有东西，我会将智慧置于何种位置？

6. 回到柏拉图的洞喻和各种元素图表。思考故事中的不同层次和物体如何代表不同层次的实在和认知。即使你不能接受柏拉图关于实在的观点的所有细节，仍可以从这个寓言故事中学到很多东西。据此，回答如下问题。

- 在柏拉图的寓言故事中，影子代表什么？
- 在你看来，柏拉图为何选择影子这一意象来表明这一点？
- 现在你已经通读了这个故事，再次问自己：你生命中的"影子"是什么？
- 看着洞穴的图片并问自己：我处于洞穴的哪一层？

a. 我仍处于影子世界，经常混淆什么是最重要的，什么是短暂的、无关紧要的。

b. 我认识到影子是什么并意识到生命中还有更值得奋斗的东西，但仍在探索这是什么。

c. 我正处于过渡期。我不再被影像所欺骗，我开始获得理解。因此，我走在崎岖的通道上，仍在昏暗的光线中摸索。

d. 我已经历了洞穴外的生活，对于超越了阴影这一表层领域的世界已有所感受。因此，我已受到一定程度的启蒙。像故事中获释的囚犯，我认为我应当帮助那些挣扎着想要爬出洞穴的人。

7. 在本书中，我们将审视那些基本的哲学结论之间的争论，如“上帝存在”“我们所有的行为都是先在的，决定性原因导致结果”或者“行为的后果决定了其道德上的对与错”。但就哲学而言，持守某种信念的理由与信念本身同等重要。为帮你更好地理解好理由与坏理由之间的差异，完成以下练习。

• 选出你最赞同的陈述(a 或 b)。如果你无法决定，那就出于练习的目的选一个。

a. 上帝存在。

b. 上帝不存在。

• 为持守这个信念，构建一个弱的论证或提供某种不充分的理由。

• 为持守这个信念构建一种在你看来更好的论证。

• 强论证和弱论证之间有何差异？

第一章之回顾

哲学家

1.0　哲学之旅概览

Soren Kierkegaard 索伦·克尔凯郭尔

Pythagoras 毕达哥拉斯

Socrates 苏格拉底

1.1　苏格拉底与对智慧的探寻

Thrasymachus 色拉叙马霍斯

Sophists 智者

概念

1.0　哲学之旅概览

philosophy 哲学

wisdom 智慧

self-understanding 自我理解

understanding the meaning of our basic concepts 最基本概念之意义的理解

rational justification of belief 对信念的合理证成

logic 逻辑学

metaphysics 形而上学

epistemology 认识论

philosophy of religion 宗教哲学

ethics 伦理学

political philosophy 政治哲学

1.1　苏格拉底与对智慧的探寻

Socrates as the midwife of ideas 作为精神助产士的苏格拉底

Socrates' wisdom 苏格拉底的智慧

Socrates as a gadfly 作为牛虻的苏格拉底

the Socratic method 苏格拉底的方法

reduction ad absurdum argument 归谬论证

"the unexamined life is not worth living" "未经省察的生活是不值得过的"

"know thyself" "认识你自己"

Socrates' view of the soul 苏格拉底的灵魂观

skepticism 怀疑主义

"a good person cannot be harmed by others" "好人不可能被别人伤害"

1.2 柏拉图的洞喻

the plight of the prisoners 囚徒困境

the significance of the shadows 影子的意义

what the freed prisoner discovered 获释囚徒的发现

Plato's view of enlightenment 柏拉图的启蒙观

1.3 论证与证据：何以确定要相信什么？

six criteria for evaluating claims and theories 评价论断与理论的六个标准

conceptual clarity 概念的明晰性

consistency 一致性

coherence 融贯性

self-referential inconsistency 自我指涉的不一致

rational coherence 合理的融贯性

comprehensiveness 广泛性

compatibility with well-established facts and theories 与已有事实和理论的兼容性

support of compelling arguments 以有力论证作为支撑

argument (in philosophy)(哲学中的)论证
premise 前提
conclusion 结论
premise indicators 前提指示词
conclusion indicators 结论指示词
deductive argument 演绎论证
inductive argument 归纳论证
valid and invalid 有效的和无效的
sound argument 完备论证
strong argument 强论证
cogent argument 可信论证
inference to the best explanation 最优解释推理

深入阅读建议

哲学概论

Audi, Robert, *The Cambridge Dictionary of Philosophy*. Cambridge: Cambridge University Press, 1995. 本书对哲学领域的核心论题作出了颇有助益的概括。

Blackburn, Simon. *The Oxford Dictionary of Philosophy*. Oxford: Oxford University Press, 1996. 一本十分简明、可读性强的参考书。

Copleston, F.C. *History of Philosophy*. 9 vols. New York: Doubleday, Image, 1946 - 1974. 对哲学史所做的全面梳理，十分经典。

Craig, Edward, ed. *Routledge Encyclopedia of Philosophy*. 10 Vols. London and New York: Routledge, 1998. 有关哲学领域所有论题的最新、最完备的参考书。

Edwards, Paul, ed. *Encyclopedia of Philosophy*. 8 vols. New York: Macmillan, 1967. 若要对哲学家或哲学论题进行研究,本书是很好的起点。近年来的发展,可参考 Donald M. Borcher, ed., *The Encyclopedia of Philosophy Supplement* (New York: Simon & Schuster Macmillan, 1996)。

Gaarder, Jostein. *Sophie's World: A Novel about the History of Philosophy*. Translated by Paulette Moller. New York: Berkley Books, 1994. 这是一部非常流行的小说,讲的是一个小姑娘捡到了一张纸,上面写着两个问题:你是谁?世界从哪里来?为追寻问题的答案,小姑娘开启了一段哲学世界之旅。

Kolak, Daniel. *The Mayfield Anthology of Western Philosophy*. Mountain View, Calif.: Mayfield, 1998. 本书节选了 52 位哲学家撰写的 130 段最为重要的文本。

Lawhead, William F. *The Voyage of Discovery: A Historical Introduction to Philosophy*. 3d ed. Belmont, Calif.: Wadsworth, 2007. 作者按年代顺序对哲学进行的探究。

Nagel, Thomas. *What Does It All mean? A Very Short Introduction to Philosophy*. Oxford: Oxford University Press, 1987. 有关哲学的简短介绍,可读性较强。

Palmer, Donald. *Does the Center Hold? An Introduction to Western Philosophy*. 3d. ed. New York: McGraw-Hill, 1996. 本书对主要哲学论题进行了非常有趣、信息量十分丰富的介绍,并配以作者所作的一些哲学漫画。

——*Looking at Philosophy: The Unbearable Heaviness of Philosophy Made Lighter*. 4th ed. New York: McGraw-Hill, 2006. 本书对主要哲学家进行了历史性考察,行文活泼,配有 350 多幅作者所作的漫画。

Pojman, Louis. *Classics of Philosophy*. Oxford: Oxford

University Press, 1998. 本书摘录了哲学史上重要哲学家所撰写的 75 篇文献，许多文献是全文摘录。

Waithe, Mary Ellen, ed. *A History of Women Philosophers*. 4 vols. Dordrecht: Martinus Nijhoff/Kluwer Press, 1987, 1989, 1991, 1995. 本书收录了从古代到 20 世纪以来的女性哲学家。

Woodhouse, Mark. *A Preface to Philosophy*. 5th ed. Belmont, Calif.: Wadsworth, 1994. 对阅读、写作和思考哲学而言，这是部非常实用的手册。

苏格拉底

Guthrie, W. K. C. *Socrates*. Cambridge: Cambridge University Press, 1971. 本书对苏格拉底的生平和学说做了十分清晰的介绍。

Lawhead, William. "The Sophists and Socrates." Chapter 3. in the *Voyage of Discovery: A Historical Introduction to Philosophy*. 3d ed. Belmont, Calif.: Wadsworth, 2007. 本书对苏格拉底和智者学派进行了回顾。

Plato. *Apology, Euthyphro, Crito, Protagoras, Gorgias, Republic, and Phaedo*. 柏拉图所著的对话集，对苏格拉底的风格和学说进行了描述。这些作品有很多简装译本。

Stone, I. F. *The Trial of Socrates*. New York: Anchor Books, Doubleday, 1988. 作为一部全球畅销书，本书对苏格拉底以及雅典文化展开了十分有益的梳理。相较其他大多数为苏格拉底辩护的作品而言，本书试图展现出更多的批判性。

Vlastos, Gregory. *Socrates: Ironist and Moral Philosopher*. Ithaca, N.Y.: Cornell University Press, 1991. 作者是苏格拉底理论的著名研究专家，该作品十分具有可读性。

论证和批判性推理

Engle, S. Morris. *With Good Reason: An Introduction to Informal Fallacies*. 5th ed. New York: St. Martin's Press, 1994. 本书对非形式谬误进行了全面总结。

Hurley, Patrick. *A Concise Introduction to Logic*. 6th ed. Belmont, Calif.: Wadsworth, 1997. 本书是最好的逻辑学介绍性作品之一。

Layman, C. Stephen. *The Power of Logic*. 3d ed. New York: McGraw-Hill, 2005. 本书是另一部非常优秀的逻辑学介绍性作品。

Moore, Brooke, and Richard Parker. *Critical Thinking*. 8th ed. New York: McGraw-Hill, 2007. 针对逻辑学和批判思维的一部非常有趣的介绍性作品,可读性很强。

Teays, Wanda. *Second Thoughts: Critical Thinking for a Diverse Society*. 3d ed. New York: McGraw-Hill, 2006. 本书是一部批判性思维的介绍性著作,其重心在于媒体和当前的社会问题。

Tidman, Paul, and Howard Kahane. *Logic and Philosophy: A Modern Introduction*. 8th ed. Belmont, Calif.: Wadsworth, 1999. 本书对基础逻辑进行了相对高阶的介绍,可读性较强。

---

1 Soren Kierkegaard, *Concluding Unscientific Postscript*, trans. David F. Swenson and Walter Lowrie (Princeton: Princeton University Press, 1941), pp. 165 - 166.

2 感谢以前的同事大卫·谢弗(David Schlafer),这个思想实验里用到的一些例子就是从他那里来的。

3 Maurice Merleau-Ponty, "Everywhere and Nowhere," in *Signs*, trans. Richard C. McCleary (Evanston, Ⅲ.: Northwestern University Press, 1964), p. 128.

4 E. Fowler, *The New York Times Career Planner* (New York: Random House,

1987).

5 Quoted by T. K. Abbott in "Memoir of Kant," in *Kant's Critique of Practical Reason and Other Works on the theory of Ethics*, trans. T. K. Abbott (London: Longmans, 1st ed. 1879; 6th ed., 1909; photo reprint, 1954), p. xxxiii (page citation is to the 1954 reprint).

6 Plato, *Phaedo* 118, in *The Dialogues of Plato*, 3d ed., rev., 5 vols., trans. Benjamin Jowett (New York: Oxford University Press, 1892).

7 Plato, *Apology* 20e-23a, 29d-31c, 39a-b, 41c-d, 42, in *The Dialogues of Plato*.

8 Plato, *Republic* 338b-343a, in *The Dialogues of Plato*.

9 Gregory Vlastos, "Introduction: The Paradox of Socrates," in *The Philosophy of Socrates*, ed. Gregory Vlastos (Garden City, N. Y.: Anchor Books, Doubleday, 1971), pp. 5-6.

10 Plato, *The Republic*, Bk. 7, §§14-18, in *The Dialogues of Plato*, vol. 1, trans. Benjamin Jowett (Oxford: Oxford University Press, 1920; reprinted, New York: Random House, 1937), pp. 773-777.

这幅木版画出自一位不知名的艺术家。

这是卡米耶·弗拉马利翁(Camille Flammarion)1888年出版的《大气：大众气象学》(*Latmosphère: météorologie populaire*)一书中的插图。它描绘的是一个中世纪的人透过我们的世界边界窥视，探索宇宙背后隐藏的运作方式。虽然这里描绘的天文学已经过时，但是他的求知欲令人钦佩。正是这种好奇心激发了形而上学或理解表象背后之实在的终极本质的尝试。

第二章　探究终极实在

本章目标：

完成本章后应做到：

1. 概述各种一般形而上学立场及其关系，包括二元论、一元论、唯物论与唯心论。

2. 阐述身心关系问题。

3. 描述笛卡儿式身心二元论，判明其优缺点，并对笛卡儿的相关论证进行评价。

4. 区分同一性理论(identity theory)和物理主义的各种取消论版本。

5. 对功能主义、图灵测试以及反强人工智能(strong AI)的塞尔中文屋(Searle's Chinese room)的本质进行解释。

6. 解释自由意志之争中的强决定论(hard determinist)立场，并判明其优缺点。

7. 讨论自由意志之争中的自由至上论(libertarian)立场，并判明其优缺点。

8. 对作为自由意志之争之解决方案的相容论(compatibilism)进行描述和评价。

9. 讨论科学与形而上学的关系问题。

2.0 形而上学概览

地域勘察：何为实在？

是日夜晚，出门仰望夜空，满天星斗历历在目。你仰望诸星时，它们存在着，这一点似乎确凿无疑。为了确定目之所见，你可以把它们拍下来，将其形象保留在胶片上。但天文学家会说，其中许多星体早已不存在了！因为光从遥远的星体来到地球，要经过极其漫长的时间（比如，银星系中心距离地球有 25 000 光年之远。1 光年指光行走一年的距离，大约 5.88 万亿英里①）。当这些星光穿行太空时，其中一些星体可能早已燃烧殆尽，抑或发生了大爆炸而毁灭了。因此，只有在我们经验到某一颗星体发出的光时，它才能在我们的当下经验里存在，但其光源则并非如此。认真思考一下这种说法：一方面，这颗星体显然已不存在，因为其物质实体已被毁灭；另一方面，这颗星体显然又是存在的，因为它影响了我们的经验，并被我们的仪器与影像装备捕捉到了。在我们所属的这部分宇宙中，星体跟你现在所坐的椅子一样，都是实在的且能被科学观察与测量的。那么，这些星体是否是实在的？我们可否经验到这样一些实在，它们在我们所处的宇宙时空的某个角落里存在着，但在其他位置上却已经不存在了？当然，要确定某些具体事物存在与否，首先需要考察一个更为基础的问题：何为实在？

哲学之旅的下一站就要探索实在的本质问题。凝视夜空所带来的令人敬畏的体验，可以给我们一种时代相续之感。当你凝视月球或者北斗星时，不妨思索这样一件事：在你出生前的数千年中，古人们也在仰望同一片美妙景象。进而言之，我们不仅看到与古人一样的天空，也在问关于宇宙的一些同样问题，比如，宇宙是

---

① 1 英里等于 1.609 3 公里。

什么样的？我处于它的什么位置？当你踏上自己的哲学旅途时，要记住，在你之前的许多探索者已旅经同样的地形地势，并在其作品中将自己的发现绘制成“地图”留给你。他们的发现能在你的旅途中起指导作用，但你一定不可毫无批判地亦步亦趋。这些指导能让你注意到那些可能被你忽略的地形特色，但它们也可能包含错误，把你引入死胡同甚至危险地带。你得明确其他探索者的说明何时有益于你，何时需被修正。

有关实在之本质的哲学问题落在**形而上学**名下。从源头上讲，形而上学这一术语由生活于公元前1世纪的一位学者提出，他当时正在编辑古希腊哲学家亚里士多德（公元前384—前322年）的手稿。亚里士多德对自然的研究著作中有一本书名为《物理学》，在它之后，还有一本关于实在之更为一般性原则的无名著作，这位编者为其取名《形而上学》（这个术语的字面意思是“物理学之后”）。尽管最初，形而上学只是指亚里士多德手稿的次序，但它现在却指哲学中处理实在之本质问题的领域。不过其初始意义仍然适用，因为它关注的是那些处理完可由自然科学回答的现实问题之后留下的问题，在此意义上，哲学形而上学领域是“后于”物理学的。

绘制形而上学地形图：问题是什么？

哲学的形而上学领域包含着一些由人的心灵所塑造的最为困难、深刻和抽象的理论。尽管形而上学问题很复杂，实际上却是从一些非常基本的人的关怀中产生的。从作为婴儿的第一天起，我们就面临着接受实在这一术语并在没有先在知识引导的情况下得出结论的任务。同样，在古希腊（大约公元前600年），西方哲学的萌芽期，早期哲学家们就开始亲身考察实在的本质，并开始批判性地思考那些在哲学与科学发展之前致力于解释宇宙的传统故事与民间神话。我很想表明孩童的认知发展与人类的理智发展之间的某种相似性。生物学曾有过一种关注人类胎儿物理发展的理论，“胚胎重演律”(ontogeny recapitulates phylogeny)这个口号说的便是它。其意思是，子宫内个体组织发展的步骤重复了整个人类种族发展的步骤。在我看来，无论这个概念在生物学中有效与否，被应用于思想史时，与此理念相似的东西便有了一种真理的量度。

何为终极实在的本质？

婴儿的认知发展从多方面映射着历史中人类的理智发展。举例来说，婴儿面对着千变万化的经验，必须分辨哪些感觉映射出的是持久独立于他的对象(比如一只拨浪鼓)，哪些只是短暂感觉(比如痒痒)。某些研究者相信，五到六个月的时候，婴儿开始发展出有关对象之持久性的稳固感觉。

正如婴儿必须学会从变化不居的世界里辨别出永恒不变之物一样，早期希腊哲学家们也很关心永恒与变化的问题。从一方面讲，万物似乎都处于变化之中。潮汐涨落，季节轮转，星球变换位置，时而洪涝时而干旱。但在这些变化中仍存在一些持续不变的东西。什么是万千变化的世界中永恒不变的东西呢？什么是我们能依靠的东西呢？在宇宙中我们于何处可以寻得稳定根源呢？在所有变化中，是否有一些基础性物理元素持久存在呢？或者是否存在一些非物理的永恒规则支配着物理变换所采用的形式呢？

我们来看下一个例子。一个刚学会走路的小孩儿头一次在镜子里瞧见自己的形象。她对镜子里见到的小孩儿很好奇，朝对方摆手，对方也冲她摆手，她跳跃，对方也跳跃。这个小孩儿再次有了突破性发现，她想到：“那个小孩儿就是我啊！”——“但那如何可能呢？”她会想：“我在这里，而她在那里啊！”她遇到的是另外一个形而上学问题：如何在现象与实在(appearance and reality)之间作出区分。

孩童在经验世界过程中碰到的现象与实在问题，也是在人类理智的幼年期产生的最初问题之一。一根木棍在我们拿着的时候看上去是直的，但放在水中却看起来是弯的。火可以让水蒸发，它看来比后者更强大，可水也能灭火，此时它似乎又比火强大。月亮在高悬于天空时看上去很小，但当它低垂于地平线上时却看起来很大。这些经验促使希腊人发问：在我们的所有经验里，哪些只是现象，哪些是实在的？

勒内・马格利特（Rene Magritte）《意象的叛逆》（*The Treachery of Images*，1929）。

马格利特借这幅名画提出了现象与实在的难题。当被问到"这是什么"时，我们倾向于回答："很显然嘛！这是一根烟斗。"但是画里的法语提醒我们"这不是一根烟斗"。它实际上不是一根烟斗，因为你不能将它拿起来并放到嘴上抽。它仅仅是一张图而已。然而，从更加微妙的意义上来讲，我们有没有可能把影像与现象跟实在本身弄混了？这个形而上学的难题要从事物的貌似之状中整理出真正的实在之物。比如，心灵是与身体分开的吗？抑或只是看上去这样？我们真的拥有自由意志吗？还是只是看似如此？

从古代最早的批判性、系统性探究开始，哲学家与科学家们就认为，花费时间与精力去理解实在的本质至关重要，即使这种知识不会带来什么实际好处。柏拉图则认为，对实在的理解也有重要实践意义。他相信，如果我们真的想充分实现自我，那么绝不可轻易误解实在。可以拿一个现代例子作比照。如果我们基于错误的实在观而生活，就像一个旅行者拿着芝加哥地图找纽约市的路。柏拉图说，相比于幻象带来的短暂快乐，一个有智慧的人总会选择真理（不管它有多么坎坷）。你认为柏拉图说得对吗？幻象和错误的信念能让我们舒舒服服而实在却是残酷悲戚的，情况不总是这样的吗？本节"广场中的哲学"给了一个测试题，你可以跟朋友一起想一想，对实在的正确理解在何种程度上对你们而言是重要的。

广场中的哲学

找些朋友做如下调查，之后由你来回答下述问题。

● 想出 4 到 5 个对你以及你的世界观都有重要影响的信念(如果你不愿意可以不必分享它们)。可能的例子有：

1. 上帝存在。
2. 死后有来生。
3. 对世界的科学解释实质上是正确的。
4. 宇宙遵循逻辑法则。
5. 我是一个有理性的聪明人。
6. 存在人类生活的终极意义或目的。
7. 我生命中的另一半忠诚于我。

● 现在，假设你开始担心一个或多个信念有出错的可能性。但你也意识到，即便不曾发现真理，你还是可以继续在幸福的无知(blissful ignorance)中度过一生。为了解决这个问题，科学家开发出了用以测试信念的“实在计量器”(reality meter)。只需按一下按钮，它就会说出你的哪些信念符合实在，哪些只是幻觉。再来思考一下你的信念列表。假定相信它们为真会让你很舒适，而发现它们为假又会让你深感烦恼。你会因为它们所带来的平和感而继续持守呢？还是愿意不惜冒着新的、更准确的实在知识会使你幻灭的危险开动实在计量器呢？你愿意怎么做？为什么？

何为人类实在的本质？

尽管许多形而上学问题跟“外部”(out there)实在的本质相关，但其大部分内容还是集中于对我们自身的既可从外部又可从内部知晓的那个实在的考察。有些哲学家假定，通过考察我们自身的本质就可以得到生存其间的更大宇宙之本质的线索。相应地，除了一般意义上的实在之本质问题外，我还会探索几个跟实在类型相关的问题，后者可被用以刻画人的特征。

回到之前研究自己映像的学步小孩的例子。她从饶有兴趣的镜子中遭遇学到一点，即她可以同时经验到作为主体和客体的自己。作为主体，她以意识的主体中心（subjective center）身份沉浸在世界生活中。不过，她还可以退居幕后，把自己当成要被研究和理解的客体。令这小孩儿最终起纠结的神秘之事在于，一方面这是"我跟我"的经验间的关系，另一方面那又不是"我"。

与此相似，在西方哲学的开端，古希腊哲学家们先是只就外部宇宙发问。慢慢地，如同婴儿发育，他们越来越关照自我。他们面对群星沉思时会想到，如果后退一步（概念意义上）就会有另一个问题产生：谁在面对群星沉思？或者面对群星沉思的那个自我是什么？最终，在一般意义的实在的形而上学问题之上又加进了人之本质的形而上学问题，后者又包括两个问题：（1）身心关系问题；（2）自由与决定论（determinism）。

身心关系问题

再来思索一番观看群星的经验。光线打在视网膜上，通过视神经向大脑发送信号。此时发生的就是一次物理事件。同时一些心理事件也在进行着，比如"夜空可真美啊！"这种思绪。该如何理解这两个维度呢？你是世界的组成部分，是它里边诸多物体中的一个。你占据空间位置，能运动，会跌倒，也会被下落的苹果砸中，跟其他物体没什么区别。不过，你也感到自己跟世界是有所差别的。按你的经验，你自己是一个意识的岛屿（an island of consciousness），不属于外部物体。在你的意识世界里，主体的经验，比如遭遇疼痛或高兴等内在实在，看起来跟岩石、花朵等外部世界的物体不同。你可能会感觉到，通过某种向内的"看"，就能了解到自己经验的内容，可是内在的东西如何与外在的东西关联起来呢？**意识或心灵**

这些词指称何种实在(如果有的话)呢？它如何跟身体、大脑和化学元素之类实在发生关联呢？有可能借用物理法则去解释发生在你身上或你之中(包括思想)的所有事吗？或许压根就不存在一个内在的非物理世界。或许，看似由你的心灵和思维所构成的内在世界实际上不过是自然界发生的一连串事件，就像心脏跳动。再说了，这种物理解释遗漏了什么有待解释的东西吗？上述问题都是形而上学问题，都可被归在身心关系问题名下。第 2.1 节会更详细地讨论它们，第 2.2、2.3、2.4 节则会讨论与此问题相关的各种立场。

自由与决定论

仰望群星时，光线如何作用于视网膜，你只能被动接受。这一结果不过就是某件事发生在你身上而已。那么你其他的一些反应呢？也仅仅是在你身上发生的事而已吗？你可以边看星星边想许多事情："那岂不很浪漫？""我想多了解些天文学知识。"这些思考或反应是你自由选择的，还是你个人或文化的必然结果？你也跟自己所研究的恒星或行星一样是被规定好的吗？或许你对群星的反应取决于你首先想成为浪漫之人还是理智之人。总之，你的个性是你选择的吗？还是受你的基因或环境的影响呢？如果所有行为和选择都由基因、社会条件或上帝的意志来决定，那么你还能为自己的所作所为负起道德责任吗？这些形而上学问题都可归在自由与决定论名下，第 2.5 节还要对它们作进一步详细讨论。第 2.6、2.7、2.8 节要讨论的是在此问题上所持的各种立场。

导论部分只是简单概括如下三个形而上学问题：(1) 终极实在的本质；(2) 身心关系问题；(3) 自由与决定论。它们都是关于实在之本质的，不能涵盖所有形而上学论题。但你若把这三个关键问题弄清楚了，就会更为明确你是生活在何种宇宙之中以及你在其中所处的位置。本章剩余部分将专门讨论后两个问题(心灵—身体、自由—决定论)。与实在之本质相关的诸论题不可分而论之，因为唯有在对后两个难题的争论中才能将这些论题揭示清楚。

第四章会在宗教哲学主题下讨论上帝存在问题。不过这个主题放在形而上学下面同样合适，毕竟上帝存在问题也关乎实在的终极本质。在上帝、实在、心灵和自由四个论题中，不论你在其中任何一个论题上持何种立场，对其他三方面问题的回答都不必执着于特定答案。然而，如果将与其中任一论题相关的各种立场结合在一起，作出的回答会更恰当些。例如，一些人相信实在中充盈着理智与目的，另一些人却相信实在根本上由物质构成，所有事情的发生要么是机械原因的结果，要么是偶然的结果。上帝的信仰者显然更倾向第一种观点，但有些哲学家却宣称世界就像上帝的身体，所以他至少在某些部分跟我们一样，本质上是物质的。更有甚者，某些哲学家认为，上帝令世界如机器一般运转，同时却允许某些非预定的任意之事发生。所以，对于形而上学各方面间的关系问题，不要认为必定只有一种解决方法。不妨试着动手对它们之间可能具有的关系作一番筹划。

思想实验：有神论与无神论的含义

- 如果信仰上帝，下面有关实在、心灵和自由之本质的各种立场中，哪些跟信仰最契合？可有几种跟有神论相匹配的选择方案？哪些立场最难跟上帝存在的论断相协调？有跟上帝存在的观念完全矛盾的选项吗？
- 如果不信仰上帝，在实在、心灵和自由之本质的各种立场中，哪些最契合这种信念？可有几种跟无神论相匹配的选择方案？哪些立场最难跟上帝不存在的论断相协调？有跟上帝不存在的观念完全矛盾的选项吗？

1. 世界上发生的所有事都是为了实现某种目的偶然发生的。

2. 许多事无目的地发生。

3. 人完全是物理性存在。

4. 人拥有一个非物理性的心灵。

5. 世界上发生的事(包括人类活动)都是被决定的、不可避免的。

6. 有些事并非是被决定的。

路径选择：面对形而上学我会作何选择？

如前所述，本章包含两个子论题(心灵—身体，自由—决定论)，上述问题该作何选择，我将选择适当时机再谈。现在，让我们着手考察关于实在的终极本质问题的一些选项，毕竟，在形而上学各专门论题中处处都有它的影子。为了初步勾勒形而上学图景，我把哲学家分成两派：(1) 主张只有唯一一种实在；(2) 主张有两种实在。前者被称为**形而上学一元论**(metaphysical monism)，后者被称为**形而上学二元论**(metaphysical dualism)。

一元论有两种基本类型。第一种类型是**形而上学唯物论**(metaphysical materialism)，主张实在之本质完全是物理性的。显然，唯物论者会说，必须基于身体(例如大脑及其状态)来解释，心灵这个词才会有意义。他们不认可非物理性心灵的存在。我在讨论身心关系问题时用一个特定术语——物理主义(physicalism)来指称身心关系问题中所涉及的唯物论(在第 2.3 节，第 129—130 页，我会解释采用这个术语的理由)。

第二种类型是**唯心论**(idealism)。唯心论者相信，实在之本质完全是心理性或精神性的。作为日常对话用到的术语，唯心论者

(idealist)被用以指称乐观的、好空想的、不切实际的那些人。在这层意思上,即便是唯物论者也可能会具有这些唯心论的个性特征。但在形而上学中,**唯心论**指的是对实在之终极本质的主张,而非某种个人的生活立场。

古印度传统中就有形而上学唯心论的特征。不管印度教哪一个派别,其第一要义都会谈及我们的个体心灵实际上都部分表现了神明的心灵,而且全部实在都是此神明的心灵表达,这就像是说哈姆雷特的世界是从莎士比亚的心灵里流淌出来的一样。下一章第 3.3 节会讨论乔治・贝克莱著名的主观唯心论(subjective idealism)。在他看来,因为我们永远无法认识经验之外的事物,也就永远无法经验独立于我们的心灵的外部物质实在,因此物质这一理念毫无意义。18 世纪哲学家康德(见第 3.4 节)力图跟贝克莱划清界限,但最后也得出了自己的唯心论[被称为**先验唯心论**(transcedental idealism)],因为他相信空间与时间是由心灵放置于经验中的形式(forms),经验对象都要由心灵来建构。可见,唯心论是贯穿于人类历史的恒久立场。对此,本章其他部分还要继续讨论(特别是贝克莱部分),此处不赘。

上述一元论的两种类型都具有简明性的优点,即它们都主张可根据某种单一的原则或范畴(不管其是物理的或心理的)来解释实在。相应地,它们认为二元论将心灵与物质视为同等实在,而这将永远无法解释两种不同类型的实在如何能结合为统一的宇宙。这两种类型都认为,试图将彼此独立的物理实在和心理实在结合在一起,无异于把美制吹风机接到欧洲电路系统上,而这两者根本无法协同工作。唯物论和唯心论对二元论的这种批判,第 2.2 节会加以讨论。

一元论的主要对手就是二元论了。二元论坚持认为,一部分实在是物理性的,另一部分则是非物理性的,心灵或(和)上帝显然就是后者的主要候选项。二元论显然是一种妥协立场,因为二元论者(连同唯物论者)在接受物理实在以及物理主义者对物理实在所做解释的同时,还坚称整个图景中包含着比单个物理维度更为丰富的东西。另一方面,二元论者(连同观念论者)又主张,心灵是充分实在的,不能基于物理性来解释。尽管较之任何一元论,二元论的二元实在观更为复杂,但二元论者坚信,我们的这一经验能更好地把握实在的复杂性。第2.2节将会考察勒内·笛卡儿对二元论的论证。

表2.1是对迄今讨论过的三种立场的总结。

表2.1　三种形而上学立场以及它们对形而上学核心问题作出的回应

形而上学立场	存在一种以上的实在吗?	物质是一种基础性实在吗?	心灵是一种基础性实在吗?
唯物论	否	是	否
唯心论	否	否	是
二元论	是	是	是

概念工具：形而上学的基础

将复杂之事简单化

刘易斯·卡罗尔(Lewis Carroll)在一则短篇故事里谈到,某国的地理学家很自豪地认为自己将制图科学提升到了很高的层次。他们甚至有一个终极计划,要创制一幅精确到1∶1(英寸)①的国家地图。这个故事的幽默之处在于,这幅地图不但无法实现预想的完美性,反而会落得一无是处,因为这幅地图要呈现的内容会跟所绘地形一样庞大而复杂。与之相似,某种关于实在的理论如果只是简单地把我们与世界上所遇到的所有事物和事件全盘列

① 1英寸=0.0254米。

出，照样会百无一用。对世界的理解要通过以下三条原则来实现：(1) 简单化；(2) 简单化；(3) 简单化。面对经验中无尽而多样的事物、性质与事件，我们要做的是，努力凭借尽可能少的范畴与原则去不断理解它们。

再回到之前的儿童隐喻。虽然刀子、铅笔、针和灌木丛之间有差别，小孩儿却很快就明白，它们都具有尖锐和锋利的属性，而且明白尖锐锋利之物具有引起疼痛的属性。结果是，她以后再遇到尖锐锋利的东西，虽然不认识，也能将之与既有的理解联系在一起。完成了对实在的这种基本分类，她便能将所处世界简单化，并由此可以更有效地应对它。进而，一旦她开始掌握语言，就会运用语言和概念范畴等有力的工具来分辨实在。因此，尽管在复杂的哲学水准上研究形而上学是抽象的、令人望而生畏的、晦涩难懂的，甚至似乎脱离了实际生活的，但它实际上依然是我们学会接纳实在这个终其一生而所谋之事的必然产物。

对实在的理解简单化的诉求受到**奥卡姆的剃刀**(Ockham's razor)这一原则的推动。该原则得名于其构建者——14 世纪的思想家奥卡姆的威廉(William of Ockham)。该原则说的是，我们应从理论中剔除所有不必要的实体和解释性的原则。例如，著名物理学家伊萨克·牛顿(Isaac Newton)就明言，苹果落地、潮汐运动、行星轨迹等纷繁差异之事都能用一些基本的物理法则来解释，无需诉诸对每一类现象都作出解释的错综复杂的庞大原则系列。凭借以数学的方式构造起来的诸多法则，牛顿令我们对自然的理解呈现出一种优雅的简明性。

科学和形而上学

谈到牛顿，你可能会想："科学家的工作不是要告诉我们何为实在吗？形而上学能有什么贡献呢？"对此，两个答案就足以回答了。第一，在科学发现之外还有其他实在吗？这个问题不是一个科学问题，我们得站到科学之外，从哲学上辨识其边界和能力范围。如果实在有可能也包含物理世界之外的东西（比如非物理性的心灵、上帝、价值），那么用不着科学，只要通过哲学推理便能知道这个维度是否存在以及它是什么样子；第二，形而上学将我们对世界的科学理解与非科学关切结合在一起。比如，关于世界的科学观点如何与人具有自由和道德责任这种信念结合在一起？问题在于，如果不理解科学问题与形而上学问题的区别，就很容易从精心建构的科学理论中不慎得出有争议的哲学结论，却未能意识到一些哲学假设事先早已混入科学之中了。

虽然科学与形而上学之间有很多差异，但是在方法论上也有一些显著的相似性。如我在第 1.3 节指出的，不论是科学还是哲学，都基于那六条标准对理论作出评价：概念的明晰性、连贯性、合理的融贯性、广泛性、精心建构的事实和理论的兼容性以及能被有力论证所支持。此外，科学和形而上学都不局限于被观察到的东西，而是都试图基于被观察到的东西的理解和解释建构起宏大的理论。结果，哲学和科学都不能直接证实其理论，都必须运用**最优解释推理**(inference to the best explanation)的方法。

形而上学的基本问题

本体论(ontology)。在形而上学中，本体论提出的问题是，最为基础的实在是什么？这里将对此作简单考察。尽管你要面对的形而上学问题多种多样，比方说身心关系问题、自由与决定论问题，但你所持的本体论立场将会为其他形而上学探索定下基调。我们如何界定**基础实在**(fundamental reality)？如果仔细阅读多数形而上学家的作品，就会发现他们在描述何为基础实在时都会用到至少如下两条原则[1]：(1) **基础实在是所有其他东西都要依赖的**。有些人认为它可能是精神实在(spiritual reality)，如上帝。所有神学家都宣称上帝是唯一终极实在，万物皆要依赖它。还有一些神学家提出，上帝还创造了其他一些半独立的实在，比如心灵、灵魂或物理世界。上帝创造出它们后，它们便有了自己的存在形式，不可能再被还原为更基础的东西。也有一些思想家认为，基础实在有可能是物理微粒、力或能量；(2) 基础实在不可被创造或毁坏。如果人们接受的基础实在竟可被它物创造或毁坏，那它就是有所依赖的，这就违背了第一条原则，因为在它背后又有了更基础的东西。在神学家眼里，上帝是不可能被创造或毁坏的。另一方面，如果物理世界也是终极的，它就不能有开端。持此立场的人可能会说，桌子可被创造或毁坏，但构成它的微粒或能量却绝不可被创造，也绝不能被毁坏。有了这两条原则，暂时先不管那些五彩斑斓的迷人细节，每种形而上学理论都想把事物归入下面三个广泛范畴：非实在之物；可被还原为更基础的实在的实在；基础实在之物。

非实在之物

比如，绝大多数成年人都认为，即便圣诞老人(Santa Claus)的故事给人带来快乐，也并非实在的。但对儿童来说，圣诞老人是家庭传统的一部分，在他们眼中，圣诞树下放着的那些礼物都是圣诞老人带来的。成年人的形而上学图景简单得多。你不会相信父母、礼物和圣诞老人三者都存在于这个世界，你相信的只有父母与礼物这两种实在物，而前者是后者出现的原因。再如，与此相似，有些哲学家相信存在两种事件：由决定性原因导致的事件和由人的自由意志导致的事件。其他哲学家(类似于圣诞老人例子)则主张自由意志不存在，包括人类活动在内的一切都可被理解为决定性原因导致的结果。这一进路可被称作取消论，其意在使实在简单化并赋予实在以秩序。

可被还原为更基础的实在的实在

我们经常谈到“天气”。关于天气的对话意味着存在天气这样一个东西吗？显然，天气不是牙仙子(tooth fairy)那种虚构的东西。天气只是一个术语，我们用它指称那些更基本的实在，比如温度、高压或低压峰值、湿度、降水量等。每次指称天气都是在指称上述基本的实在物与过程。因此，现象和实在问题出现了。假设你大热天在路上开车，看见路前头有一个水洼，开近后它却消失了。那时你看着是水的东西实际上不是水，但它也并非不存在，毕竟你当时确实看到了某些东西。这种水的视觉景象可以解释为热浪复制了水的视觉显像。与之类似，形而上学家一直采用“这实际上是……”(this-is-really-that)这种进路。他们当中，有些人主张“心灵实际上是大脑事件”；另一些人则主张“看似是物理对象的东西实则是心理事件的集合”。我们称之为形而上学的还原论。

基础实在之物

这一范畴是形而上学最基本的方面。这里的问题是，能据之解释其他一切东西的终极实在是什么？在阅读本章提到的各位哲学家时，不妨问问自己，这些哲学家相信的终极实在是什么？

在形而上学概观的总结部分，我会请你整理出关于实在的项目列表，以发展出你自己的形而上学观。

我怎么看？什么是最实在的？

根据实在的程度给下列各项评分，分值范围为0—10。如果认为该项不存在就给0分，最为实在则给10分。中间值意味着要么其实在程度较低，要么只是实在的某种衍生物。

等级		等级	
	1. 你的身体		3. 爱因斯坦的大脑
	2. 你的心灵		4. 爱因斯坦的理念

续　表

等级		等级	
	5. 电子		11. 一位朋友
	6. 上帝		12. 爱
	7. 你的汽车		13. 美国最高法院大楼
	8. 梦中出现的你的汽车		14. 正义
	9. 一朵玫瑰		15. 一颗牙齿
	10. 美		16. 牙仙子

哪些项目你给了0分？它们有什么共同点？哪些项目你给了10分？它们又有什么共同点？当你给出0到10分之间的分值时，依照的是什么原则？你认为实在有等级之分吗？还是说，任何东西都要么是0分要么是10分？

因为回应这些问题有许多方式，所以也就无法给出一些解答导引。你只需要记住自己的评分以及上面几个问题的答案，以便将自己的立场跟下面要讨论的那些人做一番比较。我们现在来看哲学中最难的问题之一：身心关系问题。

2.1　身心关系问题概览

地域勘察：什么是心灵？什么是身体？

什么是心灵？它跟身体之间是什么关系？这些问题颇为神秘，古希腊哲学家虽全力以赴，却没能提供让所有人都满意的解决方案。这些问题确实很难，以至于现在还纠缠着我们，各种方案针锋相对、不一而足，它们的支持者也都认定自己绝对正确。此种争论在下面的故事中可见一斑。

引自休·艾略特(Hugh Elliot)

《坦塔罗斯》(*Tantalus*)[2]

假设存在坦塔罗斯①这样一个人物，他受到的惩罚是，用锤子无休止地敲打一块砧板。现在，假设用屏幕或其他什么东西将坦塔罗斯、他的锤子以及砧板都盖住，有一束精心安排的光线把锤子和砧板的影子投在一面墙上，使之一目了然，而且还设定一个心灵是白板(tabula rasa)的观察者瞧着影子。每次锤子的影子落在砧板影子上，就能听见敲击声，而且唯有两个影子相遇时才有声音。锤子和影子的运动快慢不拘，声音总是与它精确相应。锤子有可能在砧板上敲出一个曲调，而且每看见一次影子碰撞就能听见一个音符声响。敲击和声音这两个序列对应着，不变且绝对。那么，观察者的心灵不可避免地会受到什么影响呢？他对屏幕后面声音产生的真正原因一无所知，他只有影子和声音的经验。他只能认为，每一次声响都是锤子影子敲击砧板影子而发出的。

上面那位观察者是一位内省的哲学家(introspective philosopher)。内省并不教我们神经流(nerve current)或脑活动(cerebral activity)方面的事，它只就心灵和感觉说事。就内省的哲学家而言，显而易见，某些精神或心理过程才是人类活动的条件。他认为、他感觉、他意愿，继而才有他活动。所以，思考、情感以及意愿是活动的原因。内省也就到这个地步了，生理学家现在要介入进来了。他技艺娴熟地割开屏幕，定睛细看！那里是实在的锤子、实在的砧板，之前人们不知道有它们，还以为它们的影子是存在之物。他现在可证明，意识状态(states of consciousness)只是伴随大脑功能的影子罢了。他展示给人们看，人类活动的原因在于人的大脑功能而非作为大脑功能之伴随物的影子。

① 坦塔罗斯是希腊神话中的一个人物，他被罚要永无休止地做同一项任务。

艾略特这个故事的重点在于启示人们，我们往往天真地认为所有思维、情感和活动的原因是非物理性的心灵。然而，心灵及其活动虽可被类比为那个影子，但它们实际上却是藏在幕后的物理性的锤子与砧板的产物。他相信，你的大脑才是真正的你，你所有的认知功能都在大脑中进行，都以它作为原因，而在内省中发现的东西则不过是某种现象或幻觉罢了。

然而，影子的隐喻又会让我们想起柏拉图的洞喻，第 1.2 节已对其作过讨论。我们可以借用柏拉图那里的线索，对艾略特的故事作出截然不同的解释。按柏拉图的说法，艾略特故事里出现的影子或现象是指被感觉所知的物理世界，而幕后的锤子与砧板所表现的那个实在世界则是灵魂或心灵驻存其间的非物理世界。因为科学只能考察物理材料，无法透过物理事件找到其背后的精神实在，因此，只有在内省中，我们才能发现我们的心灵及其理念所对应的实在世界。

如此，我们现在有了两种主要视角，它们对我们的思维、情感和意志的真正原因分别给出了不同解释。是像艾略特所暗示的那样，大脑是所有活动的来源，而我们称之为心灵的东西只是对发生在幕后的神经化学事件的错误解释？还是说，物理现实的“幕后”是非物理性的心灵，意识在那里发生，由此出发，可对所有我们所思、所做之事加以控制？心灵的本质以及它与身体的关系问题是最复杂的哲学问题之一。有些哲学家认为，近来围绕大脑进行的研究可以解决这一问题；也有些哲学家认为，这种研究其实让问题变得更复杂了。接下来的几节，我将对身心关系问题上存在的几种维度以及已被提出的几种解决方案作一番考察。

思想实验：物理的和心理的

完成下面六项任务（A1—B3）：

A1. 往列表内再加入五类具体的物品：25 美分、氧气、原子、西红柿、字典、滚珠轴承……

A2. 往列表内再加入五个描述不同物品属性的具体项：绿色、10磅[①]重、湿、30英尺高、正方形……

A3. 往列表内再加入五种可描述某位朋友的物理方位、位置或活动的项：穿过房间、坐着、跑着、跳跃着、喊着、挥着手……

B1. 往列表内再加入五种心理内容：希望、观念、梦想、疼痛、怀疑……

B2. 往列表内再加入五个可描述不同人的心灵的项：明智的、富有想象力的、悲观的、聪明的、不诚实的……

B3. 往列表内再加入五个可描述心理活动的项：思维、猜测、希望、吃惊、怀疑……

• 比较A2与B2列表中的属性，写出它们之间的某些一般性差别。

• 比较A3与B3列表中的活动，写出它们之间的某些一般性差别。

• 将A2中的某些形容词用在B1的项上，再把A3中的某种方位或活动加入上述描述。举例而言，“正坐在汽车里的绿色希望”。

• 把B2和B3里面的某些形容词用在A1项上，比如“明智的、思维着的25美分”。

把列表A、B中的项组合在一起的结果为何会是无意义的？当然，如果从隐喻的角度谈论它们，上述描述也可能有意义[我们可以用锐利(sharp)描述刀子，同时也可以说“敏锐的”(sharp)心灵]。不过，因为我们这里关注的只是

① 1磅=0.453 6千克。

字面描述，所以下面这种说法似乎毫无意义：你的上帝观念有两英寸长、八分之一克重，恰好被放在离你的正义观念三英寸远的地方，并且还是红色的。我们也不能说自己的心灵呈三角形。说化学烧杯正在怀疑或相信同样也毫无意义。为什么？

上述练习阐明了一个事实，即我们有两种言说方式：分别用描述物理性物体、性质和事件的语词和描述心理内容、性质和事件的语词。那么，这两种截然不同的言说方式暗示着有两种截然不同的实在（身体与心灵）吗？如果真是这样，还能想到其他什么理由来表明身体和心灵乃是分属不同种类？此外，如果你认为身体与心灵这两种实在是不可分的，那为什么谈论物理事件的语言如此不同于谈论心理事件的语言？

问题还不止于心灵与身体有着不同性质。还有另外一个问题，这个问题涉及心灵和身体之关系问题，它是从心灵与身体似乎因果性地相互影响这个事实中产生的。要探索这个问题，不妨遵照下述思想实验中 A4、B4 所给出的导引来进行。

思想实验：心理性和物理性因果关系

A4. 将句子 3、4 补充完整，并在句子 5 的位置至少增写一个心灵如何影响身体的具体例子。

1. 我在担心（心理事件），没什么胃口（物理事件）。
2. 我认为自己开得太快了，所以踩了一下刹车。
3. 我想再要一块比萨，但是手上……
4. 我决定把票投给那个候选人，而且我……

5.

B4. 将句子3、4补充完整，在句子5的位置至少增写一个身体如何影响心灵的具体例子。

1. 我喝了太多咖啡(物理事件)，从而变得心烦气躁(心理事件)。

2. 我踢到了脚趾，然后经验到了疼。

3. 我昨晚没睡觉，结果在课堂上，我的精神……

4. 某个特别的人拥抱了我，我由此感到……

5.

这个练习表明，我们不但通常认为心灵与身体是两种不同的东西，而且认为它们之间相互作用。某些心理事件似乎会导致物理事件的发生，同时某些物理事件也似乎会引发心理事件。虽然我们平时都是这样来谈论它们之间的关系，哲学家却意在对这个被视为理所当然的假设作一番考察。归根结底，我们有可能得出结论，这种日常言说方式有很好的哲学理据；反过来，我们也可能会发现，上述普遍假设需要被澄清、修订乃至抛弃。

绘制身心关系问题地形图：有哪些问题？

上述练习支撑起可用以描述我们传统的心灵和身体概念的三个常识性信念：

1. 身体是物理事物。

2. 心灵是非物理事物。

3. 心灵和身体相互作用，彼此发生着因果性影响。

就算有了这些信念，我们仍面临着一个麻烦：事实上，非物理事物(心灵)如何跟物理事物(身体)相互作用？物理事物之间的相互作用通常通过推、拉、合并、供给能量、吸引、磁化等方式，这些相互作用都涉及物理力(physical force)，这种力可用物理学定律来解释。如果被问到这个问题，多数人会倾向于赞同“物理事物的运动完全遵循物理规律”这一说法。但心灵可不是物理事物，无法通过重力、电力、磁力或机械力对物体施加影响。那它跟物理事物可能存在什么因果关系吗？引入大脑来解释这种相互性是行不通的，因为大脑不过是另一种物理事物。在理解非物理事物(如心灵)如何能与物理事物发生相互作用中碰到的这一困难展现出第 4 个命题：

4. 非物理事物跟物理事物之间不可能发生因果性作用。

至此，我们似乎有了四个同等合理的命题，但它们不可能都正确。你可以相信其中任何三个命题的组合，但只要加入剩下的那个，就会出现矛盾。看来，我们势必要作一番取舍，挑出一个扔掉。但不幸的是，扔掉哪一个都要付出代价，而所谓的代价恰恰是，必须要把我们第一时间认为某种特定信念是合理的常识性理由摒弃。如我们将看到的那样，在身心关系问题上，每一种立场都要以摒弃其中一个命题的方式来规避上述困境。在“广场中的哲学”部分，你和朋友们要被问到的也正是，为规避困境，你们将怎样从四条陈述中找到被抛弃的那条？

广场中的哲学

请你首先亲自回答如下问题，再向 5 位朋友提相同的问题。

在你看来，下面陈述中哪三条最为可信？或者说，哪一条最不合理？

你给出三个肯定性选择、一个否定性选择的理由是什么？

1. 身体是物理事物。

2. 心灵是非物理事物。

3. 心灵和身体交互影响，彼此间发生着因果性作用。

4. 非物理事物跟物理事物之间不可能发生因果性作用。

路径选择：关于身心关系问题，我会做何选择？

在身心关系问题上可谓众说纷纭，其中有两种立场备受瞩目，即身心二元论和物理主义。**身心二元论**(mind-body dualism)主张，心灵与身体(包括大脑)是相互分离的实体。其中，身体是物理事物，心灵是非物理(非物质的或精神的)事物(出于简洁性考虑，本章后面凡是谈及身心二元论时，一律简称二元论)。**物理主义**(physicalism)则主张，自我(self)跟身体或大脑活动具有同一性，或者说就是后者的产物，不存在非物理层面的人。

二元论的最普遍版本是**身心交感说**(interactionism)。这种学说在二元论的基础上主张，心灵与身体尽管不同，但它们因果性地相互作用。17世纪法国哲学家笛卡儿坚定捍卫这种观点，我们之前就该问题进行探讨时提到的那种常识性观点也以他为代表。要注意的是，许多宗教观通常会将真正的人等同于他/她的灵魂，后者被说成是非物理性或精神性实体。讨论二元论时，我们假定灵魂和心灵这两个术语可以互换使用，因为它们指的都是构成真正的人的非物理性要素。

纵观整个哲学史，尽管身心交感说和物理主义是最普遍的立场，但还有一种观点值得提及，这就是本章开头概述形而上学时曾讨论过的唯心论。若说物理主义是张相片，那么唯心论就是其底片。物理主义者说人只是物质，唯心论者则说人(连同所有实在)的实质是精神性的。唯心论也要解决身心关系问题，其方法是相信二者实际上并非两种全然不同且不可还原的实在。它主张，物理世界和身体都不过是某种心理经验的集合，或是某些更大层面的心理实在。下一章第3.3节谈及乔治·贝克莱的观点时还会再次谈到唯心论者的心灵观。

当然，物理主义也有不少版本。最常见的版本是**同一论**(identity theory)[或**还原论**(reductionism)]与**取消论**(eliminativism)。虽然同一论者否认存在分离的、非物理性的心灵，但仍认为对心灵的讨论是有意义的，因为它们都能被转译为对大脑状态的探讨。与之不同的是，取消论者认为心理词汇应当被全部取消，只使用生理词汇就够了。因此，就取消论者而言，谈论心灵是否是物理性的或者是否与身体相互作用，就好比在问“矮妖(leprechauns)支持核裁军吗?”或者“幽灵欣赏现代艺术吗?”只要你主张矮妖和幽灵不存在，这些问题就是毫无意义的。与此相似，取消论者希望放弃所有指称心理事件的语言，因为被指称的东西在他们的信念中并不存在。

表 2.2 总结了我们讨论过的几种立场对五个问题的回答：

表 2.2　身心关系问题的不同立场

哲学立场	身体是物理事物吗?	我们有心灵吗?	心灵是非物理事物吗?	心灵与身体相互作用吗?	非物理事物不可能与物理事物相互作用吗?
二元论：身心交感说	是	是	是	是	否
唯心论	否	是	是	是	是
物理主义：同一论(还原论)	是	是	否	是	—
物理主义：取消论	是	否	—	—	—

注意：表 2.2 包含了五个问题和四种立场，每种立场都在其中一个问题上是否定的。只要是物理主义者，都不会回答第五个问题，因为他们压根不认为存在任何非物理性的心理实在。取消论者甚至不会回答第三和第四个问题，因为他们否认心灵这一术语。

后面还会讨论另一种立场，**功能主义**(functionalism)。之所以不把它放进这张表里，是因为其提问方式会让身心关系论题变得七零八落。功能主义者反对二元论的心灵是相互分离的实体的主张，也反对同一论者的心理事件与大脑事件具有同一性的主张，甚而还反对取消论的不存在心理事件的主张。相反，功能主义认为心理领域可被描述为一种“输入—加工—输出”(input-processing-output)的特殊样式。他们由此主张，大脑如同计算机的物理硬件，心灵则像在硬件上运行的运算程序，二者的差异是逻辑性的。第 2.2、2.3、2.4 节会分别对二元论、物理主义和功能主义进行近距离审读。

我怎么看？关于身心关系问题的调查问卷

在继续阅读之前，先完成下表的调查。在每条陈述右边的方框内表明你自己的看法。如果你赞同这一陈述，就标记“同意”，不同意就标记“不同意”，阴影方框内不用写任何东西。你有可能既不想赞同也不想不赞同，而是觉得“不确定”，但即便如此，你还是有必要标出对你而言最有可能的那个。这张问卷只是调查你的看法，答案并无正确、错误之分。

	A1	B	A2
1. 物理世界是仅有的唯一一种实在。	同意	不同意	
2. 心灵是非物理性的，但也是实在的。		同意	不同意
3. 心灵只是个语词，用以指称由大脑产生的诸多认知活动的总和。	同意	不同意	
4. 心灵与大脑虽然是不同实体，但是它们可以相互作用。		同意	不同意
5. 当我做一个决定时，其直接原因在于大脑中发生的一个物理事件。	同意	不同意	
6. 作出心理决定的行为并非一个物理事件，也没有什么物理原因。		同意	不同意

续 表

	A1	B	A2
7. 一个物理事件只能由另一个物理事件引起。	同意	不同意	
8. 一个我意愿的行为并不是一个物理事件，但它能导致我的身体执行某个物理活动。		同意	不同意
9. 即便现在还做不到，但人所做、思考和感觉的任何事件都是能由科学来解释的。	同意	不同意	
10. 心灵及其活动永远无法由脑科学来彻底解释。		同意	不同意
	A1	B	A2

身心关系问题调查问卷的解答导引

把 A1 栏（这一栏只有“同意”选项）所有核查过的回答加总，总数写在表格底部的 A1 方框内。接着再把 A2 栏（这一栏只有“不同意”选项）所有核查过的回答加总，总数写在底部的 A2 方框内。把 A1、A2 加总，总数写在下面阴影框（A1＋A2）内。最后，将核查过的 B 栏所有回答（既有“同意”又有“不同意”）加总，总数写在下面空白框（B）内。

A1＋A2＝

B＝

阴影框（A1＋A2）代表物理主义立场，空白框（B）代表二元论立场。数值最高的那个方框跟你自己的立场最接近。我在前面说过，在身心关系问题上，还有一些诸如功能主义的其他立场，但它们与该问卷所设定的二分形式不相契合。不过，如果你非要在二元论和物理主义之间做选择的话，这张问卷还是有助于指出你的立场倾向的。

2.2 二元论

引导性问题：二元论

1. 在2003年的电影《怪诞星期五》(*Freaky Friday*)中，一个十几岁的女孩[林赛·罗韩(Lindsay Lohan)饰演]和她的母亲[杰米·李·柯蒂斯(Jamie Lee Curtis)饰演]关系并不融洽。由于发生了一系列奇怪的事情，她们互换了身体，必须去适应对方的生活以及承担彼此的责任。当然，在电影中设定一个人的人格驻留于另一个人的身体不过是提供了令人捧腹的低俗喜剧元素罢了。不过，此事就算不可能发生，难道不可以构想吗？你能想象你还是你，却停驻在不同的身体里吗？

2. 你能想象目睹自己的葬礼吗？你的身体躺在棺材里，朋友们表情凝重地注视着它，而此时的你却是无身体的灵魂或一束意识中心，远远在一旁看着整件事的发生。你可以想象这个情形吗？你是否相信个人不朽？至少是可能去想象这一场景？

3. 我们中的多数人花费大量时间与电脑交流，它们会发给我们一些信息，比如"你使用了无效文件名"。借助人工智能研究，电脑现在发展出了超常能力，甚至能与象棋大师激烈对弈。不管计算机在技术上已取得了何等进步，它将来会拥有心灵吗？下象棋时，你对正在发生的事是有意识的，或者是有所留意的，但你能想象有一天电脑里攒聚的电路和软件也会产生意识吗？分析到最后，电脑作为计算机器，难道不是缺少某样使其可以达到你所拥有的内在主体经验的东西吗？

4. 你能常常察知别人心里正在想什么。例如，某个人的面部表情就能揭示出其内心正经验着的困惑、愉快、愤怒、害怕或厌烦。尽管我们的身体和行为可通过多种方式提供我们心理生活的线索，但你心中所想的大部分事情难道不是私密的，只有你自己才能知道吗？你的私密心理内容与其公共部分之间岂不是有着极为明确的界限吗？

这些哲学问题所依据的假设代表着对心灵、身体的某些非常传统和普遍的直觉。虽然心灵与身体在生活中似乎结合在一起了，可多数人还是可以想象二者分而存在的可能性。不过，即便我们认为自己能想象这种可能性，但这种可能性真的融贯吗？进一步看，即便它是融贯的，又有什么理由假定心灵事实上是同身体相分离的？二元论者就是想说服你对这两个问题作出肯定的回答。

对二元论的探究

17 世纪哲学家勒内·笛卡儿不仅是身心二元论的代表人物，还是该理论最著名的支持者。因此，通过考察笛卡儿的观点便可对二元论作一番全面探究。

笛卡儿是在与怀疑论的缠斗中开始其哲学之旅的。他很想知道他究竟能确信什么。在对他所持的诸信念作了一番批判性考察后，他发现只有一个信念不能被怀疑，即“我存在”(I exist)。不过，他自己存在这一确定性(certainty)只能应用于他作为心灵的存在，而心灵是不同于身体的心理实体。笛卡儿虽然相信当下就可以直接亲知自己的心灵或意识，但是拥有一个存在于外部世界中的物理性身体这一信念则是由他的物理性感觉推导出来的。问题是，在梦中或幻想中，我们也能有一些身体上的感觉，但它们只是幻觉，不能反映外部世界的实在。你可以试着把自己代入笛卡儿的想法中。想象你正坐在椅子上读书的经验不过是场梦。这非常有可能。如果这是可能的，你就没法确信此时的身体经验是真实的。最终，通过一系列机智的论证(下一章第 3.2 节会讨论到)，笛卡儿总结道，他的感觉给他提供的是关于他的身体和外部世界的准确信息。

基于上述思考，笛卡儿得出结论，他并非仅仅是一个心灵，心灵与身体是相互关联的。于是这样一幅图景浮现出来：人由两种不同的实在构成，它们以某种方式联系在一起。一方面，我们拥有身体，是物理世界的组成部分。按笛卡儿的说法，身体是肉与骨骼组成的机器，关节与肌腱像枢轴、滑轮、绳子一样活动，心脏是水泵，肺是风箱。因为这样一个身体是物理事物，所以要遵从物理法则，并被安置在时空内的某个位置上。他还认为，动物也是机器，它们的行为纯然是机械法则的产物；另一方面，人是与众不同的，因为他们除了身体之外还有心灵。在他看来，你的心灵(与你的灵魂和意识同一)才是"真的"你。就算失去一只胳膊或一条腿，身体机制损坏了，你自己依然完整如初。笛卡儿这种立场被称为身心二元论，或者**心物二元论**(psychophysical dualism)。鉴于他为此立场所做的经典阐述，出于对他的尊重，其又被称为**笛卡儿式二元论**(Cartesian dualism)。

笛卡儿为身心二元论所做的论证

笛卡儿的基本前提

笛卡儿给出了几种论证来说服我们相信心灵与身体是两种分离的实在。虽然他用多种方法论证自己的二元论，其中却都蕴含着同一个基本前提，也就是通常所谓的**可分者非同一性原则**(Principle of the Nonidentity of Discernibles)，即如果两样事物实际上不具备同一的性质，也就是说，我们可以在它们之间做出某种区分，那它们就是非同一性的。

单从字面上看，这条原则似乎非常清楚。因为两样事物真是完全相同的话，它们就必然拥有相同的性质；如果它们之间存在明显差异，那就必然是不同事物。举个例子，19 世纪一位名叫塞缪尔·克莱门斯(Samuel Clemens)的人与美国著名作家马克·吐温(Mark Twain)是同一个人。所以，对"萨缪尔·克莱门斯"这个人所指涉为真的任何事对“马克·吐温”来说同样为真，反之亦然。另一方面，根据这个对同一性的严格定义，所谓具有同一性的孪生子实际上是有某些基本相似性的不同的人。如果没有其他差别，他们至少占据着不同空间位置，这同样令他们不同。

让我们考察一下这条原则的一项实际应用。假设齐吉(Ziggy)被指控用斧子砸开自助餐厅大门并偷了一块香蕉奶油派。犯罪实验室(crime lab)分析了门的破坏状况，确定小偷惯用左手，身高超过六英尺。警察又在显然是侵入者丢弃的斧子上找到了金黄色的头发。而齐格却惯用右手，五英尺高，并且头发是黑色的。因为齐格的特征与小偷不符，他们就不可能是同一个人。所以，齐吉是无罪的。

思想实验：运用笛卡儿的原则

在身心关系问题上运用我们刚学到的推理方法。

- 列出跟身体性质不同的属于心灵的典型性质。
- 这些差异足以令我们确信心灵与身体是不同的东西吗？
- 在接下来的讨论中，看一下你列出的东西跟笛卡儿相比如何。

笛卡儿通常使用一种标准的论证形式来表明心灵不同于身体。由于他通过考察心灵与身体的性质来表明二者分属不同种类的实在，所以这种论证形式采纳的就是可分者非同一性原则。这些二元论论证具有如下一般形式：

1. 身体拥有性质 A。
2. 心灵拥有性质非 A。
3. 如果两种事物并不确切具有同一的性质，那么它们就不可能是同一的。

4. 所以，心灵、身体并非同一。它们是两种完全不同的实体。

从怀疑开始的论证

笛卡儿的核心论证之一就是基于哪些能被怀疑、哪些不能。在《方法谈》(*Discourse on the Method*)中，他回顾了自己摆脱怀疑论的历程，那时他意识到，即便可以对外部世界(包括他自己的身体)的存在表示怀疑，却无法怀疑他自己的存在。

引自勒内·笛卡儿

《方法谈》[3]

下面我要专心考察我是什么。我发现，我能假装自己没有身体，假装没有世界，世界中也没有我容身之地，尽管如此我却不能假装我不存在。相反地，我看到，从想到怀疑其他事物的真这个单纯事实，就可非常明显、确定地推出我存在……这回事。我由此知道，我是实体，全部本质或本性只在于思考，其存在，既不需要任何场所，也不依赖任何物质事物。相应地，这个“我”——也即灵魂，凭它我才是我所是——跟身体是完全不同的，而且事实上比身体更容易被认识，即便身体不存在了，也不会丧失其之所是。

笛卡儿的论证可以如此表达：

从怀疑出发的论证

1. 我能怀疑自己身体的存在。

2. 我不可能怀疑自己心灵的存在。

3. 如果两个东西没有确切同一的性质，它们就不可能是同一的。

4. 所以，心灵和身体并非同一的。

前提 1 和前提 2 确认了笛卡儿运用怀疑方法时所发现的身体与心灵的两种不同性质。在他看来，他的心灵可被完全确信，但鉴于幻象（梦与幻觉）出现的可能性，他很可能会出错，所以不能确信身体的存在。这番论证被他作为心灵和身体不可能是相同事物的逻辑证据来使用。

不过，这个论证是成问题的。存在怀疑的倾向与 6 英尺高或秃头并非同一种性质。事实上，我能就某物进行怀疑这个事实是我的一种心理学性质，同时也是我怀疑的对象。为了理解这个论证中的困难，不妨思考下面这个本质上有着相同形式的论证：

1. 我怀疑美国第 16 任总统是否曾留胡子。

2. 我不怀疑亚伯拉罕·林肯（Abraham Lincoln）曾留胡子。

3. 如果两个东西没有确切同一的性质，那么它们就不可能是同一的。

4. 所以，美国第 16 任总统和亚伯拉罕·林肯并非同一的。

谁都知道林肯是留胡子的，只是有些人不确定第 16 任总统是否也留胡子。问题在于，其中有些人并未意识到亚伯拉罕·林肯就是美国第 16 任总统。所以很有可能，笛卡儿之所以较之身体更为确信心灵，只是因为他未能充分理解二者各自的本性，以致未能看出它们是同一的。

从意识出发的论证

笛卡儿在其著作中还为二元论给出大量其他论证，我们之所以不深入探讨，是因为它们在大多数哲学家眼里只是些很弱的论证罢了。不过，其中有个论证在今天仍值得关注。笛卡儿将此论证立基于心灵是思维着的东西而身体则不是这一事实。在笛卡儿那里，所谓思维着（thinking）并非单单意味正在推理（reasoning）。他用这个词指称全部意识状态，比如认知着、怀疑着、愿望着、意愿着、想象着、感觉着，等等。因此，他的关键点就在于，心灵之所以跟自然世界中的其他东西不同，就因为它是有意识的。通过对比，笛卡儿说："当我考察身体的本性时，在其中根本没有发现思想的特征。"[4]有很多段落可体现从意识(或思维)出发的这种论证，比如下面这段话。

引自勒内·笛卡儿

《第一哲学沉思集》[5]

这样一来，通过认识到我是存在的，并且同时看到除了我是运思着的东西外，绝无他物可归入我的本性或本质(nature and essence)，我就可轻而易举地正确推出，我的本质只在于我是运思着的东西这个事实。我可以拥有(或者去期待我真的拥有)与我紧密结合的身体，这也是真的。只不过，一方面，我拥有关于自己的清楚的、明晰的观念，在此范围内我就只是一个运思着的、非广延的东西；另一方面，我同时又拥有关于身体的明晰观念，在此范围内它只是一个广延的、非运思着的东西。与之相应，可以确信的是，我(也即我的灵魂，由它我才是己之所是)实际上不同于身体，能离开后者而存在。

从意识出发的论证是之前论证的延续，唯一不同的是笛卡儿纳入了"物体不可能拥有意识的性质"这个前提。因为身体是物质性的，它就不可能是意识性的，而从我们的当下经验可以知道，心灵是意识性的。从这些前提中，笛卡儿再次推出其二元论结论。

从意识出发的论证

1. 物体本身，比如身体，不是思维着的，而且不可能拥有意识的性质。

2. 心灵是思维着的东西，以意识的性质作为其本质。

3. 如果两个东西并不拥有确切同一的性质，那它们就不可能是同一的。

4. 因此，心灵和身体并非同一的。

这可能是笛卡儿为身心二元论提供的最重要论证，因为与此类似的论证直到今天依然备受争议。第一个前提的争议最大，因为物理主义者认为物体(大脑)是能够产生意识的。

停下来，想一想

你认为从意识出发的论证可以为心灵不同于身体的理论提供支持吗？为什么？对其宣称的心灵与身体之间的差异，物理主义者可能会作何回应？

笛卡儿的妥协

笛卡儿的二元论时常也被称作笛卡儿式妥协(Cartesian Compromise)。笛卡儿既是新的力学科学的热衷捍卫者，也是一位诚挚的天主教徒。所以，他的关切之一便是在科学世界观与宗教世界观之间达成调和。通过将实在分为两个完全不同的领域，他实现了这个目标。实在的一部分由物理实体构成，可由科学加以研究，用力学原则加以解释。这部分宇宙是一个庞大而精确的机械装置，其中发生的所有事都是被物理学家发现的那些法则规定好的，因此，我们可以去观察，构想物理法则并对物理事件作出精准预测。在此范围内，我们就是身体，我们的物理活动能交给科学来阐释。实在的另一部分则由心灵或精神实体构成，我们的心灵之所以能按自己的愿望自由思考、意愿，就是因为心灵实体不受力学法则支配。在此意义上，人(不像其身体)真正拥有自由意志

(free will)。例如，如果你跳进游泳池，你身体的下落要受自然法则支配，但你跳进去的决定则是你的自由选择，不可能交给物理学去解释。

在物理领域，科学是主导性权威，并为我们带来真理。我们不去咨询教会或查阅《圣经》心脏泵血有多快，这些事实可由科学来告知。不过，根据笛卡儿式妥协，科学又不可能说出我们灵魂的永恒命运(eternal destiny)，而是充其量只能谈谈身体之事。所以，按照笛卡儿的说法，宗教在精神领域依然保有其权威与真理。

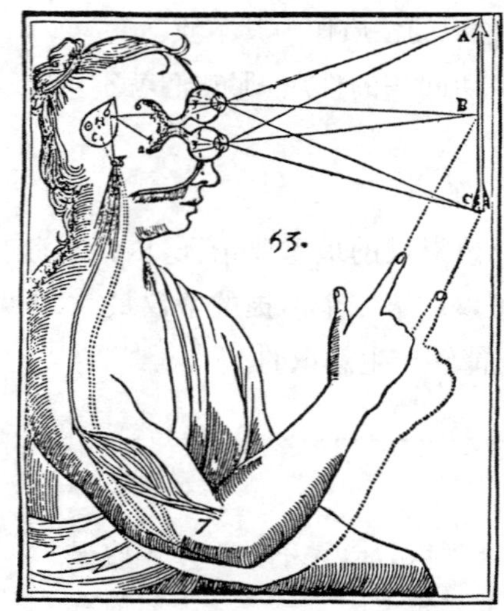

源自笛卡儿的一部生理学著作，图中表示的是松果腺、视觉系统和神经束。笛卡儿相信，松果腺位于灵魂(心灵)中心，是灵魂与身体的关联点或相互作用点。

还有一个问题有待笛卡儿解决。尽管心灵与身体是分离的，他还是相信它们是相互作用的。与之相应，他那种二元论也被称为**身心交感说**。精神实体之间如何相互作用(一个理念导致对另一个理念的思考)和物理实体之间如何相互作用(一只台球撞到另一只台球，引起后者运动)，似乎都容易理解。问题是，一个精神实体(心灵)如何能与一个物理实体(身体)因果性地相互作用呢?

笛卡儿对此问题心知肚明，但他在回答此问题上所做的尝试却成为其哲学中最不能令人满意的部分。那个时代，科学家已认识到松果腺的存在，却不知道松果腺有什么功能。如此，笛卡儿掌握着一个其功能不为人知的器官(松果腺)，同时也掌握着一个不知在何处起作用的功能(身心交感)，于是他得出结论，认为用一个假设就能将这两个问题一并解决：心灵与身体就在松果腺那里发生相互作用。按他的想法,在“生命元气”(vital spirits)的作用下,松果腺作为中介能被灵魂用来改变大脑的活动,从而作用于身体,反之亦然。[6]显然,引入松果腺来解释身心之间的相互作用并不能解决问题,毕竟这个腺体也不过是另一个物质性实体,从而不过是身体的一部分。如果“生命元气”像磁力那样是某种物理力,在因果性相互作用中起媒介作用,那么我们还是无法知道物理之物如何能作用于心理之物,反之亦然。如果“生命元气”本质上是心理性的,相同问题同样存在。

二元论的当代版本

笛卡儿是一位实体二元论者(substance dualist),他相信心灵和身体是不同的东西。实体二元论者主张,心灵是非物理性的,只具有精神属性,身体(包括大脑)则只有物理属性。精神属性乃是诸如思想、信念、感知、欲望、情感和疼痛等特性。

另一方面,还有一些被称为性质二元论者(property dualist)的哲学家,和物理主义者一样,他们主张,人只是物理性实体,大脑只是与电和化学有关的特定事件(以及相关的精神属性)的居所。然而,与物理主义者不同的是,性质二元论者相信,大脑会产生非物理性的精神事件(以及与之相关的精神属性)。比如,如果你碰到脚趾头,很多事件将会发生。首先,C类纤维(一种神经纤维)将会被触发,并在大脑中产生与电和化学相关的事件。这些事件可被人用正确的工具和专业技能公开观察、测算和计量。但还有另一种事件在发生,这就是你对疼痛的主观感受,而你就是那个对此事件的唯一感知者。因此,对性质二元论者来说,你对疼痛进行感知的精神属性无法得到公共认知,或者被还原为大脑中的“电—化学”事件。即便C类纤维的被触发乃是引起疼痛这一经验的原因,也是如此。

基于意识的论证的当下版本

心灵哲学家大卫·查尔莫斯(David Chalmers，1966—)对物理主义进行了猛烈抨击，搅得哲学圈动荡不安。他是澳大利亚国立大学特聘哲学教授，意识研究中心主任，同时还是纽约大学哲学教授以及心灵、大脑和意识研究中心主任。

查尔莫斯的论证可被视为笛卡儿从意识出发的论证的当代版本，[7]它大致可被描述如下：

1. 意识与主体经验清楚地存在。

2. 不可能将意识等同于或还原为大脑中的物理过程。

3. 因此，很有可能，意识是实在的一种基础特征，不可被还原为任何其他物理过程。

4. 不过，物理主义主张科学家能(或者将来能)将意识还原为物理过程。

5. 因此，物理主义是错的。

查尔莫斯承认，在对大脑和大脑如何使我们与世界相互作用这一方面，神经科学已经实现了令人惊叹的进步。然而，他认为，所有这些进步在他所谓的"意识的简单问题"(easy problem)上都有局限。简单问题包括"大脑何以区分各种感官刺激?"，或者，"大脑的视觉系统何以与语言处理系统相互作用，从而使我们用言辞对我们的感知进行交流"？简单问题关注的是我们的认知系统中的不同身体机能的交互作用。然而，查尔莫斯论证道，"意识的难问题"(hard problem)仍然不为人知，且并未得到充分解决。

"难问题"在于解释大脑中的"电—化学"事件何以产生主观经验或意识。比如，我们可以看见日落的颜色，听见鸣禽欢快、优美的歌声；针尖刺入手指时能感到剧烈疼痛。我们的视觉和听觉系统，还有我们的神经末梢传递和处理这些刺激的方式都属于这些"简单问题"。不过，我们的身体并非像昆虫那样对感官数据做出反应。换言之，我们并不是肉做的没有意识的机器人。我们有主观的认知和感受,并能对当下之经验有所意识。查尔莫斯要表明的是,物理主义由于只诉诸物理事实和物理法则而无法对这些事情进行解释。

至于应由哪种理论取代物理主义,查尔莫斯并不那么确定。在他看来,笛卡儿式二元论,也就是将心灵自身视为不同的精神性"东西"的二元论也不是正确答案。他说,事实上,"我并不否认意识来自大脑",以及"主体经验似乎源自物理过程"。他所否定的是,意识能被还原为物理过程,或能借助物理过程被解释。因此,意识是世界上一种独一无二的现象,有自己的法则,终有一天我们也能找到将意识与物理过程网(它们与意识本就相连)相连的"桥"(bridge)原则。因为查尔莫斯的论证不能依据物理性质来解释心理性质,他也是某种二元论者。为表明意识就算不能被还原为物理过程也依然是自然的一部分,他把自己的立场称为"自然主义的二元论"(naturalistic dualism)。这种立场也被称为"性质二元论"(property dualism)"双面相理论"(double-aspect theory)。

知识论证(The Knowledge Argument)

对以物理术语解释主观经验之不可能性的另一个论证被称为"知识论证"。这一论证同样引发了大量讨论和辩论。这是一个被澳大利亚哲学家弗兰克·杰克逊(Frank Jackson)发明的思想实验。[8](像大卫·查尔莫斯一样的)性质二元论者和当代实体二元论者都用这一论证来反驳物理主义。关于这一论证,我所提供的版本如下:

假定才华横溢的神经科学家玛丽生来就是色盲,她所看到的任何事物要么是黑色,要么是白色,要么是某种灰色。(这种情况被称为"全色盲",很少见但在现实中存在。)尽管缺乏色觉,但她知道神经生理学关于色觉的一切知识。比如,她知道从番茄上反射的光的波长介于620~680纳米之间。她也知道,当番茄发出的光照射到有色觉的人的视网膜上时,会被光感受器处理,并作为神经脉冲沿着视神经发送到大脑的初级视觉皮层,在那里会被进一步处理。她还知道，在普通人那里，这会产生一种贴上“红色”这一标签的经验。尽管玛丽知道所有关于颜色感知的物理事实，也知道其他人把成熟的西红柿、樱桃和某些品种的苹果称为“红色”，但她不知道对“红色”的体验是怎样的。因为对她来说，西红柿、蓝莓和香蕉都是深浅不同的灰色。

某一天，在经历了一生的黑白世界之后，玛丽成为一台成功的实验性手术的对象，这个手术使她拥有了色觉。她第一次体验到夕阳中充满活力的粉红色、黄色、紫色、红色和橙色。她现在知道“红色”这个词是什么意思，因为她知道体验红色是什么感觉。她获得了其他人所经验的新知识，并且现在理解为什么他们把一些颜色组合描述为“美丽的”，而把其他颜色组合描述为“糟糕的”。

这里的哲学问题是：“手术后，玛丽获得新知识了吗?”性质二元论者和实体二元论都会给出肯定回答，其论证如下：

1. 物理主义认为，所有事实都是物理事实；

2. 在手术之前，玛丽拥有关于颜色和颜色感知之物理事实的所有知识；

3. 在手术之后，玛丽学到关于颜色和颜色感知的新的事实(比如，当看到红色的时候，是一种什么感觉)；

4. 因此，某些事实并非物理事实；

5. 因此，物理主义是错的。

该论证的要点在于，我们精神生活中的某些方面只能由某种有意识的主体通过其主观经验来了解，而不能通过第三人称的、科学的、客观的大脑过程(brain process)来了解。因此，精神属性和事件不能完全根据物理属性或事件被还原和解释。根据弗兰克·杰克逊(知识论证的创始人)的说法，即使你完全描述了大脑中发生的所有物理现象，你仍然不会对“疼痛造成的伤害，瘙痒导致的痒感，嫉妒产生的痛苦，或者品尝柠檬，闻玫瑰花香，听到一声巨响或望向天空带来的特有体验”[9]有所言说。

实体二元论

查尔莫斯的意识论证和关于玛丽的思想实验被性质二元论者和实体二元论者用于反对物理主义。然而，实体二元论者走得更远。性质二元论主张，精神属性/事件和物理属性/事件，虽然是彼此独立的和不可通约的，但都以物理性的大脑为基础。相反，实体二元论者认为，将这些彼此独立的属性归因于两种独立的实在（即精神和肉体）要更为合理。

J.P.莫兰德（J.P. Moreland，1948— ）是一位基督教哲学家，他在许多作品中为实体二元论辩护。他运用一些性质二元论者所使用的相同论证来反驳物理主义。

为什么神经科学是不相关的？

在第一篇阅读材料中，莫兰德讨论了查尔莫斯所说的物理过程和意识之间的“解释的鸿沟”问题。值得注意的是，莫兰德使用了带有宗教色彩的“灵魂”一词来指代我们非物质性的组成部分。但从根本上看，他的意思与笛卡儿的“心灵”和其他人所说的“身体”是一致的，灵魂或心灵所体现的即是意识。

- “相关性”（correlation）和“同一性”（identity）的区别何在？莫兰德为什么认为对于理解神经科学来说，这一点至关重要？

引自 J. P. 莫兰德

《灵魂：我们如何知道它是真实的？为什么它很重要？》（*The Soul：How We Know It's Real and Why It Matters*）

请记住，同一性这种关系不同于任何别的关系，比如因果关系或持续联系（constant connection）的关系。可能是大脑事件导致了精神事件，反之亦然：大脑中存在的某种电活动可能会让我经验疼痛；练习举臂的意图可能会导致物理事件。也许，对于每一种精神活动，神经生理学家都能在大脑中找到一种与之相关的生理活动。不过，仅仅因为A导致了B(反之亦然)，或者仅仅因为A和B总是相互关联，这并不意味着A和B具有同一性。阳光可能会让我打喷嚏，但很明显，阳光和我打喷嚏不是一回事。当且仅当某物是三角形(三角的)时，它才有三条边(三边的)。但三边性(有三条边的性质)并不等同于三角性(有三个角的性质)，尽管它们持续性地结合在一起。

因此，严格的物理主义不能通过表明精神状态和大脑状态之间是相互依赖的，存在因果相关性的，或者在一个具体的人身上的持续性的结合而成立，这一点至关重要。物理主义需要同一性来证明它的观点。如果某件事是真的，或者对于一个精神实体、属性或事件来说可能是真的，而对于一个物理实体、属性或事件来说却不是真的，或者可能是真的，那么严格的物理主义就是错的。

比如，有时有人会声称，神经科学已经证明，记忆之类的东西实际上不过是大脑的某些区域中发生的物理现象。那么，这种说法的依据是什么呢？神经科学家会将特定的探测仪，比如脑电图描写器，连接到头皮的不同区域，并要求受试者尽量不要想太多，以便建立受试者大脑不同区域电活动的基线读数。然后，科学家将向患者展示一系列数字，并偶尔打断这个数字序列，要求他回忆从当前呈现的数字中删除的两个数字。当实验对象进行这种记忆行为时，神经科学家会记录到大脑某些区域的电活动量有所增加，并得出结论：记忆就是这些活动。然而，应该清楚的是，在记忆的心理行为和大脑触发(brain firing)的网络之间，所有已被建立起来的只是一种关联性，而不是一种同一性。总的来说，神经科学在提供关于精神功能和自我行为的神经学方面的信息上很有帮助，但对于告诉我们何为精神状态和自我这一方面则是毫无助益。相关性、依赖性和因果关系并不是同一的。

这一点，我们应该是一直都知道的。当我们观察到某些主要的神经科学家——诺贝尔奖得主约翰·埃克尔斯(John Eccles)、加州大学洛杉矶分校神经科学家杰弗里·施瓦茨(Jeffrey Schwartz)和马里奥·博雷加德(Mario Beauregard)——都是二元论者且对神经科学都十分清楚时，这一点就变得很明显了。[10]

来自人格同一性的论证

当莫兰德和属性二元论者共同反对物理主义时，他就超越了他们共有的领域，认为理解意识和自我的唯一融贯的方法是将人视为既有物质性也有非物质性的存在。在下面的文章中，莫兰德认为，只有实体二元论才能充分解释人们在时间中保持其同一性的事实。

- 莫兰德认为，物理主义意味着你只不过是一连串的“人生阶段”，而不是一个在时间中持续存在的同一个人。你认为物理主义者是被迫采取这种立场吗？为什么莫兰德认为这是个问题？

引自J.P.莫兰德

《超越世俗之城》(*Scaling the Secular City*)

想象一下，一张木桌的所有部件都被一个接一个地移走，并用金属部件取而代之。当桌顶和桌腿都被换掉后，它还是原来那张桌子吗？答案似乎是否定的。事实上，可以把所有原来的木制部件重新排列成原来的桌子。但即使桌子只换了一条腿，它也不是原来的桌子了。这将是一张与原来相似的桌子。

失去旧的部分并获得新的部分会改变客体的同一性。但是现在出现了一个关于人的问题。我真的是刚才那个我吗?我小时候的照片真的是我的照片，还是说这些照片是长得跟我很像的某位祖先的照片？我在不断失去身体的某些部分。我的头发和指甲会不断脱落；我身上的原子会被不断替换，每隔七年，我的细胞几乎会全被替换一遍。通过这种变化，我是否会获得确切的、绝对的同一性?

实体二元论者认为，人确实在变化中保持绝对的同一性，因为除了身体之外，他们还有一个在变化中保持不变的灵魂，而人格同一性是由灵魂的相同性(sameness)构成的，而不是肉体的相同性。

物理主义者别无选择，只能认为人格同一性不是绝对的。他们通常认为，人实际上是由承继性的"自我"构成的祖先链，它们以某种方式相互联系着。每时每刻都会有一个新的自我存在(因为自我或身体有机体处于流动中，不断失去和获得某些部分)，这个自我与之前和之后的自我是相似的。自我之间的相似关系，加上后来的自我和先前的自我有着相同的记忆，而每个自我的身体在空间中有一条连续的行迹，在此事实下，当整个自我链被放在一起时，就构成了一种相对的人格认同感。

因此，实体二元论者坚持的是某种确切的、绝对意义的人格同一性，物理主义者则坚持一种松散的、相对意义的人格同一性，这种同一性相当于一系列连续的自我，通过每个自我之间的相似性(也被称为人生阶段)，记忆的相似性和空间的连续性，聚集在一起成为"一个"人。在物理主义者看来，人成了一条时空虫(即穿越空间和时间的路径)。人就是从生到死的时间和地点中划出的整条路。在"我"碰巧存在的任何给定的时刻和地点，"我"都不是一个人，而是一个人的阶段(person stage)。人就是整条路。因此，在变化中，没有任何确切的相同性。

但现在来看，物理主义出现了一些问题。首先，"我"为什么要害怕未来？当到达这里（未来）时，"我"将不复存在；相反，另一个看起来像我的自我将会存在，但"我"将不复存在；第二，为什么有人应受惩罚？确切地说，过去犯下罪行的自我和被惩罚时在场的自我并不完全相同。物理主义似乎要求我们对未来期望和过去行为的常识性观念进行彻底的调整，因为两者都假定在过去、现在和未来都存在着同一个自我的确切同一性。

第三，物理主义者不仅难以处理自我在时间上的统一性（unity），也无法解释自我在特定时间的统一性。正如哈佛大学哲学家W.V.O.奎因所说，根据物理主义的观点，自我成了分散的身体组成部分的总和或堆积。自我的统一性就像积木部件的统一性。如果我在思考棒球的时候脚痛，所涉及的是不同身体部位的不同经验。并不存在一个拥有所有经验的自我。自我仅仅是一束或一堆部分或经验，而没有任何真正的统一性。二元论者认为灵魂散布在全身，在每一次经验之前就已经存在。灵魂拥有每一次经验。意识的统一性就在于这一事实，即同一个灵魂是每一次意识经验的拥有者。

但是物理主义者必须说，每一种经验都是由身体的不同部分所拥有的，没有真正的统一性。然而，我自己对我的意识的统一性的经验表明，这种统一性是真实的，而不是任意的。我有我的经验。它们都是我的。物理主义不能充分解释这一事实。

透过二元论者的镜头看

1. 身心二元论观点如何表明对人的科学和物理学解释是不完备的？

2. 笛卡儿的二元论如何在保全人类自由的同时兼顾自然的决定论解释？

3. 笛卡儿的二元论如何思考科学与宗教的妥协?

4. 笛卡儿的二元论如何解释不朽?

5. 如果你是笛卡儿的信徒,你会如何推进他对身心交感说的解释?

6. 如今,人工智能程序能把象棋玩到顶尖水平,还能完成其他一些任务,这与人类智能的成就别无二致。那么,笛卡儿在人工智能程序方面会持什么观点? 他会认同电脑能思考这一观点吗? 为什么?

7. 生化学家弗朗西斯·克里克(Francis Crick)在他的《惊人的假设》(*The Astonishing Hypothesis*)一书中写道:

所谓惊人的假设乃是:"你",你的快乐和悲伤,你的记忆和抱负,你的人格同一性和自由意志,实际上不过是一群神经细胞及其相关分子的行为。[11]

对这种自我观,笛卡儿、查尔莫斯或莫兰德会提出什么问题?

检视二元论的优缺点

正面评价

1. 笛卡儿的观点使他在接受对物理世界的科学解释的同时,守护了心灵和人的自由的传统观念。这一优点何其重要!

2. 笛卡儿的观点主张,物质的性质决不能产生像意识或自我意识那般神秘且不可思议之物,因为这些东西只能来自某种非物质性的实在。相比任何物理主义的理论而言,你认为笛卡儿的理论能更好地解释意识吗?

3. 莫兰德声称,只有实体二元论才能在时间中解释人格同一性,为什么这在解释我们何以能因为人们过去的错误行为而对其加以责备或惩罚时非常重要?

负面评价

1. 笛卡儿的主要困境在于,非空间性的心灵如何能作用于空间性的大脑。笛卡儿就身体和心灵分别位于何处以及身心交感如何发生所做的解释，你是否赞同？如果不赞同，你能想出避免此类困境的解释方案吗？

2. 正如笛卡儿所设想的那样，心灵是容纳心理生活和意识的装置，身体只是肌肉构成的机器，那为何大脑遭受物理伤害后人的心理生活也会受到显著影响？

3. 如果你被打到不省人事或者被麻醉了，你的心灵会怎样？这两种情况都会导致大脑的正常功能瘫痪。但如果心灵跟身体是分离的，我们就会这般期待：就算心灵、大脑以及身体间的联络暂时被破坏，还是可以继续经验心理意识。如果像笛卡儿所讲的那样，你的心灵才是真正的你，你的心灵跟你意识性心理生活是同一的，那在你不省人事时，你的心灵（以及你）又去哪里了呢？

2.3　物理主义

引导性问题：物理主义

1. 为何在大考之前不宜参加通宵聚会？为何咳嗽药和过敏药标签上会告诫服药后不可开车或进行机械操作？为何大多数人饱餐一顿后在课堂上很难集中注意力？饮用多杯咖啡后将对个人的心理状态或情绪造成什么影响？我们身体所发生的这些变化为何不但能影响身体行动，还能影响心理行动呢？

2. 为何青蛙或兔子等动物有相对较小的大脑，而狗、猿和人之流的高级哺乳动物则有更大且更复杂的大脑呢？大脑的尺寸与复杂程度为何会与物种的理智行为水平相关呢？

3. 你想到“我渴了”，然后决定喝点什么。于是你顺理成章地伸出手去取一杯冰水。你的思维如何导致物理世界中这一行为的发生？从思维到身体肌肉这个因果链条有着何种关联？

4. 我们知道，神经系统自主管理消化、心跳等功能，不受意识对它们的控制。不过,我们也乐意认为心理生活是在意识掌控之下的。可是,我们如何解释想象、思维或者不愉快的记忆自发闯入意识这一事实呢?思索一个观念为何常会导致心灵中的另一观念不期而至?心灵的内容为何会受非自控原因影响?

对物理主义的探寻

二元论的困境加上对大脑功能知识的不断增长,促使一些哲学家认为心灵并非以某种方式与身体相互作用的特定非物理性实体。身心二元论的主要备选方案之一便是物理主义,这种理论认为可以根据物理或物质成分对人进行完全和充分的解释。物理主义者还宣称,当我们谈论心灵或心理过程时,实际上是在谈论物理的东西(比如大脑活动),或者是在谈论某些压根不存在的东西。关于人,有多种物理主义理论。例如,行为主义的心理学理论(psychological theory of behaviorism)便是其中一种(我们在自由与决定论主题下还要讨论行为主义)。功能主义的某些版本也可算作物理主义(见第 2.4 节)。这部分会讨论两种物理主义版本,即同一论(identity theory)(或者还原论)和取消论的唯物论(eliminative materialism)。

多数物理主义者主张,全部实在要素(不光是人类)都百分之百是物理性的,能用科学来解释。这就意味着精神的或超自然的实在(如上帝)不存在,这些物理主义者会欣然接受形而上学的唯物论(metaphysical materialism)。不过,因为一些有神论者只在处理身心关系问题时才是物理主义者,所以我将把物理主义这个术语当作狭义使用,只用它指称心灵哲学中的某种特定立场。基本而言,物理主义建立在两个支柱之上:一是二元论的难题,这在物理主义者看来是无解的;二是脑科学取得的所有进步。下面将依次讨论这两个支柱。

> **广场中的哲学**
>
> 至少跟五个熟悉的人讨论如下问题：
>
> 1. 心灵是什么？
> 2. 心灵与大脑及其活动是同一的吗？为什么？
> 3. 如果对问题 2 的回答为是，接着回答问题 5(a)。
> 4. 如果对问题 2 的回答为否，接着回答问题 5(b)。
> 5. (a) 如果心灵跟大脑及其活动真的是同一的，那么既然你的思想、价值和选择只是非个人的、决定性的神经化学进程，你又如何能控制它们或者对它们负责呢？
>
> (b) 如果心灵跟大脑不同，那么它们如何可能因果性地相互作用呢？

二元论的困境

反对笛卡儿式二元论的论证有很多，下面给出的论证是最常提到的四种。

交感在何处发生？

二元论最通常的形式是二元交感论(dualistic interaction)，它由两个论断组成：(1) 心灵和身体是不同实体；(2) 它们之间能因果性地相互作用。笛卡儿曾为这一立场提供辩护，而且这一立场符合一般人的常识诉求。由于二元交感论是最流行的二元论版本，所以我们在此要对其进行讨论。虽然二元交感论这一立场非常普遍，但问题仍然不少。批评者提出的问题是，这种交感在何处发生。每个大脑事件都有一个物理位置，而非物理性的心理事件则不可能有。那么，如果心灵要跟身体发生交感(可能是通过大脑)，似乎要在某个空间位置上进行。笛卡儿的看法是，这个位置就在松果腺。可是，我们没有理由相信松果腺在意识方面是发挥作用的，而且也没有其他可以提供的合理选项。由此看来，二元论者对人的叙述包含重大缺陷。

交感如何发生？

所有物理事件都牵涉到力(force)的运用。物理学家把力理解为质量与加速度的乘积。可如果非物理性的心理事件既没有质量也不运动，那么它们如何施力于物理世界，并使其发生变化呢？心理事件是不可能推动或拉住物理性物体的，既不能用电流刺激它们，也无法在它们身上施以重力或磁力。换言之，造成物理世界变化的那种因果关系不可能适用于非物理性的心理事件。再者，因为心理事件都是非物理性的，所以它们似乎不可能受身体内部运转的各种符合因果关系的力的影响。因此，心灵似乎不可能作用于身体，反之亦然。

从能量守恒定律看将会如何？

科学领域中的一条根本性基础原则是：密闭物理系统内能量总量保持恒定。要让一只台球动起来，就需要耗费一定能量。消耗的能量转化为台球的移动以及摩擦产生的热。因为能量只是物理性质，所以在非物质性的心灵内无法找到它。那么，如果你的身体受心理事件作用而运动，就必须得有新能量进入这个世界，这就与能量守恒原则相违背了。同样道理，如果身体运动被转化为某种非物质性的心理事件，那么能量就会从物理世界流失。

从脑科学的成功看又将如何？

简约原则(principle of simplicity)是科学理论构建过程中的一条标准原则(参见2.0对奥卡姆剃刀的讨论)。物理主义者主张，如果凭借大脑事件就能阐明所有“心理”现象，那么非物质性的心灵概念也就是多余的了。只要对大脑的研究达到尽善尽美，我们就不会再受困于身心关系难题造成的困惑，因为这种让人为难的二元论将不复存在。物理主义者还主张，我们对大脑以及它如何影响认知已经有了足够认识，所以完全有信心仅凭大脑事件就将人阐释清楚。

思想实验：袜子失踪事件

在洗衣房洗衣服时，我们都曾遇到过这样的事情，即从烘干机往外掏完衣物后发现一只袜子丢了。我们通常会翻个底朝天，最后却一无所获。过一段时间，我们甚至会有一堆单只的袜子。想象一下，有人提出一种理论，认为洗衣房内住着一种被称为“袜子抓手”(sockgrabber)的不可见的怪异物种。它偷我们袜子吃，还能通过某种神秘过程将它们转化为维持生命形式的能量。

- 你认为这一理论是否合理？为什么？
- 那些相信袜子抓手的人论证说，他们有不容反驳的证据表明袜子是被某个东西拿走的，因为它们常常消失得毫无迹象。你将如何反驳这些人，并证明相信袜子抓手这件事其实是不合理的？
- 如何用奥卡姆的剃刀原则来质疑袜子抓手理论的合理性？

显然，多数人都会拒斥袜子抓手理论，因为它跟我们对世界的认识不符。这种理论只回答了一个问题，即袜子哪儿去了？随后却留下了很多难以回答的其他问题。除此之外，还有一种简单得多的解释。我们常丢东西(像钥匙、老花镜、图书卡)，有时能再找到，有时则找不到。不过，就算找不到，也没有理由假定它消失了或者被什么不可见的物种吃掉了。即便我们认为洗衣物时放的是一双袜子,但我们也很可能记错了。因此,常识理论让我们能用一种跟我们对世界的其他认知相一致的方式来解释受到质疑的数据材料。它的主要优点在于,无需再设定额外的、不可被观察的实体,比方说袜子抓手。后者的性质是神秘的,跟其他实在全然不同。这样,故事的关键便一目了然。物理主义者相信,引入某种非物质性的心灵来解释人的活动,就像是引入不可见的怪异袜子抓手来解释丢失的袜子。这两种情形下,其实都可以采用一种更简单、更科学且更物理主义的解释。

物理主义的正面理由

所谓物理主义的正面理由,就是它的以脑科学研究为基础的第二个支柱。举例来说,科学家对大脑不同部位遭受损伤的人做过研究,发现不同损伤会合乎规律地造成一个人特定心理功能的瘫痪。此外,用一套复杂的医疗工具研究正常大脑活动时发现,人们在执行特定任务(想象一幅景象、言说、加总计算)时,大脑内部会发生一些特定变化。

我们通常所说的心理事件与大脑状态的变化之间似乎存在清晰的联系。心理事件与大脑事件之间这种恒定联系,再加上奥卡姆剃刀原则,使得物理主义看起来很有吸引力。可见,物理主义是最优解释推理的成果。

二元论者认为,心灵和身体各自具有互不相同且不可还原的两种属性,对此当如何评价?物理主义者会说,它们各自的属性虽看似不同,但心灵的各种属性与活动都能用身体(大脑)的属性与活动加以解释。假设有一张 CD 唱片,如果检视其表面,看不到任何有声音特征的东西,但 CD 唱机发出的声音却有着悦耳、刺耳、真实、回荡不绝等属性。显然,这些属性并不属于对唱片表面所做的物理描述,但我们能意识到,CD 放进 CD 唱片机,它发出的每一种声音都来自其物理组件。因此,即便心理活动看上去与物理进程不同，它们也可能只是发生在我们大脑中的某些事件，就像我们听见的声音也不过是CD唱机生成的物理事件罢了。

这个概念并不神秘，毕竟我们常常发现同一实体可呈现出不同形式并具有不同属性。举例来看，H_2O 可以呈现为气态（水蒸气）、固态（冰）或液态（水）等形式。不过，因为全部差别都是物理属性方面的，所以这些形式本质上都还是相同的实体。进而言之，由一些实体组成的复杂混合物可以产生一些新属性，也就是在各组成部分中都找不到的属性。因此，一些显现出来的属性可能是生成的而非原本就有的。氢和氧自身都有助于燃烧，但它们发生化学反应结合为水后，却可以用以灭火。与此相似，萤火虫尾部含有两种化学元素，尽管它们自身都不具备发光的属性，但相互作用时却能够产生光。可见，整体的属性并不总是等于组成部分的属性。大脑中每一个神经元自身既非意识的也非理智的，但物理主义者指出，我们所知的意识和理智这种现象却是神经元相互作用的累积效应。意识可能只是低级物理进程的副产品，跟彩虹是光线与雨滴相互作用的结果非常相似。

聚焦

脑损伤

1848年9月13日早晨，25岁铁道员工菲尼亚斯·盖奇（Phineas P. Gage）从医疗史上最离奇且最残酷的事故之一中侥幸逃生。事故发生前，他是拉特兰和伯灵顿铁路的建筑工头，在朋友圈和工友圈里是出名的随和、友善、明智。然而，在他将一包炸药塞进巨石上钻好的窄洞时，一件改变其终生的事情发生了。他正用铁棍捣实火药，摩擦产生出的火花却导致爆炸，巨大的冲击力使他手里那根3.5英尺长、13磅重的铁棍如激飞的火箭扎进其头部，从他的左眼下方的脸颊进入，横贯部分大脑，撕裂头盖骨，最终飞出50英尺远。

> 聚焦
>
> 工友们用牛车送他到旅馆，两位医生竭尽全力为其做了大面积创伤清理。从受伤到医生尽力止血，盖奇一直意识清醒。两周后，他开始严重出血、意识迷乱并且左眼失明。不过，菲尼亚斯·盖奇还是活了13年，这在大多数医生眼里简直就是医学奇迹。盖奇的头盖骨和致其受伤的铁棍现在还在波士顿华伦解剖学博物馆(Warren Anatomical Museum)展出。
>
> 尽管盖奇在物理意义上存活着，他受伤前的个性(personality)却已然消失。原本讨人喜欢、文雅明智的他现在成了刻薄小气、不可靠且头脑迟钝的傻瓜。虽然大脑大部分功能还算正常，但控制个性的那部分功能已不可挽回地发生了改变。朋友们熟知的那个和蔼可亲之人已不复存在，只剩下一个脾气暴躁、愚蠢残忍的家伙。发生这些变化后，盖奇还是盖奇吗？就你看来，你的个性在多大程度上是大脑状态的产物？

同一论

各种物理主义理论在细节上是有分歧的。同一论(或还原论)认为心理事件是实在的，但主张它们与大脑事件同一。因此，当我们讨论信念、疼、希望时，能将这些术语还原为对大脑状态的讨论。例如，“菲比感到手疼”这句话能被脑科学家翻译为“特殊C类纤维向大脑皮层S1区的神经发出信号，后者位于大脑外侧裂上方接近30毫米处”。或者，如果我说“劳尔相信，斯科特总是做坏事”，我实际上是在说“劳尔大脑皮层内有一种特殊结构，它导致在确定位置产生不同的言语表达，比如‘斯科特是蝇营狗苟之人’，并且导致劳尔体内产生了一些其他种类的否定行为或生理反应”。可见，同一论认为在特定心理状态与特定大脑状态之间存在一对一的同一性。

我们可以继续使用心理主义的语言(mentalistic language),只要记住我们谈论的是实在之物就好。打个比方,我们照旧说太阳"升起""落下",但同时意识到,我们真正在谈论的是地球自转。同一论者提醒我们,像心灵、信念、意愿、动机或疼这些名词会诱使我们假定,它们作为术语指的是特定种类的非物理性实体。然而,在谈论舞蹈时,我们指的却不是某种与各种人的身体运动相分离的实体。某人说:"我听到音乐并看见一对对舞伴翩跹往来,但舞蹈那东西在哪儿呢?"这样说岂不是很傻!舞蹈不过是音乐和一对对舞伴的移动罢了。所以,谈到信念、意愿和思维时,我们不指称任何与大脑内不同状态或行为相分离的东西。

根据同一论,身心关系可相当于超人与克拉克·肯特(Clark Kent),刘易斯·卡罗尔(Lewis Carroll)(《爱丽丝漫游奇遇记》的作者)与查尔斯·道奇森牧师(Charles Dodgson),或者萨缪尔·克莱门斯(Samuel Clemens)与作家马克·吐温(Mark Twain)之间的关系。每一成对出现的两个实体都是同一的。因此,你的每一种心理状态,比方说对红色的感觉、高兴的记忆、刺痛、"火星是行星"的信念、获得好工作的意愿、负罪感、决定租电影《飘》来看等,在数值上都跟大脑中某个物理状态、物理事件或物理进程是同一的。

同一论有很多优点。与各种物理主义一样,同一论也不再把心灵看作神秘的、非物质的实体。关于心灵,我们需要去认识的任何东西都能通过经验的大脑研究而发现。此外,心灵与身体之间的因果作用也不再是难题。心理事件只是物理事件,有着物理性的原因和结果。你决定租一部电影看,这是一个大脑事件,由你之前的大脑状态乃至某种外部刺激而引起。你所经验到的某个决定,作为大脑事件可以引发其他大脑事件以及一套复杂的生理反应,致使你希望满满地驾车去音像店。

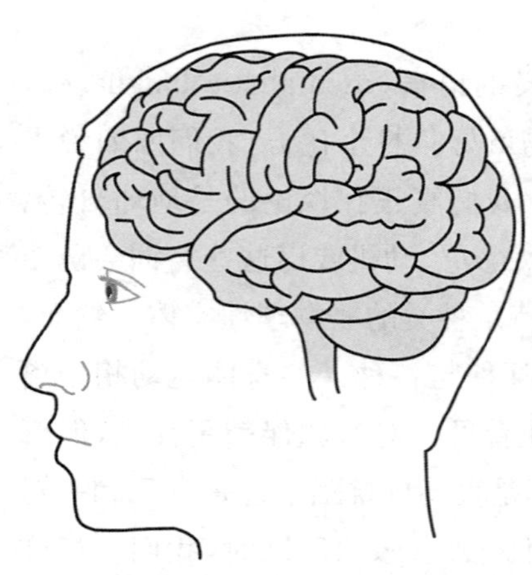

你的相信、爱和选择等心理状态与大脑状态是同一的吗?

与其他形式的物理主义相比，同一论的主要优点在于，在仍主张神经学研究将在根本上给出所有心理事件的最终说明的同时，我们还能够保持日常言说方式。换言之，我们照样可以说是信念、意愿、希望和害怕导致了其他心理状态及行为，只要记住这些不过是那些传统的、外行的谈论大脑过程的方式就可以了。

取消论

物理主义的另一种形式是取消论。取消论者相信，我们的心理主义式讨论已深陷错误漩涡，从而必须被摒弃。因为要像同一论那样，将对信念和意愿的谈论与对大脑状态的讨论联系起来，这是办不到的。取消论者把传统心理学理论称为**大众心理学**(folk psychology)。现代科学诞生前，在什么导致世界上诸事件发生这个问题上，人们依赖于大众科学或一些奇怪的理论。比如，古希腊人解释石头下落时会说，石头意愿着回归大地母亲。相似地，命运被视为导致世界内诸事件发生的真实的力。但对石头内含意愿的指称(reference)或对命运活动的指称都无法被转译为现代物理学术语。因为岩石不可能有意愿，命运也并非一种因果关系力，所以希腊人等于什么也没说。因此，我们就要摒弃这些大众理论，并且要依照某种完全不同的描述方法来谈论物理事件和历史事件。同样地，取消论者相信，随着大脑研究的进步，我们未来会摒弃传统的心理主义式术语与解释，就像我们摒弃希腊人的神话式大众科学一样。消除论者还主张，我们实际上并无信念或意愿，我们内部也并非真的发生了相信或意愿等状态或活动，相反，我们只拥有某种大脑状态与进程。因为二元论、同一论和功能主义都谈论心理状态与活动，所以在取消论者看来，它们都是大众心理学的典型案例。

思想实验：是否存在心理事件？

是否存在心理事件这类东西？比如，存在像信念一类的东西吗？在哪些情况下，可以通过引入主体所相信的东西来解释其行为？看下面几个例子，你是否认为将下述一些信念归诸相关主体是有意义的？请选择是或否。

1. 哈里闻到烟味，拨通了火警电话，因为他相信房子着火了。	是	否
2. 巴甫洛夫的小狗听到铃声时，开始流口水，因为它们相信食物快送过来了。	是	否
3. 知更鸟在地上翻找，因为它相信地下有虫子。	是	否
4. 变形虫慢慢把微粒围起来，因为它相信那是食物。	是	否
5. 某个人在恒温器下举着一把火，虽然房间里只有50摄氏度，恒温机制却打开了空调，因为它相信房间过热了。	是	否

上述哪些情况下，我们可以有意义地说，某种行为是由信念引起的？又是在哪些情况下，当我们说信念是某种行为得以产生的原因时，是根本没有意义的？你回答的理由何在？

多数二元论者都会认为，信念只能出现于意识的、理智的心灵中，比如哈里的心灵。同一论者则主张，信念实际上是特定种类的大脑状态，所以唯有用大脑思考的生物，比如哈里（或许狗也可以）

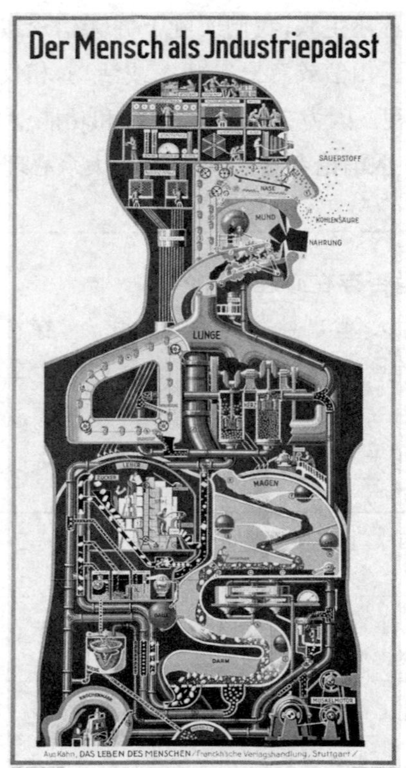

弗里茨・卡恩(Fritz Kahn)《作为工业之宫殿的人体》(*Der Mench als Industriepalast*, 1926)。

该图片标题的英文是“Man as an Industrial Palace”,真可谓是异想天开之作。艺术家把人体(既有各种器官又有大脑)描绘为一架庞大而又复杂的机器。图中,大脑由一些子系统组成,其中有各种显示器、决策制定器、数据处理运算器以及一个用以向身体其余部分发送指令的电子连接件。尽管我们的大脑与画中大脑相比更显粗糙,但也并非不着边际。现代脑科学已表明,我们的大脑就像一个子系统网络,各子系统通过电子化学进程彼此作用。但这幅图完备吗?你只是肌肉组成的一架机器吗?心灵或灵魂在哪里?单凭这个机械结构就足以解释你之所是或你的一切行为吗?物理主义者的回复是,非凡、复杂的大脑机制实际上就可以解释思维与意识,无需神秘的、非物理的心灵这种附加物。

才能拥有信念。有些人工智能研究者和功能主义者会说，从哈里到恒温器，所有事物都有信念。他们将心理活动看作模式化进程，经由它们输入信息可被转换为输出信息。因此，大脑与智能机器都能展现出同样的模式。取消论者则赞同二元论者所说的，把"相信"等心理属性赋予恒温器是毫无意义的，因为后者不过是遵循物理法则的机器罢了。但出于同一原因，取消论者又会说，我们根本不需要"信念"这种范畴来解释哈里的活动，他的行为只是他大脑中神经化学事件的产物。

物理主义者对反对意见的回应

在讨论二元论时，我们指出，笛卡儿强调物理事物具有一组属性，而精神状态具有另一组属性。物理对象有重量、大小和特定的空间位置。但是，说一个精神实体（如思想、愿望或欲望）有重量、大小或空间位置是没有意义的。比如，你的椅子可以是20英寸宽，但说你对椅子的想法是1/4英寸宽是没有意义的。物理主义者会如何回应这个观点呢?

哲学家杰弗里·奥伦（Jeffrey Olen）给出了一个有趣的答案。在代表物理主义者考察他的回答之前，有几点需要做出说明。首先，奥伦的论述主要讨论的是同一性理论，尽管对二元论的批评也会被物理主义的取消论版本所接受。其次，奥伦不一定是物理主义（不论是何种变体）的追随者，因为他倾向于接受功能主义。尽管如此，他还是给我们提供了一个物理主义立场的清晰表述。那么，物理主义者（比如同一论理论家）如何回应二元论者的上述观点呢?

引自杰弗里·奥伦

《人与他们的世界》(*Persons and Their World*)[12]

同一论者的回应是：心理状态并非桌子或椅子等物体。

它们是事件，就像踢足球的踢。思维着是一种心理状态。愿望、希望和梦亦然。它们都是心理状态，都是我们所做的事，并不存在思维、愿望或意象等物体。

事件与物体间的差别是什么？一个事件是一个意外发生的事(happening)，是一种发生(occurrence)。它是物体所做的事，是发生在物体身上的事。以踢足球为例。如果我踢一只足球，其中只会涉及两个物体——我和足球。还存在我踢球这件事，但它不能成为第三个物体。确实，我们有时似乎也把踢说成是一种物体。我们会说某人这一脚踢得漂亮，踢进一球拯救了比赛，或者一位射手一场比赛踢进 5 球。不过，这都不过是某种言说方式而已，并不存在踢这种物体。

奥伦在握手方面也提出了同样的观点。如果你和我握手，只涉及两个物体：你的手和我的手。仅仅因为我们有了“握手”这个名词并不意味着还有第三个物体。我们的语言具有欺骗性。如果你说“我给了他一个握手”，听起来就像在说“我给了他一本书”。不过，虽然有像书这样的物体，但握手不是物体，而只是我们两只手相互作用的事件或方式。与此类似，有一种活动叫作“踢足球”，但世界上没有叫作“踢”的物体，而是只有一种谈论一只运动中的脚和一只足球相并置的言说方式。

根据奥伦的分析，同一性理论家的观点是，我可以思考今天是周一这个事实。这是一种我们可确认为心理事件的现象。然而，同一性理论家会坚持认为，这实际上是一个大脑的事件。如果我认为今天是周五，这将是一个稍有不同的大脑活动。同样，如果我认为我害怕周一而不是喜欢周一，大脑的不同部分将会被激活。然而，我的大脑中并没有与“今天是周一”这句话相对应的物体。再举个例子，如果我梦见一群小丑在马戏团里跑来跑去，那么就有某种特定的大脑活动在进行。然而，我的心灵中并没有精神小丑，就像世界的清单中没有踢腿或握手一样。

简而言之，奥伦的论证在于，存在作为一种活动的握手，但不存在作为确切物体的握手。同样，存在作为大脑活动的思考，但不存在作为确切物体的思考。现在很清楚了，为什么我们不能将重量或大小等物理属性归因于精神状态，就像你不能说"他的握手有多重"一样。原因是物体可以有重量，而事件却不能。

我们有什么理由认为同一性理论是正确的呢？一个主要的论证是精神状态和大脑状态之间的对应性。比如，如果一位神经科学家将电极连接到我的头皮上，他就可以研究当我处于某种精神状态或从事某种精神活动时，我的大脑会发生什么。比如，可能是感到某种特定的痛苦，脑海中浮现出一位朋友的形象，听音乐时享受到某种愉悦的审美体验，试图记住某个名字，或者去决定如何解决某个伦理困境。在这类经验中，神经科学家已经能将特定精神状态与大脑中不同种类的电活动联系起来。二元论者会反对说，两个事件之间存在关联这一事实并不能证明它们之间具有同一性。相反，他们主张，这种关联可以通过假定心灵和大脑是两个独立的实体，它们互为因果地相互作用，或者它们的状态（以某种方式）相互平行来解释。

然而，作为对神经科学家的回应，同一性理论家将使用一种被称为"最优解释推理"的推理形式（见第一章第 1.3 节）。把心灵事件视为大脑事件会给我们提供一种更简单的解释，这种解释与科学一致，不需要我们假设一个有问题的、非物质性的心灵。而心灵与身体的关系是神秘的、不明确的，也无法具备科学上的可观察性。物理主义者对最优解释推理的推论可以用杰弗里·奥伦的故事来说明。

某些人从未见过手表，却恰好在路边看见一块。他们捡起手表，审视它一番，注意到秒针有规律地扫过表面。经过讨论，他们得出结论，这块表之所以走就是因为它里边有个小精灵。他们把后盖打开，却没能找到它。经过再次讨论，他们断定小精灵是肉眼不可见的。他们还断定，小精灵沿着表内齿轮奔跑，使指针走动。他们最后合上后盖，戴着表回家了。

第二天，手表停了。有人提出是小精灵死了，有人则认为它很可能睡着了。他们晃动手表想把小精灵摇醒，可手表依然停着不走。最后，有人拨动发条转柄，秒针又开始走起来了。说小精灵睡着的那个人露出得意扬扬的微笑。转发条把它给转醒了。

几个月后，有人宣称没有小精灵手表也能运转。他打开手表，向其他人解释其内部运行。其他人则认为，他这番说辞遗漏了使手表运转的那个真正的东西。很显然，转发条对齿轮运行是有作用的。不过，只是因为转发条叫醒了小精灵，才导致齿轮运行的。最后，许多人开始承认小精灵对手表运行而言并非必需的。但因为他们已习惯于相信小精灵的存在，所以不会公开说表里边不存在小精灵。相反，他们会说，小精灵是在那里的，但只是住在那里罢了。对手表运转而言，它不起什么作用。

不过，认为手表不需小精灵干预也能运转的那个人对此并不满意。如果我们不需要借助小精灵就可以解释手表的运转，为何还要继续相信它的存在呢？说它不存在岂不更简明吗？

把手表想作人的身体，把小精灵想作某种被称作心灵的非物理实体。发现手表的那些人一开始持身心交感学说。当认为无需小精灵干预手表也可运转时，有些人赞同，有些人则不赞同……可一旦小精灵不起作用这种说法被人们接受了，也就再无理由假定它在那里了。当然，没有人能确证小精灵不存在，但相信这事似乎是愚蠢的。

同一论者断言，接受心灵—身体二元论同样不合理。非物理的心灵恰恰跟小精灵一样都令人怀疑。它们之间唯一的差别是：小精灵根本不存在而心灵是存在的。认为大脑之外还有其他东西，这种想法是错的。

思想实验：二元论、同一论和物理主义

回顾一下，笛卡儿式二元论者相信，尽管心理事件能导致物理事件，反之亦然，但心灵和身体是彼此分离的实体。同一论者相信，即便心理事件跟大脑事件可以被分别描述，它们实际上还是同一的。取消论者则相信，所有对心理事件的讨论都要假定某种前科学的大众心理学，而基于最新脑科学理论，它们都该被取消掉。

为了检测你对迄今为止讨论过的三条理论的理解，思考下面每对事件间的关系。在每一行，要确定两个事件(A和B)的关系是否类似于二元论(D)、同一性理论(IT)或是取消论(E)所描述的身心关系。选定后，对比注释给的答案来检测你的回答。

事件A	事件B	立场		
1. 太阳早晨升起。	1. 公鸡报晓。	D	IT	E
2. 小提琴发出悠扬的和声。	2. 弓与弦摩擦产生声波。	D	IT	E
3. 圣诞老人将礼物放在圣诞树下。	3. 你的父母把礼物放在圣诞树下。	D	IT	E
4. 巫婆的诅咒使得镇子里的人饱受疾患之苦。	4. 饮用水里被下了毒，使得瘟疫肆虐整个镇子。	D	IT	E
5. 闪电划过天空。	5. 云团之间的电荷瞬时释放。	D	IT	E
6. 某人摁下电灯开关。	6. 顶灯亮了。	D	IT	E

* 1=D，2=IT，3=E，4=E，5=IT，6=D。

透过物理主义者的镜头看

1. 再回到富勒对人的描述。如果物理主义是正确的，这种描述就比传统讨论方式更为精确。举个例子，如果我们说“杰夫被安雅吸引住了”，实际上在说的是“杰夫从安雅身上获取了视觉、听觉、嗅觉和触觉资料，对此，他的神经系统反应产生了某些大脑状态，由此导致‘周五晚上一起出去吧’这种言语表达。进而言之，当他在时空中接近安雅时，就会心率加速，激素分泌水平也会上升”。我们能用相似的技术将下面每个关于心灵的描述都完全翻译为纯粹的物理主义语言吗？

a. 莎士比亚拥有一颗颇富创造力的心灵。

b. 特蕾莎修女很有同情心。

c. 尼克相信赌博是不道德的。

2. 菲尼亚斯·盖奇的大脑受损，导致其个性变坏。那么，我们用化学或其他手段使人的个性朝好的方向转变岂不也是可行的？如果我们通过调整某些人大脑中的化学成分而创造出圣人，情况又会怎样？这种做法可行吗？这种能力将如何改变关于人的概念？它又会如何改变我们的道德责任的概念？

3. 1982 年的一幅远端卡通画（Far Side cartoon）描绘了一个卖罐子的街头小贩，他的罐子上分别贴着“紧张不安”（The Jitters）、“毛骨悚然”（Heebis Jeebies）、“颤抖”（The Creeps）以及“心里发毛”（The Willies）。这幅卡通画源于一些日常说法，比如“他给我毛骨悚然的感觉”，“她使我有了心里发毛的感觉”，或者“每当我面向公众发表演讲就获得一种紧张不安感”。如此一来，卡通画就滑稽幽默地表明，那些字面上的毛骨悚然、心里发毛或紧张不安都成了可给予、拥有或获得的**东西**了。但说“他给了你多少毛骨悚然？”这又是无意义的。那么，当我们要作出此类判断时，哪种描述方式能更合逻辑地描述我们的意思呢？你并不认为毛骨悚然是种实在物，就此而言，你是一个还原论者或取消论者。就物理主义者对心理主义语言所持的立场来看，这个例子与之如何关联？

检视物理主义的优缺点

正面评价

1. 一段时间以来，大脑研究者已能通过人类头部连线将大脑电子脉冲（electrical impulsive）影像投在监视器屏幕上，以对其进行研究。例如，我们要求某人默选一张扑克牌，而研究者只要看屏幕上的脑电波图案就能准确断定他选的是哪一张。当我们说物理主义的观点优于二元论时，这项研究能提供多大程度的支持？

2. 从现有认识出发，我们不是可以得出这样毋庸置疑的结论，即大脑是所有心理活动的核心部分吗？脑科学领域取得的一切进展都表明，没有什么东西需要用非物理的心灵去解释。物理主义的这一主张在多大程度上可被上述观点所支持？

3. 通过把对心理进程的解释与对物理进程的解释相结合，物理主义对所有人类现象作出了统一说明。因此，在二元论将人碎片化为两个彼此分离的部分并且不得不去解释二者如何相互作用时，物理主义却避开了这一难题。在对物理主义的合理性进行评估时，这种更为统一的解释有多重要？

4. 从原则上看，你能想到哪些不能被物理主义解释的心灵之特征或活动？

负面评价

1. 生物学家霍尔丹(J. B. S. Haldane)说过："心灵纯粹是物质的副产品，在我看来，这种可能性微乎其微。因为如果我的心理进程完全取决于大脑中的原子运动，我也就失去了假定信念为真的理由……于是，我也就没有理由假定大脑是由原子构成的。"[13]用你自己的话重述霍尔丹对物理主义的反驳。你是否赞成其观点？

2. 重新考虑第2.2节二元论中所讨论的"知识论证"。假设有一个完全色盲的脑科学家。她只能经验黑色、白色和灰色。理论上，她可以完全科学地了解你在经验日落时的大脑状态。然而，她仍然不知道对颜色的体验是何种感觉。在此情况下，是否可以说，关于大脑的科学知识只能为我们的大脑所经验的事情提供部分解释？这个例子是否表明，你的心灵经验不能被完全还原或理解为大脑状态？物理主义者会如何回应？

3. 哲学家、数学家和科学家戈特弗里德·莱布尼兹(Gottfried Wilhelm Leibniz，1643—1716)曾做过下述思想实验。他想表明，即便一架机器都能够产生类似思维或感知的东西，我们在这个物理系统内也绝对无法找到意识性感知(conscious perception)。

> 假设曾有一架机器，从它之中生产出了思维、感觉与感知。让我们想象将它无限放大，使人能够进入其中，就像进入一处工厂那样。此时我们发现，里面不过是一些部件在相互作用，我们绝不会找到什么东西可用来解释那些感知。[14]

如果莱布尼茨活在当下，他可能会认为，即便一台计算机能击败象棋大师，在它里面能找到的也不过是电子芯片和电线而已，没有什么意识性知觉（conscious awareness）。莱布尼茨的论证在何种方式上对物理主义构成了批判？批判的强度又怎样？

4. 物理主义曾有这样一个论证：心理事件（做决定、感到痛、识别符号）似乎总与可测的大脑事件有关。不过，如果两个事件总会一起发生，这就必然意味着它们是同一的吗？举例来说，有心脏的哺乳动物也都有肾脏。在自然界，这两个条件总会一起发生。不过，显而易见，拥有心脏跟拥有肾脏并非同一的。二元论者能如何借用这一事实去比附心理事件与大脑内部变化间的关系呢？

2.4　功能主义与人工智能

引导性问题：功能主义与人工智能

1. 人造光确实就是光。它让胶片以与自然光相同的方式曝光。所以，所谓“人造的”并非意味着它是虚假的或模拟的光。不过是说，这种光并非自然的，而是被人的技术所创造。因此，如果科学家在计算机上创造出能够复制人的认知能力的人工智能，那么，将这种人工智能视为一种真正的智能，不是颇有意义吗？

2. 我们如何知道某人拥有智能？难道不是通过他/她的行为、对各种状况的应对方式，特别是他/她在智能测试中的表现吗？现在，实验室里的计算机也能顺利通过各种智能测试，这难道不能说明它们是智能化的、有思维能力的吗？如若不然，我们就不是用测试人类智能的标准来判断计算机智能，但这不是前后矛盾吗？

3. 假定最高级的计算机也不可能产生情感，这一缺陷意味着它们不可能拥有心灵吗？有些科幻电影所描述的外星人虽然确实拥有心灵，却不会产生我们所拥有的那些情感。这样看来，有情感就必然有心灵吗？

4. 现在的计算机还不具有意识或自我觉知(self-awareness)。意识对认知而言有多重要？我们有多少认知活动是在全意识(full consciousness)下进行的？我们系鞋带、开车或者寻找去教室的路，却并未有意识地去思考这些当下的行为。我们可以在无意识情况下继续接收数据、处理数据、下判断、调整身体行为，以完成某项任务。是否有这种可能性，即某人(或某物)有心灵却无自我觉知？我们睡觉时依然拥有心灵吗？

5. 假设我们遇到一些其大脑与我们非常不同的天外来客。它们的大脑由某种奇特的有机化合物构成，其主要成分是一种被称为PQR的实体而非蛋白质。再假设它们跟我们一样，以相似的方式经验疼，也清晰地拥有信念、意愿及态度。换言之，假定它们有着跟我们一样的心理活动。那么，当我们说这些拥有不同大脑物质的外星人具有心灵时，这是有意义的吗？现在，假设它们的大脑并非由有机物构成，而是由一些复合金属构成。如果其心理构成还是一样的，我们可以说它们拥有心灵吗？

6. 笛卡儿和二元论者都相信，心灵必然是非物理性事物。但如果我们身体内包含着一种非物理性实体，这种实体有着牡蛎的认知能力，我们能将此实体称为心灵吗？归根到底，对心灵的识别难道不是基于其功能而非基于其构成(物理性或精神性实体)吗？

尽管某些当代思想家借助脑科学来回答心灵问题，但还有些则是借助计算机科学或人工智能的。然而，不管你如何看待人工智能，对其进行深入研究有助于澄清关于心灵之构成的相关问题。接下来，我们将考察20世纪后半叶兴起的两派相关思潮所提供的答案。它们分别是以功能主义著称的心灵哲学和以强人工智能(strong artificial intelligence)著称的认知理论。为了解它们的历史背景，不妨先来回顾发生在19世纪的一场论战。

令人称奇的下棋机

1836年，诗人艾德加·艾伦·坡(Edgar Allan Poe)在《南方文学信使》杂志上发表了一篇名为《梅尔策尔的下棋机》的文章。文章的主角是一台下棋机，它由沃尔夫冈·冯·坎佩伦(Wolfgang von Kempelen)发明，并被梅尔策尔(J. N. Maelzel)(音乐节拍器的发明者)展示出来。它是一个柜子样的东西，里面安放着一套包裹严实的机械系统：金属齿轮、连杆、杠杆，等等。柜子上部是一张棋盘，被一个机械人操控，柜内的机械系统让它的左臂能够自由活动。下棋时，机械人的左臂挪动棋子，与人类棋手像模像样地展开对弈。艾伦·坡在其文章中提出，这架机器不过是场骗局，并认为柜子里藏着一个身量较小的人，是他让机械手臂动起来的(事实上，他的怀疑是对的)。不过，他最有趣的观点在于，从原则上看，任何机器都不可能下象棋。他给出的论证是，机器能从事数学运算，但不可能下棋，毕竟这两种活动之间存在着不可跨越的鸿沟。他的原话是这样的：

> 就其本性而言，算术运算或代数运算都是固定的和被预先决定的。只要给出某些数据，就必然会得出某些运算结果。它们只取决于一开始所给出的数据是什么。只要经由一系列无误的步骤(它们不会变化，不需任何修订)，有待解决的问题就会或应会推进到其最终结果……但这跟棋手的情况截然不同。棋手身上并不存在决定性的发展进程。下棋时，并不存

> 在某一步棋必须跟在另一步之后这回事。我们不可能从棋手这一时段内的走棋方式来预测其对后来棋局的处理方式。[15]

上述论证思路非常简单。对弈过程中的几乎每一节点都可能存在多种走法(通常约为 30 种)。专业棋手走棋并不像数学序列那样要遵循什么逻辑必然性。由于走棋步骤并非预定好的，所以必须要做选择。正是因为这个选择的存在(艾伦·坡的假设)，一台机器是不能完成下棋工作的。因此艾伦·坡的结论是："显然，自动装置的运行只能由心灵操控。"[16]在艾伦·坡看来，人工智能(后面简称 AI)的发展存在某种绝对上限。

1997 年 5 月 11 日，IBM 旗下名为深蓝(Deep Blue)的计算机在六回合象棋比赛中击败了世界象棋冠军加里·卡斯帕洛夫(Garry Kasparov)。如果艾伦·坡知道这个消息，肯定会大吃一惊，颇为困惑。事实上，早在一年前，深蓝在与卡斯帕洛夫的首局交锋时就取得了胜利，只不过因为卡斯帕洛夫在接下来一局的精彩表现，使他最终赢得了整场比赛。卡斯帕洛夫在谈及深蓝的其

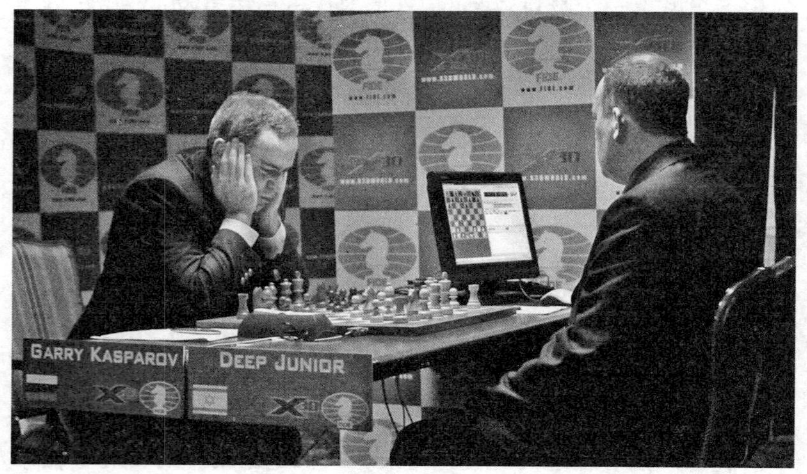

卡斯帕洛夫(左)在第一场比赛中。深蓝(中)正在指挥助手走棋。

中一步棋时说："那一步妙极了，完全是人类棋手才能走出的……我过去经常玩电脑，但从没有过这样的经历。我能感觉到——我能嗅到——跟我下棋的是一种新的智能。"[17]

停下来，想一想

按照近来人工智能的发展，关于艾伦·坡的论证有三种可能立场，我们可选择其一：

1. 艾伦·坡是正确的。因为有心灵才能下棋，所以当今的许多计算机都是有心灵的。

2. 艾伦·坡错了。下棋根本不需要心灵。

3. 计算机并非真在下棋，只是在模仿下棋。[18]

你倾向于哪一个？为什么？

检视功能主义

在进入有关计算机智能的争论前，最好先来考察一下近来心灵哲学中被称作功能主义的理论。请思考下面几个问题。什么是信念？是什么将"相信 X 为真"和"怀疑 X 为真"这两种心理状态区分开来？把它们跟另一个问题做比较，即是什么将国际象棋中的兵与后区分开来？回答后面这个问题时，你可能会诉诸每块棋子的特有形状。不过，只要细细思考，就会发现这个答案显然不正确。你可以买很多副形状不同于传统样式的象棋，有些用的是美国内战的形象，另一些则用的是非常现代、抽象的形象。实际上，你甚至都不需要棋盘或棋子，很多人是通过邮件下棋的。其中，棋盘上的方格和每块棋子都用数字和字母来表示。在一场棋局中，一颗棋子之所以能成为兵，并不是因为它的特殊化学构成或特殊形状，而是它独特的走子方式，以及其他棋子间的力量权衡和相互关系。象棋走子必须跟某些东西一起发生，而所谓的“某些东西”可以有许多种(木质棋子，纸上符号，或者是人)。哲学家将此种性质称为**多重可实现性**(multiple realizability)。同一块棋子的走棋能以多种方式、借助不同媒介来实现(体现、实例化)。这一概念对于理解功能主义哲学十分重要。

由真人棋子组成的棋局。

功能主义包括否定性批判和肯定性理论两部分。否定性部分用以描述心理状态不是什么。它们并非同一论和行为主义所说的那种东西。照同一论的说法，心理事件或心理状态(相信着、怀疑着、决心、正感到疼等)跟特定大脑状态是同一的。功能主义者则主张，心灵的本质不是某种特定物质(大脑的湿、灰色、肉质等属性)。相反，心灵由系统各部分之间的特定模式或关系构成，独立于盛纳此系统的物质。换句话说，心理事件拥有多重可实现性。即便大脑被证明是生成我们心理属性的东西，依然能有其他办法令心理状态发生。因此，心灵具有多重可实现性(想一下象棋的类比)。

我们可以构造出功能主义者对二元论的类似批判。此时，不妨承认二元论者所说的，实在由物理性实体和非物质性实体构成。

不过，我们可以把后者想象成不过是一种沉默、怠惰的非物质体(immaterial stuff)。显然，这种非物质体不可能构成心灵。因为作为心灵的非物质体还必须包含一系列处于因果关系中的功能状态，并且能够输入和输出我们所谓的心理状态(信念、希望、害怕、欲求等)。

严格来说，功能主义在二元论与物理主义之间持中立态度。它并没有一个用以说明一个系统若要具有心理状态，必须由哪些要素构成的鲜明立场。不过，多数功能主义者事实上都是物理主义者，他们会说，功能性心理状态正巧与大脑状态同一。不过，功能主义的领军人物杰瑞·福多(Jerry Fodor)却认为，功能性的心理状态可以体现在所有媒介中。

> 计算机会感到疼痛吗？火星人能有期望吗？脱离躯体的精神能思维吗？现代功能主义者借助心理学使上述事情的实现有了更高的逻辑可能性。[19]

因此，功能主义者会说，我们能想象外星人(火星人)虽然有着完全不同的生物化学构成，却拥有同样的心理构成。正是出于这种信念，我们才认为一些关于外星人(比如外星人 ET，或者像 R2D2 和 C3PO 一样可爱的机器人)的科幻小说是合理的。福多还认为(或许是带些嘲讽式的)，如果可以想象出有智能的、非物质性的精神(例如天使)，那么功能主义也适用于它们的心理构造。

功能主义也不同于行为主义。行为主义者认为，心理学只需要找到特定外部刺激与相应行为的关联方式。功能主义者则会说，不，不，我们还必须理解正在进行中的内在心理过程。他们主张，心理主义术语(信念、欲求、爱)指的并不仅仅是行为或行为倾向。跟行为主义者不同，他们认为心理状态是作为行为的内在原因而起作用的。此外，他们还主张，不理解产生行为的内在进程，行为本身就不可能得到解释。因此，与行为主义相反，功能主义相信诸如信念、意愿和希望等内在状态在有机体内部作为原因而发挥作用，这些状态能在大脑状态中实现，但也能以其他方式实现。

功能主义的肯定性一面在于，这种理论认为心理状态应基于其所扮演的因果角色(它们如何发生作用)而被规定。欲求某物意味着什么？根据功能主义者的观点，欲求(像其他类型的心理状态一样)与(1) 感觉输入、(2) 其他心理状态、(3) 行为或反应都存在某种因果关系。例如，如果我想喝水，并且如果我看到(1) 一杯液体，它让我有了“这液体是水”的信念，那么上述欲求和信念将产生(2) 一种意志状态，从而导致(3) 我拿起杯子喝水的行为。需要注意的是，功能主义者之所以不同于行为主义者，是因为前者认为在对行为进行解释时，必须考虑到心理状态之间的关系。

我们再看另一个类比。有一个古董机械加法机，还有一个电子计算器，它们在物理运算方面很不同，但发挥着同等功能。它们都(1) 输入代表性数字(representing numbers)和算术运算方式，这些数字和运算会激活(2) 内在进程，根据数学法则处理输入信息，同时每台机器都拥有(3) 一个反映结果的数值显示系统。同样，借助其功能角色而非它们寓于其中的实体来定义心理状态，功能主义者可主张，就算没有我们这样的生物化学结构，某些生物依然可拥有跟我们一样的认知生活，不论它们是天外来客还是计算机。

探究人工智能

功能主义者倾向于在人类心理学与计算机之间进行重要类比。用计算机行话说，我们可以区分硬件与软件。硬件是现实中物理性的计算机，包含芯片与电路。软件则是向计算机发布指令的程序。因此，同一个硬件可以运行文字处理软件、动作游戏、音乐合成器或者能下世界级象棋的人工智能程序。同样，两台硬件不同的计算机(苹果机与IBM)可以运行相同的程序。借助计算机的这一类比,同一论者便可以通过考察大脑的硬件设施来对我们的心理状态作出解释。另一方面,功能主义者又会说大脑的构造无关紧要,因为构成心灵的是软件或各种活动样式,是这些东西刻画了不同的心理状态,包括这些状态在有机体生活中的因果机制。因此,从功能主义到人工智能的转换是非常容易的。如果计算机能通过编程而具备认知状态,并且在功能上等于人类心理学所说的那些状态,比如思考、相信、希望、回忆、欲求等,同时这些认知状态拥有跟人类类似的信息处理能力,那么似乎由此就可推出,这种计算机是智能的,而且拥有心灵。

思想实验:心灵与计算机

浏览下面诸种行为,如果其执行需要心灵参与,就在A栏空格内打钩。如果该行为可由今天的计算机执行,就在B栏空格内打钩。如果你认为计算机在未来的某个时刻可能施行这项行为,就在C栏空格内打钩。当然,如果你已在B栏特定行为对应的空格处打钩,就不该再在C栏打钩了。

行为	A 需要心灵	B 今天的计算机就能做到	C 未来的计算机可能会做到
1. 将数值加总。			
2. 下象棋。			
3. 从经验中学习。			
4. 理解语言。			
5. 阅读一个故事并解释它。			

续　表

行　　为	A 需要 心灵	B 今天的计算 机就能做到	C 未来的计算机 可能会做到
6. 阅读一个故事，并从中作出推论。			
7. 做决定。			
8. 写诗。			
9. 拥有情感。			
10. 拥有意识。			
总数：	(A)	(B)	(C)
		(B)+(C)	

首先，算出A栏打钩的总数写在栏底。剩下的两栏只需考虑A栏打钩的那些即可。现在，在那些行里(也只在那些行里)将B栏打钩数加总写在底部，C栏也是一样。最后，将B栏、C栏打钩数加总。

把你对此思想实验的回答做成表格。如果B栏、C栏数值总和等于或差不多等于A栏，就说明你赞成人们所说的强人工智能立场。强人工智能论是说，计算机很有可能拥有跟人类一样的心理状态与力量。而如果B栏、C栏得分总和趋近于0，就说明你不赞成强人工智能立场。下面，我们来讨论强人工智能立场。

图灵测试(Turning test)能测量智能吗？

要回答"计算机可以思考吗？"这个问题，我们就需要一个有关思维构成的标准。我们如何测量人类的智能？可以做包括一系列认知问题的 IQ 测试。我们假定计算机做标准 IQ 测试可达到普通人的水准，也就是可得到 100 分。如果这一得分可作为人类智能的测量标准，那计算机若是也得了这些分数，我们为何不该承认它们有智能呢？

当然，我们在日常生活中不会相互进行智力测试，但我们还是可以知道别人拥有正常智力。如何做到呢？一种办法便是跟他们谈话。如果对方在对话语境下给出了合理回答，我们就倾向于认定他是有正常智力的。1637 年，笛卡儿曾主张，能够灵活使用语言这一技能可以将人与机器确然分开。按他的想象，可以设计一个精密复杂的机器人，它能说话，甚至被触碰某个特定部位时还可以“哎呦”一声。但笛卡儿随后又强调，机器绝不具有人类理性的那种多面性。

> 不过，很难想象这种机器将像最蠢的人能做到的那样，对语词作出不同安排，以便针对当下所说的任何东西给出恰当、有意义的回答。[20]

英国数学家阿兰・图灵（Alan Turing）于 1950 年提出了针对计算机能否思考的一项测试。[21]他被视为现代计算机科学之父。尽管他自己从未做过计算机，但其理论以及相应的数学基础对现代计算机设计而言至关重要。他的提案，也就是**图灵测试**[图灵称之为“模仿游戏”（imitation game）]早已名垂青史。这里给出它的一个当代版本。假定你与其他几名法官坐在一个房间里，面前是一台计算机终端，它跟另一间屋子的另一台终端连在一起。你通过在键盘上敲出问题并在显示器上查看对方答复，与另一房间素未谋面的另一人相互联络。这个测试的关键在于，其中某一时段跟你交流的并非有血有肉的人，而是运行在计算机上的人工智能程序。图灵断言，如果在有效时段内计算机程序能愚弄一众法官，让他们以为自己是在跟人类交流，那么这一骗局就可证明计算机程序有思维能力。因此，图灵抛开“计算机能思维吗”这一抽象而模糊的问题，转而给出了一种可操作性的智能测试替代方案——“计算机能通过图灵测试吗”？对此，可用一句惯常话概括该测试隐含的理论，即“如果看起来是鸭子，走路像鸭子，嘎嘎叫起来也像鸭子——它就是鸭子”！换句话说，如果计算机的反应满足我们判断人类智能的标准，那么我们就应该说计算机是有智能的。

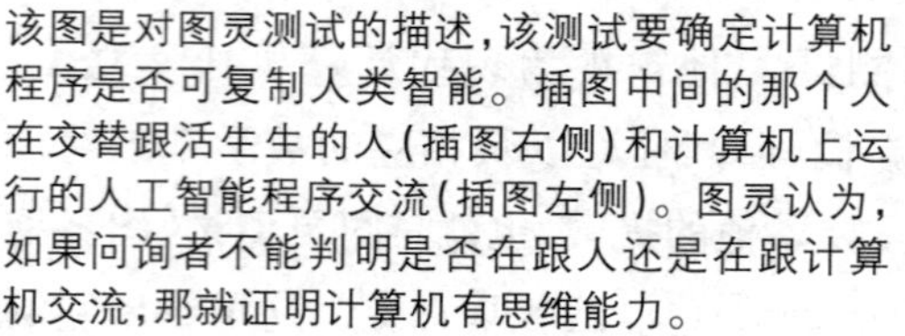
该图是对图灵测试的描述，该测试要确定计算机程序是否可复制人类智能。插图中间的那个人在交替跟活生生的人(插图右侧)和计算机上运行的人工智能程序交流(插图左侧)。图灵认为，如果问询者不能判明是否在跟人还是在跟计算机交流，那就证明计算机有思维能力。

阿兰·图灵(1912—1954)

聚焦

图灵测试

1990 年，计算机科学家休·洛伯纳(Hugh Loebner)博士设立了 100 000 美元奖金，专门表彰能写出可通过图灵测试的计算机程序的人。这项测试由马萨诸塞州行为研究剑桥中心(Cambridge Center for Behavioral Studies in Massachusetts)主办,每年在不同的大学校区举行一次。迄今为止尚未有人获得这笔大奖,但主办方每年都会向参赛者颁发20 000美元"最类人的计算机"(most human computer)奖项。

聚焦

停下来,想一想

- 为确定是否在跟计算机交流,你会问哪些问题?
- 你为何认为计算机不可能(绝无可能)对所提问题给出人类那样的回答?

笛卡儿确信机器绝不可能有智能,因为它们不拥有非物质性的心灵,而凡可思维的存在者必须拥有心灵。基于当时的科技状况,笛卡儿认定机器是机械僵硬之物,而且不能灵活执行各种运算。此外,他还认为,必须借助心灵才能对语言进行理解,因为心灵拥有处理多种语句的能力。笛卡儿由此证明,是否能够理解语言,是区分机器反应(machine response)与真智能(genuine intelligence)的重要判据。他的论证被总结如下:

1. 当且仅当机器能理解语言时,它们才拥有我们所拥有的那种智能。
2. 机器不能理解语言。
3. 因此,机器不能拥有我们所拥有的那种智能。

阿兰·图灵承认笛卡儿的第一个前提,但他对未来机器的能力持乐观态度。所以他做了如下论证:

1. 当且仅当机器能理解语言时,它们才拥有我们所拥有的那种智能。

2. 机器能理解语言。

3. 因此,机器能拥有我们所拥有的那种智能。

尽管图灵意识到当时的机器不可能通过图灵测试,但他相信终有一天可在技术上实现这一点。事实上,他曾断言,到 2000 年时(从他的写作开始后推 50 年),机器就可以做到在大多数时候成功地糊弄人类。

> 我相信到本世纪末时,语词的使用以及普通的有智识者之观念都会发生重大变革,人们将能够毫无矛盾地谈论机器思维这回事。[22]

部分哲学家将图灵的观点扩展为如下主张,即在逻辑上,能够通过图灵测试是拥有心灵的充分条件。换言之,他们认为一台适当编程的计算机确实可以是心灵,而且可以说它真的能够理解、相信和拥有其他的认知状态。这被称为**强人工智能论题**(strong AI thesis)。**弱人工智能论题**(weak AI thesis)则认为人工智能研究可有助于探索人类心理过程的各种理论模式,但同时也承认计算机不过是模仿人类心理活动而已。功能主义和强人工智能之间存在着一个明显的关联。功能主义认为,凡是有能力按照人类心灵模式运行的行为主体都可称作心灵。至于构成系统(湿灰质或电路)的物质则跟心灵状态无关。因此,如果运行人工智能程序的计算机有着跟人类相同的心理构成,它就拥有心灵。

停下来,想一想

图灵测试是智能检测的有效方式吗?如果一台计算机通过了图灵测试,我们能确信它在思考或它拥有心灵吗?为什么?

马文·闵斯基(Marvin Minsky)与强人工智能

强人工智能的卓越辩护者之一是马文·闵斯基。他的主要工作是在麻省理工学院从事开创性人工智能研究。闵斯基在下面的引文中预言,总有一天计算机不但可与人类的智能相提并论,而且还将超越后者,甚至预言机器将会获得自我意识。

马文·闵斯基(1927—2016)

引自马文·闵斯基

《计算机缘何"不能"?》(*Why People Think Computers Can't*)[23]

当人们询问机器是否能拥有自我意识时,似乎总是期待得到否定的答案。我想通过解释机器在原则上有能力拥有甚至比人更多且更优异的意识而让读者幡然悔悟……

如果我们选择以更为巧妙的方式去构造智能机器,就应当提出在大脑进化过程中未曾有过的新选择,因为脊椎动物进化的生物学限制已对大脑的内部关联做了细节上的强制性规定。在新发明的机器中,我们将可以随心所欲地提供任意路径。尽管新机器依然不可能实时追踪它们所做的事,但我们无疑将能

(至少在原则上)制成一些新的人工合成的心灵，从对自身本性与功能认知的深刻性和丰富性上讲，它们将比我们自己的心灵有好得多的自我意识。这样一来，那些新物种最终将拥有比人更有趣、更丰富的内在生活……

在我们建立真正的智能机器方面，不存在任何可对此加以怀疑的已知技术理由。尽管可能要花费很长时间去充分学习常识推理(commmonsense reasoning)，才可使机器拥有和人一样的多方面才能，但我们已经了解到了一些用于制作有用的、具体的、专业系统的方法。不过，让这些系统为以有趣的方式提升自己而充分学习的那些方法尚不为我们所知，但在科学领域，关于这一主题已然有了一些想法……

未来几年，我们将学习更多使机器灵敏行事的方法……我们将学到更多的新型知识与操作，并学习如何用它们制作出更多新知识。我们将不再把学习、思考和理解看作神秘、单个和特定的过程，而视之为进行观念表象、观念转换的整体方法。反过来，那些新观念又将会暗示一些新的机器架构，这又会进一步改变我们对观念的观念。现在还没有人能够说清楚这些新观念的走向。不过有一点是确定的：今天任何想要认识人与可能的机器(possible machines)之间的基本差异的凿凿断言都是成问题的。原因十分简单：对人或可能的机器而言，我们对其真正的工作机理尚没有充分认知。

停下来，想一想

在上述引文中，闵斯基提出了如下主张。对每一个主张，写出你赞同或不赞同的理由。

1. 终有一天计算机将能拥有比我们更好的自我理解。

2. 学习、思考和理解都并非"神秘之事",而主要是一些复杂的"观念表象和转换方法"。

3. 人的心灵与机器的心灵在未来很可能不再有根本差异。

约翰·塞尔(John Searle)的中文屋(Chinese Room)

人工智能程序最终是否会通过图灵测试,这主要是个技术性问题。从哲学角度讲,真正有趣的是,如果某台计算机可通过测试,这是否能成为计算机拥有心灵的充分条件?为反驳闵斯基等人所持的强人工智能观点,当代哲学家约翰·塞尔于1980年提出著名的中文屋思想实验。[24]

约翰·塞尔(1932)

你可以亲身体验一下中文屋思想实验的简化版本。我们一开始要假定你不懂中文。现在想象一下,你在一间屋子里,有一本相当大的规则手册用来指示(用英文)如何以适当的中文应答来回应中文句子。这本手册中并不包括任何常备句子(stock sentences),因为它根本无法预测你要处理的句子是什么。此外,该手册也不会向你解释符号的意义。它包含的是一些形式规则,可被用来对一套中文符号作句法分析,以及构建另一套被讲母语的人认为可用作适当回应的中文符号。讲中文的人从门下递进写着中文消息的纸条,上面是由直线或曲线构成的各种标记,你根本不理解它们。你在规则手册里查找那些标记图案,然后遵照说明写出另一套符号并传回给外面那些讲中文的人。你并不知道传来的讯息其实是一些问题，但多亏了那本规则手册，你给出的回应分明就是那些中文问题的答案。

思想实验：塞尔的中文屋

为想象这个进程的是什么样的，我们可以用印刷符号来模仿中文规则手册。假设给你的是下面这套符号：

&!¶ @ %

你在规则手册里查阅这些符号，并找到以下相关规则：

#357 遇到符号 &! 时，将其替换为£¥。

#938 遇到符号@时，将其替换为 R，其余保持不变。

遵照这些规则，确定你应给出的回应。这件事情并不难，答案见脚注。*

回应：

你并不知道这些消息的意思是“你喜欢我的问题吗”？而你的回应的意思则是“我很喜欢你的问题”。

假定借助规则手册，你成功地进行了中文书写对话，外面的人也承认自己是在跟一个合格的中文言说者交流。

- 这个结果意味着什么？
- 这项实验是支持还是反对强人工智能？

---

* 根据规则，你的回应该是：£¥¶ R%。

可以看到，塞尔试图构建一个类似图灵测试的东西，而其测试内容与中文理解有关，他在这一点上诉诸我们的直觉。你用中文对答如流，愚弄了外面的人，并通过了图灵测试。不过，就算这个测试成功了，你还是一个中文单词也不理解。很明显，当你在处理中文符号时，与你以熟练地用英语接受和回复信息时所发生的事情是不同的。

停下来，想一想

你会如何描述依据形式规则处理中文符号与回应英文信息之间的差别？

塞尔认为，对中文符号的形式性操作类似于在计算机人工智能上发生的事。在他看来，不论计算机程序能够多么有效地模拟对话，都永远不能产生真正的理解。因此，计算机程序只能模拟智能但无法复制智能。与强人工智能论相反，塞尔主张计算机程序不同于我们的心灵，因为它的认知状态跟我们的认知状态是不同的。说得更技术化些，计算机缺少意向性（intentionality）。**意向性**是某种特定心理状态（比如信念）的特征。借助意向性，心理状态便可指向世界中的对象或事态，或者与世界中的对象或事态产生关联。意向性乃是通过内容，而不是形式关系来获得定义。举个例子，如果你相信某个特定物体是苹果，此时，你不但处于某种心理状态中，而且这一状态是指向世界中某个特定物体的。

将塞尔的意向性理论运用到中文规则手册的事例中。假定规则手册告诉我们符号 &&&& 是对符号＃＃＃＃的回应，但在你看来，这些符号没有任何意义。换言之，它们并不指向其自身之外的任何东西（缺乏意向性）。与此不同，“狗”这一符号对你而言不只是一个记号，它还会造成一种心理状态，用以指称某种毛茸茸的动物。如果你向一台人工智能计算机询问“狗会飞吗”？它可能不会给出现成答案。但是根据数据库里存储的信息，包括“狗没有翅膀”“大多数东西有翅膀才能飞”等，它能推导出答案并生成句子：“狗不会飞。”关键在于，在给出答案时，计算机就像你在中文屋所做的那样操作和生成符号。因此，在这种情况下计算机是不具有意向性的。在其记忆中，"狗"这个符号跟其他符号关联在一起，但并不指称实在世界。只有心灵才有意向性(就像你所拥有的那样)，才能使用符号去指称其他东西。从塞尔的立场可知，能够通过图灵测试至多只能作为表面上具有智能回应能力的机器拥有心灵的证据，但只有这一点还不足以构成拥有心灵这个事实。

塞尔借助此思想实验反驳了行为主义与功能主义。有趣的是，塞尔本人是一位物理主义者。他相信是我们大脑独特的因果作用力(causal powers)导致了我们的心理状态。在他看来，计算机程序仅仅是在处理符号，绝不拥有生成理解的因果作用力。他由此认为行为主义者和功能主义者都是错的，因为他们从事心灵哲学研究时都忽视了物理大脑的独特因果作用力。然而，二元论者不仅用塞尔的例子去反驳行为主义和功能主义，连物理主义也一并反驳。稍后我们将看到，为什么二元论者会将塞尔的思考引向这一方向。

有些人认为塞尔没抓住要领。他主张计算机能模拟认知过程，但不能复制此过程。在另一篇论文中，塞尔指出：

> 我们可以用计算机模拟英国经济中的现金流动状况，或者工党权力的分配样式。我们也可以用它模拟家乡的暴风雨，或者东伦敦仓库的火灾。在每种情况下，都不会有人认为这是一种真实的情况：没有人认为计算机对暴风雨的模拟会让我们湿透，或者模拟的大火会把房子烧掉。一个精神清醒之人到底为什么会认为，计算机对心理过程的模拟竟也在实际上具有了真正的心理过程？[25]

塞尔的论证相当不错，不是吗？确实如此！但并非所有人都这样想。塔夫茨大学(Tufts University)心灵哲学家丹尼尔·丹尼特(Daniel Dennett)就以如下方式来回应塞尔的论证：

> 现在假设我们让计算机模拟了一位数学家，并且它运行良好。我们会抱怨说，自己期待得到的是一些证据，但很可惜，现在得到的却只是证据的表象吗？可证据的表象不就是证据吗？[26]

换言之，在某些情况下(如暴风雨的例子)，对某个东西的模拟或再现跟实在物本身截然不同。但在另一些情况下，对某个东西的再现(譬如一条数学论证)和实在物本身则是相同的。人造的(artificial)这个词本身就具有模糊性，它可被用来实现两种目的。我们一方面可以把人造的和真实的作对比。在此意义上，人造花或人造钻石不是真花或真钻石，只是模仿真品而已；另一方面，我们还能将人造的和自然的作对比。人造光不是自然光，因为它是由人类科技制造的，但跟人造花相比，人造光仍然是真实的光。因此，智能确实可能是人造的，因为它由计算机程序创造出来，虽非自然之物，但同时它也是真智能。

回到下棋机

现在，我们有必要考察一下本节开头“停下来，想一想”中提到的对艾伦·坡之下棋机批判的三条回应。在回顾这些要点时，请思考一下，在原来的那些问题上，你的想法是否已经发生了改变。

第一个回应是：

1. 艾伦·坡是正确的。你拥有心灵才可以下棋，因此今天的很多计算机都是有心灵的。

这个回应跟强人工智能相关。如果计算机能完成用人类智能才能完成的任务，那么计算机便是有心灵的。

第二个回应是：

2. 艾伦·坡是错的。你不需要心灵也可以下棋。

当强人工智能的批评者面对机器人可下棋的事实时，就会给出这样的回应。这一回应指向一种有趣的倾向。对强人工智能的批判使用了下面的论证形式：

① 如果某物有心灵，它就能做X。

② 计算机不能做X。

③ 因此，计算机没有心灵。

在艾伦·坡的例子中，X拥有下象棋的能力。在其他例子中，X可能拥有理解语言、学习、写原创诗歌、做明智决定的能力，或者解决问题的能力。这里存在两个困难。第一个困难是，很多人无法学会下棋或写诗。即便如此，我们仍旧认为他们拥有心灵。我们没必要期待计算机能完成许多人类无法完成的事情。另一个困难是，每一次计算机程序被改进以有能力完成X时，不妨说，要求又被提高了。艾伦·坡假定机器永远不能下象棋，但现在我们知道它是可以的。那么，将下象棋代入X，强人工智能论的批评者就会拒斥前提①。可如果只是为了证明计算机不具有心理能力就不停更改相应标准，那就显得颇不厚道了。

第三个回应是：

3. 计算机并不是真在下棋，只是在模仿下棋。

这就类似塞尔在考察机器的语言理解能力时所作的回应。在模拟行为和真实行为的判别问题上，我们已经讨论过塞尔与丹尼特的分歧。对于这条回应，还有其他一些版本，认为要真正拥有智能或拥有心灵，意识觉知(conscious awareness)是必要的。它们采用的是如下这种论证形式：

① 如果某物拥有心灵，它就拥有主观的意识经验。

② 即便计算机通过了图灵测试，也不拥有主观的意识经验。

③ 因此，即便计算机通过了图灵测试，也不拥有心灵。

广场中的哲学

把这个名为"心灵 vs 计算机"的思想实验交给五位朋友。如果有可能,也可以跟认知科学相关领域(心理学、计算机科学或人工智能)的专业人士或其他人进行讨论。较之你的回答,你朋友的回答如何?外行人的回答跟专业人士的回答之间是否存在差异?

很多理论家会说,塞尔应当从他的思想实验中得出这一观点。尽管那些按照规则操作中文符号的人拥有意识,他/她却并不理解那些符号意味着什么。更何况,即便计算机有理解力,它也缺少意向性与意识。这些缺失的成分似乎正是某种与主体相关的理解和觉知。这种主观觉知跟同一论或心灵的计算机模式(computational model of mind)并不匹配。

此处,二元论者再次加入争论。他们赞成功能主义者的观点,即心理事件的独特本质是无法由大脑的特定物理构成来解释的。他们也会赞成塞尔和反驳功能主义者的说法,即形式上的抽象关联不能构成心灵。对我们这个世界来说,意识和主观观念的存在乃是天然事实(brute facts),迄今为止,它们如何从我们的物理系统中产生,还找不到任何合理解释。这个论证的难点在于,很难用手指去触碰意识进而去描述意识。一位哲学家曾说过:如果你拥有它,你就知道它是什么;如果你不拥有它,试图把它解释给你听也没有什么意义。意识觉知在我们活动中起到多大作用呢?意识只是种表层现象,是被潜存于其下的认知过程所支持的吗?如果情况如此,它就不会像二元论者所认为的那样重要了吗?

停下来,想一想

请思考认知过程(例如解决问题、作决定、驾驶汽车)在潜意识层面的所有发生方式。在所谓的智能活动中，在何种程度上可以说意识觉知在场或是不在场？

透过功能主义和强人工智能的镜头看

1. 为了治疗重度癫痫病，医生会切掉患者的一半大脑。他们发现，病人很快便能恢复正常生活，因为原本由被切除大脑掌控的大部分认知和运动技能被另一半大脑接管了。这项研究可为功能主义者的观点——我们的心理状态并不同一于任何物理构成，而是可在不同物理媒介中实现的心理学样式和因果关系的汇集——提供怎样的支持？

2. 电影《外星人》(*ET*)和《星球大战》(也包括更多的科幻电影)中，出现了诸如外星人或机器人(R2D2、C3PO)等生物。它们的物理构造跟我们的十分不同，却有与我们一样的信念、意愿、情感，并且它们所展现的心理状态也与我们类似。在这些故事中，如果把机器人 R2D2 或 C3PO 剖开，能看到的只是一些电线。可我们能想象自己犹如能跟其他同伴那样跟它们发生关系，如果它们被毁坏了，我们会感到难过。对这些角色的情感回应是否表明，我们倾向于把这些高级却有差异的存在物看作心理上与我们相似的东西？这会赋予功能主义以某种合理性吗？

3. 多数功能主义者并不谈论来世问题，但作为功能主义者是否仍可以相信不朽？提示一下：本书字里行间无不体现着我的观点。如果此书的唯一复本被毁了，书本里的各种观念能在其他媒介里“复原”以便后辈学生沉思玩味吗？本雅明 · 富兰克林(Benjamin Franklin)的墓碑上镌刻着关于来世的某种功能主义观念：

印刷从业者本雅明·富兰克林的身体长埋于此，
像一本旧书的封皮，
内容已被撕去，
书面的字母和烫金剥落了，
散落于此，作蛆虫的食物。
但作品本身将不会泯灭，
因为他深信，
经过作者的矫正和修饰，
它将成为一种裹新的更美版本。

4. 人们反对强人工智能论时常会宣称，计算机并非真有智能，不过是在做程序要求它做的事而已。那么，这种说法在何种意义上对你而言是真的？如果你下象棋，会遵守被告知的那些象棋规则，这跟计算机做的事差不多。当计算机学着去下棋时，不但要被规则编程，在犯了战略性错误时还要接受反馈和修正，此后，它基于从经验习得的可能成果来做决定。如此说来，教育只是一种复杂的编程形式吗？果真如此的话，计算机的学习和决策行为与人还有什么不同吗？强人工智能论的倡导者会说些什么？

5. 怀疑论者提到人工智能时常说，计算机永远不能拥有心灵，因为它们绝不可能拥有情感。要拥有心灵就必须拥有情感吗？情感不是经常干扰我们的思考能力吗？撇开情感，计算机是否能成为比我们更优秀的思考者呢？不过，说不准哪一天计算机或机器人就能拥有情感。被恶棍袭击时，我们会产生出害怕或愤怒等情感。可什么是害怕呢？害怕是基于某物会对我们的安全造成威胁这一判断。正是基于这一感受，我们会逃跑或者采取其他行动。不是也可能创造出一台计算机，它在功能上拥有同一于害怕的因果回应吗？《星球大战》电影中，机器人 C3PO 和 R2D2 都有情感表达。强人工智能论的支持者是否能因此合理地宣称，情感对拥有心灵而言并非必须，或者认为情感回应可以是计算机程序的一部分？

6. 由于强人工智能论的支持者相信，计算机最终将具备所有能力(capacities)，以便使其如我们一般拥有心灵。此外，因为一台计算机是按照编好的程序来运行的，是否会必然得出下述推论，即强人工智能的倡导者会认为，我们像计算机一样是被"编程的"，或者我们的行为是被预先决定的？

检视功能主义和强人工智能论的优缺点

正面评价

1. 在整个人工智能研究史上，批评者一直宣称计算机绝不会拥有真正的智能，因为它们不可能做到X(下象棋、理解语言、做决定)。然而，即使计算机完成了一些认知工作，这仍旧不能说服批评者。难道计算机每成功一次他们便将标准提高一层吗？判定计算机是否拥有真智能的标准是什么？又有什么理由使我们确信，计算机未来不能达到这些标准？

2. 你在做很多事时，并不在意它们实际上是如何做到的。例如，你能判断一棵树的远近，能判定一首诗是优美的还是在胡言乱语，能确定一个人是愤怒还是高兴，能断定足球队是否可能赢得下一场比赛。既然你能做到这些事情，我们是不是可以说，你在不自觉地遵照某种程序行事？我们用以执行上述认知行动的程序为何不能被形式化并被输入计算机？

负面评价

1. 我们通常赋予心灵的最重要特征之一便是意识。功能主义者和强人工智能的提倡者都讨论数据输入、各种认知过程和数据输出间的关系，但并不讨论意识问题。就心灵对意识觉知的呈现而言，可否借助功能主义者的理论获得解释？如果功能主义者无法做到这一点，其心灵理论和认知活动理论还是完备的吗？一台复杂精密的计算机有可能形成我们所说的那种意识吗？如果计算机不具有意识，还有什么必要去谈论它的思维呢？若否定了所有这些问题，是否就拒斥了功能主义和强人工智能？

2. 请借助对导致疼痛的心理状态的数据输入、疼痛与其他心理状态的必然联系以及它所导致的行为，给出功能主义者对疼痛的心理状态说明。我们进而想象一台计算机实现了所有这些功能状态。在这个说明中，是否包含与疼痛的心理状态相关的主观感受？如果不是的话，这是否会构成对功能主义者的反驳，即这种心理状态竟然不过是数据输入、其他心理状态和行动之间的因果联系？是否也会对强人工智能的理论，也就是计算机拥有心灵形成驳斥呢？

2.5　自由与决定论概览

地域勘探：自由与决定论

1979 年 2 月 9 日，同卵双胞胎吉姆・刘易斯(Jim Lewis)和吉姆・斯普林格(Jim Springer)第一次会面。他们一生下来就被分开，间隔整整 39 年。在此期间，两兄弟从未联系过，两对养父母也从无交往。尽享重逢喜悦的同时，这对兄弟意识到两人在生活和行为上有一系列惊人的相似之处。

都被养父母取名詹姆斯(James)。

都结过两次婚。

第一任妻子都叫琳达(Linda)。

第二任妻子都叫贝蒂(Betty)。

给长子起的名字几乎相同：詹姆斯・阿伦(James Alan)和詹姆斯・艾伦(James Allan)。

都一直抽同一品牌的香烟。

都喝同一品牌的啤酒。

都担任副治安官。

历数各自生活的更多细节时，他们发现过去两人虽从无交集，生活方式上的相似点却不止上面说的这些。他们养的狗都叫托伊(Toy)，都有在车库做小型家具的爱好，都开雪佛兰汽车，都在佛罗里达州墨西哥湾区同一片海滩度过假，都住在他们街区唯一的独栋房子里。

对行为科学家而言，被分开养育的同卵双胞胎不失为理想的实验对象。成千上万的同类案例正帮助科学家了解人性中最古老的秘密之一：在什么程度上人的行为受到遗传或环境，基因或生活经验，本性或教养的影响？一方面，同卵双胞胎若在截然不同的环境下成长，他们行为上的任何相似性都可被拿来支撑如下论点，即我们的诸多行为都是基因的产物。另一方面，他们所表现出的差异则必然是由环境或生活经验的不同造成的。

吉姆兄弟碰面一个月后，明尼苏达大学托马斯·布夏尔(Thomas Bouchard)博士付费请他们在自己的研究中心度过了一个星期。他为两人做了个性变量(personality variables)测试，兄弟俩得分如此相近，好像是同一个人的两轮测试得分。脑电波测试画出的曲线图很像同一座城市的地平线，智能、心理能力、姿态、声调、好恶的测试值也都大同小异。对不同环境下成长起来的双胞胎所做的研究表明，他们在信念与态度，包括社交、政治、道德和宗教观点上有很高的相关性。[27]

我们该如何看待这些研究呢？显然，你无法选择使你成为你自己的那些特征，比如你的眼睛、头发以及皮肤的颜色，你的性别、身高。你显然也会持有这样的观念，即当下的自己是你自由选择的结果：你最喜欢的音乐，你的配偶、工作，你养的小狗的名字，以及你的道德信念。对于生活中的各种选择，你必须依靠自己去思考、去做决定。确实，在对双胞胎的研究中，他们认为许多决定都是自己自由选择的结果，可是又似乎有某种未被意识到的原因迫使他们走到了平行轨道上。从本章的角度看，我们会说，当一个人的行为或选择是一些不可避免的先在原因所导致的话，这种行为或选择就是被预先决定的。这些原因可能来自一些心理作用力或生理作用力。

上述研究的重点在于人类基因对其行为的可能影响。但同样不可忽视同卵双胞胎之间存在的许多差异。有一项研究认为，分开养育的同卵双胞胎似乎会因为教养方面的差别而生发出不同兴趣。其中一个成为钢琴演奏家，另一个则对弹钢琴毫无兴趣。然而，即便不能用基因解释我们的全部生活，我们依然无法接受如下观点，即我之所是被我的教养和生活经验所决定。

虽然上述问题尚无定论，行为科学家也在争论不休，但很多理论家认为，我们在做决定时受到的规制比我们想象的要多得多。换言之，他们认为我们的决定并非自由意志的自发结果，而是施加在我们身上的心理或生理原因的必然产物。这就像我们的血压是由生物学原因决定的一样。不过，所谓的自我感觉又该怎么说？我们是完全被预先决定的吗？又能给出什么理由，说我们不是被决定的呢？如果我们是被决定的，道德责任还有什么意义吗？这正是现代哲学中最令人惘然无措却又无法绕过的问题。下面给出的思想实验意在探究选择(choice)概念及其造成的原因，同时还涉及行为和责任的概念。

思想实验：行为与责任

1. 列出你做过的三件不同的事，你做它们只是因为你想做而已（例如去看某场电影、读一本小说、上一堂选修课）。

a.

b.

c.

你为何喜欢列表中的行为？你之所以喜欢做这些事情，是你自己的选择吗？是/否(请圈出答案)

a. 如果你选择“是”：是什么使你喜欢你喜欢做的这些事的？

b. 如果你选择“否”：你是如何喜欢上你喜欢做的这些事的？

2. 假定你的一位朋友(他或她)挥动手臂，打翻了你颇有感情的一件东西，并把它摔得稀碎。

a. 在什么情况下，你会说这个人毫无疑问要对此负道德责任？

b. 列出尽可能多的情形，你的朋友确实打碎了那个物品，但你认为他无论如何都不必为此负道德责任。

c. 列出一些情形(如果有的话)，此时你不确定这位朋友是否要为打碎物品负道德责任(这种不确定性不应基于对事实了解得不够完全)。

绘制自由与决定论的地形图：有哪些问题？

先前的思想实验对当下要谈的问题已有所涉及，这就是，如何解释我们的行为之渊源。想一下你最近看的电影或者最近读的小说。你为何看那场电影或读那本小说？假设你的行为是你意愿的结果，是你的选择，反映出你当时的愿望。但这一假设又引出了新问题，即你的意愿、选择和愿望都是怎么产生的？它们只是一些心理事件，在没有任何原因的情况下忽然出现？这种忽然出现，就是你所谓的在不受干扰的情况下作出的决定？如果是这样，为何出现的是这个心理选择而非另一个？当然，还有另外一种可能性，即你的选择和愿望本身就是由其他事件引发的，比如你之前的心理状态以及其他原因。但这不过是将问题倒推了一步，我们必须要再次考量你所做的选择是否为无原因事件，或者是否为一系列延伸至过去之原因的结果。我们将会看到，每一种待选方案都是成问题的。

思想实验的另一个问题与道德责任有关。我们何时要对行为负道德责任？何种情形下我们可免于道德责任？如果我们的行为根本上是不可控原因的后果，还需要负道德责任吗？

毛姆（W. Somerset Maugham）的小说《人性的枷锁》（*Of Human Bondage*）中有一段对话，其中主人公菲利普说：

> “做任何事前我都感觉自己是有选择的，这种选择影响着我的所作所为；但此后，事情一旦发生了，我便相信在永恒意义上那是必然的。”——海沃德问：“你由此推出了什么？”——“后悔为何徒劳无功！覆水难收，伤心无用，毕竟是宇宙整体之力要让水洒掉。”[28]

菲利普的话恰好代表了上述问题中的一种观点。这里首先涉及的是自由问题。我们感觉是自由的，但真是自由的吗？如果我感觉恶心，就是真的恶心吗？自由是这样的吗？如果我们感觉到自己好像是自由的，就必然得出结论说，我们是自由的吗？我们在是否是自由的这件事上难道不会出错吗？菲利普说，当我们做某事时，比如打翻牛奶，这是“宇宙整体之力要让它洒掉”。这个结论是真的吗？我们的诸种行为只是施加在我们身上的力或我们内在的力的产物吗？有可能对我们的所作所为进行科学解释（基因的、生理学的、心理学的）吗？为什么？作为自然作用的产物，行为如何影响我们的自主、尊严和自由感呢？菲利普的话还可引出另一个问题。如果我们的行为方式是被预先决定的，对自己的活动心生悔意是否就无甚意义了？如果他/她的行为是不可避免的，那么还需要判定他/她是否有道德责任，或者是否要接受惩罚或表彰吗？完成“停下来，想一想”的练习后，“广场中的哲学”将邀请你跟朋友讨论一下这些问题。

停下来，想一想

想象你正在跟菲利普通电话。向他解释你为什么赞同或不赞同他的下述两个主张：

1. 我们的所有活动“从永恒意义上看都是必然的”。

2. 如果我们的所有活动都是被预先决定的，为此心生悔意便是愚蠢至极的。

广场中的哲学

你自己来做下面这个练习，拿给至少五个朋友看。把下面每一情景都看作是独立的，也就是说，这个情景里出现的事实跟其他情景无关。在每个情景中，都请判断戴夫(Dave)在杀害托德(Todd)一案中是否该负道德责任，或者是否该受谴责。换言之，请回答下面两个问题：

a. 下面哪些情形里，戴夫该被宣判为杀人犯？

b. 下面哪些情形里，我们会说，就算戴夫导致了托德之死，他也完全不必为此负道德责任？

1. 戴夫患有未确诊的脑瘤，忽然有一天，他的胳膊和手掌肌肉开始痉挛。当时他正跟托德打猎，而这一突发状况使他非自愿地扣动手枪扳机并给托德造成致命伤。

2. 在残酷的海外战场服役后，戴夫备受炮弹休克症(shell shock)和心理不稳定的折磨。从一次短暂性昏迷醒

广场中的哲学

来后，他幻想自己还在战场上，好友托德是自己的敌人。于是，从自卫角度出发，他射杀了托德。

3. 戴夫平素是安静、温和的人，但一个邪恶的精神病专家将他催眠，向他下达了杀死托德的命令。在深度催眠的恍惚状态下，他执行了这项命令。

4. 戴夫给邻居托德看自己的手枪。由于没想到子弹已上膛，他毫无防备地把玩手枪，结果一不小心走火杀死了托德。

5. 一天晚上，戴夫在酒吧喝得酩酊大醉，跟托德起了严重争执，后者同样醉醺醺，恶语相向。借着酒醉暴怒，戴夫回车上拿来枪射杀了托德。第二天早晨醒来后，戴夫被关在拘留所，却对昨晚的事毫无印象。

6. 戴夫的父亲是个暴戾、残酷的毒贩子，在戴夫 8 岁时就去世了。此后，戴夫的母亲交了一个又一个品行恶劣的同居男友。戴夫从未受到过关爱，相反在生理和心理上饱受虐待。这种情感上的伤痛与愤怒深深浸入其扭曲的个性，令他好似一颗定时炸弹。终于，22 岁时，“炸弹”爆炸了。戴夫跟托德（一个毫无瓜葛之人，只是令戴夫想起了自己不堪的生父）搅入一场十分无谓的激烈争论中。因为在气头上难以控制，戴夫拔枪射杀了托德。

7. 戴夫跟托德妻子有染，想要她丈夫出局。经过几个星期的筹划与跟踪，戴夫在托德离开健身房时射杀了他。

概念工具：思考自由

在着手处理诸备选方案前需要澄清自由这个词，因为对于何为自由，人们争论不休。基本而言，与我们的哲学讨论相关的自由有两种，不同作者给它们贴的标签不一样，不过重要的不是这些称呼，而是对它们的区分。

当我们有能力和机会去做任何我们想做之事时，就有了**环境自由**(circumstantial freedom)。环境自由是一种消极条件(negative condition)，因为它意味着我们可免于外力、障碍和自然限制对我们活动的约束或强制。在此意义上，如果你被绑缚或者被人拿枪指着脑袋(外力)，你就不能自由地去看电影。与此类似，你也无法随随便便就凭空跳起 50 英尺(一种自然限制)。

请注意这样一个事实，即你拥有环境自由这一点并不关注你的选择的产生根源。蜜蜂筑巢也是有环境自由的，即使它们的活动受盲目本能的驱动。同样，所有哲学家都会赞同，你对某项职业的追求也是一种环境自由(假定没人正拿枪指着你的脑袋)。然而，这个意义上的自由并不会排除如下可能性，即你的职业选择仍可以是你的遗传基因、个性、生物化学、社会条件或其他决定性原因导致的必然结果。

所有哲学家都会承认，我们可以拥有按自己意愿行事的环境自由。争议之处在于我们是否拥有第二种自由，我把它叫作**形而上学自由**(metaphysical freedom)。之所以如此称呼，是因为是否拥有这种自由，取决于我们生活在何种世界中，以及如何认定人类的真正本性。我们将看到，有些哲学家否认我们拥有这种自由。形而上学自由与我们所说的自由意志(作为概念，指自我在名副其实的备选方案内做选择的力量)通常是一致的，但它只牵涉我们的内在条件而不论其外部环境。在这里，自我(the self)就是一个决定或一种行为的创造性、初始性原因。有了这种自由，我们就可以作出与过去不同的选择。

如上所述，如果我们拥有形而上学自由(自由意志)，那么在决定形成之前，我们所处的环境以及个体的心理构成都不足以使某种选择成为必然。外部环境与个性可能会对我们的决定造成影响，但至于最终执行哪种备选方案，则是我们自由和自主选择的结果。当然，我们在特定情形下践行形而上学自由的能力要受到环境自由的限制，不过，形而上学自由仍可使自我在外部限制所允许的范围内进行自由而非决定性的选择。由于所有哲学家都承认，通常而言我们都有一定的环境自由，因而主要争议便集中在是否有形而上学自由这一问题上。

路径选择：关于人类自由我会做何选择？

依据下面三种陈述以及其与诸种回应的不同组合，我们便能对自由与决定论问题进行系统阐述。这三种陈述是：

1. 我们是被预先决定的。

2. 如果我们是被预先决定的，那么我们就失去了承担道德责任所必需的自由。

3. 我们拥有承担道德责任所必需的自由。

这些陈述形成了一个并不连贯的组合，这意味着它们不可能都为真。你可以接受其中任意两个，但要拒斥另一个。

停下来，想一想

尝试从三个陈述中取对，并向自己证明，每一种取对选择都意味着剩下的那个陈述是错误的。

你可以就自由与决定论问题的三种立场择取其一：强决定论（hard determinism）、自由至上论（libertarianism）和相容论（compatibilism）。每种立场都由被接受的两个陈述与被拒绝的那个陈述共同定义。我们将简要考察每一种陈述以及与之相关的术语。由此将会看到，这些陈述是如何用于界定三种不同哲学方案的。

陈述1：我们是被预先决定的

一些哲学家承认这种说法，因为他们相信所有事件都是先在原因造成的结果。这一立场被称为**决定论**(determinism)。如果决定论为真且有可能在当下获取关于宇宙的所有知识，那么我们不但能预测下一刻的宇宙状态，而且可以预测未来发生的所有事情。法国天文学家拉普拉斯(Pierre-Simone Laplace，1749—1827)就从想象中的超智能生物立场出发表达了这一理念：

> 我们应当把宇宙的当下状态看作其之前状态的结果以及之后状态的原因。如果在一个给定的瞬间，一个智能物能够知晓万物勃勃生机的力量源泉，包括万事万物的各自情态，且有能力将所有信息提交分析，那么，它便可用同一公式计算宇宙至大之物和至小精微之物的运动。对于这种智能而言，万物莫不确然，未来、过去莫不尽收眼底。[29]

由于我们的选择、信念、意愿和行动本身便是事件，决定论者便断言它们也是先在原因的必然结果。至于哪类原因对我们行为的形成最为重要，遗传基因、生物化学、行为条件甚或上帝意志，决定论者并未达成一致。不过他们都承认，发生于自然界和人类行为中的一切事情都是因果规律带来的必然结果。他们承认我们拥有环境自由，但否认我们拥有形而上学自由。在我们对决定论所做的一系列讨论中，你会看到它们的两种形式(强决定论和相容论)，但两者都始于对陈述1的肯定。

理解决定论的真实意义十分重要。如果你是个决定论者，就不得不承认密尔(John Stuart Mill，19世纪英国哲学家)的这段话对你是适用的。

> 真确想来，所谓哲学必然性的教义不过是：给出了个体心

> 灵的当下动机，同时再给出它的特征与倾向，就可准确无误推出他未来的行事方式：我们如果通晓这个人，并知悉作用于他的诱因，便能像预测任何物理事件那般确切预测他的行为。[30]

此外，在短篇小说《地下室手记》(*Notes from Underground*)里，陀思妥耶夫斯基(Fyodor Dostoyevsky)借主人公之口表达了这样一种理念，即决定论将会剥夺我们的人性，我们最终不过是自然这架机器的组成部分，跟调音器(管风琴的有机部分)差不多。

> 事实上，若真有一天，我们找到了可规整自己的所有意愿和所有幻想的公式，也就是关于它们依赖的是什么，缘何法则而生，如何发展，在各种不同情形下目的何在等问题的解释(这是一个真正的演算公式)，那很有可能，人们将立刻放弃对任何事物的渴求。不，是一定会这样做。毕竟，谁会想靠着规则做选择呢？除此之外，他将从一个人立刻转变为一台诸如调音器之类的东西。毕竟，失去了意愿、自由意志和选择，如果不是调音器还能是什么？[31]

陈述2：如果我们是被预先决定的，那么我们就失去了承担道德责任所必需的自由

这个说法表达的是**非相容论**(incompatibilism)的观点，因为在它看来，决定论与我们行为的道德责任所需的自由是不相容的。一种行为要担负道德责任意味着什么？意味着我们的行为应被赞扬或指责，被相信或被责备，被奖励或被惩罚。问题不在于这种奖励或惩罚是否能作为决定人的行为的原因，相反，对非相容论者而言，所谓道德责任，是说我们是否应受奖励或惩罚。按他们的说法，唯当我们能够真正拥有一些备选方案时，或者说，只有我们真正拥有去做与已做之事不同的其他事情的选择自由时，才配享那些奖励或惩罚。换言之，非相容论者认为，要负有道德责任就必须拥有形而上学自由。

在这幅异想天开的图片中，一条鱼高兴地从鱼缸中逃出来，我们由此得到一个关于人类境况的隐喻。在继续阅读之前，请自己判断一下这个场景所传达的信息。就自由和决定论问题而言，这张图片是一个可以有两种解释的隐喻。自由意志主义者会说，跳在空中的鱼代表着我们可以自由地做出自己的选择，并摆脱所有对我们起决定作用的影响的限制。这条鱼意识到它还有其他选择。另一方面，决定论者会说，这条从缸中里跳出来的鱼正遭受着它是自由的这一幻觉，因为它只是把限制的一种形式换成另一种形式。决定论者会继续追问，为什么六条鱼选择待在原地，而唯有这条鱼决定跳到一个新的环境中？每个差异都需要用一个差异来解释。因此，决定论者会认为，跳出鱼缸的鱼和缸中的鱼的行为都是基于它们没有选择的原因而做出行动，比如它们的生理和心理状态、它们所处的环境，等等。行动不会从真空中自发产生。这两种解释，你认为哪一种最能描述人的境况？你为什么这么想？

陈述 3：我们拥有承担道德责任所必需的自由

我们将要讨论的三种立场都承认，拥有某种自由是承担道德责任的必要条件。哲学家曾如此表达过这一信念："应该蕴含能够"(ought implies can)。相应地，三种立场都承认，如果你所处之情境(拿枪指着你脑袋，嗑药，被人捆起来)缺乏环境自由，那便不可能为自己的所作所为或自己的不作为负责。不过，在下面两个观点的对错问题上，他们却并未达成一致：(1) 环境自由对肩负道德责任之人来说是一种充分条件；(2) 就道德责任而言，环境自由只是其最小必要条件(minimal necessary condition)，而且，人们只有同时拥有形而上学自由，才可能对其行为负道德责任。

关于自由、决定论和责任的三种立场

强决定论立场主张，我们的所有选择都是被预先决定的，无需为自己的行为负道德责任。与此相应，强决定论者赞成陈述 1(我们是被预先决定的)和陈述 2(如果我们是被预先决定的，那么我们就失去了承担道德责任所必需的自由)，并因此会拒斥陈述 3(我们拥有承担道德责任所必需的自由)。接受了陈述 2，强决定论者也就肯定了非相容论。他们之所以拒斥陈述 3，是因为他们主张道德责任需要形而上学自由(自由意志)，而我们在此方面是缺失的。一位名为克莱伦斯·达罗(Clarence Darrow)的著名辩护律师在对狱中囚犯的演讲中就直言不讳地表达了强决定论者对道德责任的否定。

> 我不相信狱中人的道德水准与狱外之人有什么差别，两者实际上差不多。只是这里的人不得不在这里，而外面的人可以避免来这里而已。我不相信狱中人是因为应该才在这里的。他们囿于此处只是为环境所迫，这些环境完全超出了他们的控制范围，他们也无从为此负有责任。[32]

达罗的立场是，如果想阻止人们成为罪犯，就必须消除使他们变成罪犯的社会环境。

自由至上论拒斥决定论，并宣称我们确实拥有形而上学自由(这里所说的自由至上论是一种形而上学立场，跟政治哲学中的同名术语截然不同)。自由至上论者拒斥陈述 1(我们是被预先决定的)，接受陈述 2(如果我们是被预先决定的，那么我们就失去了承担道德责任所必需的自由)与陈述 3(我们拥有承担道德责任所必需的自由)。跟决定论者相反,他们认为人类的选择至少有一部分是自由的,不受因果必然性约束。自由选择立基于人的自由意志之上,而非先在原因的必然结果。自由主义者由此主张,一般而言(甚至原则上)我们不可能对人的行为的每一细节进行预测。自由至上论者与强决定论者都承认,"被预先决定"跟道德责任(非相容论)是不相容的,因为失去了形而上学自由,我们的角色与选择就都是由不可控力引发的必然结果。既然自由至上论者相信我们有形而上学自由,没有被预先决定,他们便也相信我们有承担道德责任的能力。另一方面,既然强决定论者认为我们是被预先决定的,否认我们拥有形而上学自由,那他们也就否定了我们有承担道德责任的能力。作为对达罗囚徒演说的回应,自由至上论者主张,罪犯之所以要为其行为负责,就因为他们是自由的,并非完全受制于所处环境。

乍看起来,这些讨论似乎已囊括了所有可能的选择,不过还有一种被称为相容论的决定论。**相容论**认为我们既是被预先决定的,同时也肩负道德责任。换言之,相容论者接受陈述 1(我们是被预先决定的)与陈述 3(我们拥有承担道德责任所必需的自由),拒斥陈述 2(如果我们是被预先决定的,那么我们就失去了承担道德责任所需的自由)。既然相容论者是决定论者,那么在他们看来,我们拥有怎样的自由？照其所言,一种行为只要不受外在强制便是自由的。如果你的行为的直接原因是自己的各种心理状态,包括意志、选择、评价或欲求,那么这就是一种自愿行为,你必须为它负道德责任。不过,相容论者同时又认为,个性、动机和价值等是完全被先在原因所规定的。换句话说,相容论者否认我们拥有形而上学自由。不过,与强决定论者和自由至上论者不同,相容论者认为,只有拥有环境自由,我们才能为自己的选择与行为负责。作为对达罗演讲的回应,相容论者宣称,如果罪犯与守法公民的行为是他们之所是或他们所相信、评价或意愿之事的结果，他们就要为之负起道德责任。相容论者同时也坚称，每个人的愿望、欲求和动机都是被因果关系决定的。

表 2.3　自由与决定论的三种立场

	1	2	3
哲学立场	我们是被预先决定的	如果我们是被预先决定的，那么我们就失去了承担道德责任所必需的自由	我们拥有承担道德责任所必需的自由
强决定论	赞成	赞成	不赞成
自由至上论	不赞成	赞成	赞成
相容论	赞成	不赞成	赞成

表 2.3 是对自由与决定论的三种立场进行的总结。

停下来，想一想

回顾戴夫射杀托德的七种场景。在每个案例中，针对戴夫是否应当为其行为负责，强决定论者、自由至上论者和相容论者各会给出怎样的说法。要注意的是，在某些场景中，到底怎样的回答才能与所讨论的立场相一致，这是颇有争议的。

我怎样认为？有关自由与决定论的调查问卷

针对每一种说法，标出你赞成还是不赞成。注意，在每个陈述后面的三个选项中，都有两个相同的答案。如果就某一陈述，你选择的是那两个相同的答案，要在两个选项上都打钩。换言之，如果你赞同陈述1，就要在两个“赞成”上都打钩。

1. 世界上发生的所有事都是先在原因的必然结果。	赞成	不赞成	赞成
2. 如果科学家有可能认识我的过去、我的生物化学构成以及所有内在或外在施加于我的原因，那么我的行为就是完全可预测的。	赞成	不赞成	赞成
3. 当我感到某项决定完全是自发的且没有任何原因时，这只意味着我忽略了导致此决定的那些原因。	赞成	不赞成	赞成
4. 我作出的某些选择并非先在原因的必然结果。	不赞成	赞成	不赞成
5. 我有时会后悔自己的决定。这意味着，在我看来，当我作出那些决定时，其实还是有其他选择的。	不赞成	赞成	不赞成
6. 尽管生理、社会和心理条件影响着我的选择，但它们并不完全决定我的选择。	不赞成	赞成	不赞成
7. 对一个自由行为而言，它不可能完全由先在原因决定。	赞成	赞成	不赞成
8. 即便我的行为方式百分之百是被预先决定的，但如果我的行为是出于自己的选择、评价和意愿，那它们仍是自由的。	不赞成	不赞成	赞成
9. 如果我的思考、决定或所做的每件事都由控制我的生理原因或心理原因所决定，我便不可能为自己的任何行为负道德责任。	赞成	赞成	不赞成

续　表

10. 即便我的选择是被先在原因完全决定的，我仍然可以为某个具体行为负道德责任，只要这个行为的直接原因是出自我自己的选择，而非某些外部强制。	不赞成	不赞成	赞成
将每一栏(H、L、C)打钩项数目加总，写在栏底方框内。			
	H	L	C

调查问卷的解答导引

H栏反映的是强决定论。L栏反映的是自由至上论。C栏反映的是相容论。哪一栏得分最高，你就跟哪一种观点最接近。

陈述1到6涉及决定论问题

陈述1、2、3：如果你"赞成"其中任何一个陈述，应该也会赞成其他两个。如果你"赞成"它们，你就是决定论者。

陈述4、5、6：如果你"赞成"其中任何一个陈述，应该也会赞成其他两个。如果你"赞成"它们，那你就是自由至上论者。你在陈述1、2、3上的回答应该与陈述4、5、6的相反。

陈述7、8涉及自由问题

陈述7：如果回答"赞成"，你就是非相容论者，这意味你要么是强决定论者，要么是自由至上论者。如果回答"不赞成"，你就是相容论者。

陈述8：如果回答"赞成"，你就是相容论者。如果回答"不赞成"，你就是非相容论者，那么你要么是强决定论者，要么是自由至上论者。对这条陈述的回答应跟陈述7相反。

陈述 9、10 涉及道德责任问题

陈述 9：如果回答“赞成”，你就是非相容论者，或者，你要么是强决定论者，要么是自由至上论者。如果回答“不赞成”，你就是相容论者。

陈述 10：如果回答“赞成”，你就是相容论者。如果回答“不赞成”，你就是非相容论者，或者，你要么是强决定论者，要么是自由至上论者。对这条陈述的回答应跟陈述 9 相反。

- 你的回答倾向于何种立场？
- 你的回答的连贯性如何？

2.6 强决定论

引导性问题：强决定论

1. 假设你拿自己辛苦赚的钱买了一辆梦寐以求的汽车，但出去兜风时却发现挡风玻璃的雨刮器会无端开合，收音机跟喇叭也一样。沮丧懊恼之余，你把车开回经销商那里。一个小时后，销售员出来说：“真是奇怪，你车子发生的那种情况竟找不到任何原因，就那样发生了。”你会接受这番解释吗？为什么？

2. 想一想你自己那些独特的性格特征。你是外向还是内向？你坚定自信还是消极自卑？你很情绪化还是本性沉稳不动声色？你是刚毅果决还是犹豫不决？这些性格特征是你选择的吗？你可否自行决定在周一、周三、周五做个情绪化的人，周二、周四、周六则做个心平气和、稳妥可靠之人？为什么？如果你的性格并非你自己所选，它们又来自哪里？或者由什么导致的？

3. 你的性格如何影响你的行为和选择？如果你的性格并非自己所选，那么你得为由它所引发的行为承担道德责任吗？

围绕决定论展开的争论

20世纪心理学家B.F.斯金纳(B. F. Skinner)在他一部名为《瓦尔登湖第二》(*Walden Two*)的小说中表达了他对人类行为的看法,其中有一段行为科学家弗雷泽(Frazier)与哲学家卡斯尔(Castle)的对话。弗雷泽(代表斯金纳本人)坚持认为,我们所做的任何事都是由先在条件预先决定的。作为他的对手,卡斯尔则坚持认为我们是有自由意志的。阅读这段对话,判断你跟谁的观点最契合。

引自B. F. 斯金纳

《瓦尔登湖第二》[33]

"(针对自由问题)我的回答简单极了,"弗雷泽说,"我从根本上就否定自由的存在。我必须否定,否则我的计划(发展一门行为科学的计划)就会是荒唐的。根本不可能存在关于主观事物的科学,因为这主观事物一贯任意妄为。我们或许永远都无法证明人不是自由的,那不过是条假设罢了。但日益成功的行为科学使这一假设愈发可信起来。"

在这一点上,卡斯尔反对弗雷泽的结论。对于弗雷泽认为我们没有自由的说法的反证,卡斯尔断言我们经历了自己的自由。因此,我们可以知道我们是自由的。

"这种'自由的感觉'应该谁也骗不了,"弗雷泽说,"给我一个具体案例。"

"现在就可以。"卡斯尔回答。他捡起一盒火柴:"我举起或放下这些火柴都是自由的。"

“你当然可以这么做或那么做，”弗雷泽说，“在语言或逻辑上似乎存在两种可能性，但我认为事实上只存在一种。决定性的力量可能是隐微莫察的，但却是难以阻止的。在我看来，作为一个井井有条之人，你很有可能照自己的意志去举起——啊！放下它们！好啊！你看，就我而言，那是你行为的所有部分。但你不可能挡得住去证明我错误的诱惑，那完全是合乎法则的，别无选择。决定性的因素姗姗来迟，所以你自然无法在一开始就把握它而预测出最终结果。并不存在某种促使你这般或那般行事的强烈趋向，于是你说自己是自由的。”

“完全不着边际，”卡斯尔说，“在事情发生后再去论证你理论的有效性是非常容易的。那么，你再来提前预测一下我要做什么吧！那样我就会承认法则的存在。”

“我并未说过行为总是可被预测的，唯有天气才总能被预测。要被考虑在内的因素有很多，但它们不可能被我们精确测量到。况且就算我们掌握了测量方法，也不可能从事预测所需要的数学运算。”

- 弗雷泽断言，科学的发展需要我们否定人类自由，你赞成吗？
- 卡斯尔为什么认为自己是自由的？
- 你认为卡斯尔是否给出了让我们相信自由的有力理由？
- 弗雷泽是如何调和如下事实，即在其决定论信念下，我们的行为并非总可被预测？
- 你更倾向于弗雷泽还是卡斯尔？为什么？

检视强决定论

一天下午，我走进所在大学的学生会，看到一大群人正在观看专业催眠师表演。引人注意的是三个坐在椅子上的目光呆滞的男学生，他们显然已进入催眠状态中，对催眠师的说辞言听计从。按照催眠师的说法，他们正乘坐飞船在太空中穿行，催眠师描述有一种加速度效应作用于他们身上，学生们便紧紧靠着椅背，表情甚是痛苦。接着，催眠师又说他们正在一颗星球上硬着陆，随着虚构场景在三位学生的大脑内变得真实，他们开始摇晃颠簸起来。最后，催眠师说星球十分寒冷，他们必须要对抗即将到来的低温。围观者们忍俊不禁，因为三个本不相识的学生开始在"严寒"下瑟瑟发抖，相互抱团取暖。若不是被催眠后任凭催眠师支配，他们岂会作出这般行为。

我们都读过大量相似记述，催眠、洗脑、药物作用、疾病或某些精神障碍都会削弱人们自由决定的能力。当某个人的行为由不可控因素引发时，他显然会失去践行自由意志的能力。但是，这些可算作例外情况吗？除了这些极端情况，在通常情况下我们都有自由意志吗？决定论者会说，催眠、洗脑或异常身体状况都只是影响我们行为或心理状态的非常规方式。按照他们的说法，我的行为，即便处在所谓"正常"情况下，依然是由施加于我们之上或之内的原因造成的。

正如前面一节所说，各种决定论（强决定论与相容论）都赞成陈述 1（我们是被预先决定的），但强决定论者（而非相容论者）同时赞成陈述 2（如果我们是被预先决定的，那么我们就失去了承担道德责任所必需的自由），最后，强决定论者拒斥陈述 3（我们拥有承担道德责任所必需的自由），并反过来认为"我们对行为不负道德责任"。接下来，我要对决定论的两个支撑理论进行讨论，这两个支撑理论为陈述 1 的真理性提供了证明。其中，第一个支撑理论借助一系列论题反驳了人类拥有自由意志的主张（就形而上学自由而言）。换言之，这涉及自由至上论的难题。第二个支撑理论则是对决定论的一系列肯定性论证。强决定论者和相容论者都对形而上学自由(自由至上论)予以反驳,且都支持决定论。最后,我还要对道德责任问题以及为何强决定论者认为我们不应承担道德责任(这是陈述2与陈述3的核心)进行讨论。正是这一问题将强决定论者和相容论者区分开来,因为后者相信我们拥有肩负道德责任的能力。

自由至上论的难题

自由至上论与科学世界观相冲突

纵观历史,科学已经借助决定论法则的解释模式取得了重大进展,并已取代了用自由意志的自主、自发行为解释诸事件的模式。例如,古希腊人认为石头落到地上,只是因为它意愿重新与大地母亲合为一体。其他一些自然事件,比如日食、瘟疫、丰收或者雷雨,都被认为由诸神之专断意志(the arbitrary will of the gods)所引发。当人们开始意识到诸事件之原因跟石头或诸神的意愿或意志无关时,其理解世界的能力便有了长足飞跃。我们认为,这些事件其实植根于自然法则的决定性系统。决定论者把这一系统运用于我们的生活时指出,通过寻求某种可付诸解释的因果性法则,人类行为就可得到更好的理解。正如心理学家斯金纳所说:"我相信,要对行为进行科学分析,就必须设定人的行为受其基因与环境历史所支配,而非受作为创造性主体的人自身所支配。"[34]

自由至上论离不开无原因事件这一成问题的观念

在决定论者看来,若相信人类活动是自由意志的产物,便意味着某些事件(意志活动)的发生没有任何原因,也无法解释,而是就那样发生了。比如,是什么原因使你决定加入某一政党?为何你决心加入那个政党而邻居则要加入对立党派呢?你可以基于自己的价值、信念或理想解释自己的选择,可这些价值、信念和理想来自哪里？在某些情况下，决定论者主张，要相信自由意志就要假定某些心理事件就是以某种特定方式发生，没有任何可对其加以解释的原因。当然，有些决定论者发现，可以凭借某些可激活意志的愿望、意愿或动机来解释人类行为，但他们又坚称，必然可以通过某种因果性历史对这些心理状态进行解释。

自由至上论无法解释我们能影响他人的行为这一事实

按决定论者所说，关于人类互动性的一个普遍预设是，对彼此行为的因果影响是可能的。如果人类活动和意志并非由作用于它们的原因所致，那么对人的奖励或惩罚就毫无意义了。在一个不存在决定性原因的世界中，人们的行事方式将变幻无常，完全不可预测。但很明显的是，我们在很大程度上能够对他人将如何行事作出预测并施以影响，这一能力暗示出作为意志活动的原因与作为结果的行为之间存在因果联系。我们在多大程度上能理解某个人的心理状态及其可能原因，就可多大程度上预测他未来的行为；我们在多大程度上能控制对某个人起作用的原因，就在多大程度上对他未来要做的事施以影响。养育、教育、奖励以及惩罚这些活动都以决定论作为预设。

思想实验：对行为的修正和预测

- 列出过去一段时间中你成功地影响或者修正他人行为的几个事例(可以是一些简单事例)。你采用了怎样的方式去影响他人？这种影响是如何可能的？

- 找出一些事例，当时你成功地预测出朋友的行为，抑或预见到他对某一情况的反应。在这些事例中，你是怎样预判别人的行为的？

决定论的肯定性论证

决定论者主张，人类行为与自然界中的其他事件一样，都是因果必然性的产物。他们给出的基本论证如下：

1. 所有事件都毫无例外被之前的事件因果性地决定。

2. 人的思维、选择和行为都是事件。

3. 所以，人的思维、选择和行为毫无例外被之前的事件因果性地决定。

前提1是一种普遍因果论的论题。避免决定论的唯一办法便是拒斥这种普遍因果论，但这种拒斥是否可能？我们都相信天气变化、汽车运行、化学物的相互作用以及物理世界中的其他事件都是某种先在原因的必然结果。但自由至上论者却认为，人的行为是自然界的一种例外情况，因为他们相信我们的选择(包括决定论者的选择)都是自由作出的，并不受之前事件的决定。决定论者对此的回应是，自由意志的辩护者做不到连贯一致。我们凭什么认为世界上的其他事物都要受制于因果必然性，而我们自己的所作所为却无端不在其列呢？

停下来，想一想

自由至上论者主张自然事件隶属于决定性的因果系统，同时又坚称人的活动是某种自由意志的结果，不受任何支配。将自然事件的发生方式与人类活动的发生方式区分开来，这里是否存在问题？

明确下面这一点十分重要，即决定论者主张每一事件都完全由先在原因所决定。大多数自由意志论的辩护者都承认我们有某些特定心理倾向(有人倾向于群居，有人则倾向于独处)，而且承认我们会受到抚育方式的影响。然而，即便我们具备某些行为倾向，并会对自己的行为产生影响，但这仍不足以表明你的所思、所感、所选以及所做之事都完全由加诸你的原因所决定。普遍因果论的问题在于,它只提供了两种极端情况,却忽视了中间立场。这两种极端情况是:要么所有人类行为都是被先在原因决定的(决定论),要么某些人类行为不被先在原因所决定(自由至上论)。

同样重要的是,我们要意识到这不仅仅是个人偏好问题。假设你说"如果决定论者乐意认为他们的活动受控于先在原因,那没什么可说的;可就我而言,我宁愿将自己的行为看作是自由的",这就不得要领了。我们这里谈的并不是面对生活的态度,而是实在的本质。在实在的运行方式问题上,如果决定论正确,那么自由至上论就错了,反之亦然。这个问题的真与假跟你主观上更愿意相信哪种人性观毫无关系。

决定论者通常相信,全部实在本质上都是物理性的,并且所有事件都受自然法则支配。但某些**神学决定论者**(theological determinists)却相信,上帝是世上万物的终极因(ultimate cause),当然也决定着人类的行为。按这种决定论的观点,你之所以如此选择,只是由于上帝使你成为你当下所是的这个人,因此,你的所有行为在上帝创世之前就已被预先决定了。

思想实验:有神论蕴含决定论吗?

你将如何回应如下论证?

有神论(信仰上帝)逻辑上蕴含决定论,理由如下:

假定上帝存在,他在创世时便已事先知道你的出生,你过去会做的所有选择,以及你未来要做的选择。他若不想让你做你已做过的那些事,那么便会创造一个没有你存在的世界,或者创造出一个将你视作异类的世界,此外,他也可以让你作出其他选择。因此,你和你的选择都是被上帝创造的,就像哈姆雷特及其选择是莎士比亚创造的一样。

决定论的优势之一在于,如果这种理论为真,人类行为科学就是可能的。心理学、社会学和经济学都属于人类行为科学,都试图构造可预测和解释人类行为的规律。尽管它们都不完善,但我们也很难相信,借助这些科学研究,我们竟不能对人类行为有任何了解。问题在于,未来有可能形成一套完备的人类行为科学吗?至少,有可能形成一门像生物学、化学、物理学和天文学解释自然事件的原因那样,可以充分解释人的思想、情感和活动之原因的人类行为科学吗?

通常,我们会将人类行为看作信念、意愿、态度、情感、动机、意图、价值或个性等心理学要素的结果。由于上述要素被认为是"内在的",我们便会感到自己似乎并不受外在力量的因果性决定(跟台球运动不一样)。然而,你的个性来自何处?是由你决定的吗?你现在的道德价值观念又是如何形成的?如果这是你的选择,又是什么使你选择这套价值而非其他价值呢?如果你只说"我那时想这么做",这并不能完全解释你的行为。同样的问题仍然存在,"是什么导致你那时想做这件事"?似乎我们的心理构成不可能无缘无故便自发涌现出来。决定论者坚信,你的特定行为选择与你所持的特定价值和意愿都是关于世界的一些事实,就像你生而具有某种颜色的头发或者你会得流感一样,需要得到解释。

认为你的大部分行为都源于内部(不像台球),这与决定论的主张是一致的。我们之所以选择去做某些事,都是由某一时刻的心理状态以及周边环境或外部刺激的结果。因此,关于行为的原因,决定论者画了如下示意图:

在某种给定情形下,你的心理状态是你的行为的直接的、决定性的原因,而心理状态本身却又是多种先在原因的产物。

回应反对意见

有很多专门针对决定论的反对意见。我将考察其中的四种，并给出决定论者的回应。针对每一情形，你都要思考决定论者的回应是否充分。

1. 当我作出选择时，我完全相信这个选择是自由的。很多人会抵制这种观念，即我们的行为都是有原因的。我们希望把自己视为自由的。实际上，我们通常都感到自己正在自由地行事。但感到自己是自由的与实际上是自由的是两码事。决定论者会说，我们之所以感到自己是自由的，只是因为作用于我们的外在力量和内在力量（物理的和心理的）被我们忽视了。

> **广场中的哲学**
>
> 让五位相识者回答如下问题，记录答案以及他们给出的理由。请你确认谁给出的理由最为有力？
>
> ● 科学能否最终对你进行全面而彻底的解释？这个“你”，包括个性、价值、选择以及行为。为什么？

2. 当我做选择时，总会面临各种不同的选择。我们能感觉到，没有什么事情是非做不可的，因为我们完全可以想象自己当时做了另一种选择。比如，假设一位年轻女子必须在下面二者之间作出决定，要么去提供奖学金的米德兰大学（Middleline University）（虽然也不错，但只是相对普通的州立学校）享受免费教育，要么去没有奖学金、学费高昂的名校哈斯提特大学（Highstatus University）。她选了后者，但却一直说只要自己愿意也能去另一所大学。这样看来，她当时的选择不是被迫作出的，那确实是一个自由选择。

对“我当时可以有其他选择”的论证，决定论者如何回应？他们会主张，不管你何时说“我当时可以有其他选择”，都只意味着“如果我当时想，也就是如果当时决定我的行为的心理状态发生了变化,我就可以有其他选择”。上述案例中,那位女子当时去名校的意愿比省钱的意愿要更强烈些。唯有她那时的心理构成发生了变化,她才会做另一种选择。在给定的心理状态和外部环境下,她的选择就是不可避免的。注意,即便知道一件事是被先在原因预先决定的,我们还是常常会想“那时应该能”(what could have been)。假设你在山路上开车,一块掉落的大石头砸在你身后的高速公路上,而你半秒钟前恰好经过那里。你会说:“我险些被砸死了。”但你的意思只是,如果施加在大石头上的原因改变了,就会酿成一出悲剧。你并非想说,无论加在大石头身上有哪些原因,它都能够任意改变当时的下落轨迹。所以,当你说“我当时可以有其他选择”时,只是在说如果当时的心理状态不同或者当时的外部环境不同,你就会改变做法。但当时的心理状态与外部条件一旦被给定,你的行为也就如例子中的大石头那样是不可避免的。

思想实验：决定

想一想你所作出的某些对自己来说甚是重要的决定(决定 A)。现在,在想象中重现这一决定过程,但请想象你作出的是不同的决定(决定 B)。你是否发现,为了作出这个不同决定,你还要假设自己拥有不同的信念、态度、动机或意愿？若是如此,决定论者所说的我们的决定是心理状态的产物是正确的吗？如果你能想象自己在没有心理状态变化的情况下作出了不同的决定,那么为什么你最初的心理状态在本可以产生决定 B 的时候却产生了决定 A？在你的决策的组成部分中,有随机的和无原因的成分吗？说任意行为(random behavior)比被预先决定的行为更自由,这是否有意义？

3. 有时，我作出的决定必须经过深思熟虑，这一事实证明我并非是被预先决定的。我们感觉自由的另一个理由是，当我们难以下定决心时，常常不得不去详尽而周到地思虑一番。在这种情况下，我们感到决定并非已然在心中被“设定”，相反，完全取决于我们自由作出的决定。如果我们的行为是被预先决定的，为何有时会难于作出决定呢？

按决定论者的说法，这种情况下，我们被夹在两个冲突的原因之间，被朝着不同方向牵引。举个例子，我们暑假既想打工赚钱，又想跟朋友去旅行，每种选择都有积极与消极的一面(钱多意味着乐趣少了，旅行中快乐多了可是钱少了)。之所以在做选择时碰到了困难，正是由于两个不同原因对我产生的作用力不相上下。如果我作出了选择，那也是因为边际效用更强的意愿压倒了边际效用较弱的意愿。我们拥有这些相冲突的意愿，这一事实本身即是我们的因果性历史(causal history)造成的。

4. 不可能预测他人的行为。尽管我们承认，一个人的行为在实践上是不可预测的，决定论者还是会说所有人类行为原则上都可被预测。我们或许无法百分之百精确预测一个人的行为，因为人的心理构成十分复杂，不可能对一个人的整体心理状态作出事无巨细的分析。例如，我们不可能对天气作出完美预测。不过，我们对天气的形成原因已经有了相当的了解，因而可以作出可能性相当高的判断。我们的预测之所以不完美，是因为影响天气走向的变量过于庞杂，进而削弱了精确预测的可能性。

即便天气走向无法被详尽预测，也不能把原因归诸自然力拥有自由意志，可按自己的喜好行事。我们知道，天气活动是严格遵循因果必然性的，只要我们把握了所有变量，便可对这个周末的天气进行全面预测。与之类似，决定论者断言，如果我们认识了某一时刻作用于你的所有原因，预测你的行为就会像预测一只台球向哪里滚动那样容易。而关于人类的心理我们已经有了相当多的认识，这足以在原则上预测出人的行为。实际上，你越了解一个人，不是就越可以预料到他/她对特定情况的反应吗?

对道德责任的否认

至此，我们已讨论了强决定论的两个支撑理论：自由至上论的难题和决定论的肯定性论证，这对另一种形式的决定论即相容论同样适用。不过，对道德责任的否定又将强决定论和相容论截然分开。当我们因某一行为而被表扬或责备，并由此受到奖励或惩罚时，就是在担负道德责任。肌肉痉挛导致你的胳膊不由自主地抽搐，但你不会因此受到责备，因为它只是不经意间发生在你的身上。问题在于，"如果我们是完全被预先决定的，还能为自己的行为负责吗?"在这些情况下，说某些行为是自愿的，还有意义吗? 强决定论者认为决定论与道德责任不相容，而相容论者则相信二者是可调和的。

为开启对此问题的思考，不妨读一读下面的引文。它节选自塞缪尔·巴特勒(Samuel Butler)的乌托邦讽刺小说《埃瑞璜》(*Erewhon*)，讲的是一位法官向一名囚犯宣判的故事。法官考虑到这样一种辩护的可能性，即因为罪犯本人是不幸童年的受害者，是他过往的经历使他触犯法律，所以不应该为其罪行负责。

- 这名罪犯的成长经历可能意味着，他在道德上无需为自己的罪行负责，对此你是否赞成?
- 与此相反，法官认为这名罪犯的过往的因果性历史与此案无关，他犯下的任何罪行都要受到惩罚，对此你是否赞同?

引自塞缪尔·巴特勒

《埃瑞璜》[35]

被告被控犯有重罪……在陪审团众目睽睽下，接受了公正审判，罪行确凿。我不会发表言论反对裁决的公正性：对你的不利证据无可置疑，我要做的只是秉照法律之旨归完成审判。量刑势必是严重的。我不禁伤心，目睹这么年轻的一个人，要不是陷入体制造成的悲惨境地中，生活前景将一片大好。在我眼里，这个体制绝对是残忍的。但你的遭遇也无需同情：你并非初犯，你罪行累累，唯一可享受到的关照乃是对你过去触犯乃至严重违犯法律以及你的国家制度而施以的仁慈……

你由不健康的父母养育，童年遭受过严重事故以致身心留下了难以磨灭的创伤，这些说来头头是道，都可被视作为罪犯推脱责任的借口，但法官可听不进去这些。我在此并不想探讨关于这个或那个罪行由来的奇怪的形而上学问题——这些问题，一旦被引入，讨论起来将没完没了……并不存在你是如何变邪恶的这种问题，唯一的问题是——你邪恶与否？这早有定论，它公正无妄，我对之毫无迟疑。你是个坏人、危险的人，在父老乡亲的眼皮底下犯下十恶不赦的罪行。

许多公民无疑会十分认同这些看法。我们在晚间新闻里也会听到精明的辩护律师宣称，他们的委托人不该为所犯罪行负责，因为其心理抑郁、童年穷困或者暂时性精神失常。这难道只是为罪犯不道德的、非法的举动所做的无力辩护吗？对待这些庭审策略，我们可能会愤愤地说："谁会考虑被告的成长、过往经历或心理问题？他究竟是犯罪还是没犯罪？如果犯罪了，那就把他关进监狱！"但巴特勒是在跟我们开玩笑。"罪"在引文中指肺结核病。法官指出，被告之前因为严重支气管炎等罪行被逮捕，却屡教不改。颇具讽刺意味的是，一个病人竟要为其无法控制的情况负责，这可太愚蠢了。巴特勒相信，我们的刑事司法体系跟"埃瑞璜"一样都是不合理的。如果宇宙中每件事都有其原因，那么罪犯的行为与圣人的行为就都是其无力干预的因果关系的产物。巴特勒若是正确的，罪犯就形同肺病患者，不但不应受惩罚，反而应接受治疗，以便不再危害社会。

停下来，想一想

- 现在你知道小说中囚犯的“罪行”了，你认为他应受惩罚吗？
- 强决定论者认为我们的心理条件(导致了我们的选择)像物理条件一样也是不可控原因的产物，你赞成吗？

请记住，强决定论和自由意志论的捍卫者(自由至上论者)都是非相容论者，因为他们都赞成同一种陈述，即如果我们是被预先决定的，那么我们也就失去了承担道德责任所必需的自由。他们也都赞成，如果我们不是被预先决定的，那就拥有承担道德责任所必需的自由。对强决定论和自由至上论而言，形而上学自由是承担道德责任的必要条件。即便我们行动时拥有环境自由(比如没有人拿枪指着我们的脑袋)，但如果我们的意志受到决定性原因的制约，那么我们为自己行为所负的道德责任与遗传基因所负的责任便是相当的。当然，就这一陈述的前半句而言，强决定论者与自由至上论者持有完全不同的态度，因而他们在人类是否应担负道德责任方面给出的结论也各不相同。尽管强决定论者承认，我们要做选择，但他们相信这些选择来自我们的个性、价值、兴趣、意愿或动机，而这些从根本上看都是一些决定性原因的产物。有鉴于此，在强决定论者看来，人类不应担负道德责任。

有一个很好的例证来说明强决定论者对道德责任的拒斥，这就是美国著名刑事律师克拉伦斯·达罗(Clarence Darrow,

1857—1938)的庭审策略。在一起有名的案件中,他担任两名青少年的辩护律师,他们被指控谋杀了一名14岁男孩。这两个被控杀人的孩子,一个叫南森·利奥波德(Nathan Leopold Jr.,19岁),另一个叫理查德·洛布(Richard Loeb,18岁),都已认罪伏法。他们生在芝加哥的富有家庭中,都很聪明。利奥波德毕业于芝加哥大学,而洛布毕业于密歇根大学。他们之所以谋杀别人,只是出于一项理智的"实验",也就是尝试去犯下一桩完美的罪案。被逮捕后,一名愤怒的公众呼吁判他们死刑,但达罗据理力争,认为这两个孩子也不过是其遗传和环境的无辜受害者而已。所以,他们无需为其罪行负更多道德责任,就像他们不需要为自己眼睛的颜色负责任一样。达罗做了长达12个小时的最终庭审陈词后,法庭一片沉寂,唯有法官的哭泣声清晰可闻。陪审团深受感动,最终免于他们死罪。下述引文便是达罗陈词的选段,找出其中可表明达罗不仅是决定论者而且是强决定论者的词句。

引自克拉伦斯·达罗

《对利奥波德和洛布的审判》(*State of Illinois versus Leopold and Loeb*)[36]

这个令人疲倦已极的旧世界依然如故,出生、过活、死亡,自始至终,迷惘盲目。我不知道是什么让这两个孩子做下这疯狂行径,但我知道总是有原因的。我知道他们不会自己无缘无故去行凶。我知道,如果往开端追溯,总可在无穷无尽原因中找到一个,它可能就在孩子们的心中蠢蠢欲动。就是这两个孩子,在你们看来不免是邪恶的,是让人憎恶的,是不讲道义的……

自然很强大，也很无情。它按自己的神秘方式运行，我们在其面前都是牺牲品。我们于自然而言无关紧要，它把事情一手掌控，我们不过在其中扮演自己的角色。用欧玛尔·海亚姆(Omar Khayyam)的话说，我们只是：

他所玩游戏中的那些无助棋子
待在黑白棋盘间；
向这向那，走棋、将军、杀子，
一块又一块被收回棋盒内。

这男孩又能做些什么呢？他非自身之父，非自身之母，亦非自身之祖父母。这些都是传递给他的罢了。他甚至都不是由他自己塑造的。他不过是被迫去付出……

我知道，两件事之一恰好在洛布身上发生了：这桩可怕罪行不仅内在于其机体中，而且是从他某些先辈那里流传下来的；抑或经由他诞生以来所接受的教育和训练形成的……

相信让任何孩子为他自己或他早期所受的训练负责未免都是荒唐的，不应让法官或律师因今天而感到愧疚。这孩子犯此罪行必有出处。如果他的堕落源自其遗传，我并不知道肯綮何在以及是如何发生的。我们当中没有人受到的养育是完备且纯然的，我们头发的颜色、眼睛的颜色、身材、体重以及大脑的良好状况，所有我们的一切都充分可知，都可被确切追溯到某个地方……

如果它不是以那种方式降临在孩子头上，如果孩子是正常的，如果他听受了他人的理解，如果他按照应然方法接受训练，那么我知道，这起罪案就不会发生……

保卫这个社会的每一分努力都该用在训练年轻人保持在正确道路上。世上每一点训练都证明了它，同时也证明有时它会失效。我知道，要是这孩子为人们所理解，接受了适当的训练（对他而言是适当的），对有些人而言他受过的训练可能已然是最好的了。而且如果受到了这份训练，他今天就不会身负桎梏出现在法庭上。如果说谁要为此承担责任，那就在其背后，在他无数先辈那里，在他所处的周遭环境那里，抑或兼而有之。敬爱的法官，我认为，从每一条自然正义原则出发，从每一条良知、权利和法律原则出发，他都不该为其他人的各项活动担负责任。

这一观点会造成什么实践后果？既然罪犯不该在道德上为其行为负责，就像他们不该为其眼睛的颜色负责一样，那我们是否应该将他们全部释放？达罗辩护的要旨在于，我们应当去治愈社会中导致犯罪行为发生的各种疾患。大多数强决定论者主张，罪犯都有心理问题，应像治疗身体疾患那样治疗其心理疾患。我们对传染病人施加限制，以防他们给其他人带来伤害，即便病人并未做过任何传播疾病之事。进而，我们也要尽力消除病人身上的传染源。

如巴特勒的讽刺作品所示，你是遵纪守法的公民而他人是罪犯，这是由你与罪犯的生活背景差异造成的，这就好比出身于健康家庭之人跟出身疾病丛生家庭之人的差异。有多少精神变态者出自正常的、慈爱的家庭？因此，强决定论者会说，出于保护社会的目的，如果罪犯无法控制自己的犯罪行为，对他们施加限制便是合理之举。犯罪的不良后果会成为阻止未来犯罪的决定性原因。与社会隔离，罪犯才能接受治疗，其行为才可得以纠正，最初引发罪行的心理状况才会得到改变。为惩罚而惩罚，或者假定罪犯会滥用自由犯下其他罪行而对其施以惩罚，都是强决定论者无法接受的。

思想实验：决定论与行为差异

决定论的批评者常会援引如下案例。有两个人，甚至是同胞血亲,他们都成长在不利环境下,其中一个成为罪犯而另一个则成为受人尊敬的公民。同样的社会环境造就了完全不同的行为,强决定论者对此会作何回应?

我们可用下述例证来看决定论者如何应对这种反驳。拿两张一模一样的纸,并排举在面前。现在同时松手,它们向地面飘落时会有不同的扭曲与转动,而且将会落在不同位置上。

- 基于初始条件相同而结果不同这一事实,能否推出纸张自由选择其下落方式这一结论?
- 难道我们不应该假定两种结果的不同必然源于二者原因的差异吗?
- 按决定论者的说法,将此类比运用于人类行为会出现何种情况?

本尼迪克特(巴鲁赫)·斯宾诺莎[Benedict (Baruch) Spinoza (1632—1677)]

斯宾诺莎的生平

斯宾诺莎是一位17世纪的哲学家,其对人类自由的否定可谓家喻户晓。他的父母是葡萄牙裔犹太人,为躲避宗教迫害逃到荷兰。斯宾诺莎年轻的时候很有希望被培养为一名拉比。20岁时,他开始学习哲学并接触到法国哲学家笛卡儿的被认为是“激进”的思想。随着斯宾诺莎的哲学理念的发展,正统的犹太教教义已难以令其满意。最终,在他差不多24岁时,教会委员会将其斥为异教徒,甚至禁止犹太社团的所有人跟他交谈。斯宾诺莎后半生一边靠研磨科学仪器镜片谋生,一边从事哲学写作。

斯宾诺莎的决定论

斯宾诺莎在实在之本质方面持**泛神论**(pantheism)立场,因为他相信上帝构建了实在整体。由他的信念可推出,自然万物包括个体的人都是上帝存在的诸样式或诸面相。斯宾诺莎也是一个彻底的决定论者,因为他相信所有事物的存在与发生皆出自必然,甚至上帝也并非出于自由意志行事,因为他的行为要服从内在于其本质中的必然性。除此之外,上帝别无其他本质。否则,这要么意味着上帝由其身外之物所驱动,那么他便不可能是至高无上的;要么意味着上帝的本质是其自身之本质的原因,这就显得荒谬了,因为这样一来,结果跟原因便是一个东西了。因此,对斯宾诺莎来说,"所有事物都出自上帝的永恒旨意,同样,从三角形的本质,即三角之和等于两直角和,也可得出同样的必然性"。[37]斯宾诺莎认为,如果我们能意识到所有事物都是其必然所是,就可以寻到心灵的安宁。他认为,这种哲学观可将我们从情绪的暴政中解放出来,因为当我们生活的细节跟三角形性质一样都是必然之事时,就不会再受恐惧、愤怒、遗憾、希望或喜悦等情绪的搅扰。

斯宾诺莎对意志自由的态度清晰可见。自由意志是一种幻象,它源于对神性自然以及对事物的整体图式(whole scheme of things)如何逻辑地从神性自然中生成的不完善认知。斯宾诺莎认为,如果划空飞过的石头是有意识的,它会感觉自己是自由的,并且能选择落在哪里。[38]为了看清斯宾诺莎观点的力量所在,我构造了下面这段想象中的他与石头的对话。

与品德高尚的石头的一段对话

斯宾诺莎:石头先生,我松开你,看将会发生什么。(斯宾诺莎松手,石头便自然地落向地面。)

斯宾诺莎:石头先生,松开你时,你会下落。为什么会那样?

石头:我下落,这是我选择的。只要我想,我还能飞上天呐!

斯宾诺莎：既然如此，这回我再松开你时，你就展示一下如何能向天上飞吧！（斯宾诺莎松开手，石头再次掉落下去。）

斯宾诺莎：出什么问题了？你为什么不向天上飞？

石头：我能选择飞上天，但我不那么做。向天上飞是不正常的，让人讨厌和令人憎恶之事。任何有自尊心的石头都只会往下落。你晓得，我早已被教会何为对与错。

斯宾诺莎：换言之，你向地面落和向天上飞都完全是自由的。不过，你出于个人价值和道德的原因，总要作出前一种选择。

石头：一点也没错。我做的任何事都基于我自己的自由选择。其他东西，比如行星和加农炮弹，都可能是被规定好并按特定方式行事，唯独石头是有自由意志的。

斯宾诺莎：我明白了。

根据斯宾诺莎的观点，在所有相关方面，我们和这块石头都十分相像。首先，我们认为自己在自然界中与众不同。“即便因果律支配着我之外的整个世界，”我们认为，“我的不受原因支配的自由意志却允许我选择我想做之事。”我们是否像石头那样愚蠢地认为，我们是整个自然界中的一个特例呢？其次，斯宾诺莎之所以说人类就像一块石头，是因为他们

> 受到了欺骗，因为他们认为自己是自由的。他们这么想只有一个原因，那就是他们只意识到自己的各种活动，却忽略了决定这些活动的诸原因。[39]

换句话说，如果我们正确理解了实在，就会意识到诸事件(包括人的选择)不会凭空产生，所有事件的发生都是先在原因的产物。将同一块石头放在一系列相同环境之中，其行为会一模一样。在决定论者看来，如果我们能够保持作某项决定时(跟谁约会，上

哪所学校，学什么专业）的精确心理状态，那么当你被带回到当时的情境时，你就会作出相同的选择。显然，你常常会改变心志，或者会作出跟过去不一样的选择。强决定论者对此会说，是差异导致差异。如果你的选择跟过去不同，那只是因为你的心理状态或周边环境跟那时不同了。

停下来，想一想

想一想你最近做过的决定，当时你不得不在道德上的正确与错误之间作出选择。你的决定以什么为基础？你有作出与先前不同的选择的自由吗？是什么使你的意志有这种倾向而非另外一种？你是否会像斯宾诺莎的石头一样，当你的决定实际上是由作用于你的心理力量支配时，你却认为它是自由作出的？为什么？

透过强决定论的镜头看

1. 任何社会都是基于如下假设，即我们的所作所为能够影响他人的行为。父母以某种方式抚养其子女，学校试图塑造有知识、负责任的公民，法律力图阻止人们犯罪。确实，我们也时常会遭遇失败。当矫正行为的企图失败时，我们会寻找原因。我们会说，孩子们受到电视节目的过多影响，我们的教育方法需要改变，或者某个罪犯被反社会思想所左右，以至于不在乎法律的遏阻效果。如果行为都是无原因的，我们为何还要试图塑造某人的行为呢？我们的养育方式、教育和法律体系如何支持决定论的如下主张，即任何行为的背后都有因果性因素？

2. 决定论者会如何解释如下条目？

a. 你对朋友的选择。

b. 你已作出的或正在考虑的职业选择。

c. 你的道德价值。

d. 为何某些人，比如特蕾莎修女(Mother Teresa)会成为人道主义者，而另一些人，比如希特勒(Adolf Hitler)会成为独裁者？

3. 如果强决定论为真，人们将无需在道德上为其行为负责。如果我们的社会接受了这种主张，公共政策将会发生怎样的改变？这些改变将对我们整治犯罪带来哪些影响？

检视强决定论的优缺点

正面评价

1. 强决定论是否能解释我们通常假定的一些日常生活中的基本直觉？比如，我们假定，越是理解一个人的个性，就越能对其行为作出预期或预测。我们假定自己能基于因果作用力而影响他人的行为。我们还假定一个人可为自己的所作所为(冒险生涯，犯下滔天大罪，同情敌人，回绝工作邀请)提供解释。这些事实不都支持着决定论吗？

2. 既然科学已然通过构建事件的解释法则拓宽了我们对自然的理解，为何不能有一门类似的行为科学用以理解人类行为的决定性原因呢？

3. 在决定论者看来，像意志行为这类无从寻找原因或无从解释的行为，就不应假定其存在。这不是决定论的优势之一吗？

4. 我们不能因为一些无法人为控制的事件而责备或表扬他人，强决定论者这种说法有没有什么不妥之处？如果就像眼睛的颜色、身体条件和性格那般，我们的行为与选择也由一系列因果关系所导致，我们还要为其承担责任吗？

负面评价

1. 从“**某些**行为是有条件的和可预测的”这一观察到“**所有**行

为都是有条件的和可预测的”这一强得多的断言，决定论者是否做了一次不合法的跳跃？

2. 认为所有人类活动从根本上看是我们既无法控制也无法为其负责的某些外在原因的产物，那么，发展和捍卫（包括这种理论的发展以及对它们的辩护）这种理论有意义吗？决定论是否包含着这样的含义，即我们的诸哲学信念也是一系列原因的结果，就像鸡蛋是母鸡腹中的产物一般？是否可以进而得出这样的结论，即无论你是决定论者还是自由至上论者，都是受条件限制的结果，你对此根本无能为力？如果答案是肯定的，那么结论是否就成问题了？这一理论是否能为理性、逻辑或者真之类的概念留下余地？如果不能，这是否也会构成该理论的难题之一？

3. 如果强决定论为真，道德责任这种东西便不复存在。根据这一立场，有些人被规定为按社会认可的方式行事，另一些人则被规定要从事反社会的活动。在你看来，剥离道德责任的概念将意味着什么？你认为这有可能发生吗？

2.7 自由至上论

引导性问题：自由至上论

1. 回想一下你难以下决心的时刻。或许你对任何选择都不是很感兴趣，但最终还是要有所取舍。亦或许，你对两个截然对立的选项都很有兴趣，经过好一番纠结挣扎、深思熟虑，才最终下定决心。你要经过深思熟虑才做选择，这个事实岂非表明，最终决定并非是在你的内部被“设定”好的，而是完全有赖于你的选择？

2. 回想你曾做过的某件事，它完全自发且出乎你预料之外。朋友看到你如此行事甚是吃惊。这一举动难道不是表明，很多时候，我们的行为并非受到先在原因影响且是可预测的，不过是当下立马作出的行为？

3. 随着你不断成熟，难道你没有发现，对于父母所持的价值与信念，你必须有所选择，坚守其中的一部分，对其他部分则要修正或拒斥？因为有些时候，我们需要选择哪些影响可以继续指导我们的生活，哪些影响则不行。那么，这种选择岂非表明，我们对自己的生活有某种程度上的自由掌控权，而并非只是按照规定好的某种方式行事？

检视自由至上论

回顾自由至上论者的如下主张：(1) 我们并非是被预先决定的；(2) 我们确实拥有意志自由(形而上学自由)；(3) 我们有能力在道德上为自己的行为负责。我将从自由至上论的两个支撑性理论着手。第一个由决定论的某些难题构成(根据自由至上论者的说法)；第二个则是对自由至上论的肯定性论证。最后，我将考察与两种自由至上论相对应的两种自由观：能动性理论(agency theory)和激进的存在主义自由(radical existential freedom)。

决定论的难题

决定论者从有限的证据得出一种无根据的概论

决定论者或许有能力表明，基因构成、生物化学条件或者过去的经验会影响我们的行为和选择，但被先在原因影响和完全被先在原因决定是有区别的。影响可能会造成某些倾向，但其结果既非必然的亦非可完全预测的；而一个决定性原因则必然会产生某个结果，而且这是完全可以预测的。比如，如果你儿童时期受到某种宗教的培养，那么你现在的价值与信念若体现出这一宗教背景，就没什么可奇怪的。不过，因为很多人并不受父母的信仰体系所束缚，我们所受的培养虽会影响我们，但不能决定我们。此外，决定论者基于实验和案例的研究至多能认定“某些行为是被决定的”，但从这个说法到“所有行为都是被决定的”，却是一个巨大跳跃。可见，决定论永远都不可能被明确证明。在思考下一个批评之前，不妨先思考下述思想实验。

思想实验：理由(reason)与原因(cause)

就以下诸情形而言，你认为哪个情形可表明当玛利亚(Maria)相信“戴尔・米勒(Dale Miller)是市长最佳候选人”时是理性的？

1. 玛利亚分析过米勒的施政纲领，相信他的想法比其他候选人都要好。

2. 玛利亚长了一个奇怪的脑肿瘤，使她很喜欢米勒。如果没有这颗肿瘤，她就会支持米勒的竞争对手。

3. 一名精神分析学派的心理医生通过对玛利亚的分析发现，米勒的身体外貌令她在潜意识里想起她十分崇拜的父亲。玛利亚之所以会支持米勒，是因为她回想起了与父亲的童年生活，而玛利亚却以为自己是因为米勒的政策才喜欢他的。

- 出于某种原因而作出的行为与基于某种理由而作出的行为有何不同？如何刻画这一差别？
- 当我们发现一个人的思考或选择是基于一些不可控的原因时，这一发现是否会使我们对此人有所鄙夷？
- 当我们发现自己的思考或选择是基于一些支配性原因，而非出于我们自己的理由(“我累了”“我感觉很有压力”“喝了太多咖啡有点躁”)时，我们会有什么反应？这一发现是否会让我们认为，这些思考和选择似乎不太是我们自己作出的？

决定论损害了合理性(rationality)概念

上述思想实验指出信念形成的两条可能途径。信念既可以是诸原因的结果，这些原因可能是在你之中也可能是在你之外的不可控因素；也可以是诸理由的产物，你可以自由选择它们来指导自己的行为。若某些信念是由非个体性、非理性的原因所致，我们便不太倾向于称之为严肃的信念。但决定论者则会说，就事件的一般性原因而言，脑肿瘤或精神分析动力学对玛利亚行为的激发并非一种特例，因为所有行为都是在决定论意义上被引发的。根据这一观点，引发你深思熟虑、思考和行为的心理学要素从根本上看是不可控的外部原因的结果。但你的思考若为非个体性的、非理性的原因的结果，它们还能被认定为合理吗？

英国天文学家亚瑟·爱丁顿(Arthur Eddington)作了下述论证：

> 如果我心中的数学论证是被强迫达成某个结论的，而这个结论早已被一个物理规律的决定性系统事先规定了，我的手只是把它记录下来，那么合理推理将被以某种与我的感觉相当不同的方式所解释。但是，我之所以对推理报以敬意，是因为它是被我在感觉上认定的东西。[40]

决定论混淆了科学的方法论假定与形而上学结论

按照决定论心理学家斯金纳的说法，“我相信，对行为的心理学分析必然建立在如下假定之上，即一个人的行为受基因和环境历史所支配，主体自身并非行为的发起者或创造者”。[41]对于斯金纳的行为科学，可以有两种反对意见。第一，这种方法论假定并不必要。在没有假定行为是百分之百被决定或被分毫不差地迫令执行的情况下，行为科学家就不能研究人类行为中的倾向或可能性规律吗？第二，在不对实在做真理性描述的情况下，这种方法论假定倒可能是有用的。“把人视为似乎是受原因支配的机器，这不无裨益”这条方法论原则似乎会有助于引导我们探寻人类的行为的规则。不过，这一假定绝对无法保证这种因果性规则会出现在所有人类行为中。借用20世纪英国哲学家伯特兰·罗素(Bertrand Russell)的一个类比(在罗素那里另有他用)，勘探者以“总是寻找黄金”(always look for gold)作为自己的活动原则，但这并不意味着总是有黄金可被找到。同样，行为科学家以“总是寻找原因”(always look for causes)作为行动法则有可能获得丰硕成果，但这条法则也并不意味着所有人类行为都是有原因的。

自由至上论的肯定性论证

考察过决定论的难题后，我们现在来看自由至上论者为其立场所做的肯定性论证。尽管有一些论证支持自由至上论，但以下三个是最常见的。

基于内省(introspection)的论证

你的右手当下在做什么？举起这本书？用笔写笔记？挠头？在你继续阅读之前，你不妨用手做一些不同的事。你做到了吗？你感到你的行为似乎是作用于你的先在原因必然会导致的结果吗？当然，你正在回应我的指令，但你真的没有必要做任何事，你也可以选择对我这门小小的实例教学不闻不问。所以，你所做的(没有做的)都只关于你自己的决定。现在来做点不一样的事(比如站起来、伸脚)。这次你感到自己的行为是有原因的或是必然的吗？你难道没有感觉到其实你可以作出一些与之前不同的行为？

根据自由至上论的观点，我们的行为乃是自由选择的结果，在当时，其实完全可以作出不同行为，这类普通经验提供着对决定论的如下主张，即我们的行为是被预先规定的和必然的这一主张的有力反证。不过，决定论者主张，在这些情况下——我们面临多种选择并感觉自己似乎在做自由选择——我们当前的心理状态中总存在某种驱动性原因，它们是如此强烈以至于形成对我们的某种强制。举例来看，你可能会在看电影和去剧院之间无法取舍。如果你决定看电影，决定论者就会说，因为在你当时的心理状态中，愿意看电影是加诸你的更强的决定性原因，他们由此断言，“人们总是按其最强意愿行事”。但在某种具体情形下，若非(事后)基于你的行为来识别“最强意愿”，我们又能怎样去识别它呢？现在看来，决定论者的主张似乎变成“人们总是按照他们依其行事的意愿行事”。这当然是一条空洞的真理(empty truth)，不能为决定论者提供任何支持。

与决定论者的主张相反，自由至上论者会认为，我们有时能选择或控制自己的意愿。酒鬼当然会说，想喝酒的意愿是强制性的。但通过治疗和提升意志力，酒鬼也可以学会控制喝酒的意愿，甚至最终戒掉酒。道德发展进程中的一部分任务便是学习控制某些意愿并鼓励另一些意愿，这个过程耗时耗力。这一事实表明，我们并非被事先“编排”而按特定方式行事。

决定论者可能会很快辩驳说，我们对自由的感觉只是幻象，上述内省性解释有时是错的。我们自身的行为乃是世界上唯一一种可从内部和外部同时认识的东西。因此，自由至上论者认为，在这个问题上，我们应当更优先考虑经验给予的初步证据(prima facie evidence)。据传记作家记载，18 世纪英国著名作家萨缪尔·约翰逊(Samuel Johnson)曾说过：“所有理论都反对意志自由，而所有经验都支持它。”

基于深思熟虑(deliberation)的论证

我们的选择与行为通常是一段时间内深思熟虑的结果。在此期间我们会权衡证据，考虑对诸选项的正反两方面意见，计算某个行为的可能结果，以及根据我们的价值和意愿评估所有这些信息。自由至上论者认为，此时我们经验到的事实是，结论并非已潜在作用于我们的原因之中，相反，我们有一种不同的感觉，那就是我们在主动决定应作何选择。与决定论者的解释相反，当我们在深思熟虑时，不是简单地像一只悬浮于两个相反磁极之间的金属球，我们并不是在消极等待相互冲突的动机、目的或意愿厮杀较量的结果，我们通常会主动选择胜出方。

基于道德责任的论证

一方面，如果一个人将其所有闲暇时间都投到为穷人建造房屋上，我们会说他的行为在道德上是善的、值得称道的、令人羡慕的、值得赞赏和表扬的。另一方面，如果一个人只是为了从别人那里得到某物而假意称爱他们，那他就在情感上伤害了那些人，我们就可以说这种行为在道德上是坏的、卑劣的、令人轻视和应受谴责的。但如果一个人的活动是某种决定性原因造成的必然后果，我们还能对他作出这番判断吗？只有人们的行为是出于自由选择，对他们作出道德判断、表扬或批判才是公正的。如果决定论者的观点正确，我们的所有行为都是不可控原因导致的结果，那么希特勒式独裁者、特蕾莎修女式伟大人道主义者在道德上便是等价的，因为他们不过都是在按照原因的要求行事而已。这样一来，特蕾莎修女所获得的称赞就不该高过我们对低血压的称赞，而对希特勒行为的谴责也不该高过对高血压所做的谴责。归根到底，决定论意味着我们眼睛的颜色、血压和道德品质都只是作用于我们的原因的产物，我们无法选择结果。然而，这种哲学不会对道德造成严重破坏吗？道德毕竟是我们人性中最重要的特征之一。

停下来，想一想

如果你欺骗一个强决定论者，诽谤他、欺骗他、不遵守跟他的承诺，你认为会发生什么？他/她会将其视作憾事一件，但又认为情有可原吗(因为所有人的行为都被认为是被预先决定的)？或者，你会想象决定论者将像自由至上论者一样厌恶你吗？在何种程度上，这一场景与决定论者的评价相关？

自由至上论者认为，如果决定论为真，那我们的道德判断和伦理抗争就全然荒唐了。就像科学家亚瑟·爱丁顿（Arthur Eddington)所作的如下贴切描述：

> 我整夜都在是否应戒烟这个问题上挣扎不已，但如果支配着物理宇宙的诸法则已设定次日与我的嘴唇相关联的烟斗、烟草、烟雾的结构性组合的话，那我的这番挣扎还有什么意义呢？[42]

强决定论者会如此回应，仅仅因为一种理论与我们的感觉相冲突便否定理论本身，这是错误的。我们或许不得不忍痛放弃道德责任观念，然而，自由至上论者则会回应说，我们更有理由信任道德责任，而不是普遍的、决定性的因果关系。再次引用爱丁顿的一段话：

> 对我而言，责任似乎是我们本性的基础事实之一。如果我能在这种直接知识问题上——我自身之所是的本性上——被骗，那就难以想象可到哪里去寻找可靠的知识开端了。[43]

如果在这些问题上，自由至上论是正确的，那么至少某些行为是人们在理性的深思熟虑和价值判断基础上自由选择并着手实施的。总之,在自由至上论者看来,问题并不在于对完全自由与完全不自由作简单二分。也许,意识到我们是潜在自由的,跟意识到我们会是一个潜在的好的网球运动员差不多。这只是一个程度问题。一方面,我们允许自己像个物体一样,被作用于我们身上的力(个性倾向、同辈压力、文化影响)所冲击;另一方面,我们又会顶住各种影响,在我们是谁和我们要做什么这些问题上自己做主。

在下面这段引文中,当代社会学家彼得・博格(Peter Berger)试图解释一个事实,即我们常常要像木偶一样受因果条件的限制。但他也承认,通过更强大的自我认知,我们可以摆脱加诸自己身上的因果性影响而经验到真理,这便是自由至上论者所说的自由。

> 我们瞧着木偶在迷你舞台上跳舞,随着牵引它们的绳子而上下翩跹,一丝不苟地按照各部分规定好的流程行事。我们学会理解木偶剧的逻辑,发现自己也是那般举手投足的。我们把自己定位于社会中,把自己的处境看作受细线牵引而于世沉浮。一时自以为与木偶无异。但我们接着便把握到了木偶舞台剧与人生剧的决定性差异。与木偶不同,我们有可能躺倒不干,有可能巡行查访并感知到那个推动摆弄我们的机制。这里便有了通向自由的第一步。[44]

能动性理论

根据不同的自由观念,存在多种自由至上论。某些哲学家,比如罗德里克・奇索姆(Roderick Chisholm)和理查德・泰勒(Richard Taylor)发展出一种能动性理论来为自由至上论提供辩护。他们拒斥下面这种二分法:"一件事要么是(1) 先在原因的必然结果,要么是(2) 只是如此发生的无原因的任意事件。"自由至上论的这一版本对决定论和非决定论一概持拒斥态度。能动论者承认上述两种事件(例如台球运行和亚原子事件)都能在世界上发生，但他们相信还存在由能动主体发起的第三类事件。对此理论的另一种解释方式是，认为在世界上起作用的原因有两种。一方面，存在**事件—因果关系**(event-causation)，当一个先在的(prior)事件必然引起随后的(subsequent)事件时，出现的便是这种关系。具体例子有日食、地震、饮咖啡导致血压升高、水沸腾、橡子落向地面等。另一方面，还存在**能动主体—因果关系**(agent-causation)。任何由能动主体(人、自我)的自由行动所引发的事件都是能动主体—因果关系的结果。相关例子包括选举、选择看某场电影、许诺、给朋友打电话等。

当我们说自己的行动是自由的时候，能动主体—因果关系似乎能够把握住它的通常含义。我们有一种感觉，我们作出选择并着手行动，我们拥有以某种方式行动或不以这种方式行动的力量，我们决定要采取哪种行动。根据该观点，宇宙中的所有事件并非都是由物理主义者所研究的那些原因所致。该观点同样意味着，主动主体或人是不遵守支配着电子、岩石、向日葵或青蛙的那些规律的独特存在物。心脏跳动并非我的自由选择之结果，因为这个自动发生的事件是由科学家所研究的那些原因所致。但根据能动性理论，我支持某个政治候选人、坚持节食或者阅读一本小说却都是出于自由选择。

注意到下面这一点十分重要，自由至上论者并不主张所有人类活动都是自由的和非决定性的，他们只是认为某些人类活动是如此。换言之，他们会承认，在一些异常环境下(洗脑、催眠、心理或身体压力状态)，人们的行动可能是不自由的。如果这些环境不受能动主体控制，自由至上论者便会说，人们无需为自己的所作所为负道德责任。不过，自由至上论者也主张，尽管我们的大部决定都受诸多因素的影响，它们也并非是被先行条件(先在的心理状态或外部要素)因果性地预先决定的。

当代美国哲学家理查德·泰勒(Richard Taylor)在讨论能动

性理论时认为有两种条件是自由行动所必需的。[45] 首先，能动主体自发行动。其次，没有足以使特定行动发生的先在条件。例如，假设医生触碰我的膝盖来看我的反应，我的腿在无意识的生理反应中踢出。根据泰勒的观点，这不是我的自由行动，因为(a) 这不是我发起的，也不受我控制；(b) 它是由必然事件的前提条件导致的(轻拍+肌肉和神经的状态)。因此，它事实上根本不是我的行为，它只是我身体的生理反应。

为了理解人类行为，泰勒认为我们必须引入两种不适用于自然界其他部分的"十分奇怪的形而上学观念"。第一个观念是自我或人(person)。这些术语指的是像我们这样的存在，它们不仅是事物的集合，而且是自我运动的能动主体；第二个"奇怪的"观念是世界上某种特殊的因果关系。这是指能动主体(如我们)可以在世界上引发事件的活动(我们自己的行为)，而这种活动不是先在原因的必然结果。当我们思考"原因"时，我们倾向于考虑到决定性原因，例如反射动作的原因、雷暴雨、血压或者台球的运动和方向。因此，泰勒认为，当谈到能动主体的自由行动时，讨论"原因"是一种误导。并不是自由的能动主体引发他们自己的行为，泰勒认为是"产生行为，发起行为，或者仅仅是他们执行行为"。因此，除了科学研究的非个体性、决定性的事件外，泰勒认为世界上还有另一类事件，那就是能动主体的自由行动。泰勒认为深思熟虑是人类生活的一个持久特征，这一事实表明，有时候，事情的发生取决于我，因为我要在不同的行动方案中作出决定。

思想实验：行为与选择

思考下述四种行为。列出一些你曾做过的、与下述陈述相契合的行为。你会发现，对某些陈述而言，你根本无法找出与之一致的行为。

1. 一些显然是无关选择的行为，因为它们并非出于你的意志。换言之，该行为是不可控原因造成的必然结果(比如，亮光闪过你会眨眼睛)。

2. 一些确实出于你的自由意志，但又感觉不得不做的行为。这或许是因为你的选择很有限，或许是因为你被某种强制力左右。

3. 一些受到因果性要素影响，但又并非完全被其决定的行为。因为你感到自己确实有选择的余地。

4. 真正属于你的行为，你有选择做与不做的权力，你的意志选择不会受到任何因果律的影响。

● 以上陈述中，哪些是你无法在现实中作出对应行为的？为什么？

● 判断某一行为是否受到因果关系影响的标准是什么？

● 就你列出的行为而言，你认为哪些是需要负道德责任的？换言之，哪些行为应该受到表扬或责备？在判断自己应为某种行为负有多少道德责任时，你的衡量标准是什么？或者，你是否同意强决定论者的观点，认为无需为任何事情负道德责任？

● 如果你在陈述3、4下列出一些事例，那么，让你非要如此行事的原因是什么？在何种意义上，这些因素不构成你的行为的必然的、决定性的原因？

激进的存在主义自由

最极端的自由至上论是由法国著名存在主义哲学家和小说家

让-保罗・萨特(1905—1980)

让-保罗・萨特(Jean-Paul Sartre, 1905—1980)提出的。萨特生于巴黎,并在那里度过了大半生时光。在法国最负盛名的大学接受教育之后,萨特便开始了他哲学教授的生涯。在 1938 年出版了第一本也是最畅销的小说《恶心》(*Nausea*)之后,他声名鹊起。四年后,他辞去教职,靠文学写作为生。二战爆发时,萨特应召入伍,但不幸被捕,在纳粹集中营被关押了差不多一年时间。在此期间,他为狱友写作和编排了许多戏剧。因为身体情况较差,他被允许返回巴黎,但在那里,他又立即加入了法国地下抵抗运动并成为其中的活跃分子,专门为反纳粹报纸撰写文章。1943 年,萨特出版了第一本哲学著作《存在与虚无:本体论现象学文集》(*Being and Nothingness: A Phenomenological Essay on Ontology*),它也被称作“现代存在主义的基础文本”。因为在小说和戏剧上的杰出贡献,萨特于 1964 年获得诺贝尔文学奖,但他拒绝接受这份荣誉和巨额奖金,理由是不想成为评奖机构的工具。1980 年 4 月 15 日,萨特因心力衰竭去世。灵车驶往墓地时,约 5 万名市民来到巴黎街头为他送行,其中大多数是学生。

萨特主张我们总是自由的,即便在多数自由至上论者认定为不自由的境况下,也是一样。正如萨特所言:“人们不可能有时是奴隶,有时又是自由的;他要么完全的和永恒的是自由的,要么毫无自由。”[46]萨特是无神论者,他的激进自由观基于如下观点,即每个人都是被抛入存在之中的,没有任何人或任何事能够决定我们是谁、我们的目的何在。这意味着对人类而言,“他们的存在先于其本质”。萨特在其一篇极负盛名的文章中解释了这一观点。

在这里说存在先于本质是什么意思？这首先意味着，人存在、出现并露面到现场中，才能回过头来定义其自身。如果一个人是可被定义的，正如存在主义使其相信的那般，那么这就正是因为在最开始时他只是虚无。只有在此之后，他才会是某种东西，并且他自己将会让他成为自己所想成为的那种东西。那么，这里并没有人的本性，因为这里并没有上帝来确定它。不仅是人确定其自己成为什么，而且在被推入存在后他也仅仅是他所欲成为的东西。[47]

萨特认为自由不是我们拥有之物，而恰是我们之所是，这便是其激进自由观的基本观点。他有一句经典名言，我们“命定是自由的”(condemned to be free)。这种激进自由观是否能与我们的经验事实相调和？我过去或现在的诸多特征并非出于我的选择。我生于美国，是男性，在芝加哥附近长大。这些都是由环境所赋予，我并无选择它们的自由，反倒是它们给我的生活带来种种限制。萨特将这些特征称作个人的**“真实处境”**(facticity)。但在他看来，这些事实本身并没有任何意义，只有通过我们的选择，意义才被植入其中。我出生于美国，这是我真实处境的一部分，因为它不可能被改变。但我赋予这种事实以什么意义呢？我的民族自豪感膨胀，并为之摇旗欢呼，还是为美国现在和以往所犯下的罪行而悔愧难当？我是男性。这一事实意味着什么？意味着我是强壮的男子汉，我通过主宰女性、狩猎、吐痰、边看足球边喝啤酒来体现我的男性气概？或者我选择成为敏感的男子，不惧怕吃乳蛋饼，会大声哭泣，也会被伟大艺术品所感动？当然，这只是些老套的说辞，但它足以表明，即便有这般真实处境，自由依然会获胜，因为我们要不断去作决定，以使当下所处之境况与自我构想和计划相匹配。同样，20世纪后半叶的女性主义运动(当前仍在进行中)就是要力图界定女性的真实处境并赋予其意义。法国著名作家、萨特的终身伴侣西蒙娜·德·波伏娃(Simone de Beauvoir)便表达出这样一种抗争理念。她说:“人并非生为女性,而是成为女性(One is not born, but rather becomes, a woman)。”[48]简言之,她认为,女性的意义不是由其生物学特征决定的。作为女性,要么允许将社会所界定的角色施加于她,要么自由选择作为女性的应然身份。

除了真实处境外,还存在一种被萨特称为我们的**超越性**(transcendence)的东西。超越是自由的根基,因为它指的是如下事实:我们以自己的可能性来界定自己,我们在根据自己的选择、计划、梦想和雄心持续创造自己未来的过程中界定自己。由于这种超越性,我们在过去的所是或所为都不会决定我们的未来。萨特承认,过去的行为似乎成为一种负担,并能够决定我们是谁,但这也要取决于它们以何种方式进入我当下的生活。比如,他说,婚姻誓词限制了我的可能性,决定了我的行为,但这只是因为我每天都在遵守它,并且我把自己界定为一位有责任心的丈夫。我也可以把誓词当作一个愚蠢的错误,它是空洞的、不起作用的,它不再能够制约我,而是只属于流逝的过去,因而要被弃置一旁。[49]因此,正是因为超越性的存在,我们每一刻都在创造当下的自我。如果我们的生活中有一种持久性(比如某种长期存在的关系),那也只是因为我们在不断重新确认过去的选择。甚至拒斥做选择、听任事情随机发展,这本身也是一种选择。

萨特甚至认为,即便是情感或激情也并非可以控制我们的力量,相反,它们是我们理解世界并在其中行事的方式。比如,一个人可能因为无法解开一道难题而大发脾气,把演算纸撕得粉碎,这样做可以纾解失败的压力,消除产生压力的因素。[50]萨特还曾举过一个病人的例子,她几乎就要把心底最深处的秘密讲给精神病医生听了,但哭泣却使她没有继续下去。从这番描述来看,她的情感似乎成为阻碍其自由的机械原因。但萨特认为,她之所以哭泣,就是为了不必再继续坦白下去。[51]他还指出,在我受到威胁

(比如在战争中)时,可能会因为怕死而逃脱责任,一走了之。畏惧之情之所以进入我的行为,是因为我选择将活下去作为最高价值;另一个人可能会出于对责任和荣誉的持守而做到临危不惧、坚守岗位。这两种反应的出现,一是因为我们没有激情,二是因为我们拥有道德勇气,不过它们都是最基本的自由选择的表现。

当我们否认自己拥有自由,并且不愿意为自己负责时,萨特认为这就是**自欺**(bad faith)。认识到人类自由的激进本质后,将引发极度的痛苦,因为我们不得不担负起做选择的责任,而且不能借口退却。因此,我们一直试图认为自己可以逃避自由,而一旦这样做,就会陷于自欺。自欺可以是一种否认真实处境的企图。例如,我可以不承认自己一直像懦夫那般行事,并且认为自己拥有英雄的心胸与灵魂,即便事实上我从未做过英勇之事。[52]另一种自欺则表现为对

根据让-保罗·萨特的说法,我们总是试图避免为自己的选择和行为承担责任。我们寻找借口,以减轻我们自身之自由的负担。萨特将这种不真实的行为称为“自欺”(bad faith)。

超越性的拒斥，拒不承认我一直面临多种可能性和选择。例如，我可能说“我是懦夫”，并将这一事实视为不容更改的身份特征。由此，我便可以借机逃避为自己行为负责的重担，并假定这是被我们的本性预先决定的，就好像铁屑必然会被吸附到磁石上那样。

停下来，想一想

你曾经有过为自欺深感内疚，并试图逃脱生活责任的时候吗？它们是对你的真实处境的否认吗(你为自己的行为找借口或者不肯面对自己的所作所为)？或者，其中的某些是对你的超越性的否认？(你自认为当时不存在任何其他可能性，或者你说“我是一个懦夫、失意的人、懒汉、情痴、情绪化的人、怕羞的人、环境的受害者等”，并以此为自己的所作所为辩护，似乎自始至终都是它决定了你的行为。)

在对萨特的激进自由观进行总结之前，有两点值得注意。第一，我说过，萨特将其自由观建构在下述理念之上，即不存在能够决定人类本性的上帝。很多宗教存在论者(religious existentialists)在承认萨特对自由、责任和自欺的动力学分析的同时，驳斥他的这种无神论观点。[①] 第二，萨特所展现的形象是一个非常激进的自由至上论者。他相信，我们要么是百分之百被预先决定的，要么是百分之百自由的。不过，多数自由至上论者都承认存在这样一些极端情形，在这些情况下，我们的自由被削弱甚至被取消。他们只是认为，人们的大多数日常行为都不是被决定的。

---

① 尽管索伦·克尔凯郭尔生在萨特之前，并与萨特有许多共同之处，但他却是典型的宗教存在论者。参见第 1.0、4.4 节，以及第七章对克尔凯郭尔思想的讨论。

存在与虚无

下述引文体现出萨特的激进自由观。他认为，即便被抛入一种并非由我所产生的境况中，比如战争，我也总是可以自由选择如何应对。对萨特而言，所谓的自由就是不要游离于具体情境之外。自由就是去选择和行动，但若没有可在其中进行选择和行动的环境，便无法拥有自由。因此，我的生活不会成为自由的限制或障碍，反倒是自由得以实施的场域。我并没有选择一场我将身处其中的战争，但这仍旧是我的战争，因为我必须依之定位自己。我可以心甘情愿地接受它，或者通过自杀和流亡而逃离它。如果后一种选择看起来太过激烈，这也只是出于我的感觉，因此比起它们，我会更倾向于选择战争(萨特在二战期间曾服务于法国地下抵抗组织，这对他在自由、选择、责任和痛苦方面的哲学写作有着关键性影响)。

引自让-保罗·萨特

《存在与虚无》[53]

那么生命中没有意外；一个突然发生并将我卷入其中的共同体事件并非来自外部。如果我被动员加入了战争，这场战争就是我的战争；这处于我的图景当中，我理当拥有它。我理当拥有它，首先是因为我总可以通过自杀或者流亡来逃出战争；这些终极的可能，总是在面对某个情形的难题时呈现在我们面前。如果无法从中逃脱，是因为我已经选择了它。这可能是由于惯性，由于面对公众意见的怯懦，或者是由于相对于拒绝投入战争的价值，我更倾向于其他价值(亲戚的好评，家庭的荣誉，等等)。无论你如何看待它，这都是一种选择。

萨特继续指出，如果要我想象生活在另一个没有战争的时代会是怎样，这其实是毫无价值的，因为那就不会是我。我就是面临当下这场战争的当下之人，我必须将它整合进自我之中：我正在自我塑造，并且要为被塑造之我以及被塑造之战争担负责任。如萨特所言："正如没有借口一样，我也必须没有懊悔与遗憾。因为从进入存在的那一刻起，我便独自担负起世界的重量，没有任何物或任何人能替我分担丝毫。"[54]

萨特说，这种责任的重量包括我自己的存在。他指出，我的出生并不仅仅是一个残酷的事实(没有什么是残酷的)；当我选择我是谁以及我对生活的态度时，我赋予了意义，这是我真实处境的一部分。在下一节中，他继续列出了看待我出生的可能方式，即我接受我的存在和"选择"我出生的方式。

> 我对自己的出生感到羞耻，或者为之吃惊，或者为之高兴，或者企图摆脱我的生活。因为我承认我活着并假定它是坏的。那么，以某种方式我选择了出生。这一选择本身完全受真实处境影响，因为我不能不去选择，但反过来，这个真实处境唯有在我超越它并朝向自己的目标时才出现。这样，真实处境无处不在，但不可理解。我遇到的唯有自己的责任。这也就是我为什么不能问："我为何出生?"或者诅咒我出生的那天，或者宣称自己并未要求被生下来。因为这些关于我出生的态度，即关于我意识到在世界上的一个呈现的事实，绝对只是在全部责任中承担了这一出生并使之成为我的出生而已，此外再无其他。我这里再次遇到的还是我自己以及我的期望，由此我的被抛离，也即我的真实处境，只在于如下事实，即我被责成为自己负全责。

萨特据此认为，每一事件本身便是一个机会，我既可以利用它，也可以忽略它。尽管我们最初被抛入这个并非由我们所创造的世界当中，但我们仍旧面临做选择的责任(与痛苦)以及无借口地承担绝对自由的义务(与痛苦)。不过，他也指出，"我们在大多数时间都在自欺地逃避苦恼”。

透过自由至上论的镜头看

1. 如果你是持自由至上论的法官或社会规划者，在罪行惩戒方面会与决定论者有何不同？

2. 如果你是持自由至上论的教育家，你的教育方法跟决定论者会有何不同？

3. 如果你是持自由至上论的心理学家，在处理问诊对象的情感问题时，你的方法与决定论者会有何不同？

4. 就有关上帝、人性以及伦理之恶的宗教观点而言，哪些与自由至上论的人类自由观一致？哪些又相互冲突？举例而言，某些神学家宣称，上帝支配世上发生的*万事万物*，这意味着上帝支配了每一种人类活动。自由至上论者会怎么说？

5. 如果你是自由至上论者，会用什么标准判定一个人是否要为其行为负道德责任？回答此问题时，不妨回顾一下第 2.5 节戴夫与托德的例子。

6. 明天一整天把自己扮作自由至上论者。这将如何影响你对自己的行为与他人的行为的看法？再找一天，将自己扮作强决定论者。这又将如何影响你的态度和反应？仔细考虑这两天中发生的事，看自由至上论者和强决定论者对同一事件会有何种不同理解。

7. 请思考你做过的某件事或某个决定，当时，你感到无从选择，或不得不作出相应决定。萨特会如何向你说明你仍然拥有自由呢？

检查自由至上论的优缺点

正面评价

1. 我们在思虑、选择和行动的过程中会有怎样的内在体验，自由至上论岂不是给出了最好的解释？你当然可以从外部来观察他人并提出下述理论："他/她就像一架机器，因为他/她的内在心理状态，包括当下的思想，都是不可控原因导致的结果。"但如果将同样的观点运用到你的身上，你是否会认为这是有意义并且确实是正确的呢？

2. 若没有能动主体—因果关系的自由至上论，我们还能说所有人的信念都是合理获得的吗？如果决定论正确，那么其结论最终同样是作用于他/她的非个人原因的产物。这一结论对自由至上论同样适用。我们相信的只是那些自己已然被决定要去相信的东西，且对此无力改变。因此，在人类认知方面，自由至上论的观点岂非要更好些？

3. 哲学家威廉·詹姆斯(William James，1842—1910)曾说过：

> 如果不相信行为有善恶之分，且不论我们感受如何，我绝对无法理解促成行为的意愿。如果对行为的发生没有遗憾之情，我便无法理解判定某行为为恶的信念。如果不允许世间有真正的、名副其实的选择可能性，我便无法理解遗憾。[55]

在詹姆斯的上述评论中，他以何种方式支持自由意志论而反对决定论？

负面评价

1. 根据自由至上论的观点，当我们做选择时能经验到自己的自由。但在梦境中，即便知道梦是生理原因和心理原因的产物，我们依然感到自己在做选择。因此，即使行为是由某种原因所致，我们似乎还是能感到自己是自由的。

2. 根据某些思想家的观点，对世界的科学解释要基于如下信念，即事件遵循固定法则，而且存在令任何事物成为其自身的原因。如果这是对科学的一种正确解释，自由至上论岂不是在公然抗拒科学吗？如果是这样，由于现代科学在解释实在之本质方面无可匹敌，这些事实岂不是对自由至上论的否定？

3. 按自由至上论的观点，每一个自由行动都是基于某种决断力或某种意志行动。但在被给定的情况下，为何一个特定的决断力会发生在某个精确时刻，并且朝向这个或那个结果呢？（你为何在那个精确的时刻决定听音乐，而不是三分钟前或三分钟后呢？你为何决定选择这张CD而不是其他CD呢？）自由至上论者岂非被迫承认，要么我们的意志是毫无原因地突然冒出来（在这种情况下，它们是碰巧发生在我们身上的无法解释的、非决定性的事件），要么就是意志的先在行动(previous acts)的结果？后一种情况下，我们必定会陷入逻辑上的无穷后退中。比如，听音乐的决定基于放松自己的决定，而放松自己的决定又基于学习之余休息一下的决定，而休息一下的决定又基于去做X的决定，等等。如此看来，自由至上论者岂不是会导致如下观念，即我们的自由活动乃是基于某个荒唐而不可能的无限意愿？

4. 你越了解某个人，就越能预测其活动，情况难道不是这样吗？这一发现岂非表明，我们对人们的过去、个性和当下环境的认识越多，就越可能理解施加于他们身上从而造就其行为的原因？我们难道不是深信，一个人过去的经验是理解他为何成为圣人或连环杀手的关键吗？如果是这样，这番论证岂不是会瓦解自由至上论？

2.8 相容论

引导性问题：相容论

1. 强决定论主张，所有人类活动都是由先行事件导致或决定的，从中可得出两个结论：一是我们绝不可能自由行动，二是我们绝不可能在道德上为自己的行为负责。如果你推搡一位强决定论者，难道在他/她看来，这种行为是你自愿地发出（因为你意愿去做）还是不自愿地发出（因为你自己被别人推了一下），二者没有任何区别吗？离开道德责任范畴，岂不是无法处理人与人之间的互动关系了？不管我们拥有怎样的人类行为理论，我们不都会在自愿行为和非自愿行为之间作出区分吗？

2. 即便自由至上论者相信我们能自由行动，他们难道不会尝试以某种方式引导他人行事吗？跟大多数人一样，自由至上论者使用表扬和责备、奖励和惩罚等去影响他人的行为。如果不存在影响人们行为的因果力，我们如何能改变他人的行为？

3. 下面每一场景中，(a)版本与(b)版本的差别何在？(1a) 约翰被推了一下，所以把花瓶打碎了，(1b) 约翰对花瓶的主人感到恼火，所以把花瓶打碎了；(2a) 妮娅踩在大头钉上，所以哭了起来，(2b) 妮娅想引起别人注意，所以哭了起来。每对情形下，外部行为都是相同的（打碎花瓶、哭了起来）；每对情形下，也都存在行为发生的原因（推搡、生气、疼或者需要被关注）。区分原因来自外部还是来自能动主体自己的心理状态，这重要吗？如果重要，为什么？

强决定论者与自由至上论者都认为，决定论与自由是一对相悖的概念。在他们看来，**自由**和**被决定**这对术语跟**圆**和**方**这对术语很像，任何情况下，这两对术语都不能同时对某物为真。换言之，强决定论者和自由至上论者都承认：(1) 如果我们是被决定的，那么我们就是非自由的；(2) 如果我们是自由的，我们就不能是被决定的。他们都赞同，纯粹的环境自由并非道德责任的充分条件。要为你的行为负责，你就必须也拥有形而上学自由（自由意志）。因此，他们都接受**非相容论**的说法：如果我们是被决定的，我们就缺少在道德上负责所必需的自由。

不过，这两种立场是仅有的可选项吗？如果我们拒斥他们在非相容论上的共同假设，就能在决定论与道德责任之间作出调和。正是那些从事这份调和工作的哲学家被称为相容论者。我在第 2.5 节已说过，相容论给出的观点是，我们是被预先决定的，并且都拥有为行为负担道德责任所必需的那种自由。在自由与决定论问题上，强决定论和自由至上论采纳的是"非此即彼"(either-or)立场，而相容论则采取"二者兼有"(both-and)立场。这样一来，相容论者便认为可以避免强决定论的那些严重后果，比如对传统道德责任概念和人类自由概念的消解；在同等意义上，相容论者也希望扫除与自由至上论相关的那些人尽皆知的困难。

相容论有时又被称为**温和决定论**(soft determinism)。不过，不能将其贴上决定论意义上"温和的"相容论这一标签。相容论者承认强决定论者的观点，即普遍因果关系论题可运用于全部人类行为。换言之，相容论者相信，如强决定论者所言，人类行为百分之百是被决定的。这两种立场的差别在于，相容论者相信，决定论的内涵并不像强决定论者所认为的那般强硬和严苛(所以被称为温和决定论)。由于这两类决定论在很多领域都持一致意见，我便不需要费力讨论相容论的论证，所有可用于决定论的论证，以及半数可用于强决定论的论证，都可用在相容论上。我们需要探索的是，相容论者为何拒斥非相容论论题，以及他们希望怎样去调和决定论与自由。这一论题可以如下形式表述："相容论者能调和看似不可调和的东西吗?"换言之，他们能做到"鱼与熊掌兼得"吗？唯有对相容论作细致考察，才能给出回答。

检视相容论(温和决定论)

问题：相容论者将如何说服我们相信，自由和被决定并不冲突？回答是：他们用某种特定的自由概念来为自己的立场提供论证。他们认为，所谓自由的行为，指的是我们自主作出的行为。根据相容论者的观点，认为某一行为是自主的，并不是说该行为缺少作用于行动者的必然的决定性原因，相反，自主行为是指由内在于行动者的决定性原因所引发的行为，它不能由诸如物理力或物理条件等外在原因引发。所谓内在原因，指行为主体自己的个性、价值、动机、信念、意愿以及其他心理状态。当然，相容论者会说，这些内在要素不是凭空而来，它们源于行为主体的因果关系史(casual history)。相容论与其他两种立场的主要差别在于，前者并不认为道德责任必然与因果必然性不相容。相容论者基本上认为，如果你拥有环境自由，你就可以自由地行动。只要你的行为并非外在条件所迫，而是由自己的心理状态支配，你就是自由的且应负有道德责任的。

在“引导性问题”的第3个问题中，约翰被推向花瓶，妮姬因为疼痛而不由自主地哭泣，这时他们的行为就不是自由行为。但约翰为报复而打碎花瓶，妮姬为引起注意而哭泣，这些行为便是自由或自主的。后面两种情况下，他们都是基于自己的内在意愿和动机而行动。你要成为的那个人是多种原因(基因、文化、过往经验等)共同作用的结果。因此，塑造你的并不是你自己，而是这些原因。不过，当我想知道你是否应当为自己的行为而受到责备或表扬时，我只需要明确，这些行为是否来自你自己的信念、价值、意愿、动机或选择；我并不需要了解你为何成为现在的自己，这太过复杂。

你开始想到要向相容论者提问了吗？第一个可能想到的问题是：“除非我确实拥有一些可选项，否则在作出某项行为时我如何可能是自由的？换言之，如果我自由地作出了行为X，这意味着我必然也能做其他行为。”作为回应，相容论者会说，你自己的心理状态导致你选择行为X，但如果你拥有不同的心理状态，你当时就可能选择作出行为Y。下面的思想实验将阐明这一点。

思想实验：选择的语境

为理解相容论者对决定论和自由的融合，不妨来考虑一下弗农(Vernon)的例子。他的医生发出过警告：他超重了，需要减少卡路里摄入量。下班回家的路上，弗农经过一家面包店，买了一磅牛奶软糖，并立刻吃掉了它们。是什么导致他这样做？我们能想象在弗农的选择中，下面这些环境和心理因素起到了主要作用。

1. 弗农缺乏自律。
2. 他倾向于一时满足而非长期目标。
3. 他不关注体重或外貌。
4. 因为自我感觉很好，所以他不在乎医生的警告。
5. 他热爱牛奶软糖。
6. 他写的小说已经三次被出版社退稿。
7. 失望之情导致他自怨自艾。
8. 吃牛奶软糖让他感到很快乐。
9. 他很忙，顾不上吃午饭，所以很饿。
10. 牛奶软糖就在商店橱窗显眼处摆着。

- 鉴于上述所有条件，弗农非吃牛奶软糖不可吗？
- 弗农吃牛奶软糖时，其行为是否是自由的？
- 弗农要为自己的错误选择负责吗？或者说，他会因为未能照顾好自己而受责备、批评和斥责吗？

作为决定论者，相容论者会说，给出了事件发生前的心理和生理条件，弗农那般行事就是必然的。假如我们能十次百次回到弗农作决定的那个时刻，只要条件全然相同，他总会选择吃牛奶软糖。我们根本无法想象，在同样精确的条件下，他竟可能作出不同选择。除去先在条件上发生的某些变化之外，还有什么会导致发生不同的结果呢？若认为有其他可能，这其实是在假定，弗农的活动是无原因的、不可解释的以及神秘的。如果其行为毫无原因，那么该行为就是在弗农脑子里玩抛硬币游戏的结果。可是，即便抛硬币游戏的结果不可预测，也有原因可循。弗农的行为显然有其原因，这必定由其当时最强的意愿所引致。

如果外部或内部环境变化，使弗农在当时产生了完全不同的最强意愿，他便可能作出不同选择。比如，假如他只收到两份退稿单，仍在等待第三位编辑的消息；他当天感觉到了糟糕的健康状态；他先已吃了午饭；牛奶软糖并未摆在橱窗显眼处。这些要素中的任何一个发生变化都会引发其他决定。如果他当时的心理状态不同，这种变化同样会发生。比如，假设他当时多一点自律；他对体重有所担心；他选择平静地接受退稿而不是意志消沉。

同时，跟强决定论者不同，相容论者还会说，尽管弗农当时的行为是必然的，但仍是自由的，而且弗农要对其行为负责。弗农做了他想做的，而且这一行为是基于其个性、欲望、需求、动机和意志的。这是一项自主行为，因为他并未被外部压力强迫去如此行事。外部要素确实有其作用，但只有他基于其自身的心理需求和意愿而回应它们时才会如此。我们还能想象其他什么自由形式吗？

停下来，想一想

你能否想到这样一种行为，它是由你之所是、你当时持有的最强烈的意愿以及其他心理条件所必然引致，同时你又认为这种行为是你自由、自愿作出，并愿意为之承担责任的呢？

现在，你这样回应："有些时候，难道我们不是在某一特定情境下先这样行事，之后在同样的情况下再以另一种方式行事吗？这难道不表明我们并非是被决定的吗？"对此的答复是，没有两种一模一样的情境。此外，前一分钟的你和后一分钟的你也是不同的。你或许认为总作同样的决定很是乏味，或许因为对第一次选择的结果不甚满意，在第二次时你作出了不同的选择。选择以某种方式行事不仅会对你的外在环境造成影响，同样会造成内在影响。有鉴于此，你的偏好与意愿，连同作为后续结果的选择，都是时刻变动着的。

你还会问，“假定我的行为是我的欲望、价值和动机的结果，有些时候，我不是也选择改变自己的欲望、价值与动机吗”？确实如此。不过，是什么导致你心理状态上的变化呢？你为何选择在这一刻作出改变，而不是稍早或稍晚？此外，使你以这种方式作出改变的缘由何在呢？改变你的某些个性特征的动机是从早已存在于你的个性中的种子发展而来的，唯当这颗种子被某种原因激活时(例如，某种经验、你读到的东西或者对自己生活的切身反思)，才会造就改变自己心理构成的意愿。比如，某些人的个性以某种方式被设定，并不愿作出改变，而其他人在此方面则表现得更加灵活。因此，任何试图改变你的个性的意愿似乎都已经植根于你个性中更深层的意愿中了(就像这种意愿总是在生长和改进中)。这一改变是你的自由选择，但它源于你之所是以及你的个性之构成。总而言之，你当然不能创造或者选择自己的个性，所以决定论会居于主宰地位。然而，相容论者坚信，不管你的个性如何形成，不管通过什么因果机制使这个性归属于你，只要你的决定由自己作出，自由便主宰了一切。

相容论者：W. T. 史泰斯(Walter Terence Stace)

史泰斯(1886—1967)为相容论作了十分有力的辩护(史泰斯生于英国，毕业于都柏林三一学院。1932 年来美国，执教于普林斯顿大学)。他承认强决定论者的观点，即任何人类活动都由先在原因所决定。但他也承认自由至上论的观点，即没有自由意志也就不可能有道德。要想为某种行为负起道德责任，需要你能基于自己的动机、意愿和价值而自由地选择如此行为。如果你是被迫的，就不可能为此受到责备或赞扬。不过，我们如何能将决定论与自由连贯一致地结合起来呢？它们难道不是相互排斥的吗？史泰斯认为，这些问题不过是流于字面形式罢了，这源于你对自由意志的错误定义。

为提供一个错误定义如何导致关于实在的错误结论的清晰案例，史泰斯想象，有人将"人"（man）定义为一种五条腿动物，并在此基础上否定了人的存在。当然，真实情况是，并非人不存在，而是"人"被错误定义了。同样，他认为"自由意志"也是被错误定义的，这就是为什么它看起来与决定论不相容，以及为何强决定论者和自由至上论者都认为决定论跟道德责任无法连贯一致。在其著作《宗教与现代心灵》（*Religion and the Modern Mind*）中，史泰斯举了相容论的例子。[56]他比较了一系列成对的行为。每一对行为中，行为都是一样的，但在其中一方，我们会倾向于认为该行为是自由的，另一方则会认为其不自由。

自由行为

甘地想要解放印度而禁食。

某人因为饥饿而偷面包。

某人因为想说出真相而签署认罪书。

某人因为想出去吃午饭而离开办公室。

非自由行为

某人因为找不到吃的而在沙漠里禁食。

某人因为被其雇主威胁而行窃。

某人因为被警方胁迫而签字。

某人因为被强力驱赶而离开。

史泰斯认为，为了找到自由行为的准确定义，我们需要找到上栏内各行为的共同特征，这一特征同时也是下栏内的行为所缺少的。在自由至上论者看来，所有自由行为的共同点是他们不被先在原因所决定。但史泰斯认为，这是试图使人免受作用于自然界中的其他事物的原因之影响的非理性尝试。虽然我们不能精确找出每个个案中出现的所有原因，但是必须解释为什么一个人选择了一种行为而不是另一种可能的行为。例如，我们一定能在甘地的自传中读到他解放印度的强烈意愿，这种意愿涉及他所身处的文化、所受到的教育、所读过的书以及他过往的经历等。他的毅力和干劲，加上他温和的个性，可能部分是由于使其成为道德英雄的遗传因素和他的大脑的独特构成。尽管甘地的行为有着决定性的原因，但史泰斯认为，我们仍须将甘地的行为视作自由行动的典范。

因此，如果我们的所有行为都有决定性原因，像史泰斯这样的相容论者认为自由行为和非自由行为的差异何在？他用如下方式来表述：

> 自由行为都是由意愿、动机或行为主体心灵的某种内在心理状态引起的。另一方面，非自由行为则都是由能动主体之外的物理力或物理条件引起的。由此我们就可以定出如下较为粗疏的定义：**以行为主体的心理状态作为直接原因的行为便是自由行为。以外在于行为主体的那些事态作为直接原因的行为便是非自由行为。**

史泰斯不但认为决定论与人类自由相容，也认为决定论与道德责任相容。如果一个人有情绪管理问题，我们不会因为了解他的性格或能充分预料他的反应而原谅他乱发脾气。我们也不会因为了解某人能作出卓越行为的个性，从而期待他如此行为却拒绝赞扬其卓越行为。

史泰斯不仅认为决定论与道德责任一致，还论证道，道德责任假定及要求关于人类行为的决定论观点。如果人类行为和决断力是无原因的，那无论惩罚或奖励，还是采取任何其他措施，都无助于纠正人们的不良行为。你做任何事情都不会影响他们，因此，道德责任将会完全消失。如果人类社会根本没有决定论，那么他们的行为将完全不可预测且会反复无常，因此不需要负任何责任。这本身就是对哲学家们的普遍观点，即自由意味着不受任何原因所决定这一观点的有力反驳。

透过相容论的镜头看

1. 思考一种你认为是自由作出的选择，并回答如下问题。如何说明这一决定真的出自你的选择（自由选择），而非被迫作出？你已完全认识使你成为你的全部因果性要素了吗？你已完全认识使你作出选择的全部因果性要素了吗？要回答第一个问题，必须先知道后面两个问题的答案吗？

2. 你认为自己的行为在多大程度上是可被朋友或家人预测的？你的朋友的行为在多大程度上是可被预测的？如果不是在某种程度上被预先规定的，一种行为何以在某种确定程度上被预测？如果某种行为是可被预测的，它还能被认为是自由的吗？相容论者会怎么说？你会怎么说？

检视相容论的优缺点

正面评价

1. 通过否认某些事件（心理状态）是无原因的这一观点，相比自由至上论者，相容论者的立场与基于最稳固原则之上的物理学和行为科学之立场是否更一致？

2. 某些行为是自愿的，某些是不自愿的；某些行为是自由的，某些是不自由的。围绕这些观念建构理论时，较之强决定论与它们的关系而言，相容论跟我们日常言说方式要更为一致吗？

3. 在解释一般来说能塑造、修正和改变人类行为的表扬、责备、奖励、惩罚、法律、教育和经验的同时，相容论者也提供了一种保留道德责任的有效方法吗？

负面评价

1. 假定你发现自己从8岁起就被当作科学实验对象。科学家们发现，他们可以用超声波远距离干预你的大脑，从而使你具有现在这些特定的价值、喜好与信念。你爱吃什么、你的职业选择、你的音乐偏好、你的个性特征、你的道德与政治信念以及你的宗教态度，都不过是对你所做的编程计划的一部分。此外，不仅你的意愿，而且你对它们的肯定或否定评价，也都被事先嵌入身体之中。这个发现会改变你看待自己生活的方式吗？为什么？即便你的选择基于自己的心理趋向，鉴于你的心理状态是科学家编程的结果，说这些选择是自由的还有意义吗？就相容论者而言(即便我们是被决定的，我们依然拥有自由意志)，上述思考不会对其造成困扰吗？

2. 对相容论的下述批判，你怎么看？

如果决定论为真，那么我们的行动便不过是自然法则和过去事件的结果而已。但在我们出生前发生过什么，自然法则到底是什么，都不取决于我们。因此，这些事件(包括我们当下的行动)的结果也不取决于我们。[57]

2.9 个人做哲学：形而上学

1. 回顾第2.1节“身心关系问题调查问卷的解答导引”。基于你对问卷的回答，表明你的倾向要么是二元论要么是物理主义。回顾你给出的答案后，思考如下问题：

- 读完本章，你对身心关系问题的观点是否发生了改变？为何如此?

• 如果你的立场不变,下面两种情况哪个最符合你的态度?

a. 读完本章,我更确信我的观点是正确的。

b. 虽然我没有改变观点,但是读完本章后,我的观点不如之前坚定。

• 思考你现在对于身心关系问题的立场,完成下面两个句子。

a. 我持此立场的最有力理由是________________。

b. 对我的立场的最大挑战是__________________。

2. 不可否认的事实是,我们在开始生活时无法选择自己的性格。起初,我们在各种成对的性格特征中找到最接近自己的那种,比如外向—内向、依赖—独立、易怒—冷静、和蔼—好胜,等等。无论你是相信自由意志的自由至上论者还是否认自由意志的决定论者,显然,许多因素影响着我们是谁,我们将成为怎样的人,越了解施加于我们的这些影响,我们就越能了解自我。

在众多影响因素中,家庭环境无疑会对我们产生塑成性影响。通常,抚养我们的父母或监护人是最重要的影响因素。通过回答以下问题,花一分钟思考一下家庭环境对你的影响。

• 我有多像我的父母(或养育我的人)?

• 他们通过什么方式因果性地对我施加影响,使我成为如今的我?

• 我与养育我的人有何不同?

• 是何种影响让我变得与别人不同? 比如,这些差异是朋友、老师、书籍或者其他因素的影响造成的吗?

• 我想改变我的某些性格特征吗? 例如,过度愤怒、害羞、自私、轻信、专横、缺乏安全感、拖延、对他人不敏感。

• 什么导致(或影响)我想去以这种方式改变?

• 改变我的性格特征有多难?

• 塑造我性格的影响能在多大程度上支持决定论?

• 如果我倾向于站在自由至上论一边，我如何使这一立场与对这些作用于我的因果性影响之事实相一致？

3. 自由意志论者、强决定论者以及相容论者都会认同人们在不同程度上受到(a) 外部因素或(b) 我们自身的、内在的心理状态的影响，包括我们的意志、选择、价值、意愿以及动机。但他们在是否存在个人自由的空间这个问题上存在争议，对于我们在自己的心理状态方面拥有的自由总量而言，尤其如此。或许，自由意志论和决定论并不是严格二分法的两个对立面，它们可能体现着两个相关联的立场。我们越受到外部因素的影响，我们就越像被操控的木偶。但是，在第 2.7 节“基于道德责任的论证”结尾时，彼得·博格认为我们需要了解作用于我们的因果性影响。如果我们这么做，他会说：“这里便有了通向自由的第一步。”

• 思考这样一种情况，在某段时间内，你对自己为何如此以及何以如此有了一定的自我了解，你认为这会对你的内在自由和自主性程度有所影响吗？

4. 在关于自由与决定论的 2.5 节中，我们看到，关于道德责任，不同立场会得出不同的特定结论。你还记得这些结论是什么吗？(如果不记得，或许你需要重温这一主题。)现在，基于自己的经验回答如下问题：

• 有哪些例证可表明我在道德上是错的，或是犯错，或是作了错误的决定？

• 以下论述中是否存在一个或多个恰当的描述？

a. 我希望我能与众不同地行事，但我却不能如此，因为我是我所是，由于我的个性所在，我只能如此。如果我被又一次置于相同的具体情况，我可能还是做同样的事情。

b. 我这样做是有原因的。不过，我当时仍然可以做不同之事，尽管作用于我的影响倾向于使我如此行事。因此，在大多数情况下，我是自由行事的，并且对我的所作所为感到道德上的责任。

c. 我的确不知道造成如今的我的全部原因。同样,我也不知道怎么就拥有了我所有的欲望、意愿和动机。不过,可以肯定的是,我是被迫成为这个样子的。由于没有任何外在的东西迫使我如此行事,而且我的行为是自己选择的结果,我自由地行事,并对我所行之事感到道德上的责任。

● 哪个陈述(a、b、c)最能描述你的大多数行为?

● 关于你对强决定论、自由意志论或相容论的倾向,上述描述说明了什么?

5. 现在,我们来谈谈你生活中另一个事件。显然,你现在正在读这本书。但是,为什么你会读这本书?答案可能是:“我读这本书,是因为……”

我的老师要求我读它。

我出于好奇而读它。

我想学习一些哲学术语,以便给人们留下印象。

(填写您的真实答案)

在第一种情况下(你被要求读它),你似乎没有选择。但是,让-保罗·萨特,作为极端自由主义者(见第 2.7 节)会说你有选择,你可以拒绝阅读这本书。但是,你选择读这本书是因为它是得到你想要的东西(成绩、学分或知识)的手段。

其他两种情况下,你似乎可以自由选择。你会感觉到,你读书是因为你想读。然而,决定论者会问,你的需求从哪里来?你选择你的需求了吗?还是说,这只是你内心的想法而已?从这个角度来看,我们的选择似乎是基于不受我们控制的需求,而这些需求可能是某些未被意识到的原因引起的。

● 你是否同意决定论者的分析?为什么?

● 对于这个例子,你的最终判断是什么?关于你读这本书,自由至上论和决定论何者更符合你的观点?

第二章之回顾

哲学家

2.0 形而上学概览

Aristotle 亚里士多德

2.1 身心关系问题概览

Hugh Elliot 休・艾略特

Rene Descartes 勒内・笛卡儿

2.2 二元论

Rene Descartes 勒内・笛卡儿

David Chalmers 大卫・查尔莫斯

2.3 物理主义

Jeffrey Olen 杰弗里・奥伦

2.4 功能主义与人工智能

Jerry Fodor 杰瑞・福多

Rene Descartes 勒内・笛卡儿

Alan Turing 阿兰・图灵

Marvin Minsky 马文・闵斯基

John Searle 约翰・塞尔

Daniel Dennett 丹尼尔・丹尼特

2.5 自由与决定论概览

John Stuart Mill 约翰・斯图亚特・密尔

Fyodor Dostoyevsky 费奥多尔・陀思妥耶夫斯基

Clarence Darrow 克拉伦斯・达罗

2.6 强决定论

B. F. Skinner B. F. 斯金纳

Samuel Butler 塞缪尔・巴特勒

Clarence Darrow 克拉伦斯・达罗

Benedict Spinoza 本尼迪克特・斯宾诺莎

2.7 自由至上论

Arthur Eddington 亚瑟・爱丁顿

Peter Berger 彼得・博格

Richard Taylor 理查德・泰勒

Jean-Paul Sartre 让-保罗・萨特

2.8 相容论

W. T. Stace 沃尔特・特伦斯・史泰斯

概念

2.0 形而上学概览

metaphysics 形而上学

the problem of appearance and reality 现象与实在问题

the mind-body problem 身心关系问题

the problem of freedom and determinism 自由与决定论问题

Ockham's razon 奥卡姆的剃刀

ontology 本体论

two characteristic of fundamental reality 基础实在的两个特征

three categories for classifying things 事物分类的三个范畴

the eliminativist strategy 取消论策略

the reductionist strategy 还原论策略

2.1 身心关系问题概览

four commonsense propositions about the mind and body 身心关系问题的四个常识性论题

dualism 二元论

physicalism 物理主义

interactionism 身心交感学说

Cartesian dualism 笛卡儿式二元论
idealism 唯心论
identity theory (reductionism) 同一论(还原论)
eliminativism 取消论
functionalism 功能主义

2.2 二元论

mind-body dualism(psychophysical dualism) 身心二元论(心物二元论)
Cartesian dualism 笛卡儿式二元论
Principle of the Nonidentity of Discernible 可分者非同一性原则
Descartes's argument from doubt 笛卡儿从怀疑出发的论证
Descartes's argument from consciousness 笛卡儿从意识出发的论证
Descartes's compromise 笛卡儿的妥协

2.3 物理主义

physicalism 物理主义
four problems of dualism 二元论的四个难题
identity theory(reductionism) 同一论(还原论)
eliminativism 取消论
folk psychology 大众心理学

2.4 功能主义与人工智能

functionalism 功能主义
multiple realizability 多重可实现性
the Turing Test 图灵测试
the strong artificial intelligence thesis 强人工智能论题
the weak artificial intelligence thesis 弱人工智能论题
John Searle's Chinese room 约翰·塞尔的中文屋
intentionality 意向性

2.5 自由与决定论概览

circumstantial freedom 环境自由

metaphysical freedom 形而上学自由

determinism 决定论

incompatibilism 不相容论

hard determinism 强决定论

libertarianism 自由至上论

compatibilism 相容论

2.6 强决定论

three objections to libertarianism 对自由至上论的三个反驳

the basic argument of the determinist 决定论的基础性论证

theological determinism 神学决定论

four response to the determinist's objections 对决定论者之反驳意见的四个回应

the determinist's replies to the four responses 决定论者对四个回应的回答

the determinist's view of moral responsibility 决定论者的道德责任观

pantheism 泛神论

2.7 自由至上论

three objections to determinism 对决定论的三个反驳

the arugment from introspection 基于内省的论证

the argument from deliberation 基于深思熟虑的论证

the argument from moral responsibility 基于道德责任的论证

agency theory 能动性理论

event-causation 事件—因果关系

agent-causation 主体—因果关系

radical existential freedom 激进的存在主义自由

facticity 真实处境

transcendence 超越性

bad faith 自欺

2.8 相容论

compatibilism 相容论

the compatibilist's concept of free actions 相容论关于自由行为的概念

深入阅读建议

形而上学概述

Taylor, Richard. *Metaphysics*. 4th ed. Englewood Cliffs, N. J.: Prentice Hall, 1992. 简单易懂的形而上学导引，包含身心关系问题、自由与决定论等相关章节。

Van Inwagen, Peter. *Metaphysics*. Boulder, Colo.: Westview Press, 1993. 对形而上学的全面有趣的介绍。

身心关系问题

Beakley, Brian, and Peter Ludlow, eds. *The Philosophy of Mind: Classical Problems and Contemporary Issues*. Cambridge, Mass.: MIT Press, 1992. 涉及多种立场的非常出色的作品选。

Carruthers, Peter. *Introducting Persons: Theories and Arguments in the Philosophy of Mind*. Albany: State University of New York Press, 1986. 对相关理论和问题作了十分通俗易懂的讨论。

Churchland, Paul. *Matter and Consciousness*. Cambridge, Mass.: MIT Press, 1990. 从物理主义视角对相关问题所作的重要而又浅显易懂的讨论。

Dennett, Daniel. *The International Stance*. Cambridge,

Mass.: MIT Press, 1989. 关于当代争论的一些颇为有趣又较为高阶的讨论。

Flanagan, Owen. *The Science of the Mind*. 2d ed. Cambridge, Mass.: MIT Press, 1991. 对各种重要立场分别进行的讨论。

Gregory, R. L. *Oxford Companion to the Mind*. Oxford: Oxford University Press, 1987. 关于此论题的非常重要的资源。

Guttenplan, Samuel. *A Companion to the Philosophy of Mind*. Oxford: Blackwell, 1994. 关于此论题的参考导引。

Kim, Jaegwon. *Philosophy of Mind*. Boulder, Colo.: Westview Press, 1996. 对相关理论和主题的较为高阶的综述。

Lycan, William, ed. *Mind and Cognition*. Oxford: Blackwell, 1991. 另一部优秀作品选。

Rosenthal, David, ed. *The Nature of Mind*. Oxford: Oxford University Press, 1991. 非常有名的作品选。

二元论

Deacartes, Rene. *Meditations on First Philosophy*, Meditations Ⅱ and Ⅵ. 有许多译本,是对二元论的经典论述。

Nagel, Thomas. *The View from Nowhere*. Oxford: Oxford University Press, 1989. 尽管内格尔不是笛卡儿那般激进的二元论者,但他确实认为,心灵不能被还原为物质。

Robinson, Howard, ed. *Objections to Physicalism*. Oxford: Oxford University Press, 1997. 涵盖一系列批判物理主义者对身心关系问题的解决方案的论文集。

Swinburne, Richard. *The Evolution of the Soul*. Rev. ed. Oxford: Oxford University Press, 1997. 作为当代二元论者,斯温伯恩力图实现最新科学发现与二元论立场的调和。

物理主义

Brown, Warren S., Nancey Murphy, and H. Newton Malony, eds. *Whatever Happened to the Soul? Scientific and Theological Portraits of Human Nature*. Minneapolis: Rortress Press, 1998. 基督教神学家、科学家和哲学家的论文集，他们力图发展出一种非还原论的物理主义，使之与宗教的人性观相协调。

Chalmers, David. *The Conscious Mind: In Search of a Fundermental Theory*. Oxford: Oxford University Press, 1996. 包含大量对物理主义颇具争议的批评。尽管查尔莫斯并非笛卡儿式二元论者，但他也认为精神属性不能被还原为物理属性。

Churchland, Patricia. *Brain-Wise: Studies in Neurophilosophy*. Cambridge, Mass.: MIT Press, 2002. 本书力图说明，脑科学可以对关于心灵的哲学问题提供充分解释，比如自我、意识、知识、自由意志等概念。

Dennett, Daniel. *Consciousness Explained*. Boston: Little, Brown, 1991. 从物理主义视角对意识问题进行的有趣解释。

Levin, Michael E. *Metaphysics and the Mind-Body Problem*. Oxford: Clarendon Press, 1979. 对物理主义的有力辩护。

Shear, Jonathan, ed. *Explaining Consciousness: The Hard Problem*. Cambridge, Mass.: MIT Press, 1998. 针对戴维·查尔莫斯的观点——意识问题是物理主义无法解决的难题——的诸多回应，既有同情也有批判。

功能主义与人工智能

Fodor, Jerry. "The Mind-Body Problem," *Scientific American*, January, 1981, pp.114 - 23. 针对功能主义对身心关系问题之解答进行的通俗描述。

Lieber, Justin. *Can Animals and Machines Be Persons?*

Indianapolis: Hackett, 1985. 以动物和人工智能为基点，围绕如何处理心灵的本质问题展开的一场非常有趣的虚拟对话。

Moody, Todd. *Philosophy and Artificial Intelligence*. Englewoods Cliffs, N.J.: Prentice Hall, 1993. 介绍了人工智能对心灵哲学的意义所在。

Searle, John. *Mind, Brains, and Science*. Cambridge, Mass.: Havard University Press, 1984. 对相关问题的有力分析，涉及塞尔的中文屋对功能主义的拒斥。

自由与决定论

Trustead, Jennifer. *Free Will and Responsibility*. Oxford: Oxford University Press, 1984. 对自由意志与责任问题的介绍，可读性强。

Watson, Gary, ed. *Free Will*. Oxford: Clarendon Press, 1982. 涵盖有关自由意志问题的重要文献。

强决定论

Honderich, Ted. *How Free Are You? The Determinism Problem*. Oxford: Oxford University Press, 1993. 对自由意志的否定性论证，可读性强。

Skinner, B.F. *Walden Two*. New York: Nacmillan, 1948. 这部新奇的小说描述了一个建立在强决定论立场上的乌托邦世界。

自由至上论

Kane, Robert. *The Significance of Free Will*. Oxford: Oxford University Press, 1996. 本书可被视为近来对自由至上论的最好辩护。

相容论

Dennett, Daniel. *Elbow Room: The Varieties of Free Will Worth Wanting*. Cambridge, Mass.: MIT Press, 1984. 对相容论的十分有趣、充分的辩护。

van Inwagen, Peter. *An Essay on Free Will*. Oxford: Claredon Press, 1982. 一部对相容论提出强烈批评的原创性研究。

---

1 罗伯特·所罗门(Robert Solomon)在《大问题》(*The Big Questions*, 4th ed. Fort Worth, Texas: Harcourt Brace Jovanovich, 1994, p.108.)中提出此观点。

2 Hugh Elliot, "Tantalus," in *Modern Science and the Illusions of Professor Bergson* (1912), quoted in Daniel Kolak and Raymond Martin, *The Experience of Philosophy*, 3d ed. (Belmont, Calif: Wadsworth, 1996), p.411.

3 René Descartes, *Discourse on the Methods*, in *The Philosophical Writing of Descartes*, vol. 1, trans. John Cottingham, Robert Stoothoff, and Dugald Murdoch (Cambridge: Cambridge University Press, 1985), 4.32 - 33, p.127. 引用对应的是经典法文版的章节编号,后面标有所引英文版本的页码。

4 René Descartes, *Author's Replies to the Fourth Set of Objections*, in *The Philosophical Writings of Descartes*, vol. 2, trans. John Cottingham, Robert Stoothoff, and Dugald Murdoch (Cambridge: Cambridge University Press, 1984), p.160.

5 René Descartes, *Meditations on First Philosophy*, revised ed., trans. John Cottinghanm (Cambridge: Cambridge University Press, 1996), 6.78, p.54. 引用对应的是经典法文版的章节编号,后面标有所引英文版本的页码。

6 René Descartes, *Passions of the Soul*, in *The Philosophical Writings of Descartes*, vol. 1.31, p.340.

7 见David Chalmers, "The Puzzle of Conscious Experience," *Scientific American* 273 (1995), pp.80 - 86, *The Conscious Mind* (Oxford: Oxford University Press, 1996), 和"Facing Up to the Problem of Consciousness," in Honathan Shear, ed., *Explaining Consciousness: The "Hard Problem"* (Cambridge, MA: MIT Press, 1999)。

8 Frank Jackson, "Epiphenomenal Quality," *The Philosophical Quarterly*, 32. 127 (April 1982), pp. 127 - 136 and "What Mary Didn't Know," *The Journal of Philosophy*, 83, no.5 (May 1986), pp. 291 - 295. 有趣的是,自从产生了这一论证,Jackson 就转变了其立场.他现在接受的是物理主义.不过,二元论者仍然坚信,这一论证有效表明了物理主义者之立场的主要缺陷.

9 Frank Jackson, "Epiphenomenal," p.127.

10 见 John C. Eccles and Karl Popper. *The Self and Its Brain* (Landon: Routledge,

reprint edition, 1984); Jeffrey Schwartz, *The Mind and the Brain* (New York: ReganBooks, 2002); Mario Beauregard and Denyse O'Leary, *The Spiritual Brain: A Neuro-scientist's Case for the Existence of the Soul* (New York: HarperOne, 2008).

11 Francis Crick, *The Astonishing Hypothesis* (New York: Simon & Schuster, 1994), p.3.

12 Fuller, R. Buckminster, "The Phantom Captain," *Nine Chains to the Moon*. Carbondale: Southern Illinois University Press, 1938, 18-19. Copyright © 1838, 1917 by The Estate of R. Buckminster Fuller. All rights reserved. Used with permission.

13 R. Buckminster Fuller, "The Phantom Captain," in *Nine Chains to the Moon* (Carbondale, Ill.: Southern Illinois University Press, 1938), pp.18-19.

14 J. B. S. Haldane, *Possible Worlds and Other Papers* (New York: Harper & Brothers, 1928), p.220.

15 对此论证的延伸讨论，参见 Frank Jackson, "Epihenomenal Qualia," *Philosophical Quarterly* 32 (1982): pp. 127 - 36; and "What Mary Didn't Know," *Journal of Philosophy* 83 (1986): pp.291-295.

16 Gottfried Leibniz, "The Monadology," sec. 17, in *Discourse on Metaphysics/Correspondence with Arnauld/Monadology*, trans. George Montgomery (La Salle, Ill.: Open Court Publishing Co., 1902; reprint ed., 1968), p.254.

17 Edgar Allan Poe, "Maelzel's Chess-Playing Machine," *Southern Literary Messenger* (April 1836); reprinted in *The Portable Poe*, ed. Philip Van Doren Stern (New York: Penguin Books, 1977), pp.511-512.

18 Poe, "Maelzel's Chess-Playing Machine," p.513.

19 Garry Kasparov, "The Day That I Sensed a New Kind of Intelligence," *Time Magazine*, March 25, 1996, p.55.

20 Jerry Fodor, "The Mind-Body Problem," *Scientific American*, January 1981, p.114.

21 The three passages are from Fodor, "The Mind-Body Problem," *Scientific American*, January 1981, 114, 118, and 118, respectively. Copyright © 1981 by Scientific American, a division of Nature America, Inc. All rights reserved. Used with permission.

22 The three passages are from Fodor, "The Mind-Body Problem," pp.114, 118, and 118, respectively.

23 Descartes, *Discourse on the Method*, 5.56-57, p.140.

24 Alan Turing, "Computing Machinery and Intelligence," *Mind* 59, no. 236 (1950); reprinted in *The Mind's I*, ed. Douglas Hofstadter and Daniel Dennett (New York: Bantam Books, 1981), pp.57-67.

25 Ibid., 57.

26 Marvin Minsky, "Why People Think Computers Can't," in *The Computer Culture*, ed. Denis P. Donnelly (Cranbury, N.J.: Associated University Presses,

1985), pp. 40 - 43.

27 John R. Searle, "Minds, Brains, and Programs," in *The Behavioral and Brain Sciences*, vol. 3, reprinted in Hofstadter and Dennett, *The Mind's I*, pp. 353 - 373.

28 John Searle, *Minds, Brains, and Science* (Cambridge, Mass.: Harvard University Press, 1984), pp. 37 - 38.

29 Hofstadter and Dennett, *The Mind's I*, p. 94.

30 For more information on the case of the two Jims, see Donald Dale Jackson, "Reunion of Identical Twins, Raised Apart, Reveals Some Astonishing Similarities," *Smithsonian* 11 (October 1980): pp. 48 - 56. For further studies of twins separated at birth, see Lawrence Wright, "Double Mystery," *The New Yorker*, August 7, 1995, pp. 44 - 62; and Lawrence Wright, *Twins: And What They Tell Us about Who We Are* (New York: John Wiley & Sons, 1997).

31 W. Somerset Maugham, *Of Human Bondage* (New York: Penguin Books, Signet Classic, 1991), pp. 357 - 358.

32 Pierre-Simone Laplace, *Philosophical Essay on Probabilities*, trans. Andrew I. Dale (New York: Springer-Verlag, 1995), p. 2.

33 John Stuart Mill, "A System of Logic," bk. 6, chap. 2, sec. 2 in *Collected Works of John Stuart* Mill, vol. 8, ed. John M. Robson (Toronto: University of Toronto Press, 1974), pp. 836 - 837.

34 Fyodor Dostoyevsky, *Notes from Underground*, trans. Constance Garnett, in Walter Kaufmann, *Existentialism from Dostoyevsky to Sartre*, rev. and exp. ed. (New York: Meridian, 1975), p. 72.

35 Clarence Darrow, "Address to the Prisoners in the Cook County Jail," in *Attorney for the Damned*, ed. Arthur Weinberg (New York: Simon and Schuster, 1957), pp. 3 - 4.

36 B. F. Skinner, *Walden Two* (New York: Macmillan, 1948), pp. 257 - 258.

37 B. F. Skinner, *About Behaviorism* (New York: Alfred Knopf, 1974), p. 189.

38 Samuel Butler, *Erewhon and Erewhon Revisited* (New York: Random House, The Modern Library, 1927), pp. 106 - 7.

39 *State of Illinois versus Leopold and Loeb*.

40 Benedict de Spinoza, *Ethics*, ed. James Gutmann, trans. William Hale White and Amelia Hutchinson Stirling (New York: Hafner, 1966), 2.49, Note. 参考书目的第一个数字指称斯宾诺莎原稿书目编号，小数点后面的数字则指命题编号。

41 Letter 58 (to G. H. Schuller) in Baruch Spinoza, *The Ethics and Selected Letters*, ed. Seymour Feldman, trans. Samuel Shirley (Indianapolis: Hackett, 1982), p. 250.

42 Spinoza, *Ethics*, 2.35, Note.

43 Arthur Eddington, *New Pathways in Science* (New York: Macmillan, 1935), pp. 90 - 91.

44 Skinner, *About Behaviorism*, p. 189.

45 Arthur Eddington, quoted in L. Susan Stebbing, *Philosophy and the Physicists*

(New York: Dover Publications, 1958), p.242.

46 Eddington, *New Pathways in Science*, p.90.

47 Peter. L. Berger, *Invitation to Sociology: A Humanistic Perspective* (Garden City, N. Y.: Doubleday, Anchor Books, 1963), p.176.

48 Richard Taylor, *Metaphysics*, 4th ed. (Englewood Cliffs, N. J.: Prentice-Hall, 1992), pp.51 - 53. 中文翻译引自泰勒:《形而上学》,晓彬译,上海译文出版社 1984 年版,第 70—73 页。个别词句略作修改。

49 Jean-Paul Sartre, *Being and Nothingness*, trans. Hazel E. Barnes, New York: Simon & Schuster, Washington Square Press, 1956, 710. Copyright © 1956 by Philosophical Library. All rights reserved. Used with permission.

50 Jean-Paul Sartre, *Being and Nothingness*, trans. Hazel E. Barnes(New York: Simon & Schuster, Washington Square Press, 1956), p.569.

51 Jean-Paul Sartre, "Existentialism," trans. Bernard Frechtman, in *Existentialism and Human Emotions* (New York: Philosophical Library, 1957), p.15.

52 Simone de Beauvoir, *The Second Sex*, trans. H. M. Parshley (New York: Knopf, 1975), p.267.

53 Sartre, *Being and Nothingness*, p.640.

54 trans. Bernard Frechtman (New York: Philosophical Library, 1948), p.37.

55 Ibid., pp.26 - 32.

56 Sartre, *Being and Nothingness*, p.111.

57 Ibid., pp.708 - 711.

文本出处

p.88: Fuller, R. Buckminster, "The Phantom Captain," Nine Chains to the Moon. Carbondale: Southern Illinois University Press, 1938, 18 - 19. Copyright © 1838, 1917 by The Estate of R. Buckminster Fuller. All rights reserved. Used with permission.

p. 128: Skinner, B. F., Walden Two, New York: Macmillan, 1948, 257 - 58. Copyright © 1948 by Hackett Publishing. All rights reserved. Used with permission.

p.148: GARFIELD © 1983 by Paws, Inc. Used by permission of Universal Uclick. All rights reserved.

p.149: Jean-Paul Sartre, Being and Nothingness, trans. Hazel E. Barnes, New York: Simon & Schuster, Washington Square Press, 1956, 710. Copyright © 1956 by Philosophical Library. All rights reserved. Used with permission.

pp. 74 - 77: Chalmers, David, "The Puzzle of Conscious Experience," Scientific American, vol. 273, 1995, 80 - 86. Copyright © 1995 by Scientific American, adivision of Nature America, Inc. All rights reserved. Used with permission.

pp.98 - 99: The three passages are from Fodor, "The Mind-Body Problem," Scientific American, January 1981, 114, 118, and 118, respectively. Copyright © 1981 by Scientific American, a division of Nature America, Inc. All rights reserved. Used with permission.

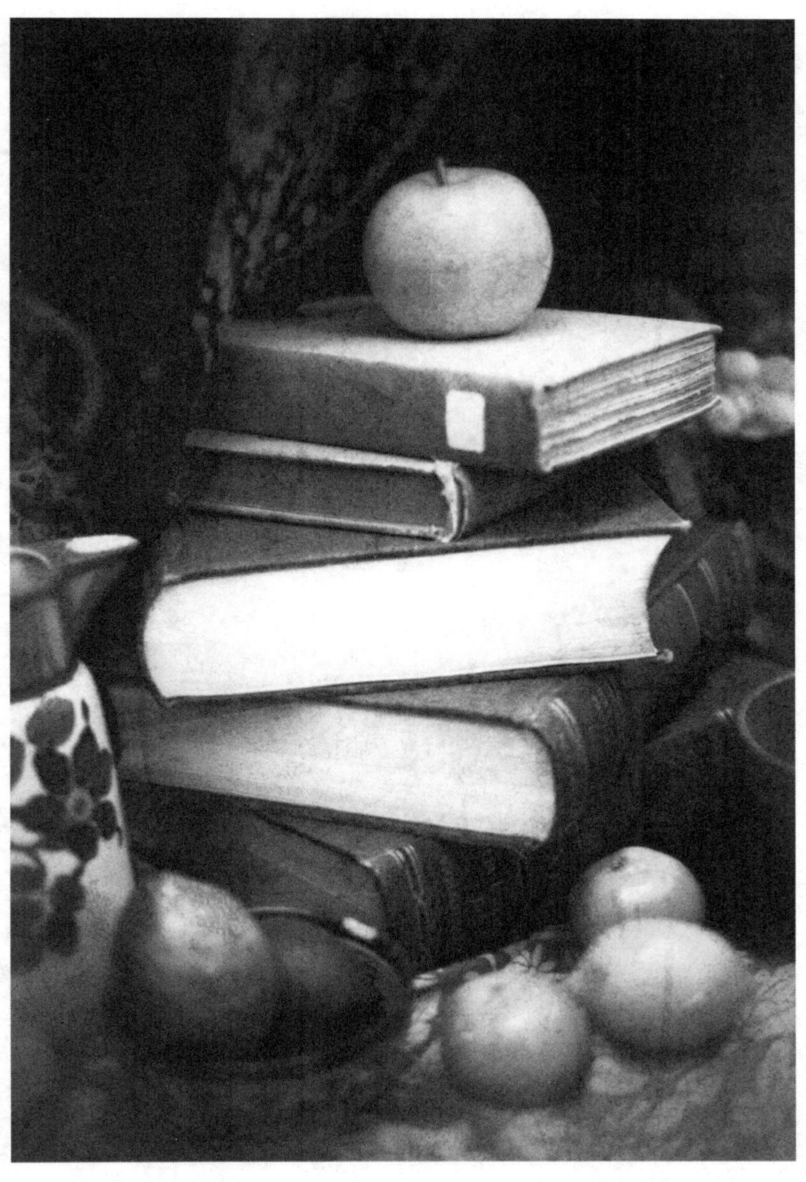

这些古籍象征着人类知识的获得和积累。但什么是知识呢？知识是可能的吗？我们如何获得知识？我们怎么知道我们所谓的“知识”准确反映了我们头脑之外的世界呢？

第三章　探究知识

本章目标：

完成本章之后你应做到：

1. 解释何谓认识论。

2. 明确怀疑论的主要论证。

3. 明确理性主义的三个立论点，并指出它们在苏格拉底、柏拉图和笛卡儿思想中是如何被阐发的。

4. 明确经验主义的三个立论点，并将它们与洛克、贝克莱和休谟的观点联系起来。

5. 说明康德的建构主义认识论(constructivist epistemology)如何在理性主义与经验主义之间开辟出一条中间道路。

6. 讨论并批判几种认识论的相对主义，尤其是尼采的激进视角主义(radical perspectivism)。

7. 解释实用主义如何将一种颇具新意的视角引入传统认识论。

8. 描述女性主义者对传统认识论所作的一些常见批评。

9. 描述科学哲学当前关注的问题。

3.0 知识问题概览

地域勘察：我能知道些什么？

在某部科幻小说里，哲学家乔纳森·哈里森(Jonathan Harrison)讲到2167年的一位知名神经学家斯迈森(Smythson)医生，这位医生致力于推动科学前沿不断进展。[1]有一次，斯迈森碰到一个新生儿的案例，后者虽大脑正常，身体却饱受疾患之苦，几于危亡。为了保住孩子，这位科学家孤注一掷，在孩子的身体死亡前，将他的大脑及连带的感觉神经单独切分，并将其安放在一台机器上。作为替代性的身体支持系统，这台机器可以保证其大脑继续存活下去。

这样一来，他的病人(也就是那个附着在机器上的有意识的大脑)就能继续其认知方面的发展。斯迈森医生利用一种电动幻觉机去刺激那些感觉神经，使大脑可经验视、听、嗅、味、触等感觉。通过这种电脑控制下的大脑过电刺激，斯迈森为病人[我们称呼他为路德维希(Ludwig)]创造出某种虚拟实在，它跟你我的真实体验没什么差别。借助另一个电子装置，医生同时能阅读路德维希的脑电波，并监视他的认知和情感生活。结果，通过模拟的身体感觉营造的模拟世界(路德维希认为这就是真实的世界和真实的身体)，路德维希从事学习活动，其智识发展跟受过良好教育以及有着丰富经验的成年人一样。

为进一步丰富路德维希的智识，斯迈森医生用哲学名著的内容刺激他的视神经。路德维希研究了怀疑论者的作品，后者认为，由于我们只能了解我们自己的、内在的意识经验中的直接内容，所以不可能知道在我们经验之外是否还有一个世界。路德维希受到了震动，担心他的生活只是个梦，某一天可能会突然醒来，发现之前所经验到的人和物只是幻觉。但思量再三，他却又发现，此时正坐着的硬实椅子的真实性是根本无法怀疑的(在这点上,医生将你我坐在椅子上所产生的同等感觉输入路德维希的大脑)。路德维希进一步得出结论,他的双手也确然是实在、客观的物体(机器也将模拟的举起手的经验输送给他)。

在此期间,路德维希也通过阅读了解到研究者的工作,知道他们发现大脑受过电刺激后,病人所经验到的人造感觉与身体接触外在世界的感觉十分相似。不过,路德维希拒绝接受怀疑论所谈论的那种可能性,即人们有关世界的全部经验都是人造的。至此,尽管他把怀疑论所说的可能性只当作虚构或假设的场景(根本没有意识到怀疑论者实际上正在描述他的真实生活),斯迈森医生却不再允许他再去接触那些使他在幻觉和实在问题上忧心忡忡的书本。

这部怪诞小说的要旨在于,虽然我们当下的医学研究水平还不能让某人拥有某个虚幻世界的经验(尽管我们已掌握了刺激大脑的技术,而且还能靠这种办法生成有限的人造感觉),但这在逻辑上却是可能的。这种理论上的可能性(某人是瓮中之脑并可经验虚拟实在)向我们提出了以下问题,即我们如何能知道经验给出的便是有关外在世界的知识呢?不过,对于人类知识具有可错性这点,没有必要非靠小说里的离奇情节来想象,只需驻足反思一下,在经验中要确定何为真、何为假,何为实在、何为幻觉时,你曾遇到过的困难就可以了。

停下来,想一想

回想这样一个时刻,当时你深信某件事是对的,事后才发现自己错了。如果遇到过这一情形,你又如何知道,在你确信某件事时,并没有颠倒对错呢?

可怜的路德维希，虽然只是作为一个大脑，只拥有看上去像是实在物的书本、椅子、手、日落等幻象，可他还是相信自己当时正直接经验着外部世界。问题在于，跟他一样，你也没法跳出自己的经验并拿它与外在世界作一番比较。你只能借助经验间接了解外部世界。由于总会发现经验中的错误，你又怎能确定它们一贯正确呢？下面所进行的思想实验就要来探索知识、确定性和证成等概念。

思想实验：知识、确定性、证成

1. 在桌上放一枚两角五分硬币。当你俯视它，它似乎是个银色圆片。换个角度看，它又是一个椭圆的银色形象。直接由边缘看去，则会呈现为一条银线。从房间另一边看，它只是一个银色颗粒。假定这枚硬币的形状与尺寸不会自行变化，那么能变的只是它在你眼中的形象了。由此，你所见的不是硬币本身，而是它变化着的形象罢了。我们能说，正因为那枚实际存在的硬币有着不变的形状和尺寸，才导致它在你经验里呈现出不断变化着的形象吗？我们怎能作出这样的陈述呢？就因为我们无法跳出经验而看见那个真实的硬币吗？我们怎么会知道呈现于经验中的东西与经验外的东西之间有着某种关联呢？

2. 写出五个你相信为真的陈述句(尝试去变换它们的题材)。依照不同的确定性程度，比较这五个句子，最后按确定性程度从高到低进行排序。其中哪三个句子对你而言最为确定？为何是它们？尝试去想象你可用以对剩下两个句子的真实性产生进一步怀疑的诸条件或新信息，这些可能的怀疑如何才是合理的呢？在前三个句子中，哪一个是你最不可能去怀疑的？为什么？试着构造某些一般性原则或标准，以帮助你判定某个陈述句的真实性是否确定无疑。

3. 我们能否确证自己的信念这一点是否重要？如果我们拥有某些信以为真却又无法证成的信念，这有什么问题吗？向自己提供我们所持信念的证据重要吗？抑或只是向他人提供自己所持信念的证据才是重要的？若试图对我们全部的信念加以证成，会有什么问题吗？

绘制知识地形图：有哪些问题？

该思想实验中谈及的问题涉及知识与真理的本质和可能性，以及对信念的证成。处理与知识有关的问题，并考察各种知识理论的哲学被称为**认识论**。希腊词 *episteme* 意指"知识"，*logos* 意指"理性言谈"。因此，认识论是有关知识的哲学。

知识可分为很多种。思考下面三个陈述句所表达的不同种类的知识：（1）"我认识这个大学的校长，他是我的私交好友"；（2）"我知道怎么弹钢琴"；（3）"我知道芝加哥市在伊利诺伊州"。第三个陈述句是典型的命题知识，它意味着"知道那个"。

此时，知识的对象就是事实的某一命题或陈述的真值。这种知识无须直接亲知被讨论之物，也不直接涉及对某样技能的掌握。尽管一些认识论者较为关注前两种知识，但大多数知识理论还是聚焦于命题知识。因此，我们将主要探讨可在命题中去陈述的知识。

既然将讨论限定在命题知识的范围内，我们便可以问，拥有这种知识的必要和充分条件是什么？接下来的思想实验或许有助于你对这个问题拥有直观感受。

思想实验：知识的必要和充分条件

思考如下场景，在每个场景下，确定为何“厄内斯特(Ernest)知道布兰达(Brenda)的生日是今天”的说法是正确或不正确的。

1. (a) 厄内斯特相信，好友布兰达的生日是今天。

   (b) 布兰达的生日实际上在下周。

2. (a) 厄内斯特不知道布兰达的生日是哪天。

   (b) 布兰达的生日是今天。

3. (a) 厄内斯特将一支飞镖随便扔向日历同时喊“布兰达”，飞镖插在今天那一格上。

   (b) 由此偶然结果，厄内斯特判断今天是布兰达的生日。

   (c) 事实上，今天就是布兰达的生日。

4. (a) 厄内斯特瞥了一眼布兰达的驾驶证，注意到今天是她的生日。

   (b) 厄内斯特没有理由怀疑布兰达驾驶证上的日期不准确。

   (c) 基于如上考虑，厄内斯特相信今天就是布兰达的生日。

   (d) 今天是布兰达的生日，这是真的。

知识的定义

对上述思想实验中的四个场景，你要作何种判断？上溯到柏拉图，就其传统而言，哲学家们将知识定义为可以得到证成的真信念。假如我们接受了这种分析，就可以用它来探讨思想实验中的四个场景。场景1，因为厄内斯特的信念是错的，他便不能被认为拥有知识。不存在错误的知识这回事。不过，我们可以拥有错误的信念,而且误以为拥有了知识。这就是为什么我们发现自己出错时会说,“我过去认为已知道了问题的答案,但现在才知道不是那么回事”。场景 2,厄内斯特分明不具备有关布兰达生日的知识,因为他根本没有任何与之相关的信念。

场景 3 跟前两个不同,因为厄内斯特相信今天是布兰达的生日,他的这个信念碰巧是正确的。不过,我们可以合情合理地说,他并不真正知道事实,毕竟,他的信念虽然正确,但并未得到证成。如果诸信念不过是基于某种侥幸的猜测或飞镖的偶尔一掷,它似乎缺乏作为知识所必需的那些东西。他的结论缺乏可支持其信念的某种理由或证成。厄内斯特在场景 3 里用以形成信念的方法恰恰也很容易使他产生错误的信念。场景 4 具备可称为知识的所有必要和充分条件。在此,厄内斯特拥有关于布兰达生日日期的能得到证成的真信念。后面我们将会发现,哲学家们并不认可其中所谓的证成。证成需要绝对的确定性吗?绝不能有任何错误吗?抑或,得到证成的信念只是某种超越了任何合理怀疑的高概率的信念吗?近年来,很多哲学家已经在质疑知识的这种定义。不过,于细节上吹毛求疵时,历史上大多数哲学家还是承认,知识就是得到证成的真信念。因为确定性观念在认识论中具有如此重要的作用,下面的“停下来,想一想”将要求你评估一下它的重要性。

停下来,想一想

对你的基本信念有着完全的确信,这到底有多重要?对你所持的信念具有某种心理上的确定感和某种客观上的确定性,它们有什么差别吗?你的任何信念都有可能获得绝对的确定性吗?如果你认为确定性是可能的,哪些类型的信念能提供这种确定性?这种确定性的基础是对除你之外的其他人也有说服力的东西吗？高概率足以替代绝对的确定性吗？为什么？

广场中的哲学

向五个或五个以上的人询问如下问题：为什么人们相信他们所做的事情？[2]他们可根据自己的信念系统作出回答，或者也可以更为普遍的方式，根据就其所知大多数人的信念之形成原因或理由作出回答。

记下他们的答案，并依照下面的标题加以整理：

- 社会学理由：人们的信念基于家庭、朋友和社会的影响。
- 心理学理由：人们的信念要满足诸内在需求(希望、意义、目的、认同、愉快等)。
- 宗教理由：人们的信念基于某种宗教传统、权威、启示或体验。
- 哲学理由：人们的信念基于逻辑、证据、科学事实、推理、感觉经验，等等。
- 其他。

可以通过询问来对每一种具体理由作出评估：如果只有其中一种理由可使我相信自己所相信之事，我是否可名正言顺地继续持有这个信念呢？同朋友们一起比较并讨论你所收集到的答案，给出你对它们的评价。

理性和经验问题

认识论中最重要的问题之一是理性与经验的关系。哲学家们运用一系列专门术语谈论它。以下术语在本章的讨论中十分重要。

先天知识（a priori knowledge）是无需经验证成（或先于经验）的知识。哪类知识不需要借助经验就能获得证成呢？当然，我们不需要经验就能知道定义的真理和逻辑的真理，因此，定义和逻辑必然真理都是典型的先天知识。比如，“所有独角兽都是仅有一只角的生物”就能单凭定义被确立为真。同样，“我们大学足球队在下场比赛中要么赢要么不赢”，这也是十分确定的。就算球员们打成平局或者比赛被取消，依然合乎预测中“不赢”的说法。因此，它表达的是有关足球队的某个逻辑上的必然真理。上述两个都是先天知识的例子。请注意，我所选择的先天知识的例子并未提供给我们关于世界的实在、事实的信息。即使有关独角兽的陈述是真的，也未曾谈及世界上是否真的有独角兽这种生物。同样地，足球赛预测也未谈及实际赛果如何。但作为对世界的经验，这些则是必须被知道的。

第二种是**后天知识**（a posteriori knowledge），或基于经验（或后于经验）的知识。同样，**经验的**作为形容词被用来指称基于经验的东西，以经验为基础的任何断言意在为认识主体增加新的信息。因此，“水在0摄氏度会结冰”，“蝌蚪会变成青蛙”都是后天知识的例子。我们通过经验知道水的冰点和蝌蚪的生命循环。迄今为止，大多数哲学家都会承认这些观点。

现在，难题出现了：是否有一种可让我们认识真实世界的先天知识呢？它会是什么样子呢？可以这样表述该类知识：（a）真理并非仅仅取决于各词项的意义；并且（b）它确实提供了世界所是之方式的信息。进而言之，既然它是先天的，我们就只能通过独立于经验的理性加以证成。问题却在于，是不是单凭理性就能告诉我们实在的终极本质？本章所论及的哲学家们在这个问题上莫衷一是。

三个认识论问题

前面"广场中的哲学"已在很大程度上证明，即使在非哲学家当中，关于如何证成我们的信念，同样意见林立、争议不绝。在阅读本章剩余部分时，不妨看看朋友的答案是否跟哲学家们的说法有着不约而同的一致性。诸种哲学流派都跃跃欲试，要为知识的基本问题提供答案。与知识相关的哲学问题虽然数目众多，但我将集中关注三个主要问题。本节将提及的那些哲学流派均为回答它们作了各种尝试(当你看到这些问题时，考虑一下是否能基于自己的理解，对每一个问题作出是或否的判断)。

1. 究竟是否有可能拥有知识？
2. 理性能独立于经验给我们提供关于世界的知识吗？
3. 我们的知识能按其真实所是表象实在吗？

路径选择：关于知识我会作何选择？

怀疑论宣称我们并不拥有知识。大多数怀疑论者都接受了传统观点，认为知识是能够得到证成的真信念，但又进一步主张，不可能拥有能够得到证成的信念，或者说，没有人能给出任何理由使人相信我们的信念能够得到证成。因此，怀疑论者对第一个问题的回答是否定的。既然他们认为知识无法被获得，剩下的两个问题也就无需再提。除此之外，其他非怀疑论哲学家都认为我们能获得知识，对第一个问题的回答即为肯定的，只不过分歧仍然存在，主要表现在知识的来源和性质上。

理性主义宣称理性或理智是我们关于实在的基础知识的主要来源。非理性主义者也承认，人们可运用理性从感觉经验中得出结论。但是，理性主义者的不同之处在于，他们认为在排除经验的条件下，单凭理性也能获得知识。比如，他们指出，即便不去测量、尝试、经验圆形或者三角形的物体，也能触及圆形或三角形的数学真理。我们通过构造理性的、演绎的证明得出绝对不受怀疑的结论，而且它们总会如实符合心外的世界（世界的先天知识）。显然，理性主义者对第二个问题的回答应是肯定的。

经验主义宣称感觉经验是关于世界的知识的唯一来源。经验主义者坚称，生命初始时，我们的心灵原不过是白板一块，唯有通过经验，空无的心灵才充满内容。对逻辑和数学真理的本质，各派经验主义者虽给出了不同解释，但他们都承认，这些真理并非在被发现前就已潜于心灵中，也不存在关于实在之本质的先天本真知识。所以对第二个认识论问题，经验主义者只会回答“不”。至于第三个问题，理性主义者和经验主义者都认为，我们的知识都代表真实的实在。

建构主义是指这样一种观点，即知识既不是已存在于心灵中，也不是从经验中消极接受，而是由心灵对经验材料建构而成的。18世纪德国哲学家伊曼努尔·康德（Immanuel Kant）引入了这种观念。他同时受理性主义和经验主义影响，并尝试在两者间进行调和。康德并不全盘赞同理性主义，但他确信，在对世界进行经验时，我们能够拥有一种先天知识。虽然康德本人从未用过建构主义这个标签，我还是以此称呼它，以凸显他独特的认识论学说。这种观念的一个棘手后果是，由于心灵将自身秩序施加于经验，我们便再也无法认识实在本身的样子，我们能认识的只是实在经过心灵过滤和加工后显现给我们的东西。因此，康德对第三个问题的回答是否定的。不过，因为康德认为我们的心灵有着相同的认知结构，我们还是能在人的处境这个界限内获得普遍和客观的知识。

认识论的相对主义（Epistemological relativism）宣称没有关于实在的普遍、客观的知识，因为所有知识都是相对于个体或者其文化而言的。换言之，相对论者相信，并不存在关于实在的唯一、真实的陈述，相反，所有陈述都是各抒己见。正如我们不能脱掉自己的皮肤一样，我们也无法跳出各自看待世界的方式。因此，我们不能说，对实在的某个特定主张是唯一正确的。这样看来，相对论者以与怀疑论者相似的方式否定了知识。但相对论者坚称人们确实可以获得知识，只是否认知识的普遍性和客观性罢了。知识总只关乎某个个体，其形态也只取决于每一认知者的心理、哲学、历史或文化环境。所以，在对第一个问题表示肯定的同时，相对论者对其余两个问题都表示否定。相对论者有很多形态，包括生存主义、实用主义以及几种形式的女性主义。我们在后面几节会讨论它们，以阐明这种认识论的大体观点。

表 3.1 列出了刚才讨论过的三个认识论问题以及五种不同立场所提供的回答。

表 3.1　三个认识论问题以及关于它们的五种立场

	知识可能吗？	理性能独立于经验给我们提供关于世界的知识吗？	我们的知识能按其真实所是表象实在吗？
怀疑论	否	—	—
理性主义	是	是	是
经验主义	是	否	是
建构主义(康德)	是	是	否
相对主义	是	否	否

下一个练习要求你对 10 条陈述标注同意或不同意。有些例子你可能拿不准主意，那就选择看起来最正确的回答。值得说明的是，实用主义和女性主义认识论将在本章稍后进行讨论，所以不包含在表 3.1 以及之后的调查问卷中。在我看来，这两种思想活动无法只通过简单的陈述句进行刻画。此外，它们的一些思想活动与我们所讨论的五种立场或多或少可以取得一致。

我怎样认为？关于知识、怀疑、理性和经验的调查问卷(见表3－2)

表3－2 关于知识、怀疑、理性和经验的调查问卷

陈 述	同意	不同意
1. 从来不可能真正认识任何事物，因为我所拥有的不过是意见和信念。		
2. 我们可能拥有关于实在本身是什么的客观知识。		
3. 当理性使我相信某物一定为真，经验却给出相反的答案时，我相信经验。		
4. 我们刚出生时，心灵就像白板。换言之，心灵中的所有内容，即我们所能想到或知道为真的事情必然源于经验。		
5. 我们关于实在的知识绝不会是完全确定的。不过，如果信念为真，且对其为真的可能性拥有充分证据，我们便有了知识。		
6. 当经验证明事情如此，理性却说那并不符合逻辑时，我选择相信理性。		
7. 在下述诸观念中，至少有一些是被心灵直接认识而无须从经验中习得的： (a) 逻辑法则 (b) 数学的基本原则 (c)“每件事情都有原因” (d) 完善的概念 (e) 神的理念 (f) 道德概念和原则(比如“拷打无辜的人是错误的”)		
8. 通过理性，有可能获得关于实在的绝对确定的知识。		
9. 关于实在如何持续显现给人的心灵，我们能拥有普遍和客观的知识，但我们不能认识实在本身是什么。		
10. 不存在绝对的真。因为当我说某事为“真”时，我不过在说“它对我而言是真的”或者“社会里大多数人承认它是真的”。		

关于知识的调查问卷的解答导引

陈述 1 是一种怀疑论表述。严格来讲，怀疑论者对其他说法皆不赞成，所有其他立场也皆不赞成这种说法。

陈述 2 表达了认识论的客观主义。某些经验主义者和所有传统的理性主义者都会赞成这个说法。

陈述 3 代表经验主义。它跟陈述 6 矛盾。

陈述 4 代表经验主义。它跟陈述 7 矛盾。

陈述 5 代表经验主义。它跟陈述 8 矛盾。

陈述 6 代表理性主义。它跟陈述 3 矛盾。

陈述 7 代表理性主义。它跟陈述 4 矛盾。

陈述 8 代表理性主义。它跟陈述 5 矛盾。

陈述 9 代表康德式建构主义。此立场不赞成陈述 1、2 和 10。依我看来，康德式建构主义者会赞成经验主义和理性主义的部分陈述。

陈述 10 代表认识论的相对主义。主观主义者(或主观相对主义者)所谓的“真”等同于“于我而言为真”，据此立场，个体是测量真理的尺度。文化相对主义者(或约定论者)相信，“x 为真”等于“所处文化或社会的大多数人都承认 x 为真”。一般而言，相对主义者不赞同怀疑论、理性主义和康德式建构主义，但某些形式的经验主义能跟相对论达成一致。

你与哪种立场最切近呢？你的回答在多大程度上贯彻始终？换言之，你曾赞同过两个相互矛盾的陈述吗？

3.1 怀疑论

引导性问题：怀疑论

1. 我们如何知道感觉经验曾向我们揭示实在？我们以为水杯里的水是实在的，因为我们能触碰到它(不像我们在马路上看到的虚幻的水），但也可能，我们自认为经验到了水杯中的东西，只是更深层和更持久的幻觉罢了。毕竟，马路上因错觉而看到的水看起来很像真的水，虽然它不是水。同样，水杯中的水可能只是感觉起来和尝起来像真的水，可其实不是水，或许所有我们认为是水的东西实际上都像是马路上呈现为幻觉的水。后者愚弄了我们的眼睛，其他各种幻觉愚弄了我们的五官。

2. 举出你拥有的某些日常、简单的信念，比如“现在我面前正有本书。”思考一下，你可以有哪些理由认为这一信念为真。再进一步思考，你为什么认为每一条理由为真。将上述过程一直进行下去，直至达到在你看来最基础的那些信念。那么，给出那些基础信念的理由是什么？为我们的信念寻求理由的过程可有完结吗？最终的结果会不会是，我们没有任何理由，却坚定地持有某些信念？抑或还有其他选项？

3. 你现在正读这个句子，你相信你自己醒着，没在做梦。但是，当我们做梦时，我们认为自己醒着并实际经历着梦中的事情，这种情形不也司空见惯吗？我们在清醒的经验里相信自己是清醒的，但做梦时，我们也照旧可以相信自己是清醒的。如何分辨其间的差别呢？当你正安稳地躺在床上睡大觉时，如何知道自己现在并不是在梦中梦见自己复述梦境呢？

检视怀疑论

怀疑论者宣称我们无法拥有知识。从怀疑论开始讨论认识论很有意义，毕竟，如果它是正确的，就不需要再去检验其他探寻知识的路径了。普遍怀疑论者宣称，我们无论如何也不能拥有知识，每一种对知识的论断都得不到证成，都可以被怀疑。另一方面，有限怀疑论者承认我们可以拥有某些知识，他们只怀疑几种对知识的特定论断。例如，有一种有限怀疑论者承认我们能拥有数学或科学知识，但在道德判断或者宗教主张等方面，他们不相信我们有判断真假的能力。还有一种有限怀疑论者宣称，神秘经验可提供给我们有关实在的真理，而科学给出的却不过是猜测和虚构罢了。下面的思想实验涉及知识的三个主要领域，用以考察你和你的朋友在何种程度上是或不是怀疑论者。

思想实验：怀疑论与知识

就下面表格中的每个陈述给出你的选择。

- 我要么赞同要么不赞同这个陈述(我确实拥有知识)。
- 我不确定此陈述的对错，但我认为有可能找到一个答案(知识是可能的，但我不知道答案)。
- 我不相信能找到答案(知识是不可能的)。

(在做调查问卷时，不必管表格中的数字，它们主要被用于事后分析你的回答。)

	我拥有知识	知识是可能的，但我不知道答案	知识是不可能的
1. 上帝存在。	1	2	3
2. 不存在超自然的神迹。	1	2	3
3. 死后还有来世。	1	2	3
4. 某种宗教是真的。	1	2	3
5. 科学给出了关于实在的最佳信息。	1	2	3
6. 科学能揭开宇宙起源。	1	2	3

续　表

	我拥有知识	知识是可能的，但我不知道答案	知识是不可能的
7. 科学能揭开人类生命的起源。	1	2	3
8. 科学家终有一天能对所有人类行为作出解释。	1	2	3
9. 某些行为客观上是正确的或错误的。	1	2	3
10. 一个社会的习俗可决定何为正确或错误。	1	2	3
11. 快乐是生命中唯一有价值之事。	1	2	3
12. 说谎话有时是种道德责任。	1	2	3

对每个陈述的回答都有相应的分值。换言之，第一列的每个答案得 1 分，第二列得 2 分，第三列得 3 分。

陈述 1—4 的得分相加之和便是你的“宗教”得分。如果是 4—6 分，就说明你肯定宗教知识是可能的，且你不是怀疑论者。如果是 7—9 分，说明你认为宗教问题有答案，但对你来说它们是不确定的，此时你所持的是温和怀疑论。如果是 10—12 分，你对是否能掌握宗教知识已经很怀疑了。需要注意的是，宗教信徒和无神论者**都**是非怀疑论者。无神论者认为“上帝存在”是错误的，因此，他们与怀疑论者截然相反，相信我们能知道宗教问题的真相。

把陈述 5—8 的分值加总，便是你的“科学”得分。如果分值是 4—6 分，在科学知识问题上你是非怀疑论者。如果是 7—9 分，你对科学知识有一定的信心，但对某些问题一定程度上又是怀疑论者。如果分值在 10—12 分，你便很怀疑科学知识的可能性了。

把陈述 9—12 的分值加总，便是你的“道德知识”的得分。如果分值是 4—6 分，你便相信道德知识是可能的，你并非怀疑论者。如果是 7—9 分，你依旧相信道德知识是可能的，但在某些问题上有所保留。如果分值是 10—12 分，说明在你看来，我们几乎不可能知晓道德论断的正误。

跟五个观点可能相异的朋友一起进行上述思想实验。具体到每个例子，留意不同答案在存在论程度上的差异。讨论造成上述差异的原因。	广场中的哲学

持怀疑论观点的人必能为自己的立场给出理由，而反对怀疑论的人必然要全力应对怀疑论的论证，并表明那些论证的问题所在。前文谈到，传统的知识观点涉及三个条件：真理、证成和信念。如果这些条件对拥有知识而言是本质性的，为表明我们不能拥有知识，怀疑论者必然要证明其中某个条件是缺失的。怀疑论者对知识论断的攻击通常指向条件 2，它认为信念要成为知识就必须能得到证成。

在继续下文之前，先看这幅高速公路图，以便参与一个与感知相关的经典实验。你能得到正确答案吗？抑或眼睛愚弄了你？怀疑论者攻击知识的一种方案是，指出我们受幻觉欺骗的所有方式。感知幻觉的经验表明，我们过去在自以为知晓的事情上早已错误累累。怀疑论者宣称，这些错误会引出如下结论，即我们永远无法确信自己的信念，后者自然也是不可被证成的。

怀疑论者的另一个类似策略在于指出一种可能性，即我们对实在的理解在某种意义上存在系统性缺陷。路德维希瓮中之脑的故事正是一例，他所经验的便是某种错误的虚拟实在。还有一个策略是，假定人类心理存在生来固有的缺陷，以致我们的信念永远不能符合实在。我把这些可能情况称作**普遍信念的伪造者**。所谓普遍信念的伪造者，其特征有：(1) 它是一种理论上的可能事态；(2) 我们无法知道该事态真实与否；(3) 如果该事态是真实的，我们将无法区分真信念和看似为真实则为假的信念。请注意，怀疑论者并不需要证明这些可能性是真实存在的。例如，怀疑论者无需确定我们真的是瓮中之脑，而只需说明该条件有存在的可能性即可。进而言之，怀疑论者也无需断言我们所有的信念都是假的。他们的观点很简单，我们不具备可确定信念何时为真、何时为假的保障手段。有鉴于此，怀疑论者会认为，我们无法区分如下两种证据的存有状态：一种是拥有某类证据，从而可导向真信念；另一种是普遍信念的伪造者，只会导向假的信念。

在这幅高速公路图中，平行的两条直线哪一条更长？用尺子测量一下以验证你的判断。

显然，怀疑论者相信怀疑高于一切。对任一信念，我们都能想象一套令它为假的环境。例如，我相信自己出生于新泽西州拉维市(Rahway, New Jersey)，但我的出生证明可能是不准确的。此外，出于种种原因，我的父母可能不想让我知道真实的出生地，那么我将永远不会知道真相了。我同样相信，存在毋庸置疑的证据，说明阿道夫·希特勒(Adolf Hitler)在二战临近尾声时自杀身亡。但可能的真相是(如阴谋论者所认为的)，他并没有真正地死去，战后他在南美洲度过了漫长余生。怀疑论者的主要论调是，知识必须具有确定性，但只要可予以怀疑，就没有确定性可言。

怀疑论者付诸怀疑之处，正是我们需要思考之处。怀疑论的论证纷繁多样，每一种都旨在探索人类认知之中或者我们用以证成信念的证据之中可能存在的缺陷。这里，我们暂不涉及具体论证，先只考察"一般怀疑论证"(generic skeptical argument)。

一般怀疑论证

1. 我们有理由去怀疑任一信念。
2. 由此，我们能怀疑所有的信念。
3. 如果我们能怀疑所有信念，我们就不能对任何信念有所确定。
4. 如果对任何信念都不能有所确定，我们就不可能拥有知识。
5. 因此，我们没有知识。

停下来，想一想

- 你怎样看待一般怀疑论证？你是否对某些前提或推论产生了疑问？
- 你是否赞同这种说法，即如果我们没有绝对的确定性，我们就没有知识？

早期希腊怀疑论者

经过几个世纪的哲学思考，人们却无法在实在是什么这个问题上达成哪怕少许一致，于是怀疑论便在古希腊兴起了。某些哲学家得出结论说，如此重大的分歧意味着无人能拥有知识，意味着我们所拥有的不过是各种各样空洞的意见罢了。最早且最刚愎自用的怀疑论者之一是克拉底鲁（Cratylus）。他生活于5世纪的雅典，跟苏格拉底同时代，但要年轻些。克拉底鲁相信，可被认识的东西微乎其微，因为一切皆变，包括我们自己在内。甚至交流的可能性也是能被怀疑的，毕竟世界、说话者、听者和语词都处在持续流变状态中，不可能有稳定的意义。据说，克拉底鲁坚守他自己的怀疑论，拒绝讨论任何事情。有人试图对某个观点加以断言时，他只会摇手指，意指没有东西能被认识或交流。

伊利斯的皮浪（Pyrrho of Elis）（公元前360—前270年），古希腊哲学家，引发了以其名字命名的一场怀疑论运动（皮浪主义的怀疑论）。皮浪主要的怀疑对象是感觉经验。他赞成经验是知识的来源，认为我们的感觉材料必须与实在一致，但人们不可能跳出经验去观察感觉材料如何与外在世界相一致。因此，我们永远无法知道经验所提供的是不是关于实在的精确信息。进而，皮浪认为理性论证也无法向我们提供知识，因为每一种论证只能证明问题的一个方面，而我们也可能构造出另一种论证以证明与之相反的观点。两种论证相互抵消，就无法导向真理。皮浪的追随者强调，我们只能说事物看起来怎样。你可以说“对我来说，蜂蜜似乎是甜的”，却不能说“蜂蜜是甜的”。按照怀疑论者的说法，在任何可能的情形下，最好的办法是悬搁判断，不作任何预设。他们相信，怀疑的超然态度将引致安宁。他们甚至建议，“无需为你所不能知道的事情忧心”。

尽管柏拉图终生都试图驳斥怀疑论，一个有影响的怀疑论者群体却在他始创的雅典学院内部成长起来，其中最聪明的是卡尼阿德斯（Carneades）（约公元前214—前129年）。他曾与其他两名哲学家一道作为雅典使者去往罗马。罗马人对他的公开讲座最感兴趣，从中第一次接触到了哲学。讲座第一天，卡尼阿德斯就对正义做了赞成论证，并以雄辩之才建议罗马人将之付诸实践。第二天他却作了相反的论证，以同样精彩绝伦之词将正义贬得一文不值。为了摧毁我们相信某事可被认识为真这一执念，希腊怀疑论者颇擅长运用这种双面论证(two-faces arguing)方法。后来的怀疑论者循着皮浪的足迹，构造出一系列论证来支持皮浪的哲学。一些怀疑论者将这些论证提炼为两个简单论题：第一，无物是不证自明的，因为我们用以作为开端的公理都能被怀疑；第二，无物能被证明，因为要么为了支持之前的理由我们将会陷入理由的无穷倒退，要么就会止步于假定我们想要证明的东西。

勒内·笛卡儿(1596—1650)

一些最知名的怀疑论论证是由法国哲学家勒内·笛卡儿提出的。笛卡儿生在激动人心的时代。差不多在他出生前一百年，哥伦布(Columbus)航海到达美洲。在他出生前五十年，哥白尼发表了颇具争议的论文，提出地球围绕太阳旋转的观点。在他出生的时候，莎士比亚正在写作《哈姆雷特》。笛卡儿出生在法国一个富裕、有威望的家族，继承的遗产使他能够自由游历和著述，也使他接受了当时法国年轻人所能享有的最好的教育。

虽然他就读的大学十分有名，笛卡儿却深感失望，甚至怨恨这种教育。他谈及所学的哲学时说："最杰出的心灵数世纪辛勤耕耘于哲学，其间却没有一个要点可以免于争议，不受怀疑。"[3]苦闷忧虑之下，他毅然决定通过游历和研究"著称于世的伟大作品"以弥补正规教育的局限。1619年11月10日，德国凛冽的寒冬迫使他守在房间里围炉取暖，并且一整天都沉浸于哲学思考之中。笛卡儿说，正是此时此处，他“发现了一种绝妙的新科学的基础”。接下来的晚上，他大喜过望，三个栩栩如生的梦将此种发现推向顶峰。在梦里，他感到“真理的圣灵降临并俘获”了他。这番经历使他相信，自己的毕生使命是要开创一种新哲学，它以数学推理为根基向人类提供绝对的确定性，并可被用来作为所有其他科学的基础。

笛卡儿大多数时间住在荷兰，这里有着自由的氛围，能为他那易于引发争议的理智思考提供庇护。1633 年他写就《世界》(*The World*)，这本书讨论了物理学问题，其中就包括当时很有争议的论点，即太阳而非地球是我们所在宇宙的中心。在著作即将付梓之时，听闻伽利略(Galileo)因为持相同观点而遭到罗马宗教裁判所斥责，为谨慎起见，笛卡儿将手稿交由一位朋友保存，直到他死后才出版。不过，他在生前还是发表了诸多关于哲学、数学和科学的著作，从而蜚声世界。尽管与那个时代的神学家龃龉抵牾，他却是一个虔诚的天主教徒，一直期望自己的作品能服务于神学。

许多人跟笛卡儿保持着通信关系，其中就有瑞典女王克里斯蒂娜(Christina)。她不仅是权倾一时的君主，还有着很敏锐的哲学才能。她读了笛卡儿的一些手稿，并送上对他的论证的批评。1649 年，她邀请笛卡儿到瑞典担任其指导教师，笛卡儿曾给一位朋友写信，说不太想去“熊、岩石和冰”之地，但最终盛情难却，还是接受了这个职位。这个新职位对笛卡儿而言无异于灾难。他的身体状况从未如此糟糕，严寒天气和早晨 5 点就要进行的教学活动令他精疲力竭，最终感染了肺炎，于 1650 年 2 月 11 日因病去世。

探索确定性

笛卡儿终其一生都在热切寻求确定性。他感到，尽管所受的教育给了他一整套基于传统的观念，但经过研究，它们可谓错误百出。绝望之余，他写道：“有如此多疑问和错误，我实在不胜其扰，不禁想到，从我试图变得有教养以来简直一无所获，唯有愈来愈认识到了我自己的无知。”[4]虽然他对确定性的探索只是基于个人关注,但笛卡儿同时认为,科学若想真正取得进步,这种探索是至关重要的。通过考察当时科学的哲学预设,笛卡儿得出结论:“如此动荡的地基上无法建立起坚实之物。”[5]

停下来,想一想

回想一下你生命中的某段时间,你对于某些对你来说很重要的事丧失了确定性。

- 这种不确定性让你感觉如何?
- 为了解决这种不确定性,你作了何种努力?
- 它们是否有用?

尽管笛卡儿终究不是怀疑论者,但他的初衷是用怀疑论的质疑当作测试,从而判定哪些信念是绝对确定的。因此,他找寻确定性的策略可被称作方法论的怀疑论。笛卡儿的方法是将他的每一个信念都在怀疑的硫酸浴里洗涤一番,看哪些能经受住考验而存活下来。他采取的是一种非常严苛的标准,只要想到某条信念有出错的可能性,不论此番怀疑的基础是多么脆弱,都要对其作悬搁判断。他意识到,绝大多数信念面对此般强力审查都将土崩瓦解,但只要有一个信念幸免于难,他就可对之抱以绝对确信。在我们继续追索笛卡儿的怀疑之旅前,不妨先看一看你是否会赞同在进行如下思想实验时笛卡儿所采纳的路径。

思想实验:怀疑论的质疑

发挥想象,看你能否找到质疑如下诸条陈述之真理性的方法。换言之,尝试构想一套情境(不论概率多低),使得你对各条陈述的真理性的确信实则是错的。

1. 柠檬是黄色的。

2. 月亮跟我们之间的距离比树梢跟我们的距离要远得多。

3. 我(填入你的年纪)岁了。

4. 美国宇航员曾行走于月球。

5. 我正在读书。

6. 房间灯火通明。

7. 2+3=5。

8. 这页纸有四条边。

9. 我正在质疑着。

10. 我存在。

你能找到质疑其中一些陈述的可靠基础吗？你能对它们都加以质疑吗？将你的回答与笛卡儿的回答作一番对比。

笛卡儿在《第一哲学沉思集》中展开哲学的破除与重建计划。这本书包含六个沉思，从怀疑论的质疑直到绝对确定性，以此展开其怀疑之旅。他在怀疑之初便决心批判性地检验自己长久以来接受的所有意见。

引自勒内·笛卡儿

《第一哲学沉思集》(*Meditions on Frist Philosophy*)[6]

令我深感震撼的是，自幼如许年，竟一直把诸多错误观点当作真理来接受，以致那些此后被倚赖的原则都高度可疑；于是从那时起，我便明确此生的必然使命，即如欲在科学领域建立起稳固、持久的参天大厦，就要摆脱已接受的全部观点，并在此基础上重新整装出发。可这项任务看起来如此繁巨，我起初不得不耐心等候，直到年龄上足够成熟，确保可用生命的最佳时期致力于斯。这令探索计划被大大延后，导致我现在陷入自责：若是因再三思虑而迁延良久，剩下的时日是否还足够将之付诸实践。所以，我今天将毅然打消一切顾虑，专门腾出工夫做这件事。恰逢我平和退休，有力好整以暇，倾覆既往谬见。

停下来，想一想

对笛卡儿修正其信念系统的极端程式，你作何感想？下面这些问题有助于你作出回答。

- 近些年，哪些你曾持有的信念又被你放弃了？
- 是哪些因素让你拒斥这些信念的？
- 只是坚持你的诸信念而不加怀疑，从心理学(和其他学科)上看有哪些好处呢？
- 笛卡儿认为最好去检验并质疑你的诸信念，你对此是否赞同？为什么？

当笛卡儿发现能对某个信念提出疑问时，并不是说他有理由相信它是错的，仅仅在于它可能会出错。如果发现了出错的可能性，他就不会继续信奉这一信念，但也不会完全否定它，相反，他会悬搁判断。

- 在下面的引文中，笛卡儿意识到，逐一检验所有的信念是不可能的。他会采取何种替代策略呢？

即便目标已定,却也无需展示所有观点都是错的,况且我也无力做到这点。理性会让我想到,我不该保留那些不完全确定和并非不可怀疑的观点,就像不该保留那些显而易见的错误观点一样。要拒斥整体,只需找出其下根基处些微可予质疑之处便足够了。就这一点而言,何需事无巨细、个个躬亲,以致其路漫漫、无可穷尽。一旦根基毁坏,其上附着的大厦也将会自行倾圮。所以,我的批判即刻从我先前信念所根据的诸基本原则开始。

作为方法论的怀疑论的第一步,笛卡儿检验了一般的感觉经验(比如上面思想实验中的第1、2条)。我们的感觉并不完善,会被错觉和其他导致错误判断的原因引入歧途。如此一来,它们就不可能提供某种不可怀疑的基础,以便让我们的知识建构其上。然而,我们依然要考察,是否有什么感觉经验,因其鲜活生动而能够为我们提供确定性呢?

直到现在,被我当作最高真理和最高确定性接受过来的东西,要么直接来自感觉,要么通过感觉得来。但我时常发现,感觉会骗人。为谨慎起见,对于曾欺骗过我们的东西,绝不可全然相信。

但是,尽管感觉有时会在认识太小或太远之物时骗人,但是也存在其他一些情形,虽然它们来自感觉,但要对它们进行怀疑却无论如何都不可能——比如,我在这里,坐在炉火边,冬天穿着长袍睡衣,双手拿着一张纸,等等。如何能否认这双手或这个身体属于我呢?又如何能不与疯子为伍呢?后者大脑紊乱,遭黑胆汁气(dard bilious vapors)蒙蔽,虽然穷困潦倒却坚称自己乃帝王君主,虽然衣不蔽体却自以为华袍在身,或又会宣称自己脑袋乃是陶土做成,身子乃是玻璃,自身则是葫芦。要是我也如他们那般放肆行事,不是疯子又能是什么?

停下来，想一想

回想你曾被感觉欺骗的时刻。当发现自己被引向错误时，你是什么感受？笛卡儿认为，一旦受到欺骗，就该出于谨慎而不再完全相信感觉，你赞同吗？

你可能会在这一点上赞同笛卡儿，那就是，尽管曾时而被感觉欺骗，但此外的感觉经验看起来还是真实的，唯有疯子才去怀疑它们。例如，你相信自己现在正被各种实在的物理对象（比如书本、椅子、地板）环绕着，这点就很难受到怀疑。但在下面一段中，笛卡儿发现那些所谓实在的信念也是可被怀疑的。

• 你能猜出笛卡儿靠什么理由去怀疑那些栩栩如生的感觉经验的吗？

尽管这些都是真的，我却必须考虑到自己是人，因此有睡觉的习性，在睡梦中所表象的事情跟疯子醒着时的所思所想一模一样，甚至有时更为离奇。夜晚一丝不挂地躺在床上酣眠，却屡次三番地见证同一番情形，即身着衣裳，坐在炉火边！那时，我确定自己在清醒地睁着眼睛读报纸；摇摇头，并没有睡着；有意识地伸手掌并感觉到了它。睡梦中发生的事就不会这样清晰。但我不可能忘记，我在睡梦中曾受到相似幻觉的欺骗。对这些事详加品味，我恍然大悟，清醒状态与睡梦之间根本不存在明确的区分标识。吃惊之余，我宛若以为自己仍在梦境中。

此时，笛卡儿的怀疑愈发深重。通过思索梦中经验，他找到了怀疑日常经验内容的方法。在撰写前述段落时，他并未宣称自己真在做梦，只是说梦看起来如此实在，以致无法知道究竟是做梦还是醒着。

尽管梦的存在使我们无法判断自己身在何处和正在做什么，但算术和几何里的纯粹真理似乎可免遭怀疑（如上面思想实验中的陈述 7 与 8）。

> 算术、几何之类，只处理最简单和最一般的对象，而不管其实际上存在与否，所以它所包含的东西都是确定的、不容怀疑的。无论我醒着还是睡着，2+3=5，正方形最多四条边都会是真的。如此显而易见的真理也要受到怀疑（对之无信心），委实匪夷所思。

那么，笛卡儿最终找到确定性的基石了吗？很不幸，没有。因为他甚而找到了怀疑数学真理的理由。在《第一哲学沉思集》的最后部分，笛卡儿想象出一个普遍信念的伪造者，使看似明显的真理也可能是错的。

> 假设……某些拥有至高无上能力并狡诈无比的邪魔，为了欺骗我而无所不用其极。我可以想到，天空、空气、大地、颜色、形状、声音以及所有的外在于我的事物，纯粹只是他无中生有以诱导我判断的梦中幻觉。我将以为自己没有手、眼睛、肉、血、感觉，只是错误地相信自己拥有它们。

需要再次说明的是，笛卡儿并不必然相信这样的邪魔真正存在，但只要具有逻辑上的可能性就已足够。如果邪魔存在，那么 $2+3=17\frac{1}{2}$ 便是可能的（跟我们和笛卡儿所相信的相反），而且，很可能我们和笛卡儿都没有身体，只是心灵哄骗我们罢了。例如，

勒内·马格利特(René Magritte)《人的境况 1》(*The Human Condition I*, 1934)。
在一系列画作中,比利时艺术家马格利特描绘了心灵与实在之关系的认识论问题,这也正是哲学家笛卡儿想要解决的。在这幅作品中,窗外的世界被窗前的画布遮挡了。然而,画布上的图像(象征着思想及其内容)看起来重现了窗外的世界。真是这样吗? 如果看不到画布外的景象,我们如何能知道呢? 根据马格利特的观点,这幅画代表了我们看待世界的方式:"尽管只是心的表征,它内在于我们自己的经验,但我们却将其视为外在于我们自己之物。"

《黑客帝国》(*Matrix*)电影三部曲都基于如下观念,即邪恶的智慧机器让人深陷于跟实在世界截然不同的梦幻世界中。上一节开头部分讨论的路德维希的故事也表现了某个相似的虚拟场景。我们也可想象,自己正受邪恶的心理学家迫害,他给我们注射致幻药,抑或我们被高明的催眠师用咒语控制住了。由此可见,所谓欺骗者假设看起来是可信的。

怀疑的终结

笛卡儿想用怀疑方法区分确定的信念与可怀疑的信念。可到现在，他似乎被淹没于怀疑之流中，难以复归。具有讽刺意味的是，正在这时，他从怀疑的汪洋大海里发现了可谓确定性的救生筏。

- 你预料笛卡儿将如何找出确定性呢？

引自勒内·笛卡儿

《第一哲学沉思集》[7]

作为昨日沉思的结果，怀疑不可谓不深重，以致我既为之忧心忡忡又不知如何消解。感觉好似意外间堕入深水之中，仓皇失措，只觉得它深不见底，浮游难定。不过，我将勉力而行，再度于昨天开启的那条道路上做番尝试。任何东西，哪怕可允许稍加怀疑，我便效仿此前做法将它视为完全错误而加以悬置。在这条道路上，我将一往无前，直到找到堪称确定的东西，抑或，若是不出意外，至少确认，没有所谓的确定性。阿基米德曾寻找可正好用以撬动整个地球的坚固和稳定的点。这样说来，如果我可以有幸找到一个确定和不容怀疑的东西，哪怕仅仅只是唯一的东西，也可在确定性方面寄托最高的期许。

我接着相应假定，我所见的任何东西都可以是虚假的。我相信，记忆会对我说谎，它记录的那些东西其实从未发生过。我也假定没有所谓的感觉，身体、形状、广延、运动和位置都是心灵的妄想。还有什么是真的？或许唯有一样，即没什么是确定的……

我自己相信，世界上根本什么都没有，没有天空，没有大地，没有心灵，没有身体。那么，紧跟着的就是所谓的我也不存在吗？非也，如果我是被以上事情所说服的那个人，那我就确然存在。有一个拥有至高无上的能力且狡诈无比的骗子，虽然不为我所识，但他擅于运用自己的巧妙心思持续欺骗我。但那种情况下，就算他正在欺骗我，我也毫无疑问是存在的。他不是正欺骗我吗？就任它欺骗好了，但只要我意识到我是某物，他就没法说我什么也不是。经过彻底思考后，我最后得出结论：我思故我在(I am, I exist)。这命题必然为真，不管我什么时候提出它或者我的心灵什么时候想到它。

笛卡儿的伟大发现是，如果他试着怀疑他正在怀疑这件事，他也必然正在肯定他正在怀疑这个事实。即使邪恶的骗子也不能使他在这点上弄错。更进一步讲，如果怀疑或欺骗发生了，必然有人在从事怀疑，也必然有人成为骗局的受害者。除非笛卡儿存在，否则这种怀疑便不会发生。这样，笛卡儿的怀疑法便引他达到了作为基底的确定性——“我思故我在”。在其他著作中，笛卡儿曾将此表达为 *cogito ergo sum*，或“我思考，所以我存在”(I think, therefore I am)。

停下来，想一想

回顾你对前述思想实验中第9、10两个陈述的反应。你也像笛卡儿一样，认为不能怀疑你正质疑或你存在这个事实吗？

显而易见，如果把自己的存在作为唯一可确定的事情，笛卡儿就并未在全面怀疑论的道路上放任自流。在讨论理性主义时，我们将会看到笛卡儿是如何尝试以此为基础修复之前的诸多信念的，但是这一次，他是以真知识(得到证成的真信念)的形式重新掌握它们。我在这里讨论笛卡儿，目的是专注于怀疑论证，它是笛卡儿的信念体系重构计划的第一步。

笛卡儿以如下假设开始他的知识探究，这便是，如果其信念具有合理的确定性，就必然拥有知识；如果没有合理的确定性，便没有知识。笛卡儿之后的怀疑论者也都承认这个假设。不过，如下节所示，笛卡儿认为，我们能对许多事物持有确定性，所以我们确实拥有知识。另一方面，怀疑论者则质疑，笛卡儿或其他人是否能够获得合理的确定性。如果确定性的基础缺失，怀疑论者就会宣称，我们不可能拥有关于实在世界的知识。由此一来，他们便会认为，笛卡儿的怀疑主义论证较强，他所提供的答案则较弱。这里的代表人物是大卫·休谟(David Hume)，在后面考察经验主义时我们会讲到他。

透过怀疑论的镜头看

1. 人类历史充满战争，在被"认定"为真的独断执念的名义下，人们不断遭受杀戮。就怀疑论者而言，他们的观点如何导向一个更为宽容的社会呢?

2. 没有确定性，我们还能过活吗? 若是真知识不可得，我们就该碌碌无为、坐以待毙吗? 大多数怀疑论者会回应说，怀疑论只是揭示出理性的界限，令我们更为谦和地看待自己和我们的能力。与之相应，希腊早期的怀疑论者在所有断言之前都加上"对我而言似乎是……"这一限定条件。因此，虽然在怀疑，他们却仍能热衷于实际生活。这是否为令人生厌的表里不一呢? 或者说，某人在成为彻头彻尾的怀疑论者的同时，仍可以务实地享受生活呢?

3. 即便怀疑论者认为我们无法拥有真知识，他们依然能宣称，某些信念比其他信念更值得拥有吗?

检视怀疑论的优缺点

正面评价

1. 为花园除草并不足以保证花儿枝繁叶茂，但这毕竟是有价值的事。以何种方式，我们可以说，怀疑论是在提供某种"哲学上的除草服务”，它会将因天真而想当然接受的信念连根铲断?

2. 怀疑论令人不安，因为它迫使我们重新检验那些最为基本的信念。那么，活在天真无知之中，对一切不加怀疑是更好的选择吗？还是说，不时挑战已有的信念更有价值?

负面评价

1. 怀疑论者有如下论断：“知识是不可能的。”不过，这一论断本身不也是被其信奉为真知识吗？怀疑论者岂不是前后不一致吗?

2. 怀疑论者从幻觉出发，认为我们不能相信自己的感觉。然而，若非在某些情况下我们的感觉不会被欺骗，我们岂能知道幻觉的存在，或者岂能知道有时我们被感觉欺骗了?

3. 某些怀疑论者曾力图使人相信，我们的所有信念都可能是错的。但是，如果信念与实在的构成方式之间从未有过某种一致，人类还能存续下去吗？我们相信，火可灼烧，水能解渴，蔬菜可提供营养，沙子不能食用。如果没有某种内在机制引导我们朝向真信念，我们如何能成功应对实在?

4. 怀疑论可否站得住脚？试着向某个自称怀疑论者的人叫喊：“小心树枝掉落!”他为何总会抬头张望？试着思考怀疑论者的其他行为方式，这恰恰可以表明，他们确实相信自己能够获得关于这个世界的真假判断。

5. 笛卡儿对绝对确定性的追求有什么不合理之处吗？基于朝向最优解释、概率或实践确定性的推论，信念不能得以证成吗？确定性要么是百分之百、要么是零吗?

3.2 理性主义

引导性问题：理性主义

1. 为什么数学家不需要像化学家发现化学真理那般，通过做实验去发现与数相关的数学真理？数学家是如何去发现的？

2. 你知道如下陈述是真的："所有三角形内角之和都是 180 度。"我们用何种方法证明它为真？需要截取数百个纸三角并量一下它们的内角吗？为何无须去考察足量的三角形来证明该陈述为真？为何我们相信，即便未对每个三角形进行考察，这一特性对每个三角形都必然为真？

3. 摸一下你的鼻子，摸一下你的耳朵，再摸一下你的权利。为何不能摸一下或看一下你的权利呢？因为眼睛不够犀利吗？还是因为权利并不真正地存在？大多数人都相信，每个人都享有基本权利，但至于何为权利，可能整个文化集体都会弄错（不妨想一下纳粹德国）。一方面，如果我们在人类权利上所作的判断在某种意义上不客观，那么你的权利也不过取决于你所处社会的判断罢了。但如果此结论为真，我们究竟如何能对一个违背人权的社会进行谴责呢？另一方面，虽然我们确实拥有基本的、固有的权利，但它们是无法在感觉经验中被发现的。权利没有形状、味道、声响、气味或颜色。是否还有其他选择，比如说通过某种理性直观去发现人类权利的真理呢？

4. 你能对狗有所思考，因为你拥有狗的观念或概念。但狗的观念来自何处？显然，你之所以能思考它们，是因为你看到过它们。当然，你也能对独角兽有所思考，尽管它们（可能）并不存在。原因在于，你可以将曾经经验过的东西，诸如马和有角动物组合成独角兽。那么，你所拥有的完善的观念呢？你是否曾在经验里见过绝对完善的东西？如果我们经验过的每一样东西在某些方面都失于完善，我们似乎就不可能从由五感得来的那些材料中引出完善的观念，那么我们到底如何通达它？

检视理性主义

"眼见为实"——我们经常这样说。但只有经验能作为关于实在的知识的基础吗？观察不仅对科学必不可少，而且目击者的证词也是法庭上最有力的证据之一。在涉及何为真以及何为实在的问题时，感觉经验似乎就成了可上诉的终审法院。那么，让我们再度审视这个假设。我们的信念总是基于感觉经验吗？我曾去戏院观看幻觉大师大卫·科波菲尔(David Copperfield)的表演。演出中，物件在我们眼前凭空出现或消失，人们神奇地变换位置，演出助手被锯作两半然后完好如初。整整两个小时，剧院里的各样事情完全不符合物理规律。

一些观众对所经验到的东西很是吃惊，却无从解释，但我们还是通过思考拒绝了眼见之实。“这些事不会真发生，我们的感官被魔术师的技巧捉弄了。”为何我们明明目睹了这些离奇现象，却满腹疑窦？答案便是，我们的理性教导我们，“不可能无中生有”且“物质不会凭空消失”。除非放弃这些信念，否则我们不会相信感觉。这样看来，理性对感觉经验似乎拥有一票否决权。即便面对分明确实的经验证据，我们还总是信任理性。理性主义者将对理性的这番信任发展为某种完备的知识理论。

在知识的来源和本质问题上，理性主义颇具影响。可以借助理性主义的三个支撑理论概述其立场。它们都对应着认识论的第二个问题，即理性能独立于经验给予我们关于世界的知识吗？在了解这三点之后，你要完成下述任务：(1) 请确认你已理解了每一点，并用自己的话解释给朋友听；(2) 确定你对此立场是赞同还是反对；(3) 确定你能解释自己的观点所依据的基础；(4) 将你赞同理性主义的程度与此前在第3.0节有关知识问题的“我怎样认为”问卷表中所给出的答案作一番比较。

理性主义的三个支撑理论

理性是实在知识的最初或最高来源

根据理性主义者的说法，通过理性，我们真正理解了关于实在的那些基础性真理。比如，大多数理性主义者会说，下面列出的都是关于世界的基本真理，永远不会改变。虽然经验确实能为多数信念提供证明，但它们总是由特殊、具体的事件构成的。因此，对某个特定对象的经验，譬如看、感觉、听、品尝或触碰等，绝对无法告诉我们这些论述能否在未来遇到的每个事件中皆为真。理性主义者宣称，下面这些陈述代表了关于世界的先天真理。之所以是先天的，是因为它们既能不通过经验而被认识，又能告知我们世界的样子。

逻辑真理

A 和非 A 不可能同时为真（A 代表某个命题或论断）。这条真理被称为不矛盾律（例如，"约翰结婚了且约翰没有结婚"必然是错的）。

如果 X 为真，且陈述"如果 X，那么 Y"为真，就必然能得出 Y 为真的结论。

数学真理

三角形的面积总是底乘高的一半。

如果 X 大于 Y 且 Y 大于 Z，那么，X 大于 Z。

形而上学真理

任何事情都有原因。

拥有相反性质的对象不可能存在（我们殚精竭虑都无法找到圆的方）。

伦理原则

某些基本的道德责任是不容推辞的。

为了取乐而恶意折磨某人，这在道德上是错误的。

感觉经验是通向知识的不可靠且不充分的路径

理性主义者往往强调感觉经验是相对的、变动不居的且通常是虚幻的。某个对象，在人造光下看是一回事，在太阳光下看又是另一回事。炎热天气中，我们的眼睛似乎看见路面上有水，但其纯属视觉幻象。理性主义者宣称，我们需要借助理性将现象与实在清楚分开。显而易见，尽管不借助感觉经验，理性主义者无法生活下去，但他们还是拒绝承认感觉经验是实在知识的唯一来源。进而言之，经验只能告诉我们一些世界中的特定事物，却不能给予我们有关实在的普遍的、基础性的真理。比如，感觉经验只能告诉我们这个球的特性，却无法提供一般意义上的球的特性。再比如，经验可告诉我们，当我们把这两个橙子和那两个橙子相加时，就得到了四个橙子。而唯有理性才能告诉我们，2 加 2 总等于 4，而且这个结果不仅适用于这 4 个橙子或所有橙子，它对任何东西都一样。

关于世界的基础真理可被先天认识：对我们的心灵而言，它们要么是与生俱来的，要么是自明的

天赋观念是先天的。它们作为观念或原则，已然先于经验被包含在心灵之中。天赋观念虽时常出现在理性主义哲学中，却遭到经验主义者拒斥。天赋观念理论将心灵看作一台计算机，其磁盘在出厂时便已加载了大量有待激活的程序。理性主义者由此认为，诸如逻辑法则、正义概念或上帝观念等天赋观念已被深嵌在心灵之中，只待被引入意识层面。天赋观念不应被混同于本能。本能是非认知性的机械行为的集合，比如某个东西冲向眼睛时你会眨眼。

天赋观念理论可被用来说明我们何以拥有先天知识。其他一些理性主义者则相信，如果心灵尚未包含这些观念，那么它们至少要么是自明的，要么对心灵而言是自然的，心灵有识别它们的自然趋向。例如，德国理性主义者戈特弗里德·莱布尼兹(Gottfried Leibniz，1646—1716)便将心灵比附为一块包含着某种质地或自

然开裂点的大理石，只能被修整成一种形状。心灵岂不就像大理石，其与生俱来的结构可引发特定的“倾向、性向、习惯或本质能力”，以便能够以某种方式进行思考。与此相对，约翰·洛克(John Locke，英国经验主义者)却说：“若不是先有经验之物，也便没有理智之物。”作为回应，莱布尼兹在洛克的公式后面追加了理性主义的限定条件：“理智本身除外。”

显然，当理性主义者认为心灵中包含了理性观念或倾向时，他们绝不相信婴儿正在思考几何学原理。相反，他们认为，当某个人的认知水平达到特定阶段时，他/她便能识别出那些特定观念的自明真理。莱布尼兹指出，心灵中包含理性原则跟心灵意识到理性原则是不同的。就心灵一开始如何获知天赋观念，不同的理性主义者给出了不同说明。苏格拉底与柏拉图相信，我们的灵魂先于我们的当下生活，它从存在的某种先在形式中得到知识。有神论的理性主义者，比如笛卡儿则倾向于相信上帝将这些观念植入我们内部。其他理性主义者则只是宣称，这些原则或观念本然地伴随着我们这样的理性心灵。

理性主义者对三个认识论问题的回答

第 3.0 节包含着有关知识的三个问题：(1) 知识可能的吗？(2) 理性能独立于经验给我们提供关于世界的知识吗？以及 (3) 我们的知识能按其真实所是表象实在吗？虽然在细节上有出入，所有理性主义者对三个问题的回答大同小异。第一，他们都相信知识是可能的。一般而言，我们都能分辨出某些观点比其他观点要好。例如，在数学训练中，某些回答是真的，某些则是假的。如果不可能有知识，我们就无法知道这一点。第二，理性主义者承认，唯有通过理性我们才能找到知识的充分基础。例如，在数学和逻辑中，我们只有通过理性才能达到绝对确定且必然为真的真理。第三，理性主义者承认基于理性的诸信念能够真确地表象实在。

接下来，我会考察三位经典的理性主义者，看他们是如何阐明理性主义的三个支撑理论以及如何回答上述三个认识论问题的。

苏格拉底（前 470—前 399 年）

我在第一章介绍过苏格拉底，他是历史上最有趣的哲学人物之一。他那时一袭宽袍，散乱不整，在雅典街道上漫步，遇到路人便问问题，从哲学到诗不一而足。尽管苏格拉底的对话风格嬉笑谑骂、机智风趣，但其背后却是对一些最为基本的理性主义原则的严肃讨论。苏格拉底特别相信天赋观念，因为在他看来，真知识和智慧深埋于灵魂中。与此相应，他也把担任理念助产士当作毕生使命，帮助他人洞识真谛。所以，他并不认为自己能教授人们什么东西，毕竟助产士的工作不是把婴儿给予某人，只是帮助她诞下婴儿而已。

在对话集《美诺篇》（*Meno*）中，柏拉图描画了苏格拉底与朋友在寻求真理过程中不断检视其间困境的过程。美诺对困境有如此描述：

> 当你对所寻找的东西一无所知时，你将如何去找寻它呢？你到底如何将自己并不知晓的东西设置为探索对象呢？换言之，即便你碰见了它，你又如何知道这便是那个你所并不知晓的东西呢？[8]

苏格拉底的回答是，知识被深植于我们之中（与生俱来的理念），只是我们尚未意识到而已。因此，获取知识更像是回忆起已然遗忘之物，而不是获得新的且不熟悉的信息。当然，对苏格拉底而言，所谓天赋观念只能是一般真理，它们关涉数学、认识论、形而上学和伦理学等基本论题，而不是能与具体特殊之物相关的事实。为阐明其观点，苏格拉底帮助一个几乎未受过教育的孩子发现正方形四条边跟面积之间的几何关系。苏格拉底并未提供答案，他只是问小孩一系列引人深察的问题，孩子最终自己寻找到了答案。

根据苏格拉底的理性主义版本,知识早已在前世写进孩子的灵魂里,它沉睡在那里,直到被苏格拉底唤醒。至于苏格拉底为何相信我们都有与生俱来的知识,下面的思想实验可以提供一些启发。

思想实验:与生俱来的知识

试着为正义、爱和真理等下准确、充分的定义。问一下你的朋友,他们将如何定义。对这些定义作一番比较和批判。界定这些术语很难,不是吗?我们的日常言谈常会用到它们,但若要为其下定义,就未免尴尬起来,似乎我们公式化的表述缺乏可被用以描述它们的东西。你可以说:“我不能界定爱,但我知道它是什么。”如果我说,爱是“为了自己的利益而利用他人”,肯定会遭到你的反驳。同样,如果我说正义是“恃强凌弱”,你绝不会认为这是关于正义的充分表述。那么问题就在于:(1)我们何以能够在对话中使用这些术语呢?(2)在遇到正义、爱和真理时,我们如何能识别它们呢?(3)如果我们无法对这些词意味着什么作出清晰表述,又如何能以不恰当的名义来拒斥对这些术语的定义呢?

苏格拉底的回答可能是,正义、爱和真理等术语跟千夫长之类的术语不同,唯有希腊军事史专家才了解后者。苏格拉底会说,爱的概念被写在灵魂上,离开哲学探究就无法明确地知晓它。不过,我们对爱必然有某种心照不宣的理解,以便在与爱有关的各种事例面前,我们可予以识别,并且知道它的哪些定义更切近真理,而哪些是不适当的。因此,有关这些基本理念的知识必然是天赋的,并且已然存在于人的灵魂中。

至于三个认识论问题，苏格拉底的答案已经很清晰了：(1) 我们能将真观点跟假观点区分开，因此也必然知道区分的标准。(2) 这些标准不可能源自经验，因此它们必然要通过对所有真理的贮藏所，也就是灵魂来一番理性考察，才可被揭示。(3) 由于理性知识向我们提供信息，让我们能够成功地面对世界以及自身的生活，所以给予我们的必然是一幅关于实在的精确图画。

柏拉图(前 427—前 347)

柏拉图的生平

柏拉图成长于雅典贵族家庭，从小便被力图培养成雅典领袖。为此目的，他接受了雅典最好的教育。不过，由于年轻时遇到苏格拉底并成为他的学生，柏拉图的生活走上了截然不同的道路。在苏格拉底惹怒了当局并于公元前 399 年被处以死刑时，柏拉图与其他一些苏氏门徒为免于迫害而逃离了雅典。他多年云游列国，寻求智慧。随着其哲学思想的发展，他开始动笔撰写了一系列对话集，将其作为对苏格拉底的献礼，并力图彰显苏格拉底教导之深意。最终，他回到雅典，创办了一所哲学研究学校，这被视作西方第一所大学。这所学校之所以被称为学园，缘于它坐落在城墙外一座为敬献阿卡得摩斯(Academus)而建的果园中。学园维持了 900 年之久，后来因为被视为不可宽容的异教大本营，在公元 529 年被基督教执法者强行关闭。不过，当我们今天使用学园(academy)和学术(academics)这些术语时，柏拉图所开创的探索精神依然活跃如新。

柏拉图

我们很难对苏格拉底和柏拉图的思想作出明确的区分。苏格拉底述而不作，对他的了解大都来自柏拉图的对话集，而柏拉图也试图借老师的身份来表达自己的观点。一种通常的解释是，柏拉图的早期作品能够在某种程度上诚实地反映苏格拉底的观点。不过，随着他在哲学上的成熟，其对话集中的哲学理论开始扩延、繁盛。因此，其后期作品其实是借用苏格拉底之口来表现独立的柏拉图学说。然而，即便柏拉图提供的是历史上最动人、最具原创性和最有影响力的理性主义版本之一，但他的哲学还是处处渗透了他的挚爱之师的精神。

柏拉图论知识的可能性

柏拉图的知识理论始于对感觉经验是知识的基础（即被我们称作经验主义的立场）这一流行理论的考察。柏拉图时代的智者派将感觉经验作为其观点的基础，所以倒向了相对主义乃至怀疑论。例如，你感觉很热的屋子，你的朋友却感觉很冷。从类似的例子出发，智者派认为，不存在什么客观真理，所有东西都是主观意见。然而，在柏拉图看来，由于物理世界的变动不居，感性知觉只提供给我们有关变动不居的特殊事物之相对和暂时的信息。作为典型的理性主义者，柏拉图认为，终极知识必然是客观的、不变的和普遍的。他进一步论证道，真观点和知识之间存在差别，可被理性证成的信念才有资格成为知识。最后，柏拉图相信，知识必然以真实存在之物作为对象。如果感觉经验是我们唯一的信息来源，他就得承认智者派的观点，即真知识是不可能的。他赞同苏格拉底所说的，既然我们能够识别错误意见，也必能掌握知识。因此，理性一定能给我们提供所要探索的知识。在着手讨论柏拉图的理性主义之前，先进行如下思想实验，它牵涉到柏拉图的某些论题。

思想实验：理性与知识

1. 乘法表在哪里呢？你可能想说，它在你的脑中，写在书本上。在某种意义上你是对的。但如果人不再思考数的乘积，并且所有记载乘法表的书本都被销毁了，数学法则仍是真的吗？它们在某种意义上仍然存在吗？我们能写下2×2=4，但数学真理跟书页上的墨迹可不一样。相反，我们所形成的那些印记不过是用以表象这些真理的具体方式而已。在何种意义上我们通过理性而非眼睛来通达数学真理呢？

2. 将现今美国社会中正义(这体现在它的制度、法律和实践之中)的数量和质量与奴隶制时代的正义程度作一番对比。列举几个高度正义的现代国家，再列举几个正义程度极低的现代国家。如果比较两个人谁看起来更像埃尔维斯·普雷斯利(Elvis Presley)，我们当然知道该采用何种步骤。我们拿着埃尔维斯的照片，看看谁跟他最匹配。但你如何就正义的程度在两个国家间进行比较呢？我们不可能看到正义，也不能以科学工具计算正义，同时我们也没有所谓"正义范围"(justice scopes)或"正义公尺"(justice meters)，那么，什么是可资比较的正义的公度呢？我们如何能知道它呢？

柏拉图以及理性的作用

诸如乘法表里的那些数学真理是存在于心灵中，还是存在于心灵之外呢？柏拉图认为两者兼有。如果数学真理只存在于心灵中，为何物理实在会遵从它们？如果数学真理只是依赖于心灵的理念，为何不能使三角形真理变成我们想要的那样呢？《爱丽丝漫游奇境记》(*Alice's Adventures in Wonderland*)的世界便是刘易斯·卡罗尔(Lewis Carroll)的心灵虚构物，后者可谓随心所欲地炮制了其中的诸般特性。但我们显然无法将那些规则运用到数的特性上。我们不是在创制数学真理,而是去**发现**它们。就此而言,柏拉图认为数学真理是客观的,独立于我们的心灵。若是如此,这独立于我们的心灵之物必然指称某种真实存在的东西。可是,比如 7 这个数字,虽然我们可以发现它的客观特性,但这些特性却不是物理性的。我们无法通过看、尝、听、嗅或触习得数学真理。由此出发,柏拉图的结论是,数学世界包含一系列客观的、独立于心灵的真理,不过它不属于物理实在的领域,唯有通过理性才能认识它。

正义是什么?它的颜色为何?它有多高?这些问题显然可应用于物理之物,但要以可观察的特性来描述正义却没有什么意义。进一步讲,没有任何社会是完全正义的。我们在人类历史中尚未见过完美正义的样本,所见者皆残缺不全,人类只是试图接近完美正义罢了。由于理性能对正义本身进行沉思[①],我们便可对特定社会中正义的缺失度、有限程度进行评估。国家不同,其正义程度也就有高有低。而作为真正的知识的客体,比如真正的正义或真正的圆,则成为永恒不变的标准和知识探索的对象。

在下述引文中,柏拉图假借苏格拉底的身份讨论完全的正义、美、善和相等。他指出,我们在物理世界的经验中从未看见过这些标准。例如,无论在纸上多么认真地画圆,圆环上的点与圆心的距离总无法做到完全相等,但若是真正的圆,它们一定相等。根据你的阅读,看柏拉图是如何以苏格拉底口吻回应如下问题的:

- 我们在经验里所看到的"相等"之物(例如两根棍子)绝对相等吗?
- 如果根本无法在经验中见到,那么我们如何能思考正义、美、善和相等这些完美的标准呢?

---

① 遵照常规,诸如正义本身、美、相等之类的一般性术语(universal terms),我都作了大写处理,以此表明,柏拉图是在某特定意义上来使用它们的。

• 请完成这个句子："我们所说的学习是指________，但我们称呼它________也无疑是十分正确的。"通过这番陈述，苏格拉底想要表达什么？

• 根据苏格拉底的观点，绝对相等、善之类仅是我们头脑中的观念，还是独立于我们而存在的实在物呢？

• 关于灵魂是生命的先在形式这一论证，就我们所知，苏格拉底是如何展开讨论的？

引自柏拉图

《斐多篇》(*Phaedo*)[9]

好吧！西米阿斯(Simmias)，还有另一件事：有没有绝对正义呢？

当然有。

那么，也有绝对的美与绝对的善啦？

那是自然。

你曾目睹过它们吗？

肯定没有……

我们可去进一步断定相等这东西的存在吗？不是木头与木头、石头与石头的相等，而是在此之上，某种抽象的相等。我们承不承认这一点？

西米阿斯回答道：肯定，是的，而且我以身家信誉发誓。

我们知道这种抽象本质的本性吗？

确实……

假定我或任何一个人看到某个对象，并且感觉到，从这个对象可以指向另一个，只是两者还是有所差池，不能丝毫不爽。我们岂非必然要承认，进行观察的那个人肯定具有先在的知识，由此他可以说，另一个虽然像，但还是差一点？

当然啦！

这难道不是我们在相等或绝对相等上的一种情形吗？

确实是。

我们首次看见质料上的相等时，我们会反思，这些表面相等实际上是在努力追求绝对相等，但又憾然有失。那么，我们一定已经事先知道绝对相等这回事了，不是吗？

一点不错……

那么，在我们用视觉、听觉或其他形式的感觉接触事物之前，我们必定已然拥有了关于绝对相等的知识。否则，我们就绝不能指称自感觉而来的相等。可以说，缘着绝对相等，感觉的相等才有旨归，才有缺憾，不是这样吗？

苏格拉底啊！从之前的叙述里确然能推出这一点。

从出生那一刻起，我们不就在看与听，在获取其他感觉吗？

当然是的。

我们在此之前就已在某个时候获得了完美相等的知识了吗？

是的。

也就是说，我猜，那发生在我们出生之前？

对啊！

如果我们出生之前便获得了这种知识，那就是天生拥有了它，那我们出生之前和诞生那一刻不但知道相等、较大、较小，而且也知道所有其他理念。因为我们不只谈论绝对的相等，也会说到绝对的美、善、正义、神圣，以及所有那些我们从事问答时因思辨过程而被贴上本质之名的东西。这样，我们便可以十分肯定地说，在我们出生之前便已获得了知识？

这是真的……

但如果我们出生之前所得到的那些知识在出生时弄丢了，此后通过使用感觉又重新获得了它们，那么，我们所谓的学习不就是恢复知识的过程吗？我们难道不可以用回忆这一术语来贴切地称呼它吗？

很对……

那么，西米阿斯，若像我们一直在重复谈论的，存在绝对的美、善和一般本质，并且它构成我们存在的先在条件，我们所有的感觉都指称它，并以感觉跟它对比——假定其是先天存在的，我们难道不可以说，我们的灵魂必然已先天存在着吗？如果不是这样，论证就是无力的，不是吗？毫无疑问，如果诸绝对理念在我们出生前便存在，那么我们的灵魂在我们出生前已然存在了，而且，若理念不存在，灵魂也就不存在。

是啊！苏格拉底。被你这么一说，我也相信，灵魂在人出生前便存在，跟你所说的本质在人出生前存在，这两者同等必要。此番论证的结果与我自己的看法欣然契合。因为对我而言，美、善和其他你所谈的观念，它们有着最为实在和绝对的存在，这是最为明证不过的事了。我折服于你的证明。

在上述段落中，柏拉图以苏格拉底的观点为基础从事论证，认为绝对相等、完满正义等完美事物的知识必定是天赋的，因为我们在经验中所见的东西仅仅是对这些理念的不完满的模仿。若非我们已然熟悉真正的正义或相等，又如何会有接近完满正义或相等却又不能完全达到这种说法呢？只有已经接触过真实人物，你才能辨识出某人是在模仿埃尔维斯。柏拉图相信，关于完满理念的知识已经以某种先在形式被写在灵魂中。尽管它一直属于我们，我们却未能清楚领会它，因为我们已将其遗忘。因此，对柏拉图而言，获得知识的过程就是回忆的过程，我们秉着完全、自觉的意识，让原本朦胧、深沉于自身的东西终究被显现出来。你是否曾有过这般经验，尽管你感到似乎正在揭开自己于隐晦含蓄中已然有所理解的某些东西并试图让它变得清晰，但却是你第一次认识它？思索曾发生在你身上且与下述思想实验类似的例子。

思想实验：知识和意识

认识某物且又不认识某物，这可能吗？当然，我们都有过试图记起某事的经历，在经过一番努力之后，记忆恢复了。有鉴于此，柏拉图用回忆一词谈论这一发现过程，实际上也就是恢复记忆的过程。这一理解的“诞生”常常由担任观念助产士的人来促成。就你的经验而言，下述哪些场景是真的？

- 你正苦苦为某个数学问题找寻解决答案。突然，你灵光一闪，解决方案赫然在目。所得到的答案并不是你获取了某个新信息的结果，相反，它是你所知的东西以某种新方式的结合。

- 你正在阅读一本小说，里面的一个角色以十分独特且深刻的方式描述了人类的境况。你发觉，这些话语恰好应和了你的感觉，只是在此之前，你不能为它找到贴切的表述罢了。

- 对某个行动方案，你思来想去却仍隐约觉得不安。你跟一个朋友商量。她不能给出建议，充其量只是作为你的共鸣板来佐助你自我反思。随着对话进行，你的思路愈来愈清楚，不安感也渐渐疏解。你意识到，自己其实一直都明白方案不对，但现在终于晓得为何不对了。

尽管在苏格拉底看来，问题的解决、生命意义的发现以及一些伦理洞见都源于天赋的理解，但并非所有理性主义者都承认，出现在例子中的都是与生俱来的知识。但这些事例至少说明，在你获得清晰认识之前，尚有这样一种状态，此时你或许理解了某事，但对你所知道的东西并没有充分的意识。

柏拉图论共相以及实在知识

迄今为止，柏拉图已经证明，如果经验是我们知识的唯一来源，那么有些东西是我们不可能认识的(如正义、善、相等)。灵魂业已拥有独立于我们感觉的某些知识，但这类知识的对象到底是什么呢？柏拉图认为，要回答此问题，必须以他在当下的感觉经验和不变的理性知识这两个领域的区分为基础。他说，在感觉经验世界中，我们发现特殊之物可被网罗于稳定、普遍的范畴中。没有这些范畴，我们就无法识别任何事物，或者根本无法谈论特殊事物。例如，汤姆、安德烈、玛丽亚、莱卡瑞亚都是独特的个体，但我们可以用人这个共相性术语指称他们每一个。抛开其差别不论，他们还是有相同之处的。与每个共同名称(诸如“人”“狗”“正义”)相应的是共相，它由该范畴所指涉事物的本质、共同的特性构成。圆的物体(硬币、指环、花冠、行星轨道)都拥有圆的共相。那些被称赞为美的特殊物体(玫瑰花、海贝壳、人、日落、油画)都具有美的共相。特殊之物生成、变化和陨灭，而共相则在恒久不变的世界中持存。玫瑰花从芽蕾长起，直到绽放出美丽的花朵，接着便枯萎发黄，以致凋谢，但美的共相(或者说美本身)则青春永驻。柏拉图相信，共相不只是概念，事实上也是实在的构成要素。因此，作为对第三个认识论问题的回答，柏拉图相信，共相知识为我们提供了关于实在之基础特征的知识，那是非物理的、永恒的和不变的。柏拉图也称这些共相为“形式(Forms)”。下面的思想实验将有助于你领会柏拉图对共相和普遍真理的重视。

思想实验：共相和普遍真理

共相是所有知识的基础吗？

- 让一位朋友写下对你的描述。他的描述是否足够充分，从而让认识你的人能从中识别出你的形象？
- 现在，请你以同样的方式描述你的朋友。
- 从每个描述中挑出几个词，想想其他人将会怎样描述。

你是否发现，在试着描述其他人时，你不得不诉诸普遍概念？你所使用的描述性词汇是否也能被用于描述其他人？这个练习以怎样的方式展示了柏拉图的观点，即我们总是用共相进行思考和言说？柏拉图认为，普遍概念是理解我们所经验之物的必要手段，你同意吗？认识普遍真理比认识个别真理更为重要吗？

- “3＋5”的答案是？
- 为取乐而折磨人是错误的吗？

对这两个问题，为什么任何有理性的人都会回答“8”和“是的，折磨人是错的”呢？如果某人坚称第一个问题的答案是“11”，我们会因其与众不同、个性和原创性而给他/她打高分吗？如果某人说“折磨人是种快乐”，我们会因此人的独立思考而给予赞赏吗？抑或，我们将认为他/她是非理性的？如果某人真诚地宣称“方形是圆的”以及“三角形同时有3和10条边”，我们难道不会认为这个人脱离了实际吗？人若是精神失常了，通常都会以罕见的、个体的、古怪的以及非理性的方式思考、言说和行事。与之相对，你和我越是有理性，我们的思考就越是相似。柏拉图的观点，即我们能正确理解实在的能力有赖于我们超越自己的个体性并用客观和普遍的方式思考的能力，如何通过这些问题得到阐明？

停下来，想一想

回到理性主义的三个支撑论点。柏拉图的思想是如何阐明它们的？

柏拉图哲学在西方思想界影响深远。哲学家、历史学家阿尔弗雷德·诺斯·怀特海(Alfred North Whitehead)曾略带夸张地说过："关于全部欧洲哲学传统的普遍特征，可以最稳妥地概括为：全部西方哲学传统都是对柏拉图的一系列注脚。"[10] 当勒内·笛卡儿开启了17世纪的现代哲学之后，柏拉图发展出的理性主义又出现了新的转向。

勒内·笛卡儿

在怀疑论部分我们曾谈到，笛卡儿是17世纪的数学家、科学家和哲学家。由于认为理性能揭开实在的所有秘密，他被视为现代理性主义的创始人。笛卡儿的哲学之旅始于对他所拥有的每一个信念的怀疑，以便考察是否能找到某种确定无疑的东西。最终，他发现唯一不能被怀疑的东西是他自己的存在。

可他那确定性的基石并未支撑他走太远。就如笛卡儿说的，"严格而言，我只是一个思考着的物件；也就是说，我是心灵，理解，或理性"。[11]换言之，他唯一可确定的是他的心灵或意识的存在。然而，他不是可以直接获知自己身体的存在吗？笛卡儿并不这么认为。在梦中，我们也有跑步、吃饭、游泳以及从事各种身体行为的经验，不过，这些经验都是幻觉。就此而言，笛卡儿不能确定他所具有的"身体状的"(body-like)经验是否真就对应物理的身体。

笛卡儿论知识的可能性

尽管在自身存在这个问题上，笛卡儿确定他不可能被欺骗，但某个大骗子(Great Deceiver)会令他其他的信念被无端笼罩在阴影之下。除非他能找到外在于心灵的某物，以保证其心灵的内容确实是对实在的表象，否则，除了他自己的存在之外，就无从拥有其他知识了。笛卡儿在全能、全善的上帝那里找到了这个保证。由此，笛卡儿说："只要机会出现，我必然要检视上帝是否存在；如果它存在，我接着会考察它是不是骗子。毕竟，离开了这两种真理知识，我就看不出有什么东西可被我确定了。"[12] 如果笛卡儿能证明有这样一个上帝存在，他就可以说知识是可能的。但需要注意的是，在证明上帝存在时，笛卡儿所能利用的材料是多么有限！他不可能采用基于外在世界之性质的经验主义证明，因为其仍处在被怀疑之列。因此，他必然要构建一种理性主义的论证，推论也只能由他心灵中的内容出发。

聚焦

幻肢

笛卡儿担心他的身体是否真的存在，难道他疯了吗？让我们来看笛卡儿熟悉的著名的"幻肢"现象。一个人的腿被截肢后，他还经常感觉到已然不存在的那只脚的瘙痒感。他会惯性地弯身去挠它，然后才想起那只脚已然不在了。显然，残肢上受损的神经向大脑发送了痒的讯息，大脑误以为这讯息来自已然不存在的那只脚。若某人能经验一只不复存在的脚，那么在笛卡儿看来，心灵正在经验"幻体"(phantom body)这种可能性也是合乎逻辑的。

笛卡儿论理性的作用

下述引文来自《第三沉思》，笛卡儿说"理性的自然之光"向他显示：(1) 某物不可能从无中而来，以及(2) 至少，原因中有多少实在，效果中就必然有多少实在。

- 对于这两条原则，笛卡儿用哪些案例提供支持？
- 他如何将这两条原则应用于自身所拥有的那些理念的存在？

引自勒内·笛卡儿

《第一哲学沉思集》[13]

现在，凭借自然之光(light of nature)显然可以看出，至少，在效率和总体的原因中有多少实在，由此生成的效果中就有多少实在，毕竟效果如果不从原因还能从哪里获取其实在呢？如果原因自身不具有实在，又如何能把实在传入效果呢？也就是说，不仅无中不能生有，而且，比较完满的东西——也就是自身包含更多实在性的东西——不可能出自比较不完满的东西……例如：尚不存在的石头，如果它不是由一个东西所产生，那个东西本身……具有进入石头的组织中的一切[换言之，由那个自身已包含与石头相同的特性，乃至超越石头特性的东西]，这块石头不可能开始存在；同样，在一个事先缺乏热的主体身上，要产生热，务必要有原因，这一原因至少在等级上(程度或种类上)与热一样完满。其他事情依例类推。我这里本没有石头的理念、热的理念，唯有一个原因，它至少包含了我在热或石头里感知到的同样多的实在，并将其置放在我当中，我才有了那些理念……因为，如果我假定一个理念包含着其原因里未包含的东西，它就必然是从无中得到这东西的。然而不完满也可以是一种存在样式，一事物将凭借不完满当中的理念而被客观地理解[或被表象]。我们当然不能认为不完满的存在便是无，也不能由此说理念源于无。

……这样，自然之光便明确告诉我，理念在我之中似图片或意象，它们可能已缺失所从出之物的完满，但绝不可能包含比后者更伟大或更完满的东西。

越长久越仔细地检视所有这些事情，它们之为真理的确定性也便愈发鲜明、清晰。我从中可总结出怎样的结论呢？可以说：如果我任一理念的客观实在性[或完满]可明晰地给予我确信，并且此实在性在我之中的存在既非形式化的亦非突兀的，而且由此可表明我本人并非成就它的原因，就可以说，我并非世界中的唯一存在物，必定还存在其他事物，可被称为理念的原因。

在考察自身那些理念的来源时，笛卡儿认为，他关于物理对象、动物和他人的理念都是从已有的理念中构造出来的，其中涉及对他所掌握的经验材料的创造性改进。但他不认为自己能创造出无限的理念以及完满上帝的理念。为何不能呢？笛卡儿又回到先前那条原则，即“至少，原因中有多少实在，效果中就必然有多少实在”。注意他的结论，“无限”和“完满”理念是否来自他的“有限”和“不完满”观念，还是说，情况恰恰相反？

由此，就只剩下上帝的理念了。那我就必须考虑，是否有某样东西不可能被认为源于我自己。用“上帝”这个名称，我指的是一个无限的、永恒的、不变的、独立的、全知的、全能的以及我自己和其他一切存在物（如果有它们的话）由之被创造的实体。以上这些特性如此之卓越，以致我愈仔细思索它们，就愈不相信与之相关的那一理念竟能从我自身产生。综上种种，我就能得出上帝必然存在的结论。

尽管因为我自身是实体，所以心灵中会有实体的理念，但我只是一个有限的存在，不应该具有无限实体的理念，除非某一无限实在将之给予我。

我必不能想象，就如我通过否定运动和光明而理解了静止和黑暗一样，我也只能通过否定有限而非借助某一真实理念理解无限。相反，我清楚地感知到，无限实体比有限实体更为实在。因此，某种意义上，我在掌握有限观念之前就先掌握了无限观念，也就是说，我在拥有自己的观念之前，就先有了上帝的观念。如果我不具有比自己更完满的存在的理念，不与之相较高下而了解到自身本性上的缺陷，何以能知道自己在怀疑、在欲望？何以能知道自己缺乏某物？何以能知道自己并非完美无缺的？

也不能说，上帝理念可能实质上是假的，是我无中生有编造出来的……它非常清楚、明白，而且比其他观念包含了更多的客观实在，没有什么可比它更真实、更不可被怀疑为错的。要我说，至上完满和无限的理念具有最高程度的真。尽管人们可想象这样一个存在尚非实存，但不可假定它的理念代表着某个非实在的东西……此外，它在最高程度上是清楚的，不论心灵把什么清晰且分明地构想为实在的或真的，构想为蕴含着完满的，都会被囊括在这一理念之下。我不能理解无限之物，我不能理解包含在上帝理念中的事物的无限性，或许想也未曾想到过，诚然如此，那也是因为无限之物的本性不是有限之物可予以理解的。明白了这一点，并判定，所有我清晰感知的东西，它们之中具有的某种完满以及可能被我忽视的无尽的特性，都形式上或卓尔不群地位于上帝之中，那么我所有的上帝的理念，相较其他理念而言，就可谓最真实的、最清楚的、最分明的。

笛卡儿这番论证表明，“无限的”和“完满的”的理念不可能来自他自己和他的经验，因为他和经验中的任何东西都不是无限的和完满的，所以，它们必然来自那个拥有这些性质的存在，也就是上帝。通常而言，我的心灵中拥有某种特定理念，并不意味着有某个外在实在与之对应。然而，笛卡儿通过论证认为，这个完满理念是独一无二的。若它不能从我自身中产生，那“就必然可得出，我并非孤零零存在于世，其他某样东西，作为这个理念的原因，也存在”。在《第三沉思》开头部分（本文未作引述），笛卡儿便总结道，他之所以能确定自己的存在，是因为这个理念是绝对清楚的。此后，就像他在上帝讨论中所阐明的，只要任何观念是清楚的，他就相信其为真。

笛卡儿认为，唯有一个无限和完满的存在（上帝），才能使他获得“无限的”和“完满的”理念。剩下的问题是，上帝是如何赋予他上帝理念的呢？正是在这里，笛卡儿阐明了理性主义的基本原则，即某个理念如果不是基于经验所得，就必然是天赋的或早已存在于心灵中。

从我在以及我拥有绝对完满的上帝存在理念，就必然能推出，上帝的存在是可予以透彻说明的。

对我来说，剩下的只是去考察，我如何从上帝那里得到此理念呢？我无法从感觉里获得它，它不会像感觉对象的理念那般，只要呈现或者似乎呈现给外部的感觉器官，就会不期而遇地呈现在我面前。它也不是我心灵的纯粹虚构物，因为我没有力量在它上面褫夺或增添东西。唯一剩下的选项就是，它和自我理念一样，是我与生俱来的。

实际上这就没什么好奇怪了，上帝在创造我时，也把这一理念放进我之中，好似工匠为其作品打上标记。

笛卡儿的上述论证可被归结如下：

1. 某物不可能从无中而来（换言之，所有的效果，包括理念，都是由某物引起的)。

2. 至少,原因中有多少实在,效果中就必然有多少实在。

3. 我拥有上帝的理念(作为无限的和完满的存在)。

4. 我心中的上帝理念是由某物引发的。

5. 我是有限的和不完满的,因此不可能是无限的和完满的上帝理念的原因。

6. 唯有某个无限的、完满的存在才能是这种理念的原因。

7. 因此,上帝(无限的和完满的存在)实存。

停下来,想一想

起初,笛卡儿发现,诸如2+3=5这样清楚的事情也可能会遭到怀疑。但现在,他却接受了更加复杂和有争议的形而上学原则,即“在效率和总体的原因中有多少实在,由此生成的效果中就有多少实在”,同时宣称该原则的自明性源于“自然之光”。你对此原则抱有多大确定性?你为什么有此确定性?笛卡儿说这条原则不可被怀疑,你是否承认?为什么?

笛卡儿的理论有问题吗?在设定这条因果关系原则之后,他是否放宽了标准,未能将严格的怀疑方法贯彻始终?他毫无理由地将一些假设夹带到论证之中了吗?你怎么看?

笛卡儿论实在的表象

笛卡儿满足于完满上帝的存在,并且认为这个上帝不会欺骗他,因为欺骗行为会令上帝在道德上不完满。在《第四沉思》中,笛卡儿考察这种知识在认识论领域可能带来何种进步。由于上帝不包含恶,不会欺骗,并且赋予我们认知能力,所以笛卡儿确信,只要恰当使用理性,就不会在朝向真理的道路上犯错。任何错误都是推理不当或者放任信念超出清楚的认知范围所造成的结果。既然已经为感觉经验找到了理性基础，笛卡儿便自信地认为，我们可以获得关于身体和外在世界的存在及其本质的知识。

停下来，想一想

再回到理性主义的三个支撑论点，笛卡儿是怎样阐明它们的？

透过理性主义者的镜头看

1. 尽管存在文化间的差异，很多道德原则看起来依然是普遍的。比如，基督教国家的黄金律令说："人如何待你，你也要如何待人。"古希伯来思想中有"爱邻如己"的说法。同样，在中国古代的著作中，孔子说"己所不欲，勿施于人"。理性主义者如何解释不同文化中普遍共有的道德原则？

2. 在《美国独立宣言》中，托马斯·杰弗逊(Thomas Jefferson)写道："我们认为下面这些真理是不言而喻的：造物主创造了平等的个人，并赋予他们若干不可剥夺的权利，其中包括生命权、自由权和追求幸福的权利。"既然"权利"不可被经验观察到，对于人人拥有权利这一共同信念，理性主义者又作何解释？

3. 大多数人都相信"每件事都得有个原因"。即便某件事的原因我们无法察觉，但依然相信它是存在的。我们对这句话如此确信，其基础是什么？经验告诉我们，我们考察过的大多数事件皆有其因，这可以作为万事皆有其因的充分基础吗？既然我们对世界的经验十分有限，为何还相信普遍因果关系的必然性呢？我们如此在意该形而上学原则，理性主义者又会说些什么？

4. 在我们的世界中，草是绿的。想象一下，假如世界发生了天翻地覆的变化，草变成了红色。科幻小说作家就以与我们非常不同的方式思考世界。然而，关于这个世界的许多真实陈述，放置在被虚构出来的世界中也同样为真吗？有的世界超出我们的想象，关于它们的真理就是错的吗？理性主义者对此会说些什么？

检查理性主义的优缺点

正面评价

1. 理性可以从少许直观到的数学公理出发推导出大量定理，并在探究物理世界的过程中（惊人地）有效，这可谓理性主义者握有的一张王牌吗？该如何说明由心灵理性地证明的东西与在经验中观察到的东西之间的关联呢？

2. 理性主义者宣称，离开理性，经验将只是难以理解的视觉、声音、味道、气味和质地的万花筒，这么说对吗？

3. 我们如何知道逻辑法则是正确的？既然所有证明程序都预设了逻辑法则，我们还怎么去证明它们呢？我们无法为逻辑法则证明，这是否说明在获取知识之前，我们已经与生俱来拥有了某些特定真理呢？

负面评价

1. 理性主义者宣称，有关实在的基础真理对理性而言是与生俱来的或自明的，然而，理性主义者内部却并未达成共识，他们对实在的本质、上帝、自我和伦理原则等都给出了相互矛盾的解释。例如，在笛卡儿看来，理性最终指向的是《圣经》传统中的上帝。同样是理性主义者，斯宾诺莎（Spinoza）则认为，泛神论才是最为合理的。泛神论认为，任何东西，包括物理自然和我们自身，都是上帝存在的组成部分。这种内部的不一致是否会伤害到理性主义者的普遍观点，即理性可给我们提供普遍必然的真理？作为理性主义者，将如何解释这种不一致呢？

2. 有些古代和中世纪的理性主义者宣称，从理性的角度看，真空概念是荒唐的，因此，它不可能存在。但科学家们却通过实验发现，真空装置是可能的，可以利用我们掌握的技术构造一个近乎完美的真空装置。这一发现是否会导致我们对理性主义者的怀疑，因为他们说只有理性才能告诉我们实在是什么。

3. 笛卡儿与其他理性主义者都认为，完满的理念必然是与生俱来的，因为我们从未在经验中见过它。你能想象完满的排球运动员、完满的象棋弈者、完满的爱人、完满的玫瑰以及其他看似完满的东西的品质吗？显然，我们从未遇到过完满的排球运动员或上述列举的任何东西。然而，假定完满的排球运动员这一理念内在于我们的心灵中，似乎又很荒唐。这是否说明，（与理性主义者相反）我们能从有限的和不完满的经验要素出发构造完满的概念呢？

3.3 经验主义

引导性问题：经验主义

1. 响尾蛇肉滋味如何？鱿鱼肉、海龟肉或鸵鸟肉滋味又如何？海藻蛋糕或菊花沙拉品尝起来如何？你如果从未品尝过这些食物，又如何回答这些问题呢？这些例子能在多大程度上说明，经验是所有关于世界的知识的来源呢？

2. 假定你一分钟前才被创造出来[你可以想象是上帝还是弗兰肯斯坦博士(Dr. Frankenstein)造就了你]。想象你拥有一个普通成年人的所有心智、能力，但因为刚刚被创造出来，所以关于世界的经验还不够多。看到一个明亮耀目的火堆，你如何才能知道，触碰它时会产生剧烈疼痛？在没有任何事前经验时，看到一个冰块你能知道它是冷的吗？

3. 想想世界上存在的各种不同事物，比如某个特殊的东西、一堆东西或一个人。比如，你可以想象埃菲尔铁塔、一些苹果或亚伯拉罕·林肯(Abraham Lincoln)。如果没有这些实物的存在，你还能去想象世界吗？既然这些实物有不存在的逻辑可能性，你又如何知道它们是存在的呢？离开了经验，我们还能知道某个东西存在或者不存在吗？只是坐在桌边理性地思考世界，我们就能知道它包含些什么吗？难道不正是经验而非理性告诉我们有关实在的事情吗？

检视经验主义

经验主义的知识论与理性主义相似，也由三个支撑论点构成。思考你赞同或反对它们的理由。把它们同理性主义的支撑论点作比较，看其立场有何不同。读完这部分后，思考一下你会如何回应3.0节中与知识论相关的"我怎样认为？"调查问卷。你会不会修正其中的某些回答呢？

经验主义的三个支撑论点

真知识的唯一来源是感觉经验

经验主义者将心灵比作一块白板，经验在上面写写画画。他们宣称，离开了经验，我们不但无法形成对世界的具体特征的认识，而且也会失去构想颜色、气味、质地、声音和味道等性质的能力。例如，如果没有味蕾，你甚至都无法构想"苦"意味着什么；如果没有眼睛，"颜色"观念也便空洞无物。

在谈到经验是知识来源时，经验主义者认为，我们必须满足于那些或然的结论而非绝对确定的结论，因为大多数以感觉经验为基础的推理采取的都是归纳论证的形式。[①] 在经验主义者看来，感觉经验可能无法提供理性主义者要求的那种绝对确定性，但我

---

① 见第1.3节关于归纳论证的讨论。

们还是不得不毅然前行。为什么不肯满足于这种能引导我们成功应对外部世界的或然知识呢？17 世纪英国经验主义者约翰·洛克(John Locke)将人类知识的领域比作一束光。我们或许期望在阳光普照之下(绝对确定性)观看世界，但现有的光就是这样，我们也无法挑剔。所以，“内置于自身的烛火对我们要实现的目的而言已经足够了，我们该对相应的发现成果报以满足”。[14]

理性是通达知识的不可靠和不适当的路径，除非它立基于感觉经验的牢固基石

经验主义者谴责理性主义者，认为他们执着于空幻缥缈的沉思，而缺乏可立足于实在的经验材料。按经验主义者所言，每一理念、概念或术语必须诉诸其所由来的原始经验以接受检验。例如，休谟说，“印象”(感觉材料)给予我们的术语(语词)以意义：

> 因此，当我们怀疑一个哲学术语的应用缺乏意义和观念时，就需要去寻究，这一术语的观念将由哪一印象而来呢？如果不能赋予其观念，我们的怀疑便坐实了。通过将观念置于敞明境地，我们就可以有理有据地憧憬，因观念的本性与实在而引发的争执由此就可以被平息。[15]

经验主义者遂坚称，术语的意义连同信念的可信度必然要接受以实在为基础的经验检验。离开了经验，我们所能做的不过是拿一个观念去对比另一个观念而已，而这样做最终得到的可能只是一个完全融贯却错误的观念系统。例如，乔治·卢卡斯(George Lucas)的电影《星球大战》(*Star Wars*)是将一系列传说的历史事件编织在一起而构成的融贯的故事。只是，无论故事多么融贯，它却并非在描述实在。

因为理性不足以导向真理，所以经验主义者宣称，各种理性主义者针对实在、上帝和伦理的本质提供不同乃至相互矛盾的解释也就不足为奇了。例如，在传统的理性主义者中，笛卡儿认为我们拥有自由意志，但斯宾诺莎却说，在理性必然的意义上，一切都已被规定好了。笛卡儿和莱布尼兹都为上帝的仁慈提供理性论证，斯宾诺莎却认为上帝既不能有激情，也不会对我们抱有任何情感。

尽管他们批评理性主义者过分强调理性，但在对经验的理解上，经验主义者同样也强调理性的重要性，他们相信，在知识的获取上，理性的主要作用在于组织经验材料并得出结论。然而，跟理性主义者相反，经验主义者宣称，离开了经验的理性就如没有泥土的陶艺家或没有数据的计算机。心灵需要某些东西以从事推理，若不靠经验，还能从哪里获取这些东西呢？

没有证据表明心灵中有脱离经验的先天观念

经验主义者提供了诸多论证以反对这个假设，即在心灵中潜藏着与生俱来的观念。首先，他们指出，并非所有人都掌握所谓的自明真理。经验主义者争论道，当我们还是婴孩时，心灵是一块白板，经验教我们需要知道些什么。其次，如先前的经验主义者所说，理性主义者内部就观念是理性的和“与生俱来的”这一方面也并未达成一致。最后，即便我们发现真理看起来普遍可知，而且总是可以被把握为真，但就算不诉诸与生俱来的观念，它们也能被解释。经验主义者会说，这些普遍真理(1) 或者是我们诸观念间关系的表达，(2) 或者是对经验的概括。但在任何情况下，都不存在既可告诉我们有关世界之事，又可脱离经验而被认识的先天真理。

强调选项1的经验主义者宣称，理性主义者确信真理是能离开经验而被认识的，但也正因如此，那些真理无法告诉我们有关世界的事情。照此观点，理性主义者诉诸的数学的、逻辑的或形而上学的陈述都是基于定义或语言的约定。例如，你能先天知道“任何有形状的事物都有尺寸”，因为这两种特性都已包含在我们关于空间对象的定义中了。因此，理性主义者的那些绝对确定、必然和“与生俱来的”真理并不比“所有单身汉都是独身”这一陈述更神秘、更与生俱来。

强调选项2的经验主义者则宣称，理性主义者的普遍真理实际上是对经验所做的具有更大可能性的概括。例如，“每件事都有原因”这一主张并非先天真理，而是一种经验性的主张，即主张在一般意义上，只要某事发生，经验就能向我们表明其原因。我们以经验为基础，推断这一陈述在任何情况下都可能为真。有些经验主义者反对此为真的推断，将“每件事都有原因”解释为一条方法论原则，即“为事情寻找原因总是可行的”。

经验主义者对三个认识论问题的回答

再次回顾关于知识的三个问题：（1）知识可能吗？（2）理性能独立于经验给我们提供关于世界的知识吗？（3）我们的知识能按其真实所是表象实在吗？就像我们即将看到的，尽管所有经验主义者都始于之前讨论过的三个支撑论点，但对于这三个知识问题却给出了不同解释。此差异说明，哲学不仅要在基础问题上选定立场，还要揭示出该立场的含义所在。我们将要考察的四个经验主义者——亚里士多德、约翰·洛克、乔治·贝克莱和大卫·休谟——便就经验主义的含义给出了四种不同说明。我们会考察每位哲学家对三个认识论问题所做的回答，这番考察依照如下主题进行：（1）知识的可能性；（2）理性的作用；（3）实在的表象。

古代经验主义：亚里士多德

当哲学家完成了从追问“实在是怎样的?”（形而上学）到追问“我如何能认识实在之所是?”（认识论）的关键转向，认识论便在古代世界中出现了。哲学家们的某些回答预示了现代所说的经验主义立场。例如，古希腊哲学家亚里士多德(前384—前322年)以经验作为知识的起点，并对其老师柏拉图的理性主义提出了异议。

亚里士多德生于马其顿(Macedonia)，并在那里长大。因循家族的传统，他的父亲在宫廷担任御医。亚里士多德哲学讲求科学、经验的风格，他本人对细节的关注，对自然特征的分类与分析技巧等，都不免受其父亲专业精神的启发。大约18岁时，亚里士多德成为柏拉图雅典学园的学生。他与柏拉图20年里教学相长，直到老师于公元前348年辞世。随后多年，他游历希腊诸岛，从事海洋生物研究。公元前342年，他受马其顿国王菲利普(Philip)的邀请，担任时年13岁的王位继承人亚历山大(后被誉为亚历山大大帝)的家庭教师。公元前335年，亚里士多德回到雅典，创建了自己的学校和研究机构，成为柏拉图雅典学园的竞争对手。因为学校靠近阿波罗吕克昂(Apollo Lyceum)神庙，所以又叫作吕克昂学园。此后12年间，他一直在学园指导科学研究，并撰写了其主要作品。亚里士多德在吕克昂学园的研究领域十分广泛，其中还包括自然科学与历史。吕克昂学园还拥有规模宏大的图书馆、博物馆，收集、陈列了不少动植物的活体和标本。

亚里士多德论知识的可能性

对于“知识可能吗?”这一问题，亚里士多德会毫不犹豫地回答：“当然。”针对怀疑论者宣称的知识不可能的观点，他提供了很多论证予以反驳。比如，亚里士多德说我们能认识逻辑法则(亚里士多德是提出基本逻辑法则的第一人)。其中一种逻辑原则是**不矛盾律**，它认为某物不可能同时是A和非A。比如，“兽类是哺乳动物并且兽类不是哺乳动物”的说法是无意义的。既然不遵从逻辑法则，就无法作出有意义的论断，那么怀疑论者要么三缄其口，要么必须承认我们可以认识一些逻辑真理。除了是伟大的哲学家，亚里士多德还是一名有修为的科学家。他做过许多生物学实验,学校里还有一个宏伟的博物馆。他通过科学研究表明,借助细致的观察和有条理的事实搜集,我们就能获得关于世界的知识。

亚里士多德不但认为知识是可能的,还认为对知识的渴求内在于人性之中。其代表作《形而上学》的第一句便是:"求知是所有人的本性。"他认为,人类求知的渴望就表现在"对感觉的喜爱当中;人们甚至不顾用途而喜爱感觉本身"。亚里士多德的经验主义倾向由此一览无余。由是观之,在知识探究过程中,感觉经验起着相当重要的作用,同时也能使我们体验生活之乐。亚里士多德认为,只要运用正确的方法,就能将纯粹的原始感觉材料提升为精炼的理论知识或科学知识。

亚里士多德与理性的作用

第二个问题是:理性能独立于经验给我们提供关于世界的知识吗?亚里士多德坚持经验主义立场,对此持否定态度。在《论灵魂》第 3 卷第 4 章中(也可被看作第一本心理学教科书),他说心灵先于经验,但它只是一块白板(拉丁语是 *tabula rasa*)。在经验于心灵之白板上涂画之前,它空无一物。心灵像白板的隐喻是如此有感染力,以至于两千年后又重新被约翰·洛克采用,并由此成为经验主义的标志性象征。显然,如果将心灵比作一块独立于经验的白板,便排除了存在任何与生俱来知识的可能性,这便与苏格拉底、柏拉图以及其他理性主义者的观点相抵牾。因此,如果亚里士多德与笛卡儿同处一个时代,那么后者关于无限、完满和上帝观念隐藏于心灵之中的主张必会遭前者拒斥。亚里士多德与后辈经验主义者都会将理性主义的假设视为荒唐之举,那些假设宣称我们出生时便掌握了详尽和确定的知识,只是没有意识到它们而已。

在亚里士多德的老师柏拉图看来,只有将物理世界的特殊事物与由共相或理念形式(ideal forms)构成的终极实在联系起来,才有可能理解它们。例如,设想一个手绘的圆。柏拉图会说它不足以成为真正的圆，因为它并不完满。我们还能进一步说，它由墨水绘制而成，圆周还有宽度，而真正的圆既不是墨水画的，也没有宽度。我们之所以能理解这个手绘的圆，只是因为我们拿它跟理想的、完满的圆的理念作比照，而后者唯有在心灵中才可被认识。柏拉图在讨论政治哲学时也采取了类似的方式，即将不完满的人类社会与通过理性推出的完满正义的形式相比较。

亚里士多德的思路则完全不同。他相信，全部知识始于我们关于特殊事物的经验。比如，与柏拉图从完满社会出发探讨政治哲学不同，亚里士多德考察了158个实际存在的城邦构成，由此分析在不同环境下何种体制最为适宜。与柏拉图相反，亚里士多德宣称，脱离了具体实例就不可能理解正义（或其他普遍特质）。亚里士多德与柏拉图之间的分歧可谓巨大，以致他曾说："吾爱吾师，吾更爱真理。"

虽然亚里士多德认为知识始于具体经验，但他同时认为，要想获取知识，仅凭感觉和熟悉个别事实仍然不够。在小狗的经验中（比如它藏匿骨头的时候），它可以体验气味、质地和味道，但不能拥有真知识。科学要超越对特殊事实的认识，通达关于世界的一般结论。

如何完成从特殊事实到一般知识的跳跃呢？亚里士多德提到了归纳和直观两个步骤。通过归纳，我们获得变化着的殊相世界中的普遍的、必然的特征。他认为，感觉经验在记忆里留下了痕迹。对同一种事物的大量的感性知觉在记忆中相互强化，相似性质、普遍性质的知识由此浮现。亚里士多德对此过程进行了生动地描画："好像在战争中，第一个人先站住，接着第二个，直到恢复最初的阵形，溃败才算被止住。"换言之，从幼年时起，我们就被卷席于感觉的繁杂、喧嚣之樊囿中。最初，我们的心灵感到困惑，好似军人处于战争高压之下。然而，这些感觉的一部分在记忆中保存下来，而且相似的那些感觉相互巩固。随着每个共相在心灵中占据一个位置,理智秩序开始显现。好像士兵守住阵地并伺机占领新阵地一般,这些共相也开始将我们的理解推向程度越来越高的一般性。比如,我们经验到汤姆(Tom)、迪克(Dick)、苏珊(Susan)和简(Jane)。我们感知到他们独特的性质,也经验到他们之间的相似性。心灵能从诸特殊例子中抽象出普遍的"人"。通过相似的过程,我们构建了"狗""蜥蜴""鹿"等概念。以此作为"立足点",心灵又发展出作为共相的"动物",并最终达到那些最基础的、可在所有存在物中找到的共相,比如实体、性质、关系和位置。

虽然从殊相开始的归纳概括过程可以解释大多数知识的来源,但还有一些知识却不可能由此获得,这就是亚里士多德所谓的关于"第一原则"(first principles)的知识,它们包括数学真理、逻辑真理以及每门科学的最基本原则。直观的作用便在此显现。亚里士多德深信,世界中包含着一系列理性秩序。虽然单凭经验无法证明它,但能够使我们对它有所了解。此时,唯有通过理智直观,我们才可真正"看见"那些普遍的、必然的真理,而它们才是所有真知识的基础。例如,两个苹果加上两个苹果,两个橙子加上两个橙子,就可能触及 2+2=4 这个理智洞识。这个具有普遍必然性的数学真理并非基于包含着苹果和橙子的变动世界,但具体经验引发了理智洞识的兴起。因此,就亚里士多德而言,直观是超越了归纳过程的进阶步骤。通过直观,心灵便生发出辨识或者直接知晓潜藏于经验当中普遍真理的力量。

亚里士多德论实在的表象

前文谈到的第三个认识论问题是:我们的知识能按其真实所是表象实在吗?亚里士多德再次表示赞同。不妨想象一块刻着许多圆孔的板子,你试着拿方钉插进圆孔里。你不可能做到,因为物体(方钉)的形状跟接受者(圆孔)的形状不一样。亚里士多德认为,与之相似,语言、思想与实在要想看起来可以"匹配在一起",它们就必须拥有相同的结构。其一，思想与实在必须相关。如果它们之间没有某种类同性，心灵如何能够认识自然呢？当我们从一个命题推衍到另一个命题时，并非只是从一个心灵项（mental item）进入另一个那样简单。相反，我们是要从关于世界的一条信息出发，获得其他对世界的真的事实描述；其二，语言和实在必然有相同的结构。如果语言与实在没有某种类同性，我们如何开始谈论世界呢？其三，语言必须有着与思想相同的结构，否则，我们又如何能把思想变为语言呢？

让我们更深入地讨论语言与实在的关系。亚里士多德所用的希腊语（连同我们所用的英语）具有主项—谓项结构（subject-predicate structure）。我们通常会做这样的表达："苏格拉底是秃子"。这个例子中，"苏格拉底"一词是主项，"是秃子"构成谓项。在指称事物的语词与指称特性的语词之间存在一种严格的逻辑关系。例如，我们不能说"秃子是苏格拉底"。指称特性的语词需要某个逻辑主项。与之类似，实在被分成个体的、具体的事物，如苏格拉底、我所坐的椅子以及你正拿着的书本等。这些个体事物被称为"实体"（substances），实体是实在的基础构成单位。亚里士多德说，实体"是其他一切存在物的基础；而其他一切事物要么被用来表述它们，要么在它们之中呈现"。

亚里士多德的经验主义可总结为，所有知识都基于感觉经验。离开经验，心灵就像一块白板一样。从一再重复的感觉经验出发，我们就能从事概括活动，揭示事物的本质以及世界的运转方式。不过，那些最基础的原则（每一门科学、数学真理和逻辑法则的第一原则）都是借助一种独特的经验而被认识的，它便是理智直观。此外，亚里士多德的经验主义对实在有一番独特见解。知识总是立基于被称为实体的基础实在。实体是日常经验中发现的具体对象。亚里士多德赞同柏拉图，认为我们能够拥有普遍性质的知识（"人""正义""美"），但他坚称这些共相一直是嵌在具体事物之中的，它们是后者的范式，不能离开后者而存在。

约翰·洛克

约翰·洛克（1632—1704）

洛克生平

尽管经验主义可溯源至古希腊，但却是英国哲学家约翰·洛克奠定了现代经验主义的基础。洛克博学多才，在牛津大学期间研究过神学、自然科学、哲学和医学。17 岁左右，他开始担任阿什利勋爵（Lord Ashley）［就是后来的沙夫茨伯里伯爵（Earl of Shaftesbury）］的私人医生和顾问。洛克在政坛颇为活跃，并担任过多项公职。他还参与起草了 1669 年美国南北卡罗来纳州（the American Carolinas）宪章。

众所周知，洛克 1690 年出版巨著《人类理解论》，引领了启蒙时代的发展。这本书在 18 世纪造成的影响，除《圣经》外罕有其他论著可与之相提并论。据洛克自己说，之所以写作这部作品，跟他与五六个朋友针对道德和宗教事务进行的激烈争论有关。洛克很快意识到，除非他与朋友就人类理解的能力和限度作出评估，否则这些艰涩的问题便无从解决。如他本人所言："如果我能发现理解可以达到什么境地，能在多大能力内赢得确定性，在什么情形下它只能下判断和做猜测，我们就可以学着让自己安于当下所知之事。"[16]

洛克论知识的可能性

在洛克看来，显而易见的是，经验为我们提供知识，使我们能够应对心灵之外的世界。因此，对第一个问题——"知识可能吗？"，洛克的回答是肯定的。但知识并非摆在草地上的某样东西，它位于我们的心灵中。因此，要理解知识，就必须分析心灵的内容，看看在世界是什么这个问题上，它能告诉我们什么。

依洛克之见，所有知识的构成要素都是观念(ideas)。洛克赋予这个术语以独一无二的意义，它与我们今天所理解的完全不同。他说，观念就是“感知、思想或理解的直接对象”。[17]他将几个例子随意组合，以阐明观念一词的含义。观念是由“白、硬、甜、思考、运动、男人、大象、军队、醉酒以及其他”[18]语词所表达的各种东西。

像化学家将复合物分解为简单元素一样，洛克也试着找寻构成知识的基本单位。思想最基础和最原初的元素是简单观念。心灵不可能发明全新的简单观念，或者知道某些从未经验过的观念。例如，字典将黄色定义为成熟的柠檬的颜色。为使观念清晰可知，字典必须以你经验过的对象作为解释的元素。

简单观念有两种。第一种是感觉观念，即像黄色、白色、热、冷、软、硬、苦、甜等性质的观念。第二种是反思观念，它来自我们对心灵运作过程的经验，也就是我们今天所说的反省知识。我们因此拥有了感知、思考、怀疑、相信、推理、认识和意愿，以及情绪和其他心理状况的观念。由于我们能观察心灵活动，也就可以思考思维这回事(或者任何其他心理活动或状况)。

相机胶卷接受并记录透过镜头进入的光线，与之类似，心灵在经验中被动接受简单观念。但是，这些观念来自不同的、相互分离的感觉，比如声音、颜色等。问题在于，我们从哪里获得诸如书本、大象这样的统一对象(unified objects)的观念呢？洛克相信，尽管心灵不能产生简单观念，却能将它们加工为复杂观念。复杂观念是简单观念的复合，它们可被视作统一的对象，并被赋予名称。依据三种构成性的心灵活动，洛克将复杂观念分为三类：组合(compounding)、关联(relating)和抽象(abstraction)。第一种复杂观念由两个或多个简单观念组合而成。我们可将同一类型的几个观念进行复合。例如，将一些有限的空间经验组合成宇航员所说的广袤空间的观念。我们也可以复合不同类型的观念。苹果观念就是由红、圆、甜等不同观念复合而成的。

通过将一个观念与另一个观念相关联，我们就能得出关系的复杂观念。比如，通过将两个事物的观念进行关联和比较，可以得到“更高”这个观念。丈夫和妻子、父亲和儿子、更大和更小、原因和结果等观念都与之相似，不仅需要能被经验，而且要从可被观察到的关联中引出。

最后，通过对一系列特殊观念进行抽象，就能获得一般观念。洛克说，不管书的个体差异，只抽象出其共有的性质，我们就能构成书的一般观念。例如，个体的书虽颜色、尺寸各不相同，但它们在一般意义上是长方体，内中有书页，书页上或是文字或是图画。当我们指称狗、人、建筑物或任何其他事物的群组时，就是在从特殊个体的经验中抽象出共同特性。

洛克与理性的作用

关于第二个问题，理性能独立于经验给我们提供关于世界的知识吗？洛克给出了否定回答。洛克用上述经验主义的第三个支撑论点攻击天赋观念。在洛克看来，所谓我们拥有与生俱来的知识却未意识到它们，其实只是一种“垃圾”废话，因为“没有什么命题可以是存在于心灵中却不被知道、不被意识的”。[19] 与理性主义认为心灵天然地包含着确定理念相反，洛克给出了自己的解释模式：

> 我们可以假定心灵是张白纸，没有任何标记，没有任何观念；那它的内容如何被提供呢？人们如何能有如此庞杂的储备，从而可依凭匆促而无限的想象，在心灵这张白纸上尽情涂抹呢？从哪里得来理性和知识所需的材料呢？一言以蔽之，它们都来自经验。我们的一切知识都是立基于经验之上，最终从经验里派生出的。[20]

换言之，没有经验，心灵便没了内容。反之，一旦我们拥有了经验，理性就能通过对观念的组合、关联和抽象对这些材料进行加工，从而产生更为复杂的观念。因此，理性无法脱离经验单独为我们提供知识。

理性主义和经验主义的主要争议在于观念的来源。他们都承认“香蕉”观念来源于对香蕉的经验。但完满的观念呢？这就类似于先有鸡还是先有蛋？理性主义者认为完满的观念是心灵与生俱来的，并且正是从这一基础观念出发，才派生出不完满的观念。可以回想一下笛卡儿对上帝存在的一种论证，该论证立足于完满观念，这种观念不是从经验而来，而是事先被某一完满的存在者植入我们心灵之中。然而，洛克却说，我们首先从经验到的事物中获得不完满的观念，接着通过想象消除这些不完满直至最终形成完满的概念。比如，我意识到自己的计算机知识很有限。但随着对计算机的无知被不断地消除，对它的理解也得以不断地增强。相应地，我可以想象某个在知识上不具有缺陷的存在者，它的意象便意味着完满知识。如此说来，我们是可以从经验中推出未经验之物的。在下面的思想实验中，请尝试亲自用洛克的方法通达诸概念。

思想实验：观念的来源

洛克如何通过对经验观念进行组合、关联和抽象而解释下述观念的来源的？

1. 无限
2. 上帝①
3. 道德的善或恶

---

① 请注意，问题不在于我们如何能知道上帝存在，而在于究竟如何能接纳“上帝”的观念并赋予它意义。后一问题具有更为优先的重要性。

经验主义者认为，像完满的观念一样，无限观念也可以有限观念作为开端（来自我们自己的有限经验）。洛克说，通过在想象中不断重复和组合有限的空间、时间和数字的经验，并无尽地持续这一思考过程，就可得到无限观念。然而，他警告说，我们能拥有关于空间的无限观念（想象一个物体穿越无边的空间），但我们有限的心灵中却不可能真正地包含无限的量。无限的观念更像一个标志，标示某一不受限制的量而非无限的量本身。要完整地了解后者，就需要有一个无限的心灵。

我们同样也能派生出上帝观念，具体做法是，想象我们重复并无止境地组合存在、持续、知识、力量、智慧以及其他肯定性质等有限经验，直到获得上帝这一复杂观念。待到真正需要证明上帝存在时，洛克便诉诸宇宙论论证中的传统经验证明以及设计论论证（参见第四章宗教哲学部分）。

最后，洛克认为伦理学也可置于经验的基础上。因为我们没有与善恶概念直接对应的感觉，所以必须借助其他感觉派生出它们。作为典型的经验主义者，洛克以痛苦和快乐的经验作为探讨道德理论的开端。他说，我们把所有让自己快乐的东西称为“善”，所有会造成痛苦的东西称为“恶”。以此方式，经验教我们知道特定行为在道德上是善的（如信守诺言和避免伤害），因为它们能导致最令人满意的结果。洛克主张，尽管存在文化差异，大多数文化的道德规范（moral code）依然有颇多相似之处。形成这种共性的原因是，道德是由从人类共同经验里派生出的智慧构成的。经验教会我们，充满背叛和欺骗的社会将处于非常不利的位置，也不可能长久维系下去。尽管认为经验可教给我们道德上的必需之事，洛克却仍试图将其与宗教信仰相贯通。他相信，无论对社会还是个体，从长远来看，上帝可以让那些与神圣法则一致的人类经验产生出最令人满意的结果。

洛克十分确信自己的经验主义的真理性，并毫无畏惧地向其读者发起挑战，鼓励他们去证明其中的错误。用他自己的话说，这一挑战是：

> 先让人考察他自己的思想，并且彻底究查他自己的理解，然后再让他告诉我，他全部的原初观念，除了感觉对象或心灵运作，是否还有其他……无论他可想象有多少知识存在，经过严格考察后，一定会看到，全都逃不出上述两种观念的窠臼。[21]

广场中的哲学	跟几位朋友谈一下约翰·洛克发出的挑战。让他们提出一些不可追溯至经验的观念。现在，由你扮演约翰·洛克的角色，用组合、关联或抽象等思维活动去说明这些观念如何从经验中派生出来。最后，看自己是否能够找到某个让洛克难以解析的概念，并以此否定他的经验分析。

洛克论实在的表象

第三个认识论问题是，我们的知识能按其真实所是表象实在吗？洛克相信可以，但他认为必须弄清楚，经验的哪些部分能客观地表象实在，哪些部分反映的是我们主观性的东西。他关于客观特性和主观特性的观点在下述思想实验中一目了然。

思想实验：客观特性和主观特性

1. 你发现了吗？当你分别在白炽灯光、霓虹灯光、半暗光线或太阳光下看一块布料时，所感知到的颜色会发生变化。例如,你原本认为自己穿了一双配对的袜子,可走出屋外才发觉一只是黑的一只是蓝的,曾有过这种事吗?

2. 为什么在不同光线下,某一对象的形状、大小或运动会有变化呢?

3. 在房间是否太热或冰茶是否太甜等问题上,你曾跟朋友有过意见不合吗?若因此说其中一种观点正确而另一种错误显然是没有意义的,为什么?

4. 啃苹果时把一片切过的生洋葱放在鼻子下面。这种情况下,你感觉到的味道与苹果的日常味道是否有所不同呢?

这些思想实验表明如下事实,即某些性质,如尺寸、形状或运动等,可维系不变,而其他性质,如颜色、温度或味道等,则能够因循环境而发生改变,导致不同的人有不同感知。洛克通过区分对象具有的两种特性来解释这种差异。其中,作为事物自身的构成部分,且能够独立于我们存在的那种客观特性,就被称为**第一性的质**(primary qualities)。对象的第一性的质包括广延、形状、运动、静止、数量。换言之,它们是可被数学地表达的特性,以及可被用于科学研究的特性。而**第二性的质**(secondary qualities)则指主观感知到的特性,它们是对象作用于我们的感官而产生出的效果,而且其外观不同于对象本身。第二性的质包括颜色、声音、味道、气味。

至此,可这样总结洛克对第三个认识论问题的回答,即第一性的质提供给我们实在之所是的知识,第二性的质只是记录了对象世界对我们的感官产生的效果。因此,我们很容易在一杯冰茶的尺寸、数目、位置和形状上取得一致,因为它们都是客观的、首要的性质。但在这杯冰茶到底甜不甜的问题上，我们则可能产生不同意见。这些不一致缘于甜是第二性的质，并非茶本身所有，只不过反映出茶在不同味蕾上产生的主观效果。洛克的第二性的质引发的效果之一，便是将艺术家所表象的以及诗人所描述的特征从外部世界身上剥离出来，剩下的部分则交由科学去研究，也就是可量化的、物质性的世界。我们将会看到，乔治·贝克莱批评了洛克对性质的区分，并通过论证认为洛克的观点将导向某种奇怪的结果。

停下来，想一想

回到经验主义的三个支撑论点。解释一下洛克是如何去阐明它们的。

乔治·贝克莱(George Berkeley，1685—1753)

贝克莱的生平

乔治·贝克莱是爱尔兰最著名的哲学家，曾受教于都柏林三一学院。在那里，他接触到了笛卡儿和洛克哲学，以及牛顿和其他著名科学家的著作。1710年，他被授予英国国教的神父职务，后来被擢升为主教。他曾去美国游历，想为英国殖民者和本土印第安人后代创办一所大学。尽管因资金不足而致计划最终流产，但对美国教育却产生了决定性影响。他给耶鲁大学捐建了当时美国最好的图书馆，也曾给哈佛大学捐赠了许多书籍。国王学院(后来的哥伦比亚大学)也是在贝克

乔治·贝克莱

莱的倡议下创办的。他曾写诗赞颂美国生机勃勃的新精神，并预言美国文明将会一直波及西海岸。最终，加利福尼亚州便在以贝克莱(Berkeley，通常译为伯克利)命名的城市中建起了一所大学。

贝克莱论知识的可能性以及理性的作用

跟洛克一样，贝克莱对认识论的前两个问题给出了肯定的回答：第一，他相信，我们确实拥有知识。第二，他认为唯有通过经验而非理性，我们才能拥有关于实在的知识。然而，我们将很快发现，在经验能够提供给我们何种实在的问题上，贝克莱跟洛克的观点可谓天壤之别。

贝克莱哲学研究的起点与洛克一样，都源于对经验的分析。他也将我们经验的具体内容称作观念，包括玫瑰花的红、冰的寒冷、新打下的草的清鲜气味、蜂蜜的味道以及笛子的声音等。我们也有关于自己心理状态和心理运转的观念，毕竟我们也在经验自己的意愿、怀疑和爱。由此，观念是直接呈现给心灵的意象、情感或感觉材料，它要么在鲜活的感觉或心理经验中，要么在不那么鲜活的记忆或想象的表现中。因此，当贝克莱说我们拥有苹果的观念时，他并非在指称某个抽象的概念，而是指由圆、红、硬、甜构成的复合观念(经验)的经验或记忆。

贝克莱的经验理论

虽然在许多关键问题上与洛克的观点一致，贝克莱仍认为洛克并非一个一以贯之的合格的经验主义者。因此，他决心要沿着经验的理路导出相应的逻辑结论。贝克莱最后的立场很令人吃惊，按他的说法，(1) 我们所有的认识都是源自经验，由此(2) 我们永远无法认识乃至理解声称位于自己的私人经验之外的物质世界。请再次考察这两个主张，明确贝克莱如何从(1) 洛克的经验主义进入(2) 对独立存在的物质世界的否定。贝克莱的哲学通常被称为主观唯心主义，或者按他自己的话说，这是一种非物质主义。**唯心主义**认为，终极实在本质上是心灵的或精神的。贝克莱的立场之所以被称为主观唯心主义，是因为他相信实在是由诸多个体的心灵构成的，而非存在于唯一的宇宙心灵中。根据贝克莱的观点，实在并非物理性的，任何存在物都可归入以下两类范畴：(1) 心灵(或精神)；(2) 他们感知到的观念。由此，经验中遇到的所有对象(书本、苹果、岩石)都要被归入范畴(2)，它们不过是有赖于心灵存在的观念的集合。贝克莱将这种信念称为"Esse est percipi"或"存在即被感知"。在他那里，唯一合理的立场可能是：

> 上至天堂唱诗班下至地面附着物，总之，所有构成世界的稳固框架的物体，一旦离开心灵都无法维系——它们的存在就是被感知或被认识。[22]

贝克莱的目标清晰地体现在他1710年作品的全名中——《人类知识原理：兼对科学中基于怀疑论、无神论和反宗教思想的错误与困难的主要原因的考察》。即便贝克莱知道牛顿和洛克是基督徒，却还是埋怨他们的科学和哲学理论开辟了通向无神论和怀疑论的道路。如果自然由运动的物质微粒构成，遵循牛顿所说的决定论法则，便没有必要诉诸上帝去解释诸事件。与之类似，如果像洛克宣称的那样，我们只能认知自身的观念(经验)，实在又独立于它们，那就无法确定观念是否准确地表象了实在，从而令自己陷入无望的怀疑论中。相反，贝克莱认为，我们关于诸对象的经验必然来自上帝而不是物质，这样一来，无神论就能被消除。此外，通过证明不存在观念之外的物质实在，我们就总是与实在(我们经验的内容)直接接触，那么怀疑论也就遭到了驳斥。

在《人类知识原理》开篇部分，贝克莱认为经验主义必然蕴含如下观念，即所有经验对象都有赖于心灵。

• 根据贝克莱的观点，当我们说某物“存在”时，具体指的是什么？

• 假定离开我们的感知，房子、山川和河流仍然存在，其为何会构成矛盾？

引自乔治·贝克莱

《人类知识原理》(*Treatise Concerning the Principles of Human Knowledge*)[23]

1. 很明显，任何一个人，当他考察知识对象时，必须承认，那些对象要么是真实印在感官上的观念，要么是心灵的激情或心灵的运转所进行的感知的产物，抑或是借助记忆和想象（或者组合、分裂，或者只表象那些凭借上述途径被原初地感知到的东西）构成的观念。通过看，我有了光和颜色的观念，以及它们的各种程度和变化。通过触摸，我感知到硬和软、热和冷、运动和阻力，以及它们在数量和程度上的多或少。嗅觉提供气味，味觉提供味道，听觉则向心灵传递各种各样的音调和曲子。它们几种有时伴随发生，可用一个名称进行标记，干脆就被看作一种事物。例如，特定颜色、味道、气味、形象和硬度在一起，就会被认作一种独特的事物，以苹果一名来标记它；其他的观念集结会构成一块石头、一棵树、一本书之类的可感物。这些东西，又按其为适意的和不适意的，激起爱、恨、喜悦、悲哀等情感。

2. 但是，除了无限多样的观念或知识对象外，还有某物在认识或感知它们，在对它们有所施为，比如意愿、想象、回想。这一从事感知的主动存在，就是我所说的精神、灵魂和自我。我用这些词所指示的并非任何一种我的观念，而是完全不同的另一种东西。那些观念是在那种东西中存在的，或者说，是为它所感知的；因为一个观念的存在，正在于其被感知。

3. 人人都承认，凭借想象构成的思想、激情、观念，离开了心灵就不复存在。印在感官上的各种感觉或观念，不论怎样混合或结合(也就是说，不管它们构成了何种对象)，也只存在于感知它们的心灵中。这种说法不无证据。我想，上述直观知识可被任何人获知，只要他注意到存在这个词应用于感觉事物时意味着什么就可以了。我写字用的那张桌子存在，因为我看见和感觉到了它；如果我走出书房后还说它存在过，我的意思是，只要我在书房我就可以感知它，或者其他精神正在感受它。存在一种气味，就是说它被闻见了；存在一种声音，就是说它被听见了；存在一种颜色或形状，就是说它们被视觉或触觉感知到了。对此类的表述，我的理解尽然如此。要说有超脱思考之外的绝对存在，而且不能被感知，听起来就太过匪夷所思了。Esse est percipi①，离开心灵或思想物的感知，那些东西就无所谓存在。

4. 实际上，人们当中奇怪地流行着一种观点，即房子、山川、河流，总而言之，所有可感对象都具有一种自然或实在的存在，而且不可被感知理解。但如果我没搞错的话，不论这一原则多么被确定，多么被认可，但凡诚心对其展开质疑，都能感到显而易见的矛盾。那么，除了是感觉感知到的事物外，此前提到的对象还能是什么呢？除了我们自己的观念或感觉外，我们还感觉到了什么呢？一个观念或几个观念的组合可以在不被感知的情形下存在，这说法岂非殊难接受？

① 它们的存在就是被感知。

贝克莱的上述论证可总结如下：

由观念的心灵依赖性出发的论证

1. 感觉对象(房子、山川、河流等)都是在感觉经验中呈现给我们的事物。

2. 在感觉经验中呈现给我们的只有观念(或感觉)。

3. 观念只存在于我们的心灵中。

4. 因此,感觉对象只存在于我们的心灵中。

思想实验：依赖于心灵的诸观念

你认为从观念的心灵依赖性出发的论证是否合理？如果不合理,原因何在？让我们进一步探究贝克莱的推理。捡起一支铅笔,此时你正在经验什么？看到某种颜色,看到和触摸到铅笔的长度、圆形或六角形的截面,以及关于硬度的触觉感受。拿铅笔尖戳进你手掌,现在就会有与铅笔相关的疼痛的经验。你的疼痛点在哪里？显然,它并不在外部世界的某个地方。疼痛是一种观念(在贝克莱的意义上)或者是你的某种经验。这个依赖于心灵的观念只是你关于铅笔的经验的一部分。贝克莱则会说,铅笔的所有其他特性也尽然如此。颜色、形状和广延的感觉都属于你的经验。在描述这支铅笔的特性时,你未曾指称过经验之外的任何东西。对此你当如何理解？如果你遇到乔治·贝克莱主教,将如何回应这种论证呢？

聚焦

反驳贝克莱的尝试

萨缪尔·约翰逊(Samuel Johnson)是与贝克莱同时代的英国著名作家。为证明贝克莱否认物质的观点是多么愚蠢，他将一块石头踢向空中，并且说："这样就可以反驳他了！"但约翰逊在表明什么呢？他表明的是，他正感受硬的经验，并体验到一个圆的、灰色的影像飞过其视野范围。然而，脚趾的疼痛已然在提醒他，这些感觉是内在于其经验之中的，并未就外在于感知的物质石块(与我们的感知相对应的石块)的存在提供证据。

聚焦

贝克莱论物质的观念

贝克莱在物质观念上可谓煞费苦心，通过多方面展开的精巧论证，证明了物质是不可理解的和空洞的。在他看来，物质或者是(1) 对感觉经验——如质地和硬度(内在于心灵之中)——之集合的一个误导性术语，或者是(2) 外在于心灵的，没有形状、颜色、气味或质地的东西。独立于心灵的对象不可能拥有这些性质，因为它们只在心灵中才能被经验到。如果对象不具备这类性质，它将是我们永远不能经验、认识或想象到的某种虚无。

贝克莱论实在的表象

第三个认识论问题是，我们的知识能按其真实所是表象实在吗？在这个问题上，贝克莱与洛克分道扬镳。根据洛克的观点，我们并非直接经验到外在对象，不过，它们的第一性的质(如形状和尺寸)在我们心中造就了完全代表对象之实在特质的观念。这种观点作为**表象实在论**而广为人知。这样一来，经验所呈现的便是对实在的客观特征的可靠复制。不过，贝克莱认为这种观点是危险的，因为我们无法知道经验提供的是不是外在世界的真实模样。只有观念(我们经验的内容)是唯一可知的实在，我们才确实可以获知实在的模样。可以说，并无外在于经验的世界，洛克对第一性的质(客观的)和第二性的质(主观的)的区分并不成立。对象的所有性质都是经验内的性质,也都可被视为客观的。

在下面的引文中,贝克莱将攻击洛克的表象实在论(第 8 段),取消第一性的质和第二性的质的区分(第 9 和第 10 段),并且证明我们不可能认识外在物质世界(第 18 段)。

- 贝克莱给出了哪两条理由以表明心灵中的观念不可能与外在对象相似(第 8 段)?
- 为什么不能区分依赖于心灵的第二性的质和外在的第一性的质(第 9 和第 10 段)?
- 为什么不能借助感觉经验和理性来谈论物质(第 18 段)?

8. 但是,你或许会说,虽然观念本身不能离开心灵而存在,然而也许存在与它们相似的事物,其是不依赖心灵而存在的无思想实体,观念只作为它们的复本和相关物。我的回答是,观念不可能像其他任何东西,观念就是观念;颜色或形状不可能像其他东西,它们只能像其他的颜色或形状。若是我们曾哪怕对思想稍作考察,也会发现,只有在各种观念之间,才能设想一种相似关系。再次,我要问,那些假设的原初事物或外在事物——我们的观念是其图像或表象——本身是否能被感知呢?如果能,它们便是观念,我们早已称心如愿;如果不能,我就问问其他人,断定某种颜色像某个不可见的东西,硬或软像某个不可触摸的东西等,是否有意义。

9. 有人区分了第一性的质和第二性的质。所谓第一性的质指广延、形状、运动、静止、凝性(或不可入性)和数;第二性的质指所有其他可感性质,像颜色、声音、味道之类。他们承认,第二性的质生成的观念并非任何心灵之外的或非感知的存在物的相似物;但他们仍把属于第一性的质的观念看作心灵之外的存在物，也就是所谓无思想的实体(物质)的样式或意象。因此，所谓“物质”就是一种惰性的、无感觉的实体，而广延、形状和运动等则是有赖于它的。但通过之前所说的，我们已经证明，广延、形状和运动等只是存在于心灵中的观念，并且一个观念只能跟另一个观念相像，它们以及它们的原型都不能存在于一种不被感知的实体中。因此，很明显，所谓物质或有形实体的观念之中已经内含着矛盾。

10. 他们断言，形状、运动以及其他第一性的或原初的质在无涉心灵的无思想的实体中存在，同时也承认，颜色、声音、热、冷等第二性的质不能离开心灵——他们说，后者是只在心灵中存在的感觉，倚赖于物质微粒的尺寸、质地、运动等因素的影响。他们认为这一区分不会有错，在知识领域内普遍适用。现在，如果肯定那些原初的质与可感性质是统一在一起且不能分开的，甚至在思想中原初的质也不能被抽离，就可以推出，两种质都只在心灵中存在。我希望所有人不妨反思一下，尝试在离开第二性的质的情形下，仅通过思想上的抽象，去构想物体的广延和运动。就我而言，仅仅构想广延和运动的物体明显是做不到的，必须再加入颜色和其他感觉性质，后者一贯被认为是存在于心灵中的。简言之，根本无法设想离开第二性的质而存在的广延、形状和运动。所以，第二性的质存在于哪里，第一性的质就存在于哪里，也就是说，都存在于心灵中……

18. 尽管凝固的、有形的和可运动的实体可能在心外存在，并相应于我们的物体的观念，但如何能知道这一点呢？不是通过感官便是通过理性。就感官而言，我们借助它们获取感觉、观念，以及可通过它们直接感知事物的知识，其中包含的内容你们可畅所欲言。这些并未向我们提供心外之物或不可感知事物的讯息。这一点,就是唯物主义者也是承认的。那么,如果我们拥有外部事物的知识的话,也只能借助理性,从感官直接感知的观念推出的。但既然那些主张物质存在的人也未妄言在心外之物与观念之间有必然联系,我们又根据何种理由相信心外之物的存在呢?人人都承认(梦中、疯癫等状态除外),就算没有相像的心外之物存在,我们也一样有可能受到各种观念的影响。所以,就观念的产生而言,显然不必假定心外之物的存在。它们在某一时刻产生,总以同样的秩序产生,我们只看到当前的它们,不及其余。

根据洛克的观点,第一性的质(如形状和广延)是客观性质,存在于外在物体中;而第二性的质(如颜色)是主观性质。问题在于,既然我们无法突破自己的心灵,将观念或经验与外在世界作对比,又如何能就观念是否与外在物体相对应作区分呢?比如,你如何知道苹果是圆的?因为有关苹果的经验,就是你的视野中的圆的、红色块状物体的经验,圆和红色总是一起出现在我们的经验中。因此,贝克莱认为,我们对第一性的质的经验与第二性的质的经验总是不可分的,因为后者是主观的且依赖于心灵的(洛克承认这点),因而第一性的质也只能如此。

请注意,贝克莱在第18节中试图摧毁怀疑论。他虽然赞同怀疑论所说的,我们永远无法知道经验和观念是否与外在于心灵的实在相对应,但也正因如此,贝克莱认为外部存在物的概念会出现理解上的困难,毕竟,其不可能包含什么实际内容。在他看来,所谓实在即是我们的经验(观念),任何存在物实际上就是它向我们显现的样子。如此一来,怀疑论就可被驳倒,因为对贝克莱而言,唯一的实在就是我们直接认识的那些东西。

观念的原因

需要考察的最后一个问题是，如果观念不是源自外在的物质世界，那么它们产生的原因是什么？显然，你可以自己制造出某些观念(比如白日梦)，但你能感知到的这本书的颜色、重量和质地却不是由你制造的。那么，这本书的观念又是从何而来的呢？贝克莱说，唯有心灵才能造成诸感觉。因此，如果我们的心灵不能产生现有的观念或经验，那么创造它们的必然是上帝的心灵了。上帝直接将经验的世界赋予我们，而且跳过了外部物理物质这一中间步骤。上帝还担负着维系世界存在的任务，因为即便现在没有人经验特殊对象，它仍旧存在于上帝的心灵中。笛卡儿担心可能是某个恶魔将经验置入他的心灵中，后者与外在于心灵的实在决然不同。贝克莱则相信，仁慈的上帝在我们的心灵中造就了经验，而且这就是唯一的实在。请注意，贝克莱并未宣称，比方说，你正在读的这本书并不存在或不真实，他要分析的只是，当我们说某个东西"存在"时，这意味着什么。既然所有知识都是从经验中派生出来的，那么所谓经验内容就是所有那些能被有意义地称作存在的东西。当贝克莱说"存在即是被感知"时，其意义便在于此。既然世界就是我们心灵中的经验，那又该如何区分实在世界(感觉观念)和想象之物呢？贝克莱会说，这是你在自己的心灵经验中一直在做的事情。如他所说："感觉观念更强、更活泼，不同于那些想象的观念；感觉观念也拥有稳定性、秩序和连贯性，并且不会被随意激发起来。"[24]

贝克莱的非物质主义消除了身心二分的难题。据贝克莱所说，身体不过是心灵经验到的诸感觉的集合。同样，空间其实是由一系列视觉和触觉组成的。当我们看到的汽车轮廓非常小时，我们会说"它太远了"；当这辆汽车的形象逐渐变大时，我们会说"它正在靠近"。贝克莱认为空间(和时间)是相对的，这可被视为阿尔伯特·爱因斯坦等现代物理学家思想的先驱。[25]

贝克莱知道，我们会认为他的观点有些异想天开。他试图通过支持非物质主义来打消我们的怀疑。

> 我并不否认凭借感觉或反思就可理解任一事物的存在。我所见的事物，和我亲手所触的事物，都是实在存在的，对这一点我没有丝毫疑问。我所不承认为存在的唯一东西，就是哲学家所说的物质或有形的实体。[26]

我们依然能够体味水的冰冷和火的温暖，唯一的不同在于，这些经验是上帝以精神事件的形式提供给我们的。根据贝克莱的观念，拒斥了那独立于心灵的外在物理世界的理论后，物理世界和实在对象的世界仍在你的经验中存在着。进而言之，只要将科学看作是对经验规律的记录，它就仍是可能的，而且基于此观点，对未来经验的预测也同样是可能的。

停下来，想一想

回到经验主义的三个支撑论点，解释贝克莱是如何对它们加以阐明的。

大卫·休谟(David Hume，1711—1776)

休谟生平

大卫·休谟出生于苏格兰爱丁堡一个信仰加尔文宗的中产家庭。他求学于爱丁堡大学，研习过古典文学、数学、科学和哲学等规范科目。他有多部重要著作出版，涉及人性、知识理论、宗教和道德。不过，休谟的怀疑论和他的宗教观在当时引起了极大争议，使他最终未能获得任何学术职位。他在 1745 年申请爱丁堡大学

大卫·休谟

伦理学教职时首次遭拒(为弥补当年的缺憾,爱丁堡大学哲学系现在搬进了一幢以休谟命名的大楼中)。12年之后,他又在申请格拉斯哥大学教职时遭拒。

1757年,《宗教的自然历史》(*Natural History of Religion*)发表后,休谟的名声愈发狼藉。在对人类宗教冲动之来源的阐述中,他表现得十分缺乏同情心。鉴于先前的遭遇以及他对"远离喧嚣的安宁生活"的渴望,休谟完成《自然宗教对话集》(*Dialogues Concerning Natural Religion*)后,便决定生前不再发表它,而现在,这部作品已成为宗教哲学的经典之作。

尽管休谟哲学充满怀疑论的锋芒,但在私人关系圈里他却是灵魂人物。他和善、文雅,他的朋友满怀爱意称他为"圣·大卫"(St. David),他住过的那条街直至现在还叫圣·大卫街。

休谟的经验主义

休谟是经验主义者,因为他相信关于世界的所有信息都来自经验。他称我们的意识内容为**知觉**(perceptions)。知觉中包含的我们的原始经验,被称作**印象**(impression)。印象有两种:第一种是感觉材料(诸如视觉、声音、气味、味道和触觉);第二种是包含心理经验内容的关于"内在"世界的印象。因此,休谟将印象界定为"当我们听、看、感觉、爱、恨、期望或意愿时所得到的更加生动的知觉"。[27]知觉也包括**观念**(ideas),或者说是我们记忆和想象的内容(尽管洛克和贝克莱都将心灵的所有内容称为"观念",但在休谟那里,"观念"却特指从原始经验或印象中派生出来的心灵内容)。显然,与在我们的观念中发现的印象的复本相比,印象本身更为生动活泼，也更值得相信。为使观念有意义或具有合法性，必须追溯到原始的印象或这些印象的组合体。

在证明所有与世界相关的信息都来自经验后，休谟又增加了一条推论，即我们关于世界的知识都不会源于理性，理性只能用于讨论观念之间的关系。换言之，理性能绘制出心灵中观念的关系图，但无法在它们与外部世界之间建立起关系。

- 下述引文中，休谟所说的两种推理的对象是什么？
- 哪种推理最具确定性？
- 这种确定性为何不能告诉我们有关外部世界的任何事情？

引自大卫·休谟

《人类理解研究》(*An Enquiry Concerning Human Understanding*)[28]

人类理性(或研究)的一切对象可以自然分为两种，即观念的关系和事实。第一种包括几何、代数、算术诸科学；简而言之，每一个断定，凡有直觉的确定性或证明的确定性的，就属于前一种。“直角三角形斜边之平方等于两边平方之和”这个命题，就表达了这些形状间的关系。“3 乘以 5 等于 30 的一半”，则表达了数字间的关系。这类命题，我们只凭思想作用就可以发现，而不必依据于宇宙中任何地方存在的任何东西。尽管自然里从未有过一个圆或三角形，欧几里得证明出的真理也会永久保持其确定性和明白性。

作为人类理性的第二种对象——事实，并不能在同样的方式下被查明；不论我们关于它们是真理的证据多么有力，也不具有跟观念关系的确定性相似的性质。每个事实的反面仍旧是可能的，因为它不蕴含矛盾，而且是由具有同样能力和清晰度的心灵构想出的，似乎与实在匹配得一体无间。“太阳明天将不会升起”这一命题和“太阳明天会升起”这个断言，一样可以理解，一样不矛盾。因此，我们想要证明它是错误的，也不过白费力气而已。只要它可被证明为错，就蕴含着某种自相矛盾，也永远不能被心灵清晰地构想。

在上述引文中，休谟指出了理性和世界之间的巨大鸿沟。他赞同唯理论者的观点，即观念之间的逻辑关系是绝对确定和必然的。例如，如果从欧几里得的定义和公理开始，必然能得出毕达哥拉斯定理。但这个结论只是在两套观念间建立起了一种确定的关系，并不能证明毕达哥拉斯定理在物理世界中为真。这种真理只能借助观察才能得出。事实是，每次盖房子的时候都会感到毕达哥拉斯定理在起作用，房子盖完了，就没办法保证它未来还有效。我们可以否定任何事实(如“太阳总在早晨升起”)，并且不会因此堕入逻辑上的自相矛盾。人们之所以对世间的某些事实充满自信，只是源于从过去经验而来的期待。在观念关系(它具有逻辑必然性，但未谈及有关世界的任何东西)与事实(对世界有所言说，却不具有任何确定性)之间的二分，通常被称为“休谟之叉”(Hume's fork)。

以此为起点，休谟将经验主义引向极端。他认为洛克和贝克莱在发掘经验主义的蕴涵时未能做到连贯一致。休谟的基本论证是：如果全部所知仅是经验内容，又如何能认识经验之外的事物呢？那么，经验主义并未将我们带离怀疑论，而恰恰引导我们走向怀疑论。

停下来，想一想

思考(1)这本书和(2)所有你关于这本书的感觉经验之

间的相似和差别。你是否能做到？显然不能，因为你无法置身经验之外，将你关于这本书的经验与书本身进行比较。既然如此，你又如何知道，对这本书的经验对应着经验之外的某个事物呢？

休谟论因果关系

在一系列颇具破坏性的论证中，休谟检视了我们对这个世界进行认知的可能性。他承认，从感觉经验的有限资源出发，我们只能认识经验范围内的主观内容。在休谟看来，人们关于世界的大部分判断都基于对因果关系的理解。我们于事件之间推出因果关系的能力假定了归纳原则的存在。概而言之，**归纳原则**就是假定“未来将与过去相像”。这一原则要求一种**自然齐一性**（the uniformity of nature）的信念，或者说建立在这一论题之上，即在过去为真的自然法则在未来会继续为真。但我们又如何知道自然齐一性是真的呢？正如你将要看到的，休谟主张，仅仅因为发现某些事件在过去持续为真，无法证明它在将来也必然逻辑为真。

引自大卫·休谟

《人类理解研究》[29]

关于事实的一切推理似乎都基于因果关系……某个人在荒岛上发现了一块手表或任何其他机器，就会断定说，岛上曾经来过其他人。关于事实的一切推论都是这种性质的。在这里，我们总是假设，在现在的事实与推出的事实之间，必然有一种联系。如果没有东西将它们捆绑在一起，那种推论就会变得极不稳定。黑暗中听见清晰的声音与理智的交谈，就可确信有人在那里：为什么？这些都是人体构造的结果，而且是和那种构造密切联系在一起的。如果我们剖析自然中的所有其他推理，会发现它们也都基于因果关系，而且可近可远，可直接也可附带。热和光是火的附带效果，并且一个效果恰好是从另一个推出的。

某些事件导致另一些事件，这是在我们日常生活中非常重要的假设，在现代科学中也是一样。如果脚上突然感到刺痛，你就会环顾四周找寻原因。若你发现自己正踩在某个大头针上，便明白为何感到疼痛了。现在的问题是："在特殊的原因与效果之间，如何获得关于因果关系的知识的？"阅读下一段引文，寻找相应答案。

- 当发现特殊对象在经验中"不断地结合在一起"时，我们会作何判断？
- 如果有个像《圣经》中亚当那样的人，他最初对世界会有怎样的认识？
- 如果不曾经验物理世界，你会对两只台球相撞的效果作哪些可能猜测呢？
- 为何休谟说"每一效果都是与其原因不同的事件"？这句话意味着什么？

注意：下面几段引文中，先天的(a prior)这个术语意指"先于经验的"(prior to experience)。

如果我们想要知道，使我们相信各种事实的那种证明究竟有什么本性，我们就必须研究，我们如何得到因果的知识。

当我们发现，任何特殊对象时常彼此结合在一起时，我将冒险断言——作为一般命题(a general proposition)，不允许有例外——此种关系的知识……完全来自经验。即便某人具备很强的自然理性与能力，他在遇到全新的物体时，即便对其可感性质作最精确的考察，却也不能找到关于它的任何原因或结果。我们纵然假定亚当有完备的理性才能，他也不可能根据水的流动和清澈推出水会使他窒息，也不可能从火之光明和温暖中推出火将焚毁自己。任何物体都不可能凭借显现在感觉中的诸性质，把产生它的原因揭露出来，或者把由它所生的结果揭露出来。我们的理性，若是不借助经验，也不能得出关于真实存在与事实的任何推论……

我们想象，假定我们突然出生到世界上，那我们在一开始就可以推断出，一只台球在受到撞击后会将运动传递给另一只；我们想象，不需要真实情形发生才对此事做肯定断言。这是一种习惯的影响，在它达到最强程度时，不但覆盖了我们天然无知之处，而且自身也隐而不彰，似乎不曾有事情发生，这都是因为习惯达到了最高程度。

不过，要说服我们相信所有自然法则以及所有物体的运作都毫无例外地通过经验而被认识，接下来的诸反思或者可以济事。如果一个对象呈现在面前，要求我们不借助以往的观察，就对此物体所导致的结果下断言，那么请问，在诸般运作中，心灵以何种方式发生呢？必然要创造或想象出某个事件当作这个对象所导致的结果；不过我们分明看到，这种创造必然是完全随意的。心灵即便通过最为精细的审视与考察，也不能在所谓的原因中发现结果。因为结果跟原因全然不同，也就无法在原因中找到结果。第二只台球的运动跟第一只的相比，完全是两回事，第一只台球中也没有与第二只台球有关的线索。一块石头或一片金属被举在空中，然后抽除支撑物，就会立即下落：但是从先天出发去考虑这件事，我们在此情况中是否能从石头或金属中发现某样东西，可以产生出下降而非上升或其他运动的观念呢？

不参考经验，我们在所有自然运转上，对特殊结果的第一个想象或发明都可谓随意的，那么我们就必须尊重已设定的因果联系或关系，毕竟这些设定将原因和结果捆缚在一起，并且从原因的运作中也不可能再跟着其他的结果。例如，当我看见一只台球直线运动撞向另一只，并进而设定第二只台球的运动作为接触或冲撞的结果也不过偶然被我知道的，那么我就不能设想，从第一只台球的撞击这一原因开始，会有 100 种不同的事件发生吗？两只台球不是可以同时绝对静止吗？第一只台球难道不会直线转身，抑或在任何路线或方向上跳开第二只台球吗？我们为什么偏向其中一个呢？毕竟它不比其他更融洽、更可被想象。我们所有的先天推理都不能为这种偏爱提供基础。

简言之，每一种结果都是与其原因不同的事件。因此，不可能在原因中发现结果，人们初始时关于结果的先天创造，或者先天给予的结果概念都只是随意而为。即使结果已在原因中被暗示，它与原因的结合同样也是任意的，因为就理性而言，总是还有其他结果也必然是完全连贯和自然的。所以，我们不借助观察和经验的帮助，装模作样地规定了任何单个事件或者推出因果关系，都是徒劳无益的。

休谟已经证明原因和结果是不同的事件，而且我们将某个原因跟某个结果联系在一起的理由，也只在于两者在经验中“时常彼此结合在一起”。比如，按过去的经验，只要火焰碰到火药就会发生爆炸。我们期望这一结果将来也会是真的，因为我们相信归纳法，从而相信“未来将与过去相像”。但我们假定这一信念为真的基础是什么呢？请带着以下问题阅读下面的引文。

• 根据休谟的观点，我们总是在作何种假定？注意："可感性质"是指我们所经验到的对象的诸特性（比如一个苹果的红颜色）；"神秘力量"（secret powers）是指某个对象所具有的引发因果效应的能力。

• 为何休谟认为过去的经验不可能给予我们未来的知识？

• 在休谟看来，有两种完全不同的命题，它们是什么？你是否同意？

引自大卫·休谟

《人类理解研究》[30]

当看见相像的可感性质时，我们总是假设它们拥有某种相似的神秘力量，并期待它们会生出与我们曾经验过的那些相似的结果来……通观全局，可以承认，在上述可感性质和神秘力量之间并不存在已被认识到的关联。结果，心灵不论在它们本性方面知道什么东西，它也不能借此对它们的恒常规则的联络有任何结论。就以往的经验而言，它所给我们的直接的确定信息，只限于我们所认识的确切对象以及认识它们的确切时间。但是，为何这种经验应扩展到未来，要扩展到其他我们尚不了解的对象上，这只可能是出于表面上的相似罢了。这就是我所坚持的主要问题。我以前吃的面包曾为我提供了营养，也就是说，具有那些可感性质的那个物体在那个时候被赋予了神秘力量，但可以由此推论说，其他面包在其他时候必然也为我提供营养吗？相像的可感性质必然总是具有相像的神秘力量吗？似乎并不必然如此。我们至少要承认，这个结论是由心灵引出的，它采用了某个步骤，并有一个需要解释的思考和推论过程。

> 如下两个命题截然不同：我过去发现这样一个对象总是跟随着这种结果；以及，我预测，与之表面相似的其他对象也将跟随着相似的结果。如你所愿，我也承认一个命题可以恰好由另一个推出，事实上，我知道，它总是可被推出。但如果你坚持这种推论是由一系列推理得出的，我希望你给出这个推理过程。这些命题间的关联并不具有直观性。

你如何知道，若现在触摸到火焰就会经验到疼痛呢？你又如何知道，吃糖会带来甜的感觉呢？或许可以从前面休谟的两个命题中找到答案。你可能正以如下方式进行推理：(1) 过去，我发现火会导致疼，糖会导致甜；因此，(2) 当我碰到类似的火或糖的情况时，将会产生跟过去相似的结果。陈述(1)当然为真，但它为陈述(2)提供了不可反驳的证据吗？从陈述(1)到陈述(2)，你需要以下中间步骤：(1a)未来总是跟过去相像。但你如何知道陈述(1a)为真呢？有可能证明这一陈述是真理吗？

- "之所以知道未来将跟过去相像，是因为过去的经验表明事情总会遵照此条规则进行"，我们为何不能仅仅以此种方式进行论证呢？
- 在何种意义上可以说，诉诸以往的经验去证成归纳原则，其实是一种循环论证？

> 对所有从经验而来的推论，都建立于未来与过去的相似关系之上，并且我们假设这相似的力量将会出现在相似的可感性质中。如果存在这样的怀疑，即自然过程可以改变，过去并不是未来的规则，那么所有经验将变得无用，也不能再给出任何推断或结论。因此，不可能利用任何经验证据证明过去跟未来的相似性，因为所有的论证都是建立在这种相似性的假定之

上。假设迄今为止，事物的发展过程都极其有规律，但在没有新的论证或推论的前提下，也无法单凭此规律证明它在未来依然有效。即便你假装从过去的经验中已经知道了事物的本质，这也是徒劳的。即便物体的可感性质未发生变化，它们的隐秘本质（secret nature）以及随后的所有结果和影响都可能发生改变。这在某些对象身上经常发生。那为什么对所有对象而言，就不能总有这种情形呢？什么样的逻辑、过程或论证确保你能反驳这种假设呢？

休谟经验主义的激进蕴涵

除了怀疑论的因果知识外，休谟由其经验主义出发，又引出了其他激进的怀疑论结论。比如，他说我们并不拥有关于外部世界的知识，因为印象不过是内在于我们主观经验中的材料，并没有什么是外在于我们的经验的。换言之，我们不可能跳出心灵去经验不依赖于心灵的实在。如休谟所说："呈现在心灵中的只是感知，不可能获得它们跟对象间关系的任何经验。因此，对这种关系的假设没有任何理性基础。"[31]

正是在这里，在笛卡儿对所有外在于心灵和经验的东西产生最初怀疑之时，休谟的理论已走向终点。休谟是否与笛卡儿一样，认为至少有一件事可以确定，即他自己是一个持续存在的自我呢？不，他没有。因为即使在这个问题上，休谟也会说我们的信念和假设同样没有任何基础。我们经常听到这样一句流传甚广的话："我在试图寻找自我。"如果我找到了自己，那它是何种模样呢？可能"自己"或"心灵"这些词根本并不指称任何东西。又或者，我们不过是一条心理状态之流罢了。如休谟所言：

心灵是一座剧院，几数感知轮番登场，在无数多种姿态和

> 情境间经过、再经过、滑行以及混合……剧场的类比必然不会误导我们。它们仅仅是不断持续的感知，由此构成了心灵。[32]

尽管休谟最初认为哲学能为我们的全部知识提供基础，他的经验主义最终却以怀疑论收场，包括自然齐一性、因果关系、外部世界、自我和上帝都在受怀疑之列。① 既然他的怀疑论如此广泛和深重，休谟又如何能安之若素地生活下去呢？他的回答很简单，可分作两个命题：(1) 理性甚至不可能证明那些最基础的信念；(2) 我们也没有必要为了实践用途对这些基础信念进行理性证明。对休谟而言，怀疑论是种理论立场，它提醒我们少按教条行事，多行谦逊，要对诸信念有所保留，且知晓它们永远不可能被完全证成。而将我们从怀疑论的严苛束缚中解放出来并重归现实生活的，是自然，是我们的本能、天性，是对实践必然性的强烈要求，以及从哲学生活中的偶尔抽身。

> 最为幸运的是，虽然理性不能驱散乌云，自然本身却完全能做到，甚而可治愈我们哲学上的忧郁和谵妄……我吃了饭，我玩双陆棋游戏，我与朋友相谈甚欢；三四个小时娱乐后，我想再次进入沉思，它们却显得冷冰冰、勉勉强强而且是荒唐的，心底里莫能再前进一步。[33]

休谟论知识的三个问题

我们的第一个认识论问题是：知识是可能的吗？尽管休谟一开始采纳了经验主义立场，却又充满怀疑论精神。休谟通过发展经验主义的激进蕴涵得出了怀疑的结论，这是洛克和贝克莱并不愿意看到的。洛克相信，我们能够知道外部世界中存在着物理实

---

① 参见第4.2节休谟关于上帝存在的怀疑论论证。

体,心灵中存在着精神实体。他甚至认为,我们可以通过经验认识对象的实在特质(第一性的质,如尺寸、形状、运动等)。尽管贝克莱认为外部物质世界的概念令人费解,但他仍旧相信我们的心灵和上帝的存在。然而,休谟却指出,如果我们能够认识的全部内容不过是感觉经验,又何以能够拥有关于外部世界、我们的心灵或上帝的知识呢?

休谟坚信,他比洛克或贝克莱更一以贯之,因为他严格遵守了经验的界限。在休谟看来,我们的全部家当不过是感觉材料罢了。颇具讽刺意味的是,洛克、贝克莱和休谟一开始都试图以经验为基石,尽力避免理性主义的虚无缥缈的沉思。可休谟的严格经验主义反倒表明,我们所拥有的只是意识之流,不能作超出这个限域的任何推论。所以,我们可知晓的所有事情无外乎个体心灵的主观内容。这个结论意味着,在事物的表面所是和真实所是之间,不可作任何区分(根据休谟的说法,我们缺乏拥有知识的必要条件)。至此可知,休谟对第一个问题的回答是,我们不可能拥有任何独立于心灵的实在知识。但这仍不是休谟的最终结论。在理性爱莫能助之处,自然却可力挽狂澜。尽管人类的知识非常有限,我们却可以凭着自然本能相信外部世界的存在,相信因果关系。当我们按照自然本能和心理习惯行事时,它们似乎总能奏效。这的确是我们的宝贵财富。对休谟而言,存在的唯一问题是,对事情缘何如此,我们缺乏哲学论证。

第二个认识论问题是:理性能独立于经验给我们提供关于世界的知识吗?休谟的回答是,不但经验不能告知我们实在,理性也不能。理性虽能够展示观念之间的关系(逻辑真理、数学真理和定义),但不能提供关于世界的信息。比如,借助对术语意义的分析和逻辑的推理,我们可以说“所有独角兽都只有一只角”,却无法知道独角兽是否存在。

第三个关于知识的问题是:我们的知识能按其真实所是表象

实在吗？休谟的答案我们已经很清楚了。据他的分析，我们唯一能确定的只是观念间的关系，但这些判断只与观念领域有关，无法告诉我们关于外部世界的事情。既然如此，理性主义者试图推论出实在的最终本质的尝试注定失败。由此，任何有关实在的知识都必然基于后天判断。休谟坚称，这些判断永远都是不确定的，只提供给我们关于过去经验中正确之事的信息而已。作为休谟这番分析的结果，诸多经验主义者认为，只要将形而上学的目标设定为认识实在的真实所是，这个目标就不可能实现。相应地，他们认为，哲学的任务比我们预想的要有限得多。哲学家的工作要么是分析概念间的逻辑关系，要么是从日常经验和科学发现出发进行概括总结，除此之外，便无能为之。

由其认识论出发，休谟得出的结论非常不近人情，在他最为著名的一个章节里可见一斑。

> 当我们浏览藏书室，相信此中各种原则时，会造成怎样的灾难呢？如果我们手里拿着一卷书，神学形而上学的也好，经院形而上学的也好，我就问一下，它之中包含任何有关数量或数字的抽象推理吗？没有。它包含任何有关事实和存在的实验推理吗？也没有。将其付之一炬吧！因为它只包含诡辩与幻象。[34]

思想实验：休谟针对观念之价值的两个测试

对那些下断言或宣称某种真理的书籍，休谟提出了两个问题以评估其价值所在。这两个问题大意如下：(1) 它包含数学推理吗？以及(2) 它包含能够通过感官而被经验的推理吗？

● 根据休谟的标准，看看哪些书是需要烧掉的。

● 休谟认为那些书“只包含诡辩与幻象”，你赞同吗？

● 如果你认为休谟的标准不合适，能否提供其他标准，以对那些著作和其中所宣称的真理进行评估？

停下来，想一想

回到经验主义的三个支撑论点。解释一下，休谟是如何对它们加以阐明的？

思想实验：心灵的隐喻

心灵很难被概念化，也很难被讨论。因此，许多有关心灵的术语往往要通过物理世界的具象隐喻来表达。洛克将心灵喻为经验可在其上涂画的“白板”便是一例。下面的一系列隐喻都与青年人的心灵培育有关。请判断哪些隐喻与理性主义者的知识观一致，哪些与经验主义者的一致。请先给出自己的答案，再与尾注中的答案相对比。[35]

1. 教师是观念助产士，帮助学生获知隐含在他们心灵中的观念。

2. 心灵就像橡皮筋，捆束着从世界中获知的信息。因而，教师的工作便是拉抻学生的心灵，从而使其贮藏数量日益庞大。

3. 学生的心灵中包含着理解的种子。教师是园丁，耕土施肥，使种子生长、结果。

4. 教师是灯光，照亮学生的心灵，使其中的真理绽放光芒。

5. 心灵就像复印机，重现由外部世界扫描而来的材料意象。

6. 教师是导游，引领学生进入崭新的、陌生的未知领域。

7. 教师是考古学家，帮助学生发现心灵深处的宝藏。

8. 心灵如窗户，通向外部世界。无知、偏见和教条主义如雾霾或障碍，教师必须清除它们，以便真理之光可以经由理智之窗照射进来。

9. 心灵就像计算机。它的运算能力只取决于它所接收的信息量。

10. 心灵就像计算机。离开内置的组件，比如逻辑电路和运算系统，就不能处理外部数据。

今日的经验主义和理性主义之争

若认为 17、18 世纪理性主义者和经验主义者的争论只是遍布尘埃的哲学遗迹的话，那显然是不正确的。心理学和认知科学的最近研究又使这种争论再度发酵。不过，问题依然未能得到解决，只是加剧了哲学争论。语言学家、认知科学家和哲学家相信我们不可能获得知识，除非心灵已经含有特定的先天内容或结构。这种当代版本的理性主义被称为**先天论**(nativism)。例如麻省理工学院的语言学教授诺曼·乔姆斯基(Noam Chomsky)就认为儿童的语言经验实在太有限，根本不足以解释他们发展出的复杂的语言学技巧。因此，他提出一种理论，认为儿童生来便带有先天语法结构，这是所有语言所共有的，这些先天原则为他们把握母语的具体特点提供了必要的结构框架。与之相似，在颇具影响力的《思维的语言》(*The Language of Thought*)一书中，哲学家杰瑞·福多(Jerry Fodor)论证说，思维的普遍语言(a universal language of thought)为所有经验习得的语言奠定了基础。

> 你不可能去学习一门语言，除非你已经认识一门语言了……思维的语言是已知的(即，它作为计算的中介，为认知过程奠定了基础)，但不可被学习。也就是说，它是先天的。[36]

除语言知识的相关领域外，哈佛大学认知科学家斯蒂芬·平克(Steven Pinker)通过整理实验数据表明，婴儿似乎拥有大量关于世界运行的基础信息，而这不可能从经验中得到。通过援引对婴儿的相关研究，平克表达了对莱布尼茨等经典理性主义者的赞同，认为诸如空间、时间、数和因果关系等范畴属于我们的标准认知工具的一部分，就像我们生下来就拥有胰腺一般。在2002年出版的《白板：人性的现代否定》(*The Blank Slate: The Modern Denial of Human Nature*)里，平克借助科学研究挑战这一哲学问题。本书标题专门针对约翰·洛克的观点，即离开了经验的心灵就是一块没有内容的白板(平克想予以反驳)。[37](平克假定我们的大脑在历史中演化为具有先天结构的“硬件”，并由此对这一经典论证进行了升级。)

先天论运动(nativist movement)的另一位旗帜人物是哈佛大学心理学家伊丽莎白·斯派克(Elizabeth Spelke)。在对3到4个月大的婴儿进行研究时，她将一些常态的或可预测的事件展现给他们看，比如一个球将运动传递给另一个球；她也给他们看一些“魔术般的”或不可能的事情，比如一只球突然停住不动，而在两只球未发生接触的情况下第二只球却滚动起来。通过对婴儿眼部运动的精准测试，她发现婴儿对魔术般的事件表示吃惊，对日常行为事件的反应却很平淡。这些研究引导她得出结论，我们诞生时就带有“核心知识系统”，它是未来获取知识的基石。[38]

不过，当代经验主义者并不为这些论证所动。除了对实验设计作出科学反驳外，批评者们还从哲学角度对先天论观点进行了多种反驳。第一，他们认为先天论者所宣称的许多事情既模糊又空洞。经验主义者赞同我们拥有与生俱来的生理和认知能力，从而可以学习语言并获取关于世界的知识。然而，拥有这些能力并不意味着心灵拥有先天内容。大多数人也都拥有骑自行车或学习做几何题的与生俱来的能力，然而，关键问题在于，本节描述的所有先天论者的实验都将关注点集中在我们不得不通过试错、经验和教育方能习得的实践之上。

第二，当代经验主义者同意约翰·洛克的观点，认为承认我们心灵中包含(而非遵循)与生俱来的和普遍的语法规则(就像语言先天论者所宣称的那样)并无意义。如果孩子们没有意识到语言规则，又如何能在学习语言的过程中遵循它们呢？即便是坚定地持有先天论观念的语言学家，也无法令人满意地构造出他所宣称的那些普遍语法规则。深藏于我们无意识的大脑进程(unconscious brain processes)之中的概念或规则，似乎也不足以解释我们的行为。

第三，经验主义者拒斥了杰瑞·福多的"城里唯一的游戏"(the only game in town)的论证。这一论证揭示出福多的观点，即唯有关于先天心灵内容的理论，才能充分解释我们的精神生活。作为对所有先天论者的论证及其科学实验的回应，批评者们基于经验主义视角，对孩子们如何利用经验获取知识和理解世界提供了解释。他们宣称，经验主义对我们的知识、行为和精神生活等问题提供了更简单的解释方案，而无须借助先天知识这种神秘工具。杰弗瑞·桑普森(Geoffrey Sampson)便给出了如下机智描述：

> 为什么我们会赋予婴儿某种先天的语言倾向，却不会在解释为何现代英国青少年热衷学习驾驶技术时诉诸某种先天驾驶倾向？我实在找不出什么理由。显然，有许多社会要素可用以解释对驾驶技术的渴望，用不着先天论的假设。[39]

因此，争论还在继续。或许借助发展心理学中日益精致的实验以及日益精致的哲学论证，双方终会在某一天分出胜负，或者指出一种介乎两者之间的折中方案。

理性主义和经验主义之总结

理性主义者主张，我们能够离开经验而拥有知识。在驳斥这种论调的过程中，经验主义者阐述了另一种相反的观点，即所有真知识都基于经验。不过，以这一基本前提作为出发点，洛克（或多或少地）发展出了一种常识哲学，贝克莱却得出了另一种极端结论，认为设定一个不依赖心灵的外在物质世界毫无意义。休谟则认为，依照经验主义的理路，除了观念间的逻辑关系和经验中的感觉之流，我们实质上一无所知。面对理性主义者和经验主义者的截然分立，18 世纪德国哲学家伊曼努尔·康德（Immanuel Kant）总结道，它们每一方都提供了某些洞见，但也都遭遇到困难。如后文所讲，康德试图构造一种新观点，以期对理性主义和经验主义双方的诸要素加以融合，同时摒弃各自的问题。

透过经验主义者的镜头看

1. 许多不同文化却有着相似的道德规范，诸如要求尊敬父母、爱护儿童、讲真话以及法律上的公平正义等。理性主义者可能会说，道德规则的普遍性说明，它们是与生俱来地存在于每个人心中的。那么，作为经验主义者又如何证明，这些道德原则以及诸如此类之物，实际上立基于我们共同的人类经验呢？

2. 经验主义者相信我们的全部知识都源于经验。若让他从事少年儿童的教育工作，其教育方式与理性主义者将有何不同？

3. 回顾约翰·洛克的复杂观念。从几类书中（例如，小说、科学读本、政治著作、宗教作品）任选一页。考察那上面讨论过的每种观念或概念。经验主义者会采取怎样的解释方式，说明这些复杂观念是由从经验中得来的简单观念组合而成的呢?

检视经验主义的优缺点

正面评价

1. 在古希腊以及整个中世纪,大多数哲学家和科学家的观点都受到理性主义的影响。他们推论道,某个运动中的物体逻辑上必然持续受到某种力量的推动,以使这种运动持续下去。他们还推论说,天体必然沿着完满的圆周轨道运行,因为圆形在所有几何图形里最完满。科学家最终发现,这些结论都是错的。经验主义者强调,我们只能通过观察认识世界,而非借助推理获知世界之必然所是。在你看来,经验主义是以何种方式推动了现代科学的产生,以及我们对世界更为充分的理解呢?

2. 在经验主义者看来,之所以将经验作为我们诸信念的基础,是因为它有一个自我修正的过程。如果我们的结论是错的,经验就能向我们揭示这些错误。例如,因为英国和欧洲的天鹅一度全是白色,他们便认为白色是天鹅的本质特性。后来,随着地理大发现的开展,他们在新西兰见到了黑色和棕色的天鹅,便不得不修正有关天鹅的概念了。在你看来,经验的这种自我修正性可否算作经验主义的独特优势呢?

负面评价

1. 类似休谟的经验主义者有如下论断:“关于世界,并不存在逻辑上的必然真理。”从这个论断出发,经验主义者认为,只有经验才能告诉我们实在是怎样的,理性则不行。但这种论断有逻辑根据吗?如果有,它本身不就表明,我们可以获得关于世界之本质的具有逻辑必然性知识吗?如果它不是一种具有逻辑必然性的真理,那么经验又如何向我们揭示世界的真理呢?如果休谟关于知识的主张不可能由他自己的知识论加以解释,那么他的主张不是出现问题了吗？若是如此，理性主义者认为理性可以提供给我们关于世界的知识，不就是正确的吗？

2. 洛克相信，经验可以告诉我们实在的本质。但我们又如何能够知道洛克的信念是真的？因为我们不能跳出经验之外，将之与实在加以对比。

3. 为了使洛克的经验主义更加严格，贝克莱试图进一步否定外部物质世界的存在。基于同样的思考，休谟的经验主义最后走向了怀疑论，对我们相信的所有东西都加以怀疑。这是经验主义不可避免的后果吗？在将知识界定为经验中的获取物时，意味着我们面对的只是大量与自己相关的知识，而几乎无涉经验之外的实在吗？经验主义者又该如何避免这些极端结论呢？

4. 既然我们无法通过经验感知人权、道德责任、道德善恶以及正义等，那么我们在伦理学上是否有可能获得某种可行的经验理论呢？洛克说，经验可向我们提供用以推断道德善恶的材料。是这样吗？还是说，经验只是提供行为的效果，至于效果的善恶，它却无法提供判断的基础呢？休谟说，道德乃是基于我们的各种情感。那么，经验主义者留给我们的只是关于人类心理的诸多事实，而这并不足以形成一门有关正误、善恶的真正的伦理理论，是这样吗？

5. 休谟的严格的经验主义导致一种关于持存之自我的怀疑论。他的论证基于如下事实，即我们无法找到经验中的持存之物，目力所见的不过是些转瞬即逝的、片段的感觉罢了。但如果没有持存的自我，我又怎能知道这个事实呢？我们还能认识这个事实吗？就像休谟宣称的那样，如果我们认识到自己正在经验一系列松散而分离的印象，作为经验主体，我们自己难道不就是超越了那一系列松散和分离的状态的某样东西吗？根据休谟的理论，自我只是“不同感知的集束或集合，其……处于永恒的流变和运动中”。然而，如果这个理论是真的，时间的每一瞬难道不就是我们第一个意识经验吗？我们难道不就缺失了对它之前东西的意识了吗？

3.4 康德式建构论(Kantian constructivism)

引导性问题：建构论

1. 理性主义者认为，单凭经验不可能为我们提供知识，因为知识需要心灵中的诸理性原则。经验主义者却认为理性无法提供知识，因为我们需要经验的帮助。情况会不会是，其实每一类哲学都有其正确之处呢？是不是将各种立场混合，会有更好的理论呢？为何不建立一种理性经验主义(rational-empiricism)或经验理性主义(empirical-rationalism)，也就是将知识视为理性和经验相混合的产物呢？

2. 你何以知道每一事件都有其原因呢？如果你曾经验过特殊事件以及它们的原因，那么你凭什么说未来的每个事件都将有其原因呢？这种普遍性的说法似乎不能源于对个体事件的后天认识。另一方面，这似乎也并非是一种逻辑真理，因为即便说某事的发生没有原因，也不会造成逻辑矛盾。那么，为何还要相信“每件事必然有其原因”是真的呢？

3. 让我们从不同视角看某个对象(硬币、咖啡杯、书)，分别看它的顶部、底部、边缘、前部和后部。你看到的是一系列不同的视觉印象，其中每一个都有着各自的形状，而且其他面相或许也会随着物体的翻转而发生变化。现在，假设你无法将这些不同印象联系在一起并将它们看作同一个对象的多重面相。如果你仅仅经验到一连串现象，却未将它们综合为一种有意义的对象经验，那么你的世界将会变成什么样子呢？你确实将这些多重经验看作是从不同面相对某个对象的表象，这个事实意味着，你在借助统一性、多样性、同一性、对象、特性等范畴解释这些经验。这些范畴不可能派生于经验，因为恰恰是利用这些范畴，那一系列经验才是融贯的和有意义的。那么，这些范畴来自哪里呢？

4. 试着去想象一个成熟后变为蓝色而非红色的苹果。试着想象一棵树，它跟其他的树很像，只是它像玻璃那样透明。试着想象钻石都是柔软的和有弹性的，而不是硬的。这些自然异象虽不可能，但可以想象是自然界发生了剧烈变化，从而生成了这些物体。现在，再试着想象一只苹果、一棵树或一颗钻石，它们不在空间或时间中存在。显然，如果不将它们经验为拥有空间或时间的对象，你就不能经验它们。为什么可以想象对象缺乏平常的颜色和凝性，却不能想象它们缺乏空间和时间维度呢？一方面，对象的大多数特性（比如它们的颜色或密度）都是我们从经验中习得的，而且也可以想象它们变成不同的样子。另一方面，空间和时间似乎是任何经验的必要前提。空间性和时间性似乎不是经验对象的可选性质，这是为什么呢？

检视康德式建构论

伊曼努尔·康德（Immanuel Kant，1724—1804）

康德生平

伊曼努尔·康德

伊曼努尔·康德生于东普鲁士（East Prussia）的格尼斯堡（Königsberg）［现今是俄罗斯的加里宁格勒（Kaliningrad）］，且终生都在那里生活。他在虔信派的（Pietism，一个新教教派，强调信仰和宗教情感超越理性和神学信条）环境中长大。尽管康德后来认为，知识必须被限定在理性范围内，但是他内心一直渴望超越这些界限。作为那个时代最为聪睿的人之一，康德毕生都在当地大学任教，涉猎的课程从哲学到地理，无所不包。

按照大多数人的标准，康德一生严格而有条理，就像诗人海因里希·海涅(Heinrich Heine)的曼妙描述：

> 我不相信当地教堂的大钟每天工作起来能比同胞伊曼努尔·康德更冷静克制，更井井有条。起床、喝咖啡、写作、阅读大学讲义、吃饭、散步，所有这些事都有固定时间，以致他的邻居都知道，每当康德穿着灰色外套，手持竹杖，离开房子去椴树大道散步时，恰好就是下午三点半。为了纪念他，现在还将这里称为哲学家的小路(the Philosopher's Walk)。[40]

康德的日常生活虽然循规蹈矩、略显平淡，但这绝不是其思想的写照。不可否认，康德的哲学观念有其保守之处，可他的知识论(认识论)却颇具革命性。其哲学始于对主流传统哲学(理性主义和经验主义)的颠覆性批判，并可视为对看待知识之方式的彻底变革。康德理论的革新性如此之强，以至于我们今天把哲学划分成前康德哲学和后康德哲学。

康德的论题

康德相信我们确实拥有知识，这是他的认识论的起点。在他看来，算术规则、欧几里得几何学和牛顿物理学的确向我们提供了关于世界的信息。他也承认在这些学科中包含着普遍而必然的原则，而且无论未来有怎样的新发现，也不会动摇我们对这些真理性知识的信念。例如，情况似乎是，我们的经验都必将符合如下规则：

- 两点之间直线最短。
- 所有事件都有原因。

问题在于，当我们认为这类原则可提供关于世界的普遍和确定的知识时，休谟却指出，特殊经验的集合不可能为上述普遍论断（这涉及所有的可能经验）提供绝对必然的基础。例如，以前每次汽车不能启动时，你都可以观察到某种原因（没油了，线圈松动了，电池亏电）。但这至多只能告诉你，在某些特殊场合，这些特殊事件都有其原因。尽管你观察到，过去所经验的每个事件都有原因，它却不能作为一个基础，以使你确切知道即将经验到的每个未来事件也都会有其原因。换言之，事例的有限汇集不可能提供必然真理。然而，正如康德看到的，我们确实相信“所有事件都将有其原因”必然为真。

因此，对康德来说，问题在于这种普遍必然的知识如何可能？他认为，对这个问题，理性主义者和经验主义者都只提供了一半答案，需要在他们之间达成某种调和。也就是说，在康德看来，理性和经验在知识构造过程中都发挥了一定作用。与此相应，康德的认识论就理所当然地被叫作“理性经验主义”或“经验理性主义”。他自己则称之为“批判哲学”。因为他意图对理性展开批判，也即是说，要把理性的合理诉求与无理诉求区分开来。

休谟坚持认为，我们所拥有的普遍、必然和确定的知识只能是观念间关系的知识。所以，我们知道“所有灰色的大象都是大象”必然为真。问题是，我们不能借助它来谈论世界，因为单凭这种真理，根本无法了解是否有大象存在，或者如果有大象，它们到底是不是灰色的。经验主义者说，能提供给我们信息的知识必然是后天知识。举例说，“柠檬汁是酸的”。康德称之为“**后天综合知识**”（synthetic a posteriori knowledge），因为它将“柠檬汁”和“酸的”两个概念综合或聚集在一起。它们并不像“单身汉”和“未婚”之间的逻辑关联，毕竟我们可以不把柠檬汁想象为酸的。因此，唯有通过经验（后天知识）我们才可能了解到那个陈述为真。与休谟和诸经验主义者不同，理性主义者认为我们也可以拥有**先天综合知识**（synthetic a priori knowledge）。这种知识具有普遍必然性，虽然不派生自经验，却也能向我们提供有关世界的信息。与理性主义者一致，康德认为诸如“所有事件都有其原因”这类陈述向我们提供的正是先天综合知识。不过，康德也赞同经验主义者的观点，相信所有知识都开端于经验。由此，他批评理性主义者试图跳过经验，在经验外去认识实在；他赞同休谟的说法，认为摆脱经验是不可行的。那么，康德所面临的问题便是，在经验范围内，先天综合知识如何可能？

康德曾说过，他不怕反驳，只怕不被理解。他的惧怕情有可原，因为其观点和写作风格都难以理解。但如果能把握康德的理论主旨，你将受益匪浅，因为你将理解思想史上最有影响力和革命性的论题之一。作为重建认识论的第一步，康德在其代表性作品《纯粹理性批判》(*Critique of Pure Reason*)的开始部分便讨论了知识的来源问题。

- 前两段的第一句话都是对知识和经验之关系的陈述。康德由此得出了哪两个观点？
- 在这两个观点中，哪一个更接近经验主义？哪一个更接近理性主义？

引自伊曼努尔·康德

《纯粹理性批判》[41]

我们的一切知识都以经验开始，这是毫无疑问的；因为认识能力受到激发而行动，如果这不是由于对象激动我们的感官，一方面由自己造成表象，另一方面使我们的知性行动运作起来，对这些表象加以比较，把它们联结起来或者分离开来，并这样把感性印象的原始材料加工成叫作经验的对象的知识，那又是由于什么呢？因此在时间序列上，我们没有任何知识先行于经验，一切知识都是以经验开始。

但是，尽管我们的一切知识都以经验开始，它们却并不因此都产生自经验。因为很可能即便我们的经验知识，也是由我们通过印象所接受的东西和我们自己的认识能力（仅仅通过由感性印象所诱发）从自己本身提供的东西的一个复合物；至于我们的这个附加，在长期的训练使我们注意到它并善于将它分离出来之前，我们还不会把它与那种基本材料区别开来。

因此，至少有一个还需要进一步研究、不能乍一看就马上打发掉的问题：是否有一种这样独立于经验甚至独立于一切感官印象的知识？人们称这样的知识为先天的，并把它们与那些具有后天的来源，即在经验中具有其来源的经验性的知识区别开来。

• 重读第二段。康德说，我们的经验知识（有关世界的知识）的构成要素有两个来源，它们分别是什么？注意："知识能力"即心灵。

• 请注意，康德在第三段（事实上）已经暗示，先天的真知识（综合知识）可以存在。

几页之后，康德对理性主义者（如柏拉图）进行了批判，因为后者假定理性离开经验材料也可措置裕如。他用了哪个隐喻来说明这一点？

轻盈的鸽子在自由飞翔时分开空气，感受到空气的阻力，也许会想象在没有空气的空间里可以更好地飞翔。同样，柏拉图因为感官世界给知性设置了如此狭窄的界限而离开了感官世界，冒险在感官世界的彼岸鼓起理念的双翼飞入纯粹知性的真空。他没有发觉，他竭尽全力却毫无进展，因为他没有任何仿佛作为基础的支撑物，使它支撑起自己，并在上面用力，以便发动知性。

正如引文所讲，康德认为“我们的一切知识都以经验开始”，就此而言，康德毫无疑问偏向于经验主义。但他也正确地意识到，如果经验是知识的唯一来源，其逻辑结果便是休谟式怀疑论。为避免这一点，康德补充道：“但是，尽管我们的一切知识都以经验开始，它们却并不因此都产生自经验。”这就表明，理性主义者的某些假设仍然是有必要的。不过，他警告说，理性离开了经验就好比鸽子在真空中拍打翅膀。事实上，无论是理性还是鸽子，若要展翅高飞，必须借助某些事物(经验或空气)以赋予力量。

通过这段简短引文，可以看出，康德试图在经验主义和理性主义立场之间架起一座精致的桥梁，既可坚守它们的深刻见解，又不至于在各自此前的问题上重蹈覆辙。他赞同经验主义者的观念，认为知识不可能超出经验界限，因为经验内容为所有知识提供素材。因此，任何关于实在之所是的形而上学结论，凡超出经验界限者，都会因为其根基缺失而被扫地出门。这个结论意味着，非物理的自我、宇宙的无限性或上帝都不可能是人类知识的对象。请注意，康德从未说过这些东西不能存在，只是说我们无法拥有关于它们的知识而已。他虽然赞同休谟所说，任何关于形而上学主题的知识都是幻觉，但依然深信这些概念在人类生活中扮演着重要角色，问题只在于如何领会它们所扮演的适当角色而已。进而言之，在将知识限定于经验范围内的同时，康德却不赞同休谟的结论，即我们所拥有的不过是一系列片段式、分散的感觉。因为，如果事实真如休谟所言，那么科学的最核心要素，亦即它的绝对确定性和普遍法则就都无从发现了。康德面临的问题是，在我们根本无法从人类经验跳跃到上帝视角的情况下，如何拥有理性主义者的那种具有确定性和必然性的知识(先天知识)。换言之，康德虽愿同休谟在同一起点(经验)出发，但不愿终结于休谟的怀疑论。

康德的革命

从哥白尼的伟大变革出发，康德对知识的本质有了某种洞察。哥白尼反对太阳围绕地球转动的理论，因为在他看来，这无法提供给我们一幅秩序井然的世界图像。于是，他提出应当转换焦点，假定地球围绕太阳转动，看这样是否更有意义。康德以类似的方式提出了认识论上的“哥白尼革命”。经验主义者认为，面对世界时心灵是消极被动的，它只不过是将感觉提供的诸印象记录下来而已。此番图景下，知识符合其对象。但我们确实能这样认为吗？为了去认识对象，你不得不跳出心灵，用经验内容跟实在内容作对比。因此，为了既能维持在经验领域中不越界，同时又免于休谟的怀疑论，康德（就像哥白尼）将上述常识图景完全倒转，要求我们去思考对象符合知识的可能性。[42]换言之，康德的意见是，若要那不断变动的、碎片化的感觉材料为我们提供有关对象的经验，唯一的办法就是，看心灵是否在其之上施加了特定的理性结构。

理性主义者论证道，科学是可能的，因为在心灵和世界之间存在某种对应关系。康德赞成这一点，不过他修改了这种对应关系的特征。他说，科学所研究的“世界”并非超出经验之物，而恰恰就是经验世界，心灵依据自身结构主动对它进行过滤、消化、塑造和组织。因此，休谟认为通过对特殊事物的大量观察，不可能获得确定性和普遍性法则，这无疑是正确的。但他又说，休谟未曾意识到，只要心灵以某种必然和普遍的方式去组织经验，我们就能在经验里找到确定性和普遍性的知识。从这个意义上讲，心灵并不与外部世界相符合，相反，经验中发现的内容要与心灵的结构相符合。心灵是从感觉所提供的原始材料出发来建构认识对象的，因此我将康德的立场叫作知识的建构论。

在这里至关重要的是，康德到底说了什么，又没说什么。他从未说心灵能够从无中使实在呈现。他是说，实在（我们唯一能认识的那个实在）向我们呈现的方式有赖于感觉和理性的共同贡献。

唯有心灵将形式加诸感觉材料之上，我们才能认识诸对象。我们唯一能够认识的世界就是心灵参与建构的那个经验世界，这个世界中包含着向我们呈现之物(things-as-they-appear-to-us)，它们被康德称为**现象**(phenomena)(或现象领域)。位于经验之外的是物自体(things-in-themselves)，其被称为**本体**(noumena)(或本体领域)。既然我们不能跳出经验考察实在之真实所是，便不能赋予本体概念任何肯定性内容。它纯然是种限定性概念，或者是用以指示那超出任何可能经验之外的东西的方式。

显然，在讨论康德时，我们不可能跳出经验范围，在由心灵构造的世界观与实在自身之所是的方式之间作一番比较。不过，在本章中我将采用类比方法，在经验范围内阐明，我们的经验既由外在之物产生，又要借助对显现于我的材料的组织、加工和塑造等独特步骤完成。切记，在这些例子中，我们要对存于经验之中的一种材料[显像(appearance)1]和另一种材料(显像 2)进行对比，其大致类同于人类经验对象(现象)和外在于经验的实在(本体)的关系。

思想实验：经验的对象

1. 如果你需要借助眼镜阅读，请摘下眼镜，看这页纸上的文字。若是你不需要借助眼镜，只消把纸尽量靠近鼻子，直到字模糊不清为止，效果完全一样。拿一张有着许多复杂细节的小版彩色画，做同样的事。你会看到的结果是，在你面前呈现的不再是有意义的对象，不管这些对象是纸上的字还是画上的细节，你的视野中将满是难以判然分明的形状、灰色斑点与色块。然而，在适当条件下(戴上眼镜或者把书本放在与眼睛合适的距离上)，你又会看到作为对象的字或图画。康德说，以类似的方式，我们不只是把世界看成形状或颜色构成的漩涡，因为心灵就像透镜一样，可以为我们提供一系列表象，而这些表象将自己呈现为经验中的对象。

2. 假设我曾预测说，早晨打开电视看《今日》(*Today*)节目，天气播报员阿尔·罗克尔(Al Roker)会戴一条有着不同灰度色的领带。[43]假设我还认为，有关实在世界的知识是先天的，绝不受我见到他戴过的各种领带的过往经验影响。无论他的领带是条纹、圆点还是涡纹图案，我都事先知道它是灰色的。我如何能作这个预测呢？下面的讨论将会给出答案。

康德的方案涉及对任何可能经验的普遍、必然条件的探究。如果我们发现唯有在特定条件下才能拥有经验，那么这些条件便向我们提供所经验的世界必然为真的先天综合知识。在眼镜的例子中，显现在个人视觉经验中的对象是感性材料和透镜对所输入内容之加工方式共同作用的结果。眼镜并不创造实在，但它会影响实在的显现方式。

继续扩充这一类比，假设眼镜镜片是红色的，并使所有东西看起来都是三角形的，再假设绝无可能挪开镜片看世界。在这种情况下，如果你没有经验过某个房间，同样无法认识里面的内容。然而，如果你理解了镜片的本性，也将会理解你能拥有的任何可能经验的普遍条件。尽管具体的经验内容会变化，你仍能先天地知道，任何显现出的东西都是红色的和三角形的。若每个人都通过相同的透镜观看世界，我们也就能拥有关于所有可能经验之一般特征的客观和普遍的知识(先于具体经验)。然而，既然镜片不可能被挪开，我们便无法得知经验外的世界的模样。这个类比实际上是对康德观点的阐明，即经验中的对象遵从心灵施加于感觉之上的秩序。

在天气预报员的例子里，如果知道自己会在一台黑白电视机里看到他，我便可以先天地知道其领带会是灰色的。想象一下，如果我们所有人都拥有相同款式的电视机，我们关于世界的认识都只是从电视机里获得的，那么我们的电视机就有两种效果：(1) 会使我们产生诸如天气预报员的领带之类的经验；(2) 它允许我们只能以特定方式观看这个世界。康德说，心灵使我们可能拥有一些有意义的经验，但它也让我们只能以某种特定方式经验这个世界。演播室中的那条真实的领带就好比本体领域，而显现在电视机中的领带对应的则是现象领域。唯有摆脱了人类认知器官之局限性的存在者(或许是上帝)，才能认识实在自身之所是。但只要我们认识到心灵必然要为经验设定条件的方式，就能拥有被经验着的实在(what reality-as-experienced will be like)的普遍必然知识。

有关空间和时间的经验

在心灵构造实在经验的问题上，康德到底是怎样想的呢？他说，心灵为经验设定了空间和时间形式。空间和时间并非显现于经验中的神秘之“物”，相反，它们只是基础性的参照框架，在其中物体可向我们显现。作为空间感知的例子，不妨看看你房间里的物体。你大概会看到一些书、一只咖啡杯和一个光盘播放器。这些书并非在你心中，它们只是显现于你经验中的特定意象。不论你的经验中可能会有哪些具体内容，这些意象总要在空间中占据一席之地。在康德看来，对象有某种空间显像(spatial appearance)，恰恰是心灵对经验的一种构造方式。然而，外部世界的物体难道不处于空间之中吗？你能认识它们的唯一方式便是跳出经验去经验实在本身。因此，离开经验中的空间视角去探讨空间，实在毫无意义。

同样的心灵活动还为我们的经验提供了时间维度。时间并非兀自存于世界之中的存在体，相反，它同样是一种框架，对象于其中向我们显现。想象某人敲了三遍铃。如果你在每一次铃声响起时都会失忆症发作，便不会有敲三次铃的经验。所以，除了接受每次铃声所提供的感觉材料外，心灵还必须将其保存在记忆中，并在时间序列中将其贯穿在一起，综合为对同一事物的三次连续经验。

思想实验：空间和时间

为了表明空间和时间是经验的必要特征，康德提供了两个思想实验。[44]

1. 想象我们从世界中逐一删减物体，直到仅剩下空的空间。这幅图景似乎是可行的。现在试着去想象某个世界，其中仅有物体而无空间。例如，想象我们经验一个非三维的盒子，该是何种情形？这显然不可能。为什么？因为空间性质不同于感觉性质和对象。心灵通过空间形式安排诸感觉，但空间本身却不是感觉。我们未曾经验到空间，但却经验到以特定空间形式构造而成的对象。

2. 试着想象没有对象因之延续的时间。换言之，想象你正在观察空无一物的宇宙。即使你看不到任何事物，时间还在滴滴答答地行进着。若康德是对的，你就能想象出时间的延续，其间却无任何事件发生。再试着想象你正经验一些不处于时间序列中的对象（树木、夕阳、流云）。如果康德是对的，这种图景便断然不可能。他的理由是，时间是任何经验对象可被经验到的普遍条件。时间形构对象的可能经验，但它本身不是“事物”，因为它不具备感觉特性。

康德的时空理论看起来太过不可思议。因为我们对经验中的时空本性是如此熟悉，所以很难想象它们只是人类经验的形式而已。为了让康德的观点听起来更合理，请想象世界是如何向长满复眼的苍蝇显现的。在苍蝇的空间经验里，每个物体都呈现出数百个重复影像。与我们相比，苍蝇眼中的世界的空间构造形式大为不同。所以，我们的空间经验绝非唯一可能的。为了让我们的时空经验是人类所特有这一观点更为可信，康德提出，还有其他一类存在(可能是上帝)可以不受空间限定而经验到实在，并且能在同一经验中同时认识过去、现在和未来。[45]所以，再次回到这一点，即我们对经验的时空构造并非认识实在的唯一方式。即使假定上帝可以以完全不同的方式经验实在，我们的经验也一直保持着某种特殊的时空维度。

思想实验：空间解释

请观察下图中的两张桌子，[46]哪一张更长一些？

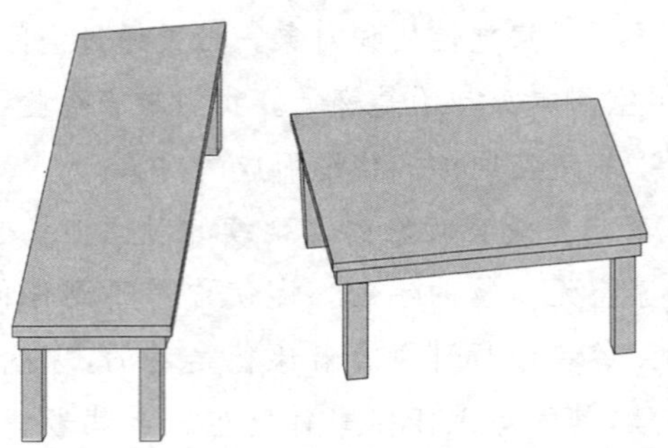

与你的所见相反，图中的两个平行四边形(亦即两个桌面)在尺寸和形状上是一模一样的。若是不信，只需测量每个桌面，或者将其中一个描在纸上，与另一个叠放比较既可。你为何认为自己的眼睛被愚弄了呢？

在看到两幅桌子的图像时，你将它们感知为三维对象。你的心灵给图画安置了空间视角，于是向你显现出来的似乎是，左侧桌子的长轴在退远，而右侧桌子的长轴在空间上更靠近你。一旦你的心灵对这些线条进行深度解释，就会判断出左边的桌子必然更长些。以类似的方式，当我们环顾房间时，可以看到各种矩形、圆形或三角形（还有其他），它们在空间构造的视野里向我们显示。当然，与画中的形状不同，我们能在房间里随意走动，但这也不过提供给我们一些触觉感受，而且我们早已学会将其与视觉影像关联在一起。最后，康德总结说，时空经验在以普遍和必然的方式刻画我们所经验的世界。但请记住，我们所谈论的是我们对世界的经验（our experience of the world），而非经验之外的世界。

知性（understanding）范畴

为了更好地理解下文内容，我们必须清楚康德的直观（intuitions）概念，它指感官感知到的原始材料，切勿将其混同于该词的通常意义，即独特的洞察力或本能情感。在康德看来，直观意味着“心灵直接意识到的对象”。例如，经验一朵玫瑰花的红，便是拥有了一种感性直观。康德相信，心灵有两种力量在经验中起作用，即他所说的感性（sensibility）和知性。感性是一种被动的力量，是心灵接受感性直观的能力；知性则是一种主动力量，它通过概念，将我们在经验中接受的直观组织成有意义的对象。

康德进一步讨论了我们对感知材料（直观）的被动接受（感性），以及心灵将时空形式赋予感知材料的方式。然而，如果经验只是被时空组织起来的直观，我们将无法拥有知识，我们可能经验到的，只是时空中彼此不相关的颜色和声音的混合体（或许与婴儿的经验有类似之处）。因此，我们还需要另一套组织原则。这些原则是由知性提供的，被称为知性范畴。知性提供这些概念（范畴），以便我们能将直观构形为可作为思想基础的有意义的对象。例如，想象一种圆柱形饼干压榨器，你把面团放到里面，然后将它从另一端的星形孔中挤出。正如饼干是特定内容(面团)经由特定形式(饼干压榨器)加工而成，知识也以类似方式产生，即我们的感性提供空间和时间直观，知性运用概念范畴组织这些直观，生成知识。对康德而言，概念并非某种意象，因为它自身不具备内容(并不比饼干压榨机的星形孔的内容更多)，相反，概念是规则，可以将我们的直观组织成经验对象。下段引文便将直观看作面团，将感性看作可接受直观的认知装置的组成部分(装着面团的饼干压榨机)，进而把知性看作概念的来源，而概念就是压榨机的星形孔(或者圆孔、三角形孔)，用以对原材料进行组织和塑形。

引自康德

《纯粹理性批判》(*Critique of Pure Reason*)[47]

人类知识有两个主干，它们也许出自一个共同的但不为我们所知的根源，这两个主干就是感性和知性，对象通过前者被给予我们，通过后者被思维。……这两种属性的任何一种都不应当比另一种更受优待。无感性就不会有对象被给予我们，无知性就不会有对象被思维。思想无内容则空，直观无概念则盲。因此，使其概念成为感性的(即把直观中的对象赋予概念)和使其直观成为知性的(即将它们置于概念之下)，是同样必要的。这两种能力或者性能也不能互换其功能，知性不能直观任何东西，而感官则不能思维任何东西。只有从它们的相互结合中，才能产生知识。

• 康德说“思想无内容则空，直观无概念则盲”是什么意思？用自己的话重新表述它，并试着解释给朋友听。

思想实验：感知对象

1. 思考图形1这团阴影方块。你能否用眼睛将它构形为某个伟人的面部图像？（提示：让它跟你的眼睛保持一定距离，眯起眼睛，模糊掉单个方块，使他们连为一体。）

图形 1

图形 2

2. 在图形2里，你能看出多少个几何体？能看到图片中心那个大的白色三角形吗？还有其他哪些方式用来解释诸线条和色块呢？

大多数人都会认为图形1表现的是亚伯拉罕·林肯的面部。但第一眼看过去，它似乎只是一些阴影块的混乱组合。若要将之视为对某个物体的表象，心灵必须将它们构形为单个、统一的图案。显然，要识别出图形的表象对象是林肯，你之前必须见过林肯的画像。将一幅图画看作林肯是过往经验在起作用，而将这些色块看作某个物体，则属于心灵的天赋能力对感觉的组织。换言之，感知中发生的事情比光线单纯照在视网膜上要多得多，心灵必须采纳这些材料并将统一性加诸其上。

在图形2中可以看见被两只三角形覆盖的三个圆形，这再普通不过了。但请注意，其实真正呈现在我们眼前的是有着扇形缺失的不完整的圆以及三个底部未封闭的角(总共六个图形)。你的心灵获知这些材料，并将那三个曲面形状解释成部分被白色无边线的三角形覆盖的整圆。与此相似，心灵也会注意到那三个开放的角，把它们看作被大的白色三角形部分遮盖的黑边大三角形的三个角。注意，图上确实并不存在那个所谓的白色无边线三角形。心灵摘出诸图形中间的空白部分，并创造出一个三角形的意象。这个图形可算作是心灵从向它显现的材料中创造自身对象的典型事例。

上述视觉实验并不能完全真切地表现出康德的哥白尼式革命，但它们确实揭示出经验之物如何成为感觉材料和心灵作用的复合物。在这些例子中，心灵并未创造材料，材料被施加于你时，也并不是通过来自图画的光线撞击你的视网膜实现的。材料作为形状的集合显现给你，只因为你的心灵将它构形为有意义的对象。我们经验的这一面向使得康德对知识的阐述具有一种重要特征。某些概念，如"林肯""狗"或者"苹果"，显然并非存在于心灵中，而是以我们从经验中得到的东西为基础。康德将它们称为经验概念。不过，在将某物识别为苹果前，首先要将它们识别为包含着诸特定性质的统一体。因此，红色、圆形、甜、脆等不同感觉被结合在一起，构成了某个实体。如果没有实体的概念，你所拥有的也不过是混乱的感觉(直观)。不过，实体并非我们可经验到的东西，它不像经验苹果时的诸感觉。有鉴于此，康德说实体是一个纯粹概念。它是知性范畴之一，不能派生于感觉，但我们可将之应用于经验，并将诸经验组合成一个统一对象。康德确定了因果关系、统一性、多样性、可能性、必然性等12个范畴，它们共同构成了一个框架，所有关于世界的判断都凭它们作出。

将康德对经验的阐述跟休谟进行对比，对我们的理解颇有助

保罗·西涅克(Paul Signac)《圣特洛佩兹港口》(*Port St. Tropez*, 1899)
这幅画是点描绘技术的一个例子,它出现在印象派后期。点描绘派画家不是通过将颜料在调色板上混合来创造新颜色,而是将小块的纯色应用在画布上,激发观赏者的心灵将它们混合,并将作为个体的点组织成有意义的形式图案和对象图案。相似地,依据康德的观点,人的全部经验不过就是心灵将结构加诸世界,也就是把基本的感觉材料组成为有意义的对象。

益。在休谟看来,面对持续变化的感觉(颜色、形状、声音、味道和质地)世界,我们只是消极的旁观者。休谟说,在经验中,我们发现:

> 诸感知以不可思议的迅疾之态相互递进,而且处于永恒的流变和运动中……心灵是一座剧院,几数感知轮番登场,在无数多种姿态和情境间经过、再经过、滑行以及混合。[48]

根据康德所言,这些感觉却并非我们真切地经验到的。我们从未能真正经验到单纯的色块、毫无关联的声音以及其他一小片一小片的感觉。相反,我们经验到的是有意义的对象世界。如果心灵撷取各种"咻"的一下似白驹过隙的感觉碎片,将它们组织起来以构成空间的不同对象，并且让它们在时间中具有同一性，那么可以说经验的事物也就只能以这种方式呈现。

既然我们绝无可能关闭心灵的感觉结构，我们也就绝不会拥有某种纯粹的、非中介的世界经验。诸如闹钟在早晨报时的经验倒可以让我们对此有更切身的认识。霎时，无数感觉不期而至(刺耳的闹铃声以及从窗子泻入的日光)，几乎是原原本本的、未经概念化的经验扑面而来，“喧嚣、混乱”(就像心理学家、哲学家威廉·詹姆士曾描述过的一个小孩子的经验)。最终，当后续的思想之流也发生时，经验才开始变得有意义：“这个让人难受的感觉是一种声音——它是一种蜂鸣声——闹钟发出的——意味着早晨到了——意味着我得赶紧的了。”甚至在这个心灵的过程开始之前，心灵就已经依据(a) 时间形式和(b) 空间形式，以及(c) 实体范畴和(d) 因果关系的范畴将经验构造出来了。例如，你对闹钟的最初意识具有这样的形式：“它(a)发生了一种持续的刺激(时间)，而这是(b)外在于我们(空间)的(c)某种物体(实体)发出的，(d)是什么导致它发生的呢？(因果关系)。”因此，即便最为原始的经验也是由心灵构造的，而且只是由于心灵将秩序带入经验，诸感觉才会成为知识。

实在是什么样的？

康德认识论带来的好消息是，我们能够拥有关于世界的客观、普遍和必然的知识。其原因在于，我们所认识的一直是经验世界，不管其间内容如何变化，总保持着某个确定的结构。也正因为有这样一个结构，先天综合判断才得以可能。恰如我能知道天气预报员的领带是灰色的，我也能认识到“每件事都有其原因”。第一种情况下，基于对电视机的认识，我对领带有一个经验判断(当然，这个例子不过是对经验中发生的事情的类比)。第二种情况下(为康德所关注)，基于人类心灵的本质，我对因果关系有一个必然判断。对康德来说，关键之处在于，每个人的心灵都将以普遍、必然的同一方式去构造经验。而康德的立场带来的坏消息是，我们永远无法认识实在本身，因为我们无法跳出心灵之外，目睹未经心灵加工和过滤的实在是什么样子。再想一下在黑白电视机里呈现的天气预报员的表象。若我们的眼睛也像电视机一样，不能表象诸颜色，那么人们的整个经验世界将只有黑、白、灰三色。我们便不可能了解真实世界中的那些颜色了。就康德而言，这个比喻非常切近真实的生活情形。在经验（现象）中向我们呈现的那个世界，也便是我们能认识的唯一的世界。但正因为经验是由心灵构造的，所以我们永远不能认识实在本身（本体）。

自我、宇宙和上帝

如果我们接受了康德关于心灵和经验共同起作用这一方式的说明，就会明白，心灵诸范畴不可能提供任何超出经验的知识，这就好比饼干压榨机只能为我们提供饼干一样。范畴只是思维的纯粹的空形式，必须被感觉填充后才能生产出知识。20 世纪哲学家诺曼·梅尔谢特（Norman Melchert）如此来谈论范畴：

> 可以把它们比作数学函项，比如 x^2。如果不用一些数字为 x 赋值，我们就得不出任何对象。如果向 x 赋值，比方说 2 或 3，那么某个对象就可被具体说出，也就是 4 或 9。实体、原因以及其他范畴亦是如此。它们仅是一些算子（operators），其作用无非是“在一个意识中把直观给出的杂多”统一起来。[49]

康德认识论的蕴涵甚为深远。这意味着，我们不可能认识自我、作为整体的世界或者上帝，因为它们处于所有可能的经验范围之外。任何试图在这些问题上加以推理的行为都被康德称为“先验幻象”(transcendental illusions)。第一,关于自我,我们当然能认识自己的情绪、感情、思想和其他内在经验内容。可正如休谟指出的,它们只在经验中一闪而过,并未向我们提供某种作为实体的持续自我的经验。那么,若想利用实体概念去思考为所有经验奠基的实在自我,问题就出现了,因为“实体”只能运用于人类的经验世界,无法用它指称为经验奠基的某种神秘实在。

第二,形而上学幻象是假定我们能针对宇宙(或者作为整体的世界)进行推理。问题在于,我们所能认识的只是零碎的世界经验,而其整体却永远无法被经验到。那么,为了将世界思索为整体,我们就不得不拥有超越时空的神的视角。为了弄清楚当理性试图飞跃经验(回想一下鸽子的例子)时可能发生的事情,康德给出了一系列会导致矛盾结论的论证(又称为“二律背反”)。例如,他首先证明世界在时空上是有限的,转而又论证说世界在时空上是无限的。他证明某些事情是自由的,然后又说所有事情都是被预先规定的。康德说,对上述论题的理性论证之所以会得出相互矛盾的结论,是因为理性在这些论题上已僭越了合理的界限。

最后,如果知识仅被限定在我们所经验的东西上,那便不能从事上帝方面的推理。他说,试图去证明上帝的存在“终将无疾而终,而且其本质上也是无效的”。[50]例如,我们不可能推知世界的原因,因为因果关系不过是将我们的经验项相互关联的一种方式而已。当然,如果理性的界限阻止我们证明上帝的存在,那么同样也会阻止我们证明它不存在。由此,在康德的认识论中,有神论者和无神论者将不得不同舟共济。总之,只要我们认为能够拥有自我、宇宙和上帝等对象的观念,那便都是幻象。不过,即便如此,康德仍认为它们是重要的和不可摒弃的观念。虽然其缺乏经验内容,但在规范我们的思想方面却有重要作用。它们提供了促进人类不懈追求的理想,这就是完备、统一和体系性的知识整体。或许我们可以将这些观念看作图画中收敛的线,一直朝向视域外的某个无限点。跟作画用的角度指示器类似，自我、宇宙和上帝观念同样为我们真实经验到的事物提供了某种有意义的框架。关于上帝这一主题，康德认为，虽不可能形成有关它的理性知识，但却可从中发现对道德理解而言必不可少的观念。因此，在《纯粹理性批判》序言里，康德写道："因此，我不得不扬弃知识，以便为信仰腾出地盘。"[51]

总而言之，康德相信(1) 我们永远不能认识实在本身之所是，因为(2) 是心灵构造了我们的实在经验。进而，(3) 只有独一的一套形式和范畴可用于该构造过程，它对每个认知者而言都是普遍的，而且，(4) 这个过程根本上是理性的。在本章后面部分，我们会发现康德之后的许多哲学家都接受了(1)和(2)，但一直排斥(3)，有时还会排斥(4)。这便造就了各种后康德哲学，它们走向了与此前截然不同的道路。

透过康德的镜头看

1. 环顾四周，浏览一下日常经验里出现的那些物体（书本、桌子、椅子、咖啡杯）。在这个过程中，试着想象自己早已失去了将感觉整合为对象的能力，而只能经验片段的、无关联的和不可理解的感觉流（颜色和形状块）。这将是怎样一种经验呢？它是否能够表明，心灵在世界的经验构造方面起着重要作用呢？

2. 我们来做一个实验，由此想象在缺失了施加于经验之上的空间形式时，你的经验世界将会变成怎样。你看到一辆汽车（或一个人）从远处驶来。此时试着将一切空间解释都取消掉，以便清楚看到你的经验中的真实呈现物。出现在你的视野中的，是一个开始非常微小却在不断变大的如汽车样的形象。如果不以空间形式组织感觉，我们能看到的全部东西也不过就是这个增长着的形象而已。我们拥有的是一个形象由小变大的经验，而非一个尺寸不变的汽车由远处向我们驶来的经验。

3. 康德说,因为我们全部所知只是经验的世界(现象),所以科学不能言说物理感觉之外的本体领域中的实在。科学涉及的只是被感知、被测量、被控制和被预测的那个世界。即便那个无法被科学解释的世界(严格而言)是不可知的,我们仍旧可以在人类的经验领域内构造法则,提出解释和预言。既然科学不能谈论实在本身,为什么康德还会认为科学知识是充分的呢? 既然有了对科学的这些限定,为何康德还会认为,科学永远不会成为宗教信仰的威胁呢?

检视康德式建构论的优缺点

正面评价

1. 康德承认,在知识的形成过程中,理性和感觉都有其贡献。这是否意味着他的认识论比之前的理性主义和经验主义更为充分?

2. 试着想象你有某种认知缺陷,以致不能凭借因果关系去思考世界,但你的经验不会有任何变化。在这种情况下,按动开关后灯光亮起跟在十字路口咳嗽时绿灯亮起没什么两样。不过,事实是,我们确实会将按开关与灯光亮起联系起来,因为这个过程是有规则和秩序的;但我们不会将咳嗽和绿灯亮起相联系,因为这个过程毫无规则可言,它也并未遵循任何秩序行事。依此便可阐明康德的观点,即因果关系并非经验项(就像对灯光的感觉那样),而是我们用以将经验组织成这种规律秩序而非那种规律秩序的必要方式。如果心灵不具有这种特征,那么你的生活又会是什么样子?

负面评价

1. 康德认为,心灵塑造和构形了我们经验到的实在。但要使塑造和构形过程发生,在心灵诸范畴和实在的本质之间难道不是必须有某种程度的亲和性吗? 如果心灵与实在能够相互作用,它们各自的结构之间难道不应当有相似之处吗？如果心灵的运作方式与实在的运作方式必然有所对应，那么康德所谓的我们永远不能认识外在于心灵的实在的观点便是错误的。

2. 生物学告诉我们，能够适应外部条件的物种才能存活下来，不能适应的便不能存活。人类之所以能够顺利繁衍，不就是因为我们的认知能力对应着外部环境而发展起来的吗？如果事实如此，我们的心灵必然要符合实在，不是比我们关于实在的经验要符合于心灵结构显得更加真实吗？这个结论是否意味着康德的哥白尼革命是错误的？

3. 人类学家已经发现，处于不同文化中的人对时间和空间之关系的感知也是不同的。康德的时空理论，即认为时间和空间是内置于每个人心灵中用以塑造经验的先天和普遍的方式，会因这一发现而被摧毁吗？

4. 在康德看来，由于我们的知识只限于人类经验范围内，所以无法认识实在本身之所是（本体领域）。那么，他又如何知道本体领域是存在的呢？为了做到一以贯之，对于经验之外的实在，他不是应该悬搁判断、保持沉默吗？

3.5　认识论的相对主义

引导性问题：认识论的相对主义

1. 什么是事实？我们会把事实说成坚硬的、冰冷的、客观的和顽固的。我们想要寻求明显的、可观察的和不加修饰的事实。我们需要直面事实、收集事实或查验事实。这些说法可能会使人认为，事实就是独立于我们而存在的外在物理之物。那么，事实是世界中的树木、岩石和青草之类的东西吗？我们能被石子绊倒，可我们也能被事实绊倒吗？月亮看起来是圆形的，可某个事实看起来像什么呢？我们能将日落场景拍摄下来，可我们也能将事实拍下来吗？我们能称重苹果，可我们也能称重事实吗？你可以说出你的房间里有多少物体，可你能说出房间里有多少事实吗？是否有足够的空间盛纳它们呢？如果这些问题使你相信，事实并非外在于我们之物，那它又在哪里呢？我们能说事实以某种方式嵌在我们的语言或信念系统中吗？若是如此，是否可以这样理解事实，即它是关于我们是谁、如何看这个世界以及如何思考或谈论它的某种函项？那么这个“事实”的蕴涵又是什么呢？

2. 我们相信，日常生活中的物质对象不能像变戏法那样消失得无影无踪。虽然找不见钥匙，但我们还是相信它们存在于某个地方，并未无缘无故消失。但是，我们可以想象这样一种文化，在这种文化下，人们相信物质对象会随时消匿(不是被压碎、融化、烧尽或者其他符合我们物理法则的破坏)。[52]那么，处在这种文化中，你若是丢了钥匙而且总也找不到，人们就会认为它遁迹于无形了。根据他们的物理法则，自然中常会发生这样的事。我们都曾有过这样的经验，即将衣物从烘干机取出时发觉少了一只袜子。有时，不管我们多么费力寻找(在衣物袋、洗衣机、其他衣物中)都一无所获。生活在这种独特文化中的人会说：“正像你看到的，证据已经说明，东西有时就是会无端消失的。”你如何说服这些人认识到他们的错误，并且承认我们的物理法则才是正确的呢？

3. 你在看这个图形时看见了什么？你很可能说，图上是一个立方体或一只盒子。但若某种文化并不接受我们的透视画法的约定，那里的人们就会将左侧图形看作是二维的，就像是一个格子图案。他们的文化习俗使他们难以把它解读为一个三维物体(现在看看你是否能把左图看成某个平面图案而非一只盒子)。我们有可能以与这个练习相似的视角看待世界吗？你解释世界所使用的感知、概念、道德、伦理以

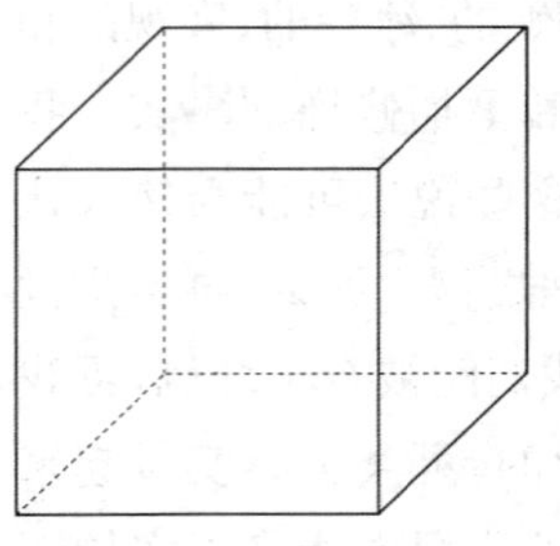

及科学的方式，有可能只是你如何看待世界的方式而已，客观而言，它并不比其他解释世界的方式更真或更正确？

检视相对主义

从康德到相对主义

此前在探讨知识和真理观问题时涉及的哲学家，诸如苏格拉底、笛卡儿、洛克和贝克莱，在知识的本性以及获取知识的方法上并未达成一致，不过他们都承认，如果我们要获得知识，就要获得关于世界的客观、普遍的真理。换言之，他们都承认，只有唯一一种关于世界的真理。

上述所有哲学家，尽管立场各不相同，但都属于认识论的客观主义。**认识论的客观主义**（epistemologoical objectivism）认为存在关于世界的一系列普遍真理或事实，而且这些真理都独立于我们而存在。客观主义有时也被称作绝对主义（absolutism）。然而，由于某些人将绝对主义与某种庸俗的、教条的、权威主义的和不宽容的态度联系在一起，因而我更愿意选择客观主义这一称呼。在我看来，即便你并不认为自己必然能够拥有所有真理，你仍可以是客观主义者（相信存在普遍的和独立于心灵的真理）。这样，你便能保持心灵的开放，愿意去修正自己的各种信念，并宽容和尊重其他人的观点。我们讨论的是“探寻真理”这件事，但唯当某物有待被发现，这一探究才有意义（不像在彩虹尾端寻找神秘的金罐子）。

康德是客观主义者，尽管他对这一立场作了某些扭曲。在知识的哥白尼革命中，康德认为我们关于实在的知识并非直接的和非中介性的，因为经验总要交由心灵中的范畴去加以构造。由此可知，我们永远不可能认识实在本身。不过，康德仍相信，心灵对经验的构造方式对所有人都是相同的，所以他得出结论，在人类经验领域内（我们还能知道其他什么领域？），普遍和客观的知识不但可能，而且可谓成竹在胸的事实。

现在，假定康德的革命是正确的(心灵构造我们关于实在的经验)；同时我们又假定，他所认为的，所有人的心灵都以同样普遍的方式被构造而且理解世界的方式也是唯一的，这一点是错误的。那么随之而来的是，不同的人将以不同的方式经验这个世界，从未有关于世界的唯一真理，而且也没有某一套观点比其他观点更真实。尽管我可以认为，在对实在的说明上，自己的立场比你更“真”和更“准确”，但我也总是通过自己那特殊的心灵镜头来看待你的立场和实在本身。我们不能跳到心灵之外去比较心灵概念和实在本身。

如果你已从康德的客观主义(借助他的那套理性、心灵的范畴)出发得出如下观点，即存在着构造经验的多重方式，那么你便开始对相对主义有所理解了。**认识论的相对主义**主张，不存在关于实在的普遍、客观的知识，所有知识都是相对于个体或者其所处文化的概念系统而言的。换言之，认识论的相对主义坚持这样一套信念，即关于世界并非只有唯一一种正确谈论方式，而是有许多种。

这一立场又可称作概念的、认知的或认识论的相对主义，因为它认定所有概念、信念和知识都有相对性。在第五章中我们会考察伦理的相对主义，它在伦理原则、伦理判断和伦理陈述方面持有类似的观点。认识论的相对主义者说，所有知识上的观点都是相对的，伦理上的观点也是必定如此。因此，如果你接受了第一种立场，你也必然会倾向于第二种。反过来却并非如此，因为你在相信伦理信念的相对主义的同时，还可以坚持其他各种信念(比如科学信念)的客观性。

停下来，想一想

很多流行的习语表达了相对主义情绪：“因人而异”，

"情人眼里出西施","入乡随俗","各抒己见,莫衷一是","萝卜青菜,各有所爱","自行其是","一方水土养一方人"。

- 你能想出其他常见的相对主义的表达方式吗?
- 找出日常对话中持有相对主义立场的例子。

相对主义的程度

当我们进一步聚焦这一问题时,就会发现相对主义的某些日常形式是客观主义者也可以接受的。"对你而言牡蛎很美味,对我则不怎么样。"几乎没有人能否认,食品的味道好坏是相对的,取决于个人偏好。某人认为牡蛎很美味,而我却认为它很糟糕,这无所谓孰对孰错,因为我们根本不是在断定牡蛎的客观性质,只是在谈论个人口味而已。因此,在断定事物的味道时,总意味着这是"对我而言"的。与之相似,如果我正站在图书馆前的台阶上,那么对我而言,图书馆就在"这里"。如果你在街道对面,那么对你而言,图书馆就在"那里"。很显然,这里和那里两个词就如左和右一样,总是相对于言说者的位置而言的。但这些"相对的"陈述实际上包含着客观的主张,因为这些相对性语词能被更为客观的空间定位系统(比如地图上的坐标)所取代。

最后,还有一种陈述方式,它到底与客观主义还是相对主义协调一致,取决于它如何被解释:"对你而言那是真的,对我则不然"这个陈述是晦涩不明的,因为它可能有两种不同的意义。若用下述方式解释,这个说法当然是真的:"如果某人相信 X,那么对那个人而言 X 就被认为是真的。"当然,从中世纪的科学立场看,太阳围绕地球转动是"真的"。与之相似,根据某些文化,诞下双胞胎会给社会带来邪恶的诅咒也是"真的",所以双胞胎必须被杀死。但这样一种解释方法设定了该陈述只是就言说者的信念状态而发出的声明，因此我们仍然可以追问这个信念本身是否为真。(在中世纪的人们看来，太阳围绕地球转动是真的，真是这样吗？真像那些人所认为的，诞下双胞胎和厄运之间存在某种因果关系吗？)然而，在其他解释系统下，“对你而言那是真的，对我则不然”的说法，就已经活脱脱是相对主义的了。它意味着“不存在关于物质的客观真理，只有一些不同的观点，它们具备同等程度的真理性”。

思想实验：客观的真和相对的真

下面的表格中有一系列不同的论题。你或许对某个论题有自己的独特见解，但这不是本练习的目的所在。你要做的，是判定议题是否有客观上为真或为假的回答。说某一观点是“客观的”，意味着它的真假不取决于任何个体或任何文化对它的信念。在此意义上，即便你无法确定何者为真，也依然能够判定某个观点或论题是否客观。如果你认为某论题是客观的，就在“客观的”那一栏做标记。但如果你认为对某个论题的回答无所谓客观上的真假，那它也就只是一条意见，为此，我们就要断定，对其真或假的回答是基于个体的意见(在“个体意义上的相对”那一栏做标记)，还是相对个体的文化而言的(在“文化意义上的相对”那一栏做标记)。

问题：是或不是……	客观的	个体意义上的相对	文化意义上的相对
1. 芦笋很美味。			
2. 毕加索的画作有艺术价值。			
3. 约翰·塞巴斯蒂安·巴赫(Johann Sebastian Bach)是有史以来最伟大的作曲家。			

续　表

问题：是或不是……	客观的	个体意义上的相对	文化意义上的相对
4.《圣经》向我们说出了生命的目的。			
5. 不管在什么环境下，堕胎在道德上都是错误的。			
6. 美国的奴隶制在道德上是恶的。			
7. 民主是最好的政府组织形式。			
8. 地球已经存在了十亿年之久。			
9. 你的基因决定了你眼睛的颜色。			
10. 外星人早就造访过地球。			

你如何回应上述论题，表明你在多大程度上是相对主义者。陈述 1 说的是食物的味道，大多数人都会说这个问题因人而异。陈述 2 和 3 是关于审美判断的。在这些论题上你可以是相对主义者，但并不妨碍你在其他问题上是客观主义者。如果你认为陈述 4 可真可假，那么你在宗教论题上就是个客观主义者。而一个宗教相对主义者则会说，这个观点跟其他宗教观点一样，纯粹是个人选择，没有唯一正确的答案。陈述 5 和 6 涉及的是伦理论断。在某些伦理观点上你可能是相对主义者，但不妨碍你相信其他一些伦理观点客观上为真，不论某一个体或文化所相信的是什么。陈述 7 是一个常规的政治判断。部分客观主义者认为它是真的，另一些则认为它是错的。而相对主义者则会说，它的对错取决于个

体或社会的偏好。陈述8、9和10是有关经验事实的观点。把它们称作观点并不意味着它们是真的。你或许会想到一些证据，说明地球其实比这里所说到的更古老或更年轻些。此外，绝大多数人(并非全部)会认为陈述10关于外星人的观点是假的。争议在于，是否存在一系列独立于我们信念的客观事实，可以证明此观点的真与假。某人若是认为最后三个问题只限于个人或文化的意见，那他很大概率上就是彻头彻尾的相对主义者。你在多少个论题后面标注了个体意义上或文化意义上的相对主义？你在一些论题上是客观主义吗？你如何区分两种论题：客观的以及个人意见或文化意见的呢？

广场中的哲学

这一误解(misinterpretation)正是尼采理论的关键所在。我们“看到”的，或是我们的概念框架、特定视角允许我们看到的东西，或是它们指引我们去看的东西。你会不会认为信息的内容是“巴黎之春”(Paris in the spring)呢？如果是，那么你对信息的阅读就是有问题的。请将手指放在单词上，逐字阅读。如果你和我一样，那么说明在第一次复述信息时，你也出错了。如果这么简单的一条信息都会被你的构想框架进行重构和解释，凭什么以为我们处理作为整体的实在时不会这样呢？同五位朋友再做一遍这个实验，看他们会怎么做。

PARIS
IN THE
THE SPRING

怀疑论 vs 相对主义

在上述这类论题中，重要的是在怀疑论立场和相对主义立场之真与假之间存在区别吗？还是说，区别只在于你如何看待它？

间进行区分。尽管怀疑论者和相对主义者都不认为在哲学问题上有作出客观的真理性回答的可能性，但是他们的理由不同。一方面，怀疑论者或许会承认有这样一种可能性，即哲学问题有一个唯一正确的答案，但认为我们不可能认识到真理。例如，在 4.2 节中，休谟采纳了客观主义立场，认为要么有一个全能的人格化的上帝创造了宇宙，要么根本不存在上帝，不过，我们无法知道哪一个选项为真。而另一方面，相对主义者会说，任何哲学问题都没有真理性答案。所有关于真理的观点都不过是相对于个体或社会的信念而言的。因此，相对主义者坚称，只要你作出关于上帝、实在的本质、伦理学、政治学等方面的真理性论断，它们就只是就你自己的观点，或就你所处之社会的观点为真而已。简单来说，相对主义者宣称所有真理都是相对的，就像食物的味道是相对的一样。按照他们的说法，我们总是专注于特定的历史年代、特定的文化或个人视野，而要超脱出这些条件，不啻跳出自己的躯体或依靠自己的力量将自己提起来。

但是，相对主义者也认为我们的信念系统之外并无实在吗？只能说，是也不是。**实在**，比如**事实**、**理性**和**真理**，只是语词和概念而已，它们总是植根于特定的概念和语言体系内。若问我们的信念系统是否符合实在，无异于用钳子去夹它自身。我们可用特定的实在观念去把握经验，却不可用它去把握我们的概念体系，因为它本身便是这个体系的构成部分。再比如，我可以通过眼镜观看这个世界，但不可能在不借用其他眼镜的情况下把这副眼镜摘下来去检查它。但是,除非我又通过另外一副眼镜去检查第二副眼镜,否则我如何能判定后者能否胜任呢?在相对主义者看来,我们总是而且必须通过某种概念镜片观察世界,但不存在可用以检视和评估自己或他人的概念镜片的中立工具。

停下来,想一想

假设你将自己的所有信念都罗列出来。现在,想象你将其中所有为真的信念做成第二份列表。这两份列表会有什么不同吗?当然不会。你相信某物,你就会把它列入,因为你认为它为真;如果你认为某物为真,那么你就会相信它。相对主义者因此宣称真理是我们信念之网的函项,这正确吗?我们能突破自己的信念系统,将它与外在事物进行比较吗?

因此,这就是人类的困境,我们不能凭靠自己的力量将自己提起来,以便能从上帝视角观看世界。那我们能做些什么呢?按照当代哲学家理查德·罗蒂(Richard Rorty)的观点,我们要一直交谈下去。他说,哲学的重点是“将对话保持下去,而非寻找客观真理”[53]。有关哲学、宗教和伦理论题的那些个人、历史和文化的观点,就好似在翻转着的万花筒里创造出的诸般意象,成千上万种花样皆有可能,其间每种观点都与众不同、富有魅力。即便对我们而言,某些观点的效果会更好,但没有任何一个可以说是“对的”,或者是最“精确的”,或者有一个堪令所有人视为唯一的观点。罗蒂认为,说某个信念是“真的”,不过就是宣称,相信它对我们是有好处的。

思想实验:变化的视角

下述例子力图说明,基于你的特殊视角,何以能够以不同方式看待同一状况，作出不同的描述，给出不同的评价。

● 在美国史著作中，美国革命被视为世界历史的伟大转折点之一。然而，我的一位教授曾说过，他在美国上中学时，历史书只不过在脚注里提到美国革命，并仅仅将它看成“殖民地的反抗斗争”。

● 历史书将1492年作为“哥伦布发现美洲”的年份，但这一表述令美洲原住民大为不满。他们的先辈在那里定居已久，美洲并非不为人所知，何来哥伦布“发现”美洲一说呢？相反，美洲原住民把所谓哥伦布的“发现”看作“欧洲人对他们家园的入侵”。

● 一位名叫西德尼·J.哈里斯(Sydney J. Harris)的专栏作家，热衷于说明同样的事实如何能被不同的人以不同的方式描述。如下是我喜欢的几个例子：

● 我让孩子尽情“自我表现”，你却“惯着”孩子。

● 我拒绝邀请是因为我更“乐于独处”，而你则是因为“反社会”才那样做的。

● 我不改变心意是因为我有“坚定的原则”，而你则是因为“盲从”。

你还能想到同样的事实可被以不同方式描述的其他例子吗？

相对主义的变体

你可能会注意到，我们此前的讨论已经透露出了不同相对主义之间的差别。当某人宣称所有知识或真理是相对的，问题就来了：那是相对于什么而言呢？一种回答是，信念是相对于每一个体视角而言的。这一个体性的相对主义论断通常被称为**主观主

"Maybe it's not a wrong answer—maybe it's just a different answer."

漫画中的男生是主观认识论相对主义(subjective epistemological relativism)的倡导者。他似乎相信每个人都有自己的"真理"。这幅漫画的幽默之处在于，就数学而言，这种立场是站不住脚的。而客观主义者认为，这一立场在其他主张上也是成问题的。

义。据说希腊智者普罗泰戈拉(Protagoras)有如下论断：

> 我们每个人皆乃是与不是的尺度。一个人与另一个人的最大差别体现在如下事实上：对一个人而言是的东西不同于对另一个人而言是的东西。[54]

类似地，19 世纪存在主义哲学家弗里德里希·尼采(Friedrich Nietzsche)一再宣扬主观主义：

> 对我来说，渐趋清晰的是，迄今为止，任何堪称伟大的哲

学都由两部分构成：一是它的原创者的自白，二是一种不自觉的和无意识的自传。[55]

一位年轻人到当代法国哲学家让-保罗·萨特(Jean-Paul Sartre)那里寻求关于伦理问题的建议，萨特唯一能给出的是："你是自由的，因此去选择——也就是说，去创造吧。"[56]如果所有对真理的论断都是主观的，都是相对于某种个体视角而言的，这些论断除了是"个人自白"外还能是什么呢？所以，主观主义者认为，所有主张都暗含着"对我而言是真的"这一限定语。

另一方面，我们也会宣称，所有信念都是相对于某一特殊文化而言的，显而易见，它可被称为**"文化的相对主义"**(cultural relativism)。例如，人类学家鲁斯·本尼迪克特(Ruth Benedict)主张，与其说西方文化优于"原始"文化，不如说它只是一种人们在社会中相互调试的方式。[57]女性穿牛仔裤有错吗？这要视情况而定。在美国文化里这很正常，然而在其他文化里则是大逆不道的。科学是否能够告知我们关于实在的一切？生活在我们社会里的人相信科学能做到，但柏拉图以及跟我们同时代的另一些人则认为，科学只说出了实在的部分内容，甚至往最坏里说，所给出的不过是关于现象的知识而已。这取决于你对实在的独特理解。文化相对主义者会说，如果总要依据所持的特殊的实在概念，那些用来评估我们自己或他人立场的合理性的证据、材料或标准才能被规定、接受、拒斥抑或应用，那么又如何能去比较或评估那些被秉持的特殊的实在概念呢？这就好像在填写职业申请书时将自己列为推荐人一样。

思想实验：文化和感知

请看下页的两个图形。哪一条横线更长？

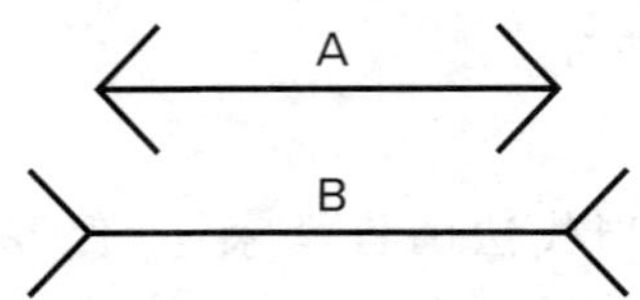

我们当中大多数人会以为横线B更长。你同意吗?有趣之处在于,这两条横线其实一样长。你要是用尺子量一下它们,就会相信我的说法。这里所体现的视觉幻象被称为“穆勒-莱尔错觉”(Müller-Lyer illusion)。

至于这幅图画为什么能欺骗我们的眼睛,可以同时有多种不同的解释。其中很流行的一种心理主义解释认为,西方工业文化已经使人们太过习惯于“木匠”(carpentered)世界的生活。也就是说,生活环境的主要部分(家具、墙壁和建筑)一般都是由木匠修造的。如此一来,与自然的生活相比,我们的世界在相当大程度上充斥了并列的角度。结果,我们的大脑在解释这些角度上具有了颇为丰富的经验。当长方形物体靠近我们时(比如这本书或这张桌子),它们的角度就很像图形A。但如果你看房间的角落,也就是天花板和两块墙壁接壤处,就会发现直立的图形B。根据大脑的认知,远处的物体(如房间的一个角落)总比它们造成的视觉图像显得大一些,所以,大脑就不假思索地以为横线B比A看起来要大一些。

上述实验最令人吃惊的事实在于,研究表明,非工业文化中的人,并不生活在建筑物或几何“木匠”环境里,就不会像我们一样轻易上当。他们为何不会轻易被这一幻象引入歧途呢？一些心理学家给出的结论是,我们感知和解释世界的方式深受我们文化的影响。

对相对主义的常规批判

柏拉图的所有作品里都贯穿着对当时的相对主义者(也就是智者)的抨击。如我之前所言,智者普罗泰戈拉宣称"人是万物的尺度",他是想借此说明,个体的或社会的意见是我们可拥有的唯一标准,所有意见都同等为真。柏拉图以苏格拉底和数学家特奥多鲁斯(Theodorus)的一段对话作为回应:

> 苏格拉底:从普罗泰戈拉那方面说,如果他承认每个人的意见都是真的,他也必须承认对手的信念是真的,而对手的信念是普罗泰戈拉错了。
>
> 特奥多鲁斯:就是啊!
>
> 苏格拉底:那就是说,如果他承认那些认为他错了的人的观点是真的,那他也就是承认了他自己的信念是错的。
>
> 特奥多鲁斯:必然是这样。[58]

广场中的哲学

请尝试下面的练习,以便暂时摆脱自己的概念体系。受21世纪西方科学文化影响,我们相信电子是存在的,并且相信它们可被用来解释很多经验中发生的事情。想象一下,你不是在这种思维下成长的。[假设你现在是一个雅基族印第安(Yaqui Indian)男巫师。]怀揣这种想法,采访一些主修科学专业的学生(特别是化学或物理学),问问他们对电子的看法。或者我们再大胆些,采访一些相关的专业教授。采访的问题十分简单:你为何相信电子存在?

无论他们的答案是什么,都请继续问被访者,他何以认定其所提出的理由或解释是真的。我们毕竟不可能直接看到电子。它的存在显然或是出于假设,或是从假设出发进行推论的结果,譬如我们会对实在如何被整合为一体、应当如何解释我们的科学工具等作出假设。抓住这些问题继续追问，看被采访者最终是不是只能甩出一句："它就是这样的！"(尽量不要激怒他们。)

我发现，许多拥有化学博士学位的同事面对这些问题会不知所措。电子的存在对我们的科学思考是如此重要和如此确定，以至于人们几乎不需要考虑这些信念的基础何在。科学家有时会这样回应，即只有假设电子存在，他们才能作出预测并且取得实验的成功。换言之，相信电子的存在，对他们的行动具有指导作用(请记住这里给出的解释，在读到第3.6节实用主义的部分时，可将之与威廉·詹姆斯的实用主义真理理论进行比较，看它们的相似性有多大)。对专业人员的采访结束后，向非专业人员问同样的问题，看看他们会给出什么证成的理由。要完成这一练习，你也需要回答下述问题。

● "归根结底，只有接受了现代科学世界观的宏大概念框架，你才会相信电子存在"，你是否接受这一说法？你这样回答的理由是什么？

● 如果某人并不接受这一概念框架，那么你能说服他/她相信电子存在吗？

● 这些思考会不会对概念相对主义者形成支持？还是说，它有可能为下述观点提供证成，即对世界仅有一种正确的理解，而电子就是其中重要的部分？

柏拉图借苏格拉底之口表明，相对主义者并不真正相信所有观点同等为真。他们依然认为，在知识的观念上，只有自己的观点是正确的，其他的都错了。相对主义者似乎同时在作下述两种声明：(1)"不存在客观真理"；(2)"陈述(1)客观上为真"。柏拉图因此认为它们出现了自相矛盾。①

柏拉图对普罗泰戈拉的反驳论证正是针对相对主义的“常规批判”(standard criticism)。其论证公式如下：

1. 相对主义者宣称 R:“不存在关于世界的普遍、客观的真理。”

2. 不过,陈述 R 是关于世界的论断。

3. 如果陈述 R 被认为是客观真理,它就是自相矛盾的。

4. 如果陈述 R 被认为是相对真理,那么相对主义者就只是展示了他/她有关世界的个人意见,而非对事物之真实所是的论断。

5. 因为 3 和 4 只能二选一,所以相对主义者不论选择哪一种,都无异于自掘坟墓。

由于这一批判在柏拉图时代已经存在,因而相对主义者清楚地意识到这是他们必须面对的一个重大挑战。不同相对主义者给出的回应各不相同。

预告

结束对相对主义的论证后,本章后续部分将着力考察有关知识的另外两种哲学立场,它们都可归于“反思西方传统”。这就是实用主义(Pragmatism)和女性主义(Feminism)。与 4.6 节所讨论的亚洲宗教哲学(它站在外围挑战西方哲学思想中的各种假设)不同,它们是从西方哲学传统内部兴起的哲学运动。同时,两者都致力于对身处其中的哲学谱系展开彻底批判。我们通常认为,西方哲学中总是充满了各种异议、争执和分立,譬如有神论和无神论的对抗,理性主义与经验主义的对抗。然而,实用主义和女性主义都主张,传统中的大多数争论一直在客观主义的层次上展开,而它

---

① 在附录有关逻辑的讨论中,我会对这一论证再作重构,并冠之以归谬法(reductio ad absurdum)的名号。换言之,这种论证是一种驳斥对手的技术性工作,它先认定对手的立场,然后表明这种立场将导向荒谬或矛盾。

们(实用主义兴起于19世纪后期，女性主义兴起于20世纪)的知识理论一开始就旗帜鲜明地拒斥在西方哲学中居于主流地位的无条件的客观主义(unqualified objectivism)。面对相对主义，两派哲学的支持者虽然态度混杂，但他们都承认不存在脱离语境的真理，我们关于世界的经验充其量是以个人透镜为中介而实现的，我们关于知识的理论、实在的理论都必然要聚焦于求知者以及由其所认识的东西上。至于持有这些论点的哲学家能在多大程度上被认定为完全的相对主义者，则要视其个人情况而定。

透过相对主义的镜头看

1. 如果被相对主义说服而放弃了客观主义真理的信念，我们会失去什么？毕竟，大多数客观主义者都承认人类知识是可错的，而且即便是最好的知识也总有缺陷。甚至作为客观主义典范的使徒保罗也说过，"我们似乎是在透过黑色玻璃片观看"，"我现在拥有的知识是不完备的"。[59] 即便大多数人承认"什么是绝对正确的客观真理"这一问题最终无解，我们似乎仍然相信它们对我们(和我们的文化)有效，而且让我们能较为满意地生活下去。我们为何非要假定仅有唯一一种生活方式或者看待世界的方式呢？另一方面，如果我们都突然相信存在一套客观真理，但接受这个事实并不意味着我们会立刻改换业已存在的大多数信念。每个人都深信自己持有的观念是对当下世界之真实情形的最好说明。既然如此，就实际而言，即便持有客观主义观点，又有何差别呢？

2. 某些相对主义者，比如普罗泰戈拉认为：(1) 所有信念都是相对的；(2) 所有信念都有同等价值。一个相对主义者有可能支持(1)而拒绝(2)吗？相对主义者难道不会出于某些原因，譬如信念间的自相矛盾，信念不能符合他们心中的标准，或信念未能与世界相符合，拒斥某些信念或整个信念系统吗？他们难道不能一边将某些信念视为荒唐的而加以拒斥，一边又宣称其余信念虽然不兼容但能同等地与世界相符吗？我们区分了可信的和不可信的相对观念，相对主义不也是这样做的吗？

检视相对主义的优缺点

正面评价

1. 从人类文明发端到现在，人类历史就是针对诸多基础问题——哲学的、道德的、宗教的、政治的等——展开的漫长争论史，参与争论的每一派都认为只有自己的立场才正确，其他都错误。甚至面对科学领域——譬如物理学和天文学——的某些问题，到底何种物理理论更加正确，学者们亦是各执一词；而当科学家们的意见趋于一致时，新一代科学家却异军突起，将共识再次打破。如果存在关于世界的唯一真理，为何确定它会如此之难？在这个问题上，相对主义者的回答岂不是更简单、更符合逻辑吗？

2. 相对主义不啻为教条主义和不宽容提供了一贴解毒剂吗？它不是会令人更加谦虚、更愿倾听不同的观点吗？如果人们不自诩掌握了绝对真理，那么人类历史上还会有如此多的战争、迫害和暴政吗？

负面评价

1. 无法就基本问题达成一致，必然证明客观真理不存在吗？如果让 5 个人说出下面线条的长度，要求精确到十六分之一英寸，难道不是可能会有 5 种不同意见吗？这意味着在这个问题上没有真理可言吗？ ———————————若是意见纷攘(就像在判断横线长度的例子中)，就会出现如下几种可能：(1) 一种意见正确，其他都错了，(2) 所有意见都是错的，但其中有几个更接近真理。不过，在相对主义者眼中只有一种可能，即(3) 所有意见有同等价值，或至少(4) 并不存在与这些意见不同的客观真理。既然如此，为何我们只假定应在(3)和(4)之间做选择呢？就横线的例子而言，事实是，即便人们意见相左，也不意味着唯一正确的真理不存在。

2. 思考下面几个陈述。我们的日常对话中不是常有这几类陈述吗？人类生活中的几个最重要主题不也是以它们为基础吗？

(1) 我错误地低估了苏珊的品格。

(2) 我们的文化错误地忽视了这一特殊群体的权利。

(3) 纳粹德国错误地认为雅利安种族比其他种族更优越。

(4) 中世纪的人们错误地相信月亮的表面是完全光滑的。

问题在于，从相对主义者的视角出发，上述有意义的陈述似乎又是无意义的。陈述(1)：如果主观主义是正确的，那么我还能说自己之前的信念都是错误的吗？我难道不是该说，我的信念现在发生改变了吗？如果我不能理解独立于我的意见之外的实在，那么是什么让我认为自己之前的信念是错误的呢？陈述(2)：如果赞同文化的相对主义的观点，认为真理标准取决于我们持有的文化，那么是否还能说我们的文化在道德上是错误的，或在事实上犯了错误呢？陈述(3)：如果我们都是相对主义者，那么在二战爆发前夕，美国是不是只需要说，我们要与纳粹"求同存异"，并因此暂时停止争论呢？若相对主义正确，我们如何能断言纳粹是错误的呢？我们难道不是只消对纳粹淡然处之："在纳粹概念框架内，雅利安种族更优越；在平等主义框架内，所有种族平等"？陈述(4)：如果中世纪人的信念与他们的整体概念框架能够很好地匹配，那么在什么意义上可以说他们是错误的呢？

3.6 反思西方传统：实用主义

引导性问题：实用主义

1. 假定你的一位朋友宣称其拥有某个特定信念(可以是关于宗教、伦理学、政治学、科学，等等)，同时，假定她的行为看起来与她所持的信念背道而驰。那么，这些行为可否证明她并没有真正坚持其自以为拥有的那些信念呢？能否说，如果真的持有某些信念的话，你的行为就会出现某种现实的或潜在的不同？

2. 我们谈及某件工具时，可以说它发挥了作用、有效率、完成了工作、是有用的、达到了我们的期望、优于竞争对手的工具、满足了我们的要求等。在什么程度上，这些描述也可被用于某种观念或信念呢？因为在日常生活中更有用，便可以说某些信念比另一些更好吗？如果对信念的这种评价方式有意义，那么关于观念的本质以及其在生活中所起的作用，它又到底说出了什么？

3. 你是否只是因为某种信念不能指导你的行为而将它拒斥呢？

检视实用主义

如果哲学可用颜色表示，实用主义就是红、蓝、白三色。它是唯一在美国生长起来的主流哲学运动。实用主义思想的先锋人物是美国人查尔斯·桑德斯·皮尔士(Charles Sanders Peirce)、威廉·詹姆斯(William James)和约翰·杜威(John Dewey)，他们都生活于19世纪后半叶和20世纪初期。实用主义的关键术语无不体现着美国文化的精神。例如，实用主义关心行为和实践的结果，认为观念的成功与否要取决于它所起的作用，并且鼓励人们计算各种观念的兑现价值(cash-value)(借用威廉·詹姆斯的说法)。跟那些一直囿于学术象牙塔的哲学不同，实用主义在大众当中获得了崇高的声誉。但是，正像许多广泛流行的哲学一样，实用主义哲学的原初形式远比流行版本要复杂得多。

作为一门哲学，**实用主义**强调思维和行动之间的密切关系，它通过概念的实践效果来界定概念的意义，并将真理界定为可以成功地指导我们的事情。对实用主义者而言，每条信念都如同科学的假设，而每一基于信念的行为就如同在做实验，可以去肯定或驳斥信念的可行性。在进入哲学领域前，实用主义的创始人中有两位是科学家(皮尔士和詹姆斯)，这绝非偶然，不过，他们关心的并非各种特殊的科学结论，而是科学的探究方法。实用主义者相信，这种科学方法不单可被运用于实验室里做的实验，也能用以作道德抉择、实现生命意义、教育儿童以及制定公共政策。

通常认为，实用与理论是对立的，但实用主义者将其视为错误的二分法而加以反对。他们强调，最好的理论会在实践上指导我们的具体生活，而缺乏完善理论的支撑，实践也就不能被称其为实践了。实用主义者并不认为哲学是一门由精英把握的晦涩事业，同样，他们也否认哲学的目标是追寻脱离人类经验视域的永恒真理，他们力图让哲学离开缥缈云端，真正立足于大地。他们相信，实用主义哲学能够成为一种创造性的工具，传达我们生活于其中的当下文化存在的诸问题，并使科学、艺术、宗教、政治和特定时代的道德澄明而融贯。在讨论实用主义的主要观点前，有必要先了解它的几位创始人及其思想差异。

查尔斯·桑德斯·皮尔士(1839—1914)

皮尔士受过良好的科学训练，在哈佛大学获得化学硕士学位。

查尔斯·桑德斯·皮尔士

在哈佛大学天文观测台工作 3 年后，皮尔士又在美国海岸和大地测量局(U.S. Coast and Geodetic Survey)工作了 30 年。在测量局工作期间，他也间或在哈佛大学和约翰·霍普金斯大学做一些讲座，不过，由于他的性格乖张另类，所以一直无法获得长期稳定的大学教职。皮尔士一生笔耕不辍、著作甚多，但除了少数几篇论文，大都是在他死后数年才得以出版发行。尽管他一生名不见经传，现在却被公认为 20 世纪初最有影响力的哲学家之一。

威廉·詹姆斯(1842—1910)

詹姆斯出生在纽约的一个富有家庭，其家庭晚宴不乏才智与文化的交流碰撞。哥哥亨利·詹姆斯(Henry James)是名噪一时的小说家。威廉·詹姆斯在世界各国游历数年，且在海内外专心研习科学、医学和绘画后，詹姆斯于1869年获取了哈佛大学医学学位。他开创了婴儿科学心理学，并于1890年出版了《心理学原理》(*Principles of Psychology*)，这是该研究领域最早的教科书之一。最终，他彻底投身于哲学，在哈佛大学哲学系任教。詹姆斯不但在学术界享有盛誉，而且也是广受欢迎的大众演说家。他在吸收皮尔士专业且晦涩的哲学思想的基础上，将实用主义变为妇孺皆知的词汇。虽然他与皮尔士是好朋友，也长期在经济上资助后者，但皮尔士作为实用主义的创始人，却一直不喜欢他那过于大众化的实用主义思想。最后，皮尔士不再使用实用主义这个术语，并宣布自己的哲学是“实效主义”(pragmaticism)，且认为这个名号“足够讨厌，不会再遭人胁持了”[60]。

威廉·詹姆斯

约翰·杜威(1859—1952)

杜威在约翰·霍普金斯大学获得博士学位(皮尔士是他的教授之一)。在密歇根大学任教10年后，杜威转入芝加哥大学担任哲学系、心理学系和教育学系负责人。在芝加哥大学，他将自己的观念发展为进步主义教育理论(a theory of progressive

约翰·杜威

education)，并创办了一所实验小学，以检验这种教育理论的成效。之后，从1904 年到 1929 年退休，他一直在哥伦比亚大学教书。由于他涉猎的哲学领域颇为广泛，加之他的教育理念，杜威可以说是最有影响力的实用主义者。他的教育理论非常著名，以至改变了美国的学校教育系统。他还到日本、中国、土耳其、墨西哥和苏联作过演讲，其著作被译为多种语言出版。

实用主义的种类

尽管皮尔士、詹姆斯和杜威在实用主义的基本原则上一致，但在哲学应用上却又各不相同。皮尔士最初热衷于发展探究与意义的理论，并应用到科学概念上。尽管詹姆斯跟皮尔士同样具有科学背景，他首要关注的却是心理学、道德、宗教和实际生活的问题。当皮尔士谈到信念的“实践效果”(practical consequence)和“有用性”时，他指涉的主要是适用于科学分析的公共的、经验的观察。跟皮尔士不一样，詹姆斯相信，信念的效果也包含对个体生活造成的个人和实践上的影响。

杜威使实用主义成为一种包罗万象的哲学，涉及对自然、知识、教育、价值、艺术、社会议题、宗教乃至与人类相关的每一领域的理解。在所有实用主义者中，杜威最为关心知识的社会应用。他相信科学的方法在广义上能引导我们的社会在教育和社会问题上找到创造性的解决方案。在他看来，绝不存在科学和人文价值的二元对立。他说，要在尽可能多的观点上自由交流、自由行动和交互对话，唯有在这种背景下，科学才能取得成功。正是出于其实用主义精神以及对科学的信仰，杜威坚定地捍卫了美国的民主理念。

停下来，想一想

实用主义者有自己探讨知识的方式，在对其进行考察之前，不妨先思考如何回答下面这两个问题：

- 一个信念为真，这意味着什么？
- 拥有真信念为何很重要？

阅读完这些或者由实用主义者所作，或者是关于实用主义的材料之后，请你再以实用主义者的身份重新回答这两个问题。

信念的作用和观念的本质

实用主义者批评了他们所谓的“知识的旁观者理论”（the spectator theory of knowledge）。这种理论认为，心灵像一面消极地反映外部实在的镜子；或者另打一个比方，传统观点认为心灵是一个容器，将诸观念装在里面。实用主义者认为，这种思路将意义、真理和知识与我们投身于世界的实践割裂开来了。杜威曾说过，就知识的模式而言，其不应像观众在看一幅画作，而是应像艺术家在创造画作。与之相应，认识论应少关注“知识”（knowledge）（名词）而多关注“认识”（knowing）（动词）。因为世界处于变化中，我们的社会处于变化中，我们的经验也在持续变化着，所以认识世界是一个进行中的动态过程，而非静态的、已完成的结果的累积。对实用主义者来说，认知（cognition）作为方法，可用以处理自经验产生的困境、迷惑和问题，并找到能以有效方式行事的创造性的解决方案。实用主义一词可追溯至希腊语，意为“行为”（action）“行动”（deed）或“实践”（practice）。与之相应，实用主义者将诸观念和信念看作行为的指导。当代哲学家亚伯拉罕·卡普兰(Abraham Kaplan)说：

> 在每一现实的认识事例中，我们都要与所认知之物发生关系。为了获得对象的知识，我们必须对知识对象有所作为：控制它，分割它，拿它做实验。[61]

除了拒斥知识的旁观者理论，实用主义者还批判了真理符合论。这种理论认为，一个陈述或信念只有与实在相符，才可以是真的。问题是，陈述和信念并非外部世界的照片，在什么意义上它们可以与外部世界"相符"呢？一个陈述可不是靠魔法把自己与实在关联起来的；相似地，如果一个信念只是被看作一件心灵的家具，那也真是无法把它与世界关联在一起。在实用主义者看来，问题不在于一个陈述或信念如何与世界相关，而是就我们与世界的关系而言，我们如何将这个陈述或信念运用于其中。就像皮尔士所说的，"我们的信念引导我们的欲求，塑造我们的行为"。[62]与之相似，詹姆斯也说，"任何观念，只要可证明自身是有效的，它就是真的"。[63]例如，如果我相信"狗是危险的""玻璃易碎"或者"糖可溶解"，它们作为信念会引发对未来经验的特定期待，而这些期待将指导着我去实现自身的意图。如果上述信念足够完满，就能促使我们颇为有效地行事。杜威将这一类实用主义称为"工具主义"(instrumentalism)，因为他将观念和信念看作应对生活中出现的各种情况的工具。锯子虽在伐树时十分好用，但用在钉钉子上就不行了。同样，在评估一个信念时，我们必然会问："这个信念跟可供选择的另一个相比，如何能让我更成功地与经验建立起联系呢?"亚里士多德的物理学回答了许多古希腊人有关自然的提问，可后来人们却抛弃了它而转向伽利略的物理学，原因就在于后者对问题的解答更令人满意。换言之，伽利略的物理学在那个时代被证明是更有效的概念工具。

如果我的行动总能取得好的效果，如果我的经验从不会产生问题或者遇到困难，我就能心安理得地保持这些信念，毕竟它们有很好的作用。皮尔士相信，探究与推理开始于观念无法满足经验需要之时，抑或开始于我们心生怀疑且意识到需要重新思考自己与环境的关系之时。在类似意义上，杜威也说，探究是两个阶段之间的过渡过程，“我们以一个困惑的、麻烦重重的或混乱的状况作为开始，以一种清晰的、统一的、释然的状况作为结束”。[64]例如，每天早晨我都把车钥匙插进点火装置，相信汽车会马上启动；但若是启动不了，我就得重新评估数据，提出假设（“有可能电力不足了”），用显见的行为（“车灯还在正常工作吗？”）来检验我的想法。我会这样一直做下去，直到观念与经验相统一，困惑被消除，事态恢复如常。这个例子虽然浅显甚至太过简单，但实用主义者们却由此主张，所有人类探究都是以同样方式进行的。因此，所有思考都是在解决问题，科学、常识、政治学、道德和宗教，它们各自的探究方式并非毫不相关。在每一种情况下，思考的过程都涉及问题、假设、行动方案、观察、事实、测试和确证等诸方面。

信念与行动之间的密切关系构成了实用主义者拒斥怀疑论的基础。在笛卡儿展开重重怀疑时，他很好奇心灵中的信念是否真的与外部世界相符合。① 实用主义者会说，笛卡儿之所以放弃怀疑论，是因为他不得不一边思忖着怀疑论，一边仍不得不在冷意袭来时起床给炉子添柴火。显然，尽管理论上持怀疑论态度[皮尔士称之为“纸面怀疑”(paper doubt)]，笛卡儿的行为却说明，关于世界的信念其实一直在成功地指导他的行为。实用主义者说，并不存在认知和世界的二分，因为我们的观念总是在与世界的相互作

① 参见第3.1节中对笛卡儿与怀疑主义斗争的讨论。

用中构建起来的，如果观念是错的，经验将会向我们揭示这些错误。思考并不是从一个观念推至另一个观念，并揣度这些观念是否与实在相关；相反，只有沉浸于世界中，思考才能发生，而且它是一个从当前这种世界的经验推向未来经验的过程。

实用主义者用以解决问题的这种探究理论必然导向如下推论，即任何信念都不可能终生有效，某个信念或许今天可引导我们成功行事，但面对明天的挑战时则可能让我们陷于失败。我们的知识是实验性的，可以被修正，这种立场就是可错论(fallibilism)。皮尔士曾提出看似自相矛盾的主张，即：唯一不会出错的陈述是，所有陈述都是可错的。对实用主义者而言，探求知识并非去找寻那些永恒的、必然的、基础的信念，虽然它们被认为是绝对确定的；相反，我们所拥有的只是(1) 迄今为止仍在实践中起作用的临时信念，以及与之结合在一起的(2) 达到更优信念的方法。

思想实验：澄清意义

威廉·詹姆斯说，他曾经碰见一群人在激烈辩论。其中一个人在绕着树追赶一只松鼠，但不管他的行动有多敏捷，松鼠总能绕到树的反面，他们之间总是隔着一棵树。一些人认为这个人一直是在绕着松鼠跑，因为他一直绕着树转圈，而松鼠就在树上；另一些人则认为，这个人没有绕着松鼠跑，因为他看到的一直只是松鼠的肚子。

- 上述处于争执中的两派意见有什么实际差别吗?
- 由于两派的信念导致的效果是相同的，实用主义将如何扫清争议呢?
- 你是否参与过这样的争论，如果争论双方费心去澄清他们术语的意义，争议就可以被解决吗?

真理实用论

实用主义的一个关键特征表现为真理实用论。詹姆斯说，真信念有如下特征，即它们可偿付或者具有实际的兑现价值。詹姆斯界定真理，主要依据信念所起的作用，或者其所具有的满意度，或者依据信念的实际效果。尤其需要注意的是，真理符合论的提倡者也会承认，信念的可用性（workability）或者它导向成功行为的倾向标示着该信念可提供有关实在的精确图画，但他们不承认上述要素可界定"真理"的内涵。

然而，詹姆斯的真理实用检验主张并未止步于此。一个信念为真究竟意味着什么，詹姆斯给出了一种全新的实用主义定义。据此定义，"信念（它们本身就是经验的一部分）若能有助于在我们与其他的经验之间形成良好满意的关系的话，它们就是真的"。[65] 第 4.4 节关于宗教信仰的实用主义辨析中，詹姆斯给出的论证是，信仰即使不能在理性上被证明为真，在实用主义的层面上依然可以获得证成。至于如何将真理实用论应用于宗教领域，在下面的引文中可见一斑：

> ［实用主义］对于或然真理的唯一考验，是要看它在引导我们的时候是不是最有效，是不是毫无遗漏地与经验所要求的总体密切结合。如果神学观念能够做到这些，特别是上帝的观念竟被证明能够做到这些，实用主义又怎么能否定上帝的存在呢？把一个在实用上非常成功的概念说成是"不真实"的，对实用主义而言，甚是无谓。[66]

不过，詹姆斯认为，这种追求真理的实用主义路径不仅适用于宗教领域，同样适用于任何生活中的事情。

通过考察发生在詹姆斯职业生涯初期并改变其一生的重要经历，我们可以对詹姆斯本人的哲学进路有更进一步的了解。因为长期从事科学和医学研究，詹姆斯堕入了某种病态抑郁，原因在于，他认为人类可能只是被规定好的机械装置，命定栖身于一个封闭的宇宙内，处处受物理法则的支配。一方面，詹姆斯相信，如果上述决定论是真的，那么他的生命便甚无意义，毕竟所有选择都将是不可避免同时又是无目的的，就如原子的盲目运动。另一方面，如果他是真正自由的，那么未来便是开放的，他所作出的选择将使他的生命历程和他身处其中的世界都变得有所不同。问题是，对于上述两种信念，我们都未能提供任何确定的科学或哲学证明。在詹姆士看来，如果理性不能告知就某个论题而言应当相信什么，那么我们就应当选择能使自己的生命获得最大张扬，且付诸实践时可以创造出最大价值的那种信念。出于这个原因，詹姆斯下定决心，如果要将生活进行下去并最终找到其中的各种意义，就必须接受如下观点：自由意志并非幻象，而是为我们的行动奠基。与之相应，1870年，28岁的杜威刚从医学院毕业时，便信誓旦旦地写道：

> 我的第一个自由意志行为便是去相信自由意志……我将携自己的意志更进一步，不仅依它行事，而且笃信不移；坚信我的个体实在和创造力……生命就植根于行动、经受和创造中。[67]

这个例子展示出詹姆斯用以构造信念的实用主义方法。如他所说，真理是“最为有效且与经验要求的总体性密切结合的”函项。这个定义意味着，在某些情形下，借助实验的、科学的材料，一个观念就能被直接证实。例如，如果我相信某个物体是铁做的，那么它就应该能被吸到磁石上。不过，自由意志论或决定论却都不能针对未来经验作哪怕非常简单的预测。虽然是这样，詹姆斯还是说，最好信任自由意志，因为它会让我们相信，自己的选择将会令世界变得不同，并让我们的道德纷争变得有意义，决定论是做不到这些的。也就是说，从私人意义上讲，相信自由意志将会导向更好的结果。詹姆斯详细阐述了这一用途广泛的实用主义标准，并以如下方式去解决哲学争议：

> 有关宇宙的两种针锋相对的观点，其他方面基本一样，只是第一种观点拒绝一些至关重要的人类需求，第二种则可以满足它。第二种观点受到心智健全之人的青睐，原因很简单，它让世界变得看似更加理性。[68]

许多批评家对詹姆斯的观点展开批判，认为他是在鼓吹我们相信任何可愉快地相信的东西。不过，詹姆斯一直在坚持，一个观念只有与其他信念或经验整合为一体，且从长远来看能起到有效的指导作用时，它才具有实用主义价值。基于这些考量，许多愉快的信念（comfortable beliefs）是不值得保有的（例如“我不需要学习”），因为它们将会与经验相抵牾，不能很好地去指导行动，或者说，它们并不实用。与之类似，许多不愉快的信念（uncomfortable beliefs）却需要我们去拥护（比如“我有糖尿病”），原因也不过在于，它们可在一段时间里为行动提供最好的指导。

杜威在谈及真理时，常会使用一些皮尔士和詹姆斯的真理观念，如“有效地指导行动”“满足由问题所带出的需求和条件”“在行动中起作用”，等等。[69]不过，杜威尽量避免使用真理这个词，毕竟，它被附加了太多传统哲学的包袱。通常而言，真理被看成命题的静态特性，而且一直被置于符合论下去审视。杜威对此颇不以为然，从事哲学写作时也很少使用真理这个词。①

既然不愿使用已被玷污的真理一词，杜威便借助“有正当理由

---

① 杜威有一本书专门讨论人类探究的本性[《逻辑：探究理论》(*Logic: the theory of inquiry*)]，全书只有一次提到过真理这个词，而且还是在脚注里。

的可断定性(warranted assertibility)”[70]来解释知识观念。这个短语意味着，对我们而言，最该被相信的(或断定的)是那些来自探究过程之中，能最好地契合于我们的经验，并且似乎能为我们未来投身世界的行为提供最佳指引的命题。当然，由于世界和我们的经验都是变动不居的，因此，我们能在这一时刻提供正当理由的断言依然可能改变，毕竟我们的信念必须不断满足随着日益增长的经验而不断生成的新条件。这令杜威更加确信，探究过程没有终点，我们的观念既不会是完满充实的，也不可能停止对它们的修正。

实用主义和相对主义

不同的实用主义者在相对主义问题上所持的立场也各不相同。皮尔士显然是反对相对主义的。根据他的认识论，两种决然不同的信念不可能同等为真，因为在漫长的经验过程中，人们将总会对其中一个有所偏向。皮尔士写道：

> 存在许多实在物，其特征完全独立于我们对它们的看法。这些实在根据某些规律性的法则影响我们的感觉，并且……借助于这些感知法则，我们能够推定事物之实在的真实所是。[71]

尽管皮尔士强调我们的信念总是实验性的，并且需要一直被修正，但他相信科学方法自我纠偏的本性可以保证人们的探究行为能够始终朝向真理和实在。

> 如果有一种观点注定要被所有探究者承认，它便是我们所说的真理，并且呈现于其中的对象都可谓实在的。这就是我解释实在的方式。[72]

虽然皮尔士将真理定义为共同体的意见,但他并不认为真理全然是约定性的。相反,他确信,如果探究过程进行得足够长久,真理和错误间的差别最终将在人类经验内自行显现,我们便会发现事物之实在及真实所是。

詹姆斯对相对主义的态度并不明朗。他常因鼓吹某种完全的相对主义哲学而受到批评,但作为对这些批评的回应,他一再确认自己关于实在的信念,即它是独立于我们而存在的。尽管如此,詹姆斯常在行文中表现出作为相对主义者的一面,比如:

> 如下假设完全可能:对世界的分析可以生成诸多定式,它们都与事实相一致……在考察世界时为何不会持相异的观点呢?由每一种观点出发的考察,都能做到数据和谐一致。观察者要么从中选择一种观点,要么把不同观点简单累加在一起。[73]

对詹姆斯的一种最宽容的解释是,他在真理问题上是多元论者。这意味着詹姆斯相信存在不同种类的真理,至于在现实中是否相信它们,则因主题的不同而有所区分。换言之,在某些论题上他是客观主义者,在其他论题上,他又成了相对主义者。例如,詹姆斯说:“星星未来的运行轨迹,或者过去的历史事实,都被一劳永逸地规定好了,不论我愿意与否。”[74]他此处的口气很像客观主义者,认为某些事实并不取决于我们对它们的信念。但若涉及一些单凭科学和逻辑无法解决的论题,詹姆斯就又成为相对主义者。宇宙是有目的的还是无目的的?鉴于科学在这里不可能给出确定答案,詹姆斯便认为,任何人都应基于自身的生活经验作出回答。就这些论题,他说:“几乎可以肯定的是,个人的性情会令其自身的存在被感觉到。尽管所有人都以此坚持宇宙在以某种方式跟自己说话,但仍有少数人坚持宇宙在跟所有人以同样的方式说话。”[75]

詹姆斯说，假定相信某种理论可以更令人满意地解决我们所面临的问题，“那也只意味着对于我们自己而言更满意罢了。个体会从差异方面去强调他们自身的满意点。于是，在一定程度上，每件事都是可塑的”。[76]

杜威相信，如相对主义者所说的那样，不存在完全独立于我们以及我们具体处境的自由浮动的绝对真理。但他认为，在应该相信什么的问题上，不完全是个人的、主观的事情，所有经验都在生物的和文化的母体里发端，我们应当去相信什么，取决于我们的具体处境和目标，不存在一直都有效的真理或价值，只存在特定背景下、特定社会中最优的信念或价值。由此，杜威的立场又被称作语境主义(contextualism)。例如，牛顿物理学可有效地解决之前几个世纪的科学问题，但到了 20 世纪，在面对亚原子和天文学新发现带来的新问题时，它却无能为力了。因此，一些物理学的基本观念必须被修正。在杜威看来，探究是面向目的不断调试手段的连续过程，但随着新目的从变动不居的世界中产生，我们就需要新手段、新观念和新理论。对杜威的工具主义而言，理论是一种类似于滑尺的工具。正如现在我们不再使用滑尺一样，当我们找到新的、更能满足我们需求的合适的工具之后，抛弃原有的理论也就不会再受什么诟病了。

当实用主义者认为真理并非客观的和确定的，却又同时公然宣称实用主义本身是正确的时，他们犯了前后不一的错误吗？杜威说，免于批评的唯一方法是，承认他的哲学或其他任何人的哲学都应该接受实用主义的评估：

> 存在着……一种评估哲学价值的上乘测试：那种哲学最终形成结论了吗？那些结论被再次投入日常生活经验和具体困境中时，可以使后者更有意义、更明朗并且处理起来更富成效吗？[77]

显然，杜威认为实用主义通过了这项检验。他说，即便真理并非绝对的、客观的和确定的，实用主义还是应当被采纳，毕竟它是把握经验的一种颇为实用有效的途径。

下面是詹姆斯所写的一段脍炙人口的文字，将实用主义真理概念的核心思想表达得淋漓尽致。

- 读完之后，记下詹姆斯使用实践的、工具的和有用的等语词的所有方式，并指出观念是以何种方式具有兑现价值、引导性、实用性和偿付性的。就詹姆斯在观念和真理上的看法而言，这些语词又能告诉我们些什么呢？
- 第一部分中，詹姆斯是如何描述理智主义（intellectualist）立场的？
- 实用主义者针对观念提出了哪些问题？
- 詹姆斯是如何定义真观念的？

引自威廉・詹姆斯

《实用主义的真理概念》(*Pragmatism's Conception of Truth*)[78]

我完全预料得到：实用主义者的真理观要经过一切理论发展必经的各个典型阶段。你们知道，一个新理论开始总被人斥为荒谬；后来被认为是真的，但又是浅显而不重要的；之后才被认为是十分重要的，原来的反对者这时竟声称这新理论是他们发现的。我们的真理论现在正处于这三个阶段的第一阶段，在某些地方则有了第二阶段的迹象……

任何词典都会告诉你们，真理是我们某些观念的一种性质，它意味着观念和实在的“符合”，而虚假则意味着与“实在”不符合。实用主义者和理智主义者都把这个定义看作是理所当然的事。只有问到“符合”究竟是什么意思，实在是我们的观念可与符合的东西又是什么意思，这时，他们才开始争论起来。

……理智主义者的伟大假设是："真理"的意义主要是一个惰性的静止的关系。当你得到了任何事物的真观念，事情就算结束了。你已占有了，你已懂得了，你已实现了你的思想的目的。在精神上你已达到了你所应该到的地方，你已服从了你的无上命令，而且再也没有别的东西须从这个理性目的的顶点继续下去的了。从认识论上来说，你处在一个稳定的平衡状态。

在另一方面，实用主义却照例要问："假定一个观念或信念是真的，它的真，在我们实际生活中会引起什么具体的差别呢？真理怎样才能实现呢？如果一个信念是假的，有什么经验会和由这种假信念而产生的经验有所区别呢？简而言之，从经验上来说，真理的兑现价值究竟是什么呢？"

当实用主义在提出这个问题时，它就已经找到了答案：真观念是我们所能类化，使之能生效、能确定、能核实的；而假的观念就不能。这就是掌握真理观念时对我们所产生的实际差别。因此，这就是"真理"的意义，因为我们所知道的"真理"的意义就是这样。

这就是我所必须捍卫的论点。一个观念的"真实性"不是它所固有的、静止的性质。真理是相对观念而发生的。它之所以变为真，是被许多事件造成的。它的真实性实际上是一个事件或过程，就是它证实它本身的过程，就是它的证实过程。它的有效性就是使之生效的过程。

但是"证实"与"使有效"这两个词本身又有什么实用主义的意义呢？它们又意味着被证实和被认为有效的观念的某些实际后果。要找出任何一个比平常更符合的公式更能表明这些后果的短语是很困难的——这里所指的这些后果正是在我们说我们的观念和现实“符合”时，在我们心里想着的东西。它们通过行动和它们所激起的其他观念，把我们引进、引上或引向经验的其他部分，就是我们一向感到原来的观念与之符合的那些部分。这些感觉是我们的可能性之一。这些联系和过渡一点一点地使我们觉得是进步的、谐和的和满意的。这个愉快的引导作用，就是我们所谓的一个观念的证实作用。这些解释是模糊的，初听起来好像很琐碎，但它却很有结果；这些结果我必须就在这钟点里加以解释。

• 在下一部分，什么是詹姆斯所说的“额外”(extra)观念(未被直接使用的观念)的价值?

首先让我提醒你们：掌握事实的思想就意味着随便到什么地方都具有极其宝贵的行动工具；我们追求真理的责任绝不是从天上下来的命令，也不是我们理智所喜欢的“技艺”，乃是可以很好的实际理由来自我说明的。

对事实具有真实信念，其重要性对于人类生活而言是非常明显的。我们生活在一个许多实在的世界里，这些实在对我们可能极为有用，也可能极为有害。如果有一些观念能告诉我们哪些经验是可以预期的，那么这些观念在这种最初的证实范围内就可以算作真实的观念而且追求这种观念就是人类的首要义务。掌握真理，本身决不是一个目的，而不过是导向其他重要的满足的一个初步手段而已。譬如：我在森林里因迷路而挨饥受饿，忽然发现了有一条牛蹄脚印的小路，这时最重要的是我应当想到这条小路的尽头一定有住家，所以如果我是这样想而且顺着它走去，我就会得救。这里，真实的思想是有用的，因为作为思想对象的房子是有用的。所以真实观念的实际价值根本上是由于观念的对象对于我们的实际重要性而产生的。观念的对象的确也并非在任何时候都是重要的。在另外一个时候,我可能就用不着房子;在那个时候,我对房子的观念,尽管是可以证实的,却是不切实际的,因此还不如让它潜伏在意识之中。但是因为几乎任何对象都会有一天暂时变得很重要,贮存若干观念的额外真理,作为一般的储藏品,它的好处是明显的,因为在某些仅仅是可能的形势之下,这种额外真理也会是真实的。我把这些额外真理贮存在我们的记忆中,遇到记忆不下时,则记在我们的参考书中。这种额外真理一旦对我们任何临时紧急事件在实践上变得适用时,它就离开了那冷藏库,跑到世界上来起作用,而我们对它的信念也就变得活跃起来了。因此,我们可以这样解释这个额外真理:"它是有用的,因为它是真的。"或者说:"它是真的,因为它是有用的。"这两句话的意思是一样的,也就是说,这里有一个观念实现了,而且能被证实了。"真"是任何开始证实过程的观念的名称,"有用"是它在经验里完成了的作用的名称。除非真的观念在一开始就是这样有用,真的观念绝不会就作为真的观念被挑选出来,它绝不会成为一个类名,更不会成为一个引起价值意义的名称。

实用主义由这个简单的线索得到了它的关于真理的一般观念:真理主要是和把我们由经验的一个瞬间引导到其他瞬间上去的方式联系着的,而事后足以说明这种引导是很有价值的。根本上,在常识的水平上说,基本上思想状态的真理意味着一种**有价值的引导作用**。当我们在任何种类的经验的一个瞬间,受到真的思想的启发时,这就意味着迟早我们会由于那种思想的指导而又重新投入经验的各种细节中,并且和它们发生了有利的联系。

停下来，想一想

在刚读过的引文中，需要注意的是，按詹姆斯的说法，当一个信念对我们变得活跃起来时，你可以说(1)“它是有用的，因为它是真的”或者(2)“它是真的，因为它是有用的”，并且说“这两种说法是同一回事”。它们是同一回事吗？为什么？

柏拉图、洛克、笛卡儿或任何其他传统哲学家都承认真观念是有用的，但若说一个观念有用就是使它为真，想必会遭到他们的激烈反对。例如，中世纪人们关于行星运行的观念是错的，但错误观念可以延续几个世纪之久，就是因为它们还能帮助天文学家作出有效预测(它们是有用的错误观念)。詹姆斯对这一现象的回应是，在当时的背景下，就人们面对的任务而言，这些观念是有兑现价值的，是有用的，发挥了作为行为工具该有的功能。因此，在詹姆斯看来，这些观念对中世纪的人们而言是真的，但到了我们时代就成假的了，因为它们不能再满足我们的日常需要，或者不能与我们迅速增长的经验相匹配。

• 下一段，当詹姆斯说某种观念与实在“相符合”时，意味着什么？

广义说，所谓与实在“相符合”，只能意味着我们被一直引导到实在，或到实在的周围，或与实在发生实际的接触，因而处理实在或处理与它相关的事物比与实在不符合时要更好一些，不论在理智上或在实际上都要更好一些。符合常常只指反面的问题，就是从实在方面没有什么与它矛盾的东西来干扰我们的观念在别处指导我们的方法。的确，摹写实在是与实在符合的一个很重要的方法，但绝不是主要的方法。主要的是被引导的过程。任何观念，只要有助于我们在理智上或在实际上处理实在或附属于实在的事物，只要不使我们的前进受挫折，只要使我们的生活在实际上配合并适合实在的整个环境，这种观念也就足够符合而满足我们的要求，这种观念也就对那个实在有效。

● 下面的段落，当詹姆斯说真的东西是“权宜之计”(the expedient)时，意味着什么？这种理论何以不同于真理符合论呢？

简言之，“真的”不过是有关我们思想的一种权宜之计，正如“对的”不过是有关我们的行为的一种方便方法一样。几乎有各种各样的方便方法，当然是指在长远的和总的方面的方便而言。因为对眼前一切经验是方便的，未必对后来的一切经验也能同样令人满意。我们知道，经验是会越出旧限制的，是会使我们改正我们现有的公式的……

……在真理过程的领域中，许多事实都独立地发生并暂时决定我们的信念。这些信念促使我们行动，而在它们这样作用的同时，它们又使新事实出现或存在，然后这些新事实又这样反过来决定信念。因此，这样绕起来的全部真理线球，就是双重影响的产物。真理从事实中发生，但又浸入到事实之中而增加事实；这些事实又产生或揭示新真理(用什么样的词是无关重要的)，如此无限地类推。同时“事实”本身并不是真的。它们只是存在着而已。真理是信念的作用，而这种信念则起于事实，终于事实。

停下来，想一想

在最后一段，詹姆斯提出，当我们说事实“产生”或“揭示”新真理时，到底用“产生”还是“揭示”并不重要。但为什么要模糊这一区分呢？（想一下，在沙子上产生一条信息，和揭示某条已经在那里但未曾被我们注意到的信息，两者有何差别呢？）为何笛卡儿和洛克（不像詹姆斯）一直坚持认为，科学和哲学的方法是在揭示真理而非产生真理呢？

如詹姆斯所言，若揭示真理与产生真理是一回事，那就意味着，在我们制造出它们之前，真理肯定不存在。为了阐明詹姆斯的观点，我们可以举雕塑家米开朗琪罗的例子，据说他能在大理石块中“看出”将要形成的雕像。当然，除非大理石被构形和雕刻完成，否则雕像就算不上实在的。即使这样，他还是必须去确定哪些形象适合这块大理石的质地，哪些则跟它不匹配。詹姆斯就此暗示说，我们的理论和诸信念必须与事实相匹配，但它们并非已经潜伏于事实中或者受事实支配。我们根据当下的状况创造出真理——它们只是“权宜之计”——并且这真理能够最有效地将过去和未来的经验交织在一起。

透过实用主义者的镜头看

1. 实用主义者认为，观念是可被用以应对经验世界的工具，而从长远考虑，真信念可引导我们从事卓有成效的行动。他们将如何利用这些观念回应怀疑主义者呢？后者宣称，我们永远也无法知道信念的真假。

2. 实用主义者会借助实践效果检测某一主张的充分性。如果问我们为何会相信下述观念，实用主义的方法将如何给出说明？

- 毕达哥拉斯定理。
- 没有正当理由的杀戮是错误的。
- 民主制较之君主制是更好的政治体制。
- 没有任何社会问题会严重到无法解决的地步。

3. 在实用主义的开始部分，我们被问到了两个真理问题。现在，假设你是一位实用主义者，并从他们的视角出发再次回答这两个问题。

- 一个信念为真，这意味着什么？
- 拥有真信念为何很重要？

实用主义者的回答与你原本的回答在哪些方面是不同的(如果有的话)？你打算改换答案吗？为什么？

检视实用主义的优缺点

正面评价

1. 实用主义者提醒我们，全部人类知识都是实验性的和或然的。无论在个体层面还是文化层面，当下的观念越来越不足以解释新生的经验和问题，因此要被不断地修正。实用主义者指出，在新的经验和知识的照耀下，前代人的信条和教条被证明只是神话与迷信。从哪些方面讲，这些观察可谓有价值的洞见呢？

2. 实用主义者已经指出信念与行动之间的密切关系。我们的行动则证明，人们真正相信的东西跟自认为相信的东西或自称相信的东西往往是相反的。此外，所有行动都不单单是盲目的生理反应，而是以我们对世界的信念以及对未来经验的期待为基础的。此时，实用主义者难道不是在致力于信念与行动的结合吗？

3. 实用主义者强调观念的实践效果，他们将每条信念都看成实验性的假设,如果有用就会被接受,反之就会被放弃。此外,他们还强调说,信念能促使我们从现有的一套经验朝向未来的经验。实用主义的真理进路在哪些方面类似于科学方法呢?这些相似性在多大程度上有助于实用主义成为可行的真理理论呢?

负面评价

1. 实用主义者认为,一个观念或信念是否为真,有赖于它是否有用或是否可导向令人满意的结果。这一真理定义难道不会引发如下难题吗?

- 我们永远不能说某个观念为真或假,因为我们永远无法认识由它导致的所有长远结果。
- 同一个观念可能既真又假,因为它的效果可令某些人满意,对另一些人则不然。

2. 实用主义的真理观念难道不是自相矛盾的吗?一条观念对我有实用价值,就在于它有用,我难道不是必须基于真理符合论才能从事这一思考吗?例如,假设在詹姆斯的意义上,我相信来世对我是有价值的。它使我满怀希望,在面对死亡时富有信心,并使我不必因为想到大约 70 岁以后会濒临死亡而感到悲伤。但除非我假定这条信念与死后发生的事情相符合,否则它还能具有实用主义价值吗?如果我认为它唯一的价值在于相信它便可从中获益,它对我还算实用主义真理吗?或者我还能相信它吗?

3. 基于实用主义的考量,詹姆斯选择相信自由意志。这条信念赋予他的生命以意义,使他相信自己行为的重要性,能够改变未来进程。不过,这个结论足以成为某一信念的正当性依据吗?会不会是这样的情况,即虽然他的信念可导向成功,但他对自由意志的信仰却完全取决于其人格和教养,并且他的一切所想所做实际上都是被规定好了的呢?难道不会出现这种情况,即从实用主义角度看，他的信念或许确有成效且具有兑现价值，但却是对实在的错误描述？上述结论又将我们抛回以实在的符合论界定真理特征的老路上了吗？

4. 批评者主张，詹姆斯未能区分使人执着于某一特殊信念的心理要素与使那一信念可被证成的理性要素。在你看来，这一批评是否有力呢？

3.7 反思西方传统：女性主义认识论

引导性问题：女性主义认识论

1. 某人路过一所大型综合医院，看见一位身着白大褂的医生和一个小女孩正朝自己走来。随着他们走近，他发现医生是自己大学之后再未谋面的老朋友。彼此热情致意后，老朋友说："自从大学一别，我就去了医学院，现在在这家医院做外科医生。我已经结婚了，但你跟我太太从未有过交集。这是我们的孩子——南希(Nancy)。"医生介绍完毕，这人便对小女孩说："南希，你不仅继承了母亲的名字，还继承了她那棕色的眼睛。"他是如何知道这些的呢？

2. 人(man)、他(he)以及他的(his)，这些词都明显被用以指称男性。不过，在英语传统中，它们却以中性方式指称人类全体或任何一个人。但"男人"(man)这个词真的能完全做中性使用吗？比如，句子"如果某一个体想保全他的(his)家庭，他(he)就应该买足够的保险"，其中"他"和"他的"被假设指称任一个体，无论男女。可是"他"真的是性别中立的吗？或者"他"总是与男性联系在一起吗？不妨再看这个句子，"如果某人想堕胎，其(one)就应该有如此做的自由"。因为"其"(one)这个词不具有性别偏见，所以整个句子听起来不让人奇怪。但如果说"如果一个人(person)想堕胎，他(he)就应该有自由去做"，因为换用了"他"(he)，不像"其"(one)是一个性别中立的词，听起来就不对劲了。[79] 在上述例子中，人(man)或他(he)这些词的用法，真像所宣称的那样，是通行的和性别中立的吗？

3. 如果你是女性，会认为哪些事是男性无法理解的？为何会这样认为？如果你是男性，又会认为哪些事是女性无法理解的？为何会这样认为？是否存在某些状况可唤起男性与女性以不同方式看待事物呢？如果有，在构造某种知识理论时，应如何将其考虑在内呢？

广场中的哲学	请你回答下列问题，然后拿给至少 5 位女性和 5 位男性看。 ● 男性、女性在以不同方式思考问题吗？为什么会这样？请举例说明。 ● 你认为有可能让男性像女性那样思考问题，或者与女性换位思考问题吗？反过来呢？为什么？

检视女性主义认识论

女性主义理论的背景

女性主义作为一种当代思潮，对西方哲学传统的某些基础性设定提出了质疑，并由此发展出哲学研究的新模式。与许多致力于开辟新天地的活跃思潮一样，对于女性主义到底应具有哪些特征、应展开哪些论题，哲学家尚未有清晰的认知，因此时常处于争议和冲突中。但即使未形成可被所有女性主义者接受的正式纲领或学说，他们的思考却还是围绕着一些共同主题开展的。**女性主义**是在包括哲学在内的多个学科中开展的一场运动：(1) 强调性别在塑造人的思维方式、社会构造方式上所起的作用；(2) 关注排斥女性全面参与理智领域和政治领域之事务的那些历史的和社会的力量；(3) 竭力造就一个在承认既有性别差异的基础上平等对待两性的社会。[80]以上三点表明，女性主义既包含对事物所是之方式的理论理解，又希望利用这方面的知识改变社会现状。

翻阅哲学史教科书，会发现女性在20世纪前毫无存在感，女性受到理智传统排挤的情形由此可见一斑。事实上，从古希腊开始，每一历史阶段都涌现过女性哲学家。[81]女性学者的声音之所以如此微弱，通过一些著名哲学家对女性的看法，我们对其原因倒是可以领略一二。男性哲学家对女性施以轻蔑之词在历史上颇有渊源，其中最早和最具有影响力的当属古希腊哲学家亚里士多德。他相信，男性胎儿乃是交配后的正常结晶，而交配过程中若是出现缺陷，就会生出女孩。由此，他将女性看作“残缺的男性”(mutilated males)，把女性特征说成是“一种自然缺陷”。他甚至认为，女性贡献的不过是胚胎的材料部分，男性贡献的则是“灵魂的原则”或理性的能力。[82]中世纪之后，亚里士多德的两性生物学理论还是被一再提及。[83]

并非所有哲学家都轻视、排斥女性，比如柏拉图。他在《理想国》(*Republic*)中主张，任何社会都必然会有一些理智与能力远高出平均公民水平的女性。在他的理想社会中，这些天赋卓越的女性将与具有相似能力的男性并驾齐驱，接受特殊训练，成为城邦的理智与政治的领袖。相似地，19世纪英国哲学家约翰·斯图亚特·密尔(John Stuart Mill)在《女性的屈从》(*The Subjection of Women*)一书中指出，即便可以利用天资甚高的女性获取更多利益，但社会却放弃了这种做法。事实上，密尔的夫人哈莉特·泰勒(Harriet Taylor)就是一位睿智的女性，密尔的许多哲学著作都有泰勒夫人的参与。然而，关键问题在于，前述以亚里士多德为代表的态度在哲学传统中一直占据主流。亚里士多德甚至曾宣称，唯有自由、成熟的男性才有资格统治社会，因为只有这类男性本性上具有完全的理性能力。因此他说：“男性的勇气在于发号施令，而女性的勇气则在于驯顺听命”,“安宁是女性的荣耀”。[84]

本节的“引导性问题”已经表明,根深蒂固的性别偏见已经扎根在我们思想中。你能回答问题1吗?面对这个故事,很多人(男性与女性)都表示惊讶,因为那个男子在从未见过女孩母亲的情况下就知道她的姓名与模样。某些人假定男子虽然不认识女孩的养母(外科医生的现任妻子),却认识其生母。与许多哲学问题一样,我们也要通过质疑你的基础性假设以找到解决方案。事实上,故事里从未指明外科医生是男性,但人们知道那位老朋友是一名医生时,便倾向于将他想作男性。很显然,解释这个故事的最简单办法,就是假定这位大学朋友兼医生正是南希的母亲。

问题2表明借用男性术语[比如人(man)]一般性地指代男性与女性时带来的问题。可尽管有这些问题,我们在传统和日常实践中依然照样这样使用。例如,某位作家在其著作的术语编表里有这样一个词条说明:“男人(man)(本书依例适用)、人类或者人类物种(human creature)都只从抽象意义上来使用,无关乎性别,人种(human race)、人性亦然。”[85]但如果可以这样用男人(man)这个词,那么下面这个句子也没什么好奇怪的,即:“男人(man),与所有哺乳动物一样,可以乳养幼儿。”[86]实用主义者约翰·杜威1946年出版了《人的问题》(*Problems of Men*)一书。[87]根据书名我们会以为,它主要讨论的是男性问题,比如秃头和前列腺疾病,但这本书其实是在谈论古往今来人性所面临的哲学问题。女性主义者指出,上面这些例子表明,一直以来都存在一种倾向,将男性、男性心理和男性经验视为标准,而女性经验则是不重要的、例外的、附属的或不正常的。

广场中的哲学	试着将外科医生与小女孩的故事说给不同朋友和熟人听,其中要有一半男性一半女性。他们会作何反应?总体来看,女性比男性更容易明白事情的原委吗?

女性主义的种类

女性主义运动的发展在历史上可被分为两个阶段：1945年之前为第一阶段，通常被称为第一波女性主义；20世纪后半叶女性主义的复兴则被视为第二波。不过，除了这种依历史时期的划分外，还可以把女性主义分为如下两类：第一类包括公平女性主义者或自由女性主义者(equity or liberal feminists)(只是称呼上不同)。公平女性主义者认为应当保留西方文化的基本社会结构与理智传统，以便女性可以在理智上与政治上充分参与到社会事务中。自由与机遇等词汇正是对应女性主义这一社会关切而被频繁使用；第二类是性别女性主义者或激进女性主义者(gender or radical feminists)。性别女性主义者不安于现状，他们发起挑战，把现存社会的基础结构、预设、方法和话语形式视为男性主导下的社会扭曲现象，力图通统予以改变。通俗地讲，公平女性主义者想分得属于他们的一块蛋糕，而性别女性主义者则从根本上批判蛋糕本身。

尽管所有受过启蒙的人，无论男女，都认同女性在理智和政治上的全面平等，但第二类女性主义(性别女性主义)却在哲学上挑起了极大的纷争(需要说明的是，并非所有的女性哲学家都属于性别女性主义者，也并非所有男性哲学家都不是女性主义者)。[88] 人们通常会区分性(sex)和性别(gender)这两个概念。性是生物学范畴，指称男性和女性之间明显的物理差异。性别更细微且更难被界定，因为它还包含社会的和心理的要素。性别概念的内涵包含(但不限于)：男性—女性(Masculine-feminine)、社会角色、性征(sexuality)和男女之间显著的心理差别。

在性别女性主义内部，又可分出本质主义者(essentialists)，他们认为存在着明确的、本质的女性本性。至于这女性本性到底是生理产物，还是相对稳定的文化要素的产物——它创造出女性经验的某些独特却共同的特征——在本质主义者内部却又有分歧。而女性主义者中的非本质主义者或唯名论者则否定性别特征可以是固定不变的。他们倾向于将任何“女性的本性”的相关表述都看作社会构造的结果，而这些结果一旦出现，就会阻碍女性去改变和重塑自我。西蒙娜·德·波伏娃(Simone de Beauvoir)是法国20世纪最著名的作家之一，在女性主义者运动中颇具影响力。德·波伏娃用脍炙人口的一句话表达了非本质主义女性主义的立场，那就是“一个人并非生来是女性，而是被变成女性的”[89]。她认为，性别特征并非在生理上就被决定好了，它既可能出于社会的强加，又可能是人主观上的选择。

停下来，想一想

就刚刚阅读的内容，你认为，在女性主义者眼里，性别和价值在对知识的哲学思考上会起到什么作用？对他们而言，经验是什么？经验在认识论中所起的作用是什么？

女性主义认识论的论题与主题

尽管女性主义内部存在各种分歧和争议，但仍有一些共同的思想脉络。比如，女性主义认识论有一个共有主题，即对四个传统的且具有内在关联的设定展开批判：

1. 一般人性假设(the Generic Humanity Assumption)：存在一种普遍的人性。因此，认识论要向所有个体描述这一共同的认知结构。

2. 无源之见假设(the View from Nowhere Assumption)：认知者的身份特征(包括性别、种族、阶级和历史环境)与他的知识观的生成、评价无关。

3. 纯粹的、无人称的理性假设(the Pure, Impersonal Reason

Assumption)：(这里提到的理性能力来自无源之见预设。)人拥有的理性能力是一种纯粹客观性的理想，不会受认知者的主观性、情感和利益的影响。

4. 鲁滨孙·克洛索假设(Robinson Crusoe Assumption)[1]：获取知识根本上属于个人规划，不受社会环境和政治蕴涵左右。

一般人性假设

女性主义者宣称，普遍人性的图景只以男性经验和男性心理特征为蓝本而创造的。人性的其他立场与模式(尤其在女性经验当中的那些)都被以太过主观或不合惯例为借口，要么不予考虑，要么被边缘化。这种排他性就好比鸭子在主张何谓水鸟时，以鸭子的典范形象作为普遍标准。让我们将这个类比再加以细化。不妨想象一下，在运用这个鉴定标准的过程中，鸭子们宣称，天鹅是有缺陷的、畸形的鸭子，因为它们有着与鸭子完全不同的弯曲脖颈。很显然，问题不在于天鹅是不是有缺陷的鸭子，而在于鸭子将一条特殊标准应用于所有水鸟并使其变成一条规范，从而将其他标准从可接受领域中排挤出去。

罗琳·库德
(Lorraine Code, 1937—)

女性主义者宣称，这种以男性视角作为规范的倾向已经流播到绝大多数传统知识论当中。例如，女性主义哲学家罗琳·库德(Lorraine Code)就曾因为当代一部论人类理性能力的著作而对其

---

① 鲁滨孙·克洛索是18世纪小说家丹尼尔·笛福(Daniel Defoe)笔下一个主人公的名字。他是船员，因为海难漂流到一座热带小岛上。这个隐喻是我本人炮制的，并非文学界的共识。我认为可以用它来总结女性主义理论的一个共识性主题。

男性作者提出了控诉。[90]她提请我们注意,“理查德·富利(Richard Foley)在讨论人的认知判断时,一再诉诸‘和我们中的其他人一样(like the rest of us)’这样的措辞”。库德说,问题在于“他从未谈及‘我们’到底是谁”。她指出,在认识论的编码语言中,用“我们”这种字眼去指称常规认知者,其实就是在默示那些是与作者一样的人:“有地位、有财产并且其成就已获公众认可的成年人(非老年人)、白人、家境殷实(近来的中产阶级)且有教养的人。”[91]与之相反,那些与描述不符(女性)并且其视角、经验、知识的获取途径以及理性能力标准与上述偏好模式不匹配的认知者,则被视为局外人,他们的观点也因为无可救药地是主观的、不合规的或非理性的而被无视。

无源之见假设

传统认识论还假定,理想的认知者在面对实在时可以不带有任何特殊视角或历史背景,并且在执行认知计划时也不会牵涉任何个人利益、承诺或利害关系。不过,这样一位认知者就像一台无血无肉的计算机,从来没有什么个人的历史,或者说只拥有不受利益驱使的、神一般的视角。但认知者如果是人的话,这种情形就既不可遇也不可能。我们的生活历史和具体立场将影响到我们的认识。例如,如果我从一栋建筑物顶部看外面的世界(或站在社会最高层级看),而你从底层看(或从最低社会层级、政治层级、经济层级看),我们的所见以及何以所见都将不同。虽然持保留意见,哲学家哈莉特·巴伯(Harriet Baber)还是总结了女性主义者对无源认识论(nowhere epistemology)的非视角性观点(perspective-free view)所作出的谴责:

> 女性主义者的支持者……尤其拒斥(这条路径)的一点是,它所包含的规范都是男性规范,且设定的接受标准是女性

> 难以或不可能满足的。他们还坚持认为，传统认识论理想认定的那个客观的、独立的观察者是在脱离历史或社会环境条件下开展研究活动的，这就与女性讲求参与性的、具体的且语境化的认知方式背道而驰。[92]

如巴伯所言，某些女性主义者相信无源之见这一预设背离了女性认识世界的方式，并将女性排挤出有完全认知能力者的行列。大多数女性主义者认为这种假设是不融贯的，在他们看来，所有认知者(女性主义者或非女性主义者，女性或男性)总要从某种特定语境出发而后进入世界，不论这种语境是指概念图式、语言、文化、性别抑或其他。根据这个扩大化的批判，"无源之见"假设不仅背离了女性认识路径，而且从一般意义上讲，这也是对人类认知的错误描述。

"典型的认知者"是一个标准化、非个人性、无个性、不可名状且毫无特色的抽象存在，这种观念在科学实践中早已惯例化了。理工科学生的实验报告往往要求隐去个人色彩。譬如"加热试管，就会形成白色沉淀物"，仿佛操作实验的行动者和观察者都可以不存在似的。我们很熟悉这样一类说话风格，比如"事实表明""科学阐明"或者"数据指出"，好像事实、科学和数据自己会说话，而且能把它们的解释说给我们听一般。但知识并非凭空而降，而是人为创造的。因此，当女性主义者谈论"知识"时，他们都聚焦于"知识生产(knowledge production)"，并且要问，是谁在制造知识论断？他/她的立场是什么？例如，女性主义哲学家桑德拉·哈丁(Sandra Harding)将自己的书命名为《谁的科学？谁的知识？》(*Whose Science? Whose Knowledge?*)，以此提醒我们注意，在每种知识论断背后总是有一个主观个人和主观立场。[93]

每种知识论断都是基于某种立场的，这不是女性主义者独有的主张。特别是在20世纪，很多哲学家都持这样的观点，不能因此给他们贴上女性主义标签。然而,女性主义者之所以能够脱颖而出,除了承认人要基于自己的立场开展认知活动外,同时还强调性别在人的立场中所发挥的作用。对知识生产来说,性别真的很重要吗?对于我们认识的内容而言,性别似乎是次要的,其地位就好比高、重或发色等物理属性。但依女性主义者的说法,性别在社会中扮演了如此重要的角色,以至于在考察知识是如何形成的这一问题时,必须将其考虑在内。正如库德所言,"从文化上讲,若性别差异被明显地包含在人的每一种互动模式内,那么对主体性的构造而言,相比尺寸、发色等物理属性,性别差异扮演着更为根本性的角色"。[94]与此相应,库德主张这样一种认识论,既将主体性因素(包括性别)考虑在内,又不会令人堕入"怎样都行"(anything goes)的主观主义境地:

> 知识同时是主观的和客观的:说它主观,因为它像产品那样,通过特定位置主体的构造过程,被打上了制作者的印记;说它客观,因为上述构造过程处处受实在节制,而实在本身桀骜不驯,不可能纵容我们漫不经心或异想天开。[95]

纯粹的、无人称的理性假设

一旦开始讨论人的理性能力,无源之见这一预设会导致某种价值负载的二分法(value-laden dichotomy)。其中,一方面,有理性的思考者是指依从无源之见假设、能够拥有客观的和无人称视角的人。另一方面,那些认为人称的、主体化的视角在认知过程中十分重要的人(女性主义者)就被视为不具备充足理性的人。我把这种对理性能力的描述称作纯粹的、无人称的理性假设。

女性主义认识论学者常常提到两极思维(bipolar thinking),由此出发,传统认识论学者建立起了严格的二分法假设,比如理性对情绪,客观对主观,心灵对身体,逻辑对直观,理智对想象。女性主义者对这种思想提出了两条批判：第一，成对概念并非如我们所想的那样，是相互排斥的双方。[96]例如，他们主张，知识同时有主观和客观的内容，因此没必要在它们之间有所取舍。① 第二，当认识论学者断言或者假定这些二分项时，往往将心目中优越的一方摆在第一项的位置，视之为对理想认知者的描述，而第二项则不免是被贬低的。此外，被偏爱的第一项（比如客观性）是在说男性路径，而被贬低的第二项（比如主观性）俗例上就是在说女性特征。女性主义者表示，这种二分法包含的心理预设和价值选择竟然从来没有被质疑过。女性主义作家埃德里安娜·里奇（Adrienne Rich）就此总结道，所谓“客观性”终究只是男性的“主观性”。[97]

在一篇名为“理性人”(The Man of Reason)的论文中，颇具影响力的女性主义哲学家吉纳维芙·劳埃德(Genevieve Lloyd)讨论了理性能力这一虽然传统但片面的理想。[98]着眼于哲学史，理性概念的界定过于狭隘，而女性则因此被加以刻板化安排，她由此证明，“理性人”(the man of reason)的理想必定要把女性排除在外。那么，理智、理性、逻辑和心灵生命都成了男性职责所在，而女性丰富的情感生活、想象力、直觉以及感性等天分则被认为是对男性职责的补充。不如把这里的说法提炼为下面的两个等式：男性等于理性，女性等于非理性。在劳埃德看来，“如果说女性的心灵比男性更缺少理性，那也是因为在设定理性边界时，已经把属于女性的那些品质排除掉了”。[99]她本人不接受传统的二分法，也不希望拥奉对子（如理智对情感）里“更软弱”的那一半，并将它提升到格外显要的位置上。她指出，这样会重蹈19世纪浪漫主义偏爱情感却拒斥分析理性的错误。相反，她拒斥二分法本身，并倡导将男性和女性都包含在内的更为宽泛的理性概念。在谈及“理性人”的理想时，她说：“作为理性人，需要去实现人类(human)理想的极限，以

① 这是一种错误二分法的谬见，附录部分将会继续讨论它。

期男人和女人可以同样享受更人性的生活，摆脱过去一直被笼罩在理性人的阴影下的两性刻板模式。”[100]

但是，并非所有女性主义者都质疑传统的二分对立。有一些接受了男人、女人这种区分的俗例，但呼吁颠倒优先性和评价的次序，并声称女性的认知方式比男性的更优秀。库德倒不这么认为，她只是收集了可被视为认识论优势的那些“女性”特点：

> 最常被提及的女性经验特征包括：关注具体、日常的世界；重视与经验对象的关联而非与它们的客观距离；具有明显的情感色彩；重视环境；以敏锐和尊重的态度倾听周围环境中的多样“声音”（无论是有生命的还是无生命的），展示出其对多样性的宽容。[101]

这些特点通常与用来界定一位好母亲的属性相重合。相应地，在《母性思维》（*Maternal Thinking*）一书中，著名女性主义伦理学家莎拉·鲁迪克（Sara Ruddick）对传统中与母爱和女性本性相关的各种价值予以赞颂，并且从照顾、亲密、责任以及信任等母性特征中生成了某种知识模型。她基于如下前提来建构自己的理论，即“认知的不同方式和真理的标准都来自实践”。[102]例如，科学思维是我们认识实在的方法，它们产自实验室，但也可被运用于别的生活领域，而且就算不是专业的科学家，也可以使用它们。相似地，鲁迪克认为，母性思维同样能够用来刻画个人朝向每一生命维度的进路（不仅是照顾儿童），男性和未孕的女性照样可以使用它。

最后一个例子。女性主义哲学家艾莉森·贾格尔（Alison Jaggar）相信，女性不仅有着比男性更丰富的情感生活，而且这可以使她们成为更好的认知者。[103]贾格尔从新近的科学哲学著作里找到线索，认为所有的观察都是选择性的，其中涉及我们的价值、动机、兴趣和情感等内容。这些“主观”要素引导着我们的认知追求，对我们认识到的东西进行加工塑造，并助益于意义的确定。①她进而认为，在某些问题上，被边缘化之人（比如女性）的情感会使她们具有认识论上的优势。由于女性相对于理智生活和政治权力的主流可谓“局外人”，所以就既成的认知结构和社会结构而言，她们拥有男性所不具备的独到而敏锐的视角。

女性拥有独到的认知方式，而且表现出了非常积极的特征，一些女性主义者便乐于颂扬、彰显这一点。但另外一些女性主义者却担心，这种本质主义思维形式会强化既往对女性的刻板印象，而正是那些刻板印象导致女性被边缘化。库德对这一担忧做了如下表述：

> 在女性主义者的思考中会持续存在这样一种张力：一方面，他们颇为希望颂扬“女性”的价值，使它们成为创造更优社会秩序的工具；另一方面，他们却又担心对这些价值的赞同、追捧会反过来使它们成为不断压制女性的工具。[104]

随着女性主义者与科学认知模式的遭遇、妥协，类似的张力已经出现。很多研究者指出，女性主义者的一个核心论题是，“在强调操控、控制和远离研究对象时，就已经把男性(masculine)与客观性、科学和科学方法等同起来了”。[105]为反对这种科学认知模式，部分女性主义者倾向于极端主观主义和反科学立场。然而，伊芙琳·福克斯·科勒(Evelyn Fox Keller)（她曾发表过多篇生物学、历史学和科学哲学的论文）警告女性主义者应避免如下倾向，即“放弃在科学文化领域进行表现的权利，谋求回到纯粹的‘女性’主观性上，从而放任男性主导理性能力和客观性，甚至不惜弃之为纯粹男性意识的产物”。[106]

---

① 比如，贾格尔认为，人类学家吉恩·古达尔(Jean Goodall)在理解黑猩猩的行为方面作出了重要的科学贡献，而这一切源于她对那些动物的爱与同情。

鲁滨孙·克洛索假设

就像小说人物鲁滨孙·克洛索离群索居于小岛上一样，有些哲学家假定，知识探究属于个人计划，不可与社会或政治相瓜葛。其中最典型的例子是笛卡儿，他认为可以将之前的全部信念都悬置起来，以便在自己的心灵中找到确定性的基础。笛卡儿之所以能保持完全独立自主的思想者形象，在于17世纪哲学上和文化上的假设已经贯穿于他思维的每一步骤，但他却对此视而不见。与之相反，库德则强调，“知识产品是认知者的社会实践。认知者已在历史上、种族上、文化上被具体化、性别化和地域化。他们制作的产品被打上了个人的印记，他们的故事也有必要被广而告之”。[107]

对哲学家海伦·朗吉诺(Helen Longino)而言，知识总是从某一社会语境中兴起：“知识的发展必然是一种社会活动而非个人活动，科学知识的社会特征既保护它免受社会和政治的利益与价值的影响，同时又使它容易受到社会和政治的利益与价值的伤害。”[108]转述约翰·多恩(John Donne)的诗行：“没有哪个认知者是一座孤岛(No knower is an island)。”知识起初是通过文化被传递的，而对知识的进一步寻求则要在共同体中进行。共同体回馈我们的努力，我们也要对它负责。与此相反，笛卡儿却认为，他能将自己从群体中分隔开来，并作为孤立的个体开始全新的知识探索。对他而言，知识纯粹是个人之事，任何公共知识都可以被还原为个体知识。朗吉诺则坚称知识首先是共同体的产物，个体认知者唯有作为共同体成员并接受共同体的规范和背景信念，才可能去求知。

如果传播知识和生产知识的是认知者共同体，那么认知群体越是多样化，就越可借助多重视角防止人们只从陈规旧俗里获取知识，因为这些陈规旧俗很擅长无视其他可能的知识选项，从而成为人类认知的绊脚石。由于在主流理智传统中，女性往往被视为“局外人”，因此她们更易于对非传统的不同立场保持开放姿态，而且，女性主义者也宣称，女性更适合去理解和批判那些在传统中盛行的、想当然的假设。

好的地方是，朗吉诺对知识的社会本性的揭示使得知识可以在持续的社会批判中逐步趋于完善；但问题在于，知识生产的社会性在面临社会主导力量的价值、意识形态和背景预设时，其发生过程很可能被扭曲。例如，女性主义者观察到，在"非个人的、客观的思想"的诉求中，通常掩藏着个人的利益与权力结构。在批判传统的理性理想时，劳埃德说，除了在理智上将女性看作二等公民外，理性能力的狭隘定义也会对女性造成负面的政治影响。"被理性排斥，就意味着被权力排斥。"[109] 同理，在批判最近的一部论理性能力的著作时，库德断定："批判者必须追问：这种认识论为谁存在；它服务于谁的利益；在这个过程中，它要忽略谁或压制谁。"[110]

知识的生产不可能与权力结构相分离，毕竟唯有与主流社会结构相应和，观念才能获得倾听、得到鼓励、取得发展，并且获取资金上和制度上的支持，从而具有合法性。另一方面，那些不符合支配性话语的观念将会被边缘化或者干脆被抛弃。因此，对于第二波女性主义运动而言，女性争取平等的斗争不能仅限于法庭或立法机构。他们提出，要改变社会，就必须先改变立足于其上的那些观念。

女性主义认识论和相对主义问题

认识论中的女性主义视角蕴涵着某种成问题的相对主义形式吗？女性主义者对此是有分歧的。库德率先就这个主题挑起了争端："女性主义的认识论学者通常发现自己与相对主义那些争论不休的问题有着剪不断理还乱的关系：将自己认定为女性主义认识论学者时，就会感到不安。"[111] 库德力图为其中一种相对主义作辩护，同时又想避免滑坡效应，免得最后堕入"怎么都行"的相对主义泥淖。她提供辩护的是温和的相对主义(mitigated relativism)(叫作温和的客观主义似乎更好些，许多哲学家也有此建议)。库德说："若我们认为单个体系不具有绝对解释力，这并不意味着所有解释体系都同等有效。知识本来便是性质各异的(qualitatively variable):某些知识要优于其他知识。相对主义者可以更好地将这些性质上的差异考虑在内,并对它们的蕴涵作出分析。”[112]

尽管所有女性主义者都强调不存在无端之见,认为知识总在某种程度上相关于特定环境,总需要某一特定的认知者或者特定认知共同体参与其中,但许多女性主义者依然坚定反对任何形式的强相对主义(strong relativism)。他们的动机非常清楚,如果主张“一种观点与另一种观点一样真”,就很容易遭受加诸相对主义之上的那些常规批评,①即他们不得不承认,他们的观察、主张和理论只是他们自己的意见,纯粹是个人自白或主观偏好(就像食物的味道),并不比相反的观点更具有效性。不过,我们还可以给出一些更具体的理由去说明,为什么女性主义的认知论学者极力要避免堕入相对主义。如果所有观点都具有同等价值,如果实在(reality)不能决定哪些观点相对更优,那么纳粹、种族主义者和性别主义者的观点就跟女性主义者在价值上没有差别了。

因为相对主义所引发的这些无法被接受的后果,一些女性主义者干脆与相对主义立场一刀两断。例如,哈丁(Harding)就说:“一个人可能倾向于用相对主义者的观点为女性主义的主张提供辩护……但应当克制这种诱惑……女性主义研究者永远不可以说,性别主义者的观点与反性别主义者的观点同等合理。”[113]同样地,女性主义哲学家简·杜兰(Jane Duran)坚称:“人们可能容易受到语境的影响(对相对性的利害有所意识也有所回应),但不必是一个相对主义者。”[114]

透过女性主义认识论的镜头看

1. 通过以上阅读,如果采纳女性主义的视角,你对哲学史、认

① 参见第3.5节对相对主义的标准批评的讨论。

识论、形而上学、伦理学、政治理论与实践、宗教和商业的理解都会有怎样的一些改变呢？如果在历史上女性从未被排斥于社会和理智生活之外，我们今天的文化又将有何不同呢？

2. 假设你生下来有相反的性别。作为认知者，作为社会的一员，或者其他身份，这一性别的改变会带来哪些可能好处？又会有哪些你从未遇到过的不利条件呢？在什么程度上这些有利或不利条件是以往的社会组织方式的结果呢？在什么程度上它又是男性和女性间自然差异的结果呢？再想象一下，如果你现在是异性中的一员，那么你会期待社会作哪些改变？

3. 在这一部分里，提到了引发女性主义分歧的诸多论题。下面几对对立的主张都有女性主义者为之辩护：(1a) 从本质上看，存在某种女性本性；(1b) 除了严格的生物学事实外，与女人(woman)或女性(female)有关的任何内容都只是一种社会构造，没有固定意义；(2a) 与女性相关的典型特征(关心他人的、情感的、直觉的)都是被男性所树立的刻板印象，是用以压制女性的工具；(2b) 这些女性特征是实际存在的，并且使女性能洞察到男性所不及的东西；(3a) 客观性是一种神话，女性主义者应当采纳相对主义和主观的方法来应对世界；(3b) 如果不诉诸一种强的客观知识的可能性，女性主义者的知识主张将无疾而终。试想，你正试图发展出一套融贯的女性主义理论，为实现这一目标，请从对立的双方中选择一种加以支持。

4. 大多数女性主义者因为有被主流的理智和社会生活压制、排斥以及边缘化的经验，所以要发展他们的哲学。如果女性主义者达成了他们的政治目的，那么会怎样？如果女性以及女性视角赢得了理智、社会和政治的全方位平等(乃至主导权)，又将怎样？在那种情况下，各种女性主义哲学还有继续存在的必要吗？在那种情况下，条件既然已经改变，女性主义思想的方向与议程也要相应改变吗？还是说，女性主义哲学只是针对当前社会偏见的一种权宜之策？站在同情女性主义的立场上，选择你希望支持的结论，给出你的论证。

5. 女性主义的认识论与相对主义有哪些相似之处？与实用主义又有哪些相似之处？

检视女性主义认识论的优缺点

正面评价

1. 传统经验主义者首先要借助各种独立的感觉单元（颜色、声音、气味、质地）去观察经验，然而，女性主义者有着更宽泛的经验概念，使他们能够分析诸如爱、烦恼、赋权、自我意识或者那些女性或男性会拥有的主观经验。在你看来，哪条介入经验的途径为我们从事哲学提供了最好的基础？

2. 由于女性主义者强调主观性、价值和既得利益在知识产生过程中的作用，所以他们所抱怨的并非男性哲学家基于他们的经验、价值和兴趣而开出的通往知识的路径，而是后者拒不承认其中存在的偏见。由此看来，与否认我们的主观性相比，接受认知者的主观性并使之经受考察、批判、评价以及可能的改进，岂不来得更好些呢？

3. 女性主义哲学家在知识乃至科学上造成的社会影响已经引起了广泛关注，他们也早就指出，理论和知识都有其政治意蕴。那么，从哪些方面讲，将他们的忧虑表达出来是很重要的？

4. 显然，在理智话语（intellectual discourse）领域，女性是一贯被排斥或被边缘化的。既然今天在各个学科中都能听到女性的声音，那么在你看来，对于我们的思维方式而言，她们可以给出什么样的洞见，或者她们能令其有怎样的变化？

负面评价

1. 女性主义思想强调认知者具体的社会—政治—历史立场。

可是，到底有多少视角需要被考虑在内呢？女性主义者最近又注意到，他们的作品主要代表的是白人、中产、美国、英国或者欧洲的学术理论视角，却一直对有色人种女性、工人阶层女性以及非洲、亚洲、中东和拉丁美洲女性的视角有所忽视。既然女性主义的思想内核在于，认知者的经验和视角要关切特殊、具体的共同体生活，这岂不就意味着，认知者来自多少个共同体，就会有多少种视角吗？这样看来，我们最终只是留下一个较为棘手的、多元性的视角光谱？若是如此，女性主义者凭什么假定他们有权为所有女性代言，遑论提出适用于所有认知者的理论？换言之，女性主义理论要被还原为适用于某些特定、单一的共同体的社会学思想吗？[115]

2. 许多女性主义者主张，对实在可有多重且等价的合理解释，并且一个理论或观点是否具有合理性且能被接受，要视主要的社会—政治权力结构的功能而定。如果是这样的话，追求真理便不再重要，反而应将重心放在社会支配地位和政治权力的获取上吗？由男性主导的认识论会形成一种自利视角(self-interested perspective)，对它的拒斥要在一种社会议程的驱动下进行。就女性主义者而言，从他们自身的社会议程出发，不也只是提倡一种替代性的自利视角吗？[116]

3. 女性主义认识论这个术语有问题吗？女性主义者想发展出一种包含着女性经验和视角的认识论。不过，“女性主义”这一限定词似乎意味着，从它出发的理论本质上不是认识论，而是从女性特定立场着眼，或者说从特定意识形态的拥护者立场着眼的对知识的一种说明。这一意蕴很容易隔离女性哲学家对认识论的贡献，并将她们的洞察限定在某种特定情形上(当我们谈论女性运动、女洗手间或者女性健康保健论题时都面临相同情形)。[117]如果像女性主义者所说，女性主义哲学只是跟地理学很像的一种区域界分，那么他们能怎样“重新绘制认识论的地形图”呢？或者说，女性主义者是否应该在哈丁的带领下为“摆脱性别忠诚的预设”(hypotheses that are free of gender loyalities)而奋斗呢？[118]这一目标实现后，女性主义者须拿掉“女性主义”这一限定词吗？

3.8　认识论的应用：科学知识的本质是什么？

知识最重要的领域之一是科学知识。几个世纪以来的科学研究揭开了自然界的诸多秘密，很多人也由此将科学视为知识探究的范型。因此，科学考察将被视为有用的实验工具，以检测我们本章研究过的那些认识论观点。

理性主义和经验主义在现代科学的崛起中扮演着重要角色。从理性主义出发，哥白尼、笛卡儿和伽利略坚信自然建基于理性的数学原则之上，并由此作出了重要的科学贡献。他们对这些信念的坚持来源于古希腊理性主义者的启发。即便只能依赖观察，他们仍愿意相信典雅的数学理论，即使这些理论看起来与朴素的常识经验相悖也毫不动摇。例如，朴素的经验告诉我们，地球非常巨大并且是不动的，运动着的是太阳（伽利略曾说，他的理论跟感觉是相悖的）。伽利略表述自己的理性主义倾向时曾说过，自然就像以数学语言写就的一本书，只要理解了这门语言，我们便能翻译自然之书。与之类似，20 世纪著名物理学家阿尔伯特·爱因斯坦（Albert Einstein）也是一名理性主义者，他相信宇宙中存在着逻辑必然的数学秩序。他的那些科学发现，完全是通过计算出一个新的数学框架，并用它来理解 50 年积累的经验材料而得到的。他曾说，他的铅笔就是他的实验室。

尽管这些理性主义假设在科学发展早期阶段扮演了非常重要的角色，但经验主义的影响无疑最为显著。英国哲学家弗朗西斯·培根（Francis Bacon，1561—1626）因奠定了现代归纳逻辑的基础并试图将科学方法体系化而闻名于世。他试图逃避中世纪的理论思辨，敦促科学家切实地观察自然，而不是妄断自然必须符合我们的先天假定。为此，他还提出一种系统地记录观察数据的程序。他将科学的方法描述为一台“机器”，它的原料就是科学家对自然事实的观察。他相信，通过某种类似机械化的程序，科学法则将会涌现出来。

培根开创的常识化、常规化的科学观，其影响一直延续到20世纪。它断定了以下几条主张：

1. 对自然事实的客观观察不可受任何假设或理论的玷污。
2. 分析观察数据，形成普遍化规则。
3. 从普遍化规则出发，制定科学法则和科学理论。
4. 对科学理论进行实验检验，最终确定其真假。

眼见为实？

我们将考察培根的科学观。首先看他的第一条主张。他的常识观假定眼睛就像照相机，是完全中立的和消极的，只接受外部世界对眼睛的刺激。根据弗朗西斯·培根的说法，科学家必须先观察，然后确立事实。到那时，也只有到那时，才能考虑发展出理论。但种种证据表明，对科学的这番描述过于简单了。

本章第3.4节讨论康德时，曾给出过一个思想实验，要展示一个硕大的白色三角形形象。不过，这个“三角形”之所以能够呈现，是因为心灵在想象中将线条与色块以特定方式加以组织。与之相似，在第3.5节讨论认识论的相对主义时，我们发现人们容易将文字信息读错，比如“春天的巴黎”(Paris in the spring)字样。在同一部分中还有一个盒子的几何图形，还有一张非洲家庭的画，不同文化下的人对它有不同解读。这里的关键在于，看(seeing)绝非光照在视网膜上这么简单，“看”总是“看作”(seeing as)。大多数情形下，我们不是先用眼睛从世界获取数据，然后再考虑可能的解释。相反，我们会直接把事物看作这种或那种东西。接受现代西方文化的人，可能会将纸上排列的线条看作一个三维盒子的表象。但是，若在其他文化下，艺术不惯用透视法，人们就只会把那些线条看作二维图案，跟格子图案差不多。我们看待事物的方式总会受以往经验的影响，这些经验包括知识、训练、概念框架以及我们带入观察的期待。

以古希腊哲学家亚里士多德为例。他的科学观在长达一千多年时间中居于支配地位，直到伽利略出现。亚里士多德相信，静止是地面上物体的“自然”状态。原因显而易见。就我们的经验而言，像岩石或马车这类物体，只有受到外部力量的作用才会动起来；同样，如果没有持续的力量作用于这些物体，它们最终将回归静止状态。因此，对亚里士多德来说，静止是自然的，只有运动才需要得到解释。然而，伽利略的物理学和惯性法则却使用了完全不同的另一个原理。在他看来，如果一个物体是运动的，除非某种力量（重力、刹车、摩擦等）迫使它停下来，否则它便会一直运动下去。所以对伽利略而言，运动是自持的（self-sustaning），而静止则需要被解释。那么，亚里士多德看一只钟摆时，他所看到的是一个受推力而运动的物体，但钟摆本身则在尽力恢复到静止状态，这意味着要抗拒发条对它自然下落的阻挠。相反，在伽利略眼里，这个物体则在尽力持续运动——空间中的永恒线性运动，只是受到发条和重力的限制，它保持运动的自然倾向一直被干预。在一位科学家看来是正常和平凡无奇的事情，在另一位眼中却需要得到解释，反之亦然。从某种意义上讲，他们每个人看到的，不过是他内心的概念框架与假设所发挥的作用。

与培根对科学的这种常识性解读不同，许多科学哲学家断定：“所有数据都是渗透着理论的（theory-laden）。”换言之，理论并非观察的结果，相反，它必然指导我们的观察与实验，由此才可知晓哪些事实与我们的研究相关。哲学家卡尔·波普尔（Karl Popper）在一则寓言故事中非常透彻地说明了这一点：

> 假设某个人想投身于科学事业。他因此沉下心来，手握

> 铅笔，在未来的二十年、三十年、四十年中，一个本子接一个本子地记录能观察到的所有东西。他几乎纤毫无漏：今天的湿度、竞赛结果、宇宙辐射水平、股票市场价格以及火星外观，等等。他将所有关于自然的细致记录编纂在一起，再不会因此生碌碌无为而抱憾。当然，他还会将那些笔记本捐献给英国皇家学会。那么，后者会因为他毕生观察留下的这笔财富而感谢他吗？不会的……英国皇家学会甚至不会打开那些本子，因为不用看也知道，里面只是些混乱无序且无意义的东西罢了。[119]

科学史上的真实事例能更好地说明这一点。1888年，海因里希·赫兹(Heinrich Hertz)首次探测到了电磁波的存在。哲学家艾伦·查尔莫斯(A. F. Chalmers)就此取笑观察的理论中立性观点：

> 如果(赫兹)在观察时完全无偏见，那么他不仅得记录不同仪表的读数，电子电路中的各个关键部位是否存在火花，电路的规模等，还要记录仪表的颜色、实验室的规模、天气情况、鞋子尺码以及多如牛毛的"绝对无关"细节。[120]

查尔莫斯接着指出，在这许多看似无关的细节中，有一点是需要注意的，这就是赫兹实验室的规模。电磁波被墙壁反射，又回到设备上，对赫兹的测量数据产生干扰，所以，一间更大的屋子是十分必要的。唯有从某种理论视角出发，才能知道哪些细节、哪些观察与实验目的有关。

归纳：从观察中得出理论

前文已经提到，观察过程充满了各种复杂性。一方面，这个世界向我们呈现,另一方面,我们赋予世界以概念和态度,我们的所见正是两者结合的成果(如果你读了关于康德式建构论的部分,就会注意到他在这里的影响)。我们现在需要考察从观察中衍生出科学法则的方式。弗兰西斯·培根构建的常识观表明,科学法则是从以往收集到的观察材料中"读出来"的。这种观点现在被(轻蔑地)称作"朴素的归纳主义"(naive inductivism)。这种科学观将涉及一系列逻辑问题。

第一个问题由大卫·休谟提出(参见第 3.3 节)。休谟指出,我们从经验中得出的大多数结论,尤其是因果判断,都以归纳法为基础。粗略地讲,归纳原则假定,未来与过去相似。具体而言,它确信未来的观察仍要符合当前观察的样式,或者说,从有限的观察出发,可得出事物在未来的一般性趋向。

假设我们加热不同的金属,发现它们受热后都会膨胀,这可以作为推出"所有金属受热后会膨胀"的有效逻辑基础吗?从有些事例为真就能推出同样情况下所有事例为真吗?这类归纳推理存在的问题可用下述论证来说明。这里的论证基于从 1 到 n 的大量观察数据:

(a) 天鹅 s_1 是白色的。

(b) 天鹅 s_2 是白色的。

(c) 天鹅 s_n 是白色的。

结论:所有天鹅都是白色的。

对 17 世纪之前的英国或欧洲生物学家来说,这是一个十分可信的论证,因为英国和欧洲的天鹅确实都是白色的。不过,在 17 世纪后期,一位荷兰探险者来到了澳大利亚,发现那里的天鹅都是黑色的。因此,不论我们收集了多少可用以支持一个结论的观察材料,都无法保证未来的观察还会产生同样的结果。为了阐明这个观点,伯特兰·罗素谈到一个著名的作为归纳主义者的火鸡(inductivist turkey)的故事。

> 在鸡舍的第一个早晨，这只火鸡发现，上午9点喂食开始。身为一个称职的归纳主义者，它自然不会过早下结论。它耐心等待，收集了大量早晨9点喂食的观察数据，而且这些数据的取样环境异常丰富，有周三和周四的，有温暖天气下的也有寒冷天气下的，有阴雨天的也有干燥天气的。每天它都把新的观察陈述添入列表。最后，它的归纳主义者良心终于餍足了，通过归纳推理给出结论，"总在早晨9点喂我食"。哎！这个结论接着被干净利索地证明是假的。圣诞夜，没有人给它喂食，而是把它交付于刀俎。[121]

这则寓言说明，前提为真的归纳推理也可能得出假的结论。严格说来，纵观整个历史，许多科学理论被证明在若干世纪内都能成功地和富有成效地指导科学研究，直到理论自身的问题暴露出来。例如，伊萨克·牛顿(Isaac Newton)于1687年公布了他的著名的物理学理论，此后主导科学界达200年之久，直到它的内在不一致性在19世纪后期开始显现。

之所以假定归纳原则值得信任，是因为它在过去一直是有效的。然而，这里犯了逻辑上的窃取论题谬误(begging the question)(本书附录对此有所讨论)。说"归纳推理过去一直有效，所以未来也会一直有效"，就像在说，"以往观察到的天鹅都是白色的，所以将来观察到的天鹅也将是白色的"。

证伪(falsification)

归纳法存在的上述以及其他问题让许多科学哲学家认为，一种科学理论永远无法被证明为绝对确定为真。以"所有金属都会受热膨胀"为例，其中的*所有*一词并不仅指已被观察到的受热金属，也指曾被或将被加热的金属，不管它们已被观察到还是未来会被观察到。换言之，不能用有限数目的观察数据来对这条陈述实施证明，只要我们发现某一金属受热后并未膨胀，这个假设就能被证明为假。也就是说，只需一个观察结果，就能对某种理论证伪。

相应地，科学哲学家卡尔·波普尔主张由猜想和反驳来主导科学进程。也就是说，科学家提出与观察数据一致的猜想性理论，但它们都只是试验性的猜测（猜想）而已。然后，科学家对这些理论进行严格测试，方法是由这些理论派生出预测，并将之付诸实验（试着反驳它们）。如果实验失败，它们就要被拒斥，而经受住了严格测试的理论就将成为我们的最优科学解释。借由这种方式，我们可以斩钉截铁地说某种理论是错的，但决不能说某种理论是真的。只能说，我们使尽浑身解数也无法将其证伪，由此看来，它是相较其他理论而言更优的理论。

一个理论愈是大胆和宽泛，就愈要被付诸检测，也愈可能被证伪。假设我是一名经济学家，提出了一个理论，可以预测股票市场行情。思考如下三条陈述：

(a) 明天会有某事发生。

(b) 明天 XYZ 股票会价格上涨。

(c) 明天 XYZ 股票价格将上涨 30％。

陈述(a)没什么意义，因为无论发生什么它都不会错。陈述(b)更好些，它能被证伪，因此是一个有意义的论断。不过它还算不上是大胆的，毕竟股票价格总要上涨、下跌或维持不变。陈述(c)更好一些，因为它作了某种具体预测，而且有多种方法对其证伪。只要这条理论不能被证伪，并且一直能作出正确预测，我们就会对它产生浓厚兴趣。根据波普尔所言，一个重要的科学理论应当有如下特点：(1) 它要对世界作具体且涉足广泛的预测（易于被证伪）；(2) 通过大量检测，依然未被证伪。

证伪理论的问题

尽管证伪主义理论对科学的解释具有一定优势，但依然受到很多批判。第一，对一个理论的证伪并不是乍看上去那么简单。假设一起事故有两个见证人：一个说“是哈罗德先闯入十字路口的”，另一个却说“并非哈罗德第一个闯入十字路口”。很明显，两者必有一个说了假话。是哪一个呢？与之相似，如果一个理论与某一实验观察相矛盾，那么，要么是理论出现了问题，要么是观察结果出了问题。是哪一个呢？例如，伽利略通过望远镜看到月球表面有火山口，还看到木星有好几个卫星，然而，他同时代的人却出于某些原因，相信月亮是完好的圆球，并且只有地球才有卫星。问题由此出现：“是流行的科学观点该被拒斥，还是伽利略的观察出错了？”即便伽利略的解释是对的，但在那个时代，他的观察结果也很容易被忽视。如果将他的天文望远镜瞄准某个地球上的物体，比如一座塔，虽然我们知道它的原本模样，望远镜却使其形象发生了扭曲。

第二，“所有天鹅都是白色的”这条陈述可以被“这只天鹅是黑色的”这一观察结果证伪。但科学理论不会如此简单，毕竟所有理论都是复杂的陈述集，而且所有的观察结果也都有很复杂的状况。每一种理论都包含着一系列辅助性假设，每一种实验也都预设其初始条件(initial conditions)都是属实的。在证伪主义者看来，所有实验都开始于下述前提：

如果理论 T 为真，那么观察性预测 O 也将为真。

由此可推知，如果 O 非真，那么理论 T 就可被证伪。(在附录里，这种有效论证形式被称作否定后件式。)然而，如果每种理论和实验都包含一些辅助性假设，我们得到的就是一个更加复杂的图景：

如果理论 T 以及假设 1、假设 2 和假设 3……(等等)都为真，那么观察性预测 O 也将为真。

如果 O 是错的又会怎样？T 会因此被驳倒吗？或许未必，因为出问题的也可能是其中任何一个辅助性假设。通过修正假设，理论仍能免于被证伪。

通过科学史，这个过程可以被说得更明白。丹麦天文学家第谷·布拉赫（Tycho Braché, 1546—1601）一度以为自己驳倒了哥白尼的日心说。他的推理是，如果地球是运动的，那么我们若在一年间持续观察太阳，观察的角度势必会发生变化。事实上，我们没有观察到任何角度的变化。不过，这并不能说明哥白尼的理论是假的，相反，布拉赫的一个辅助性假设是假的，即布拉赫假定的太阳与地球的距离比真实距离要近得多。一直到19世纪初，科学家们才发展出足以测量观察角度变化的仪器。

第三，证伪主义者在科学解释上的问题是，他们的解释与科学史不匹配。有许多跟前面差不多的例子，可以证明某一理论的预测是假的。可是，如果现实情况是，只要预测被证明是假的，理论就要被摒弃的话，那么许多理论可能无法存留到现在。相反，如果一种预测未能如愿得到证实，这就恰恰为理论本身提供了一个解决问题的机会，使它能够重新审视辅助性假设，并对理论本身加以修正。当然，理论也可以就此被驳倒。如果一个理论有太多问题而不值得被保留，它就会被抛弃，但对于某种迄今为止仍极具解释力且仍颇为有效的理论而言，只有当科学家找到一种更有前途的竞争理论时，它才会被抛弃。

历史相对主义

哲学家和科学史家托马斯·库恩（Thomas Kuhn）在其创新性著作《科学革命的结构》（*The Structure of Scientific Revolution*）中非常激越地宣布：科学的常规观点问题重重，同时证伪补救对此也捉襟见肘。[122]他反对传统的科学观，即科学的发展有赖于在已有理论基础上积累的新发现。相反，库恩认为科学是“一系列理智革命之间的平和期”。科学革命发生时，“一个概念理论的世界观就将被另一个所取代”。

库恩创造了“常规科学”(normal science)一词，用以指称科学中延续较久并且相对平静的时期。在这些阶段，科学工作被某一个范式所主导。虽然库恩以多种不同方式对**范式**(paradigms)进行解读，但就其根本而言，它是指由科学家共同体达成的某种共识，涉及以下内容：应当持有怎样的基本法则和理论假设，需要解决的是哪些问题，这些问题应当以何种方式被概念化，以及哪些现象与问题的解决有关。范式是蕴涵更广、更不明确和更宏大的框架，各种理论将会从中产生。物理学家、哲学家和神学家伊安·巴伯(Ian Barbour)给出了库恩范式说明的三个主要特征，我下面将分别加以讨论。[123]

1. 所有数据都是范式依赖的(*paradigm-dependent*)。首先，我们质疑“眼见为实”这个粗疏的口号；同样，库恩以科学史中的许多案例表明，科学家“看”什么受制于他所拥护的理论，而他的那些理论则又是他们身处其中的宏大范式框架下的产物。先前讨论过的亚里士多德和伽利略对钟摆的不同看法就是一例。

2. 范式拒斥证伪。科学家有时会碰到实验结果不符合范式的情况，这些不同寻常的数据首先被看作“反常”(anomalies)或者谜题(pieces of the puzzle)，需要进一步想办法使它们融入整体的科学图景，那么，就不能轻率地认定它们是对主流理论的证伪。之前已经谈到，在保留理论内核的前提下修正外围的辅助性假设，一个理论便可免于证伪。不过，随着反常情况越来越多，某一时期的常规科学就会陷入危机。最终，人们将提出一个新的范式，只要它能成功地收获追随者，就能推翻先前的范式，引发一场科学革命。依据库恩所言，科学革命的著名案例有很多，比如伽利略的科学取代亚里士多德的科学，爱因斯坦的相对论取代牛顿的科学。

3. 范式选择无规则可参考。这是迄今为止库恩的科学解释中最具争议性的一个特征。如果所有观察都渗透着理论，那就不存在可用以判断竞争理论孰优孰劣的理论中立(theory-neutral)的观察，每种理论都对实验数据给出某种解释，使之可与特定的理论主张相一致。与此相应，库恩宣称，从旧范式到新范式，并无纯粹理性、客观的路径可供遵循，毕竟，所谓的科学证明的理性能力以及可接受的标准只能借由特殊的范式来规定。因此，库恩所举科学史的故事表明，科学革命（就像政治革命）多是社会诸要素共同作用的结果，而非基于任何不偏不倚的证据（impartial evidence）。在这一点上，库恩愈行愈远，甚至将世界观的改变描述成一种“转换”（conversion）。这显然会引发批评者的不满，因为如此一来，科学的客观性以及它对实在作真理性解释的目的都被库恩否定了。很多人甚至认为，库恩的立场已经很接近第3.5节讨论过的历史的、认识论的相对主义，尽管他本人在后来的著作里一直在极力避免这个头衔。在他看来，对真与假、合理与不合理、好科学与蹩脚科学的区分，都是相对于特定历史条件下科学家共同体以及他们的主流范式而言的。

许多女性主义者已经开始探讨从女性主义态度出发理解科学认识论所具有的蕴涵，其中很大一部分工作都是基于库恩的科学观。他们认同库恩的观点，即知识并非基于纯粹、客观的理性（参见第3.7节女性主义的批判）。进而言之，库恩强调，历史中的社会要素将导致理论是会被接受还是会被拒斥，这促使女性主义者也强调知识所处的社会环境。与之相应，女性主义批评家认为，无论科学内容还是科学实践都受到性别偏好的影响，而这些影响在问题选择、模型选择以及科学考察的概念选择上都会有所体现。[124]

为回应库恩的三条论断，伊安·巴伯用三条陈述总结自己的立场。每条陈述的前半句都是对库恩观点的认同，即科学行为要受历史和文化中相关要素的影响，但每条陈述的后半句又强调了巴伯自己的不同见解，即科学仍然有客观的、经验的和理性的规制。

1. 所有数据都是范式依赖的，但其中有一些也会被竞争范式的支持者所赞同。

2. 范式借助数据拒斥证伪，但数据的日渐累积也会影响到范式的可接受性。

3. 范式选择无规则可参考，但在进行范式评估时仍有一些共同的判断标准。[125]

实在论与反实在论

科学理论充塞着对不可观察的实体与过程的陈述。例如，科学家会讨论脱氧核糖核酸(DNA)分子、电子、中微子、电磁波、黑洞和宇宙大爆炸。之所以要诉诸科学，部分原因在于科学可告诉我们显像背后的真实之事。这里包含一个自然的设定，即如果一种理论可解释我们的观察结果并能作出成功预测，它就是真的。进而可以假定，任何实体，只要是在得到良好支持的理论中发挥着作用，它们就是真实存在的。这种立场就是**科学实在论**(scientific realism)。作为一种传统科学观，它认为科学能够实现对世界的真理性解释，并且在最优科学理论中发挥作用的实体是独立于概念框架而真实存在的。因此，上面提到的各种无法被观察的实体都可被认为是理论上的实体。不过，实在论者会说，这些理论上的实体之所以真实存在，是因为它们可被工具检测，可被操控，可在因果范畴下被研究，也可作为成功的实验预测的基础。出于这些原因，它们被假定为受充分认可的科学理论的本质项。

不过，另一些科学哲学家则对这种世界观提出疑问，并倾向于支持反实在论。**科学反实在论**(scientific anti-realism)宣称，科学理论并不能真正地给出关于世界的真理性说明；相反，它给予我们的是卓有成效的模型、计算工具、有用的构想以及将我们的经验系统化的方法。需要注意的是，反实在论也有多种类型，它们的支持者也未在所有立场上达成一致。在这里，我只想对它们的主题进行综合说明。

根据反实在论者的观点，理论作为工具纯粹只是为我们的观察提供秩序，并引出新的观察。基于这一原因，某些类型的反实在论又被称为“工具主义”(instrumentalism)。法国物理学家、数学家以及哲学家昂利·庞加莱(Henri Poincaré，1854—1912)将科学理论比作图书馆目录。说目录真或假没有意义，说它映照实在同样没有意义。与此相似，我们也无法说理论的真或假，只有在面对各项任务时，我们才能说科学理论是有用的或无用的。显然，这些反实在论的论调从实用主义中获益匪浅(参见第3.6节对实用主义的讨论)。

为反实在论辩护的论证着实不少。首先，纵观整个科学史，虽然许多理论能够较为成功地解释现象并成功地作出预测，但它们最终还是被放弃了。这说明，即便一个理论在当时颇富成效并且成功地通过实验，也不能就此说明它给出了关于世界的真理性表述。例如，伊萨克·牛顿在1704年设想光线是由诸多物质粒子构成的，以此解释光线为何呈直线运动并且在平面上发生反射。此后100多年，这种理论在引导科学研究方面一直十分奏效。然而，到19世纪末，人们认为牛顿所说的构成光线的粒子并不存在，取而代之，光线被视为一种穿过“以太”(aether)介质的波状物，而以太则被认为是一种弥漫于空间各处的气体。不过，“以太”理论后来也遭遇到了困境，逐步淡出人们的视野。进入20世纪，阿尔伯特·爱因斯坦复活了粒子理论，光子观念也成为物理学的重要内容。终于，物理学家意识到，光的运动既是粒子的又是波状的，其被理解为一种波粒二象性，正是这种二元模式引导着人们作出了一系列有效的实验预测。那么，将看似不相容的特性赋予光线的事实恰恰会刺激反实在论的发展。此外，反实在论者指出，在科学理论的所有变化以及对各种理论实体的假定与放弃的过程中，得到的那些观察与实验结果通常都会被保留且被吸收到新的理论内。

其次，这里自然会产生一个问题，即“如果科学理论不能说出世界的真实样貌，那么它又如何起到有效的指导作用呢?”反实在论回应道，尽管某种理论实体不指称任何实在之物，仍然可以是有用的。例如，我们经常听到“平均每个美国家庭有 2.4 个孩子”之类的统计数据。显然，并不存在“平均每个美国家庭”这样的实体，毕竟任何一个家庭都不可能有 2.4 个孩子，但“平均每个美国家庭”这种构造对经济学家和社会规划者却相当有用。类似地，反实在论者宣称，像电子、基因和 DNA 分子之类都是理论构造物，它们可服务于某种科学目的，但不必是实在的。最后，反实在论者争论道，科学模型的实用性并未强制我们承认它给出的是对世界的唯一、真理性的叙述。女性主义科学哲学家和反实在论者琳恩·尼尔森(Lynn Hankinson Nelson)的说法是：

> 可以与我们的集体经验以及科学哲学的发展相称的，是数不清的能让我们成功地解释和预测经验的理论。其中没有哪个系统比其他的更好些，我们也没有理由认为可找到一个独一无二的、完满的解释。[126]

针对反实在论的观点，实在论者也予以多种回应。第一，科学实在论者认为，科学不断进步的本性表明，科学家正在逐步接近有关实在的真理性图景。一种好的科学理论能预测新奇的、令人惊异的结果，如果这些结果获得实验肯定，科学家的理论信心也将随之增强；但如果理论被证明无效，它就会被放弃。实在论者指出，我们很难说今天的科学家在对本质的把握方面尚不如 200 年前。实在论与反实在论都是有关科学之本质的理论，显然，两者也都不能用实验方法证实。不过，与科学家的工作一样，他们都能使用“最优解释推理”方法(参见第 1.3 节对这一程序的讨论)。实在论者由此指出，就对科学成就的解释而言，他们的理论可谓最好的。

希拉里·普特南(Hilary Putnam)认可这一点,他说“对实在论应予以肯定,因为它是唯一不让科学成就流于奇迹的哲学”。与之相似,“收敛论证”(convergence argument)也指出,当多种完全不同的实验似乎都收敛于某一理论 T 时,要么是它接近了真理,要么是它运气好到竟然能够被如此多的实验所确证。

第二,实在论者注意到一个事实,即大多数科学家都在明确或委婉地支持实在论。事实上,科学史已经表明,实在论立场其实在引导着科学的进步。哥白尼提出地球围绕太阳旋转的理论时,曾引发了大量科学上的反对意见。他的朋友奥西安德(Osiander)试图用反实在论的立场掩饰因上述异议造成的困难(对哥白尼思想的反实在论解释有助于取悦那些持反对意见的教会权威)。在为哥白尼写的序里,奥西安德说:“至于那些假设(哥白尼所提出的),不必为真甚至也不必是或然的;只要它们提供一种与自身充分的观察相一致的演算就足够了。”[127]不过,查尔莫斯指出,恰恰与此相反,哥白尼和伽利略作为实在论者,必然要去揭示理论中的经验缺陷,从而进一步修正自身的理论,无法坦然接受那些所谓的反实在论的修饰。以伽利略为例,他的那些重要发现莫不源于此。查尔莫斯站在实在论立场上发声,“伽利略的例子展示了实在论者引以为傲的道德准则,即反实在论终将碌碌无为,因为那些需要被解决的难题尽皆被反实在论者悄然掩藏起来”。[128]

本节,我们考察了科学知识的一些论题与观点。在过去的几十年中,科学哲学之正反立场的较量虽蔚为可观,但获得普遍认可的只有寥寥几条结论。第一,科学方法依然是最受重视的获取知识的方法之一;第二,从事观察、构造理论、着手实验以及理论上的确认和证伪都不像表面上看起来那么简单;第三,就算科学也需要哲学上的相应阐发。在本节开头部分,我们谈到,科学的考察就如同在实验室做实验,意在测试各种认识论立场。这就好比说,科学在哲学上是中立的,而且它可以被明确定义,所以它可以被用以判断哲学立场。不过，颇具讽刺意味的是，现在看来似乎是，你所采纳的认识论立场被用来定义科学的本质并判断其可能性。

3.9 个人做哲学：知识的问题

1. 在第一章，我们看到，苏格拉底从事哲学，旨在说服人们去找寻智慧。在那里，我们考察了知识的本质。不妨问自己如下问题：

- 智慧与知识的差别是什么？
- 一个人能很有智慧但缺乏知识吗？为什么？
- 另一方面，一个人能很有知识但缺乏智慧吗？
- 我作过体现出智慧但在知识上有所不足的决定吗？结果如何？
- 我作过体现了足够的知识性但不太有智慧的决定吗？结果如何？
- 智慧和知识这两种品质，哪一个更是我自己的优长所在？

2. 一些信念相对而言并不重要，在我们生活中只起到很小的作用。例如，我们都相信柠檬是黄色的。假如碰到一个稀有的粉红色柠檬，并不会导致我们信念系统的崩溃。此外，有些信念对我们如何生活以及如何看待自己非常重要。例如，与长远效果有关的那些信念可能关乎上帝是否存在，可能关乎你拥有自由意志还是已被预先决定的，还可能关乎所有人都须遵从的普遍道德原则是否存在。

显然，从不重要的信念到重要的信念，这一区间是包含了许多中间点的连续统(continuum)。不过，还存在另一种安排信念的尺度。我们可以按程度级别，把信念从“弱支持”到“强支持”排序，至于强弱与否，主要取决于支持性证据或理由能有多强。考察下面的图表，然后问自己后面几个问题。

• 对以下四个选项，我的哪个或哪些信念与之匹配？

A.（不重要但得到强支持的信念。）

B.（重要并得到强支持的信念。）

C.（不重要且只得到弱支持的信念。）

D.（重要但只得到弱支持的信念。）

• 我的信念会有从范畴 D(重要但只得到弱支持的)变为范畴 B(重要并得到强支持的)的时候吗？是什么导致这一变化呢？

• 我会有从非常相信某个信念变为怀疑它的时候吗？是什么导致我去怀疑呢？

3. 第 1 章第 1.3 节给出了评价哲学论断的 6 个标准。它们是 (1) 概念的明晰性；(2) 一致性；(3) 合理的融贯性；(4) 广泛性；(5) 与已有事实和理论的兼容性；(6) 能被有力论证所支持(继续阅读之前不妨先回顾这些标准)。

• 说出你的一个重要信念，它既要是哲学的，又能影响你的生活立场。依据上述 6 条标准评价它。

• 你的信念在哪条标准上最突出？在哪条标准上最薄弱？

• 作出上述评价后，你愿意把它归于范畴 B 还是 D？

• 如果是范畴 D，可以作哪些考量使它得到更强的支持？

4. 回到第 3.0 节“关于知识的调查问卷的解答导引”。根据调查问卷的答案，就能看出你倾向于哪一个或哪一些认识论立场。回顾你的答案，问自己以下问题。

• 读完本章后，我是否被说服而改变了对知识之本质的看法？

如何做到的?

- 我是否遇见过之前没想到的立场或论题?

5. 一方面要坚信我们的信念,另一方面要思想开明,两者之间似乎存在张力。一个人可能认为,信念坚定意味着稳定和不善变,所以是好事情,否则,如果我们不断改换对世界的看法,将导致信念体系和生活的动荡不安。例如,你去看一场魔术表演,魔术师当着你的面让物体和助手凭空消失。尽管你目睹同时又无法解释这些现象,可仍会坚信大块物体绝不会无缘无故地消失不见。你抱有这样的基本确信,就算有反面例证,也不会动摇。

此外,不论从个人经验还是从历史经验看,人类都是很容易犯错的。有时候,只因为看起来很有道理,我们就对假的观念执迷不悟。所以,从过往来看,很多人类坚信不疑的信念到最后还是要被抛弃。如果人们不愿意对所持信念加以反思,我们现在恐怕还沉沦于几千年前的那些教条中,无法取得分毫进步。不妨在心里想一想这些事情,然后回答下面的问题。

- 如果坚持某些信念,给出你坚持的理由。
- 如果支持思想开明,并乐意在需要的时候修正信念,给出你支持的理由。
- 举一个你在某个时候突然改变心意的例子。
- 某个时候,虽然面对令人信服的对立证据,你却还是非理性地固执己见。举一个这样的例子。
- 解释一下,一个人如何可以在两种生活路径之间取得妥协与平衡(如坚持己见与思想开明)。

第三章回顾

哲学家

3.1　怀疑论

Cratylus 克拉底鲁

Pyrrho of Elis 伊利斯的皮浪

Carneades 卡尼阿德斯

Rene Descartes 勒内·笛卡儿

3.2　理性主义

Gottfried Leibniz 戈特弗里德·莱布尼兹

Socrates 苏格拉底

Plato 柏拉图

René Descartes 勒内·笛卡儿

3.3　经验主义

Aristotle 亚里士多德

John Locke 约翰·洛克

George Berkeley 乔治·贝克莱

David Hume 大卫·休谟

3.4　康德式建构主义

Immanuel Kant 伊曼努尔·康德

David Hume 大卫·休谟

3.5　认识论的相对主义

Immanuel Kant 伊曼努尔·康德

Friedrich Nietzsche 弗里德里希·尼采

Plato 柏拉图

Protagoras 普罗泰戈拉

3.6 实用主义

C. S. Peirce 查尔斯·桑德斯·皮尔士

William James 威廉·詹姆斯

John Dewey 约翰·杜威

3.7 女性主义

Aristotle 亚里士多德

Plato 柏拉图

John Stuart Mill 约翰·斯图亚特·密尔

Lorraine Code 罗琳·库德

Harriet Baber 哈莉特·巴伯

Sandra Harding 桑德拉·哈丁

Genevieve Lloyd 吉纳维芙·劳埃德

Sara Ruddick 莎拉·鲁迪克

Alison Jaggar 艾莉森·贾格尔

Helen Longino 海伦·朗吉诺

3.8 科学知识

Francis Bacon 弗朗西斯·培根

Aristotle 亚里士多德

Galileo 伽利略

Karl Popper 卡尔·波普尔

Thomas Kuhn 托马斯·库恩

概念

3.0 知识问题概览

epistemology 认识论

knowledge by acquaintance 亲知知识

competence knowledge 技能性知识

propositional knowledge 命题知识

true justified belief 可证成的真信念
a priori knowledge 先天知识
a posteriori knowledge 后天知识
empirical 经验的
the three epistemological questions 三个认识论问题
skepticism 怀疑论
rationalism 理性主义
empiricism 经验主义
constructivism 建构主义
epistemological relativism 认识论的相对主义

3.1　怀疑论

skepticism 怀疑论
universal skeptics 普遍怀疑论者
limited skeptics 有限怀疑论者
universal belief falsifier 普遍信念的伪造者
the generic skeptical argument 一般怀疑论证
Descartes's evil demon 笛卡儿的邪魔
Descartes's bedrock certainty 笛卡儿的确定性原则
perceptions (Hume) 知觉(休谟)
impressions (Hume) 印象(休谟)
ideas (Hume) 观念(休谟)
principle of induction 归纳原则
uniformity of nature 自然齐一性
a priori 先天的
Hume's skeptical arguments concerning causality 休谟对因果关系的怀疑论证
the external world, the self 外部世界;自我

3.2 理性主义

three anchor points of rationalism 理性主义的三个支撑理论

innate ideas 天赋观念

Plato's reasons for rejecting sense experience 柏拉图拒绝感觉经验的理由

Universals 共相

Plato's argument for Universals 柏拉图关于共相的论证

phantom limb 幻肢

Descartes's argument for God 笛卡儿关于上帝存在的论证

3.3 经验主义

three anchor points of empiricism 经验主义的三个支撑理论

Aristotle's answers to the three questions 亚里士多德对三个问题的回应

empiricists' arguments against innate ideas 经验主义者反对天赋观念的论证

ideas (Locke and Berkeley) 观念(洛克与贝克莱)

ideas of sensation 感觉观念

ideas of reflection 反省观念

simple and complex ideas 简单观念与复杂观念

compounding, relating, abstracting ideas (Locke) 组合观念、关联观念、抽象观念(洛克)

Locke on primary and secondary qualities 洛克论第一性的质与第二性的质

Berkeley's immaterialism 贝克莱的非物质主义

argument from the mental dependency of ideas 从观念的精神依赖出发的论证

representative realism 表象实在论

Berkeley on primary and secondary qualities 贝克莱论第一性的质

与第二性的质

Berkeley on the cause of our ideas 贝克莱论观念的原因

Hume's view of the possibility of knowledge 休谟论知识的可能性

Hume's view of reason 休谟的理性观

Hume's view of the representation of knowledge 休谟论知识的表象

Hume's two tests for the worth of ideas 休谟针对观念价值的两个测试

3.4 康德式建构主义

critical philosophy 批判哲学

synthetic a posteriori knowledge 后天综合知识

synthetic a priori knowledge 先天综合知识

Kant's revolution 康德的革命

constructivism 建构主义

phenomena 现象

noumena 本体

intuitions 直观

sensibility 感性

understanding 知性

categories of the understanding 知性范畴

empirical concepts 经验概念

pure concepts 纯粹概念

Kant's view of our concepts of self, cosmos, and God 康德的自我、宇宙与上帝概念

3.5 认识论的相对主义

objectivism 客观主义

epistemological relativism 认识论的相对主义

subjectivism 主观主义
cultural relativism 文化相对主义
Standard Criticism of relativism 相对主义的常规批判

3.6 实用主义

pragmatism 实用主义
spectator theory of knowledge 知识的旁观者理论
correspondence theory of truth 真理符合论
pragmatic theory of truth 真理实用论

3.7 女性主义

feminism 女性主义
first-wave feminism 第一波女性主义
second-wave feminism 第二波女性主义
equity feminists 公平女性主义
gender feminists 性别女性主义
sex vs. gender 性与性别
essentialists vs nonessentialists 本质主义者与非本质主义者
generic humanity assumption 一般人性假设
view from nowhere assumption 无源之见假设
pure，impersonal reason assumption 纯粹的、无人称的理性假设
Robinson Crusoe assumption 鲁滨孙·克洛索假设

3.8 科学知识

Bacon's commonsense view of science 培根的常识科学观
problems with observation 观察的问题
naive inductivism 朴素的归纳主义
the principle of induction 归纳的原则
problems with induction 归纳的问题
falsification 证伪
problems with falsification 证伪理论的问题

three features of Kuhn's historical relativism 库恩的历史相对主义的三个特征

paradigm 范式

Barbour's response to Kuhn 巴伯对库恩的回应

scientific realism vs. scientific anti-realism 科学实在论与科学反实在论

深入阅读建议

一般认识论

Baergen, Ralph. *Contemporary Epistemology*. Fort Worth, Texas: Harcourt Brace College Publishers, 1995.一部可读性很强的著作,涵盖了认识论中的基础问题和深层问题。

Pojman, Louis. *What Can We Know? An Introduction to the Theory of Knowledge*. Belmont, Calif.: Wadsworth, 1994. 对认识论的极好概述。

怀疑论

Klein, Peter. *Certainty: A Refutation of Skepticism*. Minneapolis: University of Minnesota Press, 1981. 对怀疑论的批判性考察。

Stroud, Barry. *The Significance of Philosophical Skepticism*. Oxford: Oxford University Press, 1984. 对怀疑论的综合分析。

Unger, Peter. *Ignorance: A Case for Skepticism*. Oxford: Clarendon Press, 1975. 为激进怀疑论作了颇具挑战性的辩护。

理性主义

Cottingham, John. *The Rationalists*. Vol. 4 of *A History of Western Philosophy*. Oxford: Oxford University Press, 1989. 围

绕笛卡儿和早期理性主义者作了颇有教益的讨论，可读性较强。

Descartes, Rene. *The Philosophical Writings of Descartes*. 2 vols. Translated by John Cottingham, Robert Stoothoff, and Dugald Murdoch. Cambridge: Cambridge University Press, 1985. 该书堪称笛卡儿著作(包括《第一哲学沉思集》)的最佳译本之一。

Pinker, Steven. *The Blank Slate: The Modern Denial of Human Nature*. New York: Penguin Putnam, 2002. 反经验主义者对人性问题的当代讨论。

Pinker, Steven. *How the Mind Works*. New York: W. W. Norton, 1997. 借先天论者之口对心灵的本性作了广泛讨论。

Pinker, Steven. *The Language Instinct: How the Mind Creates Language*. New York: HarperCollins, 1994. 对语言的本质进行的通俗讨论，立场更倾向于先天论。

经验主义

Aristotle. *The Basic Works of Aristotle*. ed. Richard McKeon. New York: Random House, 1941. 亚里士多德虽没有纯粹讨论认识论问题的著作，但在谈及其他主题，特别是形而上学时，都交织着对认识论的讨论。

George Berkeley, David Hume, and John Locke. *The Empiricists*. New York: Anchor-Doubleday, 1961. 该书综合了这三位经验主义哲学家的主要作品，且价格实惠。

Cowie, Fiona. *What's Within? Nativism Reconsidered*. Oxford: Oxford University Press, 1999. 虽然稍显深奥，技术性较强，但该书对先天论的论题及论证作出了最彻底的批判。

Woolhouse, R. S. *The Empiricists*. Vol. 5 of *A History of Western Philosophy*. Oxford: Oxford University Press, 1988. 对

洛克、贝克莱、休谟以及其他早期经验主义者的思想进行了很好的考察。

康德式建构主义

Jones, W. T. *Kant and the Nineteenth Century*. 2d. ed., rev. Vol. 4 of *History of Western Philosophy*. New York: Harcourt Brace Jovanovich, 1975. 立足于康德的时代,对康德哲学进行了较好的概述,同时也概述了康德哲学对后来哲学的影响。此外,该书还囊括了对康德作品的简短摘录。

Kant, Immanuel. *Prolegomena to Any Future Metaphysics*. Edited by James W. Ellington. Indianapolis, Ind.: Hackett Publishing, 1977. 康德的著作颇为难读,但在该书中,康德对自己的认识论做了概要性介绍,是极好的入手点。

Scruton, Roger. *Kant*. Oxford: Oxford University Press, 1983. 为康德理论的初学者奉献的简介性读物。

认识论的相对主义

Gifford, N. L. *When in Rome: An Introduction to Relativism and Knowledge*. Albany: State University of New York Press, 1983. 在相对主义和知识问题上作了颇有助益的概括。

Kaufmann, Walter, ed. *The Portable Nietzsche*. New York: Viking Press, 1968. 该书是尼采代表作精选集。

实用主义

Thayer, H. S. *Meaning and Action: A Critical History of Pragmatism*. 2d ed. Indianapolis, Ind.: Hackett, 1981. 对实用主义最详尽的概括性著作之一。

Thayer, H. S. *Pragmatism: The Classic Writings*. Indianapolis, Ind.: Hackett, 1982. 实用主义思潮代表人物的作品精选集。

女性主义认识论

Tanesini, Alessandra. *An Introduction to Feminist Epistemologies*. Oxford: Blackwell, 1999. 一部精心编著的以女性主义认识论为主题的导论性著作，可读性很强。

Tong, Rosemarie. *Feminist Thought: A More Comprehensive Introduction*. 2d ed. Boulder, Colo.: Westview, 1998. 该书是对女性主义哲学之起源与发展的概括性介绍。

科学知识

Chalmers, A. F. *What Is This Thing Called Science?* 3d ed. Indianapolis: Hackett, 1999. 一部有益且有趣的科学哲学导论性著作。

Kuhn, Thomas. *The Structure of Scientific Revolutions*. 2d ed., enlarged. Chicago: University of Chicago Press, 1970. 作为一部经典作品，这本书不仅颠覆了我们对科学的理解，而且也对其他学科产生了深远影响。

Parsons, Keith. *Copernican Questions: A Concise Invitation to the Philosophy of Science*. New York: McGraw-Hill, 2006. 对本节牵涉到的议题进行了详尽考察。

Schick, Theodore. *Readings in the Philosophy of Science: From Positivism to Postmodernism*. New York: McGraw-Hill, 2006. 作为第一手阅读资料选集，该书涵盖了科学哲学主题下的众多论题。

1 Jonathan Harrison, "A Philosopher's Nightmare or the Ghost Not Laid," *Proceedings of Aristotelian Society* 67 (1966 - 1967), pp. 179 - 188.

2 This exercise was taken from Jmaes W. Sire, *Why Should Anyone Believe Anything at All?* (Downers Grove, Ill.: InterVarsity Press, 1994).

3 René Descartes, *Discourse on the Method*, in *The Philosophical Writings of Descartes*, vol. 1, trans. John Cottingham, Robert Stoothoff, and Dugald Murdoch (Cambridge: Cambridge University Press, 1985), 1.8, pp. 114 - 115. 页码引用对应的是经典法文版的章节编号,后面标有所引英文版本的页码。

4 同上,1.4, p. 113。

5 同上,1.4, p. 115。

6 René Descartes, *Meditions on First Philosophy*, trans. John Veitch, 1.17 - 23. 页码引用对应的是经典法文版的"沉思"编号以及页码。

7 同上,2.24 - 25。

8 Plato, *Meno*, trans, W. K. C. Guthrie, in *Collected Dialogues of Plato*, ed. Edith Hamilton and Huntington Cairns (New York: Bollingen Foundation, Pantheon Books, 1961), 80d. 为使读者在其他版本的柏拉图著作中找到引文出处,索引遵照柏拉图原稿的标准区域编号。

9 Plato, *Phaedo*, 65d, 74 - 75, 76e - 77a, trans. Benjamin Jowett (1892).

10 Alfred North Whitehead, *Process and Reality: An Essay in Cosmology* (New York: Harper Torchbooks, Harper & Brothers, 1957), p. 63.

11 Descartes, *Meditions on First Philosophy*, 2.27.

12 同上,3.36。

13 同上,3.40 - 51。

14 John Locke, "Introduction," sec. 5, in *Eaasy Concerning Human Understanding*, vol. 1. 因为其著作版本众多,故而基于作者原划分编号确定索引。互联网上有许多可用版本,只要在任一搜索引擎内输入哲学家名字即可。某些网站提供自己的搜索工具,只要哲学家使用过的独特语词,都能找到对应段落。

15 David Hume, *An Enquiry Concerning Human Understanding*, ed. L. A. Selby-Bigge (Oxford: Clarendon Press, 1894), sec. 2.

16 Locke, "Introduction," sec. 4.

17 Locke, *Essay*, bk. 2, chap. 8, sec. 8.

18 同上,bk.2, chap.1, sec.1。

19 同上,bk.1, chap.1, sec.5。

20 同上,bk.2, chap.1, sec.2。

21 同上,bk.2, chap.1, sec.5。

22 George Berkeley, *Treatise Concerning the Principles of Human Knowledge*, pt. 1, sec. 6.

23 同上,pt. 1, sec. 1 - 4, 8 - 10。

24 同上,sec. 30。

25 参见 Karl Popper, "A Note on Berkeley as Precursor of Mach and Einstein," in *Conjectures and Refutations* (New York: Harper and Row, 1965), pp.166-174。
26 Berkeley, *Treatise*, pt. 1, sec. 35.
27 Hume, *An Enquiry Concerning Human Understanding*, sec. 2.
28 同上,sec. 4, pt. 1。
29 同上,sec. 4, pt. 1。
30 同上,sec. 4, pt. 2。
31 同上,sec. 12, pt. 1。
32 David Hume, *A Treatise of Human Nature*, ed. L. A. Selby-Bigge (Oxford: Clarendon Press, 1896), bk. 1, pt, 4, sec. 6.
33 同上,bk. 1, pt. 4, sec. 7。
34 Hume, *An Enquiry Concering Human Understanding*, sec. 12, pt. 3.
35 R = Rationalism and E = Empiricism; 1-R, 2-E, 3-R, 4-R, 5-E, 6-E, 7-R, 8-E, 9-E, 10-R.
36 Jerry Fodor, *The Language of Thought* (New York: Crowell, 1975), p.65.
37 Steven Pinker, *The Blank Slate: The Modern Denial of Human Nature* (New York: Penguin Putnam, 2002). 还可参见本章推荐阅读部分中平克的其他著作。
38 推荐阅读部分列出了斯蒂芬·平克的著作,其中包含着对伊丽莎白·斯派克研究成果的引述与总结。
39 Geoffrey Sampson, *Educating Eve: The "Language Instinct" Debate* (London: Cassell, 1997), p.26.
40 Heinrich Heine, *Germany, Works*, vol. 5, pp.136-137, quoted in *The Age of Ideology: The Nineteenth Century Philosophers*, ed. Henry D. Aiken (New York: New American Library, 1956), pp.27-28.
41 Immanuel Kant, *Critique of Pure Reason*, trans. Norman Kemp Smith (New York: St. Martin's Press, 1965), B1-B2, pp.42-43, 47. 康德《纯粹理性批判》有两个版本,1781年第一版(标号为A版),1787年第二版(B版)。这本书的页码索引基于原版页码,大多数英文版边注都会标识,康普·斯密亦然。中文翻译引自康德:《纯粹理性批判》,李秋零译,中国人民大学出版社2004年版。其中个别地方有改动。
42 Kant, *Critique of Pure Reason*, Bxvi, p.22.
43 例子选自 Merold Westphal, "A User-Friendly Copernican Revolution," in *In the Socratic Tradition: Essays on Teaching Philosophy*, ed. Tziporah Kasachkoff (Lanham, Md.: Rowman & Littlefield, 1998), p.188。
44 Kant, *Critique of Pure Reason*, A24/B39, p.68; A31/B46, pp.74-75.
45 同上,B71-72, pp.89-90。
46 选自 Roger N. Shepard, *Mind Sights* (New York: W. H. Freeman, 1990), p.48。
47 Kant, *Critique of Pure Reason*, A15/B29, pp.61-62; A51/B75, p.93. 中文翻译引自康德:《纯粹理性批判》,李秋零译,中国人民大学出版社2004年版。其中个别地方有改动。

48 Hume, *A Treatise of Human Nature*, bk. 1, pt. 4, sec. 6.
49 Norman Melchert, *The Great Conversation*, 3d ed. (Mountain View, Calif.: Mayfield, 1999), p. 447.
50 Kant, *Critique of Pure Reason*, A636/B664, p. 528.
51 同上,Bxxx, p. 29。
52 这个例子受马尔考姆著作的启发。参见 Norman Malcolm, "The Groundlessness of Belief," in *Reason and Religion*, ed. Stuart C. Brown (Ithaca, N. Y.: Cornell University Press, 1977), pp. 143 - 144。
53 Richard Rorty, *Philosophy and the Mirror of Nature* (Princeton, N. J.: Princeton University Press, 1979), p. 377.
54 Plato, *Theaetetus* 166d, trans, F. M. Cornford, in *Collected Dialogues of Plato*, p. 872.
55 Friederich Nietzsche, *Beyond Good and Evil*, sec. 6, trans. Helen Zimmern.
56 Jean-Paul Sartre, "Existentialism Is a Humanism," trans. Philip Pairet, in *Existentialism from Dostoevsky to Sartre*, rev. and exp., ed. Walter Kaufmann (New York: Meridian, 1975), p. 356.
57 Ruth Bnedict, "Anthropology and the Abnormal," *Journal of General Psychology* 10 (1934), p. 59.
58 Plato, *Theaetetus* 171 a, b, trans. F. M. Cornford, in *Collected Dialogues of Plato*, pp. 876 - 877.
59 1 Corinthians 13: 12.
60 C. S. Peirce, *The Collected Papers of Charles Sanders Peirce*, vols. 1 - 6, ed. Charles Hartshorne and Paul Weiss (Cambridge, Mass.: Harvard University Press, 1931 - 1935), 5. 276 - 277. 对皮尔士作品的引用主要依据这部文集的卷号以及后面的节号。
61 Abraham Kaplan, *The New World of Philosophy* (New York: Vintage Books, 1961), p. 28.
62 Peirce, "The Fixation of Belief," in *Colleted Papers*, 5. 371.
63 William James, "What Pragmatism Means," Lecture Ⅱ in *Pragmatism: A New Name for Some Old Ways of Thinking* (New York: Longmans, Green, 1907), reprinted in William James, *Essays in Pragmatism*, ed. Albury Castell (New York: Collier Macmillan, Hafner Press, 1948), p. 155.
64 John Dewey, *How We Think* (Boston: Heath, 1933), p. 106.
65 James, "What Pragmatism Means," in *Essays in Pragmatism*, p. 147.
66 同上,pp. 157 - 158。中文翻译引自威廉·詹姆士,《实用主义》,陈羽纶等译,商务印书馆 1979 年版,第 44 页。个别地方有改动。
67 *The Letters of William James*, vol. 1, ed. Henry James (Boston: Atlantic Monthly Press, 1920), pp. 147 - 148.
68 William James, *Meaning and Truth: A Sequel to "Pragmatism"* (New York: McKay, 1909; reprint, Westport, Conn.: Greenwood Press, 1968), preface.
69 John Dewey, *Reconstruction in Philosophy*, enlarged ed. (Boston: Beacon Press,

1948), pp. 156 - 157.

70 John Dewey, *Logic: the Theory of Inquiry* (New York: Holt, Rinehart, & Winston, 1938), p. 9.

71 Peirce, "The Fixation of Belief," in *Collected Papers*, 5.384.

72 Peirce, "How to Make Our Ideas Clear," in *Collected Papers*, 5.407.

73 James, "The Sentiment of Rationality," in *Essays in Pragmatism*, p. 12.

74 同上,p. 27。

75 同上,p. 21。

76 James, "What Pragmatism Means," in *Essays in Pragmatism*, p. 149.

77 John Dewey, *Experience and Nature*, 2d ed. (La Salle, Ⅲ.: Open Court, 1929), pp. 9 - 10.

78 William James, "Pragmatism's Conception of Truth," Lecture Ⅳ in *Pragmatism: A New Name for Some Old Ways of Thinking*, reprinted in James, *Essays in Pragmatism*, pp. 159 - 162, 166, 170 - 171. 中文翻译引自威廉·詹姆士:《实用主义》,陈羽纶等译,商务印书馆 1979 年版,第 101—105,109,115—116 页。个别地方有改动。

79 这些例子取自 Brooke Noel Moore and Richard Parker, *Critical Thinking*, 4th ed. (Mountain View, Calif.: Mayfield, 1995), p. 59。

80 除了当前论述女性主义哲学的一些书籍和选集外,*Hypatia: A Journal of Feminist Philosophy* 也提供了此领域中可用于当前讨论的诸多案例。(希帕蒂亚是 5 世纪新柏拉图主义哲学运动的女性领军人物,她后来以异端罪名被判处死刑,一名基督教狂热分子将其残忍杀害。)

81 对哲学史上女性哲学家的全面考察,可参见 A History of Women Philosophers, ed. Mary Ellen Waithe, 4 vols. (Dordrecht, Netherlands: Kluwer Academic, 1987 - 1994)。这套丛书涵盖了从古希腊到 20 世纪的所有女性哲学家。

82 Aristotle, *Generation of Animals*, 767b, 20 - 24; 737a, 27 - 28; 775a, 15; 730b, 1 - 30; 737a, 29.

83 更多男性哲学家定义女性的例子,可见 Mary Briody Mahowald, ed., *Philosophy of Woman: Classical to Current Concepts* (Indianapolis, Ind.: Hackett, 1978)。

84 Aristotle, *Politics*, 1260a, 23 - 30.

85 Samuel Enoch Stumpf, *Philosophy: History and Problems*, 5th ed. (New York: McGraw-Hill, 1994), p. 937.

86 参见 Casey Miller and Kate Swift, *Words and Women* (Garden City, N. Y.: Anchor Press/Doubleday, 1976), pp. 25 - 26。

87 John Dewey, *Problems of Men* (New York: Philosophical Library, 1946).

88 为了窥此差异,参见 *The Monist 77*, no. 4 (October 1994) 中主题为"Feminist Epistemology: For and Against"的某些文章和参考文献,涉及对女性主义思想持批判态度的女性哲学家,同时涉及对女性主义思想抱有同情态度的男性哲学家。

89 Simone de Beauvoir, *The Second Sex*, trans. H. M. Parshley (New York: Knopf, 1975), p. 267.

90 Richard Foley, *The Theory of Epistemic Rationality* (Cambridge, Mass.:

Harvard University Press, 1987).

91 Lorraine Code, *What Can She Know? Feminist Theory and the Construction of Knowledge* (Ithaca, N. Y.: Cornell University Press, 1991), p. 8, fn. 7.

92 Harriet Baber, "The Market for Feminist Epistemology," in *The Monist 77*, no. 4 (October 1994), p. 403.

93 Sandra Harding, *Whose Science? Whose Knowledge? Thinking from Women's Lives* (Ithaca, N. Y.: Cornell University Press, 1991).

94 Code, *What Can She Know?* pp. 11 - 12.

95 同上，p. 255。

96 这种异议也是后现代哲学家写作的关键主题。例如，Jacques Derrida, *Margins of Philosophy*, trans. Alan Bass (Chicago: University of Chicago Press, 1982)。

97 Adrienne Rich, *On Lies, Secrets, and Silence: Selected Prose: 1966 -1978* (New York: W. W. Norton, 1979), p. 207.

98 Genevieve Lloyd, "The Man of Reason," in *Women, Knowledge, and Reality: Explorations in Feminist Philosophy*, ed. Ann Garry and Marilyn Pearsall (Boston: Unwin Hyman, 1989), pp. 111 - 128. 也可参见 Lloyd 的著作 *The Man of Reason: "Male" and "Female" in Western Philosophy* (Minneapolis: University of Minnesota Press, 1984)。

99 Lloyd, "The Man of Reason," p. 124.

100 同上，p. 127。

101 Code, *What Can She Know?* p. 13.

102 Sara Ruddick, *Maternal Thinking: Toward a Politics of Peace* (Boston: Beacon, 1989), p. 13.

103 Alison M. Jaggar, "Love and Knowledge: Emotion in Feminist Epistemology," in *Women, Knowledge, and Reality*, ed. Garry and Pearsall, pp. 129 - 155.

104 Lorraine Code, *What Can She Know?* p. 17.

105 Mary Field Belenky, Blythe McVicker Clinchy, Nancy Rule Goldberger, and Jill Mattuck Tarule, eds., *Ways of Knowing: The Development of Self, Voice, and Mind* (New York: Basic Books, 1986), p. 72.

106 Evelyn Fox Keller, "Feminism and Science," in *Signs: Journal of Women in Culture and Society 7*, no. 3 (1982), p. 593.

107 Lorraine Code, "Voice and Voicelessness: A Modest Proposal?" in *Philosophy in a Feminist Voice: Critiques and Reconstructions*, ed. Janet A. Kourany (Princeton, N. J.: Princeton University Press, 1998), p. 223.

108 Helen Longino, *Science as Social Knowledge: Values and Objectivity in Scientific Inquiry* (Princeton, N. J.: Princeton University Press, 1990), p. 12.

109 Lloyd, "The Man of Reason," p. 127.

110 Lorraine Code, "Taking Subjectivity into Account," in *Feminist Epistemologies*, ed. Linda Alcoff and Elizabeth Potter (New York: Routledge, 1993), p. 23.

111 Lorraine Code, *Rhetorical Space: Essays on Gendered Locations* (New York: Routledge, 1995), p. 185.

112 Code, *What Can She Know?* p.3.

113 Sandra Harding, "Feminist Justificatory Strategies," in *Women, Knowledge, and Reality*, ed. Garry and Pearsall, p.196.

114 Jane Duran, *Toward a Feminist Epistemology* (Savage, Md.: Rowan & Littlefield, 1991), p.197.

115 一些女性主义作品表达了这样的担忧："在未能修订出一个典范意义的女性概念，也就是说未能服从于本质主义者对性别的论述时，女性主义理论如何能以女性经验的独特性作为基础呢?"参见 Seyla Benhabib and Drucill Cornell, "Introduction: Beyond the Politics of Gender," in *Feminism as Critique: Essays on the Politics of Gender in Late-Capitalist Societies*, ed. Seyla Benhabib and Drucill Cornell (Minneapolis: University of Minnesota Press, 1987), p.13。

116 一位女性主义作家抱怨说，女性主义理论蕴涵着如下观点："真理并不存在，基于女性主体的知识跟基于男性主体[男性中心主义]的知识同等有效……唯有权力可决定哪种认识论更具优势。"参见 Marnia Lazreg, "Women's Experience and Feminist Epistemology: A Critical Neo-Rationalist Approach," in *Knowing the Difference: Feminist Perspectives in Epistemology*, ed. Kathleen Lennon and Margaret Whitford (London: Routledge, 1994), p.56。

117 拉兹雷格(Lazreg)提醒人们要提防女性主义认识论的"理智隔离区"(intellectual ghettoization)。参见 Lazreg, "Women's Experience and Feminist Epistemology"。相似地，巴伯担忧，日益增长的女性主义学术产业会导致"学术的粉领隔离区"(academic pink-collar ghettos)。参见 Harriet Baber, "The Market for Feminist Epistemology," *The Monist 77*, no. 4 (October 1994), p.419。

118 Sandra Harding, *The Science Question in Feminism* (Ithaca, N. Y.: Cornell University Press, 1986), p.138.

119 引自 J. Bronowski, *Science and Human Values* (New York: Harper & Row, 1965), p.14。

120 A. F. Chalmers, *What Is This Thing Called Science?* (St. Lucia, Queensland: University of Queensland Press, 1976), p.30.

121 同上，p.13。

122 Thomas Kuhn, *The Structure of Scientific Revolutions*, 2d ed., enlarged (Chicago: University of Chicago Press, 1970).

123 Ian G. Barbour, *Religion and Science: Historical and Contemporary Issues* (New York: HarperCollins, 1997), pp.125-126.

124 参见 the essays in *Sex and Scientific Inquiry*, ed. Sandra Harding and Jean F. O'Barr (Chicago: University of Chicago Press, 1987)。

125 同上，p.127。

126 Lynn Hankinson Nelson, "Epistemological Communities" in *The Gender of Science*, ed. Janet A. Kourany (Upper Saddle River, N. J.: 2002), p.325.

127 Chalmers, *What Is This Thing Called Science?* p.236.

128 同上。

提香(Titian)《帕特莫斯的福音传道者圣约翰》(*Saint John the Evangelist on Patmos*)

圣约翰正看到天堂的景象。他相信他经历了上帝,但他能确定吗? 上帝存在吗? 我们如何知道?

第四章　探究宗教哲学

本章目标：

完成本章后应做到：

1. 综述证据主义者（evidentialist）与非证据主义者（nonevidentialist）在证明宗教信仰问题上采用的方法；

2. 明确在上帝存在的宇宙论论证中，第一因论证和偶然性论证的关键步骤，并指明它们各自的优势与缺陷；

3. 概括设计论论证（亦即目的论论证）的内容，并探讨休谟之质疑的价值所在；

4. 讨论有关进化论和宇宙微调理论（cosmic fine-tuning）的各种观点，以及它们对设计论论证的影响；

5. 解读安瑟伦的本体论论证，以及高尼罗、康德的反对意见；

6. 概述“帕斯卡之赌”（Pascal's wager）的内容，包括可能对它提出的各种批判；

7. 比较克利福德（Clifford）与詹姆斯（James）在证据不足的情况下，对信仰的可证明性问题持有的不同立场；

8. 讨论克尔凯郭尔对宗教信仰的主观主义证明；

9. 阐述恶的问题，并对更大善辩护（greater goods defense）（包括希克的灵魂塑造说这一变体）、自由意志辩护以及自然秩序辩护（natural order defense）的效果进行衡量；

10. 解释印度吠檀多不二论哲学（Advaita Vedanta Hindu Buddhism）中的关键概念；

11. 讨论小乘佛教的核心问题；

12. 描述将科学与宗教相关联的四种模式。

4.0 宗教哲学概览

地域勘察：宗教的影响

人类情感生活总有高峰与低谷，譬如爱与愤怒，内疚与狂喜，幽默与严肃，乐观与悲观，平静与怀疑，希望与绝望等，而宗教似乎都能对此给予回应。为何如此？在下面的段落中，哲学家、宗教学家彼得·克里夫特(Peter Kreeft)试图对上帝观念的影响作一评估。

引自彼得·克里夫特(Peter Kreeft)

《上帝存在吗?》(*Does God Exist?*)[1]

上帝的观念或者是一个事实，就像沙子真实存在一样；或者是一个幻觉，这就类似圣诞老人的形象。

如果它是幻觉，只是人类发明出来的，那么这是人类历史上最伟大的发明，可以将之与任何其他发明进行比较，无论是精神的还是物质的。在天平的一侧，可以将对火的控制、动物的驯化、小麦的培育放置其上，还有方向盘、轮船、火箭船、棒球、交响乐、麻醉药等，以及千千万万其他同样伟大和精妙的东西。在天平另一侧我们只放置一个观念：存在的观念(idea of being)，它是真实的、绝对的、完美的、永恒的、单一的和个体化的；它全知、博爱、充满公正和怜悯、全能；它不朽、不可渗透、无法收买、永不妥协、恒久不变；它是宇宙的创造者、设计者、救赎者和滋养者；它是宇宙艺术家、音乐家、科学家和贤才；它是具有无限可能的纯粹存在，既是位格性的人(person)，又是自我(a self)，还是"我"(I)。如果说对于这样一个存在，它到底是事实还是幻觉，人们仍旧争辩不清的话，那么，至少可以确定，如果它是一个幻觉，这将是历史上迄今为止最伟大的幻觉；如果它是人类的发明，那它便是人类的杰作。

上帝观念一直引导着抑或迷惑着人们的生活，它改变了历史，激发了诸多音乐、诗歌与哲学，这是任何其他真实之物或想象之物无法企及的。它比其他任何东西都更多地改变了这个星球上的人类的生活，无论是个体的还是集体的。为了更清楚地了解这一点，让我们进行如下思想实验：假设在历史上没有任何人曾经设想过上帝的观念，现在，请以此为前提重写历史。这项任务将大大挫伤人类的想象力，使其无所适从。从最早的人类所拥有之物，即宗教葬器，到最近的中世纪战争，宗教——对上帝或诸神的信仰——一直是历史时钟运行的动力源泉。

停下来，想一想

请通过回答以下问题来完成克里夫特的思想实验。

• 如果从没有人设想过上帝的观念，人类的历史将有何不同？

• 在宗教缺失的情况下，人类的艺术、文学、音乐、科学、道德、政治、法律和哲学等经验领域将受到怎样的影响？

• 如果宗教从未存在过，人类经验领域中的哪些部分会更好？

• 如果宗教从未存在过，人类经验领域中的哪些部分会更坏？

• 如果上述情况存在，那么这些思考会在多大程度上支持抑或反对宗教宣称的真理性？

绘制宗教地形图：有哪些问题？

许多人认为上帝的观念充满慰藉、鼓舞人心，是希望的源泉。但宗教哲学并不关心因信仰而来的心理层面的优势，而是更关注“上帝”一词在现实中是否有其对应物。正如克里夫特所说：“上帝的观念或者是一个事实，就像沙子真实存在一样；或者是一个幻觉，这就类似圣诞老人的形象。”可一旦我们提出上帝存在的问题，一系列其他问题就出现了。我们如何确定上帝存在？是否有一些理性论证可以证明它存在，还是只能证明上帝可能存在？有没有某些证据可用于反驳上帝存在？以一种客观的方式来处理这类问题，是否存在不当，或者根本不可能？我们是否应当求助于信仰或主观的思考以应对此问题？又当如何看待世界上的苦难？这种状况的存在，与一个全能、全善的上帝观念岂不是难以协调一致吗？

围绕上述问题进行的大多数讨论都涉及作为唯一神的上帝概念，它出现在犹太教、伊斯兰教和天主教这些宗教之中。**唯一神论**（monotheism）认为，是单一的上帝创造了世界并维系它的存在，而上帝本身却超越于世界[后文中，我将此立场简称为“一神论”（theism）]。不过，如果把宗教哲学限制在这一特定传统中，就意味着下述问题早已被提出并得到解决。这个问题就是：“如果上帝存在，它的本质是什么？”不过，为了拓宽研究范围，我们将会考察印度教，这种源自印度的宗教对最高神概念有着完全不同于西方世界的理解。最后，在追问最高神概念对宗教而言是否必不可少时，我们还会考察世界上另一支伟大的宗教，即佛教。在佛教中，根本没有给最高神以及那些超自然力留有位置。

路径选择：面对宗教信仰我会作何选择？

有一种观点认为，信仰上帝必须具有客观依据，我们称此为**证据主义**（evidentialism）。信教者和无神论者都可以是证据主义者。一神论的证据主义者认为，上帝存在是有客观依据的；而无神论的证据主义者指出，为了使我们对上帝的信仰变得合理，必须提供证据支撑，但在进一步论证中却发现，这种证据是不存在的。一般而言，所有不可知论者都是证据主义者，他们认为，无论一神论还是无神论的结论，都无法找到充足的证据支撑。

一神论的证据主义者当然承认一种可能性，即通过理性和客观的论证来表明上帝存在。他们相信自然神学是可能的并且会成功。所谓**自然神学**，即试图仅依赖于理性和经验来为上帝的存在寻找证据。换言之，自然神论者并不希望借助超自然的启示或任何信仰形式来支持他们关于上帝的论断。这并不是说自然神论者一定拒绝启示和信仰，他们只是相信，单凭哲学推理就可能证明上帝的存在以及相关宗教主张的真理性。于是，各种客观论证被提出以支持上述信念，而这就成为本章后面部分的研讨主题。这些客观论证主要包含以下三种形式：宇宙论论证、目的论论证（或设计论论证）和本体论论证。

无神论认为上帝不存在。无神论者通常都是证据主义者，然而，当所有无神论者认为上帝的存在无法证明时，许多无神论者也承认我们不能完全证明上帝*不存在*。他们之所以有如此观点，是因为在绝大多数情况下，当我们作出某物不存在的消极论断时，根本无法给出一个毋庸置疑的证明。

停下来，想一想

● 你能否证明圣诞老人是绝对不存在的？当你认为圣诞老人不可能存在时，你会如何证明？

● 如果无法证明圣诞老人不存在，你将会有如下两种回答可供选择：

1. 我不知道圣诞老人到底存在不存在；

2. 由于没有合理证据证明圣诞老人存在，作为有理性之人将会相信它并不存在。

- 你认为哪种选择更合理？为什么？

多数有理性的成年人都会相信圣诞老人不存在，尽管他们不能为此提出直接的证据。证明某物不存在是非常困难的(譬如矮妖、独角兽、外星人等)。即使从未有任何可资信赖者说他们见过矮妖，但这并没有排除如下可能性，即它有可能藏在某片森林里。毕竟，由于探测技术的限制，之前我们也没有发现过病毒的存在。不过，除非有一些切实的证据证明矮妖或圣诞老人存在，否则任何有理性之人都有理由对其质疑。质疑的理由是双重的：(1) 那些认为圣诞老人等某些非同寻常之物(包括侏儒、外星人、吸血鬼和独角兽等)存在的人，应当承担起举证的责任；(2) 所有曾经需要借助圣诞老人才能解释的现象(譬如放在圣诞树下的礼物)，现在都可以通过其他更加自然的理由(譬如宠溺孩子的父母)获得理解。因此，即便我们无法借助具体的证据证明某物不存在，但是，由于同样缺乏证据证明某物存在，并且又能找到一些合理的替代性假说予以解释，这种质疑就变得合理了。

无神论者也采纳了类似的论证方法。他们认为，大多数人(包括信教者)都是依靠如下假定来生活的，即发生在我们身边的一切都是由自然原因引致的。如果有人认为类似上帝的非同寻常之物存在(这类事物既违逆了科学解释，又超越了自然世界)，那么，他就要负责举证。而且，无神论者也会说，与圣诞老人的假说相类似，人们也曾经因为一些无法解释的事情(譬如日蚀、疾病、物种起源等)而求助于上帝或者某种超自然的原因。因此，许多无神论者相信他们根本不用证明无神论的绝对真理性，他们只需指出，宗教信仰者无法提供有效论证以确定上帝存在就已经足够了。于是，无神论者的任务就变成了说明自然神论者提出的所有理性论证都是无效的或是无果的。

不过，从另一方面看，多数无神论者的确认为他们有切实证据证明上帝不存在。尽管无神论者就此提出过各种不同的论证，[2]但他们通常都会诉诸恶的问题。他们声称，上帝的假说会由于恶的存在（比如无辜的人在自然灾祸中的遭遇）而遭到怀疑。这个问题将在第 4.5 节得到讨论。

不可知论的立场是，我们没有充分证据证明上帝是否存在。这一立场有时又被称作宗教怀疑论。不可知论者都是证据主义者，因为他们认定上帝的存在必须通过客观证据论证，但他们同时又相信，这些证据是无法获得的。即便如此，不可知论者同样会说，证明上帝不存在同样需要客观证据。因此，不同于一神论者和无神论者，不可知论者认为我们无法获得关于上帝存在的任何信息，对此问题应当悬搁判断。如果仅仅是对上帝存在有某种程度的怀疑或不确定性，这还不足以使一个人成为不可知论者。许多一神论者都宣称，对于上帝，他们缺乏充分的知识和毋庸置疑的确定性，但不可知论（正如文中所定义的那样）持有的是这样的观点，即从原则上讲，任何人都不可能拥有关于上帝存在的知识。在此，我不会对不可知论再作区分，因为不可知论者其实是这样一类人，他对一神论者和无神论者的那些消极观点都表示赞同。换言之，不可知论者会赞同无神论者所认为的信神者的论证是错误的和无定论的。事实上，的确有许多无神论者对上帝存在的论证进行反驳。然而，不可知论者也同意一神论者的观点，即无神论者反对上帝存在的论证也是错误的和无定论的。

那些坚持**非证据主义**观点的人则提出，对于我们的信仰而言，总是要求一种客观、理性的证据并不是合理的，这也不是面对生活的应有姿态。非证据主义者认为宗教信仰还可以建立在除理性之外的其他基础之上。他们由此指出，人们必须也确实应当在主观、个体的因素而非理性论证的基础上达成最终的承认。尽管就上帝是否存在的问题，非证据主义者内部也有不同观点，但显然，更多人支持一神论而非无神论。一神论的非证据主义者亦可分为诸多类型。其中一类人认为，关于上帝的理性、客观的证明根本无效或者根本没有必要，因而要提供一种使个体走向信仰的主观的、实用主义的理由。他们相信，客观证据无法决定上帝的问题，但却可以有一些现实的、主观的理由去信仰上帝。这种观点不同于自然神学那种典型的客观证据和论证，因为它直接诉诸个体的主观感受，以及他/她的生活姿态。为了更好地阐明这种态度，我将选取17世纪数学家和哲学家布莱斯兹·帕斯卡(Blaise Pascal)和20世纪实用主义者威廉·詹姆斯的文本进行阅读。

第二种更加激进的非证据主义者被称为**信仰主义**，它宣称宗教信仰只能建立在信念基础上，而不是诉诸客观或主观的理由来获得证明。信仰主义者强调信仰与理性之间的张力，我们只能从中择取其一。因此，如果以客观证据为认知基础，那么当我们说毫无怀疑地相信某物时，其实是没有意义的。譬如，当一位女性为了搞清楚其丈夫是否欺骗她而雇佣侦探24小时进行监视时，很明显她已经不再相信她的丈夫了。因此，对于信仰主义者而言，信念表现出的是一种飞跃，或者说是一种主观的承诺，它远远超越了我们借助客观证据而获知的东西。在信仰主义者看来，只有通过信念才能接近上帝，此时需要的只是追随你的心，而不是在客观理性的那片贫瘠、干涸的土地上寻找证据。如果把主观的和实用主义的考虑视为对宗教信仰的论证和辩护的话，那么极端的信仰主义者也会对其加以拒绝。宗教存在主义的创立者，19世纪哲学家索伦·克尔凯郭尔阐明的便是这一立场。

需要说明的是，有少许无神论者也是非证据主义者。其中最突出的例子就是尼采,他是19世纪无神论存在主义运动的发起者。本章第3.5节对其进行了专门讨论。尼采相信,当我们选择一种世界观时,并没有所谓理性、客观的基础,所有人的信仰都是立基于他/她的生活态度。他说,怯懦的人将自觉地选择宗教慰藉,而在情感上坚强、自力更生的人则会主动地选择无神论。他喜欢这样表达自己的非证据主义观点:"我逐渐清楚了,迄今为止那些伟大的哲学是什么:是它的创立者的自我表白,是一种自愿的和无意识的自传。"[3]

上文讨论的诸观点在表4.1中都有展示。

表4.1 有关上帝存在的诸观点

	一神论的证据主义(自然神学)	无神论的证据主义	不可知论	非证据主义的一神论(实用主义,主观主义)	信仰主义
1. 宗教信仰需要客观证据。	同意	同意	同意	不同意	不同意
2. 客观证据是可获得的。	同意	不同意	不同意	不同意	不同意
3. 为信仰寻得一些具有说服力的实际的或主观的理由是可能的。	(可能同意或不同意)	不同意	不同意	同意	不同意
4. 对上帝的信仰只能建立在信念而非理性基础上。	不同意	不同意	不同意	不同意	同意
5. 上帝存在。	同意	不同意	未定	同意	同意

续 表

	一神论的证据主义（自然神学）	无神论的证据主义	不可知论	非证据主义的一神论（实用主义，主观主义）	信仰主义
6. 上帝不存在。	不同意	同意	未定	不同意	不同意
7. 我们无法知道上帝是否存在。	不同意	不同意	同意	不同意	这要视如何理解“知道”而定

概念工具：上帝存在的论证

所有论证都可归为两个主要派别，对上帝存在的论证亦是如此。首先是后天论证（“后天”在拉丁语中的意思是“从后来的东西而来”，它指的是从经验中得来的东西）。这类证明赖以成立的前提是经验。例如，我们可以观察世界的秩序，并由此总结道，这展现的是一个有智慧的宇宙设计者的设计。建立在经验基础上的知识有时被称为经验知识。另外一种是先天论证（“先天”在拉丁语中的意思是“从之前的东西而来”，它指的是先于经验之物）。先天论证只依靠理性本身，而不诉诸任何经验前提。我们以数学为例。欧几里得几何学从自明的公理开始，并由之推演出一系列定理。我们关于三角形的基本真理都是从上述定理中先天地推演而来，而不是在观察或测量过无数三角形后得出的结论。在接下来的部分，我们将会看到关于上帝存在的两个后天论证，即宇宙论论证和设计论论证。此外，后文也会涉及一个在哲学领域中非常著名的先天论证，即关于上帝的本体论论证。不过，在此之前，请先填写下面的调查表，它会告诉你的立场何在。

我怎样认为？关于上帝存在的调查问卷(见表 4－2)

表 4－2　关于上帝存在的调查问卷

陈　　述	同意	不同意
1. 要使一个人对上帝的信仰变得合理,他/她必须用客观证据证明自己的信仰。		
2. 存在这样一种可能性,即通过理性和客观的论证来证实上帝存在。		
3. 虽然借助客观证据难以解决上帝的问题,但是可以用实践的或主观的理由去支持对上帝的信仰。		
4. 对上帝的信仰必须只以信念为基础,客观的或主观的理由皆属无效。		
5. 上帝存在。		
6. 上帝不存在。		
7. 我们应当拒绝任何关于上帝存在或上帝不存在的信念。		

调查问卷解答索引

陈述 1：如果同意,你就是证据主义者;当然,你可以是一神论的、无神论的,抑或不可知论的证据主义者。如果否认这个陈述,你就是非证据主义者;

陈述 2：如果同意,你就是一神论的证据主义者,换言之,你是自然神学的支持者;如果否认,你或者是非证据主义的一神论者,或者是无神论者,又或者是不可知论者,但你总归会反对自然神学;

陈述 3：如果同意,你就是非证据主义的一神论者,并且同时是宗教实用主义者或宗教主观主义者;

陈述 4：如果同意,你就是信仰主义者,是非证据主义的一神论的支持者;

陈述 5：如果同意,你就是一神论者;

陈述 6：如果同意,你就是无神论者;

陈述 7：如果同意，你就是不可知论者。

请注意，陈述 5、6 和 7 表达的是关于上帝存在的三个结论。然而，正如我在第一章所讲，哲学问题的关键不在于相信什么，而在于你或他人为何相信。因此，第 1 至 4 个陈述关涉到在为对上帝的信仰进行辩护时，你可以或必须诉诸的那些理由。

4.1 上帝存在的宇宙论论证

引导性问题：宇宙论论证

1. 一位魔术师在舞台的聚光灯下卷起自己的袖子，让你和其他观众相信他的双手都是空的。接着，他将手拢成杯状，一只拍打着翅膀的白鸽忽然从手中飞出。你为之啧啧称赞，连连称奇。这个经历是否使你相信鸽子一类的东西可以毫无来由地忽然出现呢？或者，你认为这只是魔术师敏捷而娴熟的手法所致，而不会相信你的眼睛显然已经看到的东西？为什么？

2. 在市区行走时，你看到一辆小货车的后视镜中反射出一束光。出于好奇，你发现这束光源于商店玻璃的表面。现在的问题在于："从玻璃上反射出的光来自何处？"你意识到，它其实是被街对面的商店玻璃反射而来的。但你仍旧想知道："这束神秘之光的最终源头何在？"接下来是对这一情况的三种回答，你认为哪一种最有可能？

- 这束光没有终极来源。它有无数组光束和反射面。因为对于反射光束的每一个平面，都会有另一个平面将光束反射给它。因此，每一束光都有其来源，而这些来源又可追溯至另一个输送光线的来源。这种因果效应将会无限延伸。
- 这束光没有终极来源。它没有原因。这束光只是在反射表面上无缘无故地出现了。
- 光的最终来源是太阳，后者生成光，并且是光束逐渐从一个表面反射到下一个表面的第一因。

检视宇宙论论证

魔术表演和光束的例子都呈现出关于上帝存在之宇宙论论证的基本原则。这两个例子同样涉及因果性问题和依附性问题，并且指出任何东西都不可能从无中产生。鸽子和光束都不能无中生有，无论何时何地，它们的显现都有其原因。换言之，光束与鸽子都依赖于它们之外的事物而维持存在。尽管宇宙论论证具有各种不同版本，但它们都源于如下事实，即宇宙并非自明之物，它总要借助外在于它的某种自足原因(self-sufficient cause)。因此，宇宙论论证便是要为该问题提供理由，即为什么有某物存在，而不能说万物从无中产生。

圣托马斯·阿奎那(ST. Thomas Aquinas，1225—1274)

托马斯·阿奎那是宇宙论论证的最重要的捍卫者之一。他出生于意大利南部的一个贵族家庭，居住在罗马和那不勒斯沿线的中间地带。阿奎那的父母一早就规划好了他的教职生涯，不过，他们的动机并不像看起来那样虔诚，他们只是希望阿奎那通过升任教会的显要职位而获得广泛的政治影响并获得财富。

圣托马斯·阿奎那(1225—1274)

14 岁左右时，阿奎那被送到那不勒斯大学。这里常常被各种新的观念包围，令人兴奋；而人们新近接触的亚里士多德的文本，开始对基督教思想产生冲击。阿奎那受到新成立的多明我修会影响，并于 1244 年左右加入其中。表面上看，阿奎那父母的计划进行得非常顺利，但他们并不满意。原因在于，多明我修会的修士们似乎并不热衷于成为有影响力的领导者，他们都是一些身份低下的、贫穷的传道者和学者。不过，阿奎那还是说服了他的父母，认为成为多明我修会的修士是他的使命所在，且会在神学领域获得最高地位。

阿奎那后来交替居住于巴黎和罗马两地，并将其后半生的所有精力都用于演讲和写作，他也经常为履行上级和教会交代的事务而去往外地。阿奎那49岁离世，当时他正被派去里昂参会，执行他的外交使命。

阿奎那是位令人惊讶的多产作家，他的作品有25卷之多。据说，他使自己的四位秘书非常忙碌，曾经同时向他们口述不同的书稿，而秘书们负责将其记录在册。尽管阿奎那的哲学被认定为基督教思想的官方范本，但他对新教哲学家以及其他宗教信仰者其实都有不小的影响。

第一因论证

宇宙论论证的其中一个版本被称为“第一因论证”。这种论证指出，由于世间之物的存在必有其因，所以必然有一个第一因作为整个存在序列的起点。其中，阿奎那的证明引人瞩目。他实际上为上帝存在提供了五个证明(或者如他所言的“五路”证明)，而建立在因果关系之上的证明就是他的“第二路”证明。

引自托马斯·阿奎那

《神学大全》(*Summa Theologica*)[4]

第二路源于动力因。① 在可感事物中，我们发现动力因是

① 当阿奎那使用动力因一词时，他指的是亚里士多德的四因之一。“动力因”其实就是我们通常简单地称作“原因”的东西。“第一因”是指最终的那个原因，它是导致其他次一级原因和效果得以产生的源初原因。当他谈到“终极因”时，指的是在导致特定效果的那一系列原因中最后的原因。所谓“可感事物”就是那些物质对象，或者说是可以被感觉感知的东西。

有秩序的,可是却不曾发现(也不可能发现)一个事物可以成为自己的原因;因为如若这样,它就成为先于自己存在的东西,但这是不可能的。但是动力因不能够无限推延下去,因为在连成序列的动力因中,第一物是中间物的原因,中间物是最后物的原因,不论中间物是多个还是只有一个。可是,如果去掉原因,那么效果也就失去了。所以,如果在这些动力因中没有第一物的话,就不会有中间物和最终物存在。如果动力因无限推延下去,就不会有第一因,如此也就不会有最后的效果和中间的动力因,而这很明显是错误的。所以,必须承认有第一动力因,人们称其为上帝。

阿奎那给出的第一因论证可以归结如下:

1. 世间事物的存在都依赖于一些原因。

2. 这些存在着的事物要么不是由其他原因引发,要么是由其他原因引发。

3. 原因不可能无限推延。

4. 因此,必须有不被他物引发的第一因。

5. 不被他物引发的第一因就是(就我们的信仰而言)被我们称为上帝的东西。

6. 因此,上帝存在。

几乎没有人可以否认第一个前提。我在生活中的每一刻都可以遇到这样的例子,说明事物的存在都是由其他原因引致的。第二个前提十分关键。它宣称一个事物要么不需要原因,要么是由其他原因引发。请注意,这一论证从来不说"每一事物都有其存在原因",因为这就暗含着上帝的存在也有原因。

需要指出的是,阿奎那以及古希腊哲学家亚里士多德都认为,世界的持存从逻辑上讲是可能的。阿奎那相信,即便世界不朽,也要一直依赖于外在之物以维续其存在。因此,当阿奎那论及世界的原因时，他所指的并不必然是存在于时间之内的第一因，而是作为当下起作用的所有其他原因之支撑的那个原因。也可以这样来思考：作为一个活生生的个体，你的存在依赖于宇宙中的氧气。之所以会有氧气环绕着你，又有赖于植物以及地球引力。同样，植物、地球引力等原因也要借助其他条件以维系其存在，而这些条件又离不开另一些条件，以至无穷。此时，为了说明自我的存在，必须诉诸原因的等级序列。阿奎那的观点是，时刻发挥着作用的整个原因序列必须建立在一个其自身并不依凭他物的东西之上。对阿奎那而言，即便世界一直都是存在着的，上述观点同样成立。事实上，阿奎那确信宇宙有其开端，但这是以对《圣经》的信仰而非哲学论证为基础的。然而，另一个被中世纪伊斯兰教、犹太教和基督教哲学家支持的卡拉姆宇宙论论证(*kalām* cosmological argument)，其论证的前提是宇宙是否有时间上的开端。[5]

阿奎那的第三个前提招致了最多的问题和批评。为什么不能有一个无限的原因序列？数字序列不就是无限的吗？一个可能的回答是，数字是抽象物，它不像高山或星系那样具体。对于科学家来说，考察高山和星系的起源是有意义的，但若要问数字7是在何时产生、如何产生的，那就没有什么价值了。

然而，一些宇宙论证明的批评者认为，设想一个无限的物理原因序列是可能的。他们质疑说，如果阿奎那相信有一个自身不需原因的第一因(上帝)存在的话，那么为什么这个普遍原因不能是某种物质或某种能量呢？

停下来，想一想

● 设想一个能够引致各种事件的原因序列，其本身具有无限性，而非终止于第一因，这是否可能？

- 讨论一个自身不需原因的第一因，譬如上帝，是否可能？
- 上述两个观念，哪一个看起来更有可能？

偶然性论证

后来的一些宇宙论论证开始将注意力从原因序列的回溯转向对事件之说明或对事件之理由的回溯。这一证明建立在**充足理由律**的基础上。该规律（其缩写为 PSR）声称，所有存在物都有其为什么存在并且具有某种特质的理由。给出的理由可以是，被质询之物的存在没有原因，换句话说，它是自足的，无须依赖自身之外的任何事物；或者被质询之物的存在由它物引发，后者可以为该物的存在以及为何以此种形式存在提供充分的说明。在下一段引文中，理查德·泰勒（Richard Taylor）明显运用了此规律。

停下来，想一想

充足理由律为什么是真的？以下四项是我们的通常选择。你认为哪一项是对其更好的说明？

- 这是人类经验的总结。我们发现万物存在都有其理由或原因。
- 它就像逻辑规律一样是必然规律。从直觉出发，很难想象它是错误的。
- 它是所有探索的前提。没有充足理由律，便无法理解世界万物。关于世界的所有推理都离不开这一规律。
- 这个规律是成问题的，没有任何理由设想它是真的。

宇宙论论证的这一版本源于如下事实，即世界是**偶然**事物的集合。当我们说偶然性时，意味着它可以存在，也可以不存在。换言之，从逻辑上看，它存在与不存在都有其合理性。如果承认充足理由律，我们就会相信万物存在都有其充分理由。然而，由于一个偶然事物自身并不包含其存在的理由，所以无论该物是否存在，都需要借助他物获得说明。如果继续这一证明，由于世界包含着各种偶然之物，所以世界本身是偶然的。但显然万物不能都是偶然的，所以必须为世界的存在寻找一个非偶然的、独立自足的、不被其他原因所引致的理由。有时我们将偶然存在的对立物称作**必然存在**。必然存在之物，便是就其本性而言包含自身存在理由的存在。换句话说，它的存在并不依赖于他物，而且也没有什么可以阻

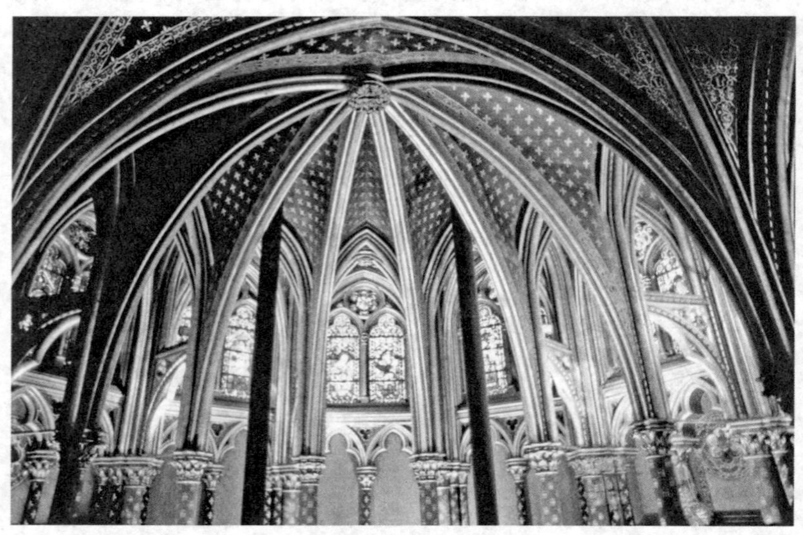

圣礼拜堂(Sainte-Chapelle)的内景。这座坐落于巴黎的教堂始建于 13 世纪，它可作为托马斯·阿奎那的上帝证明之理智设计的象征。这类哥特式教堂的基础结构都参照了几何学与物理学的一般规律。同时，由石材搭建而成的向上延伸的拱梁以及从闪耀着宝石光泽的玻璃中透入的自然光线，都激起一股超越感。同样，阿奎那试图以逻辑为工具创造一种哲学构架，以将理智指向上帝之理智。正是基于这一原因，阿奎那以宇宙论论证为核心的哲学体系又被称为“理性的教堂”。

止其存在。显然，上帝就是这样一个东西。在第三路证明中，阿奎那便预见到这一证明，但他并没有运用充足理由律。

在下面的段落中，美国哲学家理查德·泰勒（1919—2003）从偶然性中发展出这一论证（理查德·泰勒曾任罗切斯特大学哲学教授）。泰勒认为即便世界没有开端，它仍旧需要一个原因。

• 请阅读下述段落并思考，泰勒将会如何看待那个神秘的、半透明的球体。

引自理查德·泰勒

《形而上学》(***Metaphysics***)[6]

充足理由律

假定你在一片树林里溜达，你惯常见到森林地面上有一些树枝、石头和其他杂乱的东西。有一天，你除了见到以上的东西外，还遇到一个十分陌生的东西，它与你以前见过的东西很不相像，而且你从未想到过会在这样一个地方发现它。假定它是一个很大的球状物，同你的身体差不多高，又光滑又透明……

……不管你对它还有其他什么疑惑，至少有一点你是不会有疑惑的，即这个球不是孤零零地出现在那儿的，它的存在必定与某些事物有关。你有可能一点也不知道它来自何处、怎么来的，但你不会怀疑是有理由可解释的。

关于这个球状物，我们得出的结论依靠的是充足理由律。换言之，对于任何偶然之物，亦即那些也可能不存在的事物，我们期待给出一个理由来说明它为什么存在。询问某物存在的理由并不是在追问它的目的，某物存在这一事实也并不说明它具有某种目的。实际上，当我们探索某物存在的原因时，就是在寻找某个能解释其存在的东西。这个规律贯穿于我们对实在的所有探讨中。这对于科学尤其关键。泰勒将其视作最基本的规律，因而根本是无法证明的。如果试图证明它，将会发现，我们提供的任何前提都不如这个规律本身来得无可置疑。这个规律也许应当被称作“理由本身的假定”。

泰勒接着阐明这个球状物的故事和我们对宇宙的理解之间的关系。在讨论这一点时，他列举出一系列对宇宙论论证的典型反驳。第一，一些批评者认为，虽然对世上某些具体实在物(譬如这个球状物)的存在进行解释是有意义的，但不能因此认为，宇宙作为一个整体必然有其理由。泰勒让我们在想象中消除那片森林，将这个球体留在一片开放的场域中。然而，将森林抹消掉并不会使下述问题变得无效，即“这个球体是怎样生成的？”接下来，他要求我们继续消解物理宇宙中的所有事物，直到这个球体成为唯一的存在。此时，仅是这个球状物本身就构成了整个宇宙。然而，这仍旧无法使我们摆脱对这个球体进行解释的需要。无论我们讨论的是假想中的球状物，还是真实的物理宇宙，“为什么存在某物，而不能无物存在”这个问题同样有效。

泰勒继续解释道，当我们关心的是某物为什么存在(无论它指的是这个球还是宇宙)这一问题时，其存在时间的长短并不重要。无论它是从昨天才开始存在，还是已经存在了一万年，甚至总是存在着，阐明其何以存在都是同样有意义的问题。即使世界没有开端，我们仍可以追问，为什么总是有一个无开端的世界，而不能无物存在呢？

对一部分人来讲，如果世界没有开端，那就不可能是上帝所创造。但泰勒指出，在基督教神学中，创造事实上意味着依赖关系。因此，世界可能既是永恒的，同时又永远依赖于上帝。正如前文所讲，托马斯·阿奎那也认为这种情况是合乎逻辑的，即宇宙永恒的同时又依赖于上帝。不过，即便世界的永恒具有逻辑上的可能性，阿奎那依然相信，实际上，世界在时间上有其开端，因为《启示录》

(而非哲学)已然告知我们上帝是如何行事的。因此,对阿奎那和泰勒而言,创造并不必然意味着事情在某个时间点的发生,它揭示的是世界和上帝之间永恒的、持续的依赖关系。毕竟,设想世界从未存在,在逻辑上也是可能的。因此,世界(宇宙中的所有物质存在)要么是偶然的,要么依赖外在于它的某个原因。

为了更清楚地说明这一点,泰勒又作出如下对比。我们可以设想一团不断放射出光线的火焰。很明显,光线的存在依赖于火焰,反之则不然,火焰并非从光线中产生。光线与火焰之间的依赖关系类似于世界与上帝的关系。请注意,这里并没有涉及时间要素。即使火焰持续闪烁而光线总是映现,这光线也依然永恒地依赖于火焰。

照此分析,泰勒借助充足理由律阐明宇宙的存在一定有其理由。这种理由要么存在于宇宙自身的本性中,要么源于在它之外的某物。如果这种理由出自宇宙自身之本性,就意味着宇宙必然存在,但这显然不可能,因为世界并不是永恒的和不可毁灭的。我们可以设想世界终止存在,正如可以设想它从未存在过一样。另一方面,如果有一个上帝存在,其存在便不会依赖于他者,它的存在具有必然性。因此,"是什么引致上帝产生"这个问题无须提出,因为如上帝这般的存在(它不同于宇宙中的其他事物)不会由于某些条件而产生,当然也不会由于同样条件的缺失而无法存在或者停止存在。当信徒们渴望在上帝的概念中增加更多属性时,泰勒认为他的论证已经抓住了上帝的最核心特质,这就是它作为"天地之创造者"的角色。

泰勒以如下这段话归结其论证:

> ……说到底,这个世界,或者说这个偶然的、会灭亡的事物的总和如果存在的话,必定依赖必然的、不会灭亡的东西,而且这种东西的存在并不依赖他物,而是由其自己的本性决定的。

对于偶然性论证的一个普遍批评是,"必然存在"的概念是不清晰的。批评者指出，必然性是只有命题才有的特征。比如，“所有单身汉都是未结婚的”就是一个必然命题，它完全不可能出错。但是，当我们说某物的存在是“必然的”时，意味着什么？我们能想象到的任何东西都可以同时想象其并不存在。从逻辑上看，想象上帝不存在也同样可能。那么，提出上帝的存在是必然的，还有什么意义吗？泰勒在他作品的后半部分用圆的方并不存在这一事实作为回应(这种不存在就是必然的)。因此，如果一些事物可以必然不存在的话，为什么不能有一些东西是必然存在的呢？如果某些事物的存在要依赖于他物，难道就不能有不具依赖性的独立存在物吗？

停下来，想一想

你认为泰勒的回应是否合理？或者必然存在之物的观念本身就很怪异，那它只是为了偶然性论证而制造出来的吗？我们能否想象上帝不存在的可能性？如果能，那么说上帝的存在具有必然性还有意义吗？关于必然存在的观点，到底哪一种最有道理？

另一个批判指责偶然性论证其实是错误推理的结果(在本书附录中有所体现)。批评者将该论证的推理归结如下：

1. 每一个偶然事物的存在都需要充足理由证明；

2. 因此，作为偶然存在之集合体的宇宙也需要为自己的存在提供充足理由。

但是，集合体中某一成员的存在可以被集合体的其他成员说明，这并不要求整个集合体自身得到说明。当用每所房子的建筑者说明你所在街道房子的存在时，并不需要额外解释作为整体的房子的存在。不可知论者伯特兰·罗素(Bertrand Russell)试图通过构建一种与先前推理模式一样，但却包含明显谬误的论证来揭示这种推理的错误所在。

1. 每个人都有母亲。

2. 因此,作为集合的整个人类也有母亲。

当然,正如前文所言,当宇宙论论证的批判者坚持认为宇宙并没有一个无原因的第一因时,他们必然有如下假定:要么认为将偶然原因的无限序列追溯至无限的过去是有意义的,要么认为宇宙是突然从无中生成的。尽管很难想象过去事件的无限序列,批评者还是指出,想象的界限并非最终结局。20 世纪的许多科学发明都修正了前代研究者的想象。当你决心考察宇宙论论证是否合理时,请仔细考虑之前探讨过的各种赞成与反对意见。

透过宇宙论论证的镜头看

1. 为什么总是存在某物而不能无物存在?宇宙论论证给出的答案很清楚。不过,也要想想其他可能的回答。这里有三种:(1) 宇宙总是在那里,这是我们唯一能说的,我们无法追问它的原因;(2) 宇宙是从无中产生的;(3) 每件事都有在先之事作为其原因,而这个序列在时间之流中可以无限回溯。你还能想到其他回答吗?宇宙论论证的支持者将如何回应这些问题呢?

2. 因为宇宙在不断扩张,科学家便得出结论说,宇宙的存在是 100 到 200 亿年前宇宙大爆炸所形成的。他们相信,这是从一个极小的点推延开来的灾难性爆炸,它产生出宇宙中我们熟知的一切能量、物质、空间和时间。因此,这个被广泛接受的科学理论认为,宇宙并非一直存在着,而是可以从某一事件中找到起源。宇宙大爆炸理论在哪些方面能为宇宙论论证提供支撑呢?

检视宇宙论论证的优缺点

正面评价

1. 科学要为世界上的所有事件寻找原因,但当每一个事件都要诉诸某些先于它的特殊原因才能得到说明时，这整个因果序列的原因何在？宇宙论论证对万物最终原因的寻求，不正是接续了科学的探索活动吗？

2. 通过设想每个事件将会被另一个事件跟随，似乎可以想象一个无限的、无终点的未来。但我们能想象一个无限的过去吗？如果宇宙没有开端且一直存在，那么一个无限的事件序列也可能在过去发生。但是，那个无限的事件序列需要经历无限的时间才能完成，我们永远无法抵达当下的时间点。难道我们不能通过证明过去的有限性以及万物都有起点，来避免因无限的过去而引致的悖论吗？这一论证不正说明，宇宙依赖于某种第一因(uncaused cause)吗？

负面评价

1. 在批评者看来，宇宙论论证始于宇宙不可能无原因地存在，而且他们由此得出结论：能对之加以解释的只能是自身不需要原因的存在(上帝)。但是，正如 19 世纪哲学家亚瑟·叔本华(Arthur Schopenhauer)所言，宇宙的因果律"不会将自己看作一辆被雇用的出租车，到达目的地之后就会被遣走"。宇宙论论证的支持者不是前后矛盾的吗？为什么当无原因的宇宙这一观念被拒绝时，他们却能够接受一个自身不需要原因的上帝观念呢？

2. 宇宙论论证是否包含合成谬误(fallacy of composition)？(参见附录)这一证明声称，除了每一事物都有其直接原因之外，整个因果序列(也即整个宇宙)自身也必须有其原因。但是请考虑一个类似的论证："班里的每一个人都有母亲，因此，作为整体的班级也应该有它的母亲。"显然，对于班级的每个成员都是真实的事情，对于整个班级而言未必如此。与之类似，认为宇宙中的每个事件都有其原因，就必然能推论出作为整体的宇宙也必须有一个原因吗？

3. 从上帝的宇宙论论证中可以得出结论：宇宙何以存在的问题能够借助第一因得到解释。但即便我们接受了这一论证，是否能说明宗教中那个无限的、智慧的、仁慈的和坚定的上帝存在呢？宇宙的原因不能是有限的、随机的，非人格性的吗？宇宙论论证能否提供某种基础，以使我们相信第一因是单一的？难道宇宙的存在不能是许多原因共同作用的结果吗？此外，从宇宙需要一个原因这一前提到一神论的上帝就是其原因这一结论，中间不是存在着过大的跳跃吗？

4.2　上帝存在的设计论论证

引导性问题：来自设计论的证明

1. 假设科学家接收到一串来自外星空间的不同寻常的无线电信号，进而假设这串信号呈现为一些数字，它们依照素数顺序排列(1、3、5、7、11、13、17……)。那么，这些信号能否成为外太空中存在智慧生命的证据？

2. 假设你沿着海滩散步时，偶然发现一些明显是被潮汐冲到岸边的小棍儿。假设在这些杂乱无章地散落着的小棍儿中心，你看到其中一些排列成如下模样：我爱帕姆(Pam)。在多大程度上可以说，这个状况不过是偶然呈现的？或者，我们可以在多大程度上认为这是有意为之的结果？

3. 假设你正在跟一个叫斯利克(Slick)的人玩扑克牌。他在充分洗牌之后将牌分发下去。第一局他赢了，因为他手里有四个 A。你知道从洗好的牌中抽到 4 个 A 的概率是 54 145∶1。你玩了一局又一局，无论发牌给多少人，也不管谁发牌，斯利克总是因为有 4 个 A 而获胜。这在逻辑上是说得通的，即斯利克有非常好的运气，每次随机分牌都能拿到全部 A。但是，你又会在多大程度上怀疑，斯利克得胜并非运气所致，而是某种计划，甚或是欺骗的结果？

检视设计论论证

上述问题都是关于表面设计(apparent design)的案例。之所以称作表面设计，是因为它们并非完全不可能从偶然事件中产生。不过，即便如此，我们还是高度怀疑，上述案例竟然可以借助纯粹的随机性得到说明。这里最具可能性的解释是，它们是有智慧、有目的的设计的结果。那些素数序列可能是某种有数学知识的存在者制造出来的，沙子中的信息是一个陷入爱情之人的杰作，而那些连胜的牌局不过是斯利克暗中控牌的结果。在本节关于上帝存在的论证中，运气与设计的对抗就成为我们讨论的核心主题。

关于上帝存在的一个广为流传的论证，是基于世界中呈现出的某些设计迹象。出于这一明显的理由，该论证又被称为"基于设计的论证(the argument from design)"。不过，哲学家们通常称其为上帝存在的**目的论论证**。这一称谓来源于古希腊词汇 *telos*，意思是"目的"或"目标"。之所以叫作"目的论论证"，是因为它指涉如下事实，即许多事物乃至各种发展，都是被设计出来以实现某种目的和目标。和宇宙论论证一样，目的论论证同样是后天论证，它从世界上的一些可观察特征出发进行推理，它采用的观察数据构成了表面设计的证据，其核心论题是"设计的迹象暗示着设计者的存在"。任何以设计迹象为中心的上帝存在之证明必须探讨两个问题：第一，如何从那些仅仅是表面的设计中区分出真正的设计？第二，除了将自然秩序看作由一个高于自然的、有智慧且有目的的原因造就之外，是否还有其他可用的假设呢？

思想实验：运气与设计

我们有时发现自然界中的物体显然是被客观、自然的原因塑造的(如岩层、蒲公英、长在树上的苔藓)；另一些时候，一些散落着的物体又明显是被某一有智慧、有目的的原因制造出来的(譬如箭头、硬币、岩石上的名字缩写)。考古学家和探险家经常无法确定,他们找到的这些物体到底是自然的创造物,还是人工雕琢的结果。譬如,考古学家可能会发现许多岩石排列成箭头的样子,与此类似,探险家会挖出在地球上常见的金属沉积物,而它却呈现出某种符号样式。这两个案例都涉及"运气还是设计"的问题。

- 在看似模棱两可的案例中,当判断某物是随机的自然原因造成,还是有目的的设计结果时,你的标准是什么?
- 你是否犯过这类错误,即某物其实是偶然的自然原因造成,你却认为这是人为设计出来的。你是怎样发现这个错误的?
- 某物是否表现出被设计的迹象,会在多大程度上影响目的论论证?

威廉·佩利(William Paley, 1743—1805)

英国牧师和哲学家威廉·佩利(William Paley)提供了目的论论证中最著名也最清晰的版本。以下段落摘自其《自然神学或自然现象中神之存在与属性的证据》(*Natural Theology, or Evidences and Attributes of the Deity Collected from the Appearances of Nature*, 1802)一书。

威廉·佩利

引自威廉·佩利

《自然神学》(*Natural Theology*)[7]

假如我在穿过一片荒地时用脚踢翻了一块石头，如果问我这块石头为何会出现在那里，我可能会这样回答：就我所知情形是相反的，它本来就一直在那里。很难说这个答案是荒谬的。然而，假定我在地上发现了一只表，如果追问此表怎么会碰巧就在它所在的那个地方，我很难想象用刚才给出的答案回答——就我所知，这只表也许一直就在那里。但是，为什么这种答案不应该既适用于这只表又适用于那块石头呢？为什么这个答案不能在第二个场合也像在第一个场合那样得到承认呢？这是因为，当我们观察这只表时会发现(我们在石头中不能发现的东西)：它的几个部分被组合成一个整体以适用于一种目的，诸如把它们如此组装起来并加以调节，使其走动并指示时间等；如果表的不同部分被赋予与原有形式不同的新形式，给予它们跟原有的尺寸有所不同的新尺寸，或者把它们置于与原有的顺序不同的新顺序之中，那么，这只表就根本不会走动，也不会满足原本的计时需要。……观察了这只表……我们认为，不可避免的结论是：这只表一定有一个制造者；必定在某时某地，存在一个或一些制造者，为了这只表需要完成的目的而制造了这只表，他们理解这只表的结构，设计了它的用途。

……从钟表中指示出的、表现出的设计迹象，也同样存在于自然的作品之中，所不同的是，自然的作品形巨量大，以致在某种程度上可以说是无法计数的。

目的论论证(或设计论论证)的一般形式为：

1. 宇宙呈现出一些表面设计的迹象，也就是说，这种复杂秩序意味着它是某一智慧目标、目的或意图的完成。

2. 我们通常都会找到一个有目的、有智慧的意志为这种设计或秩序提供原因。

3. 因此，可以合理地推断：宇宙也是由一个有目的、有智慧的意志创造的。

约瑟夫·赖特(Joseph Wright)《哲学家的一课》(*A Philosopher's Lesson*, 1766)
这幅画描绘的是一位科学家(又称"自然哲学家")讲座时使用太阳系机械模型的场景。尽管现代科学的发展有时会带来与宗教的张力，但许多哲学家和科学家都论证道，宇宙中的复杂运行已经为设计论提供了证据。他们认为，这些设计只能被解释为神圣理智的杰作。

关于目的论论证，以下几点需要注意：第一，它建立在类比的基础上。目的论论证力图使我们注意在人造物(譬如钟表、雕像、计算机程序等)与宇宙整体之间那所谓的相似性。因此，该论证是否有说服力，要看我们在多大程度上相信这种颇有意义的相似性。不过，认为宇宙秩序为某种设计提供了证据的目的论论证远不及宇宙论论证那样清晰。后者提出，偶然之物存在，且它们有赖于先在的原因。第二,多数论证都是基于概率或最佳解释。换言之,它们不是证明宇宙必然有一个设计者,而是认为诉诸设计者是最具可能性的解释。第三,在所有一神论论证中,目的论论证可能是具备最少抽象性、最易懂,也是最符合大众口味的论证。

思想实验:钟表的类比

列出两个清单。其中一个描述宇宙以何种方式类似于钟表;另一个描述宇宙的运行在何种程度上与钟表不同。看看哪一个清单更长,或者更有意义。

大卫·休谟

并不是每个人都能被设计论论证说服。苏格兰怀疑主义者大卫·休谟就提出了一系列颇具分量的反驳。第3.3节探讨经验论时曾对休谟作过介绍,关于他的生平事迹亦有详细陈述。休谟对设计论论证的反驳集中在《自然宗教对话录》(*Dialogues Concerning Natural Religion*)中,该书在其去世三年后,也就是1779年出版。极具讽刺意味的是,休谟的批判早在威廉·佩利的著作出版23年前就已经提出,并且佩利在其他一些问题上也都一一给予回应,但恰恰在上帝存在之证明的问题上,佩利从未给出直接回复。正如这部作品的标题所言,休谟的观点在三个虚构人物的对话中得以彰显。其中,克里安提斯(Cleanthes)是一位自然神论者,他为上帝存在提供了一些标准论证。作为正统信仰的坚守者,第美亚(Demea)在证成自己的观点时,忽而诉诸信念,忽而又诉诸理性。而斐罗(Philo)作为一位怀疑主义者,则对传统的宗教论证给出了反驳。

在对话过程中,克里安提斯列举出了设计论论证的如下版本:

1. 在人工制品(譬如表、房子、船)中,我们会发现手段与目的之间的匹配性,而这正是设计、思想、才智和智慧的结果;

2. 在自然中同样可以发现手段和目的之间的匹配性,但这是在一个更宏大的层面上;

3. 基于同样的结果,我们可以推测出同样的原因;

4. 因此,很明显,作为一个更加宏大的机械装置,宇宙一定是由一位非常伟大、聪慧的智慧制造者创造出来的。

在回应这一论证时,斐罗采取了双重策略。在第一重反驳中,他否认在人造物和自然之间的相似性;第二重反驳则后退一步,认为即便我们承认那种相似性,从设计论论证中也同样无法给出一个犹太教和基督教那样的上帝概念。

斐罗的第一重策略

斐罗认为,在人造物(如机器或房屋)和宇宙之间的类比非常不可靠,因为两者的差异如此显著,以至于我们根本无法由此知晓宇宙的原因。休谟至少为这一策略(我称之为"A")提供了三个论证(A1、A2、A3)。下面这段引文便借用斐罗之口表达了策略 A1 的内容。

- 你是否能用自己的语言表达斐罗的论证。
- 为什么我们可以由房屋推知其制造者,却不能对宇宙有同样的推论呢?

引自大卫·休谟

《自然宗教对话录》[8]

石头会下坠,火会燃烧,泥土有坚实性等,我们不知看到过几千遍了;当和这些性质相同的任何新的例子出现时,我们会毫不迟疑地得出习惯的推论。这些情况的精确的相似,使我们对于一个相似的事件有完全的保证，我们便不希望亦不搜求更有力的论证了。但只要你稍微远离这些情况的相似性，你就成比例地削弱了这个论证，最后并且可以使这证明成为一个非常不可靠的类比，这种类比显然容易陷入错误和不定……

克里安提斯，假若我们看见一所房子，我们就可以极有把握地推断，它有过一个建筑师或营造者，因为我们所经验到的果与果所从出的因恰是属于一类的。但你却决不能肯定宇宙与房子有这样的类似，使我们能同样可靠地推出一个相似的因，或者说这样的类比是完全而又完善的。两者之间的差别如此显著，所以你在这里所推出的充其量也不过是关于一个相似因的一种猜想、一种揣测、一种假设，而这个推测将如何会被世人接受，我让你自己去考虑吧。

在上述论证(A1)中，斐罗强调说，为了推断某物的本质，该物必须与我们熟悉的其他事物相似。在未被引用的一个范例中，斐罗提到，如果我们已经观察到一部分人的血液循环，就有可能得出结论，在那些我们未作观察的人的身上，也有同样的现象。然而，如果你仅仅知道青蛙、鱼的血液循环，甚或是汁液在植物中的循环，那么从中推演出的人类血液循环的可靠性就会逐级降低。类似地，在上述段落中，斐罗论证道，一所房子与宇宙的差别是如此显著，以致我们可以认为房子有其理智的设计者，但却不能推论说宇宙也是一样的。

- 在下述段落中，斐罗使用头发和树叶的例子，用意何在？

但是，克里安提斯，你可想到当你将房屋、船舶、家具、机器与宇宙做比较，并且因为它们某些情况的相似，便推得它们的原因也相似时，你不是已跨了一大步，而把你平常的恬静和哲学都收起来了吗？我们在人类或其他动物中所发现的思想、设计或理智亦不过是宇宙的动因和原则之一，与热或冷，吸引或排斥，以及日常所见的千百其他例子之均为宇宙的动因和原则之一，没有什么两样。我们知道思想、设计或理智是一个主动因，自然的某些特殊部分借着它可以改变自然的其他部分。但是从部分中出来的结论能够合适地推而用之于全体吗？其间的极大悬殊，不是禁止着一切的比较和推论吗？观察了一根头发的生长，我们便能从此学到关于一个人生长的知识吗？一片叶子动摇的情形，即使在彻底了解以后，就会给予我们关于一棵树成长的任何知识吗？

在上述论证(A2)中，斐罗首先质疑道，由于(人类)理智和设计不过是被我们所发现，且在世界中起作用的诸多因果性中的一种，为什么要将这理智视为整个系统的原因呢？他接着证明为何不能从部分推知整体。通过观察一根头发或者一片叶子，我们无法知道一个人或一棵树的起源。既然我们只了解宇宙中有限的部分，那么关于整个宇宙如何生成这一问题，我们又如何知晓呢？

停下来，想一想

就最后一点而言，一神论者或许会回应说，今天的科学家经常由部分论证整体。从一根头发出发，科学家可以推知头发所有者属于哪一物种；而且，如果它是人类的头发，科学家就可以知道这个人的性别、种族，甚至他/她所患之疾病。

- 你是否能想象到其他从部分推知整体的方式？
- 根据这些例子，你怎样看待斐罗的第二个论证(A2)？

在下述段落中，斐罗认为，就船舶和城市之起源所做的推理和就世界起源进行的尝试性推理相比，最大的区别是什么？

> 由于两种对象，根据观察，是常常联结在一起的；于是根据习惯，当我看见了其中之一的存在，便能推出其他一个的存在：这个我称之为根据经验判断的论证。但在现在的情形下，对象是单一的、个别的，没有并行的，也没有种类上的相似，怎样能应用这种论证，那就难于解释了。有什么人能板起面孔告诉我，因为我们对于宇宙起源有过经验，所以知道秩序井然的宇宙必定是起源于类似于人的思想和技巧呢？要确立这种推论，必定要我们对于世界的起源有过经验；我们只看见过船舶和城市起源于人类的技巧与设计，那实在不足以……

在你刚刚阅读的论证(A3)中，斐罗认为我们没有足够的数据去推知宇宙的原因。当我们重复观察到事件 x 总是被事件 y 跟随时，才能断定 x 是 y 的原因。例如，如果只有一个老人是痴呆症患者，那就很难研究出该病症的致病原因。类似地，我们也只有一个宇宙作为案例可供研究。因此，到底是什么原因导致宇宙的生成，那就不得而知了。

斐罗的第二重策略

斐罗在其第二重策略(我称之为“B”)中，首先承认其对手的前提，并假定宇宙同机器一样，都可以从效果推论出原因。但是，他接着便借用克里安提斯的论证反驳克里安提斯自己。斐罗认为，目的论论证留给我们的是一个过于人性化的神。

- 在斐罗看来，当我们在机器和它的制造者以及宇宙和它的创造者之间进行比照时，会得出哪些后果呢？

那么，克里安提斯，请注意这样推论的后果，斐罗用一种欢跃而得胜的神情说。首先，根据这种推论方法，你就要对于神的任何属性中含有无限性的一切主张予以放弃。因为既然原因只应该相当于结果，而结果，就其在我们的认识范围内说，并不是无限的，那么，依照你的假设，我们如何能把无限那种属性归之于神圣的存在呢？你仍将坚持，说我们将神与人类弄得全不相像，是我们服从了那最武断的假设，同时也就削弱了关于神的存在的所有证明。

其次，根据你的理论，你没有理由把完善性归之于神，即使就他的有限的身份而言；也没有理由假定他能在他的作为中摆脱每一个错失、谬误或者矛盾。自然的作品中有许多不能解释的困难，假如我们承认可以先天证明其存在一个完善的造物主，这些困难是容易解决的；只有就不能追求无限关系的人类的有限能力而言，这些困难才俨然成为困难。但是根据你的推论方法，这些困难都变成实在的困难了，而且这些困难或许就可以强调为相似于人类技巧及设计的新例证。至少，你必须承认，从我们有限的观点，我们是不可能说出，这个宇宙体系比起其他可能的甚至真实的宇宙体系，是否包含有任何巨大的错失或值得承当任何巨大的赞美。假如把《伊利亚特》读给一个从未看过其他作品的农夫听，他能说那诗篇绝对完美无缺，甚或能为它在人类智慧的创造品中排定它的适当的地位吗？

但是，假如这个世界确实是十分完美的一个创造品，这个作品的所有优点能否正当地归之于工匠，必然也还不能决定。假如我们考察一只船，对于那个制造如此复杂、有用而美观的木匠的智巧，必然会有何等赞叹的意思；而当我们发现他原来只是一个愚笨的工匠，只是模仿其他工匠，照抄一种技术，而这种技术在长时期之内，经过许多的试验、错误、纠正、研究和争辩，才逐渐被改进的，我们必然又会何等惊异。在这个世界构成之前，可能有许多的世界在永恒之中经过了缀补和修改，耗费了许多劳力，做过了许多没有结果的试验；而在无限的年代里，世界构成的技术在缓慢而不断地进步。在这种论题上，可以提出的假设太多，而可以想象的假设则更多，谁能在其间决定真理在哪里；不，谁能在其间揣测可能性在哪里呢？

这里，斐罗借用了克里安提斯的观点，即从相似的效果可以推论出相似的原因，并由此论证道，如果可以将宇宙与人类制造的机器相类比，那么我们可能得出与《圣经》不太一致的上帝观念：(1) 上帝并非无限者，因为有限的效果(即宇宙)只需要一个有限的原因；(2) 上帝并非完美者，因为就我们有限的能力而言，根本无法分辨出上帝的造物是否足够完美(事实上，自然之恶与苦难提示我们，这个世界存在着重重缺陷)；(3) 上帝并非全知者，因为人类的发明总是在试验和试错中产生。

在余下的讨论中，斐罗又提到其他在机器创造者和宇宙创造者之间展开类比的方式，认为这种类比会造成以下暗示，即在人类发明者身上找到的所有有限性，同样存在于宇宙的原因之中。比如，我们可以推断，上帝并不能单独起作用，因为最复杂的人类的机器是由一系列设计者和工人共同完成的。而且，如果宇宙的原因和作为创造者的人类具有相似性，那么它便是可朽的，并且具有物质性。最后，休谟使斐罗作出如下提议，与其在宇宙与机器之间作对比，倒不如将宇宙视为像动物或植物那样从盲目的、有机的、自然的进化过程中生成的。

在对目的论论证的反驳过程中，有一点需要特别注意，即休谟从未明确否认过上帝存在，没有说过上帝是有限的和愚蠢的，也没有说神是复数。他只是说，这些证据不能为我们相信《圣经》中的上帝，而不是其他替代性的上帝观念提供更多理由。休谟认为，我们从自然中最多可能达成如下结论，即“宇宙之秩序的原因（无论一个或者许多），可能只是在极其微小的意义上才能与人类的理智相类比”。[9]然而，这个结论显然太过模糊或模棱两可，因而无法为有神论提供更多的慰藉。由此可见，休谟的确是一位不可知论者或宗教怀疑论者。他相信，我们无法为上帝的存在或者不存在提供证明。

关于设计论的争论并没有终结于休谟。在过去的两个世纪中，尤其是在过去的几十年里，科学的发展为论辩双方都提供了新的资料，以充实到他们各自的哲学讨论之中。在第 4.7 节，我们将会借用设计论论证中的各种当代争论来讨论宗教与科学的关系问题。

透过设计论论证的镜头看

1. 尽管有时科学被视为宗教的敌人，但事实证明，从现代科学诞生到现在，许多伟大的科学家（例如，哥白尼、伽利略、开普勒、牛顿、爱因斯坦）同时也有伟大的宗教信仰。那么，应当如何理解以下两者的关系？一方面是对上帝的信仰，认为上帝是理性和秩序的化身，是宇宙的创造者；另一方面是对科学的信任，认为用科学方式研究世界将会获得丰硕成果。

2. 无神论者认为，我们不过是物质颗粒复杂组合的结果，在这个或许无意义的宇宙中努力建造属于自己的意义之岛。然而，在一神论者看来，我们对意义、目的和价值的追寻恰好配合了万物之整体规划。设计论论证认为，无论是作为整体的宇宙，还是生存于其中的人类，都是一个有理智、有目的和仁慈的神圣者的造物。那么，在如何看待人与自然、人与他人的关系上，设计论论证给我们以怎样的暗示呢？一神论者是否为我们将自身和他人看作有尊严和价值的个体提供了更好的基础呢?

检视设计论论证的优缺点

正面评价

1. 一神论为复杂万物的微妙平衡提供了一种解读。只有借助这种平衡,宇宙才得以维系,星球上的生命才得以持存。另一方面,无神论者却必须将此平衡归结为一系列侥幸而随机的事件,且在此之前,他们无法预知会有这般结果。不过,现代科学还是首先由那些相信世界存在着理性秩序的一神论者发展出来,并且一直以来,科学都倚仗此信念。正是出于这一原因,作为科学家同时也是宗教神秘主义者的阿尔伯特·爱因斯坦将世界以数学秩序排列这一信念归结为一个“奇迹信条”(miracle creed)。尽管设计论论证绝非确凿无疑,但我们能否借此说明,一神论为世界秩序提供了最优解释呢?

2. 当下,许多科学家都致力于寻找外太空中智慧生命的迹象。例如,他们分析太空中的电波信号,以期发现其中除了噪声之外是否还有其他东西。如果科学家从接收到的信息包中分析出一段重要的素数序列,他们可能会推断说,这些信号并非偶然现象,而是由某种智慧生命制造出来的。这种从设计或目的的视角出发寻找智慧生命的科学模式,在多大程度上能够为证明神圣智慧存在的设计论论证提供支持呢?

负面评价

1. 随着科学的进步,以往借用上帝意志对诸事件加以解释的做法逐渐被客观的、自然的解释所取代。例如,疾病曾被视为上帝的惩罚,但现在我们知道,疾病是由病毒和其他自然原因引发,无论是有信仰者还是无神论者都会患同样的疾病。与之类似,人体系统的和谐运作一度也被视为神的安排。而现在我们发现,只有系统运行良好的物种才能生存下来。难道这些例子不足以表明，世界上所有被看作设计之证据的东西终究不过是一些随机的客观过程造就的结果吗？

2. 如果认为世界是有意图、有目的的仁慈设计的结果，那么我们为此找到的证据与那些证明世界不过是随机、偶然地发生且包含着恶的证据相比，在数量上岂非伯仲之间？难道我们不是倾向于为某种现象施加一些设计意图，就像我们在云彩中“看到”一些可辨别的面容或形状时所做的那样吗？我们将骰子掷 100 次，很可能相加为 7 的次数将会多于相加为 2 或 12 的次数。然而，这并非设计的结果，而是概率论的杰作。那些为设计论提供支持的证据难道不是源于我们的一种倾向，即为随意的过程施加某种意图？我们是否有理由相信，世界展现出的一切形象都有其目的，而并非由某种可能性或偶然性引致？认为世界是设计的结果，不是更令人怀疑吗？

4.3　上帝存在的本体论论证

引导性问题：本体论论证

1. 假设我告诉你，我的口袋里有一个圆的正方体。你会相信吗？为什么不相信？在你没有机会翻查我的口袋的情况下，怎么知道圆的方并不存在呢？这些问题是否提示我们，理性可以提供关于存在的某些信息？

2. 西方人普遍认为上帝是完美的存在。若我们假设上帝拥有所有归诸它的特征，却唯独是漫不经心的和健忘的，这便十分荒谬。一个完美的上帝，其本性中不会有健忘这一缺陷。同样，我们能否想象一个不过是恰巧被放置在宇宙之中的上帝？上帝的存在是否只是一种侥幸，或者要依赖于某种条件？这些问题不是在提醒我们，上帝是必然的且其存在并不依赖于他物的那类存在吗？

检视本体论论证

上述问题引发了如下思考：仅凭理性本身，能否告诉我们现实中到底何者存在，何者不存在？是否有可能出现这样的情况，即认为上帝是一个完美的存在物，但同时认为这个完美之物缺乏存在这一特征？这便是上帝存在的本体论证明所要解决的核心问题。这里的形容词本体论的(*ontological*)源于古希腊语，其字面意思是“关于存在的科学”。因此，本体论论证就是试图从上帝的概念中推论出上帝的存在。在进入这个论证之前，先考虑一下当代哲学家罗威廉(William Rowe)的一个思想实验。[10]

思想实验：存在与不存在

表格中有两列清单。左侧是存在的事物，右侧是不存在的事物。

存在的事物	不存在的事物
1. 帝国大厦	1. 不老泉
2. 狗	2. 独角兽
3. 火星	3. 喜马拉雅山雪人
4. ?	4. 圆的方

请注意，每一列清单的前三项都有一个共同特征：从逻辑上讲，它们都有可能出现在对侧清单中，这并不妨碍世界的存在。例如，狗是存在着的，但我们也可以想象一个没有狗存在的世界。真实的、活生生的独角兽并不存在，但是，如下想象并不违反逻辑，即如果世界是另外一副模样，那么独角兽便可能出现在左侧清单上。我们将这样一类事物称为偶然存在，即它存在与否都有可能。在宇宙论论证中，我曾经指出，偶然存在有时又被称作依赖性存在。它们

可能存在，也可能不存在。但如果存在，也要依赖于外在于自身的其他事物。

右侧清单上的最后一项非常特别。圆的方不存在，但与该列中的其他事物不同，从逻辑上讲，它不可能出现在左侧清单上，圆的方从逻辑上讲根本不可能存在。对比右侧清单上的其他事物，如果它们出现在左侧清单上，却是完全合乎逻辑的。

问题在于，在左侧清单中是否可能存在这样一类事物，它从逻辑上不会出现在右侧清单中。这类事物是必然存在之物，它从逻辑上绝不可能不存在。我们可以如此概述以上观点。有一些事物，它们(1) 存在，但允许其有不存在的逻辑可能性(如狗)；(2) 不存在，但其存在从逻辑上讲是可能的(如独角兽)；(3) 不存在且逻辑上也不可能存在(如圆的方)。那么，为什么不能有这样一类范畴，(4) 它存在着并且从逻辑上不可能不存在？这个范畴涵盖什么？许多哲学家说它所指的正是上帝。在继续分析之前，请回答下面的问题：是否有事物从属于第四类范畴？“必然存在”的提法是否有意义？为什么？

圣安瑟伦(St. Anselmus, 1033—1109)

上述问题将我们引向本体论论证的核心。关于上帝存在的本体论论证，最早是由中世纪僧侣圣安瑟伦提出，他后来成为坎特伯雷(Canterbury)大主教。安瑟伦确信自己的信仰是如此合理，因此那些在逻辑上令人叹服的论证可以被构建起来以向任何人展示信仰的合理性，当然，最愚笨的人除外。在提出这一著名论证之前，安瑟伦已经是一位信徒，这个论证也是以祈祷文的形式写就

圣安瑟伦

的。他认为，这种推断可以帮助自己对最初所选择的信仰有更为充分的理解。正如他本人所讲："我绝不是理解了才信仰，而是信仰了才理解。"[11]

● 在以下段落中，当安瑟伦说上帝是"那个你不能设想有比之更伟大之物"时，具体意义是什么？

● 安瑟伦认为，"只在心中存在"和"在现实中存在"两者的区别何在？

● 为什么可设想的无与伦比的存在不能只在心中存在？

安瑟伦

《宣讲》(*Proslogium*)[12]

将理解力赐给信仰的主啊，求你照着你所认为是有益的，使我能理解你确像我们所相信的而存在着，且确是那我们所相信的神。我们相信你是一切可能想象中之最伟大的存在。然而，这样的存在不是真的吗？(《诗篇》第14章第1节)因愚顽的人的心里没有神。然而无论如何，即便是愚顽的人，当他听到我所谈及的那一位，即在一切可能想象中最伟大的存在者之时，也能理解他所听到的，而他所理解的原是在于他的心中，虽然他不懂这存在者果然存在着。

因为，一个事物在心中存在着，与理解那事物果然存在着，是两件不同的事。例如，当画家想起那他后来要作的画，他已在心中把握着它，但是他还不认为它是存在着的，因为他还没有把它画出。然而，当他已经完成这图画以后，他不只在心中把握着它，并且也晓得它是存在着，因为他已把它画出来了。

因此，甚至愚顽的人也确信有某种东西是在一切可能想象中之最伟大的，至少也必存在于心中。因为，当他听到这存在的时候，他能够理解，而凡被理解的，就是存在于心中。并且那在一切可能想象中之最伟大的存在，确实不能仅仅存在于心中。因为，假设这存在仅限于在心内，那么，它就可能被想象为实质上的存在，而这就是更伟大的了。

所以，那在一切可能想象中之最伟大的存在，如果只是存在于心中，那么，在一切可能想象中之最伟大的存在之外，我们还可能想象到另一位更伟大的了。然而这明明是不可能的。因此，无疑地，有一位在一切可能想象中之最伟大的确乎存在，并且他不只在心中，也在客观实体上存在着。

安瑟伦的本体论论证可以归结如下：

1. 在我心中有一个上帝观念。

2. 这个上帝观念是无与伦比的。

3. 一个存在，如果在现实中存在，那么就比只在心中存在更好。

4. 如果上帝只在心中存在，那么便可以设想一个更好的东西，即那个在现实中也能存在的东西。

5. 但是前提 4 导致了一个矛盾，因为它说我可以设想一个比无与伦比的东西更好的存在。

6. 所以，如果我有一个关于无与伦比的存在的观念，那么这个存在必然既在我的心中，又在现实中。

7. 因此，上帝在现实中存在。

在安瑟伦看来，要否认上帝存在，心中必然首先有一个上帝的观念。因此，上帝存在于心中(对无神论者也是一样)。安瑟伦进而声称，无论我们所指的“上帝”为何物，它必然是最完美的、最好的可能存在者。然而，如果我认为上帝(无与伦比的存在)只在想象中存在，就会遇到一个矛盾(前提4)。安瑟伦以归谬法而著称的论证形式，从想要证明之事的反面出发，由此引出其中的矛盾或荒谬之处。安瑟伦首先考虑到无神论者提出的一个可能性，即上帝只在心中存在，但他从中看到了一个矛盾(即无与伦比的东西并非无与伦比)。不过，这一切都建立在颇具争议的前提3之中。在现实中存在难道就会更好一些吗？如果癌细胞、国债和撞车事故只存在于想象中，而不是在现实中存在，岂不是更好？接下来，我们将看到安瑟伦的批评者是如何利用前提3来驳斥安瑟伦的。

许多安瑟伦的批评者认为他的论证难堪重负。例如，安瑟伦的同时代人、僧侣高尼罗(Gaunilo)撰文《为愚人辩护》以示讽刺。高尼罗同样是一位信徒，他相信上帝存在，但认为安瑟伦的论证并不高明。为了证实这一点，高尼罗提出，我们可以运用同样的论证形式证明一个完美小岛必然存在。完成下面的思想实验，你便可以了解高尼罗的观点。

思想实验：完美的小岛

重温上述论证，并且在所有提到上帝(或“不能设想有比之更伟大之物”)的地方，都用下面的东西进行替换：完美的小岛，完美男友(女友)，完美的棒球运动员。于是，这一论证用新的反证法反击安瑟伦的反证法。批评者说，如果关于上帝存在的论证同样可以用于证明完美小岛的存在的话，其中会出现一些问题。

- 你是否认为高尼罗的反驳对于安瑟伦的论证而言是致命的？
- 在上帝存在的论证和对完美小岛存在的论证之间，是否有实质区别？
- 安瑟伦会如何回应这一反驳？

针对本体论论证还有另外一个反驳，即认为存在并不像智慧、仁慈、强力等这类特质，可用于定位上帝的完美性。这一论证后来被伊曼努尔·康德(1724—1804)所发展。要想了解这一批判的力量何在，请完成下面的两个思想实验。

思想实验：存在的特质

1. 想象你的手指上戴着一枚金戒指。在此基础上再作一些添加，在这枚戒指上刻上你的毕业年份、毕业学校。继续想象，一颗巨大的、完美无瑕的钻石镶嵌于其上。这时，请将存在这个特质附加到这枚戒指上。那么，这最后一步使你关于戒指的观念有任何改变吗？当我在描述这枚戒指时，你可以将各种特质都附加到你的想象或者关于这枚戒指的观念中。但是，在想象这枚戒指时，你已经将它作为存在之物加以思考了。因此，存在并不是另外一个可以附加到戒指上的特质。

2. 假设下面两列清单分别描述了朱莉和克里斯汀心中“完美”伴侣的形象：

朱莉的完美伴侣	克里斯汀的完美伴侣
1. 明智	1. 明智
2. 敏锐	2. 敏锐
3. 幽默感	3. 幽默感
4. 好厨艺	4. 好厨艺
	5. 存在

以上两列清单除第5点以外，其他完全一致。克里斯汀在清单中加上了存在这一特质，但朱莉没有。但这两列清单有什么实质性差异吗？克里斯汀在朱莉关于完美伴侣

的设想中，真的又增添了什么吗？与克里斯汀的清单上所有特质相吻合的那个人，难道不也同样与朱莉的清单相吻合吗？这个实验是否已经说明，存在并非一个可以使某物变得更好的特质呢？

透过本体论论证的镜头看

1. 对于世界上的绝大多数事物而言，当谈及它们的观念时，并没有透露其存在的信息。例如，我们有袋鼠的观念，但这并不会告诉你世界上是否有袋鼠存在。但上帝的观念不正是一个完全的例外吗？难道我们不应当设想上帝观念拥有一些独特性质，其在逻辑上亦是合理的？这个世界碰巧成为当下的样子，袋鼠这类奇特的动物存在，圣诞老人却不存在。那么世界会不会是这个样子：其中上帝也只是碰巧存在或碰巧不存在？

2. 许多哲学家(例如大卫・休谟)认为，逻辑并不能告诉我们关于世界的事情，只能分析出观念之间的联系。但是，如果观念不能告知我们关于实在的任何东西，那么将这些观念以符合逻辑顺序的方式排列起来又有何意义？在本体论论证的支持者看来，逻辑是否宣告了某些关于实在的东西？

检视本体论论证的优缺点

正面评价

1. 就多数我们可以想到的事物而言(例如长颈鹿和独角兽)，它们既可能存在，也可能不存在，而经验则是唯一的途径，帮助我们分辨出哪个是哪个。但有些事物从逻辑上讲是必然不存在的(例如圆的方)，逻辑(而非经验)告诉我们它们不存在。相应地，难道不能有某个东西(上帝)，其存在是逻辑上必然的，而其不存在则是逻辑上不可能的吗？如果在圆的方的例子中，逻辑可以帮助我们认识实在，为什么它不能帮助我们了解上帝的存在呢？

2. 如果我们可以想象某物不存在，那是因为我们可以想象阻止该物存在的条件。例如，独角兽不存在，因为其演化的生物学条件从未出现。在沙漠中没有雪花，这是高温使然。那么，是否可以想象某些条件，它们会阻止一个像上帝这样的独立存在者出现呢？如果上帝的概念指的是这样一个存在者，其产生并非由某种原因引发，且其存在亦无法被终止的话，那么上帝的概念不是必然指向一个存在着的事物吗？既然如此，上帝不就是必然存在之物吗？

负面评价

1. 无神论在逻辑上难道不可能吗？我们难道不能设想一个逻辑上可能的宇宙，其中并没有上帝存在？如果我们拥有设想这样一个宇宙的能力，这不是暗示上帝的存在并非逻辑上的必然吗？我们可以设想一个无神论的宇宙这一事实，不是恰好否定了本体论论证吗？

2. 独角兽指的是长着一只角的动物。因此，如果独角兽存在，那么长着一只角的动物也存在。但这里的"如果"意味着一只角的动物并不必然存在。我们也可以类似方式同意本体论证明中的观点，即上帝观念中包含着必然存在者的观念。如此一来，如果上帝存在，就可以得出那个必然存在者存在这一结论。不过，正如在描述独角兽及其特征时使用的"如果"一样，上面句子中的"如果"难道不正意味着，我们根本不能将一个必然存在的东西设定为真？换句话说，本体论论证表明的不过是包含在上帝观念中的那些特质而已。然而，这个论证是否已然说明上帝及其特质确实存在？

4.4 宗教信仰的实用主义和主观主义证明

引导性问题：信仰的实用主义与主观主义证明

1. 你是否遇到过这样的情况？即在尚不知晓哪种选择更为正确时，却必须作出选择。当没有足够知识支持你作出正确选择时，你会基于何种考量进行决断？

2. 你能否想象这样一种情况：当你拒绝作出选择时，其实已将自己置入某种默认选择之中(例如，决定是否和已经约会许久的对象结婚，或决定是否接受一份特殊工作)。

3. 我们相信的所有东西是否都能得到证明？如果是，那么作为前提来支撑我们的信念的每一个证据又该如何证明？除了逻辑上无懈可击的证明之外，我们的信仰是否还有其他根基？

检视实用主义和主观主义证明

并不是所有一神论者都认为，一个人在选择信仰上帝之前必然证明上帝存在，或者能够证明上帝存在。持这一立场的一神论者被泛称为非证据主义一神论者。颇为讽刺的是，这些宗教哲学家都同意休谟和其他批评者的观点，即上帝存在的哲学证明是失败的。然而，非证据主义的一神论者认为，除了理性证明之外，还可能有其他理由将个人带向通往上帝的信仰之旅，并与之建立关联。我将这些理由称作上帝信仰的实用主义和主观主义证明。在这一部分，我们将择取布莱斯·帕斯卡(Blaise Pascal)、威廉·詹姆斯、索伦·克尔凯郭尔作为这一论证理路的代表人物进行分析。尽管三位学者在上帝的信仰、理由等问题上各有其独到的见解，但他们都赞同以下三个基本观点。[13]

1. 在上帝存在问题上，理性不足以为其提供合理基础。这些学者普遍相信，推理的、哲学的或理性的论证既不能证明也无法否认上帝存在。上帝是无限的，但人类的理性、知识和经验却是有限的。因此，从人类的既有条件出发，借助理性引导走向上帝，具有数理上的不可能性(mathematical impossibility)。至此，非证据主义的一神论者与休谟等不可知论者没有任何区别，他们也只能得出与休谟相同的结论，即，关于上帝存在，我们必须悬搁判断。然而，在下面这一点上，非证据主义的一神论者就与不可知论者决裂了。

2. 在上帝存在的问题上，不可能保持中立立场。这些学者提出，在涉及上帝问题时，我们不能是中立的。我们要么在承认上帝存在的前提下生活，要么默认在生活中并不存在上帝。当然，对于在外太空中是否存在生命，我可以悬搁判断。如果没有任何证据让我作出非此即彼的选择，我便可以拒绝任何一方的观点，因为这不会对我的日常生活造成任何影响。然而，在宗教问题上，我却不能如此洒脱地选择悬搁判断。借用威廉·詹姆斯的例子，这就像我们迷失在暴风雪肆虐的大山上，我们可以选择原地不动，期望救援组织前来寻找，但必须考虑到在等待过程中存在被冻死的危险；或者，我们也可以借助自己的力量找到出路，走出大山，但由此而来的风险是，道路可能是错误的，最后会堕入冰冷的悬崖。此时问题的关键是，我们不得不作出选择。什么也不做，就意味着选择了第一条道路。不过，无论选择哪条道路，我们都是在欠缺知识的情况下行动的。上述三位学者认为，这就是在面对宗教信仰时遇到的情况。

3. 当选择不可避免，理性又无法作出引导时，诉诸主观证明以决定信仰对象就是十分正当的。即便缺乏相关知识和证据，这些哲学家仍旧相信，可以通过提供一些个体化或实践性的理由来使宗教信仰变得极具吸引力。但他们认为，并非所有决定都要基于这一主观考量(帕斯卡是一位数学家和科学家，而詹姆斯则是一位医学博士)。如果能够提供客观的证据和理由，我们便应当采纳它。然而，当我们必须作出选择，理性又无法提供指引时，便应当听从自己的内心。对帕斯卡和詹姆斯而言，宗教信仰的主观根据存在于实践当中，因而这种论证超越了理性和客观证据的界限。而坚持信仰主义的克尔凯郭尔则将宗教信仰的主观性展示为"信仰飞跃"的结果。这一飞跃不仅超越了理性的界限(这是帕斯卡和詹姆斯的观点)，而且使信仰者能够从客观理性(objective reason)[14]的立场出发，去拥抱那看似荒谬的非理性之物。

布莱斯·帕斯卡(Blaise Pascal, 1623—1662)

法国思想家布莱斯·帕斯卡是一位杰出的数学家、物理学家、发明家和哲学家。他生长在巴黎，从小就展示出过人的才智。十六岁时，帕斯卡便在其著作中将他的第一个数学发现公之于众，后来又为现代概率论奠定了基础。此后他还发明过一台计算装置，其计算能力颇为卓越，以至于计算机编程语言就以帕斯卡名字(PASCAL)命名。而且，帕斯卡的气压计实验为17世纪科学发展作出了重要贡献。然而，1654年的一次宗教经历改变了帕斯卡的一生。此后，他的兴趣开始转向哲学和神学。

布莱斯·帕斯卡

尽管帕斯卡深刻地感受到理性和科学的力量，但在涉及人类生存的终极问题(如宗教问题)上，他同样承认其边界所在。一旦触及这类问题，帕斯卡认为，只有个体性、主观性的原因可以给予我们指引。恰如他所说："人心有其道理，那是理性所根本不知晓的。"在下面的段落中，帕斯卡借助著名的"赌注"理论以探求内心之理由。

• 考察帕斯卡如何就本节开头所谈道德信仰的主观证明的三个主题进行阐释。

• 在帕斯卡看来，到底是哪些考虑将个体引向上帝之信仰？

引自布莱斯·帕斯卡

《思想录》(*Thoughts*)[15]

"上帝存在，或是不存在。"然而，我们将倾向哪一边呢？在这上面，理性是不能决定什么的，有一种无限的混沌把我们隔离开了。这里进行的是一场赌博，在那无限距离的极端，正负是要见分晓的。你要赌什么呢？根据理性，你就既不能得出其一，也不能得出另一；根据理性，你就不能辩护双方中的任何一方。

因此，就不要谴责那些已经作出了一项抉择的人们的谬误吧！因为你也是一无所知。"不，我要谴责他们的，并不是已经作出了这项抉择，而是作出了一项抉择；因为无论赌这一边还是另一边的人都属于同样的错误，他们双方都是错误的：正确的是根本不赌。"

是的，然而不得不赌，这一点并不是自愿的，你已经上了船。然则，你将选择哪一方呢？让我们看看吧。既然非抉择不可，就让我们来看什么对你的利害关系最小。你有两样东西可输，即真与善；有两件东西可赌，即你的理性和你的意志，你的知识和你的福祉；而你的天性又有两样东西要躲避，即错误与悲惨。既然非抉择不可，所以抉择一方而非另一方也就不会有损于你的理性，这是已成定局的一点。然而你的福祉呢？让我们权衡一下赌上帝存在这一方面的得失吧。让我们评估这两种情况：假如你赢了，你就赢得了一切；假如你输了，你却一无所失。因此，你就不必迟疑去赌上帝存在吧。——“这个办法真了不起。是的，非赌不可；不过或许我赌得太多了吧。”——让我们再看。既然得与失是同样的机遇，所以假如你以一生而只赢得两次生命的话，你还是应该打这个赌；然而假如有三次生命可以赢得的话，那就非赌不可了(何况你有必要非赌不可)；并且，当你被迫不得不赌而不肯冒你的生命之险以求赢得一场一本三利而得失的机遇相等的赌博的时候，那你就是有欠深谋熟虑了。然而这里却是永恒的生命与幸福。

• 在最后一段，帕斯卡的宣讲对象是这样一批读者，他们想要信仰上帝，却又因信仰的乏力而备受束缚。他给出了怎样的建议?

“是的，但我的手被束缚着，我的口缄默着；我被迫不得不赌，我并不是自由的；我没有得到释放，而我生来又是属于那种不能信仰的人。然则，你要我怎么办呢?”

确实如此。但是你至少可以领会你对信仰的无力——既然理性把你带到了这里，而你又不能做到信仰。因而，你应该努力不要用增加对上帝的证明的办法，而是要用减少你自己的感情的办法，来使自己信服。你愿意走向信仰，而你不认得路径；你愿意医治自己的不信仰，你在请求救治；那你就应该学习那些像你一样被束缚着，但现在却赌出他们全部财富的人们；正是这些人才认得你所愿意遵循的那条道路，并且已经医治好了你所要医治的那种病症。去追随他们已经开始的那种方式吧，那就是一切都要做得好像他们是在信仰着的那样，也要领圣水，也要说会餐，等等。正是这样才会自然而然使你信仰并使你牲畜化。——“但，这是我所害怕的。”——为什么害怕呢?你有什么可丧失的呢?

就实在所是之方式而言，帕斯卡似乎认为只有两种选择：上帝要么存在，要么不存在。同样，在个人信仰问题上，我可以相信上帝存在，也可以不相信上帝存在。上述选择可以组合出四种可能性，表 4.3 中已经列出。每一种选择的得失都会被列出。然而，这些结果之间并不能达成某种平衡，因为有的选择将会带来无限的收获，但有的却是无限的损失。

如果我信仰上帝将会如何？第一，如果选择信仰上帝，代价是牺牲自己的自主性。换言之，我不能以自己希望的方式生活，而必须完成上帝赋予的道德义务。同样，信仰上帝也意味着无法过丰富刺激的生活，我必须放弃许多对信仰者来说并不适宜的尘世乐趣。如果我信仰上帝但上帝并不存在，那么我的信仰和个人的牺牲就会徒劳无功。但从长远看，或许放弃尘世的快乐带来的不便相对而言只是微小的。而且，即使我错误地信仰了上帝，但在使命感的引召下，我还是过上了体面的生活。因而，帕斯卡的主要观点其实是：一方面，如果我信仰上帝而他的确存在，那么我将会获得永生和永世的幸福，这种无限的收益是任何价值都无法衡量的；另一方面，如果上帝并不存在，我的损失也并不大。

如果我不信仰上帝又将如何？无论上帝是否存在，对于一个无信仰者而言，我只能获得有限的收获，即可以(自主地)过我想过的生活，追求各种尘世快乐，无须害怕由此而来的无休止的后果。然而，如果上帝存在而我却并未信仰他，那么我的损失将无法计量。在天堂中的永生和那永世的幸福将被彻底剥夺。

帕斯卡之赌的目的是什么？需要特别注意的一点是，即便帕斯卡是一位虔诚的信徒，成为信徒也不是因为自己的赌注，事实上，是某天夜里的宗教体验使帕斯卡成为充满激情的宗教神学家。不过，他的宣讲对象却是那些顽固、无情的非信仰者。借下赌注进行宗教抉择这种稍显粗鲁的方法其实是试图筛掉无信仰者身上的自满，并使其意识到宗教选择的重要性。正像这段引文的末尾所讲，帕斯卡并不认为我们会因为某种单纯的意志活动而拥有信仰，而一旦考虑到赌注的问题，我们很可能被其激发，而信仰的黎明就会随之到来。

表 4.3　帕斯卡关于信仰的种种抉择

		实在所是之方式	
		上帝存在	上帝不存在
我的信仰	我信仰上帝	收获（无限的）：永生、永世的幸福	收获（有限的）：在使命感的引召下过上体面的生活
		损失(有限的)：牺牲自主性和尘世的快乐	损失(有限的)：牺牲自主性和尘世的快乐
	我不信仰上帝	收获(有限的)：获得自主性和尘世的快乐	收获(有限的)：获得自主性和尘世的快乐
		失去(无限的)：不能获得永生和永世的幸福	失去(有限的)：没有使命感和意义感

停下来，想一想

你在作决定时是否遇到过这样的情况：你并不知道哪种选择更正确，当对错皆有可能时，你会根据不同选择带来的结果进行抉择？画一个类似于4.2的表格，将你面临的所有选择和由此带来的结果一一列出。假设你在没有任何确切认知的情况下行动，这能否成为你作决定的依据？这个决定是怎样作出的？

思想实验：帕斯卡之赌

下述问题都是从对帕斯卡之赌的批判中引申出来的。请考察每一个案例中隐含的批判力量，并思考帕斯卡会如何回应。

1. 在决定上帝信仰问题时使用的策略，竟然与赌场中轮盘赌的策略完全相同，这不是有些不合适吗？我们可否相信，从信仰的"回报"出发进行的精于计算的、自私自利的考虑能够引向真正的宗教信仰？难道我们不应当祈望，对上帝之爱乃是出于上帝自身，而非出于交易中的获益？如果你是帕斯卡，你会如何回应？

2. 帕斯卡的做法事实上说明，你可以强迫自己信仰某物。假如我告诉你，只要你相信月亮是由新鲜奶酪制成的，我就给你一百万美元（并把你连接到测谎仪上，以判定你是否真的相信这个说法），那么在一系列证据面前，你能否强迫自己相信上述论断呢？我们能否像选衣服一样选择自己的信仰，还是说信仰只是碰巧发生在我们身上？我们是否愿意让自己信仰上帝，不为别的原因，只因为这种信仰看起来是最好的赌注？

3. 帕斯卡假定，上帝将会惩罚那些不信他的人。但是，如果一个人在没有任何证据的情况下难以强迫自己信仰某物，甚至认为这是不道德的，又该怎么办？上帝是否可能因为其诚实而奖赏于他，即便对真理的忠诚可能妨碍他拥有宗教信仰？这种可能性对帕斯卡的论证会产生何种影响？

4. 在帕斯卡看来，似乎只有两种选择：要么信仰基督，或者不信仰基督。但我们不能有更多选择吗？去翻阅一下关于宗教的百科全书，其中列出了从万物有灵论到拜火教在内的所有宗教，看看到底有多少种。帕斯卡认为宗教信仰没有任何客观理由，那难道不应以同样方式看待其他宗教吗？如果我们将其他宗教包含在内，帕斯卡的赌注又会怎样？

● 你认为在上述四项中，哪一项对帕斯卡而言是最容易回答的？

● 就帕斯卡对宗教信仰的实用主义证明而言，哪一项形成了最大威胁？

对于企图将信仰建立在除严格证据之外的其他缘由上的做法，最主要的批判来自英国哲学家 W. K. 克利福德(W. K. Clifford，1845—1879)。他认为信仰是有伦理意蕴的。除非对成问题的信仰进行过理性、批判性的考察，否则我们没有权利去信仰任何东西。在一篇名为《信仰的伦理学》(*the Ethics of Beliefs*)的著名文章中，克利福德通过下述故事阐述了自己的观点。故事中，船主将一艘船送到大海上，船上满是拖家带口的乘客。他知道这艘船已经老旧，或许应当检修一下，但他把这些疑虑全部抛到一边，说服自己相信这艘船适合海上航行，并且在上帝的护佑之下乘客可以平安到达目的地。即便怀着如此诚挚的信念，船还是在行驶到海中央时沉没了，所有乘客无一幸存，而船主则收到一笔保险赔偿金。

克利福德控诉道，尽管船主最后确信这艘船是坚实的，但他既不能为这一信念提供任何证据，也没有试图寻找一些反面证据。即使这艘船幸运地完成了航行，情况也不会因此有所改变，因为船主仍然无权在没有证据的情况下持有任何信念。因此，克利福德会说,若帕斯卡在没有任何理性证据时督促我们选择相信上帝,我们是在被要求放弃为信仰寻求基础这一伦理责任。他在最后总结自己立场时说:“无论任何人在任何地方,只要是在没有充足证据时坚持某种信仰,就是错误的。”

威廉·詹姆斯(William James, 1842—1910)

在名为《信仰的意志》(*The Will to Believe*, 1896)这篇经典文章中,威廉·詹姆斯回应了克利福德的信仰的伦理学(在第3.6节讨论实用主义的时候,我们曾经谈到过詹姆斯)。在这篇文章中,詹姆斯将“抉择”(option)定义为在两种相互冲突的信仰之间作出选择。抉择可以是:(1) 有生命力的或无生命力的;(2) 强制性的或可以避免的;(3) 重大的或非重大的。一方面,如果要求你要么信仰古希腊神宙斯(Zeus),要么信仰挪威雷神托尔(Thor),而这两者对你来说都是没有活力的,那么这可能就是一种无生命力的抉择。另一方面,当让你选择成为基督徒或者无神论者时,这就是一个有生命力的抉择,它取决于你所处的环境和你的偏好。

另外,如果你面临的选择是,要么相信外太空中有生命,要么相信外太空中没有生命,而此时你能够通过悬搁判断的方式避免作出抉择,不表达意见,这就是可避免的抉择。不过,詹姆斯相信,在道德和宗教问题上我们面临的是强制性的抉择。在上帝问题上持何种信念,会影响你的行为还有面对生活的态度。如果你试图避免考虑宗教抉择,其实就是默认以上帝不存在的方式过自己的生活。因此,在这个问题上,你是被强制地作出抉择。

最后,你的抉择既可以是重大的,也可以是非重大的。詹姆斯认为,非重大的抉择是指机会并非唯一,赌注微不足道,或如果一旦被证明出错,还有机会修改其决定的抉择。照此标准,你周末看哪一部电影就是一件微不足道的事情。当抉择可以避免时,詹姆斯有可能赞同克利福德的建议,即在我们没有获得更多证据之前,暂且不要付诸信仰。如果是非重大的抉择，我们也不需要用太多时间去思考它。然而，詹姆斯论证道，只要认真考虑一下宗教信仰问题（这于我们而言是一个有生命力的抉择），就会发现这是一种强制性的重大抉择。但问题在于，詹姆斯并不认为理性能够为我们的决定提供充足的证据。因此，当所要作出的决定符合这三条标准（有生命力的、强制性的、重大的），且我们不能有客观、理性的确定性时，就有权信仰那主观而实用主义地诉诸的东西。

引自威廉·詹姆斯

《信仰的意志》[16]

我所捍卫的观点简单地说就是：我们情感的本性不仅仅可能合法地，而且是必然地，决定了命题之间的抉择，无论何时，真正的抉择按其本性都不可能建立在理智的基础上；因为在这种情势下，说“不做决定而让问题搁在那里”，这本身就是一种情感的决定——正像决定是或否一样——并同样要冒失去真理的风险。

詹姆斯接下来指出，每一个认知者都面临两个责任：“我们必须认识真理，我们必须避免错误。”但这两个责任并不是陈述同一个戒律的不同方式，因为在两者之间作出的不同选择会引发不同结果。如果一位科学家在寻求真理的过程中愿意冒出错的危险，他就会耗费数年去证明他希望和猜测为真的那个假想。那些伟大的科学发明都是由这样一些研究者作出的，他们愿意大胆地追求真理，即便一开始并不完全地肯定自己是否走上了正确的道路。然而，如果一位科学家的基本原则是不要犯错，他便会从事那种肯定会得出结论的研究，并且避免将自己的时间耗费在即使有一丝错误可能的假想之上。詹姆斯说，克利福德所持的便是后一种观点，即避免错误是人生的终极信条，同时克利福德还建议我们在尚不确定的事情上要悬搁判断。对此，詹姆斯的回应是，如果我们的选择是强制性的和重大的，而且它有可能使我们获得真正重要的知识，并由此带来巨大福利的话，那么冒险犯些错误就是微不足道的了。

> 这样一来，我们看到，首先，宗教是作为一种重大的抉择提供给人们的。即使现在，我们还被认为由于信仰而得到了并由于不信仰而失去了某个极为重要的善。其次，就善所涉及的范围而言，宗教是某种强制性的抉择。我们不可能通过保持怀疑和等待更多的圣灵之光来逃避这个问题。因为，如果宗教是不真实的，我们还是用这种方式避免了错误；但如果它是真实的，那么恰恰就像如果我们积极地选择了不信仰一样，确定无疑地，我们就失去了善……怀疑主义并不是对于抉择的避免，它作出了进行某种特殊冒险的抉择。宁可冒险失去真理也不愿冒险犯错误——这就是你们这些否定信仰的人的确切主张。就像信仰者一样，否定信仰的人也在玩他的赌注，他支持反对宗教假设的战斗，正像信仰者支持宗教假设抵御他的进攻一样。鼓吹怀疑主义是我们在宗教的“充分证据”被发现之前的一种义务，这因此等于说，在面对宗教假设时，屈服于犯错误的恐惧比屈服于对于这一假说可能成真的希望来得更聪明、更好一些。因此，这种理智并不反对一切情感，它只是用一种情感来制定自己的法则。的确，这一情感的最高智慧又是凭什么得到保证的呢？……
>
> ……因此，拿我来说，我不可能接受追求真理方面的不可知论原则，或任意地答应把自己的意志本性排除在外。我之所以不能这么做，是由于一个简单的理由：如果那样的一些真理

确实存在，而某种思维规则却绝对禁止我们承认它们，这种思维规则就是非理性的。不论那些种类的真理实质上可能是什么，对我来说，这就是关于这种情况的形式逻辑的要点。

停下来，想一想

你认为哪种原则能作为我们生活的最好的指引？

- 克利福德的原则：信仰我们确知为真的东西，即使冒着失去真理的风险，也比犯错更好。
- 詹姆斯的原则：信仰是有可能给我们带来最大善的东西，即使有犯错的危险，但总比失去真理要好。

索伦·克尔凯郭尔(Søren Kierkegaard，1813—1855)

在第一章的开篇部分，我便讨论过克尔凯郭尔。当时我指出，其哲学理念在于寻求自我理解。尽管克尔凯郭尔的思想中充满基督教视角，并且认为信仰优先于理性，但他的多数论述都可以超越宗教信仰本身，并扩展到人与世界关系的所有方面。正是基于这一原因，克尔凯郭尔的存在主义不仅对宗教哲学家和神学家有所影响，对无信仰者同样如此。

克尔凯郭尔的生平

克尔凯郭尔生于丹麦的哥本哈根，是全家七个孩子中最小的一个。他的父亲是对他一生产生过重大影响的人之一。他的父亲不仅是一位非常成功的商人，也是一位虔诚的路德宗信徒，然而，这位父亲终生都被一种病态的愧疚感折磨。这种愧疚感来自他道德上的失败，包括他在第一任妻子去世不久便勾引年轻女仆的事

索伦·克尔凯郭尔

情。有鉴于此，他给自己的儿子以非常严苛的宗教教育，希望这样的悲剧不再发生在自己的儿子身上。

为了取悦父亲，克尔凯郭尔 17 岁的时候进入哥本哈根大学学习神学。不过，他很快发现自己对神学并不感兴趣，转而研习哲学和文学。克尔凯郭尔背离了他认为几乎是疯狂的宗教教育，大多数时间都用来喝酒、开派对，并且高调出入剧场，以强化他放荡不羁同时又颇具教养的公众形象。尽管从表面上看，克尔凯郭尔的生活是各种派对，但其内心中却充满着绝望和自我毁灭。直到他的父亲 1938 年去世之前，克尔凯郭尔才与父亲和解。作为儿子，他开始意识到，父亲严苛的宗教教育其实完全出于对他的爱，希望他不再遭受自己曾经历过的忧郁和愧疚的折磨。出于对父爱的全新理解，克尔凯郭尔回归基督教，再次开始学习神学，并且成为基督教世界当中最富激情的作家。

克尔凯郭尔后来的生活全都奉献给写作文学、哲学和神学作品。尽管这些作品呈现出不同风格，题材跨度也很大，但全部都是用来召唤个人去过一种真实、充满激情和诚实的生活，并且反对从建制或抽象物中寻求意义和认同。在以此宣教的过程中，克尔凯郭尔发现自己终生都在与通俗刊物和丹麦官方教会进行激烈斗争。他谴责报刊通过塑造匿名的、无个性的抽象“大众”而破坏个人认同，倡导平庸与不真诚。对于教会，他也有同样的批判，认为它将真实的基督教转变为舒适的、理所应当的文化建制。在生命的最后阶段，他几近破产，身体状况非常糟糕。1855 年 11 月 11 日，克尔凯郭尔离世，时年 42 岁。

真理与主观性

真理是客观的还是私人的？拥有一些对你的人生毫无影响的真观念，这是否可能？获得正确的知识或者作出正确的决定，两者哪个更难一点？克尔凯郭尔的回答是：

> 我真正缺少的是，清晰地知道要做什么，而不是要知道什么，除非在每个行动之前必须先有一种认识。问题在于要理解我自己，从而看清上帝真正希望我做什么；问题在于要寻找那个对我而言是真实的真理，寻找我能为之生存和死亡的那个观念。[17]

克尔凯郭尔以这样的言辞(他在大学时将这些话写在了日记本里)宣告了他一生的使命。这番简短的言辞中包含了克尔凯郭尔哲学的两个主题：(1) 我们每个人在生命中面临的重要任务是要果断行动、寻求自我理解，而非掌握理论知识；以及(2) 对于世间所有的客观真理，如果我不能从主观上去应用它，如果我不能使它成为“对我而言是真的”的东西，它就是无用的。

克尔凯郭尔与帕斯卡、詹姆斯的一致之处在于，他们都相信上帝存在的哲学证明从逻辑上看是错误的，因为这样做就是试图通过叠加有限的经验材料和理性去达致无限的上帝。换言之，证明上帝的存在不能通过简单的数字加总。克尔凯郭尔认为，理论论证同样使我们同真实的需求脱离开来。理论(theory)一词来源于希腊语，其词根与剧场(theater)一词相关。当身处剧场之中时，我们作为观众从远处观看台上的一举一动。类似地，克尔凯郭尔抱怨道，许多人也以超脱的旁观者身份生活，用理论去推测而非切实地融入其中。我们换个比喻，与克尔凯郭尔一样的信仰主义者相信，那些为上帝存在提供理性证明的人的做法，就像在遇到一个即将因饥渴致死的人时，却要为他上一堂关于水的化学特性的课一样，毫无价值。

克尔凯郭尔对帕斯卡和詹姆斯的下述观点也表示认同，即在宗教信仰问题上不可能持中立姿态。但相比而言，克尔凯郭尔更像是一位信仰主义者，他相信信心乃是信仰的力量源泉，而不是能在信与不信之间维持某种平衡状态的东西。事实上，他认为信仰不仅能够超越理性，而且在很多时候相悖于理性。当信仰与理性相冲突时，信仰总是拥有优先权。因此，将信仰建立在信心基础上，可以帮助我们克服任何理性设置的障碍和异议。

克尔凯郭尔的作品非常难读，因为他相信真理只能间接地传播。因此，他很少将自己的观点直接地呈现出来，而是使它们悄悄地接近你。他不断使用类似化名、反语、幽默、讽刺、比喻的文学手法，以及一些思想实验等，来表达自己的观点。也许呈现克尔凯郭尔宗教信仰观的最好方法就是从他的相关文本中摘录出一些短小精悍的段落。在第一部分引文中，克尔凯郭尔确信宗教信仰不能以客观论证为基础。如果我们对某个结论作出理性论证（例如毕达哥拉斯定理），这意味着我们知道它，但对它却没有任何信念。但是信仰上帝必须是自由选择的结果，不能被逻辑强制，这是一种主观承诺，而非客观真理。由此，克尔凯郭尔有时会将宗教信仰看作是达到了一个更高存在阶段的“信心的跳跃”。请注意下述段落中，他在信心路径和理论推理路径之间设定的那种张力。

引自克尔凯郭尔

节选

因为如果上帝不存在，当然便不可能得到证明；而如果他确实存在，那么去证明就是一件愚蠢的事情。

没有任何其他通往信仰的道路。如果一个人不想冒风险，

> 那么他肯定还需要知道在进入水中之前是否可能学会游泳。
>
> 信仰并非一种知识形式，它是一种自由的行动，是意志的表达……信仰的结论是根本没有什么结论，只有一个决心，并因此而排除了怀疑。[18]
>
> 真理是一种客观的不确定性，人通过内心最真挚的热情去获取它，并将之紧紧抓住，这种真理就是一个存在着的人所能达致的最高真理……
>
> 但是上述有关真理的定义并不能用于表达信仰。没有冒险便没有信仰。信仰恰恰是个人内在性的无限热情和客观的不确定性相冲突的结果。如果能够客观地把握上帝，我就不会去信仰，而正是因为做不到这一点，我必须信仰。如果我希望使自己保持信仰，就必须决心一直持守客观的不确定性，即便在7万英寻①的深水面前，仍旧能够持有自己的信仰。
>
> 任何近乎可能或可能或极其可能的事情，都是能够近乎知道或知道或者完全可以知道的东西——但不可能去信仰。[19]

在下面的段落中，克尔凯郭尔继续这一主题。他说基督教并非能够通过哲学家的思辨的、抽象的推理而被客观把握的东西。相反地，它必须被主观地信奉，因为我们只有在激情中才能了解真理。在第一段的最后部分，克尔凯郭尔指出只有在“特定环境之下”才能找到真理。这个条件便是原初的诚实与灵魂的真正渴求。自鸣得意之人将会被关在真理的大门之外，并且无法寻找到它。克尔凯郭尔想要指出，有些时候结果的获得(比如字谜的解答)并不需要身体力行的百般努力(你可以在书的背面找到答案)，然而，对于生命中的许多目标(譬如身体健康)来说，你又必须借助某些过程才能够实现(锻炼)。克尔凯郭尔相信，自我理解(或者如他所

---

① 1英寻等于6英尺，合1.828米。

说,“成为你自己”)就是这样一种结果,唯有经历艰苦的主观内化过程才能获得。在下面部分的最后一段,克尔凯郭尔表达了自己的信念:当我们站在那个知晓我们到底是谁的无限的上帝面前时,才可以在真正意义上理解真实的自己。

思辨哲学家……提议从哲学的视角对基督教进行沉思……思辨哲学家对基督教进行沉思,目的是要用他自己的思辨思想理解它,当然要用他地道的思辨思想。但是,假设这整个过程是一种幻想,一种纯粹的不可能性;假设基督教是主观性,是一种内在的转变,是对内在性的实现,那么只有两种人知道它:一种人对永恒的幸福有无限热情的关注,并将他们自己的幸福建立在与基督教的信仰关系之上;另一种人则拥有相反的热情,但的确是一种热情,一种拒斥永恒幸福的热情——这些幸福的和不幸的热爱者。因此,如果用一种客观的不偏不倚的态度,将会一无所获。同类只有被同类所理解,古老的原则——即无论知道什么,总是按照认知者的方式知道——必须被拓展,从而为这样的认知方式留下余地,其中认知者完全不能认识任何东西,或者将他所有的认识变为幻觉。就观察者而言,他必须处于一种特定环境之下,按说,如果观察者脱离了这个条件,他什么也观察不到。[20]

通过成为一个直接面对上帝的自我,这个自我获得了一种新的资质和资格。……通过成为一个以上帝为标准的人类自我,这个自我获得了何等的无限真实![21]

克尔凯郭尔强调,认知真理和依照真理而生活有所不同,前者将真理作为外在于我们而被知晓的东西,后者则将真理看作全面影响我们生活的东西。例如,一个人在理智上接受了一个非常高尚的道德理论,但在日常实践中却可以是一个无赖。客观地看,这样的人了解真理，却不会在主观上依照真理而生活。与之形成对比的是，一个人可以过道德模范式的生活，然而根本无法以命题形式将道德原则表达清楚。这些观点在下述克尔凯郭尔文献的节选中有所展现。

• 在以下段落中，请注意克尔凯郭尔在客观性和主观性之间进行的对比。

> 当以客观方式提及真理问题时，反思便客观地直指真理，此时真理作为对象与认知者直接关联。然而，反思的对象并非这种关联，它关注的是如下问题，即与认知者相关联的是不是真理。如果他所关联的对象是真理，那么主体便被认为处于真理之中。当真理问题以主观方式被提及，反思便主观地指向个体关系的本质；如果只有这种关系模式处于真理之中，那么个体便也在真理中，即使他因此可能偶尔会与那些不真实的东西相关联。让我们以上帝的知识为例。客观地看，反思指向的问题是，这个客体是否为真正的上帝；而从主观层面讲，需要反思的问题在于，个体是否以这种方式关联于某物，而此种方式正是与上帝关联的真正方式。现在，到底从哪一方面可以找到真理？[22]

克尔凯郭尔在一个非常有名的预言中，以更为具体的方式展现了上述观点。他描述了一位拥有正确神学观念却毫无激情的个体，并将其与另外一个人进行对照。后者虽然在神学观念上存在错误，但对自己与上帝的关系却充满激情。

• 在下述预言中，克尔凯郭尔更喜欢谁？为什么？

> 如果有这样一个人，他生活在基督教国家中，其去往教堂——那个真正的上帝的教堂，而且这个人在其知识系统中保

有正确的上帝概念，他祈祷，但却用一种错误的精神祈祷；而另外有一个人，他生活在布满盲信的共同体中，这个人全情投入对无限的祈祷，尽管其双眼仍旧停留在偶像的形象上。此时至真存在于何处呢？一个实际上是在向上帝祈祷，尽管他所礼拜的是一个偶像；另一个错误地向真正的上帝进行祈祷，并因此在事实上也是在礼拜一个偶像。[23]

在基于信仰主义的颇具争议且十分极端的论述中，克尔凯郭尔提出，当我们从理性认识视角看待基督教时，它是荒谬的，而这正展示出理性与信仰之间的张力。由于理性的有限性，它无力借用自己匮乏的范畴系统理解基督教，所以必须在“信心的跳跃”中实现超越。那么，克尔凯郭尔真的认为基督教是荒谬的吗？也许不是。因为在最后的这段引文中，他认为如果从信仰的立场出发，我们将会获得新的理解，而且眼光会更为长远。

因为信仰的对象就是荒谬，它也是唯一可被信仰的对象……基督教将自己看作在时间中形成的永恒的核心真理。它称自己为悖论，对知性而言颇为荒谬，与此相关，它要求个人向内信仰。[24]

当信仰者拥有信仰时，荒谬就不再是荒谬了——信仰已将其超越。[25]

思想实验：客观性与主观性

1. 在生活的其他领域中，我们似乎非常重视理性和客观证据。例如，相比于较少理性支撑的科学理论，那些获得最佳论证和拥有最多证据的科学理论更容易被人们接受。

如果一位政治家能够为自己的经济计划提供最佳论证，那么他一定比无法给自己提供理性支撑的对手更受欢迎。那么，在宗教信仰领域，情况是否应当有所不同？为什么？

2. 正如克尔凯郭尔所言，如果理性在促成我们的宗教信仰方面很少或者干脆没有作用，为什么上帝还要赋予我们理性？

3. 克尔凯郭尔相信基督教是一种悖论，并且对我们的知性而言是非常荒谬的。例如，他相信上帝和耶稣是一体的，但耶稣死去了，圣父却没有。那么，我们如何将这类超越了理解能力的宗教教导与即便是克尔凯郭尔也会加以拒绝的理性矛盾(例如“上帝是好的且上帝不是好的”)区分开来呢？一旦我们超越理性并将其抛弃，难道我们不是也放弃了从无意义的语言中辨别出真理的能力吗？

透过宗教信仰的实用主义和主观证明的镜头看

1. 当决定嫁给某人时，这个决定不也可以被视为理性的吗？但是，嫁给人生挚爱这个决定，是取决于你个人的、主观的考量，而不是取决于普遍的、非个人的、逻辑的论证，难道不是这样吗？你生命中许多被证明为合理的决定，不同时也是个人的和主观的决定吗？就这些问题，你得出的结论如何应用到帕斯卡和詹姆斯关于宗教信仰的证明中？

2. 如果证据主义者是正确的，那岂不意味着只有能为上帝存在提供哲学证明的人才有权利成为信徒？将宗教信仰的权利限制在理智者的范围内，这不是很奇怪吗？如果有一个人格化的上帝存在，那么设想通过私人性、个体性途径去发现他，而非通过非私人性的、理性的论证去发现他，难道不也是合理的吗？克尔凯郭尔会怎么说?

检视宗教信仰的实用主义和主观主义证明的优缺点

正面评价

1. 生命中的任何评价都要建立在理性论证的基础上吗? 何为理性的决定? 是否所有决定都可以理性为基础,而不用设想我们试图去证明的是什么? 我们是否可能借助一些科学方法去证明我们对科学方法的信任,同时又不会陷入循环论证呢? 在这些例子中,对于我们要成为什么样的人、过怎样的生活,我们不也是在作一个主观决定吗? 在帕斯卡、詹姆斯和克尔凯郭尔看来,上述过程与我们决心成为宗教信徒的过程不是一样的吗?

2. 假使我们得出结论说,借助哲学论证,既可以证明也可以反对上帝存在,这两种观点各具说服力但又彼此相斥,这该怎么办呢? 当理性无力帮我们作出决断时,我们又该怎么办呢? 帕斯卡、詹姆斯和克尔凯郭尔说不可能持有中立态度,不也是有道理的吗? 我们必须要作出决定,到底过信仰上帝的生活还是过现实的无神论生活,难道不是吗? 既然如此,如果我们选择的宗教信仰看起来能够提供最有意义的生活,这种选择不也因此得到了证明吗?

> **广场上的哲学**
>
> 选择10个并不介意公开自己的宗教信仰的人进行采访。尽可能使被访者的信仰跨度越大越好。也就是说,不要选择10个有可能给出同样答案的被访者,比如他们都在同一个教堂活动。向每一个人询问如下问题:
>
> 1. 你信仰上帝吗?
>
> 2. 你的理由是什么?
>
> 3. 对于你信仰或不信仰的这个上帝,你有怎样的想法?

4. 什么样的论据或经历(如果它存在的话)有可能改变你对信仰的态度？为什么？

在完成调查并且将其记录在册之后，再回到答案中，看怎样按照前文讨论过的立场或论证将它们归类。是否有人给出的信仰上帝的理由与宇宙论论证、目的论论证或本体论论证相似？是否有人就信仰问题给出的回答与前面谈到的实用主义和主观主义理由相似？在对第 2、4 两项的回答中，有没有人提到过恶的问题，或者不应有的痛苦的问题？对于那些不信仰上帝的人，他们的理由(如果有的话)是什么？在问题 3 上，10 个人的回答有什么重要差别吗？请针对各种回答给出的不同理由进行评价。你认为哪些理由更好？哪些理由最弱？

广场上的哲学

负面评价

1. 采纳宗教信仰的主观主义证明，并想象这些证明正在被应用于以下这些真正的信仰者身上：

- 某个让你去信仰纳粹的人。
- 某个宗教派别的追随者告诉你，如果你将所有家产变卖并加入他们的组织，外星人会用飞船将你带到一个超越星群的世界中，你将在那里获得永生至福。

如果帕斯卡、詹姆斯和克尔凯郭尔的主观主义证明可以为宗教信仰提供充分基础的话，那么他们为什么不能为上面的这些信仰提供合法性呢？

2. 帕斯卡、詹姆斯和克尔凯郭尔是否都面临同一种困境？要么，他们基于一神论是最具合理性的信仰这一事实，坚持一神论是真的；要么，他们不作这种论断。如果不打算论证一神论的真理性,那么他们提供的不过是关于自己的人生旅程的自传而已。既然如此,他们也不过就是在告诉我们:“对于我自己的生活而言,我决定信仰宗教。”那么为何要将这种信仰附加在我们身上?这个问题尤其适用于帕斯卡和克尔凯郭尔,他们都是基督教徒(詹姆斯的宗教信仰不够明确)。他们当然更有可能选择相信基督教是真理,但由于并非所有信仰都是真理,他们必须找到一种方式来确定基督教为真,而其他都不是真。然而,一旦开始证明他们的宗教信仰的真理性,就必须诉诸理性而抛弃非证据主义立场。因此,我们是否可以主张,帕斯卡、詹姆斯和克尔凯郭尔对于宗教信仰的主张是武断的、自传性的呢?如果不能,他们难道不需要为宗教的真理性主张提供某种理性证明吗?

停下来,想一想

回顾一下在本部分和之前部分中谈到的有关上帝信仰的种种理由(宇宙论的、目的论的、本体论的论证,以及实用主义—主观主义的理由)。哪一个看起来最有力呢?你认为每种论证的主要缺陷(如果有的话)在哪里?

4.5 恶的问题:无神论和一神论的回应

引导性问题:恶的问题

1. 如果你是父母,不是会竭尽所能地保护自己的孩子免受不必要的伤害吗?既然世界上有如此多无辜的孩子遭受病痛折磨,怎么能说有一个充满爱的、强大的上帝呢?

2. 如果让你在两个世界之间进行选择,在其中一个世界中人们拥有自由,但同时也有受苦的无辜儿童;在另一个世界人们没有自由，但同样也没有受苦的儿童，你会选择哪一个？为什么？

3. 是否曾经有这样的时刻，当时你经历着看似无意义的痛苦(精神上的或身体上的)，但后来却发现这种痛苦最终是为了实现某些善的意图？

检视无神论：恶的论证

大多数无神论者或不可知论者的基本立场是，上帝的存在缺少证据。而无神论者至少可以为自己的立场提供一个非常有利的论证：因为世界上有如此多的恶和痛苦，所以不可能有一个全善、全知和全能的上帝。由于世界上存在痛苦和恶的事实难以与上帝的存在相调和，于是便出现了**恶的问题**。一般来说，哲学家们都会区分两种意义的恶。其一是**道德之恶**，指人类(或其他道德主体)应当在道德上为之负责的那些坏的行为和由此产生的不幸后果。例如，撒谎、偷窃、谋杀、强奸都是人所犯下的道德罪恶，这造成了不信任、贫穷、身体或精神上的伤害等恶的结果。其二是**自然之恶**，指自然原因给人类或动物带来的伤害，比如基因缺陷、疾病、地震、龙卷风等。为了避开无神论者对不融贯性的指责，一神论者必须承担起说明为何上帝允许道德之恶或自然之恶的存在这一重任。

20 世纪法国小说家阿尔贝·加缪(Albert Camus)曾经以文学形式讨论了恶的问题。在《鼠疫》这部作品中，加缪描述了小城奥兰逐渐被流行的黑死病吞噬的故事。由于被外面的世界所隔绝，奥兰城的居民发现他们陷入死亡的囚禁之中，并且因自己和所爱之人缓慢而痛苦的死去而陷入极大的悲痛之中。随着小说情节的展开，这座小城成为人类境况的一个象征，而城中居民的各种反应则折射出他们面对生活的不同态度。小城中的牧师帕纳卢(Panloux)代表了宗教的回应方式，而医生贝尔纳·里厄(Bernard Riux)则是无神论者或不可知论者的代表，他为了减缓病人的痛苦而不知疲倦地工作着。下面的节选始于对一位被鼠疫感染的孩子在剧痛中死去的描述。

引自阿尔贝·加缪

《鼠疫》(*The Plague*)[26]

这时病孩的胃好像被咬了似的,他的身体又重新弓起来,口里发出尖细的呻吟声……经过这阵发作之后,孩子已经筋疲力尽,他蜷缩着他那瘦骨嶙峋的两腿和那两只在四十八小时内瘦得像劈柴的胳膊。在这张被弄得不成样子的床上,他摆出了一个怪诞的、像钉在十字架上的姿势……

帕纳卢看着那小孩因病而污垢满布的小嘴,它在发出那种让人辨别不出年龄的叫声。神父跪了下来,在那连续不断、不可名状的哀叫声中,大家自然而然地听到他用一种有点压低但又很清晰的声音说:"我的天主,救救这孩子吧。"

尽管有神父的祈祷,孩子还在不停地叫喊。不久后,孩子的叫声变得越来越弱,直到归于沉寂。孩子的痛苦总算到了尽头,他的生命完结了。帕纳卢神父和里厄医生带着悲伤与惊恐看着已无生机的小身体,孩子脸上的泪痕还残留着。

当鼠疫第一次发作时,帕纳卢神父还做了自信且充满道德味的布道,他说这场疾病是上帝对小城居民原罪的审判。然而,在亲眼看到这个无辜的孩子遭受的折磨之后,他的态度改变了。他的布道不再自信,并且说我们无法理解这些痛苦的理由,只是仍需坚守对上帝的信仰。下面这一段就是他的结束语。

我们只要能开始在黑暗中略为摸索地前进和力争做些有益的事就行了。……

"我的兄弟们,……对天主的爱是一种艰苦的爱。要具有这种爱,就要具有一种彻底的忘我精神和一种无视个人安危的气魄。而且,也只有有了这种爱,才能从精神上抹掉孩子的痛苦和死亡;在任何情况下,只有具有这种爱,才能使死亡成为必不可少的,因为人们不可能懂得死亡,只能去求得死亡。"

医生里厄对世间痛苦的回应则代表了另一种态度。在整部小说中,里厄都在冒着生命危险护理这些鼠疫患者。然而,与帕纳卢不同的是,里厄认为在无辜民众的痛苦与全善之上帝的存在之间根本无法达成和解。当一位朋友询问里厄,为什么他不信仰上帝,却又能够无私地奉献自己时,里厄答道,如果他相信天主是万能的,他将不再给人看病,而让天主去管就好了。但里厄抱怨道,世界上没有一个人会相信这样一位天主,即便帕纳卢也不会相信。没有一个人肯如此死心塌地委身于天主。因此,里厄没有选择相信天主并且让事情顺势发展,他将自己的工作归结为"同客观事物作斗争"。

聚焦

达尔文与恶的问题

著名的进化论者查尔斯·达尔文原本是一神论者,但他后来逐渐地抛弃了自己的宗教信仰,成为不可知论者。促使达尔文放弃宗教信仰的一个明显原因便是他在自然研究中遇到的恶的问题。在他写给朋友的一封信中,这种怀疑情绪已经表露出来。他写道:"我不能像其他人一样——我倒是希望自己能够那样——明白地看到神圣设计和全善的证据。在我看来,世界中有太多不幸了。我不能说服自己相信,一个慈爱的和全能的上帝竟然会故意造出姬蜂这个物种,用于喂饱那些毛毛虫们,或者造出猫用于戏耍老鼠。"[27]

在男孩去世之后，帕纳卢试图安慰医生，承认他们目睹的一切已经超越了人类的理解能力，但帕纳卢接着说："或许我们应该去爱我们不能理解的东西。"对此里厄给出的回应是：

> "不，神父。我对爱有另一种观念。我至死也不会去爱这个使孩子们惨遭折磨的上帝的创造物。"

停下来，想一想

你会如何回应孩子的死亡？你会同意帕纳卢神父还是里厄医生？或者还有第三条道路可以选择？

基于恶的论证方案

就像加缪笔下的那个男孩一样，为什么无辜之人要经历显然是无意义的痛苦？为什么上帝不能像牧师在祷告中所期待的那样，使这个孩子免受死亡的痛苦折磨？如达尔文所言，为什么自然中有如此多的恶？加缪的故事和达尔文的陈述都指明了恶的神秘性及其悖论，包括恶的问题。我们可以借助下述四个命题更清晰地阐明恶的问题，而这些命题都是传统的一神论者试图确认的。可是，似乎很难将这四个陈述调和起来：

1. 上帝是全善的。
2. 上帝是无所不知的(全知的)。
3. 上帝是无所不能的(全能的)。
4. 恶存在。

相比于"鲍勃是个单身汉"和"鲍勃是一位丈夫"这对矛盾命题，以上四个陈述间的矛盾显然还不够明显和突出。因此，要得出上帝不存在的结论，无神论者必须增加一个前提，以使这个论证更为完善。

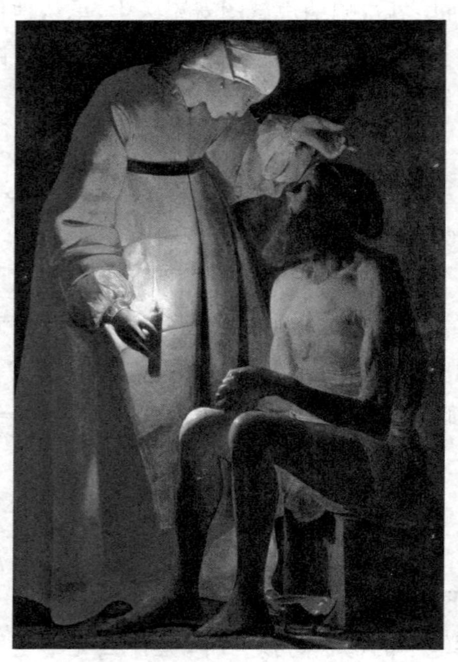

乔治·德·拉图尔(George de La Tour)《约伯和他的妻子》(*Job and His Wife*),17 世纪 30 年代早期。
长久以来,人们都将约伯那令人动容却又搅扰人心的故事看作恶的问题的一个生动案例。故事中,上帝剥夺了约伯的财富、家庭,使他备受痛苦毒疮的无情折磨。尽管约伯的三位朋友都认为,他的苦难必然源于其隐匿的罪行,但约伯一直以来都是上帝的忠实仆人。最终,在面对无法理解的种种境况时,约伯只是简单地选择接受全知、全善和全能的上帝。不过,那个纠缠不清的问题仍然存在:“如果有一个(依其所说)全善和全能的上帝统治着这个世界,为什么好人身上会发生坏的事情?”这就是无神论者提出而一神论者又不得不回答的问题。

5. 如果上帝存在,而且是全善、全知、全能的,那么世界上应当没有恶。

6. 因此,上帝不存在。

这个论证是有效的。因此,如果你承认这个前提,就必须接受结论。不过，如果你认为这个结论是错误的，那就至少要否认前面五个前提中的一个。让我们考察一下这些前提，看看一神论者会作出怎样的选择。

停下来，想一想

如果你是个一神论者（至于你到底是不是，无关紧要），为了反驳“上帝不存在”这个结论，你认为应当否认五个前提中的哪一个？为什么最好否认那个前提？否认那个前提意味着什么？要说明这个前提是错误的，还需要进行怎样的论证？

对恶的论证的宗教回应

一神论者的一般策略

绝大多数一神论者都不会否认前提 1、2 和 3。这三个前提构成了传统的上帝概念的核心内容。如果上帝在全知、全善、全能这三个方面中的任何一个存在缺陷，这就等于说，它不是上帝，而是一个没有用的、不值得崇拜的小神祇而已。不过，如果你能够否认这个前提中的任何一个，问题就可以得到解决。比如，古希腊人就是多神论者，他们的许多神都是邪恶、心胸狭隘和充满报复性的，他们并不拥有善的品质。既然如此，希腊人便否认了前提 1（上帝是全善的），所以他们不难理解恶的存在。希腊人的典型观点是，世界上的那些坏的事情，其出现或是源于无法控制的命运，或是源于一个乃至许多心胸狭隘的神的作为。

许多哲学家通过论证上帝的知识的有限性来否认前提 2（上帝是全知的），或者将其弱化。[28] 他们认为，上帝的有限性在于，他无法知道关于未来的完美细节，因为未来尚未发生，并且这些尚未发生的事件在某种程度上是由自由个体(譬如我们)的选择决定的。但是单凭这点无法将问题完全解决,因为即便上帝无法预知将要发生的恶,但对于那些已为人所知的恶,他应当可以予以阻止或者将其彻底消灭。譬如,当纳粹明确提出统治世界的计划时,为什么上帝不能让他的坦克和毒气室发生大规模的机械故障,从而阻止大屠杀的发生?

另外一种非传统的观点,就是否认前提3(上帝是全能的)。密尔(John Stuart Mill)、威廉·詹姆斯,个体观念论者(personal idealists)布莱特曼(Edgar S. Brightman),以及过程哲学家怀特海(Alfred North Whitehead)、哈特肖恩(Charles Hartshorne)、柯布(John Cobb)、格里芬(David Ray Griffin)等人都对这种做法有过探索。类似的观点还出现在畅销书《当好人遇上坏事》(*When Bad Things Happen to Good People*)中,作者是位名叫库什纳(Harold Kushner)的拉比,他在书中论证道,上帝并未完成他的创造工作,它正与我们一起努力,使世界变得更好。[29]若自然和人类拥有任何一点自主性和能力,上帝在消除恶的事情上就会受到限制。

在讨论上帝的力量时,有一点尤其值得注意,这便是,即使是那些传统的基督教思想家,也从来没有将"上帝是全能的"同"上帝可以做任何事"相等同。无疑,整个恶的问题都建立在如下观念之基础上,即上帝不能制造那些完全是不公正的、不可救药的恶,因为这种行为会与他的本性相悖。因此,上帝不是任何事情都可以做的,因为他不能违背自己的本性行事。然而,这几乎不会造成对上帝力量的限制。此外,多数传统的哲学家和神学家都认为,上帝不能做逻辑上不可能的事情。例如,他就不能做下面这些事情:创造一个圆的方,让1加1等于3,制造一个他自己都无法举起的石头,或者使自己不存在。既然所有这些观念都是无意义的,那么说上帝无法制造出这些东西也不会成为对其理智能力的一种限制。如果上帝可以做这些逻辑上不可能的事情，那么他就能够同时既是善的又是恶的，而谈论上帝也就变得不再可能了。断言上帝无法做逻辑上不可能的事情是十分重要的，因为在回应恶的问题时，这个论断发挥了重大作用。

那么前提4“恶存在”又怎么样呢？许多亚洲宗教认为，恶只是一种幻象。这个结论应当可以解决问题，但许多人认为，加缪小说里描绘的那个无辜儿童在现实生活中遭受的痛苦是如此逼真，以至于根本无法将其当作幻象。不过，早期基督教思想家圣奥古斯丁（354—430）虽然没提出恶是幻象的观点，却主张恶缺乏独立的、实质的现实性。他说，上帝创造的所有东西虽然都是善的，但善的东西都可以堕落。因此，恶是消极的，它是善的缺场。正如影子自身并不具有独立的现实性，而是光的缺场一般。因此，通常那些被我们看作是恶的东西，只是因为它们缺乏上帝的善而已。不过，即便如此看待恶，我们同样可以追问，为什么上帝会允许善缺场呢？对于多数一神论者而言，拒绝恶的现实性似乎并不是解决问题的好办法。疾病、龙卷风造成的毁坏、地震以及世间其他可以引致痛苦和苦难的状况，看似都是一些毫无来由的、残忍的恶，可是如果一神论想要变得可信，这些恶就需要得到解释。

前提5，即认为一个全善和全能的上帝应当阻止恶或者消除恶，这似乎是传统的一神论者发起回应的起点。上帝之所以允许特定的恶存在，也许是因为以这种或那种方式，恶是必要的或者在道德上是可证成的。事实上，大多数意在为恶的问题提供解答的一神论者都意识到诸如疼痛等恶存在着（他们接受前提4）。但是，他们力图以某种方式表明，即便对一个善的和有力量的上帝而言，这些恶都有正当理由或者是不可避免的（他们拒绝前提5）。这种论证方式被称为**神正论**，它为上帝允许世间的恶的存在提供辩护。因此，许多神正论者对前提5进行修改，并由之论述道：“如果上帝存在，并且他是善的、全知的和全能的，那么世界上就不会有无法被证成的恶。”他们接着辩护道：“这个世界上不存在无法被证成的恶。”正是以此方式，神正论者试图向人们展示，恶的存在或苦难的存在不会损害上帝的存在。一神论者有关恶的问题的两个最为普遍的回应来自著名的“更大善辩护”和“自由意志辩护”，我将对每种策略进行讨论。但在此之前，先进行如下思想实验。

思想实验：恶的原因

阅读下述案例，并预测可能出现的结论：

1. 想象这样一个时刻，你有意地做某件事或进入某种情境之中，而这会导致你（或者你爱的人）遭受痛苦。这种痛苦可以是身体上、精神上的，或者是其他一些不愉快的经历。当然，你并不希望自己或者他人承受这些，但你还是允许这些遭遇的发生，因为你知道好的事情最终会出现。那么，在何种意义上，你会认为制造出这些痛苦或者允许这种痛苦的出现，可以被证明为合理的且无法被阻止的？

2. 假设你是一位对孩子有着极大控制力的家长，你可以让他们的行为变得有道德和负责任。比如，你可以强迫他们清理自己的房间、做家庭作业并且禁止他们说脏话。但是，你是否可以强迫他们，使他们想要去做这些事情，就好像做这些事出于他们的自由意志那样？你是否不仅能强迫他们去做善的事情，还能强迫他们渴望去做在道德上善的事情，即便是在你不在他们身边或者没有奖励和惩罚的情况下？如果你无法迫使他们渴望去做善事，那么又怎能将他们朝这个方向引导呢？

- 这两个思想实验是如何与恶的问题关联在一起的？

更大善辩护

上帝之所以允许某些恶存在，是因为这对于获得更大的善而言是必要的。这就是**更大善辩护**。这个辩护假定：(1) 为了获得特定的善的目标，某些恶的存在是必要的，(2) 获得的善大于恶，以及(3) 如果不是因为包含着这些恶，同样的甚至更多的善就无法获得。可以用一个简单的例子阐明这一点。当我和妻子第一次带着初生的孩子找医生检查时，儿科医生给孩子注射了疫苗，这会使他对各种造成儿童死亡的疾病形成免疫。孩子当然不知道这是在做什么，他因为疼痛而尖叫，并且似乎在用眼睛跟母亲说："我把所有的信任都给了你，你却背叛了这种信任，将我置于这折磨人的房间中，并且让那个坏人在我的屁股上扎针！"为什么我们让自己的孩子遭此痛楚？我们并不愿意让他受痛，他的哭声令我们难过，但我们知道，只有经历这种痛苦，才能获得更多健康。因此，依照上述三重标准，疼痛这种恶便被证明为正当的。

在这个例子中，父母清楚地知道在痛苦和由之而来的善之间的交换关系，但孩子并不清楚。我们也可以有类似的想象，如果存在上帝，那么我们就像那个孩子一样，因为没有更宏观的视野，无法理解经历这些痛苦其实是为了避开更大的痛苦(一种致死的疾病)。许多一神论者会借此回应恶的问题。他们说上帝的视野和我们的视野之间存在着无限的差距。尽管我们有充足的理由去信仰上帝，但却无法说明或理解为什么会有恶的存在，它将永远都是一个谜，我们要做的只能是报以信任。另外一些一神论者已经开始寻求某些解决方案，说明上帝允许恶的出现在道德上是可证成的，就像妻子和我让孩子经受短暂的疼痛是可以被证成的一样。不过，这些一神论者还是承认，我们无法为得到上帝允准的每一个遭遇提供理由。

聚焦

古代中国的寓言——这一切的意义是什么?

从前,有一位老人,他的所有财产就只有一匹马。一天,这匹马忽然逃到了山中。他的朋友和邻居劝慰他说:“老人家,你的运气可太坏啦!”老人回答说:“谁能说,这到底是好运气还是坏运气呢?”一周之后,这匹马竟然回来了,并且还将山中的一群野马带了回来。老人的财产瞬间大大增加,无法估量。朋友和邻居来到老人家中为他庆贺,说道:“老人家,你这是多好的运气啊!”老人仍旧重复说:“谁能说,这到底是好运气还是坏运气呢?”第二天,当老人的儿子试图驯服这些野马时,其中一匹马将他甩了出去,摔断了他的腿。老人的朋友和邻居再次前来安慰,说道:“老人家,你的运气可太坏啦!”老人再次回应:“谁能说,这到底是好运气还是坏运气呢?”再一日,军队进驻村子,强令村中所有的年轻人参加一场残酷的战争,几乎没有人能活着回来。不过,老人的儿子并没有被军队带走,因为腿瘸了,他被允许留在家中休养。朋友和邻居来到老人家里为他贺喜,说:“老人家,你这是多好的运气啊!”老人家回答道:“谁能说,这到底是好运气还是坏运气呢?”

- 纯粹为了娱乐一下,你能否将这个故事继续编下去?
- 对于现实生活中的许多事情,我们能否知道最终结果?
- 这个故事与恶的问题有何种关联?
- 从这个故事中,你可以引出下述两种观点的哪一种?为什么?

1. 我们所经历的痛苦本身都有其目的,即便那时我们还不知道目的为何。

2. 生活总是模棱两可和无目的。无论好的事情还是坏的事情,其发生总是出于偶然,因而就其发生而言,并没有任何意义。我们从来不能指望知道事情的结果会是怎样。

在更大善辩护进一步展开时，一神论者形成了这样的观点，他们认为，例如勇气、同情、坚忍、宽容、自制等作为人之品质，尤其是可锤炼人性之品质的道德上的善，若不是因为世间的恶的存在，则无从显露。缓解、抵抗和战胜恶的过程，不仅是帮助周围的人和使世界变得更好的过程，同样使我们自己变得更好。但上帝不能将已然整全的道德品格直接赋予我们，从而省去与恶作斗争的过程吗？奥尔德斯·赫胥黎(Aldous Huxley)的未来派小说《美丽新世界》(*Brave New World*)对这个问题给出了有力的回答。赫胥黎描绘了这样一个社会，其中所有的罪恶、痛苦以及社会中的一切负面特征都被消除掉，它的居民都是模范市民，拥有无上的快乐。然而，这个社会并没有因此成为理想中的天堂。相反，由于所有结果都是由行为限定(behavior conditioning)和一种名叫“索麻”(*soma*)的麻醉药所引致，社会变得非人化。“美丽新世界”的主事官这样说明这个社会的好处：

> 总是有索麻来平抑你的愤怒，使你与你的敌人能够重归于好，使你拥有耐心和坚忍。在过去，你只有奋尽全力且经过许多年艰苦的道德训练，才能达到这一境界。现在，只要吞上两三颗半克的索麻，就能帮你实现了。现在每个人都可以变得高尚。你可以用一个瓶子随身携带你至少一半的道德。没有眼泪的基督教——这就是索麻。[30]

思想实验：手段与目的

假设通过吃不同的药物，你能够使自己立刻变为道德上的圣者、娴熟的钢琴演奏家、成功的运动员(且体育项目任你选择)、全优生或者伟大的艺术家。无疑，这些成就足以让你获得公众的赞美、名望、财富以及其他好处。然而，你觉得自己配得上这种赞美吗？在想到自己如何获得这些成就时，你是否还会感觉良好？在我们的生命中，有价值的是否只有结果，还是说获得这个结果的手段和过程也同样重要呢？吞下一颗使你变得高尚的药片，你会真的变得高尚吗？还是说在道德成就中，必然要包含努力和奋斗？

约翰·希克(John Hick)的更大善辩护

如果说《美丽新世界》中使人立刻高尚起来的药片似乎不太能解决问题的话，那么你可能会欣赏基督教神学家和哲学家约翰·希克对恶的问题的解决方案。约翰·希克生于1922年，他在爱丁堡大学、牛津大学和剑桥大学接受过教育。1994年退休之前，他一直担任克莱蒙特研究生大学丹福思宗教哲学讲席教授。希克于2012年去世。在宗教哲学领域，约翰·希克出版了一系列颇受赞誉的作品。在神学历史中，他发展出了一个“少数派观点”(minority report)。其基本主张是，上帝在最初创造人类的时候，为了使这个作品完满，还留下许多工作有待完成。然而，这些工作不能由上帝一个人完成，我们自己也要参与这个过程。利用更大善辩护，希克论证道，如果不让我们与恶相抗争，使我们忍受苦难的话，即便上帝也不能完成这项工作。人类历经艰辛、勉力抵达其理想状态的过程，被希克称作“灵魂塑造”(soul-making)。

- 在下面的段落中，什么是希克所讲的“对神圣的全能力量而言是简单易行的”事情？
- 什么是“不能由那种全能的力量去完成的”事情？

引自约翰·希克

《恶与仁爱的上帝》(*Evil and the God of love*)[31]

少数派观点并不认可下述主张,即人是上帝已然完成的作品。就人的存在这一层面而言,上帝已经完成了它的神圣意图,将人塑造为有限的完美存在者,之后它便放手不管了。实际情况是,人类仍处于创造过程中……

以上帝形象为蓝本而创造的人类,只能作为上帝创造性工作的原始材料部分,有待更艰难的打磨过程。人类首先是一个相对自由、自主的个体,通过处理他被置于其间的世间事务,使有限的自我更趋近于上帝的形象……

希克相信,上帝造人的第一阶段事实上经历了一个长期演化过程。这一阶段形成的不仅是生物学意义的人,而且使人具有精神性,譬如在道德上负责任的能力,从而使人与他的创造者之间建立起个体关联。希克认为这对于“全能的上帝而言是简单的事情”。

- 在下述段落中,希克认为上帝不能完成哪些事情?为什么?

不过,总起来看,创造的第二个阶段就颇为不同。它不能借由全能的力量完成,因为个体生命根本而言是自由的和自我导控的。这种创造不是借助神圣命令便可以完善化,它要求被置于世间的人类个体通过与其创造者的非强制的响应和自愿的合作来实现。人类最终有可能成为完美的个体,亦即《新约全书》中所说的“上帝的儿女”,但并非一开始就被创造成这样。

- 如果一个人是被迫做对的事情,他可以因此被视为一个好人吗?还是说,若要成为一个道德高尚的人,他的正确行为必须是自由选择的结果?

• 你是否认可希克的观点，即，即便是全能者，也不能在赋予他们自由的同时又强迫他们做道德上正确的事情?

许多学者因为对上帝的神圣目标存在错误认识，导致他们以恶的问题反驳一神论者。希克对这类观点加以审视。这些学者认为，慈爱的上帝必会为人类创造出一个享乐的天堂，那里没有艰辛和困扰。但这是豢养宠物的做法。我们希望宠物尽可能地舒适和快乐。然而，这种环境对于将人类塑造成完满的存在者而言几乎没有任何价值。事实上，我们需要的恰恰是一个充满挑战的世界，并且应当承受道德上的挣扎。唯有在这样的世界中，通过自由选择，我们才能成为真正成熟的道德存在者，从而将自己作为“上帝的儿女”的潜能充分释放出来。

上帝于我们而言，并不是一个要为自己的宠物创造尽可能舒适和愉悦环境的主人。上帝更像是我们的父母。一对真正爱孩子、希望孩子能够全面发展的父母，不会将快乐作为孩子人生中的最高价值。当然，父母的爱意会表现为使子女拥有适当的快乐，并为他们创造快乐的体验。但是，正如希克所言：

> 我们不会以在成长中可能获得的更高价值为代价，譬如正直、慷慨、同情、勇气、幽默、对真理的敬畏以及或许是最重要的爱的能力等，以换取快乐。

阅读下面的段落，结合希克论证的基本宗旨，谈谈你对“灵魂塑造说”的理解。

> 如果说在上帝为其造物所设定的目标与慈爱和明智的父母为其子女所设定的目标之间真的有什么可比性的话，我们必须意识到，这个世界存在的最高目标并不是快乐的在场和痛苦

的缺场。事实上,这个世界必须是灵魂塑造的场域。不能根据在任何具体情境下出现的快乐与痛苦的数量对其价值进行判断,重要的是这个世界是否能够与最高目标——灵魂塑造——相契合。

• 在希克看来,在上帝允准我们经受痛苦时,我们会得到的更大的善是什么?

思想实验:灵魂塑造

假设你不得不选择两人之一作为室友。第一个人成长在一个富裕家庭中。孩童时代,她/他可以得到任何想要的东西。她的父母给她提供昂贵的礼物、衣服、马匹和车子。他们从不对她说不。她也从未经历过失落、悲伤或者挑战。生活于她而言总是轻轻松松。由于这些童年经历,她变得冷漠、骄傲、毫无责任感。第二个人的生活环境十分艰辛。在还是孩子的时候,她就必须帮忙挣钱养家。她经历过贫穷、疾病以及亲人的离世。不过,因为她的执着、坚毅、忍耐和持守的希望,她战胜一切活了下来。通过这段经历,她相信可以凭借自己的能力克服任何困难,在最坏的环境下她也十分乐观和快乐。而且,由于这段奋斗历程,她变得仁慈、富有同情心、善解人意。

• 你认为谁可以成为更好的室友?为什么?

• 这个例子和希克的灵魂塑造的神正论观点有怎样的关系?

对约翰·希克的批判

约翰·希克的神正论影响深远,但仍被许多人批判。例如,爱德华·H.马登(Edward H. Madden)和彼得·H.黑尔(Peter H. Hare)认为希克犯了“全或无”(all or nothing)的错误。[32]他们承认，如果必须面对某些阻挠和苦难，这当然会使我们变得更好。但希克假定在上帝面前只有两个选择：要么在现实世界中遭受所有痛苦，要么没有任何痛苦。

每一个人都会在某些情况下经历痛苦，但有些人无需经受出现在其他人身上的折磨，就可以成为正直、富有同情心和有道德的人。因此，我们真的需要经历当前所有的痛苦吗？正如马登和黑尔所说：“即使某些不当有的或不必要的痛苦对于培育同情心而言必不可少，但很明显，只需这些痛苦经历中十分微小的一部分，就可以胜任这项工作。”

而且，在很多情况下，苦难非但不能促成人们的“灵魂塑造”，反而会造成“灵魂破裂”。在巨大的痛苦面前，人会被击败，会出现扭曲、泄气，会丧失人性。马登和黑尔由此说道：“必须牢记，虽然不恰当的痛苦可能会引发人们的同情心，但它同样会制造大量的怨恨。这些怨恨经常引发个人对社会的任意报复。由同情心而来的那些好处，很可能统统被怨恨带来的伤害所抵消。”

自由意志辩护

另一种对恶的问题的处理方案就是**自由意志辩护**。它的基本立场是，上帝无法创造出拥有自由意志却又无法作恶的被造物(比如人类)。要记住，当宗教哲学家说上帝无所不能时，他们往往指上帝可以做任何在逻辑上可能的事情。因此，即便我们说上帝无法制造出按既定程序行善的自由的被造物，这也并非是对上帝力量的否定。这样的被造物就像行为良好的机器人，但会与它们是自由的这一预设相矛盾。上帝此时有如下选择：他可以创造出世界 A，其中不存在自由意志，也因此不存在道德上的恶；或者创造出世界 B，个体在其间拥有自由，但也因此允许下述事件发生，即人们会利用其自由作恶。那么，选择哪个世界会更好些呢？我们可以将世界 A 想象为由行为良好的机器人组成，他们在跌倒后会相互扶持，从不破坏彼此的逻辑电路，甚至可以用语音合成器为上帝唱赞歌。然而，正如计算器除了给出正确答案之外别无选择一样，这些实施道德行为的存在者在做好事的时候也没有任何选择。于是，一个消除了恶的世界也因此会失去对上帝和对我们而言同样具有崇高价值的人的自由。

继续这个论证。上帝如果选择创造世界 B，这是一个人们拥有自由选择权的世界。不过，拥有自由意味着我们既可以行善也能够作恶。这样看来，上帝在创造那些自由的行动者时也是在冒险，他显然无法保证我们会选择善而不是恶。就像家长们可以试图影响或说服我们走向正途，却不能强迫我们必须如此行动一样。于是，在我们的生活世界中，人们可以选择勇气、怜悯、宽容、仁慈和爱，并依其行事。但这个世界还包含着另一面，人们同样能够自由地选择相反的行为，他们在道德上可以是恶的，他们卑劣、可憎且具有破坏性。因此，上帝虽不愿看到恶发生，更不会引发恶的行为，但为了让自由的行动者（譬如我们人类）存在，上帝不得不允许恶的行为出现。如果说上帝可以阻止人类历史上那些惨绝人寰的事件（譬如希特勒与奥斯威辛）的话，那么他同时也会将人性的伟大部分剔除掉，譬如在耶稣、佛陀、孔子、米开朗琪罗、列奥纳多·达·芬奇、约翰·塞巴斯蒂安·巴赫、亚伯拉罕·林肯、圣雄甘地、索杰纳·特鲁斯、海伦·凯勒、阿尔伯特·爱因斯坦、马丁·路德·金、特蕾莎修女身上所展现出的。[33]

乍看起来，自由意志辩护似乎是更大善辩护的另一个版本，因为它认为自由意志实在是太大的善，一旦失去它，世界将会枯竭无望。不过，这两种辩护策略仍然不同，虽然它们之间的确具有可比性。其中，更大善辩护指出，忍受恶是为了获得具有更高价值的善。而自由意志辩护则认为，世界会因为自由意志而变得更好，但自由意志也必然使恶的存在成为可能。因此，在后一个论证中，恶是由某种善的东西制造出来的令人遗憾却又不可避免的可能性，而非达到更好的善的工具。另一个不同之处在于，更大善辩护既可以解释自然之恶，也可以解释道德之恶，因为在它看来，无论恶是自然产生还是人为引发的，其中裹挟的痛苦都会引致更大的善。反之，没有痛苦便不会有善的出现。与此不同，自由意志辩护主要说明为何上帝允许道德之恶存在。

批评者指出自由意志辩护的诸问题。首先，自由意志辩护假定，被造物不可能既是自由的同时又无法作恶。这种对自由的独特理解被称作自由至上论，它宣称人既然自由，便不可能出现可预测的甚至确保发生的结果。在第二章，我们对这一立场，以及与之相对的相容论立场都进行过讨论。后者认为，如果我们的行为是由自身的本性而非外在约束所引发，我们便是自由的。因此，如果将相容论对自由的看法运用于自由意志辩护，我们便不得不面对如下问题，为什么上帝不能让我们总是自由地选择善呢？毕竟，上帝既是自由的，同时又具有不作恶的本性。为什么不能让这种特质出现在上帝的造物身上呢？许多关于来世的叙述都提到，人们将会在天堂中享有永福，他们拥有自由意志，但又永远不会犯罪。为什么上帝不让这种生活出现在现世中呢？

广场中的哲学

向10个人询问下述问题：为什么好人没有好报？有多少人在回应时会提到上帝？又有多少人会用到更大的善的辩护或自由意志辩护？对于那些不该有的痛苦，还有什么其他解释吗？你认为哪种回答最无力？哪种回答看起来更为可信？为什么？

对自由意志辩护的第二个回应首先承认下面这一点，即相比于自由意志的完全欠缺，拥有一定程度的自由意志可以使世界变得更好。那么，如果这意味着世界上的痛苦可以更少一些的话，我们是否可以拥有少一点的自由意志呢？例如，我们的社会以允许某些特定类型的恶的存在为代价，来换取人类对自由的持存。在一般情况下，嘲笑别人的长相会在情感上引发对方的不适，但并非会因此犯罪。在选择是否告诉别人可能对其造成伤害或令其振奋的事情时，你是自由的；但是，如果你选择去做一些更严重的伤害行为，譬如对他人施暴且导致他/她的身体受伤时，社会便会出来阻止作恶。为什么上帝不能对人类做同样的事情呢？例如，对于说谎、散布恶意流言、诽谤、偷窃或者其他类似的邪恶行为，上帝可以概不干涉，而将做或不做这一道德选择完全留给人们自由决定。与此同时，对于类似谋杀、强奸、虐童这种严重恶行，上帝便要阻止，甚至使人无力实施该行为。因此，这一批判其实是说，凭借自由行动者存在这一事实，无法为它所导致的所有的道德之恶提供论证。适当的人类自由与适当的道德之恶或许可以使这个世界更好。

自然秩序辩护

更大善辩护可以应对恶的各种形式（自然的和道德的）。这种辩护认为，无论恶的出现是人为原因还是自然原因，由之而来的痛苦都可能造就更大的善。而自由意志辩护则指出恶是不道德的选择酿成的后果，而这种选择源于人类的自由。这个辩护针对的是奴役、谋杀、战争这类恶行，但它又如何解释由自然原因引发的痛苦呢？譬如疾病、龙卷风的破坏力、毁坏房屋甚至毁灭生命的地震（想想阿尔贝·加缪对险恶的鼠疫所引发的痛苦的描述）。

用自由意志辩护解释自然之恶的一种方案是，为了使自由选择存在（无论这种选择是善还是恶），必须有一个确定、可靠的自然因果秩序。C. S. 路易斯在《痛苦的奥秘》（*The Problem of Pain*）一书中就表达了这一观点。C. S. 路易斯（1898—1963）当时是牛津大学马格达伦学院的研究员，尽管发表了许多文学研究作品和小说，但他最广为人知的还是其为基督教所做的辩护。在下述段引文中，路易斯设想，如果自然秩序可以阻止伤害发生，我们的生活将会变得如何。

> 也许我们能够想象这样一个世界，在那里，上帝每时每刻都在纠正他的受造物运用自由意志所造成的后果：如木梁用作武器时就变得柔软像草；若我用空气制造声波来传送谎言或侮辱，空气就拒绝听从我。不过，在这样的一个世界中，因为错误的行为不可能发生，意志的自由也等于零……[34]

整个自然秩序，包括那些固定法则和不可避免的后果，是使我们的生活变得可能的东西。如果上帝改变了这一切并阻止伤害发生，也必然会取消自由意志以及对生活而言至关重要的规律性和可预测性。就此而言，路易斯同意最大善辩护和自由意志辩护。不过，他对自然秩序之必要性的关注为上述讨论增加了新的维度。

透过无神论者的镜头看

1. 许多宗教信仰者无法理解，一个无神论者何以能够在没有终极意义和目标的情况下继续生活。无神论者的回答是，即便在宇宙范围内无法找到生存的终极意义，也并不意味着我们无法在日常生活中，在我们的朋友、家庭和事业中找寻意义。想想这一周发生在你身上，或者你做过的与宗教根本无关，但仍然能给你带来快乐的事情。就此而言，这些事情是充满意义的，会给我们以成就感。难道我们不能在这些单纯的日常经历中去寻求快乐的、有价值的和有意义的生活吗？

2. 历史上的许多无神论者都颇具同情心，道德感十足，就像阿尔贝·加缪在小说《鼠疫》中提到的医生贝尔纳·里厄。他们的行为有如道德模范，但却不是由神圣经文或神圣命令所指引。由此是否可以得出结论，宗教并非道德形成的必要条件？

3. 孩童时期，我们需要父母的照顾，希望父母告诉我们应该做什么，并帮助我们做决定。然而，随着我们愈加成熟，接近成年，便不得不学着过自己的生活，为自己做决定。这是否类似于无神论者所说的那样，无神论要求我们像成人一样生活，而一神论所诉诸的则是我们尚不成熟、需要依靠和指引的那一面呢？

检视无神论者的优缺点

正面评价

1. 一神论者认为，我们的世界需要在终极的和自身无需原因的上帝那里寻求理由和解释。这种回答会比无神论者的观点（宇宙、物质、精神本身就是永恒的和无原因的）更好一些吗？

2. 在现代科学诞生之前，人们认为所有的自然现象，例如疾病、星体的运行，都是上帝行为的结果。然而，科学的发展逐渐说明，原本我们认为神秘的那些事件都可以通过自然原因得到解释。这一发现是否说明，在科学时代，上帝的预设已经不再必要呢？

3. 在加缪的小说《鼠疫》中，里厄医生说他要"同客观事物作斗争"，并且他"不会去爱这个使孩子们惨遭折磨的上帝的创造物"。里厄的观点其实是，如果痛苦是上帝计划中的一部分，那么人们就不要打算与痛苦作斗争。换言之，如果痛苦使我们更好，那么当我试图减轻你的痛苦时，其实并不是在帮你，我应当放任你的痛苦不管，将它视为上帝造物计划的一部分。然而，大多数人都会像里厄医生一样，觉得必须与痛苦作斗争。那么，我们到底要不要与上帝的意志作斗争呢？这种考虑是否会瓦解将痛苦看作神圣目标的观念呢？

4. 宗教哲学家们已经在试图寻求一些方法，将现有的痛苦与全能、全善的上帝之存在相协调。但即便是对恶的问题的最好回答，是否看起来都并非如此确凿？当我们面对被痛苦折磨的无辜孩童时，这些解释难道不是变得毫无意义吗？我们不也能够举出一些经受折磨的案例，它们其实根本没有任何善的目的，因而也无法被解释、被证明吗？

负面评价

1. 一些无神论者秉持精神病医师弗洛伊德的观点，认为宗教不过是一种心理支撑，情感软弱者要借助它才能生活下去。毋庸置疑，宗教的确满足了许多人的心理需求。但是否也可以反过来批驳无神论者呢？让他们列举一些理由，说明为何有人认为上帝的存在会对人造成心理威胁，而无神论才是情感的安慰剂。

2. 大多数宗教和世俗的伦理体系都有这样的观念，即每个人都拥有内在价值、尊严和平等。但是，若恰如无神论者所相信的那样，我们只是自然界生出的、不具人格因素的众多原子之集聚，那么，当我们相信所有人都是具有内在价值、尊严和平等的个体时，还有什么理性依据吗？承认我们是被慈爱的上帝所创造，并且承载着上帝的形象，是否更能与所有人都具有内在价值这一观念相契合？

3. 多伦多大学生理学和药学教授丹尼尔 · H. 奥斯蒙德(Daniel H. Osmond)论证道，现代科学起源于对宇宙神圣秩序之合理性(divinely ordered rationality)的神学信仰。从这一历史起点出发，他继续解释道："不错，现在许多科学家已经不再需要借助对有着明确目的的造物主(Purposeful Creator)的信仰来展开科学研究了。但这样做的前提是，他们已经暗中接受了这一观点，即有一个可以被认识的有秩序的宇宙……正如树根处于树干之外一样，目的(Purpose)也以类似方式处于科学探索的领域之外。在这两个例子中，后者脱离前者都无法持续存在，尽管前者往往隐匿在我们的视线之外。"[35]那么，是否如奥斯蒙德所说，科学的"躯干"要依赖于神学信仰这个“隐匿的根”呢？对于复杂却又秩序井然的宇宙的存在，对于能将这秩序以理论方式把握出来的心灵的存在，一神论是否提供了最好的说明呢？

4.6　反思西方传统：亚洲宗教

引导性问题：亚洲宗教

1. 犹太教—基督教传统认为，上帝创造了世界，而世界与上帝显然是不同的存在。可如果这个说法正确，世界不会成为上帝的限制吗？因为此时世界处于上帝之外。从另一个方面看，如果上帝无处不在，难道我们不是应当认为自然存于上帝之中吗？如果上帝无所不包，万物都无法与之分离的话，我们不就只是上帝的一部分吗？那所谓的独特的个体性，不也只是幻象而已吗？

2. 你如何定义宗教？信仰一个人格化的上帝是不是过上具有宗教意味的生活的必要条件？还是说，即便你并不崇拜上帝，也同样可以是有信仰的，可以过有灵性的生活？

3. 何谓自我？如果向内反观，你看到的只会是感觉、感情、思想和心理状态的千变万化。除了这些不断变化的现象，“自我”是否还有更多东西？是否有永恒不变的“超我”或是灵魂隐匿在这不断变动的心理状态背后？又或是在你所经历的意识之流背后，根本没有什么永恒的东西存在？

至此，我们对宗教的理解主要围绕西方犹太教—基督教的上帝展开。一些哲学家为上帝的存在寻求证明，另一些则针对其存在进行反驳。然而，一旦认为这些论证是我们能有的全部选择，而不对此假定予以审视，就会出现疏漏。就此而言，对东方宗教传统的简要了解，倒会为我们提供一些不同的视角。为了使讨论更为集中，我将选取亚洲宗教中的两个进行考察，即印度教和佛教。尽管两种宗教都起源于印度，也有许多共同之处，但对于上面三个引导性问题，两者的立场却各有不同，我会依次考察两者的观点。并且，为了更好地实现两种宗教之间以及它们与西方宗教之间的对比，我将从它们各自的历史起源谈起，并就它们对待信仰与理性、上帝、世界、自我、生活目的、人类命运以及恶的问题的态度进行探讨。

停下来，想一想

你对印度教和佛教有多少认识？回到有关亚洲宗教的三个引导性问题，你认为印度教和佛教会作出怎样的回答，把你的答案写下来。在读完下面部分之后，回顾你的答案，看看准确度如何。

检视印度教

历史起源

与基督教、伊斯兰教和佛教不同，印度教并没有一个单一的创立者。在一个由古老的宗教赞美诗衍生而来的不知名的宗教文本合集中，首次出现了印度教的影子。我们称最早的这批经文为吠陀经(“知识体系”)。据专家估计，经书中年代最为久远的《梨俱吠陀》(*Rig Veda*)大约是在公元前 1500 年左右写就，比摩西早了数百年。印度教徒据此认为印度教是现存的最为古老的宗教。虔诚的印度教徒始终将吠陀经看作是神启知识，所有后来的典籍都要以这些经文为基础。另外还有一系列用于解读吠陀经的神圣文本，被称作《奥义书》(*Upanishads*)。这可谓印度教典籍中最具哲学意味的部分，它将整个世界看作一个理性的整体。“Upanishads”的词根中包含有“旁边”“下面”和“坐下”的意思，因此，它昭示出的是如下图景，即一群学生端坐教师身旁学习解脱的真理。《奥义书》中的文本至少有108种之多，其中只有10至13种最为核心。部分学者认为《奥义书》中最早的一批文本可追溯至公元前1000年左右，其他学者则认为这些书稿是从公元前800年才开始逐渐形成的。《奥义书》的作者虽不为人所知，但人们普遍认为它包含着圣贤者阐发之启示。至于这些圣贤者，则是透过精神历练对神圣事件有独到见解之人。

与基督教多样化的表现形式一样[基督教中既有五旬节派的宗教激进主义者(Pentecostal fundamentalist)那样通俗的、充满感情色彩的表现形式，也有希腊正教那样高度仪式化的表现形式]，印度教的教义与实践形式也各有不同，因而很难作概括性论述。人们常说，那些让人认定其为印度教的特征，反过来也能将其排除出印度教。出于当下目标考虑，我将集中探讨吠檀多不二论的泛神论传统(the tradition of Advaita Vedanta pantheism)，因为它具有最完备的哲学样式，而且与西方宗教的对比最为明显。**泛神论**认为上帝与世界是同一的，或者它们是同一个实在的不同展现方式。这一观点与一神论完全不同，后者认为世界虽然依赖于上帝，但同时又是外在于上帝的独立实体。

尽管许多西方人并不通晓印度教的一些技术细节，却已然熟悉它的各种表现形式。例如，圣雄甘地借以在印度引发社会改革的非暴力不合作运动，就是他在年轻时受印度教影响的结果。那场使许多美国人改信于它的哈瑞奎师那意识运动(Hare Krishna movement)，其实也是印度教的一支。在全球的流行文化之中，甲壳虫乐队(the Beatles)受到哈里希·玛赫西·优济(Maharishi Mahesh Yogi)的超觉冥想(transcendental meditation)的

甘地(1869—1948)

影响，在乔治·哈里森(George Harrison)的歌曲《亲爱的上帝》(*My Sweet Lord*)中，伴奏歌手以歌声称颂着印度教的神灵。[36]其实，出现于印度教中的泛神论观点在西方世界同样存在。新纪元运动(the New Age movement)，以及一些娱乐界人士，譬如雪莉·麦克雷恩(Shirley MacLaine)和蒂娜·特娜(Tina Turner)等，都受泛神论思想的影响。[37]此外，《星球大战》系列电影中同样充满了泛神论思想。例如，在该系列的《帝国反击战》中，尤达(Yoda)有关原力(the Force)的说法就指向了弥漫于万物之中的类神性的能量。

印度教中的信仰与理性

像印度教的许多教义一样，印度教的宗教认知也十分复杂，其立场取决于它更重视哪部分文本。与西方宗教中的《圣经》相似，古印度教的经文也是充满诗化色彩和隐喻特征。诸种经文的撰述目的皆在于唤醒民众接受心灵召唤，而非成就哲学文本。不过，《奥义书》中已经包含了哲学论证的萌芽，以此为后人奠基。譬如，在宣称最高神[即大梵(Brahman)]是“自存的”或是“宇宙的造物主”时，宇宙论证明便已蕴含其中。同样，许多印度教经文也涉及目的论论证或设计论论证。在回顾世界中物质的、有机的活动过程时，我们被告知说，“一切皆为般若所领导，皆安立于般若那中。世界为般若所领导，安立于般若那中，般若那即大梵也”。[38]另一篇经文则提到：“若无般若根，必无本境。”[39]

另有其他一些篇章，对于可否通过我们有限的经验证明一个至高无上的、无限的最高神的存在持悲观态度。曾有一篇经文如此谈论最高神，“世孰为彼主，又谁能止彼？彼自无形相，万物因彼始”。[40]另一个针对自然神论的反驳以如下观念为基础，即在某个时间点上被创造出的世界不过是一种隐喻性表达而已，因为世界与最高神永恒共在。而无论宇宙论证明抑或目的论证明，都认为世界是最高神之意志的造物。可意愿某物便是对其有所欲求，而只有在缺乏时，欲求才会出现。但一个至高无上的、完美的存在，怎么可能有所缺乏进而欲求某物呢？正如《奥义书》中的一个古老评论中说："对于能够满足所有欲求的圣者而言，还会有什么欲求可言？"[41]

许多印度教学者持有与西方信仰主义者类似的立场，比如，萨瓦帕利·拉达克里希南（Sarvepalli Radhakrishnan）认为，最高神不能透过理性被认知，而只能借助于信仰或宗教经验。拉达克里希南（1888—1975）出生于南印度，是西方世界中久负盛名的印度教哲学家。除了在印度多所大学执教之外，他还兼任牛津大学东方宗教和伦理学系教授。拉达克里希南不仅是一位卓越的学者，还是一位政治家，在1962—1967年间担任印度总统。

拉达克里希南明确提出，真理只能基于个人之领会。正如他在下文所讲，直觉、洞察力和经验可以使我们直接认知最高神，这是理性无法通达的：

> 万物都要通过经验而为我们所知。即便是如数学这般抽象的科学，也要建立在对规律的经验之上。宗教哲学同样依赖于宗教经验。提到最高神存在，便意味着对它的真实的或至少是可能的体验。如果知识的真正标准是经验，那么除非我们能够追踪到关于最高神的某些体验，否则在我们观念中的那些有关最高神的认知都应当被否决掉。[42]

印度教对最高神的认识

印度教将终极实在称作"大梵"。它由意为"增长""发展"的词根衍生而来。换言之，大梵是一个无限增长和发展的存在。人们往往为大梵冠以如下头衔：绝对者、万物之主、至高的统治者、宇宙之灵魂、光、真理、至高无上者、敬颂的最高神等。大梵是无限的、不可分的一，它全知、全能且不朽，它无处不在、持存不变，它拥有无上的爱和至高的善。于我们而言，大梵意味着所有欲求的满足，是所有福祉的源泉，支撑着世间万物。

乍看起来，对大梵的描述使它像极了《圣经》中犹太教—基督教的上帝形象。问题在于，大梵不仅拥有所有这些特质，同时又完全不同于这些，因为终极实在根本是无法表达和定义的。想要借用人类的语言和概念来规范终极实在，就像要将大海盛在一个水桶中一样。于是会出现这种矛盾的状态，即那些自认为已经把握了神圣实在的信仰者，其实并没有真正地理解它；而那些真正理解大梵的人，却意识到自己是无法完全地把握它。大梵的这种不可定义性，在下面两个段落中有所展现。

《奥义书》

非是由心思，而或臻至“彼”，亦非以语言，更非眼可视。除非说“彼是”，此外复何拟？[43]

“此”非所思得，是有“此”思人。思“此”而有得，其人不知“此”。识者不知“此”，不识乃识“此”。[44]

印度教思想的复杂之处，在引文中已有所呈示。其中，第一段赋予大梵以人格化的称谓(“彼”对应英文为“He”——译者注)，第二段中则用了非人称代词(“此”对应英文为“It”——译者注)。西方思想具有典型的二元性，在以范畴归纳事物时往往表现出非此即彼的思维方式。比如，西方思想家认为，上帝、女人和男人都是人格化的存在，而重力、岩石、雏菊则是非人格化的存在。那么印度教是如何安置其最高神的，是人格化的范畴还是非人格化的范畴？答案是：都是。它既是人格化的也是非人格化的，因为任何范畴都无法概括这至高无上的实在。拉达克里希南这样解释他们对最高神的自相矛盾的描述：

> 我们就像海岸上的小孩，试图用海水填满贝壳。既然我们没有办法用贝壳将海水舀干，那么在这些小小贝壳中聚集的每一捧水，都是那真正的水的一部分。我们的理智呈现之所以有所不同，不过是因为我们展示出的是同一个核心实在的不同方面罢了。[45]

同样，在描述大梵时，我们只能说它不是什么。梵文中经常会重复使用“*neti*, *neti*”（“不是这个！不是这个！”）来谈论那个不可理解的实在。[46]在西方神学中，这种描述上帝的方法被称作“否定法”。

> 非内觉，非外觉，非内外俱觉，非知觉聚集，非智非非智；不可见，不可触，不可摄持，无有相，不可思，不可名，真元即自我识知之为独也……为安静，福乐，不二。[47]

不同于西方世界对上帝之超越性和上帝与被造物之二元关系的强调，印度教吠檀多派认为大梵不仅内在于世界之中，而且与世界相同一。曾有经文将大梵比作融于水中的盐块，虽然人的肉眼无法识别，但是所有喝水的人都会感受到弥漫于其中的盐的味道。[48]许多作品都将自然看作是大梵的体相(body)，譬如下文：

> 火为彼之元，日月为目睛，诸方是其耳，《韦陀》表为声，风是其气息，宇宙为其心，地出其足前，“内我”万灵深。[49]
>
> 大梵永生者，唯是此万有；在前又在后，在左又在右，在上又在下，遍处无不复，唯有此大梵，美哉全宇宙！[50]

思想实验：世界与大梵

仔细思考印度教的下述论证：

1. 大梵之完美是无以复加的。

2. 如果大梵之完美无以复加，那么它必然是无限的。

3. 所以大梵是无限的。

4. 如果作为实在的世界脱离大梵而独立存在，那么大梵必会受其制约。

5. 因此，世界不能够脱离大梵，作为实在而独立存在。

你是否同意这一结论，即世界之实在无法与大梵脱离？如果不同意，但上述论证又明显有效的话，你必须拒绝前提1—4中的某一个或几个，那么，你可能会拒绝哪个前提，或者对哪个前提进行修改？或者，你会接受这一论证吗？

任何欣赏过印度艺术作品，或者听说过印度神祇故事的人，都知道其民间宗教中存在着大量神祇。最常见的如毗湿奴(Vishnu)、湿婆(Siva)、卡莉(Kali)、克利须那(Krishna)等。有学者估计，在印度民间宗教中，大约有三千三百多万神祇存在。一些学者相信，原始的印度多神论被唯一神论替代的过程与西方思想中用上帝替代古希腊诸多神祇的过程是一样的。但也有学者则指出，在最为久远的印度经书《梨俱吠陀》中，世界就是由被称为“唯一者”(the One)的那个单一的、至高无上的神所创造的。[51]不同的印度经文讲述的故事各有不同，它们告诉我们：(1) 有许多神，每一个控制的是实在的不同领域；(2) 尽管有许多神存在，但大梵是其中最伟大者；(3) 大梵创造了其他神祇；(4) 所有神祇不过是对大梵不同层面的展现而已。《奥义书》中的许多文本都有着同一个不变的主题，这就是如何将作为复数的诸神统合为一个最高神。

就后一种解释方式而言，倒可以将下面这段话视为其典型表达："是故凡人曰：'敬此神！敬彼神！'——唯彼所造，盖唯彼即此诸神也。"[52]

认为所有神祇不过是同一个实在的不同表达，这一观点使得印度教能够对其他宗教表现出足够的宽容。不同的神祇，包括犹太教的上帝和基督教的上帝，就像阳光在穿透棱镜时发散出的不同色彩一样。每一种宗教就好比阳光中的每一缕色彩，将这个唯一实在的某个面相呈现给我们。

印度教思想中的世界

如果整个实在不过是那个一(the one)，也即那普泛统一的大梵之是(being)，为何我们体验到的却是由不同事物集合而成的多元世界呢？答案就在摩耶信条(doctrine of *maya*)中。*maya* 通常被翻译为"幻象"(illusion)，但其实这种翻译容易引起误解。摩耶是从人类视角观察到的梵天，因此它并非完全不真实，这与一个在沙漠中口渴至极的行者产生的关于水的幻觉的那种不真实完全不同。印度教中有这样的故事，讲一个男人在夜里穿越森林时，因为看到前方地面上有条蛇而跑了回来；当他白天再次去那个地点时，发现那不过是一条绳子而已。同样，我们经验到的世界确实存在着，但我们所看到的并非它真实的样子。从这个意义上讲，我们所感知的世界(由许多不同的个别物体构成的世界)就是摩耶。换言之，我们经验到的世界就像是镜面的映像，映像本身没有问题，但一定不要错以为这就是实在本身。那些认为世界是诸多属性或诸多实体之集合的人，其生活必然是散乱无章、支离破碎的。"雨落难到处，山头下分注。若见法分流，人各驰其路。"[53]

印度教思想中的自我

如果大梵是唯一的实在，那么你到底是谁，你又是什么？你就像随着海浪不断翻动的一滴水。这滴水自认为是独特的，有着自己的个性和独立的命运，但这不过是幻象而已。当海浪平息，这滴水便会汇入它所从出的那片水域之中。同样，你也只是那不可分的大梵的一个断面，始终被包裹于其中。或许你会如此抗议："我经验到的是一个独特的个体，有自己的感情、感觉、思想和欲望，这些体验怎么会只是幻觉呢？"可以这样想，无论是你的情感、感觉，还是思想、欲望，都只是转瞬即逝的、一时的表面现象。某一天，你会因为事情没有按照你希望的方式行进而感到沮丧，似乎整个世界都是灰暗的。第二天，你在微积分考试中得了 A，或是收到了好友的来信，你就会变得畅快、高兴。那么，在你变动的情绪、不稳定的心理状态和一闪而过的念头之中，有什么是能够保持稳定不变的？到底哪个才是真正的你？你不仅体验到疲劳、愤怒、怀疑、高兴，还会对体验到的诸种感觉有所知觉、有所反应。这样看来，似乎首先存在着一个拥有各种经历的自我，此外还有一个更加高级的自我，他正在对较低级自我及其经历进行着密切观察。

印度教认为，这个不断变化的、暂时的我，即个我(*jiva*)，是你最直接地体验到的我，但它是非实体性的，因为它在过去的每个瞬间都在变化和不断消散；而持存于整个变化过程之中的本我，就是梵我(*atman*)。梵我是让你在时间的演进中能够持存的部分，是你永恒不变、不可毁灭的部分。

停下来，想一想

你是否曾经陷入日常生活的旋涡之中，或为诸事奔忙，或勉励自己变作他人意愿的模样，以至于似乎已经与隐匿在深处的那个真实的自我失去了联系？或者，也许你会问："我是谁？"你当然可以给出自己的名字，或者通过述说自己的学科专业、人际关系、所在单位来定位自己，这再简单不过了。但这个回答显然不够，因为这些情况本可以有所不同，并且它们会发生变化，而你依旧是你。人们有时会说："我正在试图找回自己。"但到底是怎样的自己才会被"丢掉"？所谓的你，指的难道仅仅是你的外在活动、物理位置和属性、心理状态这些东西吗？抑或还有其他更多的东西，那些你无法确定、定义或系统研究的东西？如果这个问题对你而言是有意义的，那么你其实已经在试图从个我中分辨出梵我了。你正试图寻找隐藏在所有外在表象和行动中的真实的自我。

这就到了关键的转折点。印度教告诉我们，每个个体的永恒灵魂（atman）与宇宙灵魂（Atman）是相同的。而且，这个宇宙灵魂（大写的 Atman）其实就是那个大梵。在讲到大梵时，印度教典籍中总是会附加一句"彼为尔矣"（That art thou）。下面这段引文便强调了每一个体与最高神（大梵）或者说与宇宙灵魂（Atman）的统一。

于是乌沙士多茶羯罗氏问之曰："雅若洼基夜！彼当体无隐之大梵，居万事万物中为其自我者，君其有以语我来！"

曰："是即汝之灵性，居一切内中者也。"[54]

盖此一切皆是大梵。此自我（atman）即是大梵。[55]

吾儿！如此诸水也，东者东流；西者西注，出乎海，归于海，而化为海；如是于此中彼等不自知；我为此水也，我为彼水也。

吾儿！世间一切众生亦复如是。当其来自“有者”也，不自知其来自“有者”也。……是彼为至精微者，此宇宙万有以彼为自性也。彼为真，彼为宇宙灵魂(Soul)。彼为尔矣。[56]

我们可以用类比的方法解释印度教对自我的看法。想象一条街上有10所房子，每所房子南侧墙上都镶嵌着完全不同的彩色玻璃。每一位住户都认为，透过他/她的玻璃射入的光线有着各自不同的来源，但实际情况是，照亮每所房子的是同一个太阳。光线只是显得各不相同，因为它是透过不同窗格的玻璃射入的。现在让我们假设，每一位居民都被困在自己的房子里，终其一生只能透过自家的彩色玻璃观看外面的世界。如果这些窗子只能透过光线，且其玻璃太暗的话，住户对于房子外面的世界到底是什么样子就只能有非常有限的认识，他们甚至认为光线就是源于玻璃自身，而不能意识到，这玻璃只是我们由以认识而且只是部分认识某个更高级东西的通道。现在，假设房子的大门打开，住户得以走出房间，直面太阳的光辉与伟大，你能否想象，这样的经验会带来怎样的观念变化？这里，太阳显然就是大梵，而那一扇扇窗户就是个我(jiva)。看到太阳且沐浴在阳光之下这种经验，与印度教经典中所说的解脱是一样的。

如果上述观点正确，那么西方个人主义文化的奠基性理念就与印度教中对实在之本质的理解相冲突。我们和其他自然物都是同一个伟大的大梵的一个部分。我们食用的是树上的果实和土地中长成的蔬菜，所以土壤中的那些植物和矿物质就会成为我们身体的一部分。我们死后，身体会重归于土壤。你每一次吸气，由植物制造的氧气、其他人呼吸过的气体都会成为你身体系统的一部分。你每一次呼气，你机体的某些部分可能进入自然之中。正如这些例证所示，在世界中区分出个别之物根本是虚假的，因为我们都聚集在这唯一的大梵左右。

印度教视角下的生命之目的

在印度教看来,生命的目的就是克服二元论和分离理论的假象,意识到自身与绝对存在(Absolue Being)的同一性。我们被告知,"于世臻是明,其人则真是",[57]又有"无上梵已知,彼则成大梵"。[58]宗教导师迦比尔(Kabīr)说,最高神并非需要我们不停追寻的遥远的、时常缺场的神性存在,相反,它一直在我们身边,就如水一直伴着鱼儿一样。

> 当听说水中的鱼儿感到口渴时,我笑了。你在一个个树林间不安地徘徊,而那个实在(Reality)就寓于你自身之中……真理就在这里!
>
> ……除非你意识到最高神(God)就在你的灵魂之中,否则于你而言,世界将没有任何意义。
>
> 大梵(Your Lord)就在身边,你却爬到棕榈树上寻找。[59]

印度教提供了多种路径以助人实现精神完满(spiritual fulfillment)的目标。既然人各有不同,且他们精神之旅的起点也并不一致,因此必定有达成目标的不同道路。这些各有差异的道路,就表现为不同的瑜伽(*yoga*)样式。这里的 yoga 一词,与英文中的 *yoke* 相通,意为在训导之下通达统一。简言之,所有瑜伽形式都包括对身体和心灵的训诫,以使其达到肉体与精神的融合,以及个体与内在的神圣之维(divine dimension)的融合。其中一种修行方式为"智瑜伽",它是智识之人的修行方法,借助正确思考摒除愚昧,智瑜伽可以助人实现灵魂的完满。第二种修行方式为信瑜伽,是生命里情感充沛之人的修行方法,此时人们追寻的是对神的无限挚爱。第三种修行方式为业瑜伽,它注重行动本身,强调施行道德的行为，反对计较个人得失。第四种修行方式针对的是更讲求体验(experimental)的个体，它要求对身体、心理和精神进行全面训练，以进入平静、超脱之态。从这四类瑜伽形式出发，还引申出了各种宗教意图更淡的身心训练方法，在西方世界中逐渐流行。

印度教与人类命运

尽管与宇宙灵魂合一是我们的终极命运，但并非可以一蹴而就，而是要付出时间和努力。为了对这种努力有所理解，我们需要考察在印度哲学中最广为人知，却也是极少为人所理解的概念——业力(karma)。**业力**即在世间主导我们行动的道德因果律。在物理学界，所有发生之事都有规律可循，且每一个原因都有明确的结果。印度教的诸经典中也有这种思想，认为因果律同样存在于道德领域和精神领域。行为的道德属性不同，对周围世界，包括你的灵魂产生的影响也就不同。每一个行为、思想、语词和欲念，都在塑造着我们未来的经历。业力学说有时被视为一种宿命论，似乎我们被某种无法控制的力量所挟制。但这种理解并不正确，因为是你的行为决定你的命运，正所谓种瓜得瓜，种豆得豆。

尽管你的业力可能会产生某种直接影响，但绝不是说所有的行为结果都会在现世应验。因此，印度人相信**来世**(reincarnation)之说，即你的灵魂来自此前的某个存在物，当你死去之后，会在另一个生命中获得重生。每一次重生都映现出你前世的道德进展(抑或道德匮乏)状况。因此，业力不仅影响你的当下生活，还会累及来世，你是会成为一位国王、一个奴隶，还是一只蚊子。“就像一个人会旧装换新装一样，灵魂同样也会抛弃那老旧无用的肉体，去接受一个新的物质肉体。”[60]

停下来,想一想

西方人有时很难接受来世的观念,因为对于我们的传统而言,这太过陌生了。我们经常问这样的问题:“如果我对自己的前世存在没有任何记忆,我又是怎样完成转世的呢?”印度教思想家给出的回答直指这一信念,这就是,即使你忘记了自己还是幼童时候的存在状态,你仍然相信你与那个幼时的孩童是同一个人,你是他的延续。因此,对于我们当下之经历和孩童时期之经历,即便在记忆中不存在明确的意识关联,我们依旧可以接受自我的延续性。“正如在他的身体中,被赋予身形之灵魂会经历从少年到老年的延伸一样,灵魂也会因肉体死亡而转入其他身体之中。一个聪明人并不会因为这一变化而变得糊涂。”[61]

- 对这一论证,你会有怎样的回应?
- 将你当下生活之各个阶段的承续性与来世学说进行类比,是否合理?

我们内心深处渴望的终极目标(无论我们是否意识到),便是*moksha* 的最终释放。对 Moksha 的最好翻译是“解脱”(liberation)而非“拯救”(salvation)。当我们获得解脱时,便从生活中那有限的和可朽的状态中得到释放。对于这个目标有许多称呼,譬如神性的实现(God-realization)、与绝对者的同一(oneness with the Absolute)、无上的天赐之福(supreme bliss)、宇宙意识(cosmic consciousness),或者说得更简单些,就是释放或自由。当我们获得精神完满时,就会发现自己已经从业力所支配的“生——死——再生”的循环中释放了。

那些仍旧被个体性所束缚的未开化的灵魂,会重回世间以追求它未被满足的欲望，但对于已经超越了个体自我和难以遏制之欲望的人来说，情况就完全不同了：

> 至若无欲望者：彼无所欲，已离乎欲望，欲望皆已圆满，即以灵性为其欲望者，彼之生命气息不离，彼即大梵，彼已臻至于大梵也。
>
> 于是有颂曰："欲望依内心，于时倘施弛系，则生死中人，亦得永生诣；而享受大梵，虽在此生世。"
>
> "譬如蛇蜕委于蚁封也，陈死矣，弃余矣，此身亦复如是委弃矣；然彼无身者，永生者，生命，则唯是大梵，唯是光明也。"[62]

由于人们可以通过克服个体自我的幻象实现与上帝之合一，从而达到永恒至福的状态，所以在西方人看来，谈论个体和身体的不朽是没有任何意义的。那些获得解脱的灵魂就好比汇入大海的万股河流，不再有这条河和那条河之分。[63]与此极其相似的是，与大梵之合一也可视作一次浪漫的拥抱(或性爱之极乐)，此时爱人们陷入纯然的快乐之中，不再思考他们自己，抑或其他什么事情了。[64]

印度教与恶的问题

如果一切都是这最高神的不同方面，印度教又该如何解释世间存在的恶呢？其中一种回答是，业力包含着这样的规律，即所有痛苦都是应当的，都是今世或前世我们选择的结果。但正如一神论的那些解决方案，这个回应仍有问题。此回应意味着，痛苦的无辜承受者们(譬如那些患有疼痛类疾病的人)应当为他/她的情状表示羞愧，而我们也不应当如通常的做法那样，对这些人表现出同情之心。

业力说对恶的问题的回应存在许多困难，而印度教应对道德善恶问题的方式也同样激进。概而言之，它告诉我们，有关善恶的区分并不完全真实。由于我们尚未达到精神上的终极完满，在面对道德选择时便需全力应对。而在大梵那里，只有那个完满的统一体，所以如果我们实现与大梵之合一，所有的二元对立都将被消解。因此，当一个人从他生命的梦幻中获得自由时，善与恶就不是问题了。悟道之人不再为烦恼所困，接受现实如其所是，且与万物（无论过去、现在抑或将来）完全分离。这种教义重复出现在许多经文中，如以下四段：

见者若见彼，颜色黄金辉；
上帝，创造主，
神我，大梵胎；
时乃为哲士，功罪双脱出；
皭然无垢尘，至上臻太一。[65]

（有如是知者），以为"我以为罪恶矣！我已为福德矣"！——是两不能撄。彼度出二端矣。凡所已为或未为者，无由使彼焦灼。[66]

自我者，堤岸也，分此诸界使不相乱。昼与夜，不登彼岸焉。亦无老、死、忧悲、善行、恶性。一切罪恶自兹而返，盖此大梵世界，不染垢氛也。[67]

遂如乘车而驰者，周见两轮，彼乃双见昼夜，如是得睹善行、恶行及一切相对者，而无复有于善行、恶行，彼大梵明者唯往至于大梵焉。[68]

检视佛教

历史起源：佛陀的一生

与我们的通常理解不同，佛陀(Buddha)是悉达多·乔达摩(Siddhartha Gautama，前563—前483年)的称号(而非名字)，他是佛教的创立者。“佛陀”的意思是“觉悟者”。后来成为佛陀的悉达多生于印度东北部，从小就受到印度教的耳濡目染。他的父亲是一位富有的君主，想要为儿子提供最奢华的生活，并使其远离外面残酷的世界。16岁时，悉达多的生活仍旧局限在父亲的宫殿范围内。他娶了一位年轻的姑娘，育有一子。不过，20多岁后，他终于逃脱严密的监护环境，溜到附近的城市参观。据传，悉达多在这里遇到了改变他生活的四幕景象。他首先看到了一个瘦削、颤抖、年老体衰的老人。接着，他看到一个正被可怕疾病折磨的男人躺倒在路边。后来，他又遭遇了一场葬礼，悲痛万分的亲属们聚在一具尸体四周。在悉达多还为前面遇到的老人、患病者和死者悲痛不已时，他看到了一位正安然陷于冥想的僧侣。

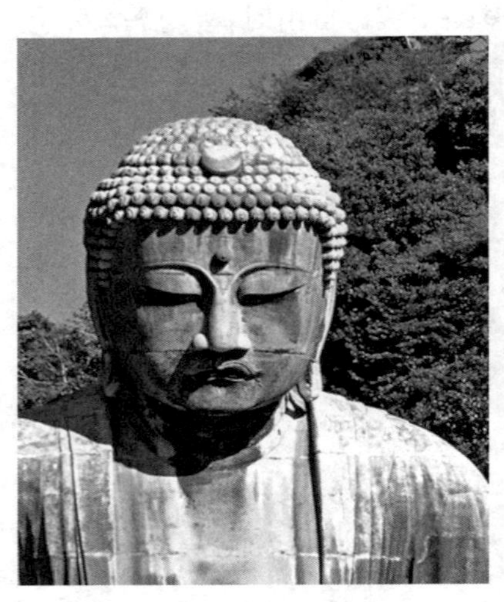

佛陀

这些经历使悉达多看到，追求物质领域的满足是多么虚浮，于是他转而开始寻求解决人类境况之道。29岁时，悉达多再也无法压抑自己的精神追求。一天夜里，他悄悄地向还在沉睡中的妻子和儿子告别，遁入森林寻求领悟之道。悉达多换掉华丽的衣装，扮成衣衫褴褛的乞丐，剃掉头发，放弃一切优越生活。他的精神之旅始于7年的托钵僧生活，希望借助印度教的苦行主义求得领悟。

悉达多强迫自己只吃很少的几粒种子、植物、大米和水果，身体几近垮塌。他在后来描述这段生活时说，“如果我想摩挲一下自己的胃，触碰到的却是我的脊骨”。终于有一天，因为缺乏营养，他昏倒过去，好在附近村庄的姑娘用一碗热米饭救了他。这段经历使悉达多意识到，苦行生活并不能助他获得领悟，只能导致自我毁灭。

某天傍晚，悉达多行至一棵菩提树下，他坐下发誓说，除非想到解决之道，否则绝不离开。他整夜坐在那里，回顾各个不同的意识阶段，追忆自己过往的经历，阅尽尘俗之人无休止地纠缠于生死轮回的闹剧之中，直至生命之奥秘向他显现。这时悉达多 35 岁，他成为佛陀，即那个“觉悟者”或者“醒悟者”。在悟道后，悉达多倾其后半生向人解答他对人生问题之体悟，并且提出了“中道”思想，即在享乐的纵欲生活和禁欲的苦行生活之间寻求平衡。他创立了一个僧团，其妻子和儿子后来也皈依其中。悉达多 80 岁时在他弟子的怀中圆寂，他说：“所有组合之物最终都会腐坏。用勤勉来拯救自己。”

由于悉达多的人格魅力和其教义的影响力，佛教迅速传播开来。在佛陀圆寂之后，他的追随者分裂为许多不同教派，最终胜出的是其中两大教派，它们对佛陀的教义有各自不同的解释。其中，小乘佛教将佛陀视为圣人，认为他不但做到开悟自我，还为他人指明出路，所以他们亦步亦趋地追随着导师的原始教义。然而，大乘佛教却将佛陀看作救世主，除了以之为神顶礼膜拜外，还对原始教义做了延展和扩充。在讨论佛陀时我将采用小乘佛教的解释，原因在于这种解释最切近古代佛教经典。

佛教中的信仰和理性

整个西方宗教哲学中，信仰与理性的关系颇受关注。对这些问题，佛陀又会有怎样的说法呢？实际上，他极少使用信仰或理性。就理性而言，佛陀对所有的推测（speculating）、理论构建

(theorizing)和辩论(debating)皆持反对态度，西方哲学的那些论证在早期佛教中见不到半点影子。相反，佛陀一直指示人们朝向他们自己的体验，以说服人们承认“洞观”(insights)的价值。

- 下述引文中，佛陀如何看待我们研究“道”(Way)的能力？
- 他对分析性思维持何种态度？

佛陀

《教义精选》

当我们谈论“研究这种道”时，纯粹只是将它作为术语以唤起人们的兴趣。事实上，这种道是不可被研究的。如果坚持那些建立在[根据事实]研究之上的概念，唯一结果便是这种道会遭到误解……只要你愿意，不管什么时候，无论行走、站立、坐着抑或躺着，纯然泯除分析之思，你终究会发现真理。[69]

在名为《摩罗迦小经》(*Questions Not Tending to Edification*)的作品中讲到这样一个故事，有个人曾来朝觐佛陀，希望在践行佛陀所告知的“道”之前，先就他的哲学问题给出回答。佛陀是这样回复他的：

这就像某个人被毒箭伤到了，在接受医生治疗前却说：“先不要拔箭，我得先对疗伤者的种姓、年龄、职业、出生地和动机做番了解才行。”在了解完这些前他早已死掉了。与此完全一样，人们说：“我先不忙着遵循赐福者(the Blessed One)的教诲，先来给我解释一下这个世界所有形式的真理再说。”——在佛陀解释清楚所有这些之前，他早已死掉了。[70]

佛教思想不仅消解了分析理性(analytic reason)的价值，它也极少谈到信仰的对象。佛陀并不视自己为信仰的对象,同样,它的教义也只是渡向某个目的的手段,一旦将人们送达目的,这个手段便可遗弃,因而也无须信奉。佛陀曾经讲过一个广为流传的寓言故事。有个人在旅行时遇到一条大河阻挡了他的前行道路。他看到,自己所在的一侧汹涌危险,是他急欲逃离的,而河的对岸却安宁平和。于是这个人造了一只木筏,渡自己去彼岸。佛陀问,一旦他到达彼岸安全之地,木筏于他而言就没有用了,他还要一直带着它吗?佛陀从这故事中得出结论说:“我如是教你达摩(真理),便如木筏之寓,意在用它渡河,而非要保留它。”[71]

佛教中最高神的问题

早期佛教思想的一个显著特征是对神或超自然领域几乎决然不提,这导致某些人认为,佛陀的教义在根本上是无神论的,另一些人则认为佛陀是宗教怀疑论者(不可知论者)。显然,佛陀在神的问题上缄默不语,这表明最高神或其他神祇与人是毫不相干的。即便在提及传统印度教中的神祇时,也总将它们视为次要的、不重要的和未可能知的存在。如我先前所说,佛陀的早期追随者以及如今还在践行小乘佛教的人们并不将佛教的开创者视为神,而只认为他是一个借教义来现身说法以指明解脱之道的人。尽管追随者们后来又将制度化的宗教系统添入佛教教义中,可佛陀本人似乎是反对宗教权威、仪式以及他所处时代之传统的。在很多佛教殿堂里,佛陀只被表象为一只脚印,表明他已人去楼空,唯留下印记,并由此向我们显示修行的方向。下面这个著名的故事便阐发了这种观点。

据说佛陀刚开悟不久,从某个人身前经过时,这个人便被他那超卓的光彩与平和的神态所吸引,于是停下来问:

“朋友,何汝所是?仙人还是神明?”

"都不是。"佛陀回答。

"好吧！那你是法师或者巫师吗？"

佛陀再次说："都不是。"

"你是人？"

"不是。"

"那好，朋友，何汝所是？"

佛陀回答："我是醒悟者。"[72]

人们必须凭靠自己的力量和对真理的认知才能走向拯救或解脱，无须向外部寻求任何神明乃至佛陀的帮助。圆寂之际，佛陀对追随者说了下面这些话：

你们是你们自己的明灯。要依靠自己，不要依靠外在帮助。坚决将真理视为明灯，在真理中求拯救。不要向自己之外的任何人求帮助……不论现在还是我死后，那些自己是明灯，只依赖自己而绝不依赖任何外在帮助的人……他们……将达于登峰造极之境。[73]

佛教眼中的世界

自然是短暂的，自然物将不断走向消亡，这是佛教的一个核心观点。佛陀说过：

如斯，我们便要想一想这个转瞬即逝的世界：

黎明之星，流水之沫；

乌云中一条闪电，

摇曳之灯光，虚幻之幽影，一场梦境。[74]

我们以为这个世界由“诸物”构成，但在佛陀眼里，世界其实是诸过程的不断交织。我们的概念和语词如同将世界固化和片段化的图画，可实在更像是一部放映中的电影。佛陀常用波浪的隐喻来说明这点。我们在海滩上看见波浪掠过水面滚滚而行。“它”由远处兴起，迅速辟出“它的”道路而向我们袭来。当把它说成是“这个波浪”时，我们误导自己把它看作连续的、独一的，看作“这一个”，但实际上，波浪的形状和运动是由每时每刻完全不同的水滴构成的。这里的关键在于，一旦我们明白任何东西都是短暂的、易逝的，就不会再将物理世界看作获致满足的资源了。

佛教哲学中的自我

世界上的任何东西都不是永恒的，自我亦然。佛陀著名的无我说（*anatta*）认为，灵魂、自我或心灵等持存物都不会在时间中留驻。当代科学告诉我们，人的表皮细胞每 30 天就会代谢一遍，身体其余部分的细胞每七年代谢一遍。因此，当你碰见许久未曾谋面的老朋友时，毫不夸张地说，你所见到的是完全不同的物质微粒的组合。数千年前，当这个事实尚未被揭开时，佛陀就说过，你的身体结构内没有一样是永恒的，因为你只是持续变化着的意识流罢了。这种学说与大卫·休谟的观点十分相似（本书第 3.3 节对这位 18 世纪的苏格兰哲学家作了介绍）他曾说，“我们所说的心灵只是一堆或一捆各异的知觉，由特定联系统一在一起。”[75]

如果不存在永恒的灵魂或自我，那么你是谁（或是什么）？佛陀说，你是由五个暂时的流或集（streams or aggregates）构成的。它们分别是物质形状、情感、知觉、倾向（或冲动）以及意识。下述引文将你比作乐声或气流。我们虽用名词去指称它们（“旋律”或“风”），但在这些暂时性的事件之内或背后却并无什么持存物。

> 身体与心灵分开时，它们便都无法存在了，不可像音乐乐

符那般随处堆放。诗琴弹奏时，也无藏匿声音之所，弹奏完毕，它也不会去到某个地方。由于诗琴的构造、发条转柄以及弹奏者的发挥，音乐便形成；并且随着它形成，也就消失了。

同理，组成存在者的那些要素，无论有形抑或无形，它们正因其"无"化而赢得存在；也因其存在而消逝了。

自我并不驻存在身体和心灵之中，但两者的协作却产生了所谓的人。尽管这听起来有些自相矛盾：有可予行走的道路，行走这事正发生着，却没有旅者；行为已作出，却没有行动者；气息流淌，却没有促其发生的风流。关于自我的想法是错的，所有的存在都有如芭蕉树那般空洞，有如旋转的水泡那般虚浮。[76]

换言之，旋律只是乐符的集合，但它不能离开后者存在。与之相似，空气流淌和风流也不能是两个东西，除了空气流淌外，风流再不能是其他东西了。同样，你只是当下发生的全部过程和活动的集合，不能有一个自我离开这些过程而存在，并无一个持续的个体同一性贯穿于你的所有行动中，因为离开了某时某刻正发生的你的活动，就再没有其他东西可去构成自我了。印度教徒相信，作为个体的自我不过是幻象，因为它实际上只是梵我的某种体现，只是宇宙灵魂的某种体现，只是最高神(大梵)的某种体现。相反，佛教相信作为个体的自我是幻象，因为除事件之流变外实际上别无他物。

佛教与恶的问题

跟对西方宗教或印度教的讨论相比，对佛教的讨论必须更早地引入恶的主题，因为恶和苦恼是佛教教义的主要论题。根据佛教所言，苦恼的原因有两种：第一，许多苦恼是因我们的期望以及对自我的一种虚幻的预设而起；第二，苦恼只是我们生命中必须面对的事实，而非达到神圣目的的必由之路。让我们依次考察这两种原因。

大多数佛教基本典籍都对苦恼论题有所讨论，其被称作"四真谛"。前两个在于诊断人类境况，后两个则提出对治方案。这些真谛可简单列示如下：(1) 我们在生命中经历苦恼；(2) 自我的渴望与期许引发苦恼；(3) 有终结苦恼的办法；(4) 终结苦恼的办法要通过觉有生(enlightened living)来进行。佛陀第一次说法时便提出了四真谛。此次说法发生于城郊一座花园中，那时他刚刚觉悟不久。下面就是对真谛的一种解读方法。

> 这是关于悲伤的真谛。生是悲伤，年龄是悲伤，生命是悲伤，死亡是悲伤，遭遇不幸是悲伤，远离愉快是悲伤，每种期待未可满足是悲伤——简而言之，个体性的所有五个方面皆是悲伤。
>
> 这是悲伤源起的真谛。源自渴望，这渴望，导致重生，带来快乐与激情，并且在此在彼找寻快乐——渴望感官快乐，渴望延续生命，渴望权力。
>
> 这是止住悲伤的真谛。渴望全然断掉，不再有激情，离它而去，不再受其束缚，从中解脱，不再为它留有余地。
>
> 这是实现止住悲伤的方法之真谛。其有八正道——(有)正见、正思维、正语、正业、正命、正勤、正念和正定。[77]

佛教时常被谴责为消极的，因为它似乎总在谈论生命的消极面。不过，佛陀并不否认生命中可以有快乐和幸福的时刻，只是认为快乐转瞬即逝，剩下的唯有遗憾以及对更多快乐的渴望。只要我们想到幸福注定要从手边不经意溜走，就总会惶恐不安、虚浮空洞。最后一段中"悲伤"一词对应的梵文是 *dukkha*，它意味"苦恼"

“痛苦”“恶”和“疾病”，还有“无常”“空洞”“不完全”和“挫折”的意思。它有时指轮轴偏离中心，有时也指骨头脱离臼槽。[78]相应地，当代宗教史家休斯顿·史密斯(Huston Smith)把第一条真谛改写如下：

> 生活通常来讲都是一片混乱。有些东西扭曲着。支点虚幻不真。运动被限制(阻碍创造)，生起无端摩擦(人与人之间交互抵牾)。[79]

我们就像孩子，到糖果罐里取糖，手却被卡在里边。孩子并未意识到这番不幸的原因在于被他紧握在手里的一大把糖，手因此变大而无法滑出罐口。孩子若撒开糖，手便自然不再受束缚。与之类似，苦恼的原因和觉的障碍就在于我们对“主我”(I)、“宾我”(me)、“我的”(mine)以及“自我”(self)等概念太过执着。我们充满贪念，却无法控制它们，相反，它们控制了我们。它们有如我们身体内的狂躁野兽，驱使我们无休止地满足其难填之欲壑。从种种欲望，便生出挫败、怨恨、贪婪、自私、自我意识之焦虑、恐惧以及其他所有可引发苦恼的消极态度。但我们若无所期待，习得满足，就再不会招致苦恼。为了消除欲望，并由此消除苦恼，我们切不可再说“我想、我想”，也不可再用“我、我、我”这样的术语思考。

思想实验：欲望与自由

1. 想象你自己是个小孩子。试着回想那些可唤起小孩子快乐、伤心、害怕、焦虑和渴望的东西。这些东西现在对你已没有意义，也不会使你在情绪上有所波动。是什么让你变成现在的样子？因为你现在更有见识、更成熟、更聪明并且有了更宽泛的理解力吗？想一想那些现在可使你快乐、伤心、害怕、焦虑、羡慕和渴望的东西。你能想象有一天它们在你眼里也同样会毫无意义吗？有可能从现在开始的40年后，当我们拥有了更宽阔的视野，当下所有情感危机就都会变得无足轻重了吗？这个实验是否说明欲望从本质上讲是短暂的和转瞬即逝的？

2. 思考下面对佛教立场所作的论证：

(1) 如果我们渴望某些东西，那么我们要么得到所有想要的东西，要么一无所获。

(2) 即使我们确实得到全部想要的东西，仍会产生苦恼：一是因为再无什么可予期许，由此感到无聊；二是因为害怕失去这些东西，由此感到焦虑。

(3) 如果我们并未得到想要的所有东西，就会因挫折而苦恼。

(4) 因此，如果我们有欲望，就有苦恼。

(5) 所以，唯有免于欲望，才可免于苦恼。

这是个好论证吗？为什么？

对苦恼的其他解释（如第一真谛所解释的）还有：它只是生命中一个不可回避的事实。佛教与犹太—基督教不同，它没有一个全能、全善且作为最高权威主宰尘世所有事务的上帝概念，因而也就无须为苦恼的存在作证。下面这个古老的故事即可表明佛教对待苦恼的态度。

曾经有位妇人因年轻儿子的死而异常悲痛。她来见佛陀，寄望让孩子生还。佛陀要妇人去村里每一间屋子，只要那里没有人去世，就取他/她家的一些芥末种子回来。她最后空手而归，因为所有遇到的人都遭受过丧亲之痛。妇人怀抱儿子的尸体说："亲爱的小儿子，我本以为死亡唯降临在你身上，可现在看来，你不是唯一的。它作为法则，对所有人都适用啊！"将儿子的尸体安葬后，她像佛陀一般遁世隐居起来。[80]

佛教视角下的生命之目的

虽然佛陀并未提供某种神奇的药物让我们免受病、痛、老、死之苦，但是他教给我们免遭苦恼的方法：摆脱对自我以及自我兴趣的狭隘关注；消除贪婪的本性以及我们的欲望、激情、需求与渴望；与转瞬即逝的世界留有距离；把控自我以及内在于我们的消极和恶意；通过修行获得平和、专注以及纯净的世界观与生活方式；专心于真如。

佛教与人的命运

佛陀保留了印度教的因果报应说，亦即因果法则。他相信，有害的行为将导致有害的结果，就像石子投入水中，它虽会沉入水底，但其激起的涟漪仍会向远处扩散。同样，他也相信转世说，也就是所谓"轮回"(Wheel of Rebirth)。但显而易见的问题是："如果不存在可从一个生命过渡到另一个生命的永恒自我，重生如何可能?"佛陀常常举烛火的例子来回应。假如一根蜡烛灯芯燃尽将欲熄灭时，你用它点燃另一根。第二根快熄灭时，再用它点燃另一根。那么第三根蜡烛的火焰跟最开始的火焰是同一个吗？就像一个人将水罐递给另一个那样，火焰也从一根蜡烛转到另一根，那么火焰是某种永恒实体吗？显然，这个过程中保持着某种连续性，毕竟每根蜡烛都是由先前蜡烛上的火焰点燃的，但是，这些火焰又不是由某个持存之物点燃的。甚至，即便这火焰在同一根蜡烛上持续燃烧，它也并非持存之物。由此看来，重生之循环可在没有持存的心灵或自我的情形下发生。

尽管佛陀相信因果报应和重生，却并不将重生视为对前世行为的惩罚，相反，重生意味着人们未能放弃自己的执念。如果我们未得解脱，便会去追求自以为想要之物，但这并非我们的真正需要。执着于自己的欲望，我们便会跌入幻象和局限之中。

逃脱欲望和幻象之牢笼也就是进入**涅槃**。涅槃的原意为火焰因缺乏油料而熄灭。涅槃并非指某个地点（如天堂），而是指心灵的某种状态，它并非只在彩虹之上才可寻见，它就在此时此地。达于涅槃之人会进入平静、安宁之态，并摆脱个体幻象和自我局限而实现自由，但归根结底，它是无法被描述的。

> 山峰很高，涅槃也是高不可攀；山峰不可移动，涅槃同样不可移动；山峰不可接近，涅槃也是所有邪恶性情不可接近的；山峰处植物无法生长，涅槃也是所有邪恶性情无法生长的条件；正如山峰没有欲求、喜乐和怨愤，涅槃也是如此。[81]

一个人若不再受情感影响，得到了纯然满足，他似乎便会忘却需求与苦恼。不过，佛教徒们追寻其宗师先迹，悟入涅槃境界后，并未于极乐世界中独善其身，反倒反身关照仍困于苦恼之中、亟须开示之人。佛陀坚持认为，我们必须以慈悲为怀，心怀慈悲又不犯用情之过。可以想象这般场景：孩子受伤后，父亲感到心烦意乱。由于父亲沉浸于自己的情感状态，便不能有效地注意到孩子的需要。而医生由于完全不需要投入情感，反而能心平气和地为孩子包扎伤口。这位医生表现出的超脱让他的慈悲变得更有效。[82]由是观之，过超脱之生活与慈悲为怀、行利他之事亦能完美匹配。

思想实验：体验涅槃

可以从自身体验出发洞观佛陀之言。你何时最为痛苦？大概是完全沉浸于自我之中时。比如，抚慰自己的情感伤害或顾影自怜。或许你正陷入如下状态：经历自我意识的痛楚，为自己的面容如何、着装打扮如何、别人如何看待你之类的事情担忧。另一方面，你也可能回忆起某个时刻，当时你完全沉浸于他人或某项事业引发的快乐之中。此时你便完全“跳出自己”，而完全沉浸于他人的快乐或遭遇之中。你可以从他人那里或者更大的事业中感受到比在自己身上更多的幸福，因为你再也不会将关注点放在自己或者某些事情身上。但这里所说的全然无我(self-abandonment)的经验对涅槃体验而言不过是管中窥豹而已。

佛陀的追随者们常常问，某人遁入涅槃而圆寂时究竟发生了什么？此人轮回到更好的生活了吗？还是升入了天国呢？佛陀反对探究这类纯猜测性的问题，因为他认为这与佛法无关。下面章节所描写的便是佛陀(乔达摩)就相关问题对著名的禁欲者华伽的解释。

“那么，华伽，如果你面前的火熄灭了，你会意识到它熄灭了这件事吗？”

“乔达摩，如果我面前的火熄灭了，我就应当意识到它熄灭了这件事。”

“那么，华伽，要是有人问你：‘火朝哪个方向去了——东方，或西方，或北方，或南方？’你该怎么说？哦，华伽。”

"这问题跟我们正讨论的事不相干,乔达摩。因为火要靠草与木头这些燃料才能存在,燃料用尽时,它不能去哪儿。像这样燃料用尽了,就说它熄灭了。"

"华伽,恰好是以相同方式,所有那些形式都被抛弃,被连根拔起,像扇叶树头榈那样从地面被拔出,那么,它们就不存在了,将来也不会再次萌发出来。哦,华伽。圣人一旦从被定型的形式下得解脱,便深不可测,有如大海水。说他要转生跟这件事不相干,说他不转生也跟这事不相干,说他既转生又不转生也不相干,说他既不转生又不不转生也不相干。"[83]

"于有见'世界为常住也'之时,则有梵行住。"无如是也。"于有见'世界为无常也'之时,则有梵行住。"无如是也。……于有见"世界为常住也"之时,或于有见"世界为无常也"之时,有生、有老、有死,正有愁、悲、苦、忧、恼。以其为[生、老……忧、恼]等故予于现法教以征服。[84]

绘制印度教和佛教的地形图

赫尔曼·黑塞(Herman Hesse)写过一篇关于乔达摩·悉达多的生平以及如何觉悟的感人小说,他从中把握到了亚洲人意义上的宇宙统一性,自我与他者、自我与自然、快乐与忧伤、善与恶的差异皆可被消解掉的那种统一性。在小说的高潮部分,悉达多弯下腰,倾听河流的信息,最后听到的是"唵"一声低吟。这个词并无可理解的特别内容,因为它可以指称任何东西。亚洲的神秘主义者既用它指称宇宙的终极意义,亦即宇宙的整体统一性与整全性,又用它将自己渡向意识的最高层面。下面这段话表现的就是印度教徒和佛教徒共同寻求的那种体验。

引自赫尔曼·黑塞

《悉达多》(*Siddhartha*)[85]

悉达多更努力倾听。他父亲的形象、他自己的形象和他儿子的形象都交融在一起。卡马拉(Kamala)的形象也出现了，随后又变得模糊起来。还有戈文达(Govinda)的形象，其他人的形象，全部混杂交融在一起，全部汇入了河水，随着河流一起奔向目标，热切地、焦急地、痛苦地奔向目标。于是河流的歌声充满热切的期望，充满炽烈的痛楚，充满无法满足的欲求。河水向着自己的目标奔去，悉达多眼见它匆匆地流走。看着这由他、他的亲人以及他所见过的所有人组成的河水，看着河水掀起的浪花，匆匆地奔向目标，奔向许多目标，奔向瀑布，奔向湖泊，奔向急流，奔向大海，到达了所有目标，在每一个目标之后又跟着另一个新目标，于是水变成蒸汽，升腾到空中，在空中变为雨再次落下来，成为泉水，成为小溪，成为河流，再重新流淌，重新奔腾。但那渴望的声音起了变化。它仍然充满痛苦和渴慕，可是已经掺进来别的声音，快乐的和痛苦的声音，美好的和邪恶的声音，欢笑的和哀伤的声音，成百种声音，上千种各色各样的声音。

悉达多凝神听着。现在他只是一个倾听者，已完全沉浸到倾听中，身心一片虚空，全力吸收着声响，他感到这时已经把倾听学到了家。当初他也时常听到这所有的一切，听到河里这许许多多的声音，但今天听起来却别有新意。他再也不能将诸多声音彼此区分——快乐的声音与哭泣的声音，孩童的声音与成人的声音，它们彼此从属，混杂着渴求之人的悲叹、睿智之人的笑声、愤怒之人的呐喊和濒死之人的呻吟。它们相互交织，锁紧在一起，百转千回地缠绕。所有声音、所有目的、所有渴求、所有悲伤、所有快乐、所有善与恶，所有这些在一起，便是世界；所有这些在一起，汇成事件之流，奏出生命的音乐。悉达多专注地倾听河流，倾听千百种声音集成的歌声时，不管是烦恼抑或欢笑，这时他的心便不会束缚于某一种声音，而是将他的自我融入了倾听之中，于是听见了一切，听见了整体，听见了统一，于是这千百种声音合成的伟大的交响共鸣凝结成了一个字：唵——圆满完美。

透过印度教徒和佛教徒的镜头看

1. 人类历史充斥着因宗教冲突而造成的创伤。不过，印度教教义通常认为，不同的宗教传统就像是通往同一座山的不同道路。据拉达克里希南所言，若想克服不同宗教间的冲突，“只有接受印度教提出的这种解决方案。它试图在共同的追求而非共同的信条下寻求宗教的统一性”。如果所有人都接受了印度教提出的这种解决方案，世界历史将会有何不同？

2. 绝大多数印度教传统都宣扬大梵（最高神）在自然中不朽，世界即是它的身体。如果接纳了这个观点，对我们破坏自然环境的行为会产生怎样的影响？

3. 在文学作品、杂志、电视剧和日常对话中，有哪些例子专门传达出这样的观点，即社会是立基于自我和个体之上的？对此观点，佛教徒会说些什么？

4. 广告商们还有社会中的很多人，都力图使我们相信，财富是用于衡量你的价值和成功与否的关键标准，比如驾驶的汽车、身上的时装、专业地位或者所属的组织。对盛行于社会中的种种价值观，印度教徒或佛教徒将会说些什么？他们又会如何来定义成功？

5. 印度教和佛教都教导道，我们必须像看待小孩玩具那般看待这个物质世界，即这个物质世界琐碎无奇，对我们而言没有长远的重要性。如果你承认这一点，那么生活中阻碍你获得精神和道德觉悟的所谓小孩“玩具”会是什么？

6. 假设朋友家着火了，他/她不但变得一贫如洗、流离失所，还被严重烧伤，留下了生活阴影。作为有神论者，他将如何在这些苦恼中求得领悟呢？无神论者又将如何解释？印度教徒和佛教徒又会怎样做？

检视印度教和佛教的优缺点

正面评价

1. 印度教的宇宙观，无论在理智上还是在心灵上都可以提供一种满足。世界中的任何东西都渗透着神性。从根本上看，最高神与自然或者神性物与世俗物之间并非分裂的二元对立关系，因为这个世界和神的本性是同一的。这种世界观不是将统一性与和谐带入我们碎片化的生活吗？

2. 印度教徒说每个个体灵魂实际上都是神性灵魂的表现，如果人人都相信这一点，人类的关系岂不会发生变化？在这种信念之下，憎恨、战争和种族主义还有可能存在吗？

3. 如果相信印度教徒所说，在个性之下掩藏的是与神的精神的同一性的话，你的个性、那些自尊的贬损、你的自我怀疑，又当如何化解呢？

4. 如果接纳了佛教的观点，即应漂浮于生命波涛之上而非投身其中，那么在何种程度上，你能从情感苦恼里获得解脱呢？如果你认为日常的伤害、挫折和悲伤就像昨日的阴影那般短暂而转瞬即逝，那么生命的意义于你而言不就有了很大的不同吗？

负面评价

1. 印度教思想宣称，大梵(最高神)超越语言、理性和逻辑法则，因此，印度教徒使用相互矛盾的术语（个体的和非个体的，不同于世界和与世界相同一）来描述大梵。然而，当讲出这种观点时，我们不是已然假定逻辑和概念对于大梵同样适用吗？比如，当印度教徒假定，理性要么适用于大梵，要么不适用于大梵时，就用到了排中律。[1] 在假定大梵不可能既有限又非有限时，还用到了矛盾律。[2]

2. 印度教的泛神论主张，个体的自我实际上与宇宙同在。然而，佛教徒的无我说（no-self doctrine）则断言，自我不过是幻象而已。那么，这个统一、无差别的宇宙中的某些东西何以能从个体自我的幻象中唤起苦恼呢？这样看来，我的信念在某种程度上可能是错误的，因为我确实是与其他实在不同的东西。但若如此，又如何能既像亚洲哲学家所说的那样与宇宙同在，同时我的信念又将我与宇宙之所是区分开来呢？

3. 佛教徒的下述观点并无错误，即如果放下诸种偏执的渴求和欲望，我们将会更幸福、更知足。可纵观历史，那些富有创造力的天才人物无不是被对成功的渴望或对目标的追求所驱动。他们之中许多人自负满满，却同时为人类作出了重大贡献。例如，由于各种个人欲望与奋斗，医学和科学方面出现了伟大发明或进步，这减少了我们的苦恼，丰富了我们的生活，并且推动了文明的前进。如果这些改变历史的人物当初没有任何作为，只过着沉思冥想的生活，对实现个人目标亦无欲无求，那么这个世界以及人类的生活质量岂不是会大打折扣？欲望对于人生真的徒劳无益（如佛教所言），还是说只有那些被错误引导的欲望才是应当被避免的？

4. 佛教徒教导说，我们应当在情感上保持中立，当下生活不要受过去之事影响。20 世纪 60 年代，民谣歌手保罗・西蒙（Paul Simon）曾写过一首歌，歌中之人唱道："我是一块岩石，我是一座

---

① 排中律：对任意属性 A，某物要么是 A，要么是非 A。

② 矛盾律：对任意属性 A，某物不可能既是 A 又是非 A。

岛。石头感觉不到疼，小岛永远不会哭。”[86]尽管岩石(努力超脱之人)不怕疼，但他/她同时失去了爱的可能性，无法拥有深挚的友谊，不会成为称职的父母，甚至不会为正义事业而奋斗。难道不会有这样一些时刻，特定情感的出现恰恰是合宜的和合理的吗(比如某人反抗社会不公正时)?

4.7 宗教哲学的应用：宗教与科学如何关联?

当代宗教哲学研究中涉及的一个重要论题是宗教世界观与科学世界观的关系问题。我将从对科学与宗教之关系问题的四种基本模式的阐述开始对此问题的探讨。

第一，对抗模式(adversarial model)。在这种模式看来，科学与宗教虽然都在试图回答有关实在的问题，给出的答案却格格不入。因此，它们之间的关系极为紧张，甚至可以说是势不两立。这种模式下，有一种说法认为，应当支持科学、拒绝宗教。比如，在一篇题为《科学家们，直面它！科学与宗教不相容》的评论文章中，康奈尔大学科学史家威廉·普洛文(William Provine)提到了他人的疑问：“一个诚实面对自己理智的人，会秉持基督教进化论的立场吗?还是说，当站在教堂的门口时，我们必须暂时将自己的理智抛诸脑后?”普洛文直接回答他：“是的，你确实必须将理智抛诸脑后。”[87]

与之相反的说法认为，当科学理论与宗教真理相互矛盾时，前者应该被抛弃。比如，尽管17世纪物理学家伊萨克·牛顿也是一名基督教神学家，同时代许多显要的宗教思想家还是认为其物理学中的力学解释抹杀了上帝在世界中的地位，由此，他们要求禁止传播牛顿的科学思想。在最近的一本书中，英国记者布莱恩·阿普尔亚德(Bryan Appleyard)写道：“我们现在所掌握的科学根本不容于宗教。”他接着提出，科学在“精神上是腐蚀性的，将古代权威与传统付之一炬”。[88]注意，大多数宗教思想家并未将所有科学都拒斥门外，他们针对的只是与宗教学说格格不入的理论（比如进化论）。

剩下的三种模式都倾向于论证科学与宗教的相容性，只是在具体策略上有所不同。第二种模式被称为地域主义模式（territorialism）。它的支持者宣称，科学与宗教不可能相互冲突，因为它们针对的是实在的不同领域（地域）。科学告诉我们物理世界的事情，而宗教涉及的则是精神实在，因此，它们不仅不是敌人，反而可以很好地比邻而居，各自照看自己的领地，还可以隔着藩篱友好交谈。地域主义者的典型代表是法国哲学家勒内·笛卡儿。[①] 在笛卡儿的二元论模式下，实在被分为两部分：物理实在（行星、岩石、我们的身体），它们可以被科学彻底解释；非物理实在，包括上帝和我们的心灵（或灵魂）。科学可以处理物理的、确定的和机械的世界，而宗教（哲学已为之加固）却只谈论非物理性的实在世界。

第三个是视角主义（perspectivalism）模式。与对抗主义不同，视角主义认为凡是被人们广泛接受的科学理论都不会与宗教相互冲突。而它与地域主义者的差别在于，前者不承认科学和宗教描述的是不同的实在，相反，他们认为，科学与宗教只不过在以不同的方式描述实在而已。因此，它们处理的是同一个实在，但因为目的不同，提出的问题也有差别，它们各自针对我们居于其间的世界给出了不同但互补的回答。例如，想象墓地中的凄惨场景。死者的爱人处于万分痛苦中，并问道："她为何会死？"科学家回答："吃下有毒食物后，受害者感染了肉毒杆菌。毒素抑制了神经递质乙酰胆碱释放，从而导致肌肉麻痹，引发窒息。"这番科学说明可能是正确的，但并非丧亲之人所想要的答案。"她为何会死？"这个问题其实是要追问死亡的神秘与不幸以及恶的问题。对此，任何可能

---

① 参见第 2.2 节对笛卡儿二元论的讨论。

的宗教或哲学回应都不会与科学回答相冲突。

由此观之，科学回答的是“如何”(how)的问题，而宗教则回答“为什么”(why)的问题。科学寻求原因，而宗教却找寻意义。科学要做的工作是客观分析(objective detachment)，而宗教则意在主观介入(subjective involvement)。伽利略在回应其所遭受的宗教攻击时，就十分明智地运用了这种分析模式。正如伽利略所说，宗教“教我们如何去往天堂，而非天体如何运行”。直到今天，视角主义还被许多神学家和具有宗教情结的科学家广泛接受。

最后，第四种是和谐论者模式(Harmonizers)。有些人将科学与宗教间的关系看作幸福美满的婚姻。和谐论者试图表明，科学发现与宗教真理是完美相容的，科学甚至可以为宗教信条提供证明，或者至少表明宗教信条的可靠性。

从 19 世纪至今，对生命起源和宇宙起源的科学研究不断深入，这不但为上述四种模式提供了新的证据，关于上帝存在的设计论论证也因此开启了新篇章。有鉴于此，在后面的两个部分中，我将借用当下有关设计论论证的新探讨，继续展开对宗教与科学之关系问题的研究。

进化论与设计论：对手还是伙伴？

进化论与其对抗理论

19 世纪，设计论在查尔斯·达尔文(Charles Darwin，1809—1882)的理论中遇到了最大的困难。截至当时，只有智慧设计(intelligent design)能为生物系统的内在秩序提供最具可行性的解释。例如，尽管自然界中有无数种牙齿，但每一物种拥有哪种牙齿，要看它的胃部需要怎样的食物。犬科动物牙齿尖利是因为它要将肉撕开，而肉类正满足这种动物的胃部所需。但狗的牙齿不能用在马身上，因为后者纯粹是食草动物。达尔文之前的许多一神论科学家认为，动物牙齿和它们饮食需求之间的和谐是不可能随机出现的，这必然源于某种智慧的、仁慈的和有目的的设计。[89]

随着1859年达尔文的进化论著作《物种起源》(*Origin of Species*)的出版，神学论证似乎丧失了它的说服力。达尔文的发现可简单总结如下：(1) 动物与植物都会发生随机变种，而且可遗传给后代；(2) 由于后代繁衍超出了环境承受限度，就必然有生存竞争；(3) 发生变种的那些个体更具优势，与其他个体相比存活率更高，这就是适者生存。它们的寿命更长，繁衍的后代更多，将优越的生物特征传递给下一代；(4) 在漫长的岁月演历中，自然选择造就出大量生物，它们高度发达并能很好地生存。前达尔文时期，神学论证的捍卫者们假定，神性设计先于每一物种的创造，这就可以解释为何生物圈存在如此这般的和谐、效率以及秩序。达尔文的自然选择理论却描绘出完全相反的图景。这种理论认为，自然中发生的乃是无目的的随机变化，所谓的设计不过是盲目的自然选择之结果而已。达尔文对神性目的论的反驳在生物学家理查德·道金斯(Richard Dawkins)的畅销书《盲人钟表匠》(*The Blind Watchmaker*)中得到了有力表现。这本书还有一个副标题：为何揭示宇宙的是进化论而非设计论。作为对佩利论证(Paley's argument)的回应，他说："与人们的所见相反，自然界中唯一的钟表匠正是盲目的自然力。"[90]

很多持对抗立场的宗教支持者否认进化论与宗教解释之间的相容性，这里发生的是一场地盘争夺战。然而，与他的对手，即那些无神论者不同，宗教支持者主张分子生物学、细胞生物学以及生物化学都是站在自己一边的。换言之，他们断言，生物组织如此复杂，不可能是随意演进的结果，而必然是源于智慧设计。在当代语境下，这种观点被叫作"智慧设计论"(intelligent design theory，简称为ID理论)。ID理论家们并不执意否定某些进化论机制在自然中的作用，他们的主要观点在于，离开了智慧设计者的干预，就不可能用进化论解释生物现象。

ID 理论的主要捍卫者生物学家迈克·贝赫(Michael Behe)指出，这个充满着不可还原的复杂性(irreducible complexity)的系统可以作为设计论的证据。所谓“不可还原的复杂性”指的是：

> 由几个可用以实现基本功能的、匹配良好且相互作用的部分构成的单一系统。在此系统内，任何一个部分的移除都会导致整个系统功能失效。[91]

因此，唯有这些部分组合为完整系统且运转良好时，复杂功能才得以实现。它们不可能从对既有部分的随意修正中逐步演化而成，毕竟各个部分一旦脱离其在复杂系统中所承担的角色，便会失去一切功能。因此，功能的“全有或全无”，全凭这些组成部分是否内在于系统中。贝赫以细菌鞭毛(bacterial flagellum)作为不可还原的复杂性的案例。它的功能就像生物的舷外发动机，使特定种类的细菌可以自由地游动。鞭毛内包含着在生物学里相当于发动机、驱动轴和船桨的东西。贝赫断言，在科学文献中，“没人曾提出过某种严肃、细致的模型来说明鞭毛如何借助达尔文主义获得解释”。[92]

与之相似，作为 ID 理论的主要支持者，数学家威廉·德布斯基(William Dembski)发展出一种数学的“解释滤器”(explanatory filter)，用以识别在何种情况下，与盲目的自然法则或偶然的机会相比，目的设计才是最优解释。对德布斯基而言，关键标准是“特定的复杂性”(specified complexity)。可以将密码锁作为这种特定复杂性的例子，以此类比生物学领域的状况。密码锁上有 100 个数字，只有其中 5 个数字组合起来才能将锁打开。猜出正确组合的概率只有百亿分之一。同样，德布斯基认为，在生物学领域，特定复杂性的量级如此之巨，以至其偶然发生的概率非常低。这样一来，智慧设计的推论便是可靠的。[93]

针对ID理论，批评家回应道，虽然进化论确实遇到过上述看似无法解释的复杂性状况，但最终依然能够发现合理的解释方案。而且，生物学家可以举出这样一些复杂的系统，它们由原本服务于其他目的的较早系统修正演化而来。这样一来，贝赫给出的“全有或全无”论证就被削弱了。[94]

与宗教相兼容的进化论

尽管查尔斯·达尔文的进化论通常被认为与宗教理论相抵牾，但1859年《凭借自然选择的物种起源》(*The Origin of Species by Means of Natural Selection*)初版时，达尔文其实还是有神论者(他获得的唯一学位是神学)。虽然后来走向不可知论，但他最初是将自己的科学发现作为神性设计的证明来看待的。他曾说过，上帝存在的最强论证在于：

> 如果将一个蔚为可观且有人类生存于其上——人类有极强的回溯力和前瞻力——的宇宙看作是盲目的机遇或盲目的必然性所导致，这简直是极为困难甚至根本不可能的事情。当这样进行反思时，我发现自己必须诉诸那拥有智慧心灵的第一因，它在某种程度上跟人的心灵相似。这样，我就配得上是一名有神论者了。[95]

达尔文由此认为，上帝监管着整个自然系统，同时又允许偶然性在细节上起作用。[96]

尽管后来达尔文连这种最普遍的设计论也表示怀疑，其他科学家、神学家和哲学家还是接受了他的论点，即进化论并不会对目的论论证造成威胁。同时，横跨上述三个领域的学者弗雷德里克·罗伯特·坦南特(F. R. Tennant，1866—1957)发展出了一种“更宽泛的目的论论证”(wider teleological argument)，它允许以自然原因解释某些特定的“设计”，比方说人类眼睛的进化，但认为这些自然进程和自然规则不过是上帝的工具而已。这样一来，在使进化论成为可能的规则中同样可以找到设计论的证据。[97]与之相似，许多当代神学家、哲学家和科学家并不认为在进化论解释和神性设计之间存在内在抵牾。例如，物理学家兼神学家伊安·巴伯（Ian Barbour）说道：

> 上帝很有耐心，已赋予物质多种潜能，使它们自身便可创生出更为复杂的形式。从这个解释可看出，上帝尊重世界的完整性，任它自然行事。就像上帝尊重人类自由，让我们自由抉择一样。[98]

如此，设计论的现代版本表达出对佩利之类比的拒斥，后者将上帝比作钟表匠，在某一个时刻设计出自然系统的每一个细节。与此不同，我们认为有目的的设计就像“分期付款”一般，存在于漫长的进化过程中，它从整体上对宇宙施以设计，但仍允许细节上的随意性。

上述学者都可以被称作和谐论者。当然，地域主义者和视角主义者也都有各自的进路，以证明进化论与宗教的相容性。地域主义者采纳的是二元路径，比如，他们认为，进化论解释了生物学意义上的人类（我们的肉体结构）是如何形成的；与此同时，超自然的事件也在发生，它将精神本性添加到我们的肉体中。例如，主教约翰·保罗二世在1996年说过，教会曾坚持认为，只要我们加上“精神灵魂是由上帝直接创造的”这个条件，“进化论与信仰学说之间就并非对立关系”。[99]此外，神学家兰登·吉尔奇（Langdon Gilkey）在一本论基督教创世说的书中明确表达了视角主义者在进化论问题上的立场。他说，《圣经》解说创世，目的不在于回答“鳄鱼哪天被创造”这类问题，相反，创世说提供“我们有限生命的意义和目的这类宗教问题的答案”。[100]

宇宙学与设计论：冲突还是和谐？

围绕设计论展开的某些当代争论，其关注点不再是生物学的细节内容，而是着眼于大局。他们追问的是，宇宙的本质为何如此，以致能让生命在第一时间发生？这意味着要从宇宙学角度寻求答案。作为一门科学，宇宙学利用天文学和物理学来研究宇宙的起源与结构。在20世纪早期，人们发现宇宙正在扩张着，由此产生了一种被广泛接受的猜想，即：宇宙起源于100到200亿年前的一次超强爆炸，也就是著名的“宇宙大爆炸”。① 空间瞬时被亚原子微粒，如质子、中子和电子等填满。历经千百万年，随着宇宙膨胀和冷却，原子开始形成，并最终产生了恒星、星系和行星。20世纪后半期，这些宇宙学上的惊人发现在科学家和哲学家中引起了巨大反响。下面是哲学家尼尔·曼森（Neil Manson）的一番描述：

> 物理学和观测天文学上的一系列突破导致宇宙大爆炸模型的发展，并使人们意识到宇宙是高度结构性的，可用诸如年龄、质量、熵（无序程度）、曲率、温度、密度和膨胀速率等作为其精确界定的参数。

曼森进一步说，对这些参数值的精确测度

> 导致了大量“人择巧合”（anthropic coincidences）现象的发现，并支持了宇宙对生命进行微调的断言。也就是说，目下这些

① 宇宙与时间有其开端的科学假设，在宇宙论论证的新版本中扮演着重要角色。（参见第4.1节卡拉姆宇宙论论证。）不过，此处我们更希望了解的是，宇宙大爆炸理论对设计论论证有何意义。

参数一旦略有不同，现有的任何类型的生命都不可能产生。[101]

在这类争论中最常提到的就是“人择原理”(anthropic principle)。但问题在于，在围绕设计论产生的争议中，诸方学者以不同方式使用了这一术语。因此，对该术语最妥善的理解方式是认为它指涉一系列可被争议各方接受的事实，这些事实组合为一个一般性观念，即“宇宙是生命微调的结果”。换言之，如果数值上出现细微变化，原本由之生成的生命便不会出现。虽然大多数科学家都赞成此结论，但在其解释和哲学应用方面却分歧甚大。

至于有关微调的案例，因为实在太多(并且技术性太强)，难以一一列举，请容许我仅谈几例。如果宇宙的年龄、尺寸、密度和膨胀速率等一众参数稍有差池，生命便难以产生。例如，世界闻名的物理学家史蒂芬·霍金(Stephen Hawking)写道：“如果宇宙大爆炸后膨胀速率瞬时变小，哪怕是十万万亿分之一，在它达到现在尺寸前就已经再次坍缩了。”[102]另一方面，如果膨胀速率变大，哪怕百万分之一，也会因为太快而使星系、恒星和行星无法形成。[103]在此情形下，生命也将不可能出现。

再如宇宙中某些基本成分在形成过程中涉及的一些关键常数。如果将原子核捆绑在一起的“强核力”(strong nuclear force)哪怕稍微变弱一些，宇宙中只会剩下唯一一种东西：氢。此外，若这种力只是增加了一个很小的百分点，几乎连氢也不可能有了。一旦氢消失，太阳等恒星和水就不会存在。如果没有太阳和水，我们所熟知的生命当然不会形成。[104]

宇宙学与和谐论者

从物理学和天文学角度看，绝无理由认为宇宙只能有一种秩序。然而，碰巧的是，宇宙中恰恰包含了那些能够使生命产生和维持下去的必要条件。我们可以将其理解为一种非人格化的、随机的事件相互组合的结果吗？还是说，把它理解为智慧者的有意设计更能令人信服呢？和谐论者当然认为这些数字都在指向某种有目的的设计。尽管必须承认，这些数字的重要性取决于我们的解释，但宇宙那错综复杂的结构还是使著名的英国数学物理学家保罗·戴维斯(Paul Davies)得出了如下结论：

> 宇宙所呈现出的结构——显然，数字上的细微改变也会带来敏感反应——是非常精心的思考结果，这种印象恐怕难以拒绝……这些数据值近乎奇迹般地同步发生，对宇宙设计论而言可谓最为令人信服的证据。[105]

当著名天文学家弗莱德·霍伊尔(Fred Hoyle)发现炭和氧的核共振结构对生命存在而言至关重要时，有记录表明，他的无神论观念发生动摇了。[106]霍伊尔将通过分子随机重排而导致的生命构造与“旋风穿过飞行器工厂并将分散的元件吹在一起变成运转着的波音 747 飞机”两件事作了一番比较。通过观察最终得出结论，宇宙秩序并非偶然所致，“宇宙是个被设计好的东西”。[107]弗里曼·戴森(Freeman Dyson，在普林斯顿大学高等研究院供职 41 年)说，“我越是考察宇宙及其结构中的细节，就越能找到证据表明它在某种程度上预示着我们将要诞生出来了”。[108]与和谐论者相反，地域主义者和视角主义者对此问题三缄其口，因为他们相信，我们在天文学和物理学领域了解到的东西对人类灵魂或生命价值而言都不可能有意义。

宇宙学与反宗教立场

设计论的当代捍卫者们忙于为其论证提供辩护，以应对批判者的攻击。由于大多数批判者都认可设计论依据的素材，所以他们质疑的其实是从科学素材中可否推出上帝的存在。这种质疑至少以两种方式进行：要么质疑设计论的推论逻辑，要么试着为宇宙微调理论提供其他非神学的解释。

在对设计论推理逻辑的质疑中，某些批评者认为，当我们讨论的是宇宙的诸种可能形态时，“或然性”是无意义的。面对某个限定系统(譬如玩老虎机或扑克牌游戏)，我们可以说结果可能或不可能，但这并不适用于宇宙的诸多可能形态。不过，微调论证却假定，可能宇宙的数值是有限的，或者假定某些值相较其他值更为可能。批评者们宣称，问题就在于这些假设都不受现有物理学的理论支持。[109]

对微调理论的另一种回应是，在宇宙大爆炸中不只产生出我们这个宇宙，相反，它实际上形成的是数目巨大甚至无限多个宇宙，它们彼此分离，每个宇宙的构成参数都有所不同，甚至遵循完全不同的物理法则。如果多重宇宙的存在是可能的，那么生命就不仅出现在这个宇宙中。然而，这种解释方案的批判者会抱怨说，它完全只是推测，不能得到独立证据支持，因而不过是避开设计论的一种不得已的方案。

几个世纪以来，设计论的理论构造以及对它的可靠性的评估一直在不断变动着，毕竟，设计论论证十分依赖科学知识的最新发展情况，因此，未来的新科学发现仍将会以某种方式推动其演化。与此同时，我们每个人都必须去判断，借助有目的的微调理论或通过偶然性的论证，我们的世界是否能获得最佳解释。

4.8 个人做哲学：宗教哲学

1. 为使本练习达到预期目的，请假设我提出的论题是完全正确的。假定我正拿着一个信封，同时说出下面这段话：

> 这个信封里写着我关于上帝问题的最终解决方案，其中

给出的论证和证据具有强大的说服力，以至于任何阅读了其中内容的人，都会被从下述论证中引申出的结论说服。

信封中给出的颇有说服力的案例，针对的是下面两个结论中的一个：

a. 上帝是真实的，并且对于理解宇宙之意义而言至关重要。

b. 上帝的故事纯属虚构，它满足了我们的愿望，是一个温暖的、令人愉悦和舒适的幻想。

然而，在阅读这封信之前，你并不知道自己会被哪个结论说服。请带着这些思考回答下述问题。

- 你是否对这个问题感到好奇，并且有勇气打开这个信封并阅读里面的内容？还是说，为了防止你的信仰因此可能出现的危机，你会拒绝打开信封？
- 如果你有信仰，同时选择打开这个信封，这是否意味着你事实上对自己的信仰缺乏信心，因此需要为之寻找更多的证据？另一方面，如果你有信仰，又选择不看信封里的内容，那是否说明，你担心在面对一些相反的证据时，自己的信仰无处安置？
- 如果你不信仰上帝，同时选择打开信封，这是否意味着你对自己立场的真理性并不确定，因此需要消除疑虑？另一方面，如果你不信仰上帝，又选择不看信封中的内容，难道不是因为你担心自己不得不改变原本的信念吗？
- 是否还有其他动机促使你打开信封，或者不打开信封呢？
- 我们是否应当为自己的信仰不断寻求最好的理由？为什么？
- 对我而言最重要的是什么：真理还是精神抚慰？

2. 就上帝的存在问题而言，从逻辑上讲，你的选择将会是下述三者之一：(a) 我相信上帝存在，(b) 我不相信上帝存在，以及 (c) 我不确定上帝是否存在（不可知论者）。当然，不论持哪种立场，你对它的确认是有程度差别的。而且，不同宗教或者不同的人对"上帝"这个概念的理解方式也有所不同。尽管如此，下面三个论题足以帮助你找出自己的立场所在。

- 结合你的生活经历，想一想你是在何时、以何种方式通达现在的立场的？

- 从最初思考这一问题开始，你的观点是否有过变动？你是如何做到的？原因是什么？

- 下面的哪个陈述可以解释你对自己当下信念的坚持？

a. 我是在这种信念中长大成人的。

b. 我之所以有此信念，是因为它使我的心灵得到慰藉。

c. 我的个人经历验证了这个信念。

d. 我有一些哲学的、逻辑的或者科学的理由支持现有的信念。

e. 其他要素。

以上陈述可分为两类：一是对所持信念之原因(cause)的分析，二是对所持信念之理由(reason)的分析。所谓原因，是直接作用于我而我无法控制的东西；所谓理由，则是我可以理性地估量和选择的东西。

- 如果我在不同家庭、不同国家或者不同文化环境下长大，我的信念是否会有所不同？

- 当我思考为什么会有这样的信念时，是否有一部分内容可以被归属于原因这一行列？

- 列出导致你持有这一信念的所有理由(reasons)。

- 相比于引发你当下信念的那些"原因"，你是否更加珍视"理由"？为什么？

3. 任何哲学立场都会有瑕疵，都会遇到挑战。正如科学家在持续不断的实验中挑战自己的理论一样，哲学家也通过将其论断放置在各种反驳中以证明其结论的真理性。当你充分考虑本章中的问题，并对自身的立场有所思考之后，提出下述问题。

- 对我当下的立场形成最大挑战的两到三个论题是什么?
- 对这些挑战我可以给出哪些回应?

4. 在第 4.4 节中,我们引用过哲学家 W. K. 克利福德的这样一段话:“无论任何人在任何地方,只要是在没有充足证据时坚持某种信仰,就是错误的。”

- 你是否相信有一种“信仰的伦理”? 换言之,我能否为自己的信仰提供理由。这是一个与道德相关的问题吗?
- 由于有待处理的问题不同,导致我们会给出不同形式的证明。就本章提出的问题而言,你认为怎样的证据可被视为“充足的”?

5. 在你看到世上的许多苦难,自己也经历过或大或小的一些痛苦(肉体的和情感的)后,以下哪个论断更能传达出你的态度?你持有这一信念的理由是什么?

a. 这个世界是非人格化的,因此,没有理由要求它总是遵从我们的需求或者回应我们的道德期待。因此,很多时候,无辜之人遭受苦难是无需理由的。

b. 即便我们往往无法知道坏事为何发生,我仍旧相信,任何事情的出现都有其理由,都指向某种目的,哪怕是那些无法被证明的痛苦事件也是如此。

c. (如果有其他观点可以更好地表述你对苦难的态度,请添加在这里。)

6. 1633 年,伽利略因为提出地球并非宇宙中心而遭到宗教法庭的审判。法庭认为他的这一立场是对上帝的亵渎,是对《圣经》的违逆。时至今日,《圣经》的信仰者则意识到伽利略是正确的。在地球运转问题上,人们假想出的科学和宗教之间的冲突也被发现是毫无价值的。在第 4.7 节我们谈到,一些宗教信仰者相信进化论与《圣经》中的图景相互冲突,另有一些人则认为进化论与《圣经》的观点相互兼容。

- 你是否认为，在未来的某个时刻，针对进化论的许多宗教批评会逐渐消失，就像对伽利略天文学理论的批评那样？
- 除了进化论，现代科学的哪些领域会对宗教理论产生挑战？
- 这些挑战能否得到解决？

第四章回顾

哲学家

4.0 宗教哲学概览

Peter Kreeft 彼得·克里夫特

4.1 上帝存在的宇宙论论证

St. Thomas Aquinas 圣托马斯·阿奎那

Richard Taylor 理查德·泰勒

4.2 上帝存在的设计论论证

William Paley 威廉·佩利

David Hume 大卫·休谟

4.3 上帝存在的本体论论证

St. Anselm 圣安瑟伦

Gaunilo 高尼罗

Immanuel Kant 伊曼努尔·康德

4.4 宗教信仰的实用主义和主观主义证明

Blaise Pascal 布莱斯·帕斯卡

W.K. Clifford W. K. 克利福德

William James 威廉·詹姆士

Soren Kierkegaard 索伦·克尔凯郭尔

4.5 恶的问题：无神论和一神论的回应

Albert Camus 阿尔贝·加缪

John Hick 约翰·希克

C.S. Lewis C. S. 路易斯

4.6 反思西方传统：亚洲宗教

Buddha 佛陀

概念

4.0 宗教哲学概览

monotheism 唯一神论

evidentialism 证据主义

natural theology 自然神学

atheism 无神论

agnosticism (religious skepticism) 不可知论(宗教怀疑论)

nonevidentialism 非证据主义

fideism 信仰主义

a posteriori arguments 后天论证

empirical knowledge 经验知识

a priori arguments 先天论证

4.1 上帝存在的宇宙论论证

cosmological argument 宇宙论论证

first cause argument 第一因论证

principle of sufficient reason 充足理由律

argument from contingency 偶然性论证

contingent being 偶然性存在

necessary being 必然性存在

4.2 上帝存在的设计论论证

argument from design (teleological argument) 基于设计论的论证(目的论论证)

David Hume's critique of the design argument 大卫·休谟对设计论论证的批评

4.3 上帝存在的本体论论证

ontological argument 本体论论证

reductio ad absurdum argument 反证法论证

Gaunilo's critique of the ontological argument 高尼罗对本体论论

证的批评

Immanuel Kant's objection to the ontological argument 伊曼努尔·康德对本体论论证的反驳

4.4 宗教信仰的实用主义和主观主义证明

pragmatic and subjective justification of belief 信仰的实用主义和主观主义证明

nonevidentialist theism 非证据主义的一神论

three essential points of the nonevidentialist theists 非证据主义一神论者的三个基本观点

Pascal's wager 帕斯卡之赌

Clifford's ethics of belief 克利福德的信仰伦理学

James's view of religious belief 詹姆士对宗教信仰的态度

Kierkegaard's view of religious belief 克尔凯郭尔对宗教信仰的态度

4.5 恶的问题：无神论和一神论的回应

the problem of evil 恶的问题

moral evil 道德之恶

natural evil 自然之恶

theodicy 神正论

greater will defense 更大善辩护

free will defense 自由意志辩护

libertarianism 自由至上论

compatibilism 相容论

natural order defense 自然秩序辩护

4.6 反思西方传统：亚洲宗教

Hinduism 印度教

pantheism 泛神论

Brahman 大梵

maya 摩耶
jiva 个我
atman 梵我
karma 业力
reincarnation 来世
God in Buddhism 佛教中的最高神
self in Buddhism 佛教中的自我
nirvana 涅槃

4.7 宗教哲学的应用：宗教与科学如何关联?

four positions on science and religion 关于科学与宗教的四种立场
views on evolution and design 对进化论与设计论的看法
views on cosmology and design 对宇宙学和设计论的看法

深入阅读建议

宗教哲学概述

Peterson, Michael, William Hasker, Bruce Reichenbach and David Basinger, *Reason and Religious Belief*, 3d ed. New York: Oxford University Press, 2003. 从有神论角度对相关问题进行了清晰的考察。

Pojman, Louis, ed. *Philosophy of Religion: An Anthology*. 4th ed. Belmont, Calif.: Wadsworth, 2003. 围绕此论题的论文集，涵盖了各方观点，是最好的几部作品之一。

Rowe, William. *Philosophy of Religion: An Introduction*. 3d ed. Belmont, Calif.: Wadworth, 2001. 深入浅出地描述了宗教哲学的主要问题。

Wainwright, William J. *Philosophy of Religion*. 2d ed. Belmont, Calif.: Wadworth, 1999. 从有神论视角进行的充分论

证,可读性强。

关于上帝问题的经典论证以及批判

Hick, John, ed. *The Existence of God*. New York: Macmillan, 1964. 涵盖了有神论论证的经典作品。

Hume, David. *Dialogues Concerning Natural Religion*, 1779. 有多种不同的平装本。不仅涉及对设计论论证的经典批判,还包括休谟从怀疑主义视角出发对其他有神论论证作出的批判。

Moreland, J. P., and Kai Nielsen. *Does God Exist? The Debate between Theists and Atheists*. Amherst, N.Y.: Prometheus Press, 1993. 由有神论者和无神论者共同完成,包括对上帝存在以及其他宗教问题的生动讨论。

Swinburne, Richard. *The Existence of God*. Rev.ed Oxford: Oxford University Press, Clarendon Press, 1991. 为有神论作出的透彻的当代辩护。

无神论的论证

Mackie, J. L. *The Miracle of Theism: Arguments for and against the Existence of God*. Oxford: Oxford University Press, 1982. 一位著名的无神论哲学家对有神论进行的清晰且生动的讨论。在麦凯看来,"奇迹"在于人人都可以成为有神论者。

Martin, Michael. *Atheism: A Philosophical Justification*. Philadelphia: Temple University Press, 1990. 恐怕是所有刊印的书籍中,对有神论进行的最全面的批判,同时也对无神论进行了最全面的证明。

Smith, George H. *Atheism: The Case against God*. Amherst, N.Y.: Prometheus Press, 1980. 对无神论观点所作的通俗描述。

恶的问题

Adams, Marilyn McCord, and Robert Merrihew Adams, eds. *The Problem of Evil*. Oxford: Oxford University Press, 1990. 针对恶的问题的当代论文集，作者来自不同领域。

Howard-Snyder, David, ed. *The Evidential Argument from Evil*. Bloomington, Ind.: Indiana University Press, 1996. 收纳了针对此问题的一些当代讨论文献，兼顾不同立场。

Lewis, C.S. *The Problem of Pain*. New York: Simon and Schuster, Touchstone Books, 1996. 从有神论视角对恶的问题进行的通俗分析。

世界宗教

Carmody, Denise L., and T.L. Brink. *Ways to the Center: An Introduction to World Religions*. 6th ed. Belment, Calif.: Wadsworth, 2005. 颇受欢迎的关于世界宗教的介绍性著作，印度教和佛教也涵盖其中。

Molly, Michael. *Experiencing the World's Religions: Tradition, Challenge, and Change*. 5th ed. New York, N.Y.: McGraw-Hill, 2009.

科学与宗教

Barbour, Ian. *Religion and Science: Historical and Contemporary Issues*. New York: HarperCollins, 1997. 对科学和宗教的关系进行深入考察，包括各自的范围以及当代科学问题的神学意蕴。

Dawkins, Richard. *The Blind Watchmaker: Why the Evidence of Evolution Reveals a Universe without Design*. New York: W. W. Norton, 1996. 题目可以说明一切。

Dembski, William. *Intelligent Design: The Bridge between*

Science and Theology. Downers. Grove, Ill.: InterVarsity Press, 1999. 智慧设计论的主要支持者针对进化论进行的反驳。

Manson, Neil, ed. *God and Design: The Teleological Argument and Modern Science*. London: Routledge, 2003. 就进化论、宇宙论和设计论论证的影响，该书选取出一系列颇有助益的论文。

Ruse, Michael, *Can a Darwinian Be a Christian? The Relationship between Science and Religion*. Cambridge: Cambridge University Press, 2000. Ruse 对此问题给出了肯定回答。

---

1 Peter Kreeft, introduction to J. P. Moreland and Kai Nielsen, *Does God Exist? The Great Debate* (Nashville: Thomas Nelson, 1990), p. 11.

2 对于无神论论证的总结，可参见 Michael Martin, *Atheism: A Philosophical Justification* (Philadelphia: Temple University Press, 1990)；以及 George H. Smith, Atheism: The Case against God (Amherst, N. Y.: Prometheus Press, 1980)。

3 Friedrich Nietzsche, *Beyond Good and Evil*, trans. Helen Zimmern, sec. 6.

4 Thomas Aquinas, "Summa Theologica", in *Basic Writings of Saint Thomas Aquinas*, Vol. 1, ed. Anton C. Pegis (New York: Random House, 1945), Part Ⅰ, question 2, article 3, p. 22.

5 关于这一证明的延伸讨论，参见 William Lane Craig, The Kalam Cosmological Argument (New York: Barnes and Noble, 1979)。

6 Richard Taylor, *Metaphysics*, 4th ed. (Englewood Cliffs, N. J.: Prentice Hall, 1992), pp. 100 - 105, 107. 中文翻译引自理查德・泰勒：《形而上学》，晓杉译，上海译文出版社 1984 年版，第 139—147、150 页。个别词句略作修改。

7 William Paley, *Natural Theory: Selections* (Indianapolis: Bobbs-Merrill, Library of Liberal Arts, 1963), pp. 3 - 4, 13. 中文翻译引自胡景钟、张庆熊主编《西方宗教哲学文选》，尹大贻等译，上海人民出版社 2002 年版，第 13—15，17 页。个别词句略作修改。

8 David Hume, *Hume's Dialogue Concerning Natural Religion*, ed. Noman Kemp Smith (London: Oxford University Press, 1935), Part Ⅱ: pp. 178; 182 - 183, 185; Part Ⅴ: pp. 205 - 207. 中文翻译引自休谟：《自然宗教对话录》，陈修斋、曹棉之译，商务印书馆 2017 年版，第 19—20，23—24，26，43—45 页。个别词句略作修改。

9 同上，Part Ⅻ: p. 281.

10 这一例子请参见 William Rowe, *Philosophy of Religion: An Introduction* (Belmont, Calif.: Wadsworth, 1978), p. 32.

11 St. Anselm, *Proslogium*, chap. 1, in *St. Anselm: Basic Writings*, trans. S. N. Deane (La Salle, Ill.: Open Court, 1962).

12 St. Anselm, *Proslogium*, chap. 2, in *St. Anselm: Basic Writings*.

13 关于这三个主题的讨论,主要基于 C. Stephen Evans, *Subjectivity and Religious Belief: An History, Critical Study* (Grand Rapids, Mich.: William B. Eerdmans, Christian University Press, 1978), chap. 1.

14 不同于将克尔凯郭尔看作反理性的信仰主义者的做法,一些评论者认为,克尔凯郭尔在人们为何应当进行信心飞跃的问题上,给出了主观证明。具体参见 Marilyn Gaye Piety, "Kierkegaard on Rationality", *Faith and Philosophy* 10, no. 3 (July 1993); C. Stephen Evans, *Faith beyond Reason: A Kierkegaardina Account* (Grand Rapids, Mich.: William B. Eerdmans, 1998); and Merold Westphal, *Kierkegaard's Critique of Religion and Society* (Macon, Ga.: Mercer University Press, 1987)。

15 Blaise Pascal, *Thoughts*, trans. William F. Trotter, The Harvard Classics, vol. 48 (New York: P. F. Collier, 1910), sec. 233, pp. 84-87. 中文翻译引自帕斯卡尔:《思想录》,何兆武译,商务印书馆 1986 年版,第 110—113 页。个别词句略作修改。

16 William James, "the Will to Believe", in *Essays in Pragmatism*, ed. Alburey Castell (New York: Macmillan, Hafner Press, 1948), pp. 95, 105-106, 107. 中文翻译引自詹姆斯:《詹姆斯集》,万俊人、陈亚军编选,上海远东出版社 2004 年版,第 357,368,369—370 页。个别词句略作修改。

17 Soren Kierkegaard, *the Journals of Soren Kierkegaard*, August1, 1835, trans. Alexander Dru, in *A Kierkegaard Anthology*, ed. Robert Bretall (New York: Modern Libery, 1946), pp. 4-5.

18 Soren Kierkegaard, *Philosophical Fragments*, trans. David Swenson and Howard V. Hong (Princeton, N. J.: Princeton University Press, 1962), pp. 49, 103n., 103-104.

19 Soren Kierkegaard, *Concluding Unscientific Postscript*, trans. David Swenson and Walter Lowrie (Princeton, N. J.: Princeton University Press, 1941), pp. 182, 189.

20 Ibid., p. 51.

21 Soren Kierkegaard, *The Sickness unto Death*, in *Fear and Trembling and The Sickness unto Death*, trans. Walter Lowrie (Princeton, N. J.: Princeton University Press, 1968), p. 210.

22 Soren Kierkegaard, *Concluding Unscientific Postscript*, p. 178.

23 Ibid., pp. 179-180.

24 Ibid., pp. 189, 191.

25 *Soren Kierkegaard's Journals and Papers*, vol. 1, trans. and ed. Howard and Edna Hong (Bloomington, Indiana University Press, 1967), no. 10, p. 7.

26 Albert Camus, *The Plague*, trans. Stuart Gilbert (New York: Random House, Vintage Books, 1972), pp. 199, 201, 211-212, 120, 202-203. 中文翻译引自加

缪:《鼠疫》,顾方济、徐志仁译,译林出版社 1997 年版,第 207—209,209,220—221,128,210 页。

27 Charles Darwin, letter to Asa Gray (May 22, 1860), in *The Life and Letters of Charles Darwin*, vol. 2, p. 105.

28 一场被称为过程哲学(process philosophy)的运动,它认为上帝关于未来的知识是有限的。参见 Charles Hartshorne, *Omnipotence and other Theological Mistakes* (Albany: State University of New York Press, 1984)。

29 Harold S. Kushner, *When Bad Things Happen to Good People* (New York: Schocken Books, 1981).

30 Aldous Huxley, *Brave New World* (New York: Harper and Row, 1946), p. 162.

31 John Hick, *Evil and the God of Love*, rev. ed. (New York: Harper and Row, 1966, 1977), pp. 253 - 259.

32 Eward H. Madden and Peter H. Hare, *Evil and the Concept of God* (Springfield, Ill.: Charles C. Thomas, 1968), pp. 83 - 90, 102 - 103. Reprinted in Louis Pojman, *Philosophy of Religion: An Anthology* (Belmont, Calif.: Wadsworth, 1994), pp. 181 - 185.

33 这种表达方式借自大卫·格里芬(David Ray Griffin)《上帝、权力与罪恶:过程神学》中的一段,并有所修改。具体参见 David Ray Griffin, *God, Power, and Evil: A Process Theodicy* (Philadelphia: Westminster Press, 1976), p. 309。

34 C. S. Lewis, *the Problem of Pain* (New York: Macmillan, 1962), p. 33.

35 Daniel H. Osmond, "A Physiologist Looks at Purpose and Meaning in Life", in *Evidence of Purpose: Scientists Discover the Creator*, ed. John Marks Templeton (New York: Continuum, 1996), p. 148.

36 George Harrison, "My Sweet Lord", from the album *All Things Must Pass* (Apple Records, New York).

37 参见 Shirley MacLaine, *Out on a Limb* (New York: Bantam, 1983) and *Dancing in the Light* (New York: Bantam, 1985); and Nancy Griffin, "Tina", in *Life* (August 1985), pp. 23 - 28。

38 *Aitareya Upanishad* 5.3, in *The Thirteen Principal Upanishads*, trans. Robert Hume (London: Oxford University Press, 1921), p. 301. 由于奥义书有不同译本,参考文献名称将依据原初文本而定,引用页码则根据特定的翻译版本确定。中文翻译引自《徐梵澄文集》(第十五卷),三联书店 2006 年版,第 13 页。

39 *Kaushiaki Upanishad* 3.8, in Hume, *Thirteen Principle Upanishads*, p. 327. 中文翻译引自《徐梵澄文集》(第十五卷),三联书店 2006 年版,第 42 页。

40 *Svetavatara Upanishad* 6. 9, in *The Upanishads*, vol. 2, trans. Swami Nikhilananda (New York: Ramakrishna-Vivekananda Center, 1952), p. 135. 中文翻译引自《徐梵澄文集》(第十五卷),三联书店 2006 年版,第 375 页。

41 Acharya Gaudapada, *Karika* 1. 9, in Nikhilananda, *The Upanishads*, vol. 2, p. 235.

42 Sarvepalli Radhakrishnan, *Recovery of Faith* (New York: Haper & Brothers, 1955), p. 104.

43 *Katha Upanishad* 6.12, in Hume, *Thirteen Principal Upanishads*, p.360. 中文翻译引自《徐梵澄文集》(第十五卷)，三联书店 2006 年版，第 335 页。

44 *Kena Upanishad* 11, in Hume, *Thirteen Principal Upanishads*, p. 337. 中文翻译引自《徐梵澄文集》(第十五卷)，三联书店 2006 年版，第 375 页。

45 Sarvepalli Radhakrishnan, *The Hindu View of Life* (New York: Macmillan, 1927), p.36.

46 参见 *Brihad-Aranyaka Upanishad* 2. 3. 6, in Hume, *Thirteen Principal Upanishads*, p.97.

47 *Mandukya Upanishad* 7, in Nikhilananda, *The Upanishads*, vol.2, p.236. 中文翻译引自《徐梵澄文集》(第十六卷)，三联书店 2006 年版，第 59 页。

48 *Brihad-Aranyaka Upanishad* 2.4.12, in Hume, *Thirteen Principal Upanishads*, p.101.

49 *Mundaka Upanishad* 2. 1. 4, in *The Upanishads*, vol. 1, trans, Swami Nikhilananda (New York: Ramakrishna-Vivekananda Center, 1949), p.282. 中文翻译引自《徐梵澄文集》(第十六卷)，三联书店 2006 年版，第 11 页。

50 同上，2.2.11，p. 294。中文翻译引自《徐梵澄文集》(第十六卷)，三联书店 2006 年版，第 17 页。

51 *Rig Veda* 10. 129, in *Sources of Indian Tradition*, eds. William Theodore de Bary, Stephen Hay, Royal Weiler, and Andrew Yarrow (New York: Columbia University Press, 1958), p.18.

52 *Brihadaranyaka Upanishad* 1. 4. 6, in *The Upanishads*, vol. 3, trans. Swami Nikhilananda (New York: Ramakrishna-Vivekananda Center, 1956), p.117.

53 *Katha Upanishad* 2.1.14, in Nikhilananda, *The Upanishads*, vol.1, p.167. 中文翻译引自《徐梵澄文集》(第十五卷)，三联书店 2006 年版，第 329 页。

54 *Brihadaranyaka Upanishad* 3. 4. 1, in Nikhilananda, *The Upanishads*, vol. 3, p.214. 中文翻译引自《徐梵澄文集》(第十五卷)，三联书店 2006 年版，第 528 页。

55 *Mandukya Upanishad* 2, in Hume, *Thirteen Principal Upanishads*, p.391. 中文翻译引自《徐梵澄文集》(第十六卷)，三联书店 2006 年版，第 57 页。

56 *Chandogya Upanishad* 6.10.1 - 3, in Hume, *Thirteen Principal Upanishads*, pp.246 - 247. 中文翻译引自《徐梵澄文集》(第十五卷)，三联书店 2006 年版，第 183 页。个别词句略作修改。

57 *Kena Upanishad* 2.5, in Nikhiananda, *The Upanishads*, vol.1, p.240. 中文翻译引自《徐梵澄文集》(第十五卷)，三联书店 2006 年版，第 230 页。

58 *Mundaka Upanishad* 3.2.9, in Nikhilananda, *The Upanishads*, vol.1, p.309. 中文翻译引自《徐梵澄文集》(第十六卷)，三联书店 2006 年版，第 23 页。

59 引自 Radhakrishnan, *Recovery of Faith*, p.112。

60 *Bhagavad-gita As It Is*, trans. A. C. Bhaktivedanta Swami Prabhupada (Sydney: The Bhaktivedanta Book Trust, 1986), 2: 22, p.104.

61 同上，2：13，p.91。

62 *Brihadaranyaka Upanishad* 4.4.6 - 7, in Nikhilananda, *The Upanishads*, vol.3, pp.293 - 295. 中文翻译引自《徐梵澄文集》(第十五卷)，三联书店 2006 年版，第

567—568 页。

63 *Chandogya Upanishad* 6. 10. 1, in Hume, *Thirteen Principal Upanishads*, p. 246. 中文翻译引自《徐梵澄文集》(第十五卷),三联书店 2006 年版,第 183 页。

64 *Brihadaranyaka Upanishad* 4. 3. 21, in Nikhilananda, *The Upanishads*, vol. 3, p. 276. 中文翻译引自《徐梵澄文集》(第十五卷),三联书店 2006 年版,第 562 页。

65 *Mundaka Upanishad* 3. 1. 3, in Hume, *Thirteenth Principal Upanishads*, p. 374. 中文翻译引自《徐梵澄文集》(第十六卷),三联书店 2006 年版,第 18 页。

66 *Brihad-Aranyaka Upanishad* 4. 4. 22, in Hume, *Thirteen Principal Upanishads*, p. 143. 中文翻译引自《徐梵澄文集》(第十五卷),三联书店 2006 年版,第 573 页。

67 *Chandogya Upanishad* 8. 4. 1, in Hume, *Thirteen Principal Upanishads*, p. 265. 中文翻译引自《徐梵澄文集》(第十五卷),三联书店 2006 年版,第 211—212 页。

68 *Kaushiaki Upanishad* 1. 4, in Hume, *Thirteen Principle Upanishads*, p. 305. 中文翻译引自《徐梵澄文集》(第十五卷),三联书店 2006 年版,第 20 页。

69 E. A. Burtt, ed., *The Teachings of the Compassionate Buddha* (New York: Mentor, 1982), pp. 202 - 203.

70 Jack Kornfield, ed., *Teaching of the Buddha* (Boston: Shambhala, 1996), p. 26.

71 同上,p. 91。

72 同上,p. xiii。

73 Brutt, *The Teachings of the Compassionate Buddha*, pp. 49 - 50.

74 Kornfield, *Teaching of the Buddha*, p. 141.

75 David Hume, *A Treatise of Human Nature*, ed. L. A. Selby-Bigge (Oxford: Clarendon Press, 1896), bk. 1, pt. 4, sec. 2.

76 Korfield, *Teaching of the Buddha*, p. 18.

77 De Bary et al., *Sources of Indian Tradition*, p. 102.

78 Huston Smith, *The Illustrated World's Religions* (New York: HarperCollins, Harper San Francisco, 1994), p. 71.

79 同上。

80 Paraphrased from Burtt, *Teachings of the Compassionate Buddha*, pp. 43 - 46.

81 *The Questions of King Milinda*, part II, IV, 8, 75, trans. T. W. Rhys Davids (Oxford: Clarendon Press, 1894), pp. 194 - 195.

82 这个比喻受另一个比喻启发,后者可见于 Abraham Kaplan, *The World of Philosophy* (New York: Random House, Vintage Books, 1961), p. 262。

83 Sarvepalli Radhakrishnan and Charles A. Moore, eds., *A Source Book in Indian Philosophy* (Princeton, N. J.: Princeton University Press, 1957), p. 291.

84 Burtt, *Teachings of the Compassionate Buddha*, p. 35. 中文翻译引自《南传大藏经·中部经典二·六十三·摩罗迦小经》(台湾元亨寺版)。

85 Herman Hesse, *Siddhartha*, trans, Gunther Olesch, Anke Dreher, Amy Coulter, Stefan Langer, and Semyon Chaichenets, Part Two, "Om."

86 Pual Simon, "I Am a Rock," © 1965 Paul Simon (BMI).

87 William Provine, "Scientists, Face it! Science and Religion are Incompatible," *The*

Scientist 2, no. 16 (September 5, 1988), p. 10.

88 Bryan Appleyard, *Understanding the Present: Science and the Soul of Modern Man* (New York: Doubleday, 1993), pp. 8 - 9.

89 参见 Richard S. Westfall, *Science and Religion in Seventeenth-Century England* (New Haven, Conn.: Yale University Press, 1958), 尤其是 chap. 3, "The Harmony of Existence"。

90 Richard Dawkins, The Blind Watchmaker: *Why the Evidence of Evolution Reveals a Universe without Design* (New York: W. W. Norton, 1987), p. 5.

91 Michael Behe, *Darwin's Black Box* (New York: The Free Press, 1996), p. 39.

92 Michael Behe, "The Modern Intelligent Design Hypothesis," in *God and Design: The Teleological Argument and Modern Science*, ed. Neil Manson (London: Routledge, 2003), p. 280.

93 William Dembski, *No Free Lunch: Why Specified Complexity Cannot Be Purchased without Intelligence* (Lanham, Md.: Rowman and Littlefield, 2002) and *The Design Inference* (Cambridge: Cambridge University Press, 1998).

94 Kenneth R. Miller, *Finding Darwin's God* (New York: HarperCollins, 1999).

95 Charles Darwin, *The Life and Letters of Charles Darwin*, vol, 1, ed. Francis Darwin (New York: Basic Books, 1959), p. 282.

96 *The Life and Letters of Charles Darwin*, vol. 2, ed. Francis Darwin (New York: Basic Books, 1959), p. 105.

97 F. R. Tennant, *Philosophical Theology*, vol. 2, *The World, the Soul, and God* (Cambridge: Cambridge University Press, 1956), pp. 78 - 120.

98 Ian Barbour, *Religion and Science* (New York: HarperCollins, 1997), p. 246.

99 John Paul Ⅱ, "Message to Pontifical Academy of Sciences on Evolution," reprinted in *The Scientist* 11, no. 10 (May 12, 1997), pp. 8 - 9.

100 Langdon Gilkey, *Maker of Heaven and Earth: The Christian Doctirne of Creation in the Light of Modern Knowledge* (Garden City, N. Y.: Doubleday, 1959), pp. 8, 39.

101 Introduction to Manson, *God and Design*, p. 4.

102 Stephen Hawking, *A Brief History of Time* (New York: Bantam, 1988), pp. 121 - 122.

103 John Leslie, "The Anthropic Principle, World Ensemble, Design," *American Philosophical Quarterly* 19, no. 2 (April 1982), p. 141.

104 Paul Davies, *God and the New Physics* (New York: Simon & Schuster, 1983), pp. 187 - 88.

105 同上，p.189。

106 Reported by Hoyle's friend and Harvard astronomer Owen Gingerich in "Dare a Scientist Believe in Design?" in Templeton, *Evidence of Purpose*, p. 24.

107 Hoyle's comments are reported by Paul Davis in *Are We Alone?* (New York: HarperCollins, Basic Books, 1995), pp. 27 - 28, 118.

108 Freeman Dyson, *Distributing the Universe* (New York: Harper and Row,

1979), p. 250.

109 Neil Manson, "There Is No Adequate Definition of 'Fine-Tuned' for life," *Inquiry* 43 (September), pp. 341 - 351.

文本出处

p. 316: St. Anselm, Proslogium, chap. 2, in Saint Anselm: Basic Writings, trans. S. N. Deane. La Salle, Ill.: OpenCourt, 1962.

p. 384, 85: Jack Kornfield, ed., Excerpts from Teachings of the Buddha, © 1993, 1996 by Jack Kornfield. Reprinted by arrangement with The Permissions Company, Inc., on behalf of Shambhala Publications Inc., Boulder, Colorado, www.shambhala.com.

奥古斯特·罗丹(Auguste Rodin)《加莱的义民》(*Burghers of Calais*)
这座雕塑是为了纪念 1347 年英法百年战争期间的一段插曲。在法国城市加莱,六名市民(富有的公民)作出了最高的伦理选择,为拯救其他人而向敌人牺牲自己。幸运的是,英国女王为他们求情,从而使他们的生命得以保全。

第五章　探究伦理价值

本章目标：

完成本章之后你应做到：

1. 解释神命论(divine command theory)以及对它的一些常见反驳。

2. 拿出证据，表明你思考过“为什么应做道德之事”这个问题。

3. 评价主观伦理相对主义(subjective ethical relativism)和习俗伦理相对主义(conventional ethical relativism)，并就后者诸多有影响力的论证进行批判性评估。

4. 区分心理利己主义与伦理利己主义(psychological and ethical egoism)，澄清对伦理利己主义的某些常见误解，并权衡伦理利己主义一些论证的说服力。

5. 阐述伦理学中的结果主义(目的论)与义务论之差异。

6. 概述功利主义，指出边沁与密尔之思路的不同之处，并阐明功利主义的优缺点。

7. 解释康德的善良意志概念、道德行动的两个评判标准以及康德对绝对命令的两个版本的表述。

8. 说明行为伦理学与德性伦理学的差异，阐述亚里士多德的德性概念和他的中道思想。

9. 明确女性主义者对传统伦理学理论的反驳，解释两种女性主义伦理学的不同进路。

5.0 伦理学概览

地域勘察：为什么应做道德之事？

你为什么想要成为一个有道德的人？是因为道德之善是某种因其自身而应去追求的东西，还是说，之所以值得成为有道德的人，不过是出于对结果的考量？打个比方，没有人愿意接受下面的事情，比如让牙医给牙齿钻孔，大部分人也不会选择一种严格受限的饮食方式。相反，我们接受这些行为只是因为它们能带来身体健康这一结果。如果看牙医和节制饮食不能使自己更健康，我们几乎没有理由去做这些事情。道德是否与此相似？成为一个道德上的良善之人仅仅是因为其外在结果是值得的，而不道德的外在结果则相反吗？

这个问题，也就是柏拉图曾在对话集《理想国》中提到的"为什么应做道德之事"。在这部著作中，格劳孔(Glaucon，柏拉图的兄弟)问苏格拉底，正义(或道德之善)是不是某种不仅因其结果而且因其自身之故应该去追求的东西。为了刺激苏格拉底，格劳孔为这样的立场辩护：大部分有理性的人(如果他们真的诚实)都会同意，成为一个正义和道德之人并非因为其自身是值得的，而只是因为它所带来的社会奖励，并能避免令人不快的后果。比如，人们做道德之事是因为唯有如此才能与他人和睦相处，获得好名声，且能普遍地促进他们在社会上取得成功。同样，人们避免使自己变得不道德，乃是因为不道德的行为会使他们失去朋友，损害其社会地位，甚至使自己面临牢狱之灾。换言之，做道德之事完全是一种尽管令人不快却可以使自己获利的行为，其动机在于外在结果是值得的，类似于为你的牙齿钻孔或节制饮食。

为了使这个观点尽可能尖锐，格劳孔讲述了一位名叫盖吉斯(Gyges)的牧羊人的故事。据说盖吉斯发现了一枚戒指，戴上它以某种方式旋转,人就可以隐身,因而,戴上这枚戒指,便可以做任何想做的事情而不必担心受罚。格劳孔希望用这个故事作为思想实验来证明他的观点。他认为,这会向我们揭示道德的真正本质。想想看,如果你有能力使自己隐身,就不需要担心被逮捕、被惩罚甚至是被谴责。在隐身斗篷之下,你可以犯下任何罪行,行任何不端之事,而公众和朋友们都不会意识到你的恶行。根据格劳孔对人性的判定,在这样的条件下,没有任何理由去行道德之事或成为一个有德之人。表面看来,你似乎是一个模范公民,但与此同时,你又可以根据自己的个人喜好肆意妄为。因此,依格劳孔所见,你不仅没有任何理由行道德之事,而且有充分理由竭尽所能地逃避如此行事。只有傻瓜才不会这样做,因为重要的只是我们行动的外在表现和社会后果。

你怎么看?你同意格劳孔所认为的大部分人会如此行动这一观点吗?扪心自问,当读到盖吉斯的故事时,如果你有这样一个魔戒,你会如何行事?下面的引文从盖吉斯第一次发现他的超能力开始。

引自柏拉图

《理想国》(*Republic*)[1]

这些牧羊人有个规定,每个月要开一次会,然后把羊群的情况向国王汇报。他就戴着金戒指去开会了。他跟大伙坐在一起,谁知他碰巧把戒指上的宝石朝自己的手心转了一下。这一下,别人都看不见他了,都当他已经走了。他也莫名其妙,无意之间把宝石朝外一转,别人又看见他了。这以后他一再实验,看自己到底有没有这个隐身的本领。果然百试百灵,只要宝石朝里一转,别人就看不见他;朝外一转,就看得见他。他有了这个把握，就想方设法地谋到一个职位，当上了国王的使臣。到了国王身边，他就勾引王后，跟她同谋，杀掉了国王，夺取了王位。照这样来看，假定有两只这样的戒指，正义的人和不正义的人各戴一只，在这种情况下，可以想象，没有一个人能坚定不移地继续做正义的事，也不会有一个人能克制住不拿别人的财物。如果他能在市场里不用害怕，要什么就随便拿什么，能随意穿门越户，能随意调戏妇女，能随意杀人劫狱，总之能像全能的神一样随心所欲行动的话，到这个时候，两个人的行为就会一模一样。因此我们可以说，这是一个有力的证据，证明没有人把正义当成是对自己的好事，心甘情愿去实行，做正义之事是勉强的。在任何场合之下，一个人只要能干坏事，他总会去干的。大家一目了然，从不正义那里比从正义那里，个人能得到更多的利益。每个相信这点的人却能振振有词，说出一大套道理来。如果谁有了权而不为非作歹，不夺他人钱财，那他就要被人当成天下第一号的傻瓜，虽然当着他的面人家还是称赞他——人们因为怕吃亏，老是这么互相欺骗着。

为了进一步阐述这个思想实验，格劳孔进而要求我们想象有两个人：一个人是绝对不正义的或邪恶的，另一个则具有一种完美的正义或道德品格。然而，一方面，邪恶的人(他很聪明)成功地欺骗了他的社会并且维护了其清誉，虽然他犯下了最严重的罪行并做了难以想象的非道德行为。另一方面，社会完全误解了那个善良的人，虽然他完全正义，社会却错误地给他以恶名，并且为此迫害和折磨他。在这种情况下，坚持道德还有什么意义吗？格劳孔接受了这种愤世嫉俗的观点，即确实没有必要成为一个真正的有德之人。如果一个人可以成功避开社会的惩罚，那么仅仅是表面上对其所在的社会表现得道德就已经足够了。当约翰·肯尼迪(John F. Kennedy)想要加入国内政治圈时，其家庭成员为此互相争论，担心他是否能够成为一个成功的国会议员。他的父亲约瑟夫·肯尼迪(Joseph Kennedy)的一句话结束了争论，他说："你必须记住，并不是你自认为是什么人，而是别人认为你是什么人。"[2]老肯尼迪可能是对的，别人对你的看法对于你成为一名成功的候选人十分重要。然而，别人的看法能使你成为一个合格的(qualified)候选人吗？即使这种成功的表象在政治或商业上是有用的，它在伦理学中也同样重要吗？格劳孔认为是这样的。你怎么看？

有些人说，我们能用这种方式欺瞒社会，但却不能欺瞒上帝。他们认为做道德之事(不论是内在的还是外在行为上的)的真正理由是在来世获得奖赏并避免令人不悦的后果。但这个观点难道不是格劳孔观点的变种吗？在这种观点看来，成为有德之人的动机无非就是胡萝卜和棍棒(奖赏与惩罚)而已，此中差别不过是挥舞着胡萝卜和棍棒的到底是社会还是上帝这一细节。

或许，通过下述类比，这个问题会更清晰些。我们可以想象一个年轻男人与一个同样年轻且非常富有的女人结了婚。年轻男人以其三寸不烂之舌使女人相信，他并非爱财之人，而是真正爱上了她。然而，当这个年轻男人发现这个女人因为放弃了自己的财产而变得贫穷时，他解除了婚约，坚称不再有任何跟她结婚的理由。爱一个人，完全是因为所爱之人本身，和因为所爱之人可令你成为更完满和充实之人而爱这个人，这是一回事吗？这种关系会带来回报，但这些回报与你所爱之人是内在密切结合在一起的。但因为这一关系可能带来的诸如金钱、纯粹的肉体享受或地位等外在奖赏而去向一个人表达爱意，则完全是另一回事。同样，因为尊重道德而想成为一个有德之人(包括像自尊这样的内在奖赏)，和因为道德行为能在社会中(或来世)带来外在奖赏而做道德之事，两者之间也是存在区别的。

停下来,想一想

如果你像盖吉斯一样拥有能让自己隐身的能力,因而没有人会知道你做了什么,也不会因为你的不道德行为而产生什么消极后果,你是否会因为这种超能力而改变自己的行为呢？如果你确信没有来世,你的行为不会因此受到奖赏或惩罚,这一信念是否会导致你的伦理决定发生改变呢？你会选择成为一个被社会误认为是圣人的不道德之人,还是会选择成为一个被社会误解和惩罚的真正有德之人？在这些情境之下,对于格劳孔认为的没有理由成为正义和道德之人这一观点,你会赞同还是反对？为什么？

虽然这本书探讨的所有哲学问题对于我们如何生活有着深远的实践意义,但是没有哪个问题能像我们所思考的道德问题一样,能够对我们自己产生直接而迅速的影响,且能够直接影响我们在日常生活中的行事方式。虽然伦理学的主题复杂且维度众多,但柏拉图的魔戒故事切中了问题的核心。当你阅读这一章中的各种伦理学理论时,你应当去思考不同哲学家如何回应格劳孔。在伦理学导论的结尾部分,我们会再次简要地思考格劳孔的问题。但在此之前,我们需要更仔细地思考道德的本质。

绘制伦理学地形图：有哪些问题?

什么是伦理学?

伦理学是目前我们所研究的哲学领域内一个极为不同的部分。在前几章中,我们思考了这样一些问题,诸如“上帝存在吗?”“知识是什么?”“心灵如何与身体相关联?”“我们有自由意志吗?”等等。在之前对相关哲学领域进行的研究中,我们已经尝试描述对世界来说什么是真实的。然而，在伦理学中，我们关心的是应该做什么、应该取得什么效果以及我们应该成为什么样的人。换言之，伦理学研究是规范性的而不是描述性的。它试图创制规范、标准和原则，以对我们的现实实践进行评判。一些学者区分了道德与伦理。他们所说的描述性道德(descriptive morality)指向的是，受民族或文化的影响而形成的关于何种行为为善、何种行为为恶的信念所主导的现实实践。在此意义上，人类学家研究并描述各种文化的道德信念和实践，而不关心这些信念是否真正为善。规范伦理学则被赋予这样的哲学任务，即考察哪些道德原则是可被合理辩护的，以及哪些行为是真正善的或恶的。伦理学理论是这种哲学研究的最终成果。基于这种区别，我们可以说纳粹德国迫害犹太人是道德的(描述性道德)，同时也可以说从规范伦理学角度来讲，这种做法是极端不道德的。然而，由于本章不仅关注某种文化的实践或信念，还关注哪些道德信念是合理的以及哪些行为是真正善的这样一些规范性问题，因此，我同时用道德和伦理这两个术语，并且认为二者是可互换的。

概念工具：哲学伦理学与宗教

因为伦理学寻求建立某些原则，以规定哪些事该做哪些事不该做，因而与寻求指导人类行为的其他生存领域(比如宗教)具有诸多相似之处。事实上，很多人认为宗教与伦理学不仅是重叠的，而且也是不可分离的。因此，有必要暂停旅行的脚步，先行检视并区分哲学伦理学与宗教。

宗教与道德关系紧密，这是个历史事实。在已经建立的各种宗教中，要找到一种不包含大量伦理说教内容的宗教，即便不是不可能，也是很困难的。事实上，诸如佛教和儒教这些在世界范围内有着重要影响的宗教，首先要展示的就是关于生命的伦理观念，而非关于神的各类教义。然而，即便宗教对我们的道德传统具有深远影响，一些学者仍然宣称宗教发扬的是一种低等道德，因为它阻碍了更为成熟的道德的发展。[3]不过，另一些学者则认为宗教思考能通过以下一种或多种方式来强化道德：宗教能够激励我们做道德之事，增强我们做道德之事的意志力，使我们相信善最终能够战胜恶，给我们提供道德引导，以及向我们揭示道德乃是深植于实在自身的本性之中。[4]请注意，即便一个人赞同宗教通过这些方式能丰富个人道德，但他仍然可以认为道德可在没有宗教的情况下自行存在。尽管这些主张十分有趣，但要对其进行系统评估，却没那么容易。我们需要先简要考察一下与之相关但更为激烈的主张："道德必然以宗教为基础。"列夫·托尔斯泰便认为宗教对道德而言是必要的，并就此论证道：

> 试图找到一种方法使宗教与道德分离，就像孩子想要将他喜爱的花朵从令他们讨厌且多余的根茎上扯下来，然后将它直接移植到地面上一样。没有宗教就不会有真正的、诚挚的道德，就像没有根就不会有真正的花朵一样。[5]

神命论(the divine command theory)认为一个行为的正确或错误本质上与上帝的命令或禁止有关。这种理论有多个版本，并为许多(不是全部)神学家和宗教哲学家所支持。[6]但也有许多哲学家(甚至是宗教哲学家)认为，一种好的伦理学理论可以独立于宗教而得到阐发，而且在他们看来，神命论存在很多问题。第一，它缺乏这样一种共识，即指导我们伦理思考的应该是哪个宗教文本或宗教权威，比如，是《圣经》《可兰经》，还是印度的《奥义书》，又或者是释迦牟尼的教诲，等等。为了成功地在同一个社会中生活，我们需要达成某些共同的伦理规范，然而，如果根本无法在应该听从哪个宗教权威(如果有的话)这个问题上达成共识的话，又如何可能在多元社会中就共同规范达成共识呢？而且，如果大部分人从未接触过那些被认为具有规范性的宗教传统，人们如何为其行为承担伦理责任？第二，即便我们承认要在一种特定宗教传统的指导下生活，仍然可能在对教义的解读上存在分歧。比如，基督教徒虽然基于同样的传统和圣言文本（sacred text），但他们当中对死刑的态度仍有分歧。同样，《圣经》虽然经常谴责撒谎，但同时又为撒谎行为留有余地，据说上帝会奖赏因上帝而撒谎的人，甚至上帝也会命令个别的人撒谎。[7]要厘清所有这些差异，一些哲学反思至少是必要的。第三，如果没有哲学思考，我们便不能从传统宗教教义中得到一些伦理问题的答案。克隆人可以在道德上被接受吗？当很多人需要器官移植或肾脏透析机器，但医疗供应稀缺时，如何分配这些资源才是正当的？新闻工作者在多大程度上有责任为公众的知情权而服务，又在多大程度上有责任保护个人隐私？大部分宗教传统十分熟悉诸如通奸、谋杀和偷盗等伦理主题，但现代社会的很多伦理困境却是这些宗教传统无法解决的。

进一步的问题是，神命论宣称上帝和他的意志是善的，但若没有一些先在的、独立于上帝及其意志的道德善的概念的话，其本身就是不可能的和无意义的。这一点在下面的“停下来，想一想”部分有所阐明。

停下来，想一想

思考神命论的以下主张：

- 上帝所意愿的就是善的。

现在，将这个善的定义代入以下主张：

- 上帝的意志是善的。

为什么由此导出的结论没有任何意义？

这个练习表明如下事实：如果将善定义为上帝的意志，那么关于上帝的善或上帝的意志，我们根本没有办法说出任何有意义的东西，因为最终得出的只能是下面这个没有任何内容的空洞表述，即"上帝的意志就是上帝所意愿的"。因此，我们需要某种独立的"善"的概念。

在柏拉图的对话《游叙弗伦篇》中，苏格拉底提出了一个问题："众神赞同某些行为是因为这些行为是善的，还是说，某些行为之所以是善的乃是因为众神的赞同？"我们可以用一神论的措辞进行提问："上帝赞同某些行为是因为这些行为是善的，还是说，某些行为之所以是善的乃是因为上帝的赞同？"第一种提问方式是柏拉图的，第二种则是神命论的。我们先来看第二种，如果"善"与"恶"仅仅是上帝凭借他至高无上的意志任意强加给行为的标签，那么上帝同样可以宣布仇恨、通奸、偷盗和谋杀在道德上是善的。一些哲学家勉强接受了这一结论［14世纪的基督教哲学家奥卡姆的威廉（William of Ockham）似乎对这个成问题的结论有过辩护］，但大部分哲学家则认为这个结论令人生厌。哲学家莱布尼茨（Gottfried Leibniz，1646—1716）解释了原因：

> 因此，说某些事是恶的不是依据任何善的标准，而仅仅是根据上帝的意志，对我来说，如果这样的话，就在无意中破坏了而非实现了上帝所有的爱和他的所有荣耀；因为，如果上帝以相反方式行事时，也同样值得称赞的话，那么为什么还要因为他做过的事情去称赞他呢？[8]

相比而言，第一种主张，也就是"上帝赞同某些行为是因为这些行为是善的"表明上帝有理由赞成某些行为，因为它们是善的。但若果真如此，我们应该能够像上帝那样评价行为本身的善（与恶），并因同样的理由赞成或不赞成它们，这表明我们可以拥有独立于上帝意志的伦理学的概念（虽然这也可能与其一致）。

就宗教对于伦理学的必要性而言，还有最后一个质疑的理由：很多人在道德上是善的，但并不信仰宗教，也并未在宗教环境中成长。这些人好像莫名就能够区分正确和错误，能够与信徒得出同样的道德结论，并且在宗教未及提供一种基本伦理立场的时候，便已经过上了道德上值得称赞的生活。

这些思考表明，不论在特定宗教传统中能找到何种伦理引导，每个人都需要基于人类经验和理性而不仅仅是权威或传统来对伦理学进行哲学反思。①

伦理评价的维度

当我们试图对伦理学进行反思时会遇到这样一个问题，即道德决断涉及的相关因素如此之多，以致很难搞清楚它们在我们的道德判断中究竟应该发挥怎样的作用。一般来说，对于道德评价，伦理学理论必须论及行为、动机、后果以及品格、主体等因素。但话说回来，在这些因素中，哪一个是最重要的，或者说较之其他因素具有优先性呢？以下思想实验将促使你思考它们的优先顺序，并使你做好准备，以审视不同伦理学理论提供的答案。

思想实验：所有说真话的情况都具备同等道德性吗？

对行为的道德评价在伦理学上无疑是一个重要问题。我们经常判断一个人所做之事是正确的或是错误的。比如，我们被告知说真话是好的，或者说得更严肃一点，要说真话而不能说谎是我们的道德责任。下面的三个场景都是关于说真话的，请注意它们之间的区别。思考一下，在每个案例中，你将如何在道德上对这种行为进行评价，以及你为

---

① 一些哲学家已经尝试修正伦理学中的神命论，以避开某些反驳。其中的两个例子，请参阅本章结尾处的“深入阅读建议”。

什么会作出这样的判断。

1. 安德鲁(Andre)被质问道："你有充分的理由为自己缺席必须参加的早会辩解吗？"他本打算撒谎，说那会儿他正好有一个已经安排好的课程，但他最后还是说了真话："我因为太懒没能起得来。"他说了真话，因为道德责任要求他这样做。

2. 布兰迪(Brandee)被质问道："你有充分的理由为自己缺席必须参加的早会辩解吗？"她本打算撒谎，说那会儿她正好有一个已经安排好的课程，但她最后还是说了真话："我因为太懒没能起得来。"她说了真话，因为她知道她的借口会被识破而让撒谎的事情败露。

3. 克里斯(Chris)对院长说："你知道吗？菲尔兹(Fields)教授今天上课时十分清醒。"这绝对是真话，因为菲尔兹教授从来不喝带酒精的饮料。然而，克里斯知道院长将会推断菲尔兹教授有时上课是不清醒的，并且希望这个推断可以损害那个令他生厌的教师的声誉。

在同等条件下，我们中的大部分人会说，说真话在道德上是正确的，而且在这三个例子中，每一个人都说了真话。然而，这三个场景却大为不同。安德鲁说真话，因为他意识到这是他的道德责任，而不论后果如何。同样情况下，布兰迪说真话并不是因为这样做本身是正确的，而是因为她认为自己无法用谎言搪塞过去。如果布兰迪相信她的谎言能够不被拆穿，你认为她还会这样做吗？克里斯的说法从字面上看是真实的，但是其动机却是欺骗院长并伤害菲尔兹教授。很明显，当事人的动机在我们的道德判断中扮演着重要角色。下面的三个例子，要求你根据其他因素思考当事人的动机。

思想实验：动机有多重要？

请再思考下述每个案例中的行为方式是否与其他两个相似，并思考你将如何在道德上评价每一个行为，以及你为什么会作出这样的判断。

1. 室友塔莎(Tasha)问丹妮尔(Danielle)自己刚刚完成的短篇小说怎么样。为了不伤害室友的感情，虽然丹妮尔认为它非常糟糕，但还是谎称这是一篇绝妙的小说。在丹妮尔的鼓励下，塔莎在一个写作小组上宣读了这篇小说，却惨遭羞辱，她因此再也不信任丹妮尔了。

2. 艾斯特(Esther)出于对饥饿儿童的同情，向一个慈善团体捐款500美元。很多学生因此受到鼓舞，将本来用于参加聚会的钱捐给该慈善团体。然而，艾斯特为了筹得这笔捐款，却不得不从一个富裕的陌生人钱包里偷了500美元。这个陌生人因为很有钱，所以从未意识到钱丢了。最后的结果是，因为艾斯特的慷慨和示范作用，很多儿童得以吃饱。

3. 弗雷德(Fred)把雷吉(Reggie)摔倒在地的行为似乎相当卑劣，然而，在无意之中，费雷德的做法使雷吉避开了一块可能置其于死地的正在下落的砖头。

在前两个案例中，每个人的行为都是出于希望帮助别人的善的动机。对丹妮尔来说，虽然结果被证明是坏的，但这个结果在多大程度上会影响我们对其行为的道德判断呢？即便丹妮尔认为这个谎言会带来最好的结果，她真的能意识到结果是什么吗？如果她一直坚守说真话的责任而任由结果自行发生，是不是会更好？如果结果是好的又会怎样？假设丹妮尔的谎话鼓励塔莎写出了更多更好的小说呢？如果动机与结果都是好的，她的谎话是否在道德上就是可接受的？艾斯特同样有一个好的动机，她想要帮助儿童。这种情况带来了好的结果，且并无明显的坏的结果出现。儿童得到了帮助，学生被鼓舞而热心于慈善事业，同时，那个陌生人也从未意识到自己丢过钱。不过，艾斯特的慷慨是偷盗的结果，这是否会使之与上述二者有所不同？如果一个行为的直接结果是好的，且没有导致任何坏的后果，又是出于好的动机，那么它在道德上是错误的吗？在弗雷德的例子中，如果这个行为是一个具有善良意志、思维敏捷且勇敢的人作出的，他的行为(将某人摔倒使其免受伤害)就是值得赞赏的。然而，弗雷德的动机却是伤害雷吉。因此，当你评价某种行为的道德性时，动机相对于好的结果来说是否更加重要？接下来的思想实验要求你衡量在道德判断中行为的结果到底起何种作用。

思想实验：结果有多重要？

1. 盖瑞(Gary)负责递送一位教授的油画到博物馆。在去博物馆的路上，他发现一个小女孩掉进了河里。危急时刻，在游到小女孩的落水处之前，盖瑞将油画作为漂浮物扔给她，以作救生之用。由于来不及脱掉衣服，盖瑞穿着从室友那里借来的名贵套装跳进水中。尽管盖瑞做了最大努力，小女孩还是溺水身亡。他没能成功地救起小女孩，但却毁掉了教授的油画和朋友的衣服。

2. 哈莉(Hallie)牺牲了自己的周末，参加一个为穷人建造房子的活动。她算计着这个工作的宣传效应可在未来有助于她竞选学生会主席，并使她的简历内容相当漂亮。当穷人家庭住进她帮助建造的房子之后，她的劳动成果令他们感到非常高兴。

在上面两个例子中，这些行为本身在道德上是善的。盖瑞的动机是在可能的情况下履行挽救生命的责任，但事实却事与愿违。这个事实是否会影响我们对盖瑞行为的道德评价？与盖瑞的无功而返不同，哈莉作出了一个善的行为，而且不论对那些穷人家庭还是对她自己，其行为的结果都相当好。但其动机却令人困扰，因为她这样做仅仅是出于私利而不是为了她帮助的那些人。在综合考察这三个思想实验之后，你认为行为、动机和结果的善或恶在伦理学中应该扮演何种角色？所有三个因素可能都很重要，但我们在这一章中要考察的伦理学理论分别给予这些因素中的一个或多个以优先地位。根据你当下的理解，你认为这些因素该如何权衡呢？

再论“为什么应做道德之事？”

格劳孔的问题

在进入何以判定行为的正确与错误所关涉的诸多理论之前，首先要问：为什么这类判定如此重要？在本章的开篇处，我们讲到，在柏拉图的《理想国》中，格劳孔谈到“什么是道德”这个问题。实际上，这个问题可被拆解成两个问题：(1)“社会为什么需要道德？”以及(2)“我为什么应做道德之事？”

第一个问题回答起来相对容易。17世纪英国哲学家托马斯·霍布斯(Thomas Hobbes)通过构想一个“自然状态”来回答这个问题。“自然状态”中没有政府，没有社会，也没有被大家公认的道德观。[9]在这种情况下，每个人只追求自己的个人利益而不会考虑他人。没有法律或道德，你可以随心所欲地用暴力袭击他人以窃取他们的食物。问题是，只要有人比你强壮，就可以把你打倒并偷走你的食物。霍布斯将此时人类的存在样态描述为“所有人对所有人的战争”，每个人都会发现生命是“孤独、穷困、险恶、粗野和短暂的”。霍布斯说，人们愿意结合起来并一致同意约束各自的行为(如果其他人也约束其行为)，并会组建一个政府以落实这些共识。以此方式，道德和法律便会出现。结果可能如格劳孔所言，人们将会道德地行动，以避免社会和法律的惩罚。

问题在于，这种说法只解释了为什么我希望存在一些让我周围的人觉得有必要遵守的道德法则。显然，这种情况还是以自我利益为中心，但它却没能回答第二个问题："我为什么应做道德之事？"如果其他人都道德地行事，而我只是表面看起来是道德的，我就能做到两全其美。我会为自利之故而欺骗、撒谎、偷盗，却要求其他人在与我相处时做到诚实和真诚。如果我可以成功地做到这一点(有些人似乎就这样做了)，为什么不如此行事呢？答案可能是，如果你期望别人诚实而自己却不诚实，这将造成前后矛盾或导致不公平。然而这个答案必定不能令人满意，因为公平是一个道德原则，当你告诉我应该公平时，其实就是告诉我应该具有道德，这将我们带回开始的问题："我为什么应做道德之事？"

道德与自我

说到底，如果一个人不是出于道德本身的原因而承认道德的重要性，那么你根本不可能使他变得有道德。也许有人会诉诸道德行为的结果以劝说你道德地行动。这种情况下，道德行为所期望的结果大概就是赢得社会的赞扬、避免上帝的惩罚或是得到上帝的赏赐。但是，就像一开始讨论格劳孔的故事时所揭示的那样，这种态度并不代表某种对道德的关切，毋宁说，其动机仅仅是对自身之得失的精细计算、唯利是图和审慎考量。如果道德意在服务于道德之外的其他目的或利益，那我们完全可以取消道德，只去考虑那些能实现其他非道德目标的最有效手段。一个人可以有他的道德观，也可以没有。那些从养育方式或者个人发展经历的某些事件中获得道德观的人可能会在道德努力中失败，有时也会屈从于诱惑，但他们会明白为什么道德应当成为他们的目标，道德是对某种人生规划的承诺，也是想要成为某类人的抉择。

广场中的哲学

找几位朋友阅读下面的两种情况，并就他们给出的答案进行讨论。

假设有这样一个人，你们相识多年，他曾给过你许多帮助。这位朋友拜托你某件事，但这会花费你相当长的时间并给你带来麻烦，而此时你已经有其他计划。你从未怀疑帮助朋友摆脱困境是你应做之事，但仍然会问自己为什么应该这样做。或者，假设你跟一位卖报纸的盲人说给了他 5 美元，他便会找给你 4 美元和几枚硬币，但事实上你只给了他 1 美元。几乎所有人都会认为这种行为是错误的。但即便如此，人们仍然会问："我为什么不能做同样的事？"[10]

你认为哪位朋友的答案最好？为什么？你朋友的答案与文中所列的答案相比如何？

另一方面，拒绝道德观的人则会认为，为某种行为的正确与错误而担忧毫无意义。他们或许对自己的生活方式十分满意，并多少感到自己是快乐和满足的，而且，他们也许能在社会上和睦地共处，不过，他们的满足感和作为人的自我发展却是有限的。这样的人就像狄更斯小说里的那个守财奴一样看不到友情的价值，并会幸灾乐祸地认为，他的生活比我们的更好，因为他不需要为任何人买圣诞礼物。[11]或者，这个无视道德之人就像一个孩子一样，还没有发展出拥有浪漫情感的能力。对这个孩子来说，我们为培养一种浪漫关系而花费的时间和精力纯粹是一种浪费，因为电子游戏能给他带来最高的快乐。或者，可以将道德的挑战者比作全色盲，由于他仅能看到灰色，因而无法理解人们在看到落日余晖时的兴奋之情。在这些类比中，这些人认为他们就是为自己的利益服务，并认为自己已然了解生命的意义，但这不过是因为他们没有经历人类经验的那些重要维度(友谊、浪漫的情感或色彩)，而恰恰是这些维度使人类生活更为丰富多彩。尤其是，如果狄更斯笔下的守财奴一生都没有经历任何有意义的人际关系，他将会成为一个严重受限的人。然而，真正的友谊要求我们必须尊重他人，在某些时候要为他人牺牲自己的利益，恰恰是通过这些行为，我们进入了道德观。

当说道德使我们作为人而繁荣兴旺，使我们成为更加完满和富有的人时，难道这个时候我在说道德是有利可图的，它满足了我们的私利吗？为什么我现在不回到格劳孔的犬儒主义立场呢？答案是，短期、表面的自我利益(格劳孔所关心的)和长期、深层的自我利益之间存在区别。可以再次借助友谊的例子来澄清这种区别。表面看来，友谊所要求的时间、付出和感情投入都很昂贵。如此一来，亲密无间的友谊还有价值吗？友谊是为了满足我们的自我利益吗？我认为答案是，友谊之所以对我们有益，并不是因为我们得到了什么，而是因为它使我们成为什么样的人。如果只是从表面得益(金钱、性、社会地位)的角度来评估友谊，我们就会一叶障目，不识泰山。一份深厚的友谊能发展我们用其他方式永远不会发现的内在能力，道德亦是如此。

我练习投篮，弹吉他，学习用新的计算机语言进行编程，尝试解决具有挑战性的智力问题，并不是因为这些追求可以为我带来名声或财富。相反，我想成为那个我能够成为的最好的人，并为自身之故去发展所需之技艺和能力。无论在体育、音乐、智力或道德层面，让自己成为能够成为的最好的人，是对我的长期、深层的自我利益的满足。对道德的尊重有点特殊，这里存在一个悖论。通过将狭隘的自我利益摆在道德承诺之后，我能够实现最好的自己。自我实现与幸福通常不能通过直接追求而得到，相反，它们是追求自我超越过程中的副产品。然而，因为我不关心我从生活中获得了什么，却开启了我之为我的新维度。就像苏格拉底所说，最重要的财富是我们的灵魂或内在的自我。虽然健康、事业、名声、朋友以及物质财富都会随着外部环境的变化来来去去，但这些外部得失绝不会影响到真正的自我。在可由我们自己掌控的生活领域，我们既能够使自己尽量优秀，也可以极尽堕落。既然可以成为一个优秀的人，为什么要选择活成一个更糟糕的自己呢？这种将伦理学视为保有自我之完整性的做法，可以在罗伯特·博尔特(Robert Bolt)的话剧《及时雨》(*A Man for All Seasons*)中找到。这出话剧讲述了托马斯·莫尔(Thomas More)的真实故事。莫尔是16世纪英格兰的一个人物。当时，国王亨利八世已经离婚并将要跟另一个女人结婚，同时宣布他的权威高于教会。他要求所有政府官员宣誓效忠于他，赞成他的所作所为，否则就要被处决。然而，这样的宣誓违背了莫尔的伦理与宗教信念。莫尔的妻子和女儿到监狱探望他，试图说服他，宣誓仅仅是一些语词，口头上服务于国王并不具有真正的伦理意义。对此，莫尔回答道：

> 当一个人进行宣誓时……他就将他的自我掌握在了自己手中。就像水一样，(他把自己的手做成杯状)如果他打开自己的手指，那么他将不能奢望再找到自己。[12]

莫尔所说的话是对何为道德的一个很好的表述。将自己把握在自己的手中，并确保抓取其他东西时不会失去它，这才是道德。

路径选择：面对伦理问题我会作何选择？

伦理相对主义(Ethical relativism)坚持这样的立场，即不存在任何客观的或普遍有效的道德原则，因为所有的道德判断仅仅是人们的一种意见。换言之，除了人们所认为的正确与错误的东西之外，并没有任何其他的正确与错误。显然，所有人都有责任形成他们自己的道德意见。同样明显的是，与为算术问题找到正确答案相比，为伦理问题找到正确答案要更加困难。不过，伦理相对主义走得更远，在它看来，当我们说某个道德判断是错误的，或者一些道德判断比另一些更好时，根本没有任何客观的考量。根据将谁的意见视为道德标准，这一立场又包含两个版本。

主观伦理相对主义(Subjective ethical relativism)坚持这样的信条，即何为正确何为错误，仅仅是每个人的个人意见。就像有人喜欢紫色而有人讨厌它，每个人对这件事情的判断仅仅是他(或她)的个人趣味。因此，在谈论正确与错误时，除了个人意见之外并没有什么标准。这一观点表明，对个体而言，在关于正确与错误的问题上不可能犯错(mistaken)。

习俗伦理相对主义(Conventional ethical relativism)(习俗主义)认为，真正的正确和错误对于特定社会来说是相对的，其取决于该社会如何认定正确与错误。比如，女人穿短裙是否道德，取决于你谈论的是主流的美国社会还是伊朗文化。虽然大都承认着装标准在文化上具有相对性，但习俗伦理相对主义者的观点更强些，他们认为所有道德问题都与此一样。换句话说，并不存在可用于评估某种特定文化中的伦理意见和伦理实践的普遍而又客观的道德标准。这一学说认为，任何社会都不可能在何为正确何为错误这样的问题上犯错。

伦理客观主义(Ethical objectivism)认为，存在普遍且客观有效的道德原则，这些原则无论对个人还是社会都不是相对的。客观主义是一种非常普遍的学说，它囊括了诸多较为明确的伦理理论。不同客观主义者的差别在于，其所坚持的道德原则是什么以及我们认识它们的方式。即便如此，他们都同意，对每一个具体情境下的行为方式，都可区分出道德上的正确和错误。此外，他们也同意，在给定情境下，如果某种行为对于特定的人来说是正确的或是错误的，那么，对与之类似的任何个人来说，只要其面对的情境相似，情况都是一样的。伦理客观主义还意味着，不论是个体还是整个社会，都可能会真诚相信他们的行为在道德上是正确的，但与此同时，他们的这一假设也可能不过是一种深层的误解。

接下来的四种理论都属于伦理客观主义。虽然这些理论在应该坚持何种伦理原则这一问题上存在分歧，但都认为存在一个或多个能决定一个行为的正确与错误的非武断、非主观的普遍道德原则。

伦理利己主义(Ethical egoism)认为人们在道德上总是有义务去做能满足他们个人私利的事情。这种理论的价值落脚点是个人，也就是：对我来说不可能存在比自己的生命和幸福更高的价值，对你来说也是如此。这是伦理客观主义的一个版本，不能将其误解为主观伦理相对主义，因为当我把其他人的利益放在我的利益之前时，利己主义者会说我的道德判断是错的。当然，利己主义的原则将会引出不同的甚至有时是相互竞争的行动方案。比如，我最大的利益是在我执教的大学中大大地丰富哲学课程，而一个教练的利益则是大大丰富他的足球课程。然而，利己主义者会认为，相互竞争的利益能够导向最佳结果。例如，在生意场，如果每个公司都试图用最好的产品抢占市场，社会整体将会受益。与之类似，在法庭上，每个律师都为他(或她)的代理人争取最大利益，可以设想，这种程序有助于确保案件的所有方面都被揭示出来。

功利主义(Utilitarianism)认为，正确的行为就是那种能够产生最大多数人的最大幸福的行为。与之相应，功利主义者认为，一个行为的道德性不能脱离其结果。功利主义者也许会赞同利己主义者关于个人的利益必须在道德决断中扮演重要角色的观点。但在功利主义者看来，当评价一个行为的道德性时，一个人的私利需要与其他人的利益平衡。如果其结果在不同情境中有所差异的话，这种表述可能会使同样类型的行为在一种情境下是道德的，而在另一种情境中则是非道德的。当然，尽管对一个行为的道德评价可能依赖其语境，但仍要遵循一种不变的、普遍的伦理原则。

康德式伦理学(Kantian ethics)认为,我们拥有被理性所确定的绝对道德义务,这种义务不受任何结果的影响。显然,康德式伦理学考察道德的路径完全不同于功利主义。对康德式伦理学来说,一个行为的正确或错误内在于行为本身(本章后面进一步检视该理论时,我们会探讨康德如何推导出这些具体的义务)。比如,一方面,康德认为即便说实话可能会带来伤害,但我们还是有说实话的道德义务;另一方面,说谎被视为是错误的,即使它能带来好的结果。

德性伦理学(Virtue ethics)认为伦理学的关注点是一个人的品格而不是这个人的行为或义务。前面的理论关注的是一些决定如何行动的规则或原则,这些理论并没有忽视是什么造就了良善之人这个问题,但是在对人的良善之界定上,它们要么依据人们作出何种行为,要么依据人们遵循何种原则。然而,在德性伦理学看来,这些理论着实都是头脚倒置,决定一个人是不是善的,并不在于他有怎样的行为,而在于他具有怎样的道德品格。前面的理论都在追问"我应该做什么",而德性伦理学则追问"我应该成为什么样的人"。柏拉图的理论就被归为德性伦理学,因为他极少关注如何作出道德决定,相反,他花了很多心思去谈论如何获得一种道德上完善的品格。

女性主义伦理学(Feminist ethics)是最近几十年才发展起来的,它对传统伦理理论的一些基本假设质疑。因为女性主义伦理学仍在发展中,且有多重视角,所以很难予以概括。比如,一些女性主义者赞同伦理相对主义,而另一些人则更倾向于伦理客观主义。尽管内部存在诸多分歧,但大部分女性主义者认为,在面对某一情境时,男性和女性看待问题的方式存在显著差异,而这就导致我们在伦理学观点上的决定性差异。女性主义者抱怨传统伦理理论的片面性,因为它们典型代表了男性的风格、目标、关切、问题和理论预设。比如,一些心理学研究表明,男性倾向于伦理决定的裁断性模式,他们秉持的是抽象原则和理性的主导权;而女性则更关注存在于具体情境中的关系和情感结构。在伦理问题上,这些差别展示出完全不同的考察进路。当一些女性主义者试图用新视角替代当下的男性化视角时,另一些人却更加单纯地倾向于用更为均衡化的视角来弥补历史上的单维进路(one-sided approach)。虽然女性主义理论家为伦理学带来了全新视角,也批评了其他理论的局限,但他们也经常在那些理论内运作,并借用其理论资源。

表 5.1 和 5.2 总结了伦理学的理论图谱。之后,你还需要完成一个调查问卷。遗憾的是,这些简化的图式无法体现女性主义伦理学,因为那些可被视为代表着女性主义伦理视角的作者能够在每一个传统类别中找到。区别女性主义者,与其说是通过看他们如何回答后面的问题,不如说是通过看他们以何种方式使性别问题对道德哲学中的传统问题和理论造成影响。

表 5.1 关于道德相对性的三个问题以及两类伦理相对主义给出的答案

伦理相对主义的诸形式	道德原则与人类的意见有关吗?	道德判断与每个个体的意见有关吗?	道德判断与每个社会的意见有关吗?
主观伦理相对主义	是	是	否
习俗伦理相对主义	是	否	是

需要注意的是,主观伦理相对主义和习俗伦理相对主义都否认存在适用于所有人的道德原则,因此,他们对表 5.2 中的问题会给出否定回答。表 5.2 中,四种立场的倡导者都是伦理客观主义者,因而会对表 5.1 中的三个问题作出否定回答。

表 5.2　关于道德之本质的五个问题以及四种伦理客观主义给出的答案

伦理客观主义的种类	存在客观有效的道德原则或真理吗？	服务于自身之私利是唯一的道德义务吗？	一个行为的结果决定了该行为的正确与错误吗？	行为的正确与错误在于行为本身而不是它们的结果吗？	道德更多在于有德之人的品格而不是行为的规则吗？
伦理利己主义	是	是	是，但这些结果必须是个体行为所导致的	否	否
功利主义	是	否	是	否	否
康德式伦理学	是	否	否	是	道德与两者都有关
德性伦理学	是	否	否	只有这些行为与某种品格相关时才是	是

我怎么认为？关于伦理学的调查问卷：行为、结果、动机和品格

	同意	反对
1. 道德判断并不真实，仅仅是个人意见的表达而已。就像“牡蛎很美味”表达了说话者的个人意见一样，所有道德判断，比如“死刑在道德上是错误的”或“安乐死在道德上是允许的”，仅仅是一些个人意见。		
2. 当我们宣称一个行为在道德上正确或错误时，仅仅是指社会中大多数人认为它正确或错误而已。		

续　表

	同意	反对
3. 存在这种可能，即某种行为(比如蓄奴)可能在道德上是错误的，即便行为者或他所处社会的所有成员都由衷地相信该行为在道德上是被允许的。		
4. 所有人应承担的唯一道德义务是去施行那些能以某些方式为自己带来好处的行为。		
5. 决定一个行为在道德上是否为善的唯一因素是，它是否会在总体上实现对最大多数人来说可能最好的结果。动机无关紧要。		
6. 一些行为(比如撒谎)在道德上总是错误的，即使在特定情况下，该行为带来的幸福要多于不幸。		
7. 使得一种行为在道德上正确或错误的根据完全在于这种行为是不是有德之人所施行，道德规则的所有应用都是第二位的和事后的。		
8. 男性与女性分别从不同视角和不同关切来切入伦理问题。		
9. 在任何文化中，在任何时候、任何环境下，对任何人来说，无故虐待一个无辜儿童在道德上都是错误的。		

伦理学调查问卷的引导

陈述 1 表达的是主观伦理相对主义，与陈述 3 和陈述 9 相冲突。

陈述 2 表达的是习俗伦理相对主义，同样与陈述 3 和陈述 9 相冲突。

陈述 3 表达的是伦理客观主义的观点，因为它表明正确和错误是独立于人的意见的。它与陈述 1 和陈述 2 相冲突。

陈述 4 是典型的伦理利己主义原则。

陈述 5 是一种功利主义的陈述。

陈述 6 表达的是康德式伦理学。

陈述 7 表达的是德性伦理学。

陈述 8 表达的是一种女性主义伦理学。因为女性主义的理论有很多种,不同版本的女性主义伦理学可与其他陈述相兼容。

陈述 9 是伦理客观主义的表述,与陈述 1 和陈述 2 相冲突。

5.1 伦理相对主义与伦理客观主义

引导性问题：伦理相对主义与伦理客观主义

1. 来自伦理相对主义者的问题：为什么人们对生蚝是否美味意见不一？为什么一些人喜欢文身和穿刺,而另一些人却对这些个人装饰方式表示反感？为什么在有些文化中穿暴露的泳衣是道德上可允许的,而在有些文化中却不被允许？为什么在一些人看来堕胎是道德上可允许的,而在另一些人看来却是绝对错误的？为什么人们对死刑的道德性存在争论？这些争论看起来永远无法解决的原因是什么？是否可以这样回答,所有这些例子不过是表明特定个体或特定社会的喜好和立场？

2. 来自伦理相对主义者的问题：谁来判断何谓正确与错误？当我们因为他人或其他社会信奉与我们不同的道德观时,便判定其道德信念和道德实践是错误的,这样做的缘由何在？当我们这样做的时候,难道不是傲慢、专横和偏狭的吗？推己及人,对于何为正确与错误,我们为自己作决定,同时允许其他人像我们一样也为他们自己做决定,这样不是更好吗？历史不是已经表明,当某些人将自己视为其他人的道德权威时,就会导致战争、迫害和宗教审判吗？

3. 来自伦理客观主义者的问题：假设你落入另一个国家的一群科学家手中,他们打算用你做药物试验,这个实验会相当痛苦并会导致你死亡。他们为即将在你身上进行实验提供的辩护理由是：你将会帮他们推进科学研究，这个会导致你死亡的研究有助于制造出挽救生命的新药物，而这将会使他们国家甚至全世界千百万人受益。你反对他们这样做，因为这在道德上是错误的。然而，他们耐心地向你解释说道德是相对的，它只是个体的或社会的意见而已。他们认为，在他们的社会中，利用你的身体达到他们的目的是正确的，而且因为医学研究而杀死你也是合法的。他们解释道，你所认为的对你施加的道德暴行仅仅是你的个人观点。他们会这样反问："你以为自己是谁，你有什么资格说我们在道德上是错误的？每个人必须从他(或她)自己出发判定正确与错误。"你将如何说服他们相信，他们的所作所为在道德上是错误的？这个情境难道不是正好表明，将道德看作主观的这一理解是多么令人难以置信吗？只要科学家真诚地相信他们正在做的事是正确的，便没有人可以质疑他们的行为，这不是很荒谬吗？

4. **来自伦理客观主义者的问题**：哲学家詹姆斯·雷切尔(James Rachels)认为，某些道德规则对所有社会的维持都是根本性的，一个健康的社会只有在一些例外情况下才会宽恕违背规则的行为。雷切尔列出了三条规则：(1) 婴儿需要得到照顾，(2) 说谎是错误的，(3) 谋杀是错误的。如果一个社会不能珍视这些道德规则，它会变成什么样子呢？1964 年，人类学家科林·特恩布尔(Colin Turnbull)发现了乌干达北部一个与世隔绝的伊克部落(the Ik)，他们正面临严重饥荒。所以，食物不再共享，而是由父母存放起来以防止被孩子们拿走。三岁之后，孩子们需要自立。那些绝望的孩子们学会了从年长者或较弱的孩子那里偷取食物。诚实被认为是傻的表现，聪明的谎言却被推崇，关爱和信任被认为是功能失调的表现。根据特恩布尔的观点，因为其道德与社会组织的崩塌，该社会已经处于总体上的文化崩溃状态。说雷切尔所列出的道德规则完全是相对的和选择性的，这难道不会令人感到难以置信吗？道德完全只是个人的或社会的偏好吗？对人类的繁荣来讲，拥有一种以普遍性为核心的道德观，难道不是至关重要的吗？

问题1和问题2代表了伦理相对主义的观点。伦理相对主义是这样一种理论，它主张没有普遍有效的客观道德原则，所有道德判断仅仅是人们的一种意见而已。在伦理学理论中，伦理相对主义与知识论中的认识相对主义相对应(参照第3.5节)。如果一个人相信没有一般意义上的客观真理(认识相对主义)，那么他/她必然会认为没有任何伦理上的真理(伦理相对主义)，反之则不然。因为一个人可能是伦理相对主义者，但却相信其他领域中存在客观真理(例如科学)。

伦理相对主义有两个版本，区分标准在于他们如何回答以下问题：道德原则是关乎个体还是关乎社会？第一种是主观伦理相对主义或伦理的主观主义，第二种是习俗伦理相对主义或伦理的习俗主义。问题3和问题4代表伦理客观主义的观点。伦理客观主义认为，在道德领域存在普遍有效的客观道德原则，这些原则与任何个人或社会都无关。我们首先检视一下伦理相对主义的两个版本，然后再对伦理客观主义的具体情况进行考察。

检视伦理相对主义

如问题1所示，伦理相对主义试图对涉及伦理或价值问题的分歧进行解释。伦理相对主义者将分歧的原因归结为无法找到客观标准来对相互冲突的道德观点加以判断。相反，人类经验的另一些领域，比如数学、物理学和医学则可以借助清晰的程序来达成共识。而且，由于科学研究对象(例如原子、肿瘤)不依赖于我们的意见而独立存在，因而可以根据原始事实对理论进行检验。另一方面，伦理话语的主题，比如正确、错误、善、恶，则看似并不先行存在于这个世界中，等待我们去发现其属性。因此，伦理相对主义者认为，正确与错误并不具有独立于人的意见的存在或属性。如问题2所表明的那样，相对主义者赋予宽容以极高的价值，因为他们认为对伦理学来说没有真实可言，并将伦理判断首先视为对某种行为、生活方式或社会的偏好。

要检视伦理相对主义，我们得弄清楚究竟哪些东西被认为是相对的，以及在哪种方式下或基于什么理由是相对的。请思考以下观点：

A. 对我来说在道德上正确的事情对你却并不必然是正确的。

问题是，这个观点有些模糊不清，而且由于对该观点的某些解释显然是符合事实的，有些人可能就会认为伦理相对主义同样为真。第一种解释如下：

A1. 我所认为的在道德上正确的事情并不必然是你所认为的在道德上正确的事情。

这种说法并不足以支持伦理相对主义，因为任何伦理客观主义者都不会否认这一点。我们来看一个与道德无关的例子。古希腊的一些思想家相信，地球是一个扁的圆盘，而另一些人如亚里士多德则认为地球是一个球体。即便这些观点之间存在矛盾，且每个人都认为自己的观点正确乃是事实，这也并不意味着在这个问题上没有正确意见。同样，即使两个人持不同的道德观点，也并不意味着没有正确答案。可能是一个人对一个人错，也可能是两个人都错，正确答案可能是第三种意见。

下一种解释集中于这一事实，即唯一一条客观道德原则在不同情境下可能指导你作出不同行为。最后一种解释认为，道德原则本身是相对的。我们先来检视这个主张，即某些时候，一个特定行为的道德性可能与情境相关。

A2. 一个行为对我来说道德上是正确的，而对你来说则可能是错误的。

一般来说，我通常会在夏天浇灌草坪。然而，对有的人[我们叫他卡里姆(Karim)]来说，假如他生活在一个极度缺水的地区，而水是维持生存的必需品，那么浇灌草坪可能就是不道德的。因此，同样的行为(浇灌草坪)对我来说在道德上是可允许的，但对别人来说则在道德上是错误的。我之所以要浇灌自家草坪是因为(理由之一)我顾及自己的邻居(他们不希望我家难看的草坪降低他们的房产价值)；同样，卡里姆由于顾及自己的邻居而不去浪费宝贵的水资源。因此，即便一个行为于我而言是正确的，但于卡里姆而言却是错误的，我们坚持的仍然是同样的道德标准(顾及他人)。至此，这个解释与伦理客观主义完全一致，因为当某人相信有一套普遍而客观的道德标准时，也可以同时认为这些标准能够在不同情境中要求不同的行为。

第三种解释是唯一一个表达了道德相对主义态度的解释。

A3. 一条道德原则对我来说可能是正确的(correct)，但对你来说却并非必然如此。

因为这个表述运用了规范性术语“正确的”，因此它不仅仅是像 A1 所做的那样描述了这样一个事实，即人们拥有不同的道德信念，还认为道德原则本身是完全相对性的。这种形式的道德相对性会成为我们讨论的焦点，因为它在较大范围内针对道德自身的本质提出了一种充满争议的主张。这一观点可以表现为两种形式：要么，某个个体所认为的正确或错误就是真正的正确或错误(主观主义)；要么，某种特定文化所认为的正确或错误就是真正的正确或错误(习俗主义)。下面，我们来依次讨论这两种观点。

主观伦理相对主义(主观主义)

在伦理主观主义看来，任何人(不只是主观主义者)作出道德判断时，譬如“向富人征税支持穷人在道德上是正确的”或“深夜电视节目中的裸露镜头应该得到允许”或“堕胎是错误的”，他(她)仅仅是在报道或表达个人对某种行为的赞同(或不赞同)，就像他/她的态度和情感一样。如欧内斯特·海明威(Ernest Hemingway)

所言：

> 直至今日，关于人们心目中的道德准则，我只知道事后令你感觉好的就是道德的，而事后令你感觉不快的就是不道德的。我不会为这些标准做什么辩护，照此衡量，斗牛对我来说是一件很道德的事情，因为当斗牛进行时，我感觉很好，我还感受到了生命与死亡、道德与不道德，而当它结束后，我会很难过，但这种感觉很棒。[13]

这一理论把伦理学降格为与个人对食物的口味一样的东西。虽然特定文化群体内的成员对何种食物美味、何种食物令人反感具有某些相似性，但这终归只是个人口味问题而已。与之相似，伦理主观主义宣称道德判断只是个人的喜好，而不是一种在道德问题上决定孰真孰假的尝试。

智者是我们能找到的最早表达出主观伦理相对主义的一批人。他们生活在公元前 5 世纪的希腊，以教书为业(参考第 1.1 节对苏格拉底反对智者学派的那些论证的讨论)。智者认为，正确和错误不过是一些词而已，它们的意义是武断的，且要依赖于人们的意见。这个信念体现在普罗泰格拉那句著名的口号“人是万物的尺度”中。一些更为愤世嫉俗的智者认为，为谨慎起见，我们应该遵循社会的道德习俗，但当你可以避开它时，那就去做你认为正确的事情吧。

20 世纪最著名的伦理主观主义表述可以在法国存在主义者萨特的著作中找到(参考第 2.7 节对人类自由的存在主义观点的讨论)。萨特引用陀思妥耶夫斯基的观点，“如果上帝不存在，所有事情都不会被禁止”。然而，当陀思妥耶夫斯基意在由此强调上帝存在的必然性时，无神论者萨特却援引它来揭示无神论的意义。在萨特看来，因为上帝不存在，便没有任何用以指导我们的行为的那些独立于我们的价值领域和道德规则，我们每个人都必须为自己选择可用于指导生活的价值。在面对这种主观选择时，萨特强调我们必须承受巨大的责任甚至是焦虑。萨特曾提到一个二战期间来向他寻求建议的年轻人。这个年轻人想知道，道德上正确的行为是待在家里照顾他的母亲，还是置母亲于不顾去跟纳粹战斗。萨特给他的意见是："你是自由的，因此选择即是创造。没有什么普遍的道德规则告诉你应该做什么。"[14]这个观点就是一种典型的主观主义。道德不是被发现的，而是被每个人选择或创造的，就像创造一件艺术作品那样。

主观伦理相对主义是一种古怪的立场，因为它认为除了每个人为他自己选择的道德原则外，没有其他道德原则。然而，如果除了我为自己创造的道德标准之外不存在其他标准的话，那对我来说，做道德上错误的事情似乎就是不可能的。当然，或许有人会说，我并没有依据我自己的道德原则来生活。但这种批评很容易反驳，因为我可以简单地回应，依据我自己的信念，伪善在道德上是允许的。然而，很难想象一个由道德主观主义者组成且每个人都各行其是的社会能够持续存在。一个社会最少需要一些所有成员都必须遵守的普遍道德标准，并超越因癖好、喜好和欲望之不同而不可避免导致的冲突。如果没有一种普遍道德原则，人类的境况就会像 17 世纪哲学家霍布斯所说的那样，成为"所有人对所有人的战争"。[15]由于主观伦理相对主义如此成问题，伦理相对主义会随着它的最强版本也就是习俗主义而起起落落。

习俗伦理相对主义(习俗主义)

主观主义在理论上存在的问题和在实践上的困难(也就是难以维系社会的持存)促成了伦理相对主义的习俗主义版本。但实际上，这个理论十分久远。因为纵观人类历史，道德都是嵌入文化传统中的。反倒是个体主义，在文艺复兴之前，其任何形式都并不流行。

保罗·高更(Paul Gauguin)《我们从哪里来? 我们是什么? 我们要到哪里去?》(1897)
高更是法国后期印象派画家,他放弃经商转而追求艺术。高更最有名的画作是在塔希提岛(Tahiti)完成的。在这里,他逃离了人类文明并找到了更简单、更率真的生活环境。高更在这幅经典油画中描绘了一种与欧洲社会迥异的文化。质朴的塔希提人关于谦逊的标准、生活方式还有伦理理想完全不同于高更(和我们)成长于其中的文化。因此,他的画作印证了鲁思·本尼迪克特(Ruth Benedict)文章中的观点:“每个社会的道德观不尽相同,道德只是便于说明社会认可的习惯的一个术语。”

很久以前,希腊历史学家希罗多德(Herodotus)(公元前484—前425年)就巧妙地展现了人们的道德观如何被社会所塑造:

引自希罗多德

《历史》[16]

如果让人们从世界上所有的习俗中选出他们认为最好的,那么全部检查完之后,他们一定会把自己的习俗放在第一位;他们如此确信自己的习俗远胜其他人的……人们对他们自己的习俗都有同样的想法,这有很多证据,在诸多证据中我只提一个。在大流士(Darius)取得王位后,他召见自己治理下的希腊人,询问要给他们多少钱,他们才会吃掉自己父亲的尸体。希腊人回答说,给多少钱他们也绝不会作出这样的事情来。

然后他又把卡拉提亚人(Callatians)和会吃掉他们父亲尸体的那些印度人召了进来,询问要给他们多少钱才会火葬他们的父亲(这是希腊人的做法)。这时他要求希腊人也在场,命翻译把所说的话翻译给他们听。卡拉提亚人大声抗议,并阻止大流士说这样的话。这是人们的习惯做法,因此我以为,当品达(Pinda)说"习俗乃万物的主宰"时,他是正确的。

若用习俗伦理相对主义的观点讨论这个故事,我们首先要设想有两个希腊人 Alcinus 和 Xerxes,以及两个卡拉提亚人 Bredor 和 Yerbon(分别简称为 A、X、B、Y),[17] 并假设如下事实：

希腊社会(焚烧死者是道德的)	卡拉提亚社会(焚烧死者是不道德的)
A 认为焚烧死者是道德的。	B 认为焚烧死者是不道德的。
X 认为焚烧死者是不道德的。	Y 认为焚烧死者是道德的。

A、B、X、Y 这四个人中,谁的道德信念是正确的?主观主义者会说所有人都是正确的,因为道德只是一种个人意见。然而,一方面,习俗主义者会认为,即使 A 与 B 的信念互相矛盾,他们的道德信念也都是正确的,因为 A 的道德观和 B 的道德观分别与其社会相契合。另一方面,习俗主义者还会认为,X 和 Y 的道德信念都是错误的,因为这与他们各自社会的道德观相冲突。下面的思想实验要求你思考自己的道德价值,并且考察它们在何种程度上是或不是你的文化背景所造成的结果。

思想实验：你是如何习得道德的?

- 你的道德观念是如何获得的?在你的道德发展过程

中，哪些因素发挥了重要作用（家庭、朋友、楷模、老师、书本、电影）？

● 设想你出生在另一个地区，一个不同的家庭之中，拥有的是不同的文化。你认为这些环境会使你改变当前关于正确和错误的观念吗？

● 你的道德判断和价值与你的父母有哪些不同？是什么因素导致了这些不同？

● 上述反思在何种程度上支持或反对习俗相对主义的观点？

鲁思·本尼迪克特（1887—1948）

通过对世界范围内伦理信念和伦理实践的调查，习俗主义得到了有力的辩护。这种辩护在鲁思·本尼迪克特的著作中得到了很好的体现。她的人类学研究表明，我们的很多行为来自生活于其中的文化通行标准。[鲁思·本尼迪克特是美国最重要的人类学家之一。她任教于哥伦比亚大学，其著作《文化模式》(*Patterns of Culture*，1934)被认为是比较人类学的经典之作。]当本尼迪克特第一次展示其结论时，引来了广泛的争议，因为它会给如下人类学倾向带来挑战，即应根据拥有“高级”价值和“合理”外观的西方文化来判断与评估各类社会。相反，正如下面所表明的，本尼迪克特认为，对任何文化的考察，都应当按照当地人独特的内在标准加以理解，而不是基于我们自

鲁思·本尼迪克特
(Ruth Benedict, 1887—1948)

己的标准来判断他们的文化是更高级还是更低级。

• 通读下面对本尼迪克特立场的讨论，并评判一下，本尼迪克特对其他文化的描述在多大程度上支持或削弱了伦理相对主义。

• 本尼迪克特的相对主义蕴含哪些启示？哪些是有益的？哪些又是有问题的？

在一篇名为《人类学与异常》(*Anthropology and the Abnormal*)的文章中，本尼迪克特从不同文化中找到了一些引人关注的例子，表明诸如“道德”与“不道德”、“正常”与“异常”等概念是如何由文化来定义的。[18]她描述了邻近澳大利亚的小岛上的一个部落，在这个部落中，妄想症在社会结构中扮演着核心角色。一方面，如果某人种植的庄稼长势良好，这就是偷盗的明证，这个人就会被认为用魔法吸走了邻居花园中的生产力。另一方面，在这一文化中，根本没有单纯的偶然或不幸这回事。所有坏的结果都被认为是某个人的过错，被冒犯者必须得到补偿。

为了突出这种文化与我们的文化有多么不同，本尼迪克特描述了这个社会中被其邻居认为是疯子的一个人。他的问题是有一种和蔼可亲、乐善好施的性格，因此，他的行为与自己文化中正常的妄想和恶意相悖。但他的性格就是如此，这使他无法摆脱帮助他人和散播自己开朗性格的冲动。由于这与他的社会中被称为“正常”的事情太过不同，人们嘲笑他并认为他有病甚至精神失常。讽刺的是，在我们的文化中，这个人会被视为宗教美德的典范；但不幸的是，在他的文化中，他被视为异常。

在列举了众多其他文化如何不同于我们自己的文化的例子之后，本尼迪克特得出了“正常是从文化上定义的”这一结论，并且主张，道德仅仅是一种谈论“被社会认可的习惯”的方式。我们倾向于认为，“这在道德上是善的”与“这是习惯性的”是不同的，但归根结底，她认为两种表述是同义的。

• 本尼迪克特说“这在道德上是善的”与“这是习惯性的”是同

义的。你认为这两个陈述本质上一样吗？为什么？

• 你如何概括本尼迪克特的道德观？

• 你是否同意她所认为的文化间的差异足以证明不存在客观性的正确与错误这一观点？为什么？

停下来，想一想

2001 年，在纽约和华盛顿特区发生的自杀性飞机袭击事件中，我们看到了文化价值和政治意识形态冲突的一个显著例子。恐怖分子按照他们信奉的宗教命令行动。尽管以宗教的名义故意夺走无辜之人的生命与我们的宗教或文化信仰相悖，但对于自杀的飞行员来说，这种冲突显然不存在，在他们眼中，他们是在与邪恶做斗争，并通过行动来发扬良善并表达上帝的意志。一个伦理相对主义者（比如本尼迪克特）会如何对待这一情况？她是否会说，我们判定恐怖分子是错误的乃是武断的，因为我们是在用自己的文化标准来判定他们的文化标准（她认为我们不应该这么做）？在这种情况下，伦理相对主义者还有别的选择吗？

尽管很多人会同意本尼迪克特对各种文化的描述，但问题仍然是，这样的描述是否足以佐证伦理相对主义。哲学家约翰·莱德（John Ladd）这样定义伦理相对主义（或这里所讨论的习俗主义）：

> 伦理相对主义是这样一种学说，它认为行为在道德上的正确与错误因社会的差异而有所不同，而且不存在在任何时刻、对任何人都适用的绝对普遍的道德标准。相应地，它认为一个人以某种方式行动，其正确与否取决于他所归属的社会，

或者与其所归属的社会有关。[19]

如莱德所言，这个定义包含两个逻辑上相互独立的观点。第一个是多样性观点。这种观点认为道德信念、规则和实践因社会的差异而有所不同。第二个是依赖性观点。这种观点认为道德信念、规则和实践本质上依赖于其源出社会的文化模式。因此，如果希罗多德笔下的希腊人在卡拉提亚社会中长大，他们可能会认为吃掉死去父亲的尸体是正确的。同样，如果卡拉提亚人在希腊社会中长大，也会认为焚烧死去父亲的尸体是正确的。

根据莱德的分析，伦理相对主义者的论证可以表述如下：

1. 一个行为的正确与否取决于特定社会的道德信念和实践(依赖性观点)。

2. 道德信念和实践因社会的不同而各异(多样性观点)。

3. 因此，一个行为正确与否因社会的差异而有所不同(习俗伦理相对主义)。

首先，我们来考察一下依赖性观点。道德与文化传统紧密联系在一起显然是正确的，但这种联系足以证明道德信念无法独立于这些文化传统而得到评价吗？讲一个与道德无关的例子，大部分青少年在学校中学习化学是西方文化的一部分，但在其他不崇尚任何技术的文化中，青少年的训练可能就是打猎而不是学习化学。但我们能否因此得出结论，离开我们的特殊文化，化学原理就不再有效了？我们认识了近 100 种化学元素，但是古希腊人只认识土、气、火和水。我们又能否因此得出结论，究竟有多少种元素这个问题仅仅依赖于文化？同样，我们的社会之所以废除奴隶制，乃是被蕴含于我们的民主理念和我们文化中的《圣经》根源中的持续反思所推动。但我们能否得出结论，只有对我们文化中的人而言，奴隶制才是错误的？

其次，要记住，在对行为相对主义的讨论中，我们注意到，两种文化可以共享同一种道德原则(比如关心邻居),但对这一原则的应用则要依赖特定的文化条件(是否浇灌草坪)。因此,从较弱的意义上讲,道德确实依赖于文化,但几乎没有理由接受伦理相对主义所必需的强依赖性。

多样性观点又怎样呢?本尼迪克特记录了世界范围内的多种道德实践和道德态度,但即便存在这种多样性,一些人类学家依然相信存在一个共同的核心共识。正如人类学家克莱德·克拉克洪(Clyde Kluckhohn)所言:

> 每一种文化都有关于谋杀的概念,这区别于死刑、战死以及其他的“正当杀人”。乱伦和其他性行为的规则,在特定环境下对撒谎的禁止,赔偿和互惠,父母与孩子间的相互责任,这些以及很多其他道德概念都是普遍的。[20]

再次,虽然乍看上去,相互冲突的道德判断是基于相互冲突的道德原则,但其差异实际上可能源于与道德无关的现实信念。比如,在很多部落文化中,当父母不能再养活自己时,人们会杀死自己的父母。这种做法不仅与我们所期望的对待父母的方式完全不同,而且处于我们文化中的人会认为这在道德上是令人憎恶的。那么,这些部落的道德与我们有所不同吗?令人惊讶的是,答案是否定的,因为上述差异只是源于现实信念的不同。这些人杀死他们年迈的父母,是因为他们相信你临死时的身体条件直接决定着你在永生的来世中的身体条件。在此信念前提下,在生病之前死去是很重要的。如果你的孩子没有这样执行,那将是很丢脸的事。而且,对于那些严酷环境造就的文化形式,生存斗争意味着要将能源和资源用在照顾年轻人上,而不是用于垂暮老者。这些文化基本持守同样的原则,即:(1) 尊重你的父母;(2) 抚养年轻人;(3) 为社会的整体福利服务。对这些原则的应用方式之所以与我们不同,是因为他们拥有关于死亡的不同信念,同时,他们的身体条件也与我们不同。

最后,多样性观点并不意味着伦理相对主义,因为它所描述的仅仅是人们做什么,却并未涉及他们应该做什么。比如,如果我们发现大多数父母性虐待他们的孩子,这一发现并不会意味着他们的行为就是正确的。但是伦理相对主义者却主张,如果一种文化中的大多数人相信某件事是正确的,那么该信念或行为对他们来说就具有道德上的正确性。

透过伦理相对主义的镜头看

1. 人类经验似乎存在一些普遍特征,比如求偶、婴儿出生、儿童抚养、财产、社会组织形式、正义体系、疾患以及死亡等。既然如此,相对主义者又当如何解释每个社会都会基于共同人类生活特征而建构起某种道德形式这个事实呢?这些普遍的事实似乎表明,不同社会的道德规则存在一些相似之处。那么,相对主义者如何为道德完全关乎人的意见这一观点辩护呢?

2. 如果历史上的每一个人都是习俗伦理相对主义者,那么我们在历史和当下能看到哪些差异?在这些差异中,哪些会使我们变得更好,哪些则会更糟?

3. 在19世纪,基督教的传教士经常强迫非洲部落的人放弃他们的一夫多妻制。然而,由于女性数量已超过男性(在战争和狩猎中男性过多死亡),这导致很多女性失去了依靠。因此,一些绝望的妇女进入城市成为妓女。对于这种试图改变一个社会的道德实践的尝试,伦理相对主义者会说些什么?

4. 伦理客观主义能解释下述事实,即某些个体或文化会改变其道德观或道德实践(比如废除奴隶制),因为他们认为自己发现了更好或更真实的伦理标准。然而,如果像相对主义所认为的那样,道德仅仅取决于个体或社会的意见,没有任何客观衡量标准,那么当人们认为当下的道德错误时，其理由何在？换言之，相对主义者如何解释人们道德观的改变呢？

检视伦理相对主义的优缺点

正面评价

1. 伦理相对主义可以很容易解释道德观的多样性，也能说明为什么难以对有争议的道德问题达成共识。这一事实能在多大程度上证明相对主义的合理性？

2. 伦理习俗主义的道德评判标准在于社会如何看待某种行为在道德上的正确与错误。这个标准难道不具有以下优势吗？比如，它能为我们解决伦理争论提供明确程序，它是民主的，并能促进社会和谐。这个标准反映的不正是我们在伦理学中经常采用的方法吗？

3. 伦理相对主义鼓励人们遵循“宽以待人”的原则。它极其崇尚宽容，并能纠正伦理种族中心主义（该观点认为你所处的社会高于其他任何社会）的一些恶行。它提醒我们不要因为行事方式的差异而责备他人。这些观点不值得赞赏吗？

4. 伦理相对主义提供了一种有弹性的道德观。人们不需要被永久铭刻的一套道德规则所绑缚，相反，它允许人们根据需要、态度、社会进步、环境改变而更改其道德观。就像马和马车为机械让路一样，难道道德不应该配合社会的发展而变化吗？

负面评价

1. 当本尼迪克特在 1934 年撰写她的文章时，纳粹开始统治欧洲（本尼迪克特在文章中对这种文化“实践”保持了沉默）。有人曾说，没有人在观看电影《辛德勒的名单》（该电影描述了纳粹的暴行）时仍是一个伦理相对主义者。难道一个伦理相对主义者会说，只要纳粹党人与他们自己的道德理念相一致，其他人便无权责备纳粹的精英主义、种族主义和种族灭绝行为吗？伦理相对主义难道不暗含这般观念，即我们永远不能批评被其他社会所认同的实践，不管这些实践是何等邪恶？这种思路不正是暴露了伦理相对主义的问题吗？

2. 难道道德只是被社会中 51%的多数人所坚持的一个可变量？举例而言，上周大多数人认为安乐死是错误的，但这周的民意测验表明多数人的意见发生了转变。这些测验结果难道意味着，安乐死上周在道德上是错误的，但这周就是正确的吗？这种方式是否显得怪诞且问题重重？我们或许可以通过广告宣传来改变人们对一个有争议的实践的正确性或错误性的意见，但我们是否愿意承认，通过公关活动可以改变一种实践的道德性？

3. 如果习俗主义是正确的，那么对于某些没有达成明确社会共识的事情，其正确性(和错误性)又当如何判定呢？比如，在弄清社会中其他人的看法之前，我不可能判定一种新的医学争论的道德性，比如克隆出基因完全相同的婴儿。同理，在不了解多数人意见的情况下，社会中的任何人都无法判定这种新手术的道德性。换言之，面对没有建立起社会共识的新的道德问题，我们无法判定什么是正确的，而最终，对于何为正确，可能永远不会出现一个多数人的意见。

4. 如果道德依赖于社会共识，需要一个多大的群体才能为道德构建出有效的标准呢？1 000 人吗？100 人或 10 人吗？虽然我们每个人都会是某个国家的公民，但也同样可能是这个国家中某个亚文化的成员，而不同的亚文化具有不同的文化实践。如果说道德与我们的文化相关，我是否可以因为自己属于黑手党这一亚文化，而这种文化又认同杀人行为，便宣称谋杀对我来说是正确的呢？更何况，一个人可能同时隶属于多种亚文化，而这些文化之间有着相互冲突的道德准则。比如，假设塔尼娅(Tanya)是一个黑人、女性主义者、罗马天主教徒，她生活在一个默许歧视黑人和妇女并且容许堕胎和色情的社会。对塔尼娅来说，种族主义、性别歧视、堕胎中的每一个在道德上都可以是正确也可以是错误的，这取决于她用其所归属的众多亚文化中的某一个作为道德评价标准。通过把道德降低为人们的意见，相对主义者岂不是将道德的行为引导功能一并阉割了吗？人们的意见不是应该服从道德规范而不是相反吗？

检视伦理客观主义

伦理客观主义认为某些道德原则是普遍的（适用于所有时代的所有人）和客观的（并非建立在个人意见或文化意见的基础上）。就此而言，伦理问题拥有正确或错误的客观答案，就像数学、医学和物理学拥有客观上真或假的答案一样。与伦理相对主义不同，伦理客观主义者认为道德并不像食物的口味或社会习俗一样具有相对性。因此，在伦理客观主义者看来，无论个体还是整个文化，都有可能在道德意见和道德实践方面出现错误。

客观主义与绝对主义

伦理客观主义应该与伦理绝对主义区分开。**绝对主义**主张，道德原则不仅是客观的，而且是不能被推翻的，不存在任何例外。如我们将要看到的，康德式伦理学（第 5.4 节）就是典型的伦理绝对主义。绝对主义是比客观主义更为狭义的一种立场，可以将其视为后者的一个子类。因此，所有绝对主义者都是客观主义者，反之则不然。比如，伦理绝对主义者会说，我们有义务说真话，而不是说谎，这种义务在任何情况下都不可违背；但伦理客观主义者可能会说，像“不能说谎”这样的规则是客观的道德原则，但是当像挽救生命这样更为紧迫的责任出现时，这个原则就是可以违背的。因此，如果对杀人狂说谎可以阻止他杀人的话，我们挽救生命的义务就超过了说实话的义务。W. D.罗斯（W. D. Ross）（我们将在第

5.4 节讨论他）提出了一种较为温和的道德客观主义立场。他虽然承认存在普遍的、客观的道德原则，但并不认为所有原则都是绝对的和没有例外的，因为当这些原则中的两个或更多个相互冲突时，其中的一个原则必须从属于另一个。

伦理相对主义认为“所有道德原则都是相对的”，而伦理客观主义则认为“某些道德原则并非是相对的”。两者存在矛盾，因而一真一假，无法调和。不过，要注意的是，只要秉持道德原则具有一个普遍的、客观的内核这个基本观念，客观主义者是可以持有下述观点的，即一些道德问题是具有相对性的。换言之，客观主义者并不需要认为每个伦理问题都只有一个正确答案，他只需要承认可能会有错误答案，但在某些伦理问题上，存在着每个人都应该遵守的道德原则就够了。比如，一个客观主义者可能会认为，在特定环境和条件下，某些社会最适合一夫一妻制，而另一些社会则最适合一夫多妻制。同时，当我们承认多样化的社会建制具有某种程度的可接受性时，客观主义者还会指出，用爱和关切来对待家庭成员，不伤害、尊重每个人的尊严和价值是普遍的、客观的，是我们不能违背的道德原则。但那些以仁爱之心对待家人的具体行为则可能会随着社会习俗和条件的不同而有所差异，即使其遵循的原则是一样的。例如，希腊人之所以焚烧死者，是因为在他们看来，这种仪式是对死者的精神表示尊重的恰当方式，而卡拉提亚人吃掉死者，也是出于同样的理由。两者都是为了尊重他们的家庭成员，但却通过不同的行为予以体现。

相对主义的问题

伦理相对主义的一个引人关注之处在于，它似乎赋予宽容以极高的价值，而宽容又是大部分人认可的一条重要原则。但某个理论赞同好的东西并不能证明这个理论本身就是正确的。而且，客观主义也在宽容是善的而不宽容是恶的这个问题上赞同相对主义。不过，奉行客观主义的哲学家会认为，只有他们有资格作出这一论断，因为宽容是作为客观的、具有普遍约束力的道德标准被提出的。在宣称所有伦理意见具有同等价值时，相对主义者扮演着一个颇为尴尬的角色，因为他们必须容忍不宽容。如果宽容是我们唯一的指引性理念，那我们是否可以认为种族主义者和纳粹真诚信奉的伦理判断在道德上都可以被接受呢？

停下来，想一想

我曾有一个学生写过一篇为伦理相对主义辩护的文章，颇具说服力。他认为，正确与否与个人意见相关，没有人有理由将自己的道德观念强加给别人。这个学生在文章结尾用大写字母写道："每个人都应该去（OUGHT）宽容，不宽容总是错（WRONG）的。"

- 伦理客观主义者该如何论证这个学生的前后矛盾？
- 假设将不宽容视为一种美德就是我的道德观，又会怎样呢？这个学生会怎么说？难道伦理相对主义者不会说，对我而言（或对一些文化而言），不宽容在道德上就是正确的吗？

相对主义的另一个问题是，它使批判其他人或其他文化的行为变得不可能（两个版本都是如此）。我们学校曾有一位人类学家在公开讲座中为文化相对主义辩护。为了阐明自己的观点，他描述了很多种文化形式，而这些文化形式中，性行为和其他道德实践与我们社会所接受的完全不同。他总结道："谁能仅仅因为他们与我们不同而认定他们是错误的？"当我得知他的妻子开了一家妇女儿童家庭暴力收容所后，我问他是否能始终如一地坚持他的伦理相对主义。毕竟，在很多文化以及亚文化中，暴力对待女性是可以容忍的，甚至很多女性受害者就是在那种文化所宣扬的价值中成长起来的，她们也会将暴力视为理所当然。然而，正如我所怀疑的那样，这位人类学家的宽容和相对主义是有边界的。他回应道，保护妇女和儿童是一条最低限度的道德法则，纵然他意识到承认这一点会削弱他的伦理相对主义观点。当伦理相对主义者发现他们或他们所爱之人的权利遭到侵犯时，他们很快就会看到伦理客观主义的魅力。

共同的核心道德

聚焦

虽然可以举出很多关于共同道德原则的例子，但在这里，我们要考察的是不同文化如何表述下面两项基本道德原则。[21]

广泛行善法则(the law of general beneficence)

"绝不说伤害人的话。"(印度教徒)

"我未曾给自己的朋友带来痛苦。"(古埃及人)

"言语和善……表现出善意。"(巴比伦人)

"人是为彼此行善而存在。"(罗马人)

"己所不欲，勿施于人。"(古代中国人)

"爱邻如己。"(古犹太人)

"你愿意别人怎样待你，你也要怎样待别人。"(基督徒)

诚信法则(the law of good faith and truthfulness)

"祭品被谎言抹杀，慈心被欺骗销蚀。"(印度教徒)

"他的口中满是赞同，心里满是否定?"(巴比伦的罪恶清单)

"我从未说过假话。"(古埃及人)

"子曰：守死善道。"(古代中国人)

"如地狱之门般可憎的是，一个人心口不一。"(希腊人)

"正义的基础是诚信。"(罗马人)

"没有什么比背叛更糟糕。"(古北欧人)

"不可做假证陷害人。"(古犹太人)

存在核心道德吗?

许多客观主义者认为,在每种繁荣的文化中都可以找到道德原则的普遍核心。当然,我们也总能找到像 Ik 这样的文化和纳粹德国这样的社会,他们的道德原则似乎背离了规范(Ik 文化在本节开始部分的引导性问题 4 中已有过简单讨论)。然而,事实上 Ik 文化并不盛行,纳粹社会十分残酷和偏执且已遭到部分本国民众的抵制,这表明,二者的道德理念都有某些成为问题的地方。尽管在世界和历史范围内,存在多样性的道德实践,一些人类学家还是发现了许多共同的道德原则。

在繁荣健康的社会中普遍存在核心道德价值或道德实践,这一点可以作为本尼迪克特和其他相对主义者关于多样性案例的一个反证。像我此前提到的,伦理客观主义者并不否认,不同文化中存在不同程度的道德分歧和道德多样性。一方面,出现这类道德分歧的原因大致是由于人们在道德上什么是正确的这个问题上可能会犯错。就像中世纪的人们误以为地球是宇宙中心一样,早期的人们同样误以为奴隶制在道德上是可允许的。另一方面,道德分歧也可能源于某些道德问题允许不同意见这一事实。一种文化中关于谦逊的标准可能会不同于另一种文化。不过,客观主义者或许会承认,有关衣着和行为的道德标准是存在其文化根基的。因此,对客观主义者而言,他们只要相信存在一些不能随意选择的道德特征,而这些特征并非简单的文化习俗问题,这就够了。

在下面的文章中,詹姆斯·雷切尔(James Rachels)指出,伦理相对主义(他称之为"文化相对主义")的论证是站不住脚的(詹姆斯·雷切尔是阿拉巴马大学哲学系教授,他以其关于宗教哲学和伦理学的著作和文章而闻名),而且,他认为,我们可以列出许多理由来说明伦理相对主义的不合理性和伦理客观主义的合理性。在原文中,他从我们曾提到的希腊人和卡拉提亚人的丧葬实践开始讨论。以下节选始自他对爱斯基摩人的风俗的讨论。

詹姆斯·雷切尔
(1941—2003)

• 爱斯基摩人的实践如何为文化相对主义提供支持？

• 雷切尔后来以何种方式表明因纽特人对婴儿的处理方式与客观主义一致？

• 为什么雷切尔认为多样性观点是有缺陷的？（他称之为“文化差异性论证”。）

• 文化相对主义的三个后果是什么？

• 为什么雷切尔相信一定有一些道德规则是每一种文化所共有的？

引自詹姆斯·雷切尔

《文化相对主义的挑战》[22]

1. 不同文化有不同的道德准则(moral codes)

……想一下爱斯基摩人。这是一个遥不可及的民族，数量仅有约 25 000 人，他们小规模地散居在北美和格陵兰岛北部边缘。直到本世纪初，外界对其知之甚少，后来，探险者们带回了一些关于他们的奇怪故事。

爱斯基摩人的风俗与我们极为不同。男人通常有不止一个妻子，而且他们愿意和客人共同分享他们的妻子，把晚上将妻子借给宾客过夜作为好客的标志。此外，在一个群体中，一个处于统治地位的男性可以要求定期与其他男性的妻子发生性关系。然而，这些妇女可以自由地(也就是说，只要其前夫不找麻烦)打破这种安排，只要她们离开自己的丈夫，与新的伴侣建立关系。总而言之，爱斯基摩人的这种习惯是一种不稳定的婚姻实践，与我们所说的婚姻极少有相似之处。

但存在差异的并不只是他们的婚姻和性行为，因纽特人对生命似乎也没有那么尊重。例如，杀婴是很普遍的。最著名的早期探险者之一那德・拉斯姆森(Knud Rasmussen)讲述道，他曾遇到过一个妇女，她生了20个孩子，但其中10个孩子在刚出生时就被这位母亲杀死了。他发现，女婴特别容易遭此厄运，而是否杀死女婴仅需根据父母的决定，并不会因此留下任何坏名声。当老人变得老迈孱弱而无法再对家庭有所贡献时，他们就会被丢入雪中自生自灭。所以，在这样的社会中，似乎没有任何对生命的尊重。

对普通大众来说，这些都是令人不安的真相。我们自己的生活方式是如此自然和正确，以至于对我们中的很多人来说，很难想象其他人的生活会如此不同。当我们听闻这些事情时，往往会立即给那些人贴上“落后”“原始”的标签，但是对人类学家和社会学家来说，根本无须对因纽特人表现出过分的惊讶。从希罗多德时代开始，开明的观察者就已经接受了这样的思想：一个文化与另一个文化关于正确和错误的观念是不同的。如果我们假定自己关于正确和错误的观念可以与所有时代的所有人分享，那就太天真了。

2. 文化相对主义

对很多思想家来说，这样的观点，即“不同的文化有不同的道德准则”似乎是理解道德问题的关键。他们说，伦理学中的普遍真理观念是一个神话。不同社会的习俗并行存在着，这些习俗不能被认为是“正确”还是“不正确”，因为那意味着我们对正确和错误有一个独立的判断标准。然而，这样独立的判断标准并不存在，任何标准都与文化相关。伟大的社会学先驱威廉・格雷厄姆・萨姆纳(William Graham Sumner)在1906年的著作中提出了以下观点：

> “正确”的方式就是祖先所使用并传承下来的方式。传统本身就是它自己的正当理由，并不需要得到经验的确证。正确的观念存在于习俗中，它并不是外在于习俗，也不具有独立的来源，亦不是用来检验习俗的。在习俗中，不论什么都是正确的。这是因为它们是传统，因此，它们之中包含了祖先的权威。当我们考察习俗时，不允许对其进行任何分析。

这种思考路向比任何其他事情都更能劝导人们去质疑伦理学。**文化相对主义**——人们这样称呼它——挑战了我们对道德真理之客观性和普遍性的一般信念。事实上，文化相对主义认为，伦理学中并不存在什么普遍真理，有的只是各种各样的文化准则，除此之外别无其他。而且，我们自己的准则没有任何特别之处，仅仅是众多准则中的一种而已。

正如我们所看到的，这一基本观念实际上是多种不同思想的混合物。区分出文化相对主义中的不同因素非常重要，因为通过分析可知，有些部分是正确的，其他的则是错误的。作为起点，我们需要区分出文化相对主义者所持有的如下主张：

(1) 不同社会有不同的道德准则。

(2) 没有可以用来判定一个社会的道德准则比其他准则更好的客观标准。

(3) 我们自己社会的道德准则没有任何特殊之处，而仅仅是众多准则中的一种而已。

(4) 伦理学中没有“普遍真理”，即没有在所有时代被所有人坚持的道德真理。

(5) 一个社会的道德准则决定了在那个社会中什么是正确的，即，如果一个社会的道德准则认为某种行为是正确的，那么这种行为就是正确的，至少在那个社会是如此。

(6) 对我们来说，评判他人的行为是否正确是一种傲慢。对于其他的文化实践，我们应该采取包容的态度。

虽然这六个命题看起来理所当然地相互匹配，但它们在如下意义上又相互独立，即它们中的一些可能是真实的，即使另一些是虚假的。下面，我们将尝试指出，在文化相对主义中什么是正确的，但我们同样会揭露其错误所在。

3. 文化差异论证

文化相对主义是一种关于道德本质的理论。乍看上去，它似乎很有道理。然而，与所有同类理论一样，对它的评价必须建立在理性分析之上。当我们分析文化相对主义时便会发现，它并不像初看起来那样有道理。

我们需要注意的第一件事是，文化相对主义的核心是一种论证形式。文化相对主义者运用的策略是，从不同文化存在差异这样的事实出发，得出有关道德之地位的结论。因此，我们被建议接受如下推理：

(1) 希腊人认为吃死者是错误的，而卡拉提亚人认为其是正确的。

(2) 因此，吃死者既不是客观正确的也不是客观错误的，它仅仅是意见，并会随着文化的改变而改变。

或者：

(1) 爱斯基摩人并不认为杀婴有什么错，而美国人认为杀婴是不道德的。

(2) 因此，杀婴既不是客观上正确的也不是客观上错误的，它仅仅是意见，并会随着文化的改变而改变。

很明显,这些论证是同一种基本观念的变体,它们是一种更为普遍的论证的特例,这种论证认为:

(1) 不同的文化有不同的道德准则。

(2) 因此,在道德上没有客观"真理",正确和错误仅仅是意见,这些意见随着文化的改变而改变。

我们可以称这个论证为文化差异论证。对很多人而言,这很有说服力。但是,从逻辑角度来讲,这真的是一种合理的论证吗?

这并不合理。问题在于,其结论并不真正由前提推得。也就是说,即使前提为真,结论仍然可能为假。其前提涉及人们相信什么:在一些社会里,人们相信一件事,而在另一些社会里,人们相信另外的事。然而,结论却与实际情况有关。麻烦就在于,从逻辑上讲,这种结论不可能从那种前提中推论出来。

再次思考一下希腊人与卡拉提亚人的例子。希腊人认为吃死者是错误的,而卡拉提亚人认为吃死者是正确的。从这个仅有的事实,即他们不同意对方的观点,能否推出在这件事上不存在客观真理?答案是否定的,它不能推出。因为也可能是这种情况,某个实践在客观上是正确的(或错误的),而其中的一方不过是有所误解。

为了使这一点更清晰,我们可以考虑一件非常不同的事。在有些社会,人们相信地球是平的;而在另外的一些社会,比如我们自己的社会,人们相信地球(大致上)是球形的。仅仅从他们之间的不一致,可以推论出在地理学上没有"客观真理"吗?当然不能,我们永远不会得出这样的结论。因为我们认识到,在关于世界的信念上,另一些社会的人们不过是错误的。没有理由认为,如果地球是圆的,那么每个人必须知道这一事实。

与此类似,同样没有理由认为,如果存在道德真理,那么每个人必须知道这个真理。文化差异论证的一个基本错误是,它试图仅从人们对某个东西意见不一致推论出某个对象(道德)的实质性结论。

理解上述观点的本质十分重要。我们不是说(至少现在还没有)这种论证的结论是假的。到目前为止,它仍然是一个没有结论的问题。我们正在讲一个纯粹的逻辑问题,并指出该结论并不能从前提中推得。这一点很重要,因为为了判定结论是否真实,我们需要论证的支持。文化相对主义提出了这种论证,但不幸的是,它被证明是错误的,所以它并未证明任何东西。

4. 文化相对主义的后果

即使文化差异论证是无效的,文化相对主义仍然可能是真的。如果它是真的,那么会怎样?

萨姆纳曾概括了文化相对主义的本质。他认为,正确和错误没有尺度,有的只是社会所提供的标准:“正确的观念存在于习俗中,它并不是外在于习俗,也不具有独立的来源,亦不是用来检验习俗的。在习俗中,不论什么都是正确的。”

假如我们认真对待文化相对主义,结果会是什么?

(1) 我们不能再说别的社会的习俗在道德上不如我们。当然,这是文化相对主义强调的一个主要观点。我们不应当仅仅因为其他社会是“不同的”而批评它们。只要我们关注某些例子,比如希腊人和卡拉提亚人的丧葬实践,就会发现这似乎可以被视为一种豁达、开明的态度。

然而,这也会阻止我们去批评那些不那么好的其他实践。假如一个社会对其邻国发动战争以获取奴隶;再假如某个社会激烈地反对闪米特人,并且它的领导者们打算消灭犹太人。文化相对主义会阻止我们谴责这两种实践行为的错误。我们甚至不能说，一个对犹太人包容的社会好于反对闪米特人的社会，因为这暗含着一种超文化的比较标准。无法对这些实践进行谴责，并不显得更“开明”，相反，奴隶制和反闪米特主义发生在任何地方都是错误的。然而，如果真的接受文化相对主义，我们就不得不认为这些不良实践应免于被批判。

(2) 仅仅通过考虑我们社会的标准就可以判定行为的正确或错误。文化相对主义提供了判定什么是正确和错误的简单检验方法，即追问行为本身是否与其社会准则相一致。假设一个南非居民怀疑他们国家的种族隔离政策(严格的种族隔离)在道德上是否正确，他所要做的就是追问这一政策是否与他所处社会的道德准则相一致。如果一致，那么无须担心，至少从道德上讲是这样。

文化相对主义的这层含义是令人不安的，因为几乎没有人认为我们的社会准则是完美的。相反，我们可能会认为所有行为方式都有待提升。文化相对主义不仅阻止我们批评其他社会的准则，同样会阻止我们自己进行自我反思。毕竟，如果正确和错误与文化相关，那么这对于我们的文化和其他文化而言，一样都是真实的。

(3) 道德进步观念受到质疑。我们一般认为，至少有些社会变化是朝向更好的目标的(当然，一些改变也可能导致更坏的结果)。看一下这个例子：纵观西方社会的大部分历史，女性在社会中的地位受到严格限制。她们不能拥有财产，她们不能投票或从政，她们毫无例外地都不允许从事有薪工作，几乎处于丈夫的绝对控制之下。最近，这些情况发生了改变，大多数人认为这是一种进步。

但是，如果文化相对主义是正确的，我们可以合理地将这些变化视为一种进步吗？进步意味着用一种更好的做事方式代替旧有的方式。然而，我们遵循什么样的标准来判定新的方式更好呢？如果旧有的方式在它那个时代与社会标准相吻合，那么文化相对主义者可能会说，用另一个时代的标准来判定它们是错误的。事实上，18世纪的社会与我们现在的社会也有所不同。说我们取得了进步，意味着今天的社会更好，这恰恰是一种超文化的判断，而在文化相对主义者看来，这是不允许的。

我们的社会改革观念同样需要重新思考。马丁·路德·金(Martin Luther King Jr.)这样的改革家曾试图改变社会以使其变得更美好。而在文化相对主义的强制约束下，只有一种方式是可行的。如果一个社会没有达到它自身的理想，改革者可能被认为是出于好意而在促进这些理想的实现：社会的理想是我们判定改革者的建议是否有价值的标准。但是“改革者”不会挑战理想本身，因为它们被定义为正确的。那么，在文化相对主义看来，社会改革理念仅仅在这种非常有限的方式下才有意义。

文化相对主义的这三个后果已经使许多思想家拒绝它，因为从表面看它就不可信。他们认为，对一些行为的谴责，比如奴隶制和反犹主义，无论发生在哪里，都是有意义的；认为我们自己的社会在道德上有所进步，同时又承认它依然不完美并需要改革，也是有意义的。由于文化相对主义认为这些判断毫无意义，如果继续论证下去，它不可能是正确的。

5. 为什么分歧比看上去的要少

文化相对主义的原始动力来自这一观察，即不同文化在对待正确和错误的标准上存在引人注目的不同。但它们的差异究竟有多大？存在差异是事实，但我们会很容易夸大这些差异的程度。当我们仔细考察这些看似引人注目的差异究竟是什么的时候，会发现文化上的差异可能并没有看起来那么大。

试想这样一种文化，其中人们认为吃母牛肉是错误的。这可能是一种贫穷社会的文化，虽然没有足够的食物，但母牛仍然是不能碰的。这个社会表面看来具有与我们完全不同的价值观，但确实如此吗？我们还没问为什么这些人不吃母牛肉。假如这是因为，他们相信人死后，灵魂会寓居于动物身上，尤其是母牛，因此，一头母牛可能是某个人的祖母。现在，我们还会说他们的价值观与我们不同吗？不能，我们之间的不同在别的地方。差异存在于我们的信念系统中，而不是在价值观上。我们同意，我们不应该吃祖母，我们只是在祖母是不是(或是否可能是)一头母牛这一点上存在分歧。

普遍观点是这样的，很多因素共同作用产生了一个社会的习俗，社会的价值只是多种习俗中的一个。其他一些因素，比如其成员所持的宗教的和事实上的信仰，他们所生活的无可选择的自然环境也同样重要。正因如此，我们就不能得出结论，只是因为习俗的不同，就存在价值观的不一致。习俗的差异可以归于社会生活的其他方面。因此，价值上的分歧并不像表面上看来那么大。

再来看爱斯基摩人。他们经常杀死完全健康的婴儿，尤其是女婴。我们一点也不会赞成这种做法，如果我们社会中的父母这样做，就会被送进监狱。因此，这两种文化在价值观上似乎存在着巨大的差异。然而，我们得问问爱斯基摩人为什么这样做。对这个问题的解释既不是他们对自己的孩子更少的关爱，也不是他们对生命不尊重。爱斯基摩人家庭也总是会在条件允许的情况下保护他们的孩子。但他们生活在严酷的环境中，食物供给总是匮乏的。爱斯基摩人的基本想法是："生活很艰难,安全保障很小。"一个家庭或许想养育其孩子,却没有能力这样做。

就像很多"原始"社会一样,爱斯基摩人的母亲比我们文化中的母亲要花更多时间照顾婴儿。母乳喂养通常要至少四年的时间,甚至可能更长。因此,即使在最好的年景,一个母亲所能抚养的孩子数量也十分有限。而且,因纽特人是一个游牧民族,他们不会耕种,必须通过不断迁移寻找食物。婴儿不得不带在身边,当母亲迁移和进行室外劳动时,只能在皮袍里携带一个婴儿。家庭的其他成员虽然可以帮忙,但并不总是可能的。

女婴被轻易地抛弃是出于两个原因。首先,在这个社会中,男性是食物的主要提供者(他们是猎人),而且保持足够数量的食物提供者显然是很重要的。但还有一个更重要的原因。因为猎人面临更大的伤亡率,早亡的成年男性远比女性多。因此,如果男婴和女婴成活率相同,女性人口就会远超成年男性。研究了现有的统计数据后,一个作者得出结论:"如果不杀害女婴……在爱斯基摩人的群体中,女性在平均数量上将是作为食物提供者的男性的 1.5 倍。"

所以,在爱斯基摩人中,杀婴并不标志着对儿童态度的根本不同。相反,它是这样一种认识,即为了确保家庭的存续,极端的措施有时是必要的。然而,即便这样,杀婴也不是被考虑的第一选择。收养别人的孩子是很普遍的,无子女的夫妻尤其乐于接受生养能力更强的夫妻"多余"的孩子。杀婴只是最后的选择。我强调这些是为了说明,人类学家的一手资料可能被误解,它可能使文化之间的价值观差异显得更大。因纽特人的价值观与我们相比并没有太大不同。这仅仅是生活所迫而造成的选择,而我们不必做这样的选择。

6. 所有文化拥有何种共同的价值观

毫不奇怪,虽然有那样一些表面现象,但因纽特人还是会保护他们的孩子。不然还能是什么？一个群体如果不重视他们的孩子,如何能够存续？这里暗含了一种论证,它表明,所有文化群体必须保护他们的婴儿：

(1) 人类婴儿是无助的,如果他们没有经过几年的精心照料,是无法存活的。

(2) 因此,一个群体如果不照顾青少年,他们将无法存活,群体中的老年成员将无法更替。用不了多久,该群体就会消亡。

(3) 因此,任何持续存在的文化群体必须关爱青年人。没有得到关爱的婴儿一定是例外,而不是普遍现象。

相似的推理表明,其他价值观也一定或多或少是普遍的。想象一下,如果一个社会不认为讲真话是有价值的,那么它会是什么样子？当一个人与另一个人说话时,根本无法推定他说的是真话,因为他容易撒谎。在这个社会中,没有理由关心任何人说过的话。(我问你几点了,你回答:"4点了。"但是不能假定你说的是真话,因为你很喜欢随口一说。于是,我便没有任何理由关注你的答案。事实上,在开始的时候,问你这个问题就没有什么意义。)

由此,交流如果不是不可能,至少也会变得极为困难。而如果社会成员之间不能有序地交流,就不可能有复杂的社会,社会也会变得不可能。由此可以推论出,在任何复杂的社会中,都必须有一种有利于真实性的推定。当然,也可能存在允许撒谎的例外情况。即便如此,这些情况仍是社会中正在发生效力的规则的一个例外而已。

我们再举一个同样类型的例子。一个允许谋杀的社会能够存在吗？那将是一个怎样的社会？假设人们可以随意杀害其他人，并且不觉得这有什么不对。在这样一个“社会”中，没有人会感到安全。每个人都不得不持续保持警惕。人们为了存活，必须尽可能地躲避其他人。这将不可避免地导致人们尽可能实现自给自足——毕竟，与其他人接触是危险的。这样，任何大规模的社会都会崩溃。当然，人们可能以更小规模的群体彼此联系在一起，在这个小规模的群体中，他们可以相信其他人不会伤害他们。但是，请注意这意味着什么：他们正在构造更小的、承认反对谋杀这一规则的社会。因此，禁止谋杀是所有社会的一个必然特征。

这里有一个一般性的理论观点，即存在一些所有社会必须共同拥有的道德规则，因为这对一个社会的存在来说是必要的。反对说谎和谋杀的规则就是两个例子。事实上，我们确实发现这些规则在所有有生命力的文化中都在发挥作用。在这些规则的合理例外方面，不同的文化会有差异，但这些分歧是建立在广泛的共识背景之上的。因此，过高估计文化之间的差异是错误的，并不是每一条道德规则都会随着文化的改变而改变。

- 在对正反两方面理由进行检视之后，你认为伦理相对主义或伦理客观主义这两种立场谁更有说服力？请解释。

透过伦理客观主义的镜头看

1. 当代哲学家路易斯·博伊曼(Louis Pojman)列举了道德的四个目的：(1) 防止社会崩溃；(2) 减轻人类痛苦；(3) 增进人类繁荣；(4) 用公正的方式解决利益冲突。[23]你是否同意？是否还有其他目的？还是要减去哪些目的？如果一般来说，道德确实为某些目的服务，那么这在多大程度上意味着存在一套客观道德原则？为了实现上述目的中一个或多个，哪些道德原则是必要的？

2. 客观主义者一定会很教条吗？他能否以谦恭的或尝试性的态度把握道德？对客观主义者来说，一方面相信存在普遍的、客观的道德真理，另一方面却并不认为他(她)所遵循的道德原则必然是正确的，这是否可能？换言之，若一个人不主张道德的绝对正确性，他可以是一个伦理客观主义者吗？

3. 个人和社会不是会时常修正和改变他们的道德观吗？我们不是经常发现，曾经相信为正确的事情其实是错误的，或者曾经相信为错误的事情其实是正确的吗？此时，我们不是在权衡我们的个体性和社会性道德意见，并反对独立于这些意见的道德标准吗？

4. 相对主义者常诉诸以下主张：(1)“每个人对自己的意见都有一套正确标准。”但这是否意味着(2)“每个人的意见都是同等正确的”？两种主张的不同之处何在？在接受主张(1)而拒绝主张(2)的情况下，一个客观主义者能否做到包容、尊重其他人的意见，并赞同言论自由呢？

检视伦理客观主义的优缺点

正面评价

1. 完全不持任何客观道德原则是否可能？是否可能始终如一地信守相对主义并为之辩护？当相对主义者说“你不应该评判其他人或其他文化的道德观”时，他们不是自相矛盾吗？这种表述不是像说“你永远不应该用‘永远’这个词”或“你总是应该避免用‘总是’这个词”一样吗？如果你违背对一个相对主义者的承诺，或者骗取了他的应得之物，你认为他会接受这样的辩解，即道德不过是一种意见，所以他不应该责怪你吗？

2. 只要世界上存在两个以上的人，就总会有矛盾与冲突。而道德的目的之一是提供一种客观、合理、公正的方式去解决冲突。相对主义难道不会让我们失去理性解决道德冲突的基础吗？如果每个人或每个社会都可以信奉某种令其满意或方便实用的道德，道德不就无效了吗？

负面评价

1. 众所周知，要想就何种行为正确或何种行为错误这一问题达成共识是非常之难的。退而言之，我们甚至很难找到一条用以判定某种行为之正确与否的公认的原则。我们可以借助观察到的行星和恒星的事实，来确认或驳倒其相关理论，但道德理论的正确与否并不像自然特征那样，可以通过观察而得到检验。与科学探究不同，在行为的道德性问题上，没有可用以观察和衡量的米尺、望远镜或显微镜。这一切不是都支持着相对主义的主张，即认为道德是一种如同意见、态度、情感或社会传统一样的变量，而不是客观的真理吗？

2. 即便其他社会拥有一些不同于我们的道德准则，这些准则中，有很多仍然保持着旺盛的生命力，并为民众提供了幸福生活的基础。这些社会的存在不正说明，并没有所谓的道德的绝对真理(moral absolutes)，道德不过是在特定社会中起作用的东西而已吗？

5.2　伦理利己主义

引导性问题：伦理利己主义

1. 被你视为善的行为，就是因为它能实现某个你认为有价值的目标，不是吗？如果你发现一个目标是有价值的，你的意思难道不是说，这个目标是你想要的吗？不是可以由此推断出，所谓善的行为就是能满足你的欲望的行为吗？我们能否进一步说，你的伦理学立基于自己欲望的满足呢?

2. 假设你可以选择付出你的生命来拯救你所爱之人的生命，也可以选择用自己的生命拯救10个陌生人的生命。你会选择哪一个？如果选择拯救对你而言十分重要的人的生命，而不拯救其他10个人的生命，这是自私的吗？这个选择在道德上可以得到辩护吗?

3. 若人们只关心自己的利益，这一定是坏事吗？例如，你试图在考试中获得最高的分数。但是，如果考试成绩采用的是正态分布，那么你做得越好就意味着别人做得越差。这是否有什么问题？在商业领域，每个公司都试图通过用质优价廉的产品抢占市场以获得最大利益，当所有公司都以这种方式实现其利益最大化时，通常会最有利于顾客。这难道不是好事吗？与之类似，在法庭上，每位律师都为代理人的最大利益辩护，我们假定，这样的程序有助于揭示出案件的所有细节。这难道不是好事吗？如果关心他人是一种道德理想，难道你不是不应当试图超越其他同学吗？那些公司不是应当去帮助他们的竞争对手吗？律师难道不是应该帮助对手赢得诉讼吗？显然，为了实践利他主义理念而提出的上述建议都是十分荒谬的。这不恰好表明，与一般观点相反，为自己的利益服务不仅在道德上是可接受的，而且具有积极的正面意义吗?

正如这些问题所表明的，在生活中以及伦理理论中存在的利己原则是伦理学的一个重要论题。哲学家们就利己是不是恶的以及利他是否可能展开争论。这也出现在萨姆塞特·毛姆(Somerset Maugham)的小说《人生的枷锁》中。在巴黎的一个酒吧里，菲利普·凯里(Philip Carey)与科隆肖(Cronshaw)(小说中的两个人物)正在交谈。菲利普相信人们会不时实施一些利他行为，并认为这样做符合一个人的道德责任，这恰好为科隆肖解释其伦理哲学提供了机会。

引自 W. 萨姆塞特·毛姆

《人生的枷锁》(*Of Human Bondage*)[24]

“随着年纪渐长,你会发现,要使世界成为一个尚可容忍的生活场所,首先要认识到不可避免的人性的自私。你要求别人专门利人,让别人牺牲自己的欲求去满足你,这是一个可笑的想法。他们为什么要这样做?当你认同世界上的每个人都是为自己而活,就自然会减少对同伴的要求。他们不会令你失望,你也会抱着更为宽容的态度看待他们。人在生命中追求的只有一件事:快乐……”

“一个人作出某种行为是因为这些行为有利于他人,而当这些行为对他人同样有利时,便被视为是道德的:如果他在捐助中发现了快乐,他就是慷慨的;如果他在帮助他人中发现了快乐,他就是仁慈的;如果他在为社会工作中发现了快乐,他就是有公德心的。但是,你为了自己快乐而给一个乞丐两便士,与我为了自己快乐而再喝一杯威士忌和苏打水是一样的。我比你更为坦诚,因为我既不为自己的快乐喝彩,也不希求你的赞美。”

菲利普被朋友的利己主义哲学所震惊,他反驳道:“你难道没有意识到,人们会去做那些自己并不想做的事,而不只是做他们想做的事吗?”对这一点,科隆肖答道:

“不是。你的问题提得十分愚蠢。你的意思是,人们没有接受眼前的快乐,却接受了眼前的痛苦。这里的反驳与你提出的问题一样愚蠢。显然,人们可能会接受眼前的痛苦而不是眼前的快乐,但原因在于他们想在以后获得更大的快乐。当然,这些快乐往往是虚假的,但不能因为他们算计错了,就否定这个原则本身。你之所以感到疑惑，是因为无法理解快乐不仅仅是感觉这样简单。但是，孩子，一个为国而死的人之所以去死是因为他爱它，就像他喜欢吃泡菜一样。这是宇宙的法则。如果人类喜欢痛苦胜过快乐，这个族群或许早已灭绝了。"

- 你认同科隆肖的哲学吗？为什么？
- 可以用何种理由支持上述观点？可以用什么依据来证明他的哲学是错误的？
- 假设科隆肖的哲学没有错，他又该如何解释这样的事实，即人们经常会互相帮助，做给自己带来痛苦的事情，甚至牺牲自己的生命呢？

科隆肖用引文中的前两句话表达了他的两个观点。第一个观点是"不可避免的人性的自私"。这是从心理学角度对人类动机的论断，即著名的**心理利己主义**(psychological egoism)。下面，我们将简要考察这种立场。令人感兴趣的是第二个观点。在他看来，人们应当为他人而牺牲自己的欲望这种说法是很"可笑的"。在这里，科隆肖的嘲笑对象就是著名的**利他主义**(altruism)，这种观点认为，我们应当无私地关切他人的福祉，并且应当为他人的利益和需求而行动。相反，科隆肖信奉的是**伦理利己主义**(ethical egoism)，这种立场认为，人们应该总是只做满足自己利益的事情。根据这一立场，所有道德责任最终都是对自我的责任。任何对他人、对社会的所谓的道德责任若想得到辩护，必须首先能够增进自我的利益。

乍看起来，伦理利己主义这个术语与"已婚的单身汉"一样矛盾。利己主义这个词经常与自我中心、自私、自负、吝啬和贪婪这样的品质联系在一起。利己主义经常受到公开谴责，并被报纸抨击为玩世不恭者、受限制人员、无赖和贪婪之人的避难所。当棒球职业经理人列夫·杜罗切(Leo Durocher)说"好人吃亏"时,也没有必要因为他的这种人道主义精神而急于颁给他一个诺贝尔和平奖。媒体称19世纪70年代的年轻人为"自我的一代",就是因为他们漠视除个人利益之外的一切。出于对这种时代精神的嘲弄,一本名为《自我》的杂志诞生了。像罗伯特·林格(Robert Ringer)的《你是第一位的》(*Looking Out for #1*)和大卫·西伯瑞(David Seabury)的《自私的艺术》(*The Art of Selfishness*)这类畅销书,对那些试图将"自我优先"策略合理化的人就有很大的吸引力。登山宝训说:"温柔的人有福了,因为他们必承受地土(earth)。"然而,对利己主义者来说,温柔的人将要承受的唯一东西是尘土(dirt)。既然对利己主义持有这般观念,它岂不正处于伦理学的对立面上吗?大部分伦理学体系不是要求我们抛开私利而承担责任,或者说为他人的利益服务吗?

但另一方面,自爱(self-love)必定是坏的吗?毕竟,就连《圣经》也要求我们应该"爱邻如己"。虽然《圣经》提倡的是利他行为,但这一伦理原则仍然使自爱成为我们对待他人的范例。正如我在下面的讨论中指出的,伦理利己主义者们认为,其哲学之所以遭到毁谤,只是因为它被误解了,他们认为,要么所有人类行为都是被自我利益驱动的,要么不是,但即便如此,理性也会指引我们这般行事。

检视伦理利己主义

对利己主义的常见误解

在审视伦理利己主义的论证之前,有必要首先肃清对这一立场的一些不准确的理解。首先,人们时常认为利己主义就是"做你想做之事"。以此看来,如果做我想做之事便是道德的,那么怎么可能出现道德上错误的事呢?对利己主义的这种表述必然是错误的,因为基于利他动机而行动的人也是在做他(她)想做的事情,但是利己主义者会说这种行事方式在道德上是错误的，而且，目前你想做的可能并不是最有利于你的。比如，你现在的欲望或许是彻夜狂欢而不是为了考试而学习。但在这一案例中，为你当下的欲望服务并不符合你的最高利益。因此，为自我利益而行动和为自己的欲望而行动应当有所不同。

伦理利己主义并不是要激发我们满足自己的主观欲望(subjective desire)，而是说我们应当关心客观的自我利益(objective self-interest)。不过，即便我总是试图为自己的最高利益服务，在我以为的自我利益与实际的自我利益之间也会有所不同。我可能会认为投资某只股票符合自己的利益，但我也可能错误地评估了这笔投资。因此，对利己主义者来说，错误计算、无知、愚蠢以及意志薄弱都是道德生活的绊脚石，这些因素对任何关乎我们行为的客观结果的伦理学来说都是如此。一旦我们意识到利己主义的最合理版本关注的是人类行为的长期结果，且其对合理、明智的自我利益的寻求都建立在对个人和周边环境的周全认知之上，那么，对伦理利己主义的许多反对意见便都可以被驳倒。

停下来，想一想

你能想象这样一个时刻，此时，做你想做之事只为满足自己的欲望，却不符合你的最大利益吗？

另一个对伦理利己主义的误解是，认为它相信我们从来没有义务以一种有益于他人的方式行事，甚至认为它相信这样做总是错误的。然而，为自己的利益服务并不必然导致偏狭、自私的行为。对一种成功的生活而言，我可能需要一种良好的声誉并被人喜欢，这样他们就会心甘情愿地帮助我，并由此增进我的利益。例如,如果我是一个成功的商人,我可以将所有的钱花在购买昂贵的汽车、游艇和珠宝上,但是,如果我捐献一大笔钱给当地的学校,就会产生一种自我满足感,并且获得良好的声誉,而这种赞誉对我的生意有利。利己主义首先关注的是目的而不是手段。因此,给别人带来快乐可能是一种为自己利益服务的手段。你往往不能仅仅通过观察其外在行为来识别伦理利己主义者,而是必须弄清楚这个人的行为出于何种动机或道德理论。因此,一个明智的利己主义者将会发现,给他人带来快乐、帮助他人满足需求、进行慈善捐助等是合理的。不过,从伦理利己主义者的视角来看,我们为他人带来的快乐只不过是做道德上正确的行为的附带产品而已。伦理利己主义者不得不承认,如果说利他行为在道德上可以得到辩护,那么也只是因为从长远来看,这些行为最终还是会为我们自己的利益服务的。

停下来,想一想

能否想象某些时候,你在以利他的行为行事,但这样做的时候其实是在服务于自己的利益呢?

最后,若认为伦理利己主义的拥护者必然是利己主义者,这也是错误的。利己主义是一种人格特征,而不是一种伦理理论。利己主义者是这样的一种人:他总是希望自己成为关注的焦点,并在膨胀的自我意识之下一意孤行、自我陶醉、自我推销。这种人往往令人恼火和讨厌,他们几乎很难交到朋友,也无法影响他人。这便显示出一种自相矛盾,即利己主义者在实践利己主义哲学时,往往不太可能获得成功。因此,对一个明智的伦理利己主义者来说,如果充满魅力、和蔼可亲、谦逊体贴等品质可以为其赢得长远利益,那么他(她)是会表现出这些品质的。

"我正顺利地为自己树碑立传"
自我中心型人格指的是自恋和自我推销的人（就像漫画里的那样）。然而，这与伦理利己主义理论完全不同。开明的伦理利己主义者可能会发现，为他人着想而不是自我推销可能最符合他的利益。

伦理利己主义的类型

在具体分析这种哲学理论之前，必须明确伦理利己主义的几种类型。首先，一个信奉**私人伦理利己主义**（personal ethical egoism）的人会这样主张："就我而言，我相信我应该总是按照能使自己利益最大化的方式行事，至于你该如何行事，我没有任何意见。"这是一种基于私人立场的表达，它无法给出具体的理论来说明其他人（说话者自己除外）如何行动才是道德上正确的。这样一来，它无法公正、客观地描述那些被我们认同的道德责任之本质。因此，这种要求既不能得到辩护，也无法被反驳。对这种立场的唯一回应是："谢谢你与我分享。"

此外，如果我信奉的是个人伦理利己主义（individual ethical egoism），便会这样主张："所谓道德上正确的行为，就是为我（本书的作者）的利益服务。"根据这一立场，你若想成为一个道德的人，那么每当自己作出某种行为时，都要问一句："这一行为如何能够有利于我手上这本哲学书的作者呢？"当然，这种形式的利己主义很荒谬也很古怪，几乎没有人会把它当回事。如果一个行为的道德性在于它将如何影响我，那么在我出生之前便没有任何道德责任，在我死后道德也将归于终结，因为在我生前或死后，没有任何行为会对我产生伤害或带来好处。此外，这一立场是站不住脚的，因为如何才能证明，我是如此特殊，以至于每个人总是应该为我的个人利益服务呢？虽然一些人会去实践个人伦理利己主义，但它缺少公正性和普遍吸引力，而这对于一个可靠的伦理学理论来讲是必要的。

唯一具有说服力的伦理利己主义版本是普遍伦理利己主义（universal ethical egoism）。当个人伦理利己主义者说"每个人唯一应该做的就是能增进我的利益之事"时，普遍伦理利己主义者则会说："每个人唯一应该做的就是能增进他（她）的利益之事。"换言之，这一立场主张，一个人（不光是说话者）的行动的正确性标准就是能够符合这个人自己的利益，不论这个人是谁。于是，这种立场便显得不偏不倚且具有普遍吸引力，这对于成熟完备的伦理学理论而言是必要的。我们可以打个更形象的比方，即道德的最高原则是"你打理你的花园，我打理我的"。由此，可以得出结论，在利己主义的诸多门类中，普遍伦理利己主义是唯一值得严肃对待的，接下来的任务便是检视由该立场引发的一些重要问题。

聚焦	**利己主义与善行** 作为颇具影响力的利己主义代言人，尼采认为，怜悯感（emotion of pity）是令人鄙视的。弱者通过怜悯比自己

聚焦

更可怜的人来确认自己的优越性。不过，在下面这段引文中，他说，高贵的人(利己主义者)可以帮助那些不幸之人，但这仅仅是因为他们拥有大量精神财富，而不是因为需要借此感觉良好。

> 人们重视那种试图泛滥的丰富的情感和权力感，重视激动人心的欢乐，以及愿意给予和付出的意识；高贵的人同样帮助不幸之人，但不是，或几乎不是出于怜悯，而是由于极其充沛的精力所产生的一种冲动。[25]

与之相似，艾茵·兰德(Ayn Rand)(利己主义的当代拥护者)认为，那些重视自己利益的利己主义者也会尊重他人的潜能和人格，甚至会在紧急情况下帮助一个陌生人，只要他自己的利益没有重大牺牲。

> 人一生的道德目标，都在于他自己幸福的实现。这并不意味着要对其他人漠不关心，也不是说其他人的生命对他来说毫无价值，更不是说他没有任何理由帮助处于紧急情况下的人。但是这确实意味着：他不会将自己的生命置于他人福祉之下；他不会牺牲自己以满足别人的需求；减轻他人的痛苦也不是他首先考虑的事情；他所给予的任何帮助都是例外情况，而非普遍的；是一种慷慨的行为，而不是道德义务；这种行为具有无足轻重的和偶然的——就像在人类存在的历史中，灾难是无足轻重的和偶然的一样——价值，而不是灾难，才是目标，才是他生命的第一关注项和驱动力。[26]

自私(selfishness)、自我利益(self-interest)与他人

在日常生活中，当涉及动机或行为时，自私和自利是不同的。[27] 自私行为是指我只做有利于自己的事情，而不考虑别人由于我的行为而受到的伤害，或者说，为了获得自己的利益而不公正地剥夺他人的应得利益。但是，为自我利益行事并不意味着我必然是自私的，如果为了健康之故而定期锻炼，这便是在为自我利益行事，但不是自私地行事。

伦理利己主义者如何定义自我利益？有些人将自我利益等同于快乐，但这不仅指原始的、动物性的快乐。比如，还有理智的快乐、艺术享受的快乐和友谊带来的快乐。宣称快乐是唯一有价值之事的立场叫作**享乐主义**(hedonism)（在第 5.3 节“功利主义”中，我对享乐主义有更充分的讨论）。然而，还有一些利己主义者认为，快乐这个概念过于狭隘，根本无法定义自我利益。他们用更为宽泛的幸福或自我实现来讨论它。因此，为便于讨论，我们将以最宽泛的方式来思考“为满足自我利益的行为”，它指的是对下述目标的理性追求，这些目标或有利于我们的个人幸福，或有利于良善生活的实现，或有利于我们自己的善和福利的最大化。

或许你会倾向于认为，一个伦理利己主义者不可能有朋友，或者不可能爱别人，因为爱和友谊经常要求某种程度的自我牺牲。艾茵·兰德在她的《自私的德性：利己主义的新概念》(*The Virtue of Selfishness: A New Concept of Egoism*)中认为，真正的牺牲是“为了一个价值较少或毫无价值的东西而放弃价值更高的东西”。显然，伦理利己主义者不会作出这种牺牲。然而，由于兰德认为爱并不必然包含牺牲，所以做一个理性的、前后一贯的利己主义者和做一个爱别人的人并非不兼容。在她看来，与主张牺牲的伦理学相反，利己主义者是一个“商人”，当利己主义者付出某种代价以有利于他人时，他并不是在作出牺牲，而是在进行交易，他正在用价值较少的东西来交换对他而言价值更大的东

西。因此，士兵为了自由而甘愿赴死，这是因为对他来说，冒死亡的风险比生活在独裁体制中要更好一些。同样，兰德认为，真正的爱不是自我牺牲，因为它牵涉了我们所珍视的另一个人的价值和品质。

> 爱和友谊是完全个人的、自私的价值：爱是对自尊的表达和肯定，是在另一个人中对自己的自我价值的回应。人从其所爱之人的存在中获得一种完全是个人的、自私的快乐。人正是从爱中寻找并获得其个人的、自私的幸福。[28]

停下来，想一想

你同意兰德关于爱的理论吗？她的描述是否符合多数人对爱的看法？她所描述的是不是人们坠入爱河的真实动机？该如何支持她的这一理论？人们又会如何批评她对爱的解释？

兰德继续举例说，一个男人热烈地爱着他的妻子，并花费大把钱治好了妻子的重病。在兰德看来，这就是一个利己主义(并因此是道德的)的例子，因为对他来说，妻子的陪伴比金钱更有价值。如她所言，“说他完全出于她的理由而非自己的理由为她作出‘牺牲’，以及，不论从个人角度还是自私角度，妻子的死活对他来说毫无差别，这是很荒谬的”。[29]兰德说，与之形成对照的是，如果用这笔钱救 10 个对他而言毫无意义的女人的性命，而不是妻子的性命，那么促使他选择这种无私行为的就是利他主义道德了。既然已经澄清了伦理利己主义的一些主要论题，我们现在需要思考用来支持它的三种论证。

论证 1：心理利己主义隐含伦理利己主义

回顾一下，科隆肖在《人生的枷锁》的开篇部分表达了他所持守的"人性中不可避免的自私"这一信念，并进一步认为"一个人作出某些行为是因为这些行为对他有利"。我将这种观点视为心理利己主义。心理利己主义指出，人们事实上总是为自己的利益（至少是他们自认为的自己的利益）服务。换言之，心理利己主义者并不是说利他主义只是被误导了，而是说人性使得利他主义成为不可能。据此观点，所有表面上利他的或自我牺牲的行为实际上都是伪装的利己主义，最终还是要为行为者的利益服务。需要注意的是，这种心理利己主义实际上是关于人的动机、倾向、性情的心理学理论。这样一来，它便不是一种伦理理论，因为它并不规定我们应该如何行动，只是力图描绘事实上如何行动。换言之，心理利己主义表达的是一种事实陈述，而伦理利己主义则要建构一种伦理标准。不过，尽管这两种立场不同，一种是心理学理论而另一种是伦理学理论，但事实上，心理利己主义经常被用来支持伦理利己主义。正如科隆肖所说，由于自然法则规定人类不可避免地只服务于自己的利益，因此，除了为自己的利益服务外，认为人类有做其他事的道德责任是很荒谬的。

停下来，想一想

官方数据显示，在 2001 年 9 月 11 日这个黑暗的日子里，发生在纽约的恐怖袭击使将近 3 000 人丧生。更多的人能够存活下来，是因为勇敢的营救人员将他们从世贸中心燃烧的塔顶拉了出来。在死亡人员中，有 350 名纽约消防员和警员，他们勇敢地冲进火海中的双子塔去营救那些陌生人。一位幸存者谈到营救人员时说："我在走下塔顶时他们正往上爬。”这种自我牺牲行为是否构成对心理利己主义的反驳？面对这一反例，心理利己主义者又会如何维护其关于人类动机的看法？你如何评价心理利己主义者的可能回应？

除了心理利己主义，伦理利己主义的论证还基于这样一条原则，即“应该”暗含“能够”。换句话说，如果不可能做到某件事，那么我便没有做这件事的责任。例如，如果我不会游泳，那么我就没有责任去营救落水儿童。

这种论证可以表述如下：

1. 我有作出某种行为的道德责任，前提是我有能力这样做(应该暗含能够)；

2. 我能作出某种行为，前提是这样做可以使自我利益最大化(心理利己主义)；

因此，

3. 我有作出某种行为的道德责任，前提是这样做可以使自我利益最大化。

因此，

4. 伦理利己主义是正确的。

这个论证中，需要重点检视采纳了心理利己主义观点的前提2。首先，它的结论十分奇怪，即当我没有能力做其他事时(就像前提2说的)，便总有责任基于自我利益来行动。这就像是说，“当一个物体靠近你的眼睛时，你有眨眼的道德责任”，或者“你有在你的头上长头发的道德责任”一样。因为在正常情况下，这些结果都是不可避免的，把它们放进道德领域显得多余。道德必须涉及我们的自由选择，而不是那些无论如何都要去做的事情。请注意，正是出于这个理由，强决定论者声称我们不需要承担什么道德责任[参见第2.5和2.6节对强决定论的讨论]。

心理利己主义需要面对的第二个主要问题是大量反例的存在。有时候，人们似乎能够清楚认识到他们的最高自我利益，但却不能照此行动。比如，很多吸烟者都知道这一习惯有害健康，却不愿努力地戒掉它。此外，如果心理利己主义是正确的，那么将不会有人作出无私、仁慈、利他的行为，但事实上人们确实按这种方式行动。姐姐会捐献自己的一个肾给需要它的妹妹，人们会捐钱给慈善机构而不是花在自己身上，士兵会在战争中为国捐躯。

为回应这种自我毁灭行为，心理利己主义者可能会说，吸烟者对吸烟的危害只具有一种抽象的认知，而尼古丁带来的兴奋和心理上的舒适感则使他们认为值得为此冒险。所谓我们总是将自我利益最大化作为行为动机，并不意味着我们总能正确地衡量何者对我们而言最好。

在谈到仁慈的行为时，心理利己主义者认识到，人们经常作出为他人利益服务的行为，但却否定这类行为是**专门利人**的。换言之，即使你的行为利于他人，你也不是(像其宣称的那样)出于一种仁慈的动机，而是(以某种方式)为你自己的利益服务。当罗伯特·林格在《你是第一位的》这部著作中对著名社会改革家圣雄甘地进行评论时，已然阐明了这一点。

> 我能否诚实地说，我相信甘地为印度人民的自由“牺牲”自己是自私的行为？不，我不能说我这样认为。更恰当的说法是，我知道这样一个事实……无论甘地做什么，不管是出于理性的还是非理性的选择，他之所以这样做，是因为他选择这样做……殉道者都是自私的人——与你我一样——但拥有不知满足的自我。[30]

显然，心理利己主义者必须承认，在每一个所谓的仁慈的行为中都有一种以自我为中心的隐秘动机。他们甚至还会固执地坚称，当我们真诚地相信自己正在为他人而行动时，其实是在进行自我欺骗，以此遮掩真正的利己性动机。但这种立场是不合理的，因为它瓦解了完全不同的行为类型之间的重要差别。根据这一立场，耗费整个周末去参加派对的那个人与利用周末无偿为穷人建房子的大学生，实际上都是在做着利己行为。如果心理利己主义是正确的，那么虐待狂和圣徒、胆小鬼与英雄之间就没有区别。问题不仅在于将施虐者和圣人视为相似的观点是令人反感的，而且认为他们有着相同的行为动机，这一点也是令人怀疑的。

支持心理利己主义的论证可以表述如下。请检视这种论证，并试着判断哪个前提最为薄弱。

1. 无论何时，我们的行为总是力图实现某个我们想要达成的目标。

2. 无论何时，只要我们达成某个想要实现的目标，就会获得个人满足。

3. 所以，无论何时，我们的行为总是试图获得个人满足。

4. 获得个人满足是为我们的自我利益服务。

5. 因此，无论何时，我们的行为总是试图为自我利益服务。

作为牧师和著名伦理评论家的巴特勒主教(Bishop Butler，1692—1752)给出了对这一论证的经典反驳。他指出，一个人欲求某事，并不意味着其欲求目标就是个人的自我满足。例如，如果我想要一杯冷饮，那么我自己的生理快乐确实就是欲求目标。然而，如果我想用一个礼物为朋友带来惊喜，其欲求目标就是我朋友的快乐。因此，上述论证的问题在于，前提3并不能由前两个条件推出。这种论证混淆了“我们获得(obtain)个人满足”和

"我们正力图获得"(trying to obtain)个人满足。[1] 确实,当我们得到欲求之物时,通常会伴有一种满足感,但这种个人的满足感往往是得到欲求之物后的一种结果,而不是其目标。如果我不是为朋友之故而先行关心朋友的幸福,就不会从朋友的高兴中获得满足感。

这些观点涉及有时被我们称为"享乐主义悖论"的东西。如果将追求快乐(更一般的说法是幸福)作为终极目标,就会发现寻找过程步履维艰。正如下述思想实验表明的,幸福通常是在追求为自己所珍视的其他目标的过程中作为副产品来到我们身边的。

思想实验:追求快乐

不惜一切代价追求快乐,这种心理状态你经历过吗?你经历了艰难的一周,但现在是周五晚上,你来参加派对。你整晚都在说:"我希望自己玩得快乐!我现在玩得快乐吗?如果这个晚上结束了,而我却没能感受到快乐,我会被压垮的。我必须玩得快乐!"每当你与别人交谈,或和着音乐跳舞的时候,都不断用某种内在标尺衡量快乐的程度,在派对上的每一分每一秒,你都在担心因为不能和某人聊天或者不能做某件事而无法让自己的快乐最大化。当然,这种乞求快乐的可怜方式似乎根本达不到你想要的结果。相反,如果放松心情顺其自然,不去过多考虑每一个行为是否能将你的利益最大化,反而会使你遇到一些新的、有趣的人,参与到惬意的交谈中,并享受到美妙的音乐。如果我们

① 见正文附录中的模棱两可谬误(the fallacy of equivocation)。

不再疯狂执着于自己的快乐，当这一天结束时，我们会在回忆中突然发现，今天玩得很开心，并且真正享受了这个活动过程。虽然快乐和幸福是生命中的重要组成部分，但它们是我们在追求有价值的事情(比如友谊、智力挑战、政治事件、艺术创作、体育参与、在大自然中漫步和人文规划等)的过程中获得的间接奖赏。

- 你自己的生活中是否有过这样的真实事件，虽不能直接得到快乐，但追求其他目标的结果却带来了个人满足？

当代哲学家乔·法因贝格(Joel Feinberg)通过以下对话揭示出心理利己主义的根本问题：

"所有人想要的只是满足。"

"满足什么？"

"满足他们的欲望。"

"他们的欲望是什么？"

"他们对满足的欲望。"

"满足什么？"

"他们的欲望。"

"他们欲望什么？"

"满足"——如此等等，不断循环。[31]

归根到底，心理利己主义与伦理利己主义之间的关系并未紧密到可以使其中一个在逻辑上蕴含另一个。一方面，一个人可以是心理利己主义者却不必是伦理利己主义者。比如，基督教哲学家奥古斯丁(Augustine，354—430)是心理利己主义者，因为他相信为自己的自私目的服务而不是为上帝服务，乃是我们的自然倾向。但他并不是伦理利己主义者，因为他指出，我们的心理本性被原罪败坏了，只有通过神的恩典才能克服利己主义，并被授权去做我们该做之事。另一方面，一个人也可能是伦理利己主义者却不必是心理利己主义者。当代作家艾茵·兰德是伦理利己主义者，因为她认为“人一生的道德目标都在于实现其自身之幸福”。但兰德却不是心理利己主义者，因为在她看来，大部分人都是糊涂的利他主义者，根本无法作出利己的行动。这种信念从她的下述观点中就可以看到。她认为利他主义实践是社会弊病的根源：“看一下利他主义的本质，它的结果和它所犯下的道德败坏的暴行，只要看一下……今天任何一份报纸的标题就好了。”[32]

论证 2：伦理利己主义导向最好的社会

伦理利己主义者有时会认为，如果我们都是利己主义者，每个人的生活都会变得更好。经济学家亚当·斯密（Adam Smith，1723—1790）认为，在一个竞争性的自由经济体系中，人们力图通过生产比其他企业更好且价格更低的产品来积累自己的财富。虽然每个人都被自我利益所驱动，并且也无意为整体福利服务，但市场动态这只“看不见的手”却为消费者创造了最好的环境。然而，即便我们承认这是最好的经济模式，一些批评家仍质疑其能否将在商业交易中起作用的原则应用到人际关系的伦理学中。不过，这种市场模式确实可作为例子来说明为自我利益服务何以能同时有助于产生更多的福利。

与之类似，在接下来的文本中，艾茵·兰德认为我们有两种选择：(1) 信奉“合理的自私”，这种观念将使社会变得繁荣；或者 (2) 信奉利他主义，这种观念将会毁掉社会中所有值得之事。

> 正是基于合理的自私——以正义为基础——人们能够在一个自由、和平、繁荣、仁慈、合理的社会中和谐地生活在一起……

> 正是哲学为人们设定目标并决定其过程。现在也只有哲学才能拯救它们。今天，世界面临着一个选择：如果文明要想生存，人必须拒绝利他的道德。[33]

公平起见，应这样理解兰德的观点，即社会福利是每个人都接受合理的自私而造就的结果，但这并不是接受它的理由。尽管兰德并没有将她对利己主义的主张建立在利己主义的社会效益上，但她确实认为自私与社会福利之间存在一种完美的和谐。

“社会福利”论证的问题在于它是自相矛盾的。尽管这个论证被用来为伦理利己主义辩护，但实际上却削弱了它。这个论证似乎是说，我们应该追求自我利益，因为这样做会给最大多数人带来最多好处。然而，如果我们是利己主义者，为什么还要关心社会的最大福利呢？从根本上看，伦理利己主义的第二个论证实际上是在讲，每个人对自己利益的追求只是一种手段，目的则是通达多数人的普遍幸福。正如我们在下一节中看到的，最大多数人之最大幸福的最大化是功利主义的基本伦理原则。但功利主义绝对不同于利己主义，因为它所认同的仅仅是与他人利益相一致的自我利益。而且，按照兰德等人的假定，对我有利或对你有利总是会完美融贯于对整个社会有利，但这似乎并不合理，相反的情况倒是可能出现，即一个能够使我的个人利益最大化的行为会对其他人造成伤害。例如，我建起一座利润巨大的工厂，可从长远来看，这会以耗尽自然资源和环境污染为代价。但只要不断累积的环境上的负面作用对我未来的生活没有影响，它们就不会伤害我的自我利益。

艾茵·兰德(1905—1982)

论证 3：伦理利己主义是终极伦理原则

伦理利己主义的第一个论证，从有问题的心理学理论中得出同样有问题的推论；第二个用来证明利己主义的论证，则是诉诸非利己性的目的；第三个论证则通过以下主张避免了这些问题，即如果我们确实是理性之人，就会意识到自我利益是一种不可还原的基本价值，是其他所有价值的源头。

这一观点在艾茵·兰德（1905—1982）的著作中得到有力阐释。兰德称自己的哲学为客观主义。所有伦理利己主义者都是伦理客观主义者，因为他们确信存在普遍的伦理原则，反之则不然，因为大部分伦理客观主义者并不信奉利己主义。为避免术语混淆，必须说明，凡我在此文本中使用的客观主义都应在更为一般的范畴上理解，兰德则用这一概念专指她的伦理利己主义。在下述引文中，兰德将利己主义视为终极伦理原则。

引自艾茵·兰德

《自私的德性》(*The Virtue of Selfishness*)[34]

终极价值就是最终的目标或目的，所有较低级的目标仅仅是它的手段——它为评估所有较低级目标设定标准。作为有机体，其生命便是价值的标准：能推进生命的便是好的，威胁到生命的便是恶的……

客观主义伦理学将人的生命作为价值标准——他自己的生命是每个人的伦理目的……

价值是一个人的行为所要获得和(或)保持的——而要获得和(或)保持价值，就必须借助德性。客观主义伦理学的三个主要价值——这是人们借以实现其终极价值和生命目标的手段是理性、目标、自我尊重，与之对应的德性是合理性、生产能力、自尊……

［利他主义是］这样一种伦理理论，它将人视为自我牺牲的动物，认为人类没有任何权利为自己而存在，为他人服务是其存在的唯一合理性基础，自我牺牲是他最高的道德义务、德性和价值。

兰德的论证可以归结如下：

1. 除了我们自己的生命之外没有更高的价值，因为若没有它就不会有其他价值。

2. "我们自己的生命"不仅仅是生物学意义上的生存，还包括我们的利益、事业，以及我们为自己赢得和创造的财富，因为没有这些，我们便没有活着的价值。

3. 合理性是人类生存的基本工具，因为我们不能像动物那样靠本能活着。

4. 作为利己主义之反面的利他主义是不合理的，因为它破坏了我们生命的价值，并因此破坏了我们生命中唯一的价值基础。

5. 只有伦理利己主义能赋予我们每个人将自己的生命作为终极价值而去追求的权利，进而能使我们有可能追求任何价值。

6. 因此，伦理利己主义是唯一能在理性上得到辩护的伦理理论。

要注意的是，兰德在纯粹的伦理利己主义和纯粹的伦理利他主义之间设定了一种错误的二分。① 由于她将利他主义极端化，以至于似乎只有利己主义才是唯一合理的选择。比如，一个没有头脑的利他主义者可能信奉这样的愚蠢原则："永远不要为你自己的健康花钱，总要将你的钱花在别人的保健上。"如果我遵循这一原则，便意味着我要为你的健康买单，而不能将钱用在我的健康上。此外，基于这一原则，你也必须把我给你的钱用在别人身上。如果每个人都遵循这一原则，那么最终所有人都不可能获得健康保障。

---

① 参见本文末尾附录中对错误二分谬误(false dichotomy fallacy)的讨论。

这幅漫画中描述的那种自我牺牲被安·兰德称为“非理性的”，因为利他主义者认为“为他人服务是他存在的唯一理由”。

然而，与兰德的观点不同，拒绝伦理利己主义并不意味着要成为一个极端利他主义者。对我来说，在照顾到别人的需求之前，确保我和我的家庭的合理需求得到满足在道德上是正确的（拒绝纯粹利他主义）。然而，这种道德上的正确并不意味着：当我能够通过牺牲自己的一些并不重要的需求或欲求而为我的人类同胞提供生命、健康和基本的福利时，我没有任何责任这样做（拒绝纯粹利己主义）。

停下来，想一想

你能想象这样一种情况吗？你服务于自我利益的行为能够在道德上得到辩护，即使它要求牺牲某些人的利益，或即使它会间接地导致对某些人的伤害。比如，假设你能挽救自己生命的唯一方式是让一个无辜的人死去（想想泰坦尼克号，它不能为每个人都提供小艇）。一个非利己主义者能为这种行为辩护吗？为什么？是否存在一些不太极端的情况，使你能够为自己的自利行为进行道德辩护，即使这种行为建立在牺牲他人利益的基础上？又是否存在使你无法为损人利己的行为辩护的情况？

伦理利己主义与利益冲突

伦理利己主义的一些批评者认为，当我说要为自己的利益而不是为你的利益服务的同时，又主张其他人应该谋求他们自己的利益而不是我的利益，这两者之间是有矛盾的。如果我是一个利己主义者，我为什么要建议你为其他人而不是为我的利益服务？然而，这一批评不见得像乍看起来那样成问题。例如，如果我是一个训练有素的跑步者，很喜欢比赛带来的刺激感，我希望自己能够赢得比赛，同时也希望你能竭尽所能地赢得比赛。如果发现我的经纪人贿赂了其他跑步者，从而帮我赢得比赛，我将不再能够体会到因胜利而来的激动。因此，我所相信的你应做之事和我想要得到的真实结果之间是有差别的(我相信，如果你是理性的，你就应该尽力赢得比赛，但是我想要的结果却是你输掉比赛)。

利己主义的批评者可能会回应说，赛跑不过是人类行为中的一个非常有限的领域，在体育比赛中能起作用的伦理原则不一定适用于一般的人类生活。在面对生活中的一些重要问题时，人们之间的利益冲突看起来是不可调和的。与其他理论不同，伦理利己主义并未给出解决问题的公正方式，但兰德却说，伦理利己主义“认为人们的合理利益并不冲突。如果人们并不欲求其不应得的东西，也就是说，这些人不为此作出牺牲，也不接受这些不应得的东西，而是将彼此视为用一种价值来交换另一种价值的交易者的话，他们之间便不会出现任何利益冲突”。[35] 她把交易者描述成这样的人:"他赚取其所应得的,而不会给予或攫取不应得的……他通过一种自由、自愿、无强制、无压迫的交易手段处理与他人的关系,这种交易通过他们自己的独立判断而利于各方。"[36]然而,我们仍然不清楚,兰德眼里的英雄,也就是"交易者",是否就是一个彻头彻尾的利己主义者。表面来看,他是一个受公正和公平之原则所规导的追求自我利益的交易者。通过下面的例子,可以清楚看出兰德已经偏离了纯粹伦理利己主义。

假设你和我在应聘同一个工作。如果我是伦理利己主义者,并且知道自己可能会成功地获得这份工作,我不是有责任去做些有助于使我获得这份工作的必要之事吗?比如,我可以散布谣言,偷走你信箱中的求职信,或者偷偷让你吸食药品而使你在面试时疯言疯语。换句话说,这种伦理立场将导向本章开篇格劳孔所赞同的那种行为。不过,兰德却认为这种行为是错误的,因为它忽略了对一些关键问题的考量,比如现实、背景、责任和努力等。[37]以下是对她的观点的概括:(1)现实:我想要这份工作,但这并不意味着我有资格获得它或我应该得到它;(2)背景:要获得一份工作,意味着必须有一个成功的企业雇佣我;而一个企业要想成功,必须能够并且确实从众多应聘者中选择佼佼者;(3)责任:要想追求所欲之物,我有责任首先满足实现这些欲望的前提条件;(4)努力:理性之人应当明白,他们有权获得的,只是那些他们赢得或应得的东西。

兰德信奉的必定是一种更具吸引力的伦理利己主义,而不是那种恶毒的利己主义,后者认为人们可以为一己私利抢夺他人的应得之物。但批评者们认为,这种利己主义到底具有多大的吸引力,取决于它在多大程度上使自我利益服从于理性的一致性以及公正、公平和正义等原则。因此,当兰德规定其伦理利己主义的实践意蕴时,她的观点听起来更像是康德式伦理学而不是利己主义。① 即

① 参见本章第5.4节对康德式伦理学的讨论。

便获得某份工作最符合我的最大利益，但兰德认为，如果更有资格获得这份工作的是你，那么我力图谋得这份工作的欲望就是非理性的。批评者认为，这个结论与她的利己主义并不一致。兰德确实正确地意识到，使世界变得更好的方式是人们能够普遍地按劳取酬，但如果我同时希望自己能够成为规则之外的例外，这似乎也没有什么矛盾。当然，兰德可以反驳说，这种例外会打破公正和理性一致性的理念。然而，若接受这些理念，我们就要放弃利己主义的主要观点。因为公正和理性一致性原则所暗含的是我们不应该只为个人利益服务而不顾他人利益，尤其是当我们的利益没有多大差别，或者这些差别并非源于我们的努力时。比如，多数人都是通过发挥各自优势并在不断努力的过程中有所收获的，但是这些人中，许多人也同时拥有很好的运气，比如他们生在繁荣时代，家庭富足，身体健康。确实，我们认为依据个人努力获得公正的报酬是应当的，但若是由于凭空而来的好运气而沾沾自喜，全然不顾运气差的人的遭遇，认为他们完全没有理由享受这些成果，这同样是不合理的。

思想实验：伦理利己主义的含义是什么？

一些批评者认为伦理利己主义不可接受，因为它会为明显不道德的行为辩护。比如，批评者指责道，按照伦理利己主义者的观点，19世纪40年代，种植园主释放他们的奴隶，甚至把他们当作人类同胞看待，这在道德上是错误的，因为这有悖于种植园主的私人利益。另一方面，兰德却认为，根据理性的伦理利己主义的看法，奴隶制和种族歧视是错误的，因为不可能存在奴役他人或侵犯其个人权利的“权利”。[38]

- 关于利己主义，在逻辑上意味着什么，谁是正确的(批评者还是兰德)？

透过利己主义者的镜头看

1. 伦理利己主义者如何为下述行为辩护？(a) 拒绝考试作弊，即使你可以因此通过考试；(b) 帮你的邻居搬家具；(c) 为了给雇工涨工资而缩减自己的利润；(d) 冒着巨大风险拯救你所爱之人的生命。

2. 心理利己主义者认为我们都是自私的。但兰德（她是伦理利己主义者但不是心理利己主义者）指出，即便我们应当是自私的，但大部分人却是利他主义者。比如，她指出，自私这个词通常被等同于罪恶。她还抱怨道，得到广泛接受的政府计划将每个人缴纳的税金用于教育、保健、福利等公共利益开支，这表明，社会主要是由一些被洗脑的利他主义者组成的。兰德认为，我们的社会中只有很少一部分人是理性的利己主义者，你是否同意这种观点呢？或者，你认为利己主义很普遍吗？

3. 当我们还是孩子时，就受到这样的教育，要为利己的理由而合乎伦理地行动。妈妈说："如果你想分享小伙伴的玩具，你必须跟她分享你的玩具。"此外，如果做得好，我们就会得到奖励和表扬；但如果做得不好，我们就会遭到惩罚和责备。电视节目里的布道者宣称，遵循他们的训诫会带来个人的成功和健康。在我们的伦理生活中，自私的重要性是否比大部分人愿意承认的还要更大些？

检视利己主义的优缺点

正面评价

1. 自爱，或者为自己的利益（而非他人利益）服务必然是错误的吗？用自己赚到的钱交学费而不是分给别人，这有什么错吗？《独立宣言》说，我们拥有不可剥夺的生命权、自由权与追求幸福的权利，这些权利不都是利己主义关注的吗？《独立宣言》并不承诺每个人都能获得幸福，也没有说你有责任保障他人的幸福，相反，它只说你拥有追求自己幸福的权利。

2. 我是我的欲望与需求的最好判定者，你也一样。每个人都能最有效地追求其自我需求。另一方面，当他人以“最能为我们带来好处”为由行事时，反而是对我们的干扰，也往往会将事情搞得一团糟。此外，当我把别人的需求看得比我自己的需求更重要时，难道不是一种不自尊的表现吗？这就像利他主义欠缺对他人的尊重一样，利他主义者将他人看作无助的乞丐，似乎只有依靠我才能获得幸福。慈善行为难道不是在贬低领受者的地位，将他们看作没有能力顾及自己利益之人吗？承认只有我自己和我的利益才具有最高价值，同时也赋予他人尊严和追求其自身利益的权利，这难道不是一种更健康的伦理学吗？你认为呢？

3. 黄金法则这样说：“你愿意别人怎样待你，你也要怎样待别人。”这条法则不正意味着适宜地对待他人的理由其实是出于自己的利益，因为他们将会更愿意适宜地对待你吗？之所以要恪守诚实、守信和其他道德要求的根本原因，不是这样做最符合你的利益吗？利己主义确实是我们的常识性道德的基础，不是吗？

负面评价

1. 伦理利己主义经常在纯粹利己主义（只关注自己的利益）和纯粹利他主义（只关心他人的利益）之间面临选择。因为一项总是牺牲自己的利益的政策是不能持久的，伦理利己主义看上去会自动胜出。不过，这个论证不是一个虚假的二分法吗？难道不会有一种用以平衡自己利益和他人利益的更有说服力的理论吗？

2. 假设你我只是泛泛之交，我们的救生艇在大洋中搁浅，都在等待救援人员。我之前设法随身携带了一些食物和水，但你却什么也没有。假设你是一个伦理利己主义者。你会给我怎样的道德建议？如果你告诉我，我只需要为自己的利益负责，那我应该自己享用这些食物和水，并眼睁睁地看着你去死。不过，如果你想活下去，你就会告诉我，我应当为你牺牲一些自己的利益，这是我的道德责任。不过，这种观点将会要求你放弃伦理利己主义。这一场景是否表明，前后一致地采纳和推进伦理利己主义是不可能的？伦理利己主义者将如何回应？

3. 哈佛大学哲学家约翰·罗尔斯(John Rawls)借助以下思想实验来判定什么是用以组织社会的最为合理和公正的原则。[39]假设你有能力决定自己生活在怎样的社会中，并能决定这个社会的指导原则，那么，如果你是一位名叫基莎(Kisha)的有着棕色眼睛的女性运动员，你可能会喜欢能够给予名叫基莎的有着棕色眼睛的女运动员以最大利益的社会。然而，这样一个社会很难成为值得选择的合理的社会结构，因为它不是建立在对合理和公正的考量之上。为了保证选择的合理性和公正性，罗尔斯认为，必须在"无知之幕"背后进行选择。在选择过程中，你不能知道自己的种族、性别、自然能力、宗教、利益、社会地位、收入、身体和心理状态，你也不知道自己是否贫困、残疾，是否欠缺某种自然能力。在这样的条件下，你会选择一个持利己主义原则，所有人只顾及自己利益的社会吗？还是说，你会选择一个为最少受惠者提供某种程度的利他主义考量的社会？

4. 多数人都会认为种族主义和性别歧视政策是不可接受的，因为它们任意鼓吹毫无理由地区别对待不同个体的行为。在下面的论证中，当代哲学家詹姆斯·雷切尔(James Rachels)认为，伦理利己主义同样是一种任意的和不可接受的学说。

> (1) 所有赋予某个群体较其他群体更大重要性的道德学说都是极为任意的，除非这些群体成员之间的差异可以支持对其区别对待。
>
> (2) 在伦理利己主义那里，每个人的自我利益都比他人利益更为重要。但在自己与他人之间并不存在什么可以诉诸的差异，以证明这种区别对待是合理的。

(3) 因此，伦理利己主义是武断的、不可接受的。[40]

雷切尔的论证是一个有说服力的反驳吗？伦理利己主义者会如何回应？

5.3 功利主义

引导性问题：功利主义

1. 假如我告诉你，遵从某种疗程虽然会给你带来痛苦，但这是你的道德责任(moral obligation)。你可能会很自然地回应道："为什么我的道德义务(moral duty)是去忍受痛苦？"假如我继续向你解释，你的身体含有一种概率为百万分之一的生物化学特性，而通过一种痛苦的疗程可以使你的身体产生抗体，该抗体可以用于挽救数百位被一种罕见的致命疾病困扰的孩子的性命。对该行为之结果的说明能否澄清我的观点，即忍受这个痛苦的疗程是你的道德义务？与之类似，我们所有的道德责任与义务，不都是旨在导向一种可以导致最好的总体结果的行为吗？认为我们的某些道德义务只是让人感到痛苦，却没有任何好的效果，这说得通吗？难道不是行为的结果决定了行为本身的正确性(或错误性)吗？

2. 多数人都会认为，只要违反下述任何一个规则，这个行为在道德上就是错误的：(1) 说实话；(2) 遵守承诺；(3) 不杀害无辜之人。不过，你能否设想某种违背这些规则却可以得到道德辩护的场景？在这种场景中，违背这些规则可以为人类带来大量好处，但如此遵从它们反而会造成巨大的悲伤和痛苦。在某些特定场景中，存在我们通常认为的无法得到辩护的错误行为吗？比起"拇指规则"(rules of thumb)，道德法则是否有更多内容？

第一个问题表明，道德义务是有目的的。如果遵从某项道德责任既不能避免恶也不会导致善，那么这种“为义务而义务”的原则便没有任何意义。第二个问题表明，普遍道德命令不过是“拇指规则”，它们在大部分情况下会产生你想要的结果，但当环境和结果需要时，也可以被推翻。比如，思考下面三种与我们列出的道德规则相一致的情况：(1) 一个手持斧子的杀人狂逼你说出你的朋友在哪儿。对他说谎，你会挽救朋友的性命并有助于逮捕凶手；(2) 你答应帮某人复习考试，但是没能履行承诺，因为你突然需要开车将一个伤者送到急救室；(3) 你正在进行一场针对杀害了数以千计无辜之人的邻国暴君的正义战争，在此期间，如果炸掉一个化学武器工厂，就会挽救成千上万的无辜居民，但是你知道住在周围的三个无辜的人会因此丧命。不论你是否赞同上述案例中的行为，必须认真思考一个问题：是否可以用目的来证明手段的正当性？本节涉及的哲学家会这样回应：“如果连目的都不能证明手段的正当性，那就没有什么可以了。”为了进一步检验你在道德义务和结果之关系问题上的直觉，请思考以下思想实验。

思想实验：承诺

你和一位朋友在船只遇难后流落到一处荒岛。你们的食物有限，所以无法确定被解救之前这些食物是否足以维持你们的生命。由于伤病的缘故，朋友活下来的希望不大。朋友说，可以将食物全部给你，但你要承诺，务必将他发现的宝藏交给他的侄子。你向他保证一定会严守承诺。几天之后，你的朋友死了，好在你可以完成他的心愿。在获救之后，为了兑现承诺，你不断寻找他的侄子(他唯一在世的亲人)。但令人失望的是，朋友的侄子生活十分放纵，不但滥用毒品，还喜欢豪赌。所以，如果你履行承诺，用不了多久他的侄子就会将所有财物挥霍掉，并继续这种自我毁灭的和放荡的生活。你也知道，其实你的朋友也很清楚他侄子的生活状态。正当你无所适从时，你看到一所著名的儿童医院登出的广告，他们专事研究白血病和其他一些癌症。如果把钱给这家医院，可以减轻很多儿童的痛苦，也可以避免将来更多儿童受苦。既然你的朋友死了，你是唯一知道这笔钱和这个承诺的人。你会怎样处理这些钱？你的选择为什么是正确的？

将你对此思想实验中的回应和下面三种决定及其理由进行比较。看看哪种更接近你给出的回应？

米米(Mimi)：我会把钱自己留着。虽然我的朋友发现了宝藏，但我毕竟帮助他安详地死去，所以把钱据为己有在道德上是正确的。为什么要把钱给他不争气的侄子？我根本不认识他，而且他只会把这些钱浪费掉，而我可以把这些钱花在有价值的事情上，比如用于我的教育。我的朋友已经死了，我对他作出的所有承诺也就无效了。至于那些孩子，虽然他们面临死亡非常不幸，但我又不认识他们，因此对他们没有任何责任。我无力拯救世界，但我有责任做最有利于我的事情。

米拉德(Millard)：我会把这笔钱捐给儿童医院或用在其他有意义的事上。这一行为在道德上是正确的，因为它会对最大多数的人产生最好的结果。当然，那个侄子就拿不到这笔钱了，但他永远也不会知道这件事，更何况他或许还会用这笔钱维持那种毁灭性的生活方式，所以我这样做实际上是对他好，可以避免他对自己的伤害。既然我的朋友已经死去，我是否履行对他的承诺或我如何用这笔钱都不会对他造成任何影响。当然,我希望自己留着这笔钱,但是与拯救患病的孩子所带来的益处相比,这笔钱给我带来的快乐简直可以用苍白来形容。另外,由于自私而违背诺言,在道德上也不可能是正确的。但若是用于减轻人类的痛苦,倒是可以得到辩护。这个行为在道德上是正确的,因为它看起来不会伤害到任何人,但却会产生巨大的善。

坎蒂丝(Kandice):我会信守承诺并把这笔钱给他的侄子。毫无疑问,这就是我的道德责任,至于后果则不需要考虑。我毕竟无法准确预测未来的结果。可能侄子会被自己叔叔的慷慨所打动,从而改变自己的生活方式,并由于这种转变而带来更多的善。另外,如果有人在我临终前向我作出承诺,我当然希望他会兑现承诺,不论他怎么评价我的那些愿望。所以,如果不这样做,那就是自相矛盾的,也是不公正的。我当然愿意将这笔钱给儿童医院,但这笔钱不是我的。无论如何,结果完全是一种推测,但在朋友临终前,我确实对他作了一个郑重的承诺,这就是我的道德义务。

正如你所怀疑的那样,米米(我——我)采纳的是伦理利己主义者的观点。在她看来,其唯一的道德责任是为自己的利益服务。我们在前面已经讨论过这一立场,现在需要关注的是剩下的两种。米拉德认为,行为的结果决定了行为本身正确与否。由于违背诺言把钱交给医院的结果远好于遵守诺言,所以按照米拉德的原则,前一种行为才是符合其道德义务的。坎蒂丝则认为,在决定怎么做的过程中,结果不起任何作用。依她之见,正是行为的本质(遵守或违背诺言)决定了她的道德责任。

米拉德的伦理推理表明他是一个结果主义者。**结果主义**(consequentialism)指这样一种理论,要根据行为结果的可欲性(desirability)来判断一个行为在道德上是否正确。可以这样来简单描述结果主义,它相信“只要结果好,一切便都好”。这类理论也被称作目的论伦理学（teleological ethics，源自希腊词 telos，意指结果或目的）。坎蒂丝在解决这一道德困境时则采纳了义务论的观点。**义务论伦理学**（deontological ethics，源自希腊词 deon，意指义务）根据行为本身的内在道德价值判断一个行为是否具备正确性（一些哲学家将其称为形式主义伦理学，因为它们是从形式角度，也就是根据行为的类型对其作出判断）。义务论伦理学是一种非结果主义理论，它指出，我们做某种行为（或不作出行为）的义务是基于行为本身的本质而不是其结果。坎蒂丝便是如此，她只关心履行承诺的道德责任而不关心其结果。在本节中，我们将对结果主义的最常见形式，也就是功利主义进行考察。在下一节中，我们将比较功利主义和康德式伦理学，后者是义务论伦理学的典范。

广场中的哲学

让五个或更多的朋友读一读这个临终承诺的故事，然后询问他们以下问题（你可以将这个故事单独讲给每个朋友听，也可以进行小组讨论）。

- 你认为应该如何处置这笔钱？
- 你为什么认为你的选择是正确的，且比其他选择要好？

看一下他们的答案，是更接近于米米（利己主义）、米拉德（结果主义）还是坎蒂丝（义务论或非结果主义伦理学）。继续讨论这些选择可能引发其他问题。某些人可能尝试作出一些妥协，比如将一部分钱给侄子，另一部分给医院（甚至留一部分给自己）。严格来讲，由于这种妥协既没有信守承诺，可能也不会产生最好的结果，问问他们为什么认为这个方案是正确的。

由于结果主义认为伦理学关涉的是我们的行为结果的善与恶，结果主义者必须回答以下两个问题：（1）什么具有内在价值？

以及(2) 谁应该接受这种价值？如果某些事物本身即是善的或是可欲的，那它便具有**内在价值**。**工具性价值**则意味着某种事物的可欲性是基于其可以达到的其他目的。比如，我们可能会认为健康具有内在价值，但打针则只具有工具性价值，我们之所以打针，只是因为这会使我们获得健康。

从技术上讲，对于哪些东西具有内在价值，结果主义者会有一些分歧。他们同意善的行为是能产生最好结果的行为，但所谓善的结果是推行上帝的意志、知识还是美，结果主义者却有分歧。不过，大部分结果主义的理论都是根据快乐，或更宽泛地说，根据幸福来界定内在价值的。结果主义者认为，其他那些被称为善的东西(甚至是健康)只是在帮助我们获得幸福方面具有工具性价值。如果你问我为什么做某事，我会回答“它让我幸福”，但如果接着问“为什么做让自己幸福的事?”这是没有任何意义的。因为幸福似乎是具有内在价值的，追求幸福不需要拿其他任何理由来辩护。

在讨论伦理利己主义时，我们已经看到结果主义伦理学的一个变体。这种伦理利己主义认为，能够产生幸福或福利的行为具有内在价值，但又补充道，只有行为的实施者才是行为之结果的恰当接受者。功利主义和利己主义一样，都承认结果在伦理学中的作用，但它不同意利己主义关于价值之接受者的观点。在功利主义者看来，价值的恰当接受者是可能范围内的最大多数人。功利主义者认为，如果幸福有价值，那么这一价值应该被最大化并应在尽可能多的人中进行分配。

功利主义将道德上正确的行为，定义为对被它所影响的所有人至少能产生和其他行为同样多的善(功利)的行为。功利主义的这个定义又被称作功利原则。该定义并没有详细说明什么是善的或有价值的，但正如我刚才提到的，功利主义者往往将价值与幸福等同起来。现在，我们来考察一下功利主义，就像功利主义的两位创立者以及一些当代哲学家对之进行的规定和辩护那样。

检视功利主义

杰里米·边沁(Jeremy Bentham,1748—1832)

杰里米·边沁

虽然包括休谟在内的18世纪苏格兰哲学家对功利主义的主要论题已经有所涉及,但第一次对其进行清晰、系统阐述的则是英国哲学家杰里米·边沁。边沁的父亲是伦敦的一名律师,他立志将儿子培养成一名出色的律师。然而,在牛津大学读完法律并在15岁那年毕业后,边沁发现,他虽然对法律实践没有任何兴趣,但却希望能够改变法律。尤其是在经历过美国独立战争、法国大革命、拿破仑战争以及英国议会政体的确立等事件之后,边沁更加坚信,正是由于当前的法律体系和社会结构没能建立在理性、清晰的基础之上,其所处之时代的政策才会如此不稳定。因此,边沁的功利主义哲学是为法律和道德提供理性和科学基础的一种尝试。在边沁最著名的著作的开篇,他清晰描述了这一基础会是什么样子。

引自杰里米·边沁

《道德与立法原理导论》(*An Introduction to the Principles of Morals and Legislation*)[41]

Ⅰ. 自然把人类置于两位主公——快乐和痛苦——的主宰之下。只有它们才指示我们应该干什么,决定我们将要干什么。是非标准,因果联系,俱由其定夺。凡我们所行、所言、所思,无不由其支配:我们所能做的力图挣脱被支配地位的每项努力,都只会昭示和肯定这一点。一个人在口头上可以声称绝不再受其主宰,但实际上他将照旧每时每刻对其俯首称臣。功利原理承认这一被支配地位，把它当作旨在依靠理性和法律之手建造福乐大厦的制度的基础。凡试图怀疑这个原理的制度，都是重虚轻实，任性昧理，从暗弃明。

这一段涉及**心理享乐主义**(psychological hedonism)，该观点认为，促使人们作出某种行为的唯一缘由是趋乐避苦的欲望。这一观点基本上可被视为上一节讨论过的心理利己主义的一个变体，只不过又增加了这样的观点，即当人们追求自我利益时，他们实际上是在追求快乐和规避痛苦。不过，边沁认为我们的两个“主公”，也就是痛苦和快乐不仅“决定我们将要干什么”，而且“指示我们应该干什么”。因此，他试图从其心理学理论中推出一种**伦理享乐主义**(ethical hedonism)，这种理论认为，某种行为在道德上的正确与错误取决于它所产生的快乐或痛苦的数量。批评者指出，这种从心理学中推出的伦理理论的困境和上一节讨论的心理利己主义遇到的难题其实是如出一辙的，而这种困境在边沁的享乐主义版本中则有过之而无不及。

如我之前讲过的那样，功利主义是一种结果主义或目的论伦理学。在接下来的两段引文中，边沁将功利原则作为所有伦理学的基础。

Ⅱ. 功利原理是本书的基石。因此在一开头清晰明确地讲述它意指什么，将是恰当的。功利原理是指这样的原理：它按照看来势必增大或减小利益有关者之幸福的倾向，亦即促进或妨碍此种幸福的倾向，来赞成或非难任何一项行动。我说的是无论什么行动，因而不仅是私人的每项行动，而且是政府的每项措施。

Ⅲ. 功利是指任何客体的这么一种性质：由此，它倾向于给利益相关者带来实惠、好处、快乐、利益或幸福(所有这些在此含义相同),或者倾向于防止利益相关者遭受损害、痛苦、祸患或不幸(这些也含义相同);如果利益相关者是一般的共同体,那就是共同体的幸福,如果是一个具体的个人,那就是这个人的幸福。

由于快乐是唯一有价值之事,那么只要能够使快乐最大化的行为便是最好的行为。换句话说,功利主义的基本规则是:"行为总是应能够提升最大多数人的最大幸福。"不过,因为快乐有很多种类,问题就来了,"哪种快乐是一个人应该追求的最高阶快乐?"是仅仅追求身体快乐就够了,还是应该追求"更高阶的"、更文明的快乐,比如读名著、享受有意义的艺术和音乐?

边沁一如既往地指出,所谓"更高阶的"或"更低阶的"快乐并没有什么具体意义。快乐只有量的区别。边沁在一段令人难忘的引文中表达了这个观点:"去除偏见的话,钉戏与音乐和诗歌具有同等价值。如果钉戏能带来更多快乐,它就比别的更有价值。"[42] 钉戏是18世纪一种相当烦琐的儿童游戏。如果边沁生活在今天,他会这样说:"如果快乐的总量相等,玩电子游戏与读诗能够带来同样的快乐。"

边沁提供了一种通常被称作"快乐计量学"(hedonic calculus)的方法,意在用科学方式量化和计算不同快乐的价值。无论何种行为,我们都应该根据以下七个维度来计算它所产生的快乐或痛苦的总量。

1. 强度:这种快乐有多强烈?
2. 持续性:这种快乐能持续多长时间?
3. 确定性:这种快乐发生的可能性有多大?
4. 接近性:这种快乐每隔多久会发生?

5. 繁殖性：所建议的行为产生更多同类感觉（快乐或痛苦）的可能性有多大？

6. 纯粹性：这种感觉之后会伴随相反的感觉吗？即痛苦后面会跟随快乐，或快乐后面会跟随痛苦吗？

7. 广泛性：涉及的人群范围有多大？

我们来看一下这些标准如何应用。显然，收到 25 美金与收到 30 美金所产生的快乐不会相同，在其他所有因素都相同的情况下，你会更倾向于能够获得 30 美金的行为。然而，如果现在的情况是，这 25 美金可以即时付给你，使你能够支付学费，但那 30 美金再过 40 年你也收不到，那么理性地看，应当选择那个虽然收获较少但可以带来即时快乐的行为。还有一个例子，今晚去参加派对会让你极其快乐，但如果它会导致你在明天的医学院录取考试中不及格，那么这种快乐就是一种纯度不够的快乐，因为无法谋得职业的长期痛苦会胜过即时的快乐。因此，在计算哪个行为最好时，所有因素都要考虑进去。

即使面对的是复杂的道德困境，边沁也要求计算过程要尽量简单：

1. 将行为会波及的每个人都算在内，将他们获得的所有快乐值（或想要的结果）相加，并减去痛苦的值（或不想要的结果）。

2. 将每个个体的数值加总到集体的快乐或痛苦的总量之中。

3. 对其他替代性行动方案也进行同样的计算。

4. 道德上正确的行为就是能够产生最大快乐的行为。

于是，按照边沁的分析，道德困境就转变为加减法问题，最终的决定即取决于计算的结果，就像我们查看一个会计师的借贷账目表一样。虽然这个过程看起来很笨拙甚至怪异，但边沁认为，这恰恰是以形式化方式展现我们实际所做的事情，事实上，我们也一直在不断地对行为结果之利弊进行评估。

停下来，想一想

能否想象这样一种情境，你在不经意间遵循边沁的程序和标准作出某个决定？这个决定是如何产生的？反思一下，你认为这种方法是决定做什么的最好方法吗？为什么？

请注意，到目前为止，对于到底什么是有价值的，我们尚没有做具体讨论。某人之所以欲求或珍视某物，因为它对这个人来说是真正有价值的。显然，使我快乐的东西不一定会使你快乐。虽然功利原则提供的是一种客观的道德原则，但并没有绝对的价值标准，因为价值被认为是相对的和主观的。行为所波及的每个人都可以用投票的方式来决定这个行为的价值。因此，伦理学并不研究那些隐匿的、无法观察到的被称为“道德之善”(moral goodness)的东西。作出某种伦理决定并不比敲定一个宴会菜单更复杂和高尚，你只要摸清客人的好恶就够了。

边沁基本上是一个心理享乐主义者，因为他相信，从根本上讲，我们都是受快乐和痛苦支配的。然而，与伦理利己主义者不同，边沁认为我们不能只考虑自己的利益，而应该谋求整个社会的最大幸福。借助适当的法律，配以功利原则，他坚信能够为每个人创造出最好的社会。

思想实验：幸福机器

为检测你是否认同边沁的理论，即幸福或快乐是人生的最高目标，请思考下面这个思想实验。[43]

假定你有机会进入一架“幸福机器”，它会给你任何你想要的体验。当你进入机器中，神经生理学家会刺激你的大脑，使你产生如下的感觉，比如正在赢得一场田径比赛，写一部伟大的小说，交朋友，或享受一些生理与心理的满足体验。为了避免无聊，幸福的量和种类会不断改变。任何在现实生活中能给你带来幸福和快乐的体验都会在你的大脑中被激发出来。当你在享受不间断的幸福生活时，也许你不过是飘在一个大容器中，你的大脑正与某个电极相连。当然，你不会感觉到自己在这个大容器中；你会觉得经刺激而来的体验正在真实发生着。除了这种心理上的满足，你所有的生物性需求它也都可以提供，而且你的寿命与机器外的寿命没有任何差别。你可以在任何时候自由地离开机器，虽然你知道每一个进入机器的人都不会选择离开。

- 我们在生活中所追求的不就是快乐、满足和幸福吗？
- 既然如此，还有不进入这架机器的理由吗？
- 你会选择进入这架机器，并从它的刺激中获得生命的满足和快乐吗？为什么？
- 一个忠实的边沁主义者是否应当进入这架机器？

如果无条件地追求幸福或快乐就是生活的目标，那么，看起来我们都应该进入这架幸福机器。然而，很多人认为这里还缺少点什么。这些借机器得来的人造幸福并不是我们为自己争取来的，也不能展现我们作为人的潜能和尊严。边沁时期的人们称其哲学为“猪的哲学”（pig philosophy），因为他仅仅强调快乐的量，却没能优先看待那些值得追求的专属于人的快乐。由此，他的信徒和教子约翰·斯图亚特·密尔试图发展一种改良的功利主义。

约翰·斯图亚特·密尔(John Stuart Mill，1806—1873)

约翰·斯图亚特·密尔生于伦敦，在家里的9个儿子中排行老大。他的父亲詹姆斯·密尔(James Mill)是一个商人，同时也是哲学家、经济学家、历史学家和边沁的信徒。密尔3岁时开始在家里接受教育，研习希腊语和算术。13岁时，他所受的教育已经完全超过同时期的大学生。虽然他是历史上最伟大的伦理和政治思想家之一，但密尔的主业却是伦敦一个贸易公司的经理，撰写哲学著作仅是其副业。他的妻子哈莉特·泰勒(Harriet Taylor)是一位才华横溢的女子，对密尔影响颇深，且是密尔大部分重要著作的合著者。在国会供职的那段时间，密尔成功修订了《1867年改革法案》(*The Reform Bill of 1867*)，为妇女争取到了选举权。他还在1869年出版的《妇女的从属地位》(*The Subjection of Women*)中基于功利主义为妇女的政治权利辩护。密尔于1873年5月8日在法国的阿维尼翁去世。

约翰·斯图亚特·密尔

在创立其道德哲学时，密尔接受了边沁享乐主义的主要纲领。他认为，幸福(体验快乐，规避痛苦)是唯一就其本身而值得追求的东西。这一主题体现在下面这段引文中：

引自约翰·斯图亚特·密尔

《功利主义》[44]

接受“功利”或“最大幸福原则”作为道德之基础，就需要坚持旨在促进幸福的行动就是正确的，而与幸福背道而驰的就是错误的。幸福，意味着预期中的快乐，和痛苦的缺席；不幸福，则代表了痛苦，和快乐的缺失。为了给由功利主义理论所构建的道德标准勾勒出一个清晰的轮廓，需要阐述的方面很多，尤其是在诸如痛苦和快乐理念具体包含哪些东西以及这一问题在多大程度上还未得到圆满的解决等。然而，这些补充性的解释不会影响到功利道德所基于的“生活理论”，那就是追求快乐、摆脱痛苦是人唯一渴望达到的目的；所有为人渴望的东西（在功利主义理论中与在其他任何学说中一样都不计其数）之所以为人所渴望，要么是因为其本身固有的快乐，要么是因为它们可以作为一种手段来催生快乐，阻止痛苦。

更高质量的快乐

至此，密尔的立场似乎与边沁并无区别。然而，随着密尔对功利主义的发展，他与边沁在诸多关键问题上出现了分歧。第一个是快乐的评价标准。边沁持有的是量的享乐主义（quantitative hedonism）观点。密尔则引入一种质的享乐主义（qualitative hedonism），因为他坚信快乐的差别不仅体现在量上，也反映在质上。他认为那些由我们的智力以及一些更为精妙的能力所产出的快乐要高于和好于生理性快乐。但他如何解释这种更高级的快乐？从下面的文字中可以找到密尔的答案。

如果有人问我，快乐的质量差别作何理解？或者说，就快乐本身而言，除去量上的差异，是什么令一种快乐比另一种快乐更宝贵？那么可能的答案只有一个。面对两种快乐，倘若所有或几乎所有体验过这两种快乐的人在不考虑优先选择所可能引起的道德义务和道德情感的情况下都毫不犹豫地选择了同一种快乐，那么这种快乐就是一种更让人渴望的快乐。假如同时熟悉两种快乐的人将其中一种快乐置于至高无上的地位，即使明知这样做会招致更大程度上的不满也仍然对之情有独钟，并且哪怕自身能够任意体验另一种快乐也决不放弃对它的选择，那么我们就可以把这种优先选择的快乐归因于质的优越性，因为它远远超过了量的重要性而使量相比之下显得微不足道了。

现在，我想有一点是毋庸置疑了，那就是对于那些熟悉不同快乐且同样有条件欣赏和享受不同快乐的人而言，自然会优先选择可以发挥他们更高一级官能的生活方式。想必几乎没有人会为了能够尽情享受做牲畜的快乐而甘愿降为低等动物；没有一个聪明人会愿意变成傻瓜；没有一个受过教育的人会甘愿成为不学无术之徒；没有一个有感情有良心的人会情愿堕落为卑鄙自私的家伙——尽管他们应当相信：比起他们自己，傻瓜、无知之徒和无赖对命运更容易知足。诚然，他们和那些人有着共同的欲望，但为了最大程度地满足所有这些渴望，他们不应该放弃比那些人多拥有的东西。如果说他们打算妥协，唯一的可能便是他们陷入了极端痛苦之中，为脱离苦海他们不惜用自己的命运来与任何东西做交换，哪怕是在他们看来多么不想要的东西。拥有更高官能的人比其他人需要更多的东西才能获得幸福感，因而更容易遭受痛苦，而且痛苦的程度往往更强烈。但他绝不能因为这种不利因素而自甘堕落，陷入低层次的生活状态中。他需要拒绝。对于这种拒绝，我们可以给出让自己满意的解释：可以将它归为一种自豪感——自豪感这个词于人类最可贵的情感和最可鄙的情感都同样适用；可以将它看作是出于对自由和个人独立的热爱，这是斯多葛派用以宣扬其教义最有效的方式之一；可以将它视为对权力的热爱或对兴奋的热爱，这两种因素也确实影响着这种拒绝。然而，这种拒绝最恰当的名字无疑是“尊严”。尊严,人皆有之,只是形式不同,并且与人的官能成某种比例(尽管并没有确切的比例数字)。在尊严意识强烈的人身上,尊严代表了他们幸福中最根本的一部分,故只要与尊严相冲突的东西都不可能成为他们渴望的目标(哪怕是瞬间的)。

思想实验:生理性快乐是生活的唯一目标吗?

看一下正在享受好生活的动物们(比如你家养的宠物)。可以想象,这个宠物享有食物、住所、医疗服务,还有和它的人类朋友(也可能是其他动物)的伙伴关系。不用担心阶级、人际的复杂关系、个人价值、身心问题、账户、事业、经济、紧张政治局势或者环境。它可以随时打打盹或玩一玩,一切顺其自然。当面对日常生活的压力和烦扰时,你可能会想跟它交换一下位置。但你真会这样做吗?你会选择永久放弃学习新事物、长大成人、面对新挑战时的快乐和痛苦,从而使自己的生活充满纯粹的快乐和满足吗?能否支持密尔的观点,那就是还有一些更适于人类的、值得人类追求的快乐,而上述快乐却并不在列呢?

下面这段话包含密尔的一个最为经典的观点。他认为,一头猪或一个傻子比苏格拉底更容易满足,但是苏格拉底的生活更高级。你认同密尔的这个观点吗?

大凡觉得这种优先选择是以牺牲幸福为代价的人,认为在同样的情况下享受层次高的人没有享受层次低的人幸福,无疑是混淆了“幸福”和“满足”这两个截然不同的概念。显然,享受层次低的人最容易得到完全的满足，而一个才华横溢的人总是感觉到他所寻求的幸福如同这个世界本身一样永远都是不完美的。不过，只要这种缺憾是可以忍受的，他就会学会忍受这一切，而不会去羡慕那些完全没有意识到存在这种缺憾的人，因为他们根本感觉不到这种缺憾所产生的善。宁可做一个不满足的人，也不做一头满足的猪；宁愿成为不满足的苏格拉底，也不愿成为一个满足的白痴。如果说傻子或猪持有与众不同的观点，那是因为他们只看到了事物摆在他们眼前的一面，而上述比喻中的另一方看到的则是事物的两面。

密尔批评边沁对人性的理解太过狭隘。在密尔看来，人类不仅仅是一种追求快乐的生物。在追求快乐的过程中，他们也试图发展其“更高阶能力”并尽力变成“完人”。密尔认为，按照边沁的解释：

> 人永远不可能追求精神上的完美并以之为目的；而且，若人们对善的期望或对恶的惧怕竟是从个人内在意识之外的任何其他源泉出发，也就不可能做到使自身品格与其持有的完善标准相吻合。[45]

然而，当密尔提出人类努力将实现自身之潜能作为目的本身时，似乎已经抛弃了心理享乐主义这一功利主义原则，并代之以一种更高端的人性观。这种人性观更强调对实现我们人之为人的独有尊严和潜能的需求，而不仅仅是使我们自己或他人的幸福最大化。否则，他也不会说，“宁可做一个不满足的人，也不做一头满足的猪；宁愿成为不满足的苏格拉底，也不愿成为一个满足的白痴”。

自我利益还是利他主义?

密尔与边沁的第二个分歧在于,自我利益是否构成所有行为的基础。边沁确实承认,我们有时会因为给他人带来快乐而感到快乐,这被称为“仁慈之乐”(pleasure of benevolence)。他也同样注意到,关照他人利益通常是提升自己利益的最好方式。然而,边沁归根结底还是倾向于利己的享乐主义,因为他认为在一般情况下,人类的行为动机总是个人的自我利益。密尔则强调,我们生而拥有人道主义情感,以及团结同类的欲求。虽然边沁和密尔都相信“最大多数人的最大幸福”,但密尔尤其强调在功利计算中要同等看待自己的幸福和他人的幸福。

> 在功利主义理论中,作为行为之是非标准的“幸福”这一概念,所指的并不是行为者自身的幸福,而是与行为有关的所有人的幸福。因为行为者介于自身幸福和他人幸福之间,故功利主义要求他做到如同一个无私的、仁慈的旁观者那样保持不偏不倚。在拿撒勒人耶稣的“黄金法则”里,我们读到了完整的功利主义伦理学的精神:“你愿意人怎样待你,你也要怎样待别人。”“爱邻如己。”这些思想成了功利主义道德的理想标准。[46]

功利主义:客观主义还是相对主义?

理解功利主义的几个特征十分重要。功利主义往往被归于**伦理客观主义**名下。功利主义者相信,每个人都应当遵守一个普遍、客观的道德原则,也就是功利原则。因此,与伦理客观主义的各种变体一样,功利主义者认为,人们在正确和错误的问题上也会犯错。在特定情境下,你所做的道德上正确的行为(你的道德责任)并不必然是能被你认同的正确行为,也并不必然与你的主观欲求相一致。行为的正确与否本身具有客观性,与行为结果的好与坏相关。

有些时候，人们会错误地认为功利主义是一种相对主义，因为功利主义不认为行为本身是绝对正确或错误的。然而，功利主义者认为，存在一种客观的道德原则，这种原则要求在不同情境下应作出不同的行为，这就使功利主义与相对主义相去甚远。看一个跟道德无关的例子。有一条普遍的医学原则，即“每个人都应该吃有营养的食物”。虽然每个人都应遵循这一原则，但具体到一位100磅的会计师和一位250磅的足球运动员时，他们各自的饮食方案以及进餐量的多少却是完全不同的。与此类似，功利主义者或许会说，每个人在做道德选择时都应遵循功利原则，但在特定环境中，对该原则的遵循则可能意味着不同的行为。这取决于相关人群、具体环境状况以及特定行为的结果。例如，在法庭上说谎可能会对所有相关之人产生非常坏的后果，而告诉蒂莉姨妈你很喜欢她做的肉糜糕(一个谎言)却是仁慈的行为。在功利主义者看来，所有谎言都是不同的，因为它们产生的结果各有不同。因此，不能离开特定谎言造成的具体结果而在一般意义上评价谎言的道德价值。

如果结果可以决定行为的正确与错误，那么随着时间的流逝，若结果发生改变，行为本身的道德性也会发生相应变化。比如，性行为可能导致意外怀孕和性传染病。然而，随着避孕技术的进步，以及性病防治措施的加强，性行为的负面结果已得到有效控制。在一个纯粹的功利主义者看来，上述变化会直接影响到对滥交行为的道德判断。不过，随着一些不可治愈的疾病的出现，比如艾滋病，滥交行为的后果再次发生改变，一夫一妻式性关系重新获得普遍认同。当然，如果你是一位谨慎的利己主义者，那么前面提到的那些性行为的显见后果并不是你需要考虑的唯一因素。你还要考虑你的性行为给自己和他人带来的情感效应，包括它在多大程度上会对你维持一段稳定的关系(比如婚姻关系)造成消极或积极的影响，这一行为对社会产生的影响，等等。即便如此，功利主义者还是认为，决定性行为（或任何行为）之道德性的三个因素始终是：结果、结果、结果。

结果主义的结果：一个测验案例

对功利主义的一种常见指责是，它会得出具有道德缺陷的甚至是令人厌恶的结论。下面的“停下来，想一想”栏目中，你将有机会进一步思考功利主义或结果主义伦理学的可靠性、局限性及其后果。

停下来，想一想

为了挽救多数人免受重大伤害，你亲手或授意他人置无辜者于死地，这在道德上能被允许吗？为什么？如果你的回答是肯定的，那么这种伤害到底应该大到何种程度，以至于即便用一个人的生命为代价也是合理的？你能想到某些为了保护多数人的利益而牺牲某些人生命的例子吗？战争是这样的吗？当我们为医疗研究划定优先级或者为健康护理划拨经费时，是否会出现这种情况？你又怎样看待产品的安全标准和工作场所的安全要求呢？是否需要在成本和风险之间进行权衡？如果汽车厂商制造出的汽车安全到每个人都能在车祸中存活下来，你是否还能承担高额的购车费用呢？在上述情况下，甚至是生命攸关的时刻，功利主义的观点仍然能起作用吗？

虽然有些人会同意，在适当环境下牺牲一个人的生命以换取多数人的生命在道德上是可被允许的，但大多数人可能还是认为为了多数人的便利之故牺牲一个人在道德上应当受到谴责。然而，阿拉斯代尔·诺克罗斯(Alastair Norcross)从结果主义出发，对这一结论展开质疑(诺克罗斯是莱斯大学哲学系副教授，他撰写了大量文章为结果主义伦理理论辩护)。他论证道，基于功利主义精神，一位前后一致的结果主义者那里会有这样一个平衡点，一旦多数人的痛苦和不便之总和(即便单独来看，每一个痛苦和不便都是微小的)超过这个平衡点，那么较之一个人的死亡而言，多数人的利益更为重要。他甚至为一个更令人惊讶的结论辩护，即我们中的大部分人都会赞同社会按照这一规则行事(请记住，功利主义是结果主义伦理学的一个变体，因此，诺克罗斯所说的关于后者的一切也适用于前者)。

诺克罗斯用一个令人不安的场景和令人困扰的问题开始他的文章《伤害比较：头痛与生命》[47]：

结果主义者有时会因以下例子而感到不安：一大批人正在经历轻微的头痛，再有一个小时，疼痛也不会减轻，而只要杀死一个无辜之人，他们的疼痛就会立马停止。没有别的办法能避免头痛。那么，是否可以杀死那个无辜之人以避免大家头痛呢？

一些读者可能认为，这种情况在现实生活中永远不会发生。但对于一个哲学思想实验(就像这个)来说，只要其描述的情况具备逻辑上的可能性，那就是有用的。比如，为使上述情景可信，我们可以想象这样一个人，他有独特的生化特性，治疗头痛的药物可以从他的重要器官中获取。不过，这样做会导致他死亡。哲学思想实验的一个普遍目的是去决定在假想情况下应当应用何种原则，以便更清楚地了解其他更为现实的情况。如果上述场景看起来仍然过于古怪，请稍等，因为诺克罗斯会辩称，这种场景中出现的问题与我们日常生活面临的问题非常相似。

为了回答为多数人的便利而牺牲一个人的生命是否在道德上会被允许这一问题，结果主义者必须比较两个可能世界：一个可能世界是,有大量头痛患者,但无辜之人不会过早死亡;另一个可能世界与第一个世界在其他方面完全相同,除了没有头痛患者和无辜之人被过早杀死。诺克罗斯认为,可能存在一个点,在这个点上,头痛患者的数量可能会非常大,以至于为了消除这些巨大的痛苦,值得去牺牲一个无辜的生命。诺克罗斯把这种说法称为“生命为头痛让路”(life for headaches)。当然,并不是每个人都同意这种观点。在下一节中,我们将考察康德式伦理学。康德主义者认为人的生命具有内在价值。因此,即便一个没有头痛但有过早死亡的世界比另一种选择要好,康德主义仍然认为,杀死一个无辜者在道德上是错误的。

在这个介绍之后,诺克罗斯引入一连串论证来表明一个前后一致的结果主义者必然会得出“生命为头痛让路”的结论。当然,结果主义者认为这种选择可以通过下述方法在道德上得到辩护,即对相关行为主体之行为所产生的善和恶的总量分别进行计算和比较,而人们总会选择那个能够产生对最大多数人的最大的善(和最小伤害)的选项。因此,诺克罗斯认为,关键在于,个别人的少量头痛累积起来会产生一个痛苦的总和,消除这一数目在痛苦权重上胜过牺牲一个人带来的坏结果。

诺克罗斯承认,他对“生命为头痛让路”的论证可能是对结果主义伦理学的一个相当有分量的反驳。然而,在接下来的段落中,他指出,“生命为头痛让路”并不像乍看上去那么令人讨厌。事实上,他认为:“我们中的大部分人,不管是结果主义者还是非结果主义者,都至少接受了其他一些观点,而这些观点与‘生命为头痛让路’并无多大不同。”

诺克罗斯用高速公路限速和交通事故的例子来支持这一观点。在美国,每年有成千上万人死于车祸。统计数据和交通研究几乎可以肯定,限速与高速公路上的死亡人数之间存在正相关关系。提高限速会导致更多事故和死亡,降低限速则会减少死亡人数。虽然各州的限速各不相同，但在我写这篇文章的时候，绝大多数州(38个)的乡村州际公路限速为每小时70英里或更高。然而，如果全国范围内将限速规定为每小时50英里，将会挽救大量生命。

那么，我们为什么不出于人道主义的考虑而降低限速呢？理由是这会对很多人造成不便。以较低的速度行驶到较远的地方需要更长的时间。比如，如果限速较低，我们可能无法去外地看一场橄榄球比赛，也无法去祖母家过感恩节。此外，货物运输成本会更高，所有东西的价格都会飙升。在诺克罗斯最初举的例子中，"生命为头痛让路"原则似乎应该受到谴责。但现在看来，我们绝大多数人都在为便利而生活。交通专家能够较为精确地计算出，将高速公路限速降到每小时50英里、40英里、30英里或更低，更多生命将会被挽救。不愿意这样做的事实则表明，为了大多数人的方便，我们愿意容忍成千上万无辜生命的丧失。

停下来，想一想

你同意诺克罗斯的"生命为便利让路"论证是合理权衡的结果吗？如果答案是否定的，那么为了挽救生命，你会为高速路限速20英里每小时而游说吗？在美国和其他国家已经接受的"生命为便利让路"原则和诺克罗斯的"生命为头痛让路"原则之间，存在道德上的差异吗？这个差异是什么？你会如何为之辩护？

最后，诺克罗斯认为，在牺牲生命以使大多数人能够快速驾驶的案例和上述头痛案例之间并不存在什么重大差别。高速路上的死亡者是随机的，而头痛案例中的受害者则是特定的、已知的个人，但这看上去并没有多大差别。事实上，随机发生的成千上万人的死亡似乎比具有特定指向的某个个人的死亡要更坏。同样，诺克罗斯认为，在有意造成一个人的死亡，与造成仅仅是可预见的但能够被我们的行为所阻止的许多人的死亡之间，也没有什么重大差别。

诺克罗斯理论的反对者提出的两种情形的不同之处在于，当我们选择开车时，我们意识到危险和发生致命事故的可能性。因此，通过自由地承担所涉及的风险，我们对任何发生在我们身上的伤害都负有部分责任。但相比之下，头痛案例中的受害者却并不承担死亡的风险。诺克罗斯的回答是，儿童有时会死于高速公路事故，而这些事故本可以通过大幅降低限速来预防。在大多数情况下，孩子对如何旅行没有发言权。有人可能会说，父母代表他们的孩子承担了风险。然而，在头痛案例中，如果受害者是一个随机选择的孩子，其父母已经同意使之承受这种风险，我们就不会接受这种辩护。此外，成年人接受开车旅行风险的决定可能并不是一个自由的决定。对于许多成年人来说，除了上路旅行，没有其他途径能够获得基本服务。因此，诺克罗斯得出结论，在限速案例和头痛案例之间没有道德上的相关差异。如果我们接受为了便利而生活的原则，那么不管我们是否了解，我们都是结果主义者，我们都应该接受"生命为头痛让路"的原则。

诺克罗斯的论证很是令人困扰。这些论证给出了一些很强的结论，而这些结论则是像功利主义这样的结果主义者必须接受的。同时，这些论证还表明，不论我们是否喜欢，在一些事关生死的问题上，我们都在像功利主义者一样进行推理。

正义和权利问题

很多批评者之所以反对功利主义，就是因为它会得出类似上述头痛案例中的一些成问题的结论。批评者指责的是，功利主义没有为正义和个人权利保留任何空间，而一般来说，这些在道德协商中都是不能妥协的。在功利主义看来，幸福或效用的总量是最重要的。既然如此，为什么还要去关心这些幸福如何分配，或一个人的权利是否被侵犯呢？比如，边沁一点也不喜欢自然权利观念，因为权利是不可计量的，也无法在科学上得到观察。而且，我们究竟应当拥有哪些权利，人们也未能达成一致。尽管边沁十分赞赏美国独立战争，但仍对美国政治哲学立基于人权观念的做法深感失望。因为在他看来，这个概念十分模糊并容易招致反驳。效用与正义、权利的关系问题，以及功利主义者会如何处理这个问题，是下面这个思想实验的主题。

思想实验：铁匠与面包师

18世纪的丹麦诗人约翰·赫尔曼·维塞尔(Johan Herman Wessel)以诗歌形式描述了一个“铁匠与面包师”的故事。这个故事讲的是，一个相当刻薄的铁匠在酒吧喝醉后，与别人斗殴并杀死了他。就在这个铁匠将要被法官判处死刑时，四个正直的市民为其说情。他们的依据是，这个人是小镇上唯一的铁匠，他所提供的服务是大家迫切需要的。处决他得不到任何好处，但是如果缺少了他的技能，对整个小镇来说却是福利上的巨大损失。法官对他们的请愿深表同情，但却回应道，法律要求以命抵命。如果让一个谋杀犯逍遥法外，这会损害法律的尊严，会对社会的组织结构造成危害。这些市民说，小镇上有一个又老又瘦的面包师，他已经时日无多。虽然他没有犯过任何罪，但却是个声名狼藉和不太受欢迎的家伙。而且这个镇上有两个面包师，人们也不会怀念他。因此，为了最大多数人的最大利益,法官放了铁匠,却诬陷了面包师,让他以命抵命。当他们带走他时,这个老面包师可怜地哭泣着。[48]

● 这个故事是否揭示出功利主义在正义原则上存在的问题?

● 显然,故意判一个无辜之人死刑在道德上是可恶的。然而,在虔诚的功利主义者看来,保全铁匠牺牲面包师则看上去会为小镇带来最好的结果。功利主义者对法官的判决会作何回应?如果陷害无辜之人并判其死刑,从长远来看会导致对这个社会的坏的结果,那么,功利主义可以诉诸这一点去谴责这一行为吗?还是说问题依旧存在,即功利原则总能凌驾于正义之上?

20 世纪的功利主义者已经澄清或修正了他们的一些原则,并且对上述反对意见进行了回应。同样,非功利主义者也继续提供案例和论证以揭露该理论存在的问题。不论你认为功利主义会变得更好还是更坏,对其作出些许反思总会有助于我们明确边沁和密尔在道德与政治领域对现代思想产生的影响。

透过功利主义者的镜头看

1. 功利主义不只是 19 世纪英国哲学界的一场历史性运动,在现代社会,该理论也很有生命力。在新闻报道、社论、读者来信、政治或立法提案以及日常交谈中,找一些以功利主义为辩护理由的伦理结论。在每个结论中,作者如何运用功利原则来回应对其结论可能提出的反对意见?

2. 举出当前的某些道德争议,想象两个功利主义者正在为问题的两面进行争论。比如,功利主义既可以为支持堕胎辩护,也可以为反对堕胎辩护，因为根据禁止或允许堕胎对相关个人和一般意义上的社会造成的结果，他们完全可以作出完全不同的评价。但有一点必须记住，对于堕胎这类既能用相关论证来反驳，也能用相关论证加以支持的问题，功利主义的分析不应诉诸相关主体的固有权利，也不应诉诸任何宗教假设。无论为哪一方辩护，功利主义者都需要评估该行为会为相关主体带来的好处和产生的伤害，以及它对社会的长远影响。既然你已经从正反两面考察了功利主义，那么，道德争论的哪一方代表了对功利主义伦理理论的最为一致的表达？

3. 针对边沁的“快乐计量学”的七个要点中的每一个，尝试提供这样一个关于快乐的具体例子，这种快乐可能因为其违背了上述原则而被禁止。

4. 思考这样一个问题，在此问题上，边沁伦理学和密尔伦理学的不同追随者对于何为道德上的正确行为的判断会有所不同。出于练习的目的，把你的选择限定在这两种理论上，你认为哪种理论能提供最好的伦理指引？

5. 想象这样一个具体的道德决定，在此决定中，就什么是道德上的正确之事，伦理利己主义者，比如柏拉图著作中的格劳孔或艾茵·兰德与功利主义者会得出不同结论。利己主义者和功利主义者会如何为他们的结论辩护？你认为哪种立场能提供最好的伦理指引？

6. 生活在 19 世纪的哈利特·泰勒与其丈夫兼合著者密尔撰写了大量文章，以论证应该赋予妇女与男性同等的社会、政治和法律地位。然而，由于“自然权利”观念在功利主义理论中找不到任何位置，他们便必须说明，为什么这种模式会创造出最多的社会福利，你能否在社会福利最大化这一功利原则基础上建构起一种对女性平等权的论证模式。

检视功利主义的优缺点

正面评价

1. 对“为什么应做道德之事”这个问题，功利主义者有自己的答案。他们认为：一方面，做道德之事符合你的最高利益；另一方面，它满足了人性中最本真的冲动。功利主义者将道德与我们的基本利益和倾向联系在一起，而不是将快乐和道德视为天敌。这种关联使他们的理论比其他理论更有说服力吗？

2. 功利主义宣称，它为作出伦理决定提供了一套明确程序，而不是依靠空洞的直觉或抽象的原则。而且，它允许我们运用心理学和社会学的成果去决定哪些政策会促进人类幸福和社会福利。这些思考在何种程度上增强了功利主义的说服力？

3. 功利主义理论导向不偏不倚、公平，以及更大的社会和谐，因为它要求我们平衡自己和他人的利益。如此，功利主义不是提供了一种能有效化解建立在种族、性别、宗教以及其他不公正标准之上的歧视恶行的方案吗？

4. 虽然存在许多相互矛盾的道德信念，但每个人都同意，痛苦是坏的而快乐是好的，这对所有人来说都一样。基于这一基本事实，功利主义难道不是为作为底线的公德提供了一种共同基础吗？如果是这样，这一发现不是一种对功利主义有利的因素吗？

5. 因为功利主义并没有给行为硬贴上绝对正确或错误的标签，而是对行为背后的环境有着极大灵活性和敏感性。此外，由于社会的变化和时间的推移会导致结果上的变化，它允许我们对道德政策适时作出调整和改变。这些因素不是使功利主义理论颇具实践性吗？

6. 功利主义者认为其理论是常识性的，并具有广泛实践性。因为他们的理论是我们在日常生活中作出的许多决定的基础，并且推动社会中的法律和政策作出了许多对社会有益的变革。你认为这些观点有价值吗？如果是，它们不是为功利主义提供了重要支持吗？

负面评价

1. 多数人会认为边沁的享乐主义的功利主义过于庸俗。哪个有良知的人会认为，过一种动物式的生活并仅仅谋求身体的快乐和提升精神生活一样好？另一方面，虽然经过密尔修正的功利主义更加吸引人，但是何以说明一种快乐比另一种“更好”呢？难道我们不需要用快乐之外的其他标准来对相互冲突的各种快乐之价值加以判定吗？如果快乐是价值的唯一标准，除了从量的角度对快乐进行排序之外，还有别的办法吗？这个结论不是使我们再次回到边沁的版本吗？

2. 功利主义原则可分为两个目标：(1) 创造最大幸福总量，以及(2) 为最大多数人创造幸福。先看目标(1)，通过让4个人超级快乐而让另外6个人陷入痛苦，你就能为这10个人组成的群体创造出最大的幸福总量。就目标(2)而言，假定你能够让这10个人都获得适度的快乐，没有人体验到痛苦，但幸福的总量却不会和(1)中的一样大。如果最重要的是让快乐的总量超过痛苦的总量，那么(1)在道德上就是更可取的。如果最重要的是为最大多数人创造幸福，那么(2)就是最好的。这个例子是否表明功利原则中存在某种不一致？功利主义者可能对其理论作出某些调整以避免这个问题吗？

3. 功利主义者难道不会说，如果奴隶制给整个社会带来的好处在权重上超过其带来的负担，该制度在道德上就是可辩护的吗？只要一种行为较之其他可供选择的行为能带来更大的幸福总量，那么最大幸福原则岂不是暗含了这样一层含义，即在利益和伤害之间进行的不公正分配可以是道德的？功利主义者能否论证在奴隶制之外总会存在其他选择，而这些选择能更好地实现功利的最大化呢？你认为这个回应有说服力吗？

4. 假设你爱的某个人(父母或兄弟姐妹)不做肾脏移植就会死亡。你打算牺牲自己的一个肾脏来挽救对你而言特殊之人的生命。然而,你得知一个即将发现癌症治疗方法的著名科学家也需要获得肾脏捐献以挽救其生命。虽然这个科学家对你而言是个陌生人,但由于你独特的生理特征,可以将自己的肾脏成功地移植到任何与你无关的人身上。你所爱的人从事的是一份相当不重要的工作,一般来说对社会几乎没有任何影响,但是没人能替代这位科学家的工作以及她的研究为社会带来的好处。此时能够成功移植到两个人身上的,只有你的肾脏。你应该通过挽救科学家的生命而使社会利益最大化呢?还是应该挽救在你生命中具有特殊意义的人?你会怎么做?为什么?功利主义者会作出怎样的建议?面对这个问题,大部分人可能会说,我们对家庭成员和朋友负有特殊责任,这种责任优先于对陌生人的一般责任。然而,批评者指责功利主义理论无法对特殊的道德责任作出解释,因为每一个被我们的选择所影响的人都应该以一般意义上的社会总产出为依据得到平等对待。如果你是一个功利主义者,你将如何回应?你会坚决维护这样的观点吗?也就是说,每个人都对社会有一种将肾脏捐给科学家而不是我们所爱之人的道德责任?或者,从长远来看,优先对待那些与我们更为亲近之人的重要需求对社会产生的才是最好的结果?这一立场是否会承认与功利原则相矛盾的道德责任?

5.4　康德式伦理学

引导性问题:康德式伦理学

1. 假设一个住院病人向尤尼斯·由希里泰伦医生(Dr. Eunice Utilitarian)询问自己的病情。医生知道他的健康状况正在急剧恶化,但因为担心他知道实情后会使情况变得更糟,于是决定先对病人撒谎以获得最好结果，待找到更好时机再告知真相。但是，你是否想过，这个善意的谎言也会导致一些意想不到的不利结果？如果因为医生的这句“你很好”，病人便认为情况并不危急，因此没能立下遗嘱呢？医生应该为这个谎言带来的不利结果负道德责任吗？反过来，如果因为医生说出实情，导致病人万分绝望而失去生存的意志呢？由于他的真话导致了坏的结果，他又是否应该为此负责？在这种情况下，最好的策略是避免做人尽皆知的恶事(说谎)，让结果顺其自然，是这样吗？

2. 我给自己年幼的儿子立下规矩，“开车时必须系好安全带”。一天，儿子指出我在开车时很少系安全带。那么，我是给出了一个自己都未能遵循的命令，我是否就是前后不一的呢？前后不一在道德上是错误的吗？如果我说，“要照我说的做，而不是照我做的做”，这个说法的问题出在哪里？我们怎样理解人应该“言行一致”？“你愿意人怎样待你，你也要怎样待别人”这条黄金法则，为什么经常被用来作为最高道德规则之一？对成为一个有德之人，以及决定我们该遵循什么规则方面，一致性到底扮演着什么角色？

3. 假如为了100个人的极度快乐而对某个无辜之人作出不公平行为，使其忍受本不该有的痛苦和羞辱，将会怎样？假如唯一的负面结果只是这个人在情感上遭受了痛苦，将会怎样？用这种方式创造幸福在道德上是错误的吗？如果是，怎样使那些乐于这般行动的人相信这是错误的呢？如果可以用“幸福最大化”原则为这一行为辩护，那么我们还能制定出什么其他普遍的道德规则来使这种行为变得不可辩护呢？

4. 一般来说，人们认为诸如“说实话”和“信守承诺”这类原则应该被遵循。然而，我们总是被置于某种具体情境下，在遵循规则时经常遭遇例外情况。一旦允许这种例外存在，那么为方便之故而违背道德规则的做法岂不是总能被合理化并得到辩护？当我们不再视道德命令为绝对之物而允许例外情况时，实际上不是将道德命令削弱为类似“总是信守承诺，除非你认为不这样做更好”这样的乏味规则吗？这样乏味的规则存在如此多的漏洞，以至于根本无法指导我们的行为，不是吗？如果你知道一个人依此规则行事，那你会在多大程度上相信她对你作出的重要承诺？如果每个人遵循的都是这样的规则，严肃地对待承诺还有何意义？

这四个引导性问题将我们引向康德义务论伦理学中的四个重要主题：(1) 结果对于决定我们的责任以及行为在道德上的正确与错误问题上的不相关性；(2) 一致性对于过一种道德生活和选择道德规则问题的重要性；(3) 每个人都具有不可通约的尊严和价值；以及(4) 拥有不能被任何例外所限制的道德的绝对真理的必然性。在本节的剩余部分，我们将探讨这些主题。

检视康德式伦理学

伊曼努尔·康德

在之前对康德知识论的讨论中，我们已接触过康德哲学(参见第3.4节“康德式建构主义”中对康德生平的简单介绍)。对康德来说，哪怕除了知识论之外别无其他建树，他仍然会被视为历史上最重要的思想家之一。然而，其天才之处在于，他同时又是伦理学领域的里程碑式人物。尽管康德的作品写于18世纪晚期，无法对19世纪边沁和密尔的功利主义进行反驳，但由于康德曾对直接影响了功利主义者的英国经验主义者的观点作出过回应，所以康德的著作似乎也是直接针对边沁和密尔。有鉴于此，我将采取倒叙方式对这些思想家进行介绍。康德的道德哲学并非历史博物馆里的古董，相反，它在今天仍然是最有影响的理论之一。虽然许多哲学家热情地捍卫和运用康德的理论，也有一些人在尖锐地批评他，但对于任何一个严肃思考伦理学问题的人来说，康德的观点都是不容忽视的。因此，一旦现代文明在政治、法律、医学和商业等伦理学领域遇到棘手问题，康德式伦理学仍然是获得相关伦理洞见的主要资源之一。

康德的道德观

康德的整个哲学都浓缩在下面这句话中，“有两种东西，它们给人的心灵灌注了时时翻新，有加无已的赞叹和敬畏……头顶的星空和内心的道德法则”[49]。星空代表的是可感的经验世界。康德的知识论试图阐明我们能够认知自然世界的原理(在第 3.4 节中我们曾讨论过这种认识论)，但人类经验涵盖的不仅是作用于我们的感觉材料和自然法则，因为我们同样感受到道德法则的力量。比如，当你特别想和朋友外出，却因为意识到已经答应帮另一个朋友搬家而不能成行时，起作用的便是义务的力量。

康德讨论道德经验时并不诉诸外在的行为结果(比如幸福)，而是返回自身寻求道德法则。从这个细节中，我们可以看到，康德的伦理理论与功利主义截然不同。康德的道德理论强调绝对的义务、动机、人的尊严和价值，以及一条绝对的、永恒的道德法则。在这种强调下，他保留了自己的基督教信仰的一些基础元素。然而，在涉及对道德法则的讨论时，康德却从未提到过上帝和上帝的命令。康德认为，如果我们有能力将上帝等同于最高的善，并且将善行归因于历史上的宗教人物，这便意味着我们已经拥有一种先在的道德至善观念。即使一个人的成长没有受到宗教传统的影响，但作为一个理性存在者，他同样拥有认识和遵循道德法则的内在能力。因此，康德没有抛弃自己宗教传统中的道德准则，但也没有将其伦理学立基于此。相反，他认为，世俗的、理性的伦理学和宗教道德的至善指向的是同一个方向。

作为一个坚定的理性主义者，康德认为决不能从人类学或心理学中发现的人类实践的经验事实中寻找道德原则。康德相信，我们不能从我们正在做什么的描述中推导出任何我们应当做什么的观念。对人们的真实行动的数据调查并不能告诉我们应当怎样行动。因此，如果道德原则并非源于经验，那么必定是心灵将它自身的理性原则带入道德经验领域(康德认为，在道德领域中，理性原则建构出经验的内容，这与本书第 3.4 节谈到的认识论领域的哥白尼革命相似)。与此相应，在康德的分析中，道德行为可以被理解成合乎理性的行为，反之，不道德的行为就是一种非理性的行为。

善良意志

康德的道德理论始于这样一种主张：世界上唯一拥有无条件的绝对道德价值的东西就是善良意志。若一个人拥有善良意志，意味着其行为的唯一动机就是做正确之事。换言之，他是出于对道德法则和对义务本身的尊重而行动，不掺杂任何其他因素。当然，从一开始就理解下面这一点至关重要，康德并不认为，仅凭善良的意愿或纯粹的动机就能判断你的行为是道德的。所谓善良意志，绝不仅限于真诚地相信自己正在做着正确的行为。你还必须学会正确辨识自己的道德义务。可我们如何知道自己的义务是什么呢？康德在后面会讲到这一点；但目前他更关心的是在所有道德行为中作为驱动力的善良意志。在下面第一段引文中，康德承认，我们也把其他一些品质称为善，并且在“精神上的才能”“气质的属性”和“幸运的赐予”的名下列出了 12 种(在第二段中他列举出了另外三种“气质的属性”)。但康德论证道，这些品质并非因其自身而是善的，因为若是没有善良意志，这些“善的”属性事实上也可以是恶的。比如，如果一个惯犯拥有高智商，且沉着冷静、勇敢、强大、坚忍执着，这些优秀品质只会强化他的作恶能力。

• 在下述段落中，为什么康德认为在没有善良意志的情况下，幸福和气运亨通不会是善的？这与功利主义的观点有何不同？

• 功利主义强调道德与我们的行为结果有关。康德对此怎么看？

引自伊曼努尔·康德

《道德形而上学的奠基》(*Foundations of the Metaphysics of Morals*)[50]

善良意志

在世界之中，一般地，甚至在世界之外，除了善良意志，不可能设想一个无条件善的东西。理解、明智、判断力等，或者说那些精神上的才能，勇敢、果断、忍耐等，或者说那气质的属性，毫无疑问，从很多方面看是善的并且令人称美。然而，它们也可能是极大的恶，非常有害，如若那使用这些自然禀赋，其固有属性称为品质的意志不是善良的话。幸运的赐予也是这样。财富、权力、荣誉甚至健康和全部生活美好、境遇如意，也就是那名为幸福的东西，就使人自满，并由此经常使人傲慢，如若没有一个善良意志去正确指导它们对心灵的影响，使行动原则和普遍目的相符合的话。大家都知道，一个有理性而无偏见的观察者，看到一个纯粹善良意志丝毫没有的人却总是气运亨通，并不会感到快慰。这样看来，善良意志甚至是值不值得幸福的不可缺少的条件。

有一些特性是善良意志所需要的，并有助于它发挥作用，然而并不因此而具有内在的、无条件的价值，而必须以一个善良意志为前提，它限制人们对这些特性往往合理的称颂，更不容许把它们看作完全善的。苦乐适度，不骄不躁，深思熟虑等，不仅从各方面看是善的，甚至似乎构成了人的内在价值的一部分；它们虽然被古人无保留地称颂，然而远不能被说成是无条件的善。因为，假如不以善良意志为出发点，这些特性就可能变成最大的恶。一个恶棍的沉着会使他更加危险，并且在人们眼里，比起没有这一特性更为可憎。

善良意志，并不因它促成的事物而善，并不因它期望的事物而善，也不因它善于达到预定的目标而善，而仅是由于意愿而善，它是自在的善。并且，就它自身来看，它自为地就是无比高贵。任何为了满足一种爱好而产生的东西，甚至所有爱好的总和，都不能望其项背。如果由于生不逢时，或者由于无情自然的苛待，这样的意志完全丧失了实现其意图的能力。如果他竭尽自己最大的力量，仍然还是一无所得，所剩下的只是善良意志(当然不是个单纯的愿望，而是用尽了一切力所能及的办法)，它仍然如一颗宝石一样，自身就发射着耀目的光芒，自身之内就具有价值。实用性只能被当作阶梯，帮助我们在日常交往中更有效地行动，吸引那些尚没有充分认识的人对它的注意，而不是去左右那些有了认识的人的意志，并规定它的价值。

停下来，想一想

从上述引文的前两个自然段中找出康德列举的三种个人品质。请自行举例说明，如果没有善良意志的引导，这些品质何以会转变为恶?

如果道德的核心是善良意志，那么当我们试着评价自己或他人的道德品行时，如何确认这是一个善良意志? 善良意志与我们行为的实际后果以及我们的意图、动机和感觉之间有什么关系? 在接下来的思想实验中，不妨花点时间探究这些问题。

思想实验：善良意志

假设格雷琴(Gretchen)看到一个溺水的男孩，她又恰巧擅长游泳，于是立刻跳下水施救。对于这一场景，我们做了如下几种补充，思考一下，在不同情况下，格雷琴是否拥有康德所说的善良意志。

1. 虽然下水很危险，但格雷琴仍然克服了恐惧，因为她认为救人是一种义务。然而，不幸的是，她的努力白费了，孩子还是被淹死了。

2. 格雷琴尽其所能去救那个孩子，因为她知道孩子的父母非常有钱，她可能会因此获得一笔丰厚的报酬。

3. 由于存在危险，格雷琴知道即便她不去冒险救人，也不会有人责怪她。然而，听到孩子的哭声，怜悯之心油然而生，她知道如果不试着营救一下，自己将会被罪恶感困扰，这会让她无法原谅自己。

前两种情况很简单。在之前的引文中，康德说过善良意志就像一块宝石，“自身就散发着耀目的光芒，自身之内就具有价值”，外部环境不会增加也不会减少它的价值。因此，即使格雷琴的行为没有达到救回孩子的好的结果，但驱动着这些行为的善良意志仍然熠熠闪耀。第二种情况下，她的行为显然不是出于一种义务(善良意志的核心特征)，而仅仅是出于自己的私利。

第三种情况中，格雷琴是被怜悯以及避免愧疚感的想法所驱使，这应如何评价呢？难道怜悯这种情感不具有道德价值吗？难道愧疚感不是经常促使我们去做正确的事吗？此时，格雷琴的行为是基于她的情感，或者是康德所说的那种“倾向”。然而，倾向的问题在于，我们的情感时有时无，而道德则要求始终如一。假使格雷琴那天恰巧情感麻木，并未受到怜悯的牵制，也没有被愧疚感驱使，又将如何？即便缺乏这些情感，她不是仍有义务去做这件事吗？康德坚信，在道德领域，情感并不构成行为的动机，因为在许多情况下，一个有道德的人必须做她（他）不想做的事。据此，康德认为道德必须立基于理性原则之上，而且不能被任何其他可变的条件，比如情感或倾向所驱使。

在接下来的两个选择中，为了阐明这个主题，康德给出了用以规定义务之本质特征的几个命题。［注意：在这一段和后面一段引文中，康德用的“准则”（maxim）这一术语指的是指导我们行动的一般性规则。］

• 在下面这段引文中，康德在（1）合乎义务的行为与（2）出于义务的行为之间作了区分。你能举几个例子并用自己的语言阐述二者之间的区别吗？

• 为什么康德说商人是合乎义务地行动而非出于义务行动？

• 当你为维持自己的生命而做某些必要之事时，为什么这种行为一般来说不是道德上的英雄行为？另一方面，对于一个极度痛苦而倾向于结束生命但却最终选择保全它的人，康德如何评价？

道德的第一个命题：只有出于义务的行为才具有道德价值

为了展示自身就应该受到高度赞赏，而无须其他条件就成为善良的概念，这一概念为自然的健康理智本身所固有，故而无须教导，只要把它解释清楚就足够了。这一概念，在对我们行为的全部评价中，居于首要地位并且是一切其他东西的条件。我们在这里把义务概念提出来加以考察。而这一概念就是善良意志概念的体现，虽然其中夹杂着一些主观限制和障碍，但这些限制和阻碍远不能把它掩盖起来，使它不能为人之所识，而通过对比反而使它更加显赫，发射出更加耀眼的光芒。

在这里，我且不谈那些被认为是和义务相抵触的行为，这些行为从某一角度看来可能是有用的，但由于它们和义务相对立，所以也就不发生它们是否出于义务的问题。我也把真正合乎义务的行为排除在外，人们对这些行为并无直接的爱好，而是被另外的爱好所驱使来做这些事情。因为很容易分辨出来人们做这些合乎义务的事情是出于义务，还是出于其他利己意图。最困难的事情是分辨那些合乎义务，而人们又有直接爱好去实行的行为。例如，卖主不向无经验的买主索取过高的价钱，这是合乎义务的。在交易场上，明智的商人不索取过高的价钱，而是对每个人都保持价格的一致，所以一个小孩子也和别人一样，从他那里买到东西。买卖确乎是诚实的，这却远远不能使人相信，商人之所以这样做是出于义务和诚实原则。他之所以这样做，因为这有利于他。此外，人们也不会有一种直接爱好，对买主一视同仁，而不让任何人在价钱上占便宜。所以，这种行为既不是出于义务，也不是出于直接爱好，而单纯是自利的意图。

在另一方面，保存生命是自己的义务，每个人对此也有一种直接的爱好。正是因为这个缘故，大多数人对此所怀抱的焦虑，是没有内在价值的，他们的准则并没有道德内容。保存自己的生命合乎义务，但他们这样做并不出于义务。反过来，假若身置逆境和无以排解的忧伤使生命完全失去乐趣，在这种情况下，那身遭此不幸的人，以钢铁般的意志去和命运抗争，而不失去信心或屈服。他们想要去死，虽然不爱生命却仍然保持着生命，不是出于爱好和恐惧，而是出于义务；这样，他们的准则就具有道德内容了。

广场中的哲学

问几个朋友，下面两个人中，哪一个最好地阐释出一个真正道德之人的形象。要求他们解释自己的选择。

- 海蒂(Heidi)经常牺牲自己去帮助那些需要帮助的人。尽管在感情上她更愿意做一个冷酷的、对他人的求助漠然置之的人，但她知道尽其所能去帮助他人是她的道德义务。
- 肯德拉(Kendra)经常牺牲自己去帮助那些需要帮助的人。她性格开朗，富有同情心，帮助他人让她觉得生活富有意义。她从不认为这是一种道德责任，因为帮助他人是她的第二天性。

如康德的例子所表明的，所谓合乎义务的行为不过是意味着我们的外在行为与我们应做之事相符合。比如，商人对顾客诚信(这是他的义务)，但却是因为这样符合他的利益，因为他知道诚实的声誉对生意有利，或者因为他害怕不当的商业行为会使其锒铛入狱。商人的这个例子说明，我们会出于谨慎的或自私的理由而做正确之事。问题是，如果履行义务只是为了获得所欲求的结果，这意味着，一旦结果有所不同，我们将不再有理由遵循义务行动。

在这种情况下，我们是否有理由遵循义务行动，更多地取决于超出我们控制范围的外在环境，更少地取决于我们的内在道德本性。

另一方面，出于义务的行为意味着，想要作出该行为的动机仅仅是因为行为本身是正确的。唯其如此，行为才具有道德价值，因为它从善良意志出发。康德的理论属于义务论伦理学，因为行为自身的本质以及行为者的动机决定了行为的道德价值。他的理论与目的论伦理学或结果主义(比如功利主义理论)形成对比，后者主张，目标或效果决定了一个行为的道德价值。

停下来，想一想

你能否想象这样一个时刻，此时，你只是合乎义务而非出于义务地做某事？如果使你作出某种行为的动机并不是义务，那你的动机是什么？如果这个动机不存在，你还会合乎义务地行事吗？

在以下段落中，康德特别关注我们的情感和倾向。在任何可能的情况下，我们都有义务去和善、仁慈地行事，许多人乐于这样做，因为在助人为乐的过程中自己同样能体验到快乐。(我们也许以为)这样的人确实值得获得道德上的赞誉。然而，康德认为，这样的反应并不具备善良意志的特征。我们不能选择我们的情感和倾向，也无法决定哪些东西构成了我们的快乐体验。当我们使他人感到快乐时，我们恰巧出现了满足感，但这种快乐体验是自己无法控制的。我们是这些体验的被动接受者，由此，它们不可能是我们理性选择的产物。但伦理学关切的是我们的选择以及为何如此选择，它不能建立在我们无意识的情感反应、个性或命运的虚妄之上。

在紧接着上一段的以下段落中，康德进一步阐明了关于道德的第一个命题，即必须是出于义务的行为才有道德价值。

- 为什么康德认为自然的出于同情的行为缺少道德价值？
- 根据康德的理论，我们对自己负有义务吗？
- 康德对《圣经》中爱我们的邻人的命令的解释是什么？

尽自己所能对人做好事，是每个人的义务。许多人很富于同情之心，他们全无虚荣和利己的动机，对在周围播撒快乐感到愉快，对别人因他们的工作而感到满足感到欣慰。我认为在这种情况下，这样的行为不论怎样合乎义务，不论多么值得称赞，都不具有真正的道德价值。它和另一些爱好很相像，特别是对荣誉的爱好，如果这种爱好幸而是有益于公众从而是合乎义务的事情，实际上是对荣誉的爱好，那么这种爱好应受到称赞、鼓励，却不值得高度推崇。因为这种准则不具有道德内容，道德行为不能出于爱好，而只能出于义务。设定情况是这样的，这个爱人的人心灵上满布为自身而忧伤的乌云，无暇去顾及他人的命运，他虽然还有解除他人急难的能力，但由于他已经自顾不暇，别人的急难不能触动他，就在这种时候，并不是出于什么爱好，他却从那死一般的无动于衷中挣脱出来，他的行为不受任何爱好的影响，完全出于义务。只有在这种情况下，他的行为才具有真正的道德价值。进一步说，假定，自然并没赋予某人以同情之心，这个人虽然诚实，在性格上却是冷淡的，对他人的困苦漠不关心，很可能由于他对自身的痛苦具备特殊的耐力和坚忍性，于是他认为或者要求别人也是如此。假定，自然没能把这样一个绝不能说是坏人的人，塑造成一个爱人的人，那么，与有一个好脾气相比，他不是在自身之内更能找到使自身具有更高价值的源泉吗？当然如此！那高得无比的道德品质的价值正由此而来，也就是说，他做好事不是出于爱好，而是出于义务。

保证个人自己的幸福是义务，至少是间接义务，因为对自己处境的不满，生活上的忧虑和困苦，往往导致他逾越义务。即使撇开义务不谈，一切人对自身幸福的爱好，都是最大、最深的，因为正是在幸福的观念中，一切爱好集合为一个总体。只不过，幸福的规范往往夹杂着一些爱好的杂质，所以，人们不能从称为幸福的满足的总体中，制定出明确无误的概念来。从而，某一个目标明确、获得满足时间具体的爱好，反而比一个模糊的理想更有分量些，这是毫不奇怪的。例如，一个风湿病患者很可能采取尽情享受，不管来日痛苦的态度，因为，经过自己的权衡，他此时就不愿为了一个他日可以从康复中得到幸福的、靠不住的期望，而放弃眼下的享受。然而，即使在这一事例中，如若对他来说，至少在这一权衡中健康并非必须计入不可，那么，增进幸福并非出于爱好而是出于义务的规律仍然有效，正是在这里，他的所作所为，才获得自身固有的道德价值。

《圣经》中不但有爱邻人，甚至有爱敌人的诫条，无疑应这样理解。因为爱作为爱好是不能告诫的，然而出于对义务自身的爱，尽管不是爱好的对象，甚至自然地、不可抑制地被嫌弃，却是实践的而不是情感上的爱，这种爱坐落在意志之中，不依感受为转移，坐落在行为的基本原则中，不受不断变化着的同情影响；只有这种爱是可以被告诫的。

停下来，想一想

康德更多地赞同一个冷淡麻木之人基于义务而作出的善举，而不是本质上具有同情心的人自然而愉快地传播幸福的行为，你认为这是正确的吗？基于同情心、乐善好施和忠诚所作出的行为，不是比冷酷地算计和履行他(或她)的道德义务在道德上更好吗？正如你将要看到的，这个问题构成了康德式伦理学与德性论理学(在本书第 5.5 节中有讨论)的主要分歧。

在下面这段引文中，康德给出了道德义务的第二个原则。事实上，共有三个道德原则，但为了简化讨论，我们将不涉及第三个(请记住，所谓准则，是当你选择作出一个具体行为时所遵循的原则)。

道德的第二个命题

第二个命题是：一个出于义务的行为，其道德价值不取决于它所要实现的意图，而取决于它所被规定的准则。从而，它不依赖于行为对象的实现，而依赖于行为所遵循的意愿原则，与任何欲望对象无关。这样看来，我们行动所可能有的期望，以及作为意志动机和目的的后果，不能给予行动以无条件的道德价值，是十分清楚的。如若道德价值不在于意志所预期的效果，那么，到什么地方找到它呢？它只能在意志的原则之中，而不考虑引起行动的目的……

至此，康德一直强调，只有出于道德法则的行为才具有道德价值。但他尚未回答这一问题："如何确定道德法则的内容？"若是不能给出答案，善良意志将空有良善意图，却没有实质的道德内容。道德法则是一种用以指导我们做什么或不做什么的命令。要理解对伦理学至关重要的命令的种类，康德认为重要的是区分两种命令。其一是**假言命令**，"如果你想要 X，那么做 Y"。这一规则告诉我应当做什么，但这个"应当"取决于"如果"从句中我所欲求的那个目标。比如，我可能被告知说："如果你想要一块好的草坪，那么你必须给你的草施肥。"康德称这种形式的假言陈述是一种技术性命令。它告诉我必须用什么手段来实现我所欲求的那个目的。然而，如果我不关心自己是否能够拥有一块好的草坪，那么于我而言这个命令就会变得无关紧要。因此，真正具有道德意义的"应当"不能采取假言命令的形式，因为这个陈述将使我的道德义务完全取决于我恰巧拥有的那些主观目的。假言命令的另一个问题是，它不追问目的的善恶，而只是告知人们达成目的的方法。例如，我可能被告知："如果你想谋杀一个与你竞争的同事，你应该使用一种烈性毒药。"这说明，有些假言命令反而有助于实现那些不道德的目的。

有些假言命令被称为实用命令(pragmatic imperatives)或审慎的忠告(counsels of prudence)。这些命令就如何增进我们自己的福利与幸福为我们提供建议。当我们还是孩子时，我们的父母会教给我们这样一些规则，例如，“如果你想要人相信你，那么你应该总是说实话”，或者“如果你想获得快乐，也应该考虑其他人的快乐”。即便包含在这些命令中的目标值得追求，但这些规则本身也不是道德命令，因为它们取决于创造我们自己的幸福的那些主观条件。

在康德看来，真正的道德命令不是假言命令。相反，道德法则以**定言命令**的形式向我们呈现。它告诉我应该、理应或者必须做的事，但这不取决于任何先在条件或主观需求和愿望，并且不包含任何限制条件。定言命令的表达式是，“做X!”在这之前没有“如果”从句。它要告诉我们的是：在任何环境、任何条件下我都要遵循道德命令的要求而行动。然而，如果这类道德法则并非来自外部立法者，例如上帝，那么，是谁向我发出命令？康德认为，立法者就是理性本身。理性规则是普遍而一致的；所谓普遍，因为它适用于任何时候、任何环境下的所有人；所谓一致，则是指它不会导致任何矛盾。

在将定言命令运用于道德领域之前，可以先考察几个与伦理问题并不直接相关的例子，以发现理性的作用方式。2+2=4是一条数学规则。这与谁在计算或者周围环境如何都没有关系，也无关乎我们对遵循规则而带来的那个结果的喜好。只要我们是理性的，就必须遵守这一规则。然而，许多规则从根本上讲是不合理的，因为它们不可能一以贯之地被每个人遵循，或者会破坏这些规则运用于其中的那些活动。假设你母亲规定了这样一条餐桌规则：“在为自己盛饭之前，请确保其他人已经有饭。”如果每个人都遵守这个规则，那就没有人能吃上饭了(由此，这一规则也便毫无意义)。同样，假设一个棒球选手签订的合约中列出了对雇主和雇员的所有约束条款。然而，合约的最后一行写道："如果其中任何一方不想遵守以上条款，双方都不必遵守。"如此，合约将不复是一个合约。破坏合约意义的合约条款是不合理的条款。同理，我们在伦理学中使用的规则的标准是，这些规则必须在理性上是融贯一致的。

在这些例子的基础上，我们现在可以提出被康德视作最高道德原则的定言命令。事实上，康德的定言命令有好几个版本。下面的引文给出的是第一种。

定言命令Ⅰ：符合普遍法则

所以，定言命令只有一条，这就是：要只按照同时也能成为普遍法则的准则去行动。

现在，如果可以把这条命令作为原则，而推演出一切其他命令式来，那么，尽管我们还弄不清那被认为义务的东西，是不是一个空洞的概念，但我们至少可以表明，在这里我所想的是什么，这一概念说明的是什么。

由于规定后果的规律普遍性，在最普遍意义下，就形式而言，构成了所谓自然的东西，也就是事物的定在，而这定在又为普遍规律所规定。所以，义务的普遍命令，也可以说成这样：你的行动，应该把行为准则通过你的意志变为普遍的自然法则。

与规定一个人应当如何行动的客观原则不同，准则是约束个人实际行为的主观规则。准则的表达形式为："无论何时，当我处于情况 C 时，都将为了达到 Y 而做 X。"然而，值得注意的是，康德并没有提出任何引导我们行为的具体准则。相反，他只是给出一条原则来帮我们决定哪些准则可以为人们确立实际的道德责任，哪些不能。因此，绝对命令的第一个表述给我们提供了一个确立我们的道德义务的选择准则的原则。这个原则被称为**可普遍化原则**。如果某种行为指导原则适用于每个人，并且我们能够理性地希望(用康德的术语来说就是“意愿”)每个人都照此行动，这条行为指导原则就是**可普遍化**的。

康德普遍法则版本的定言命令可以根据一个三步检验来表述。

1. 表明你要采取行动所依据的准则。

2. 尝试依照普遍法则阐述你的准则。

3. 看看你能否毫无矛盾地、理性地让每个人都遵守这条普遍准则。

我们来将这个三步检验运用于康德自己举的一个例子中。假设你需要借一笔钱，你必须作出偿还的承诺，即使你十分清楚自己可能无法履行这一承诺。(1) 阐述你此刻的行为准则：“如果我需要作出承诺，我会这样做，即便我不打算履行它。”(2) 将你的准则普遍化：“如果任何人需要作出承诺，他们都会这样做，即便他们不打算履行它。”(3) 看你是否能够理性地让这个规则成为每个人都遵守的普遍法则。答案当然是否定的，你不会让每个人都遵守这个法则。如果每个人都接受这一法则，任何承诺都将毫无意义，我们将没有任何理由去作出承诺或听信承诺。**只有**其他人都尊重承诺时，你那不真诚的承诺才是有意义的。因此，唯有他人均不遵守诺言的情况下，你才可能践行自己的这条关于承诺的规则。

请注意，康德的观点**并不是**说，在一个社会中，如果人们不信守承诺将是令人不快的。因为若是按照这一思路，行为的经验结果就成为判断行为正确与否的标准。康德的观点更为精细，也更具逻辑性。康德的意思是，如果用于引导某个行为(作出承诺)的道德规则反而会消解这个行为的话，那么这个规则显然是在自我拆台(并因此是不融贯和不理性的)。

一些康德主义学者指出，定言命令首先是一种用以决定哪些行为可被允许的检验程序。如果一种行为破坏了该检验程序(例如不遵守承诺),那它就是不被允许的或是在道德上被禁止的。然而,相对立的规则,如“总是先系左脚的鞋带”和“总是先系右脚的鞋带”都是可普遍化的,所以它们所支配的行为都是可允许的,但二者本身都不是道德责任。不过,如果一个准则不能被普遍遵守(“当违反承诺于自己有利,便违反它”),且与之相对的行为却可普遍应用(“永远要信守承诺”),那么后者就是一种道德责任。

诺曼·洛克威尔(Norman Rockwell)《黄金法则》(1961)
正如罗克韦尔的绘画所暗示的那样,在可以追溯到古代的每一个传统和文明中,所有道德教导都会言及这条最高伦理原则。道德客观主义者认为这恰好印证了他们的观点,即在一个健康的社会中,道德价值的内核看起来都是普遍的。更确切地说,黄金法则同样印证了康德式伦理学中的某些主题,尤其是可普遍化原则。

康德用将我们的准则普遍化这条标准来把握我们的某些日常道德直觉。当你年轻时，母亲可能在某一时刻这样指责过你的行为："如果每个人都像你一样行事，将会怎样？"黄金法则则说："你愿意人怎样待你，你也要怎样待别人。"我们会对别人说："不要把自己当作例外。不要做伪君子。"因此，由于学生抄袭而判其考试不合格的教授，如果自己同时窃取别人的研究成果并将其发表，那么他就把自己视为一个例外，而只是希望自己的学生和同事们遵守规则而已。

思想实验：可普遍化原则

看看你是否能够运用康德在第一个定言命令中提出的可普遍化标准。下述诸原则，若是仅从特定个体的私人决策出发，都可以得到前后一致的遵守。不过就每种情况，还请判断将这一准则普遍化是不是可能的或理性上融贯一致的。请记住，问题不仅仅是你对结果是否满意，而是如果每个人都毫无例外地遵守原则，是否会导致原则的自我消解。

1. 永远不要对别人说"我爱你"，除非别人先对你说。
2. 总是及时偿还债务。
3. 在经营企业时，对自己产品的定价永远比对手低。
4. 永远不要帮助别人，除非能够得到回报。
5. 与不那么幸运的人分享你的财富。
6. 把你所有的钱给比你穷的人。
7. 只要有可能就要作弊。
8. 考试从不作弊。

康德定言命令的第一个版本从形式原则的层面介入伦理学。他对定言命令的第二种表述则更具体地集中在和我们打交道的人身上。

定言命令Ⅱ：人自身作为目的

我认为：人，一般说来，每个有理性的东西，都自在地作为目的而实存着，他不单纯是这个或那个意志所随意使用的工具。在他的一切行为中，不论对于自己还是对其他有理性的东西，任何时候都必须被当作目的。一切爱好对象所具有的价值都是有条件的，当爱好和以此为基础的需要一旦消失了，他的对象也就无价值可言。爱好自身作为需要的泉源，不能因它自身被期望而具有什么绝对价值，而每个有理性的东西倒是期望完全摆脱它。所以，一切为我们行动所获得的对象，其价值任何时候都是有条件的。那些其实从不以我们的意志为依据，而以自然的意志为依据的东西，如若它们是无理性的东西，就叫作物件。与此相反，有理性的东西，叫作人身，因为，他们的本性表明自身自在地就是目的，是一种不可被当作手段使用的东西，从而限制了一切任性，并且是一个受尊重的对象。所以，他们不仅仅是主观的，作为我们行为的结果而实存，只有为我们的价值；而且是客观的，其实存自身就是目的，是一种任何其他目的都不可替代的目的，一切其他东西都作为手段为它服务，除此之外，在任何地方，都不会找到有绝对价值的东西了，假如一切价值都是有条件的、偶然的，那么，理性就在任何地方都找不到最高的实践原则了。

如若有这样一条最高实践原则，如若对人的意志应该有一种定言命令，那么这样的原则必定出于对任何人都是某种目的的表象。由于它是自在的目的，所以构成了人们意志的客观原则，成为普遍的实践规律。这种原则的根据就是：有理性的本性作为自在目的而实存着。人们必然地这样表象自己的实存，所以它也是人们行为的主观原则。每一个其他有理性的东西，也和我一样，按照同一规律表象自己的实存；所以，它同时也是

> 一条客观原则，作为实践的最高根据，从这里必定可以推导出意志的全部规律来。于是得出了如下的实践命令：你的行动，要把你自己人身中的人性，和其他人身中的人性，在任何时候都同样看作是目的，永远不能只看作是手段。

康德并不认为这两个版本的定言命令是两条不同的原则，而是把它们视为同一问题的两种表述方式。然而，许多评论者并不确定二者是否相同。尽管如此，从康德的角度来说，我们可以认为，第二个版本通过阐明我们应该总是以我们希望别人对待我们自己的方式来对待别人，从而实际上表达了第一版本的可普遍化原则。

当康德说："要把你自己人身中的人性，和其他人身中的人性，在任何时候都同样看作是目的，永远不能只看作是手段"时，他指的是什么？这个原则似乎是在表明，每个人都拥有内在的价值与尊严，我们不应该利用别人或把别人当作物来对待。康德对这个原则的论证可用如下方式解释。像汽车、珠宝、艺术品或者工具这样的纯粹的物，只有当人们赋予其价值时它们才拥有价值。换句话说，一幅伦勃朗的油画，只有在人们想要拥有它时，它才能够卖一百万美元。因此，这类事物只具有条件性价值，如果人们不再想得到它们，它们将变得毫无价值。然而，人不是物件。既然人是所有条件性价值的源泉，那么人本身就不能有条件性价值，他所拥有的必然是绝对的或内在的价值。没有人能够赋予你人之为人的价值，也没有人能夺走这种价值。熟识之人可能将你看作能为其目的提供价值的物件，但这样的人是前后不一致的。他表现得好像只有自己才具有绝对价值，而其他人只是可用之物。因此，他遵循的准则是"我视他人为物件"，但他不能一致且理性地让别人反过来也遵循这条规则。结果是，他是将自身视作一个例外。

停下来，想一想

某人仅仅把你当作一种手段来得到他想要的东西，你是否经历过这样的情况？这段经历让你感觉如何？为什么你会有这样的感觉？你有没有将别人仅当作手段来对待？你想借此达成什么目的？如果你遵循康德的定言命令，你的行为将有何不同？

有些时候，我们似乎不可避免地要把别人作为物来利用，以服务于自身的目的。比如，当你从邮政人员那里买邮票的时候，你把他当作邮票的来源而加以利用。然而，注意康德说的，我们应该总是将别人视作目的，而不能仅将其视作手段。因此，即使在公共交往中，在面对能为我们提供服务的人时，也不应该采取一种粗鲁或颐指气使的态度，我们应该总是牢记他是我们正在与之打交道的一个独立的人。

道德命令的这一表述的一个重要特征是，康德明确宣称，我们应该尊重自己，而不仅仅是作为达到某种目的的手段。许多伦理学家（例如功利主义者）相信，伦理学调节的只是自我与他人间的人际关系。康德式伦理学则表明，我们不仅对他人负有道德义务，对自己亦然。因此康德谴责自杀行为。如果我为了逃避痛苦与沮丧而结束自己的生命，那么我便是将自己视作由外界环境所决定的物件。相反，我应该尊重自己人格的尊严和价值，并视其为超越一切考量的价值。在实施自杀时，我是在毁灭一个人（我自己），将之作为实现外在目的（摆脱负担）的手段。在这一原则的另一个应用中，康德说，即使我独自流落到一个荒芜的小岛上，也依旧对自己负有义务。譬如，我应当不断地提升自我，运用自己的才能，而不是陷入懒散和放纵中。

绝对义务

康德坚信，如果道德存在的话，那么道德法则必须在任何时间、任何环境下适用于所有人，绝无例外。从某些方面来说，绝对道德义务这个观念是好的。因为由定言命令引出的一个法则是：不应该杀害一个无辜之人。康德的绝对主义将会禁止社会杀害你，即使对你的谋杀能为社会创造出最好的结果。因此，与功利主义不一样，康德的伦理学不允许在正义原则和个人权利方面有任何例外。然而，这种道德绝对主义仍然存在问题。思考下述思想实验中的正在询问的陌生人这个案例。

思想实验：正在询问的陌生人的案例

假设一个朋友正在躲避杀人狂，他到你家请求帮助。因为你们是朋友，他又没有任何过错，你就把他藏在自家阁楼里。不久，杀人狂来到你的门前，向你询问你的朋友是否在房子里(假设你的沉默会让他知道你的朋友在里面)。

- 你应该说出真相还是撒谎？
- 你会用什么道德原则和论据来为这个行为辩护？
- 你认为康德会怎么说？

即使我们承认说谎(作为一条普遍规则)是错误的，但多数人会认为，在这个事例中对询问的陌生人说谎在道德上能得到辩护。的确，拯救一个无辜的生命比说出真相更重要。这个故事并非一个牵强的假设，现实世界中存在很多这样的例子。例如，在二战中，欧洲人帮助隐藏无辜者，以免受纳粹迫害，并为了保护这些潜在受害者而说谎。康德在名为《论出于利他动机而撒谎的假设权利》的论文中对此有过讨论。他指出，在这个事例中，由于考虑到这样做可能带来的有利结果，我们违背了求真的道德义务。但我们真的能知道结果是什么吗？假设你撒谎说朋友不在你家，你看到他沿街跑掉了。你不知道，朋友已经从后门溜走，而且正朝街上跑去，杀人狂就会在那里抓住并杀掉他。康德会说，是你的谎言造成无辜之人的死亡。反之，康德说，如果你说出真话，追杀者在屋子里搜寻那个人时，可能会引起邻居的警觉。康德的结论是："因此，不论是谁撒了谎，不论他出于怎样的善良动机，必须对结果负责，不论结果是如何不可预测，以及要为其承担怎样的惩罚……在所有情况下都必须诚实，因此，这是理性的神圣和绝对的命令，不受任何私利所限制。"[51]康德的意思是，我们永远不能完全确定自己的行为结果，因此，结果在对义务的判定过程中毫无意义。相反，我们必须坚守的只是那些已知的义务。

对康德的分析，可以作出如下几个回应。首先，康德对我们预测结果的能力过于悲观。十分明确的是，在行为的实施过程中会出现各种情况，而我们通常能够理性地确知在这些情况下会发生什么。尤其是当生命受到威胁时，我们最好去做那些看似有最大机会挽救我们生命的行为。如果你践行了说真话的义务（如同康德要求我们的），又如果你的行为间接导致了你朋友的死亡，你能如此简单地对你选择的结果置之不理吗？

第二个问题是，康德似乎没有意识到条件和例外可以是普遍且绝对规则的一部分。比如，在"正在询问的陌生人"的例子中，为什么你不能遵循"总是讲实话，除非这样做可能导致无辜之人的死亡"这条规则？这条规则是可普遍化的，因为每个人可以毫无矛盾地遵循它，并且我们可以希望每个人都遵循它。或者，这条规则可以是"总是对那些有权利知道实情的人讲实话"。这个普遍规则要求我们对朋友、雇主或法官讲实话，但是允许我们对谋杀者、纳粹、恶意的爱说长道短的人或一个打听重要的安全和机密信息的熟人则不用那么真诚。

最后，康德并没有说明当义务间存在冲突时我们应该怎么做。

这个情况的确会发生在"正在询问的陌生人"的事例中，因为我们有关讲实话的义务和保存生命的义务二者之间存在冲突。一些哲学家在维持康德这一重要洞见的前提下，对其立场稍作修正，以解决不同义务间的冲突问题。比如，W. D.罗斯(W. D. Ross)就区分了两种义务。[52]其中，**自明义务**(prima facie duty)具有道德约束力，除非它与更重要的义务相冲突(从字面意思来看，"自明的"就是"初看上去")。**实际义务**(actual duty)则指，当在特定条件下对所有情况作了周全考虑后，我们应当承担的道德义务。自明义务总是有效，但其中任何一个都可能被较高的义务所取代。这就与万有引力规律类似，万有引力规律总是有效，除非被更有力的火箭发射器突破。当然，即使我们可以这样辩护，即违背某个自明义务是为了完成另一项义务，但我们仍有责任对因此遭受损失之人加以补偿。

罗斯列出了七种自明义务，当然，他并没有说这些就是自明义务的全部。它们是：(1) 忠诚——信守承诺，实事求是；(2) 补偿——对我们的错误行为进行补偿；(3) 感恩——对帮助过我们的人表达感激；(4) 正义——公正公平地分配利益；(5) 仁慈——促进他人的利益；(6) 自我完善——努力成为更好的人；以及(7) 不伤害——避免伤害他人。

罗斯并不相信任何将这些义务按绝对等级进行排序的公式。要根据给定的情境来判定哪个自明义务是实际义务，这要求一种道德的敏感性和对环境的明智评判。例如，我的实际义务可能是停下来帮助一个被困司机，尽管这可能要求我违背一个承诺(比如一个约会)。然而，如果这一承诺影响到世界和平所依赖的一项国际公约，那么这一承诺的实际义务可能比防止轻微伤害更为重要。此外，罗斯还强调义务的高度私人化特征。比如，我的一般义务是帮助他人，但是一般来说，自己的家人和陌生人相比，帮助前者显然更为紧迫。虽然罗斯没有给我们提供一套明确的程序来确定在给定情境下哪项义务是我们的实际义务，但他已然抓住了康德对具有普遍约束力的义务的关注，并为我们提供了一些方法来解决义务之间的冲突。

透过康德式伦理学的镜头看

1. 康德说，应该总是把人当作目的而非仅仅是手段。若遵循这条原则，将对你的社会生活，包括你实际的和潜在的浪漫恋情有何启示？

2. 根据功利主义的经典理论，伦理学关切的是我们的行为如何影响他人。如果我独自在一个荒岛上，我可以做任何我喜欢的事。我将没有任何道德责任。但康德却认为，我们对自己负有道德义务，比如保存自己的生命、挖掘我们的天赋、完善自我，等等。你怎么看？你对自己负有道德义务吗？还是说，只要不影响他人，你就能随心所欲地行事，这是道德上可允许的吗？

3. 在维克多·雨果（Victor Hugo）的小说《悲惨世界》（曾被改编成音乐剧和电影）中，英雄冉·阿让（Jean Valjean）是一个使用非法假身份的前罪犯。但他不仅是他所在城镇的镇长和公共捐助者，而且拥有一个大多数城镇居民赖以为生的成功企业。当他得知一个不幸的乞丐被误认为是他，并且将被投入监狱时，冉·阿让认为，揭开自己的真实身份是他的道德义务，尽管这样做会使他所有的成就付诸东流，自己也会重新成为阶下囚，并因为不公的裁断而在监狱中度过一生。

- 康德主义者会说冉·阿让应该怎么做？为什么？
- 功利主义者会怎么说？为什么？
- 你认为冉·阿让应该怎么做？请给出你的理由。

4. 仔细阅读报纸上的故事、社论、读者来信、政治或者立法建议以及我们的日常交谈，找到能够反映康德式伦理学精神的伦理辩护案例。

检视康德式伦理学的优缺点

正面评价

1. 康德式伦理学是值得肯定的，它强调合理性、一致性和公正性的重要性，并且强调在生活中应对人尊重。通过强调道德的绝对真理不可违背的事实，他排除了在确定我们的责任时的任何漏洞、自私的例外和个人偏见。因此，他将我们从为了便利和权宜而合理化自身行为的诱惑中，和对道德责任的逃避中解救出来。

2. 我们总能完全确定自己的行为结果吗？有没有这种时候，你认为自己正在做好事(基于对结果的预期)，但最终却导致坏的结果呢？这些情况不是指出了那种将道德决定立基于结果之上的哲学的问题所在吗？与功利主义和其他形式的结果主义相反，康德认为，结果永远不应该在对我们的道德责任的决定中发挥作用。例如，基于理性的、道德的审慎思考，我们就能确定自己有说实话的道德责任。然而，我们不能同样肯定地知道说真话或说谎的好或坏的结果。这种考虑难道不重要吗？做正确的事有时会让人不高兴，这种事不是经常发生吗？在这种情况下，我们不是无论如何都应该践行自己的义务吗？

3. 与功利主义不同，康德式伦理学严格杜绝某些行为，譬如谋杀、违背承诺或者为了其他目的而损害某些人的权利。这样，康德式伦理学就避免了功利主义的问题，(批评家认为)在这种问题中，总体结果的善可以证明一些受到严厉谴责的行为是正当的。较之只要总体结果是善的，其他“什么都无所谓”的理论，康德式理论不是一种更好的道德理论吗？

负面评价

1. 善良意志难道真如康德所说总是无条件善的吗？难道我就不能是一个虽总是认真履行我的义务，但却总是好心办坏事，总会致人痛苦的无能笨拙之人吗？例如，一个成年孩子的母亲，她专制且控制欲强，认为自己的义务总是要“帮助”孩子，直到孩子最终沮丧地尖叫道：“妈妈，拜托，我宁愿自己做！”俗话说：“通往地狱的道路是由善意铺就的。”许多纳粹将自己视为将欧洲从政治与文化的衰败中“拯救”出来的道德命令的践行者，这不是很清楚吗？可能有人会认为，那种只专注于自己的义务，对行动结果视而不见、麻木不仁的行为方式是一种道德狂热的表现。道德狂热是康德式伦理学的潜在问题吗？

2. 康德想要在因义务而义务与由于我们的偏好而履行义务之间作出明确区分。然而，如果道德已成为你个性的习惯性特征，你因为充满同情（因为这是你的第二天性）而自发地、愉快地履行了你的义务，难道你不该受到称赞吗？康德似乎认为，义务的履行必须是一种理性的计算，我的倾向和情感在此不应发挥任何作用。这一思路难道不片面吗？道德应该与我们的情感，与我们的习惯的或自发行为，与我们喜爱的、蔑视的以及感觉良好的东西有关，而不仅仅与我们的行为、理性的审慎思考和行为的规则相关，难道不是这样吗？

3. 当我们的义务彼此冲突时，康德对绝对义务的承诺并没有给我们提供解决方案。在“正在询问的陌生人”的事例中，你有义务说实话，但也有义务保存生命。康德的建议是，你要说实话并让结果顺其自然，因为你无法百分之百确定结果是什么。此外，他还说，假如你已经履行了自己的义务，要对谋杀负责的就是那个谋杀者而不是你了。但是，难道我们不应该不仅对自己的所作所为，还要对我们有意允许发生的事情负责吗？如果你将朋友的藏身位置如实告知，使杀人犯得逞，难道对朋友的死你就不需要承担责任吗？保存生命比起说实话来讲，难道不是更高、更重要的义务吗？当某些规则无法使更高的义务得以实现时，不是应该允许道德规则中存在一些合理的例外吗？

4. 在定言命令的第一个版本中发现的可普遍化原则有武断和

主观之嫌，这与康德的观点是否矛盾？康德认为，我们有帮助那些不那么幸运的人的道德义务，因为如果我们处于他们的位置，也想获得别人的帮助。但伦理利己主义者艾茵·兰德主张："所有人应该倾向于他(她)自己的利益，而不是其他人的需求。"她还宣称，在自己需要帮助时，既不期待也不想要你为她牺牲自己的利益，因为她发现，依赖他人是有辱人格的。因此，对其他人来说，也可能将与康德的法则相反的道德规则普遍化。这种可能性表明，尽管康德认为其伦理学建立在纯粹理性的基础上，但大量主观性已经介入其中，是这样吗？

5.5 德性伦理学

引导性问题：德性伦理学

当代哲学家迈克尔·斯托克(Michael Stocker)提出下面的思想实验以检验我们的伦理直觉。

> 假设你在一家医院住院，久病后正在康复。当史密斯再次来此探望你时，你却感到很无聊，坐立不安，无所事事。你现在比以往任何时候都更相信他是一个好人，一个真正的朋友，因为他花费了大量时间穿城过镇来看你，只为让你开心，等等。你的赞美之情与感谢之辞溢于言表，对此他反对道，他总是试图做他所认为的义务之内的事，以及他所认为的最好的事。起初，你认为这是他自我贬低的礼貌，为的是减轻道德负担。然而，你俩谈得越多，实情就变得越清楚：他来看你，本质上并不是因为你，也不是因为你们是朋友，而是因为他认为这是他的义务——作为一个基督徒或共产主义者或其他什么身份，或者仅仅因为他不认识别的更需要安慰或更容易安慰的人。[53]

1. 从功利主义的观点来看，史密斯的行为是道德的，因为他通过安慰你而使你的幸福最大化。从康德的观点看，史密斯的行为也是道德的，因为他践行了自己的义务并且基于义务感而行事。那么他到医院探访带来的问题是什么呢？

2. 某人帮助你是(a) 为了使幸福总量最大化，(b) 为了履行作为朋友的义务，(c) 为了维持一般意义的友谊，(d) 出于他对所珍视的朋友之友谊的看重。这四者有什么区别？为什么前三种动机看起来没有人情味而且是抽象的？

3. 功利主义者认为，我们应该为了好的结果而行动，康德主义则认为我们应该出于理性的道德义务而行动，但斯托克(这个思想实验的作者)反对这两种理论，因为它们都没有将行动的接受者作为因其自身而受尊重的人来看待。这种理论“外在地将他人视为本质上可替换的，视为仅仅是工具，或视为一般的、抽象的价值储存库”。如此，这种理论“排除了爱情、友情、亲情、同情以及共同体”。[54]斯托克的故事是如何阐明这些观点的？

4. 如果史密斯的仁慈行为产生的结果以及他的责任感是无可指摘的，那么史密斯还缺什么呢？

直到最近几十年，伦理学理论还在被功利主义与康德式伦理学之间的争论，或者强调行为结果的理论与更关心行为本身的本质是践行还是违背道德义务的理论之间的争论所统治。然而，尽管两者之间存在差异，它们都同意行为的道德性是伦理学的首要关注点。但在日常生活中，我们不光从行为的角度也从人的角度去评价道德的性质。我们可能说某个人令人钦佩、正派、善良、可敬、道德、圣洁。简言之，她拥有良好的道德品质。另一方面，我们可能评价她是坏的、卑鄙的、堕落的、名声不好的、不道德的、应受谴责的，简言之，她有一种糟糕的道德品质。某些哲学家似乎不把道德与一个人的行为联系在一起。相反，他们主张，道德应该关注喜恶、欲望、态度、在特定的行为方式中表现出的性情、个人理想和人生目标等那些可以令我们感到愉悦的东西，以及一般来说能够界定我们人生态度的个人品质。

这一立场在古代和现代思想中都能找到，这就是著名的德性伦理学。**德性伦理学**关注使人成为善的或者值得尊敬的那些品格特征，而不是简单关注这个人所作出的行为。从前述理论来看，伦理学的首要问题是“我应该做什么?”相反，德性伦理学认为，基础性问题是：“我应该成为什么样的人?”这体现在斯托克讲的医院探病的故事中。即使在功利主义或康德理论看来，史密斯做了正确的事，并一贯履行了他的道德义务，但他仍然缺少同情这一德性。因此，作为一个人，史密斯在他的道德发展过程中是有所欠缺的。德性伦理学认为，伦理学应该首先关注成为一个有德性的人意味着什么，然后再考虑随德性而来的具体行为准则。

停下来，想一想

有什么理由可以支持下面的每一个陈述?

1. 伦理学应该以这个观念为基础，即成为一个好人意味着什么。

2. 伦理学应该以这个概念为基础，即道德上正确的或有责任的行为意味着什么。

在权衡了支持每一个陈述的理由后，你认为哪个陈述最好地描述了伦理理论的主要关注点?

检视德性伦理学

什么是德性?

理解“德性”一词的一个难点在于这样一个事实，那就是经过许多世纪的发展，这个词已经发展出不少意义关联。在我们当前的时代，说某人是“有德性的”意味着他们是非常虔敬的，也可能是说他们在性问题上是贞洁的。有时则表现出某种消极含义，比如，这个词可以被讽刺性地运用于令人厌恶的假正经的人身上。为了理解德性伦理学，我们必须回到产生这个理论的古希腊时代。在希腊哲学中，德性概念乃是“*aretē*”一词。具有 *aretē* 意指“具有优秀的品质”或“用卓越的方式做事”。德性的这层含义今天仍存在于英语单词“virtuosity”中。一个小提琴演奏大师（virtuoso violinist）是能够用精湛的技巧演奏小提琴的人。对古希腊人来说，如果某个东西是它所属种类中的优秀代表，那这个东西就可以被称作是有德性的。因此，他们说一把刀子的德性就是它切东西的能力。一匹赛马的德性就是跑得很快。造船人、摔跤手、医生以及音乐家，每个人都有与他们的专业相关的特殊德性，但是哲学家，例如苏格拉底，则常常关注这个问题：“成为一个有德性的（优秀的）人意味着什么？”换言之，成为一个完整的人本身就是一项任务或技能，与所有其他我们可获得的具体技能相比要更为根本。这就是为什么我们将一个邪恶的暴君称为“没有人性的”。他如此缺乏建构起一种优秀品质的德性，以至于不配拥有“人”这个标签。根据苏格拉底和德性伦理学的观点，道德可以归纳为在生活的艺术上取得成功。那些经常作出撒谎、欺骗、剥削他人之事却无任何愧疚之人，以及对他人的痛苦漠不关心之人，都缺乏诚实、正直、公正和同情这些德性，并具有相应的恶。依苏格拉底和柏拉图所见，这样的人的品质是畸形的、有缺陷的、功能失调的，是不健康的身体器官的道德等价物。[55]因此，苏格拉底声称，对于人类来说，最重要的目标不是简单地活着而是“活得好”。[56]与如今的广告将好生活等同于拥有财富、名誉、运气、高级饮品或豪车相反，苏格拉底将“活得好”等同于拥有某种品质，因为他说：“活得好，活得体面，和活得公正，是一个东西。”[57]

德性可以被定义为，因其是人类卓越之处的组成部分而值得钦佩和欲求的品质特征。德性因其自身而内在具有价值，但它们被珍视还有别的原因，无论对拥有它们的个人还是一般意义上的社会来说，它们都促进了人的繁荣。道德德性的典型例子(但不是一个完整的列表)有慷慨、怜悯、诚实、忠诚、正直、公正、责任心和勇气。虽然道德德性的边界很难划分，但应该与人格特征相区分，比如魅力与羞涩。我们可能发现某些人格特征吸引人或不怎么吸引人，但在评估一个人的道德品质时，关注点却并不在此。如果品质特征是道德评估的对象，那每个人必须至少有获得它们的潜能。如果没有这些特征，那我们必须能够通过训练、练习和通过一个自我完善的个人计划来获得它们。否则，消极地判定某人缺乏某种德性，就会变得像批评那个人生来具有视力缺陷一样。

停下来，想一想

反思一下你的人生，你所获得或提升了的哪些品质特征使你成为一个比先前更好的人？你拥有这些是受别人影响，还是靠自己不断地努力提高，抑或两者都有？假设可以去一个交易站，在那里，你可以丢弃你认为导致自己作为人而言有所欠缺的某种特征、态度或某种欲望，还可以以此换得更好的。你会丢掉什么？你想要获得什么样的品质？这个交易在你的人生中会引发怎样的具体改变？为什么这会使你有所提升？

如同大多数理论那样，德性伦理学从两个层面为自己辩护。首先，它对与之相抵触的理论进行批判，主要针对它们的理论预设和方法。对于德性伦理学来说，其主要竞争性对手是功利主义和康德式伦理学，因此，它必须证明这些理论都有不可弥补的局限和缺陷。但仅指出对手的理论缺陷还不足以证明你的理论应该被采纳。因此,还要有第二种方法,就是给出积极的论证以表明你所提出的理论较之他者更为优越。依照这种两个层面同时推进的思路,我首先讨论德性伦理学家对功利主义与康德式伦理学的批判。

功利主义的问题

正如你可能猜想的那样,德性伦理学指责功利主义和康德式伦理学是不充分的,原因是这些理论未能在人们的伦理生活中给予德性以应有的优先性。不过,功利主义与康德式伦理学并没有完全忽略德性,虽然它们首要考虑的还是正确的行为。在这些理论中,德性只是因为能够服务于另外的目的而有价值。因此,这两种理论认为德性只具有工具性价值,而非内在价值。让我们首先依据功利主义理论考察以下思想实验。

思想实验:好的行为就足够了吗?

假设有人[我们称她为米莉(Millie)]有以下行为:(1)在压力之下仍然说真话;(2)将一名儿童从险境中救出;(3)花时间做慈善;(4)空闲时间去拜访住院的格特鲁德(Gertrude)姨妈。此外,我们再增加一条规定:在每种情境中,米莉的行为比起其他行为更能使快乐最大化。

- 在每种情况下,功利主义者会如何评判米莉的行为所表现出来的道德的善?

现在,我们假设在前面的情境中米莉的行为是出于以下动机:(1)她盘算着说真话会为她在死后赢得奖赏;(2)她希望自己的英勇营救行为能赢得声誉;(3)她期望她的慈善工作会对自己的竞选活动有利;(4)她希望能继承姨妈的财产。

• 附加了这些信息之后，你将如何评价米莉的行为所表现出来的道德的善？

毫无疑问，功利主义者一定会说，即便她的动机值得怀疑，但米莉在每种情境下都做了道德上正确的行为，因为从结果上看，它们符合幸福最大化原则。功利主义在谈论正确行为的规则时从不涉及动机。然而，如果你的道德直觉与我相似，那么当我们发现米莉这些仁慈行为的动机时，便会认为她做人有欠缺之处，并不值得称赞。难道功利主义者只是关心数字如何增加的"幸福计算师"吗？他们竟然完全不关注人的动机与品质吗？答案是，功利主义确实将这些因素计算在内。如果人们作出某种仁慈行为仅为了死后进入天堂，赢得声誉，在政治中获得成功，或者获得一笔遗产，那么在无利可图时他们就不会作出道德行为。因此，功利主义者认为必须鼓励人们拥有某些品质特征，并且从孩提时便要加以灌输，因为道德之人更有可能选择做道德上正确之事(这种行为会使普遍的善最大化)。在这一理论中，德性仅仅具有工具价值，而不是内在价值。

康德式伦理学的问题

康德似乎比功利主义者更加关注人的品质，因为他说只做正确的事(合乎义务地行动)是不够的。相反，一种行为要想真正具有道德属性，必须从一个正确的动机出发(出于义务而行动)。对康德来说，唯一具备无条件的善的东西就是善良意志，或履行义务的动机。我们可以把这个动机称为尽责的德性。但康德在赞扬这种德性时，却认为其他德性只发挥着次要作用，甚至将其指认为人们的倾向和情感。下面的思想实验可以表明，康德对道德德性的狭隘理解将会引发怎样的问题。

思想实验：只要行动出于义务就已足够吗？

思考下述两种情景：

1. 康德主义者卡尔(Karl)发现，有人将钱包落在了教室里。他在翻找失主的姓名时，发现钱包里有大量钱财。这笔钱可以用来支付学费，所以他非常想私吞。然而，作为一个虔诚的康德主义者，他意识到自己应遵守理性的道德义务将钱包归还给失主。他曾认真考虑过要留下这笔钱，并说服自己他比失主更需要这笔钱，但这种使行为合理化的尝试却总是一再被自己内心坚守的道德法则所打断。他在欲望与义务之间苦苦挣扎，焦虑无比，但最终还是下定决心依照义务行动，将钱包与现金一起归还给失主。

2. 有德之人弗吉尼亚(Virginia)发现有人将钱包落在了教室。她在翻找失主的姓名时，发现钱包里有大量钱财。弗吉尼亚认为人生最重要的目标在于完善自我，所以她一生都致力于从德智体美等方面不断提升自己。她的道德品质成熟且完满，诚实已经成为她的存在的一部分。在她身上绝不会发生私留钱财的行为。因此，弗吉尼亚不假思索地将钱包与钱一起归还给它的真正主人。

卡尔与弗吉尼亚都基于道德原因作出了正确行为。但假设我们要评定的不仅是他们的行为，还有他们的道德品质。那么，卡尔和弗吉尼亚的行为，哪个更具有道德价值？这种思考到底有多么重要？

在第一个情景中，康德主义者卡尔忠实却又极不情愿地践行着自己的义务,但是要这样做,他必须与自己的偏好进行激烈斗争。有德之人弗吉尼亚也践行了这一义务,但这是因为她已然发展出此种道德习惯,使其自然地去做正确之事。康德力图在道德责任和意欲之间进行类似的严格区分。他认为,如果一种行为(就像弗吉尼亚的行为)的实施反映的不过是我们习惯性的行为方式,或者是出于个体的本性、情感、欲望以及偏好的话,它便不存在任何道德价值。然而,亚里士多德会说:

> 不以高尚[高贵]的行为为快乐的人也就不是好人。一个人若不喜欢公正地做事情就没有人称他是公正的人;一个人若不喜欢慷慨的事情就没有人称他慷慨,其他德性亦可类推……所以柏拉图说,重要的是从小培养起对该快乐的事物的快乐情感和对该痛苦的事物的痛苦情感,正确的教育就是这样。[58]

与康德不同,亚里士多德认为伦理学是关乎情感之事,不能仅仅诉诸理性。依据亚里士多德的观点,当代德性伦理学家主张,有德之人不仅要出于义务而行动,且应快乐、自发地行动,要在如此这般行动时洞察到内心深处最强烈的意欲和偏好。

总之,作为当代哲学中最主要的两种伦理学理论,功利主义与康德主义都是立足于某些规则或原则,并专注于行为的伦理特征。在这些思考路径中,伦理理论和法律之间的相似性是显而易见的。与此不同,德性伦理学认为它们把问题的重心搞错了,伦理学应该关注人的品格与情感。如果基于规则的伦理学可比作法律的话,那么德性伦理学就可比作园艺。美德是人类成长、开花、繁荣的必要条件。细看这一园艺比喻,便可发现我们自己既是园丁亦是花朵。因此,对德性伦理学家而言,当我们质询一种行为时,并不是问“结果会如何?”或“我能将这一行为普遍化吗?”他们会问:“在我成为一个令人钦佩和值得尊敬的人的计划中,这个被提议的行为会对我产生什么影响?”

关于德性伦理学的积极案例

德性伦理学将涉及以下五个主题。尽管不同伦理学家对不同主题各有侧重,但它们加合起来,便构成了对何谓伦理学的另一种独特解读。

1. 德性是人类繁荣与幸福的必要条件。德性伦理学的一个共同主题是,在现有的身心条件下,人类若要繁荣昌盛(flourish),德性至关重要。苏格拉底认为,追问为什么要成为有德之人,就如同追问“为什么我要繁荣”一样。显然,这里用“繁荣”一词并不是说,拥有德性是我们获得友谊、财富和舒适生活的必然保证,因为有德之人常会被社会拒斥,他们或许贫穷,并且经受巨大折磨。然而,无论是否获得外在荣誉,我们都有尽可能将事情做到最好的自然欲求。能够在体育、音乐、智识等方面获得极高声誉或财富的只是少数人。但我们依然会尽心竭力去做,仅仅是因为追求繁荣(或者说,发挥我们的最大潜能)本身便有其内在价值,并且会赋予我们个人以成就感。德性与个人的繁荣之间并不存在因果关系,它们是一种构成性关系。一个火花会导致一场爆炸,但让球穿越对手的得分线,并不会导致你的球队达阵得分。相反,它是构成达阵得分的东西。同样,正如论证所言,德性是人类幸福的构成物。

作为当代德性伦理学界最具影响力的学者之一,阿拉斯代尔·麦金太尔(Alasdair Maclntyre)将德性在个体和共同体实践中所发挥的作用进行了如下描述:

> 德行必定被理解为这样的品质:将不仅维持实践,使我们获得实践的内在利益,而且也将使我们能够克服我们所遭

> 遇的伤害、危险、诱惑和涣散，从而在对相关类型的善的追求中支撑我们，并且用不断增长的自我认识和对善的认识充实我们。因此，德目表不仅包括维持家庭和维持那使男人和女人能在一起寻求善的政治共同体所必需的德性，而且包括对善的特征的哲学探究所必需的德性。[59]

2. 道德规则总有欠缺，除非它们是基于一种以德性为基础的伦理学。尽管德性伦理学家弱化了道德规则在伦理学研究中的作用，但绝不否认其在道德生活中是有用的。不过，德性伦理学的支持者们依旧会质疑脱离了德性品质的道德规则的自足性。比如，如果我没有德性，就不会想要遵从道德规则，也不会知道这些道德规则该如何使用。哲学家格雷戈里·特诺斯基(Gregory Trianosky)如此表述德性伦理学的立场：

> 人们有时会说，有关正确行为的规则或原则必须被执行，它们之间的冲突也需要协调。但规则本身不会告诉我们，在特定情境之下该如何应用它们，更不用说如何更好地应用了。它们也不能告知，在什么时候可以对人们违反规则的行为予以谴责。就此而言，诉诸德性就变得必要了……
>
> 此外，我们还会意识到，许多正确行为是不能以规则或者原则的形式呈现出来的。道德情境太过复杂，而道德法则却过于普泛和简洁……而且，除非我们能找到道德模范或典范个人，否则，作出的道德抉择到底能够好到何种程度，在很大程度上还是取决于个人的道德品质。[60]

3. 较之对行为之正确与错误的判断，对道德品质的判断更为根本。这个主张比上面更进一步，因为最近，许多功利主义者和康德主义者都在尝试用有关道德品质的观点补充义务论伦理学。不过，在德性伦理学看来，德性概念既不是道德规则的补充，也不依赖于规则本身，因为德性本身就是最基本的道德范畴。正如德性伦理学家哈罗德·阿尔德曼（Harold Alderman）所说：

> 规则以及其他关于善的观念，充其量，要么是对德性品质之意义的分析性说明，为人们习得的德性提供指引，要么是有德之人的一种标示，仅此而已。[61]

功利主义与康德式伦理学尽管具有不同的证成路向，但它们给出了相同的道德判断。同样，当涉及特定情况下该如何行动这一问题时，德性伦理学家也会给出一样的结论。不过，从本质上讲，德性伦理学的独特之处在于，即便是同样的情境，它对德性的考虑也要大大超过对功利或义务的考虑。哲学家贾斯汀·欧克利（Justine Oakley）通过以下例子阐明这一点：

> 假设我要安慰一位十分亲密的朋友，他沉浸在婚姻破裂的悲痛之中。我用了很长时间安慰他，这已超过了从义务上看我该对朋友付出的时间。德性伦理学家或许认为，我多留一些时间来安慰他是正确的，即使我这么做意味着我取消了与一位商业伙伴约好一起共进午餐的约会，因而同样意味着我没能最大化整体效用。安慰朋友在这里之所以正确，在于任何一个拥有正确的朋友观念的人都会作如此的安排，而不是说，这会从整体上带来最有利的结果，或是因为出于作为朋友的义务。[62]

4. 德性伦理学更为全面，它涉及的是作为整体的人，而非仅仅做着某种具体行为的人。以行为和规则为基础的伦理学理论过于狭隘，因为它看重的只是人们断定该如何行动的那个时刻，并且尤其看重对行为的认定，也就是它们在关键时刻带来的是好结果还是坏结果，或者说，它们合乎义务还是违背义务。这些理论最终会导向一种“道德极简主义”，因为它们首先关心的是“我怎样才能避免自己的行为受到指责？”这类理论认为人们的生活情境可以分为两个部分：(1) 道德情境和(2) 非道德情境。其中，诸行动理论主要涉及情境(1)，此时我们面临着履行义务还是违背义务的选择；而情境(2)则是关于允准的领域(the realm of permissible)，此时，我们的所作所为与道德要求无关。但难道道德在人类生活中只占据如此狭小的部分吗？难道道德不应该关注我们的整个生活，而仅仅是我们可能面临错误的情况吗？道德是否会对我们生活的诸多领域都有指导意义，即使这些领域并不涉及具体的道德法则和道德义务？对于理想、志向、欲望、兴趣、情感这些能够展示“我是谁”和“我想成为怎样的人”，但却无法说明“我该如何行动”的因素，道德是否有发言权？伦理学是否还会关心我的选择，不论它们是平凡琐碎还是意义重大，比如要交怎样的朋友，追求何种职业，读什么书，或者参与什么样的娱乐活动？比如，在基于规则的功利主义和康德主义伦理理论那里，仁慈的道德价值首先会出现在这样的情境中，在此情境下，我应当帮助他人，而若不这样做就是错误的。然而，哲学家J. L. A. 加西亚(J. L. A. Garcia)认为，这种基于规则的，以行为为导向的仁慈概念太过简单。

> 因为一个仁慈之人会有主动帮助他人的倾向，即便她不是被道德规则所引导(要求)，例如，在超出义务的情况下。① 更重要的是，仁慈之人期盼和希望他人成功，即便她意识到自己无法通过实际行动施以帮助；她也会乐他人之所乐，悲他人之不幸，即便这不幸并非因她而致。简言之，仁慈作为一种美

---

① 加西亚用“supererogatory”来指代那些并非强制性的但却超出了义务要求的行为。

> 德，并不单单表现为某种行动倾向，因为它并不存在于行为中。仁慈存在于各种形式的心理反应中，不论这反应是否在行为中表现。[63]

如果我们回过头来再看史密斯到医院探望你的故事，便可以清楚地知道，为什么他的仁慈行为会使你倍感烦扰。他只是出于义务而行动，还带着一些功利最大化的意图。他欠缺仁慈的精神、助人的愿望、关切的态度、助人为乐的性情，以及看到你精神振奋时的幸福感。

以行为为导向的伦理学考虑的是我应如何实施当下的行为，还有当时驱使我作出行为的动机。而德性伦理学则关注能使我超越这些偶然情况的持久不变的品质。正如德性伦理学家大卫·所罗门(David Solomon)所述：

> 这样看来，最好不要将道德生活看作是由遭遇到的道德困境或道德不确定性构成的系列片段(尽管所有人的道德生活都肯定包含着这样的时刻)；毋宁说，它是对卓越人性的毕生追求。对这类追求的指导，与许多现代伦理学理论想象的截然不同……(德性伦理学)的任务并不是给予行为以确定的指导，这应该是德性的任务。德性伦理学并不打算为解决实践难题提供计算方法，它们的工作，更像是为赛跑提供的健身课程。[64]

德性伦理学因为无法为人们的选择提供确切规则而受到指责，但所罗门认为，它在某些方面做得更好，它指导我们成为能够有效作出道德决定的人。然而，对于德性伦理学只关注品格特征而不考虑行为这类指责，德性伦理学家诺萨林·赫斯特豪斯(Rosalind Hursthouse)回应道："每一种德性都会衍生出正面引导

(公正、善良、勇敢、诚实地行动，等等)，每一种德性都将钳制恶行(不能行不义、残忍、懦弱、欺骗之事，等等)。”[65]

5. 道德的关键在于道德模范的品格。虽然并非所有德性伦理学的支持者都采纳这种方法，但许多人还是强调道德模范(亦称道德典范、理想范型或道德范本)在道德成长或道德决断中的重要作用。幼童通过模仿他们的偶像，比如父母、亲人、老师、历史人物以及虚构人物以获得诸多道德训练。像佛陀、孔子、苏格拉底、耶稣、亚伯拉罕·林肯、甘地、特蕾莎修女(还可以列出更多)等，不单借助教育，而且通过他们的生活及其人格来启发我们。因此，对于德性伦理学而言，在传记、历史、文学，甚至是收录在威廉·贝内特(William Bennet)的《美德书》里的传统少儿故事所展示出的人格，至少与哲学家们提出的诸多原则具有同样的道德洞见。德性伦理学的领军人物丹尼尔·斯塔特曼(Daniel Statman)这样讲：

> 要成为一个好人，关键不在于学习和“运用”那些原则，而是要向模范学习。我们怎么学习舞蹈、烹饪、踢足球，就怎么学习成为一个有德之人——观察在这些领域中有所作为之人，学着做同样的事情。根据(德性伦理学)，道德模范发挥的教育作用远比在对原则、义务的学习中获得的教育更大，因为它更加具体。[66]

恰如斯塔特曼所言，我们无法通过读书和听讲座来学习舞蹈、烹饪、踢足球。才艺高超之人能够向我们讲述这些活动，甚至会让我们记住某些原则，以使我们理解得更为透彻，但归根结底，我们还是需要观察技术精通之人的行为，并反复练习，直到我们能像这些模范一样。有鉴于此，诺萨林·赫斯特豪斯将**正确的行为**定义为，“在此种情况下有德性的行动者所施行的行为”。[67]

停下来,想一想

你心目中的道德模范是什么样的人？他们都是你认识的吗？还是说有一部分是在书上读到的？他们当中有教师吗？有历史人物吗？有虚构的人物吗？随着你不断成长，你的道德模范是否更换过？为什么？关于如何生活、如何做一个好人,他们教给你什么？如果你没被他们所影响,你的行为将有何不同？在多大程度上,你能够将自己的所学归结为各种原则,并用话语将其表达出来？你是否认为自己也会成为其他人的道德楷模,比如你的弟弟妹妹或者朋友？

亚里士多德(前384年—前322年)

在西方,德性伦理学的源头可以追溯到苏格拉底、柏拉图、斯多葛主义者和早期的基督徒那里,但相比而言,对这一理论的发展影响最大的人无疑是亚里士多德。亚里士多德出生在位于希腊北部的马其顿王国。大约18岁时,他进入柏拉图在雅典开办的学园并成为那里的一名学生,从而有幸接受到那个时代最好的教育。亚里士多德追随柏拉图差不多20年,一直到柏拉图去世。尽管亚里士多德终其一生都十分感激老师柏拉图的传道授业之恩,但他对柏拉图提出的一些观点仍持有强烈的批判态度。亚里士多德强调,虽然真理和友谊同样宝贵,但倘若要两者选其一的话,我们应该更尊重真理。离开雅典之

亚里士多德

后，亚里士多德从事过很多职业，包括担任年幼的马其顿王子也就是后来的亚历山大大帝的老师。

晚年，亚里士多德返回雅典并创办了自己的学校和研究机构，人们称之为“吕克昂学园”(Lyceum)。在那里，他教授的科目广泛，包括生物学、物理学、医学、心理学、地理学、数学、哲学、美学、政治学和文学批评理论等。公元前323年，亚历山大大帝去世，整个雅典掀起了一场反对马其顿统治的浪潮，亚里士多德担心自己与亚历山大大帝的私交会为自己招来灾祸，因为此时此景令他不禁回想起苏格拉底曾经的遭遇。他不想成为殉道者，于是决定离开这座生活多年的城市，希望通过这种方式避免雅典人“对哲学第二次犯罪”。第二年他便去世了。

尽管亚里士多德提出的很多关于自然科学的观点早就被后人推翻，但他的伦理学思想却一直影响着当今哲学的发展。亚里士多德对伦理学的探究始于他发现所有行为都有其目的。试想一下，如果人生不是碎片的堆积或者不是为了虚度光阴的话，那么人活着就必然要追求并实现某种价值和目标，而人生走过的每一步都可被视为朝向终极的善迈进，我们之所以追求这些善，则是因为它们本身就值得我们这样去做。亚里士多德认为这个终极目标就是幸福(happiness)。毫无疑问，幸福是终极的、毋庸置疑的人生目标，所以当一个人被问及“你为何一生都在追求幸福”时，这个提问本身是没有意义的。他用eudaimonia这个希腊词来表述幸福，以便将其区别于愉悦(pleasure)。按我们的理解，亚里士多德所谓“幸福”的最佳表述可以是“生活幸福”“活得好”或者“过值得过的生活”，可问题在于幸福本身就是一个十分模糊的词汇，每个人都有自己的观点和看法。然而，假如幸福真的就是人生最高的善，亚里士多德认为，最好通过澄清人生的目的或活动的方式去理解这个词。

当亚里士多德提到人生的功能或目的时，他没有投向神学的怀抱。相反,亚里士多德指出,自然当中的任何事物都有某种本性,正是本性使其成为自身所是的样子。因此,就人而言,人性当中也存在某种特殊性质,它是决定我们自我实现的关键。

- 亚里士多德怎样论证人必然有着某种特殊功能和目的?
- 我们有哪些独属于人的功能?

引自亚里士多德

《尼各马可伦理学》(*Nicomachean Ethics*)[68]

第一卷

说最高善就是幸福似乎是老生常谈。我们还需要更清楚地说出它是什么。如果我们先弄清楚人的活动,这一点就会明白了。对一个吹笛手、一个木匠或任何一个匠师,总而言之,对任何一个有某种活动或实践的人来说,他们的善或出色就在于那种活动的完善。同样,如果人有一种活动,他们的善或出色就在于这种活动的完善。那么,我们能否认为,木匠、鞋匠有某种活动或实践,人却没有,并且生来就没有一种活动?或者,我们是否更应当认为,正如眼、手、足和身体的各个部分都有一种活动一样,人也同样有一种不同于这些特殊活动的活动?那么这种活动究竟是什么?生命活动也为植物所有,而我们所探究的是人的特殊活动。所以我们必须把生命的营养和生长活动放在一起。下一个是感觉的生命的活动。但是这似乎也为马、牛和一般动物所有。剩下的是那个有逻各斯的部分的实践的生命。(这个部分的逻各斯有两重意义:一是在它服从逻各斯的意义上有,另一则是在拥有并运用努斯的意义上有。)实践的生命又有两种意义,但我们把它理解为实现活动意义上的生命,这似乎是这个词较为恰当的意义。

如果人的活动是灵魂的遵循或包含着逻各斯的实现活动；如果一个什么什么人的活动同一个好的什么什么人的活动在根源上同类(例如一个竖琴手和一个好竖琴手，所有其他例子类推)，且后者德性上的优越总是被加在他那种活动前面(一个竖琴手活动时演奏竖琴，一个好竖琴手的功能是出色地演奏竖琴)；如果是这样，并且我们说人的活动是灵魂的一种合乎逻各斯的实现活动与实践，且一个好人的活动就是良好地、高尚[高贵]地完善这种活动；如果一种活动在以合乎它特有的德性的方式完成时就是完成得良好的；那么，人的善就是灵魂的合德性的实现活动，如果有不止一种德性，就是合乎那种最好、最完善的德性的实现活动。不过，还要加上“在一生中”。一只燕子或一个好天气造不成春天，一天或短时间的善也不能使一个人享得福祉。

既然幸福是灵魂的一种合于完满德性的实现活动，我们就必须考察德性的本性。这样我们就能更清楚地了解幸福的本性……但我们要研究的显然是人的德性。因为，我们所寻求的是人的善和人的幸福。人的善我们指的是灵魂的而不是身体的善。人的幸福我们指的是灵魂的一种活动。

亚里士多德认为，幸福存在于依照自身本性展开的生活中和在人之为人的最终完善中。这就意味着人们应该按照理性设置的计划或者策略去生活。尽管亚里士多德相信哲学沉思是最高级的，同时也是能带来最大满足感的幸福类型，但并不是所有人都必须成为深居简出的饱学之士。他认为要成为完满之人，积极投身政治和文化生活同样重要。事实上，所谓理性生活，就是不论我从事何种其他事务都会一贯坚持的那种生活方式。当亚里士多德说灵魂的活动要与理性和德性保持一致时，他说的并不是我们做的哪一件具体事情，而是我们在生活中做任何事都要具备的一种态度。

因为我们一方面是理性的存在者，另一方面也是兼有感性、欲望和拥有行动能力的存在者，通向幸福的道路包含两个维度。我们必须用理性去判断哪条道路是最佳的，并且我们的欲求、感觉和情绪必须与我们的理性判断相符合。正如亚里士多德在下面这段文字当中所言，上述两个维度需要两种不同的人类德性：理智德性（与我们的理性相关）和道德德性（与非理性，但也能够追随理性的那些部分相关）。道德德性包含诸如勇敢、慷慨、诚实、正义等品格。尽管在这段文字中，亚里士多德关注的重点是道德德性，但这两种德性却是相互支持的，任何一方的缺失都会使“好的生活”无法实现。

- 理智德性可以通过教导来培育，但道德德性该如何获得呢？换句话说，我们该如何做才能算是公正、勇敢或节制（自我约束）呢？

第二卷

所以，德性分两种：理智德性和道德德性。理智德性主要通过教导而发生和发展，所以需要经验和时间。道德德性则通过习惯养成，因此它的名字“道德的”也是从“习惯”这个词演变而来。由此可见，我们所有的道德德性都不是由自然在我们身上造成的。因为，由自然造就的东西不可能由习惯改变。例如，石头的本性是向下落，它不可能通过训练形成上升的习惯，即使把它向上抛千万次。火也不可能被训练得向下落。出于本性而按一种方式运动的事物都不可能被训练成以另一种方式运动。因此，德性在我们身上的养成既不是出于自然，也不是反乎自然的。

首先，自然赋予我们接受德性的能力，而这种能力通过习惯而完善。其次，自然馈赠我们的所有能力都是先以潜能形式为我们所获得,然后才表现在我们的活动中(我们的感觉就是这样,我们不是通过反复看、反复听而获得视觉和听觉的。相反,我们是先有了感觉而后才用感觉,而不是先用感觉而后才有感觉)。但是德性却不同：我们先运用它们而后才获得它们。这就像技艺的情形一样。对于要学习才能会做的事情,我们是通过做那些学会所应当做的事来学的。比如,我们通过造房子而成为建筑师,通过弹奏竖琴而成为竖琴手。同样,我们通过做公正的事而成为公正的人,通过节制而成为节制的人,通过做事勇敢而成为勇敢的人。这一点也为城邦的经验所见证。立法者通过塑造公民的习惯而使他们变好。这是所有立法者心中的目标。如果一个立法者做不到这一点,他也就实现不了他的目标。好政体同坏政体的区别也就在于能否做到这点。

第三,德性因何原因和手段而养成,也因何原因和手段而毁丧。这也正如技艺的情形一样。好琴师和坏琴师都出于操琴。建筑师及其他技匠的情形也是如此。优秀的建筑师出于好的建造活动,蹩脚的建筑师则出于坏的建造活动。若非如此,就不需要有人教授这些技艺了,每个人也就天生是一个好或坏的技匠了。德性的情形也是这样。正是通过我们同邦人的交往,有人成为公正的人,有人成为不公正的人。正是由于在危境中的行为的不同和所形成的习惯的不同,有人成为勇敢的人,有人成为懦夫。欲望与怒气也是这样。正是由于在具体情境中以这种或那种方式行动,有人变得节制而温和,有人变得放纵而愠怒。简言之,一个人的实现活动怎样,他的品质也就怎样。所以,我们应当重视实现活动的性质,因为我们怎样取得成就就取决于我们的实现活动的性质。从小养成这样的习惯还是那样的习惯绝不是小事。正相反,它非常重要,或宁可说,它最重要。

停下来,想一想

你是如何学会慷慨、节制、公平或诚实的?你同意亚里士多德给出的获得德性的途径吗?是否有可能就像我们练习演奏乐器或运动一样实践道德这门艺术?你是采取什么样的措施提升自己的道德品质的?

在下面这段文字当中,亚里士多德继续讨论本节的主题,即我们通过实践获得道德德性。当一个儿童第一次学习演奏钢琴时,老师肯定会亲自示范。通过对老师动作的模仿,儿童会逐渐掌握演奏技艺。但经过一段时间的训练之后,一个娴熟的演奏家就不再需要老师手把手地教了,相反,他可以做到在眼睛看到乐谱时手指瞬间作出反应,这是因为他通过训练已经养成了习惯。差不多同样的道理,亚里士多德认为道德德性也是伴随着道德行为的实践变成一种根深蒂固的、仿佛是根植于本性的习惯时方才获得的。

- 在下面这段文字中,亚里士多德认为一个不节制或不公正的人仅仅是因为他(她)没有作出节制或公正的行为。那么,一个行为要成为真正的道德行为需要满足哪三个条件?
- 为什么亚里士多德认为拥有正确的哲学理论还不足以使一个人成为有德之人?(他在这里可能是针对苏格拉底,后者认为一个人认识了善就会去做良善之事)

合乎德性的行为并不因为它们具有某种性质就是,譬如说,公正的或节制的。除了具有某种性质,一个人还必须是出于某种状态的。首先,他必须知道那种行为。其次,他必须是经过选择而那样做,并且是因那行为自身故而选择它的。第三,他必须是出于一种确定了的、稳定的品质而那样选择的。

说到有技艺，那么除了知这一点外，另外两条都不重要。而如果说到有德性，知则没有什么要紧，这另外的两条却极其重要。它们说述说的状态本身就是不断重复公正的和节制的行为的结果。

因此，虽然与公正的或节制的人的同样的行为被称为公正的和节制的，一个人被称为公正的人或节制的人，却不是仅仅因为有这样的行为，而是因为他像公正的人或节制的人那样有这样的行为。所以的确可以说，在行为上公正便成为公正的人，在行为上节制便成为节制的人。如果不去这样做，一个人就永远无望成为一个好人。但是多数人不是去这样做，而是满足于空谈。他们认为他们自己是爱智慧者，认为空谈就可以成为好人。这就像专心听医生教导却不照着去做的病人的情形。正如病人这样做不会使身体好起来一样，那些自称爱智慧的人满足于空谈也不会使其灵魂变好。

亚里士多德对于什么是道德上善的行为所作出的描述与康德的分析脉络基本一致。二者都认为，除非我们的公正行为是建立在深思熟虑和了解相关知识(这意味着我并不是出于偶然性而作出正确之事)的基础上，否则就是名不副实。并且，他们都赞成我必须出于行为自身的缘故去做这件事(而不是为了获得报酬)。不同的是，当亚里士多德强调道德的行为必须是一个根深蒂固的习惯，并且如他在下面一段文字当中所说，道德既与“感情”也与“行为”相关时，康德难免会心生疑虑。因为这样的行为是建立在我们的爱好、激情和冲动的基础上的，而不是建立在我们对理性义务的深思熟虑之上。正是这一点将亚里士多德的德性伦理学与康德式伦理学彻底区别开来。

在下面的引文中，亚里士多德论述了他著名的“中道”学说(doctrine of the mean)。在这里“中道”指的是处在两个极端或两种恶之间的状态。一个有德性的人就是能够在某些品质或特性上恰到好处的人。

• 在第一自然段，亚里士多德罗列了一系列品质，它们既可能过度或缺乏，也可能平和适中。对于其中几个，设想一些具体的情境，在这些情境中，我们可以说一个人在某些品质上过多、过少或者恰到好处。

• 在说明德性是在两个极端之间保持平衡之后，亚里士多德在最后一个自然段又列举了很多情感或行为，对这些情感或行为而言，人是无法达到适中状态的。为什么在陈述了一个一般性规则后，亚里士多德又举出这些例外情况？

如果每一种科学都要寻求适度，并以这种适度为尺度来衡量其产品才完成得好(所以对于一件好作品的一种普遍评论认为，增一分则太长，减一分则太短。这意思是，过度与不及都破坏完美，唯有适度才保存完美)；如果每个好技匠都在其作品中寻求这种适度；如果德性也同自然一样，比任何技艺都更准确、更好，那么德性就必定是以求取适度为目的的。我所说的是道德德性。因为首先，道德德性同感情与实践相关，而感情与实践中存在着过度、不及与适度。例如，我们感受的恐惧、勇敢、欲望、怒气和怜悯，总之快乐与痛苦，都可能太多或太少，这两种情形都不好。而在适当的时间、适当的场合、对于适当的人、处于适当的原因以适当的方式感受这些感情，就既是适度的又是最好的。这也就是德性的品质。在实践中也同样存在过度、不及和适度。德性是同感情和行为相联系的，在感情和行为中过度与不及都是错误，适度则是成功并受人称赞。成功和受人称赞是德性的特征。所以，德性是一种适度，因为它以选取中间为目的。其次，错误可以是多种多样的(因为，正如毕达哥拉斯派所想象的，恶是无限，而善是有限)，正确的道路却只有一条(所以失败易而成功难：偏离目标很容易，射中目标则很困难)。也是由于这一原因，过度与不及是恶的特点，而适度则是德性的特点：善是一，恶则是多。

所以德性是一种选择的品质，存在于相对于我们的适度之中。这种适度是由逻各斯规定的，就是说，是像一个明智的人会做的那样确定的。德性是两种恶即过度与不及的中间。在感情与实践中，恶要么达不到正确，要么超过正确。德性则找到并且选取那个正确。所以虽然从其本质或概念来说德性是一种适度，从最高善的角度来说，它是一个极端。

但是，并不是每项实践与感情都有适度的状态。有一些行为与感情，其名称就意味着恶，例如幸灾乐祸、无耻、嫉妒，以及在行为方面，通奸、偷窃、谋杀。这些以及类似的事情之所以受人谴责，是因为它们被视为自身即是恶的，而不是由于对它们的过度或不及。所以它们永远不可能是正确，并永远是错误。在这些事情上，正确与错误不取决于我们是不是同适当的人、在适当的时间或以适当的方式去做的，而是只要去做这些事就是错误的。如果认为，在不公正、怯懦或放纵的行为中也应当有适度、过度与不及，这也同样荒谬。因为这样，就会有一种适度的过度和适度的不及，以及一种过度的过度和一种不及的不及了。但正如勇敢与节制方面不可能有过度与不及——因为适度在某种意义上也是一个极端——一样，在不公正、怯懦或放纵的行为中也不可能有适度、过度与不及。因为一般地说，既不存在适度的过度与适度的不及，也不存在过度的适度或不及的适度。

亚里士多德认为，道德德性就是在两个极端之间保持平衡的状态，他所举出的道德德性的那些例子可以通过下面这个表格展现出来。

行　为	恶(过度)	德性(适度)	恶(不及)
面对危险时的信心	鲁莽	勇敢	怯懦
享受快乐	放纵	节制	禁欲
付出钱财	粗俗	慷慨	吝啬
自我评价	自夸	诚实	自嘲

停下来,想一想

举你自己的某些行为为例,试着去说明在这些例子中一个有德性的人是如何在过度和缺乏之间保持平衡的。在你举的例子中,你会给美德和与之相对应的恶贴上什么标签?

在前面的引文中,亚里士多德认为德性是要寻求"对我们而言适度之物"。因此,适度意味着在不同场合下每个人的行动会有所不同。亚里士多德伦理学的真谛在于,当它承认客观、普遍的原则具有一致性时,又认为在不同情境下不同个体会有不同举动。例如,我们会表扬一个克服了对水的恐惧并一头扎进水池中的孩子,认为他是勇敢的;但对于一个受过专业训练的救护人员作出的同样行为,我们却会感到习以为常。与此类似,当一个寡妇拿出自己微薄财产的一部分来接济穷人时,我们会认为她是慷慨的,但假如她继承了一笔巨额财富却还拿出同样的钱来行善,我们就会认为她十分吝啬。当在决定如何行动时,我们怎样才能知道所谓的平衡点在哪里呢?亚里士多德认为:"这种适度是由逻各斯规定的,就是说,是像一个明智的人会做的那样来确定。"这也就意味着,生活经验和把有实践智慧的人当作楷模来学习对于发现这个平衡点至关重要。

儒家思想中的德性

在非西方传统中同样存在一些伦理学体系，它们对德性之品格的关注远甚于行为规则。孔子的名言便是一个很好的例证。尽管亚里士多德的德性同儒家的德性有很大差别，但也有重合之处。很有意思的是，儒家思想一部作品的名字便是《中庸》，这与亚里士多德主张的在两个极端之间寻求中道的做法不谋而合。下面这段话是从孔子语录的20节中选出来的箴言警句，孔子在这里描述了君子(superior person)的德性，"君子"一词也可以被翻译为"圣人"(noble person)、"尊者"(person of honor)或"智者"(wise person)。

孔子(前551—前479年)

引自孔子

《论语》[69]

1.4　吾日三省吾身——为人谋而不忠乎？与朋友交而不信乎？传不习乎？

1.8　君子不重，则不威；学则不固。主忠信。无友不如己者。过，则勿惮改。

1.16　不患人之不己知，患不知人也。

2.14　君子周而不比，小人比而不周。

2.24　见义不为，无勇也。

4.16　君子喻于义，小人喻于利。

4.24　君子欲讷于言而敏于行。

4.25　德不孤，必有邻。

5.9　朽木不可雕也。

5.15　子谓子产:“有君子之道四焉:其行己也恭,其事上也敬,其养民也惠,其使民也义。”

6.18　知之者不如好之者。

7.36　君子坦荡荡,小人长戚戚。

8.2　恭而无礼则劳,慎而无礼则葸,勇而无礼则乱,直而无礼则绞。

12.16　君子成人之美,不成人之恶。

13.26　君子泰而不骄,小人骄而不泰。

15.20　君子求诸己,小人求诸人。

16.10　君子有九思:视思明,听思聪,色思温,貌思恭,言思忠,事思敬,疑思问,忿思难,见得思义。

聚焦

孔子

德性伦理学的另一个古老版本来自中国伟大的道德和精神导师——孔子。他出生于公元前551年,彼时中国正处于诸侯混战时期。孔子于公元前479年逝世。中国人常称其为孔夫子,西方人熟知的则是他的拉丁名字“Confucius”。孔子一生中当过教师,也做过政府官员,不过,他对后世民众的教化与影响主要还是来自他的言行录。由于经历过动荡时代,孔子认为,若想维持社会的繁荣,必须诉诸能够创造和谐社会的至圣之人,而和谐社会反过来也有助于塑造品格高尚之人。尽管儒家是世界最具影响力的宗教之一,但孔子仍视自己为平凡之人。他本人很少谈论神,却提供了一整套完整的道德体系以指导人们的生活。儒学对中国文化和整个东亚文化都产生了极大的影响。

德性伦理学概览

尽管德性伦理学是一种古老的学说，但它在今时今日的回归则为哲学界提供了一些新奇而有趣的问题。并非对希腊先贤之观点的简单重复，近年来，德性伦理学的支持者们开始汲取心理学、人类学、历史学、道德教育学和文学领域的一些见解。反过来看，德性伦理学也为这些学科和其他学科的发展作出贡献，并为商业伦理学和医学伦理学带来了新视角。当代德性伦理学开始着手对传统道德哲学进行反击，但它对功利主义和康德主义的批判则迫使相关领域的哲学家们对德性和品质进行更为全面的考察，这显然已经超越了密尔和康德。因此，最近几十年来出现了一种新趋势，即在修正那些传统观念的基础上发展德性伦理学的功利主义和康德主义版本。另外，也有一些哲学家指责德性伦理学不过是在进行一场“稻草人攻击”(attacking a straw man)，因为传统功利主义和康德主义蕴含的丰富资源足以将德性伦理学的所有合理主张都囊括在内(参见本书附录部分关于稻草人谬误的讨论)。[70]尽管德性伦理学最初试图以激进的方式替代传统伦理学，但其讨论却引发了一场义务伦理学与德性伦理学相结合的运动。正如德性伦理学的一位温和批判者罗伯特·劳登(Robert Louden)所总结的：“现在的重要问题是要将关于德性的伦理学与关于规则的伦理学相互补充，而不是相互抵消。”[71]

广场中的哲学

把下面这段话读给5个到10个来自不同背景的人听，然后问他们如下问题。

很多人被问道：“什么样的人才算是道德典范，是那些其生平经历和性格特征能够使你变得更优秀的人吗？”一些人的回答是，父母、亲人、老师、摩西、佛陀、孔子、苏格拉底、耶稣、穆罕默德、圣弗朗西斯、亚伯拉罕·林肯、圣雄甘地、马丁·路德·金、特蕾莎修女。

● 除了这些常见的答案，你还会在这个表单上加上哪些人？ ● 是什么使得这些人令人敬佩？ ● 为什么这些人能够对你和其他人产生道德上的影响？ 在收集完答案之后，研究一下其中的相同和不同之处。看看他们所列举的那些人当中男性和女性各有多少？他们的职业各是什么？分别处于什么样的历史时代和文化背景之中？他们面对的挑战是什么？通过朋友的回答，可以看出哪类道德楷模最具影响力？	广场中的哲学

透过德性伦理学的镜头看

1. 假设你是一个孩子的家长。通过配以适当的奖励和惩罚，你很容易提供一份“该做和不该做”的清单。但是你该如何塑造孩子的品格呢？德性是可教的吗？如果可以，那么又该怎样做？除了直接说教，还有什么方式能够提升孩子的德性？你希望自己的孩子发展出何种德性？

2. 如果你是个功利主义者，你该如何向朋友解释考试作弊行为是错误的？如果你是康德，你又该怎么解释？假如你是德性伦理学的支持者，你会怎么解释？

3. 你是否曾设想一个你所仰慕的睿智且有德性的人处在你的处境中，并试图辨明他将如何行动来作出自己的道德决定？不论你是否这样做过，你认为这在多大程度上能有助于你作出决定呢？

4. 哲学家苏珊・沃尔夫(Susan Wolf)在一篇颇有影响的文章当中曾经质疑道，成为一个圣人(一个道德最高尚的人)对我们而言是不是可欲的。她说很高兴地看到，她和她的任何朋友都不是“这样的人”。

> 因为道德德性……试图排斥掉那些非道德的德性(non-moral virtue)，以及某些趣味和个人特性，而这些恰恰是成为一个健全的、全面的、充分发展的人必须具备的。
>
> 换句话说，如果一个道德圣人将他毕生的精力投入扶贫济弱之中，或者为乐施会(Oxfam)那样的慈善组织筹款，那他就必然不可能有余力去阅读维多利亚时代的文学作品、弹奏双簧管或者练习反手击球。尽管这些行动之中包含的趣味或者品味绝不是过更好生活所必须具备的要素，但人的生活若完全不包含这些，那生活将会不可思议地枯燥无味……
>
> 一个道德圣人必须非常非常好。最重要的是，他不容任何亵渎。但问题就在于，这样一来他未免就变得呆头呆脑、毫无幽默和平淡乏味。[72]

你同意沃尔夫的上述分析吗？她认为道德上完满的人缺乏"享受生活中的愉悦的能力"这一观点是正确的吗？德性伦理学的拥护者会如何看待这种观点？

检视德性伦理学的优缺点

正面评价

1. 德性伦理学似乎抓住了我们通常思考伦理学的一些重要关切。正如哲学家罗伯特·索罗门(Robert Solomon)所说："那种认为好人就是根据正确的原则，比如绝对命令或功利原则去行动的观点总是让我感到与普通人(和大多数哲学家)评价自己以及自己行为的方式极不协调。事实上，这只会使我变得冷血。"[73] 你认同索罗门对我们普通人的伦理思考所做的阐释吗？这种方法能在多大程度上支持德性伦理学？

2. 对诸如利己主义、功利主义或康德主义等伦理学理论进行批判的最基本方式是，表明这种理论竟然可以为道德上存在明显错误的行为提供辩护。这个论证不是表明道德理论服从于我们的日常道德直觉,而不是相反吗？由此还可以进一步论证,我们的日常道德直觉与人们头脑中的道德楷模将如何行动的基本观念密切相关。这不是恰好印证了德性伦理学家的观点,即伦理学始于道德德性观念,道德原则和道德理论则是由此而来吗？

3. 对德性伦理学有时还会有这般指责,即由于它没有给我们提供在复杂环境中作出道德判断的基本规则,因而缺乏实践维度。然而,其他类型的伦理学在这一点上就比德性伦理学更好吗？即便我们接受功利主义伦理学或康德式伦理学的规则,但单凭这些规则就足以指导我们的行动吗？在一个复杂的道德环境中作出的举动,难道仅仅是依照规则的要求进行逻辑推理的结果吗？还是说,在对道德规则的应用过程中,必须依赖于有德之人敏锐的判断力？丹尼尔·斯塔特曼(Daniel Statman)指出,即便是对基于规则的伦理学(rule-based ethics)而言,"最有道德的人也不是那些对原则、元原则(meta-principles)和元元原则(meta-meta-principles)最为了解的人,而是能够明确知道此时此地什么样的规则最为适用的人。而且这类人一定十分敏锐、负有同情心和理解力,这也恰好就是德性伦理学所推崇的那类人"。[74]斯塔特曼的观点不正好说明在伦理学中道德的品格比规则更为重要吗？

4. 德性伦理学的捍卫者认为,这种伦理学超越行为之正确与否的最低道德标准。相反,它对行为的关注,包含行为之内那些超越了义务要求的,且能对我们加以引导的品质特征。除了行为,它还强调内在于我们的善良、可敬和高尚,以及那些使我们成为好人的个人品格、情感和精神反应。这些考虑是否会使天平偏向德性伦理学呢？

负面评价

1. 德性伦理学因采用古典的、过时的人性观而受到批评。许多德性伦理学理论都接受了亚里士多德的预设，即人类生活有着与生俱来的目的，且实现人类卓越和繁荣的模式也是唯一的。然而，在当下的多元社会中，人们对于人类生活的目的、卓越的标准和繁荣的定义等不都是难以达成共识的吗？事实上，很多人不是都会质疑是否有一种放之四海而皆准的理想吗？而且，若要我们给出关于道德德性的正确清单，不也会充满争议吗？比如，亚里士多德认为骄傲是一种德性，但按照早期基督教和孔子的观点，好人要保持谦逊绝不能骄傲。上述思考会在多大程度上削弱德性伦理学呢？

2. 品格的伦理依赖于行为的伦理这一与德性伦理学相反的观点能否得到辩护？假如一个人从未在适当时候作出过同情的行为，我们还能说他具备同情的德性吗？德性伦理学将正确的行为界定为有德之人作出的行为。然而，除了说有德之人是一个倾向于作出正确行为的人之外，我们又如何定义有德之人呢？这种推理是不是一种循环论证？比如，我们如何能够在忽略一个人的行为是否符合公正之义务的情况下就断定他具有公正的德性呢？这种思考不正说明正确的行为和道德义务的观念比道德品格的观念更为根本吗？

3. 对德性伦理学的另一个指责是，它使道德之善变成了一种运气。比如，按照德性伦理学的观点，仅仅出于义务感而仁慈地行动是不够的。要成为道德上的良善之人，必须在面对他人时生发出仁慈的情感。然而，我能够意愿自己拥有某种情感吗？如果我有仁慈之情，它必然出自以下两种方式之一：要么，它是作为天赋的自然倾向施加于我，这很可能是遗传基因决定的；要么，这是通过后天的社会训练而习得。但上述选择却将这样一类人排除在外，由于她既无天赋、家庭环境又颇为窘迫，因而未能获得仁慈的情感。但这并不是她的错。然而，即便因为缺乏道德运气而导致她冷酷和吝啬，难道就不能如康德所说，通过意志的超凡作用而使她忠实地走在道德之路上吗？这样看来，较之因义务而来的正确行为，道德品格有多重要呢？

4. 能否因为德性伦理学无法提供具体的行为指导原则就对其加以指责呢？我们以最近新闻中出现的一个伦理问题为例：克隆人在道德上是否应该被禁止？换句话说，可否允许某人根据一位DNA捐赠者的基因来复制出一个克隆儿？虽然这个问题没有明确答案，但至少功利主义者和康德主义者都能提供一些明确的原则来讨论这个问题。功利主义者会从可能发生的社会学、心理学的以及生物学的后果评估这一做法对所有受影响之人的利与弊。康德式伦理学则会问，创造克隆儿是否仅仅是为了达到父母的自私目的的手段，等等。但如果我们问："一个有德之人会对克隆问题说些什么？"得到的回答是，要么没有答案，要么答案还是基于功利主义与康德主义的考量。同样，我们也很难想象诸如佛陀、耶稣或甘地这般的道德楷模会如何处理他们从未遇到过的医学伦理难题，不是吗？这难道不意味着，德性伦理学不如其他伦理学有用吗？

5.6　反思西方传统：女性主义伦理学

引导性问题：女性主义伦理学

1. 众所周知，经典童话集《伊索寓言》中有一个豪猪与鼹鼠的故事。故事讲道：

> 天气渐渐变冷了，豪猪正在寻找一个可以过冬的地方。最终，它找到了一个舒适的洞穴，但不凑巧的是，这个洞穴已被鼹鼠一家先行占据了。
>
> "可不可以让我搬进来和你们一起过冬？"豪猪如此恳求鼹鼠们。

好心的鼹鼠们同意了豪猪的请求，但是洞穴太小了，鼹鼠们每动一下都会被豪猪身上尖锐的刺刺到。鼹鼠们尽可能地选择忍耐，但最终还是忍无可忍，于是就鼓起勇气对豪猪说："求求你，离开吧！把洞穴还给我们。"

"什么？不！"豪猪断然拒绝了鼹鼠们的要求，"这个地方非常适合我。"

思考一下，这里的问题以及解决问题的最佳方案是什么？

2. 回想一下你曾遇到的道德困境，在这些困境中，你不得不决定怎样做才是正确的。以下两组需要考虑的因素中，你认为哪一组(A或B)对于这些问题的解决最有帮助？

A. (1) 运用逻辑和理性找到解决问题的办法；
(2) 意识到并关注那些受我的行为影响之人的权利；
(3) 确保我没有侵犯任何人的权利；
(4) 平等地对待每一个人；
(5) 遵循正义、公正和公平的原则；
(6) 确保我的行为能够用普遍的、可应用于所有人的规则来加以证明。

B. (1) 在这种情形下抱有爱、关怀和同情的态度；
(2) 意识到并关心人们的需求；
(3) 找到我能够帮助他人的方法；
(4) 尝试找出每个人都能接受的解决方案；
(5) 尝试与相关的人取得联系并建立起交流和合作的关系；
(6) 留意与他人之间的关系及对他人的责任。

检视女性主义伦理学

1988年公布的一项调查数据表明，大量年轻人曾面临类似你刚刚读到的豪猪与鼹鼠的困境。[75] 对此，大部分男性会根据权利和正义原则解决这一问题，比如，他们会说："这本来就是鼹鼠的房子，所以豪猪必须离开！"然而，大多数女性则会依据合作与关怀的原则应对这一问题，比如，她们提供的一些解决方案是"鼹鼠和豪猪必须进行协商以求共享房子""把豪猪用毛巾裹起来"或者"它们双方应该合作把洞穴拓宽"。据此，研究人员相信，这些数据支持了一种最近兴起并引起广泛讨论的理论，这种理论认为，男性和女性在解决道德难题的一般方法上存在着差异。

停下来，想一想

根据以往的经验，你认为男性和女性在处理道德问题的方式上存在差异吗？如果差异的确存在，它们是什么？如果你确实看到了男性和女性在对待伦理问题时的差异，这些差异对伦理学理论会有什么样的（如果有的话）启示？

我曾在本书第 3.7 节关于女性主义认识论的讨论中陈述了女性主义思想的基本主题及其对传统认识论提出的异议。同样，女性主义也对传统伦理学抱有不满。根据近年来女性主义哲学家们的观点，传统道德理论倾向于关注上述第二个引导问题中 A 组所列举出的考虑因素，而忽视了 B 组所代表的道德取向。此外，女性主义哲学家们也指出，由于历史原因，绝大多数传统道德理论都是由男性提出的。这些事实意味着许多问题，比如，诸如康德主义和功利主义这些传统道德理论是否片面？它们是不是反映出一种男性的偏见？最近发展起来的女性主义伦理运动的理论家们倾向于对此作出肯定的回答。本章我们将要处理的问题是，什么是女性主义伦理学？女性主义对传统伦理学的批判体现在哪些方面？女性主义者打算如何重塑道德的基础？

在 20 世纪 80 年代之前，没有哪个领域被称为女性主义伦理学。但如今，伦理学中的女性视角已成为许多富有创见的讨论的根源。这些讨论不仅出现在哲学领域，同样出现在心理学、教育学、医学、神学、经济学和法学等领域。与对康德式伦理学或功利主义理论进行的概括相比，要想简要概括女性主义在伦理学中的进路要困难得多。因为女性主义伦理学还是一个仍处于发展过程中的理论，它囊括了许多不同思想家林林总总的观点。尽管女性主义者认为自己参与了一项由许多人共同完成的事业，但在该事业的目标问题上却存在不少争议。比如，在《女性主义思想：一个更全面的介绍》(*Feminist Thought: A More Comprehensive Introduction*)一书当中，作者罗斯玛丽·童(Rosemarie Tong)一口气列举出九种不同的女性主义理论：自由的、激进的、马克思—社会主义的、精神分析的、性别主义的、存在主义的、后现代主义的、全球化—多元主义的和生态主义的女性主义。并且在以上每种分类之下，童还列举出了一些小的分支。不但不同女性主义派别侧重的问题不同，而且在一些根本问题上他们也往往得出判然有别的结论。然而，尽管他们之间存在着大量分歧，绝大多数女性主义者都认同以下观点，即传统伦理学理论因其存在的缺陷和片面性而需要被修改乃至被取代，因为它们全都忽视了女性道德经验的洞见。

思想实验：伦理学的不同进路

就“对你而言，道德意味着什么”[76]这一问题，两个人(都是成年人)给出了各自的回答：

回答A：

我认为道德就是认识到个人和他人的权利，并且不去侵犯它们。要像你希望别人如何对待你那样平等地对待他人。我认为道德从根本上说是要保护每个人的权利，这一点最为重要。其次，就是保护人们做自己喜欢做的事情的权利，但前提还是不能侵犯他人的权利。

回答B：

我们需要相互依赖，而且希望这不仅是出于我们生理方面的需求，同时也是自我实现的需要。通过与他人的合作力求与每个人和谐共存，个人的生活将变得充实。就此目的而言，我们的行为才有正确和错误的区分，有些事能够促成这一目的，但另一些事则会造成阻碍。由此，我们得以在特定情况下判断出不同行为是否能够明显地促成这一目的，并在这些行为中作出选择。

- 哪种回答最能体现你的道德观？
- 哪种回答更像是由男性作出的？
- 哪种回答更像是由女性作出的？
- 在每个回答中，是什么线索引导你作出这样的回答？

答案将在后面考察卡罗尔·吉利根（Garol Gilligan）的道德发展理论时给出。

伦理学理论中的性别歧视

尽管早在古希腊时期就已经出现了女性哲学家，但很大程度上，女性在哲学的整个发展史上是被忽视的。因此，女性主义者认为，那些塑造了我们对道德的理解的伦理学理论通常是由男性写就的，并且反映的是男性的视角。比如，亚里士多德在其伦理学著作的开篇就明确谈到，“人（man）的功能是灵魂按照理性进行的活动”。对亚里士多德这个措辞最温和的解读就是他用“man”这个词泛指男性和女性。如果真是这样，那么亚里士多德著作中的男性偏见问题就仅仅局限于他遣词造句上的粗心大意，而不是内容上根深蒂固的疏漏。但不幸的是，在亚里士多德的著作中，“man”的确指男性。在他看来，男性才是唯一真正具备理性推理能力的生物。女性则被赋予其他工作(比如养育子女)和另一套不同的德性(参见在第3.7节中对亚里士多德女性观的讨论)。

历史上的其他哲学家都追随亚里士多德，将理性视为男性特有的德性，他们的伦理学理论关注的也是男性主导的传统领域，如国家治理、法律、战争和经营活动等。发生在这些公共领域中的活动不仅是伦理事务的隐喻(metaphors of ethical transactions)，而且这些领域也被认为是有待发现的伦理困境和具有重要道德意义的所在。另一方面，与女性相关的则是情感、本能和生理维度。她们的自然活动被认定为道德中立的私人领域，这个领域主要涉及人们对食物、居所和生殖的生理需求，至于所有人类特有且具有道德意义的需求，则由男性在公共领域中实现。

例如，在20世纪，哲学家厄姆森(J. O. Urmson)讨论了那些在义务的召唤下作出牺牲的道德“圣人”，但他补充道，“必须清楚的是，我们在这里讨论的不是那种出于自然情感的行为，比方说母亲为自己的孩子所作出的牺牲。公允地说，这种情况不属于道德范畴。”[77]为了回应这个区分，女性主义哲学家维吉尼亚·赫尔德(Virginia Held)指出：“若女性主义不强调母性经验与道德的内在关联，那么这一背景很大程度上就被道德理论家忽视了。事实上，一旦站在性别中立的立场之上，人类经验中的这个广阔而基本的领域怎么可能被想象成‘在道德之外’呢”？[78]

如果女性为道德探究活动提供独特视角和经验的话，那么这些要素的加入会使她们的伦理学理论产生何种差异呢？首先，假设我们可以对女性主义伦理学做这般辨别，即其关注点是女性特别关心的伦理问题，而这些问题在男性发展出的伦理学理论中可能没有得到足够重视。实际上，很多女性哲学家的伦理学著作都会特别关注下述问题，比如妇女歧视、性骚扰和性暴力、色情、堕胎、生育技术、不断改变的性—婚姻—家庭观念，以及性别差异和刻板印象等。但如果我们认为女性主义不过是为传统伦理学补充了对“女性问题”的讨论，这就错了。女性主义者认为，除其他理由外，如果用那些充满性别歧视的社会与哲学土壤中孕育出的伦理学理论去解决有关女性的问题，结果将会适得其反。相反，女性主义者认为自己通过重新定位伦理学，突出通常被忽视的主题、概念和方法，会给伦理学理论带来一场彻底的变革。正如伦理学家伊芙·布朗宁·科尔（Eve Browning Cole）和苏珊·考尔特拉普·迈克奎因（Susan Coultrap-McQuin）所言：

> （女性主义者）认为传统的道德哲学主要是男性主导的事业，并且反映的主要是来自男性经验的兴趣。换句话说，因为男性经验常常涉及市场交易，故他们的道德理论也相应地围绕着信守承诺、财产权、契约和公平等概念展开。[79]

与公共领域中的非个人化且通常是匿名的契约关系范式不同，女性主义者意图以人与人之间的关系，以及友谊和家庭特有的具体背景作为其理论建构的模型。哲学家伊娃·凯特伊（Eva Kittay）和戴安娜·迈尔斯（Diana Meyers）曾指出：

> 一种权利和抽象理性的道德开始于一个与他人隔离的道德行动者，他可以完全独立地选择自己该当遵守的道德原则。相反，一种责任和关怀的道德则开始于一个陷入与他人关系网中的自我，他的道德思虑的目标是维持这些关系。[80]

因此，与康德的抽象的可普遍化原则和同样抽象的功利主义总体善的最大化原则不同，女性主义伦理学更加重视关怀、同情、切身体会等概念。依女性主义哲学家艾莉森·贾格尔（Alison

Jaggar)所见，女性主义者认为，以往的西方伦理学更加喜欢的是：

> 据称带有男子气的或者与男性相关的价值，如独立、自主、理智、意志、谨慎、等级、统治、文化、超越、生产、苦行、战争和死亡，而不是据称带有女子气的或与女性相关的价值，如相互依赖、团结、联系、分享、情感、身体、信任、等级的消除、自然、内在、过程、享乐、和平和生活。[81]

贾格尔接着说，女性主义伦理学有时被(他的一些支持者以及批评者)解读为一种用女性偏见取代男性偏见的理论。换句话说，这种理论与下面的一个或者多个目标有关：

> 把女性的兴趣放在第一位；将所谓的女性问题作为唯一关注的对象；接纳女性(或女性主义者)作为道德专家或理论权威；用女性的(女子气的)取代男性的(男子气的)价值；或者干脆直接从女性的道德经验进行推论。[82]

虽然不是说不可能找到这种女性主义颠覆他们所批判的男性偏见的例子，但贾格尔认为，大多数女性主义者会对这些提议中公然的偏袒和不道德感到"道德上的愤怒"。同样，在承认女性主义者试图将性别问题带入伦理学前台的同时，罗斯玛丽·童并不认为女性主义的做法是在用一个错误取代另一个错误：

> 事实上，伦理学的性别化进路并不必然意味着它带有性别歧视。性别歧视只存在于这样一种情况下，即当一种伦理学进路对两种性别中的某一性别的兴趣、认同、问题和价值施以系统性排斥之时。女性主义伦理学家并不打算像非女性主义伦理学家对待女性那样对待男性。[83]

女性主义伦理学的两种进路

人们常常在女性伦理学(feminine ethics)与女性主义伦理学(feminist ethics)之间进行区分。哲学家贝蒂·西谢尔(Betty A. Sichel)如此辨别两者:

> “女性”现在指的是对女性的独一无二的声音进行研究,在大多数情况下,它倡导一种强调养育、关怀、同情和交往网络的关怀伦理学;“女性主义者”是指那些反对父权制统治,要求权利平等、公正分配稀缺资源的自由派、激进派或其他倾向的理论家。[84]

哲学家苏珊·舍温(Susan Sherwin)用略微不同的术语陈述了这一区别,她指出,女性伦理学的进路“考察传统的伦理学研究进路如何与女性的道德表达和道德直觉不符”。女性主义伦理学的进路“采纳了独特的政治视角,并从以往伦理学为女性带来的支配与压迫的模式出发,指明伦理学何以必须得到修正”。[85]尽管承认这一区别的准确性,但罗斯玛丽·童依然认为这些标签是有误导性的,这暗示着只有后一类哲学家才是真正的女性主义者。有鉴于此,童将上述两种伦理学研究进路重新命名为“关怀论的女性主义伦理学”(care-focused feminist ethics)和“权力论的女性主义伦理学”(power-focused feminist ethics)。[86]我们将采纳童的区分,对这两种进路逐一进行考察。

关怀论的女性主义伦理学

哈佛大学教授卡罗尔·吉利根(Carol Gilligan)(本书第3.7节“反思西方传统:女性主义认识论”对其理论作过简单讨论)1982年出版了《不同的声音》(*In a Difference Voice*)一书,该书对女性主义伦理学尤其是关怀论的女性主义伦理学的发展起到了关

卡罗尔·吉利根(1936—)

键作用。吉利根的这部著作可被视为对道德发展理论的领军人物劳伦斯·科尔伯格(Lawrence Kohlberg)之观点的回应。科尔伯格认为，从儿童期开始，人的道德发展经历了如下六个阶段：(1)“胡萝卜加大棒”阶段，在这个阶段，孩子被奖赏和惩罚推动着去做或者不做某件事；(2)“你帮我挠痒痒，我也会帮你挠痒痒”阶段，在这个阶段，孩子除了满足自己的需求之外偶尔也会为他人服务；(3)“乖男孩(女孩)”阶段，在这个阶段，还未成熟的青少年按照符合社会标准的方式去行动以求获得他人的认可；(4)“法律和秩序”阶段，在这个阶段，青少年已经逐渐变得成熟，他们会用履行义务的方式表达对权威的尊重并维持既定的社会秩序；(5)“社会契约/法律”阶段，在这个阶段，人们会遵守制度化的理性法则，并会对一般性的善予以关注；(6)“普遍化的伦理原则”阶段，处于这个阶段的人会采纳康德式伦理学视角，即会遵循那些自我制定的、内在的普遍原则，如正当、相互性和对他人的尊重，以此形成人们的个人良知。

吉利根对科尔伯格的研究结果感到疑惑，她发现，按照科尔伯格的划分，女人和女孩在第(3)阶段，也就是“乖男孩/女孩”阶段之后几乎没有多少进展，相比之下，男人和男孩则可以顺利发展到第(5)和(6)阶段。科尔伯格认为其六阶段理论揭示的是道德由低到高的发展过程，这也暗示着女性在道德发展程度上不如男性充分。但吉利根认为，这里的问题并不在于女性的道德发展，而是科尔伯格的理论所体现出的性别歧视。作为对这种单一级序的代替，吉利根提出要区分两种伦理推理模式：一种是“正义伦理学”(ethics of justice)模式，该模式中，规则、权利和逻辑占据主导地位；另一种是“关怀伦理学”(ethics of care)模式，而该模式中，人际关系、责任和情感则发挥主导性作用。吉利根认为这两种模式不存在谁更加优越之说，它们相互补充，并且在我们的道德生活中发挥着同等重要的作用。在她早期的著作和随后出版的一些作品中，她都强调这两种“不同的声音”的差异并不在于性别，而在于他们选择的主题。尽管如此，由于她更侧重对男性和女性在社会化过程中存在的差异的研究，因而最终得出结论，男性更容易被“正义伦理学”所吸引，而女性则容易走向“关怀伦理学”。

停下来，想一想

针对此前名为“伦理学的不同进路”的思想实验中给出的不同回答，你怎么看？其中，回答(A)是由25岁的男性作出，他们将道德与正义(公平、权利、黄金法则)联系起来，并且强调个人有权利做他们喜欢做的事情，但前提是不侵犯他人的权利。回答(B)则是由25岁的女性作出，她们将道德与寻求合作和促进人与人之间的和谐关系联系到一起。

- 这些回答如何说明了吉利根的理论？
- 这些回答在多大程度上准确代表了男性和女性对待道德的方式？
- 你更倾向于“正义伦理学”还是“关怀伦理学”？

不必过多在意你的道德进路是否与吉利根对“男性”伦理学或“女性”伦理学的界定相契合。事实上，许多研究者(包括一些女性主义者)也在质疑，这些证据是否足以说明在道德推理中存在特定的性别模式。譬如，心理学家约翰·布劳顿(John Broughton)就援引了许多与吉利根的结论大相径庭的研究。而且，他认为吉利根对自己的调查也有许多误读之处，因为大量男性被调查者同样表现出对基于关系的关怀伦理学的赞同，而一些女性被调查者则表现出对正义和权利的重视。[87]一些哲学家认为，较之按照认知技能、教育水平和社会阶层的差别对主体进行的等级划分，男性与女性在伦理风格上表现出的差异几乎可以忽略不计。[88]不过，不管这两种道德取向是否与特定性别相关，关怀论的女性主义者都认定它们确实代表了两种截然不同的研究进路，而关怀论进路在伦理理论中一直备受忽视。

广场中的哲学

向相同数目的男性和女性朋友询问下述问题：

- 根据你的经验，你认为女性和男性理解和解决道德问题的方式有什么差异吗？
- 如果有，那么这些差异体现在哪里？
- 如果存在差异，是一种比另一种更好，还是它们同样令人满意并且相互补充？

从朋友的这些回答中，你能受到何种启发？有多少人认为男性和女性在伦理问题上存在显著差异？那些发现差异的人主要是同一种性别吗？还是不同性别都有？当你阅读这一节的其余部分时，将你的朋友的答案与女性主义作家给出的各种答案作一对比，看看你的朋友的答案如何。

母性的、关怀论的伦理学(Maternal，Care-Focused Ethics)

吉利根认为，即便正义伦理学和关怀伦理学之间存在差别，但它们都是伦理学中相互补充的必要组成部分。不过，一些女性主义者并不认同这一观点，他们认为关怀论的女性主义伦理学更为重要。他们中的很多人甚至主张，应当将女性的母性经验

(experiences of mothering)作为范型去理解伦理学,从而建立一门所谓的"母性伦理学"(maternal ethics)。但哲学家维吉尼亚·赫尔德(Virginia Held)并没有将母性经验局限在女性范围内,她甚至用"具有母性的人"(mothering people)(既可以是男性也可以是女性)来取代"母亲"(mother)这个表述,并且认为"养育子女"(the nurturing of children)这个表述比"母性"(mothering)更为妥当。[89]无独有偶,道德哲学家莎拉·鲁迪克(Sara Ruddick)在其著作《母性思维》中认为,诸如关怀、亲密性、责任和信任这类母性特征能够塑造你对生活和他人的态度,即便你是个没有孩子的女性或男性。[90](鲁迪克的母性思维模型在第3.7节作过简要讨论。)

伦理学家内尔·诺丁斯(Nel Noddings)在其被广泛引用的著作《关怀:女性视角下的伦理学和道德教育》(*Caring: A Feminine Approach to Ethics and Moral Education*)中开展了一项名为"拯救女性"的计划,认为诸如同情、关怀、移情这类被传统伦理学忽视或者边缘化的品质实际上是道德成熟的基石。在她看来,我们不是以抽象权利为基础处理人与人的关系,而应将实在个体的具体需求作为出发点。举例来说,与建立在抽象原则基础上的伦理取向不同,父母在养育子女的过程中会参照自己的"情感、需要、印象和……个人情怀",同时尽量实现与孩子的相互认同,从而尽可能搞清楚什么是孩子的最大利益。[91]

男性心理和女性心理

聚焦

曾经有过这样一个实验,要求大学生们根据他们看到的图片编写故事。这些图片中交替出现了两种情景,一种情境描画的是个人间的亲密关系,另一种涉及非个人性的成就(impersonal achievement)。根据卡罗尔·吉利根的说法,这项研究表明:

男性和女性会在不同社会环境中感知危险，并以不同方式来解释危险。男性更多会在亲密关系而不是成就中看到危险，认为危险来自亲密关系，女性则在非个人性成就的情境中感知危险，并将危险理解为由竞争性的成功所导致。男性在亲密关系中描述的危险是陷阱或背叛，被困于令人窒息的关系中或者由于拒绝和欺骗而蒙受耻辱。相反，女性描述的成就中的危险则是一种被孤立的危险，担心出人头地或者一旦成功，自己将被孤立起来。[92]

比如，其中一张图片描绘了两个表演高空秋千的杂技演员，男人用膝盖勾住秋千，并抓住女人的手腕，使她腾在半空中。尽管图片中没有画出保护网，但研究者发现，22%的女性在自己写的故事里加上了保护网，而只有6%的男性想象出网的存在。另外，40%的男性在故事中或是详细解释了没有网的情况，或是以一个或两个杂技演员坠地而死来暗示没有保护网。通过对实验结果的分析，卡罗尔·吉利根说道："因此，女性把秋千上的情景看作是安全的，因为通过提供一张网给他们带来安全，使他们在坠落的情况下能够保全性命……当女性想象着通过什么活动来维系关系和加强联系时，亲密关系的世界——对男人来说是如此神秘和危险——反而变得越来越连贯和安全。"[93]

聚焦

从被关怀的经历中，我们能体验到关怀这种关系带来的好处，反过来，我们自己也学会了如何关怀别人。一旦我们发展出自然关怀这种自发的情感，一种更为审慎的伦理意义上的关怀就具有了某种道德上的可能性。然而，不同于康德所认为的义务的召唤必须排除自然倾向的影响，诺丁斯认为，道德责任的这种“我必须”总是与我们最好的自然倾向有关。正如诺丁斯所说：“建立在关怀基础上的伦理学努力保持关怀的态度，因此它依赖而不是优先于自然关怀。”[94]

此时，我们不禁要问：“在家庭的亲密关系中发现的价值、特性和实践是否能为我们家庭之外的更大世界提供伦理指引呢？”母性的、关怀论的女性主义者认为完全可以。比如，政治理论家凯西·弗格森（Kathy Ferguson）便鼓励女性借用“内在于女性经验中的价值，比如照抚、养育、同情、沟通”去建立新的社会模式和制度，以取代原本的支配原则。[95]换言之，尽管照抚和养育经验往往与女性，尤其是母亲直接相关，但这仍然能够提供十分重要的伦理学洞见，并且也能充当不承担母亲角色的那些人的范例。此外，母性的、关怀论的女性主义者认为，我们可以从这些具体经验中归纳出一个全面的伦理理论，这个理论可以作为一种同情的政治在整个公共领域内传播。因此，鲁迪克为其《母性思维》一书增加了一个副标题——“通往和

玛丽·卡萨特(Mary Cassat)《母与子》(1893)
这幅油画描绘了一位母亲充满爱意地照料孩子的场景，在某种程度上，它表达了关怀论女性主义伦理学的主题。母亲不是依照抽象原则或者出于严格的道德义务的动机(传统伦理学恰恰是以此为基础的)而行动。相反，她表达出的是一种自发性情感，比如关怀、亲密和同情等。关怀论女性主义伦理学认为，这些蕴含在女性抚育后代的经验中的再自然不过的价值可以被用来建构更为完善的伦理学体系和政治运行模式。正如简·特伦托(Joan Tronto)所说：“关怀并不是私人的或局限性的，它可以关联到整个制度、社会甚至全球层面的思考。”

平的政治”(*Toward a Politics of Peace*)。这些女性主义思想家坚信关怀伦理学较之其他理论能更好地解决现实问题，比如世界范围内的饥饿、贫穷、战争、环境、对雇员的剥削、医疗保健和教育，等等。在探讨母性伦理学的具体方法时，哲学家珍·格里姆肖(Jean Grimshaw)问道：“举例来看，若是有过女性怀孕、生产和抚育孩子的体验后，再去看待战争中逝去的生命，情况是否会有所不同？”[96]在总结关怀伦理学在更广泛领域中的应用时，政治理论家乔安·特伦托(Joan Tronto)说：“关怀不仅仅是私人的或局限性的，而是可以关联到对整个制度、社会甚至全球层面的思考。”[97]

广场中的哲学

选择相同数量的男性和女性来阅读下面这个伦理困境，并请他们回答随后的问题。如果其回答过于简单或模糊，你可能会想问一些后续问题，以确保清楚理解他们的推理全过程。待收集完所有回答后，请参照本节开头第二个引导问题中列出的两组道德思考(A和B)对它们进行分析。男性和女性会倾向于给出不同答案吗？男性倾向于采纳A中的那些考虑因素吗？女性倾向于B中的考虑因素吗？你从调查中可以得出什么结论？

在欧洲，一个女人因为患有某种特殊的癌症而濒临死亡。医生认为有一种药物可能挽救她的生命。这是一种含镭元素的药物，由本地一位药剂师刚刚发明。这种药物制造成本本就高昂，而药剂师又要以成本的十倍收费。他花200美元生产药物，每剂药却要卖到2 000美元。女人的丈夫海因茨(Heinz)向所有熟悉的人借钱，但最终也只能凑到1 000美元。于是他恳求药剂师降低价格，或者让他先拿走药物，过后再慢慢还钱。但这个要求被药剂师一口回绝：“不，我发明了这种药，我要靠它赚钱。”最后，走投

> 无路的海因茨下定决心，打算趁药剂师不备时潜入他的房间去偷药。[98]
>
> - 海因茨该不该偷药？
> - 为什么？
>
> 广场中的哲学

权力论的女性主义伦理学

不论是对传统伦理学之局限性的批判，还是重新定位伦理学的积极规划，关怀论女性主义伦理学都产生了巨大影响。但即便如此，并非所有女性主义者都赞同关怀论女性主义伦理学。那些被童称为权力论女性主义伦理学的人相信，离开社会的权力结构、统治模式和存在的压迫这些问题，就无法解决伦理学问题。童指出，这一进路强调非女性主义哲学家通过"忽视、贬低、轻视或者干脆无视女性的道德兴趣和对道德问题的洞见"，从而使女性从属于男性。[99]贾格尔认为，尽管权力论女性主义伦理学家与一般意义的女性主义者有一些共同目标，但在前者看来，如下目标更具优先性："第一，从道德上批判造成女性屈从地位的行为和实践；第二，寻求道德上的正当方式以对抗上述行为和实践；第三，构想道德上可取的替代方案以促进女性的解放。"[100]

对关怀论伦理学的批判

伦理学家苏珊·曼德斯（Susan Mendus）将权力论女性主义对关怀论女性主义的批判归结为如下三点：

> 第一，它所强调的那些差异所表明的是在历史中被排斥于政治之外的女性们的观点；第二，它对女性身份作了过于简

> 单和静态化的分析，这是对女性在现代生活中的角色的错误描述；第三，它诉诸一种在家庭和社会关系之间进行的并不适当的类比。[101]

关于曼德斯说的第一点，也就是女性被排斥在政治之外，一些女性主义者将母性、家庭、居所等概念视为社会领域中更为一般性的压迫的具体表现。批评者因此指责道，若关怀论女性主义果真把这些领域作为伦理学的支配性范式，就会进一步强化女性目前的边缘地位。比如，一些女性主义者赞同约翰·布劳顿——卡罗尔·吉利根的一个男性批评者——对吉利根的批判，他认为后者的理论会导致“对现状的维护，肯定已确立的劳动分工，进而取消彻底变革的可能性”。[102]换言之，布劳顿认为吉利根“将女性置于亚里士多德曾经认定过的位置上”。[103]同样，为回应母性伦理学，政治科学家玛丽·迪茨(Mary Dietz)认为，爱、亲密和关怀不能作为政治行动或政治话语的基础。如她所言，“只有自由和平等、公平和正义的语言，而非爱和包容的语言，才会对那些非民主的和压迫性的政治制度提出挑战”。[104]

对关怀伦理学的第二个批判，也就是认为该理论提供了对女性身份的一种不恰当描述。心理学家泽勒·卢瑞亚(Zella Luria)问道：“回归到对纯粹的女性特征的狂热崇拜，真的能使我们获益吗？此外，强调女性的思考和推理方式与男性有所不同，这又能让我们获益多少？”[105]同样，哲学家帕特里夏·斯卡尔萨斯(Patricia Scaltsas)在她富有洞察力的文章标题中提出这样一个问题：“女性主义伦理是否与女性主义目标相抵触？”面对将同情和关怀视为女性显著特征的观点，她回应道：

> 尽管女性在社会中的传统角色或许已经导致了其某些德性的发展，但是将女性限制于这种角色中也已经产生了破坏

性后果，阻碍了她们作为个体在社会中的发展……

……危险之处在于，对女性价值、思考方式和经验等要素的强调，意味着向认为男性与女性在能力和特质方面截然不同的传统二分法的退化，也正是这种二分观念曾被用来试图证明把女性从教育的、职业的和政治的机会中排除出去是合理的，并且将她们锁定为不理性的爱的给予者和爱给予的傻瓜角色。[106]

在一些女性主义者看来，问题在于，女性在社会化过程中逐渐相信，自己的道德责任要求她们成为乐于牺牲的利他主义者。她们还认为，如果不能压制自身的认同、兴趣和需求，就是一种自私的表现。作为对这种社会化的回应，一些女性主义者甚至主张应当在女性身上注入适量的利己主义观念。比如，女性主义哲学家萨拉·霍格兰(Sara Hoagland)建议女性主义者将"我好吗"或者"这好吗"这类问题，转变成"这有助于我的自我创造、自由和解放吗?"[107]霍格兰同时对诺丁斯的关怀伦理学的可行性作出了质疑，认为若"总是在他人指引下获得伦理认同"，那么所谓"成为有德之人"，不过是"成为被利用者"的另一种说法而已。[108]

为回应这类批评，女性主义理论家希拉·马丽特(Sheila Mullett)区分了"扭曲的关怀"和"未扭曲的关怀"。[109]在她看来，如果关怀是迫于经济、社会和心理上的压力而作出，那么这就不是真正意义的关怀。因此，他承认，只有从男性应占据统治地位而女性应从属于男性的条件中解放出来，使女性获得真正的性别平等和自由，关怀伦理学才能完全实现。而在此之前，女性应当谨慎地对待关怀，并询问这是否有助于其自我实现，以及它是否发生在"增强自我意识的实践和对话框架中"。[110]

聚焦

女性主义者对“关系”的两种阐释

还记得前文中吉利根所做的实验分析吗？那个实验要求男性和女性根据一幅描绘两个正在进行表演的杂技演员的图片(图片中男人抓住女人的手腕)创作故事。在这个过程中吉利根有了重要发现。她意识到，更多女性在故事中加入了保护网，这反映出女性更倾向于在关系中获得安全感。女性之所以将图片中男女杂技演员的关系视为安全的，是因为她主动去使这种关系变得安全。而玛丽莲·弗里德曼(Marilyn Friedman)却认为在由男性主导的世界中，很多女性已经察觉到当前两性关系的基本模式存在缺陷，甚至具有压迫性。因而，她从这项实验结论中看到了与吉利根不同的东西：女性之所以在故事中加入了保护网作为外在保护措施，是因为她们意识到图片中的关系是不安全的。[111]

最后，很多女性主义者同意曼德斯的观点，即基于家庭关系模式的关怀伦理学并不适用于公共政治、道德领域。例如，迪茨认为：

苏珊·曼德斯(1951—)

> 母性美德在规定的意义上不可能是政治的，这是因为……它们与一种特殊的、独特的、与众不同的活动有关，并且从这种活动中产生出来。因此，我们必须得出这样的结论：这种行为与公民行为完全不同；二者不能被视为包含相同的属性、能力和认知方式。[112]

问题是，在母子关系中存在权力的不对等和控制行为，而理想的政治领域则允许公民平等互动。此外，从个人层面讲，我会本能地偏向或者说优先考虑与我关系亲密的人的需求，但在政治层面，这种偏私是不正当的。正如约翰·布劳顿在评价吉利根的关怀伦理学时所说：

> 吉利根似乎没有意识到政府与国家公民之间，国家与国家之间，或者国家、政府、公民与过去的或未来的世代之间那种尊重或责任的重要性。若将“关怀”作为伦理学的基础，它发挥的作用是有限的，除非它能够克服基于朋友和家庭所传达出的那种狭隘主义。[113]

哲学家玛丽莲·弗里德曼（Marilyn Friedman）关于伦理学、社会哲学和女性主义理论的著作为我们理解权力论女性主义伦理学提供了一个很好的说明。在他的文章《解放关怀》（*Liberating Care*）中，她既赞美又批评关怀伦理学。[114]尽管弗里德曼承认，关怀伦理学在传统理论中被忽视了，并且承认它是伦理学的一个重要组成部分，但她仍然坚持认为，关怀不是唯一的，甚至不是凌驾于其他所有道德义务之上的主要道德义务。相反，她说，关怀必须在一种“解放的”女性主义伦理当中找到自己的位置，由此，那“开明的关怀”（enlightened care）就包含关怀的给予者对自身的关怀和对自己“个人繁荣”的关切，并且能够在关怀成为压迫的原因时将其毅然抛弃。

思想实验：女性主义认识论与伦理学

本书第3.7节讨论的女性主义认识论与伦理学的女性主义进路是相关的，原因在于，我们通常如何理解一般意义的知识会影响到我们的道德知识的进路。回忆一下，女性主义批评传统知识观隐含的四个假设，即："一般人性"假设、"无源之见"假设、"纯粹的、非个人的理性"假设和"鲁滨孙·克鲁索"假设。回顾女性主义者对这四个假设的批评，有助于我们理解女性主义伦理学。重读与这四个假设相关的材料后，思考下面的问题：

- 这四个假设对伦理学理论有什么启示？
- 为什么女性主义者会认为这四个假设将导致一种片面的伦理学观点？

女性主义伦理学概览

至止，非常清楚，尽管女性主义者们坚持认为伦理学应当听取女性的"声音"，但她们往往发出不止一种声音。我们已经考察了一些在女性主义运动中被讨论的争论，比如：传统伦理学理论中是否存在占比如此之高的男性偏见，以至于需要对伦理学进行彻底的重建？男性和女性在伦理倾向上真的存在差别吗？如果这种差别存在，应该怎样描述其特征？如果确有这样的差别，这些差别是根源于我们的自然禀赋还是社会条件？正义论伦理学和关怀论伦理学真的是同等正确并且互补的，还是一个比另一个更优越？女性在养育经验中获得的洞见能为一种更令人满意的伦理学提供基础吗？这些洞见同样适用于男性吗？另一方面，关怀论伦理学强化了性别的固有模式，并且妨碍女性批判性地检视自身的社会地位吗？女性应该只关心对更好的伦理学理论的详尽阐释，还是应该首先去挑战对她们造成压迫的社会条件？

停下来，想一想

当你思考你在这部分内容时，试着向自己阐明，在所有版本的女性主义伦理学中，哪些主题是共同的。另外，无论你是男性还是女性，对这个概览中提出的问题给出自己的回答。

透过女性主义伦理学的镜头看

1. 安尼特·拜尔(Annette Baier)说："我们传统中的那些伟大的道德理论家们不仅都是男性，而且绝大多数还是那些与女性的关系最不密切的(因此他们受到女性的影响也最少)男性。"她说，很大程度上，他们是"牧师、厌恶女人的人和清教徒式的单身汉"，因此，他们的哲学一心一意地专注于"或多或少是自由而平等的成年陌生人之间的那种冷淡而疏远的关系"。[115]假设所有伟大的道德理论家都是男性，你认为男性这一性别会像拜尔所说的那样影响他们的理论吗？回想一下本章引用过的与伦理学相关文本。如果事先不知道作者的性别，你能否通过分析他们的理论判断出他们是男性还是女性？

2. 如果你是一位母亲(或许你真的是)，那么你认为母亲身份这一经验会影响到你看待伦理学的方式吗？为何如此？

3. 从自身经历和你所读到的内容出发，你认为男性和女性在处理伦理问题的方式上真的存在差异吗？那些源于我们的生物本性的差异意味着什么？由我们的社会条件所引发的那些差异又意味着什么？

4. 当关怀伦理学超出个人关系，应用到社会与公共政策的伦理问题时，你认为它的贡献和局限性会是什么？

5. 请从女性主义伦理学中选取一种理论，并设想这一理论是贯穿于我们社会历史的主导性道德传统。在这种情况下，历史和当下的社会会有什么不同？这种理论会使我们的制度、政治、法律和社会安排出现哪些差异？这些变化(如果有的话)中，哪些会是更好的？哪些(如果有的话)会是更糟的？

检视女性主义伦理学的优缺点

正面评价

1. 女性主义者将注意力集中于那种在他们看来过分严格的理性观上。人们通常认为，保持理智意味着疏离、冷淡和抽象，情感则作为多愁善感的情绪而被排除在外。但女性主义者坚持认为同情、怜悯和关怀可以为道德行为提供合理依据。你认为这一点支持了他们的理论吗？

2. 无论男性和女性在道德倾向上是否真的存在差异，当卡罗尔·吉利根说，以理性和正义为基础强调规则和权利的路径和以感性和关怀为基础强调相互之间关系的路径同等重要且相互补充时，难道她的观点不正确吗？我们总是侧重于两条路径中的一条而忽视另一条，如果能够学会倾听与我们不同的人发出的“声音”，难道不会使我们变得更好吗？

3. 无论是历史还是当下，女性的声音的确是被忽视或被压制了。假如我们的知识交流和政治对话能够建立在更广阔的基础上并且更具包容性的话，我们的道德传统和政治生活不是会更好吗？现在有很多公司和机构正自愿地(不只是出于法律理由)将女性吸纳进领导岗位，这不是很重要吗？难道他们不是发现，如果没有她们的参与，女性的洞察力和视角将会是缺失的吗？

4. 无论你是男性还是女性，你不觉得有时向一位女性朋友寻求建议或者至少是富有同情心的倾听是很有帮助的吗？你不觉得这种对话特别有助于解决你与所爱之人或者家庭成员之间的敏感关系吗？在人际关系方面，女性是否有更好的理解，或者至少有一种独特视角？如果是的话，原因何在？女性的这种特质对于她们能或已经为伦理学作出的贡献具有何种意义？

负面评价

1. 美国《独立宣言》在明确宣告人类享有平等、尊严和一些天赋权利的同时，其起草者们却自己蓄奴。问题不在于他们所采纳的原则，而在于他们未能一贯和公正地运用这些原则。传统伦理学的情况是不是与之相同呢？女性主义者指出的社会中的所有问题，并不是因为我们的伦理传统的失败，而是因为对它们的不恰当运用方式，这难道不可能吗？

2. 很多女性主义者都强调关怀伦理学，但只有他们表现出关怀吗？毕竟，亚里士多德主义、康德式伦理学、功利主义和最近的德性伦理学都能为义务和仁慈奠定坚实基础。比如，尽管一些女性主义者抱怨女性被迫放弃了自身的需求和利益而屈从于男性，但康德提醒我们，不要把自身仅仅看成是实现其他目的的手段，而要视自己为具有内在价值和尊严的人。此外，功利主义者也指出，当我们计算什么行为会产生最大幸福总量时，必须要把自身欲求和利益包含在这种权衡之中。过去的一些男性哲学家或许以轻蔑的态度看待女性，但他们的伦理学理论中蕴藏的资源不是能解决大部分女性主义者关心的问题吗？这一章出现的所有伦理学家中，艾茵·兰德这位女性思想家的伦理学理论与女性主义关心的众多核心问题刚好相反，这难道不极具讽刺性吗？

3. 很多女性主义伦理学家批评传统伦理学过于强调权利和正义等抽象原则。但这些原则难道不应该是任何一门切实可行的伦理学的基础和关键概念吗？帕特里夏·威廉姆斯(Patricia Williams)在她的一本关于人权的著作中展示了一张她祖母的祖母的卖身契，上面显示，威廉姆斯的祖先是一个 11 岁的女性奴隶。威廉姆斯说道，鉴于我们的社会在过去的一个世纪中就克服种族不平等取得的进步，“权利”这个词“才能如此轻松地被说出”。[116] 同样，女性在这个世纪(特别是最近几十年)取得的所有进步难道不都是关心权利和正义的伦理学对法律和社会进行改造的结果吗？难道不正是一些男性伦理学家和政治学家促成了这种改造吗？女性主义伦理学会破坏女性主义的目标吗？

4. 尽管女性主义伦理学家批评建立在抽象和普遍原则基础上的伦理学理论，但他们能避开这些原则吗？比如，女性主义伦理学似乎是建立在每个人都应该关心、同情和留心他人的需求这样的普遍原则之上的。假如女性主义者的洞见能够被共享并且作为我们道德生活的指引，那么它们是不是就像女性主义者们所轻视的康德式伦理学一样，也能被表述为普遍原则？

5.7 伦理学理论与道德践行问题

为了更好地理解本章讨论过的主要道德理论，或许值得花些时间去考察每种理论的拥护者是如何处理具体道德问题的。通过这一考察，可能会凸显不同理论之间的相似和不同之处。我们将康德主义作为义务论伦理学的一般形式，把功利主义作为结果主义的一般形式。最后，我们还将讨论德性伦理学。需要提醒读者的是，在这里，我们不会专门讨论女性主义伦理学，因为德性伦理学和占据主导地位的女性主义伦理学版本有许多重合之处(关怀论伦理学尤其如此，因为它强调同情这种德性)。

在着手处理具体道德问题之前，有一点必须明确，即道德理论能够提供哪种指导。道德理论(不论你遵循哪一种)并不为我们作道德判断。必须作出道德决定的是我们自己。换句话说，我们不能仅仅把一个事件中的相关事实直接填入道德原则中，然后设想一个准确无误的答案将会被制造出来。如果真能这样的话，我们仅仅需要把康德式或功利主义的道德原则编程进计算机，并让它给出解决道德困境的答案，就像我们用机器处理复杂的数学问题一样。然而，上述三种主要理论中，不论你接纳哪一种，确实能够影响到你思考道德问题的方式。首先，一种给定的道德理论将会把一些可能的备选项认定为道德上无法接受的。这至少会使情况变得清晰些。其次，一种道德理论有助于我们建构道德情境。它告知我们哪些因素是相关的，哪些则应另当别论。最后，它使我们能够作出有原则性的决定，而不是仅仅基于来路不明的情感、倾向或冲动。通过为我们的道德判断提供理由，它准许我们与他人分享和理智地讨论我们的立场，而不是仅仅相互交换一些没有根据的意见。

我们将要用上述三种理论解决下述难题，即堕胎在道德上是可允许的，还是应当绝对禁止。1973 年，美国高等法院判定，女性有权在妊娠的早期几个月不受法律限制选择堕胎，但如果在妊娠晚期堕胎的话则需要满足法律规定的条件。这项判定在道德和政治领域引发了一场延续至今的争论。我们在这部分要讨论的论题并不是堕胎是否合法，而是堕胎是否道德。法律并不能解决这个问题。因为有些行为是合法的但却不是道德的，比方说奴隶制。举一个现代的例子，恶意造谣在大多数情况下是被法律允许的，但却是不符合道德的。另一方面，一些行为违反了法律但却是道德的，比如二战时期帮助生活在纳粹德国的犹太人免受迫害。因此，一个行动的法律地位不能必然说明其道德性。

就堕胎问题展开争论的双方都围绕胎儿的道德或形而上学地位提出了一些论证。比如，反对堕胎的人最常提出的论证是：(1) 杀害一个无辜的生命是错误的；(2) 胎儿是无辜生命；(3) 因此，堕胎就是错误的。在这一问题上对擂的双方都承认胎儿属于生物学意义上的人，这是由胎儿的基因构造决定的，因此毋庸置疑。但一些堕胎的支持者则认为，生物学意义上的人并不足以成为权利的拥有者，包括生命权利。他们主张，只有在一个更高的发展阶段上，我们才能被称为“人”或是成为拥有道德权利的存在者。问题是，关于胎儿地位的争论从伦理学领域转移到了形而上学领域，这就提出了胎儿是哪种实体的问题。较之原本的堕胎问题，对这一问题的争论则包含更多的假设和直觉上的矛盾。幸运的是，从“选择派”(pro-choice)和“生命派”(pro-life)立场出发讨论堕胎问题就能避开这一棘手的问题，也无需对胎儿的地位作出任何假设。

堕胎问题上的康德式观点

康德式伦理学是以可普遍化和一致性原则为基础的。反对堕胎的康德式论证通常是基于这样的推理：既然我们都经历过婴儿期，所有人都为自己活着而感到高兴，都为我们的母亲没有堕胎而感到高兴，由此可见，堕胎这种行为经不起可普遍化原则的检验。约翰·卡洛尔大学哲学教授哈利·J.甘斯勒(Harry J. Gensler)提出的旨在反对堕胎的论证便是以康德式原则(基于“黄金法则”的视角)为依据。[117]他对康德式伦理学中的可普遍化原则作出了如下系统阐释：

> 如果你是前后一致的，并且认为某个人对X实施行为A是正确的，那你就会同意，某个人在类似的情况下对你作出行为A也是正确的。

随后，他将这一原则运用到反对堕胎的如下论证中：

> 1. 如果你是前后一致的，并且认为堕胎在通常情况下是可被允许的，那么你就会赞同这样的观点，即在通常情况下你是可以被堕胎的。
>
> 2. 你不会赞同在通常情况下你是可以被堕胎的这一观点。

3. 因此，如果你是前后一致的，你就不会认为通常情况下堕胎是可被允许的。

为进一步阐明他的论证，甘斯勒指出，绝大多数人都不会同意现在被人杀死。同样，他们也不会赞同这个世界变成下面这样：他们在昨天，或者五岁时，又或者刚出生一天就被杀死。既然如此，人们怎么会在保持一致性的同时，还会在道德上同意自己在尚未出生时就被杀死呢？

尽管康德本人没有就堕胎问题发表过什么实质性意见，但多数学者都认为，康德在伦理学上的立场必然决定了堕胎在道德上是错误的。然而，最近有些康德主义伦理学家认为在某些情况下（母亲的健康或生命受到威胁的情况下），堕胎行为在道德上可被允许。来自狄金森学院的哲学教授苏珊·菲尔德曼（Susan Feldman）试图证明，可以从康德的三个相互关联的主题中得出堕胎可被允许的论证。[118]首先，康德认为我们有义务去发展自己的才能，但菲尔德曼认为怀孕和做母亲会打乱对女性自我发展至关重要的人生规划。当然，一位女性或许会将成为母亲作为她一生中的一项重要规划，那么怀孕就是实现这一目标的手段，但同时我们也不能否定，并不是所有的女性都希望成为一位母亲，或者，她们还不确定是否要成为一位母亲。因此，菲尔德曼认为这条规则，即“所有与道德主体的计划不相容的怀孕都可以被终止”就能够以与康德的定言命令相一致的方式被普遍化。[119]为了回应甘斯勒的观点，即没有人愿意在自己还是胎儿时就被堕胎，菲尔德曼认为，当我们为自己活着而感到开心时，仍可以（充满赞许地）设想我们的母亲本可以因为放弃怀孕而拥有不一样的人生，即使那种人生意味着我们不会存在。[120]

康德式伦理学的第二个主题出自定言命令的第二个版本，即我们不能把他们或我们自己仅仅当作手段。但如果女性只被当作胚胎孵化器的话，那么她就是达成目的的那个手段。反对者或许会基于康德所说的我们对他人负有仁慈的义务这一观点，认为即便女性选择延续腹中胎儿的生命会给自己的生活和发展带来极大不便，这样做却能体现出仁慈的精神。然而，菲尔德曼认为，康德同样指出，那种要求我们牺牲自己的幸福去促进他人幸福的准则是自相矛盾的，因此不能成为普遍法则。[121]遵循康德的原则，菲尔德曼得出下面的结论："道德主体自己……必须对相关因素进行权衡，以决定她自己的需求是否重于胎儿生命的延续。"[122]

菲尔德曼诉诸的康德式伦理学的第三个主题是，认识到自己作为一个自主理性主体的地位和自我价值的重要性。菲尔德曼以如下方式运用这一原则：

> 对于一个认识到自身主体地位的人而言，她必然能够支配自己身体的某些活动，如性行为和生育行为……要成为一个主体，个人必须能够在事发前或事发后赞成或拒绝性和怀孕。[123]

成为自主的道德主体要求女性能够作出自己的选择，而不仅仅是让事情发生在她身上。如果成为一位母亲恰好是女性生命当中的一项计划，那么生育就是她自愿作出的行为，而不仅仅是发生在她身上的某件事情。在这种情况下，她就是一个主体，并且是自主的道德主体。然而，如果她并没有明确选择怀孕并且在怀孕之后被禁止堕胎的话，这件事就是超出她的控制而发生在她身上的，她因此就被置于对象的位置上了。

功利主义关于堕胎的观点

像所有结果主义一样，功利主义认为某种行为在道德上是不是善的，关键在于该行为产生的结果是否令人满意。但这意味着，假如两位功利主义者对堕胎行为造成的结果评价不一，他们就可能在堕胎是否道德的问题上产生分歧。那么，允许或禁止堕胎分别会造成怎样的结果呢？赞成堕胎的功利主义者通常会这样论证：

1. 任何对大多数人而言具有好的结果的事情在道德上是被允许的。

2. 在很多情况下，堕胎对大多数人而言具有好的结果。

3. 因此，在很多情况下，堕胎在道德上是被允许的。

相信前提2的理由是什么呢？换句话说，什么被认为是堕胎产生的好的结果或幸福的结果呢？这个问题，要视情况而定，通常的答案可能是，堕胎能避免养育一个不想要的孩子带来的经济负担（对父母或社会来说都是如此），使未婚妈妈免遭羞辱，使女性的教育和职业免遭中断。一言以蔽之，它能够消除怀着不想要的孩子的女性面临的风险和负担。

另一方面，我们也时常会看到一些反对堕胎的功利主义者的论证。持这种立场的人会质疑上述论证的第二个前提，并声称堕胎带来的负面结果无论如何都会超过所谓的积极结果。比如，有几个反堕胎组织是由曾经堕胎的女性组成的，她们现在后悔堕胎。她们声称堕胎会在心理上造成消极后果，并且一些终止妊娠的医疗手段有时会给女性健康造成伤害，但是没有人就此事告诫过她们。另外，一些反堕胎的功利主义论证认为，堕胎行为会使人变得麻木无情，并且生发出一种只要生命会带来麻烦就可以被终止的态度。此外，许多支持堕胎的论证不仅会为杀死胎儿辩护，还可以用来证明杀死婴儿、残疾人或老年人的正当性。

正如上述对支持堕胎和反对堕胎的功利主义论证进行的简单描述所表明的，两类功利主义者虽然能够彼此认同对方的伦理理论，但如果他们对行为结果的事实判断出现了差别，就有可能对同一行为的道德性得出不同的结论。进而言之，从功利主义的角度看，如果一个特定行为的结果发生变化，对于这一行为在道德上正确与否的判断也会发生变化。从功利主义视角分析堕胎的道德性的一个经典例子是由简·英格莉希(Jane English)提出的。[124] 和大多数功利主义者一样，她在讨论中既没有诉诸对母亲权利的分析也没有诉诸对胎儿之形而上学地位的认定(即胎儿到底是人还是非人的问题)。相反，她关心的是堕胎实践造成的结果，也就是围绕杀害“似人的非人”(person-like nonpersons)会对我们造成的心理影响进行分析。英格莉希相信，某种生物(无论是动物还是人类的胎儿)，越是在外貌或者一些高级能力上接近于人类，我们对待他们的方式就越会影响我们自己的同情心和态度，而同情心和态度对我们的道德生活来说至关重要。比如，对一些高级动物作出残忍行为会使我们对他人所遭受的痛苦感到麻木，但踩死一只昆虫就不太会产生这样的后果。

不断变化的环境和结果如何会改变堕胎在道德上的可允许性(permissibility)或堕胎的道德错误，英格莉希的如下结论说得很清楚：

> 在怀孕的最初几个月，胎儿根本不像是一个婴儿，因此，为了孕妇或她的家庭利益，堕胎是被允许的。理由只需要超过堕胎本身的痛苦和不便。在中间几个月，胎儿开始呈现出人形，只有在胎儿的继续成长或者出生会给母亲带来危害——生理的、心理的、经济的或社会的——时，堕胎才是被允许的。在怀孕的后几个月，即使根据我们目前的假设，胎儿还不能算做人，堕胎也似乎是错误的，除非是为了使女性免于重大伤害或死亡。[125]

就此而言，因为胎儿越到妊娠后几个月越像婴儿，并且明显会长成一个像我们一样的人，此时，堕胎在心理上对我们的"同情心和态度"造成的影响就会愈发强烈。出于这一原因，英格莉希说："对一位女性而言，仅仅为了避免推迟去欧洲旅游的计划，在胎儿七个月大的时候选择堕胎就是错误的。"[126]

德性伦理学与堕胎

来自奥克兰大学的哲学教授诺萨林·赫斯特豪斯以她在德性伦理学领域的研究而闻名。在一篇名为《德性理论与堕胎》的文章中，她考察了德性伦理学如何引导我们思考堕胎问题。赫斯特豪斯认为，从德性伦理学角度看，要问的关键问题是："在这些情况下堕胎，行为主体的行为是善良的，还是残忍的，抑或两者都不是?"[127]这个问题将她引向富有争议的观点，即女性是否有终止自己妊娠的道德权利与堕胎的道德性问题并无关联。这是因为"在做道德上正确之事的时候，我们可能是残忍的、冷漠的、自私的、轻浮的、自以为是的、愚蠢的、不忠诚的和不诚实的，也就是说我们是以恶的方式在行动"。[128]当一些人认为，只要说"一位女性拥有自己的生活和幸福的权利"就能够结束全部争论时，赫斯特豪斯回应道，德性理论会继续追问："她的生活好吗? 她真的过得好吗?"对于德性伦理学而言，"过得好"意味着实现人的卓越性或拥有一种可成为典范的品格。换句话说，德性伦理学着眼于行为主体本身的品格，以及她作出某种行为的理由，而不仅仅是行为本身。相应地，赫斯特豪斯的观点既不会令那些无条件地相信堕胎行为在道德上是错误的人满意，也不会令那些无条件地相信堕胎行为在道德上可被允许的人满意。

赫斯特豪斯一开始就反对下面这种观点，即认为堕胎就像剪头发或者做阑尾切除手术一样不是一个严肃的道德行为。在赫斯特豪斯看来，这种观点展示出的是一种不恰当的冷酷无情。相反，"从某种意义上讲，终止一个生命就像创造一个生命一样，它关系到我们对于人类的生命和死亡、生儿育女以及家庭关系所进行的一切思考”。[129] 当一个女性期望拥有一个孩子，却因流产而失去他时，这样的悲剧不仅仅意味着她失去了想要的某样东西，而是这个事件在情感上的严肃性与一个人的生命的丧失有关。堕胎和失去生命一样，都与情感上和道德上的严肃性相关联。因此，堕胎对女性而言绝对不像剪头发或者切除阑尾一样只是失去了身体的一部分。[130] 此外，就像在胎儿两个月的时候流产不会像在九个月的时候流产那样令人伤心，在怀孕的早期阶段，由于浅薄的理由选择堕胎也不会像在胎儿几乎足月时选择堕胎那样令人震惊。

在强调了毁坏人的生命的严肃性，爱、生儿育女和为人父母对人类繁荣所能发挥的内在价值以及它们一般而言对人类生活形式的重要性之后，赫斯特豪斯开始讨论一个人的品格在作出堕胎决定时所扮演的角色。基于刚刚提到的为人父母的价值，她的结论是：“一位女性通过堕胎的方式选择不承担(从来不、不再或者现在不)母亲的角色，或许由此显示出的是她对生活应当如何以及事实如何的一种有缺陷的理解，也就是一种幼稚的或贪图享受的或目光短浅、见识浅薄的理解。”[131]

不过，在“生命派”将其引为同道之前，赫斯特豪斯很快补充道，“我说的是‘可能如此’，其实不必如此”。接着，她继续列举了一些情况，在此，堕胎的理由能够与一种德性品质相一致。这些例子包括：一位为养育现有子女已经在生理、情感和财力上最大限度付出的母亲；一位因为年纪太大，想要成为祖母而不是再次养育婴儿的女性；一位会因怀孕而承担巨大健康风险的女性；还有一位打算用她的生命去做更有价值的事情，而不是养育孩子的女性。[132] 即使在上述情况下，选择堕胎是一个正确决定，并且因此与德性相符合，这也并不意味着在其他条件下堕胎就不会是错误的或者不需要有负罪感的。赫斯特豪斯认为，即使堕胎行为能被证明具有合理性，但毕竟是一个人的生命被剥夺了，因而通常从某种程度上讲这依然是不幸的。进而言之，即使现有状况可以为堕胎行为在道德上进行辩护，但如果导致女性堕胎的首要原因竟是没有责任感这类品格缺陷的话，并不会因为决定的正确性而免除负罪感。[133]

最后，赫斯特豪斯对自己的观点进行总结："我说过，一些由于特定理由而选择堕胎的行为是无情或轻率的，其他行为则显示出适当的谦虚或谦卑，还有一些行为则反映出一种对生活之期望的贪婪或愚蠢的态度。"[134]

和其他理论一样，就德性伦理学的支持者而言，对这一理论的具体应用还有进一步争论和探讨的空间。例如，珍妮特·史密斯(Janet Smith)虽然同样是从德性伦理学立场出发，但她的态度比赫斯特豪斯更为强硬和保守，在她看来，从德性伦理学立场看，那些具有典型性的堕胎案例都是不合理的。她借助心理学研究和哲学论证表明，堕胎的人倾向于拥有这样一些个性特点，比如淡漠、不负责任、缺乏真诚、消极和其他性格缺陷。[135]

总结：三种伦理理论及其应用

显然，从应用角度看，从一个给定的伦理理论到一个特定的道德判断，有时没有一条没有争议的、单一的路径。打个比方，一个政党的成员常常就何种政策与他们商定的政治原则最为一致展开辩论。与之类似，一个宗教团体的成员也时常会为从他们共同信奉的宗教经典中能得出怎样的结论而争执不休。然而，这类争议不应导向犬儒主义、怀疑主义，或者根本不存在正确答案的结论。情况往往是，最佳论证才能对问题起到决定性作用。

对堕胎的案例研究确实表明了一些要点。所有康德主义者，无论是反对堕胎还是支持堕胎，都致力于寻找一种可被普遍化且能被一致遵循的一般性法则。而且，他们试图论证这样一种能够典型代表康德主义原则的立场，即强调人的理性、自主性和内在价值的重要性。堕胎的后果对他们的论证而言，如果有的话，作用也不大。

与之相对，功利主义者在判断堕胎的道德性时，将结果作为唯一考量因素。因此，功利主义者不会从抽象意义上判断一个行为是否符合道德。一种行为是正确的还是错误的，取决于具体情况和行为的可能结果。因此，如果两位功利主义者对某种行为的预期结果无法达成共识，便可能对同一个行为给出不同的道德评价。如我们在简·英格莉希的例子中看到的，功利主义者会认为一种行为在某些情况下是正确的(比如在妊娠早期堕胎)，而在另一些情况下则是错误的(比如在妊娠晚期堕胎)。然而，要记住，即使功利主义者认为特定行为的道德性与情境有关，但他们确实相信存在一条绝对的道德原则，即“正确的行为就是能够使最大多数人获得最大幸福的行为”。

最后，德性伦理学关注的是产生行为的某种品格或动机，以及某种给定的行为对一个人的道德发展可能造成的影响。一个人所作出的行为因为表现出勇敢和正义的德性，所以是品德高尚的。但如果相同的行为被有报复心的、恶毒的和桀骜不驯之人施行，这种行为就是道德败坏的，从而在道德上是错误的。在对堕胎问题的分析中，诺萨林·赫斯特豪斯认为不存在一条适用于所有行为的普遍规则，但她仍然阐明了对品格的考量，从而确保我们能够从正确角度来看待这一问题。虽然她认为通常来说堕胎是不幸的事，但她相信，在某种情况下这一决定是出于德性，而在另一些情况下则是出于错误的决定。至于其他一些德性伦理学学者，比如珍妮特·史密斯，则试图提供数据来支持这样的结论，即大多数不愿意怀孕和选择堕胎的人性格上有缺陷，并缺乏适当的德性。

伦理学理论，就像刚才讨论过的这三种，并不能使我们从作出道德决定的负担中解脱出来。要成为一个思虑周全的和负责的有德之人，不能只是盲目地套用道德规则或公式。由于不同的道德理论可以为我们指出不同的思考方向，以及不同的人在决定一种道德理论应该如何被使用时可能会得出完全不同的结论，情况因而变得复杂。尽管如此，仔细关注一些伟大思想家(过去的和现在的)对道德问题的看法能帮助我们更清晰、更明智地思考，并且指导我们成为一个更卓越的人。

5.8　个人做哲学：伦理学

1. 在阅读这一章之前，你曾问过自己“我为什么应做道德之事”呢？还是说，你只是将这个问题视为理所当然？

2. 如果一位年轻的兄弟姐妹或者尊重你意见的人问你“我为什么应做道德之事”，你会如何回答？

3. 我们所有人都在很小的时候就接触了道德。我们的道德观最初是由我们的成长方式决定的。然而，在某些时间点上，我们都不得不开始自己思考道德问题。下面的问题要求你反思这一过程。

- 你现在对道德原则或者对何为正确、何为错误的看法，与你最初相信的或别人教导的有什么不同(如果确实有)？
- 是什么导致了这些变化？
- 你认为你现在对道德的思考比以前有进步吗？
- 有哪些关于道德的问题仍然令你犹豫不决或者感到困惑？你会作何尝试来解决这些问题？

4. 一般来说，我们看不起伪君子。所谓伪君子，就是那些自己所持的伦理原则和道德理想与自己的行为不一致的人。然而，有一种避免成为伪君子的既方便又简单的方法，那就是，降低你的道德理想，直到与你的行为相一致。显然，这不是一个好的解决方法。因此，道德敏感之人看起来似乎是这样的人，他心中的道德理念很高尚，并努力照此生活，但同时也承认他(她)仍然做得不够好。

• 根据这些反思，你认为，伪君子有好坏之分吗？如果有，区别是什么？

• 你的行为是否曾经与你的伦理原则不一致？如果是，你是否试图将其合理化，并说服自己（或别人）你的行为与你的原则其实是一致的？

• 坚持自己的道德原则有多难？

5. 在第 5.0 节末尾的问卷中，你的答案已经表明哪些道德理论是你最赞同的，哪些是你不赞同的。请记住你在上述问卷中的答案，思考下面的问题。

• 读完这一章，我对伦理学的看法是否有所改变？为何如此？

• 我是否遇到过一些我以前没有思考过的立场或问题？

• 下面哪种说法对我的描述最准确？

a. 伦理学中有很多相互冲突的理论，我很难决定哪个是正确的。

b. 我很清楚我的道德原则是什么，但在很多存在灰色地带的具体情境中，我很难搞清楚如何运用我的道德原则，以决定什么是我要去做的正确行动。

c. 大部分时候，我知道什么是正确的事，但有时（因为各种各样的原因）我很难让自己那样做。

6. 我们在第 5.2 节讨论了伦理利己主义，它主张，一个人唯一的道德责任就是为自己的自我利益服务。然而，它也指出，一个理性的伦理利己主义者承认，有时为他人的利益服务是为自己利益服务的最好方式。基于此，问自己以下问题。

• 你曾为他人的利益服务，与此同时，这一行为也带来了自己的自我利益吗？

• 在前面的例子中，你为他人或自己服务的主要动机是什么？你认为这种区分在多大程度上具备道德上的重要性？

• 如果你不赞同伦理利己主义，你就会相信，有些时候，你有将他人利益置于自我利益之上的这样一种道德责任。然而，这能走多远呢？如果你无私地将你所有的金钱和资源捐给穷人和需要帮助的人，那你自己就会变成穷人和需要帮助的人，从而需要别人的帮助。因此，如果你不是一个伦理利己主义者，你将如何平衡为他人利益服务和为自我利益服务？

7. 功利主义的伦理理论有时被归结为这样一句口号："为了达到目的可以不择手段。"然而，功利主义很快指出，有时一个好的目的可能会被用来实现它的手段所玷污。

- 你能否想到一个例子，在此例子中，你用来实现好的目的的手段以一种消极的方式影响了目的？
- 你是否曾经在两个或多个行为之间面临道德抉择，而你的选择仅仅是根据哪个行为能产生最好的结果？
- 你能否想象这样一个时刻，此时，你之所以做某事是因为你相信这是正确的，即便另一做法可能会产生更好的结果？

8. 在第 5.4 节中，有人指出，伊曼努尔·康德认为仅仅做道德上正确的行为是不够的，因为你之所以作出这一行为，必须仅仅是因为这样做是你的道德义务。

- 在评估你自己和其他人的行为的道德性时，行为本身占多大比重，行为的动机又占多大比重呢？
- 你能否想到曾经的某种行为，大部分人认为这是一个道德的行为，但你作出这种行为却是出于某种非道德的理由？
- 你是否曾经以一种康德会赞同的方式作出某种行为？也就是说，你做了正确的事，因为你觉得你的道德义务要求你如此行事。
- 你自认为在道德上是善的所有行为都符合康德的伦理理论吗？或者，你是否认为自己的行为在道德上值得称赞，但却不符合康德的伦理理论？对于后者，如果你的动机不是康德主义的，那么，你判断自己的行为是善的依据又是什么呢？

9. 在第5.5节中，我们讨论了德性伦理学。根据上述讨论，请回答以下问题。

- 当我思考生活中的伦理问题时，我在多大程度上关注我的行为的正确性，又在多大程度上关注我要成为怎样的人？这两个关注点之间有多大程度的不同？
- 哪几种最明显的品质特征使我在道德上成为一个良善之人？

10. 不论你是否完全同意女性主义伦理学的观点，在某些方面，这种伦理理论是否能反映你自己的伦理直觉？为何如此？

第五章回顾

哲学家

5.0　伦理学概览

Plato 柏拉图

Gottfried Leibniz 哥特弗里德·莱布尼茨

Thomas Hobbes 托马斯·霍布斯

5.1　伦理相对主义与伦理客观主义

Protagoras 普罗泰戈拉

Jean-Paul Sartre 让·保罗·萨特

Herodotus 希罗多德

Ruth Benedict 鲁思·本尼迪克特

John Ladd 约翰·莱德

James Rachels 詹姆斯·雷切尔

5.2　伦理利己主义

Friedrich Nietzsche 弗里德里希·尼采

Ayn Rand 艾茵·兰德

Bishop Butler 巴特勒主教

Joel Feinberg 乔尔·法因贝格

Adam Smith 亚当·斯密

John Rawls 约翰·罗尔斯

5.3　功利主义

Jeremy Bentham 杰里米·边沁

John Stuart Mill 约翰·斯图亚特·密尔

Alastair Norcross 阿拉斯代尔·诺克罗斯

5.4　康德式伦理学

Immanuel Kant 伊曼努尔·康德

W. D. Ross W. D. 罗斯

5.5 德性伦理学

Michael Stocker 迈克尔·斯托克

Alasdair MacIntyre 阿拉斯代尔·麦金太尔

Aristotle 亚里士多德

Confucius 孔子

5.6 反思西方传统：女性主义伦理学

Carol Gilligan 卡罗尔·吉利根

Virginia Held 维吉尼亚·赫尔德

Sara Ruddick 莎拉·鲁迪克

Nel Noddings 内尔·诺丁

概念

5.0 伦理学概览

Glaucon's theory of ethics 格劳孔的伦理理论

descriptive morality versus normative ethics 描述性道德与规范性伦理

divine command theory 神命论

ethical relativism 伦理相对主义

subjective ethical relativism 主观伦理相对主义

conventional ethical relativism 习俗伦理相对主义

ethical objectivism 伦理客观主义

ethical egoism 伦理利己主义

utilitarianism 功利主义

Kantian ethics 康德式伦理学

virtue ethics 德性伦理学

feminist ethics 女性主义伦理学

5.1 伦理相对主义与伦理客观主义

ethical relativism 伦理相对主义

subjective ethical relativism 主观伦理相对主义
conventional ethical relativism 习俗伦理相对主义
ethical objectivism 伦理客观主义
diversity thesis 多样性观点
dependency thesis 依赖性观点
moral absolutism 道德绝对主义

5.2 伦理利己主义

psychological egoism 心理利己主义
altruism 利他主义
ethical egoism 伦理利己主义
egoism versus egotism 利己主义与自我中心主义
personal ethical egoism 私人伦理利己主义
individual ethical egoism 个人伦理利己主义
universal ethical egoism 普遍伦理利己主义
selfishness versus self-interest 自私与自我利益
hedonism 享乐主义

5.3 功利主义

consequentialism 结果主义
teleological ethics 目的论伦理学
deontological ethics 义务论伦理学
intrinsic value 内在价值
instrumental value 工具价值
utilitarianism 功利主义
psychological hedonism 心理享乐主义
ethical hedonism 伦理享乐主义
Bentham's hedonic calculus 边沁的快乐计量学
quantitative hedonism 量的享乐主义
qualitative hedonism 质的享乐主义

5.4 康德式伦理学

the good will 善良意志

acting in accordance with duty versus acting from duty 合乎义务的行为与出于义务的行为

deontological ethics 义务论伦理学

teleological (or consequentialist) ethics 目的论(或结果主义)伦理学

Kant's two propositions of morality 康德的两个道德命题

hypothetical imperative 假言命令

categorical imperative 定言命令

a universalizable principle 可普遍化原则

prima facie duty 自明义务

actual duty 实际义务

5.5 德性伦理学

virtue ethics 德性伦理学

virtue 德性

Aristotles's doctrine of the mean 亚里士多德的“中道”

the utilitarian view of virtue 功利主义德性观

the Kantian view of virtue 康德式德性观

5.6 反思西方传统：女性主义伦理学

feminine ethics versus feminist ethics 女性伦理学与女性主义伦理学

care-focused feminism ethics 关怀论女性主义伦理学

Lawrence Kohlberg's six stages of moral development 劳伦斯·科尔伯格的道德发展六阶段论

power-focused feminism ethics 权力论的女性主义伦理学

ethics of justice versus ethics of care 正义伦理学与关怀伦理学

maternal ethics 母性伦理学

5.7　伦理学理论与道德实践问题

Kantian arguments for and against abortion 支持/反对堕胎的康德式论证

utilitarian arguments for and against abortion 支持/反对堕胎的功利主义论证

virtue ethics views of abortion 堕胎的德性伦理观

深入阅读建议

伦理学概论

Birsch, Douglas. *Ethical Insights: A Brief Information. Mountain View*, Calif.: Mayfield, 1999. 对主要的伦理学理论进行分析与评价，同时涉及伦理理论的实际应用问题。

Boss, Judith. *Analyzing Moral Issues*. Mountain View, Calif.: Mayfield, 1999. 介绍主要的道德理论及其在当代道德问题中的应用。

—— *Perspectives on Ethics*. Mountain View, Calif.: Mayfield, 1998. 一部收录了从古典到现代的各类相关作品的文集。

Newberry, Paul. *Theories of Ethics*. Mountain View, Calif.: Mayfield, 1999. 一本按历史顺序排列的从苏格拉底到当代的选集。

Pojman, Louis. *Ethical Theory: Classical and Contemporary Readings*. 3d ed. Belmont, Calif.: Wadsworth, 1998. 一部非常出色的选集。

——*Ethics: Discovering Right and Wrong*. 3d ed. Belmont, Calif.: Wadsworth, 1999. 对主要的伦理理论和伦理问题所作的短小精悍的介绍。

Rosenstand, Nina. *The Moral of the Story: An Introduction to*

Questions of Ethics and Human Nature. Mountain View, Calif.: Mayfield, 1994. 以小说和电影中的故事为例，概述伦理学的传统进路与现代进路。

神命论

Adams Robert. *The Virtue of Faith*, New York: Oxford University Press, 1987. 为回应某些传统的批判，作者用若干章节对神命论进行了全面重构。

Quinn, Philip. *Divine Commands and Moral Requirements*. Oxford: Clarendon Press, 1978. 在道德和上帝之间建构形而上学关联的又一次尝试。

Westmoreland, Robert. "Two Recent Metaphysical Divine Command Theories of Ethics." *International Journal for Philosophy of Religion* 39, no.1 (February, 1996): pp.15 - 31. 对阿奎那和奎因的神命论进行的批判性回应。

伦理相对主义与伦理客观主义

Ladd, John. *Ethical Relativism*. Belmont, Calif.: Wadsworth, 1973. 与主题相关的基本作品的汇集。

Mackie, J. L. *Ethics: Inventing Right and Wrong*. London: Penguin Books, 1976. 对伦理相对主义的辩护。

Wong, David. *Moral Relativity*. Berkeley: University of California Press, 1985. 捍卫了一种精致的伦理相对主义。

利己主义

Gauthier, David, ed. *Morality and Rational Self-Interest*. Englewood Cliffs, N.J.: Prentice Hall, 1970.

Rand, Ayn. *Atlas Shrugged*. New York: Signet, 1996. 兰

德的所有小说都以虚构的方式宣扬利己主义德性。这似乎是她最喜欢的一部作品，它描述了利他主义社会可能出现的问题，并展示出纯粹的利己主义社会存在的可能性和可取性。

——*The Virtue of Selfishness: A New Concept of Egoism*. New York: New American Library, 1989. 兰德为伦理利己主义辩护而写的一系列文章。

功利主义

Bentham, Jeremy. *An Introduction to the Principles of Morals and Legislation*. Edited by W. Harrison. Oxford: Oxford University Press, 1948. 边沁对功利主义的经典辩护。

Brandt, Richard. *A Theory of the Good and Right*. Oxford: Clarendon Press, 1979. 一部精致的为功利主义辩护的当代经典作品。

Mill, John Stuart. *Utilitarianism*. Indianapolis: Bobbs-Merrill, 1957. 功利主义运动的奠基性文本之一。

Quinton, Anthony. *Utilitarian Ethics*. London: Macmillan, 1973. 对经典功利主义理论的清晰阐释。

Scheffler, Samuel. *Consequentialism and Its Critics*. Oxford: Oxford University Press, 1988. 对结果主义的优势和局限进行的深入讨论。

—— *The Rejection of Consequentialism*. Rev. ed. Oxford: Oxford University Press, 1994. 对结果主义之局限性的重要讨论。

Smart, J. J. C., and Bernard Williams, eds. *Utilitarianism and Beyond*. Cambridge, England: Cambridge University Press, 1982. 涵盖了一系列重要的阅读资料。

康德式伦理学

Kant, Immanuel. The Foundations of the Metaphysics of Morals. Translated by Lewis White Beck. Indianapolis: Bobbs-Merrill, 1959.

Wolff, Robert. The Autonomy of Reason: A Commentary on Kant's "Groundwork of the Metaphysics of Morals." New York: Harper and Row, 1973. 对康德作品作出的颇有助益的评论。

德性伦理学

Crisp, Roger, and Michael Slote, eds. *Virtue Ethics*. Oxford: Oxford University Press, 1997. 近期有关此论题的重要文献的汇集。

French, Peter, Theodore Uehling Jr., and Howard Wettstein, eds. *Ethical Theory: Character and Virtue*. Midwest Studies in Philosophy, vol.13. Notre Dame, Ind.: University of Notre Dame Press, 1988. 一部很好的论文集，包含一系列以前从未发表的论文。

Kruschwitz, Robert, and Robert Roberts, eds. *The Virtues: Contemporary Essays on Moral Character*. Belmont, Calif.: Wadsworth, 1987. 一部可读性极强的论文集，附有大量参考书目。

Statman, Daniel, ed. *Virtue Ethics: A Critical Reader*. Washington, D. C.: Georgetown University Press, 1997. 对德性伦理学的辩护者和批评者的观点兼收并蓄。本书编者撰写的导言是已刊印作品中对此论题作出的最好的分析之一。

女性主义伦理学

Cole, Eve Browning, and Susan Coultrap McQuin, eds.

Explorations in Feminist Ethics: Theory and Practice. Bloomington: Indiana University Press, 1992. 对女性主义运动中各种观点的汇总。

Frazer, Elizabeth, Jennifer Hornsby, and Sabina Lovibond, eds. *Ethics: A Feminist Reader*. Oxford: Blackwell, 1992. 一本历史文献和当代文献的选集。

Gatens, Moira, ed. *Feminist Ethics*. Aldershot, England: Dartmouth Publishing, 1998. 收录了大量相关文献，涵盖了女性主义运动中的一些主要争论。

Tong, Rosemarie. *Feminist Approaches to Bilethics*. Boulder, Colo.: Westview, 1997. 第一部分对女性主义伦理学的各种理论作了有益的概述。

—— *Feminist Thought: A More Comprehensive Introduction*. Boulder, Colo.: Westview, 1998. 对女性主义运动进行了相当全面的综述，包括对主要的女性主义伦理理论的讨论。

---

1 Plato, *Republic*, Benjamin Jowett (New York: P.F. Collier, 1901), bk. 2, lines 359e – 360b. 我对用词与标点作了微小的改动以使其具有更高的可读性。中文翻译见柏拉图：《理想国》，郭斌和、张竹明译，北京：商务印书馆 2011 年版，第 47 – 48 页。

2 转引自 Peter Collier and David Horowitz, The Kennedys: An American Drama (New York: Summit Books, 1984), p. 150。

3 参见 Patrick H. Nowell-Smith, "Morality: Religious and Secular", in Louis Pojman, ed., *Philosophy of Religion: An Anthology*, 3ed. (Belmont, Calif.: Wadsworth, 1998); and James Rachels, "God and Human Attitudes," in *Religious Studies* 7 (1971): pp. 325 – 338。

4 参见 George Mavrodes, "Religion and the Queerness of Morality," in Pojman, *Philosophy of Religion*; Louis Pojman, "Ethics: Religious and Secular," *The Morden Schoolman 70* (November 1992): pp. 1 – 30; and Louis Pojman, "Is Contemporary Moral Theory Founded on a Misunderstanding?" *Journal of Social Philosophy* 22 (Fall 1991): pp. 49 – 59。

5 "Religion and Morality," in *Leo Tolstoy: Selected Essays*, trans. Aylmer Maude

(New York: Random House, 1964), p. 31.

6 关于神命论的讨论和辩护，参见 Paul Helm, ed., *The Devine Command Theory of Ethics* (Oxford: Oxford University Press, 1979); Gene Outka and J. P. Reeder, eds., *Religion and Morality: A Collection of Essays* (Garden City, N. Y.: Anchor Books, 1973); and Philip Quinn, *Divine Commends and Moral Requirements* (Oxford: Oxford University Press, 1978)。

7 《圣经》中所赞许的谎言类型，请参见《出埃及记》1：15－20 和《约书亚》2：1－6(结合《希伯来书》11：31)。对于神所禁止的谎言，参见《撒母耳记》16：1－3。

8 Gottfried Leibniz, *Discourse on Metaphysics*, sec. 2, trans. George R. Montgomery (1902).

9 Thomas Hobbes, *Leviathan* (1651). 所有引用都来自第13章。

10 该练习出自 John Hospe Human *Conduct* (New York: Harcourt Brace Jovanovich, 1961), p. 174。

11 这个贴切的类比出自 Louis Pojman, *Ethics: Discovering Right and Wrong* (Belmont, Calif: . Wadsworth, 1995), p. 229。

12 Rebort Bolt, *A Man for All Seasons* (New York: Random House, 1962), p. 140.

13 Ernest Hemingway, *Death in the Afternoon* (New York: Scribner, 1932), p. 4.

14 Jean-Paul Sartre, "Existentialism Is a Humanism," in *Existentialism from Dostoyevsky to Sartre*, ed. Walter Kaufmann (New York: Meridian, 1989), p. 356.

15 Hobbs, *Leviathan*, chap. 13.

16 George Rawlinson, trans., *The History of Herodotus* (New York: D. Appleton, 1859－1961), bk. 3, chap. 38. 译文稍作修改。

17 该案例从 Emmett Barcalow 修改而来，*Open Questions*, 2d ed. (Belmont, Calif.: Wadsworth, 1997), p. 298。

18 Ruth Benedict, "Anthropology and the Abnormal," *The Journal of General Psychology* 10 (1934): pp. 59－82.

19 John Ladd, *Ethical Relativism* (Belmont, Calif.: Wadsworth, 1973), p. 1.

20 Clyde Kluckhohn, "Ethical Relativity: Sic et Non," *Journal of Philosophy* 52 (1955): pp. 663－677.

21 这里的例子，以及其他一些案例，都可以在 C. S. Lewis 的著作中找到。参见 C. S. Lewis, *The Abolition of Man* (New York: Touchstone, 1975), pp. 93－95, 103－104。

22 James Rachels, "The Challenge of Cultural Relativism", in *The Elements of Moral Philosophy* (New York: Random House, 1986), pp. 13－22.

23 Pojman, *Ethics: Discovering Right and Wrong*, p. 16.

24 W. Somerset Maugham, *Of Human Bondage* (New York: Signet, 1991), pp. 229－230.

25 Friedrich Nietzsche, *Beyond Good and Evil*, trans. Walter Kaufmann (New York: Vintage Books, 1966), sec. 260.

26 Ayn Rand, "The Ethics of Emergencies," in *The Virtue of Selfishness: A New*

Concept of Egoism (New York: Signet Books, 1964), p. 49.

27 关于这一点,我要感谢 Paul Taylor 的讨论。参见 *Principles of Ethics: An Introduction* (Belmont, Calif.: Wadsworth, 1975), p. 42。

28 Rand, "The Ethics of Emergencies", p. 44.

29 Ibid., pp. 44 - 45.

30 Robert Ringer, *Looking Out for #1* (New York: Singer Books, 1964), p. 49.

31 Joel Feinberg, "Psychological Egoism", in *Reason and Responsibility*, 7th ed., ed, Joel Feinberg (Belmont, Calif.: Wadsworth, 1989), p. 495.

32 Rand, "The Virtue of Selfishness", pp. vii-viii.

33 Ibid., pp. 32 - 35.

34 Rand, "The Objectivist Ethics," in *The Virtue of Selfishness*, pp. 17, 25, 34.

35 Ibid., p. 31.

36 Ibid.

37 Rand, "The 'Conflicts' of Men's Interests," in *The Virtue of Selfishness*, pp. 50 - 56.

38 Rand, "Racism," in *The Virtue of Selfishness*, pp. 126 - 134.

39 John Rawls, *A Theory of Justice* (Cambridge, Mass.: Harvard University Press, 1971), pp. 11 - 17.

40 James Rachels, *the Elements of Moral Philosophy* (New York: Random House, 1986), pp. 77 - 78.

41 Jeremy Bentham, *An Introduction to the Principles of Morals and Legislation* (1789), chap. 1. 中文翻译引自边沁:《道德与立法原理导论》,时殷弘译,商务印书馆 2000 年版,第 57—58 页。

42 Jeremy Bentham, *The Rationale of Reward*, in *The Works of Jeremy Bentham*, vol. 2, ed. John Bowring (Edinburgh: William Tait, 1843), p. 253.

43 本思想实验改编自 Robert Nozick, *Anarchy, State, and Utopia* (New York: Basic Books, 1974), pp. 42 - 43。

44 John Stuart Mill, *Utilitarianism* (1863), chap. 2. 中文翻译引自约翰·斯图亚特·穆勒:《功利主义》,叶建新译,中国社会科学出版社 2009 年版,第 11—14 页。部分译文有改动。

45 John Stuart Mill, "Bentham", in *Collection Works of John Stuart Mill*, ed. J. M. Robson, vol. 10, *Essays on Ethics, Religion, and Society* (Toronto: University of Toronto Press, 1969), p. 95.

46 John Stuart Mill, *Utilitarianism*, chap. 2.

47 Alastair Norcross, "Comparing Harms: Headaches and Human Lives," *Philosophy and Public Affairs* 26 (spring 1997): pp. 135 - 167.

48 改编自 Nina Rosenstand, *The Moral of the Story: An Introduction to Questions of Ethics and Human Nature* (Mountain View, Calif.: Mayfield, 1994), p. 148。

49 Immanuel Kant, *Criticque of Practical Reason*, trans. Lewis White Beck (Chicago: University of Chicago Press, 1949), pt. 2, conclusion.

50 Immanuel Kant, *Foundations of the Metaphysics of Morals*, trans. Lewis White Beck (Indianapolis: Bobbs-Merrill, Library of Liberal Arts, 1959), pp. 9 - 10,

13-17, 38-47. 我在康德每段文本之前都添上了题目。Trans. Lewis White Beck, 2nd ed., © 1990. 印刷版和电子版已经培生教育出版集团(Pearson Education, Inc)允许。中文翻译引自康德:《道德形而上学原理》,苗力田译,上海人民出版社 2005 年版,第 8—10,12—16,39 页。部分词句有所改动。

51 Immanuel Kant, "On a Supposed Right to Lie from Altruistic Motives", in *Critique of Practical Reason and Other Writing in the Moral Philosophy*, trans. Lewis White Beck (Chicago: University of Chicago Press, 1949), p. 348.

52 William David Ross, *The Right and the Good* (Oxford: Oxford University Press, 1932).

53 Michael Stocker, "The Schizophrenia of Modern Moral Theories," *Journal of Philosophy 73* (August 12, 1976): p. 462.

54 Ibid., pp. 460-461.

55 Plato, *Gorgias* 479b.

56 Plato, *Crito* 48b.

57 Ibid.

58 Aristotle, *Nicomachean Ethics* 1099a, 1104b, in The Basic Works of Aristotle, trans. and ed. Richard McKeon (New York: Random House, 1941). 中文翻译引自亚里士多德:《尼各马可伦理学》,廖申白译,商务印书馆 2003 年版,第 23、39 页。

59 Alasdair MacIntyre, *After Virtue*, 2d ed. (Norte Dame, Ind.: University of Notre Dame Press, 1984), p. 219. 中文翻译引自麦金太尔:《德性之后》,龚群、戴扬毅译,中国社会科学出版社 1995 年版,第 277 页。

60 Gregory Velazco y Trianosky, "What Is Virtue Ethics All About?" in *Virtue Ethics: A Critical Reader*, ed. Daniel Statman (Washington, D.C.: Georgetown University Press, 1997), p. 52. 引文有所省略。

61 Harold Alderman, "By Virtue of Virtue", in Statman, *Virtue Ethics*, p. 162.

62 Justine Oakley, "Varieties of Virtue Ethics," *Ratio 9* (September 1996): p. 135.

63 J. L. A. Garcia, "The Primacy of the Virtuous", *Philosophia* 20 (July 1990): p. 70.

64 David Solomon, "International Objections to Virtue Ethics," in *Ethical Theory: Character and Virtue*, Midwest Studies in Philosophy, vol. 13 (Notre Dame, Ind.: University of Notre Dame Press, 1988), p. 437.

65 Rosalind Hursthouse, "Virtue Theory and Abortion," *Philosophy and Public Affairs* 20 (Summer 1991), p. 227.

66 Daniel Statman, "Introduction to Virtue Ethics," in Statman, *Virtue Ethics*, p. 13.

67 Rosalind Hursthouse, "Virtue Theory and Abortion", in Statman, *Virtue Ethics*, p. 228.

68 *Aristotle's Nicomachean Ethics*, trans. James Weldon (New York: Macmillan, 1897). 中文翻译引自亚里士多德:《尼各马可伦理学》,廖申白译,商务印书馆 2003 年版,第 19—20,32,35—37,41—42,46—48 页。

69 Confucius, *The Analects,* trans. William Jennings, in *Th e Sacred Books of the East,* ed. Max Muller(Oxford: Clarendon Press, 1879 - 1910).

70 譬如,可参见 Mark Strasser, "The virtues of Utilitarianism," *Philosophia* 20 (July 1990): pp. 209 - 226; Michael Slote, "Utilitarian Virtue," in *Ethical Theory: Character and Virtue*, Midwest Studies in Philosophy, vol. 13 (Notre Dame, Ind.: University of Notre Dame Press, 1988), pp. 384 - 397; and Robert Louden, "Kant's Virtue Ethics," in Statman, *Virtue Ethics*, pp. 286 - 299。

71 Robert Loudon, "On Some Vices of Virtue Ethics," in Statman, *Virtue Ethics*, p. 191.

72 Susan Wolf, "Moral Saints," *Journal of Philosophy* 79 (August 1982): pp. 419 - 39.

73 Robert Solomon, "Beyond Reason, The Importance of Emotion in Philosophy," in *Revising Philosophy*, ed. James Ogilvy (Albany: State University of New York Press, 1992), p. 32.

74 Statman, "Introduction to Virtue Ethics," p. 23.

75 D. Kay Johnston, "Adolescents' Solutions to Dilemmas in Fables: Two Moral Orientations—Two Problem Solving Strategies," in *Mapping the Moral Domain: A contribution of Women's Thinking to Psychological Theory and Education*, ed. Carol Gilligan, Janie Victoria Ward, and Jill McLean Taylor, with Betty Baridge (Cambridge, Mass.: Harvard University Press, 1988), pp. 49 - 71.

76 Lawrence Kohlberg, Moral Education (Cambridge, Mass.: Moral Education Research Foundation, Harvard University, 1973), quoted in Carol Gilligan, *In a Difference Voice: Psychological Theory and Woman's Development* (Cambridge, Mass.: Harvard University Press, 1982, 1993), pp. 19 - 20.

77 J. O. Urmson, "Saints and Heroes," in *Essays in Moral Philosophy*, ed. A. I. Melden (Seattle: University of Washington Press, 1958), p. 202.

78 Virginia Held, "Feminist Reconceptualizations in Ethics," in *Philosophy in a Feminist Voice: Critiques and Reconstructions*, ed. Janet Kourany (Princeton, N. J.: Princeton University Press, 1998), pp. 94 - 95.

79 Eve Browning Cole and Susan Coultrap-McQuin, "Toward a Feminist Conception of Moral Life," in *Explorations in Feminist Ethics: Theory and Practice*, ed. Eve Browning Cole and Susan Coultrap-McQuin (Bloomington, Ind.: Indiana University Press, 1992), p. 2.

80 Eve Feder Kittay and Diana T. Meyers, eds., *Women and Moral Theory* (Totowa, N. J.: Rowan and Littlefield, 1987), p. 10.

81 Alison Jaggar, "Feminist Ethics," in *Encyclopedia of Ethics*, ed. Lawrence Becker and Charlotte Becker (New York: Garland, 1992), p. 364.

82 Ibid.

83 Rosemarie Tong, *Feminist Approaches to Bioethics* (Boulder, Colo.: Westview Press, 1997), p. 52.

84 Betty A. Sichel, "Different Strains and Strands: Feminist Contributions to Ethical Theory," *Newsletter on Feminism* 90, no. 2 (Winter 1991): p. 90.

85 Susan Sherwin, *No Longer Patient: Feminist Ethics and Health Care* (Philadelphia: Temple University Press, 1992), pp. 42 - 43.

86 Tong, *Feminist Approaches to Bioethics*, p. 38.

87 John Broughton, "Women's Rationality and Men's Virtues: A Critique of Gender Dualism in Gilligan's Theory of Moral Development," *Social Research* 50, no. 3 (Autumn 1983): pp. 597 - 642.

88 对吉利根理论的某些批判性回应，参见重印本 *Caring Voices and Women's Moral Frames*, ed. Bill Puka (New York: Garland Publishing, 1994)。

89 Virginia Held, "Non-contractual Society: A Feminist View," in *Science, Morality and Feminist Theory*, ed. Marsha Hanen and Kai Nielsen (Calgary: The University of Calgary Press, 1987), pp. 116, 119.

90 Sara Ruddick, *Maternal Thinking: Toward a Politics of Peace* (Boston: Beacon Press, 1989).

91 Nel Noddings, *Caring: A Feminine Approach to Ethics and Moral Education* (Berkeley: University of California Press, 1984), p. 3.

92 Gilligan, *In a Different Voice*, p. 42. 中文翻译引自卡罗尔·吉利根：《不同的声音》，肖巍译，中央编译出版社 1999 年版，第 41—42 页。部分译文略作修改。

93 Ibid., p, 43. 中文翻译引自卡罗尔·吉利根：《不同的声音》，肖巍译，中央编译出版社 1999 年版，第 42—43 页。部分译文略作修改。

94 Noddings, *Caring: A Feminine Approach*, p. 80.

95 Kathy Ferguson, *The Feminist Case against Bureaucracy* (Philadelphia: Temple University Press, 1984), pp. 25, 119 - 203.

96 Jean Grimshaw, "The Idea of a Female Ethic," in *A Companion to Ethics*, ed. Peter Singer (Oxford: Blackwell, 1992.)

97 Joan C. Tronto, "Case as a Basis for Radical Political Judgments," *Hypatia* 10, no. 2 (Spring 1995): p. 145.

98 Lawrence Kohlberg, *The Psychology of Moral Development: The Nature and Validity of Moral Stages*, Essays on Moral Development, vol. 2 (San Francisco: Harper and Row, 1984), p. 640.

99 Tong, *Feminist Approaches to Bioethics*, p. 49.

100 Jaggar, "Feminist Ethics," p. 361.

101 Susan Mendus, "Different Voice, Still Lives: Problems in the Ethics of Care," *Journal of Applied Philosophy* 10, no. 1 (1993): p. 21.

102 Broughton, "Women's Rationality and Men's Virtues," p. 626.

103 Ibid.

104 Mary G. Dietz, "Citizenship with a Feminist Face: The Problem with Maternal Thinking," *Political Theory* 13, no. 1 (February 1985): p. 34.

105 Zella Luria, "A Methodological Critique," in "On *In a Different Voice*: An Interdisciplinary Forum," *Signs* 11, no. 2 (winter 1986): p. 320.

106 Patricia Ward Scaltsas, "Do Feminist Ethics Counter Feminist Aims?" in Cole and Coultrap-McQuin, *Explorations in Feminist Ethics*, pp. 19, 23.

107 Sara Lucia Hoagland, quoted in Tong, *Feminist Approaches to Bioethics*, p. 50.
108 "Some Thoughts about Caring," in *Feminist Ethics*, ed. Claudia Card (Lawrence: University Press of Kansas, 1991), p. 250.
109 Sheila Mullett, "Shifting Perspectives: A New Approach to Ethics," in *Feminist Perspectives*, ed. Lorraine Code, Sheila Mullett, and Christine Overall (Toronto University of Toronto Press, 1989), p. 119.
110 Mullett, "Shifting Perspectives: A New Approach to Ethics," p. 114.
111 Marilyn Friedman, "Liberating Care," in *What Are Friends For? Feminist Perspectives on Personal Relationships and Moral Theory* (Ithaca, N. Y.: Cornell University Press, 1993), p. 150.
112 Dietz, "Citizenship with a Feminist Face," pp. 30 - 31.
113 Broughton, "Women's Rationality and Men's Virtues," p. 614.
114 Marilyn Friedman, "Liberating Care," pp. 142 - 183. 引文中删去了弗里德曼的大量脚注。
115 Annette Baier, "Trust and Anti-Trust," Ethics 96 (January 1986): pp. 247 - 248.
116 Patricia J. Williams, The Alchemy of Race and Rights (Cambridge, Mass.: Havard University Press, 1991), p. 164.
117 Harry J. Gensler, "A Kantian Argument against Abortion," *Philosophical Studies* 49 (1986), pp. 83 - 98.
118 Susan Feldman, "From Occupied Bodies to Pregnant Persons: How Kantian Ethics Should Treat Pregnancy and Abortion," in *Autonomy and Community: Readings in Contemporary Kantian Social Philosophy*, ed. Jane Keller and Sidney Axinn (Albany: State University of New York Press, 1998), pp. 265 - 282.
119 Ibid., p. 277.
120 Ibid., p. 269.
121 Ibid., p. 278.
122 Ibid., p. 279.
123 Ibid., pp. 275 - 276.
124 Jane English, "Abortion and the Concept of a Person," *Canadian Journal of Philosophy* 5 (October 1975), pp. 233 - 243.
125 Ibid., pp. 242 - 243.
126 Ibid., p. 242.
127 Rosalind Hursthouse, "Virtue Theory and Abortion", *Philosophy and Public Affairs*, 20 (Summer 1991), p. 235.
128 Ibid.
129 Ibid., p. 237.
130 Ibid., p. 238.
131 Ibid., p. 241.
132 Ibid., pp. 241 - 242.
133 Ibid., pp. 242 - 243.
134 Ibid., p. 244.

135 Janet Smith, "Moral Character and Abortion," in *Doing and Being*, ed. Joram G. Haber (New York: Macmillan, 1993), pp. 442 - 454.

TEXT CREDITS

p. 451: FRANK & ERNEST © 1989 by Thaves. All rights reserved. Used by permission of Universal Uclick for UFS.

p. 452: CALVIN AND HOBBES © 1991 by Watterson. Dist. By Universal Uclick. All rights reserved. Used by permission of Universal Uclick.

p. 473: © 1978 by Peanuts Worldwide LLC. Dist. By Universal Uclick. All rights reserved. Used by permission of Universal Uclick.

pp. 438 - 444: James Rachels, "The Challenge of Cultural Relativism," in The Elements of Moral Philosophy, New York: McGraw-Hill Education, 2011, pp. 13 - 22.

Copyright © 2011 by McGraw-Hill Global Education Holdings LLC. All rights reserved. Used with permission.

pp. 474 - 477: Alastair Norcross, "Comparing Harms: Headaches and Human Lives," Philosophy and Public Affairs 26 (spring 1997): pp. 135 - 136, 159 - 160, 163.

Copyright © 1997 by John Wiley & Sons. All rights reserved. Reproduced with permission of John Wiley & Sons Ltd.

《汉谟拉比法典》(前 1792—前 1750 年)
这两个人物(站在左边)代表巴比伦第六代国王汉谟拉比正在从坐在宝座上的太阳神沙玛施那里领受律法。在他们下面,是汉谟拉比颁布的古代法典。该法典被称为原始宪法,是现存最早的系列法律之一,因为它不仅规范公民的行为,也规范政府的行为。

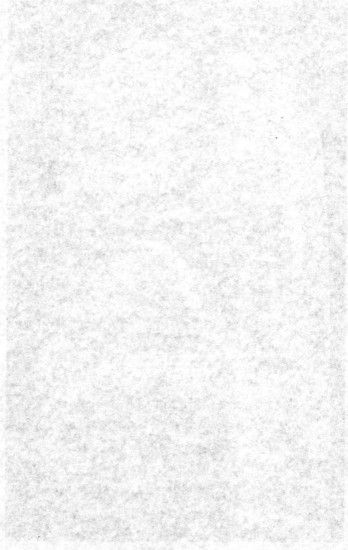

第六章　探究正义社会

本章目标：

完成本章之后你应做到：

1. 列举无政府主义的优点和不足。

2. 对比、比较霍布斯和洛克的社会契约论并给出评价。

3. 对各种正义观给出批判性评价，包括柏拉图的贤人政治，阿奎那的合乎自然法的正义观，密尔的功利主义正义观和罗尔斯的"作为公平的正义"理论。

4. 比较以密尔为代表的古典自由主义和以马克思为代表的集体主义思想中有关个体与国家之间的恰当关系的态度。

5. 解释公民不服从理论的本质，提供某些支持或反对性论证，并讨论苏格拉底、甘地、马丁·路德·金在此问题上的不同立场。

6.0 政治哲学概览

地域勘察：对政府的思考

为什么会有政府存在？是什么使得政府拥有合法性？政府的目标是什么？其界限又在哪里？为了回答上述问题，17 世纪英国哲学家托马斯·霍布斯在其代表性著作《利维坦》(1651)中设计了一个著名的思想实验，在没有政府时，人们的生活状态被称为“自然状态”。霍布斯推测，假如没有政府维护秩序并规制人们之间的交往，将会陷入“所有人对所有人的战争”状态，任何人都无处可逃。如果没有政府，那么正义和非正义都只能停留在字面上。因此，他用“孤独、贫困、卑污、残忍和短寿”形容人类在缺乏政府时的状态。由此出发，霍布斯力图发展出一种人类应如何建立一个政府，以及应当赋予其何种权力的理论。

多数人都会同意霍布斯的观点，即政府的存在确有实际必要。但我们需要的真是现在这个政府吗？这个政府真的有必要将触手深入到我们日常生活的方方面面吗？每当我们看着自己的薪资支票，并查看我们原始收入的多大份额被政府用各种所得税和消费税给拿走时，我们就会被提醒政府在我们生活中的存在。这时，我们就会抱怨政府向我们征收的赋税过于沉重，不仅对我们的活动施加了过多干涉，而且还一手建造了规模庞大的官僚机构，将纳税人辛辛苦苦赚来的钱征收并分配给一些在我们看来根本没有必要的人群或者项目。这正是 19 世纪美国作家亨利·梭罗(Henry David Thoreau)反感政府的原因所在，在他看来，“最好的政府其实就是管得最少的政府”。

政府真如梭罗所说的那般不堪吗？如果梭罗抱怨他所处时代的政府把手伸得过长的话，那他肯定会对我们这个时代的政府更加深恶痛绝。不过，假如政府权力过弱，那么面对那些唯利是图的商贩和生产有害药品和不合格商品的无良厂商，我们就少了一件与之对抗的利器。假如没有政府的规定和监督，人们的工作环境就会缺少很多健康和安全之标准。存进银行的资金也无法得到保障，一旦银行倒闭，你的存款也就跟着打了水漂。在目前的环境下，如果政府不提供助学金和贷款，除了富人的孩子之外几乎没人能够支付得起高等教育的费用。此外，即便有些学生无需财政提供的助学金也能付得起学费，但其接受高等教育的高校之所以能维续，则离不开政府财政项目的支持。因为高校进行科研和其他活动需要大量经费投入，离开联邦、州和当地政府的直接或间接的财政支持，它们将无法维持正常运转。

因此，我们有必要回到霍布斯的观点，即政府的存在似乎是人类生活的一个必要组成部分。不过，即便我们赞同霍布斯的观点，还是会有一系列的问题有待探究，比如政府的本质及其在人类生活中应扮演的角色等，这些问题构成政治哲学研究的核心。

绘制政治哲学地形图：有哪些问题？

在这一章，我们要讨论的第一个问题是，“政府权威的正当性何在？”政府有权力和强制力去约束其治下的人民，但并不是所有统治者和强制力的运用都是合法的。那么，在何种情况下政府对权力的使用合法呢？显然，这是所有问题中最根本的一个。因为一旦认定政府不合法，那么关于政府应扮演的角色、政府与公民之间恰当关系等问题就都没有继续探讨的必要了。

接下来要讨论的第二个问题涉及正义理论。我们常常根据效率来评价一个政府。在竞选中，各派候选人常许诺说，假如他们能够在选举中获胜，会使政府更有效率地行使其职能。但问题在于，效率是衡量政府的唯一标准吗？毕竟，人们常常会提到 19 世纪 20 年代法西斯主义独裁者贝尼托·墨索里尼统治下的意大利，他成功做到了使国内所有列车都准时到站。类似情况还出现在社会主义国家中，约瑟夫·斯大林在 20 世纪上半期成功实现了俄国由农

在这张幽默的图片中，这个人正试图漂浮在汹涌的官僚文件的海洋中。毫无疑问，其中许多是政府的形式和规定。在我们的一生中，政府让我们填写没完没了的表格，这已经够糟糕了，但政府还(有时似乎以毫无意义的方式)限制我们的自由，并拿走我们的钱。然而，尽管政府有消极的方面，但大多数人都认识到它对我们的幸福来说是必要的。因此，哲学家们问：政府的目的是什么？它如何得到证成？什么使得政府公正？凌驾于我们的生活之上的政府权威的边界何在？

业国向工业国的转变。尽管这些领导人和他们的政府将效率带给了其各自治下的社会，但他们显然没能带来正义。大多数人当然希望自己的政府是高效的，但同时也希望它能够合乎正义。由此而来的问题便是："什么是正义？""该如何判断政府是否正义？"

有待考察的第三个问题是个人与国家、自由与控制之间的关系。我们都将个人自由视若珍宝，但过多的个人自由则会导致社会混乱。因此，一定程度上的政府控制是必要的。但过多的政府控制则会导致暴政，这是我们无法容忍的。因此，应如何划定个人自由与政府控制之间的边界？政府应该被视为我们的仆人，仅仅去做那些我们无力为自己做到的事情，还是应该被视为我们的监护人，为我们照看那些我们最为珍视的利益？换句话说，政府的主要责任是使每个个体自由能得到最大化，同时允许我们按照自己喜欢的方式生活？还是说，其主要责任是维护社会中绝大多数人的利益，即使这样做可能会限制我们的部分自由？

本章要检视的最后一个问题是公民不服从理论。如果我们认同政府的存在有时是必要的甚至是好的，这就意味着服从政府似乎是必要的、好的。有法不依，不如无法。但是否也存在这样的情况，若是服从政府，便是坏的甚至是不道德的？在何种情况下，违法行为在道德上可被允许呢？这两个问题，将在本章第四节中讨论。

路径选择：关于政治哲学，我将作何选择？

关于政府的正当性问题，我们将主要讨论以下两种立场：第一种立场较为极端，第二种立场在政治思想史上具有极高影响力。前者是无政府主义（anarchism），其对“是什么使得政府的权威具备合法性”这一问题的回答简洁而干脆，因为在他们看来“任何政府都不具备合法权威”。后者对此则认为，“如果一个政府的统治能获得公民的同意，那这个政府就是合法的”。在近代，这种“对统治的同意”的理论又被称为社会契约论（social contact theory）。

在第 6.2 节对正义之本质的探讨中，第一种要讨论的观点是为作为应得的正义（justice as merit）。这种观点认为人们对社会的贡献不同，因此他们在政治上也不应当平等，而一个正义的社会就是让每一个人根据其自身的才能去获得应得之物（尤其是政治权利）；第二种观点被称为自然法理论（natural law theory）。这种理论主张存在一套独立于人之偏好和社会决策的道德法则，政府若是正义的，其法律和行为就必须符合这种具有普遍性的道德法则。第三种关于正义之本质的观点被称为功利主义理论（utilitarian theory）。功利主义政治哲学与其伦理学如出一辙，认为如果一个政府能够促进最大多数人的最大幸福，那么它就是正义的。最后我们将会讨论美国当代政治哲学家约翰·罗尔斯(John Rawls)提出的作为公平的正义(justice as fairness)。罗尔斯认为，如果我们确实是理性而公正的，那么必然会选择生活在这样一个社会当中，这个社会维护基本的社会和经济上的平等，同时每个人都享有最大程度地发挥自身能力的机会，在不断实现政治自由最大化的同时也要促进对社会中最不利者的境况的改善。

第 6.3 节是对个人与国家之关系问题的探讨。我们将讨论政治哲学中差别最大的两种观点：一种是个人主义(individualism)，该观点认为一个最好的社会应当做到使个人自由最大化，并将政府对生活的限制降到必要的最低点。我们把约翰·密尔的古典自由主义(classical liberalism)作为这一派的代表。与之相对的观点则认为，如果政府能在社会管理和满足人们需求方面发挥重要作用，便会带来最好的结果。这一观点有时被称为集体主义(collectivism)，因为其主张，较之个人偏好，集体、共同利益和国家(政府)应拥有最终权威。我选择马克思主义作为这一理论的代表。

表 6.1　政治哲学的四个问题及其回答

何为政府的正当性?	无政府主义：政府没有正当性	社会契约论：来自被统治者的同意		
何为正义?	正义即应得：应根据每个人所做的贡献或才能给予其应得之物	自然法理论：与普遍的道德法则一致	功利主义：是否能促进最大多数人的最大幸福	作为公平的正义：政治平等的最大化和最不利者状况最大限度的改善
个人自由与共同体的利益何者应更为优先?	个人主义：个人自由	集体主义：共同体的利益		

续　表

公民不服从在道德上可被允许吗?	苏格拉底：否	马丁·路德·金：是	莫罕达斯·甘地：是	

最后，我们将讨论公民不服从理论的利与弊。第一种观点认为，无论在何种情况下，公民不服从在道德上都是错的。苏格拉底常被视为这派观点的代表。第二种观点则认为存在一些特殊情况，身处其中的公民若是守法便会陷入不道德的境地，相反，不守法才能在道德上得到辩护。我们将检视马丁·路德·金和甘地对此观点的论证。显然，如果我们接受第一种观点，必须证明为什么反抗政府无论如何都是错误的；若是支持第二种观点，则要证明，为什么我们这样做在道德上是被允许的？以及，要提供这样一些原则，以判断哪些时候以更高层面的道德义务之名义，我们有着服从政府的日常义务。

这一章提出政治哲学中的四个问题，并就这些问题给出不同回应。对任何一个问题所做的回答都可能影响到你对其他三个问题的回答，但我会尝试着启发你去思考这些问题之间的联系。表6.1简要列出上述四个问题和各自的回答，这也是下面四节要详细讨论的内容。

我怎样认为？关于政治哲学的调查问卷

	同意	不同意
1. 控制另一个理性的成年人的生活在道德上绝对无法得到辩护。因此，无论实践中需要何种政府的服务，政府的权力无法合乎道德地凌驾于我们之上。		
2. 如果我们选择授予政府凌驾于我们的生活之上的权力，那这种权力就能在道德上得到辩护。		

续 表

3. 那些最有能力的人应该成为社会的统治者并享有最大政治权力，因此，正义与民主的平等无关。		
4. 政府及其颁布的法律是否正义，主要评价标准是其道德属性。		
5. 正义的社会不过是能实现最大多数人的最大幸福的社会。		
6. 正义的社会要实现政治自由的最大化，同时给予最不利者以优先性。		
7. 最好的社会就是把个人自由的最大化置于最优先地位，同时实现政府控制的最小化。		
8. 最好的社会是把赋予政府权力以改善每个人的生活置于最优先地位，即便以牺牲某些个人自由为代价。		
9. 对法律的不服从在任何时候都无法得到道德上的辩护。		
10. 某些情况下，不服从法律或许是我们的道德责任，即便我们为此被投入监狱。		

关于政治哲学问卷的解答索引

陈述 1：代表无政府主义，与陈述 2 对立。

陈述 2：代表社会契约论，与陈述 1 对立。

陈述 3：代表“正义即应得”理论，与陈述 4、5、6 对立。

陈述 4：代表自然法理论，与陈述 3、5、6 对立。

陈述 5：代表功利主义正义观，与陈述 3、4、6 对立。

陈述 6：代表罗尔斯的“作为公平的正义”，与陈述 3、4、5 对立。

陈述 7：在个体自由和政府管控问题上，代表个人主义立场，与陈述 8 对立。

陈述 8：代表马克思主义的基本立场，与陈述 7 对立。

陈述 9：代表反对公民不服从理论的立场，与陈述 10 对立。

陈述 10：代表支持公民不服从理论的立场，与陈述 9 对立。

6.1 政府的正当性

引导性问题：政府的正当性

1. 无政府主义问题导引：试想一下，假如有一个陌生人在你外出的时候闯进你的住宅，但他非偷非抢，而是给你打扫房间，帮你清理垃圾。显然，这个你根本不认识的人是在为你提供服务，但他的这种服务行为能为他在未经允许的情况下闯进你的家门的行为辩护吗？与之相似，政府也为我们提供某些服务，但政府的这种行为能为它拥有管控我们的个人生活的权力辩护吗？

2. 无政府主义问题导引：政府的确有能力将其自身的意志强加给我们，但是有力量并不意味着享有可在道德上得到辩护的权威。政府权力难道不是违背了这样的基本原则，即每一个公民都能够自主地掌控自己的生活？尽管政府的存在显然具备其现实价值，但这是否能够为其统治权威提供正当性？还是说，政府的管控不过是基于其拥有的权力？

3. 社会契约论问题导引：当你找到一份工作时通常要签订契约，你要向雇主承诺做某些工作，雇用你的人或公司也会承诺为你提供一定的报酬和薪水。如若双方都是出于自愿签订或拒绝签订契约，这种安排会有什么问题吗？我们和政府的关系是否与此类似？我们同意政府为实现或保护公民或社会的利益而拥有某些权力，这种安排是否可以证明政府权威的正当性呢？

4. 社会契约论问题导引：只要你身处一个自由社会，你便有权选择在这个社会中生活，遵守其法律，享受其服务。倘若你对这个安排不满意的话，大可选择在其他地方生活。既然你生活在当下的社会中，并享受着它带来的福利，难道还不足以说明你愿意遵守政府颁布的法律吗？

拥有权力(power)和拥有使用权力的恰当权威之间是有差别的。认识到这种差别对于接下来讨论政府在我们生活中应当扮演的角色十分重要。下面的思想实验有助于你对二者之差别作进一步思考。

思想实验：权威 vs 权力

以下每组场景都由两种类似的行为构成，请分析(a)、(b)两种行为有何不同？

1. (a) 当你接过纳税单后，你发现要给联邦政府支付1 000美元作为税款，你没作过多考虑便支付了这笔钱，因为你知道如果不按政府的要求纳税就会受到惩罚。

(b) 某个晚上你独自走在回家的路上，突然一个强盗端着枪从黑暗中跳出来，要你把身上所有的钱都交出来。你按照他的要求做了，因为你知道不这么做后果会很严重。

2. (a) 在一起刑事案件的审判中，法官裁定被告人犯有欺诈罪并判处监禁若干年。

(b) 你判定将有问题的汽车卖给你的某位女销售员犯有欺诈罪，并强行把她囚禁在你家地下室若干年。

3. (a) 在国际关系吃紧之际，你最好的朋友被征调到部队为国效力。他虽然很不情愿上战场，但不得不服从政府的命令。

(b) 因为邻家的狗经常破坏你的花园，你和邻居起了争执。于是你强逼自己的朋友为你出头，尽管他并不情愿。

从某种意义上说，上述思想实验中，每组行为都有相似之处。在第一组例子中，你都是被迫交出自己的钱；第二组例子中，犯错的一方都要为自己的行为付出代价；第三组的情况是，某个人都极不情愿地要为某个理由参加战斗。显然，所有(a)类行为都被习惯认为是政府权力的合法实践，而在所有(b)类行为中，虽同样要借助某种力量迫使某人行事，但这种力量的行使则缺乏恰当权威性。那么，拥有合法权威控制和管理他人的行为意味着什么？合法权威和不过是拥有力量之间的差异何在？换句话说，政府与强盗团伙之间差异何在？还是说，政府本身就是一伙强盗？政府能够采用多种方式限制和约束我们的自由，难道仅仅是因为它拥有最强大的力量吗？

在政治学语境下，权威不仅意味着拥有权力(power)，而且还意味着拥有以特定方式使用这种权力的权利(right，合法的权威)。政府被授权去限制公民依照个人意愿任意行事的自由，其根据何在？政府(不是这个或那个政府，而是一般意义的政府)将如何为自己辩护？

我们知道，人类历史上存在过许多社会组织形式，只要人们聚集在一起，就会形成某种领导形式，它们或隐或显地具有某些政府的特征。但上述思想实验表明，若某个人或某群人宣称自己代表政府，便意味着他们对权力的运用是合法的。而如果后者不成立，那么政府与手持武器的强盗就的确没有什么区别。

政府可以采取很多种方式为自己的权威辩护。其中最古老的一种是**神权政治论**(divine right theory)，认为国王、王后、先知、君主等统治者的权威来自上帝或诸神。所有奉行这一政府理论的伟大文明同时也有一套自己的道德准则和判断正义的标准，统治者要想获得这种神圣权力的支持就必须遵守这些标准和准则。但多数情况下，除了牧师或其他神职人员，没有人有权质疑统治者是否遵守了这些准则。由此观之，这些正义准则在对统治者的约束方面起到的作用不是很大，因为正是统治者享有界定和解释何为正义的权力。这样看来，绝大多数宣称自己是在神圣权威的庇佑下施行统治的政府，要么是真正获得了被统治者的支持，要么是依靠赤裸裸的暴力。所谓宗教证明不过是一个公关故事而已。

若不借助宗教，政府还可以求助于某种正义理论。根据这一解释，政府的合法性与它是否致力于正义事业直接相关(无论这项事业被如何定义)。例如，古希腊哲学家柏拉图和亚里士多德便似乎是以此为基础为政府权威辩护。在6.2节，我们将考察不同正义理论。不过，正义理论关切的似乎是已然在位的政府之行为的对和错，并不解释该政府的初始合法性。

这一部分的其他内容将集中考察政府之合法性的两种理论：无政府主义和社会契约论。我们将对其逐一探讨。

检视无政府主义

只要对历史和当下不同类型的政府稍加思考，绝大多数人自然会作出如下判断：这些政府中有一些无疑是恶的(如希特勒建立的政权)。但还有一种观点认为，所有政府都是恶的，它们没有任何权威或权利将权力施加于人民之上。**无政府主义**便持这一立场，该理论认为根本不存在对政府合法性的可靠证明。当我们感觉到与政府有所疏离，并对施加于我们之上的法律、赋税或其他负担有所反抗时，有时会倾向于将政府称为“他们”而非“我们”。正是在这些时候，无政府主义便具有某种情感诉求。不过，对无政府主义的辩护不能仅仅基于对政府的消极情绪，而是必须诉诸论证。在我们对无政府主义未做相关检视之前，先来看它的几种表现形式。

首先是朴素的无政府主义(naive anarchism)，可以这样描述它的信念：若没有政府控制，人们会和谐平静地生活在一起。因此，政府是阻碍人类走向自由和繁荣的不必要的恶。该观点其实包含着一种批判性预设，即人性本善，而正是当下的社会形式对人类造成腐蚀并使他们作恶。因此，这种观点的支持者往往主张将社会拆分成类似社团的，更容易管理的小规模群体。这样，人们便能生活在一起，建立起私人关系，就像生活在一个欢乐的大家庭中。然而，该理论的问题在于，它建立在一种对人性的似是而非且过于乐观的认定之上。而且，诉诸家庭模式也过于天真，因为家庭成员间的关系有时也需要借助社会权威和法律进行调节，比如出现遗产纠纷、家庭暴力、夫妻离婚时儿童抚养和共同财产的分割问题时。因此，当需要借助社会力量来限制或协调成员关系，以维护整个家庭的利益时，朴素的无政府主义总是无力应对。

无政府主义的另一种表现形式通常与无政府主义这一术语相关。它认为如果政府无法得到证成，那就是要被推翻的恶，且必要时可采取暴力方式。过去的几十年里，我们已经见证了某些美国公民以冲击政府大楼的方式抗议政府的权威。但这种类型的无政府主义无需过多关注，因为其拥护者总是盲目固守自己的信条而从不考虑实际后果。这样一来，持此信条之人在行动中带来的恶，比它要推翻的政府所造之恶更多。而且，一旦政府被推翻，又该怎样？我们何以共存？与朴素无政府主义一样，好战的无政府主义者（militant anarchists）对于没有法律的人类生活也持一种不切实际的观点。

因此，唯一值得我们深入思考的无政府主义类型是**理论上的无政府主义**（theoretical anarchism）。它赞同政府没有合法权威这一基本前提，但同时又认为，即便政府权力的运行无法在理论上得到辩护，但基于其实践上的必要性，人们必须对其加以忍耐。

停下来，想一想

当你选择服从在你看来并不正义或不正确的法律时，是否只是因为，你知道即便法律有问题，也比完全没有法律要好些？同理，当你追随一位你认为并不称职的领导者时，是否也是因为，你知道即便该领导不胜任，也总比群龙无首要好？如果你曾有过此等经历，那么，在对待全部法律、选举产生的官员和政府时，你的态度就与理论上的无政府主义者相似。

为理论上的无政府主义所作的最强辩护之一来自罗伯特·保罗·沃尔夫(Robert Paul Woff)。(沃尔夫就职于马萨诸塞大学安姆斯特分校，从事非裔美国人研究，在康德哲学、伦理学和社会——政治哲学等领域也有著述。)在《为无政府主义辩护》(*In Defense of Anarchism*)这本书的开头，沃尔夫区分了权威(authority)和权力(power)。当我们说一个人或一个政府拥有权威时，我们的意思是说这个人或这个国家拥有发布命令，并使之得到服从的合法权利。另一方面，如果一个个体或政府只是对你拥有权力的话，不过是意味着他们有能力迫使你去服从他们颁布的命令。但在此情况下，迫使人们顺从的能力并不具备道德上的正确性或合法性。你在实践中可以屈从他们的命令，以免遭伤害或者摆脱生活的艰辛，但你这样做并不是出于某种道德责任感。

沃尔夫举了持枪劫匪要求我交出钱包为例。我之所以照他的要求去做，不过是为了自身安全。我并不是出于某种道德义务感而将钱包交给他，这一点是很清楚的。就此而言，沃尔夫认为，这个劫匪有权力但没有权威。

现在，我们来思考一下我们和政府的关系。政府以税的形式把钱从我们身边拿走。在诸多法律、法则和规则当中，政府同样要求其他形式的服从。政府显然拥有通过诸如罚款和判刑入狱等多种方式来使其命令得到服从的权力。现在的问题是，是否像上述劫匪一样，我们对服从政府的唯一理由就是其凌驾于我们之上的权力？还是说，被恰当构建的政府乃是一种合法的权威，我们对其服从负有一种道德责任？

为回答这个问题，沃尔夫构建了一个自由的、负有道德责任的人的观念。他基于自主性（autonomy，该观念源于康德，尽管康德并不是无政府主义者）观念阐发其个体道德观。选择的自由乃是拥有自主性的条件。当我的道德原则建立在某种外在权威的基础上时，我的理性就不是自由地行动了，而是受到某种与之无关的东西的束缚。因此，根据沃尔夫的观点，道德法则不是某种从外部强加给我的东西，而是我自身的理性本性（rational nature）的一种表达。就我们是理性的人而言，每个人都是自身道德法则的自主立法者。

说每个人都是自我立法者并不意味着我们可以做任何想做之事。负责任的人受道德约束的限制。关键在于，这些道德约束是每个人通过负责任的、理性的和反思的过程来通达的。（康德的伦理学就给我们描绘了这样一幅图景。）如果我是一个自主的自我立法者，我可以做别人要求我做之事，但不是因为我被命令这样做。相反，我之所以这样做，是因为我认为对方为此命令提供的理由是有效的。沃尔夫认为，做一个自主的人是一种道德义务。

当沃尔夫认为我们有自主和“自我立法”的道德义务时，必然会与任何声称有权（authority）为我们的生活立法的政府产生冲突。因此，他反对基于权利的合法国家（de jure legitimate，这种国家的合法性在于拥有命令我们服从的权利）存在的可能性，存在法理上的国家的可能性，意思是一个合法的，有权命令我们服从的国家。这个论证将在下面的阅读材料中列出。

• 在下面的章节中，沃尔夫断言国家没有合法权威。那他为什么说，一个自主的人仍然可能认为有必要遵守政府颁布的法律呢？

• 沃尔夫关于遵守国外法律的例子如何表明他对本国法律的态度？

引自罗伯特·沃尔夫

《为无政府主义辩护》(*In Defense of Anarchism*)[1]

权威与自主之间的矛盾

国家的规定性特征在于权威，即统治的权利。人的首要义务在于自主，也就是对被统治的拒绝。这样看来，似乎没有办法解决个人自主与一般认定的政府权威之间的冲突。只要一个人尽到了使自己成为自主决策者的义务，就势必反对政府提出的对他拥有权威的主张，亦即他将否认有这样的义务：服从政府法令**仅仅因为它们是法令**。在此意义上，无政府主义似乎是唯一与自主这种德性相容的政治学说。

当然，如今的无政府主义者或许也会承认，在特定条件下或暂时**遵从**法律是必要的。他甚至可能怀疑，取消作为一种制度的国家有没有任何现实的前景。但是他绝对不会把政府的命令看成是**合法的**，看成是具有道德约束力的。在某种意义上，我们可以把无政府主义者描绘成没有祖国的人，因为，尽管有种种纽带把他与童年期的祖国联系在一起，但是他与“他的”政府之间的道德关系，同他与他偶然短暂逗留的任何国家的政府之间的道德关系，几乎是一样的。当我去英国度假时，我服从它的法律，这既是为了精明的自身利益，也是出于对诸如秩序的价值、维持财产制度的普遍有益后果等因素的道德考虑。我一回到美国，就有一种重返**我的**国家的感觉。稍加思索，我就会认为自己与美国的法律处于一种不同于前者的、更亲密的关系之中。它们由**我的**政府颁布，因而我有服从它们的一种特殊义务。但是无政府主义者告诉我说,我的这种感觉纯粹是感情用事,并没有客观的道德基础。所有权威都是同等不合法的,当然,尽管并不因此就是同样值得或不值得支持,如果我要在道德上自主,那么我之服从美国法令,一定出于我在国外服从该国法令的相同考虑。

我们提出的这种困境,可以利用合法国家这一概念来简洁地表达。如果所有人都有持续性的义务尽其可能去实现最高程度的自主,那国民有道德义务服从其命令的国家好像就将不会存在。这样,基于权利的合法国家(*de jure* legitimate state)这一概念就似乎是没有实质内容的,而哲学无政府主义对于一个开明的人来说看起来就是唯一合理的政治信念。①

停下来,想一想

你如何看待沃尔夫的论证?他是否成功地为理论化的无政府主义找到了支持理由?为什么?

透过无政府主义者的镜头看

1. 假如你撕毁了与无政府主义者的契约,并声称这一法律契约对你没有合法效力,无政府主义者会如何反应?如果他选择去法院起诉你,这是否违背了他们坚持的理念?换句话说,无政府主义者能否在诉诸法律维护自身利益的同时又不违背自己的原则?

2. 历史中从来不乏盲目服从邪恶政府所颁布的法律的可耻案例。试想一下,假如彼时社会中的大多数人都是无政府主义者,结

① 沃尔夫、罗伯特·保罗:《为无政府主义申辩》,加州大学出版社 1998 年版,第 3—6,12—14,18—19 页。

果又会怎样?

3. 一个无政府主义者在地方、州或国家选举中进行投票是否有悖于他所奉行的理念? 一方面,无政府主义者或许会基于其自身的合法利益而支持某位励精图治的政治人物;但另一方面,只要无政府主义者在选举中投票,这一行为就可被视为他们以默许的方式支持当前政府的权威。对此,无政府主义者该怎样做?

检视无政府主义的优缺点

正面评价

1. 当无政府主义者强调对自己生活负责的重要性并拒绝盲从权威时,这种观点是否合理?

2. 无政府主义者会怎样评价激进爱国者的诸如"我的国家,无关对错"的口号? 他们的回应是否比那些无条件的爱国主义者更好些?

负面评价

1. 即便沃尔夫是一位无政府主义者,他还是"出于对秩序价值的道德考虑"和为了"维持财产制度的普遍有益后果"而遵守法律。沃尔夫的这种表述是不是恰好解释了为什么政府应该存在,以及为什么在大多数情况下政府可以合法地运用权威? 这难道不与他的无政府主义立场相矛盾吗?

2. 我们难道不可以反对沃尔夫,相信政府的合法性,并认为沃尔夫的理论只是在一些极端情况下为革命或公民不服从提供道德支撑吗?

3. 无政府主义者并非生活在一个不受任何政府管辖的孤岛上,他/她们同样生活在某个国家之中,享受着舒适和安全的生活,而这都有赖于政府提供的服务,比如国家防卫、治安、合法权利、高速公路、教育系统、医疗保障等。无政府主义者一面享受着政府的服务、一面却指责政府无权征税或行使职权，这不是前后矛盾吗？

检视社会契约论

与无政府主义以及其他政府理论相反，**社会契约论**主张政府及其权力运用的合法性都是基于某种或隐或显的协议，该协议由政府管辖下的公民之间或公民与政府之间以某种方式达成。换言之，政府之所以有制定法律、处罚违法行为以及管控公民生活的权力，是因为每个公民都同意将这些权力赋予他们的政府。

社会契约论回答了为什么政府有权将法律施加给公民，因为公民以契约的方式建立政府并赋权政府为使他们互相受益而管理他们的生活。但这种理论衍生出一个问题：由于你和我与政府的创建没有任何关系，那么社会契约论该如何解释我们与政府之间的关系呢？以托马斯·杰弗逊为代表的美国的创建者们以书面形式宣布联邦政府成立，通过宪法赋予联邦政府相关权力并在协议上签字。但是，你和我从未与政府签订过这样的协议。为了解决这个问题，社会契约论者认为只要一个人生活在一个国家当中并享受国家带来的好处，这就意味着他以默认的方式自愿地成为该国政府体系的一部分。政府给我们提供教育机会、为我们修路、提供军队和警察的保护，制定法律保障我们的生命、财产和其他权利。因此社会契约论者认为，只要我们接受政府提供的好处，那就说明我们默许了最初订立的契约（在第 6.4 节将会看到苏格拉底用这种观点与公民不服从论者辩论）。

如果你的出生地是美国，那你一出生便是美国公民。但当你长大成人后，你可以决定自己是否要成为签订社会契约的一员。你享有离开此地的自由。如果你选择移民便必须改变自己的国籍，这其实意味着你与另一个政府签订了新契约。

我们可以想象一个为外力所迫的政府（例如，战争中战败的一方），甚至还可以想象这样的政府可以很好地为它的人民服务。但是根据社会契约论，只要这个政府不是人民参与创建的，不管它显得多么道德，都不具有合法性。这里需要注意的一点是，社会契约论并没有确定具体的政府类型，而是只涉及政府如何获得权威的问题。人们可以选择君主立宪制、民主共和制、社会主义制度或者任何他们想要创建的政体。英国哲学家托马斯·霍布斯(1588—1679)是社会契约论的早期倡导者，他认为人们建立政府时应当赋予政府以绝对权力以实现高效管理。但还有很多社会契约论者主张政府应当定期改选，以确保其统治得到公民的同意。联合国大会通过的《世界人权宣言》就支持了后一种观点，该宣言规定："人民的意志应以定期的和真正的选举予以表现，而选举应依据普遍和平等的投票权，并以不记名投票或相当的自由投票程序进行。"

思想实验：构想你自己的社会契约

试想你和一群志趣相投的人聚在一起准备建立一个新的国家。你将制定什么类型的社会契约？如果以美国宪法(也可以是历史或当下的其他国家宪法)为样板，你会作出怎样的改变？你会禁止政府做哪些事情？又必须做哪些事情？你将会拥有哪些当前法律没有规定的权利？你会制定哪些我们现在还未曾制定的法律？你允许政府在多大(多小)范围内对教育、公共卫生、安全防卫、生活水平、艺术、宗教、道德和商业管理等领域进行干预？你认为你构想的新政府会更加优秀吗？为什么？

约翰·洛克的社会契约论

本书第3.3节介绍了英国哲学家约翰·洛克和他的经验主义

知识论(包括对他生平的简短介绍)。除了对知识论感兴趣,洛克在政治哲学领域也建树颇丰,其政治哲学理论由许多交织的主题构成。首先,洛克是一位自然法理论者(本书将在第 6.2 节讨论自然法理论),受该理论的影响,洛克认为个人与社会的行为都受一个普遍、客观的道德法则的制约,而不是受制于习俗。洛克相信,这些道德法则来自上帝。继而论证道,这些道德法则通过我们作为人这一事实而保障我们应享有的基本、自然和内在的权利。在洛克看来,**权利**是对某事的正当主张,通常意味着他人对权利的拥有者负有相应义务。比如,如果你享有自由发表演讲的权利,这就意味着其他人(包括政府在内)都负有不能干涉你自由表达自己观点的义务(当然,只要你的所作所为没有侵犯他人的权利)。

某些权利来自法律的授予。比如,法律规定年满 16 周岁的人享有驾驶机动车的权利。但被法律授予的权利同样可以被法律收回(比如法律也可以规定驾驶机动车的最低年龄为 18 周岁)。但洛克坚称有些人类权利是自然的、不能被政府剥夺的。这些权利也常常被形容为是不可剥夺的(即不能被确认无效)和不可让渡的(不能被取走)。这是因为在洛克看来,这些权利在政府被创建出来之前的自然状态中就已经被我们所拥有。这些自然的、道德的权利包括生命、健康、自由和财产权。与此相反,洛克的前辈托马斯·霍布斯却认为,在自然状态下我们对任何自己想要的东西都拥有权利,前提是只要我们有占有它们的身体能力。换言之,我们对他人没有任何道德要求。据此理由,霍布斯认为假如没有政府,“没有任何事情是不正义的”。根据霍布斯的理论,建立政府意味着我们要放弃许多权利和自由,但洛克却认为无论在政府成立之前还是之后,我们都享有上帝赋予的内在权利。

洛克的权利观带给政治学理论不少启发。如果我们享有自然的、不可剥夺的、不可让渡的权利，那么政府对这些权利的任何侵犯都是不合法的。只要政府侵犯公民权利，它将不再是一个合法政府。要想理解洛克的社会契约论，必须以他的自然权利理论为背景。我们以契约的方式创建政府，但并非就此将自己的权利交给了政府，当然，政府也不能创造我们的权利。相反，我们建立政府的目的就是要保护我们的自然权利。

在接下来的阅读中，不难发现，和霍布斯一样，洛克也是从一个假定的、还未产生政府的"自然状态"入手论述各自的理论。然而，在自然状态到底是怎样的状态这个问题上，两位哲学家意见相左。霍布斯认为如果没有一个拥有绝对权力的、强有力的政府进行管理，自然状态就会变成"所有人对所有人的战争"状态，人类在该状态下的生活状况可被形容为"孤独、贫困、卑污、残忍和短寿"。但洛克却为我们描绘了一个与霍布斯完全不同的自然状态。

- 你能指出洛克的自然状态和霍布斯颇具悲观主义色彩的自然状态有何不同吗?
- 根据洛克的论述，若没有政府颁布的法律，自然状态中的理性个体又会受到何种法的约束?

引自约翰·洛克

《政府论》[2]

论自然状态

6. 自然状态有一种为人人所应遵守的自然法对它起着支配作用；而理性，也就是自然法，教导着有意遵从理性的全人类；人们既然都是平等和独立的，任何人就不得侵害他人的生命、健康、自由或财产。因为既然人们都是全能和无限智慧的创世主的创造物，既然都是唯一的最高主宰的仆人，奉他的命令来到这个世界，从事于他的事务，他们就是他的财产，是他的创造物，他要他们存在多久就存在多久，而不由他们彼此之间做主；我们既有同样的能力，在同一自然社会内共享一切，就不能设想我们之间有任何从属关系，可使我们有权彼此毁灭，好像我们生来是为彼此利用的，如同低等生物生来是供我们利用一样。正因为每一个人必须保存自己，不能擅自改变他的地位，所以基于同样理由，当他保存自身不成问题时，他就应该尽其所能保存其余的人类，而除非为了惩罚一个罪犯，不应该夺去或损害另一个人的生命以及一切有助于保存另一个人的生命、自由、健康、肢体或物品的事物……

19. 这就是自然状态和战争状态的明显区别，尽管有些人把它们混为一谈。它们之间的区别，正像和平、善意、互助和安全的状态和敌对、恶意、暴力和互相残杀的状态之间的区别那样迥不相同。

与霍布斯不同，洛克对人性持乐观态度，他相信绝大多数人在本质上是理性的。因此，洛克并不相信自然状态是一个充满战争的邪恶状态，反而认为生活从本质上讲就是安宁、友善和互助的。自然状态中也会存在少数扰乱者，但是其他大部分人都会互相扶助，共同抵御这部分人对自然权利的侵犯。此外，霍布斯和许多政治思想家都认为，如果政府没有界定财产权的话，将不会存在任何财产；而洛克却指出，尽管一些自然资源(如空气、水、石油和植物)属于每个人，但是如果你对资源施加了自己的劳动(如采集水果、开采石油、播种种植)，那么这部分自然物将变成你合法拥有的财产，不需要政府再去认定。

- 下述引文以何种方式说明，洛克相信的是政府的社会契约论模式？

论政治社会的起源

95. 正如上述，人类天生都是自由、平等和独立的，如不得本人的同意，不能把任何人置于这种状态之外，使其受制于另一个人的政治权力。任何人放弃其自然自由并受制于公民社会的种种限制的唯一的方法，是同其他人协议联合组成为一个共同体，以谋他们彼此间的舒适、安全和和平的生活，以便安稳地享受他们的财产并且有更大的保障来防止共同体以外任何人的侵犯。无论人数多少都可以这样做，因为它并不损及其余的人的自由，后者仍然像以前一样保有自然状态中的自由。当某些人这样地同意建立一个共同体或政府时，他们因此就立刻结合起来并组成一个国家，那里的大多数人享有替其余的人作出行动和决定的权利。

96. 这是因为，当某些人基于每人的同意组成一个共同体时，他们就因此把这个共同体形成一个整体，具有作为一个整体而行动的权力，而这是只有经大多数人的同意和决定才能办到的……

97. 因此，当每个人和其他人同意建立一个由一个政府统辖的国家的时候，他使自己对这个社会的每一成员负有服从大多数的决定和取决于大多数的义务；否则他和其他人为结合成一个社会而订立的那个原始契约便毫无意义，而如果他仍然像以前在自然状态中那样自由和除了受以前在自然状态中的限制以外不受其他拘束，这契约就不成其为契约了。

因为，如果这样，那还像什么契约呢？如果他除了自己认为适当的和实际上曾表示同意的法令之外，不受这个社会的任何法令的拘束，那还算什么承担新的义务呢？这样，他的自由就会仍然像在订立契约以前他所享有的或在自然状态中的任何人所享有的自由一样大，因为他可以在他认为合适时才服从和同意社会的任何行为……

99. 因此,凡是脱离自然状态而联合成为一个共同体的人们,必须被认为他们把联合成共同体这一目的所必需的一切权力都交给这个共同体的大多数,除非他们明白地议定交给大于大多数的任何人数。只要一致同意联合成为一个政治社会,这一点就能办到,而这种同意,是完全可以作为加入或建立一个国家的个人之间现存的或应该存在的合约的。因此,开始组织并实际组成任何政治社会的,不过是一些能够服从大多数而进行结合并组成这种社会的自由人的同意。这样,而且只有这样,才曾或才能创立世界上任何合法的政府。

如果按洛克所说,自然状态是一个完全自由、受理性支配、友好互助的状态,为什么还要费心建立政府呢?洛克提出了人们签订契约建立政府的三个理由,即人们需要:(1) 对蕴含于自然中的道德法则进行明确和公正地解读;(2) 将这些法则运用到对争议和利益冲突的解决当中,以获得公正的裁判;(3) 保护受到不公正对待的受害者的权利,推进法律实施的力量。

• 当霍布斯提出处于绝望中的人民将会建立一个拥有绝对权力的政府时,洛克在下述引文中又是怎样阐释政府的目的的?

论政治社会和政府的目的

127. 这样,人类尽管在自然状态中享有种种权利,但是留在其中的情况既不良好,他们很快就被迫加入社会。所以,我们很少看到有多少人能长期在这种状态中共同生活。在这种状态中,由于人人有惩罚别人的侵权行为的权力,而这种权力的行使既不正常又不可靠,会使他们遭受不利,这就促使他们托庇于政府的既定法律之下,希望他们的财产由此得到保障。正是这种情形使他们甘愿各自放弃他们单独行使的惩罚权力，交由他们中间被指定的人来专门加以行使；而且要按照社会所一致同意的或他们为此目的而授权的代表所一致同意的规定来行使。这就是立法和行政权力的原始权利和这两者之所以产生的缘由，政府和社会本身的起源也在于此。

权力分立的理念

洛克认为政府内部应当实施分权(立法权与行政权分离)，后来他在著作中又增加了第三种权力，即对外权(federative power)，这与目前设置的国务卿一职十分相似。洛克正是看到君主制国家中因君主享有绝对的、无限制的权力而来的诸般问题，便提出将政府权力进行分割，并令每一分支相互制约。孟德斯鸠(1689—1755)受到了洛克思想的影响，但他认为第三种权力应该是司法权。当美国的建国者决定采用三权分立的方式构建政府时，他们借鉴的便是洛克和孟德斯鸠的思想。

在洛克看来，没有政府的人类生活是一种充斥各种“不便”的“病态”。如果政府的构建是出于便利而不是必要的需求，我们便可以与政府讨价还价。我们不必如霍布斯所言，放弃自己的权利和权力并将其交给政府，而是要为保护生命、财产和自由之故而将其授权给政府即可。政府是我们的创造物，因此，它是公仆而不是统治我们的绝对权力。正如洛克所言，政府的行为为的是“保护人们的和平、安全和公共利益”。[3]这种理论认为，政府所能拥有的权力范围仅限于那些人们单凭自身无法完成(或无法高效便捷地完成)的必要事务，这一理论后来也成为古典自由主义的基石。

约翰·洛克是当时最有影响力的哲学家之一。他关于自然状态、自然法、自然权利、社会契约和革命权利的理论是18世纪政治思想的翘楚。托马斯·杰弗逊在起草《美国独立宣言》时说过,他的构想便是参照了洛克的理论。当殖民地人民喊出“无代表不纳税”(no taxation without representation)的口号时,也是在引证洛克的观点。洛克的思想在法国也影响了包括孟德斯鸠在内的许多人。洛克似乎没有对美国和法国大革命抱以支持(因为他很温和),但可以确定,这些运动源于他撒下的种子。因此,需要注意的是,社会契约论也包含社会革命的权利。如果一个政府没有得到人们的同意就强加统治,或者没有严格履行契约(例如,侵犯公民权利),那么这个政府就是非法的,公民也就不再对政府负有义务,革命在道德和政治上就是正义的。

- 在《美国独立宣言》的序言中,你能发现多少体现洛克政治哲学思想的地方?

引自《独立宣言》(1776年7月4日)

在有关人类事务的发展过程中,当一个民族必须解除其和另一个民族之间的政治联系,并在世界各国之间依照自然法则和上帝的旨意,取得独立和平等的地位时,出于尊重人类意见的要求,必须把他们不得不独立的原因予以宣布。

我们认为下面这些真理是不言而喻的:人人生而平等,造物者赋予他们若干不可剥夺的权利,其中包括生命权、自由权和追求幸福的权利。为了保障这些权利,人类才在他们之间建立政府,而政府之正当权力,是经被治理者的同意而产生的。当任何形式的政府对这些目标具有破坏作用时,人民便有权力改变或废除它,以建立一个新的政府;其赖以奠基的原则,其组织权力的方式,务使人民认为唯有这样才最可能获得他们的安全和幸福。

透过社会契约论的镜头看

1. 思考一下你的国家及其宪法。假如你拥护社会契约论，在何种情况下你认为自己国家的社会契约已经遭到破坏？换句话说，你认为在什么情况下这个政府将不再具有合法性，一场政治上的正义革命将成为可能？

2. 如果历史中存在的所有政府都认同社会契约论的基本原则，那么历史将会有何不同？

检视社会契约论的优缺点

正面评价

1. 社会契约论强调政府只有获得被统治者的同意才是合法的，这不是恰好与绝大多数人对于什么是一个好政府的直觉判断相吻合吗？历史及现实中的坏政府不正是违背了这个原则才被认为是邪恶的吗？

2. 社会契约论认为政府之所以被授予权力乃是由于我们需要避免因没有政府而导致的动乱和不正义。因此，问题并不在于规定政府的特定形式，而在于为政府的权力范围和权力界限划定标准，这难道不是该理论的优势所在吗？我们理想中的好政府不就是那些权力既不多也不少的政府吗？

3. 社会契约论强调政府的权力来自公民，而公民的权利不能受到政府的侵犯，政府是我们的仆人(而不是相反)。这种理论难道不是在保护公民权利免受政府强制性权力的侵害方面作出了重要贡献吗？

负面评价

1. 社会契约论的基本出发点是在假定的没有政府的“自然状态”下，人们通过“社会契约”建立政府。然而，即便该理论的辩护者也意识到，他们根本不可能确切指出这种创建活动得以发生的具体历史情境。相反,我们都知道的,历史上每一种类型的政府都源于先前的政府类型。这样看来,如果社会契约论的主体理论是建立在假设性的、虚构的思想实验之上,它对现实政府的辩护价值不就被削弱了吗?

2. 即便所有政府都是按照该理论描述的样子建立起来的,该理论的可信度就由此被加强了吗?政府的起源能决定它当下的合法性吗?难道不会出现这样的情况,即政府用非法手段统治其国民几百年,而其今天的国民却如同他们的祖先一样认为其当前的政府是一个合法政府?

3. 从历史上看,美国政府是由成年白人男性公民通过契约方式建立起来的,原住民、非洲奴隶和女人在此过程中不起任何作用。而且,在很长一段历史时期内,这部分群体也被排除在政治活动之外。按照社会契约论的观点,上述史实是否表明政府对这部分群体的统治不合法呢?即使现在我们每个人的权利都得到了保障,是否能说,那些一贫如洗者和无权无势者相对于选举的获胜者具有更大影响力?更进一步讲,即便贫穷或弱势群体是政府服务的受益者,那么这部分人在政治权利上的缺失是否构成对所谓"基于同意的统治"的质疑呢?这个理论是不是过分理想化了政治权力的真实产生过程呢?

6.2　正义问题

引导性问题:正义的本质

1. 来自柏拉图的问题:假如你需要做心脏手术,你希望手术室中的决定是由一位优秀的医生来做,还是由你的朋友投票得出?再比如教师这个职业,是由任何想做教师的人来担任,还是由那些有资格从事这一行业的人来担任?假如你是专业篮球队的教练,你会选择那些最优秀的球员,还是给每个人平等的机会?在所有领域中，我们都将基于某些人的应得和资格而将部分特权、权力和机会赋予他们，而不是基于民主的平等原则进行分配。同样，在决定由谁管理社会时，是否也应当基于某种应得，而不是以民主的方式作出决定呢？

2. 来自托马斯·阿奎那的问题：如果正义仅由特定社会中的法律来规定，那我们是否有可能说这些法律是非正义的？难道不是有一些正义标准是超越人类的共同决定或多数人的意愿的吗？

3. 来自约翰·斯图亚特·密尔的问题：仅以抽象方式讨论社会或法律是否正义而不考虑其结果，这样做合理吗？一个正义社会难道不是应实现人类的需求并产生尽可能多的满足感吗？除此之外，我们还需要其他正义概念吗？

4. 来自约翰·罗尔斯的问题：从根本上看，难道正义不就是公平吗？如果我们是完全理性和客观之人，并且放弃了个人的偏私和狭隘，那么在这样一个公平条件下的选择不就是正义的吗？

上述四组问题反映了四位不同思想家的正义观，这正是本节的讨论对象。当讨论正义问题时，我们通常会想到在刑事审判当中，罪犯受到审判、定罪并接受其应有的刑罚。因此，当一名罪犯被发现有罪并被判与其罪责相应的刑罚时，我们就会说正义得到了实现。同样，当一名无辜者被宣布无罪，我们也会认定这个判决是正义的。然而，假如罪犯借助某种技术性手段逃脱惩罚，我们会觉得这个法律体系令人失望。上述例证中的正义形式被称作**惩罚正义**(retributive justice)，或者叫罪责与刑罚相适应。

然而，惩罚性正义只是正义问题中很小的一部分。社会被组织起来并不只是要惩罚犯罪，还要对利益进行分配和调整，例如财富、利益、特权和权力等。惩罚性正义是要给予罪犯以应有的惩罚，但除此之外还必须决定，为了让整个社会能够正常运转，人们一般来说应当承受哪些必要的负担(例如税收)，以及接受哪些福利(如收入、医疗保障、教育和政治权力)。鉴于没有足够的社会资源满足每个成员的喜好或需求，那么怎样分配这些资源才合理呢？每个人都获得平等的一份吗？还是需求最大的人获得的最多？抑或是贡献最大者得到最多？所有这些问题都要被归于分配正义(distributive justice)的名下进行研究，即要研究公民之间对利益和负担的合理分配。

检视“作为应得的正义”

对大多数正义理论而言，无论如何表述，都包含给予每个人应得之物(what they are due)的含义。但又当如何断定每个人“应得”(due)什么呢？其中一个回答便是基于应得(merit)。[①] 柏拉图就是这一方案的忠实拥护者。柏拉图是一位高度体系化的哲学家，因此，要将他的政治学思想置于其知识论和实在论语境中才能得到理解。关于后者，我们已经在本书第 1.2 节柏拉图的“洞喻”和第 3.2 节“唯理论”中有所介绍。柏拉图认为，所有生活(包括社会生活)都建立在对实在之所是的正确评价之上。我们对实在的理解好似一张地图，引导着我们所作的每一个决定。如果地图本身是错的，我们将永远无法达到目标。因此，只有那些最能辨明实在之本质的人才应该拥有最大政治权力。不过，柏拉图认为，只有通过理性才能把握终极实在。由于人们的理性能力有高下之分，因此其运用权力的能力也有所不同。于是，柏拉图笔下的理想国坚持的是**贤人政治**(meritocracy)，其中，政治权力的多寡是与其应得相称的。

由上述，不难发现，柏拉图并不是民主制的推崇者。事实上，在历史上，他是这种政治哲学理论的最严苛的批判者之一。柏拉

---

① 关于“应得”，中文表述较为模糊笼统。在英文中，至少有三个概念与之对应：due、merit 和 deserve。due 是对“应得”的一般性表述。merit 则侧重“应得”的古典含义，主要指基于某种德性而在社会分配中应该得到某些事物，本节对 merit 的运用即是此意。deserve 则更侧重“应得”的现代含义，一般来说，主要指国家应当为其公民提供一些必不可少的益品，比如基本自由和权利。——译者注

图出生时，正逢新兴的雅典民主政体取代历史悠久的君主制。彼时，雅典人正以他们的城邦制度为傲，因为在那里所有的法律、审判和公共决策都由该城邦的成年男性公民组成的议会投票决定。毫无疑问，柏拉图对雅典民主制的负面评价在很大程度上受到一起著名审判的影响——在这次审判当中，他的老师苏格拉底被雅典公民以投票的方式判处死刑。柏拉图将这次审判视为正义遭受的一次巨大挫折，这也使他倾其余生对正义社会进行探讨。在柏拉图看来，民主制基本上等同于暴民统治。他将民主制描述为一头千头野兽，每一个头都为着私欲的满足而朝着自己所认定的方向拉扯。

柏拉图的替代理论建立在“城邦是大写的个人”的论断之上。用现代术语来说，柏拉图相信心理学和政治科学遵循相同的原则。健康个体的构成要素与健康社会的构成要素是一样的，反之亦然。依照柏拉图的心理学理论，每个个体都由三部分组成：欲望(或欲求)、精神的部分(包括激情)还有理性。对一个健康个体来说，这三部分各司其职、共同协作。但是，这种和谐一致的状态只有当理性控制欲望和精神部分时才能实现。

与之相似，柏拉图认为社会也由三个阶层组成：(1) 由欲望所支配的人；(2) 受激情支配并且由抱负、忠诚、荣誉和勇气驱动的人；(3) 完全由理性支配的人。第一个阶层被称为**生产者**(producer)，欲望促使他们获取物质上的满足和肉体上的享受，因而最适合进行商品生产和提供服务。这类人不仅包括体力劳动者，也包括商人、医生、企业家和银行家。第二个阶层是**辅助者**(auxiliary)，这些人拥有勇气、实现抱负的激情和荣誉感，因而更适合做社会的保护者。与这类人相对应的是拥护统治者之政策的国家的警察和军队，以及各种管理者。最后一个阶层是**护卫者**(guardian)，他们可以发挥才智制定城邦的各项法律和政策。

柏拉图认为，城邦中的三个阶层只要各司其职，并且前两个阶层接受作为精英者的第三阶层的统治，那么就能在城邦中实现正义。这与在一个健康的个体身上实现和谐的途径是一样的。颇具讽刺意味的是，尽管生产者享有的政治权力最少，但他们却拥有最多的自由和财富。只要社会不会因贫富严重不均而失衡，他们就可以与自己中意的人结婚、可以拥有财产、能获得个人财富和奢侈品。但统治阶层却不能拥有个人财产，因为柏拉图希望借此确保统治者的行为纯粹出于保护社会而不是保护个人利益。然而，唯有他们能够享有政治权力、拥有制定公共决策的能力，并且为社会的发展指定方向。其他两个阶层只需要做好各自的本职工作并服从统治者的管理就够了。

在下述引文中，柏拉图借苏格拉底之口阐述了他的正义理论，苏格拉底在整场对话中扮演引导性角色。

引自柏拉图

《理想国》[4]

苏格拉底：那么你听着，看我说得对不对。我们在建立我们这个国家的时候，曾经规定下一条总的原则。我想这条原则或者这一类的某条原则就是正义。你还记得吧，我们规定下来并且时常说到的这条原则就是：每个人必须在国家里执行一种最适合他天性的职务。

格劳孔：是的，我们说过这点。

苏格拉底：再者，我们听到许多人说过，自己也常常跟着说过，正义就是只做自己的事而不兼做别人的事。

格劳孔：是的，我们也曾说过这话。

苏格拉底：那么，朋友，做自己的事——从某种角度理解这就是正义。可是，你知道我是从哪里推导出这个结论的吗？

格劳孔：不知道，请你告诉我。

苏格拉底：我认为，在我们考察过了节制、勇敢和智慧之后，在我们城邦里剩下的就是正义这个品质了，就是这个能够使节制、勇敢、智慧在这个城邦产生，并在它们产生之后一直保护着它们的这个品质了。我们也曾说过，如果我们找到了三个，正义就是其余的那一个了。

格劳孔：必定的。

苏格拉底：但是，如果有人要我们判断，这四种品质中我们拥有哪一种最能使我们国家善，是统治者和被统治者的意见一致呢，还是法律所教给军人的关于什么该怕、什么不该怕的信念在军人心中的保持呢？还是统治者的智慧和护卫呢，还是这个体现于儿童、妇女、奴隶、自由人、工匠、统治者、臣民身上的品质，即每个人都作为一个人干他自己分内的事而不干涉别人分内的事呢？——这似乎是很难判断的。

格劳孔：的确很难判断。

苏格拉底：看来，似乎就是“每个人在国家内做他自己分内的事”这个品质在使国家完善方面与智慧、节制、勇敢较量能力大小。

格劳孔：是的。

苏格拉底：那么，在使国家完善方面和其余三者较量能力大小的这个品质不就是正义吗？

格劳孔：正是。

苏格拉底：再换个角度来考察一下这个问题吧，如果这样做能使你信服的话。你们不是委托国家的统治者们审理法律案件吗？

格劳孔：当然是的。

苏格拉底：他们审理案件无非为了一个目的，即，每一个人都不拿别人的东西，也不让别人占有自己的东西，除此之外还有别的什么目的吗？

格劳孔：只有这个目的。

苏格拉底：这是个正义的目的吗？

格劳孔：是的。

苏格拉底：因此，我们大概也可以根据这一点达到意见一致了：正义就是有自己的东西干自己的事情。

格劳孔：正是这样。

苏格拉底：现在请你考虑一下，你是不是同意我的下述看法：假定一个木匠做鞋匠的事，或者一个鞋匠做木匠的事，假定他们相互交换工具或地位，甚至假定同一个人企图兼做这两种事，你想这种互相交换职业对国家不会有很大的危害，是吧？

格劳孔：我想不会有太大的危害。

苏格拉底：但是我想，如果一个人天生是一个手艺人或者一个生意人，但是由于有财富，或者能够控制选举，或者身强力壮，或者有其他这类的有利条件而又受到蛊惑怂恿，企图爬上军人等级，或者一个军人企图爬上他们不配的立法者和护国者等级，或者这几种人相互交换工具和地位，或者同一个人同时执行所有这些职务，我看你也会觉得这种交换和干涉意味着国家的毁灭吧。

格劳孔：绝对是的。

苏格拉底：可见，现有的这三种人互相干涉互相替代对于国家是有最大害处的。因此可以正确地把这称为最坏的事情。

格劳孔：确乎是这样。

苏格拉底：对自己国家最大的危害，你不认为这就是不正义吗？

格劳孔：怎么不会呢？

苏格拉底：那么这就是不正义。相反，我们说：当生意人、辅助者和护国者这三种人在国家里各司其职而不相互干扰时，便有了正义，从而也就使国家成为正义的国家了。

格劳孔：我看，情况不可能不是这样。

• 你是否同意柏拉图的观点，即社会中的每个人依其本性适合不同工作？

• 你怎样看待柏拉图的观点，即政治权力应由精英掌握而不是平等分配？

柏拉图从贤人政治的立场出发，认为只有具备智慧和独特理性能力的人才适合成为领导者。因此，他在《理想国》中写道，只有“让哲学家成为国王或者把国王变成哲学家”，社会才能实现良序和正义。柏拉图还提出，统治者的后代通常具备成长为真正的统治者的能力。但他也意识到这并不是绝对的，在某些情况下，统治者的孩子可能更适合当商人，而木匠的孩子反而具备成为统治者的能力。为解决这个问题，柏拉图提议城邦中的儿童在其成长阶段应当接受各类测试，以发现他们各自具备怎样的能力，以及怎样使其更好地服务于社会。根据这个提议，所有的儿童都将被给予适当的教育，从而使其天赋得到最大限度的发展，以在将来更好地运用自己的能力服务社会。

为将心目中的理想国付诸实践，柏拉图指出，维持一个国家的健康必须像个人维持自身健康那般小心仔细，不得有丝毫马虎，既不能心存侥幸，也不能受流行意见的影响。因此，他强烈建议政府应当管理公民生活的方方面面。例如，他认为城邦应当坚持科学的“优生学”以保证培养出最优秀的后代，他也赞成指定婚姻并认为应由社会负责养育儿童。而且，正如当今社会会通过控制致幻类药物、非法行医以及其他有害物质的传播来保护社会成员的身心健康一样，柏拉图也认为政府应当审查艺术和其他文化交流形式以确保公民的思想不受侵蚀。

透过柏拉图的镜头看

1. 在今天的政治竞选中，各派纷纷将“包装精美”的竞选人推上前台，就像某汽车品牌发布新车一样。试想一下，柏拉图对靠这种方式获取政权的做法会作何评价？

2. 柏拉图认为人们在儿童时期就应当接受测试，以发现其成人后在社会中适合扮演何种角色。这种模式如何运用到我们当下的教育体系中？我们的教育体系和柏拉图的教育模式之间有何相似之处？该做法的利弊何在？

3. 在柏拉图所构建的社会中，生产者拥有最多自由和个人财产，但却拥有最少的权力；另一方面，辅助者和护卫者享有最多的权力但却要过严格的、节俭的生活。如果你能选择（虽然在柏拉图的社会中你并没有选择的权利），你愿意成为哪类人？

检视柏拉图正义理论的优缺点

正面评价

1. 虽然柏拉图的政治哲学触犯了我们民主的敏感神经，但它难道没有任何可取之处吗？在当今社会，你出身的家庭，连同它的影响力、财富和社会地位，在很大程度上决定了你未来的人生机遇。那么，这种决定在什么情况下是好的，什么情况下是坏的呢？柏拉图的理论又是如何避免当下存在的这些问题的？

2. 在柏拉图构想的社会中，财富和政治权力彼此分离，以此保证统治者不会被私欲所操控。这难道不是个好主意？

3. 让我们回到最开始的那个引导性问题。难道我们每个人获得从事医疗、教育、商业、运动或其他职业的机会不是仅仅基于自己之应得（merit），反而是基于民主的平等？柏拉图的这一原则是否也适用于当下的统治者？

负面评价

1. 尽管柏拉图试图依据理性原则建立一个完美社会，反对者们仍旧可以说这个社会是建立在一系列可疑的假设之上。例如，柏拉图假设能够通过测试准确发现儿童的才能以决定其未来的职业方向，但这种假设是正确的吗？那些大器晚成的人怎么办？例如，伟大的物理学家阿尔伯特·爱因斯坦小时候的数学成绩就很糟糕，如果他生活在柏拉图构想的社会中，很可能最后会成为一个木匠而不是大科学家。而且，柏拉图认为那些智商最高的人同时也是最有智慧的人。但智力能够等同于智慧和领导能力吗？

2. 反对者们认为柏拉图的理想国充其量只是一个薄纱遮掩下的专制社会，因为统治者拥有绝对权力，包括对各种艺术及其他信息传播方式的审查权。这种控制是否意味着这个社会永远无法改变，也不会接受使其进步的新观念？

3. 即使我们接受柏拉图的观念，即他构想出的社会是完全理性和高效的，但仅凭这些就能说这个社会是好的吗？如果一个社会中的成员在关乎生活的重要问题的决策上没有任何自主权和自由，我们能够说这个社会是完全正义的和良善的吗？柏拉图是否认为，良序社会(well-ordered society)就是实现人类繁荣的唯一要素呢？

检视“合乎自然法的正义”

自然法理论的支持者与柏拉图分享着一些共同的观点。他们同意柏拉图所说的，正义与理性、道德的社会秩序有关。不过，他们也会认为柏拉图头脑中的良序社会在很多方面并非自然的，因而可能会阻碍人类的繁荣发展。

自然法理论是一套根植于西方传统的关于法律和正义的观念，直到今天依然影响着我们的思维方式。亚里士多德是这一理论的最初推行者，公元前 300 年左右则被古希腊的斯多亚主义者承袭。正是自然法理论促成了罗马法观念的形成，之后在中世纪哲学家那里获得发展。**自然法理论**主张存在一种超越于习俗和决定的客观道德法则，这种法则规范着个人和社会的行为。基于世界上万事万物的自然秩序和人类内在的自然倾向，这种法则可以被理性和经验所揭示。

按照自然法理论,任何人类制定的世俗法律只有在符合自然法的前提下才能被认定为正义的(或才可被称为法)。另一方面,假如某个社会中的法律与自然法相违背,那就是非正义的或者根本就不是真正的法。显然,当我们在伦理学和政治哲学语境下谈论自然法时,我们所说的肯定不是自然科学意义上的法则或者物理学意义上的规律(例如万有引力定律)。然而,这两种理念却有着某种相似性,因为自然法理论家相信现实中存在着独立于人类的客观道德法则,就像自然界中存在着物理规律一样。

尽管自然法理论的一些内容可以在苏格拉底、柏拉图甚至是更早的古希腊人的思想中被发现,但其原型还是在柏拉图的学生亚里士多德(公元前 384—前 322 年)那里(参照本书第 5.5 节关于亚里士多德德性伦理学的讨论)。亚里士多德认为国家并非人的发明,因而与本书第 6.1 节讨论的社会契约论完全不同。亚里士多德认为人天生就是政治动物,按照其本性就应该生活于社会当中。从这点上看,我们和蚂蚁、狼等其他群居生物一样,必须结群生活,并且有自己的领导者和一个隐含的社会结构。但我们与动物又有很大不同,我们会说话、有理性,有能力明辨是非善恶。因此,有别于其他群居动物,我们的社会生活并不是由本能控制,而是由能够作出理性和道德判断的能力所决定。

在自然法理论家看来,每一个拥有道德意识的人都具备认识这些法则的潜力,只是儿童需要经过一定的道德训练,这种潜能才能得以实现。构成自然法的道德原则极为基础,因而无法被证明。正如康德所说(参见本书第 5.4 节),对道德法则的否定将会陷入自相矛盾。显然,许多人会通过他们的行为、或在理论上否定自然法的存在。然而,自然法理论家认为这并不足以否定自然法存在的真实性,就像无法将蓝色和绿色区分开的色盲无法否认颜色的存在,对音乐毫无敏感性、五音不全的人无法否认音律存在一样。

因为这些道德法则被称为“自然的”，这就意味着我们能通过自然的人类官能去发现这些基本的道德原则。尽管很多自然法理论家本身是十分虔诚的教徒并相信自然法最终根源于上帝和我们被创造的方式之中，但他们并不认为只有有神论者才会接受自然法理论。从亚里士多德开始，自然法理论家就已坚信无论我们是否信仰宗教，都能从经验和人性中推知和发现自然法的存在。

自然法理论家并不认为我们对自然法拥有一套如同物理规律般完整和毫无差错的知识体系。例如，美国宪法的制定者宣称人人生而平等并享有一系列基本权利，但与此同时他们仍然蓄奴。我们的社会花了近一个世纪的时间才认识到奴隶制的存在是违背自然法的，然后又花了一个世纪的时间改变那些歧视少数族裔和妇女的法律。所以，我们现在仍然在努力使自己的社会实践和世俗法律能够与自然法保持一致。

该理论的反对者有时会认为自然法理论是在进行一种“使道德法律化”(legislate morality)的尝试。但是，自然法理论家会回应说，确切地说，我们当前的大部分法律都是道德立法的产物。例如，盗窃不道德，所以我们将其规定为违法的。但是将其颠倒过来就行不通，不能说盗窃之所以是错的乃是因为它违背了法律。而且，根据中世纪自然法理论家托马斯·阿奎那的观点，并不是所有道德事务都应该通过法律去调整，因为若是如此，鉴于所有人在道德上都有瑕疵，岂非所有人都要被送进监狱？例如，嘲笑一个身患残疾的人显然是不道德的，即使在私下里嘲笑也是如此。但在大多数情况下，这种粗鲁的、无趣的、素质低下的行为只是不道德的，并不违法。但是，还有一些道德法则意义重大，倘若它们受到侵犯就会妨碍人类的生活，阻碍社会的进步与繁荣。考虑到这些道德法则对社会的重要影响，自然法理论便会将其转变为世俗的法律。

与那些禁止实施某些行为(例如谋杀和盗窃等)的法律不同，另一些法律只是间接源于自然法。美国人靠右行驶，而英国人靠左行驶。显然,上述任何做法都不比对方更符合自然法。不过,我们的交通法和其他法律都源自自然法理论关于人类生命应该得到保护的原则。

我们在本书第 4.1 节首次接触到托马斯·阿奎那(1225—1274),在那里,我们讨论了他关于上帝存在的诸种证明。接下来我们将讨论他的另一个观点,即政府和它制定的法律只有与自然法保持一致才是正义的。

引自托马斯·阿奎那

《神学大全》(*Summa Theologica*)[5]

圣奥古斯丁说:"如果法律是非正义的,它就不能存在。"所以法律是否有效,取决于它的正义性。但在人类事务中,当一件事情能够正确地符合理性的法则时,它才可以说是合乎正义的;并且,像我们已经知道的那样,理性的第一个法则就是自然法。由此可见,一切由人所制定的法律只要来自自然法,就都和理性相一致。如果一种人法在任何一点与自然法相矛盾,它就不再是合法的,而宁可说是法律的一种污损了……

人们所制定的法律不是正义的便是非正义的。如果法律是合乎正义的,它们就从作为其根源的永恒法汲取使人内心感到满意的力量……法律就以下几点来说可以被认为是合乎正义的:就它的目的来说,即当它们以公共福利为目标时;或者就它们的制订者来说,即当所制定的法律并不超出制订者的权力时;或者就其形式来说,即当它们使公民所承担的义务是按促进公共幸福的程度实行分配时。这是因为,既然每一个人都是社会的一部分,则任何人本身或其身外之物就都与社会有关;正如任何一个部分就其本身而言都属于整体一样。由于这个缘故,我们看到自然往往为了保全整体而牺牲一部分。根据这个原则，那些在分配义务时能注意适当比例的法律是合乎正义的，并能使人内心感到满意；它们是正当的法律。

反之，法律也可以由于两种缘故而成为非正义的。首先，当它们由于违反我们刚确定的标准而对人类幸福不利时。或者是关于它们的目标，例如一个统治者所制定的法律成为臣民的沉重负担，无补于公共利益，而是旨在助长他自己的贪婪和虚荣。或者是关于它们的制定者；如果一个立法者所制定的法律竟然超过他受权的范围。或者，最后是关于它们的形式；如果所规定的负担即使与公共福利有关，却在全社会分配得很不平均。这种法律与暴力无异，而与合法性并无共同之处；因为，像圣奥古斯丁在《论自由意志》(第一篇，第五章)中所说的："不公道的法律不能称为法律。"因此，这种法律并不使人在良心上感到非遵守不可，除非偶然为了避免诽谤或纷扰。在这种情况下，一个人也许甚至不得不放弃他的种种权利……

其次，法律由于可以与神的善性相抵触而成为非正义的；例如横暴的法律强迫人们崇拜偶像或作其他任何违反神法的行动。这种法律在任何情况下也不可服从。

阿奎那认为，自然法最根本的原则是保存生命、繁衍和教育后代以及对真理和和平社会的追求。尽管自然法根植于人性之中，但我们依旧可以违背自然法的道德法则(这就与物理规律不同)。正是这一点使我们可以自由选择从善或作恶，也因此具有了道德性。然而，当有人违背自然法时，我们会感觉到事物之间的自然秩序也受到了破坏。譬如，我们都会认为自杀是巨大的悲剧，因为按照阿奎那的说法，人类都具有维持自己生命的自然倾向。同样，当听说杀人狂出现时我们也都会感到不安。但为什么当听说一个人杀死了自己的孩子时，我们尤其会感到恐惧呢？因为父母对孩子的养育和爱护是万物之天然和正当秩序的最深层特性。

透过自然法理论的镜头看

1. 假如没有阶位更高、可居于人类政府制定的法律之上的自然法的存在，那么当我们说某项依照立法程序颁布的世俗法律不正义时，是否就失去了根据？

2.《美国独立宣言》写道："我们认为下面这些真理是不言而喻的：人人生而平等，造物者赋予他们若干不可剥夺的权利，其中包括生命权、自由权和追求幸福的权利。"在这段话中，哪些关键词表明美国联邦政府的奠基者是信奉自然法理论的？

3. 如果自然法可以被所有人知晓，为什么还要制定成文法？社会能否单纯依靠人们对道德法则的直觉而顺利运行？自然法的支持者对此会如何回应？

4. 美国 1793 年颁布的《逃奴法案》中允许奴隶主抓捕并带回已逃往其他州且已获得自由的奴隶，你会如何向当时的法案制定者证明这是非正义的？在此过程中，你是否会诉诸自然的道德法则中对正义概念的界定？

检视自然法理论的优缺点

正面评价

1. 该理论的支持者认为自然法理论为批判社会中的法律提供了基础。事实上，自然法理论已经直接或间接地被许多伟大的社会改革家所运用，比如 19 世纪的奴隶解放运动和 20 世纪 60 年代由马丁·路德·金领导的民权运动。离开了自然法理论，这些社会改革还能有其他理论基础吗？

2. 优秀的立法者不是会经常扪心自问："这个立法草案正确吗？它是否正义？能否促进公共利益？能否保护我国公民的基本权利？"这些问题难道不是源于自然法理论吗？离开了自然法的一些相关概念，立法行为是否就完全被 51％的民众意志或者当前的政治趋向所决定？这样的基础难道不是成问题的吗？

负面评价

1. 自然法理论的反对者认为，即便存在自然法，也未免太过模糊，很难分辨其在政治理论中究竟能够发挥多大作用。自然法理论的基础是人性，但我们不是也经常被本性驱使去做一些无益于自己或者干脆就是不道德的事情吗？有鉴于此，根据“本性”来定义“正义”行得通吗？本性和善是否可以被其他观念所取代？

2. 某些人反对自然法理论，是因为它建立在某种关于实在的独特观念上，这种观念将使我们更偏向于宗教的世界观。比如，有批判者认为自然法理论将某种“应当”置于本性之中，并且认为人性是固定不变的和被预先设定的。然而，当下的事实是，多元社会为最为良善的生活提供了多种可选观念，这种情况下，自然法理论如何能成为该社会中的法律的基础呢？

对“作为社会功利的正义”的考察

约翰·斯图亚特·密尔(1806—1873)

约翰·斯图亚特·密尔是过去两个世纪中最具影响力的政治理论家之一。无论你是否读过密尔的著作，你对社会的看法多少都会受到他的影响。我们在之前关于功利主义伦理学的讨论中提到过密尔(参见本书第5.3节，关于密尔的伦理学及其生平的简介)。由于密尔认为道德上正确的行为是能够为最大多数人带来最大幸福的行为，所以他对伦理问题的关注自然也会导向一种政治理论。在政治学领域，密尔关注的是“什么样的社会才能为最大多数人创造最大幸福?”在此前的几个世纪中，密尔的祖国英格兰遭受了长期内战并最终建立了代议制政府。在密尔出生前的几十年间，政治动荡又催生出美国和法国大革命。而在密尔的有生之年，工业革命已经拉开了序幕并预示着新一轮社会变革风暴即将来临。密尔意识到，必须要有一种政治哲学来稳固社会和保护个体自由。

密尔给出了他的解决方案，即认为正义的社会应当将绝大多数社会成员的痛苦减到最少，同时又能够最大限度地为其创造幸福，他将这个方案称为“功利原则”或“权宜之计”(expediency)。换句话说，密尔认为如果绝大多数社会成员的利益不能得到满足，那么正义就不过是一句空话而已。以下是密尔对功利主义正义理论的阐述。

- 密尔是如何定义“权利”一词的？
- 在密尔看来，权利的基础是什么？
- 密尔的权利概念与洛克的自然的、不可剥夺的权利概念有何区别？这种区别意味着什么？
- 密尔基于什么理由认为社会应当保护个体权利？

引自约翰·斯图亚特·密尔

《功利主义》(*Utilitarianism*)[6]

当我们称某种东西为一个人的权利时，我们的意思便是他有正当的理由要求社会保护他拥有这种东西，无论是诉诸法律的力量还是借助教育和舆论的力量。如果他在我们看来有充分的理由(且不论基于何种原因)使社会就某种东西向他作出保证，那么我们就说他有权享有这种东西。倘若我们希望证明一个人无权占有某种东西，那么我们只需向人们表明社会不应当采取措施来确保这种东西属于他，而是将它留给机会或取决于他自身的努力。在这种情况下，我们就说这个人有权在公平的职业竞争中争取某种东西，因为社会不应当容许任何人阻挠他以公平竞争的方式努力获得尽可能多的东西……

因此，我认为，拥有某种权利就是拥有社会应当保证个人对其进行支配的某种东西。倘若有反对意见进一步问为何社会“应当”这么做，我给出的理由便是普遍功利原理，绝无其他。如果说这一表述似乎既让人感觉不出正义义务的那种力量，也无法解释正义感这种与众不同的力量来源，那是因为与正义感的构成有关——它不仅包含了理性的成分，同时也具有动物性元素，即对报复的渴望。然而，这种渴望的情感强度以及成为道德的理由却是来源于一种极端重要、不容忽视的相关功利。其中涉及的利益便是安全利益——这是所有利益中对每个人的情感而言最息息相关的利益。世间几乎任何一种其他的利益对某个人而言是需要的，但对另外一个人来说可能就不需要了；并且很多利益很快就成了过往云烟或被其他东西所取代。然而，如果没有安全，人类就难以为继。唯有基于安全，我们才有可能将“恶”拒之门外，才有可能超越时间的束缚去实现每一种“善”及所有“善”的全部价值。因为假如我们随时都有可能被任何在那一刻比我强大的东西剥夺走一切，那么我们生活的意义就只剩下满足于当前这一瞬间了。安全，这一所有必需品中最不可或缺的东西，即使在具备了基本的物质保障后，倘若社会的保障机制不能持续不断地发挥作用，那么我们仍然无法获得它。正因如此，我们才会呼吁我们的同类携手共筑安全这一生存的根基，这种呼声凝聚起一股无比强烈的情感，实为非普通的功利个案所能比——强烈性导致情感由程度上的差异变成了种类上的区别（这是心理学上的常见现象）。这种呼吁要求呈现出毋庸置疑的绝对性、显而易见的广泛性以及与其他利益考虑的不通融性等特点，由此构成了人的是非感与一般利益情感之间的区别所在。这种情感是如此的强大有力，我们又如此明确地希望在他人身上能找到共鸣，故它*应当*成为也*必定*成为一种不可或缺的情感。而承认它的绝对必要性则变成了一种类似于物质必需品的道德必需品——对人的影响通常不亚于前一种必需品。

停下来，想一想

按照密尔的理解，如果权利是由法律或社会舆论所赋予，并且是基于社会整体功利的考虑，那么当出于对社会有利的考虑而对权利有所改变时，是否能这样做？这一立场意味着什么？洛克会对密尔的权利观念作何评价？

- 密尔在下述引文中提到了批评者的观点，后者认为密尔的功利原则过于模糊，应该用"正义"概念取而代之。为什么密尔认为单就正义原则不能成为评价社会的标准？
- 密尔对社会契约论持有何种态度？

人们经常认为功利原理才是一种不确定的标准，每个人对它都有自己的理解；唯有正义是不可改变的、不可取消的、不可误解的、不言自明的、不会受舆论左右的，才会赋予人类安全。由此，有人推断在正义问题上不会存在争议，如果我们将正义作为行为准则，那么一切问题就会像做数学题一样让我们感到确信无疑。然而这种看法与事实相去甚远。实际上，关于何为正义，如同何为对社会有益这个问题一样一直以来都是众说纷纭、争论不休。不但不同的国家、不同的个人对正义有着不同的理解，即使在同一个人的思想中，正义也不是铁定的某一条法则、某一种原则或某一种教义，而是表现为很多这样的法则、原则、教义，它们各自的要求并不总是趋于一致，当一个人在它们中间进行选择时往往受到某种外在标准或个人偏好的左右。

例如，有些人说出于一种以儆效尤的目的来惩罚一个人是不义的，惩罚唯有在为被惩罚者的善着想时才是正义的。另一些人则持截然相反的观点，他们辩驳道，为受惩罚者自身的善考虑而惩罚这些具有多年判断经验的人无疑是一种专制行为，是不义的；如果惩罚的目的仅仅是为了他们自身的善，那么没有人有权来操纵他们对善的自主判断；但倘若惩罚他们是为了防止别人遭受恶，那么这是正义的，因为从中体现了一种合法的自卫权利。欧文先生(罗伯特·欧文，1771—1858，英国空想社会主义的代表)则宣称一切惩罚都是不义的。原因是，罪犯的性格并非由他自身塑造而成，是教育和周围的环境使他变成了一个罪犯，而对于这些因素他是没有责任的。上述各种观点听起来都非常有道理。如果仅仅把它们分别作为一种正义现象来加以讨论，却不去深究正义背后存在何种原理、它的权威性源于何物，那么我实在看不出这些观点中的任何一条理由能够被驳斥。因为事实上这三种观点都是基于某种受到广泛认可的正义原则之上。第一种观点诉诸的原则是选中某个个体违反其意愿使之成为他人利益的牺牲品被普遍视为是不义的；第二种观点所依赖的是自卫乃正义行为的原则以及强迫个人顺从于他人对其自身善的意见是被公认为不义的观念。而欧文主义援引的原则是，因个体不得不做的事情而惩罚当事人是不义的。每种观点的持有者们只要不被迫去考虑他所选择的正义箴言之外的其他原则，他们就会感到沾沾自喜。而一旦他们的观点发生正面交锋，每一方都唯有强词夺理的份。若想自圆其说，就只能去诋毁、诬蔑其他方的观点。这无疑是一大难题。想必他们一直以来也感觉到了，于是想出了很多途径来回避这一难题(而非克服它)。比如，为了给第三种观点寻找一个庇护所，他们设想了所谓意志的自由论，声称一个意志处于可恨状态的人就不应当受到惩罚，除非证明他陷入这种意志状态与之前的环境影响没有任何关系。为了逃避另外两种观点遭遇的尴尬，一个广受欢迎的方案便是虚构一种社会契约的存在：在某段未知的时间里，社会所有成员一致允诺遵守法律，若违法则甘愿受罚，即赋予立法者惩罚他们的权利(否则，他们认为立法者没有这个权利)，无论是为他们自身的善着想抑或是为社会的善着想均可接受。这一让人皆大欢喜的想法被视为彻底解决了整个难题，并使惩罚的实施合法化，因为它凭借了正义的另一信条：同意不生不义——惩罚若受到被惩罚者的许可则不构成违法。对此，我根本无需赘述，即使这样的允诺不属于异想天开，这样的方案比起它所替代的前面两种观点来也令人信服不了多少。相反，它只会促使正义原则朝着一盘散沙的方向发展；同时会助长法庭草草盖棺论定的现象。因为法庭有时确有义务满足于某种尚不确定的假设，以避免进一步深究会引发更严重的恶。而即便是法庭，也无法始终如一地坚守这一契约，他们可能会出于某种欺诈意图或有时仅仅出于失误或被误导而使这种自发达成的诺言无法兑现……

再举个例子，是前面提到过的一个话题。在相互合作的工业行业，一个有才华有技能的人应当得到更高的报酬，这正义与否？持否定意见的人认为，无论是谁只要尽力了都应当受到同等的对待，只要没犯过错就不应当低人一等，否则就是不义的。出众的能力已经让当事人在博得他人的钦佩、发挥自身的影响力、获得内心的满足感以及分享世间资源等方面拥有了常人无法比拟的优势；而社会出于正义必定应当对那些天资相对欠缺的人予以某种补偿，以平衡优势差距，而不应当进一步加深这种差距。但对该问题持肯定态度的人则认为，劳动者生产效率越高，整个社会的财富就越多；他对社会的贡献越大，就意味着社会给他的回报也越多；在共同的劳动成果中分享更大的一部分，是理所应当的，不允许他拥有这部分成果则无异于抢劫，假如他只能得到与他人一样的报酬，那么唯一正义的要求便是只需他生产的劳动产品与他人一样多即可，由于他出色的工作效率，这就意味着允许他可以投入更少的时间和精力。这两种相冲突的正义原则该如何取舍？在这个问题上，正义表现出针锋相对、不可协调的两面，争论的双方站在完全对立的立场上。一方注重的是个人得到什么方为正义，另一方则着眼于社会给予什么方为正义。从每一方自身的立场来看，双方的观点都是无可辩驳的。倘若基于正义对两者进行选择，那么这样的选择必定是失之偏颇的。唯一能够决定优先选择哪一种立场的只能是社会功利。

- 在下面一段话中，密尔如何描述正义与功利之间的关系？

那么，正义与功利之间的区别是否仅仅是一种假想中的差异呢？人们认为正义比政策更神圣、保证正义得到实现是政策落实的前提，这是不是一种幻觉呢？都不是。本文在前面对正义这一情感的本质和起源所作的阐述表明了正义和功利存在着真实的差别。而那些在道德观念上极端鄙视行为结果的人自然不可能像我一样去关注这种区别。毫无疑问，我质疑那些脱离功利而建立某种虚构的正义标准的理论观点。相反，我主张基于功利之上的正义才是整个道德的主要组成部分，具有无可比拟的神圣性和约束力。正义这个名词事实上涵盖了数个层面的道德准则，这些层面的准则更贴近人类福祉的实质，故比起其他任何作为生活指南的道德准则来，正义具有更为绝对的义务性。我们之前探讨的正义理念的本质和个人权利的本质都体现并证实了这种更具约束力的义务……

我个人认为，本章的论证阐述，解决了功利道德理论中唯一的真正难题。所有与正义有关的问题就是与功利有关的问题，这一点始终都很明显，其中的差异仅在于前者具有那种特殊的情感，从而有别于后者。假如这种典型情感得到了充分的诠释，假如我们已解开了这种情感由来的神秘面纱，假如我们明白了它只是一种自然的怨恨之情，通过服务于社会"善"的需要而被教化，假如我们清楚它确实存在于也应当存在于所有层面的正义问题中，那么，正义理念就不会再成为妨碍我们理解功利主义伦理的绊脚石了。而正义仍然是某些社会功利的代名词。这些社会功利作为一个特殊的层面因其极端的重要性而比其他任何层面的功利更显得不容置疑和势在必行（尽管在特定情况下也会出现不如后者的现象），因此，它们应当，并且自然而然地由一种在程度和种类上都与众不同的情感来加以捍卫。较之那些依附于追求愉悦或便利思想的温和情感，正义感显然具有更明确的指令性和更严格的约束力。

由于密尔的政治哲学以其伦理学为基础，两者之间共进退。如果你认为他的伦理学原则提供了一条个体应当如何行事的最佳路向的话，那么你大概也会认为其政治哲学能为社会应当如何行事提供最好的导引。因此，反对密尔伦理学的人通常也会反对其政治哲学。

透过密尔的镜头看

1. 密尔的理论指向的是一种特定的政体，还是说其理论能被应用到许多不同的甚至是彼此无法兼容的政府体系中？这是该理论的优势还是弱点？

2. 思考一下历史和当下存在的不同社会形态。从密尔的政治哲学出发，会得出怎样的评价？哪些在密尔看来是好的（或正义的）社会形态，哪些又是坏的（或不正义的）社会形态？为什么？

3. 思考一下近期发生的政治争议(比如堕胎、大麻合法化、外交政策、社会福利)，设想一下，密尔会对这些争议提出什么样的政策建议？

检视密尔正义理论的优缺点

正面评价

1. 如何判断一个教育计划是好的？如何确定一种药物是安全和高效的？怎样确定哪个电脑品牌物美价廉，值得购买？在日常生活的各个领域，我们都会根据效果去衡量政策和实践的优点和缺陷。难道我们的社会和政治政策不也应当如此吗？

2. 如果政府的目的不是为了满足公民的需要，那该是什么？我们是否能够以此为基础衡量一个社会，而不需要自然法或者社会契约？密尔的功利原则难道不是实现社会之善与正义的最为清晰有效的措施吗？

3. 试想下述情境，在此情境中，我们认定社会正在不正义地行事，并对其法律进行修改(例如奴隶制、歧视性的法律、妇女权益的缺失等)。在这种情况下，法律之所以被修改，不正是因为社会出现了动荡、大部分公民对社会现状有所不满吗？换言之，密尔的政治理论不是向我们指明了该如何去认定一部法律的非正义性吗？

负面评价

1. 在上述材料的第一段中，密尔指出，个人权利是被法律或者共同体的公共舆论所普遍承认的。就政府而言，用社会共识界定个人权利是否合适？自然法学者对这种社会化的“权利”会给出怎样的批评？

2. 即使政府及其政策对于少数人而言是不公正的，但社会中的大多数人还是对这个政府感到满意，这种情况不是很有可能出现吗？功利原则总是能够与正义观念相一致吗？密尔的功利主义理论能否解决这一问题？

3. 不是会有这样的政策出现，它旨在推动社会整体的利益，却与个人利益相冲突？例如，在你所在的州建设一个核废料处理场（或者就在你家后面），这的确能为其他人带来利益，但对你而言却要承担极大的风险，或者会使你感到不悦。功利主义的政治哲学不是把公共利益凌驾于个体利益之上了吗？这样做是正义的吗？

对“作为公平的正义”的考察

约翰·罗尔斯(1921—2002)

约翰·罗尔斯是哈佛大学哲学教授，其在道德哲学和政治哲学领域著述颇丰，影响深远。在当今的政治哲学界，没有哪本著作能比罗尔斯出版于 1971 年的《正义论》更能成为讨论的前沿了。在这部著作中，罗尔斯试图在个体自由和权利，以及社会责任和利益的公平分配之间寻求平衡。为此，罗尔斯构想出这样一个社会，它鼓励每个人追求成功并提升自己的地位，同时保证没有人会在无望中被抛弃。

罗尔斯不赞成将社会的善作为奖励分配给那些最为应得之人（having the most merit）。他认为，那些应得——无论是用智力、个人优长还是其他自然天赋来衡量——都不是以自身能力获取的，而是出身或环境的幸运使然。就像中彩票者不比没中彩票者更应独揽大奖一样，这些受到幸运眷顾的人也不应当比其他人享有更多的社会利益。罗尔斯用“作为公平的正义”替换“作为应得的正义”，这种正义观念直指社会最低限度的平等。

罗尔斯直截了当地批评密尔的功利主义学说。同其他功利主义的反对者一样，他认为功利主义开启了这样一种可能性，即为了实现或满足社会当中大多数人的普遍利益，允许牺牲一些个体或者少数派的权利和幸福。罗尔斯认为，如果我们是绝对不偏不倚的，且事先并不知道自己是多数群体中的一员，我们便不会认同那种为了满足大多数人而牺牲少数人之权利和利益的社会制度。

罗尔斯认为，一种恰当的正义理论必须能够被每一个人接受，但这种普遍接受如何可能？每个人都有不同的需求、兴趣、能力、社会环境和职业。试想，如果我认为正义就是让哲学教授获得最多报酬的话，恐怕英语教授不会认同。对此，罗尔斯的回应是，人们只会接受被认为是公平的正义理论。但问题在于，怎样使处于不同环境下的不同个体就何为公平达成共识呢？为应对这个问题，罗尔斯提出了一个绝妙的解决方案。他设计了一个思想实验：设想在社会尚未出现之时，人们聚在一起，在一个完全平等的环境中去创造一个新社会并确定支配该社会的一系列原则。罗尔斯把这种初始状态称作"原初状态"。这并不是一种真实的历史状态，但这种假想状态可以使我们开始思考何为正义社会。从原初状态这个观念出发，罗尔斯的这个思路与霍布斯和洛克的自然状态的观念存在不少相似之处。

为理解罗尔斯在原初状态中需要避免的一些问题，我们得停下来想想哪种类型的社会最适合你的特殊环境。如果每个人都按这种方式思考，会导致什么问题？在你看来，罗尔斯会如何避免这些问题？

停下来，想一想

你有着特定的性别、种族、年龄、身体条件、个性、受教育状况并处于某种特定的社会经济环境中。在给定这些事实的情况下，撇开对他人的影响，在你看来，哪种理想社会能使你更好地发展，并为你带来更多利益？

罗尔斯要着力解决的问题在于，每个人都希望按照自身条件塑造出一个有利于提升自己生活质量的社会。这将导致的结果是，人们几乎不可能认同一种能够完全平等地对待所有人的原则。在下述引文中，为解决这一问题，罗尔斯在其思想实验，也就是原初状态中加入了一个关键要素。

- 尝试用自己的语言描述罗尔斯的“无知之幕”。

引自约翰·罗尔斯

《正义论》(*A Theory of Justice*)[7]

无知之幕

我假定各方是处在一种“无知之幕”的背后。他们不知道各种选择对象将如何影响他们自己的特殊情况，他们不得不仅仅在一般考虑的基础上对原则进行评价。

我假定各方不知道某些特殊事实。首先，没有人知道他在社会中的地位，他的阶级出身，他也不知道他的天生资质和自然能力的程度，不知道他的理智和力量水平等情形。其次，也没有人知道他自己的善的观念，他的合理生活计划的特殊性，甚至不知道他的心理特征：像是否讨厌冒险、是倾向乐观还是悲观的气质。再次，我假定各方不知道他们自己社会的特殊环境，不知道这一社会的经济或政治状况，或者它能达到的文明和文化水平。处在原初状态中的人们也没有任何有关他们属于什么时代的信息。

这样就产生出一个很重要的推论：各方不再具备通常意义上讨价还价的基础。没有人知道他在社会上的地位和他的天赋，因此没有人能够修改原则以特别适合他们自己的利益。我们可以想象有一个立约者作出威胁，除非其他人同意有利于他的原则，否则他拒不签约。但他怎么知道哪些原则是特别有

> 利于他呢？这同样适用于结盟的过程：如果一个集体决定要联合起来造成对他人的不利情况，他们也不会知道怎样在选择原则中使自己有利。即使他们能够使所有人都同意他们的提议，他们也不能确信这一提议就适合他们的利益，因为他们不可能通过特定名称或描述来鉴定他们自己……

• 假设你处于无知之幕中，又必须确定用以管理社会的正义原则。那么，当你与其他人对何为最好的社会进行思考时，这层无知之幕如何能保证你们秉持不偏不倚的公正态度？

• 当你处于这种情境中，你希望社会如何运作？你会选择哪些原则？

在下面的引文中，罗尔斯提出两条正义原则。他认为，如果所有理性的(rational)人确实都能做到理想的公正和不偏不倚，又必须在无知之幕中选择一种政治哲学理论的话，都会同意下面这两个原则。

> **两条正义原则**
>
> 第一条原则：每个人对与其他人所拥有的最广泛的平等基本自由体系相容的类似自由体系都应有一种平等的权利。
>
> 第二条原则：社会和经济的不平等应这样安排，使它们(1)被合理地期望适合于每一个人的利益；并且(2)依系于地位和职务向所有人开放……

第一条原则被称为**平等的自由原则**，其适用于政治制度。这条原则表明，只要每个人都拥有平等的自由权(liberty)，那么每个人都应享有最大程度的政治权利和自由(freedom)。比如，要保证每个人都拥有在公共集会上发表意见的平等权利，就不能让某些群体随心所欲地占用发言时间。第二条原则适用于社会和经济的基本制度。与需要绝对平等的政治领域不同，社会和经济领域内则必然允许一些不平等状况的存在，从某种意义上讲，这甚至是有益的。如果一个人耗费大量时间和精力去发明一种更先进的计算机，却与那些既不努力又没有创新精神的人获得相同的回报，她肯定会对生产和创新工作感到失望和沮丧。给予作出非凡成就和踏实肯干的人以丰厚回报能够激励他们更加努力，整个社会也会从中获利。一旦研究计算机的人取得成功，就会为社会创造出更多就业机会，这个世界也就会拥有更先进的计算机。同时，还会鼓励其他人去超越她。由此，第二条原则的前半部分被罗尔斯称为差别原则，它关注的是人们之间的差异。这条原则规定，社会和经济上的不平等应当以能够增进所有人利益的方式被安排。这是什么意思呢？显然，如果人们之间存在不平等，那么更优越的人便能得到更多好处。有鉴于此，差别原则强调从长远看处于最不利地位的人也应当能够从中获益。罗尔斯在下面这段引文中如此诠释这一观点，即这些不平等能够“有利于最大限度地增加最不利者的利益”。[8]举例来说，假如你的医生比你赚的钱多，而这种收入差距却意味着你将获得更好的医疗服务，这难道不是仍然对你有利吗？

罗尔斯在其著作中没有讨论具体措施，但我们可以想出很多种方案，以在允许人们尽其所能追求成功和扶持最不利者这两个目标之间实现平衡。一种是通过征收营业税、所得税和奢侈品税来为最不利者提供食物、住所、医疗、教育和就业机会。另外一种方式是借助各种激励措施鼓励成功人士通过创造工作机会和提供慈善捐助对贫困者施以援手。只有以这种方式，才能够实现社会的长治久安，因为巨大的贫富差距往往会滋生暴力革命。罗尔斯认为处于原初状态中的理性人会支持差别原则，因为他们会把自己设想为处于最不利地位的人。就像那些曾经对福利政策抱以激烈反对的企业管理者，当他们突然发现自己失业并且很难再找到工作时，也会转而支持旨在为失业人员提供帮助的政策。

第二条原则的后半部分被称为机会的公平平等原则。该原则主张，社会应当提供向所有人开放的机会，以使人们能够在拥有基本保障的前提下追求更高目标。换言之，一种将其成员牢牢固定在某种社会或经济地位上的制度或体制是不正义的，即便它会照顾到一些社会中的最少受惠者。在从最不利地位向最有利地位的移转过程中不应设定任何障碍。当我们处于无知之幕中，不知道自己处于何种社会地位和经济阶层时，具备如此特征的社会一定是我们最希望看到的。

无论约束我们行动的原则是两条还是更多，问题仍然会产生：假如这些原则相互冲突该怎么办？哪一条具有优先性？比如，柏拉图构想的社会拥有十分公平的财富分配原则。这个社会也没有对有产者和无产者进行划分。事实上，普通人被允许积累和占有财富，而统治者则不能。然而，普通人不能参与政治讨论，也几乎没什么政治自由。这样看来，柏拉图认为第二条原则(经济正义)优先于第一条原则(政治平等)。

- 在下述引文中，罗尔斯是如何解决这些问题的？

> 这两条原则是按照先后次序安排的，第一条原则优先于第二条原则。这一次序意味着：对第一条原则所保护的基本平等自由的侵犯不可能因较大的社会经济利益而得到辩护或补偿。财富和收入的分配及权力的等级制，必须与公民平等和机会平等的自由相一致。

女性主义者对罗尔斯的批判

尽管罗尔斯常被认为是当代自由主义的代言人，但一些女性主义者认为其正义理论存在许多缺陷和不足。斯坦福大学的教授苏珊·穆勒·欧金(Susan Moller Okin, 1946—2004)在其《正义、性别和家庭》(*Justice, Gender and Family*)一书中对罗尔斯的理论进行了批判性分析。尽管承认罗尔斯的著作中没有公然的性别歧视,欧金还是发现了他的问题,尤其是罗尔斯在术语选择上所体现出来的男性主义偏好:

> (罗尔斯的著作当中)遍布"men""mankind""he"和"his"等男性专属术语和一些性别中立的术语,如"individual"和"moral person",其所举的代际关系的例子则使用"fathers"和"sons"等词汇。
>
> 因此,罗尔斯是无视性别歧视传统的代表人物之一,这一点通过他在术语选择上的模棱两可即可看出。这样,支持女性主义的读者就不禁会质疑,这样的一种理论能适用于女性吗?[9]

值得称赞的是,罗尔斯的确说过性别也不过是一种自然运气,处于无知之幕中的我们对此一无所知。但欧金等女性主义者认为,罗尔斯似乎忘记了他对原初状态的相关评论:"这一状态的一些基本特征是:没有一个人知道他在社会中的地位——无论是阶级地位还是社会出身,也没有人知道他在先天资质、能力、智力、体力方面的运气,以及诸如此类的东西。"[10]对此,欧金指出:"也许,罗尔斯是用'诸如此类'这样的词汇将这个问题涵盖其中,但另一种可能性是,他根本没有认识到该问题的重要性。"[11]

据欧金所言,虽然罗尔斯似乎在其理论中把性别看得无关紧要,但原初状态则促使我们从各自立场去审视社会问题,这一点则是意义重大的。从女性主义者的立场看,它可以成为我们审视基本社会制度的有效手段。

最后，……假如处于原初状态中的人不知道自己的性别，他们肯定偏向于建立一个男性和女性在社会和经济上完全平等的社会，以杜绝一种性别为取悦于另外一种性别而主动迎合的行为。他们还会强调女孩和男孩在成长过程中都应有同等的自尊感、自我期待和自我发展。

思想实验：原初状态

- 如果你身处罗尔斯的“原初状态”中，但你知道自己是男性，你对当今社会对待男性的态度是否满意？或者，你希望作出某些改变吗？
- 如果你知道自己是一位女性，你对当今社会对待女性的态度满意吗？或者，你希望作出某些改变吗？
- 如果你能设计一个在未来生活于其中的社会，但在这个社会中却不知道自己的性别，那么就男性或女性的社会地位而言，你希望就此对当今社会作出某些改变吗？

透过罗尔斯的镜头看

1. 霍布斯和洛克的社会契约论试图解释已经实然存在的政府的存在本身。罗尔斯的社会契约论则并不关注过去，而是思考我们应当拥有何种类型的政府。在你看来，罗尔斯的契约论能否避免契约论的霍布斯和洛克版本受到的批评？

2. 罗尔斯提出一些可以运用于政治、社会和经济制度的原则，分别是平等自由原则、差异原则和机会公平平等原则。这三个原则中，哪个原则在当今社会更具优先性？

3. 如果我们采纳罗尔斯的理论，当下的社会会有哪些改变？

这些改变会使我们的社会变得更好还是更坏？

检视罗尔斯正义理论的优缺点

正面评价

1. 大多数人都会同意这样的观点，即正义的政府就是能公平对待每一个人的政府。你是否认为罗尔斯的原初状态和无知之幕可以有效地帮助我们不偏不倚地客观思考这些问题？

2. 大多数社会都会面临两难困境。如果以平等分配财富的方式追求完全的经济平等，就会挫伤高收入者的积极性，生产力也会因之受到影响。但另一方面，由于一个人的能力高低主要是运气使然，因而忽视处于不利地位的人就是一种不公平，这会拉大社会和经济的不平等，使社会变得不稳定。罗尔斯给出的解决方案是使任何社会和经济的不平等总是有利于社会中处于最不利地位的人。在你看来，罗尔斯的这一方案在尽其所能多劳多得和保持适当差距之间是否能实现最有效的协调？

3. 法国大革命之所以发生，（部分）原因在于法国当时存在着巨大的社会和经济不平等。苏联解体的（部分）原因则在于缺乏政治自由和经济生产力。罗尔斯的主张兼容经济正义与政治自由，这一方案能很好地避免上述问题吗？他的理论不是恰好体现了当下似乎得到良好运行的西方社会的政治、经济和社会理念吗？

负面评价

1. 对罗尔斯的理论展开的最严厉批判，来自其哈佛大学同事罗伯特·诺齐克（Robert Nozick，1938—2002）。他对罗尔斯的不满之处在于，罗尔斯认为社会应当在其成员的财富和利益分配方面发挥一定作用。而在诺齐克看来，若将这一理念投入实践，势必会损害人们的政治自由。比如，假如因为篮球迷们自愿买票观看偶像的比赛，使得篮球明星成为百万富翁，那么这种经济上的不平等就不存在什么不正义，因为这是人们自由选择的结果。你认为这个批评是否合理？

2. 设想一下，有四个牌友要开设一场筹码非常大的赌局。在某种意义上，他们都被置于无知之幕当中，因为没人知道谁会赢得赌局。即使其中几个输得精光，也没人希望改变赌局的规则，在赌局结束后平分获胜者赢来的钱。他们每个人都愿意冒极大的风险赌赌自己的运气。这个例子是否说明，当人们处在无知之幕中时，不会像罗尔斯设想的那样，会选择那些能够尽量消减不平等的方案？

3. 部分罗尔斯的批评者，如诺齐克等人都赋予个人自由以优先性（他们被称为“政治自由主义者”），认为罗尔斯是为了实现社会利益而牺牲个人利益。另一方面，那些秉持共同善比个人自由更重要的批评者们则认为社会就像一个生物有机体，其整体利益应该享有优先性。在对两种不同观点进行调和的过程中，罗尔斯得出的是不是一个“集众家之长的最好社会”，还是说他的方案实际上反而会导向“所有可能社会中最差的社会”？换句话说，罗尔斯的政治哲学理论是不是在服务于两种根本无法调和的目标？

6.3 个人与国家

引导性问题：个人与国家

1. 来自古典自由主义(the classic liberalism)的问题：谁潜在掌握着更多的权力？是政府还是个人？既然政府明显拥有更多权力，那么在任何一种政治哲学中，对个人自由的保护难道不应该被优先考虑吗？

2. 来自古典自由主义的问题：政府与个人谁更清楚你自己的利益所在？假设你作出背离自己实际利益的选择，同时这个选择不会伤及除你之外的任何人，这时候国家是否拥有如家长一样的权利来控制你的行为呢？如果允许个体尽其所能追逐自身利益而政府不予任何干预，最好的社会不就在眼前吗？

3. 来自马克思主义者的问题：在社会中谁拥有最多的政治权力和影响？是贫穷的劳动者还是富人？贫穷的劳动者与富人，谁占社会的大多数呢？工人为社会作出了更多贡献却拥有最少的权力，富人阶层只是少数精英却占据着大多数权力，这样的社会结构不是有些不公平吗？

4. 来自马克思主义者的问题：假设你生活在一个被宣称为至公至善的社会中，这个社会中的少数人能累积起全社会所有的财富，并能在不与公共利益分享丝毫的情况下将它们传给自己的后代。与此同时，那些出身低微的公民本身没有任何过错，却只能在绝望中被迫挣取糊口的工资，且几乎没有机会改变他们贫穷的窘境。再假设，政府与法律只保护富人阶层的利益但却几乎不考虑不利阶层的需求。这样的社会真能为他们所宣扬的至公至善辩护吗？

正如上面四个引导性问题所言，对一个良好社会而言，保护个人自由和从政府层面保障公共利益都十分重要。而真正的难题在于，两者之间总是存在不可避免的张力。一些政治思想家试图这样解决两者之间的张力，即极力宣扬其中一种的重要性。在宣扬个人自由的阵营中，最极端的观点是无政府主义（第 6.1 节有过探讨），它主张政府没有任何权利干预个人的自主性。另一个极端则是绝对极权主义（absolute totalitarianism），它主张应当为社会利益而牺牲个人自由和权利。在绝对极权主义的观点中，国家实质上管控着公民生活的所有层面。这种极权主义国家在乔治·奥威尔（George Orwell）的小说《1984》中有所描绘：每个市民的住宅中都有一台电视机，“老大哥”（代表的是政府权威）在电视机里呼喊着政治口号，带领大家做国家强制的体操。为了保证每个公民的每个行为都与国家一致，家里家外的摄像头无时无刻不在行使监督的职责。

在大多数人看来，这两种极端观点都是站不住脚的。此外，还出现了许多较为温和的观点，它们或者将个人自由，或者将政府管控放在更优先的位置，但又不会完全抹消另一方。那些更强调个人自由的观点被称为个人主义(individualism)，其中的一个重要流派便是古典自由主义。在这一节中，我们将会跟随19世纪英国哲学家约翰·斯图亚特·密尔的思考来了解这一流派。而那些认为个人自由应从属于社会需求的观点可被称为集体主义，因为他们相信集体的或公共的利益总是最重要的。在这一节中，我们还将通过19世纪德国哲学家卡尔·马克思来了解集体主义。虽然两位哲学家都生活在一个多世纪之前，但他们的观点直到今天还在对政治哲学家们产生着重要影响。

检视古典自由主义

当下，许多人将自由派(liberal)这个词与左翼政治家以及提倡大政府的那些人联系起来。而我们在这里要考察的是古典自由主义，也就是由英国哲学家，17世纪的洛克和19世纪的密尔等人发展起来的一种学说(洛克和密尔的政治思想参见第6.1、6.2节)。自由主义(liberalism)一词来源于拉丁文“libertas”，有“解放”和“自由”之义。由此，古典自由主义强调个人自由，包括免受来自政府的不合理干预的自由和个人用以追求其合法利益的自由。颇具讽刺意味的是，如果不考虑具体差异的话，在现代术语中被称作自由主义者和保守主义者的人都积极倡导上述自由观念。他们之间的差别仅在于在细节设计方面。换言之，自由主义者和保守主义者的分歧在于对“不合理”的政府干预和“合法的”个人利益的界定。当代广为人知的政治自由主义运动大都遵循古典自由主义模式，强调有限政府概念。因此，在当下的社会和政治体系中，无论你的政治倾向是左还是右，都可以发现古典自由主义的一些基本原则。

约翰·斯图亚特·密尔

在第 5.3 节对功利主义伦理学的介绍中，我们首次接触到密尔，并大致描述了他的生平。第 6.2 节又涉及密尔的正义理论。为了阻止王权暴政，早期的民主思想家十分关注对公民权利的保护，却忽略了另一种源自民主制度的暴政——多数人的暴政。密尔认为，当多数人的意志以国家强制形式贯彻实施时，其强制性不亚于任何君主政体。由此，密尔希望通过一系列原则来限制政府权力对个人生活的侵害。在他看来，审查制度、不宽容政策、政府强加的道德义务和法律控制是一个社会面临的最大威胁。因为与外来者的入侵不同，它们滋生于社会之中，还把自己装扮为社会的保护者。然而，主张完全放任的个人自由同样行不通，社会需要防止个人肆意侵害他人或破坏公共福利。带着这些问题，密尔在 1859 年出版了《论自由》一书，试图在国家管控和个人自由之间寻求适当平衡。自此，《论自由》成为一部经典之作，并荣列该领域最具影响力的著作之一。

• 在密尔看来，当决定社会何时可以将其意志强加于个人时，其遵循的“极其简单的原则”是什么？

• 在密尔看来，社会强制你以某种方式捍卫自己利益的做法是否合法？

引自约翰·斯图亚特·密尔

《论自由》(*On Liberty*)[12]

本文的目的是要力主一条极其简单的原则，但凡属于社会以强制和控制方法对付个人之事，不论所用手段是法律惩罚方式下的物质力量或者是公众意见下的道德压力，都要绝对以它为准绳。这条原则就是：人类之所以有理有权可以个别地或者集体地对其中任何分子的行动自由进行干涉，唯一的目的只能是自我防卫。这就是说，对于文明群体中的任一成员，所以能够施用一种权力以反其意志而不失为正当，唯一的目的只能是防止对他人的危害。若说为了那人自己的好处，不论是物质上的或者是精神上的好处，那不成为充足的理由。人们不能强迫一个人去做一件事或者不去做一件事，说因为这对他比较好，因为这会使他比较愉快，因为这在别人的意见认为是聪明的或者甚至是正当的；这样不能算是正当。所有这些理由，若是为了向他规劝，或是为了和他辩理，或是为了对他说服，以至是为了向他恳求，那都是好的；但只是不能借以对他实行强迫，或者说，如果他相反而行的话便要使他遭受什么灾祸。要使强迫成为正当，必须是所要对他加以吓阻的那宗行为将会对他人产生祸害。任何人的行为，只有涉及他人的那部分才须对社会负责。在仅涉及本人的那部分，他的独立性在权利上则是绝对的。对于本人自己，对于他自己的身和心，个人乃是最高主权者。

显然，密尔并不认可政府家长主义，即认为政府应该扮演家长角色，强制人们去做在它看来对其有利的事情。密尔认为，个人自主对于人与社会的繁荣是必要的，政府不能侵入个人生活领域。不过他还是提到了一种例外情况。当儿童或者其他无理性能力者需要作出决定时，成年人乃至社会都可以合法地制止一些对其自身有害的行动的发生。而只要你是一个成年人并且拥有健全的理智，那么即便你的行动是愚蠢、鲁莽甚至是自我毁灭性的，社会也没有权力为了保护你而干涉你的自由。换句话说，这是你的生活，你有权按照自己的意愿行事。只有在两种情形下，政府可以合法地干涉你的行动。一种情况是这种干涉可以阻止你对他人造成伤害。正如古谚语所说的,“你挥舞拳头的权利止于我的鼻尖”。另一种情况是,你确实有必要以某种方式来帮助社会或他人,譬如服兵役、担任陪审员、救援溺水者等。在这些情形中,你的私人行为对公共空间产生了影响,对此,政府确实拥有强迫你的恰当权威。

在接下来的引文中,密尔表明,其政治哲学不像洛克那样依赖于“个人权利”。对功利主义者而言,这种提法实在太过模糊和抽象。权利是不可观察的,因而对于“我们拥有哪些权利”才会产生如此多的争论。相反,功利主义者认为伦理学和政治学理论应当建立在对人性以及某些可观察的行为结果的经验性科学观察之上。由此,密尔提出其社会理论要基于一种功利原则,或者说是基于这样一种原则,其对某种行为或某项公共政策的评判应建立在它们可能带来的有利结果或可能产生的损害的基础上。虽然密尔有时也会谈到“权利”,但他认为这些权利不是固有的或人性使然,而是通过基于功利原则的法律和社会共识来赋予我们。

- 在接下来的引文中,密尔要思考的问题是:在什么情况下社会可以强令你不做某事,或者因为你做了某事而惩罚你?同时,他还考察:在什么情况下社会可以强制你作出某种行动,或者因为你未作出某种行动而让你承担责任?

> 应当说明,在这篇论文中,凡是可以从抽象权利的概念(作为脱离功利而独立的一个东西)引申出来而有利于我的论据的各点,我都一概弃置未用。的确,在一切道德问题上,我最后总是诉诸功利的;但是这里所谓功利必须是最为广义的,必须是把人当作前进的存在而以其永久的利益为根据的。我要力争说,这样一些利益是享有威权来令个人自动性屈从于外来控制的,当然只是在每人涉及他人利益的那部分行动上。假如有人作出了一个有害于他人的行动,而且是他最初知道会对其进行

处罚的事件，可以用法律来办，或者当法律惩罚不能妥善适用时，也可以用普遍的谴责。还有许多积极性的对他人有益的行动，要强迫人们去做，也算是正当的：例如到一个法庭上去作证；又如在一场共同的自卫斗争当中，或者在为他所受其保护的整个社会利益所必需的任何联合工作当中，担负他的一份公平的任务；还有某些个别有益的行动，例如出力去拯救一个人的生命，挺身保护一个遭受虐待而无力自卫的人，等等。总之，当一个人明显在义务上应当做某事而他不做时，就可以让他对社会负责，这是正当的。须知一个人不仅会以其行动贻患于他人，也会因其不行动而产生同样的结果，在这两种情况下要他为此损害而对他们负责交代，都是正当的。当然，要在后一种情况下施行强制，比在前一种情况下需要更加慎重。一个人做了祸害他人的事，要责成他为此负责，这是规则；至于他不去防止祸害，要责成他为此负责，那比较而言就是例外了。尽管是例外，在许多足够明显和足够重大的事情上却足以彰显其正当。一个人在有对外关系的一切事情上，对于涉及其利害的那些人在法理上都是应当负责的，并且假如必需的话，对于作为他们的保护者的社会也是应当负责的。也常有些好的理由可以不对他课以责任；但那些理由必须是出自特殊的权宜之计：不外是因为事情本身就属于这样一类，若由社会依其权力中所有的什么法子来对他加以控制，反不如听他自己考虑裁处，整个看来似乎会办得更好；或者是因为如若试图加以控制，将会产生其他祸害，比所要防止的祸害还大。应当指出，既有这样一些理由免除了事先的课责，这时主事者本人就应使自己的良心站入空着的裁判席，去保护他人的那些没有外来保护的利益；要更加严格地裁判自己，正因为这种情事不容他在同胞的裁判面前有所交代。

• 依照下述引文，密尔认为政府应当保护哪些个人自由，请一一列举。

但是也有这样一类行动对于社会来说，就其有别于个人之处来看，只有（假如还有的话）一种间接的利害。这类行动的范围包括一个人生活和行为中仅影响到本人自己的全部，或者若说也影响到他人的话，那也是得有他们自由自愿的、非经蒙骗的同意和参加的。必须说明，我在这里说仅影响到本人，意思是说这影响是直接的，是最初的——否则，既是凡属影响到本人的都会通过本人而影响到他人，也未可知，那么，凡可根据这种未可知之事而来的反对也势须予以考虑了。这样说来，这就是人类自由的适当领域。这个领域包括，第一，意识的内在领域，要求最广义的良心的自由；要求思想和感想的自由；要求在实践的或思考的、科学的、道德的或神学的等等一切题目上的意见和情操的绝对自由。说到发表和公开讨论意见的自由，因为它属于个人涉及他人那部分行为，看来像是归在另一原则之下；但是由于它和思想自由本身几乎同样重要，所依据的理由又大部分相同，所以在实践上是和思想自由分不开的。第二，这个原则还要求趣味和志趣的自由；要求有自由订定自己的生活计划以顺应自己的性格；要求有自由照自己所喜欢的去做，当然也不规避会随来的后果。这种自由，只要我们所作所为并无害于我们的同胞，就不应遭到他们的妨碍，即使他们认为我们的行为是愚蠢、悖谬或错误的。第三，随着各个人的这种自由而来的，在同样的限度之内，还有个人之间相互联合的自由；这就是说，人们有自由为着任何无害于他人的目的而彼此联合，只要参加联合的人们是成年，又不是出于被迫或受骗。

任何一个社会，若是上述这些自由整个说来在那里不受尊重，那就不算自由，不论其政府形式怎样；任何一个社会，若是上述这些自由在那里的存在不是绝对的和没有规限的，那就不算完全自由。唯一实称其名的自由，乃是按照我们自己的道路去追求我们自己的好处的自由，只要我们不试图剥夺他人的这种自由，不试图阻碍他们取得这种自由的努力。每个人是其自身健康的适当监护者，不论是身体的健康，或者是智力的健康，或者是精神的健康。人类若彼此接纳各自按照自己所认为好的样子去生活，比强迫每人都照其余的人们所认为好的样子去生活，所获是要较多的。

要理解密尔的论述，我们可将个人自由领域分为两个主要部分。首先是在内在生活(inward life)中，我们拥有思想与表达的绝对自由权。虽然密尔意识到，当我们谈论自己的意见或发表个人观点时已侵入公共领域，但在他看来这些个人意见能否获得表达直接关系到个体意识的尊严，因此其实是私人领域的自然延伸。第二种个人自由涉及我们的外在生活(outward life)，包括我们的选择和行为。下面，我们依次来探讨一下这两种自由。

密尔谈到的第一个自由领域涉及人们自由表达和自由讨论的权利。这一理论影响巨大，今天我们对言论自由的思考仍然要以此为基础。由于密尔用整个第二章讨论这个问题，在此，我只能对其观点作概括性介绍。密尔提到，不论要表达的观点是否正确，对言论自由的无视与压制都会对社会产生极大伤害。首先，那些被压制的非主流观点有可能是正确的。在这种情况下，这些观点没能获得公平倾听的机会，社会也不再可能纠正其错误观念。伽利略的例子就很好地证明了这一点，多数人往往是错误的，真理时常掌握在少数异见者手中。由于我们不可能永远正确，因而需要将各种观念示于人前，以检视其正确性；第二，即使一种观点是错误的，我们仍然应当对其倾听和自由讨论，使其错误之处被尽数揭示，正确观点的轮廓也会由此更加清晰；第三，即使观点本身错误，这些异见提出者的存在仍然是有意义的，因为这可以防止思维的停滞，并且迫使我们再次审视那些流行观念产生的基础。只有在不断的审视和反思中，真观念才不至于作为“一个死的教条而是作为一个活的真理”。请注意，密尔之所以捍卫言论自由，并非因为那是个体所拥有的内在“权利”，而是从长远来看能够实现社会最大的善。

密尔认为，对言论自由唯一的限制，就是防止它对社会造成即刻的危害(immediate harm)。但这对密尔并非什么例外情况，因为其关于个人自由的全部理论目标就是使社会趋善避恶。为此，他举例论证道：

> 譬如有个意见说粮商是使穷人遭受饥饿的人……它们如果仅仅是通过报纸在流传，那是不应遭到妨害的，但如果是对着一大群麇聚在粮商门前的愤激群众以口头方式宣讲或者以标语方式宣传，那就可加以惩罚而不失为正当。[13]

这条基本原则后来演化为美国联邦最高法院的“明显而即刻的危险”标准，用以判断在何种情形下言论自由需要被限制。

对于个体自由的第二个领域，即个人选择和公开行动领域，密尔同样坚持应当保护个人自由，政府不得介入。但在此处他意识到，如何在个人利益和社会利益之间保持恰当平衡乃是难点所在。我们先来看密尔对此问题的概括性论述。

- 在阅读下述文本时请注意，当密尔谈到“权利”一词时，是将其作为“法律明文或默喻”来看待的。这是一种由社会“建构”起来的权利，换言之，它不是脱离社会语境而存在，并为我们与生俱来的固有之物。那么，所谓不存在脱离社会语境的固有权利意味着什么？
- 密尔看到，虽然某些行为会伤害到他人，但还不至于受到法律惩罚。他的结论是不是说，对这类行为的任何惩罚都不恰当呢？对此类行为，我们是否必须不作任何判断？我们能够想到哪些行为，它们在某种程度上伤害到他人，却还没到触犯法律的程度？社会该如何回应这类行为？

广场中的哲学

将下面这份清单交给没有哲学学习背景的五个人。请他们回答，在下述几个事例中，哪些行为(如果有的话)是不受美国宪法保护的？请他们论证各自的观点。

1. 在公立学校做祷告。

2. 在公共场合宣扬以下观点：一个不受欢迎的总统应该被刺杀。

3. 以焚烧国旗的方式进行抗议。

4. 宣扬颠覆政府的言论。

5. 在公共场合表达对某个特定族群或种群的厌恶。

6. 向成年人分发色情书刊。

7. 在人山人海的戏院中开玩笑地高喊“着火啦!”

8. 在好莱坞的绯闻杂志上发表关于某个影星的轰动性谣言。

9. 在公共场合宣称所有宗教都是欺骗性的。

收集到答案后，请分析其中哪些更符合密尔有关个人自由的观点，又有哪些公共表达是密尔不能允许的。

这样讲来，个人统治自己的主权又以什么为正当的限制呢？社会的权威又在哪里开始呢？人类生活中有多少应当派归个性，又有多少应当派归社会呢？

如果它们各有比较特别关涉自己的方面，它们就将各得其所应得的一份。凡主要关涉在个人的那部分生活应当属于个性，凡主要关涉在社会的那部分生活应当属于社会。

虽然社会并非建筑在一种契约上面，虽然硬要发明一种契约以便从中绎出社会义务也不会达到什么好的目的，但每人既然受着社会的保护，每人对于社会也就该有一种报答；每人既然事实上都生活在社会中，每人对于其余的人也就必须遵守某种行为准绳，这是必不可少的。这种行为，首先是彼此互不损害利益，彼此互不损害或在法律明文中或在默喻中应当认作权利的、某些相当确定的利益；第二是每人都要在为了保卫社会或其成员免于遭受损害和妨碍而付出的劳动和牺牲中担负他自己的一份（要在一种公正原则下规定出来）。这些条件，若有人力图规避不肯做到，社会是有理由以一切代价去实行强制的。社会所可做的事还不止于此。个人有些行动会有害于他人，或对他人的福利缺乏应有的考虑，可是又不到违犯其任何既得权利的程度。这时，犯者便应当受到舆论的惩罚，虽然不会受到法律的惩罚。总之，一个人的行为的任何部分一旦有害地影响到他人的利益的时候，社会对它就有了裁判权，至于一般福利是否将因为对此有干涉而获得增进的问题则成为公开讨论的问题。但是当一个人的行为并不影响自己以外的任何人的利益，或者除非他们愿意就不需要影响到他们时（这里所说有关的人都指成年并具有一般理解力的人），那就根本没有蕴蓄任何这类问题之余地。在一切这类情事上，每人应当享有实行行动而承当其后果的法律上的和社会上的完全自由。

思想实验：个人利益与公共利益

在上述引文中，密尔提出如下原则："如果它们各有比较特别关涉自己的方面，它们就将各得其所应得的一份。

凡主要关涉在个人的那部分生活应当属于个人，凡主要关涉在社会的那部分生活应当属于社会。”请思考下面列举的几种行为(假设行为者都是成年人)，将每一种行为分别归入下面的三种类型之中。

(a) 该行为属于个人选择，社会对此应该保持沉默。

(b) 该行为影响到社会利益，法律应当对其加以规制(暂不考虑行为本身是否合法)。

(c) 该行为不算违法，但施行者应该受到批评和劝诫，同时也应当接受来自社会的指责。

1. 即便有许多摩托车事故中头部受伤的报道，巴罗(Barlow)仍然拒绝在骑摩托车时佩戴头盔。

2. 凯西(Cassie)常在私人住所中吸食大量致幻类药物，但从来不带这些东西外出。

3. 韦尔斯福德(Wellsford)经常在喝得烂醉时开车，但他说即使在这种情况下他也比大多数清醒的司机技术要好。

4. 露西(Lucy)身患绝症，她请求看护的医生帮助自己结束生命。

5. 戴尔(Dale)和布里特(Britt)是同性夫妇，他们保持着亲密的性生活。

6. 布伦达(Brenda)通过性疗法治疗性功能障碍者，并由此赚取利润。

7. 哈里特(Harriet)是一位单身女性，她花光自己的大部分薪水去赌博，为此经常没有足够的钱购买她自己急需的食物或药物。

8. 布拉德(Brad)是一位单身父亲，他花光自己的大部分薪水去赌博，为此经常没有足够的钱来购买孩子急需的食物或药物。

9. 蔡斯(Chase)与五个女人结了婚并居住在一起，他们对这种一夫多妻的婚姻感到很满意。

- 当别人对你的判断表示不赞同时，请为自己的观点辩护。
- 请考虑密尔是否会认同你的这些判断。

密尔谈到的第二个自由领域，即按个人意愿行动的自由是建立在这样一个恒定的信念之上的：整体而言，虽然个人总是自己利益的最佳判定者，但却并不总是他人利益的最佳判定者。当然，也存在一些特殊情况，某些人对自己生活方式的选择对他自己并非最有利(比如当人们作出一些愚蠢的决定时)，但最好还是让他们自己作决定，理由很简单，因为这是他自己的选择。因此，在密尔看来，个人自主是社会中的最高价值之一。

密尔认为在个人的行为未妨害到他人时，社会无权侵害个人自由，这一原则对法律理论意义深远。他列举了一些对个人自由的不正当干涉，譬如对不具有暴力威胁的醉酒行为的惩罚，对摩门教一夫多妻制的压制，对服用消遣性毒品、赌博、成年人自愿发生的性关系(例如卖淫)等的禁令，以及对周末狂欢和售卖有毒物品的控制等。虽然从个人角度，我们可能十分憎恶上述行为，但参与其中的人却未对他人造成伤害。因此，在密尔看来，这些行为都被称作“无被害人犯罪”(victimless crime)，是可以被容忍的。

既然人们有权如此行动，便要接受由此带来的后果。比如，虽然密尔说我们不能阻止醉酒行为，但那些令人讨厌的醉鬼可能会被人们疏远。许多批评者质疑说，我们似乎很难画出一条清晰的边界，以说明哪类行为只会伤害到行为者本身，哪类行为会危害社会。在家中喝酒的人似乎只会伤害他自己，但如果这个恶习会使全家人挨饿呢？密尔认为，此时我们可以公正地惩罚他不供养家人的行为，因为这是他所做的唯一可能伤害到社会的行为。我们也许可以敦促酗酒者、卖淫者和欲罢不能的赌徒们去改正自己的行为，但是社会却不能干涉其选择自己生活方式的自由。

尽管密尔在其著作中为政治自由呐喊，但不要忘记，在他看来这些个人自由并非与生俱来，而是一如既往地建立在社会功利原则的基础上。所以，当政府为公共利益着想时，还是可以干涉个人自由的。例如，在《论自由》第五章，密尔提出，当过量人口已经威胁到国计民生时，国家可以合法地禁止人们结婚，如果这些人没有足够能力去供养一个家庭的话。同样，为了保护社会利益，政府还能对下述自由权利予以正当干预，譬如强制要求有毒物品登记(为防止被犯罪分子利用)、强行规定卫生条件、严格限制赌场选址等。不过，晚年的密尔开始放弃他早期著作中的经济个人主义(economic individualism)，认为政府更需要在财富分配问题上进行有效控制。正是在这点上，密尔对个人自由的诉求与他对公共利益的关切形成了冲突。

相比密尔等古典自由主义者倡导的个人自由优先和最少政府干预，集体主义的支持者则主张，只有在拥有更宏大的视野和更多政府干预时，才能对最好的社会形成保障。

停下来，想一想

9·11事件发生后，美国国会通过了《美国爱国者法案》。该法案扩大了政府对本国公民的监察权，并削弱了对政府权力的传统制衡，包括司法监督、公众问责和在法庭上挑战政府搜查等。譬如，新法案允许美国联邦调查局

(FBI)审查个人财产记录、医疗记录、互联网使用、图书购买、图书馆借阅、出行方式,以及其他关涉个人生活的记录。这些档案的持有者必须交出相关材料。最重要的改变就是政府根本无需证实这些记录与犯罪行为有关,只需要说明此类信息关系到正在进行的恐怖活动调查就够了。

2013年,美国情报机构雇员爱德华·斯诺登(Edward Snowden)未经授权将国家安全局(NSA)的文件复制并泄露给记者。通过他所泄露的机密信息,人们发现美国国家安全局对法律的解释如此广泛,以至于批评者声称该机构已经越界,对本国公民进行非法、违宪的间谍活动。这是因为美国国家安全局对美国公民进行了不分青红皂白的大规模监视。该机构还管控着美国的谷歌和雅虎账户。此外,情报分析人员可以访问数百万封电子邮件、即时消息和电话记录。问题是,这些被入侵的对象包括像你我这样的人,他们没有被怀疑对国家安全构成威胁。尽管如此,美国国家安全局还是通过美国公民的记录进行"钓鱼探险",看看他们是否能找到某些感兴趣的点。

2015年,美国国会通过了《美国自由法案》,该法案更新了即将到期的《爱国者法案》的许多条款。作为对美国国家安全局披露的回应,新法律停止了政府机构大量收集电话记录。但是,法律要求电话公司存储其客户的电话记录,以便在美国国家安全局需要时可以对其进行搜索。根据隐私权倡导者的说法,新法律仍然使政府很容易监视无辜公民。

许多美国人十分欢迎这种针对恐怖主义活动的信息武器。另一些人则认为这部法律违背了《权利法案》第四修正案,该修正案保护我们的"人员、房屋、文件和财物免受不合理的搜查和扣押”，并且在发出搜查令之前需要“合理的理由”。自由主义者担心我们的隐私权处于危险之中，以及，赋予政府如此之大的权力将使其侵犯第一修正案赋予政治异议者的权利。同样，一些保守主义者和政治自由主义者认为，这是将个人自由牺牲在了政府控制的祭坛之上。

一系列哲学问题也由之浮现。确实，我们都希望生活在一个安全且稳定的社会当中。但你愿意牺牲多少个人自由来换取政府的保障呢？哪些自由和私人权利是你自愿交给政府的？为了获得保护而接受政府的控制与侵犯，并要放弃部分个人自由权利，从长远看又会对社会造成何种危害？这种方法能在多大程度上保证我们更加安全？霍布斯相信，专制政府要优于无序且危险的状态，他会怎样看待《美国爱国者法案》？既然密尔强调个人自由，他会以社会功利原则为基础为《美国爱国者法案》辩护，还是会坚决反对它？其他政治哲学家又会怎么说？就当今的世界局势而言，你会如何划定个人自由权利、隐私权和社会福利之间的界限？可以肯定的是，在接下来的几年里，这些政治哲学理论中的问题将会引起激烈争论，并会产生许多实际影响。

透过古典自由主义的镜头看

1. 如果密尔是我们的总统，他会希望给我们的社会带来哪些改变？在他看来，政府对个人自由的侵犯表现在哪些方面？

2. 假设某学生团体打算邀请一位充满争议的演讲者，而他/她的到来会冒犯到其他同学(比如他/她是位新纳粹主义者、种族主义者、公开的无神论者等)。学校管理层为避免争议，并且照顾到可能由此受到冒犯的学生的情绪，决定禁止这次活动。假如你是密尔，你会给出怎样的理由，以证明学校管理层应当允许演讲者在校园中公开表达自己的观点？

3. 如果历史上各个政府都接受了密尔的原则，并且没有对那些思想上离经叛道之人施以审查、投入监狱甚至处死，历史将会有何不同？是会变得更好还是更坏？若允许人们自由表达自己的观点，是否会出现一个更进步、更宽容、更好的社会呢？还是说，由于允许那些离经叛道的甚至是危险的观念自由传播，会给社会带来比密尔想象中更大的危害和更多的问题？

检视古典自由主义的优缺点

正面评价

1. 令西方社会引以为傲的是，他们的公民享有更多个人自由。在他们看来，保护言论自由构成自由民主社会的基石。现实情况是，当今的许多有关言论自由的政策都受到密尔的影响，或者说被他的理论深深吸引，这难道还不足以让我们相信其政治哲学吗？

2. 政府可以通过提供大量服务和福利来使公共利益最大化，但同时也拥有巨大的权力。若不对政府权力进行严格限制，那么除了激进的社会运动甚至革命之外，人们便很难保护自己的自由。这样看来，密尔试图严格限制政府权力并赋予个人自由以优先性，难道不很正确吗？

3. 马丁·尼莫拉(Martin Niemoeller)，一位被纳粹监禁的德国牧师，曾因为这样一首诗而闻名："起初他们追杀共产主义者的时候，我没有说话——因为我不是共产主义者；接着他们追杀犹太人的时候，我没有说话——因为我不是犹太人；后来他们追杀工会成员的时候，我没有说话——因为我不是工会成员；此后他们追杀天主教徒的时候，我没有说话——因为我是新教教徒；最后他们奔我而来，那时已经没有人能为我说话了。"我们总是很难容忍与自己背道相驰的观念和行为。同时，像尼莫拉牧师所说，我们也总是很容易就对其他被打压甚至迫害的群体采取冷漠态度。但尼莫拉的例子难道不是有力地证明了密尔的观点吗？如果我们不去保护每个人的自由，甚至是那些信奉与我们背道而驰的价值观之人的自由，那么当我们处于同样的危险境地时，又有谁会来拯救我们呢？

负面评价

1. 密尔认为，只有在某种行为伤及他人时，政府才有权出面阻止。但除了肉体伤害之外不是还有其他类型的“伤害”吗？一场令人生厌的演讲，不是也会对其听众形成伤害，甚至制造出一种对社会有害的氛围吗？

2. 密尔认为，诸如卖淫、服用消遣性毒品、赌博等行为只会对作出这些自由行动的个人造成伤害，却不会伤及他人。无论我们是否承认这些行为的合法性，这些行为难道真如我们所说没有任何社会后果？换言之，要在只伤及个人的行为和对公共利益产生影响的行为之间画出界线，难道不是一件难事吗？密尔不也是在掩饰这一问题吗？

3. 当密尔倡导个人自由时，不是与他所说的最好的社会是为最大多数人提供最大幸福的社会相冲突吗？前者将我们引向有限政府，后者难道不是预设了一个对民众生活有更多介入的社会吗？若让政府来负责我们的幸福，不是很危险的事吗？事实上，正如我们看到的，密尔后来逐渐认为需要一个政府来对财富分配进行调控，以便最大化地满足社会需求。这样一种“社会工程”与他强调的个人主义不是形成了巨大张力吗？

检视马克思主义

卡尔·马克思(1818—1883)

马克思的生平

卡尔·马克思于1818年生于德国莱茵省。虽然出生于犹

卡尔·马克思

太家庭，但他的父亲出于政治需要而转信了路德宗。少年时期的马克思是一位虔诚的宗教信仰者。他曾就读于波恩大学和柏林大学，希望成为一名像他父亲那样的律师。但马克思在柏林大学就读期间加入了青年黑格尔派，一个以德国哲学家黑格尔（Georg W. F. Hegel）命名的激进政治组织。虽然这时候黑格尔已经去世五年了，但德国的大学还是遍受其影响，到处都在讨论他的哲学。马克思沉迷其中，放弃法学，转学哲学，并在耶拿大学获得博士学位。

马克思原本是要成为一位哲学教师的，但保守的普鲁士政府却封锁了这条道路，他们禁止像马克思这样的政治激进分子在大学中授课。结果，马克思成为一名政治撰稿人，却因为其所任职的杂志被各国政府不断查封而被迫在不同城市和国家之间颠沛流离。最终，马克思于1849年定居伦敦，并在那里度过了自己的余生。他从事过的唯一稳定的工作是在1851到1862年间担任《纽约论坛报》欧洲通讯社记者，其余大部分时间则是依靠捐赠、借款和来自他的挚友与合作者恩格斯（Friedrich Engels）的补贴来养家糊口。

尽管人们都将马克思视为一位社会活动家，但其一生中大部分时间都是在大英博物馆的图书室中度过的。他从每天早上九点钟一直工作到晚上七点钟关门，查阅并撰写关于哲学、历史学、政治学和经济学方面的手稿。图书室关门后，马克思才会回家陪伴妻子珍妮与孩子们，然后继续工作到深夜，直到自己筋疲力尽。（虽然他们夫妇有过六个孩子，但只有其中三个长到成年。尽管马克思一生非常贫穷，并将绝大部分精力都用在写作上，可在孩子们的记忆里他仍然是一位风趣又优秀的父亲。）在遭受了几个月的肺病折磨之后，1883 年 3 月 14 日，马克思在他最喜欢的扶手椅上工作时与世长辞。他与妻子合葬在伦敦附近的一处墓园中。

马克思的哲学

马克思虽一生贫穷，但他殚精竭虑的探索却迎来了丰厚回报。他颇为激进的政治哲学最终为整个欧洲(乃至全世界)激愤、贫穷、饱受压迫的工人吹响了冲锋的号角，并成为工人运动的理论基础。人们可以质疑马克思的理论的可靠性，但绝不会忽视其影响。历史上从未有过哪个哲学家能够在国际范围内召集起如此多的追随者。由于这一理论的出现，众多政府被推翻，世界格局发生了改变，马克思的名字家喻户晓。正如马克思的一句经典名言：“以往的哲学家只是用不同的方式解释世界，但问题在于改变世界。”

马克思的历史和社会观萌发于大学时期，那时他还是一个刚刚接触黑格尔思想的年轻大学生。黑格尔的理论认为，人类历史是有目的和有意义的，它表现为一个理性的、被预先规定的演化过程，每个阶段都充满了冲突和矛盾，但也正是这些矛盾与冲突促成世界不断演变，并且走向新的社会、文化和政治形态。许多黑格尔的追随者对其理论作出十分保守的解读，认为其哲学暗示着当下时代是一种历史的必然，具有最多的合理性。这种解读被用来为当时的社会辩护。然而，马克思和他的朋友们却将黑格尔的哲学引向一个更加激进的方向。他们认为社会历史的发展远未终止，当前阶段总是不可避免地要被摧毁，从而为那个更好的、更合理的社会结构开辟道路。马克思等人的目标，也就在于通过政治运动推动历史走向它的终极合理阶段。

马克思的哲学理论可以被分解为以下五个主题，我们来逐一解读。

经济决定一切

马克思的一个著名论断是，经济是人类行为和人类历史的基础推动力。他从一个不可否认的事实入手，即人们不能用思想来填饱肚子，而是必须借助劳动生产的物质资料过活。换言之，在你从事哲学、绘画、写作、科研、宗教等活动之前，首先要能活下来。而为了活下来，你必须以某种方式获取食物、住所、衣物等。马克思由此证明，经济在人的存在中处于基础地位，社会的变化与哲学的演进不过是更具基础性的技术和经济系统发展的结果。在中世纪，随着乡村经济的发展，流行的是一套特有的观念和政治体系；而工业时代的欧洲滋生出的则是另一套观念与政治体系。这种思路无疑是对传统哲学家的一次重击，因为他们认为观念是导致历史变化的原因。在马克思看来，经济是一切社会、文化等上层建筑的根基所在。马克思论证道，一种观念会获得社会认同还是会被社会打压，全在于它是否与当时的权力结构相吻合。正如在他文章中所说："统治阶级的思想在每一时代都是占统治地位的思想……一个阶级如果占据了物质力量上的统治地位，那么它也将占据精神力量上的统治地位。"[14] 举例来说，洛克的政府理论强调个人主义，倡导财产权的基础性，反对政府干预，但这种观点是被用来支持有权有钱者的利益的。换言之，在马克思看来，洛克的哲学支持的是他所属的贵族阶层的利益。他的经济利益决定了他的哲学观点。

正因为社会制度倾向于保护掌权者的利益，所以马克思对宗教大加反对。他认为宗教是"人民精神的鸦片"，因为宗教总是教导工人要忍受尘世痛苦、专注于永恒的命运，而不是促使他们去努力改变这种悲惨的社会境况。在他看来，宗教不过是当前经济状况的又一种表现形式，宣称现有的社会等级是神定的。

停下来，想一想

19 世纪的一篇基督教赞美诗中有这样一节内容："富

人住城堡/穷人站大门/富贵有天命/财产各有份。"这首诗歌以何种方式佐证了马克思的宗教观,即宗教是对现有状况的维护,并会加剧经济不公?

阶级斗争是贯穿历史的永恒旋律

在马克思看来,历史本身讲述的就是掌权者和无权者的故事,充满了剥削者与被剥削者的斗争。随着私有财产的出现,所有人间之事都变成了有产者和无产者之间的斗争。在现代社会,这种斗争发生在两大阶级之间,即无产阶级和资产阶级。资产阶级也就是资本家,或者说是工业生产资料(例如工厂)的占有者和劳动力的雇佣者,也包括从现有经济体系中获益的中产阶级。社会的另一组成部分就是无产阶级,即工人,他们没有财产,只能靠出卖自己的作为商品的劳动力过活。

停下来,想一想

就你目前的社会地位或家庭背景来看,你认为自己属于资产阶级、中产阶级还是无产阶级?在你看来,自己的经济或社会背景包括你当前的状况在多大程度上影响到自己对社会的看法?如果出身于另一个不同的社会阶层,你的社会、政治和经济观念会受到怎样的影响?

资本主义通过剥削工人而生存

所谓资本,在马克思那里指具有交换价值的物质财富,比如金钱、财产、商品等。资本家则是社会经济资源(例如工厂)的把持者。资本主义是一种政治和经济体系。其中，生产资料和物质财富都被私人把控。为了在竞争中保持优势，资本家通过尽可能缩减工人工资的方式增加利润。在马克思的时代，强大的工会组织、最低工资制度、争议申诉程序、政府强制的健康与安全标准尚未出现。此外，这又是一个劳动力相当充足的时代，资本家对工人可以为所欲为。马克思认为但丁在《神曲》中描绘的地狱完全可以与当时英国的工业社会相比较，那里同样充满了非人道的堕落。为证明这一论断，他引证了英国政府的公开文件。一位政府职员在他的公务报告中这样描述一个生产花边的工厂：

> 9 岁到 10 岁的孩子，在大清早 2、3、4 点钟就从肮脏的床上被拉起来，为了勉强糊口，不得不一直干到夜里 10、11、12 点钟。他们四肢瘦弱，身躯萎缩，神态呆痴，麻木得像石头人一样，使人看一眼都感到不寒而栗。[15]

弗拉基米尔·塔特林(Vladimir Tatlin)《第三国际纪念塔》(建于 1919 年，1967—1968 年重建)
俄罗斯艺术家塔特林用这个永不可能完成的雕塑生动地展现出马克思的意图。这个螺旋结构象征着历史在向终点的辩证发展过程中的迂回曲折。

正是因为存在这些令人惊骇的事例，马克思认为密尔等自由主义哲学家推崇的“自由”实在是虚假至极。所谓国家容许每个人做其喜好之事，不过是说那些富足的、掌控着政治权力的工厂主可以随心所欲地剥削其他人而已。

历史是一个决定性的、辨证的过程

马克思的历史理论借用了黑格尔的辨证法，即历史以辩证的方式向前发展。辨证法概念起源于希腊语的对话一词，指在循环往复的模式中促进发展的过程(犹如一场对话一般)。在马克思和黑格尔看来，**辩证法**是一个历史过程，其中互不相同甚至相反的力量在矛盾解决过程中推动历史前进到一个新阶段。因此，每一个时代都不过是历史向终极阶段发展过程中的匆匆过客而已。不过，黑格尔认为这种辩证发展的主体是理念(ideas)，因为他相信是理念推动着历史的发展。马克思则颠覆了黑格尔的学说，将历史看作是物质、经济力量推动的结果。借用黑格尔的前辈费希特(Johann Dottlieb Fichte)的说法，马克思指出，每个历史时期都会经历三个不同阶段。事态的最初阶段被称作正题(thesis)，它发展到一定程度就会产生与自己相反的力量，即反题(antithesis)。两者之间会呈现出一种张力，直到用一个新的阶段来取代它们，即为合题(synthesis)。在辩证发展的周期中，每个阶段的缺陷都会促成与之相反对的新的力量的诞生，以平衡其缺失。因此，矛盾和斗争是历史不可或缺的构成要素。

马克思与黑格尔都持一种历史决定论。它将历史规律视为“以铁的必然性发挥作用并且正在实现的趋势”。[16]因此，历史中的每场运动和每个阶段都不仅仅是一种巧合；总是有某种内在规律推动特定结果的产生。因此，在马克思的理论中，受压迫阶级没有必要将社会公正仅仅看作一种试探性的可能性，因为历史规律站在他们一边，该来的结果总会到来。不过，在这个过程中，人的自由又起到怎样的作用？在这个问题上，马克思认为：

> 历史什么事情也没有做，它“并不拥有任何无穷尽的丰富性”，它“并没有在任何战斗中作战”。创造这一切、拥有这一切并为这一切而斗争的，正是人，现实的、活生生的人，而不是

> “历史”。“历史”可不是利用人作为工具以达到自己目的的某种特殊的人格，它不过是追求着自己目的的人的活动而已。[17]

可以这样理解马克思的理论，它把历史的力量比作被送至山顶隆隆滚落的巨石。一旦开始滚动，巨石聚积起来的动力便发挥出来。也许有障碍阻挡巨石的前进，也许有阻力会放缓其滚落的节奏，但凭借它庞大的身躯和巨大的冲力，没有任何东西可以阻止它的前进，直到它跨过每个阶段最终到达终点。因此，历史既受其内在动力的驱使，也受人为力量的影响。社会活动家的目的就在于加速推进社会变革和社会革命的不可阻挡的趋势。

资本主义终将灭亡，共产主义必将胜利

马克思将资本主义理解为这样一个体系，在这一体系中，由少数人组成的阶级掌控着大部分生产力并将之据为己有，他们雇佣那些除了出卖劳动力没有任何其他经济来源的工人为其工作。在这样一个体系中，矛盾会开始滋生。资本主义的意识形态是建立在个人主义和财产私有的基础上的。然而，资本主义的发展要求一个更为组织化和社会化的基础，以满足规模的持续增长、分工的日益复杂以及不断增强的依赖性。随着资本竞争日益激烈，资本家必须维持较低的工资水平，并且不断用机器代替工人劳作。这将会导致更大范围的失业和工资水平的不断下降。大公司会吞并小公司，垄断将会加剧，许多公司会把自己的业务扩展到全球范围。在这个过程中，那些工厂倒闭的资本家也会成为不断扩大的失业大军中的一员。

根据马克思的辩证法，资本主义就是所谓的正题，它会创造出作为自己对立面的反题，也就是一个不断增长、跨越了国界的范围，愤怒、贫穷却又无比团结的无产阶级（即工人）。据此，马克思对资产阶级（即资本家）说道：“随着大工业的发展，资产阶级赖以

生产和占有产品的基础本身也就从它的脚下被挖掉了。它首先生产的是它自身的掘墓人。资产阶级的灭亡和无产阶级的胜利是同样不可避免的。”当资本主义试图维持自己的地位时，无产阶级的境况却变得越发让人难以忍受。社会就像一个不断膨胀的轮胎，当其内在压力大到无法承受时就会发生爆炸。随着这场爆炸而来的是历史循环的第三个阶段，也就是最终阶段。

一旦资本主义被丢进历史的垃圾箱，辩证法的第三个阶段(即合题)也就出现了。这一解读具体体现为三个层次：首先是被称作“无产阶级专政”的过渡阶段，其中无产阶级会利用其获得的政治权力清理社会中的资本主义残留。之后是共产主义的第一阶段，也就是人所共知的社会主义阶段，国家会接管原本掌握在私人手中的生产资料。但这个阶段最终还是会让位给共产主义的最高阶段，此时人们不仅掌握政治决策权，还能决定国家的经济生活。

接下来的一段文字出自 1848 年的《共产党宣言》。作为马克思主义理论中最脍炙人口的作品，这部著作由马克思和他的挚友与合作者恩格斯合作写就。在这部政治纲领中，马克思和恩格斯将人类历史描述为漫长又残酷的阶级斗争史。虽然每个历史阶段都有不同的社会与经济结构，并且每一位出场者总是被冠以不同名号，但每个时代都有有产者和无产者，剥削者和被剥削者，压迫者和被压迫者。具有讽刺意味的是，根据马克思的理论，所谓现代的自由民主制所谈论的自由不过是掌握着政治和经济权力的人剥削无权势者的自由。马克思认为，自由一词不过只是空谈，资本主义时代的法律、社会建制、经济体系乃至哲学观念都被少数人掌控着，用以维持现状和提升他们自己的利益。真正属于社会大众的自由只有通过一场经济和政治革命才可能实现，彼时的社会将关照所有人的利益，并且保证每个人都能获得最低生活工资、教育、医疗保障，享受丰富的文化生活。按照马克思的集体主义观，“更小”的政府意味着更少的自由，“更大”的政府才能获得更多的自由。只有让工人执掌的政府接管一切事务,真正的自由和幸福才可能实现。

- 在马克思看来,历史发展的主题是什么?
- 我们这个时代的最显著特征是什么?

引自卡尔·马克思与弗里德里希·恩格斯

《共产党宣言》(*Communist Manifesto*)[18]

资产者和无产者

至今一切社会的历史都是阶级斗争的历史。

自由民和奴隶、贵族和平民、领主和农奴、行会师傅和帮工,一句话,压迫者和被压迫者,始终处于相互对立的地位,进行不断的、有时隐蔽有时公开的斗争,而每一次斗争的结局都是整个社会受到革命改造或者斗争的各阶级同归于尽。

在过去的各个历史时代,我们几乎到处都可以看到社会完全划分为各个不同的等级,看到社会地位分成多种多样的层次。在古罗马,有贵族、骑士、平民、奴隶,在中世纪,有封建主、臣仆、行会师傅、帮工、学徒、农奴,而且几乎在每一个阶级内部又有一些特殊的阶层。

从封建社会的灭亡中产生出来的现代资产阶级社会并没有消灭阶级对立。它只是用新的阶级、新的压迫条件、新的斗争形式代替了旧的。但是,我们的时代,资产阶级时代,却有一个特点:它使阶级对立简单化了。整个社会日益分裂为两大敌对的阵营,分裂为两大相互直接对立的阶级:资产阶级和无产阶级。

根据马克思的历史辩证法,每一个建立在阶级斗争基础上的经济体系都会滋生内在矛盾,最终走向解体。在资本主义时期,资本家(或者资产阶级)需要大规模雇佣低酬劳的工人来降低产品成本,以赚取更多利润。资本家被追逐财富的本性所支配,对工人的压榨日益增强。不过,马克思也谈到,随着现代工业的发展和不断集中,工人的苦难也被聚集起来,使他们能够团结一体形成自己的社会组织。在这个意义上,资产阶级正在培养自己的"掘墓人"。

我们已经看到,至今的一切社会都是建立在压迫阶级和被压迫阶级的对立之上的。但是,为了有可能压迫一个阶级,就必须保证这个阶级至少有能够勉强维持它的奴隶般的生存条件。农奴曾经在农奴制度下挣扎到公社成员的地位,小资产者曾经在封建专制制度的束缚下挣扎到资产者的地位。现代的工人却相反,他们并不是随着工业的进步而上升,而是越来越降到本阶级的生存条件以下。工人变成赤贫者,贫困比人口和财富增长得还要快。由此可以明显地看出,资产阶级再不能做社会的统治阶级了,再不能把自己阶级的生存条件当作支配一切的规律强加于社会了。资产阶级不能统治下去了,因为它甚至不能保证自己的奴隶维持奴隶的生活,因为它不得不让自己的奴隶落到不能养活它反而要它来养活的地步。社会再不能在它的统治下生存下去了,就是说,它的生存不再同社会相容了。

资产阶级生存和统治的根本条件,是财富在私人手里的积累,是资本的形成和增殖;资本的条件是雇佣劳动。雇佣劳动完全是建立在工人的自相竞争之上的。资产阶级无意中造成而又无力抵抗的工业进步,使工人通过结社而达到的革命联合代替了他们由于竞争而造成的分散状态。于是,随着大工业的发展,资产阶级赖以生产和占有产品的基础本身也就从它的脚下被挖掉了。它首先生产的是它自身的掘墓人。资产阶级的灭亡和无产阶级的胜利是同样不可避免的。

请留意马克思的最后一句话：资产阶级的灭亡和无产阶级的胜利是同样“不可避免的”，这体现出其历史决定论思想。在接下来的章节中，马克思谈到了废除私有制的问题。这不是说你连自己的牙刷都不能有了；相反，马克思指的是能够为资本家带来个人利润的那些财产，譬如工厂。

财产与自由

一切所有制关系都经历了经常的历史更替、经常的历史变更。

例如，法国革命废除了封建的所有制，代之以资产阶级的所有制。

共产主义的特征并不是要废除一般的所有制，而是要废除资产阶级的所有制。但是，现代的资产阶级私有制是建立在阶级对立上面、建立在一些人对另一些人的剥削上面的产品生产和占有的最后而又完备的表现。

从这个意义上说，共产党人可以把自己的理论概括为一句话：消灭私有制。

有人责备我们共产党人，说我们消灭个人挣得的、自己劳动得来的财产，要消灭构成个人的一切自由、活动和独立的基础的财产。

好一个劳动得来的、自己挣得的、自己赚来的财产！你们说的是资产阶级财产出现以前的那种小资产阶级、小农的财产吗？那种财产用不着我们去消灭，工业的发展已经把它消灭了，而且每天都在消灭它。

或者，你们说的是现代的资产阶级的私有财产吧？

但是，难道雇佣劳动，无产者的劳动，会给无产者创造出财产来吗？没有的事。这种劳动所创造的资本，即剥削雇佣劳动的财产，只有在不断产生出新的雇佣劳动来重新加以剥削的条件下才能增殖的财产。现今的这种财产是在资本和雇佣劳动的对立中运动的。让我们来看看这种对立的两个方面吧。

做一个资本家，这就是说，他在生产中不仅占有一种纯粹个人的地位，而且占有一种社会地位。资本是集体的产物，它只有通过社会许多成员的共同活动，而且归根到底只有通过社会全体成员的共同活动，才能运动起来。

因此，资本不是一种个人力量，而是一种社会力量。

因此，把资本变为公共的、属于社会全体成员的财产，这并不是把个人财产变为社会财产。这里所改变的只是财产的社会性质。它将失掉它的阶级性质。

现在，我们来看看雇佣劳动。

雇佣劳动的平均价格是最低限度的工资，即工人为维持其工人的生活所必需的生活资料的数额。因此，雇佣工人靠自己的劳动所占有的东西，只够勉强维持他的生命的再生产。我们决不打算消灭这种供直接生命再生产用的劳动产品的个人占有，这种占有并不会留下任何剩余的东西使人们有可能支配别人的劳动。我们要消灭的只是这种占有的可怜的性质，在这种占有下，工人仅仅为增殖资本而活着，只有在统治阶级的利益需要他活着的时候才能活着。

在资产阶级社会里，活的劳动只是增殖已经积累起来的劳动的一种手段。在共产主义社会里，已经积累起来的劳动只是扩大、丰富和提高工人的生活的一种手段。

因此，在资产阶级社会里是过去支配现在，在共产主义社会里是现在支配过去。在资产阶级社会里，资本具有独立性和个性，而活动着的个人却没有独立性和个性。

而资产阶级却把消灭这种关系说成是消灭个性和自由！说对了。的确，正是要消灭资产者的个性、独立性和自由。

在现今的资产阶级生产关系的范围内，所谓自由就是自由贸易，自由买卖。

但是，买卖一消失，自由买卖也就会消失。关于自由买卖的言论，也像我们的资产阶级的其他一切关于自由的大话一样，仅仅对于不自由的买卖来说，对于中世纪被奴役的市民来说，才是有意义的，而对于共产主义要消灭买卖、消灭资产阶级生产关系和资产阶级本身这一点来说，却是毫无意义的。

我们要消灭私有制，你们就惊慌起来。但是，在你们的现存社会里，私有财产对十分之九的成员来说已经被消灭了；这种私有制之所以存在，正是因为私有财产对十分之九的成员来说已经不存在。可见，你们责备我们，是说我们要消灭那种以社会上的绝大多数人没有财产为必要条件的所有制。

总而言之，你们责备我们，是说我们要消灭你们的那种所有制。的确，我们是要这样做的。

从劳动不再能变为资本、货币、地租，一句话，不再能变为可以垄断的社会力量的时候起，就是说，从个人财产不再能变为资产阶级财产的时候起，你们说，个性被消灭了。

由此可见，你们是承认，你们所理解的个性，不外是资产者、资产阶级私有者。这样的个性确实应当被消灭。

共产主义并不剥夺任何人占有社会产品的权力，它只剥夺利用这种占有去奴役他人劳动的权力。

● 在接下来的一段中，马克思认为是什么造成我们的观点、观念和意识的变化？

被掌权者控制的文化与意识

从宗教的、哲学的和一切意识形态的观点对共产主义提出的种种责难，都不值得详细讨论了。

人们的观念、观点和概念，一句话，人们的意识，随着人们的生活条件、人们的社会关系、人们的社会存在的改变而改变，这难道需要经过深思才能了解吗?

思想的历史除了证明精神生产随着物质生产的改造而改造，还证明了什么呢? 任何一个时代的统治思想始终都不过是统治阶级的思想。

当人们谈到使整个社会革命化的思想时，他们只是表明了一个事实：在旧社会内部已经形成了新社会的因素，旧思想的瓦解是同旧生活条件的瓦解步调一致的。

当古代世界走向灭亡的时候，古代的各种宗教就被基督教战胜了。当基督教思想在18世纪被启蒙思想击败的时候，封建社会正在同当时革命的资产阶级进行殊死的斗争。信仰自由和宗教自由的思想，不过表明自由竞争在信仰领域里占统治地位罢了。

“但是，”有人会说，“宗教的、道德的、哲学的、政治的、法的等观念在历史发展的进程中固然是不断改变的，而宗教、道德、哲学、政治和法在这种变化中却始终保存着。”

“此外，还存在着一切社会状态所共有的永恒真理，如自由、正义等。但是共产主义要废除永恒真理，它要废除宗教、道德，而不是加以革新，所以共产主义是同至今的全部历史发展相矛盾的。”

这种责难归结为什么呢? 至今的一切社会的历史都是在阶级对立中运动的，而这种对立在不同的时代具有不同的形式。

但是，不管阶级对立具有什么样的形式，社会上一部分人对另一部分人的剥削却是过去各个世纪所共有的事实。

因此，毫不奇怪，各个世纪的社会意识，尽管形形色色、千差万别，总是在某些共同的形式中运动的，这些形式，这些意识形式，只有当阶级对立完全消失的时候才会完全消失。

共产主义革命就是同传统的所有制关系实行最彻底的决裂；毫不奇怪，它在自己的发展进程中要同传统的观念实行最彻底的决裂。

不过，我们还是把资产阶级对共产主义的种种责难撇开吧。

- 在接下来的引文中，马克思认为无产阶级将会怎样运用其掌握的政治权力？
- 马克思对于未来的阶级分化有怎样的认识？

未来

前面我们已经看到，工人革命的第一步就是使无产阶级上升为统治阶级，争得民主。

无产阶级将利用自己的政治统治，一步一步地夺取资产阶级的全部资本，把一切生产工具集中在国家即组织成为统治阶级的无产阶级手里，并且尽可能快地增加生产力的总量。

要做到这一点，当然首先必须对所有权和资产阶级生产关系实行强制性的干涉，也就是采取这样一些措施，这些措施在经济上似乎是不够充分的和没有力量的，但是在运动进程中它们会越出本身，而且作为变革全部生产方式的手段是必不可少的。这些措施在不同的国家里当然会是不同的。

但是，最先进的国家几乎都可以采取下面的措施：

1. 剥夺地产，把地租用于国家支出。

2. 征收高额累进税。

3. 废除继承权。

4. 没收一切流亡分子和叛乱分子的财产。

5. 通过拥有国家资本和独享垄断权的国家银行，把信贷集中在国家手里。

6. 把全部运输业集中在国家的手里。

7. 按照总的计划增加国家工厂和生产工具，开垦荒地和改良土壤。

8. 实行普遍劳动义务制，成立产业军，特别是在农业方面。

9. 把农业和工业结合起来，促使城乡对立逐步消灭。

10. 对所有儿童实行公共的和免费的教育。取消现在这种形式的儿童的工厂劳动。把教育同物质生产结合起来，等等。

当阶级差别在发展进程中已经消失而全部生产集中在联合起来的个人的手里的时候，公共权力就失去政治性质。原来意义上的政治权力，是一个阶级用以压迫另一个阶级的有组织的暴力。如果说无产阶级在反对资产阶级的斗争中一定要联合为阶级，如果说它通过革命使自己成为统治阶级，并以统治阶级的资格用暴力消灭旧的生产关系，那么它在消灭这种生产关系的同时，也就消灭了阶级对立的存在条件，消灭阶级本身的存在条件，从而消灭了它自己这个阶级的统治。

代替那存在着阶级和阶级对立的资产阶级旧社会的，将是这样一个联合体，在那里，每个人的自由发展是一切人的自由发展的条件。

接下来，在《共产党宣言》的结尾部分，马克思发起了联合工人的著名号召。如果你是一位贫苦无依、饱受剥削的劳动者，会对这样一段文字有怎样的感受？

共产党人不屑于隐瞒自己的观点和意图。他们公开宣布：他们的目的只有用暴力推翻全部现存的社会制度才能达到。让统治阶级在共产主义革命面前发抖吧。无产者在这个革命中失去的只是锁链，他们获得的将是整个世界。

全世界无产者，联合起来！

透过马克思主义者的镜头看

1. 马克思认为经济是所有其他文化制度的根基所在。请根据这一理论，对当下社会中的体育、音乐、宗教、教育和政治等进行马克思主义的分析。在你看来，从马克思主义的视角展开的分析，是否捕捉到了当代文化的一些本质特征？

2. 在《共产党宣言》问世一百年以后，哲学家悉尼·胡克(Sidney Hook)列举了马克思笔下资本主义的特征：

> 经济集中与垄断，繁荣与萧条的周期循环，失业和技术变革的影响，政治与经济领域的阶级斗争，过度的专业化与劳动分工，唯物主义和货币价值相对于其他文化的胜利。[19]

上述马克思提到的资本主义诸问题中，哪些直到今天还一直存在着？

3. 当代马克思主义者马尔库塞(Herbert Marcuse)说，资本家改善工人生活条件的唯一原因，就是这能够增加他们自己的利益。而且，资本家给予工人以更多的物质利益，只是为了让工人无视自己被异化的现状和政治权力的缺乏等。这样看来，即使工人的环境有所改善，你是否仍然认为，资本主义制度还像以前被批评的那样不公正？

检视马克思主义的优缺点

正面评价

1. 在20世纪晚期，一些东欧国家转变为资本主义国家，其结果有好有坏。以前一直在共产主义指导下生活的人们突然面临贫穷、失业、无家可归、高犯罪率等状况，这是因为之前政府的强力干预和家长式福利保障在新的资本主义经济中全部被削弱了。这不足以证实共产主义的积极作用吗？

2. 想一想人们是怎样用金钱来换取权力和社会影响的吧！那些富人和大公司在多大程度上影响着政治活动和舆论传播，以及我们国家的政策与法律呢？马克思所强调的，不正是经济对文化的影响以及财富带来的权力吗？

3. 西方资本主义社会曾经推行过许多重要的社会改革，对于马克思笔下19世纪英国工业时代的罪恶也给予了有效整治。如果不是有马克思这样的资本主义社会的反思者唤醒我们的社会良知，关注工人的悲惨状况，这些改革还可能发生吗？如果不是被迫面对工会的压力、社会的抗议、被马克思所激发的对资本主义的批评和谴责，那些企业会主动变得仁慈吗？

负面评价

1.马克思似乎认为只有两种经济体制——要么是完全自由放任的资本主义经济，资本家可以为所欲为；要么是集体主义经济，一切都在政府的掌控之下。但现在的资本主义社会不是已经包含一种混合经济形态，并且能够在公司权力和社会公共利益之间实现某种平衡吗？如果马克思生活在20世纪，能够亲眼见证劳工组织的壮大、政府对垄断的监管、工人健康与安全保障的完善、平权运动的兴起，以及工人休闲时间的增加和愈发丰富的在职福利，他的观念会发生怎样的变化？他难道不是必须对自己的观点做出相应修正，并且缓和对资本主义的批评吗？

2.马克思对人性的看法是否过于浪漫？他似乎认为人们追逐私利的动机和对权力的渴望只是资本主义社会的产物，社会主义国家中的人性不会再有这些特点。可无论如何都要承认，某些人性特征不会随着经济体系的变化而变得更好或更坏。更何况，不是也有资本家和公司为了社会公共福利而牺牲自己利益的时候吗？这与马克思的观点是背道而驰的。

3. 虽然必须承认经济因素总是在历史和当代社会中扮演着重要角色，但马克思对这一点的强调是否有些过分？人们的生活和文化的所有方面都要用经济动机来解释吗？对于人类行为而言，不是应该有比这更宽泛的解释思路吗？

6.4 公民不服从

引导性问题：公民不服从

1. 来自公民不服从理论的反对者的问题：政府存在的目的之一便是维系法律与秩序，以使其公民得以享受和平与安宁。如果公民打破了法律秩序（即便他们认为理由完全正当），不是会危及社会稳定吗？进而言之，这种行为不会加剧人们对法律的蔑视吗？

2. 来自公民不服从理论的反对者的问题：一些人认为，通过违反自己认为不公正的法律来换取民众的关注，这在道德上是正当的。但结果的正确可以证明手段的合理吗？从来不存在判定法律的好与坏的普遍标准。如果每个人都可以违背他们不喜欢的法律，社会秩序将不复存在。即使人们认为可以通过违背法律来治愈社会顽疾，但这种“治愈”难道不比“疾病”本身还危险和可怕吗？

3. 来自公民不服从理论的支持者的问题：通常来讲，每个人都有遵守法律的义务，但如果法律本身是非正义的，是对人权的侵犯，我们该怎么办？如果当权者愿意维持现状而不愿作出改变，又该怎么办？采取一些违背法律的行动，在某些情况下不正是使人们意识到法律之不正义性的唯一途径吗?

4. 来自公民不服从理论的支持者的问题：如果每个人都认为"违反法律永远是不对的"，历史会有怎样的不同？摩西和他的以色列民众就不会背弃埃及法老；苏格拉底就会停止教授其挑战城邦的哲学；由于犹太人和罗马人大加抵制基督教徒的传教活动，基督教可能永远都不可能得到发展；美国独立战争绝不会发生；19世纪的人们也不会帮助奴隶摆脱主人的控制；如果没有工人们坚持不懈的罢工行动(尽管这种行动并不合法)，可能直到今天工人仍旧在不安全的环境中工作，领取仅能糊口的工资；如果没有女性抗议者的公民不服从行动，谁又知道究竟何时才能让女性获得投票权；如果不是一系列抗议和公民不服从行为的出现，1964年的《民权法案》也不会被签署。这一切不正说明，公民不服从会是社会进步的必要推动力吗?

正如前面两个引导性问题所示，凡有国家之处必定会有法律。如果你承认，一般而言政府的存在是件好事情的话(假设你不是无政府主义者)，那么你必定会认为，对一个良善社会而言法律是必不可少的。然而，若民众皆不守法，便无异于无法，社会也会在事实上陷入无政府主义状态中。因此，从这个角度看，任何违背法律的行为都是不正当的。不过，后两个引导性问题却给出了全新的思考视角。如果政府颁布的法律本身不合法(比如违背了宪法或者社会契约)该怎么办？或者这部法律虽然合法，却完全不合乎道德呢？比如，阿道夫·希特勒就是通过合法的选举程序执掌纳粹德国的。在掌权之后，他开始着手变更法律(同样是通过法律程序)，使得像强征公民财产、将无辜的"国家公敌"投入监狱等恐怖行为都变得合法。在18和19世纪，美国部分地区的蓄奴行为是合法的，即使这看起来有悖于道德。甚至直到20世纪下半叶，种族歧视也仍然受到美国法律的保护。面对这种情况，作为一名公民又该如何行动呢？虽然大多数政治哲学家都承认，服从法律是一个社会得以顺利运转的最为重要的基石，但仍有人认为对法律的服从应当是有限度的。

在对后一种反对观点进行深入分析之前，我首先要界定一下"公民不服从"的概念。所谓**公民不服从**(civil disobedience)，是以道德抗议为目的而施行的一种违法行为。它并不是简单地对权威进行阻挠或攻击的抗议行为，而是要公然违抗法律，或者对权威命令拒不服从。这个权威可以是市级、州级乃至整个联邦的。譬如，坐在某政府部门办公室阻挠其工作，在被要求离开时也拒不服从，就是典型的公民不服从。但既然同属违法行为，犯罪性不服从和公民不服从如何区分？一般而言，二者的最大区别在于后者是一种道德抗议的表达方式。它试图通过对某些法律、政策或政府行为的抗议，唤起人们对不公正的法律、有缺失的政策和政府的过失行为的关注。当然，其最终目的还是要改善法律或者政府行为。与之不同的是，诸如抢劫银行和假证驾驶这类犯罪行为并不包含任何崇高目的，而只是出于个人私利的行为。

要把公民不服划入道德抗议行为的范畴，对法律的违抗必须是公开的。要使权威和公众都意识到，这是一种违背政府意愿的行为。而且，多数公民不服从行为的捍卫者都会认同这样的结局，即那些在法庭上丧失胜诉机会的抗议者愿意为其不服从行为接受相应惩罚，譬如监禁或罚款。因此，参与到公民不服从行动中的人必须愿意成为其道德事业的牺牲者。更重要的是，接受惩罚意味着对一般意义的政治和法律体系的尊重，同时提醒人们关注其问题所在。与之不同，犯罪行为总是秘密进行的，其目的就在于逃避法律的惩罚。照此理解，如果在炸毁某堕胎诊所或某政府部门后逃避抓捕，就是一种犯罪行为；而如果你站在原地等待警察的抓捕，就属于公民不服从行为。这两种行为的起因或许都是对某种体系的不满，区别在于抗议方式不同。

另外，一些社会活动家认为，如果一种行为是道德抗议，它必须是非暴力的。圣雄甘地(Mahatma Gandhi)和马丁·路德·金(Martin Luther King Jr.)都持有这种理念，他们通过公民不服从的方式呼唤社会变革。但暴力和非暴力的边界又在哪里？毫无疑问，致人损伤的行为显然是暴力行为，但若是财物的损坏呢？举例来看，环保主义者将被污染河流中的污泥倒在被视为最大污染源的某公司的文件上。虽然这个行为比炸掉一座大楼的危害要小得多，但它是否仍属于暴力行为呢？另有一些社会活动家对暴力行为的范围界定更为宽泛，将侵害个人合法权利的行为也纳入其中。若以此为标准，阻挠病人进入堕胎诊所就不再是一种合法的抗议形式。有了以上术语界定，我们现在来分别考察公民不服从行为的支持理论和反对理论。

检视对公民不服从的反对理论

如果你生活在一个极权主义国家，人们没有任何自由，其权利也一再遭到严重侵犯，你可能就会去证明公民不服从(哪怕是暴力性的公民不服从)就是唯一补救方式。若在这种语境下还要对公民不服从的正当性进行争论，就太没有意义了。但是，如果你生活在一个民主国家，政府官员皆由民众选出，法律反映的也是民众的心声，情况是否会有所不同？进而言之，如果绝大多数法律都是公正和良善的呢？在这类国家中，是否还有理由去倡导公民不服从？

下面是四种被用于证明公民不服从无法得到道德辩护的普遍反对意见。它们表达的是对公民不服从理论的反对声音。

违反社会契约。当你打算实施公民不服从行为并意欲违背法律时，你已经在这个社会中生活过一段时间(甚至一生的时间)了。这意味着，你一直在接受政府的保护并且从政府的服务中获益。因此，事实上，你已经默认自己是这个国家的公民。既然享受了作为其国民的福利，也就有义务遵守国家的法律。总不能在感受到生活便利时就认同这个国家，希望政府继续承担它的义务，而在出现问题时便倒戈相向。因此,公民不服从是对社会契约的违背,而这一契约正是每一位公民都默认的。

多数人规则。政府并非侵入我们生活的外来物,而是基于我们选举出的代表的授权进行统治。然而,并非所有人对每次选举结果和每部法律都感到满意。但无论满意与否,政府都是多数人意愿的产物。我们有义务遵循多数人的意愿,当然也有义务改变它。当借助公民不服从来表达自己的异议时,其实是试图通过打破法律来完成借助民主程序无法完成的事情,而在这个过程中,你恰好是在破坏民主原则。因此,公民不服从永远无法得到辩护。

结果不能为手段辩护。为了更好地进行讨论,假设你正要以善的原因(cause)去破坏法律。然而,善的动机和对善的结果的诉求便能为你的行为辩护吗?尽管借助公民不服从可能会达成某种善果,但同时也必须看到其他后果,并进行综合权衡。无论基于何种原因,违抗法律的行为总会引发对政府和法律的藐视,甚至引发社会骚乱和其他恶行。政府不得不耗费大量精力对付抗议者,而日常、必要的社会管理工作必然会被耽搁。因此,抗议者的违法行为虽然是基于善的动机,可一系列暴力和非法行为仍然会发生。暴力分子也许就是抗议者中的成员,他们缺乏组织纪律,又无法有效释放自己的愤怒。抑或抗议者会点燃那些观点不被认同的持异议者的强烈反对情绪。即便这些可怕的结果都没有发生,公民不服从的消极结果也会压倒它所带来的积极结果。

其他替代方案。上述三个论证提出的问题在这里会走向终点。比起公民不服从,民主制度能提供更为缓和的手段,使你的声音得到倾听,并对整个社会产生影响。因此,除却违反法律,你还可以通过自由演讲、和平集会、支持请愿、投票选举、公开论证等方式行使自己的权利。当然,这些方式或许没有那么激烈,也可能在关注度上远不如公民不服从。但它毕竟还是有效的,并且能够避免因违反法律而招致的恶果。

停下来,想一想

你认为这些论证具有说服力吗？哪一个论证最强,哪一个最弱？如果你是公民不服从理论的支持者,会作出怎样的回应？

苏格拉底对公民不服从持典型的批判态度。在本书第 1.1 节我们曾谈到他因传播异端和腐化青年而被判入狱的故事,本书自始至终也在谈论苏格拉底的人物形象。作为其审判故事的续篇,柏拉图记录了苏格拉底在狱中与其学生克力同(Crito)的对话。苏格拉底当时正在狱中等候行刑,而他的年轻弟子克力同则恳请苏格拉底逃离监狱。在对话过程中,苏格拉底帮助克力同厘清了自己在公民不服从问题上持有的有争议的立场。

- 在下述材料中,苏格拉底针对公民不服从的讨论用到了上述四个论证中的哪几个？

引自柏拉图

《克力同篇》(*Crito*)[20]

苏格拉底：你已经来了,克力同？时间还很早吗？

克力同：是还早。

苏格拉底：现在是什么时辰？

克力同：就要拂晓了。

苏格拉底：奇怪的是狱卒竟然没有注意到你。

克力同：他已经习惯了,苏格拉底,因为我经常来。另外,我对他还有点小恩小惠。

苏格拉底：你是刚到,还是有些时候了？

克力同：已经好久了。

苏格拉底：那你为什么不马上叫醒我，而是安静地坐在床边？……

克力同：不过，你瞧，苏格拉底，现在接受我逃跑的建议仍旧不算太迟。你的死对我来说无疑是一场灾难。我不仅因此失去一位无可替代的朋友，而且有许多不认识我们的人肯定认为是我让你去死的，因为如果愿意花钱，我可以救你出狱，而你的死只是因为我的吝惜……另外，苏格拉底，我甚至不认为你的做法是对的，能保全自己性命的时候为什么要抛弃？你的敌人要毁掉你，而你的做法就像你的敌人想对你做的事情一样，或者就像他们对你做的事情一样。更有甚者，我感到你似乎也在毁灭你的儿子。你本可以抚育他们长大成人，让他们接受教育，而不应该离他们而去、将他们抛弃。你如果这样做，那么他们只能自己去碰运气。他们会有什么样的运气呢？失去父母的孤儿通常会遇到的事情他们都会碰上。一个人如果没有儿子也就罢了，如果有了儿子，那就必须自始至终看看他们长大成人、接受教育……

苏格拉底：亲爱的克力同，我非常赞赏你热烈的情感，也就是说，我假定这些热情都有某些正当的理由。否则的话，你的情感越强烈，我就越难对付。好吧，我们必须考虑是否必须接受你的建议。你知道，我绝不从任何朋友那里随便接受建议，除非经过思考表明它是理性提供的最佳办法，这并非我的新想法，而是我的一贯做法。我不能仅仅因为现在的遭遇而放弃过去一贯坚持的原则，它们在我看来依然如故，我现在依然像从前那样敬重和对待这些原则。所以，如果我们不能找到更好的原则，那么你完全可以肯定我不会接受你的建议……

让我们一起来考虑，我亲爱的同伴，如果你能对我的论证发起挑战，那么请这样做，我会注意听；如果你不能这样做，那么就做一个好同伴，不要一遍又一遍地劝说我应该在没有得到官方允许的情况下离开这个地方。虽然我非常希望被你说服，但不能因之违背我自己最好的原则……

克力同：好吧，我试试看。

苏格拉底：我们说过人决不会自愿作恶，或者说人是否作恶取决于环境，对吗？或者像我们以前经常同意的那样，我们认为把作恶说成是善的或光荣的是没有意义的，这样说对吗？或者说在这最后的日子里我们要把从前的信念全然抛弃？克力同，经过多年的严肃讨论，你和我这样年纪的人难道竟然会不明白我们并不比两个儿童强到哪里去？事实的真相确实就是我们老是说的那个样子。无论大众的观点是什么，无论换一种说法比现在这种说法要轻松或者更加难以接受，事实仍然是作恶在任何意义上对于作恶者来说都是恶的和可耻的。这是我们的观点吗，或者不是？

克力同：是。这是我们的看法。

苏格拉底：那么人在任何处境下都一定不能作恶。

克力同：对。

苏格拉底：据此说来，人即使受到恶待也一定不能作恶。

克力同：显然不能。

苏格拉底：告诉我另一件事，克力同。人可以伤害别人还是一定不能伤害别人？

克力同：肯定不能。

苏格拉底：告诉我，像许多人相信的那样，以牙还牙是否正确？

克力同：不正确，这样做不对。

苏格拉底：我想，这是因为伤害别人和错误地对待别人并没有什么区别。

克力同：确实如此。

苏格拉底：所以，人无论受到什么样的挑衅都不可对任何人作恶或者伤害别人。现在请你小心，克力同，承认这些原则并不妨碍你接受其他与你的真正信仰相对立的事情。我知道总有这么一些人是这样想的，因此在这样想的人和不这样想的人之间对这些原则就不会有一致的看法，每当看到其他人的决定，他们彼此之间肯定总是表示轻蔑。我甚至想要你非常仔细地考虑一下，你是否具有和我相同的看法，或者同意我的意见，我们能否从已经建立起来的这样一些前提开始来进行我们的讨论，这些前提就是作恶、以牙还牙、通过报复来保护自己，都绝不可能是正确的，或者说你认为这些观点不能作为讨论的基础。我长时间地坚持这种观点，现在仍然这样看，但若你可以提出其他看法，那么就请说出来。另一方面，如果你站在我们说过的这种立场上，那么请听我下面的话。

克力同：我站在这种立场上，同意你的看法。请继续说下去。

苏格拉底：好吧，这是我进一步的看法，或者倒不如说是下一个问题。只要协议是正确的，那么人就必须完成他的所有协议，还是他一定得违反这些协议？

克力同：人必须完成这些协议。

苏格拉底：那么请考虑一下由此可以推出的合理结论。如果我们在没有首先说服国家让我们离开这个地方的情况下离开此地，请问这样做会带来伤害还是没有伤害，这样做是否还有可能被证明为是正当的？我们还受不受我们刚才达成的一致意见的约束？

克力同：我不能回答你的问题，苏格拉底。我不清楚你在说什么。

苏格拉底：请这样想。假定我们正准备逃离此地，或者无论我们采取了什么行为，那么雅典人的法律和国家会向我们提出这样一个问题。它们会说："苏格拉底，你想干什么？你想要采取的行动表明你想在你的能力范围内摧毁我们，摧毁法律和整个国家，你能否认这一点吗？如果公开宣布了法律的判决没有效力，可以由私人来加以取消和摧毁，那么你能想象一个城邦会继续存在而不被颠覆吗？"我们该如何回答这个问题，克力同，或者别的同类问题？对此有许多话可以说，尤其是一名职业的演说家，他会抗议说这个法律无效，而判决一旦宣布就具有约束力，就应当被执行。我们能说，对，我们打算摧毁法律，因为国家错误地对待我，你们在审判中对我的判决是错误的。这样说对吗？这是我们的回答吗，或者我们的回答是什么？

克力同：我们的回答当然是你已经说过的，苏格拉底。

苏格拉底：那么假定法律说："苏格拉底，这不正是你和我们之间的某种协议的条款吗？无论国家对你作出何种判决，你都会执行或遵守，对吗？"如果我们对这样的用语表示惊讶，那么它们会说："别在乎我们的用语，苏格拉底，你只需要回答我们的问题，你毕竟已经习惯于使用问答法。来吧，你对我们和国家提出什么样的指控，想以此来摧毁我们吗？难道我们没有首先给了你生命？难道不是通过我们，你的父母才结婚而生下了你？告诉我们，你对我们这些涉及婚姻的法律有什么怨言吗？"

"没有，一点儿都没有。"我会这样说。

"好吧，你对涉及儿童的抚养和教育的法律有什么反对意见吗，就像对涉及你的法律一样？你对我们中间那些为了这个目的而立下的法律不感恩吗，这些法律要求你的父亲对你进行文化的和身体的教育？"

我只能说："对。"……

对此我们该怎么说，克力同，法律说的话是对的还是错的？

克力同：我想是对的。

苏格拉底：法律可能会继续说："那么请考虑一下这种说法是否正确，苏格拉底，我们说你现在想对我们做的事情是不对的。尽管我们已经把你带到这个世界上来，抚养你长大成人，教育你，凡由我们支配的好东西，其他同胞公民享有的一份你都享有，但是我们仍然公开宣布这样一个原则，任何雅典人，只要达到成年，自己能够认识国家的政体和我们这些国家的法律，如果他对我们不满，都允许他带着他的财产到他喜欢的地方去。假定你们中有人对我们和国家不满，如果他选择去我们的某个殖民地，或者移民去任何国家，我们这些法律都不会加以阻拦，他也不会丧失他的财产。另一方面，如果你们有人亲眼看到我们的统治是公正的，我们其他国家机构的统治是公正的，那么我们认为他实际上就应当执行我们要他做的任何事情。我们坚持，在这种情况下不服从是一种罪恶，理由有三条：第一，我们是他的父母；第二，我们是他的卫士；第三，在允诺服从时，他既没有服从我们，又没有在假定我们犯了任何形式的错误时说服我们改变决定。尽管我们的指令全都是以建议的形式出现，而不是野蛮的命令，我们给他选择：要么说服我们，要么按我们的去做，但实际上他两样都没做。苏格拉底，如果你做了你们正在尝试的事情，那么这就是对你的指控，你将不再是你的同胞中最不应该受到惩罚的人，而是罪行最重的人。"

如果我问为什么，那么法律无疑会用完全的正义来打击我，并指出雅典很少有人像我一样与他们有如此具体的协议。它们会说："苏格拉底，我们有重要的证据表明你对我们和这个国家是满意的。如果你不是格外依恋国家，那么你就不会如此不愿离开这个国家，执行军务除外。你从来没有像其他人那样出国旅行，从来没有感到有必要去熟悉其他国家或它们的体制。你对我们和我们的国家是满意的。你确凿无疑地选择了我们，在你的所有活动中都像一个公民一样服从我们，有大量的证据表明你对我们国家是满意的，你在这个国家生儿育女。

还有，即使在审判你的时候，你还提出过交付罚金的建议。如果你当时已经作出了现在这种选择，那么你在那个时候就可以在国家批准的情况下做你现在想做的事，而现在国家并没有批准你这样做。你当时表现得视死如归，非常高尚，你说过如果自己必须去死，那么宁可死也不愿被放逐，而你现在好像并不打算遵守先前的诺言，对我们的法律也不尊重，你正在摧毁法律。你的行为就像最下贱的奴才，尽管你有约在先要做国家的成员，但你现在却想逃跑。现在先回答我们的问题：我们说你承诺过要做一个守法公民，如果你口头上没有这么说过，那么在行动中是这样做的，我们这样说对吗？”

对此我们该怎么回答，克力同？我们必须承认这一点吗？

克力同：我们无法否认，苏格拉底。

苏格拉底：那么法律会说：“尽管你是在没有压力和误解的情况下与我们订立协议的，也不是在有限时间内被迫作出承诺的，但是实际上你正在破坏这个协议和违反你的诺言。如果你对我们不满，或者感到协议不公平，那么你在这 70 年里都可以离开这个国家。你没有选择斯巴达或者克里特，这是你喜欢的好政府的榜样，也没有选择其他任何希腊人的城邦和外国人的城邦。你比瘸子、瞎子或其他残疾人更少出境。显然，你对这座城市和对我们法律的感情比其他任何雅典人还要深厚。一座城市如果没有法律，还会有谁会在乎它？而现在你竟然不想守约了吗？是的，你是这样的，苏格拉底，如果你接受我们的建议，那么你就至少不会因为离开这个城邦而遭人嗤笑了。”……

“苏格拉底，还是听听我们的建议吧，我们是你的卫士。不要考虑你的子女、生命和其他东西胜过考虑什么是公正。这样的话，当你去了另一个世界，你就可以坦然面对冥府的判官为自己辩白。事情很清楚，如果你做了这件事，那么既不会使你和你的朋友变得更好，也不会使你们拥有更加纯洁的良心，在这个世界上不会，当你们去另一个世界时也不会。事实上，你就要离开此地了。当你去死的时候，你是一个牺牲品，但不是法律的牺牲品，而是你同胞所犯错误的牺牲品……别接受克力同的建议，听从我们的劝告吧。”

我亲爱的朋友克力同，我向你保证，我仿佛真的听到了这些话，就仿佛像是听到了秘仪中的乐曲声，这些论证的声音在我的心中嘹亮地回响，使我一点儿也听不到其他声音。我得警告你，我的看法都已经说出来了，再要我提出一种不同的看法是没有用的。不过，如果你认为自己还有什么高见，那么就请说出来。

克力同：不，苏格拉底，我无话可说。

苏格拉底：那么就让我们放弃逃跑吧，克力同，就让我们顺其自然，因为神已经指明了道路。

停下来，想一想

你如何看待苏格拉底的论证？假设法庭的判决确实有误，苏格拉底拒绝越狱的行为正确吗？如果你是克力同，会如何劝服苏格拉底不要在监狱中等死？

透过公民不服从之反对理论的镜头看

1. 针对生活在纳粹统治时期的德国人对其政府的回应，苏格拉底会给出怎样的建议？

2. 在对话的结尾部分，苏格拉底听到了法律的声音："你是一个牺牲品，但不是法律的牺牲品，而是你的同胞所犯错误的牺牲品。"这样看来，在法律的公正性与人们对法律的运用的不公正性之间进行区分是否有意义？这种区分在具体的法律实践中如何呈现？

3. 如果社会中的每个人都支持苏格拉底的这种政治理念，会有怎样的好处呢？又存在什么样的问题？

检视公民不服从之反对理论的优缺点

正面评价

1. 当我们反对公民不服从时，其实是在鼓励人们通过一些建设性的合法手段表达自己的观点，以推动社会进步。相反，公民不服从却打开了社会失序之洪流的闸门。

2. 如果不赞同雅典法律，苏格拉底面临两种选择：要么说服大家采纳自己的观点，要么迁居到一个他认为更好的国家。这样的选择不是十分合理吗？在民主制度下，这种解决方案不是远胜于违反法律吗？

3. 我们可否在此运用康德的普遍化观念(参见第5.4节对康德道德哲学的探讨)？如果我们遵循这样的规则："永远遵守法律，除非你认为它不正当"，这岂不是在否定法律的观念？对于何为公正，何为不公，不同的人持有的是不同观念。这样一来，遵守法律不就变成一种个体化和主观化行为吗？我们可以选择遵守自己喜欢的法律吗？

负面评价

1. 如果我们同意苏格拉底的观点，认为自己同政府有约在先，是不是说不论在什么情况下，我们都要无条件地遵守？还是说，我们约定只遵守那些被公正制定和执行的法律？既然作为契约签订者，我们要尊重社会契约，难道我们不也具有同样的资格，对不正义的法律与政府行为表示拒绝吗？

2. 苏格拉底的立场是否过于极端？它太容易被利用来支持那些巧舌如簧的口号，例如“永远支持我们的国家，不管它是正义的还是邪恶的！”或者“要么无条件地守法，要么就从这里滚出去！”难道在被迫接受政府的所作所为和离开这个国家之间，不存在任何中间地带吗？苏格拉底之死本身不就说明政府同样可能犯错吗？

3. 公民不服从理论的反对者确实有其道理所在，因为这种抗议方式可能带来混乱与危险。但当他们认为这会使法律失去所有可信性时，不也陷入了稻草人悖论之中（关于稻草人谬论，参见本章末尾的附录部分）？如果公民不服从的参与者并不拒绝逮捕，并且同意接受法律的惩罚，不是也表现出对法律的尊重吗？

检视公民不服从之支持理论

虽然苏格拉底认为破坏法律永远不正当，但反方的观点并不是说破坏法律总是正当的。当下的焦点问题在于，公民不服从是否在有些时候是正当的。这一点需依情势而定。既然这里涉及具体的限定条件，这便意味着，人们或许会认同公民不服从是一种合乎道德的行动，只是对具体的实施条件有不同意见。不过，即便存在一些细节方面的争议，所有公民不服从理论的支持者使用的都是同一套论证方案。在卡尔·威尔曼（Carl Wellman）的《道德与伦理》一书中，他列举了针对公民不服从理论的五个常用辩护方案。[21]

对道德完整性（Moral Integrity）的维续。尽管一般而言我们有义务遵守法律，但如果法律并不公正，这便是在胁迫有良心之人做无德之恶事。虽然个人不可能根除所有恶事，但我们至少有义务拒绝同流合污，以保持自己的道德完整性。正如威尔曼所说：“既然人们永不应该参与邪恶之事，而在许多时候公民不服从是拒绝同流合污的唯一方式，那么在这些情况下公民不服从就是正当的。”

对不道德行为的抗争义务。虽然拒绝参与邪恶之事，但若没有任何积极作为，仍然会为不道德行为大开方便之门。因此，我们有义务以某种富有成效的方式与社会中的恶作斗争。而在很多情况下,唯一的抗争方式便是公民不服从。由此,公民不服从在很多时候是道德上正确的行为。

社会进步的手段。督促社会进步是善行,其手段亦有多种。然而,当常规方法无法奏效时,就需要一些更为直接的方式。其中,公民不服从行为会引发媒体的追踪并引起人们对不正当法律的关注。对法律的挑战以及异议者的勇气往往会刺激民众的觉悟,使他们能够重新审视社会政策。生活在20世纪60年代的许多美国人尽管没有受到不公正待遇,也没有被卷入民权冲突之中,但他们还是在新闻晚报上被迫就许多社会问题达成共识。正是在此意义上,公民不服从成为一种交流方式,并因此成为推动社会走向正确方向的有效政治手段。

不存在具备可操作性的替代方案。民主机制往往效率较低,无法及时回应日益增长的社会问题。而且,即便是在民主社会,票箱、法庭、媒体也可能被控制在那些想维持社会不公之人的手中。因此,如果其他手段都被排斥在外的话,公民不服从也许就是唯一能够影响公众意见、推动政治和社会变革的可行方案了。

政府越权的可能性。有时政府也会作出违宪行为,或者侵犯公民的权利。在这种情况下,由它制定的法律、发布的命令就不再具有道德约束力。我们曾在第6.2节读过阿奎那的论述:“法律是否有效,取决于它的正义性。”正如阿奎那所表明的,许多公民不服从的支持者都会诉诸自然法理论。如果像霍布斯在其社会契约论中宣称的那样,如果何为正义是由政府决定的,那么政府便永远不可能不公正,公民不服从也永远不可能变得正当。

停下来,想一想

你认为这些论证有说服力吗?你认为哪一个最具说服

力，哪个说服力最弱？如果你是公民不服从理论的反对者，会作出怎样的回应？

以上是针对公民不服从理论的五种辩护。虽有重合之处，却也各有侧重。在本节的最后部分，我们将要考察两位广为人知的社会活动家的理论，这就是圣雄甘地和马丁·路德·金。在他们为公民不服从理论所作的辩护中，也采纳了上述五种论证方案。

莫罕达斯·甘地(1869—1948)

莫罕达斯·甘地，印度历史上伟大的政治家与精神领袖，因其“圣雄”之称而广为人知。所谓“圣雄”，即“伟大的灵魂”。甘地出生于印度的波尔班达尔，并在那里度过了自己的童年。青年时期，他在伦敦学习法律并于 1893 年到南非从事法律工作。虽然甘地属于英籍人士，南非当时也正处在英国统治之下，但他发现自己与许多印度同伴都成为种族歧视法的受害者。为此，甘地在南非一待就是 21 年，不懈地为印度同胞争取权利。不过，甘地还是在 1914 年回到了他深爱的印度，并倾其余生之力助其摆脱英国政府的统治。“非暴力公民不服从”(nonviolent civil disobedience)正是甘地独创的一套反抗哲学。为此他频繁被捕，受到英国政府的大力打压，并因为各种政治活动在监狱中度过了七年时间。即便如此，他认为出于正义的理由而被监禁是一件十分荣耀的事情。

甘地针对政府的非暴力抵抗运动十分有效，它直接打破了英国政府继续统治印度的企图。最终，印度在 1947 年获得独立。然而，在次年 1 月，一个印度教狂热分子将甘地杀害，因为他无法接受其在促进宗教宽容方面作出的努力。

甘地的哲学

尽管因反暴力而闻名，但甘地承认，在某些情况下暴力是阻止更大的恶的唯一方式。他一生中参加过多场战斗。不过，甘地相信绝大多数情况下暴力只会滋生更大的恶。因此，消除不公的最好办法是将道德上相互认同的民众组织起来，通过大规模的不合作运动抵制政府。他采纳的战术包括在政府部门静坐，导致政府不得不拖走一大批既不抵抗又不服从其命令的民众。甘地曾领导民众徒步行进 200 英里到海边收集食盐，以此来挑战政府对该商品的垄断。他称这一方式为“satyagraba”(非暴力不合作)，由印度教词汇“satya”(真理)与“agraba”(暴力)组合而成。甘地的政治理论来自对其所研习的印度教哲学(第 4.6 节有过介绍)的领悟。此外，他还受到 19 世纪美国作家梭罗(Henry David Thoreau)的影响，后者倡导应对不公正的法律施以抵抗。

广场中的哲学

找 5 至 10 人回答以下问题：

1. 违背法律的行为能否具备道德上的正当性？为什么？

2. 如果是，那么违背法律的行为在何种条件下是正当的？

3. 历史上是否存在这样的例子，一个人的违法行为在道德上是正当的？你为何认为这种行为是正当的？

4. 历史上或者新闻中是否存在这样的例子，其中的当事人真诚相信自己的违法行为是正当的，而在你看来这个行为则是错误的？你为何认为这是错误的？

收集好所有答案之后，请与苏格拉底反对违法行为的论证，以及上述支持公民不服从的五个理由进行对比，看其中是否存在某些相似之处？你的朋友们是否提出了截然不同的新论证？你认为谁的回应最好？为什么？你最不认同哪个回应？原因何在？

在某些人看来，甘地的非暴力抵抗哲学似乎太过天真，但南非的政治运动正是借此获得胜利，英国政府的屈服也进一步证实了这一方案的有效性。自此之后，这便成为政治运动的典范。马丁·路德·金和其他一些民权运动的领袖们正是借用了甘地的方法，为 20 世纪 60 年代的美国带来了巨大变化。不仅如此，堕胎行为的支持者和反对者、反战活动家、环保主义者、动物保护主义者以及其他一些社会变革组织也都受到甘地思想的启发。甘地的非暴力不服从在他的下述文本中有所体现。

- 对照公民不服从理论的五种证成方式，你能够从下述引文中找到其中哪几种？

引自圣雄甘地

《青年印度》(*Young India*)[22]

苦难法则

世界上没有任何一个国家的崛起不是饱受苦难的折磨。这正如母亲受苦，孩子得以存活；种子腐烂，麦子得以长成。生命源于死亡，万物莫不如此。那么，我们的印度能否既摆脱奴隶制的束缚同时又不经受这亘古不变的苦难法则之洗礼？……

……那么，从苦难法则的角度去理解，不合作的意蕴何在？若政府违背我们的意愿，那么我们就要收回对它的支持，由此产生的损失和不便我们必须自愿忍受。梭伦曾说过，从不正义的政府那里获得任何财富或权力都是一种犯罪，在这种情况下，贫穷反而是一种美德。在这一过渡阶段，我们可能会犯错误，那或许是我们不得不去承受的苦难，但这种代价无论如何都比整个民族被阉割要好得多。

在犯罪者没有意识到自己所犯罪行之前，我们不要指望罪行会被纠正。但是我们也绝不能为了拯救自己或者他人暂时脱离苦海而成为犯罪者的同谋。我们要通过不去直接或间接地支持犯罪者的方式与罪恶进行斗争。

如果某位父亲作出不正义的行为，那么他的孩子就有义务离开家门；如果某个学校的管理者将其学校建立在不道义的基础上，那么学生就必须离开学校；如果某个公司的领导者恶贯满盈，那么公司的员工就必须从他罪恶的事业中退出。同样，如果一个政府屡行不义，那么支持它的人就必须全部或部分地终止与之合作，直到政府的统治者彻底地戒除邪恶。在上述我所设想的每一种状况中都存在着苦难，无论是精神上的苦难还是肉体上的苦难。若我们不愿意承受这些苦难，那我们就别指望获得自由……

至关重要的问题

接下来的几个周，在印度的一些地方我们会看到公民不服从的正常运行状态。通过这些党派和个人加入公民不服从运动，我们的国家将变得愈加团结。彻底的公民不服从是一种没有糅杂任何暴力成分的反抗形式。身为一个彻底的抵抗者往往不去理会国家的权威，这样一来他就变成了一个法外之徒，并藐视一切恶法。比如，他可能会拒绝纳税，可能会在举手投足间表现出对国家权威的轻视，可能会以身涉险进入兵营中向士兵演讲，可能会身为纠察员却不服从上级命令或怠于行使职权。在做这一切行为的同时，他没有使用任何暴力或者在受到暴力威胁时作出反抗，实际上他这样做是在主动地吸引暴力。因为他已经意识到那些他似乎享有的行动自由实则是难以忍受的枷锁，他告诉自己，只有当人民心悦诚服地接受国家的统治时才会享有真正的自由，公民获得自由的代价就是服从国家的法律。因此，服从一个全部或部分是非正义的国家是自由的障碍，而一个公民一旦认识到其国家的邪恶本质就不会再愿意承受其统治。因此在那些持不同理念的人眼中，这些抵抗者无疑是社会中令人厌烦的异类。但即使如此，抵抗者仍然要尽其所能地扭转这个国家，而不是并且采取不道德的方式去惩罚那些不理解自己的人。由是观之，公民的抵抗是一种来自灵魂最深处的愤怒的表达，是对这一深处邪恶泥淖之中的国家的一种坚韧不拔的抵抗，这难道不是历史转折的契机吗？如果此时一个自称是引领变革潮流的人打着无害招牌为非作歹，他的追随者们又怎会不厌恶他呢？

文明的与可耻的

……对那些受到邪恶政府侵害的个人有什么法律上的救济吗？从政府的立场上看，这样的救济无从谈起，因为政府只是把法律贬低为实现自身目的的工具。此时的政府就是一群有组织的暴徒，公民不服从于是就变成了一项神圣的职责，是对那些在政府和议会中没有任何地位的人的一种补救，而另一种补救的方式就是武装起义。公民的不服从是对武装起义彻底的、有效的和不流血的替代。通过在不正义甚至是邪恶的法律面前忍辱负重、砥砺前行，我们已经创造出继续推广公民不服从所必需的氛围。一方面，通过先前的运动，政府独裁的本质被更加明显地揭露出来；另一方面，我们也更加适应了公民不服从的要求。

同样，这也证明了公民不服从具备在小区域内实践的可行性，我们必须承认的一点是，我们的国家是一个不正常的国家，它不仅极端地腐败，而且极不民主。与文明世界中的国家和政府相比，我们的国家和政府如病魔缠身、钟鸣漏尽。在这个时候，一个公民只有时刻约束自己远离暴力、自愿承受不服从恶法所带来的伤害时才能证明自己参与这项非暴力不合作运动是深思熟虑过的，才能证明自己是真正地与邪恶隔绝。这样，当最激烈的不服从运动在某一区域内开展时，我们就是以最少的时间换来了最大的成果。同时在国家的其他地方我们还是要遵守法律，以此来检验国家对服从法律的那些公民的态度，由此我们会明白公民不服从的本质。在印度的任何一个地方，对公民不服从的规则逾越都会破坏该项运动的宗旨，都是对本应牢记的公民不服从原则的背叛。

我们必须期盼政府会采取最严厉的措施来镇压这即将到来的对其权威的反抗，因为它不会坐视不管，任其发展壮大。政府仅仅出于保全自身的本能就有理由不择手段地将这项运动打压下去。如果政府方面失败了，那么一切就万劫不复了。这就是说政府要么服从民意，要么就必使民意瓦解。对我们来说，最大的威胁存在于那些随时可能因为政府挑衅而爆发冲突的地方。但是，我必须说，邀请政府采取严厉的措施进行镇压但在危险来临时又要反戈一击，这本身就是错误和怯懦的表现。这实际上是违背了我们曾立下的庄重誓言。我本人可能被捕入狱，成千上万参与这项和平反抗运动的人都可能被捕入狱，受到监禁甚至严刑拷打。但是剩下的印度人不要心灰气馁。当最合适的时期到来时，剩下的那些印度人会被非暴力不服从运动的精神激发起来去接受这类拘捕、监禁和拷打，这就是我们想要的获得清白所要付出的代价，同时也是为神明所喜悦的。在国家即将发生剧变的前夜，我满怀真诚地劝告大家，劝告每一位参加不合作运动的人，我们要用公民不服从的规则约束自己，遵守那封信里所提出的要求和在德里确立的公民不服从的精神，确保在任何地方都不要出现暴力。让我们不再满足于将参与非暴力运动视为一个人的光荣，而是要将其视为整个印度的光荣。我们要以用我们已经获得的影响力使一群乌合之众远离暴力而感到光荣。让我们说话算话……

当前的问题

我希望我能够说服每一个人相信不服从是公民与生俱来的权利。除非他不想成为一个人,否则他就拥有这项权利。公民不服从不是无政府主义,只有恶意的不服从才可能会导致无政府主义。每一个国家都可以使用暴力去镇压那些恶意不服从,因为若不如此,国家就不复存在了。但是,镇压真正的公民不服从是对良心的考验。公民不服从能汇聚民力,涤荡人心。一个参与公民不服从的人弃绝诉诸武力,因此对那些能够倾听民意的国家而言是无害的。公民不服从对专制国家而言却是一种威胁,因为它证明了专制国家的独裁者在裹挟民意上的无能,专制的根基因此动摇。因此,在国家统治暗无天日或腐败透顶时,公民不服从是公民的一种神圣职责,若不如此,那么每一个与这样的国家打交道的公民就是在分享它的罪恶。

因此,人们有可能会去质疑针对某项法律或某个政策时的采取公民不服从是否妥帖,也可能建议推迟公民不服从或者谨慎待之,但是这项权利本身不能被质疑和否定,因为它是作为有尊严的人而生来具有的。

与此同时,公民不服从也恪守其使用的明确界限,它的每一项可能的条款都被制定用来防止大规模的暴力冲突和违法乱纪。其施行的地点和程度都要保持在实现目标所要求的范围内。因此,就目前而言,激烈的公民不服从应当被限定在争取言论和结社自由的范围内。换句话说,不合作运动只要恪守非暴力原则就应该被允许而不应该受到阻拦和妨碍。

马丁·路德·金(1929—1968)

像甘地一样,马丁·路德·金之所以备受尊重,不仅因为他是

马丁·路德·金

一位富有影响力的政治领袖、社会变革的推动者，更在于他发展出一套用于指导其政治行动的哲学理论。金出生于美国佐治亚州的亚特兰大，祖父和父亲都是浸信会的牧师。因为两次跳级，金在 15 岁就进入莫尔豪斯学院(Morehouse College)就读，在这期间他决心追随自己的父亲和祖父成为一名牧师。而后，他在宾夕法尼亚克隆泽神学院(Crozer Theological Seminary)获得学士学位，又赴波士顿大学攻读系统神学博士。在波士顿期间，金邂逅后来成为杰出民权运动领袖的科丽塔·斯科特(Coretta Scott)，并结为夫妇。虽然金有许多机会从事学术研究工作，但夫妇二人还是决定回到美国南部，在亚拉巴马州的蒙哥马利市，金担任浸信会的牧师一职。

然而，1955 年发生在美国的一个重要事件改变了金的人生历程，这就是蒙哥马利罢乘事件。事情的起因是，一位名为罗沙·帕克斯(Rosa Parks)的非裔裁缝师在结束了一天的疲惫工作后坐上了蒙哥马利市的公车，但因为后排座位全部满员，她便坐到了“白人专座”上，结果被强制要求离开，并因蔑视种族隔离法令而被捕。作为著名的牧师和社区领袖，金被推举出来带领民众抵抗该市的种族歧视法令。金在大学时期接受的非暴力反抗思想在这场运动中被付诸实施，他和同伴们发起的罢乘事件持续了一年多的时间。在此期间，金的住所被人烧毁，妻子多次受到威胁，他和同伴也被视为欲意图不轨的阴谋者。不过，美国最高法院还是判定蒙哥马利市的公车服务应当对所有市民一视同仁。

在这场胜利之后，金和其他一些非裔美国牧师成立了南方基督教领袖会议，金的生活也从此充满了各种抗议游行、演讲、著书以及其他形式的政治运动。为了寻求心灵的滋养，他抽时间去印度旅行，以求对甘地的非暴力策略有更深入的理解。1963 年 8 月，金号召了超过二十万人在华盛顿特区展开一场民权运动。在林肯纪念堂的台阶上，他发表了著名的演讲——《我有一个梦想》。最终，在经历了一年多的抗争之后，美国国会通过了《1964 年民权法案》。同年，金获得诺贝尔奖，并于次年当选美国《时代》周刊年度人物。不过，尽管拥有这些荣誉，金仍然备受争议。早些年间，他是种族主义者攻击的目标，而一些善意的批评者也认为金在社会变革方面走得太快太远。现在，他又被自己阵营中的激进派领袖斥责，后者希望以"黑人权利"(Black Power)为旗帜诉诸更为激进的反抗手段。然而，金一如既往地坚持这种"非暴力"模式。

1967 年，金开始将斗争重心从以往的政治平等转向经济权利平等。他开始意识到，经济上的贫穷与政治歧视一样邪恶。1968 年 4 月 4 日，金在田纳西州孟菲斯支持清洁工人的罢工运动时遇刺身亡。

下述引文节选自金的《来自伯明翰监狱的信》。1963 年，也就是获得诺贝尔奖的前一年，金因参与民权游行而被捕。亚拉巴马州八位非常杰出的牧师在其公开信中对金的做法予以批评。金在《来自伯明翰监狱的信》中回应了这些批评，并为公民不服从理论提供了颇具说服力的论证。金的非暴力抵抗策略和哲学理论深受甘地的影响。此外，在他给神职人员的信中可以看到，哲学史、基督教史和神学也对金影响较深。

在信中，金对自身行为的辩护涉及威尔曼所提出的上述五个公民不服从的论证。我将逐一列出并说明它们如何对金的观点发挥作用。

不存在具备可操作性的替代方案。神职人员对正在发生的示威活动及其造成的社会动荡表示遗憾。但金回答说，他们忽视了使示威活动成为必要的环境和社会动荡的事实。进而指出，这座城市的白人权力结构让黑人群体别无选择。

社会进步的手段。金因其发动的示威活动所造成的危机和紧张局势而受到批评。在这里，他以苏格拉底为例，当人们被迫去直面那些束缚他们的虚假价值和信念时，他也给人们的思想造成冲击。在继续与苏格拉底的比较中，他将自己和示威同伴视为以唤醒社会为使命的“牛虻”。因此，金说，他的运动正是通过使社会走出种族主义的深渊，走向更高层次的博爱而推动社会进步。

对不义行为的抗争义务。金因违法而受到了批评。有人说，他的行为似乎是虚伪的，因为他敦促人们遵守最高法院1954年作出的在公共学校废除种族隔离的决议。乍看上去，他认为有些法律要遵守，有些法律则要违背，这似乎确实有些专横。但金指出存在两种法律：一类是正义的，另一类则是不正义的。遵守正义的法律是我们的道德义务，而遵守极不正义的法律在道德上是错误的。这是一条贯穿整个基督教传统的原则，而不是哪个激进的当代社会活动家的发明。金引用了受人尊敬的基督教哲学家和神学家圣·奥古斯丁(公元4世纪)的观点，即“不正义的法律根本就不是法律”。他还在哲学家、神学家圣托马斯·阿奎那(本章前面讨论过)那里找到支持性观点，阿奎那认为违反永恒法和自然法的人类社会的法律都是不公正的。

在信中，金注意到，根据纳粹德国的法律，阿道夫·希特勒在德国的所有作为都是“合法的”，进而明确表明对抗不道德法律的必要性。因为在那时，在纳粹德国帮助犹太人是“非法的”。

虽然金没有提及康德，但他明确涉及了康德的原则，即不道德行为是我们依据我们不希望每个人都去遵循的法则行事的行为。在金所处的时代，其社会形势即是多数派将多数派不需要遵守的法律强加给少数派。

政府越权的可能性。金抱怨亚拉巴马州的法律并没有通过民主程序而被制定，因为少数派没有投票权。因此，政府的权力不符合美国宪法。

对道德完整性的维续。最后，金指出，人们必须遵循自己的良心，不屈从不正义的法律。他和他的支持者所采取的道德立场是下述悠久传统的一部分，即当法律与更高的道德法则相冲突时拒绝遵守法律。金列举了四个例子：首先，《圣经》中关于三个以色列青年拒绝尼布甲尼撒王的命令敬拜偶像的故事；其次，早期的基督徒因拒绝遵守罗马帝国不正义的法律而殉道；第三，苏格拉底拒绝了国家禁止其在雅典讲授哲学的要求；第四，波士顿倾茶事件是美国殖民者违抗英国政府的行为。

最后，金明确表示，他的改革运动是一种公民不服从（而不是犯罪性不服从）。这是因为(a) 他的违法行为是出于个人良心，(b) 是公开的，(c) 他和他的支持者愿意为他们的行为接受监禁。

思想实验：对公民不服从的支持与反对

请选择你最不认同的一个人（苏格拉底、甘地或马丁·路德·金），给他写一封信。请阐明他错误的理由，并为你所支持的观点辩护。不要仅仅否定对方的观点，要提供足够坚实的理由，让自己的观点具有说服力。你认为对方会怎样回应你？

透过公民不服从之支持性理论的镜头看

1. 假如你是公民不服从的支持者，会如何回应下述质疑，即为何不采纳稍显缓和的方式来达到社会变革的目的？

2. 再次从公民不服从之支持者的立场出发，考察以下两种情况下你将如何决断：一是出于社会稳定的考虑而容忍一个小错误，或者诉诸法律来解决；二是不正义已达到相当严重的程度，使得人们有足够理由违反法律。我们多找一些相应的案例：一是面临的不正义微不足道，因而不足以采纳公民不服从行动；二是社会正义遭到了严重侵犯，此时采取的公民不服从行为可以得到辩护。

3. 为什么多数公民不服从的支持者相信下述情况至关重要？即违反法律是一个公共事件，抗议者不得为逃避法律的惩罚而使用更多违法手段。

检视公民不服从之支持性理论的优缺点

正面评价

1. 你不会因为吃太多比萨消化不良就跑去动手术，只有在其他医疗方式都不奏效、病情特别严重时才需要做彻底的手术。与此相似，作为一种极端的行为方式，公民不服从虽然应当尽量避免，但当遇到其他方案都不适用的极端情形时，这一非常手段不该登场吗？

2. 公民不服从总是与对国家的爱相伴而生，它体现着对国家制度的尊重，以及对政治体系的整体接纳。难道眼见不正义行为的发生而无动于衷就不会引发社会动荡吗？相比于公民不服从带来的危险，不作为的危险难道会更好些吗？

3. 历史难道不是一再证明，富有成效的社会进步总是因为人们拒绝参与到不正义的体制之中，并且通过公民不服从行动的谴责才得以实现的吗？如果没有反对者、抗议者、改革者冒着监禁乃至死亡的风险去阻止社会的不正义，恐怕至今社会也不会有任何改变吧？

负面评价

1. 公民不服从理论的倡导者认为，这样一种道德抗议方式可以唤起民众的道德良知，使其关注不正义的政治现实。但这意味着只有在开放的、能够积极回应民众道德诉求的社会中，公民不服从才可能奏效。既然如此，完全可以通过法律手段唤醒公民的道德良知。反之，如果一个社会没有恻隐之心，也不关注任何正义和公平，那么公民不服从非但不会奏效，还会带来更多压迫。换言之，如果公民不服从是有效的，它就不是必需的；而如果它是必需的，它又很可能是无效的。公民不服从理论的倡导者们不是因为陷入这种困境而自毁立场吗？

2. 公民不服从难道不是试图用非道德手段来实现其预定道德目的吗？甚至，其所寻求的所谓好的结果也不过是一种不确定的可能性而已。难道我们事先便知道公民不服从行动是否值得吗？另一方面，破坏法律是否总是会必定带来社会危害？

3. 参与公民不服从行动的人一方面寄希望于获得法律的保护，同时又意图去打破它，这如何能自圆其说？例如，他们希望警察保护自己免受反对者的伤害。进而言之，单部法律是在国家内部被法律机构制定和执行的整个法律体系的一部分，是否可能只违反其中一部法律却不伤及整个法律体系？在每部法律发生变更之前，不正是因为它隶属于作为整体的法律体系，才要求民众必须服从吗？

6.5　个人做哲学：政治哲学

1. 思考一下，某个权威作出的一个你认为不正义的决定。这个决定可能是由政府、法院、某些行政人员或官员、老板甚至你的父母作出的。现在来思考一个你作出的你认为是正义的决定。

- 是什么原因让你觉得第一个决定是不正义的？
- 是什么原因让你觉得你自己的决定是正义的？
- 想想你所作的两个正义判断，可以从中得出哪些能决定一种行为正义与否的一般性原则？

2. 在罗尔斯看来，你生活中的许多积极方面都是你作为“自然抽奖”之赢家的结果。毫无疑问，你的成功来自你的努力。尽管如此，由于你的出生条件，你具有某些身体能力、心理能力和社会经济条件，其中一些在你的人生旅途中为你提供了优势(你正在阅读这本书的事实意味着你很幸运，生来就具有一定程度的认知能力)。但是，你没有做任何值得拥有这些优势的事情。在你的生活中，可能还有一些并不需要你为之负责的不利因素。尽管如此，几乎可以肯定的是，在这场自然抽奖中，还有很多人的运气不如你。根据这些事实，请问自己以下问题。

- 我所拥有的哪些优势是我所处环境的结果，而不是我的努力所赢得的？
- 这些幸运的环境如何促成我在生活中取得成功？
- 对于那些不如我幸运之人，我，还有那些像我一样什么都没做就幸运地拥有某些生活中的地位的人是否应对其负有义务？为何如此？
- 社会是否应该考虑到自然运气导致的不公平和不平等？应如何解决这些问题？

3. 思考一下，如何根据你的社会地位、经济地位、婚姻状况、教育、年龄、种族、性别、性别认同、宗教观点、职业(过去、现在或未来)、身体能力和残疾、心理能力以及你认为重要的任何其他方面来描述你。现在，试想一下你所处的社会已被塑造得仅使和你具有相同特征的人受益，其他不具备这些特征的人只能尽力应对(假设该计划不会遇到宪法障碍)。

- 为了仅使你和像你这样的人受益，社会可以作出哪些改变？
- 很自然，你会享受这些好处，但这个计划是否可以根据普遍的正义原则或某种合理的政治哲学而得到辩护？
- 现在，想象你所具有的特征与当前完全不同甚至完全相反(例如，如果你是女性，想象你是男性；如果你是 20 岁，想象你是 75 岁；如果你是中产阶级，想象你无家可归，等等)，在这种发生变化的环境下，生活在一个你完全不具备任何优势的社会中，你的生活会是什么样子?

● 如果你的特征与现在完全不同(如上一个问题所表明的那样),而社会旨在造福他人,很少考虑你的权利或需求,你可以用什么论证来说服那些掌权之人,使你的社会需要变得更公平?

● 就其设计和运行方式而言,你所实际生活的社会在何种程度上、以何种方式对所有人而言都并非完美的正义?

4. 在密尔的文本中,他思考的是个人应该拥有多少自由的问题。以下问题要求你思考你在个人自由和政府管控问题上的立场。

● 你能否想到某种管控你的法律[学校规章和(或)城市、州或联邦法律],你认为这些法律对你施加了过于严苛的限制并非法侵犯了你的个人自由。

● 在前面的案例中,你会提出哪些论证来证明你的自由不应受到这种方式的侵犯?

● 你能想到某些你认为不应被允许的合法行为吗?

● 关于上一个问题中的案例,你能否构造一个论证来回应为什么上述问题中的行为不应被允许?并尽可能使该论证具备普遍效力。换句话说,该论证不应仅仅考虑你和某些特定群体,而是应考虑到你所在社会的共同价值、关切和你所在社群的福祉。

第六章回顾

哲学家

6.1 政府的正当性

Robert Paul Wolff 罗伯特・保罗・沃尔夫

John Locke 约翰・洛克

6.2 正义问题

Plato 柏拉图

Thomas Aquinas 托马斯・阿奎那

John Stuart Mill 约翰・斯图亚特・密尔

John Rawls 约翰・罗尔斯

Susan Moller Okin 苏珊・穆勒・欧金

6.3 个人与国家

John Stuart Mill 约翰・斯图亚特・密尔

Karl Marx 卡尔・马克思

6.4 公民不服从

Socrates 苏格拉底

Mahatma Gandhi 圣雄甘地

Martin Luther King Jr. 马丁・路德・金

概念

6.1 政府的正当性

authority vs. power 权威 vs. 权力

divine right theory 神权政治论

justice theory 正义理论

naive anarchism 朴素的无政府主义

militant anarchism 好战的无政府主义

theoretical anarchism 理论上的无政府主义
social contract theory 社会契约论
John Locke's view of rights 约翰·洛克的权利理论
Locke's notion of the state of nature 洛克的自然状态理论
Locke's notion of the social contract 洛克的社会契约论

6.2 正义问题

meritocracy 贤人政治
the three kinds of people according to Plato 柏拉图对三个社会阶层的划分
Plato's theory of justice 柏拉图的正义理论
natural law theory 自然法理论
Thomas Aquinas's theory of justice 托马斯·阿奎那的正义理论
John Stuart Mill's theory of justice 密尔的正义理论
the principle of utility 功利主义原则
John Rawls's theory of justice 罗尔斯的正义理论
the original position 原初状态
the veil of ignorance 无知之幕
the principle of equal liberty 平等的自由原则
the difference principle 差别原则
the principle of fair equality of opportunity 机会的公平平等原则
Susan Moller Okin's critique of Rawls 苏珊·穆勒·欧金对罗尔斯的批评

6.3 个人与国家

individualism 个人主义
collectivism 集体主义
John Stuart Mill's view of individual liberty 约翰·斯图亚特·密尔的个人自由理论
Mill's view of justified government restrictions on liberty 密尔论

政府对自由的正当限制

five main themes of Karl Marx's philosophy 马克思哲学的五个主题

dialectic 辩证法

capitalism 资本主义

6.4 公民不服从

civil disobedience vs. criminal disobedience 公民不服从 vs. 犯罪性不服从

four arguments against civil disobedience 对公民不服从的四种反驳

Socrates's arguments against civil disobedience 苏格拉底对公民不服从的反驳

five justifications of civil disobedience 对公民不服从的五种辩护

Mahatma Gandhi's philosophy of civil disobedience 圣雄甘地的公民不服从哲学

Martin Luther King Jr.'s defense of civil disobedience 马丁·路德·金对公民不服从的辩护

King's criteria for distinguishing just and unjust laws 金对正义法律和不正义法律的区分标准

深入阅读建议

政治哲学的一般性著作

Hampton, Jean. *Political Philosophy*, Boulder, Colo.: Westview, 1996. 对古典与现代政治哲学论题的精彩介绍。

Kymlicka, Will. *Contemporary Political Theory: An Introduction*. New York: Oxford University Press, 1990. 对当代政治学理论的非常出色的介绍性作品。

Luper, Steven, ed. *Social Ideals and Politics: An Introduction to Social and Political Philosophy*. Mountain View, Calif.: Mayfield, 1999. 包含古典和当代的相关文本,按照主题进行划分的一部选集。

Sterba, James. *Contemporary Social and Political Philosophy*. Belmont, Calif.: Wadsworth, 1995. 对当下政治哲学与社会哲学问题的探讨。

政府的正当性

Barker, Ernest, ed. *Social Contract: Essays by Locke, Hume, and Rousseau*. Oxford: Oxford University Press, 1962. 该书汇集了相关论题的经典文献,且配有编辑介绍。

Forman, James. *Anarchism: Political Innocence or Social Violence?* New York: Dell, 1977. 关于此论题的非常有用的探讨。

Hampton, Jean. *Hobbes and the Social Contract Tradition*. Cambridge, England: Cambridge University Press, 1988. 在当代视角下对霍布斯理论的分析。

Woodcock, George. *Anarchism: A History of Libertarian Ideas and Movements*. Cleveland: Meridian Books, 1962. 作者是无政府主义研究的领军人物。

正义的本质

Anna, Julia. *An Introduction to Plato's "Republic"*. Oxford: Clarendon Press, 1981. 对柏拉图几部最重要作品的系统介绍。

Aquinas, Thomas. *On Law, Morality, and Politics*. Ed. William Baumgarth and Richard Regan. Indianapolis: Hackett, 1988. 阿奎那关于法律、道德和政治的作品集。

Finnis, John. *Natural Law and Natural Rights*. Oxford: Oxford University Press, 1990. 对自然法理论的当代辩护。

Kukathas, Chandran, and Pilip Pettit. *Rawls: "A Theory of*

Justice" and Its Critics. Stanford, Calif.: Stanford University Press, 1990. 对罗尔斯作品的考察，也涉及其批判者的论证。

Manning, Rita, and Rene Trujillo, eds. *Social Justice in a Diverse Society*. Mountain View, Calif.: Mayfield, 1996. 该书收录了当下探讨正义问题的相关论文。

Popper, Karl. *On the Open Society and its Enemies. Vol.1, The Spell of Plato*. 5th. ed., rev. Princeton, N.J.: Princeton University Press, 1966. 这是一部极具争议的著作，既包括对民主制的激烈捍卫，也涉及对柏拉图的乌托邦的激烈批评。

Rawls, John. *Political Liberalism*. New York: Columbia University Press, 1994. 这部作品是对罗尔斯早期观点的修正和发展。

Rawls, John. *A Theory of Justice*. Cambridge, Mass.: Harvard University Press, 1971. 许多人认为，这是20世纪政治哲学领域最重要的作品之一。

Sandel, Michael. *Liberalism and the Limit of Justice*. Cambridge: Cambridge University Press, 1982. 对罗尔斯作品的批判性著作。

Sterba, James, ed. *Justice: Alternative Political Perspectives*. 2d ed. Belmont, Calif.: Wadsworth, 1992. 汇集了关于正义本质问题的各类文献。

个人与国家

Gray, John. and G.W. Smith, eds. *J.S. Mill's "On Liberty" in Focus*. London and New York: Routledge, 1991. 该论文集收录了对密尔几部核心作品的评论性文章。

Marcuse, Herbert. *One-Dimensional Man*. Boston: Beacon Press, 1964. 沿着马克思对资本主义批判的思路，对20世纪的技

术社会进行分析，可读性很强。

Marx, Karl. *The Marx-Engels Reader*. 2d ed. Ed. Robert C. Tucker. New York: W.W. Norton, 1978. 马克思主义著作选集。

Mill, J. S. *On Liberty*. Ed, E. Rapaport. Indianapolis: Hackett, 1978. 密尔为古典自由主义所作的论证。

Nozick, Robert. *Anarchy, State, and Utopian*. New York: Basic Books, 1974. 诺齐克是著名的政治自由主义者(他倡导个人自由的最大化)。其作品以对罗尔斯理论的批判而闻名。

Popper, Karl. *On the Open Society and its Enemies. Vol.2, The High Tide of Prophecy: Hegel, Marx, and the Aftermath*. 5th ed., rev. Princeton, N.J.: Princeton University Press, 1966. 包含对马克思政治哲学的激烈批评。

Schmitt, Richard. *Introduction to Marx and Engels: A Critical Reconstruction*. 2d ed. Boulder, Colo.: Westview, 1997. 马克思主义理论最好的介绍性作品之一。

公民不服从

Bedau, Hugo Adam, ed. *Civil Disobedience in Focus*. London and New York: Routledge, 1991. 本书摘选了从苏格拉底到当代思想家关于公民不服从的最重要的讨论文献。

Thoreau, Henry David. *Civil Disobedience and Other Essays*. New York: Dover, 1933. 作为19世纪著名的美国作家，作者对公民不服从作出了重要辩护。

1　Robert Paul Wolff, *In Defense of Anarchism* (Berkeley: University of California Press, 1998), pp. 3-6, 12-14, 18-19. Copyright 1970 by Robert Paul Wolff. 经加利福尼亚大学出版社允许后再版发行。中文翻译引自罗伯特·沃尔夫：《为无政府主义申辩》，毛兴贵译、甘会斌校，江苏人民出版社2006年版，第1—17页。部

分译文略作修改。

2 John Lock, *An Essay Concerning the True Original, Extent and End of Civil Government*, the second essay in *Two Treatises of Government*(1680).现有多种不同版本。每节小标题为后来添加。中文翻译引自约翰·洛克:《政府论》(下篇),叶启芳、瞿菊农译,商务印书馆1982年版。

3 同上,第131节。

4 Plato, *Republic*, 433a-434c, trans. Benjamin Jowett (1894).中文翻译引自柏拉图:《理想国》,郭斌和、张竹明译,商务印书馆1986年版,第154—156页。

5 Thomas Aquinas, *Summa Theologica*, Ⅰ-Ⅱ, ques. 95, art. 2, and ques. 96, art. 4, in *Basic Writings of Saint Thomas Aquinas*, vol. 2, ed. Anton C. Pegis (New York: Random House, 1945).中译本请见托马斯·阿奎那:《阿奎那政治著作选》,马清槐译,商务印书馆2009年版,第119,123—125页。

6 John Stuart Mill, *Utilitarianism*, chap. 5.现有多种不同版本。中文翻译引自约翰·斯图亚特·穆勒:《功利主义》,叶建新译,九州出版社2007年版,第123—135,137,145—147页。

7 John Rawls, *A Theory of Justice* (Cambridge, Mass.: Harvard University Press, 1971), pp. 11-12, 60-63, 103-104, 136-137, 139-140.经《正义论》出版商允许后再版发行。Cambridge, Mass: The Belknap Press of Harvard University Press, Copyright © 1971, 1999 by the President and Fellows of Harvard College.中文翻译引自约翰·罗尔斯:《正义论》,何怀宏、何包钢、廖申白译,中国社会科学出版社2009年版,第9—10,79,105—106,108,47—49页。部分译文略作修改。

8 同上,p. 83。

9 Susan Moller Okin, *Justice, Gender, and the Family*(New York: Basic Books, 1989), pp. 90, 91, 101, 104-105.

10 Rawls, *A Theory of Justice*, p. 12.

11 Okin, *Justice, Gender, and the Family*, p. 91.

12 John Stuart Mill, *On Liberty*.现有多种不同版本。节选内容来自本书第1—4章。中文翻译引自约翰·密尔:《论自由》,许宝骙译,商务印书馆2007年版。

13 同上,第三章。

14 Karl Marx, *The German Ideology*, in *The Marx-Engels Reader*, 2d ed., ed. Robert C. Tucker (New York: Norton, 1978), p. 172.

15 Karl Marx, *Capital*, in the Marx-Engels Reader, p. 367.

16 同上,p. 296。

17 Karl Marx, *The Holy Family*, quoted in *Essential Writings of Karl Marx*, ed. David Caute (New York: Collier Books, 1967), p. 50.

18 Karl Marx and Friedrich Engels, *Communist Manifesto*, trans. Samuel Moore in 1888 from the original German text of 1848.现有多种不同版本。节选内容来自第1、2两章。每节小标题后来添加。

19 Sidney Hook, "*The communist Manifesto* 100 Years After", *New York Times Magazine*, February 1, 1948, in *Molders of Modern Thought*, ed. Ben B. Seligman (Chicago: Quadrangle Books, 1970), p. 80.

20 Plato, *Crito*, trans. Benjamin Jowett (1989). 本人对译本稍作修正。中文翻译引自《柏拉图全集》(第一卷),王晓朝译,人民出版社 2002 年版,第 33—50 页。

21 Carl Wellman, *Morals and Ethics* (Glenview, Ill.: Scott, Foresman & Co., 1975), pp. 10 - 13.

22 Mahatma Gandhi, *Young India 1919 - 1922* (Madras, India: S. Ganesan, 1922), pp. 230, 233 - 234, 933 - 934, 937 - 939, 943 - 944.

文本出处

pp. 558 - 561: Wolff, Robert Paul, In Defense of Anarchism. Berkeley: University of California Press, 1998, 3 - 6, 12 - 14, 18 - 19.

奥古斯特·罗丹《思考者》(1880)
人生最重要的活动之一就是长时间认真思考何为人生意义。

第七章　哲学与人生意义

本章目标：

完成本章之后你应做到：

1. 解释“问题观质疑”(questioning the question view)。

2. 讨论悲观主义立场以及亚瑟·叔本华对人类境况的分析。

3. 讨论对人生意义的宗教性理解，以及列夫·托尔斯泰对意义的不懈追寻。

4. 讨论世俗人文主义者的观点以及黑兹尔·巴恩斯(Hazel H. Barnes)的看法。

5. 阐述存在主义哲学的几个常见论题。

6. 列出存在主义的五种一般性见解，这些见解将有助于发展出你自己的哲学观。

7. 解释索伦·克尔凯郭尔和让·保罗·萨特是如何阐明这五种见解的。

地域勘察：对人生意义的追问

生命的意义是什么？请在提问的同时给出自己的回答。这需要你先回答几个初步问题。为了勘察地形，替下一步的讨论做准备，不妨思考下面几个跟人生意义相关的问题：

1. 俄国著名小说家列夫·托尔斯泰，人到中年，声名显赫、生活富足、家庭美满。但他坦承，"我感觉自己所立足的基础已然坍塌，我不免无所立足……我的生活也无所依靠"。他告诉我们，这番深深的绝望源于面对如下问题时的无能为力："我人生的意义是什么？我未来的人生将是什么样的？"另一方面，精神分析学家西格蒙德·弗洛伊德(Sigmund Freud)说过："当一个人对人生意义与价值产生疑问时，他就是病态的。"你赞成哪种态度？是跟托尔斯泰的观点一样，认为如果不能回答人生意义问题，你的所有成就终是虚空一场，还是赞成弗洛伊德的说法，认为这一问题不过是颇耗心神的无益思考，应当被完全忽略？

2. 你如何知道自己已寻得了人生意义？如果感觉人生毫无意义，你可能会在不满的情绪中经历人生。相反，如果感觉人生充满意义和目的，你在情感上便是满足的。但光是情感满足就够了吗？你只是用幻想来获得情感上的满足吗？你对意义和目的的感受不是应当基于那些真实、实在的东西吗？人生意义问题与认识论和形而上学有关吗？或者对它的回答仅仅关涉到心理上的快乐或不快乐？

3. 我们是否分享一些共同的人性，以至于在人生意义的问题上，能够得出或多或少一致的结论？或者，关于人生意义，你认为根本不存在唯一的答案？

4. 德国作家哥特赫尔德·莱辛(Gotthold Lessing，1729—1781)说过："如果上帝在我面前，右手握着永恒不变的真理，左手握着对真理的永恒追问，要我'做选择'，我会指着它左手说：'我的父啊！请赐予我这个吧！因为永恒不变的真理只能属于您。'"若是面临这种情况，你会作出像莱辛一样的选择，还是希望凭空得到真理？由这一选择推广开来，你认为人生意义是在漫漫探索的终结处获得的奖赏，还是说人生本身便是一场旅行，只要在其中快乐地活过，便是有意义的？

绘制人生意义问题的地形图：问题何在？

人生有意义吗？如果有，意义是什么？几乎所有人都玩过拼图游戏。一般来说，最后要拼成的图形都会印在盒子封面上，它可以帮你破解谜团。毕竟，若是没有何去何从的线索，一片片拼图就不过是杂乱无章、毫无意义的形状色块而已。有一片拼图是蓝色的。是天空那样的蓝吗？还是大海的蓝？抑或一丛蓝莓的一部分？若是没有成形的效果图，这片拼图几乎能表示任何东西。我们的生活也一样吗？我们的生活由经验与事件的片段组成，它们当中，有些是快乐的，有些则是悲伤的，但大部分不过是常规的平凡细节罢了。但我们生活中的这些碎片要服务于某种整体意义吗？它们要以某种方式嵌入更大的一幅图画当中吗？它们整体的意义是什么呢？

要注意拼图隐喻(jigsaw metaphor)隐含的假设。它暗示着我们最终要把生活碎片拼成一幅图画，而且它还假定，每个人所拼成的图画都将是一样的。与拼图隐喻相反，有些哲学家更倾向于马赛克隐喻(the metaphor of mosaic)。马赛克由很多不同颜色的瓷块构成，它们可以按各种方法被搭配起来。我们每个人都信手拈起属于自己的瓷块，用它们拼成有意义且令自己满意的图画。只是，对我有意义的人生未必对你也有意义。我们将看到，"全景图片"(big picture)的拼图隐喻与"多意义模式(many meaningful patterns)"的马赛克隐喻事实上构成了不同哲学家在面对人生意义问题时的主要分歧。

停下来,想一想

你认为哪种隐喻更适用于描述对人生意义的探究?

● 拼图隐喻:对人生意义的描述只有一种正确的回答。如果无法找到全景图片,我们的生活也将是无意义的。

● 马赛克隐喻:我们的生活中有很多可能的经验模式,它们都足以构成一幅有意义的图画。重要的是,你是否对自己的人生模式感到满意。

选择一种隐喻而不选另一种,意味着什么?两种隐喻都兼容于宗教世界观吗?还是都兼容于非宗教世界观?为什么?

在许多活动中,理解你的行动的目标或目的对于当下所做之事十分重要。例如,踢足球的目的是比对手得分高。相反,打高尔夫球的目的却是尽可能得低分。如果你在玩一种不熟悉的游戏,在棋盘上移动棋子时却不知道游戏的目的是什么,那么对自己玩得是好还是坏就只会一头雾水。这个类比阐明了为何大多数哲学家和普通人都相信考察人生意义是十分重要的。举例来看,苏格拉底曾指出,我们都会执着于特定的追求。有人成为艺术家,有人成为商人,其他人则会是医生、政治家、运动员或鞋匠。每一种特殊技能或活动都有自身的目标和目的。不过,苏格拉底相信,成人(being a person)本身就是我们要去从事的活动。跟我们从事的其他活动一样,有的人做人很出色,有的人则做人很糟糕。在苏格拉底看来,我们的生活跟其他活动一样,需要我们对于人的存在(human existence)拥有清晰的观念。不过,有些哲学家会说,苏格拉底的要求过高了。或许,我们需要知道的不过是"我的人生究竟是怎么回事?"重申一遍,我们都面临的问题是:人生的意义将在某种普遍回答中还是在某种个体性回答中被发现?

如果逐字逐句读完了本书谈及的每种哲学以及讨论过的每一论题,你会发现,它们都间接地对人生意义问题作了某种阐释。每章都提供了部分图景供你填充,不管借助的是实在的本质、知识的本质、宗教问题、伦理学还是政治思想。

停下来,想一想

体味之前读过的每一章。其中涉及的问题——身心关系、自由与决定论、宗教哲学、伦理学和政治哲学——是如何与人生意义问题关联在一起的?

路径选择:面对人生意义我将作何选择?

尽管对"人生意义是什么"这一问题可有多种回答,但对这些答案作一般性归类可能会对你有所帮助。[1]答案区间可基于如下四个主题:(1)有人发现问题太晦涩或不规范,因而无法得出满意解答。我称这种立场为问题观质疑(questioning the question view);(2)有人断言人生无意义。这是悲观主义(pessimism)立场;(3)有人在人生的宗教解释或形而上学解释中,以及它与事物的宏伟图式(the grand scheme of things)的关系中寻求答案。这属于宗教观(religious view)立场;(4)有人相信可在其个人生活中发现人生意义,无需给予人生以一般意义上的宏大、既定的意义。这种立场通常被称为世俗人文主义(secular humanism)。下面是一个简单的调查问卷,将依次对每种立场进行考察。

我怎么认为？关于人生意义的调查问卷

	赞同	不赞同
1. 当有人问起“人生的意义是什么”时，我不知道他们所问为何。		
2. 探寻人生意义是人的自然需求，不过这跟对不老泉的探寻差不多，两种情况下，探寻对象都不可能被找到。		
3. 在我的生活中发生的所有事都意在满足某个更大的目的。人生最重要目标在于发现这个目的是什么。		
4. 如果此生即将终了之时我可以说“我亲历过兴衰沉浮、悲喜无常，但总而言之，人生是美好的”，那我就找到了“人生的意义”。		
5. 人从降生伊始，吃饭、工作、睡觉，历经 70 载，然后撒手而去。加起来便是人生的意义。		
6. 人们可能会感觉找到了人生目的，但他们很可能弄错了，因为人类存在的客观目的独立于人对此目的的看法。		
7. 在人生意义问题上并无唯一答案，因为每个个体都要探寻属于他自己的个人意义。		
8. 如果并未过上想要的人生，人们便会沮丧不已。不过，就算他们过上了想要的人生，要么会感到厌烦，要么会发展出新的意愿，但总还是会感到沮丧。似乎很清楚的是，人生最终将充斥沮丧、厌烦和无意义的折磨。		
9. 除非对自己的存在彻底麻木了，否则大多数人经验到的只是混沌的空虚，且终生不过在渴望和憧憬中度过，因为他们在唯有永恒和无限的意义才能满足他们时，却一直试图用短暂和有限之物来填充空虚。		
10. 之所以说“探寻人生的意义”是错误的，是因为这一说法暗示着人生意义像复活节彩蛋，等待人们去发现它。与此相反，每个人都应该说“创造我的人生意义”。人们如同空白画布前的艺术家，思索着要创造出什么样的作品才会令自己满意。		

关于人生意义之调查问卷的解答索引

陈述 1 代表问题观质疑，它跟其他所有陈述都是矛盾的。

陈述 2、5、8 代表悲观主义，它们跟其他所有陈述都是矛盾的。

陈述 3、6、9 代表宗教观，它们跟其他所有陈述都是矛盾的。

陈述 4、7、10 代表世俗人文主义，它们跟其他所有陈述都是矛盾的。

检视问题观质疑

我们首先来考察这样一群人，他们认为本章讨论的所有问题都是毫无意义的。关于拼图隐喻，这些哲学家会说，把我们对生活经验的收集比作将拼图拼在一起，这是一种错误的假设。因此，拼图隐喻不适用于我们的生活。这些哲学家为何认为人生意义问题无意义呢？不妨好好思考一下有意义的问题与无意义的问题之间的差异。举个例子，我们可以问“芝加哥现在是几点”，但问“太阳上现在是几点”就是无意义的，因为我们要靠与太阳的关系才能分辨地球上的时间。同样，我们可以问法语词 *coeur* 的含义，或者问一幅油画或一本小说的含义。不过，一些哲学家认为，当我们就人的存在问同样的问题时，就会陷入语言的谜团。哲学家罗纳德·赫伯恩（Ronald Hepburn）看到，今天很多哲学家认为：“人生意义问题在概念上通常是模糊的和混乱的，其不过是逻辑上不同问题的混杂罢了。其中有一些是融贯的和可予回答的，有一些则不行。”例如，在回应人的存在的意义问题时，美国哲学家悉尼·胡克（Sidney Hook）写道：“很容易表明……这些问题本身以及对它们的回答都是毫无意义的。”当有人对 20 世纪哲学家伯特兰·罗素发起挑战，让他向一位不可知论者解释人生意义时，他回答道：“我想借另一个问题来回答这个问题：‘人生意义’的意义是什么？”然而，大多数哲学家坚持认为，尽管人生意义问题非常复杂，但它实在太重要了，不可像罗素这样轻易打发掉。事实上，我刚刚引述的那些哲学家会说，如果只是为了给人的存在寻找某种单一、终极的目的而提出这一问题，它便是无意义的。但他们会承认，在某种更具体的层面，人生意义问题或许是有意义的。由于"问题观质疑"立场主要是针对宗教观的攻击，亦即对人的存在必然有一个终极意义之观点的攻击，因而这一立场最终会退回到世俗人文主义那里。既然如此，我们便没有继续讨论的必要了。

检视悲观主义

第二条路径是悲观主义者提出的。简言之，他们认为人生毫无意义。这个立场有时也被称为虚无主义(nihilism)，其字面意思就是，"没有什么终极之物"。换言之，虚无主义主张不存在值得追求的价值。莎士比亚的《麦克白》(*Macbeth*)体现的就是这种悲观主义，书中将人生描述为"白痴所讲的传说——充斥着喧嚣吵嚷，无所旨趣"。

具有讽刺意味的是，悲观主义者承认宗教观的观点，如果人生有意义，这必然是某种终极的、超验的、持久的价值，而且人类也必然指向某种终极目的。但他们同时认为上述终极价值和目的根本不存在，因此人生终归是毫无意义的。所以，根据我们的拼图隐喻，悲观主义者似乎认为，将碎片拼成有意义的图片只是一种非理智的要求。我们最终能发现的不过是一堆杂乱无章，短暂且无意义的支离破碎的碎片罢了。19世纪德国哲学家亚瑟·叔本华对人的境况作了下述黯淡分析：

> ……我们的开端与终点有什么差异！我们以肉欲的疯狂和情欲的传播作为开端，最终肉体将支离破碎、发霉变臭。就我们人生的安康与快乐而言，从人生一个阶段到另一个阶段完全是在走下坡路：快乐憧憬的童年，欢欣鼓舞的青年，疲惫不堪的成年，摇摇欲坠的老年，临终疾病的折磨，死亡的痛苦

挣扎——难道存在似乎是个错误，它的后果将逐步显明起来？

我们应极力将人生看作……某种幻灭的过程：既然这点足够清楚，那么发生于我们身上的一切东西就都是计算的产物。[2]

批评者或许会回应说，既然像叔本华这样的悲观主义者都选择继续活下去而不是自杀，那他必然相信活着比死亡更有意义。因此，很多哲学家认为，与其说悲观主义代表的是某种可供辩护的哲学立场，毋宁说更多地代表了某种心理上的萎靡不振。与宗教信仰者一样，悲观主义者认为人生应该有更高的终极目的。但他们又像世俗人文主义者，认为终极目的并不存在于人类的经验当中。由此看来，悲观主义者似乎在宗教观和世俗人文主义观上各取一半，将二者生拉硬扯糅在了一起。一方面，如果我不相信上

爱德华·霍珀（Edward Hopper）《夜游人》（*Nighthawks*，1942）
作为20世纪艺术领域最杰出的作品之一，这幅图描绘了一家通宵餐馆的情形。三个人虽然比邻而坐，却形同路人。令人好奇的是，为什么他们不能在相互交谈中排遣孤独。相反，他们似乎听凭人生的无意义和绝望所摆布。他们或许会承认叔本华的观点，认为寻求意义只不过会导致幻灭和挫败感，因为在人生的每一时刻，我们所重视的每件事都不过转瞬即逝，就如肥皂泡，还没来得及抓住便会消失得无影无踪。

帝，为何认为人生应当有某种终极目的？另一方面，如果我选择继续生活下去，那么他们实际上是采纳了世俗人文主义者的答案。至此，我对悲观主义的讨论就完成了。下面将用更多篇幅讨论其他两种观点，毕竟人们在谈论人生意义问题时更常用到那两种路径。

检视宗教观

第三条路径属于那些在某种宗教或形而上学解释中寻求人生意义的哲学家。他们认为，我们生活的个体化碎片可被拼接成一幅更宏大的图画(想想拼图隐喻)。他们在找寻一种包罗万象的视角，以此超越人类的处境，并赋予人生以意义。换言之，他们在寻找大写的人生意义(MEANING of life)。通常，大多数宗教思想家会认为，人被带到世上只是为了服务于某种神学目的。毕竟，如果你观察到画布上的各种颜色搭配，唯有想到它们是艺术家们有目的的创造而非色块随意抛洒的产物，才会问"它意味着什么?"

不过，对终极意义的寻求不单单是宗教哲学家的事。某些哲学家，像柏拉图和亚里士多德都是在宇宙的理性本性中，或在不指向任何神性目的的人性结构中寻求人生的终极目的。因此，即便柏拉图、亚里士多德等哲学家不相信是某位人格神(a personal God)赋予我们以意义，但他们赞同宗教哲学家的看法，即如果我们的生活是有意义的，就必须与某种非人的(nonhuman)、客观的形上秩序相一致。不过，接下来，我将专注于对宗教观之立场的讨论。

根据有神论者的观点，世界是博爱和智慧的上帝有目的的创造物。同样，他们宣称，我们被创造出来是为了满足某种神性目的，也就是与造物主接遇，并践行它为我们铺设的人生道路。人们通常会引用 17 世纪数学家和哲学家帕斯卡的话："每个人心中都有上帝所塑造的真空，唯有上帝自己才能填满它。"与此相似，印度教教师卡比尔(Kabir)也写道:“世界对你而言是无意义的,直到在灵魂中发现了神明。”与美国犬儒主义(Cynicism)作家艾尔伯特·哈伯德(Elbert Hubbard)的“人生不过是一桩又一桩混账事罢了”这一论断相反,宗教观的立场是,人生是有意义的,因为植根于上帝本性中的是某种客观价值秩序。基于这一原因,美国哲学家威廉·詹姆斯(William James)说:“这世间的最末微细节从它们与不可见的神性秩序的关系那里引出无限的意义。”于是,在有神论者眼中,死亡并非我们生活的最终篇章,因为我们是以永恒为指向而被创造的。我们的生活并非像美丽但却转忽即逝的肥皂泡。美国作家纳撒尼尔·霍桑(Nathaniel Hawthorne)曾说:“除非我们是永恒存在的,否则造物主绝不会为我们创造出这般美好的岁月,也绝不会让我们去纵心享受它们。”列夫·托尔斯泰的自传就表现了这种朝向人生意义的宗教进路。

列夫·托尔斯泰(Count Leo Tolstoy, 1828—1910)是备受赞誉的俄国作家,他的史诗小说《战争与和平》《安娜·卡列尼娜》,以及其他短篇小说和杂文共同成就了俄国这位最伟大且最受喜爱的小说家。

50 岁时,托尔斯泰经历了一场精神危机,从此踏上了对人生意义的探寻之路。在接纳了朴素的福音基督教后(托尔斯泰认为这种宗教体现在俄国农民的生活中),他的探索达到了顶峰。下面是《忏悔录》(*Confession*,写于 1879—1882 年)中的选段,这本书详细记录了托尔斯泰的精神之旅,可以说代表了他对人生意义问题的有神论回应。在讲述自己的生平故事时,托尔斯泰说,(起初)作为成功的作家,投身于工作时能够“抑制我灵魂中有关我的人生意义以及一般而言人生意义的那些疑问”。但正如他的叙述所表明的,这种问题回避策略最终在他身上失效。

- 是什么使托尔斯泰在写作生涯的成功之际感到困惑?
- 就科学和理性知识对人生意义的回答而言,托尔斯泰为什么感到不满？

• 看到知识分子不能给人生意义提供正确答案之后，托尔斯泰为何要转向劳动阶级？

• 托尔斯泰最终接受了对人生意义的哪种回答？他为何认为这是正确的？

引自列夫·托尔斯泰

《忏悔录》[3]

所以我活着；但五年前，一件非常奇怪的事情开始发生在我身上。起初我开始经历人生的困惑和停滞，仿佛我并不知道应该怎样活着，应该做些什么；我陷入茫然，并进而陷入绝望。不过这样的迷乱很快就过去了，一切又恢复了先前的样子。然后这些困惑的开始越来越频繁地以同样的形式出现。它们总会以同样的问题出现在我的脑际："为什么会这样？接下来会发生什么？"……

而在这种现象发生的时候，我生活的各个方面其实在常人看起来无比幸运的：我还不到五十岁，有一个贤惠且相爱的妻子，有几个善良的孩子，还有很大的一片地产，即使我本人没有费什么力气，它也运转良好并有不断扩大之势。亲戚朋友比以往更加尊重我，其他人也对我赞誉有加，我可以不自欺欺人地说，自己已经是一个名人了。此外，我的精神和身体都还健康，有着同龄人少有的充沛精力和体力。而就在这样近乎完满的生活状态下，我觉得自己简直有些活不下去了，同时又因为害怕死亡，我不得不自欺欺人，以防自己真的选择自杀……

如果我只是了解到生命毫无意义，或许我会平静地接受这一现实，觉得那是我不得不接受的宿命。然而我不能得到满足。如果我是一个在森林里迷了路的人，知道根本没有出路，或许也就安然地活下去了；但是我像一个莽撞之徒，在森林里迷了路，明知道没有路却又为寻找出路而四处奔跑，这让我倍感恐惧。因为我知道，每往前走一步就会更深地迷失，然而又无法停下脚步……

为了寻找生命问题的答案，我觉得自己就像一个在森林中迷路的旅人。

他来到一片空地，爬到一棵树上极目远望，可以看到很远的地方，却看不到家在哪里，也知道家不会在那里。他走入一片灌木丛，身处黑暗，四周苍茫一片，却发现那里也没有他要找的家。

我以同样的方式徜徉于人类知识的森林，既沐浴了数学知识和实验科学那明媚的光线——在那里我可以远眺地平线，却找不到一座小木屋——也陷入了抽象科学那幽深的暗影——在这里我走得越远，笼罩天地的黑烟就越是汹涌。后来我坚信，在这里，我没有也根本不可能有任何出路。

当我走向知识的光明一端，我发现那只是在逃避问题。无论在我面前伸出的地平线多么灿烂光明，无论将自己沉迷于这无尽的知识中是多么美妙的诱惑，我已经知道，这些知识越是清楚而条理分明，我就越不需要它，因为它也解答不了我的问题。

“嗯，”我自言自语道，“我完全了解了科学所迫切了解的东西，在那条路上，我根本找不到关于生命意义这个问题的答案。”在另一端的思想领域，我知道尽管这类知识的根本目的是解答我的问题——或许正是因为这个原因——它所能给我的却无非是我自己已经找出的那个一模一样的答案。即，问：“生命的意义是什么？”答：“生命没有意义。”或者，问：“我的生命最终将变成什么样子？”答：“无尽的虚无。”再或者，问：“那么世界为什么存在，我又为什么存在？”答：“因为它们的确存在。”

托尔斯泰说，他此时的人生正处于一种疯癫境况，一直有自杀的想法。他去寻找那些似乎在人生意义上颇有想法之人，但与他同类的知识分子并不能给出答案。不过，当他转而把目光投向劳动者朋友时，却发现了安宁与满足，基于他们宗教信仰的安宁与满足。这一发现又导致了新的危机。迄今为止，托尔斯泰一直是在理性知识中获取信心，而且他相信这种知识是与信仰相互排斥的。可理性却无法在人生意义问题上提供答案。相反，倒是有信仰之人似乎找到了答案，只是这种答案包含着被托尔斯泰所蔑视的那种非理性的生活样式。最后，他被迫去重新评价自己之前的所有假设。如托尔斯泰所言：

> 一个矛盾产生了，摆脱这个矛盾的出路只有两条：要么我称之为理性的东西并非如我所想的那般理智，要么我以前看来非理性的东西并非我自己认为的那样毫无理智。我开始检验源自理性知识的论证过程。

不过，他最后总结说，科学和哲学都不能给他出路，需要找到破解这一问题的新路径。

> ……我意识到无法通过理性知识回答自己所提出的问题；理性知识所给出的答案无非就是指出：要回答这个问题，就只能以另一种方式重复问题，只能通过引入有限和无限的关系问题。我意识到，无论信仰给出的答案看上去是多么缺乏理性的谬论，它的优势就在于，每一个答案都回答了有限和无限的关系问题，否则就根本不可能有答案。
>
> 无论我以何种方式提出这个问题，“我应该如何活着?”答案永远都是:“根据上帝的旨意活着。”或者这个问题，“我的生命中有没有什么东西是真实的?”答案会是:“永恒的折磨或永

恒的福祉。”再或者这个问题，“有没有一种有意义的生命是无法被死亡所摧毁的?”答案是:“天堂”……

理性知识最终让我意识到生命是没有意义的。我的生命骤然停滞，我想自杀。当我看向四周，看向整个人类，我发现他们活着，且肯定地认为自己了解生命的意义。我又低头看了看自己，只有当我知道了生命的意义，并且使生命成为可能，我才能继续活着。

我进而看向其他国家的人们，看向我同时代的人和先辈们，并有了同样的发现。有生命的地方就必然有信仰。自天工开物以来，正是信仰赋予了人类生存的可能。所有信仰最基本的方面永远都是一样的，无论在哪个国家。

无论信仰给出的答案如何，无论是哪一种信仰，或者信仰所要回答的问题是谁提出的，这些问题永远为人类有限的存在提供了一种无限的意义;那种意义无法被苦难、匮乏或死亡所摧毁。这表明，只有在信仰中，我们才能找到意义与可能性。那么，这个信仰是什么?……信仰是一种有关人类生命意义的知识，信仰的结果就是，人不会自杀，而只能活着。信仰是生命的力量。如果一个人活着他就必须有所信，如果他不相信有什么让他必须活着，他就不会继续活着了。如果他看不到、也不能够理解有限的虚幻，他就会信仰有限，如果他理解了有限的虚幻，他就一定会信仰无限。没有信仰，人类就不可生存。

认定信仰是打开人生意义问题的钥匙后，托尔斯泰开始更切近地研究“穷人、质朴的人以及未受教育的民众”中的信仰者的生活。而他们不免受到托尔斯泰那些更有教养但精神空虚的同侪们的轻视。

我开始仔细地观察这些人的生活和信仰，观察越深入，就越坚信他们的信仰才是真正的信仰，信仰是他们生命中不可或缺的元素，信仰本身就为他们的生命注入了意义，让他们的生命得以延续下去。我在自己的阶层看到的人们完全可以没有信仰地生活，在这里，一千个人中也没有一个人能够坦然承认自己是真正的信徒，那些人则相反，一千个人中也很难有一个人没有信仰。我在自己的生活圈子中看到的人们一直都在享乐主义中虚度却仍对生活充满抱怨，而那些人一生艰辛劳作，却并不像富人对生活有种种不满。我们这个阶层的人们，一旦有求而不能得，便反抗和诅咒，憎恨命运的不公，那些人却能够毫无怨言地接受一切贫病和苦难，那么安然地坚信一切都是注定的，不可改变，且必然能够带来福祉。我们这些自诩为聪明智慧的人并不十分了解生命的意义，并在我们受苦和死亡的事实中看到一些邪恶的讽刺，一旦面临苦难和死亡，他们宁静地生活、无言地受苦，在走向死亡时安静平和，且往往心中充满喜悦。在我们生活的圈子中，一般不会有人平静地走向死亡，人们总是对死亡充满了恐惧和绝望，那些人则截然相反，他们中很少有人因为人之将死而备受煎熬，奋力反抗并郁郁而终。这世上有数百万这样的人，他们一无所有——在所罗门和我这样的人看来那些所有是生命唯一的福祉和意义——却仍然生活得无比快乐。我将观察的目光投向更远处，看到无数生灵活过往昔，仍然在继续生活。理解生命意义的人数并非两三个抑或十来个，而是几百个、几千个、几百万个。所有的人，尽管他们的习惯、思想、教育和社会地位截然不同，却全然不似我这般无知，他们了解生命和死亡的意义，承受着苦难和煎熬；从生到死，他们并不觉得一切都是虚空，反而认定那是一条向善之路。

于是我逐渐爱上了这些人。我越是深入地研究自己阅读或听说过的生者和死者的故事,就越热爱他们,也就越容易继续生活下去。像这样生活了大约两年之后,我的思想发生了巨大变化,就仿佛我一直都在等待这一变化,又好像这种变化的根基始终深植于我的生命中。这一变化就是,我自己生活的那个拥有财富和知识的阶层的生活不仅在我看来索然无味,而且丧失了全部的意义。我们所有的活动、我们的讨论、我们的科学和艺术在我眼中都变成了纯粹的放任纵容。我意识到,在这样的生活中找不到任何意义。而劳动阶层、那些创造了生命的人的活动,在我看来成了唯一真实而有意义的生活方式。我意识到,这样的生活所呈现的意义才是真理,我欣然接受这样的真理。

在反省自己踏上对上帝之信仰的坎坷历程时,托尔斯泰说自己一度在信仰和非信仰、生命与精神死亡之间犹豫不决。但他最终还是在挣扎纠结中坚定了信仰的决心。

但是我随即停住,仔细审视了自己,以及体内的情绪。我记得有几百次,生命之光从我的体内熄灭之后又再度燃起,我只有在坚信上帝的时候才是活着的,那时,和现在一样,我只需要意识到上帝的存在;我只需要忘记他,或者不相信他,我就死了。

这些死亡而后重生的过程是什么呢?显然,一旦我不再相信上帝的存在,就无法继续生活,如果没有心底里隐约出现的能够找到上帝的希望,我在很久以前就已经自杀了。我只有清楚地意识到上帝并寻找他的时候才能存活。"那么你寻找的究竟是什么呢?"一个声音在我的体内高喊道。"那就是上帝!没有他,人类就不可能继续存活。了解上帝和存活是同一回事,上帝就是生命。"

"活着就是为了寻找上帝，那么你就不能没有上帝！"刹那间，我发现自己的体内和周围的万事万物燃起了比以往任何时候都更加强烈的生命之光，从那以后，这一束光辉就再也没有熄灭。

透过宗教观的镜头看

1. 歌手佩姬·李(Peggy Lee)因其歌曲《仅仅如此?》(*Is That All There Is?*)名声大噪，她在其中对自己人生的每一阶段都作了如是追问。跟她一样，我们也都在从事各种有目的的活动，比如上学、求职、建立朋友关系。可我们一旦从忙碌的活动中抽身并反思自己的生活时，岂不是同样面临"仅仅如此?"这一问题。我们若是有勇气面对它，为何时常会感到空虚、渴望情感，好像应该得到更多的东西？宗教观对此给出了什么回答？

2. 现代的世俗哲学和道德哲学常会假设所有人都有同等的价值与尊严。但人们似乎在能力上又是不平等的，那么这一假设的基础何在？如果我们都是按照上帝的形象被创造，并且被放置在这里以服务于某种目的，难道不就有了以上帝的孩子以及同一人类家庭成员之名同等相待的基础了吗？宗教观如何说明，所有人都拥有同等尊严与价值？

检视宗教观的优缺点

正面评价

1. 就被给定的人性而言，我们都有许多基本需求，比如对水、食物和友谊的需求。每种情况下，人生都提供给我们满足上述需求的可能性。同样，我们似乎也有某种寻求人生的终极意义与目的的普遍需求。如果我们看起来都有这种需求却无法得到满足，这难道不是很奇怪吗？这难道不是在暗示，我们被创造出来就是为了实现某种目的吗？

2. 不可知论哲学家伯特兰·罗素在《一个自由人的崇拜》(*A Free Man's Worship*)这篇著名散文中以悲观语调宣布："长年累月的辛劳、一切付出、一切灵感，一切人类天才如日中天的光辉，都注定在太阳系的死亡浩劫中灰飞烟灭，甚而人类的全部成就都必然在宇宙分崩离析之际被掩埋于残垣断壁之下。"如果我们拒斥宗教观的人生目的的话，罗素难道不是中肯地说出了我们的必然下场吗？

负面评价

1. 有些人会这样回应托尔斯泰："你通过宗教信仰找到了意义，这无疑是好事。可你的结论难道不是仅仅表明，宗教只是符合你自己心理需求吗？"你为何由此假定宗教意义对所有人都是必要的呢？托尔斯泰的叙述中带有的强烈个人色彩不正是说明，宗教只是他给出的答案，而非人人都会给出的答案吗？

2. 许多非宗教人士在服务于他人或者在追求满意的职业和友谊的过程中，不也过上了有意义的快乐生活吗？他们不是证明了宗教并非人生的必要组成部分吗？

检视世俗人文主义

第四条路径被称为世俗人文主义。这一观点的支持者认为，宇宙或人生都不存在终极意义。在世俗人文主义者眼里，人生的片段是以多种方式拼接在一起而形成的各种有趣的、令人满意的组合，无需假定有一个我们都需要完成的唯一的、既定的图景。这些哲学家认为，只要在我们的人生之旅中发现或创造了小写的琐碎意义(little meaning)，这个人生就是值得过的。尽管宗教进路宣称唯有发现了人生之目的，我们的生活才有意义，但世俗人文主义者却认为，只要我们每个人在各自生活中找到了人生目的，我们就在过有意义的生活。

拼图隐喻认为可将我们的生活碎片拼凑成最终的唯一图景，与之相反，世俗人文主义者使用的则是马赛克隐喻。我们的生活由许多瞬间和经验构成，它们就像是被做成马赛克的五颜六色的瓷片。出生、友谊、爱、痛苦、职业以及最终的死亡这些一般性经验对所有人都通行。其他经验则是每一个体所独有的。借助这些碎片，每个人都试图编织出有意义的图案。因此，每个人都致力于将自己的生活变成一件原创艺术品，而不是唯一艺术品的复制品。尽管不同生活之间可能会有某种相似性，但我们每个人都正在构造属于自己的、独一无二的那幅图画。正如当代哲学家理查德·泰勒所说，"人生的意义是源自我们的，它并非无中生有，而且在美好和永恒方面远超人类曾梦想或渴求过的任何天国乐土"。

下面关于世俗人文主义的引文来自存在主义哲学家黑泽尔·巴恩斯(Hazel E. Barnes)。她曾在科罗拉多大学教授古典文学与哲学，现已退休。她作为无神论存在主义(与索伦·克尔凯郭尔的宗教存在主义恰好相反)的代表人物而广为人知。巴恩斯力图追随让·保罗·萨特的观点并将之贯彻于自己的整个工作中。巴恩斯撰写了《人文主义存在论》(*Humanistic Existentialism*)和《一种存在主义的伦理学》(*An Existentialist Ethics*)，并翻译了萨特的《存在与虚无》。并非每个世俗人文主义的支持者都会完全接受存在主义原则，但下述引文对世俗人文主义者在人生意义问题上所提供的解决方案的关键要点作了很好的说明。

• 按照巴恩斯的说法，一方是宗教，另一方是虚无主义(悲观主义)，它们分别给出了两种怎样的替代方案?

• 巴恩斯的存在主义给出的第三种选择是什么? 从哪些方面看，它能为我们提供一种满意的人生?

• 她是如何回应人们对永恒"量尺"的需求的?

• 对其哲学中分歧丛生的价值系统导致的显而易见的混乱，巴恩斯为何会安之若素？

• 巴恩斯是无神论者，但她为何拒斥“我们存在于非个人的(impersonal)宇宙中”这一观念？

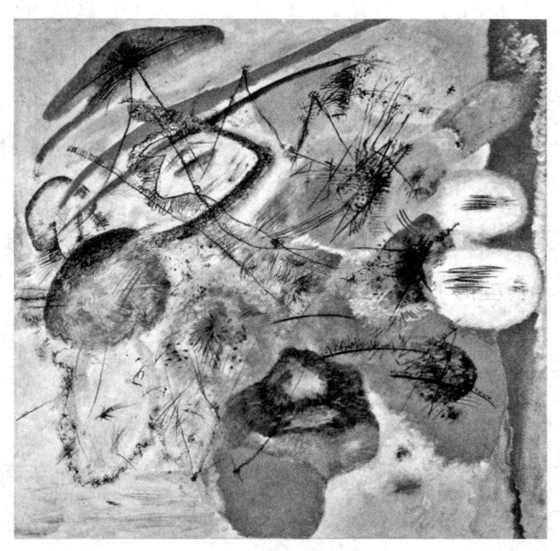

瓦西里·康定斯基(Vasily Kandinsky)《黑线》(*Black Lines*, 1913)

在欣赏这类现代抽象油画时，我们禁不住会问，“它意味着什么?”答案是，这里并无某种唯一确定的意义要我们去搜寻，而是只不过画了一系列有活力的黑色线条。它们在充满生机的色块上方舞蹈，而这些色块好似浮在画布上一般。康定斯基通过这些形状表达了自己的内在存在，并且享受着这些色彩的表演。如果我们的感觉也同样因这些表演而充实起来，那就再好不过了。我们还应对艺术家的作品有更多期待吗? 世俗人文主义也正是基于相似的道理来解释为何我们不应在人类存在中去搜寻某种既定、终极的意义(MEANING)。相反，我们的生活也如一幅正被创造的艺术品。如果我们在它的模式中找到了价值与乐趣，就能感到满意。此外，如果我们的生活模式也能令他人感到充实，并有助于他们创造令其满意的人生模式，那么我们就是加倍充实的。

引自黑泽尔·巴恩斯

《一种存在主义的伦理学》[4]

与对待人生意义问题的传统的、存在主义的态度不同，我想以一个日常例子作示范。让我们想象一个巨大的中国跳棋棋盘——与普通的棋盘不同，它没有规则的孔洞，棋子之间的距离也并不均等。就连棋子的尺寸也多种多样，其中只有一部分与棋盘上的空间相适恰。此时我们面临的两种选择，分别是由宗教和哲学的传统态度给出的。神学立场和理性立场都假定存在某种正确模式，它被印刻在棋盘上，可以被人们发现，并向我们展示如何可以合意且正确地安排自己手边的棋子。他们假定——也包括虚无主义者——如果这一模式不存在，也就根本没理由去玩跳棋游戏了。而一旦动机失去，他们就会下结论认为，人们可能会毁坏别人所确立的模式或者去自杀。存在主义坚持认为还存在第三种可能性。既存模式并不存在，再怎么深入探索棋盘的结构都没法找出镶嵌在里面的实质性模式。也无法合乎情理地期待某种非物质力量的存在，我们只要借助祈祷、药物或可以想到的任何其他工具与这股力量接触，就可以依靠磁性把弹珠吸到其正确的位置上。没了这种力，人们的指南和具体的目标便都消失了，人们可以自由地创造自己的模式了。确切地说，没有什么外部模板可让人们借以宣布新的模式是好是坏，是好一些还是差一些。只存在模式创作者的个人判断或者模式目睹者的个人判断，而且这些判断并不需要别人的赞同。如果创作者发现自己的创造物是有价值的，如果创作的过程是令人满意的，如果最终结果与作者的意图很好地比对起来，这个模式便有价值，个体的人生便值得过。我必须再申明一点：这种模式不可单独存在。尽管其独特的形式与颜色分明是可感的，但它是跟其他模式的边缘啮合在一起的——跟佩斯利花纹(paisley print)设计差不多。对个体模式而言这种相互啮合的关系具有积极意义,人生中的满足感很大部分便由此而来。还有另外一种满足感——它源自如下认识,即其他人承认某人的模式是好的。此外还有第三种满足感,它来自某种实现感,即某人的创作有助于其他人更容易地按其满意的模式生活。

在所创造的东西中和在别人的赞许中经验到快乐,这体现出了某种肯定价值,它是不可被否定的。但对许多人而言,这还不够。错失某物的感觉足以破坏任何因拥有某物而产生的恬静的满足感……第一,我们感到自己需要某种不朽的原型或量尺。存在主义者认为这类东西是不存在的,也承认没有它们人生会变得更艰难一些。但我们同样会问,在获取这种权威式的特权时,是否付出了太高的代价,以致所失超过了所得。实际上,宇宙的总体命运和目的在西方人的日常规划中只起很小的作用——那些残存的基础主义者(fundamentalists)可能是些例外,他们仍然信守天国和地狱的约定。通常而言,它是人生失败时的抚慰剂,教导我们一种观念,即事物时常可能以不期而然的方式变好,从而让我们从灰心失望中振作起来。我不否认这种安慰可以让人精神焕发。可如果对任何此类权威和规划的相信不止于一种美好的愿景,它必然也会对我们形成限制。如果人们能通过任何非人的标准来确定自己是正确的,那么其人性也就被这非人的东西严格限定起来了。他无法自由地带给这世界新的东西,拥有的也只是奴隶或乖孩子才有的那些可能性。更高的意义对作为过程的存在者(being-who-is-a-process)而言,其本身便是一种限制条件。这样一种未来是被规定好的而非开放的。人作为客观世界中微不足道的存在者,从全知的客观观察者的理论的而非存在论的观点出发,可能变得无丝毫重要性。在中世纪上帝造人的神学框架下,人所拥有的不过是孩童般的尊严,必须依照成人制定的规则度过循规蹈矩的人生。人类的冒险成了听从指挥的旅行……人们是时候离开父母的怀抱,依靠自己的判断过自己主宰的生活了。

当我们拿自己与同伴作对比时,就会发现自我创造的人生模式可能带来的第二种不安。很显然,对其他人看来糟糕透顶的模式,有些人却感到很满意。我们能容忍这种判断上的混乱并且依然对自己所创造的无论什么模式的积极价值坚信不疑吗?结果不会因为可随意使模式无意义化而陷于混乱吗?存在主义者一开始便宣称,我们无需为随意、不连贯以及多元价值系统的同步存在而唉声叹气,只需欣然接受就好。如果我们承认要以同样的方式为朝向同一个目的而努力,那么拥有选择与构建自己模式的创造性自由便没什么价值了。正像我们期待人们去制定各自不同的具体计划一样,我们也应当容许个体向四面八方发展,这可以赋予每种计划以意义,反过来它也会因每种计划的不同变得多姿多彩。萨特曾宣称,人最重要的创造性事业莫过于创造出一个价值系统,人们由此可按自己的意志生活并对自己的人生作出判断。其不仅仅意味着对错标准的制定,以及按照与他人的关系来对自己的要求作出规定。它其实涉及我们所说的人生“样式”(style)的整体语境——不光是道德的,还是审美的、气质型的——所有的一切共同构成人格,后者延续下去,在各种程度上受到修正,直到死亡为止。它们甚至还将留下一个被对象化了的“就他人而言的自我”。每一个诸如此类的人生都是独一无二的,不管这一人生的经历者曾多么艰难地跟在同时代人的模式后面去塑造自己。存在主义赞扬这种独特性,并抵制所有要将此独特性降低到最小可能程度的企图。存在主义认可并大加宣扬的一个事实是,因为每个人都代表一种视野，所以使所有人变得相同的可能性并不比将从不同地点观看同一片风景的两个人的视野变为同一个更高些……

仅仅因为人类价值和意义并非源自某个非人的宇宙结构，就认为它们是不真实、不重要的，这种结论毫无逻辑。这个世界只要能够为存于其中的意识提供主观结构便已足够。同时，一个个体的人，作为自我筹划者，一旦看到自己的计划突然被叫停，自然而然就会拍案而起。如果意识所创造出的模式与意义被限制在我们可直接经历的那些经验上，那么我们唯一合乎情理的反应就只是失望之情罢了。不过，人类作为一种存在物，总是一种将是(about-to-be)。在特定意义上，在存在中人本身总是向外的和超越的，外在到意象对象那里，或者更确切地说，外在到他在世界的筹划中去。一个非个人的宇宙不可能维持这些主观的结构。但我们并不在非个人的宇宙(impersonal university)中存在。我们活在人的世界中，在这里，多种多样的其他意识不可避免地将其意义施加于自在存在(being-in-itself)上，并且与我所筹定的计划相遭遇。恰恰就在这些相互啮合的人类活动的未来发展中，我最全面地实现了自我超越。由此，"我"将自己的存在镌刻在了人类世界中，"我"未来还将继续存在下去。

透过世俗人文主义者的镜头看

1. 当我们还是孩童时(特别是当我们是青少年时)，迫不及待想长大成人。但经常出现的情况是，有些人虽然在年龄上已经成人，但在情感需求方面却仍然像个孩子。我们会对这种人抱以轻视或同情。世俗人文主义者号召我们掌控自己的生活，变得自主和独立，自己作决定、自由选择目标，这难道不是在鼓励我们成为真正成熟之人吗？

2. 对宗教人士和悲观主义者而言，如果没有某种永恒的命运，时间与死亡便能将我们创造的所有价值都毁掉。对此，罗纳德·赫伯恩（Ronald Hepburn）回应道：

> 让我们想想那句众所周知的话，如果死亡是一切的终点，人生将毫无意义。换言之，不朽或复活是人生有意义的必要条件。有人提出了反驳论证，认为即便时间有限，这也不是造成价值缺失的原因。我们可以并且也会爱上凋谢的花朵，甚至在认识到它们会凋谢时，它反而变得愈加珍贵。由此，时间上的永恒并非价值或值当性的必要或充分条件，也并非意义的必要或充分条件。[5]

反对观点认为，世俗人文主义者不能为我们的生活提供任何永恒意义。针对这种观点，赫伯恩是否给出了令人满意的答复？

检视世俗人文主义的优缺点

正面评价

1. 想一想这一周以来你的哪些行为（可大可小）有助于实现人生意义。或许是与朋友聊天，听喜欢的音乐，写诗，给某个小孩做家教，打一场网球。如果你的人生可以由大量琐碎且有意义的时刻构成，还有必要为人生寻找宏大的、唯一的目的吗？

2. 关于人的存在之目的的任何建议都不会让我获益，除非我能使它成为我的目的。那么，归根结底，人生的主要目标不就是回答“什么使我的人生有意义吗？”如果世俗人文主义是正确的，那么这种极富个体性意义的问题不正是我们所期待的吗？

负面评价

1. 巴恩斯表明，人生意义就在我们自己选择的创造性的进取计划当中。不过，这个方案岂不是对某些重要问题避而不答吗？假设两个人对他们的生活同等满意，都认为各自的生活是有意义的。其中一个志在为辛苦劳作的穷困家庭建造质优价廉的房子，另一个则只是在玩视频游戏时努力得到满分。我们难道不是要说第一种人生更有意义，目的性更强，更值得过吗？这个例子岂不是表明（站在巴恩斯对立面），存在可用以衡量我们人生的某种“量尺”吗？个人的、心理的满足是衡量生活是否有意义的唯一标准吗？

2. 世俗人文主义者说我们能在个人的追求中发现人生的意义，这在托尔斯泰看来不过是种幻觉。无论我们的人生以什么为基础，是职业、健康、财富，还是朋友，这些都能被夺走，到头来竹篮打水一场空。同样，悲观主义者亚瑟·叔本华说过，如果要什么有什么，我们将感到厌倦；如果想要却不得，我们又会有挫败感。终日萦绕的虚空、厌倦或挫败感便是我们所期待的全部吗？托尔斯泰与叔本华的反思不是表明，我们生活的意义不可能基于任何有限的、暂时的或可被毁坏的东西吗？宗教人士会问：“如果只有意义的先验和永恒之源泉这般丰盛之物才会让我们餍足，那么有了面包屑便感到满意岂不太过轻率？”

如何将哲学运用于我的人生？存在主义的视角

现代社会中，或许很少再有哪种哲学运动能像存在主义那样关注人的存在意义（以及无意义所造成的可怕威胁）。有鉴于此，在本章末尾处（也是本书末尾处）很有必要简略考察一下存在主义者围绕此论题所提供的洞见。

存在主义作为一场哲学运动兴起于 19 世纪，主要受两位哲学家的影响：热忱的基督教徒克尔凯郭尔，以及坚定的无神论者尼采。他们的著作在当时可谓不合时宜，但其思想却有如智识的定时炸弹，在20世纪轰然爆发，促使存在主义一跃成为最流行的哲学运动之一。最具代表性的存在主义哲学家有让·保罗·萨特、莫里斯·梅洛-庞蒂(Maurice Merleau-Ponty)、加布里埃尔·马塞尔(Gabriel Marcel)、卡尔·雅斯贝尔斯以及马丁·海德格尔。从克尔凯郭尔和尼采的作品开始，宗教思想家和非宗教思想家都参与到存在主义运动中。萨特是一位公开的无神论者，梅洛·庞蒂不信教，马塞尔是天主教徒，至于雅斯贝尔斯和海德格尔，却不好说他们是否信教，因为其作品吸收了大量的宗教主题，而且对神学家也产生过影响。存在主义的影响并不局限于哲学，也波及文学、艺术、戏剧、心理学和神学等领域。

由于个人主义是存在主义的重要论题，所以存在主义者没有可供诉诸的共同学说。这是一个由多种思想家组成的群体，其著作也彰显着相异的个性。不过，在所有存在主义者那里都贯穿着一些相似的主题。比如，他们都坚持主观选择优先于客观推理，具体经验优先于理智抽象，个体性优先于大众文化，人的自由优先于决定论，本真生活优先于非本真生活。

即便宗教存在主义者与世俗或无神论存在主义者有着明显差异，但他们在如何处理人生意义问题上依然有着共同的洞见。这里列出其中五个，它们在基督徒克尔凯郭尔与无神论者萨特身上都有体现。①

存在主义的五条洞见

1. 在回答哲学问题时，要确保答案都是你自己得出的

克尔凯郭尔在一篇日记中写道："许多人在人生问题上得出结

---

① 本书第1.0节谈到克尔凯郭尔，第4.4节讨论宗教信仰的实用主义证明的和主观证明时也对他作了讨论。第2.7节讨论自由至上论时涉及萨特的思想。回顾这几节就可以找到对他们生平的简介。

论时跟中学生的行事风格差不多：他们自己不事思考，只复制书本里的现成答案来糊弄老师。"做哲学跟做算术一样，短期来看，采纳别人的答案可能是有效的，但长远来看，则无助于你度过自己漫长的一生。你可能在伟大的哲学心灵感召下重塑自我，但最终还是要创造出自我的"总体"(sum)。

克尔凯郭尔认为，认识真理与在真理之中是两回事。与此相似，他也指出，存在两种人，一种是受难者，另一种则是研究苦难的教授。这种说法正好解释了通过参与人生获得的知识与凭借超脱的学术研究获得的知识之间的差别。在克尔凯郭尔那里，"教授"不仅是一种职业，也是一种面对人生的态度。他的观点在弗雷德里希·黑贝尔(Friedrich Hebbel，一位名不见经传的作家)的一段话中得到体现：

> 人生的地狱之火只会毁灭精挑细选出的那些人。
> 其他人站在它面前，温暖着自己的双手。[6]

克尔凯郭尔的这一论题可借助几种类比来说明。例如，这是如何骑自行车的知识：调整自行车轨道的曲率与失衡和速度的平方比之间的比例关系。[7]显然，搞懂了物理学公式并不意味学会了骑自行车(虽然这种认识客观上为真)。要学会骑自行车，就要投身于现实，并从主观上去感受那个平衡点，而不是对物理公式作一种知识上的理解。

所谓客观上认识真理不同于主观上在真理之中，这与克尔凯郭尔提出的另一区分，即结果与过程之间的区分有关。某些情况下，结果与过程是可分离的。举例来看，你可以从书本中查找地球到月球的距离，而不用亲自计算。不过，通过这种间接方式不可能得到一种切实的匹配感。获得它的唯一办法是亲自参与计算过程。在克尔凯郭尔看来，那些真实确凿的真理(自我认识、人生的应然生活方式或宗教理解)与数学信息不同，它更接近于那种切实的匹配感。你知道什么与你如何知道它是关联在一起的。此时你要做的，就是进行一场迂回曲折的自我理解之旅。

最后一个例子有助于澄清克尔凯郭尔的观点。在我参加的一场毕业生哲学研讨会上，一位因上帝存在的本体论辩护而闻名的哲学家将他的论证简化为逻辑符号，写了满满一黑板。① 这一连串数学符号之后，他给出了结论："上帝，这位最伟大的可能存在者必然存在。"我的一位朋友冲我惊呼："天哪！这个论证是完美的，我没法从中找出逻辑错误。"接着他脸上便掠过一阵惊恐之情，因为他是哲学博士，一直基于理性生活，而这个上帝存在证明在他看来竟然是完美无缺的。不过他也意识到，只要离开这间屋子，自己的人生依然如故。克尔凯郭尔很明白这位年轻人的感受。他相信，如果客观真理不能对一个人的人生形成主观的经验性影响，它势必是枯燥、干瘪、冷淡和无用的。

萨特在谈及自己二战期间教过的一名学生时也表达了类似观点。那位学生很是纠结：是守在年事已高的母亲身边，还是上战场抗击纳粹。如萨特所说：

> 什么可以帮助他做选择呢？基督教教义？不行。基督教教义说：行为要仁慈，要爱你的邻人，要为别人牺牲自己，要选择最艰难的道路，等等。那么，哪条道路最艰难呢？谁应当承受这种兄弟般的爱呢，爱国者还是自己的母亲？哪个目标更有益呢，是保家卫国这个一般性目标，还是照料某个人的生活这个具体目标？[8]

在萨特看来，即使这位学生选择遵从基督教原则，也无法从中

---

① 参见第 4.3 节中对本体论论证的讨论。

获得现成答案以应对当下的情况。他仍然不得不为自己的人生筹划和经营。此外，他还指出，如果年轻人选择去咨询牧师，也依然无法卸下作决定的重担。有些牧师抵制纳粹，有些则消极地等待事情出现转机。不论咨询的是哪一类牧师，他事先就得对他将会得到忠告作出决定。因此，即便我们借助外力找寻人生道路，依然必须要在向谁咨询，如何解释得到的建议，以及是否遵循这些建议方面作出自己的决定。总而言之，我们不可能逃脱承担责任的重任，也必须意识到，最终的决定还是要取决于我们的判断。有鉴于此，萨特告诉学生："你是自由的，所以你选择吧！"

聚焦

死亡的理智意义与死亡的存在论意义

列夫·托尔斯泰的小说《伊万·伊里奇之死》很好地阐明了理智地认识真理与以主观的、存在论的方式认识真理之间的差别。伊万·伊里奇过去对"所有人终有一死"这一真理熟稔于心。但这句话中的"人"(men)是抽象的，伊万彼时还未想到自己也被包含在内。可有一天，在医生的诊室里，伊万了解到自己快死了。这个他一直了然于胸的客观真理突然呈现出一种新的意义。当用其指称一般意义上的人类特性时，死亡的必然性很容易获得理解。但当伊万意识到"我，伊万，快死了"，必死性这个概念对他而言就立刻不同了。

停下来，想一想

是否有这样一个时刻，你在理智上认识到某件事为真，但它却对你的生活没有产生任何影响（就像哲学系学生思考上帝存在的证明一样）？你可曾有过伊万·伊里奇的体验，即某件你原本只是抽象地认识到的事情后来实在地发生在你本人身上？是否存在这样的可能，即你只是在理智上认识了某物，主观上却并不知道它？

我已强调过，哲学是个人的、主观的。但这里所说的主观，并非就我讨厌吃生牡蛎，我喜欢蓝草音乐等个人偏好意义而言。相反，哲学既是个人的又是客观的，这种说法跟死亡既是个人的又是客观的差不多。死亡是个人的，因为它发生在我们身上。但死亡同时又是与人类生存条件相关的客观事实。因此，在哲学中，"个人的"和"客观的"是紧密交织在一起的。个人判断是每一个客观论断的基础。你可以遵从神命(divine commands)，也可服从客观理性或科学发现的标准(不妨再命名一种新的可能性)。在每种情形下你都在作出个人判断，你认为它提供了可靠的指导，你也在很好地遵循它。当然，反过来说，客观论断是每个个人判断的基础，这同样正确。在哲学中，关于什么是真、善或者应该如何行为，你都能作出个人判断。但正如萨特所说，在这个过程中你其实已在暗中接受了某条客观论断，即这一判断是看待事物的最好方式，并且在你的处境下所有人都会这样做。既然如此，我们便可以如此理解哲学，即它是以主观的方式把握你在客观上认定为真的东西。

2. **你应当采纳的是当局者立场，而非旁观者立场**。

我曾讲过的最差课程之一是商业伦理学，主要面向会计专业的本科生。除了自己讲得不好以外，学生也无法理解讨论这些伦理问题对他们未来的职场生涯有什么实际用处。后来，我又为在该行业中的职业会计师开设了研讨班，他们给出的回应令人惊讶。因为那些专业的会计人员是"当局者"，他们都曾因为要作出让雇主满意的财务数据而在职业操守方面有所妥协，也体验到自己面临的伦理压力。因此，他们对我所讲的东西很有兴致，并积极分享自己在“伦理上的可怕经历”，以证明我的观点。相反，大学生们是不可能喜欢这门课程的，因为他们只是作为旁观者，只能从与己无关的理论角度来看待会计专业。

在强调作为参与者而非旁观者的重要性时，萨特说：“人只是他企图成为的那样，他只是在实现自己意图上方才存在，所以他除掉自己的行动总和外，什么都不是；除掉他的生命外，什么都不是。”[9] 萨特进而对某类人进行批判，他们认为是“环境对我造成阻碍，我本应成为更好的人”。相反，萨特认为，“离开爱的行动是没有爱的，离开爱的那些表现，是没有爱的潜力的；天才除掉艺术作品中所表现的之外，是什么都没有的”。

为强调参与的重要性，不妨思考下面这个类比。你正在读的一本书就好比一家让人感觉愉悦的自助餐厅，里面摆满了各种哲学观念等你品尝。你从中挑选自己心仪的食物组合。与之相似，你阅读本书的每一章节时，无疑会发现对你有吸引力的观点，同时也会拒斥其他观点。不过，就算摆在你面前的托盘里的食物再美味，再有营养，如果不吃掉它，对你就不会有什么作用。既然如此，你又该如何处理所学到的各种哲学思想呢？只想将它们摆在托盘里？就像克尔凯郭尔对他自己的追问（我们每个人都必须就此对自己发问），“通晓所有哲学体系，并且如果需要的话，将它全部回顾一番并表明每一体系内的不一致，这有什么用呢？……如果（它们）对我以及我的人生而言并无更深层的意义的话……”当然，通晓书中的所有哲学观点可以让你在这门课中得到高分（这也很重要）。但同样显而易见的是，对你的人生以及对你个人而言，还有比高分重要得多的东西。回答“我从这本哲学书中学到了些什么”这个问题还是挺有趣的，或许也不怎么难。但对于“思考过哲学以后我会如何改变”这类问题，要给出答案就比较困难了，这要求你对自己有更多的挖掘。

3. 认识到选择、承诺、责任和风险是无可逃避的

每个选项后面都会跟着三种回应："是""否"和"我稍晚再决定"。对于某些问题，我们可以用第三个答案来回应。如果你问我"外太空是否有生命存在?"我将回答："我不知道，等有了更多信息之后再下结论。"这个回答是可接受的，毕竟，就我的经历还不能使我回答这个问题。但在人生意义问题上，我们拥有的选项并不多。我们就像海上的漂泊者，试图找到船舶航行的路线。如果不当机立断，就将漂离失据，直至命丧黄泉。从事哲学就像航海，必须利用能掌握的所有信息作出最优决定。此时此景，不作决定也就是作出了决定，只不过作出的是消极和不负责任的决定而已。

卡斯帕·大卫·弗雷德里希(Caspar David Friedrich)《雾海中之上的流浪者》(*Wanderer above a Sea of Fog*, 1818)
与油画上孤独的身影相似，每个人都茕茕独立，直面人生意义问题。即便你发现某物的意义大于你自己的意义，不管此物是上帝还是同伴间的亲密关系，你仍然要决定自己应持何种人生立场。宗教存在主义者克尔凯郭尔和无神论存在主义者萨特都认为，每个人都要担负起责任的重担，都要承担选择终极承诺的风险。

在描述二战时期被纳粹占领的法国时，萨特说：

> 德国占领期间我们再自由不过了。我们丧失了全部的权利，连最重要的言论权也失去了。我们终日遭受凌辱却只能三缄其口。我们因为是工人、犹太人、政治犯而被驱逐出境。

> 我们被圈在高墙之内，报纸上、银幕上充满了污秽不堪、枯燥乏味的形象，侵略者们希望我们认定自己就是那样的。正因为全部这些，所以我们是自由的。[10]

在上述高压政策下，萨特为何说法国人民再自由不过了？理由在于，他们被迫作出选择；他们不再能够回避责任的重担，他们必须决定要怎样做。他们一言一行都是选择的结果：要么与纳粹合作，要么跟反抗者结盟。作出真实的选择是唯一出路，毕竟逃避承诺是不可能的。

如果你采取下面这种策略，即依照“近似法”(approximation-process)，在获得绝对、客观的确定性之后再作决定，就会遭到克尔凯郭尔的嘲讽。当你面临选择时，可以不断积累证据与理由，直到切近某种决定为止。此时你可根据证据来确认，你所考虑的立场很可能是真的，或者说是极具可能性的。但也会出现这样的情况，即你听到的下一个论证，或者读到的下一本书将影响你对这些可能性的评估。可是，在有些问题上你不能永远等下去，因为无限地推迟决定可能意味着你默认了某个决定。诸如此类的例子有：“我是等待救援还是应当返回安全港？”“我要嫁给这个人吗？”“我要接受这种哲学吗？”在这些情况下，证据可以以近似法的形式呈现，但最终的决定必须干脆利落。狂欢节上，你可以在概率游戏中押注 2.5 角硬币，以期赢得一份廉价小饰品。所获虽小，但风险也小。可在人生问题上，必须冒极大风险，作出更大承诺，才能达成真正有价值的目标。

4. 尽可能做理性、客观的思考，但也要知道，哲学不会替你作出最终决定。

是否迎娶挚爱雷吉娜·奥尔森(Regina Olsen)是克尔凯郭尔一生最重大的决定之一。他虽然哲学修为甚高，但还是清醒地知道，世间任何逻辑都不能替他做决定。他必须以自己的方式作出决定，这只能靠他自己。这个决定不仅关乎如何行事，或者过什么样的生活，而且从更深刻的层面讲，关乎他将会成为一个什么样的人(他最后决定不娶雷吉娜)。

与克尔凯郭尔相反，我曾有一位朋友，他通过理性演算来为人生作抉择。他将某一选项的正反方面都罗列下来，并计算各方所占权重。举个例子，在“我应该结婚吗？”这问题上，他会列出：

伴侣关系＝＋10

孩子带来的快乐＝＋6

感情＝＋9

但是

责任＝－7

缺乏自由＝－10

等等。他将结果相加，以此作决定。数学的客观性会引导他作出理性选择。当然，其中的那些选项，以及每一项的权重，都归于他的主观论断。

与之相似，对之前谈到的那位对是否参战犹豫不决的年轻人，萨特给出的建议是，可以参考基督教教义或康德的伦理学提供的一般原则。至于到底应当遵循哪些原则，以及在具体处境下如何解释这些原则，则要由他自己决定了。

哲学和理性思考可让问题与选择变得清晰，并能为你提供决策依据，但最后还要由你来决定哪些论证最具说服力，哪些哲学最为融贯，以及你将作出何种选择。苏格拉底、亚里士多德、笛卡儿、休谟、康德、兰德(Rand)、密尔等哲学家已经用他们的理智之旅将各种图景展示给你，但你还必须亲自踏上旅程，在多方考量后决定你的最佳航向。

5. 真正践行自己的选择

有些人会受到萨特的嘲弄，因为他们认为每个人生来便有着确定的本质，或者带有特定的标签，似乎这些特征如同眼睛的颜色一样固定不变。他们往往会作出这种评论，比如"这个人是懦夫而这个人是英雄"。按萨特的说法，这种观点实在太过轻佻，因为随之而来的结论可能是："如果你们生来是懦夫，就心平气和接受好了，无论做什么都没法改变。你们一生都将是懦夫；如果你们生来是英雄，也该心平气和接受，你们一生都将是英雄，吃喝都带着英雄气概。"[11]跟这种过分简单的图景相反，萨特回应道："懦夫令自己成为懦夫，而英雄则令自己成为英雄；懦夫总有可能抛弃懦夫之名，而英雄也总有可能英雄不再。全看你的所作所为。"换言之，你要明白自己并不是标签，你是有选择的人，且必须为自己的选择负责。

克尔凯郭尔曾描述过这样一类人，他们作出的都是能被社会上所有人接受的选择，并因此成为(表面上看)理想的人。

> 表面上看，他绝对是"真正的人"。他受过大学教育，是别人的丈夫与父亲。他甚至是非常称职的公务员，值得尊敬的父亲，对妻子非常温和，对孩子十分关爱。那么他是一名基督徒？太是了，都稍微有点过了。[12]

问题在于，这个人(如克尔凯郭尔所述)缺乏自我。他充其量不过是丈夫、父亲、公务员等各种社会角色的合集。这些描述对任何人都适用。问题是，这些描述背后那独一无二且本真的自我何在？在另一段文字里，克尔凯郭尔描述了与之相似的一类人：

> 通过看到(自己身上)体现出的人的多重性，参与各种各样的世俗性事物，洞悉世上之事的运作方式，这个人遗忘了自己……不敢相信自己，认为做自己实在太过冒险，而与他人相像，变成一名模仿者，一个数字，人群中一个碌碌无为的家伙则既容易又安全。[13]

面对人生的诸多任务，你必须小心谨慎、实验求证，尝试着小幅推进。如果你不确定是否喜欢甜辣酱，不妨先挑一点配着肉尝尝味道，而不是直接用来下菜。但哲学却不同。你不可能星期天、星期二和星期四尝试宗教立场，星期一、星期三和星期五再试着做一名无神论者，然后在剩下的星期六做不可知论者。同样，在伦理学领域，你不可能把自己分出四分之一做伦理相对主义者，四分之一做利己主义者，四分之一做康德主义者，剩下四分之一做功利主义者。“这个尝试一点，那个尝试一点”，这并不是帮助你选择人生立场的好方法。

当强调承诺和决定的重要性时，我从未说过你不能改变想法。很多伟大哲学家在一生中都曾有过立场、观点的彻底转变。不过，这些转变并非意气用事或任意而为。哲学家之所以改变心意，是因为他们真诚地接受了一种哲学，并在其生活和思想领域做了不断调试。尽管承诺自己拥有一种哲学立场十分重要，但承诺追求真理总是更胜一筹。这一章是本书的最后一章，在写这一章的过程中，我的任务就完成了——之后就是你们自己的事了。

7.0 个人做哲学：生命的意义

1. 格特鲁德·斯坦（Gertrude Stein）是 20 世纪美国著名小说家。她的人生好友曾讲述过关于她本人的故事，斯坦因为即将去世，便问道：“答案是什么？”没有人回答，她又问：“那么，有什么问题吗？”

- 你认为这个问题是什么？换句话说，你认为关于你的生活，你可以问的最重要的问题是什么？
- 你认为“生命的意义是什么”这个问题是一个有意义的问题吗？
- 如果是这样，对此问题，你多久会思考一次？

● 你认为这个问题有明确答案吗(不管你是否认为你已经找到了它)?

2. 你将如何回应以下两种说法?

a. “生命的意义问题是一个情绪问题。当我感觉良好时,问题就不会出现。不过,当我沮丧时,我会担心这一切的意义到底是什么。因此,该问题仅仅是一个人情绪状态的反映。”

b. “生命的意义问题是一个理智问题。它涉及的是关于人类生活及其意义的哪一种观点最有根据。可以对各种人生答案进行辩论,也可以评估每个答案的原因。基于我们对人的生活的真实看法,我们对这个问题的情绪反应是次要因素。”

3. 回想一下上周发生的事情,列出那些显要的事件、活动和经历,因为它们要么是快乐的、有意义的、令人满意的、愉快难忘的、有趣的、鼓舞人心的,要么是在其他一些积极方面具有重要意义的。从精神方面讲,是不是这些日常事件使你的生活变得有意义?或者你认为不止如此,还需要某些其他意义,比如一些超越性或永恒的大写的意义(MEANING)?生活中需要多少诸如此类的意义才能使我们满意?

4. 艺术作品是人的生活之意义的源泉。艺术还可以表达艺术家对生活及其意义的看法。引人注目的是,19 世纪哲学家尼采在谈到某个已通达本真性的人时说:“他不再是艺术家,而是已成为一件艺术品。”通过以下问题思考你的生命的意义。

● 把一个人的生活变成一件艺术品意味着什么?

● 我将如何让自己的生活成为一件艺术品?我会强调什么,又会忽略什么?

● 画家通过在画布上添加笔触来创作,而雕塑则通过从大理石上切下碎片来创作。同样,我需要在我的生活中添加什么才能使其成为一件出色的艺术品?另一方面,为了让我的“艺术作品”变得更好,我需要从生活中删减什么?

5. 死亡不仅是我们生命的终结，更是我们生命的最后总结。我们是谁，我们的愿望是什么，我们取得了什么成就，这些都会在我们去世时被确定下来。因此，在讣告中，其他人试图总结一个人生活的意义。同样，墓志铭也会用一些简短的陈述来纪念死者（有时，人们会在生前选择自己的墓志铭）。例如，卡尔·马克思的墓碑上印着他的名言："全世界无产者，联合起来。哲学家只是用不同的方式解释世界；但问题在于改变世界。"获得普利策奖的美国诗人罗伯特·弗罗斯特（Robert Frost）的墓碑上，刻着他的一首诗中的一行："我和这个世界有过情人般的争吵。"现在，轮到你了。

• 你希望人们在你的讣告或追悼会上说些什么来总结你生命中的事实，以及你生命的意义？

• 用一个或多个简洁的句子，写下你自己的墓志铭。你希望留给世界的最后一句话是什么？这句话要能简洁地概括出你是谁以及你的人生态度。

第七章回顾

哲学家

Arthur Schopenhauer 亚瑟·叔本华

Leo Tolstoy 列夫·托尔斯泰

Hazel E. Barnes 黑泽尔·艾斯黛拉·巴恩斯

Søren Kierkegaard 索伦·克尔凯郭尔

Jean-Paul Sartre 让·保罗·萨特

概念

the questioning the question view 问题观质疑

pessimism (or nihilism) 悲观主义(或虚无主义)

how pessimism is both similar to and different from the religious view 悲观主义与宗教观怎样既相似又不同

how pessimism is both similar to and different from secular-humanism 悲观主义与世俗人文主义怎样既相似又不同

the religious view 宗教观

the secular-humanist view 世俗人文主义

existentialism 存在主义

the five insights of existentialism 存在主义的五条洞见

深入阅读建议

Frankl, Viktor. *Man's Search for Meaning*. New York: Pocket Books, 1997. 精神病学的经典文献。弗兰克尔是一名精神治疗师,曾被关进纳粹集中营,也正是这段经历使他发展出了人生意义和人生目的理论。

Klemke, E. D., ed. *The Meaning of Life*. 2d ed. Oxford: Oxford University Press, 1999. 这是一本关于人生意义问题的读本合集，其中涵盖了本章讨论过的四种立场。

Nicholi, Armand Jr. *The Question of God: C. S. Lewis and Sigmund Freud Debate God, Love, Sex, and the Meaning of Life*. New York: Free Press, 2002. 本书作者是一名哈佛精神病学专家，也是一位基督徒。他将世俗人文主义者(弗洛伊德)的观点与基督徒(刘易斯)的观点整合进对人生问题的探讨中。美国公共广播公司(PBS)曾以此为基础作过两次特别报道。

Runzo, Joseph, and Nancy M. Martin, eds. *The Meaning of Life in the World Religions*. Oxford: Oneworld Publications, 2000. 本书涵盖了对人生意义问题的各种讨论材料，代表了世界各地的主流宗教传统。

Thomson, Garrett. *On the Meaning of Life*. Belmont, Calif.: Wadsworth, 2002. 对人生意义相关问题的概述。

---

1 此处的分类模式可归功于桑德斯和切尼的相关讨论。参见 Steven Sanders and David R. Cheney, *The Meaning of Life: Questions, Answers, and Analysis* (Englewood Cliffs, N. J.: Prentice Hall, 1980)。

2 Arthur Schopenhauer, *Essays and Aphorisms*, trans. R. J. Hollingdale, quoted in Sanders and Cheney, *The Meaning of Life*, p. 36.

3 Leo Tolstoy, *Confession*, trans. David Patterson (New York: W. W. Norton, 1983), pp. 26, 29, 32 - 33, 40 - 41, 58, 60 - 61, 66 - 68, 74 - 75. Translated by David Patterson, Copyright. 中文翻译引自列夫·托尔斯泰：《忏悔录》，马睿汉译，中国对外翻译出版公司 2010 年版，第 13，16，19—21，28—29，45，46，47—48，53—54，61—62 页。

4 Hazel E. Barnes, *An Existentialist Ethics* (New York: Alfred A. Knopf, 1967), pp. 106 - 109, 114 - 115.

5 Ronald W. Hepburn, "Questions about the Meaning of Life," *Religious Studies* 1 (April 1966), pp. 125 - 140.

6 引自 Dallas M. High, *language, persons, and Belief* (New York: Oxford University Press, 1967), p. 11。

7 这个例子摘自 Michael Polanyi, *Personal Knowledge* (Chicago: The University of Chicago Press, 1962), p.50。

8 Jean-paul Sartre, "Existentialism and Humanism," trans. Philip Mairet, in Steven Luper, *Existing: An Introduction to Existential Thought* (Mountain View, Calif.: Mayfield, 2000), p.269.

9 同上,pp. 270 - 271。

10 Jean-Paul Sartre, "The Republic of Silence," in *Situations III*, quoted in *The Philosophy of Jean-Paul Sartre*, ed. Robert Denoon Cumming (New York: Vintage Books, 1965), p.233.

11 Sartre, "Existentialism and Humanism," p.271.

12 Søren Kierkegaard, *The Sickness unto Death*, in *Fear and Trembling and The Sickness unto Death*, trans. Walter Lowrie (Princeton: Princeton University Press, 1968), p.197.

13 同上,pp. 166 - 167。

附　　录

有效推理
做什么与不做什么

在第 1.3 节，我曾对论证的本质、演绎推理和归纳推理的区别进行过讨论。在附录部分，我会更详细地审视在日常对话和哲学著作中常见的好的论证形式和坏的论证形式。通常情况下，我在介绍每一种论证形式时，都会借助一个日常生活中经常遇到的简单例子来加以阐明。之后，我会举一些基于错误形式的哲学论证。当然，在日常生活中和哲学著作中的论证形式不会像我们今天讨论的这样简洁。当你阅读哲学（或其他论证性文本）时，通常不得不去寻找隐藏在文本之中的论证结构，以辨明它到底采取了哪些论证形式。

演绎论证

在这一附录中，我将对诸多常见的有效（以及一些无效的）论证形式进行审视。在审视的同时，请记住以下对“有效性”(validity)的补充性定义：在一个有效论证中，不可能出现前提为真而结论为假的情况；在一个有效论证中，如果前提真，结论必然真。我将要讨论的论证形式都十分常见，因此人们往往冠之以相应的名称（有时是用拉丁文表达）。在每种情况下，我都会用一些字母来构造论证的框架结构，譬如 P 和 Q。字母代表的是命题中的变量。在每个论证形式的右侧,我都会添加具体的命题来替代字母变量,以使论证充实起来。为使这种逻辑讨论更切合我们的哲学之旅,我还将提供一些使用了错误论证形式的哲学论证。当我们对某些哲学结论的有效性或无效性进行审视时,请不要将其视为对特定问题的最终定论,也不要假定这个论证对结论而言就是最好的。在每种情况下,如果论证有效,但你却并不认同其论证结果(例如"上帝存在"或"上帝不存在"),那么在质疑论证前提时,请给出你质疑的基础。

在讨论第一组论证形式前,我们需要对条件句(也叫作假设句)做一规定。一个**条件句**往往包含两个简单句,并且用"如果—那么(*if-then*)"联系在一起。

例如:

如果下雨,那么地湿。

如果学习,那么你会获得高分。

如果琼斯怀孕了,那么琼斯就是女性。

条件句的第一部分("如果"后面的部分)被称作**前件**(antecedent)。第二部分("那么"后面的部分)被称作**后件**(consequent)。在以上例子中,前件分别是"下雨""学习""琼斯怀孕了"。后件分别是"地湿""你会获得高分""琼斯是女性"。

条件句规定,前件的真是后件为真的**充分条件**。说 A 是 B 的充分条件,是指如果 A 为真,那么 B 必定为真。在某些情况下,使前件为真的条件,也会是使后件为真的条件的原因(就像前两个例子)。然而,琼斯怀孕并不是琼斯是女性的原因。因此,充分条件关涉的是每个陈述的真之间的关系,而并不总是表达一种因果关系。条件句也会规定,后件是前件为真的**必要条件**。说 A 是 B 的必要条件指的是,若要 B 为真,A 必须为真。例如,"身为女性"是怀孕的必要条件。但“身为女性”却并非怀孕的充分条件。关于条件句的这些讨论在前五个论证形式中都会有所体现,它们都包含着条件句。

肯定前件式

1. 如果P,那么Q。	1. 如果Spot是一只狗,那么Spot是哺乳动物
2. P。	2. Spot是一只狗。
3. 因此,Q。	3. 因此,Spot是哺乳动物。

肯定前件式的哲学案例

1. 如果宇宙有设计的迹象,那么上帝存在。
2. 宇宙有设计的迹象。
3. 因此,上帝存在。

否定后件式

1. 如果P,那么Q。	1. 如果约翰有资格获奖,那么他是一个大三学生。
2. 非Q。	2. 约翰不是一个大三学生。
3. 因此,非P。	3. 因此,约翰没有资格获奖。

否定后件式的哲学案例

1. 如果我们要为自己的行为负道德责任,那么我们有自由意志。
2. 我们没有自由意志。
3. 因此,我们不需要为自己的行为负道德责任。

1. 如果上帝存在,世界上就不会有不必要的恶。
2. 世界上有不必要的恶。
3. 因此,上帝不存在。

既然否定后件式(也称 *denying the consequent*)是一个有效的论证形式,显然,关于上帝存在的论证就是有效的。即如果前提为真,从逻辑上讲结论也为真。有鉴于此,若有神论者要拒绝这个结论,至少要对其中一个前提提出拒绝的理由。第一个前提看起来与传统的上帝观念是一致的。因此,一个有神论者或许会借用这样一些问题来质疑第二个前提的真:"我们真的知道世界上存在不必要的恶吗?"或者"难道不能借助这些恶达致更大的善,从而对这表面的恶加以证成吗?"我在第 4 章谈论恶的问题时,曾进行过相关讨论。(第 4.5 节)

否定前件谬误

所谓**谬误**,指的是一种有逻辑瑕疵的论证形式,其中前提只为结论提供了少量支撑,或根本没有提供任何支撑。有两种因为混淆了肯定前件式和否定后件式而导致的无效论证(演绎谬误)。第一种是否定前件谬误,它的形式是:

1. 如果 P,那么 Q。	1. 如果琼斯是个母亲,那么琼斯是个家长。
2. 非 P。	2. 琼斯不是个母亲。
3. 因此,非 Q。	3. 因此,琼斯不是个家长。

如上述例子所示,这一论证形式是无效的,因为我们可以想象一个前提为真而结论为假的情境。例如,如果琼斯是个父亲,那么说"琼斯不是个母亲"是真的,但"琼斯不是个家长"则为假。

否定前件谬误的哲学案例

1. 如果托马斯·阿奎那对上帝的论证是有效的,那么上帝存在。

2. 托马斯·阿奎那对上帝的论证是无效的。

3. 因此,上帝不存在。

这个例子是对一个论证的论证,它指出了一个重要问题。如果要拒绝一个哲学家的论证，并不需要揭示他/她的结论是假的，而是只需要指出其对结论的论证是失败的。一位有神论者或许会赞同前面的两个前提，但仍然可以不接受这个结论，因为除了阿奎那的论证之外，还有其他证明上帝存在的论证。而且，一些有神论者，如帕斯卡(见第 4.4 节)可能会说，从对上帝的存在缺少合理证据出发，得不出上帝不存在的结论。这只能证明，理性不是发现上帝存在的正确手段。

肯定后件谬误

肯定后件谬误是另一种无效的论证形式，它将自己伪装成肯定前件式或否定后件式这类有效论证形式。

1. 如果 P，那么 Q。	1. 如果乔治・华盛顿被暗杀了，那么他就死了。
2. Q。	2. 乔治・华盛顿死了。
3. 因此，P。	3. 因此，乔治・华盛顿被暗杀了。

肯定后件谬误的哲学案例

1. 如果道德是完全主观的，那么人们的道德信念就是不同的。

2. 人们的道德信念确实不同。

3. 因此，道德是完全主观的(不存在关于道德正确性的客观真理)。

要证明某个论证无效，可以首先构造一个与其相同的论证形式，但它会从真前提推出假结论。这样一来，构造出的论证便是无效的。因为一个有效论证总会从真前提得出真结论。然而，构造出的论证与原初论证采用了相同的推理形式，这便可以说明，原初论证也是无效的。请看下面的论证。由于它和前面的道德论证采取了同样的程序，只是主题不同，所以可借助它来说明前面的论证是无效的。

1. 如果医学完全是主观的，那么人们的医学信念将会是不同的。

2. 人们的医学信念确实不同(一些人相信牺牲一对双胞胎婴儿就能治愈社区的瘟疫,但我们的社会却并不这样认为)。

3. 因此,医学是完全主观的(对于什么能治愈或者不能治愈疾病,没有任何客观标准,这是个错误结论)。

假言三段论

三段论是由两个前提和一个结论组成的演绎论证。一些逻辑学著作将下面这类三段论称作纯粹的假言三段论,以将其与肯定前件式和否定后件式的论证区别开来。因为后两种论证都包含着一个假设性(或条件性)前提,而且它们总是部分假设的。

1. 如果 P,那么 Q。	1. 如果我学习逻辑学,那么我将写出更好的文章。
2. 如果 Q,那么 R。	2. 如果我写出更好的文章,那么我会获得更高的分数
3. 因此,如果 P,那么 R。	3. 因此,如果我学习逻辑学,那么我将会获得更高的分数。

有效假言三段论的哲学案例

1. 如果科学方法只能为我们提供物理实在的信息,那么科学不能告诉我们非物理实在是否存在。

2. 如果科学不能告诉我们非物理实在是否存在,那么科学就不能告诉我们是否有灵魂存在。

3. 因此,如果科学方法只能为我们提供物理实在的信息,那么科学不能告诉我们是否有灵魂存在。

请注意,假言三段论的关键是,一个前提的后件(Q)是另一个前提的前件(Q),由此,如果将前提排成一列的话,它们可以像链条般串接在一起。即使两个前提的顺序颠倒过来,这种联结依然可以为真。另外,结论的前件(P)是由前提构成的链条的开端,结论的后件(R)是链条的尾端。除此之外，任何其他论证都是无效的，就像下面例子展示的。

伪装的(无效的)假言三段论

1. 如果P，那么Q。	1. 如果P，那么Q。
2. 如果R，那么Q。	2. 如果Q，那么R。
3. 因此，如果P，那么R。	3. 因此，如果R，那么P。

停下来，想一想

你能否用具体命题代替无效的假言三段论中的字母？请试着按这种方式构造一些论证，并且从真前提中导出假结论，以说明这个论证形式的错误本质。

选言三段论

所谓选言论证，指其前提中包含着一个选言句。在**选言句**的两个选项中，至少有一个为真。它的典型形式是"或者—或者"。通常来讲，在一个选言句中，至少有一个选项为真，也可能两个皆为真。比如，如果侦探福尔摩斯(Sherlock Holmes)探明凶手是家仆，他可能会说："罪犯或者是男仆，或者是女仆。"很明显，说他们中的一个必然犯罪，也包含了这种可能性，即两人都犯罪了。下面是选言三段论的结构：

1. 或者P或者Q。	1. 或者这个灯泡烧坏了，或者这个灯泡没通电。
2. 非P。	2. 这个灯泡没有烧坏。
3. 因此，Q。	3. 因此，这个灯泡没通电。

选言三段论的哲学案例

1. 或者宇宙的存在在其自身之内就有充足理由，或者其存在有其他理由。

2. 宇宙的存在在其自身之内没有充足理由。

3. 因此，宇宙的存在有其他理由。

肯定选言谬误

1. 或者P或者Q。	1. 或者这个灯泡烧坏了，或者这个灯泡没通电。
2. P。	2. 这个灯泡烧坏了。
3. 因此，非Q。	3. 因此，这个灯泡通电了。

肯定选言谬误是一种无效的论证形式，它将自身伪装成选言三段论的样子。在上面的例子中，并不能用灯泡烧坏了的事实来排除通电故障。因为在一个正常的选言句中，两个选项都可能是真的，不能因为肯定其中一个便否定另一个。不过，如果该选言句中包含了两个相互矛盾的选项（两个相反的论断），那么这种论证就会是有效的。例如，如果第一前提是"霍华德（Howard）或者已婚或者其单身"，那么一个陈述为真就意味着另一个为假。

肯定选言谬误的哲学案例

1. 要么理性是道德原则的来源，要么神圣关系是道德原则的来源。

2. 理性是道德原则的来源。

3. 因此，神圣关系不是道德原则的来源。

这种情况下，无法得出最后的结论。因为该选言结构中的两个句子都可能为真（某些哲学家相信理性和神圣关系都向我们证明了道德原则，托马斯·阿奎那就持这一观点）。

归谬论证

归谬论证是一种有效论证形式，意为"还原出谬误"（reducing to an absurdity）。运用这一论证技巧时，首先假设对方立场为真，然后由你揭示出其立场存在的逻辑问题，它或者暗含一个荒谬的结论，或者自相矛盾，又或者与其他结论相矛盾。从一个命题中推出一个明显为假的陈述，显然说明此前的假设有误，这是揭露对手立场中隐含前后不一致的一种方法。若能用好归谬法，可以十分有效地反驳对方立场。这种论证一般遵循以下形式：

1. 假设 A 为真(你想反驳的立场)。

2. 如果 A，那么 B。

3. 如果 B，那么 C。

4. 如果 C，那么非 A。

5. 因此，A 且非 A。

6. 但是 5 是一个矛盾，所以之前的假设一定为假，而非 A 一定为真。

归谬论证的哲学案例

正如我在第 1.1 节所讲，被视作苏格拉底的对手的智者学派相信所有真理都是主观的、相对的。智者学派最著名的代表人物普罗泰戈拉认为，一个意见与另一个意见一样为真。下面是苏格拉底用以反驳这一立场的论证概括。[1]

1. 一个意见与另一个意见一样为真(苏格拉底假设普罗泰戈拉立场为真)。

2. 普罗泰戈拉的批评者有如下意见："普罗泰戈拉的意见为假，而其批评者的意见为真。"

3. 因为普罗泰戈拉相信前提 1，所以他相信前提 2 中其批评者的意见为真。

4. 因此，普罗泰戈拉也认为"普罗泰戈拉的意见为假，而其批评者的意见为真"是真的。

5. 既然真假由个人决定，且每个人(普罗泰戈拉和其批评者)都相信"普罗泰戈拉的意见为假"这个陈述，这就自然推出：

6. 普罗泰戈拉的意见为假。

归纳论证

归纳论证并不具有演绎论证的推理形式，即结论必然由前提推出。相反，它试图表明的是，如果前提为真，那么结论为真的可能性极大。归纳论证通常始于这样一种观察，即一系列相似的案例具有共同的属性，并由此总结道，所有其他同类案例都将会有这一属性。例如，一个医药研究者发现，每个患罕见癌症的病人都曾接触过某种有毒化学品；当他遇到一个患此病的新病人时，就会猜想这个人曾经接触过相同的化学毒品。下面这两个哲学论证的例子都建立在归纳推理的基础上。由于不同哲学家对这些论证会有不同评估，所以它们的说服力到底有多强，由你来决定。

论证 A：

1. 我们观察到的每一事件都有一个原因。

2. 因此，假设所有事件都有一个原因是合理的。

论证 B：

1. 在过去，有些事件似乎是神秘和无解的（譬如日食），但最终却可以从科学角度证明它们都是由物理原因导致的。

2. 意识看起来是神秘和无解的。

3. 因此，存在着这样的可能性，即在未来的某一天，意识可被科学地认定为是由某些物理原因导致的。

虽然我们的日常生活和科学方法的很大一部分都建立在归纳推理之上，可一旦需要判断一个论证的强弱，归纳推理却并没有演绎推理那样简单应手的方案。不过，在我们小心寻找错谬的归纳论证时，仍有一些规则需要牢记于心。在这里，我会介绍三种错谬的归纳论证。

轻率归纳谬误

当我们由某些特定案例出发归纳出适用于所有同类案例的一般性结论时，必须保证它建立在足够多的观察和足够有代表性的取样基础上。否则就会陷入**轻率归纳谬误**。

轻率归纳谬误的哲学案例

医生、心理学家西格蒙德·弗洛伊德(Sigmund Freud)是20世纪精神分析理论的创立者。随着其理论的不断发展，他就宗教信仰的本质问题给出了自己的结论。弗洛伊德推测，宗教信奉者都是心理脆弱之人，他们将自己父亲的形象投射到宇宙中，从而创造出一个时刻守护他们的天父。但问题在于，作为一位临床医生，弗洛伊德所接触的大都是心理失常的病人。因为生活在那个年代的人多数都信奉宗教，所以弗洛伊德所谓宗教是心理失调的结论，是建立在对许多心理失常的信仰者的研究基础上的。既然取样存在偏颇，我们认为他就犯了轻率归纳谬误。后来，宗教心理学家又对许多健全的信教者进行了研究，从而发展出一种更为公正的宗教观。

当一个十几岁的少年举枪冲进学校并残杀了许多同学时，小镇上的居民无比震惊。后来人们发现，他隶属于一个青年人的狂热团体，和其他人一起参与邪恶的行动，并且阅读尼采哲学。某些牧师便利用这一事件说明，那些阅读像哲学一样"神秘离奇"东西的人对社会有危险。然而，这个轻率归纳忽视了成千上万阅读并醉心于尼采之人，而这些人并未杀害自己的同仁。它还假定阅读尼采是导致这种暴行的原因。但即便这个学生从未阅读过尼采，他也可能出于心理上的强迫而作出残忍行为(参见接下来将要讨论的虚假原因谬误)。

"近年来，许多金融和性丑闻牵扯到电视福音传道者。因此，很可能所有宗教人士都是骗子。"这一论证同样属于轻率归纳，因为它只是建立在对一小部分不具代表性的宗教人士的取样基础上，而结论却涉及全部宗教人士。

虚假原因谬误

另一种归纳形式，是为给定的事件推定原因。如果因为看到事件 X 发生在事件 Y 之前，就得出结论说 X 是 Y 的原因，那我们就犯了**虚假原因谬误**。因果关系的建立并不容易，仅仅时间在先并不足以确立起这种关系。

虚假原因谬误的哲学案例

"尼采倾其一生建立起无神论哲学，最终疯癫而死。因此，是他自己的忧郁哲学致其癫狂。"这个因果推理没能看到，还有许多其他疯癫的宗教徒存在，并且它还忽略了尼采有精神疾病这个事实。

"多年以来，色情电影数量不断攀升，性犯罪亦是如此。因此，色情电影是性犯罪的原因。"然而，这些数据并不足以建立一种因果关系。事实上，多年以来，做礼拜的人数也在不断增加。我们是否可以得出结论，色情电影导致做礼拜人数的增加，或做礼拜人数的增加导致性犯罪数量的增长？

虚假类比谬误

一些归纳论证建立在类比基础上。类比论证的前提声称，两个案例共享一个或多个属性。然后就得出结论，第一个案例的一个进一步的属性也同样是第二个案例的属性。比如，当我们通过研究灵长类生理学来了解人体生理学时，一些类比可能是有用的。然而，当两种情形之间的不同之处远多于相同之处时，就会犯下**虚假类比谬误**。例如，如果我有一辆 1980 年产的高耗油汽车，它是蓝色的；而我朋友有一辆全新的小型车，也是蓝色的。从颜色的相似性就不足以得出朋友的车每英里油耗与我的车相同的结论。

虚假类比谬误的哲学案例

"若不锻炼就不健康，不论对于人体还是政治团体皆是如此；这当然也适用于一个国家或庄园，因为一场公正、荣耀的战争就是一次真正的锻炼。内战就像感冒引起的高烧；但对外战争则像锻炼后的浑身发热，可以保证身体健康。"[2] 弗朗西斯·培根对战争所做的这种辩护就并未意识到个体与国家之间的巨大差异,因为战争会杀人,但锻炼不会。

18 世纪关于上帝的设计论论证十分常见。比如,人们认为行星的运行规律就像钟表一般。因为钟表有设计者,所以宇宙也必然有一个神圣设计者。怀疑论者大卫·休谟对这一点进行了反驳,认为这一论证实际上犯了虚假类比的错误,因为它是按照偏好从众多相似项中进行选择的。休谟由此反驳道,宇宙可能更像一棵蔬菜而非一架钟表。其中,彗星放出的微粒,就像树生出的种子。彗星划过银河系后,就使外太空萌发出新的行星系统。因此,休谟认为,有神论者的钟表类比还比不上他的蔬菜类比。[3]

非形式谬误

在这一部分,我将考察一些被称作非形式谬误的有缺陷的论证。**非形式谬误**是指这样一类坏的推理,只有通过对其内容的审视才能对其加以辨别。大部分情况下,如果你仍然用字母 P 和 Q 来搭建论证的形式结构,或许不太容易发现推理中的问题。譬如,从表面上看,下述无效论证采纳了有效的肯定前件式推理:"如果某物是一把尺子(ruler),那么它有 12 英寸长,女王是一个统治者(ruler),所以女王有 12 英寸长。"事实上,这个论证只是表面上遵循了肯定前件式的论证形式,因为术语"ruler"的含义已经发生了转变。下面的非形式谬误并不能涵盖所有情况,但包含了许多种可能在哲学讨论中遇到的典型的有缺陷的推理。

(滥用的)诉诸人身谬误

诉诸人身谬误意味着它是"针对人身的"。所谓滥用的诉诸人身谬误,是指试图通过攻击论断的提出者来反驳其结论。但其问题在于,提出针对某人的负面信息,并不足以证明他/她的观点是错误的。

滥用的诉诸人身谬误的哲学案例

“宣布上帝已死后，尼采在彻底疯癫中死去。因此，他对无神论的论证没有价值。”

“康德有严重的神经质，从未离开出生地超过 60 英里。像这样一个深受局限、缺乏阅历的人如何能够作出有价值的道德论断呢？因此，我们无需纠结于康德的客观道德论证。”

(情境化的)诉诸人身谬误

在利用情境化的诉诸人身论证时，批评者不是无的放矢的。而是认为对手之所以持有某种结论，是由其所处的情景导致的，因而可以对其结论弃之不顾。换言之，这种论证既可以做到忽略对手的论证，也拒绝给出相应评价。

情境化的诉诸人身谬误的哲学案例

“我们无需在意托马斯·阿奎那的上帝存在论证，因为他本人是一名基督教僧侣。他当然会认为对上帝的信仰是理性的。因为通过提供这些证据，他希望将自己的信仰理性化。”

“我们也无需在乎伯特兰·罗素的反上帝存在的论证。他出身于十分严格的宗教家庭，这却导致他对宗教的反叛。这一成长经历恰恰是他成为无神论者的真正原因。”

“诉诸无知”谬误

由于没有证据可用以反对结论，就证明结论为真；或者由于没有证据可用以支持结论，就证明结论为假，这些做法都犯了“诉诸无知”的谬误。比如，“这位大学校长是境外势力雇佣的间谍，因为你无法证明他不是间谍”。一般来说，当人们作出一个特别的论断时，就有着为其结论提供正面证据的负担。但若是缺乏对此结论的反面证据，便不足以构成对此结论的充分反驳。当一个人的名誉受到中伤时(如例子中所讲)，人们应当接受这样一条法律原则，即“疑罪从无”。

“诉诸无知”谬误的哲学案例

“上帝必然存在，因为没有人能证明他不存在。”

“无神论为真，因为没有人能证明上帝存在。”

诸如上帝存在之类的问题，若确实认为各种观点都缺乏有力的证据支撑，就应当悬搁判断。

乞题谬误

出于即将提到的一些原因，乞题谬误又被称为循环论证。若前提假定结论为真，又不能为其提供独立证明，便会犯乞题谬误。最简单的乞题谬误是，“P为真，因此P为真”。比如，“院长是骗子，因为他从未讲过真话”。如果你不相信结论，也不会相信前提，因为它们作出的是同一个判断。

乞题谬误的哲学案例

“上帝存在，因为《圣经》说它存在；我们之所以能相信《圣经》，因为《圣经》是受上帝启发写成的；我之所以知道《圣经》是受上帝启发写成的，因为上帝在《提摩太后书》(第3章第16节)中告诉我们，‘圣经都是神所默示的’。”这个论证包含着两个循环推理。它假定《圣经》中的话语都是上帝的话语，并用这一假设来证明《圣经》的话语就是上帝的话语这个论断。此外，它还假定，存在一个启发了《圣经》中的话语的上帝，并以这条论断作为证据来证明上帝存在。

18世纪哲学家大卫·休谟提出了一条反对神迹的论证，他认为自然法的建立不仅凭借着多数人的经验，而且凭借他们全体一致的证言。这些证言合在一起构成“一种稳定的和不可更改的经验”。进而，他认为存在着“一种统一的经验，它们反对任何神迹事件”。[4]不过，只有当休谟知晓所有关于神迹的信息皆为假时，他才能明确这种说法为真。而且，只有当他知晓神迹绝不会发生时，才可能得出上述论断。他在文中就这一点给出了如下论证：

1. 并无神迹曾经发生。
2. 因此，一切关于神迹的信息都是假的。
3. 人类经验一致反对神迹。
4. 因此，神迹从未发生过。

合成谬误

在合成谬误中，人们的论证始于整体中单个部分的性质（或群体中各要素的性质），并由此推出这一性质也适用于整体（或群体）。有这样一个愚蠢的例子："某个班级的100人中，每个人的体重都不超过500磅，那么，班里所有人的体重合起来也不超过500磅。"还有一个更精致些的例子："这篇文章写得很好，因为其中每个句子都写得很好。"问题在于，虽然从单个句子看写得很好，但可能由这些句子组合成的文章却毫无章法，缺乏中心思想，因而十分糟糕。再比如，"由于组织中的每位成员都是老手，所以这个组织也必然是个老练的组织"。

合成谬误的哲学案例

在与神父弗雷德里克·科普斯顿（Frederick Copleston）的争论中，伯特兰·罗素指责他犯了合成谬误。科普斯顿认为，因为宇宙中所有事物都有原因，所以作为整体的宇宙也必然有一个原因。罗素举反例回击说："人人都有母亲，那么按照你的论证，似乎人类也必须有母亲，但人类显然是没有母亲的，它们分属不同的逻辑领域。"[5]（对此，科普斯顿的回应是，他的原因概念跟罗素例子中原因概念不同。）

20世纪早期，物理学家发现亚原子微粒的运动是随意的、完全不可预测的。这一发现被称为海森堡的不确定性原理（the principle of indeterminacy），该原理是量子力学的重要组成部分。有些哲学家将这一原理用作如下论证的前提："由于亚原子微粒的活动并非被预先决定，它不可预测，而我们恰是由这种微粒所构成，所以可以推出，我们的行为是不可预测的、非决定的，因此我们拥有自由。”批评者会就此回应道，这是一种合成谬误。举例而言，虽然构成我们书桌的微粒可以向任意方向运动，但它们运动的统计平均值却是可预测的和被预先规定的。也可以用同样的方式说明我们的行为。

分割谬误

分割谬误恰好与合成谬误相反。如果将整体或群体具有的某种性质作为前提，就可以由此推出这一性质对整体或群体中的每一部分或每一成员都适用。例如：“因为纽约每出生三个婴儿就有一个是罗马天主教徒，所以纽约的新教家庭生育的婴儿应该不超过两个。”即便纽约可能有三分之一的人口是天主教徒，但不能由此说，有三分之一的家庭是天主教家庭。

分割谬误的哲学案例

“如果上帝不存在，宇宙便没有目的，由此，人类个体的生活也就没有目的。”然而，即便宇宙作为整体是无目的的，也并不意味着宇宙中某些部分(比如你和我的生活)不可能有目的。

混义谬误

若一个词或短语的意义在论证过程中发生改变，就会产生混义谬误。下面的例子就是十分明显的混义谬误。“法官大人，我的代理人不应被判入狱，因为您也承认，他是很好的窃贼。像这样好的人确实不该入狱。”(第一句话中的好意味着“有能力”或者“技艺娴熟”。一个“好的窃贼”是一个有偷盗本领的窃贼。而第二句话中的好则指“道德上的善”。)

混义谬误的哲学案例

“我有在未经孀妇辩解的情况下便取消其财产赎买权的合法

权利(right),你怎么能说我是不对(right)的呢?"在这里,说话者混淆了合法权利与做道德上正确的事。两者显然是不同的。

19 世纪英国著名哲学家密尔(参见第 5 章第 5.3 节)在论证享乐主义的功利主义伦理观时似乎就出现了混义谬误。他断言,幸福(即一种快乐体验,是痛苦的缺乏)本身是唯一值得追求的东西。他论证说:

> 能够证明一个对象可见的唯一证据,是人们实际上看见了它。能够证明一种声音可以听见的唯一证据,是人们听到了它;关于其他经验来源的证明,也是如此。与此类似,我以为,要证明任何东西值得欲求,唯一可能的证据是人们实际上欲求它。[6]

在这里,可见的实际上意味着"能被看见"。不过,这同一种定义方式是否适用于可欲求的呢? 上段引文中似乎隐含了可欲求的两层意思:(1) 如果某人欲求某物,我们就可以说,对他而言某物是可欲求的。这一点毫无疑问;(2) 但在伦理学中,可欲求的并非仅仅意味"被欲求的"(desired),它还指"值得被欲求的"或者"应被欲求的某物"。被密尔混淆的这两层含义可借助如下例句阐明:"特里克茜(Trixie)发现,药物是可欲求的(含义 1),但强制性的药物成瘾却是任何人都不会欲求的(含义 2)的生活方式。"

"医生宣称,这种可以治愈脱发的药片真是一种奇迹(miraculous)。因此,宗教人士所说的会有奇迹般的治愈(miracle healing)发生真是太对了。"前提中所说的新药片是一种"奇迹"乃是一种隐喻式夸张,但结论中的"奇迹"一词则完全符合其字面意义。

错误二分法谬误

错误二分法谬误也称作假两难困境、非此即彼谬误、分叉谬误

(bifurcation)或者非黑即白谬误(black-or-white fallacy)。之所以叫作非黑即白谬误,因为它认为唯一的选项是黑与白(象征意义上而言)这两种极端情形之一,而忽略了其中的灰色地带。错误二分法论证始于一个选言句(P 或 Q)。若不承认其他一个或更多选项的存在,如 R,谬误便会发生。因为如果还有其他选项,那么 P 与 Q 就都可能是错的。若是如此,即便否定 P 也无法证明 Q 正确。举个简单的例子:“儿子,你要么从大学毕业并有所成就,要么就去流浪乞讨。”还有其他可能性吗?比尔·盖茨作为微软公司的主席与首席执行官,就曾经是哈佛大学的一名辍学学生。

表面上看,基于错误二分法的论证具备析取三段论的有效形式,见左侧论证。右侧论证展示出的则是真实情况,它指明了错误的原因。

(表面形式)	(真实状况)
1. P 或 Q	1. P 或 Q 或 R
2. 非 P	2. 非 P
3. 因此 Q	3. 因此 Q

错误二分法的哲学案例

17 世纪数学家、科学家、神学家和哲学家帕斯卡立了一个著名的赌约。他说人在宗教信念上的辗转反思就像在打赌,看哪个选项会有最好的回报,并且只需承担最小的风险(参见第 4.4 节)。他给出的论证是这样的:

1. 我们面临人生的两种选择:要么相信无神论,要么相信《圣经》中的上帝。

2. 相信无神论是不审慎的(因为如果我们错了,就会失去永生的机会)。

3. 因此,相信《圣经》中的上帝是审慎的选择。

跟所有的错误二分法一样,这同样是个选言句。选项并不仅仅局限于无神论或信仰《圣经》的上帝。还有其他许多宗教,它们在来生问题上有各不相同的观念，甚至某些还会否认来生。此外还存在**不可知论**，在更有说服力的证据出现之前，它选择既不相信无神论也不相信宗教。因此，即便拒斥了无神论，也并不能由此说明对帕斯卡《圣经》中上帝的信仰就是明智的。

稻草人谬误

若人们攻击的是对手立场的某种较弱版本，或者攻击并不被对手支持的理论，就会出现稻草人谬误。这就好像将稻草人击倒在地时，宣称自己做了一件好像击败了重量级世界冠军一样的事情。

稻草人谬误的哲学案例

"托马斯·阿奎那认为我们应信仰上帝，但拥有信仰意味着我们要将理性抛出窗外。因此，阿奎那认为我们应扼杀理智。"然而，由于阿奎那认为可借理性证明上帝信仰的合理性，所以他不会坚持"我们应当扼杀理智"的观点（参见第 4.1 节）。

"我的反对者断言我们是从低等动物进化而来的。因此，既然他相信我们是动物，他也必然相信我们的生活无需遵守任何公民的法律和道德规则，他们甚至相信我们应该像狗那样在大街上交配。"不过，对进化论的支持显然并不必然得出上述结论。

一厢情愿谬误

有时我们之所以会试图相信某种信念，只是因为不喜欢相反的结论。但主观上喜欢与否与某个论断的真假毫无干系。很多时候，关于实在的真理并不令人愉快，我们能做的只是面对它。下面这个案例可以将一厢情愿谬误说清楚："如果我认为自己的账户分文不剩，晚上就会难以入睡。因此，我的账户中是有钱的。"再举一个例子："如果上帝不存在，我就无力继续生活下去。因此上帝是存在的。"相似的例子还有："如果上帝存在，我们就无法随心所欲地过自己的生活。又因为人类必须拥有道德自由并以此展示其尊严,所以上帝不存在。”

了解更多论证与证明

关于对论证的评价,可说的还有许多。如果想更多地学习这一技巧,不妨去图书馆或书店挑一本逻辑方面或者批判性推理方面的书阅读。当然,更好的办法是选一门相关课程进行学习。

附录回顾

conditional statement 条件句
antecedent and consequent 前件与后件
sufficient condition and necessary condition 充分条件与必要条件
modus ponens 肯定前件式
modus tollens 否定后件式
fallacy 谬误
fallacy of denying the antecedent 否定前件谬误
fallacy of affirming the consequent 否定后件谬误
syllogism 三段论
hypothetical syllogism 假言三段论
disjunctive syllogism 选言三段论
disjunctive statement 选言句
fallacy of affirming the disjunct 肯定选言谬误
reductio adsurdum argument 归谬论证
fallacy of hasty generalization 轻率归纳谬误
false cause fallacy 虚假原因谬误
false analogy fallacy 虚假类比谬误
informal fallacies 非形式谬误
ad hominem (abusive) fallacy (滥用的)诉诸人身谬误
ad hominem (circumstantial) fallacy(情境化的)诉诸人身谬误
appeal to ignorance 诉诸无知谬误
begging the question 乞题谬误
composition fallacy 合成谬误
division fallacy 分割谬误
equivocation 混义谬误

false dichotomy 错误二分法谬误

agnosticism 不可知论

straw man fallacy 稻草人谬误

fallacy of wishful thinking 一厢情愿谬误

---

1 Plato, *Theaetetus* 171a, b, in *The Dialogues of Plato*, 3d ed., rev., 5 vols., trans. Benjamin Jowett(New York: Oxford University Press, 1892).

2 Francis Bacon, "Of the True Greatness of Kingdoms and Estates," in *The Complete Essays of Francis Bacon* (New York: Washington Square Press, 1963), p. 83.

3 David Hume, *Dialogues Concerning Natural Religion*, ed. Norman Kemp Smith (London: Oxford University Press, 1935), pt. 7.

4 David Hume, "Of Miracles," in *An Enquiry Concerning Human Understanding*, ed. L. A. Selby-Bigge (Oxford: Clarendon Press, 1894), sec. 10, pt. 1.

5 Bertrand Russell and F. C. Copleston, "A Debate on the Existence of God," in *Bertrand Russell on God and Religion*, ed. Al Seckel (Buffalo: Prometheus Books, 1986), p. 131.

6 John Stuart Mill, *Utilitarianism* (1863), chap. 4.

译后记

本书根据威廉·F.劳海德所著 *Philosophical Journey: An Interactive Approach* 一书第 8 版译出。本书是一部以经典文本为中心的哲学导论，围绕哲学史上的主要哲学话题、问题和立场来逐步呈现各种哲学理论。作为一部通俗性、导论性著作，本书有以下特点：

1. 突破以哲学家为核心的传统写作方式，转而围绕哲学史上的经典文本进行提问，努力在读者和经典之间形成良性互动。书中每个章节都会设置一些具体的对话机制，比如“地域勘察”“路径选择”“通过 X 的镜头看”“广场中的哲学”等。通过这些机制使读者理解某种哲学立场的深层内涵，并将理论运用到个性化的虚拟场景中。

2. 本书虽主要讨论西方哲学，但没有显见的西方中心主义倾向，而是围绕对话和互动性体现出强烈的文化平等之诉求，并从不同角度对西方传统做出反思和批评。比如，认识论、宗教哲学等章节分别设置了“反思西方传统”栏目，从东方哲学角度对西方传统做出批判性回应。本书还力图呈现互动的前沿性，比如第二章“探究终极实在”就引入当代人工智能视角对传统自由意志论和决定论之关系问题做出反思；在“探究知识”“探究伦理价值”等章则引入大量女性主义视角，对传统哲学的男性视角做出回应。

3. 本书试图把哲学引入读者的个人生活，引入大量思想实验，使读者在多元化场景中与哲学家和哲学理论展开对话，推动读者从“学哲学”走向“做哲学”。为此，本书在每一章结尾处都附有“个人做哲学”作为小结，既让读者进一步回顾、反思所学之内容，也敦促读者成为主动学习者，通过概念化练习把哲学融入个人生活中。

本书的翻译工作由张祖辽、刘岱、杨东东、陈太明四人共同完成。其中，刘岱负责第三章“探究知识”，杨东东负责第四章“探究宗教哲学”，陈太明负责第五章“探究伦理价值”，张祖辽负责第一、二、六、七章及全书统校工作。本书涉及的人物、理论非常庞杂，我们在翻译过程中详细参阅、对照了相关文献，术语翻译上尽量参考约定俗成的译法，尽力使译文在当前学术语境下通俗易懂。当然，受译者学术水平所限，译文难免有错漏之处，恳请读者批评指正。

张祖辽

2025 年 3 月 17 日于江南大学